다송문고
茶松文稿

동국대학교 불교기록문화유산아카이브사업단(ABC)
본서는 문화체육관광부 지원으로 동국대학교 불교학술원에서 간행하였습니다.

한글본 한국불교전서 조선 66
다송문고

2021년 4월 10일 초판 1쇄 인쇄
2021년 4월 20일 초판 1쇄 발행

지은이 금명 보정
옮긴이 이대형
펴낸이 윤성이
펴낸곳 동국대학교출판부

주소 04620 서울시 중구 필동로 1길 30
전화 02-2260-3483~4
팩스 02-2268-7851
Homepage http://dgpress.dongguk.edu
E-mail book@dongguk.edu
출판등록 제2-163(1973. 6. 28)
편집디자인 동국대학교출판부
인쇄처 네오프린텍(주)

ⓒ 2021, 동국대학교(불교학술원)

ISBN 978-89-7801-000-9 93220

값 41,000원

이 책의 무단 전재나 복제 행위는 저작권법 제98조에 따라 처벌받게 됩니다.

한글본 한국불교전서 조선 66

다송문고
茶松文稿

금명 보정錦溟寶鼎
이대형 옮김

동국대학교출판부

다송문고茶松文稿 해제

이 대 형

동국대학교 불교학술원 교수

1. 개요

『다송문고』는 송광사에 주석한 금명 보정錦溟寶鼎(1861~1930)의 산문을 모은 문집으로 필사본 2권 2책이다. 『한국불교전서韓國佛敎全書』 12권에 수록되어 있다. 금명 보정의 시는 필사본 『다송시집』 3권으로 남아 있다. 이 문헌은 19세기 말에서 20세기 초까지 송광사를 중심으로 한 불교계 상황을 자세하게 보여 준다.

2. 저자

저자 금명 보정의 본명은 첨화添華라고 「기로소원당신건사상언장耆老所願堂新建事上言狀」에 기록되어 있다. 그의 생애는 『다송문고』에 부록으로 실려 있는, 염재거사念齋居士 송태회宋泰會(1872~1942)가 찬술한 「금명 선사 비명 병서錦溟禪師碑銘幷序」에 자세히 실려 있다. 그에 따르면 속성은 김씨

金氏로서 가락국 왕의 후예이고 학성군鶴城君 김완金完의 후손이다. 중세中世에 영암靈巖에서 곡성谷城으로 이주하였다. 부친의 휘는 상종相宗이고 모친은 이씨이다. 모친이 임신 중에 채색 구름이 개울에 만연하는 기이한 꿈을 꾸었다. 철종 신유년(1861) 정월 19일에 태어났다. 11세 때 배우기 시작하였고, 모친의 병환을 간호한 지 2년이 지나도록 잠시도 곁을 떠나지 않았으니, 당시 14세였다. 15세 때 부친이 출가하라 명하여 송광사 금련金蓮 화상에게 의지하여 삭발하였다. 17세 때 경파景坡 화상에게 계를 받았다. 이후로 사방을 다니며 공부하여 대종장大宗匠인 원해圓海(송광사), 범해 각안梵海覺岸(대흥사), 원화圓華(화엄사), 함명 태선菡溟太先(송광사) 등을 두루 참학하였다. 사서四書와 육경六經부터 노자老子와 장자莊子 등에 이르기까지 여러 사상가들을 모두 섭렵하고, 허주 덕진虛舟德眞(1806~1888) 선사를 참학하였다.

「금명 대종사 비음기」에 기재된 계보系譜에는 응암 낭윤應庵朗允-영암 등찬影庵等瓚-성월 서유聖月瑞蕅-지봉 지안智峰之安-벽련 인성碧蓮仁性-금련 경원金蓮敬圓으로 이어지는 법맥을 그가 계승하였다고 했다. 건당建幢한 후에는 초빙을 받아 전경轉經하였는데 송광사의 보조암普照庵이나 광원암廣遠庵, 그리고 지방의 학림學林과 지리산의 화엄사와 천은사, 해남의 대흥사, 곡성의 태안사 등에 이르렀다. 선원 계단戒壇에는 빈자리 없이 강마講劘하여 훈도薰陶하지 않음이 없었으니, 영남과 호남의 재주 있는 이들이 문하에서 많이 배출되었다.

61세 생일에 스스로 다음과 같은 시를 지었다.

갈수록 더욱 혼미해져 교화하기 어려우나	去盆昏迷難點石
피곤해도 능히 기뻐하며 다만 불경 뒤적이네	疲能隨喜但翻經

위 시구는 학승으로서의 면모를 단적으로 보여 주는데, 승려를 비롯하

여 일반인들까지 차운한 시가 많이 남아 있다.

『다송시고』 권2에는 금명 보정 자신의 법호와 법명, 그리고 자호를 가지고 칠언절구로 명銘을 지은 것이 수록되어 있다. 법호에 대해 지은 〈금명명錦溟銘〉은 다음과 같다.

하늘이 짜고 어머니가 주신 십양금을	天織孃生十樣錦
서천에 가지 못해 동쪽 바다에서 씻는구나	西川未到濯東溟
혀 농사론 마음의 밭 열기가 어려우니	舌耕難得心田闢
옛 경전의 창문 뚫는 벌임을 한탄하노라	自恨窓蜂鑽古經

위 시에서 십양금은 〈보정명寶鼎銘〉에 언급된 '옷 속의 보배', 즉 불성을 비유한 듯하다. 서천, 즉 서방정토가 아닌 동쪽 바다, 다시 말해 조선에서 불도를 닦고 있음을 표현하였다. 자신의 호 '금명錦溟'과 관련하여서는 '동명東溟'이라 하였다. 금명은 많은 학식을 바탕으로 송광사에서 오래도록 강사를 했다고 하는데, 그러한 학식이 불도를 닦는 데 한계가 있음을 말했다. 이는 관례적인 표현이기도 하다. 자신의 법호 '금명'이 어떤 의미인가를 밝힌 시인데 첫째 구와 둘째 구의 마지막 글자를 자신의 법호로 사용하였다.

법명에 대해 지은 〈보정명〉은 다음과 같다.

옷 속의 보배를 알지 못하고	衣中自昧家珍寶
문 밖에서 하나라 구정 찾았네	門外妄求夏九鼎
어찌하여 영겁의 먼 길 달렸나	如何浩劫走長途
돌이키면 첩경임을 망각하고서	忘却回頭來捷踁

하나라 구정이라 함은 하나라 우임금이 천하 구주九州의 쇠를 모아 만

든 세 개의 발이 달린 솥으로, 천자의 권력을 상징한다. 여기서는 그만큼 귀중한 물건을 뜻하니, 자신의 불성을 깨닫지 못하고 밖에서 찾았다는 뜻이다. 돌아보면 자기에게 있는 것을 모르고 밖으로만 치달렸다고 후회하는 것인데, 인간의 삶에 대한 일반적인 평가로도 볼 수 있다. 〈금명명〉과 마찬가지로 자신의 법명 '보정寶鼎'이 어떤 의미인가를 밝히면서 첫째 구와 둘째 구의 마지막 글자를 자신의 법명으로 사용하였다.

자호에 대해 지은 〈다송명茶松銘〉은 다음과 같다.

솔잎 한 주머니와 한 병의 차로	一囊松葉一瓶茶
여러 인연에 흔들림 없이 집에 누웠네	不動諸緣卧此家
모임 맺어 수련했던 옛사람들 우습구나	堪笑昔人修結社
새소리 듣고 꽃을 봄이 방해되랴	何妨聽鳥又看花

솔향기와 차를 벗하여 지냈던 본인의 삶에 대해 언급하였는데 〈금명명〉이나 〈보정명〉과 달리 떳떳함과 자신감을 숨기지 않고 드러내고 있다. 온갖 인연에 흔들림 없이 솔잎과 차라는 담백한 생활 속에서 불도를 닦았던 스님의 모습이 그려진다. 새소리를 듣고 꽃을 보는 등 자연과 함께하면서도 자연에 매이지 않았던 정신 세계를 보여 준다.

경오년(1930) 2월 13일에 입적하였으니 세수世壽 70이요 법랍은 55세다. 그의 저서로는 『다송시고』 3권·『다송문고』 2권·『불조찬영佛祖贊詠』 1권·『정토백영淨土百詠』 1권이 있고, 편록編錄으로는 『조계고승전曹溪高僧傳』 1권·『저역총보著譯叢譜』 1권·『석보약록釋譜略錄』 1권·『삼장법수三藏法數』 1권·『염불요해念佛要解』 1권·『속명수집續名數集』 1권·『십지경과十地經科』·『능엄경과도楞嚴經科圖』·『대동영선大東詠選』·『질의록質疑錄』·『수미산도須彌山圖』가 있다. 이 외 송광사에 대한 사료를 발굴하고 수집하여 기록하였고 이를 기산綺山이 4책으로 편집하고 용은龍隱이 정서하여 『송광사사고松廣寺史庫』

를 완성하였다. 송광사가 승보종찰로 자리매김하는 데 있어서 방대한 사료를 수집하고 정리한 다송의 공적이 크다고 하겠다.

3. 서지 사항

『다송문고』 2권 2책은 필사본으로 송광사 성보박물관에 소장되어 있다. 책 본문의 형태는 계선 없이 행수와 자수가 일정하지 않고 어미魚尾도 없다. 크기는 22.0×18.0cm이다. 권1에는 「화엄사 봉천암을 중수하는 글(華嚴寺奉天菴重修文)」을 비롯한 108편의 글이 실려 있고 권2에는 「원통계안 서문(圓通契案序)」을 비롯한 140편의 글이 실려 있다. 문체가 뒤섞여 있고 제목 아래 선을 긋고 본문에 선을 그어 폐기하려는 듯한 뜻을 보인 부분들이 있어서 정리되지 않은 초고라고 할 수 있다. 부록으로 「행록초行錄草」를 비롯한 5편의 글이 실려 있는데 별지로 유통되던 것을 『한국불교전서』 편집자가 함께 게재한 것이다.

『한국불교전서』에는 입력되지 않은 필사본 첫 페이지에는 '목록目錄'이라고 하여 상량문 61, 권선문 13, 계안문 19, 기문 14, 발문 4, 축문 ●[1]1, 패문 41, 설說 3, 서書 5, 소疏 1, 서序 43, 단單 5, 장狀 5라고 적혀 있다. 그리고 그 아래 「의정삼장경래시義淨三藏經來詩」(원제는 '제취경시제取經詩')와 「당태종분경대시唐太宗焚經坮詩」, 「육정선사탄계란시陸靜禪師吞鷄卵詩」가 적혀 있다. 육정 선사는 미상인데 협주로 "七十一介。一口吞之。●人異之。仍頌之。"라 하였고 시는 "混沌乾坤一口包。也無皮骨也無毛。山僧帶蕭西天去。免在人間受一刀。"로 되어 있다.

---

1 '●'는 판독 불가를 표시함.

4. 내용과 성격

『다송문고』에는 248편의 글이 실려 있는데, 문체는 대개 사륙병려문으로 되어 있는 경우가 많다. 양식으로 보면 기記와 서序가 많다. 중수와 관련된 기가 20편, 창건기 5편, 그 외 공덕기功德記 등 24편, 그리고 소기小記를 합하면 총 50편이 된다. 계안서契案序 19편을 비롯하여 책의 서문 6편과 그 외 증별서贈別序 등 18편을 합하면 총 43편이다. 단인短引 또는 소인小引이라고 하여 간단한 서문 3편이 있으니 이것을 포함하면 46편이 된다. 축문이 25편이고 편지가 16편인데, 관찰사와 군수 등 세속인에게 보낸 편지는 5편밖에 되지 않는다. 이는 다송이 세속인과 교유가 많지 않았다는 점을 보여 준다.

내용상 비중이 큰 것은 사찰 중수重修에 관한 기록으로 42편이 있다. 42편을 문체별로 구분하면 기記가 20편인데 '중수기重修記'로 이름 붙인 것이 14편이고 그 외 '중창기重刱記'와 '개축기改築記' 등이 있다. 중수 기문 이외에 상량문이 10편, 권선문이나 모연문이 10편이다. 모연문은 '화문化文'이라 이름 붙인 것이 5편이고 그 외 모연문과 권선문이라 칭한 것들이 있다. 창건에 대한 기록으로는 상량문이 8편, 기문이 5편이다. 중수기나 창건기를 제외하고 공덕기功德記 등의 여러 기문이 24편이다. 사찰별로 보자면 송광사에 관한 기록이 압도적으로 많다. 중수 상량문 10편 가운데 송광사 관련이 7편, 중수기 20편 가운데 송광사 관련이 10편을 차지한다. 그 외에도 지리산 화엄사, 곡성 도림사와 태안사 등 송광사 주변의 사찰들과 관련된다.

계契에 관한 글이 23편으로 많다는 점도 주목된다. 그 가운데 「산신계 서문(山神契序)」은 "무릇 이 계는 향사享祀를 위해 만든 것은 아니나, 사찰이 이 산에 있고 승려가 이 사찰에 있으니 존숭하는 예가 없겠는가.(夫今是契。雖非享祀之設。而寺在是山。僧在是寺。可無尊崇之禮耶。)"라고 하여 '향사'를 배설하지는 않더라도 산신을 존숭하는 절차를 위해 승려들이 계를 만든 사연을 말하고 있다. 이 글은 화엄사와 관련된 글인데 송광사 쪽에서는 「산신계안에 대한 글(山神契案文)」이 있으니 특정 사찰에만 국한된 모습은 아니다. 「원효암의 산왕 계안에 대한 글(元曉菴山王契案文)」도 계와 관련된 글인데, 산신계山神契는 이전에 승려 문집에 보이지 않았던 것이라는 점에서 불교계 문화의 변화를 볼 수 있다.

「칠성계안 서문(七星契案序)」과 「동복군 옹성산 몽성암 칠성계안 서문」은 「원군 탱화 서문(元君畫幀序)」과 함께 역시 조선 후기 불교계 문화의 변화를 보여 준다. '원군'은 북두칠성을 신격화한 것인데 이전에는 보이지 않다가 조선 후기 승려 문집에 나타난다.

계서契序 가운데 학계學契에 대한 것이 4편, 문계門契에 대한 것이 4편이다. 학계와 문계는 계보를 중시하는 흐름과 관련된다. 『다송문고』의 특징 가운데 하나는 계보를 중시하는 글이 많다는 점이다. 「묵암의 비를 세우기 위한 모연문(默庵立石募緣文)」의 경우는 묵암 최눌默庵最訥(1717~1790)이 부휴浮休의 맥을 이었다는 점과 그가 백암 성총栢庵性聰(1631~1700)의 비를 세우고 풍암 세찰楓岩世察(1688~1765)의 가풍에서 선을 공부했고 영해 약탄影海若坦(1668~1754)의 대회를 크게 열었다는 계보에 관한 사항을 상세히 언급하였다. 「호붕당의 학계 서문(浩鵬堂學契序)」의 경우는 더 자세하다. 여기서는 호붕당의 선세先世를 법호에 알맞게 비유적으로 맛깔나게 제시하고 있다. 풍암楓岩에 대해서는 "여러 층"이라 하여 높은 경지를 드러내고, 영해影海에 대해서는 바다라는 뜻의 호와 관련하여 '바닥'이라는 말을 활용해 깊이를 드러내었다. 유사한 내용이 「종사 계안 서문(宗師契案序)」에는 좀 더 문학적으로 표현된다. "석실石室에 옥(珙)이 맑으니"라고 하여 태고 보우太古普愚의 스승인 석옥 청공石屋淸珙(1272~1352)을 가리키고, "태고太古 노옹이 바위를 쪼개어(擘岩) 각성하였고"라고 하여 태고의 계통에 속하는 벽암 각성碧巖覺性(1575~1660)을 표현했다. "구곡龜谷에 구름이 열리니 환암幻庵 주인이 법계에 올라(登階) 마음을 맑게 했다."라고 하여 보우의 법통을 이은 구곡 각운龜谷覺雲과 환암 혼수混修幻庵를 표현했다. "한 그루 벽송碧松"이라고 하여 벽송 지엄碧松智儼을 가리키고 "우뚝한 취미翠微(산)는 눈이 덮여 고고하고"라고 하여 취미 수초翠微守初를 가리켰다. '취미'가 산을 뜻하기도 하므로 그렇게 은유적으로 표현한 것이다. "만 가지 부용芙蓉빛은 백암栢庵의 거리에 흩어져 은은한 부휴浮休가 티끌을 벗어났다."라고 하였으니 영관靈觀의 호가 연꽃을 뜻하는 부용이라서 '만 가지'라는 수식어를 붙인 것이다.

이 밖에도 계보와 관련한 글로는 벽당碧堂(碧潭)의 사형이요 묵사默師(묵암)의 사제인 제운霽雲과 관련된 「제운 화상의 문계 서문(霽雲和尙門禊序)」, 다송 자신의 스승에 대한 기록인 「범해 선사의 행장(梵海禪師行狀)」, 「응암 선조의 행장 초고(應庵先祖行裝草)」, 벽암碧嵓의 10세손인 두월斗月에 대한 「두월 화상의 문계 서문(斗月和尙門禊序)」과 「지리산 대화엄사 임제종 36세 적손 원화 대선사의 행장 초고(智異山大華嚴寺臨濟宗三十六世嫡孫圓華大禪師行狀草)」 등이 있다.

비석에 관한 글이 많은 것도 계보를 중시하는 흐름과 관련된다. 입석축立石祝(文)이라고 한 것이 5편, 이안축移安祝이 2편, 입석제문立石祭文이 3편, 입비제문이 2편, 입비역사서立碑歷史序가 1편, 비음기碑陰記가 3편, 부도를 비전에 봉안하는 기문 1편, 입석모연문立石募緣文 1편, 입비연기서立碑緣起序 1편으로 총 19편이 있다.

계보가 사람들 간의 사적 관계라면 '연기緣起'라는 제목이 붙은 글은 건물이나 사건들의 사적 관련이나 변화를 보여 주는데, 총 11편이 실려 있다. '연기'라는 제목의 글은 다른 승려 문집에서는 보기 어렵다는 점에서 이 문집의 특징으로 삼을 만하다. 이 가운데 「남여를 혁파하는 연기 기문(籃轝革罷緣起記)」은 양반들이 산행을 하면서 승려들에게 가마 태워 줄 것을 요구했던 조선 시대의 폐해와 관련된 글이다. 1899년에 왕명에 따라 가마 10개를 감영으로 옮겨 불태워 버렸다고 했다.

19세기 말에서 20세기 초에 걸친 혼란한 시대상을 보여 주는 글도 몇 편 있다. 「병정 제례 축문(兵丁致齋祝文)」은 19세기 말 동학 운동과 관련된 글이다. 이 글에서 동학 세력을 직접 언급한 부분을 보면 "서융西戎이 나라를 무너뜨림은 없으나 동비東匪가 백성을 학대하여(雖無西戎之傾國。爾奈東匪之虐民。)"라고 하여 동학 세력을 비적으로 여기고 있고, "동비들을 붙잡아 으뜸 공적이 쟁쟁하고 의병 우두머리를 체포하여 공훈이 크게 하소서.(攫取匪類。首功錚錚。捷俘義酋。勳封落落。)"라고 하였다. 동학 관련한 내용은 1908년에 작성한 「은적암과 보조암의 화재 기문(隱寂庵普照菴回祿記)」에도 보인다. 동학 세력이 일어나서 백성들의 재물을 약탈하는 등 부정한 짓을 저질렀고 그로 인해 일본군이 와서는 은적암과 보조암에 불을 질렀다는 것이다. 문맥상 이해하자면 동학도들이 숨어 있지 못하도록 불을 지른 것으로 보인다. 동학도에 대한 평가가 대단히 부정적인데, 당시 정세에 대한 판단이 정확하지 않다고 하겠다. 이와 관련하여 1910년에 일본인 등원삼목남藤原三木男을 전송하는 글 「일본으로 돌아가는 등원삼목남을 송별하는 서문(送藤原三木男歸日本序)」도 다송의 정치적 입장을 보여 준다.

불교 종파와 관련하여 1911년에 쓴 「종무원이 조동종에 붙는다는 소식을 듣고 스스로 반대하는 설을 쓰다(聞宗務院付屬曹洞宗自題反對說)」가 주목된다. 당시 조선의 승려는 6천 인이라 했고 그 승려들의 재산을 거두어 종무원을 설치하고 사찰의 부동산을 기록한 다음 김현암金玄庵이 도총무都摠務가 되고 이회광李晦光이 대종정大宗正이 되어 일본 조동종에 조선의 임제종을 부속시켰다고 했다. 다송은 이 사실을 적시하고 임제종의 적통이 2천 년 대대로 이어져 왔는데 이것을 바꾸는 것은 옳지 않다며 규탄했다.

「합천군 가야산 해인사에서 어인 대장경 인출하는 불사를 경찬하는 소(陜川郡伽耶山海印寺大藏經御印出佛事慶讚疏)」는 1899년 5월에 해인사에서 왕명으로 대장경을 인출한 경위를 담고 있다. 어떤 계기로 대장경을 인출하게 되었는지는 소개되지 않아서 다른 기록을 통해서 보완할 필요가 있다.

1913년에 쓴 「『선문증정록』을 인쇄하기 위해 베껴 쓰고 난 후의 발문(禪門證正錄印刷次書寫後跋)」은 백파 긍선白坡亘璇(1767~1852)이 선禪에 대한 여러 견해를 임제 의현臨濟義玄이 선문답에서 제시한 삼구三句로써 해결하기 위해 지은 『선문수경禪文手鏡』의 견해를 논박하고, 우담 홍기優曇洪基(1832~1881)가 찬술한 『선문증정록禪門證正錄』의 가치를 주장한 글이다. 이 주장은 다송의 계보와 관련된다. 다송은 범해 각안의 제자로서 벽암 각성의 문중에 해당하는 승려들에 관한 기록을 많이 남기기도 했다. 범해 각안은 해남 두륜사를 중심으로 활동했고 우담 홍기는 조계산 송광사를 중심으로 활동했으니, 송광사에 오래 주석한 다송으로서는 두 문파를 아우른 셈이다.

5. 가치

『다송문고』에는 중수기와 창건기 등이 다수 수록되어 있어서 19세기 말 조선 불교계의 성장하는 모습들을 보여 준다. 독특한 점으로는 학계와 문계, 그리고 산신계山神契를 포함하여 계契에 관한 글이 많다는 것이다. 산신계는 칠성단 신앙과 함께 조선 후기에 발생한 불교계의 변화라 하겠고, 학계에 관한 글들은 계보를 중시하는 흐름과 관련되며 19세기 말 조선 불교계의 특징을 보여 준다. 학계와 관련하여 행장을 비롯한 계보와 관련된 여러 글들이 있어서 사승 관계를 파악하는 데 도움을 준다.

실용적인 성격이 강한 글로 상량문과 권선문 같은 경우는 승려 문집에서 흔히 보던 것이지만, 계를 주는 의미를 담은 「대계첩 서문大戒牒序文」이나 「보살계를 받는 첩(受菩薩戒牒)」 같은 작품은 또한 다른 데서 보기 힘들다는 점에서 더 주목된다.

6. 참고자료

김용태, 「錦溟 寶鼎의 浮休系 정통론과 曹溪宗 제창」, 『한국문화』 37, 서울大學校 韓國文化硏究所, 2006.

현봉 편저, 『솔바람 차향기 : 다송자茶松子 금명 보정錦溟寶鼎의 생애와 사상』, 송광사, 2017.

이대형, 「20세기 초 승려문집 『茶松文稿』의 문체적 특징」, 『어문연구』 47권 4호(184호), 한국어문교육연구회, 2019.

차례

다송문고茶松文稿 해제 / 5
일러두기 / 25

다송문고 제1권 茶松文稿 卷第一

문文-108편

화엄사 봉천암을 중수하는 글 華嚴寺奉天菴重修文 29
원효암의 산왕 계안에 대한 글 元曉庵山王契案文 31
수계 계안에 대한 글 受戒契案文 33
고사제 축문 庫司祭祝文 34
병정 제례 축문 兵丁致齋祝文 35
산신계 서문 山神契序 37
원군 탱화 서문 元君畵幀序 39
보적암을 중수하는 글 寶積庵重修文 41
비니 계 毘尼契 43
침계루 중수 상량문 枕溪樓重修上樑文 44
청진암을 중건하는 화문 淸眞菴重建化文 48
행해당을 중건하는 화문 行解堂重建化文 50
산을 유람하며 쓴 서문 遊山序 52
종과 밥솥, 석천을 시주한 공덕에 대한 기문 中種食鼎石泉施主功德記 54
장등 공덕에 관한 기문 長燈功德記 56
만일암 중수 모연문 萬日重修募緣文 58
화엄사 개와 모연문 華嚴寺盖瓦募緣文 61
성주 쌍계사의 사천왕상 중수기 星州雙溪寺四天重修記 63
지리산 문수암 모연문 智異山文殊菴募緣文 66
보살계를 받는 첩 受菩薩戒牒 68
합천군 가야산 해인사에서 어인 대장경~ 陜川郡伽耶山海印寺大藏經御印出~ 70
송광사 하사당을 중수하는 상량문 松廣寺下舍堂重修樑文 75
어인 대장경을 봉안하는 연화문 御印大藏經奉安緣化文 78
산신계안에 대한 글 山神契案文 81

보인 수좌가 구걸하는 단 寶印首座求乞單 83
묵암의 비를 세우기 위한 모연문 默庵立石募緣文 85
팔상전과 약사전의 양식과 등유 계 서문 八相殿藥師殿糧燈契序 87
명부전 계안 서문 冥府殿契案序 89
김시원 원당을 중건하는 상량문 金時元願堂重建上樑文 91
윤웅렬 관찰사께 올리는 편지 上尹觀察雄烈書 94
법해당 학계 서문 法海堂學契序 96
월화당 학계 서문 月和堂學契序 98
호붕당의 학계 서문 浩鵬堂學契序 100
종사 계안 서문 宗師契案序 103
사천왕상을 중수하고 채색하는 권선문 四天王眞像重修改彩勸文 106
감로암 중수 화문 甘露菴重修化文 108
광원암 중수 화문 廣遠菴重修化文 110
지장전의 양식과 등불 공덕에 대한 기문 地藏殿糧燈功德記 112
국사의 부도에 다례를 올리는 축문 國師浮屠茶禮祝文 113
통허 화상의 진신에 대한 찬 洞虛和尙眞身讚 114
또 又 115
통허 화상의 입적을 알리는 통장 서문 洞虛和上出世通狀序 116
송광사 행해당의 중건 상량문 松廣寺行解堂重建上樑文 120
제운당 비석을 세우는 축문 霽雲堂立石祝文 124
송광사 당사의 상주 집물 전장에 대한 서문 松廣寺堂司常住汁物傳掌序 126
임금께서 하사하신 대법보종찰 가야산 해인사~ 勅賜大法寶宗刹伽耶山海印寺~ 128
성수전을 창건한 연기 발문 聖壽殿始刱緣起跋文 131
칠성계안 서문 七星契案序 134
장경전의 불량을 들이기를 원하는 공덕에 관한 기문 藏經殿佛粮願入功德記 136
취은 화상의 열반계 서문 翠隱和尙涅槃契序 138
대지전에 논을 바치는 기문 大智殿獻畓記 139
청원루 상량문 淸遠樓上樑文 140
남여를 혁파하는 연기 기문 籃轝革罷緣起記 143
성수전의 제반 집물을 전장하는 서문 聖壽殿諸般汁物傳掌序 145
대장경 전독 발문 轉讀大藏經跋文 147
청원루 중수기 淸遠重修記 151

만일회 불장을 새로 만들고 쓴 기문 萬日會佛藏新成記 153
봉두산 동리사 봉서암의 개와 권선문 鳳頭山桐裏寺鳳捿菴盖瓦勸善文 155
두월 화상의 문계 서문 斗月和尙門契序 157
단자 單子 158
삼일암 중창 상량문 三日菴重剏上樑文 160
삼일암을 중건한 연기에 대한 의론 三日庵重建緣起論 165
이봉 선사의 문계 서문 离峯禪師門契序 167
해경 선사의 자량 단문 海景禪師資粮單文 169
곡성 태안사에 십육존을 봉안한 연기 기문 谷城泰安寺十六尊奉安緣起記 170
경안성 청룡사의 두찬 수좌의 단문 京安城青龍寺斗賛首座單文 173
은적암과 보조암의 화재 기문 隱寂庵普照菴回祿記 174
일본으로 돌아가는 등원삼목남을 송별하는 서문 送藤原三木男歸日本序 176
종무원이 조동종에 붙는다는 소식을 듣고~ 聞宗務院付屬曺洞宗自題反對說 178
『선문증정록』을 인쇄하기 위해 베껴 쓰고 난~ 禪門證正錄印刷次書寫後跋 180
보살계를 받는 첩 受菩薩戒牒 182
벌목 축문 伐木祝文 184
건물 부수는 축문 破屋祝文 185
제운 화상의 문계 서문 霽雲和尙門稧序 186
침계루를 중수하는 데 크게 시주한 이에 대한 작은 기록 枕溪樓重修大施主小記 188
갑신조합 취지 서문 甲申組合趣旨序 189
애동계 서문 愛同契序 191
장경전 유리 창문을 새로 만드는 기문 藏經殿琉璃窓門新造記 192
환선정 불상 봉안식 취지서 喚仙亭佛奉安式趣旨書 193
관세음보살께 드리는 기도문 祈觀世音菩薩文 195
청운 화상의 학계안 서문 青雲和尙學契案序 197
대계첩 서문 大戒牒序文 200
해남군 두륜산 대흥사 청신암 중수기 海南郡頭崙山大興寺淸神庵重修記 202
범해 선사의 행장 梵海禪師行狀 205
『범해선사시집』의 발문 梵海禪師詩集跋 210
응암 선조의 행장 초고 應庵先祖行狀草 212
지리산 천은사 감천강원 생도의 출품~ 智異山泉隱寺甘泉講院生徒出品存案序 216
금강산 유점사 출품의 답서 答金剛山楡岾寺出品序 218

영남 곤양군 방장산 다솔사 대웅전과~ 嶠南昆陽郡方丈山多率寺大雄殿禪~ 219
지리산 대화엄사 임제종 36세 적손~ 智異山大華嚴寺臨濟宗三十六世嫡孫~ 224
조계산 송광사 우담 대선사의 행장 초고 曹溪山松廣寺優曇大禪師行狀草 228
두륜산에서 조계산으로 돌아가는 김오천에게~ 金梧泉自頭崙回曹溪山贈別序 230
『송귀집』의 짧은 서문 送歸集短引 233
화산선회품시에 부치는 글 寄華山禪會品詩書 235
경성의 중앙학림으로 유학 가는 박상전을~ 送朴祥銓遊學京城中學林序 237
제살 축원 制殺祝 240
학도들에게 행동에 대해 알려 주는 설 示學徒作之之說 241
송광사 대공덕주 용운당 대선사 행장 松廣寺大功德主龍雲堂大禪師行狀 243
『산수결』을 등사하여 보관하는 서 山水訣謄寫藏弆序 248
육상궁 원당 기문 毓祥宮願堂記 250
축성전 창건기 祝聖殿剏建記 252
송광사 보제당 삼불의 개금 점안에 대한 소 松廣寺普濟堂三佛改金點眼疏 254
영산회 주별 靈山會晝別 257
명왕 야별 소 冥王夜別疏 260
고흥군 금산면 풍악산 송광암 중수기 高興郡錦山面楓岳山松廣庵重修記 262
여수군 돌산면 향일암 수륙대회 모연문 麗水郡突山面向日庵水陸大會募緣文 264
보성군 대원사 능월당을 추도하는 축원 寶城郡大原寺綾月堂追悼祝 266
석곡 정농오의 회갑시 서문 石谷鄭農塢回甲詩序 267

주 / 269

다송문고 제2권 茶松文稿 卷第二

문文-140편

원통계안 서문 圓通契案序 353
방장산 월화 장로께 올리는 서 上方丈山月和長老序 356
화엄사 원화 함장께 올리는 글 上大華嚴寺圓華凾丈文 359
용악 장로께 사례하는 편지 謝龍岳長老書 363
우룡 법우에게 보내는 답서 答雨龍法友書 366

형민 상인을 전송하는 서 送衡旻上人序 368
연포의 상인 연파가 행각하기에 보내는 답서 答蓮圃上人蓮坡遊方序 370
흥양군 팔영산 능가사 서불암 기문 興陽郡八影山楞伽寺西佛菴記 372
조계산 보조암 강당과 선불장을 위한~ 曹溪山普照庵講堂選佛場緣化結社文 376
조계산 천자암 성산각의 중건 화문 曹溪山天子庵星山閣重建化文 380
본군 수령 원우상이 폐해를 없애 준 것에 대한 칭송기 本郡守元禹常除瘼頌記 382
본도 수의어사 이면상의 천왕문 단청 공덕에~ 本道繡衣李冕相天王門丹靑~ 384
조계산 보조국사의 감로탑을 이안한~ 曹溪山普照國師甘露塔移安緣起評 386
영호 강백이 시를 청하기에 보낸 답서 答映湖講伯求韻 389
송광사 시왕 탱화를 새로 조성한 기문 松廣寺十王幀新成記 391
기로소 원당을 새로 세우는 일에 대한 상언 耆老所願堂新建事上言狀 394
팔상성도 청문 유치 八相成道請文由致 396
기로소 원당 성수전 창건에 대한 상언 耆老所願堂聖壽殿剙建事上言狀 405
또 상량문과 액호, 예폐에 대한 상언 又樑文額號禮幣事上言狀 407
풍암 조사의 부도를 비전에 봉안하는 기문 楓巖祖師浮屠奉安碑殿記 409
『조선불교약사』를 읽은 감상을 논함 讀佛敎略史感想論 412
『수선지』 서문 修禪誌序 416
백양산의 청장을 사양하는 글 謝白羊山請狀書 418
김환경 영가 추도식 축문 金喚鯨靈駕追悼式祝 419
오 참사에게 올리는 편지 上吳參事書 420
승평군 조계산 극락교 기문 昇平郡曹溪山極樂橋記 422
정봉 대화상의 입적을 알리는 통장 正峯大和尙出世通狀 425
『계산시고』 발문 溪山詩稿跋文 428
부휴 선조의 비를 거듭 세우며 지은 비음기 浮休禪祖重立碑陰記 430
밭을 개간하기 위해 터를 닦는 축문 墾田開基祝文 432
지와굴 터를 닦는 축문 地瓦窟開基祝文 433
제운 대선사 비음기 霽雲大禪師碑陰記 434
임경당 돌우물을 새로 완성한 명 臨鏡堂石井新成銘 436
벽담당 탑을 이안하는 축문 碧潭堂塔移安祝 439
또 又 440
벽담당 탑과 회계당 탑을 비전에 이안하고~ 碧潭堂塔會溪堂塔移安碑殿及築~ 441
조계산 진영당 이전과 새로 영정을 조성한~ 曹溪山眞影堂移建及新造影緣起論 444

칠전의 동쪽 방장이 고금에 이름이 다름에 대한 변증 七殿東方丈古今名異卞 ········ 447
조계산 송광사 사자목의 새 길과 옛길의~ 曹溪山松廣寺獅子項新舊路緣起卞 ········ 451
화엄사 진응 화상을 청하는 글 請華嚴寺震應和尙書 ········ 456
월간잡지를 읽고 감상을 쓴 편지 讀月報感想書 ········ 458
경월 거사의「선문증정록 서문」서술에 대한 답서 答擎月居士證正序述書 ········ 460
근본을 배반하고 스승을 구하는 학우에게 보여 주는 글 示學友背本求師之人書 ········ 462
조계산 제6세 원감국사께서 지은『가송록』을~ 曹溪山第六世圓鑑國師所著~ ········ 464
동복군 유마사 봉향각의 창건 상량문 同福郡維摩寺奉香閣剏建上樑文 ········ 467
수선사 계의 서문 修禪社契誼序 ········ 472
제운 화상의 비석을 세우는 축문 霽雲和尙立石祝 ········ 474
벽담 화상의 비석을 세우는 축문 碧潭和尙立石祝 ········ 475
학생에게 보이다 示學生 ········ 476
웃옷을 벗고 경전을 보는 학도들을 훈계하다 誡學徒脫上衣看經 ········ 477
벽담 선사의 비를 세우는 연기 서문 碧潭禪師立碑緣起序 ········ 479
이태왕을 천도하는 기도 축문 薦李太王祈禱祝 ········ 481
이태왕의 백일재 연기 서문 李太王百齋緣起序 ········ 482
조계산 국사전의 중창에 따른 상량 명과 서문 曹溪山國師殿重剏上樑銘幷序 ········ 484
이봉 대선사의 비를 세우는 축문 离峯大禪師立碑祝文 ········ 490
기봉 대선사의 비를 세우는 축문 奇峰大禪師立碑祝文 ········ 491
조계산 송광사 청진암의 네 번째 창건기 曹溪山松廣寺淸眞庵第四剏建記 ········ 493
송광사 나한 전설에 대한 변증 松廣寺羅漢傳說卞 ········ 496
조계산 송광사 국사전의 중수기 曹溪山松廣寺國師殿重修記 ········ 499
두월 대사의 비를 세우는 제문 斗月大師立碑祭文 ········ 502
진도 군수 이 옹께 올리는 편지 上珍島郡守李云翁書 ········ 504
허정환이 법을 구하기에 쓴 답서 答許正煥求法書 ········ 505
동복군 옹성산 몽성암 칠성계안 서문 同福郡甕城山夢聖庵七星契案序 ········ 508
몽성암 창건기 夢聖庵剏建記 ········ 510
해강 김규진과 죽농 안순환이 30사찰의 액호를~ 金圭鎭安淳煥寫送三十寺額號~ ········ 512
한씨 문계안 서문 韓氏門契案序 ········ 513
『조계고승전』서문 曹溪高僧傳序 ········ 515
『저역총보』서문 著譯叢譜序 ········ 517
엄군 통정공의 신산 장례 축문 嚴君通政公新山葬禮祝 ········ 518

자당 숙부인 전주 이씨의 신산 장례 축문 慈堂淑夫人全州李氏新山葬祝 519
6대와 5대 조비 묘의 석물을 봉안하는 축문 六代五代祖妣墓石物奉安祝 520
『석보약록』자서 釋譜略錄自序 521
동경으로 유학 가는 완섭 사미를 보내며 送完燮沙彌東京留學 523
『진각국사 법어송 초집』서문 眞覺國師法語頌抄集序 524
부휴 선조의 비를 세운 역사 서문 浮休先祖立碑歷史序 526
부휴 조사의 비를 세우는 제문 浮休祖師立石祭文 528
환해 화상의 비를 세우는 제문 幻海和上立石祭文 530
태안사 봉서암 중창기 泰安寺鳳瑞庵重剏記 531
『화엄경』사경 발문 寫華嚴經跋 535
도림사 대법당 상량문 道林寺大法堂上樑文 538
도림사 대법당 중창기 道林寺大法堂重剏記 542
도림사 길상암 중수기 道林寺吉祥庵重修記 545
조계산 감로암 동별당을 새로 건축하는 기문 曹溪山甘露庵東別堂新建記 547
태안사 16나한을 이안한 연기 泰安寺十六聖移安緣起 549
간병해 준 강재원에게 감사하는 편지 謝姜在源看病書 552
또다시 사례함 又再謝 553
응암 선사의 진영을 새로 조성하는 기문 應庵禪師眞影新造記 555
『신심명』번역 해설 발문 信心銘譯說跋文 557
낙안군 동화사 승당의 불상 개금과 탱화를~ 樂安郡桐華寺僧堂佛像改金~ 559
『불조록찬송』서문 佛祖錄贊頌小引 561
『삼장법수집』서문 三藏法數集序 563
『염불요문과해』발문 念佛要門科解跋文 565
자정국사의 탑이 훼손된 연기 慈靜國師毀塔緣起 567
해남군 북평면 천태산 칠성암의 중건~ 海南郡北平面天台山七星庵重建上樑文 571
보성군 벌교 포구의 송명교당 상량문 寶城郡筏橋浦松明校堂上樑文 575
곡성군 봉두산 동리사 능파각의 중수~ 谷城郡鳳頭山桐裡寺凌波閣重修樑文 580
태안사 대지전을 새로 창건하는 상량문 泰安寺大持殿新剏建上樑文 583
조계산 송광사 칠성각을 새로 지으려 터를~ 曹溪山松廣寺七星閣新建開基祝 587
기둥을 세우는 축문 立柱祝 588
칠성각 상량문 七星閣上梁文 589
묵암 선사의 비석을 세우는 제문 默庵禪師立石祭文 594

애감계 서문 哀感契序 596
곡성군 도림사 시왕나한전의 중수기 谷城郡道林寺十王羅漢殿重修記 597
조계산 화엄전, 오십전, 나한전의 불상~ 曹溪山華嚴五十羅漢三殿佛像重修記 599
조계산 송광사 극락교, 청량각 상량문 曹溪山松廣寺極樂橋淸凉閣上梁文 602
위와 함께 기둥 세우는 축문 同立柱祝文 606
부인상을 당한 사마 송염재를 위문하는 편지 問宋司馬念齋喪配書 607
용운 대종사 비음기 龍雲大宗師碑陰記 609
아사 조종현에게 보내는 답서 答趙雅士鐘鉉書 610
용운 선사의 비를 세우는 제문 龍雲禪師立碑祭文 613
개운산 동화사 선당의 중창 상량문 開雲山桐華寺禪堂重刱上樑文 615
송광사 심검당의 변혁에 관한 기문 松廣寺尋釰堂變革記 618
송광사 천자암 중수기 松廣寺天子庵重修記 620
조계산 송광사 용화당의 중수 상량문 曹溪山松廣寺龍華堂重修上樑文 623
조계산 송광사 화엄전, 불조전의 석축과~ 曹溪山松廣寺華嚴佛祖兩殿石築~ 628
청해당을 부수는 축문 海淸堂破屋祝文 631
보조국사 사리탑 축대가 무너져 세우는 축문 普照國師舍利塔築臺壞成祝 632
송광사 사천왕의 다섯 번째 중수기 松廣寺四天王第五刱修記 634
조계산 불일보조국사의 감로탑을 개축~ 曹溪山佛日普照國師甘露塔改築記 636
본사에서 염불당을 혁파함에 감상을 적은 설 本寺革罷念佛堂感想說 639
함호 화상이 유촉하는 글 菡湖和尙遺囑文 642
관음전 불량을 들이고자 하는 기문 觀音佛粮願入記 643
천태암 불답 기문 天台庵佛畓記 645
석존 탄신에 결사하는 글 釋尊誕辰結社文 646
'대경(화엄경) 글자수 분별의 결의'에 대한 변론 大經字數卞決疑辨 648
함호 화상의 진영에 대한 찬 菡湖和尙影贊 651
또 又 652
만일당 삼불 개금과 불량답에 대한 기문 萬日堂三佛改金與佛粮畓記 653
순천군 초천면 개운산 동화사 중수기 順天郡草川面開雲山桐華寺重修記 655
용화당 중수기 龍華堂重修記 657
해청당 중건기 海淸堂重建記 659
법성료의 본채 중수기 法性寮正堂重修記 661
곡성군 옥과면 설산 수도암 기문 谷城郡玉果面雪山修道庵記 663

보제당 석정 기문 普濟堂石井記 665
원화 대사의 수시 서문 圓華大師壽詩序 666
눌산 수좌가 은혜를 구하는 글 訥山首座求惠文 668
경운 화상의 찬에 답하는 글 答擎雲和尙贊文 670
모후산 유마사 염불당을 새로 짓고 천 일~ 母后山維摩寺新刱念佛堂千日~ 672
고흥군 금산면 풍악산 송광암 중수와~ 高興郡錦山面楓岳山松廣庵重修~ 674
제자들에게 촉루하는 글 囑累徒弟文抄 676

주 / 678

[부록 1]
행록초行錄草 774

[부록 2]
금명 강백의 61세 수시 서문 錦溟講伯六十一壽詩序 784
금명 대사 수시 錦溟大師壽詩 788
금옹의 수첩을 읽은 후 감동하여 謹讀錦翁壽帖後感 829

[부록 3]
금명 선사 비명 병서 錦溟禪師碑銘并序 830
금명 대종사 비음기 錦溟大宗師碑陰記 836

주 / 840

일러두기

1 '한글본 한국불교전서'는 문화체육관광부의 지원을 받아 동국대학교 불교학술원에서 수행하고 있는 '불교기록문화유산아카이브(ABC)사업'의 결과물을 출간한 것이다.
2 이 책은 『한국불교전서』(동국대학교출판부 간행) 제12책의 「다송문고茶松文稿」를 번역하였다.
3 『한국불교전서』에서 저본으로 삼은 필사본 『다송문고』와 대교하여 교감하였다.
4 번역문에 이어 원문을 병기하였다. 원문은 『한국불교전서』를 저본으로 하였으며, 원문에 간단한 표점 부호를 넣었다.
5 원문 교감 내용은 원문 아래에 표기하였다. ㉠은 『한국불교전서』의 교감 내용을, ㉡은 번역자의 교감 내용을 가리킨다.
6 약물은 다음과 같다.
　『　』: 서명
　「　」: 편명, 산문 작품
　〈　〉: 시 작품
　• : 저자가 친필 원고에 가칠하여 '刪' 자와 삭제선 위치를 표시한 것이다. 저자는 삭제하려 한 것으로 보이는데 『한국불교전서』를 편집할 때 삭제하지 않고 게재한 것이다.
7 연도 표기 : 본문 서술에서 연도와 연도 사이 기간의 계산이 실제 수치와 다른 경우가 있으나, 원문에 충실하게 옮겼고, 일일이 교정하거나 따로 주석을 붙이지는 않았다.

다송문고 제1권
| 茶松文稿* 卷第一 |

조계산 금명 보정 지음
曹溪山 錦溟寶鼎 著

---

* ㉑ 송광사松廣寺 소장 필사본.

문¹⁾

화엄사 봉천암을 중수하는 글

무너지고 사라지고 이루어지고 머묾은 천지의 이치이며, 차고 비고 줄고 느는 것은 일월의 이치이니, 하물며 그 사이의 물건이야 무엇이 비고 이루어지고 줄고 느는 변화가 없을 수 있겠습니까.

이 사찰은 군옥부群玉府¹와 삼신산三神山처럼 안개가 아스라하여 길이 천 년을 이어 갈 꽃비가 내리는 법 도량을 보호하고, 산수가 맑고 빼어나 대화엄 사리事理²의 종맥宗脈을 천양합니다. 위로 삼전三殿 보궁寶宮³을 호위하니 임금의 장수를 빌고 어버이를 축원하는 감전紺殿⁴이며, 중간에 삼존三尊 성상聖相⁵을 보호하니 모두 속세 티끌을 벗어난 보배 나라입니다. 잔강潺江(섬진강)에 뗏목을 띄워 은하수河漢에 이르러 맴돌다 잠기니 한나라 사신⁶의 남은 자취를 보겠고, 봉래蓬·영瀛⁷의 약초가 방장方丈(지리산)으로 이어져 푸른빛 짙으니 진나라 아이들⁸이 향기 찾아옴을 금하기 어렵습니다.

한편 구름 낀 시내를 굽어보아 궤안에 기대 부를 수 있는 것은 오배鰲背⁹의 원효암이요, 아름다운 노을 봉우리에 손으로 가리킬 수 있는 것은 반야般若¹⁰의 만수굴曼殊窟¹¹입니다. 석존의 솔도파窣屠波¹²와 각전覺殿의 노사나盧舍那¹³는 진정 인천人天의 복전福田이요 불교(釋宗)의 큰 사찰입니다.

그 가운데 구층암九層庵¹⁴의 위 도솔암兜率庵의 아래에 봉천암奉天菴이 있는데 경영한 지 오래되어 이루고 무너짐이 이어지니, 옥루玉樓(건물)와

---

1) ㉮ '文' 자는 편자가 보입하였다.

금면金面(불상)이 근심을 띠고 기둥과 방벽이 기울고 상처 나서, 납자衲子(승려)가 침묵할 수 없고 시인들 또한 안타까워합니다. 이에 보수하고자 동지들을 모으게 되었습니다. 사찰(蓮屋)에 비바람을 막아야 부처님이 편안하고 도를 닦을 수 있으며, 황금밭(金田)에 계옥桂玉[15]을 심어야 나라가 편안하고 집안이 화락합니다. 봄에 씨 뿌리고 가을에 수확하는 것은 정녕 산이 울면 골짜기가 응답함과 같고, 선을 쌓으면 남은 경사가 있음[16]은 물이 맑으면 달이 드러나는 것처럼 분명합니다.

華嚴寺奉天菴重修文

壞空成住。天地之常。盈虛消長。日月之理。況物於其間者。孰能無空成消長之變也哉。唯玆寺。群玉之府。三神之山。煙霞縹緲。長護一千年。花雨之法場。山水淸秀。闡揚大華嚴。事理之宗脉。上衛三殿寶宮。盡是壽君祝親之紺殿。中護三尊聖相。都爲脫俗出塵之寶邦。瀁江浮槎。接河漢而漂沉。幾見漢使之留影。蓬瀛藥草。連方丈而滴翠。難禁秦童之探香。抑復俯壓雲礉。隱几可呼者。鰲背之元曉菴。却猗霞岑。擧手可指者。般若之曼殊窟。釋尊之窣屠波。覺殿之盧舍那。眞是人天福田。釋宗巨刹。就中九層之上。兜率之下。有菴曰奉天。營始旣久。成壞相尋。所以玉樓金面之帶愁。樑棟房壁之傾瘡。非衲子當含默。以[1)]騷人亦皆悽悵。玆營修葺。庸慕[2)]同志。盖風雨於蓮屋。伏可安而道可修。種桂玉於金田。邦可寧而家可樂。春種秋收。丁寧谷應山鳴。積善餘慶。分明水澄月現云爾。

---

1) ㉠ '以'는 '而'의 오자인 듯하다. 2) ㉠ '慕'는 '募'의 오자인 듯하다.

원효암의 산왕 계안에 대한 글 【병신년(1896) 여름】

바다에 출현한 삼산三山 가운데 방장산이 봉蓬·주洲(봉래산과 영주산)를 끼고 우뚝 솟고, 지역을 나눈 사악四岳 가운데 지리산이 오잠鰲岑[17]에 이어 수려하게 높다. 어찌 그저 높다고 명성을 날리겠는가, 실로 신령하고 기이하여 걸출한 것이다. 방장산의 곤坤(남서), 오잠의 태兌(서쪽)에 정람精藍(사찰)이 있으니 '원효암'이라 한다.

원효암은 원효元曉 성사聖師께서 창설하셨고 의상義相 조사께서 선禪을 이으셨다. 잔강潺江(섬진강)이 둘러 있어 교룡이 바위에 기댄 듯하고, 오잠 등성이의 푸른빛은 연꽃이 봉우리를 이룬 듯하다. 서천西天(인도)의 비래산飛來山[18]인 듯하고 동토東土(중국)의 소림굴少林窟[19] 같아 보인다. 그러하니 비록 선부주鮮部洲[20] 바닷가에 살지만 어찌 도시다천兜斯多天[21]에 부끄러우리오. 복전福田에 복의 뿌리를 심으면 옥야玉野에서 옥 낟알을 수확하리라. 저 성중聖衆을 보건대 재齋의 규모가 많은 집안의 발원하는 마음으로 이미 갖추어졌거늘 오직 이 산령山靈만은 제물 공급에 한 분의 단신檀信(시주)이 오래도록 부족합니다. 그래서 향사香社[22]의 계안契案[23]을 맺고자 보시하는 군자들께 널리 아룁니다.

엎드려 바라건대 재를 지내고 정성을 바침은 거대한 사찰에만 있는 것이 아니고, 복을 구하고 장수를 구함은 필시 산령 진군眞君에게 해야 합니다. 정성을 드리고 마음을 맑게 하면 봉래산과 영주산의 영약을 얻게 될 것이요, 재물을 희사하여 발원하면 방장산의 신선을 보게 될 것입니다.

元曉菴山王契案文【丙申夏】
海出三山。方丈挾蓬洲而挺特。域分四岳。智異接鰲岑而秀高。豈徒高逈而闡名。寔由靈異而稱傑。方丈之坤。鰲岑之兌。有精藍曰元曉菴。聖師元曉之創設。祖師義相之繼禪。潺江帶圍。怳然蛟龍之偃石。鰲背積翠。彷彿蓮花之作峰。疑若西天之飛來山。慣見東土之少林窟。雖居鮮部洲海上。寧慙兜斯多天中。種福根於福田。收玉粒於玉野。睠彼諸聖。齋體已備於千門之願心。唯此山靈。供需久闕於一士之檀信。故結香社之契案。普告君子之施門。伏願致齋致誠。不在宏藍巨刹。求福求壽。必乎山靈眞君。致誠澄心。可得蓬洲之藥。捨財發願。必見方丈之仙。

수계 계안에 대한 글

하루는 어떤 분이 책자(笑)를 내게 보이며 말했다. "무릇 석가 제자들은 몸을 보양하는 데는 사은四恩[24]의 공을 입으면서도 승려가 됨[25]은 십계十戒[26]의 덕이 아님이 없소. 은혜의 공과 계의 덕에 대해 어찌 경중을 가릴 수 있겠소. 은혜를 알고 덕을 갚는 것 또한 선후가 없을 수 없지요. 그래서 사안社案(계)을 맺어 돈을 모아 이자를 불려 계사戒師[27]를 생사 간에 잊지 않는 자료로 삼으려 하니 바라건대 서문을 써 주시오."

나는 다음과 같이 말하였다. "아아, 일념의 선한 마음은 사은을 녹일 만하고 하나의 무작계無作戒[28]는 삼취정계三聚淨戒[29]를 포섭할 수 있습니다. 이것을 지니면 빙설처럼 정갈하고 성곽처럼 굳건하여 일찍 스승에게 보답한 것이 됩니다. 어찌 다시 곗돈이라는 바깥의 틀과 변무駢拇[30] 같은 썩은 말이 필요하겠습니까. 대방大方[31]의 면전에 불가하지 않겠습니까."

"그렇지요. 비록 이와 같으나 어찌 알겠소, 바깥 틀만 있고 실지는 없는지. 무릇 밖에서 일어나는 일이 어찌 안에서 쌓여 밖으로 드러난 것이 아니겠소."

나는 이에 그 일이 행할 만함을 기뻐하여 그 대략을 쓰노라.

受戒契案文

一日某公攝笑示余曰。凡爲釋子者。養身保質。雖沾四恩之功。霑染稟具。莫非十戒之德而恩功。之戒之德。何敢校其輕重。知其恩。報其德。亦不能無先後。故玆結社案。聚鈇出利。以爲戒師存亡間不忘之資。幸書其弁。余曰。噫嘻。一念善心。可消四恩。一無作戒。能攝三聚之淨戒。唯持此而淨如冰雪。禁如城郭。早已報師了也。更須契鈇之外模。拼拇之腐詞。無乃不可於大方之面前耶。曰然。雖如是。安知其徒外模而無其實也。凡事之發於外者。安敢不積於內而形外乎哉。余於是嘉其所爲之可爲。而書其槩云爾。

고사제[32] 축문

고지기 대신大神 성명지하聖明之下[33]는
모든 영령과 신명 가운데 오직 최고입니다.
가장 신이하고 영험하고 용맹하고 위엄 있어서
예로부터 지금까지, 견고하게 지키고 엄격하게 호위하셨으니,
옛날 왕의 창고와 지금 사찰 곳간의
산해진미와 여래의 법재法財가
하夏나라의 거교鉅橋[34]처럼 곡식이 풍성하고
한나라의 상평常平[35]처럼 가득 차 넘쳤습니다.
이 사찰의 곳간은 예로부터 한결같이
오곡이 가득 차서 샘이 솟듯이 고갈되지 않고
벼와 기장이 계옥桂玉을 이루었습니다.
없음이 변하여 있음이 되니, 신의 보호를 헤아릴 길 없습니다.
존귀한 영령들께 우러러 바라노니 은택을 널리 적시옵고
여러 음식들을 갖추어 삼가 맑은 술을 드리나니
흠향하소서.

庫司祭祝文・[1)]

庫直大神。聖明之下。諸靈神祇。唯是爲最。最神最靈。能猛能威。從古及今。堅守嚴衛。昔之王倉。今之佛庫。山珍海錯。如來法財。夏之鉅校。[2)] 穰穰充實。漢之常平。陳陳盈溢。唯此寺庫。古今一轍。滿中五粟。泉湧不竭。稻糠黍稷。變成桂玉。變无爲有。神護莫測。仰冀尊靈。廣沾惠澤。庶羞排備。謹以淸酌。伏唯尙饗。

1) ㉱ 이 표시는 찬자撰者가 삭제하려고 표시한 부분을 뜻한다. 이하 동일. 2) ㉱ '校'는 '橋'의 오자인 듯하다.

병정 제례 축문

방패와 창 등의 무기는 헌원씨軒轅氏[36]의 본보기에서 비롯되었고,[37]
오랑캐와 견융犬戎[38]은 하夏·상商·주周 시대에 시작되었습니다.
오패五伯[39]의 정벌에 미쳐서는 종묘宗廟의 은택을 받았고,
삼국이 출병하여서는 오히려 성군星君[40]에게 복을 기도하게 되었습니다.
사직에 힘입어 나라 복록이 길이 창성하고
성군의 은택을 받아 지세가 형통하니,
고을에서 고을로 이르고 나라로 나라를 보게 되었습니다.
우리 동국東國은 인의仁義의 풍습과 예악禮樂의 서적으로
삼천리강산에 교화가 이루어져 오백 년 세월을 누렸습니다.
서융西戎이 나라를 무너뜨림은 없으나 동비東匪[41]가 백성을 학대하여,
의병이 만연하니 성대聖代의 오랑캐 같고
장수가 출병한 지 오래되니 황제黃帝 때의 전쟁 같습니다.
이러므로 아무개 공公께서
남악南岳의 대화엄사에서,
남병산南屛山에서 칠원의七元儀께 제사 지낸 일을[42] 사모하여,
하늘까지 미치는 충성을 아뢰어 나라 운세가 안정되기를 통렬히 바랍니다.
제물은 보잘것없지만 정성을 다했으니
성스런 근본인 자비로 특별히 혜택을 내리소서.
오직 바라건대
병사들이 이르는 곳에 바람이 일면 풀이 눕듯이 하고,
무기가 이를 때면 사자가 포효함에 여우가 엎드리듯 하게 하옵소서.
온갖 괴이함이 봄눈 녹듯 하고 만 가지 경사가 여름 구름이 일듯 하소서.

동비들을 붙잡아 으뜸 공적이 쟁쟁하고
의병 우두머리를 체포하여 공훈이 크게 하소서.

兵丁致齋祝文•
干戈兵革。濫觴於軒轅氏之嘉模。夷狄犬戎。權輿於夏商周之聖代。以及五伯之征伐。猶蒙宗廟之餘陰。三國之出師。尙禱星君之慶福。賴社稷而國祚永昌。荷星澤而地運亨通。從鄕至鄕。以國觀國。以吾東國。仁義風土。禮樂車書。化被三千里之江山。亨國五百年之日月。雖無西戎之傾國。爾奈東匪之虐民。義兵緣漫。若聖代之夷狄。將師出歷。如帝時之戈干。是以某公。於南岳之中大華嚴寺。慕南屛之上祭七元儀。敢扣彌天之忠。痛冀安國之祚。物雖菲薄。情乃盡誠。聖本慈悲。特垂惠澤。唯冀出師到處。如風行而艸偃。兵革行時。若獅吼而狐伏。百怔與春雪而點湯。萬慶等夏雲而起空。攫取匪類。首功錚錚。捷俘義酋。勳封落落。

산신계 서문

　산 중에 동방에서 최대는 묘향산과 구월산·봉래산·방장산이니, 나라의 사대 명산이 된다. 제남濟南(제주)의 최고는 영주산瀛洲山(한라산)으로 사대산과 서로 다퉈 사대산 가운데 둘을 누르고 나머지 둘과 함께 해동의 삼신산三神山이라 칭해진다. 그래서 삼정승(三台)의 형세를 이루고 높이 아득한 은하수에 닿는다. 지위는 취령鷲嶺[43]보다 낮으나 덕은 용이龍耳[44]만큼 높아, 온갖 바위가 수려하고 수많은 골짜기들이 다퉈 흐른다. 송도松濤[45]와 옥설沃雪[46]이 그림 속의 천지가 되니, 기이한 나무와 꽃은 신선이 노니는 정원이 아니련가.
　더욱 신령스러운 것을 고찰하여 얻을 수 있으니, 용비龍飛(왕위에 오름)한 초에 태조대왕이 사대산의 영령을 이르게 하였는데 유독 그렇게 할 수 없었던 것이 남악南岳(지리산) 산령山靈이었다. 남악 산령이 굴하지 않았던 까닭에 남악 산령을 산의 제1봉우리 아래 안치하여, 지금까지 오백 년에 이르도록 조종朝宗의 예로 규폐圭幣[47]를 향유함이 늠연히 그치지 않는다. 이로써 남악의 산령이 사대산과 삼신산보다 특출함을 분명히 알 수 있다. 가히 가장 크고 또 크다고 하겠다.
　무릇 이 계는 향사享祀(제사)를 위해 만든 것은 아니나, 사찰이 이 산에 있고 승려가 이 사찰에 있으니 존숭하는 예가 없겠는가. 사찰의 사미沙彌[48] 수십 인이 돈을 모아 계를 만드니, 본성本聖 탄신일마다 공양 과일을 엄숙하게 준비하여 축리祝釐[49]의 방법은 이루었는데 아뢸 글이 없다고 하니, 굳이 사양하다가 할 수 없이 다음과 같이 고하였다.
　"그대들이 이른바 산령 중에 가장 영험한 것을 안다고 하는데, 사대산의 산령은 동방 산들 가운데 위대하지만 오히려 삼신산에 미치지 못하고, 삼신산 역시 남악에 미치지 못한다. 남악의 산령은 영험하고 위대하여 이미 이와 같으니, 초심初心의 믿음으로 가장 영험한 신성을 받든다면 그 덕이 높고 공이 커서 결코 썩은 붓으로 표현할 수 있는 것이 아니다. 그대들은 힘쓸지어다."

山神契序

山於東方之最大者。曰妙香。曰九月。曰蓬萊。曰方丈。是爲國之四大山也。有濟南之最高者。瀛洲。與四山。爭衡而奪其四山之二。而幷稱海東之三神山。列如三台之形勢。高接河漢之嵬落。位卑鷲嶺。德峻龍耳。千岩竟秀。萬壑爭流。松濤沃雪。變是畫裡之乾坤。奇木異花。無乃仙人遊履之庄耶。尤其勝靈者。可考而得矣。國於龍飛之初太祖大王。坐致四山之靈。而獨不能者。惟南岳山靈不屈故。芿安南岳靈於山之第一峰下。迄今五百年。以朝宗之禮。圭幣之享。凜然不癈。所以知其南岳之靈。特出於四山三神之上明矣。可謂最大之又大者也。夫今是契。雖非享祀之設。而寺在是山。僧在是寺。可無尊崇之禮耶。寺之沙彌十數人。聚鈸脩契。每於本聖誕日。爲嚴備供果。祝釐之方。旣就而告以無文。膠讓不獲而告之曰。公輩所謂知其靈之最靈者也。四山之靈。旣大於東方諸山。而猶不及於三神。三神亦不及於南岳。南岳之靈。靈且大。旣如是。而以初心之信。奉享最靈之聖。則以其德高功大。決非腐毫之所能也。唯諸公勉旃。

원군[50] 탱화 서문

엎드려 듣건대, 만법을 통괄하고 일심을 밝힘은 석가모니의 본성에 맞는 진리이고, 온갖 재앙을 멸하고 복을 이룸은 치성광熾盛光 여래[51]의 인연에 따른 묘방妙方[52]입니다. 그림자가 사바세계에 떨어지니 수많은 작용(化用)에 응하여 나타나고, 형체가 하늘에서 나뉘니 칠원七元이라는 존호를 항상 일컫습니다. 저 신성한 몸을 보건대 어찌 십선十善[53] 삼악三惡[54]의 업에 관계되겠습니까. 이 중생계를 슬퍼하시니 이에 구진九辰[55] 칠요七曜[56]의 명칭을 일으켰습니다. 작게 두드리면 작게 울리니 큰 종이 두드리길 기다림 같고, 크게 보시하여 크게 보답하니 밝은 거울이 피로를 잊은 듯합니다. 실로 삼계三界[57]의 도사導師[58]요 사생四生[59]의 자비로운 부친입니다.

이 화엄사는 대화엄의 장엄한 누각으로 작은 강남의 진남鎭南[60] 명승지입니다. 사리탑이 뜰 가운데 높이 솟아 있어 항시 펼쳐 내는 상서로운 빛이 계곡에 가득하고, 화엄의 돌이 건물 벽에 뒤섞여 상설변설常說徧說[61]의 오묘한 말씀이 공중에 떠 있습니다. 삼신 계곡엔 필시 한나라 사신이 왔을 테고, 방장산은 자못 진나라 아이가 오르내림을 보았을 겁니다. 괴이하게도 수천 년 동안 꽃비가 내린 이 보배 지역에 어찌 칠원군七元君의 존엄한 회소繪塑[62]가 없습니까.

북을 두드려 군중을 모아 봉안하려는 의론을 바람처럼 내달리게 하니, 이구동성으로 귀의한다는 허락이 풀이 눕듯 합니다. 그러나 털을 뽑아 공을 만들려면 필시 털 가락들을 모아야 하고, 모기에게 산을 짊어지라고 하면 마땅히 가느다란 힘들을 모아야 합니다. 그래서 화축化軸(권선문)을 가지고 단월檀越[63]들의 정성에 널리 고합니다.

엎드려 바라건대, 재물은 목숨을 해치는 칼이니 마땅히 희사喜捨[64]하여 목숨을 늘리고, 믿음은 몸을 보호하는 부적이니 실로 새기고 지녀서 몸을 기르소서. 칠요七曜 삼태三台[65]의 형체는 중생의 마음이 담긴 물그릇에서 나뉘고, 1전錢 5리厘[66]의 공적이라도 성군星君이 살펴보는 책에 기록됩니다. 당연히 파군破軍[67]이 보고 임하여 안회顔回[68]의 목숨을 연장할 것이요, 탐랑貪狼[69]이 복을 내려 백도伯道[70]의 후손을 이을 것입니다. 엎드려 축원하오니, 요임금의 뜰에 머물러 오백 년 일월日月이 길이 창성하고, 순임금의 전각에 봄이 돌아와 오천 리 강산이 길이 맑아지소서.

元君畫幀序

伏聞統萬法明一心。釋迦氏之稱性眞理。滅千災成萬福。熾盛光之隨緣妙方。影落娑婆。應現百億之化用。形分空界。常稱七元之尊號。觀彼諸聖身。何關十善三惡之業。哀此群生界。爰興九辰七曜之名。小扣小鳴。若洪鍾之待鼓。大捨大報。似明鏡之忘疲。實三界之道[1)]師。乃四生之慈父。此華嚴寺者。大華嚴之莊嚴樓閣。小江南之鎭南名區。塔舍利高聳庭心。恒光放光之瑞色彌谷。石華嚴錯落殿壁。常說徧說之妙談浮空。洞名三神。必有漢使之通涉。山號方丈。頗見秦童之昇降。惟此幾千年雨花之寶邦。奚闕七元君繪塑之尊像。擊鼓集衆。風馳奉安之論。異口同音。草偃歸依之諾。而然拔毛成毬。必聚條縷之毫。責蚊負山。合募纖芥之力。故將化軸。廣告檀誠。伏願財是傷命之刀。宜喜捨而延命。信唯護身之符。實銘佩而養身。七曜三台。形分於衆生心水之器。一錢五里。功錄於星君神鑑之篇。則當破軍照臨。必延顔回之命。貪狼降福。可繼伯道之孫。伏祝人在堯庭。永昌五百年之日月。春回舜殿。長清五千里之江山。

1) ㉠ '道'는 '導'와 통한다.

보적암을 중수하는 글

사바세계는 이룸과 빔의 사이에 있어서 진眞과 속俗의 환형幻形이 여여하고, 화장華藏세계[71]는 일어남과 멸함 사이에 있어 권權(방편)과 실實의 의정依正[72]이 역력하니, 실로 차고 비며 줄어들고 늘어나는 이치(理數)이며 숨고 드러나고 뜨고 가라앉는 겁파規波[73]입니다.

이 암자는 삼신동三神洞[74] 안에 있는 세 부도浮圖(탑)이며, 내원암內院菴 위에 있는 내원內院[75] 경계입니다. 삼교三教(유불선)에서 세 성인을 아울러 다투어 연설하니 학자들의 보배 구역이요, 온갖 골짜기에서 온갖 물상을 사이에 두고 다투어 흐르니 온갖 아름다움이 모여 있습니다.

저 자운慈雲 옹翁과 농암聾巖 백伯을 보니, 몸을 돌려 진眞으로 돌아가는 조사관祖師關[76]이요, 경봉擎峰 장로와 원화圓華[77] 스님은 세상에 나와 법을 펼치는 선불회選佛會[78]입니다.

오호, 사람은 가고 사물은 늙으니 운이 다하여 천둥이 울리네.[79] 겁파가 아득하여 찰해刹海(바다와 육지)의 생성과 소멸을 감당하지 못하고, 이치가 분명하니 세간의 줄고 늚을 어찌 견디리오. 기둥이 넘어지고 대들보가 썩으니 박쥐의 날아듦을 걱정하고, 기와가 흩어지고 벽이 부스러지니 눈과 비 스미는 게 가장 걱정입니다. 이러므로 옥빛 누각에 연기와 먼지가 침침하고 금빛 얼굴에 수심이 깊었습니다. (그러나) 소멸하고는 다시 일어나리니, 어찌 단월檀越(시주) 없이 그러하겠습니까. 없어졌다가 다시 생성됨은 왕성한 운을 기다려야 할 것입니다.

이에 중수를 도모하여 단나檀那[80]께 구하나니, 태호太湖[81] 같은 물을 보아도 한 방울의 도움을 합해야 하고, 아홉 길의 산을 만듦에 반드시 한 삼태기의 공력을 모아야 하는 것과 같습니다.[82] 엎드려 바라건대, 만나기 힘든 좋은 인연을 만나 속히 큰 발원을 일으키고, 보시하기 어려운 재물을 보시하여 길이 복전福田을 세우소서. 경사의 나머지와 재앙의 나머지가 맑은 물에 달이 드러나듯 하고, 당신에게서 나온 것이 당신에게로 돌아감이 산이 울면 골짜기가 응답하듯 할 것입니다.

寶積菴重修文

娑婆在成空裡。眞俗之幻形如如。華藏住起滅中。權實之依正歷歷。寔盈虛消長之理數。乃隱現浮沒之刼波。唯此菴。三神洞裡三浮圖。內院菴上內院界。三敎幷三聖而競說。學子之寶邦。萬壑隔萬象而爭流。物華之積聚。睠彼慈雲翁聾巖伯。轉身返眞之祖師關。以及擎峰老圓華師。出世闡法之選佛會。嗚呼。人去而物老。運退而雷轟。刼波茫茫。不堪利海之起沒。理數的的。奚耐世間之消長。棟顚榱朽。可憐蝙蝠之侵掠。瓦解壁落。最患雪雨之滲灕。以是而玉樓之烟塵沈沈。金面之愁悽凜凜。雖然滅而復起。豈无檀越而然耶。空而更成。必待旺運而是矣。玆謀重葺。爰求檀那。若夫觀水太湖。可合一滴之助。爲山九仞。必募一簣之功。伏願遇稀遇之良緣。速起大願。捨難捨之塵財。永樹福田。慶餘殃餘。水澄月現。出爾反爾。谷應山鳴。

비니[83] 계【짧은 서문】

비니毘尼는 이곳 말로 '계율'이라 한다. 삼업三業[84]과 십악十惡[85]을 막아서 계율이라 한다. 간략하게는 삼취三聚[86] 등을 하나도 어기지 않는 것이고, 자세하게는 25만 3천 가지 세세한 행위이다. 짓지 않음으로부터 세세한 행위에 이르기까지 하나도 빠뜨림이 없는 것이 비니이다.

계契라는 것은 모인다는 것이다. 여러 마음을 모아 하나의 일을 이루는 것을 계라 한다. 그러한즉 구족계를 가지고 빙설처럼 정결하게 하고 여러 마음을 모아 부절처럼 똑같게 되면 이것이 비니 계가 되는 것이다.

이제 여러분들은 젊은 나이에 승려가 되어 법단法壇에 참여하여, 뜻을 결정하고 삼업의 행위를 엄숙히 하여 범부의 탈을 벗는 인연을 맺어 성인이 되는 기약을 보고자 하니, 계율의 공적을 논함에 잊지 못할 덕이 없을 수 없다. 그래서 향사香社를 맺으니 마땅히 성이 달라도 형제가 되고, 스승의 제자 됨을 예의로 구분하니 어찌 스승의 도리가 없을런가. 계를 갖추어 내게 글을 부탁하니, 비록 글을 잘하지는 못하나 비니 계가 중요함을 경축하며 먼저 비니의 이름을 풀이하고 그다음에 계가 무엇인지 설명하노라.

毘尼契【小引】

毘尼此云戒。防三業十惡之謂戒也。略則一無作三聚等。廣則二百五十三千細行也。從無作而至細行。一無闕如之爲毘尼也。契者。合也。合衆心而成一事。謂之契耳。然則持具戒而淨如冰雪。合衆心而符若一契。是箇爲毘尼契歟。今諸公。妙年零染。叨陪法壇。決志禀具。以嚴三業之行。能結革凡之緣。會見成聖之期。論其戒之爲功。不能无不忘之德。故玆結香社。誼爲異姓之昆弟。禮分一師之弟資。寧泯爲師之道乎。營之具而告余辨文。雖不能文。慶其戒契之爲重。先以毘尼名之。次以契什之云爾。

침계루[87] 중수 상량문 [정유년(1897) 3월 3일 미시[88]에 올렸다.]

엎드려 생각건대, 제왕의 묘를 세움에 빈객의 계단에 상서庠序[89]를 마련하고, 각황覺皇(부처)의 궁을 세움에 군신의 위치에 정루正樓를 마련하니, 제례를 올리고 예를 드리는 누각이며 인륜을 밝히고 강령을 제정하는 곳입니다.

이 사찰은 요나라 금나라 시절의 비[90]가 있으니 그것을 읽으면 개산조開山祖를 알 수 있고, 가까이는 청나라 때의 대들보가 있어서 또한 중수한 후손들을 고찰할 수 있습니다.[91] 열여덟 분의 등불이 이어져 아름다우니 보조普照[92]께서 적을 소탕하여 사찰을 세운 비조가 되셨고, 서른세 분의 조사가 정병을 이어 부으니 노 공盧公[93]이 발우를 전하여 골수를 얻은 선禪의 종사宗師가 되셨습니다. 그리하여 조계曹溪[94]는 대승大乘이라는 이름으로 불리고, 송광사는 삼보三寶라는 명칭을 얻었습니다.

다만 이 누각은 지위가 상서庠序와 나란하고 명칭은 정루正樓라 칭하며, 동쪽을 향하여 서쪽을 등지니 주객의 아름다움을 겸하였고, 왼쪽은 북쪽이고 오른쪽은 남쪽이라 물과 불의 구들을 누릅니다. 무지개다리를 이어 개울을 베고 누우니 사계절 긴 폭포는 포말을 날리고, 교각을 밟고 산악을 등지니 삼청三淸[95]의 아름다움 같습니다. 난간에 기대어 굽어보고 우러러보니 아전鵝殿(법당)[96]이 아스라하여 백량전栢梁殿[97]에 앉은 듯하고, 창을 열어 돌아보며 가리키니 봉방蜂房(승방)[98]이 빽빽하여 아방궁阿房宮[99]에 오른 듯합니다. 웅장하고 기이한 보물들은 모두 제왕의 구슬이요 나라의 보배이고, 아름다운 나무숲의 푸른빛은 모두 신비한 새와 하늘 향기로 가득합니다. 명칭이 상국上國(중국)에 알려짐이 의심 없으니, 명성이 중화中華(중국)에 퍼질 날이 있을 겁니다.

그러나 천도는 끊임없이 움직여 역수易數(운수)가 변함을 어찌하겠습니까. 겁파刧波의 바람이 불어 이치가 변하고 바뀜을 금할 수 없습니다. 싸우는 용과 걸터앉은 범은 수묵화의 연기구름 흔적에서 정채를 잃고, 그려진 학과 현어懸魚[100]는 화려한 기둥에 그려진 푸른 물결에서 참모습을 잃었습니다. 한 누각이 고황에 든 병 같은 빌미를 받으니, 대중이 뼈를 깎아내는 신이한 의사를 구하게 되었습니다.

이에 습득拾得 옹翁[101]은 먼 길을 와서 도중에 혓바닥을 흔들고, 한산자寒山子[102]는 집안에서 규획하여 맛을 조리합니다. 진나라 채찍[103]을 휘둘러 바위를 질책하니 토목이 흩어져 바닷물이 밀려들고 시장으로 사람이 오듯 하며, 한나라 소[104]를 채찍질하여 구름에 소리치니 금과 곡식과 비단이 구름처럼 쌓이고 냇물처럼 옮겨 옵니다. 준승準繩[105]의 이루離婁[106]를 감독하고 목수(匠氏)의 공수工倕[107]를 부르니, 북을 둥둥 울려 급고給孤[108]의 정원에 재물을 모으고 나무를 쩡쩡 베어 기타祇陀[109]의 숲 재목을 모읍니다. 비람毘藍[110]에 기와를 날리고 하늘(碧落)에 사찰(瑤宮)을 세워, 오대부五大夫[111] 우뚝 서니 진송秦松[112]을 끊은 것이요, 삼장군三將軍 비껴 오르니 한백漢柏[113]보다 명성이 오릅니다. 이어서 짧은 노래를 엮어 장홍長虹[114]에 올립니다.

동
따스한 3월에 온갖 꽃 붉게 피고
금오金烏(태양)가 만수실曼殊室[115]에서 나오니
만상을 번성하게 하는 조화 옹의 바람이로다

남
대장봉大將峰이 가려 주는 천자암天子菴[116]에
두 지팡이 던져 두니 뜰에 나무로 자라서
박달나무 우거져 도솔천에 참여하누나

서
조사祖師의 종지는 하늘과 나란하고
기름진 땅과 단 샘물에 산수 좋아라
보림寶林이 울창하니 조계曹溪로구나

북
황상께서 계시니 근심 없는 나라
옛날 성인 공왕께서 머문 곳 생각하나
서울과 호남 가로막은 산악에 강림하였네

위
보살이 흰 코끼리 타고 오시니
별들의 은하수 칠원군七元君께서
허공 세계에 밝게 임하여 장애를 소멸하시네

아래
나무와 돌이 말없이 절터로 달려오고
이름난 개울 십 리를 감에 어이 그리 바쁜가
온갖 골짜기 먼지들을 장겁長劫[117]에 쏟아 내네

　엎드려 바라건대 들보 올린 후에 잣나무는 더욱 빛을 발하고 우담바라가 다시 나타나소서. 지혜의 태양이 온갖 나라에 비추어 얼음 창자와 철눈(冰腸鐵眼)이 좋은 나비를 꽃향기로 인도하고, 인자한 바람이 모든 왕에게 불어 밥주머니와 똥자루(飯囊屎㑳)[118]가 화염 속으로 파리들을 쓸어 버리게 하소서.

枕溪樓重修上樑文【丁酉三月十三日未時上】

伏以。帝王立廟。設庠序於主賓之階。覺皇建宮。搆正樓於君臣之位。獻齋致禮之閣。明倫制綱之堂。是寺者。粵在遼金讀碑。可記開山之祖。近稽淸代題樑。亦考修葺之孫。十八公燈燈聯芳。普照爲掃賊建刹之鼻祖。卅三祖瓶瓶相注。盧公作傳鉢得髓之禪宗。所以曹溪稱大乘之名。松廣得三寶之字。但此樓也。位比庠序。名稱正樓。向甲而坐庚。并賓主之美。左壬而右丙。壓水火之坑。攀虹枕溪。飛噴四時長瀑。踏橋背岳。依俙三淸物華。憑欄俯仰。鵝殿之崔嵬。如坐栢梁之殿。椎[1]窓指顧。蜂房之窩窟。若登阿房之宮。宏傑詭異之奇珍。舉爲帝珠國寶。玉樹桂林之蒼翠。盡是仙禽天香名聞上國無疑。聲闡中華有日。然而乾道輾轢。其奈易數之屢遷。圾波風揚。不禁理運之變改。鬪龍蹲虎。迷精於水墨烟雲之痕。畵鶴懸魚。失眞於華柱滄波之態。一樓受痾肓之祟。大衆求刮骨之醫。於是拾得翁。跋涉搖舌於途中。寒山子。規畫調味於家裡。揮秦鞭而叱石。土木空散。海進市回。策漢牛而喝雲。金布穀帛。雲圍川輸。督準繩之離婁。招匠氏之工倕。鼖鼓摱摱。財阜給孤之院。伐木丁丁。材盡祇陀之林。颺瓦礫於毘藍。起瑤宮於碧落。五大夫挺立。影斷秦松。三將軍橫騰。聲轉漢柏。載綴短頌。爰擧長虹。東。靑陽三月百花紅。金烏出自曼殊室。萬像交繁造化風。南。大將峰陰天子菴。兩節一擲庭生樹。檀葉森森兜率糸。西。祖師宗旨與天齊。土肥泉甘山水好。寶林鬱鬱卽曹溪。北。皇王自在無憂國。憶昔恭王聖住基。洛湖橫塞降維岳。上。菩薩來儀駕白象。列宿銀河七元君。照臨空界消灾障。下。木石自奔基地啞。名川十里去何忙。萬壑累塵長圾瀉。伏願上梁之後。柏樹重光。曇花再現。慧日曜於萬國。冰腸鐵眼引好蝶於花香。仁風扇於百王。飯囊屎帒掃塞蠅於火燄。

---
1) ㉭ '椎'는 '推'의 오자인 듯하다.

청진암[119]을 중건하는 화문[120] 【9월 일】

오상五常이 나뉘어 변방邊方(동방)에 배당된 것이 인仁이고, 삼교가 세워짐에 청정한 곳에 나타난 것이 불교입니다. 인자한 마음이 부처이니, 부처를 능인能仁이라 지목합니다. 군자의 마을에 거하며 법왕의 도를 행하면 누가 자비의 부처 나라라고 하지 않겠으며, 누가 적선積善의 인자한 나라라고 하지 않겠습니까.

이 암자는 보조국사普照國師께서 정하신 터에 청진국사淸眞國師[121]께서 지으신 것으로, 솔개의 처소(鴟坮) 위에서 맑고 빼어나며, 제비집(燕巢)보다 참된 모습입니다. 노을 어리는 봉우리에 기대어 고봉鼓峯의 내룡來龍[122]이 힘차고, 아래로 구름 낀 개울을 굽어보면 낙강洛江의 성난 파도가 넘실댑니다. 남서쪽(坤隅)에서 선禪을 밝혀 불조佛祖[123]의 골수를 단련하고, 동남쪽(巽畔)에서 법을 얻어 교리의 과행果行[124]을 드날립니다. 높이 드날리는 비석(龜碑)[125]은 없으나 신령한 탑(鵠塔)[126]이 있으니, 어찌 거창하고 웅장한 볼거리를 논하리오. 하늘과 땅이 감춘 곳을 얻었다 하겠습니다.

그러나 겁劫은 풍전등화처럼 침범하고 운수는 물속의 달처럼 변화하여, 금면金面(불상)의 지붕이 새고 옥루玉樓(건물)의 벽이 갈라졌습니다. 어찌 모기에게 산을 짊어지라고 책임지우리오마는 터럭을 모아 공을 이루게 됨을 알겠습니다. 이에 맹세하여 발원하고, 권선문을 가지고 단월檀越(시주)들께 권합니다.

엎드려 바라건대 적선의 남은 경사와 적악의 남은 재앙으로 반드시 군자와 소인의 마음(心水)[127]이 자연히 드러나고, 찬양과 방해의 상벌이 결단코 현명한 왕과 귀졸鬼卒의 업경業鏡[128]처럼 지극히 분명하리니, 청정한 구역의 좋은 인연을 맺어 변방의 티끌 재물(塵財)을 특별히 희사하시기를 바라나이다.

淸眞菴重建化文【九月日】
五常分位。配動方者曰仁。三敎立名。現淨域者曰伏。仁心則伏。伏曰能仁。居君子之鄕。行法王之道。誰非云慈悲之伏國。孰不曰積善之仁邦。唯此菴卽普照國師所占之基。淸眞國師草創之局。淸秀於鴟坮之上。眞的乎燕巢之中。却倚霞岑。鼓峯之來龍鼠鼠。俯壓雲潤。洛江之怒波鬐鬐。坤隅明禪。煆鍊佛祖之骨髓。巽畔得法。闡揚敎理之果行。雖無龜碑之高顯。猶有鵠塔之靈異。何論宏傑巨觀之玩。可得天藏地秘之稱。然而刼相侵於風燈。運伏遷於水月。屋添漏於金面。壁龜坼於玉樓。奈責蚊而負山。知聚毛而成毬。載矢心而發願。爰袖疏而勸檀。伏願善惡慶殃。必然君子小人之心水自現。讚毀賞罰。決乎賢王鬼卒之業鏡至明。欲結淨域之良緣。特捨動方之塵財。

행해당을 중건하는 화문 [10월 일]

　엎드려 듣건대, 중니仲尼(공자)가 이르길, "선을 보면 자신이 미치지 못할 듯 행동하고, 불선을 보면 끓는 물을 만진 듯이 한다."[129]라고 했습니다. 중니가 바보라면 괜찮거니와 중니가 무리 가운데서 빼어난 특출한 인물이라서 경사와 재앙을 잘 안다면, 천하 후세에 인간의 몸을 얻은 이로서 돌아갈 바가 있고 지극한 선에 머물러야 한다는 말임을 알 것입니다. 이것을 어찌 생각하지 않겠습니까. 무릇 천지간에 선을 행하는 길은 하나만이 아니지만 특별히 부처를 보호하고 나라를 위하는 공적은 더욱 거창한 것입니다. 그래서 옛날 사람들은 삿갓 하나로 부처를 덮어 준 공덕으로 순식간에 보위寶位(왕위)에 올랐으니, 그 당면할 신묘함이 또한 어떻겠습니까.
　이제 이 행해당은 금선대각존金仙大覺尊(부처)의 감전紺殿[130]이 될 뿐만 아니라 또한 세 분의 위대한 왕사王師의 진영[131]이 있는 충사忠祠[132]입니다. 세 분 왕사의 막중함을 숭상함은 비록 일반인과 어리석은 이라도 결단코 그 존엄함을 알 것인데, 하물며 예의를 아는 군자로서 중니의 교훈에 감동하지 않을 수 있겠습니까.
　행해당의 시작이 어느 시대인지는 알 수 없으나 건물이 무너져 동쪽으로 기울고 서쪽으로 허물어져 금선황金仙皇(부처)과 공덕 있는 세 분의 진영이 처하실 만한 곳이 아닙니다. 지나가는 문인들이 그 때문에 눈물을 흘리거늘 머무는 승려는 어떠하겠습니까. 이에 북을 울려 대중을 모으고 비로소 중수하려는 바람을 일으켜, 후세 군자로 하여금 부처를 보호하는 믿음과 나라 위한 충성이 자연스레 일어나게 할 것입니다.
　엎드려 바라건대 단씨檀氏(시주)께서는 한 삼태기의 흙을 희사하여 아홉 길의 공적에 이르시고[133] 해진 삿갓 하나 던져 주어 보위寶位의 자리에 오르소서. 축원하옵나니, "봉각鳳閣에 천 년 비추는 달과 용루龍樓에 만세토록 부는 바람에, 학가鶴駕[134]의 궁전들은 수성壽星[135]처럼 걸음이 무궁하소서."

行解堂重建化文【十月日】

伏聞仲尼曰見善如不及。見不善如探湯。使仲尼愚人也則可。若使仲尼拔萃出類。善知慶殃。則爲天下後世得人身者。知有所歸而在止於極善之言也。是豈不爲動念尒。凡天地間。作善之路非一。而特護佛爲國之功。尤爲巨創焉。故昔人以一笠覆佛。而驟登寶位。其當果之神妙。更如何尒。今是堂者。不但爲金仙大覺尊之紺殿。亦乃三大王師影眞之忠祠也。三大王師之莫重崇奉。雖士庶凡愚。決知其尊仰而況知禮之君子。敢不動念於仲尼之訓而得乎。堂之權興。未知何代。而殿宇摧頹。東傾西落。殆非金仙皇三大眞功德身之所宜居也。經行墨客爲之嗟涕。倘復居僧乎。於是鼓椎集衆。遂起重茸之願。欲使後世君子。護佛之信。爲國之忠。油然而興。伏願檀氏捨一簣土而告九仞之功。擲一破笠而登寶位之座。爲之祝曰。鳳閣千秋月。龍樓萬歲風。鶴駕諸宮殿。壽星步不窮。

산을 유람하며 쓴 서문【무술년(1886) 봄】

대붕大鵬이 남해(南溟)로 옮아가고[136] 두꺼비가 강남으로 감에, 비록 새와 양서류라는 차이는 있지만 취향은 동일하다. 긴 고래가 바다를 들이켜고 짧은 미꾸라지가 진흙을 삼키는 것도 청탁은 같지 않으나 배를 채움은 동일하다. 종류와 청탁이 다름을 부끄러워하여 옮아가고 삼키는 공덕을 빠뜨린다면 바다의 양과 강남의 경치, 해양의 넘실거림과 진흙의 혼탁함을 어찌 알겠는가.

내가 호남 바닷가(溟漚) 조계산 냇가에 있으면서 우물 밖 하늘을 알지 못하고 그저 대롱 속의 하늘만 보고서, 창문에 부딪히는 벌의 어리석음에 마음이 얽매이고 벽돌을 거울로 삼는다는 기롱을 흠씬 들은 지가 몇 년 되었다. 무술년(黃狗) 청양靑陽(봄)에 매이지 않음을 뜻으로 삼아 문득 티끌세계를 벗어나니, 납자衲子(승려)의 본색이 이에 지극하였다. 세상에 긴 소맷자락을 펄럭이며 구름 밖에 짧은 지팡이를 짚고서, 사산四山의 이름난 곳과 오악五岳의 진인眞人을 일찌감치 다 보고 말하고자 하였다. 그러나 천 리의 여정과 아홉 길의 높이는 실로 첫 걸음과 삼태기 하나의 공력에서 시작하는 법이다. 그래서 두셋 지기知己(벗)들과 뜻을 맺어 짧은 미꾸라지와 엎드린 두꺼비의 행장을 차리고자 하였다. 바다의 양과 해양의 깊이 같은 것은 취향과 회포가 어떠한가에 달렸을 뿐이다. 이름난 경치와 진인의 풍모 또한 스스로 즐거워할 따름이다.

遊山序【戊戌春】

大鵬之徙南溟。蟾蜍之行江南。雖羽甲之不同。其趣則一也。長鯨之吸海。短鰌之吐泥。亦淸濁之不同。充腸則一也。若愧羽甲淸濁之殊。而闕徙行吸吐之功。則焉知其滄溟之量。江南之景。大海之洋洋。泥湫之漍漍也㦲。余在湖南溟漚。曹溪泉流。不知井外之天。只窺管中之空。心纒窓蜂之痴。耳飫甄鏡之譏者。年已久矣。於黃狗之靑陽。不繫爲志。忽爾出塵。衲子本色於是乎極矣。揮長袖於宇內。投短筇於雲外。四山之名地。五岳之眞人。早已看盡說畢。而然千里之程。九仞之積。實仿乎初步一簣之功。爰結二三知己。欲做短鰍伏蟾之行李。若其滄溟之量。大海之深。抵在趣懷之如何而已。名地之景。眞人之風。亦只自悅云爾。

종과 밥솥, 석천을 시주한 공덕에 대한 기문

　기술하노라. 얼음을 두드리고 대밭에서 운 것[137]이 존귀한 영령을 항상 즐거운 곳에 봉안함과 어찌 같으며, 감옥에 갇히고 몸을 잃음이 복전福田의 토지에 선한 종자를 구함과 어찌 같으리오. 그래서 삿갓으로 덮어 준 공덕으로 왕위에 오르고, 우란분재(蘭齋)[138]를 마련하여 천도하게 된 것입니다.

　이제 정월靜月 화상和上은 선림禪林의 전단栴檀(향나무)이요 향해香海[139]의 보배 뗏목으로, 세상을 높이 초월하여 조사관祖師關에서 온갖 사려를 분쇄하고, 방안에서 항상 관觀하여 여래장에서 일심을 맑게 하였습니다. 목련目連[140]과 광목廣目[141]의 효를 행하고, 중니仲尼(공자)와 구담(瞿曇, 석가)의 교훈을 간직합니다.

　이에 앞서 간 영령들을 천도하려는 마음이 급하고 또한 정해진 업도 소멸하겠다는 뜻을 구하니, 업을 소멸하고자 수도하려면 마땅히 좋은 공구供具[142]로 복전을 구해야 하고, 영령을 천도하려면 종소리를 듣게 하여 지옥을 깨뜨리게 하는 것만 같음이 없습니다. 그래서 먼저 호봉虎峰 화상으로 인하여 포뢰浦牢[143]와 경부鯨桴(북채)의 소리를 걸고, 다시 포월抱月 선사에 기대어 밥솥과 석천石泉의 보배에 나아가 먹게 하였습니다. 세 가지 물건을 논하고 삼백여 금을 치르니 삼보三寶 사찰(家)에 사물四物[144]이 풍족히 갖추어져 만일회萬日會[145]에 온갖 것이 구비되었습니다.

　오경五更[146]을 알리는 소리에(椎頭) 객선客船의 꿈을 거의 깨고, 백 번 두드리니(捧下) 철갑을 두른 듯한 근심이 사라집니다. 게다가 향적香積[147] 부엌에서는 때마다 부처를 삶는(烹佛)[148] 아름다운 음식을 보겠고, 푸른 하늘에 밤중에는 맑은 달(霽月)의 가풍家風을 웃을 만합니다. 땡땡 울리는 종소리가 아비지옥에 전해져 앞서 가신 존귀한 영령들이 불계佛界에서 푸른 연꽃을 두르고, 펄펄 끓는 흰 쌀 위에서 자기의 정해진 업이 붉은 화로에 눈 녹듯 사라짐을 알아야 합니다.

그렇다면 어리석게 세상에서 금전을 아끼는 놈들이야 말할 게 없고, 보잘것없이 뜬 세상에 효를 행하는 선비들이 살아감이 얼마나 되겠습니까. 나 또한 부평초 같은 길 위에서 장님이 지팡이 짚고 가듯 하며 불해佛海의 남은 찌꺼기입니다만, 영령들을 천도하여 흠향하게 한다는 소식을 듣고 썩은 붓¹⁴⁹이 부끄럽지만 말을 하고, 선을 심어 같이 물듦을 보고는 팔꿈치를 잡아당기듯¹⁵⁰ 부끄러우나 글을 씁니다.

中鍾食鼎石泉施主功德記

述夫叩冰泣升。豈若奉尊靈於常樂之邦。陷獄喪身。孰如求善種於福田之土。是以覆蘆笠而登位。設蘭齋而薦靈。今此靜月和上。禪林梅檀。香海寶筏。高超物外。碎萬慮於祖師關。恒觀室中。澄一心於如來藏。行目連廣目之孝。佩仲尼瞿曇之訓。於是唯急薦先靈之心。亦求滅定業之志。滅業修道。最宜妙供具求福田。薦靈度生。莫如聞鍾聲破地獄。所以先因虎峰和尙。掛浦牢鯨桴之音。更憑抱月禪師。就食鼎石泉之寶。論三種之物。費三百餘金。三寶家中。四物豊備。萬日會上。百色具存。五更椎頭。幾惺客船之夢。百匝捧下。可消鐵圍之愁。加以香積厨中。時見烹佛之嘉趣。碧落夜半。可笑濟¹⁾月之家風。必知摐摐聲傳阿鼻間先亡尊靈。披靑蓮於佛界。澎澎沸盡玉粒上。自己定業。掃點雪於烘爐。然則獸獸人間守錢之奴。不足可道。碌碌浮世行孝之士。相居幾何。余亦萍路盲笻。佛海餘滓。聞薦靈而尙欽。詞惡腐毫。見種善而幷熏。書慚掣肘。

---
1) ㉠ '濟'는 '齊'의 오자인 듯하다.

장등[151] 공덕에 관한 기문

티끌처럼 많은 국토 중에 극락이 가장 장엄하고, 수많은 공양 물품 중에 연등이 제일 공덕이 됩니다. 소리와 색깔마다 귀와 눈에 환하니 장엄하고, 불꽃과 빛이 흑암을 깨뜨리니 공덕이라 하겠습니다. 이는 아미타불阿彌陀佛의 본래 서원이고[152] 단나檀那(보시)의 믿는 근원입니다. 48대원으로 중생을 구제함에 천도天道와 인도人道·아수라도阿修羅道를 구별하지 않고, 삼시三施[153]로 성인께 기도하니 재시財施와 법시法施·무외시無畏施가 갖추어집니다. 금빛의 장엄한 형상이 백억 찰토刹土(국토) 중에 화려하게 빛나 수천 가지 방편이 실제 가운데 흘러나오고, 검은빛의 누추한 형상이 열두 가지 중생[154]으로 유전하다가 10쌍 혜안이 수련(修治)을 빌려 개통됩니다. 그러니 장엄한 극락을 보고자 한다면 연등 공덕만 한 게 있겠습니까.

이제 9층 위에 연사蓮社[155]를 마련하여 만일萬日 가운데 아미타불을 염송하려 하니, 산은 신선의 마을인 방장산이요, 사찰은 불국토인 화엄사입니다. 결사結社가 이미 오래되었다고는 하나 가장 근심스러운 것은 연등이 오래가지 않을까 하는 것이니, 이에 화사化士(화주)[156]는 단문檀門(시주)에게 혀를 놀리고, 단나檀那는 화토化土[157]의 인연을 기다립니다. 달(布月)의 그림자가 가을 못 위로 떨어지듯 권유하는 말(化說)이 끝없고, 가을 못의 물은 달빛의 그림자를 머금어 단바라밀(檀波)[158]이 겹겹이 이어집니다. 보시하는 서원은 오직 영령을 천도하는 데 있고, 권유하는 말은 분명하게 기감機感[159]을 따라야 합니다. 그리하여 연사蓮社에 등을 바쳐 보은하는 정성을 계발하고 수평水坪[160]에 땅을 사서 기름을 제공하는 몸으로 삼습니다. 밤에도 시간을 이으니 어둠이 변하여 밝음이 되고, 불상의 광채와 사리의 광채가 서로 빛나 삼명三明[161] 혜안을 볼 수 있으며, 사방의 허공과 상하의 허공을 함께 뚫으니 육신통六神通[162]의 묘한 방법을 헤아릴 수 없습니다.

그렇다면 담潭 노승의 공덕이 어찌 육친六親이 극락에 오르는 데 한정될 것인가. 월月 승려의 바람은 필시 십계十界[163] 방생放生에 있습니다. 연태蓮胎[164]에 들어가 연대蓮臺[165]에 앉음이 제일 공덕이요, 불국佛國에 태어나 부처님 말씀을 듣는 것이 모두 극락 장엄이 됩니다.

나는 이제 이 구역에서 지식에 참여하여 지금 당장(脚下) 정토를 구합니다. 연사에 와서 지팡이를 쉬며 부끄럽지만 붓을 들어 헌사獻詞를 쓰고, 아미타불에 예를 올려 빛을 받으니 어느덧 기쁘게 찬탄하게 됩니다.

長燈功德記

塵沙國土。極樂爲最上莊嚴。億萬供羞。燃燈卽第一功德。聲聲色色。煥乎耳目。之爲莊嚴。焰焰光光。照破黑暗。之謂功德。是乃彌陀之本願。檀那之信根。六[1]八願之度生。不論天道人道修羅道。一三施之祈聖。具足財施法施無畏施。紫金嚴相。輝華於百億刹中。百千方便。從實際而流出。黑業陋形。輪轉於十二類生。十雙慧眼假修治而開通。所以欲見極樂莊嚴。孰若然燈功德。今此設蓮社於九層之上。念彌陀於萬日之中。山卽方丈仙鄕。寺是華嚴佛國。雖稱結社已久。最患燃燈不長。於是化士搖舌於檀門。檀那待緣於化士。布月之影。頓落於秋潭之上。化說漫漫。秋潭之水。含印於布月之光。檀波匝匝。捨施之願。唯在追薦亡靈。引勸之談。指的隨逐機感。仍以獻燈蓮社。啓報恩之誠。買土水坪。爲膏油之體。夜以繼晷。昏變生明。佛頂光舍利光互顯。可見三明慧眼。四方空上下空幷徹。回測六通妙方。然則潭老之功。何但六親登樂。月師之願。必在十界放生。入蓮胎坐蓮臺。盡是第一功德。生佚國聞語。都爲極樂莊嚴。余今叅知識於域中。求淨土於脚下。來蓮社而憇錫。自愧抽毫獻詞。禮彌陀而蒙光。不覺隨喜讚嘆。

---
1) ㉠ '六'은 '四'의 오자인 듯하다.

만일암 중수 모연문[화엄사]

사바세계는 이뤄지고 머물고 무너지고 없어지는 가운데 있으니 파도 거품이 일었다 사라지는 것과 같으며, 수미산은 물과 불과 바람과 비 위에 있어서 공루空縷[166]가 모였다가 흩어지는 것과 같습니다. 이치가 그로 말미암아 순환하고 세계가 그 때문에 나타났다 사라지니, 기세계器世界[167]가 오래가지 않는데 하물며 세상 사물이 오래가겠습니까.

이곳은 신라 왕손 자장慈藏[168]이 창업하였고 고려 초에 유명한 승려 연기烟起[169]가 개산開山한 곳입니다.[170] 이층전二層殿의 화엄 석경石經[171]은 가증스런 왜구에 의해 파괴되었으나, 진신眞身 사리를 모신 7층탑은 신병神兵의 보호로 유지되었으니, 감탄하게 됩니다. 여덟 사찰과 아홉 암자의 장관은 그림처럼 고운孤雲(최치원)의 필체로 묘사되었고, 세 전殿과 네 보寶의 웅장함은 벽암碧嵓의 비[172]에 흠씬 적혀 있습니다. 군옥산群玉山의 선부仙府에 삼보三寶의 지위로 암자가 있으니, 구층대九層臺 위의 난야蘭若(사찰)이며 만일회 속에 다양한 명칭이 있는 것입니다.

연사蓮社를 맺어 청정하게 닦아 마음으로 아미타불阿彌陀佛 세계(서방정토)를 기약하고, 아미타불을 염송하고 제창하여 몸을 연꽃 고향에 의탁합니다. 만 일이 벌써 절반이나 지났는데 오직 백 가지 폐단이 가장 걱정입니다. 무너져 사라지는 변고는 이치이고, 비바람의 근심은 운수입니까. 들쭉날쭉하게 기울어져서 뱀이나 도마뱀이 소리 냄을 보고, 서까래가 썩어 무너지니 여우나 쥐들이 달려가는 소리를 항상 듣게 됩니다. 온갖 덕을 갖추신 금빛 몸이 여름 하늘의 비에 오래도록 젖고, 사성四聖[173]의 존엄한 형상이 가을 산의 바람을 가리지 못합니다. 그러하니 염불하는 곳이라는 명분에 있어서 승가僧家의 제도가 부끄럽습니다. 단월檀越(보시)이 없어서 그런 것이 아니니 필시 왕성한 운을 기다려야 하는 것입니까.

이에 발원하여 권선문을 지니고, 대범大梵과 제석帝釋[174]을 재물 주관하는 분으로 삼으니 화엄 법재法財가 무량하게 될 것이고, 관음觀音과 세지勢至 보살175을 받들어 권신사勸信師(믿음을 권하는 분)로 삼으니, 단나檀那(보시)의 선한 믿음이 물이 용솟음치듯 합니다. 그러나 온갖 물을 모아야 바다를 이루고 작은 티끌을 모아 산을 이룹니다. 또한 아름다운 배를 타고 홀로 피안에 오르는 것은 널리 구하겠다는 큰 바람이 아니지만, 복전福田을 만나 스스로 심는 것이 어찌 널리 제도하겠다는 깊은 자비가 아니겠습니까.

엎드려 바라건대 호박과 진주는 토산품이 아니니 말할 게 없고 금은과 동철銅鐵을 집안의 풍요로움에 따라 보시하십시오. 아무개의 동전과 아무개의 금이 관음보살의 영험한 살핌에 밝게 드러날 것이고, 아무개의 곡식과 아무개의 비단이 제석천의 신이한 장부에 쾌속으로 오를 것입니다. 마음에 선근善根을 심어 장엄한 누각에 거닐고, 겁외劫外에 티끌 재산을 쓸어 버려 극락 도량에서 한가로이 거닐 것입니다.

萬日重修募緣文【華嚴寺】

娑婆在成住壞空中。若海漚之起滅。須彌處水火風災[1]上。似空縷之聚分。理數由而循環。世界以之隱現。猶器世界之不久。況人間物之長存。唯此某處羅代王孫慈藏之刱業。麗初名釋烟起之開山。二層殿石華嚴。可憎倭寇之坏破。七級塔眞舍利。堪歎神兵之護持。八寺九菴之壯觀。圖寫孤雲之筆。三殿四寶之宏傑。飽飫碧嵓之碑。群玉之仙府。三寶之位次。有菴曰。九層臺上一蘭若。萬日會中多名稱。結蓮社而淨修。心期彌陀世界。念彌陀而齊唱。身托蓮花故鄕。半萬日而已過。唯百弊之最患。壞空之變。理數也。風雨之患。刼運耶。枒杈傾斜。或見虺蛇蝮蝎之叫喚。橡栳朽頹。常聞狐狸鼪鼠之走馳。萬德金躯。長添夏天之雨。四聖尊像。莫掩秋山之風。旣在念佛堂之名分。却愧野僧家之制度。非無檀越而然矣。必待旺運而是乎。玆發願王。敢荷勸軺。以大梵帝釋。爲掌財主。華嚴法財。等空無量。奉觀音勢至。

作勸信師。檀那善信。如水湧出。雖然會百川而成海。培微塵而就山。且復駕芳舟而獨登。旣非普濟之大願。遇福田而自種。豈曰廣度之深悲。伏願琥珀眞珠。非土產則莫說。金銅銀鐵。隨家豊而布施。某人錢某人金。昭現於觀音之靈鑑。誰也穀誰也帛。快登於帝釋之神簿。種善根於心中。逍遙莊嚴樓閣。掃塵財於刼外閑步極樂道場。

---

1) ㉯ '災'는 '雨'의 오기이다.

화엄사 개와 모연문

방장산(지리산)은 삼신산의 하나요 천하의 명산이며, 화엄사는 방장산의 사찰로서 동국의 명승지입니다. 불상을 봉안하는 것은 우전왕(闐王)[176]이 모범을 세우고 나서 어느 사찰인들 없겠습니까. 사리를 봉안한 탑은 부처의 몸을 나눈 것으로 동국 전체에 얼마 되지 않으니 명산 명승지에서 차지하지 않겠습니까.

신라 시대에 창건하여 터전의 웅장함과 범궁梵宮(사찰)의 굉장함은 옛날 고운孤雲 최 선생(최치원)의 기록이 자세합니다. 영험한 명승지로서 세월을 많이 겪으니 용마루와 기둥과 서까래 등이 상하고 썩은 것들이 많이 있고, 그중에 현재 가장 시급한 것은 법당과 요사채들의 기와가 금이 가고 부서져 비가 새는 것을 피하지 못하는 것입니다. 기와가 부서지고 기둥이 썩은 것은 이미 전해진 말이 있고 하물며 기와 손상이 건물마다 모두 그러해서 기와 조각 남아 있는 게 없으니, 이러한 것을 보수하지 않으면 자잘한 무리들은 필시 벼랑을 보고 물러나듯[177] 하리니, 석가의 제자 된 도리로서 어찌 참을 수 있겠습니까.

이에 힘을 헤아리지 않고 기와 굽는 일을 시작하니, 비유하건대 맨손으로 범을 잡고 맨몸으로 강을 건너는(暴虎馮河)[178] 자와 같습니다. 일이 태산보다 무거운데 힘은 기러기 털보다 가벼우니 여러 사람의 삼태기를 빌리지 않으면 아홉 길 높은 산을 이루지 못하는 것입니다.[179] 그래서 권선문을 들고 인자한 이들 집안에 널리 고합니다.

엎드려 바라건대 적선하는 군자들께서는 뜻을 손상하고 과오를 더하는 티끌 재물을 아끼지 말고, 금강처럼 썩지 않는 좋은 인연을 함께 심으십시오. 동전이든 곡식이든 전례 없이 넉넉히 보시하시고 다른 이에게도 권하여 보호해서 큰일을 이루게 해 주십시오. 우리 부처님의 큰 자비와 널리 구제하는 덕, 산을 주관하는 산신령의 은미하게 돕는 은택이 메아리

같고 그림자 같으며 두드리면 응답하리니, 오직 믿음의 두터움에 달렸을
뿐입니다. 생전에는 인간의 오복五福을 갖출 것이요 내세에는 극락구품極
樂九品을 누리리니, 모과를 던져 줌에 보배로 갚는다는[180] 것은 이것을 말
하는 것입니다. 누가 쾌락하지 않겠습니까.

華嚴寺蓋瓦募緣文

方丈。乃三神之一也。天下之名山也。華嚴。是方丈之刹。爲東國之勝地
也。如像佛之奉安。卽闢王之作則。何寺无之。若舍利之奉塔。爲眞佛之體
分。環東土而无幾。寧非名山勝地之所占歟。粵在羅代。基址之雄勝。梵宮
之宏壯古崔先生孤雲之記。備之詳矣。以若靈勝之處。多閱星霜。棟橡柱櫨
之內實傷朽者。間多有之中。最爲目下之所急者。諸法堂各寮舍之玉瓦
龜坼。難避時雨之滲漏。一瓦之傷。棟梁之朽。已有傳說。況瓦之傷破比屋
皆然。而元无片瓦留在。失此不補。數小殘徒。將必望崖而退。爲釋子之道。
是可忍乎哉。玆不度力。而方設燔瓦之役。譬猶暴虎憑海者也。事旣重於泰
山。力猶輕於鴻毛。不借衆人之簣。難成九仞之山。故敢荷勸軺。普告仁人
之門。伏願積善君子。莫惜損志盍過之塵財。共樹金剛不朽之良緣。或錢或
穀。拔例而優施。引勸而護之。成辦大事。吾佛大悲。普濟之德。主山神王。
陰隲之澤。如響如影。隨扣隨應。唯在信之厚薄。生前則備人間之五福。來
世則享極樂之九品。投之木果。報以瓊琚。此之謂也。孰不快樂哉。

성주 쌍계사의 사천왕상 중수기

　제왕의 묘를 세움에 상서庠序(학교)의 낭무廊廡[181]를 설치하게 되고, 각황覺皇(부처)의 건물을 세움에 반드시 천룡의 호위가 있습니다. 상庠이요 서序라고 함에 인륜을 밝히는 도가 밝게 빛나고, 하늘과 용을 높임에 부처를 보호하는 법이 엄중합니다.

　이 불령산佛靈山[182] 쌍계사는 처음 창설한 것을 고찰할 수 없으니, 중수한 연대를 어찌 돌아보아 살피겠습니까. 그러나 구름 낀 시내를 굽어보면 거울처럼 쌍으로 흐르는 장관이요, 노을 지는 봉우리에 기대면 돌로 만든 불상(獨聖)이 의젓합니다. 평지에 솟아오른 봉우리는 아직 피지 않은 연꽃 같고, 기림祇林[183]을 차지한 사찰은 초지初地[184]의 선원 같습니다. 산이 병풍처럼 사방을 둘러 있으니 난새가 날아 구름을 흔드는 듯하고, 물이 백 겹으로 둘렀으니 교룡이 쓰러진 바위를 감싼 듯합니다. 진정 옛날 위국魏國 산하 같은 보배[185]이니 오늘 아침 군자의 천석泉石에 대한 근심[186]을 누가 말하겠습니까. 비록 여우와 토끼의 소굴이라고는 말하지 않더라도 제비와 참새의 서식지를 면하지는 못했습니다. 삼존三尊 금불상은 여전히 급고독給孤獨의 믿음(信根)을 기다리고, 네 구軀의 보체寶體(사천왕상) 또한 도솔천왕(都史)[187]의 간청이 없습니다. 도부桃符[188]가 사라지니 마귀가 기세등등하고, 각수覺樹(보리수)가 늦어지니 우담바라가 적적합니다. 어찌 단월檀越(시주)이 없어서 이렇겠습니까. 필시 왕성한 운을 기다려서 그럴 것입니다.

　무신년(黃猿, 1908) 청룡의 봄에, 발원의 바람이 한 번 부니 이 공李公께서 단문檀門(시주)의 원인이 되고, 믿음의 풀이 일제히 누우니 운선雲禪이 가방街坊[189]의 무리가 됩니다. 비유하자면, 터럭을 모아 공을 만들고 꽃을 따서 꿀을 만드는 격입니다. 전단栴檀(향나무)과 어울려 높고 큰 건물이 찬란하니 기악夔蘷의 공이요, 황금빛과 푸른색을 칠하여 단청이 드러나니 오도悟道[190]의 붓입니다. 높아서 위태로운 것은 낮추어 편안하게 하고, 오래되어 무너진 것은 새롭게 수리합니다. 이에 천룡이 받드니 불상이 의젓하고, 상서序序를 설치하니 윤리가 드러납니다. 금강봉金剛鋒 아래 마귀가 자연히 꺾이고, 옥호광玉毫光 속에 신들도 흠향합니다. 불상이 응하니 승려들이 손뼉 치고, 산이 빛나니 냇물도 어여쁩니다. 잡풀 더미 속에 우담바라 꽃이 거듭 드러나고, 뜨거운 번뇌의 바다에 청량한 깃발(幢)을 거듭 세웁니다. 단씨檀氏(시주)의 공은 우전왕優塡王과 함께 오래갈 것이고, 화사化士(화주승)의 덕은 수달다須達多[191]와 함께 영원할 것입니다.

그러나 무주상보시無住相布施[192]를 누가 기록하겠습니까. 유루有漏[193]의 세계에 변화의 장소(化地)를 지었는데 사라질까 걱정되어 대략 서술합니다.

星州雙溪寺四天重修記

立帝王廟。爰設序序之廊廡。建覺皇宇。必有天龍之護侴。[1) 曰序曰序。明倫之道昭彰。尊天尊龍。護佛之法整嚴。唯此佛靈山雙溪寺。未考叔設之濫觴。奚稽重葺之年代。然而俯壓雲潤。壯觀鏡面之雙流。却倚霞岑。儼然石舡之獨聖。峰聳平地。形同未開之蓮花。寺占祇林。勢若初地之禪院。山屛四列。鸞翅掀雲。水帶百圍。蛟腰偃石。眞是昔日魏國山河之寶。誰謂今朝君子泉石之愁。雖不云狐兔之窟場。尚未免燕雀之棲息。三尊金像。猶待給孤之信根。四軀寶躰。亦闕都史之懇請。桃符隱而嬈魔騰騰。覺樹晚而曇花寂寂。豈无檀越[2)]是耶。必待旺運而然也。黃猿之歲。靑龍之春。願風一呼。李公爲檀門之因。信草齊偃雲禪作街坊之徒。比若聚毛而結毬。探花而成蜜。和栴檀而輪囷煥然。夔蘷之功。塗金碧而粧橫隱現。悟道之筆。高而危者。低而安矣。舊而頹之。新而修之。於是天龍尊而佛嚴。序序設而倫彰。金剛鋒下。嬈魔自摧。玉毫光中。善神猶欽。佛應而僧抃。山輝而川媚。蓁棘場中。重現優曇之蕚。熱惱海上。更建淸凉之幢。檀氏之功。併優闐而地久。化士之德。齊須達而天長。然而無住相布施門。孰可云記蹟有漏界建化地。恐泯沒而槩書云爾。

---

1) ㉤ '衙'는 '衛'의 오자인 듯하다. 2) ㉥ '越' 다음에 '而'가 빠진 듯하다.

지리산 문수암 모연문[194]

세상에 지혜 있는 사람들이 논에 농사짓는 것만 알고 복전福田에 파종함을 모르는 것은 왜 그렇습니까. 인도함이 있는데 그러합니까, 인도함이 없어서 그러합니까. 앎이 있는데도 그러하다면 과오는 농부에게 있고, 앎이 없어서 그러하다면 과오는 인도하는 이에게 있습니다. 그러므로 인도와 농사는 그 결함이 동일합니다.

이제 이 암자는 문수사리曼殊舍利[195]께서 상주하시는 곳입니다. 이 산을 올라 이 암자에 거주하는 이는 그 지혜가 날마다 달라지므로 '지이산智異山(지리산)'이라 합니다. 산의 명칭이 이렇게 일컬어지게 된 것은 믿어 의심할 게 없습니다. 암자는 첫째 봉우리 불묘佛廟(사찰)[196] 아래 있어서 맑은 마음으로 반야의 오묘한 말씀을 많이 들으며, 출입문은 삼신동三神洞 신선계의 정상을 내리누르니 눈을 들면 진나라 아이들의 뗏목[197]을 자주 봅니다. 목을 길게 빼면 닿을 듯한 것은 은하수의 요대瑤臺[198]요, 귀를 기울여 익히 듣는 것은 청량산淸凉山의 가풍家風입니다. 이는 실로 성인들(諸聖)이 거주하는 장엄한 누각이요 중생이 길이 봉양할 복전인 것입니다.

그러나 암자가 창건된 지 오래되었으니 무너지고 없어지는 운수를 어찌 면하겠습니까. 그래서 복전의 말로 군자의 마을과 농부의 집에 자세히 고합니다. 오직 바라건대, 일찌감치 신근信根(믿음)을 일으키시어 복전에 파종하시고 대비大悲의 물을 주시고 무명초無明草를 제거하시어 인과로 맺어지는 가을을 기다리십시오. 그리하여 인도하는 이를 탓하지 마시고 큰 지혜의 도량인 문수의 방에서 같이 노닐기를 지극히 기도하고 지극히 기도합니다.

智異山文殊菴募緣文

蓋世人之智徒知稼穡於水田。不知下種於福田者。何也。有導而然耶。無導而然耶。有知而然則過在於耕夫也。無知而然則過在於導人也。是故導與耡者。其闕一也哉。今此菴。曼殊舍利常住處。登此山而居此菴者。其智日異。故曰智異山。山之名從此稱之。信无疑焉。菴在第一峰佛廟之下。淸心多聞般若之妙談。門壓三神洞仙界之頂。擧眼頻見秦童之浮槎。翹首可摩者。河漢之瑤臺。側耳慣聆者。淸涼之家風。此實諸聖之莊嚴樓閣。衆生之長養福田歟。然菴之剝歲已久矣。壞空之數。人孰免哉。故以福田之說。委告於君子之鄕耡夫之家。唯願早早發起信根。能下種於福田。灌之以大悲水。鋤之其無明草。第待酬因結果之秋。使母咎於導人。同遊大智道場曼殊室中。至禱至禱。

보살계[199]를 받는 첩 【송광사 계단[200]】

언우씨䲧䱋氏[201]가 갈대배(蘆舫)를 타고 강을 건너 곧바로 가리키는(直指) 핵심을 보여 주고,[202] 노행자盧行者[203]는 의발을 던지고 재를 넘어 홀로 전해 주는 비밀스런 소식(密信)을 드러냈습니다. 일미一味의 선교禪敎[204]가 여섯 잎으로 꽃을 피웠고,[205] 원융한 성상性相[206]이 다섯 분파로 나뉘었습니다.[207] 황명皇命으로 도첩度牒[208]을 특별히 받고, 흠준欽遵[209]하라는 성지聖旨를 여러 번 받들었습니다. 이로 말미암아 마조馬祖가 한 번 소리 지르니 백百·황黃이 벙어리 되고,[210] 부용芙蓉이 높이 수려하니 청청淸·부부浮가 골수를 얻었습니다.[211] 이들이 모두 의발을 전한 비조가 되니 실로 선禪을 받은 상족上足(수제자)이 아님이 없습니다. 원효와 보조普照에 이르러는 멀리 신라와 고려에서 도를 얻은 산종散宗[212]이 되고, 경성敬聖[213]과 환성喚惺[214]은 가까이 우리 조선에서 선을 깨달은 적통(嫡派)이 됩니다. 해동의 흐름(璿流)은 그 수를 헤아릴 수 없는데, 호남의 계주戒珠는 누가 가장 빛나고 청결하겠습니까. 금담錦潭[215]과 대응大應[216]이 상서로운 빛을 얻어 현설現說[217]하고, 초의草衣[218]와 범해梵海[219]는 선禪과 교敎를 아울러 다투어 펼쳐냈습니다. 금구金口[220]의 보배로운 게송은 촛불처럼 빛나고 목차木叉[221]의 떳떳한 가르침은 얼음처럼 정결하니, 상고의 현묘한 풍조를 일으킬 수 있고, 말엽의 바퀴 자국(伏轍)을 정돈할 수 있습니다.

이제 아무 곳 아무개 사찰에서 계율에 의거하여 계단을 세우고 계법을 펼치나니, 안에는 아무 곳의 아무개가 아무 사찰 아무 스승에게 출가하여 법명 아무개 자字 아무개인데 발심發心을 아무 해에 하고 나아가 십계十戒[222]를 아무 해에 받고, 구족계具足戒[223]와 천불계千佛戒를 원만히 받았으니, 너희들은 계를 받은 이후로 법을 위해 행지行持[224]하고 연속하여 제도(化導)하라. 이 계율의 힘으로 현생에 보살위菩薩位를 이루고 내생에 불과佛果[225]를 이루리라.

지금 황제께서는 만수무강하시어 나라가 평화로우리.
계첩戒牒은 몸을 따르니(隨身) 삼가 정결하게 받들어 지녀라.
첩 당사자에게 반드시 도달해야 한다(須至).²²⁶
모년 모월 모일.

위 첩은 보살계를 받은 제자 아무개에게 주어 지니게 하라.

갈마아사리羯摩阿闍梨²²⁷ 아무개
화상아사리和尙阿闍梨²²⁸ 아무개
교수아사리敎授阿闍梨²²⁹ 아무개
일곱 증사證師 아무개와 아무개 등.

受菩薩戒牒【松廣寺戒壇】
齠齔氏渡江。乘蘆舫而示直指之樞機。盧行者逾嶺。擲衣鉢以表單傳之密信。一味禪敎。六葉敷榮。圓融性相。五派分流。特蒙皇命之度牒。累荷聖旨之欽遵。由是而馬祖一喝兮。百黃爲之啞聾。芙蓉高秀兮。淸浮得其骨髓。是皆爲傳鉢之鼻祖。實莫非受禪之上足以及元曉普照。逈爲羅麗得道之散宗敬聖喚惺。近繼我朝悟禪之嫡派。海東璿流。其數不億。湖南戒珠。誰最光潔。錦潭大應。得祥光而現說。草衣梵海。并禪敎而競演。燭炤金口之寶偈。氷淨木叉之彛訓。能扇上古之玄風。可茸末葉之伏轍。今於某地某寺。依律建壇。開演戒法。內有某處人某氏某生。出家某寺某師法名某字某。發心某年。進受十戒某年。圓受具足戒千仸戒某年。爾等自受戒後。爲法行持展轉化導。以此戒力。現成菩薩位。當成佛果。今上皇帝。聖躬萬壽。海宇昇平。戒牒隨身。謹潔奉持。須至牒者。某年某月日。右牒給菩薩戒弟子某執收。羯摩阿闍梨某。和尙阿闍梨某。敎授阿闍梨某。七證師某某。

합천군 가야산 해인사에서 어인 대장경 인출하는 불사를 경찬하는 소 [주별을 겸함]

적이 생각건대, 인주仁舟가 양하兩河에 빠짐에 중생이 고해苦海에 빠지고, 혜일惠日이 팔수八樹²³⁰에 떨어짐에 눈먼 이들이 광명을 잃었습니다. 이 때문에 바라굴鉢羅窟²³¹에서 세 가지 의심을 단번에 끊었고, 사갈궁沙竭宮²³²에서 만법을 총지摠持²³³하였습니다. 600년 내지 700년에 이르러 마명馬鳴²³⁴ 대사가 빙해氷海에서 종지宗旨를 설하고, 용수龍樹²³⁵ 존자尊者가 인산印山에서 법문을 외어 번역하였습니다. 이로 말미암아 삿됨의 깃발을 파쇄하고 정법의 등불을 밝혔습니다.²³⁶ 이윽고 청정靑精²³⁷이 남쪽으로 건너가니 강회康會²³⁸가 오吳에 노닐 때이고, 백마가 동쪽으로 향하니 법란法蘭²³⁹이 한漢에 들어온 날입니다. 이에 금문金文(불경)이 두루 쌓이고 현묘한 책들이 융성해졌습니다. 오백 응공應供²⁴⁰이 결집한 말은 걸핏하면 논하여 수레에 실을 정도이고, 팔만 다라니에서 밝힌 이치는 다투어 쏟아 내어 말(斗)로 헤아릴 정도입니다. 또한 노나라 임금이 별이 떨어짐을 보니 상서로운 징조요, 한나라 임금에게 일륜日輪 두름을 보여 주니 조짐의 유래가 있는 것입니다.²⁴¹ 법음法音은 온갖 구멍이 바람에 소리를 내듯 하고, 가르침은 수많은 하천이 달을 품음과 같습니다.

이제 해인사 장경전藏經殿의 처음을 살펴보면, 신라 애장왕哀莊王이 법당을 열어²⁴² 국사國史를 안정시켰고 고려 문종이 장경전을 창설하여 불교 문헌을 간행하였습니다.²⁴³ 삼승三乘²⁴⁴을 보관하여 삼보三寶²⁴⁵의 으뜸에 참례하고, 삼국을 통일하여 삼국 구역을 무너뜨렸습니다. 신라와 고려 때의 창설이 어렵다면 어렵다고 할지나 우리 조선의 성대함은 흥하고 성합니다. 세조대왕께서는 50건을 인출하여 금강산 석왕사에 나누어 보관하였고, 정희대비貞熹大妃²⁴⁶께서는 30부를 인출하여 설악산 명승지에 보관(布鎭)하였으니, 필시 닉왕匿王²⁴⁷과 가제迦帝²⁴⁸가 다시 나타나고, 용녀龍

女와 천후天后가 다시 온 것입니다. 온 국토에 법의 교화가 널리 흡족하고 온 세상이 부처님 은혜에 모두 목욕합니다. 우리 대한 황제와 중귀 엄후中貴嚴后249께서는 문무文武를 겸하시고 신성하시어, 신이한 공적이 헌호軒昊250보다 뛰어나고 지극한 정치는 성강成康251보다 아름답습니다.

이전에 사홍四弘252을 심어 요임금 구름의 은혜 비가 널리 윤택하게 하고, 일찍 오덕五德253을 바탕으로 도당씨陶唐氏(요임금)의 경풍景風(남풍)이 불어오게 합니다. 매번 그물 풀어 주는 것을 마음으로 삼고 결승結繩254을 염두에 두기 때문에 이에 용정龍庭과 호혈虎穴255이 모두 테두리(堤封)로 들어오고 한해瀚海256와 천산天山257도 모두 교화(聲敎)에 젖어듭니다. 단발하고 문신한 우두머리도 왕궁에 와서 명을 청하고, 가슴을 꿰고 귀를 뚫은 추장도 궁궐에 와서 보배를 바칩니다. 조심스레 공경(翼翼)하니 안으로 사의四儀258가 가지런하고 큰 덕이 한가로우니(閑閑) 바깥으로 칠정七政259이 가지런합니다. 팔도(八域)를 정돈하고 만방이 조종朝宗260하며, 상선上仙이 삼귀三歸261의 마음을 펼쳤으니 황후(中貴)가 사의四依262의 바람을 어찌 일으키지 않겠습니까. 더하여 팔정八正263에 마음을 두고 오승五乘264에 뜻을 독실히 하여, 널리 단나檀那(보시)를 운용하고 정업淨業을 닦으며 진실하고 긴요한 말씀을 돌아보니 불경보다 더한 게 없기에, 특별히 서울의 대덕 범운梵雲265에게 명하시어 해인사 대장경 판목을 간행하라 하셨습니다.

종이는 3백 묶음이 들고 재물은 6만여 금金이 들었습니다. 그리하여 관찰사(道臣)에게 명하여 법사法事를 모범으로 삼으라 하니, 삼강三江의 먹을 삶아 오색이 영롱하고, 오성五城의 종이를 만들어 육문六文266이 잡다했습니다. 오추烏箒267로 문지르니 정묘한 연기가 균일하게 적시고, 흰 손으로 가벼이 움직이니 신이한 변화를 다합니다. 귀한 함緘의 책들이 간장干匠268의 창에 쌓이고 보배로운 게송과 글이 모추毛錐(붓)의 칼에서 결집됩니다. 화려한 빛깔을 이어 장엄하게 꾸미니 진나라 여인(秦姬)의 옷감처럼 곱고, 구름 무늬 옷을 입혀 장정하니 촉땅 여인(蜀娥)의 비단 빛에 물듭니다. 즉시 3질을 가지런히 만드니 삼보의 으뜸이 출현함을 의심하지 않고, 7부部를 나누어 쌓으니 칠금산七金山²⁶⁹이 날아온 듯합니다. 어찌 다만 법을 밝히는 인연뿐이리오. 또한 중생을 제도하는 방편입니다.

이제 승려가 흩어지는 날에 즈음하여 승려들의 무차대회를 개최하고, 불공을 드리는 때에 제불諸佛의 인연 있는 모임을 세웁니다. 진秦나라의 홍속紅粟²⁷⁰으로 향적香積²⁷¹의 음식을 마련하고, 주목왕周穆王²⁷²의 금고金膏²⁷³로 범궁梵宮(사찰)의 공양을 진설합니다. 향기로운 음식을 오정五淨²⁷⁴의 모양으로 받들어 오고 빛나는 꽃들을 삼신산 모양으로 곱게 받들어 옵니다. 유리와 호박의 사발에 바다와 육지의 진미가 쌓이고 쌓이며, 산호와 마노의 쟁반에 금옥 같은 곡식이 은은하고 정결합니다. 어찌 세상의 삼덕三德²⁷⁵에 용궁(蛟宮)의 팔진미를 겸하였습니까. 이름난 향 연기가 흩어지니 기자 무늬(藻黻)²⁷⁶가 무지개 빛깔에 비치고, 옥 같은 글자가 구름처럼 나니 금빛과 푸른빛이 북두칠성의 빛보다 찬란합니다. 나팔(貝角)이 함께 소리 내어 산을 울리니 그 위엄이 팔한八寒 지옥²⁷⁷을 놀라게 하고, 범고梵鼓(북)를 다투어 울려 들판이 진동하니 그 기세가 구정九頂 하늘²⁷⁸을 움직입니다. 새가 상서로움을 나타내니 태양(玉燭)이 사계절에 화창하고, 구름이 채색을 드리우니 달(金鏡)이 칠요七曜²⁷⁹의 빛을 머금었습니다.

우러러 바라건대 화장華藏세계²⁸⁰의 자존慈尊²⁸¹께서 티끌 세상에 영향을 끼치시어 본래 서원을 저버리지 말고 미천한 정성을 받으소서. 금구金口의 게송이 뜻하는 바로 눈먼 중생을 안양安養(극락)으로 이끄시고, 옥호玉毫²⁸²의 빛으로 비추시어 어리석은 무리를 낙방樂邦(극락)으로 비추소서. 구광루九光樓²⁸³ 앞에 인산印山이 우뚝하니 사찰의 신(伽神)²⁸⁴이 하례하고, 홍하문紅霞門²⁸⁵ 안에 빙해氷海가 맑아 사찰의 신(局師)²⁸⁶이 상서로움을 드립니다.

황제 폐하와 중귀 엄후中貴嚴后를 봉축하노니, 은택이 무강하고 은혜가 사방에 적시나이다. 왕업의 기초(鴻基)는 지극히 높고, 수명(鶴算)²⁸⁷은 장수하소서. 또한 바라건대 태자전하와 세빈저하世嬪邸下께서는 사등四等[288]의 복전福田을 세세생생에 구족하시고 육인六因[289]의 선善한 과보를 세세생생에 장엄하소서. 겁석劫石[290]이 부서지도록 보력寶曆(왕의 수명)이 길이 이어지시고 개성芥城[291]이 비도록 나라의 기틀이 영원히 견고하소서.

광무光武 3년 기해(1899) 5월 1일 호남의 신승臣僧 보정寶鼎이 백배百拜하며 삼가 올립니다.

陜川郡伽耶山海印寺大藏經御印出佛事慶讚疏【兼畫別】

竊以仁舟溺於兩河。衆生沒其苦海。惠日沈於八樹。盲徒失其光明。緣此而鉢羅窟中。三疑頓斷。沙竭宮裡。萬法揔持。迄于六七百載。馬鳴大師。宗說於氷海。龍樹尊者。誦翻於印山。由之而破邪見幢。燃正法炬矣。泊乎靑精南渡。康會遊吳之秋。白馬東翻。法蘭入漢之日。於是金文遍跱。玄篇鬱興。五百應供結集之言。動論車載。八萬多羅所詮之理。競抱斗量。且自見殞星於魯君。禎祥嘉瑞。示佩日於漢后。兆自由來。法音則萬籟號風。敎說則百川含月。今海印藏經殿。稽乎濫觴。羅莊王開堂而鎭國史。麗文宗剏殿而刊佛文。藏三乘而㝡三寶之宗。統三國而隳三韓之域。雖羅麗之剏。難則難。而我朝之盛。興且勃焉。世祖大王。印五十件。而分藏於金剛之釋王。貞熹大妃。出三十部。而布鎭於雪岳之勝地。必乎匿王迦帝之再現。龍女天后之重來。率土普洽法化。普天咸沐佛恩。曁我大韓皇帝中貴嚴后。允文允武。洒神洒聖。神功邁於軒昊。至治美於成康。曩植四弘。普閏堯雲之惠雨。夙資五德。再扇唐后之景風。每以解網爲心。結繩在念故。玆龍庭虎穴。盡入堤封。瀚海天山。咸霑聲敎。斷髮文身之魁。俱請命於王庭。穿胸儋耳之酋。共獻踩於皇闕。由之小心翼翼。內整四儀。大德閑閑。外齊七政。掩頓八域。朝宗萬方。上仙旣發三歸之心。中貴盍起四依之願。加以留心八正。篤意五乘。廣運檀那。聿脩淨葉。1) 眷言眞要。无過釋典。特命京都大德梵雲。爰刊海印大藏經板。紙練三百許塊。財費六萬餘金。載勅道臣。式摹法事。烹三

江之墨。五色玲瓏。擣五城之楮。六文雜沓。烏箒撓撓兮。均濡精烟。素手輕
輕兮。殫諸神變。琅凾玉軐。攝疊於千匠之鋒。寶偈金文。結集於毛錐之刃。
聯華綵而嚴餙。色練秦姬之絲。披雲衣而莊轙。光染蜀娥之帛。卽乃三峽齊
修。不疑三寶宗之運出。七部分堆。悅似七金山之飛來。何但闡法因緣。抑
亦度生方便。以今際散僧之日。開千僧无遮之筵。第供佛之時。建諸佛有緣
之會。大秦紅粟。備香積之羞。周穆金膏。陳梵宮之供。芬芳妙味。形五淨而
擎來。灼焯名花。麗三山而捧至。琉璃琥珀之盆。海錯山珍。鬪鬪飣飣。珊瑚
瑪瑙之盤。玉粒金粟。隱隱潔潔。何人世之三德。鮃蛟宮之八珍。烟散名香。
藻黻交映於虹蜺之彩。雲飛玉字。金碧煥爛於牛斗之光。貝角并響而鳴山。
威驚八寒之獄。梵鼓競喧而震野。氣動九頂之天。瑞鳥禎祥。玉燭和四時之
氣。曇雲垂彩。金鏡含七曜之暉。仰冀華藏慈尊。塵方影響。不捨本誓。旣受
微忱。金口偈所流詮。導衆盲於安養。玉毫光所照燭。爍群昏於樂邦。九光
樓前。印山屹而伽神獻賀。紅霞門內。氷海淸而局師禎祥。奉祝皇帝陛下。
中貴嚴后。澤被无疆。恩霑有際。鴻基峻極。鶴算彌長。抑願太子殿下。世嬪
邸下。四等福田。生生具足。六因善報。世世莊嚴。刼石碎而寶曆長存。芥城
空而皇基永固。光武三年己亥五月初一日。湖南臣僧寶鼎。百拜謹上。

---

1) ㉮ '葉'은 '業'의 오자인 듯하다.

송광사 하사당을 중수하는 상량문【기해년(1899) 8월 27일】

아량위兒樑偉.²⁹²

고승이 선정에 드니 세계의 이뤄지고 무너짐에 관계하지 않는데, 여래가 출현하셔서 장엄한 누각을 편애하실까. 장엄한 것은 헛꽃(空花)이 찬란함 같고, 이뤄지고 무너짐은 물보라가 일어났다 잦아드는 것 같네. 모두 이치에 관계되니 누가 심상하다 하겠는가.

이제 이 하사당下舍堂²⁹³은 어느 해에 창설하고 몇 번이나 수리했는가. 지붕이 새어 빗발이 들이치니 용의 골격은 새겨진 대들보에 기울어지고, 처마 기울어 서리 들이치니 물고기 비늘 같은 기와가 뒤섞였네. 하사당이 치료하기 매우 어려운데 상사당上舍堂²⁹⁴의 승려가 비상한 방법을 구하였네. 그러자 여러 의논이 발흥하여 며칠 만에 일을 감독하게 되었네.

관성觀性은 감독하는 주인이 되고, 영우靈祐는 군액軍額(일꾼)의 으뜸이 되었네. 기역 자와 곱자를 가지고 목수는 손을 이리저리 놀리고, 칼과 도끼를 가지고 장석匠石²⁹⁵이 끊어 내는구나. 북소리 둥둥, 벌목하는 소리 쩡쩡. 겁우刧雨에 기와 쓸어내리고, 비람풍(藍風)²⁹⁶에 연기·먼지 날리네.

이에 긴 들보를 들고 짧은 노래를 올리네.

    들보 동쪽에 던지니
    영천²⁹⁷은 축융祝融²⁹⁸ 같은데
    삼일암²⁹⁹의 노승은
    말없이 대웅大雄(부처)을 찾는구나

    남南
    홀연 우담바라화가 나타나니
    대장경 인연이 어찌 이르렀나

성은이 유독 여기까지 미쳤네

서西
푸른 산이 조계曹溪를 압도하고
가을바람 불어 끊이지 않는데
도끼 소리 쓸쓸하구나

북北
물품을 성은으로 하사받고
간절하게 추성樞星[300]에 절하니
상서로움이 자극紫極[301]에 내리네

상上
황제 자리 환히 빛나니
은하수에 소 끄는 노인
아득히 각항角亢[302] 보이네

하下
천지는 일마一馬이거늘[303]
왜 참선을 닦지 않고서
어리석게 큰 건물에 사나

엎드려 바라건대, 들보 올린 후에 사방의 티끌이 고요해져 세상이 평화롭고, 지상에 상서로움이 내리고 선풍禪風이 더욱 성하여, 가신伽神(사찰의 신)이 축하하고 사찰이 형통하리라.

松廣寺下舍堂重修樑文【己亥八月二十七日】

兒樑偉。高僧入禪。不關世界成壞。如來出現。偏愛樓閣莊嚴。洒莊洒嚴。若空花之燦然。曰成曰壞。似海漚之起沒。悉係乎理數。孰可云尋常。今是堂。刱設何年。重葺幾度。屋漏雨脚。龍骨傾頹於彫樑。簷驚霜威。魚鱗錯落於聯瓦。下舍堂劇難醫藥。上舍僧求非常劑。衆議勃興。不日董[1]役。觀性爲監董之主。靈祐作軍額之長。尋引規矩。縱橫於榟人之手。刀鉅斧斤。斫斷於匠石之家。鼖鼓撞撞。伐木丁丁。掃瓦礫於刼雨。飛烟塵於藍風。爰擧脩樑。載獻短頌。抛樑東。靈泉似祝融。三日菴中老。默觀覔大雄。南。忽地現優曇。大藏緣何至。聖恩獨此覃。西。蒼峭壓曹溪。商風吹不盡。柯響自凄凄。北。品類荷聖澤。翹首拜樞星。祥氛降紫極。上。帝宮自晃朗。河漢牽牛翁。迢迢生角亢。下。乾坤怱一馬。何事不修禪。痴痴居大廈。伏願上樑之後。塞塵肅靜。聖宇昇平。地靈降祥。禪風益熾。伽神獻賀。寺運亨通。

---

1) ㉠ '董'은 '董'의 오자이다. 이하 동일.

어인 대장경을 봉안하는 연화문

장경각(經藏)을 중수重修하고 운반하는 비용과 봉안奉安하는 재齋를 올릴 때.【1400냥, 백미 6섬】

능인能仁(부처)께서 설하신 것을 통틀어 '팔만대장경'이라 하고, 경희慶喜[304]가 모은 것을 총합하여 삼승三乘의 가르침(聖敎)이라 합니다. 권수를 계산하면 팔만이요, 모은 것을 칭하여 '대장경'이라 합니다. 법은 용궁에 잠겨 있고, 도는 학수鶴樹[305]에 간직되어 있으니, 한나라의 축분竺墳(불경)이나 진秦나라 벽 속에 있던 노고魯誥[306]와 비슷합니다. 백마를 몰아 경전을 실으니 양장兩藏에 달빛이 가득하고,[307] 황권黃卷을 태워 도를 시험하니 오악五岳이 구름처럼 달립니다.[308] 도가 구주九州(세계)를 비추니 법이 만년토록 영원합니다. 부처님이 허무의 영역에 대해 법설을 끝내신다면 법이 어찌 허무(何有鄕)[309]로 돌아가지 않겠습니까.

지금 이 해인사 대장경은 여래께서 말씀하신 것이요, 존자尊者(아난阿難)가 결집한 가르침입니다. 그 처음을 고찰해 보면, 삼목왕三目王 조판관曺判官의 원력願力과 장부 이거인李居仁의 인연으로 왕손王孫의 믿음(信根)을 일으켜 나라 재산을 기울여 창시하게 되었습니다.[310] 당唐 정원貞元 임오년(802)에 신라 애장왕哀莊王이 처음 시작하였고 홍무洪武 계유년에 이르러 우리 조선의 태조 임금께서 거듭 이으셨습니다. 세조 임금 무인년(1458) 여름에 50건을 인출하여 명산에 유치하였고, 정희貞熹 왕비[311]께서 기유년[312] 봄에 30질을 인출하여 사찰에 배포하였습니다. 어찌하여 유독 이 법계法界만 빠졌던가. 인연을 짓지 못함이 천년의 한입니다. 우리 대황제께서 선왕의 법사法事 인연을 경모하여 후손(后身)으로서 믿음과 과보를 닦아 제궁諸宮의 종실들에게 권하고 해인사의 승려를 불러 불사를 일으켜 불경을 인출하니 나라를 위하고 세상을 도움이라. 대지가 기운을 토하는 듯하고 온갖 구멍이 일제히 소리치는 듯합니다.[313] 천은天恩을 입어 천문天門의 경사에 바르게 기도하옵고 세 질帙을 성취하여 삼보三寶의 집[314]에 보관합니다. 인출하는 방법(制方)을 마련한다 해도 어찌 큰 사찰(巨刹)에 봉안하는 것만 같겠습니까.

오직 우리 본사本寺는 지위가 삼보 대승의 종주로서 1부를 봉안하라는 명을 받았습니다. 비유하건대 비가 세 가지 풀에 균등히 적시고[315] 원음圓音이 시방에 두루 퍼지는 격입니다. 그러나 비록 근 1만 권의 경전이라 하더라도 아직 경전을 실을 백마가 부족하여, 50짐(負)의 보배가 남으니 오로지 나루와 다리로 삼을 청동[316]만 믿습니다. 작은 강남[317]의 단나檀那(시주) 인연이 실로 작은 공덕을 맺음이 아니요, 대장경 봉안奉安 의식은 큰 복전福田을 이룸이 아니겠습니까. 근 4백 리의 초료草料[318]가 들 것이요 2천 금의 계옥桂玉이 소비될 것입니다. 그러나 하물며 열성조列聖祖께서 명을 내리셨으니 어찌 신하들이 거들먹거리며, 선대왕先大王의 칙령을 어찌 군자들이 소홀히 하겠습니까. 나라에 전할 보배이니 어찌 진산鎭山[319]의 보배일 뿐이겠습니까. 그러므로 빈도貧道[320]가 오색 붓을 적셔 단씨檀氏(시주)의 삼생 과보를 고합니다. 시詩의 '잊지 않으니 무리가 많다(無念有徒)'[321]는 잠언은 '선한 이는 복을 받고 악한 이는 벌을 받는다'[322]는 말에 합당하고, 경전의 '현재 원인과 내세 과보'라는 말은 마땅히 '산이 울고 물이 맑다'[323]는 뜻으로 풀어야 합니다.

엎드려 바라건대, 선녀인 선남자들은 잘 호념護念[324]하겠다는 신심을 일으켜서 크게 길한 큰 도량에서 대장경 결사를 성취하시어 혜일慧日[325]이 만국에 빛나고 황풍皇風[326]이 백왕百王에게 불도록 하소서.【기해년(1899) 6월 5일에 봉안하다.】

御印大藏經奉安緣化文

經藏重修。運來資費。奉安齋時【錢一千四百兩白[1)]六石】。能仁所說底通。謂之八萬大藏。慶喜所集之惣。號曰三乘聖敎。計篇帙曰八萬。稱積聚云大藏歟。法尙潛於龍宮。道猶蘊於鶴樹。與漢室之竺墳。似秦壁之魯誥。驅白馬而馱經。兩藏月滿。焚黃卷而試道。五岳雲奔。道映九州。法久萬載。伏如說罷虛無地。法寧不歸何有鄕。今此海印藏經。如來所說之藏。尊者結集之敎。考其濫觴。三目王曹判官之願力。一丈夫李居仁之因緣。起王孫之信根。傾國財而創始。唐貞元壬午。新羅哀莊王之草開。至洪武癸酉。我朝太祖王之重葺。世祖王戊寅夏。印五十件。而留鎭名山。貞熹妃己酉春。出三十帙。以布分雄刹。何獨闕如此法界。千年恨未作因緣。繄我大皇帝。慕先王之法事因緣。修后身之信根果報。勸諸宮之宗室。招海寺之梵僧。作伕事而印經。爲國家而祐世。似大塊之噫氣。如萬籟之齋呼。旣蒙天恩。端祈天門之慶。成就三帙。均藏三寶之家。雖營印出之制方。奈若奉安之巨瓶。唯我本寺。位尊三寶大乘之宗。優荷一部奉安之命。喩如一雨等潤三草。圓音普遍十方。然雖近一萬券[1])經文。尙闕白馬之駕軸。餘五十負重寶。專恃靑銅之津梁。小江南檀那之緣。實非小功德而結矣。大藏經奉安之式。无是大福田而成乎。計近四百里草料。費餘二千金桂玉。而況列聖祖之允命。豈王臣之偃然。先大王之勅令。何君子之擧易。爰是傳國之寶。奚但鎭山之珍。故染貧道五色毫。載吿檀氏三生果。詩之無念有從之箴。端合善慶惡殃。經之今因來果。宜乎訓之山鳴水淨。伏願善女人善男子。發起善護念之信心。大吉祥大道場。成就大藏經之結社。慧日煌於萬國。皇風扇於百王。

【己亥六月初五日奉安】
---
1) ㉑ '白' 다음에 '米'가 탈락된 듯하다.　2) ㉑ '券'은 '卷'인 듯하다.

산신계안에 대한 글【감로암】

니구산尼丘山[327]이 영험하게 잉태하게 하니 천년토록 문묘에 제향될 스승(敎父)이 탄생하고, 계봉鷄峯이 영기를 모아 주니 한 나라를 영도할 우리 임금님이 나셨도다. 누가 간절한 기도 없이 이루어졌으랴. 경건한 정성 아님이 없도다.

이 조계산은 니구산의 형세에 기를 모으고 계봉의 용맥龍脈(산줄기)을 이어, 층층 산은 구름을 잡아 8대 산왕山王(산신)이 강림하는 정결한 지역이고 첩첩 봉우리가 하늘 높이 솟아 10호 진군眞君(신선)이 상주하는 도량입니다. 은은한 꽃과 산에는 매번 용과 범이 웅크리고 있는 영험한 자취가 보이고, 잔잔한 물과 바위는 간혹 구름을 잡고 학을 타는 존귀한 모습을 보는 듯합니다. 보배 봉우리(寶峰)의 꽃과 숲은 자연스레 감응하고 산과 강의 바위 절벽을 거닐며 노니니, 보살의 임시 모습(權形)이요 중생의 실제가 됩니다. 몇 구절로 찬탄하니 감응하면 물이 맑고 달이 빛나며, 일심으로 정성을 바치니 감응하면 산이 울고 골짜기가 응합니다.

대개 이러한 말세 중생의 복전으로 산신령의 지혜 칼(慧刀)만 한 것이 없으니, 이 계안을 맺어 그 인연을 모집합니다. 천년토록 문묘에 제향되고 나라를 이끌 경사를 누가 구하려 하겠는가, 그저 한 세상 재앙은 소멸하고 복이 생기는 상서로움을 바랄 뿐입니다.

재물은 물거품이나 먼지 같아 풍파를 만나면 견고하지 않고 선善은 좋은 옥 같아 물과 불에 들어가도 사라지지 않습니다. 금곡옹金谷翁이나 도주공陶朱公[328]은 그저 허랑하게 살다 죽었고 풍읍豐邑[329]의 태조와 숙량흘叔梁紇[330]은 실로 영기를 모아 영험한 이를 탄강하였던 것입니다.

山神契案文【甘露菴】

丘山孕靈。乃誕千秋文廟之敎父。鷄峯鍾氣。爰生一國武領之我王。誰無懇禱而成。莫非虔誠之力。唯玆曹溪山。鍾氣於丘山之勢。承脉於鷄岑之龍。層巒挐雲。八大山王降臨之淨界。疊嶂聳翠。十號眞君常住之道場。隱隱花山。每見踞龍跨虎之靈跡。潺潺水石。或驗攀雲駕鶴之尊儀。寶峰花林。感應也自在。山河石壁。遊戲之逍遙。乃菩薩之權形。爲衆生之實際。數句讚嘆。其感則水澄月顯。一心投誠。其應也山鳴谷響。蓋此叔季衆生之福田。莫若山靈之慧刀。故結此案。爰募彼緣。誰欲求千秋文廟武領之餘慶。只要願一世災滅福生之吉祥。財如漚塵。遇風波而非固。善若琅玉。入水火而不泯。金谷翁陶朱公。只虛生而浪死。豊太祖叔梁紇。實鍾氣而降靈。

보인 수좌가 구걸하는 단

엎드려 듣건대, 공성孔聖(공자)이 진陳과 채蔡 사이에서 7일 동안 어려움을 겪었고,[331] 석존釋尊께서 사위성舍衛城에서 여러 집의 음식을 구걸해야 했으니, 거의 양호陽虎의 액운을 볼 뻔 하였었고,[332] 목녀牧女는 젖을 바쳤습니다.[333] 옛 성인도 그러하거늘 하물며 지금인들 그렇지 않겠습니까.

오직 빈도貧道는 부평초 같은 길에 지팡이 짚은 맹인이요 총림叢林[334]의 병든 잎 같은데, 일찍이 상문桑門[335]에 의탁하여 무장茂長(고창) 선원사禪院寺에서 머리 깎고 승복을 입었으며 글방(黌海)을 유람하다가 백암白岩[336] 화장대華藏臺에서 발우를 씻고 주석하였습니다. 그러나 문득 세속의 무상을 생각하고는 첩첩산중에 외로운 몸을 부쳤고, 늦게야 유루有漏[337]의 환몽幻夢을 깨닫고는 일심을 삼독육적三毒六賊[338]에 쏟아부었습니다. 금강산 수미암須彌菴 적멸굴寂滅窟에서 하안거를 많이 하였고 묘향산 비로봉 묘향대에서 좌선하였습니다. 그리하여 세속의 공부에는 힘을 기울이지 못하였으나 초탈한 사업에는 이미 마음을 허락하였습니다. 비록 그러하나 봉우리 구름이나 연못의 달은 실로 옛 조사들의 선열禪悅의 맛이요 푸른 솔잎과 파란 개울물은 적송자赤松子[339]가 기운을 보충한 것들인데, 조사와 신선의 분수에 미치지 못함을 한탄하니 어찌 달을 읊고(批月) 솔잎을 먹는 방법을 바라겠습니까. 도업道業을 이루고자 하면 마른 형체를 치료해야 하고, 불심에 도달하고자 하면 굶주린 배를 위로해야 합니다. 이런 까닭에 오위五位[340]를 보건대 자량資糧이 믿음을 일으키는 처음이 되고, 육도六度[341]를 닦는 데 보시를 행함이 선한 행위의 으뜸이 됩니다.

바라건대 사방의 석덕碩德[342]께서는 발우 하나의 귀한 곡식을 덜어서 사위성의 선한 인연을 지으시고, 조그맣지만 귀한 낱알을 허락하여 진과 채의 굶주린 배를 풀어 주시기를 엎드려 바랍니다.

寶印首座求乞單

伏聞孔聖之於陳蔡。猶見七日之艱辛。釋尊之於舍衛。每乞亡家之飯食。幾見良[1]虎之厄。欽奉牧女之乳。古聖尙爾。況今不然。恭唯貧道。萍路盲杖。叢林病葉。早托桑門。祝髮被緇於茂長之禪院寺。粗游橫[2]海。洗鉢䑛[3]錫於白岩之華藏臺。忽念無常之塵界。寄隻影於千山萬水之間。晚覺有漏之幻夢。注一心於三毒六賊之上。多結夏於金剛之須彌菴寂滅窟。已宴坐於香山之毘盧頂妙香臺。雖未得力於閙中工夫。早已許心於物外事業。雖然嶺頭雲潭底月。實古祖師禪悅之味。靑松葉碧磵水。是赤松子養精之需。恨未至祖師仙子之分。安敢望批月饌松之術。爲成道業。要療形枯。欲達佛心。但慰飢腸。是故五位第觀。資粮爲起信之初。六度齊修。行檀爲作善之首。幸須諸方碩德。捨一鉢之玉粒能作舍衛之善緣。許圭撮之金粟。庶解陳蔡之飢腸。伏望。

---
1) ㉮ '良'은 '陽'의 오자인 듯하다. 2) ㉯ '橫'은 '賨'의 오자인 듯하다. 3) ㉰ '䑛'은 '憩'의 오자인 듯하다.

묵암[343]의 비를 세우기 위한 모연문 【을미년(1895) 겨울에 문도들이 일을 시작하였는데 세파에 방해를 받았다. 병신년(1896)에 다시 일을 벌였으나 완성하지 못하고 무술년(1898) 가을에야 마치게 되었다.】

소왕素王[344]의 대업은 익주益州의 비[345]에 서술되어 있고, 대감大鑑[346]의 신공神功은 유후柳侯[347]의 붓으로 진술되었습니다. 처음에 큰 공덕이 있으면 나중에 존숭하고 받드는 글을 짓게 됩니다. 예전에 이미 이러하였으니 지금 어찌 그러하지 않겠습니까.

우리 묵암씨默庵氏는 부휴浮休[348]의 맥을 이어서 백암栢庵[349] 조사의 귀비龜碑[350]를 세웠고, 풍암楓岩[351]의 가풍에서 선을 깨달아 영해옹影海翁[352]의 대회를 크게 열었습니다. 말세에 티끌세계와 어울리니[353] 상고 시대의 진풍眞風을 행할 수 있고, 사바세계에 현신하여 화장세계華藏世界[354]의 교해敎海(가르침)를 확장하였습니다. 변론은 은하수처럼 호탕하고, 분명함은 일월의 빛과 같습니다. 글을 토하여 문장을 이루니 화엄의 과도科圖[355]가 은연중에 품목을 드러내고, 문답으로 풀어 내니 경전들의 요점이 빛나게 드러나 통합니다. 눈은 미세한 것도 뚫어 보고 마음엔 여러 책들이 담겨 있습니다. 선사先師께서 법을 드날리는 자리에서 낭함琅函[356]을 펼쳤으니, 문도들이 추모하는 자리에서 완염琓琰[357]을 마련할 만합니다.

이에 검산鈐山에서 돌을 캐기로 도모하고 옥벽玉璧에서 석벽을 다듬기를 거듭 꾀하였습니다. 거북은 잘 돌아보나 바위는 말이 없고, 산은 빛나고 하천은 아름다움을 더합니다. 다만 이 바위는 몸체는 우부禹斧[358]를 거쳤으나 무게가 주정周鼎[359]보다 무거우니, 귀신이 움직이지 않으면 사람이 이끌고 도와야 합니다. 아안鵝眼[360]의 여러 눈동자들(동전)을 부지런히 엮어야 빗돌을 옮기는[361] 공력을 발휘할 수 있습니다.

엎드려 바라건대 여럿이 같이 하는 공론이 오래되었으니 문에 당도한 모연문을 꺼리지 마시고 티끌 세상에서 행함이 있는 물거품 같은 재물을 함께 부조하여 금강 보당寶幢362의 법중法衆을 같이 이루소서.

默庵立石募緣文【乙未冬門徒營始。爲世擾所害。丙申又設而未就。至戊戌秋方畢。】
素王大業。追述於兗州之碑。大鑑神功。漫陳於柳候[1]之筆。始有大功德者。終著尊崇奉文。昔旣如斯。今胡不爾。唯我默庵氏。繼鉢於浮休之脉。栽樹栢庵祖之龜碑。悟禪於楓岩之家。宏設影海翁之大會。同塵末運。能行上古之眞風。現身婆婆。廣張華藏之敎海。辯同河漢之浩。明幷日月之光。吐詞成章。華嚴科圖之隱現品目。答問解錯。諸經會要之交映釋通。眼徹微塵。心藏衆部。旣闡琅函於先師揚法之座。可設琓琰於門徒追慕之場。肆謀伐石於釰山。重營磨崖於玉壁。龜善顧而石不語。山必輝而川增媚。但玆石也。體經禹斧。重過周鼎。非鬼運而神轉。乃人引而民扶。勤搆鵝眼之衆眸。可奏鞭叱之功力。伏念僉同之公論旣久。當門之募軸莫嫌。共助塵世有爲之浮財。同成金剛寶幢之法衆。

1) 옘 '候'는 '侯'의 오자이다.

팔상전³⁶³과 약사전의 양식과 등유 계 서문 【병신년(1896) 3월 길일】

천불千佛³⁶⁴이 현재 같이 출현하시니 석가모니께서 네 번째가 되시며, 다섯 가지 보배가 방위를 따라 나뉘니 약사불께서는 열두 가지 발원³⁶⁵을 하셨다. 혹은 사바세계의 교주敎主가 되고 또한 동방의 도사導師³⁶⁶라고 한다. 도솔궁에서 코끼리가 끄는 일광 쌍륜에 오르시고, 마야摩耶³⁶⁷ 부인의 뱃속에서 법계일여法界一如³⁶⁸의 가풍을 깨달았다. 자취를 세자궁에 보이시어 사방으로 다니시며 관찰하시던 날에 삼계三界³⁶⁹를 싫어하고, 마음이 성역聖域을 원하여 성 밖으로 나가던 봄날에 만승萬乘(천자)의 지위를 버리셨다. 설산에서 지극한 도를 닦으시어 샛별이 찬란함을 보시고, 보리수(道樹)에서 마귀를 꺾으시어 보병寶瓶을 높이 던지셨다. 녹원鹿園³⁷⁰에서 법륜을 굴리시어 근기를 따라 돈점頓漸을 여시고, 학수鶴樹에서 완전히 열반하시어 신체(化儀)가 무상함을 보이셨다. 법음法音이 온갖 구멍에서 소리 나듯 하고, 불상의 자취는 온갖 하천이 달을 품은 듯하다. 사리가 접역鰈域³⁷¹에 펴지고 패엽貝葉³⁷²은 용궁에 보관되었다. 불상을 맞이하여 경전을 싣고 온 것은 한나라 시대에 시작되었고 사찰을 지어 복을 높인 것은³⁷³ 신라 시대보다 더함이 없다. 겸상縑緗³⁷⁴을 밝게 이어 가고³⁷⁵ 혹은 완염琬琰에 꽃무늬를 놓기도 한다.³⁷⁶

이 영산靈山의 모임³⁷⁷과 약사불의 거처에서, 사문沙門³⁷⁸이 수행하니 팔상전은 점차 깨닫는 빗장이 되고, 바른 길을 보이시니 열두 가지 발원은 곧바로 지적하는 첩경이 된다. 수달須達³⁷⁹의 정성스런 마음이 있으나 아직 가난한 여인³⁸⁰의 큰 바람이 없다. 그래서 불상(金面)이 흑칠한 탑榻에서 서글퍼하고, 옥전玉殿이 먼지 구덩이에 매몰되어 있다. 어찌 빛을 내지 않아서 그렇겠는가. 필시 인연을 기다려서 그런 것이다. 이제 사미 10여 명이 돈을 거둬 계를 만들어 등유를 바치고 재를 올리는 계획을 마련하고

서 나에게 글을 지어 달라고 하니, 나는 다음과 같이 말한다.

아, 굶주린 이에게 밥 한 술 덜어 줌이 적선의 으뜸이요, 젊은 나이에 큰 마음을 냄이 믿음을 일으키는(起信) 최상이로다. 부처와 조사의 진실한 자식은 실로 보살의 큰 인연이 아님이 없다고 누가 말하지 않겠는가. 바라건대 여러분들은 처음처럼 마칠 때까지 신중하여 선재동자가 스승 찾으러 다닌 것을 배우고, 법을 위해 몸을 잊고 설산에서 구도한 것처럼 할지어다. 그러하면 비구와 비구니, 세간과 출세간을 막론하고 비단 다섯 보배의 도량에서 유희할뿐더러 너와 나, 지혜롭거나 우둔한 이들 모두 결정코 천불千佛의 명수名數에 참예하리로다.

八相殿藥師殿粮燈契序【丙申三吉日】

千佽現在并出。釋迦氏爲第四尊。五寶隨方各分。藥師佽發十二願。或爲娑婆敎主。亦名東方導師。兜率宮中。乘日光雙輪之象駕。摩耶肚裡。悟法界一如之家風。迹示邸宮。厭三界於遊觀之日。心冀聖域。捨萬乘於逾城之春。修至道於雪山。見明星之炳煥。降邪魔於道樹。擲寶瓶之卓然。轉法輪於鹿園。開逐機之頓漸。般涅槃於鶴樹。示化儀之無常。法音則萬籟號風。像跡則百川含月。舍利布於鰈域。貝葉藏於龍宮。邀佽馱經。濫觴於漢代。建利崇福。莫尙於羅朝。或絹澌繍紃。或銓花琬琰。是靈山之會。藥師之堂。修行沙門。八相殿爲漸次之關鑰。示其正路。十二願爲直指之捷徑。雖有須達之誠心。猶闕貧女之大願。以故金面怊悵於黑漆之塌。[1] 玉殿埋沒於煙塵之堆。豈无放光而然乎。必待有緣而是矣。今有沙彌十數輩。收鈇作契。爲獻燈供齋之計。以屬文爲言。余曰。噫。施一飯於飢客。積陰之居先。發大心於妙年。起信之最上。孰不曰佽祖眞子。實莫非菩薩大因。幸須斂公。愼終如始。學善財之尋師。爲法忘軀。如雪山之求道。然則僧尼道俗。非但遊戱於五寶之道場。爾我智愚。決定來叅於千佽之名數。

1) 옌 '塌'은 '榻'의 오류인 듯하다.

명부전 계안 서문 [4월 8일]

이 의二儀(천지)가 갈라짐에 양계陽界와 음부陰府(저승)의 밝고 어두움이 열리고, 삼재三才(천지인)가 나뉨에 여래와 중생의 구별이 생겼습니다. 티끌처럼 많은 국토에서 중생을 이끄니 여래라 하고, 승기僧祇[381] 겁파刼波에서 음부를 깨뜨리니 양계가 됩니다. 실로 지혜가 가득하다 하더라도 어찌 보살의 자비와 같겠으며, 태양이 극히 밝다 해도 중생의 어둠을 깨뜨리지 못합니다. 십계十界[382]의 신토身土가 역력하고 삼생의 보응이 분명합니다.

이 지장대성地藏大聖은 중생의 인도자요, 시왕十王[383]의 위의威儀는 음부의 정승(鈞軸)입니다. 명부를 펼쳐 점검하여 귀하거나 천하거나 죄질을 조금도 혼동하지 않고, 석장錫杖을 휘둘러 지휘하여 선악의 인과로써 능히 거마라도 수용할 수 있습니다. 어찌 그러한 줄 알겠습니까? 찬탄하고 우러러 예를 올리면 지옥(惡道)에 떨어지지 않으니 광목녀廣目女[384]의 정성을 익히 들었고, 불승佛乘을 비난하면 무간지옥에 가니 대목련大目連의 분재盆齋[385]를 익히 읽었습니다. 그래서 지팡이 내리는 소리에 오역십악五逆十惡[386]의 죄를 변화시킬 수 있고 업경대業鏡臺[387] 앞에서 충효열신忠孝烈信의 선한 경사를 드러낼 수 있습니다. 이 모두 중생의 실제 응보이며 보살의 방편 형상입니다. 세상에서 오형五刑[388]의 재판을 받았더라도 보상금을 내고 석방될 수 있거늘 하물며 명부 시왕의 재판에서야 의당 음덕(陰騭)을 드려 재앙을 소멸시킬 수 있습니다. 돌이켜 생각건대, 보살의 비는 본래 사심이 없어 초목과 곡식들이 널리 흡족하게 젖고, 중생의 오온五蘊은 반드시 죽음이 있으니 바다와 산이나 허공과 도시 어디로도 피할 수 없습니다. 오묘한 인연으로 특별히 명복을 의지해야 하므로 향사香社[389]를 맺어 쇠라도 끊을[390] 인연을 모집하며, 푸성귀 같은[391] 글이나마 지어서 옥을 떨치는[392] 허락을 기대합니다.

우리 향도香徒[393]들은 긴 하늘에 떨어져도 영험한 학을 탈 것이요 큰 바다에 빠져도 아름다운 배를 만나리니, 바라건대 복전을 만나 보리菩提의 씨를 심어 가꾸고, 명부冥府의 지혜로운 칼로 무명無明의 뿌리를 제거하시면 칼 나무와 칼 산을 만나더라도 연화정토로 변할 것이요, 화탕火湯(끓는 물)과 노탄爐炭(타는 숯)이 아뇩달지阿耨達池[394]로 변할 것입니다. 범인과 성인이 근원은 동일하고 어둠과 밝음이 모두 찬란하게 될 것입니다.

엎드려 축원하건대 금지옥엽은 법우法雨에 적셔 영화롭고 봉황과 용의 자손은 자비로운 구름을 잡고 상서로움을 드러내소서.

冥府殿契案序【四月八日】

二儀肇判。爰開陽界陰府之幽明。三才纔分。乃別如來衆生之凡聖。塵毛國土。度衆生曰如來。僧祇刼波。破陰府卽陽界。實智雖滿。奚若菩薩之慈悲。大陽至明。難破衆生之障暗。十界之身土歷歷。三生之報應昭昭。蓋此地藏大聖。衆生之導師。十王列儀。陰府之鈞軸。敷錄檢點。貴賤罪質。不錯絲毫。振錫指揮。善惡果因。能容車馬。焉知其然。讚嘆瞻禮。不墮惡道。[1] 慣聞廣目女之誠心。毁罵仸乘。卽往無間。熟讀大目連之盆齋。所以環錫聲下。可轉五逆十惡之罪根。業鏡臺前。能現忠孝烈信[2]善慶。是皆衆生實報。菩薩權形。雖遭人間五刑之訴詞。猶請貽而蒙放。況被冥府十王之聽訟。宜納隲而消殃。顧念菩薩一雨本自无私。卉木草穀之普洽。群生五蘊必然有死。海山空市之難逃。敢輸妙因。特資冥福。故結香案。[3] 募斷金之緣。載綴蔬筍。待振玉之諾。諓吾香徒。墜長空而乘靈鶴。溺巨海而遇芳舟。幸値福田。稼穡菩提之種。冥資慧刃。鋤決无明之根。則當釰樹刀山。轉成蓮花淨土。火湯爐炭。化作阿耨達池。凡聖同一源。幽明皆晃朗。伏祝金枝玉葉。霑法雨[4]榮華。鳳子龍孫。攀慈雲而現瑞。

---
1) ㉖ '遵'는 '道'의 오자인 듯하다. 2) ㉖ '信' 다음에 '之'가 빠진 듯하다. 3) ㉖ '案'은 '社'의 오자인 듯하다. 4) ㉖ '雨' 다음에 '以'가 빠진 듯하다.

김시원 원당395을 중건하는 상량문 [4월 15일]

엎드려 듣자오니, 어진 바람이 동쪽에서 불어오니 효와 열烈이 강상의 대절大節이고, 자비로운 구름이 서쪽에서 이르니 공경과 믿음이 수행의 묘문妙門이 됩니다. 성현을 봉향하는 것을 공경과 신의라 하고, 부친과 지아비를 추앙하여 천도하는 것을 효와 열이라 합니다. 부처 형상을 만들어 불국佛國에 꽃이 피니 육왕396의 공경이 하늘에 퍼짐이요, 모친 형상을 조각하여 공양을 배설排設하니 정란397의 효가 대지에 퍼졌습니다. 여전히 존재하시는 듯한 감동을 일으켜 잊을 수 없는 은혜에 보답하는 것입니다.

이 원당願堂은 위로 석가모니 상像을 모시고 김 공金公의 진영을 옆에 두었습니다. 창시한 것은 건륭乾隆 58년 계축(1793) 여름에 본사本寺의 낙천樂天 화주(化主)가 드린 향과 산양山陽 율어촌栗於村 김시원金時元의 부인과 며느리 고씨高氏와 전씨全氏의 바람으로 희사한 것으로, 극락세계(常樂邦)로 혼을 천도하려고 해마다 향적香積의 오묘한 법도를 배설하고 영산회靈山會에 원당을 창건하여 때마다 연꽃의 지극한 이야기를 듣게 했습니다. 그 법식은 난대蘭臺의 새 모습 같고 직분은 복을 빌던 옛일과 흡사합니다.

시간이 지남에 사물이 바뀌어 세월이 옥루玉樓를 찾고, 이슬과 서리 내림에 먼지가 금면金面(불상)에 덮었습니다. 사찰의 승려만 슬퍼할 뿐 아니니 후손들이 어찌 안타깝지 않겠습니까. 그래서 때를 기다리지 않고 경영하여 며칠 안 되어 속히 성취하니, 처음에 옛 장소에다 툭 트이게 기틀을 잡고 공수工倕398 같은 장인을 불러 우뚝하게 기초를 다졌습니다. 창률昌律과 부선富善이 주지가 되어 일꾼을 이끌고, 두현斗玹과 수현守賢이 지휘와 재정 담당을 하였습니다. 잣나무(漢栢)로 틀을 설치하고 소나무(秦松)를 기초 위에 두었습니다. 융풍融風(입춘 바람)에 기와를 성대하게 하니 임궁琳宮(사찰)이 다시 드러나고, 구름과 물에 먼지를 씻어 내니 원당이 마련되었습니다. 이에 아량兒樑399 노래를 부르고 가타伽陀(게偈)를 짓습니다.

들보 동쪽으로 던지니
만물이 모두 바람에 흔들리는데
문수보살은 어디에 계시나
금빛이 허공에 가득하구나

남南
온갖 성城들이 차례대로 크니
손가락 튕기는 소리 얼마나 큰가
53선지식[400]을 문득 잊어버리네

들보 서쪽으로 던지니
산 밑에 조계 냇물 흐르니
연화세계가 멀지 않겠구나
변치 말고 마땅히 올라가야지

북北
근심 없음이 극락이니
아름다움 보면서 풍류 감상하며
왕과 신하는 부처 부탁을 받드네

상上
하늘의 도는 오직 원형元亨[401]이라
꽃비가 어지러이 내리는데
법의 무리가 함께 공양하네

하下

땅의 신이 상서祥瑞로 축하드리니
망명罔明402이 선정에서 일어날 때
시냇물은 반야를 말하도다

엎드려 바라건대 들보를 올린 후에 범천梵天403이 은혜의 비를 내리고 가신伽神이 축하를 드리며, 인자한 바람이 극락세계에서 불어옴에 효와 열의 자식들에게 남은 경사를 보답하고, 자비로운 구름이 청정세계에 펼쳐짐에 공경과 믿음의 문에 남은 재앙을 소멸시키소서.

金時元願堂重建上樑文【四月十五日】
伏聞仁風東扇。孝烈爲綱常之大節。慈雲西極。敬信爲修行之妙門。奉享賢聖之謂敬信耶。追薦父夫之爲孝烈也。造佽形而花開佽國。育王之敬彌天。刻母像而供設母筵。丁蘭之孝亘地。起如存之感。報難忘之恩。唯此願堂。上御釋氏之像。補列金公之眞。叔始則乾隆五十八癸丑夏。本寺樂天化士之所薦檀。山陽栗於村金時元妻婦高全兩氏之願捨施。追薦魂於常樂邦。年設香積之妙軌。建創院於靈山會。時聞蓮花之極談。式如蘭臺之新儀。職似薦福之古事。星移物換。叔尋玉樓。露往霜來。塵渙金面。猶寺禪之所惜。況雲仍之盍悽。不時載經載營。克日速成速就。初用新舊。爽塏開基。匠招倕尤。突兀安礎。昌律富善。爲住持而率軍。斗玆守賢。爲指揮與掌財。空架漢栢。石生秦松。宕瓦礫於融風。琳宮復現。掃塵土於雲水。創院化成。爰唱兒樑之歌。載綴伽陀之頌。抛樑東。萬物盡搖風。曼殊何處見。金色滿虛空。南。百城次第泰。彈指聲何大。頓忘五十三。抛樑西。山下一曺溪。蓮界知非遠。不移宜可躋。北。無憂是極樂。望美玩風流。王臣奉佽囑。上。乾道唯元亨。花雨亂紛紛。法衆同供養。下。地神呈瑞賀。罔明出定時。磵水談般若。伏願上樑之後。梵天雨澤。伽神獻賀。仁風扇於樂方。報餘慶於孝烈之子。慈雲布於淨界。消餘殃於敬信之門。

윤웅렬[404] 관찰사께 올리는 편지 【능주(화순)에 유배되어 본사 나한에 백일재를 올렸고 또 한 섬 논을 관음전께 바치고 유배에서 풀려났으니, 반드시 광주 관찰사가 되시리라.】

엎드려 생각건대, 빈도貧道는 솔문에 칩거하며 삼보三寶의 업을 증장시키고, 금지金地(사찰)에 거처하며 그저 사사四事[405]의 공양을 더할 뿐입니다. 모두 제불諸佛이 안에서 돕는 훈습이요 군자가 밖에서 돕는 은택입니다.

근래 백 일 정성을 한 조각 붉은 마음으로 갈수록 더욱 근면하게 석 달 정진하니 십육 성중聖衆의 신이한 변화는 생각하기 어렵습니다. 위로 북궐北闕(대궐)의 삼전三殿[406]에 축하드리고 다음 남쪽의 장상將相(장수와 재상)을 위해 기도합니다. 하늘의 해가 비추어 임하니 엎어진 항아리[407]의 어둠을 깰 수 있고, 대지의 우레[408]가 기운을 토하니 장사長沙의 괴로움[409]을 소멸할 수 있습니다. 천 개의 염주를 헤아리니 재앙과 장애를 소멸할 바람을 원만히 굴리고, 육시六時[410]에 염불하며 묘길상妙吉祥[411]의 말씀을 항상 칭념합니다. 회향回向[412]하여 귀명례歸命禮[413]하고 경찬하여 발원을 마칩니다.

티끌 같은 재산을 희사하여 이 복전을 심었으니 무슨 장애가 멸하지 않고 무슨 복이 이르지 않겠습니까. 즉시 경복궁慶福殿 위에서 용봉龍逢과 비간比干[414]이 될 수 있고, 부월斧鉞[415]의 장막 아래 다시 용안과 곤룡포를 접하리다.

두 스승(闍梨)을 대신하여 편지 한 장을 삼가 올립니다.

上尹觀察雄烈書【以配在綾州地。上百日齋於本寺羅漢。又以一石畓庫。獻觀音前而解配。必爲光府觀察使耳。】
伏以貧道蟄伏松局。益增三寶之業分。叨在金地。但添四事之供養。儘諸佛內資之熏。是君子外護之澤。近以百日虔誠。一片丹心。愈久彌勤。三月精進。十六聖衆。神變難思。上祝北闕三殿君。次禱南州一將相。天日照臨。能破伏盆之暗。地雷吼氣。可消長沙之苦。千珠計較。圓轉消灾障之願。六時課念。常稱妙吉祥之言。回向而歸命禮。慶讚而發願已。旣捨塵財。而樹此福田。何障不滅。何福不臻。卽當慶福殿上。能作龍逢比干。斧鉞帳下。更接龍顏袞袍。敢替兩箇闍梨。謹修一尺鴈信。

법해당 학계 서문

갈대 하나로 동쪽으로 건너오니 팔뚝을 끊고[416] 절구를 짊어지는(負春)[417] 믿음을 다투어 드리고, 삼장三藏[418]을 서쪽에 가서 구하느라 말뚝을 붙들고 밥을 짓는(扶杙擧烟) 수고를 달게 받았다. 이는 모두 일대사인연一大事因緣이요 실로 끝없는 공덕이 아님이 없다.

이 법해法海 강백講伯[419]은 풍도風度가 고인을 능가하고 덕행이 요즘 사람들과 다르다. 고아한 행적은 반드시 찾아뵈니 아스라한 곤륜산도 쉽게 여길 정도요, 진정한 승려는 반드시 찾아뵈니 깊은 여학驪壑[420]이라도 어찌 꺼리리오. 모두 구준衢罇[421]에 취한다 해도 옥루屋漏[422]에 부끄럽지 않으리라.

이에 조계산 아름다운 언덕에 경방經牓[423]을 게시하고 화엄 법회의 법당法幢[424]을 세운다. 마음을 비운 자는 개미처럼 사모하여[425] 오색실에 물들 것을 도모하고, 배를 채워 조수가 물러가듯 하니 반드시 십양금十樣錦[426]을 이룰 것이다. 이를 돌아보면 한 글자의 법은法恩조차 바다 같은 먹을 다해도 기록하기 어렵고, 삼시三時에 마시는 차는 금 항아리를 던져 수고롭게 할 만하다. 계契를 맺는 일은 쇠를 끊을[427] 만한 일인데, 나에게 변론하는 말을 청하니 나는 다음과 같이 말한다.

사람에게 고금이 있지만 법에는 원근이 없다. 오직 공들은 시작을 했으니 마침이 있게 한다면 쇠를 끊는 믿음과 절구를 짊어진 정성이 결정코 그대들에게 있을 것이요, 말뚝을 들고 밥을 짓는 노고가 어찌 내게 관계되겠는가.

法海堂學契序

一葦東濟。爭呈斷臂負舂之信。三藏西討。甘受扶杙擧烟之勞。是皆爲大事因緣。實莫非无邊功德。唯此法海講伯。風度邁古。德行殊今。跡高必尋。幾易崑丘之峻。僧眞必詣。何嫌驪壑之深。盡醉衢罇。不愧屋漏。于玆揭經牓於曺溪芳原。建法幢於華嚴海會。虛心者蟻慕。圖染五色之絲。實腹而潮退。必成十樣之錦。睠此一字法恩。傾海墨而難記。三時茶饋。擲金瓮而可勞。契事斷金。請余辨說。余曰人有今古。法无邇遐。唯公等有初而有終。則斷之信春之誠。决在於君矣。杙之勞烟之苦。何與於我哉。

월화당[428] 학계 서문

　타인에게 가르침을 말하는 이를 스승이라 하니 스승의 도는 엄중함이 핵심이고, 스승을 따라 의혹을 푸는 이를 제자라 하니 제자의 도리는 공경히 따르는 것이다. 이런 까닭에 상대인上大人 아무개씨(공자)는 3천7명의 학사를 교화하였고,[429] 정변지正徧知 명행족明行足[430]께서는 6만 7천 인을 제도하셨으니, 도리는 유교와 불교가 다르지만 스승과 제자의 풍모는 동일하다.
　이제 월화당月和堂이 삼신동三神洞[431] 쌍계사雙溪寺에 기(幢)를 세우고 방장산(지리산) 삼일암三日庵에서 마루(堂)에 올랐다. 기를 본 이들이 구름처럼 모여들고 방榜을 들은 이들이 시장처럼 모여드니, 방장산이 넓다 하지만 사람들은 좁게 여겼다. 혹 발을 밟으며(躡足)[432] 계획하고 혹 귀에 대고 말하기를, "자취를 끊고 영원히 이별하는 것이 어찌 이름을 남겨 서로 아는 것만 같겠는가."라고 하였다. 말이 바람 같으니 풀이 어찌 눕지 않겠는가. 둘 내지 다섯 푼을 내어 정성을 표하는 밑천으로 삼고 네다섯 푼의 이자를 불려 강신講信[433]하는 거리로 삼았다.
　범례가 정해졌으나 변론하는 글(辨文)이 없으니, 그중에 상선上善이 내게 한마디 해 줄 것을 청하였다. 나는 거적 엮듯 하려고 하나 저들은 채소 사듯 하려고 하였다.[434] 그래서 먼저 스승과 제자의 도리를 서술하고 이어서 계약의 의론을 고한다. 맺는 노래는 다음과 같다.

　　바다 넓어 물고기와 용들이 모이고
　　산 깊어 코끼리와 범이 돌아오네
　　골짝 시냇물의 둥근 달 하나
　　길이 수많은 인간들을 화목하게 하네

月和堂學契序

道向人敎曰師。師道以嚴重爲綱。解從師生曰子。子道以敬順爲常。是以上大人某乙己。化三千七學士。正徧知明行足。度六萬七千人。道角儒佛。師子同風。今月和堂。竪幢於三神洞雙溪。昇堂於方丈山三日。見幢者雲集。聞牓者市廻。方丈雖寬。物情自隘。或躡足而謀謨。或附耳而語曰。與其絶踪而永別。奚若留名而相知。言旣如風。草何不偃。出二五文。爲表誠母。閏四五利。爲講信子。凡例旣定。辨文猶闕。箇有上善。求余一言。吾欲編苫。彼益買菜。先叙師子之道。次告契約之論。亂曰。海濶魚龍聚。山深象虎還。浴川一輪月。永和萬人間。

호붕당[435]의 학계 서문

　부처와 조사께서 주고받은 기강은 총림(叢木)의 선방에서 이미 배불리 흡수했고, 스승과 제자가 얼굴을 대하고 가르치는 명분은 또한 계수나무 두 그루[436] 그늘 아래에서 고찰하였다. 예와 의를 지탱하고 닦음을 기강이라 하고, 인仁과 신信을 수립하는 것을 명분이라 한다. 33인[437]이 정수를 얻어 눈 속에서 팔뚝을 태웠고,[438] 다섯 종파[439]로 나뉘니 호통 소리(喝)에 귀가 먹었다.[440] 한 가지 연꽃에서 벽송碧松[441]의 두각이 아름답게 솟아나니 태고太古[442] 조사의 7세손으로 우담바라가 다시 나타난 것이고, 여러 층의 풍암楓岩(세찰世察)이 영해影海(약탄若坦) 바다에서 우뚝 솟으니 부휴浮休[443] 종파의 6세손으로 깨달음의 나무가 거듭 꽃이 핀 격이라. 근래 벽담碧潭[444]과 우담優曇[445]의 현묘함을 드러내는 선禪 구절들은 섶을 쪼개어 불 밝히는 듯하고, 묵암默庵[446]과 침명枕溟[447]의 이치를 분석하는 교教의 마당은 옥을 깎고 금을 가공한 듯하다. 이는 실로 스승과 제자의 아름다운 본보기요 부처와 조사의 적통 후손이 아님이 없다.

　아, 이제 호붕당浩鵬堂은 마음을 수월水月에 기대고 눈은 구름 안개처럼 맑아, 바다처럼 호탕한 도량은 삼장의 비밀스럽고 현묘한 극치에 능하고 붕새나 봉황 같은 지조는 천 리의 드넓은 창공도 쉽게 여긴다. 마음은 현묘한 기미에 부합하여 나루 잃은 들판의 객을 유인할 만하고, 몸에는 무딘 도끼를 지녀 삿된 지름길을 가는 완고한 사내를 징계할 수 있다. 묵암 노사老師의 등불에 지혜의 횃불을 지피고, 영해影海 부사父師의 방에서 법의法衣를 받았다. 삼경三更(자정 무렵) 촛불 아래에서 이미 노사盧士(혜능)의 기연機緣에 부합하니, 칠백 무리 가운데 도명道明[448]처럼 웅건한 이 없겠는가. 이로 말미암아 석 자나 되는 긴 주둥이로 축수竺水(인도 바다)의 교룡과 고래 등을 삼키려 하고, 사방으로 드날리는 명예는 접역鰈域(조선)의 곤충과 벌레들마저 놀라게 한다. 넘실넘실 냇물이 흐르는데 매가 오디에 교화되어 산에 가득하고, 가벼이 구름이 달리는데 개미는 비린내를 좋아하여 계곡에 그윽하다.[449] 사나운 말이 천리마 되니 백 공백公[450]의 구유에서 채찍을 많이 받고, 곤어가 붕새 되니[451] 우문禹門[452]의 번개에 꼬리를 몇 번 태우리라. 빈 채로 왔다가 채워서 가니, 실이 물들어 비단으로 돌아가는 것이다.

아, 속수束脩 오정五釘[453]의 정성은 일찍이 공자의 문하 십철十哲[454]에서 들었고, 푸른 느릅나무 열 잎사귀의 정성으로 석원釋院(불교계)의 사부대중을 다시 보게 된다. 그러나 그저 외모만으로는 명분이 없으니 내실을 다투어 기강을 세운다.

나는 글이 규장珪璋[455]에 부끄럽고 글씨는 소순疏荀[456]을 범했는데, 거적 엮는[457] 사양을 얻기 어려워 맑은 대화(淸塵)[458]에 끼게 되고, 채소를 사려는[459] 청탁을 이기지 못해 망령되이 썩은 붓을 든다.

浩鵬堂學契序

佛祖受授之紀綱。已飽於叢木房中。師子面稟之名分。亦考於兩桂陰下。扶修禮義之謂紀綱。樹立仁信之曰名分。卅三之得髓。雪裡蕉[1]臂。五宗之分派。喝下啞聾。一朶芙蓉。挺秀碧松之頭。太古祖七世。曇花再現。數層楓岩。突兀影海之底。浮休宗六代。覺樹重芳。近若碧潭優曇之禪句透玄。薪析燭炤。默庵枕溟之敎場部理。刪玉攻金。實莫非師子嘉模。佛祖嫡胤。咦。今浩鵬堂。心憑水月。眼澄雲烟。浩度海量。能三藏之秘密玄極。鵬志鳳操。易千里之廓落蒼穹。心契玄機。可誘迷津之野客。身佩鉏斧。能徵邪徑之頑夫。燃智炬於默老之燈。受法衣於影父之室。三更燭下。已契盧士機緣。七百徒中。无奈道明勇健。由之而嘴長三尺。欲吞竺水之蛟龍鯨魚。譽飛四荒。將警鰈域之昆虫蠢蠖。振振川輸。鷹化棋而彌山。輕輕雲奔。蟻慕腥而幽谷。騂化成驥。多見鞭於伯公之槽。鯤變爲鵬。幾燒尾於禹門之電。虛到而實往。絲染而錦還。噫。束脩五釘之誠。曾聞孔門十哲。靑楡十葉之誼。更見釋院四衆。然而但外皃而沒分。爭內實而立綱。余書慙珪璋。筆犯蔬荀。
難獲編苫之讓。忝陪淸塵。不勝買菜之請。妄抽腐毫。

1) ㉑ '蕉'는 '焦'의 오자인 듯하다.

종사⁴⁶⁰ 계안 서문

사방의 하천을 몰아 바다에 흘러드니⁴⁶¹ 발해渤海와 창명滄溟⁴⁶²은 검푸르게 동일한 짠 맛이요, 다섯 성씨⁴⁶³를 모아 기술(匠)을 이루니 용상龍象과 호덕虎德⁴⁶⁴은 석가가 아님이 없다. 숭상하는 바를 분석하면 으뜸(宗)이 되고, 범인을 녹여 성인으로 단련하는 것을 기술이라 한다.

우리 조계산의 종사宗師 자리는 용과 뱀이 뒤섞여 내원樑園⁴⁶⁵에서 법인法印을 차고, 선禪과 교敎를 겸하여 전하니 도야桃野⁴⁶⁶에서 마음 거울을 다듬었다. 서쪽 하늘의 28조사祖師⁴⁶⁷는 입으로 전하고 마주 보고 명하여 병으로 병에 따라 주었고, 당나라 6종사宗師⁴⁶⁸는 마음으로 받고 몸으로 행하여 거울로 거울을 비추었다. 할 수 없는 말을 하니 임제臨濟⁴⁶⁹와 하택荷澤⁴⁷⁰이 오종五宗 선禪의 바람(禪風)이 되고, 전할 수 없는 것을 전하니 마명馬鳴⁴⁷¹과 용수龍樹⁴⁷²가 칠조七祖⁴⁷³ 가르침의 기강이 되었다. 체용體用을 같이 나란히 제시하여 함께 드러내니 백장百丈⁴⁷⁴과 황벽黃蘗⁴⁷⁵이 사흘 동안 벙어리 되고 사흘 동안 귀먹었으며, 사리事理가 같이 융합되어 원만하게 거두니 현수賢首⁴⁷⁶와 청량淸凉⁴⁷⁷이 십문十門⁴⁷⁸에 나오고 십문에 들어왔다.

월방月邦⁴⁷⁹의 풍물을 자랑하지 말지니 조선(鰈水)의 강산이 더욱 기이하다네. 석실石室에 옥(珹)이 맑으니⁴⁸⁰ 태고太古 노옹이 바위를 쪼개어(擘岩) 각성하였고, 구곡龜谷⁴⁸¹에 구름이 열리니 환암幻庵⁴⁸² 주인이 법계에 올라(登階) 마음을 맑게 했다. 한 그루 벽송碧松⁴⁸³의 그림자가 벽암碧岩의 뜰에 지니 우뚝한 취미翠微⁴⁸⁴는 눈이 덮여 고고하고, 만 가지 부용芙蓉⁴⁸⁵ 빛은 백암栢庵⁴⁸⁶의 거리에 흩어져 은은한 부휴浮休⁴⁸⁷가 티끌을 벗어났다. 취미의 절개가 빛나니 벽담碧潭의 기세가 풍암楓岩의 이마에 넘치고, 부휴의 빛이 찬연하니 영해影海의 향기가 묵암默庵의 연못에 전해졌다. 이 모두 마음이 보배 마을(寶州)에 걸리고, 성품이 티끌세계를 초탈한 것이다.

다시 선禪에 투철한 삼구三句[488] 위에 일로향상으로 우담바라가 다시 학림鶴林[489]에 드러남이요, 교敎의 일승을 전하는 가운데 세 공가중空假中[490]으로 벽오碧梧 나무는 다시 녹원鹿苑[491]에서 파랗다. 실로 당시 종장宗匠(대가)의 멀리 세세토록 전해질 모범이 아니겠는가. 아아, 우리들은 향기 바다의 미미한 거품이요 선림禪林의 병든 잎사귀들이다. 법인法印을 차리는 명을 감당하여 외람되이 법등法燈을 전하는 이름에 참여하게 되었다. 불멸佛滅 이후의 분노를 매번 머금고, 불법이 해이해짐을 항상 탄식하게 된다. 이에 연계蓮契를 맺어 절실한 마음으로 은혜에 보답하고자 한다.

세계世系를 손꼽아 보자면, 원류를 거슬러 올라가 위로는 능인能仁(부처)으로부터 70세世의 넷이나 여섯이요, 싹을 통해 뿌리를 아니 아래로 보리菩提(달마) 40계系의 하나 또는 셋이다. 그러나 원융한 불문은 본래 일미一味의 바다이니 장애 없는 법계가 어찌 다섯 성씨로 구분되겠는가.

엎드려 바라건대 부처 은혜를 갚고자 하니 각자 조사의 인印을 차고, 선禪의 등불을 더욱 밝혀서 일월과 함께 길이 빛내고, 교敎의 숲에 꽃을 피워 천지와 함께 푸르리라.

宗師契案序

驅四河而朝宗。渤海滄溟。同一醎味。聚五姓而成匠。龍象虎德。無非釋迦。當部所崇之曰宗。鎔凡鍛聖之謂匠。唯我曹溪宗席。龍蛇混雜。佩法印於榾園。禪敎兼傳。磨心鏡於桃野。西乾四七祖。口傳面命。以瓶而注瓶。唐土二三師。心受身行。如鏡而照鏡。說其無說之說。臨濟荷澤。爲五宗禪風。傳此不傳之傳。馬鳴龍樹。作七祖敎綱。體用齊示而俱現。百丈黃蘗。三日啞三日聾。事理雙融而圓收。賢首淸凉。十門出十門入。莫謗月邦風物。更奇鰈水江山。石室琪澄。太古老翁。擘岩而覺性。龜谷雲鬪。幻庵主人。登階而淨心。一株碧松。影落碧岩之庭。亭亭翠微而傲雪。萬朶芙蓉。光散栢庵之巷。隱隱浮休而出塵。翠節煥乎。碧潭氣凌楓岩之額。浮光粲然。影海香傳默庵之塘。是皆心懸寶州。性超塵界。若復禪透三句上。一路向上。優曇花再現鶴林。敎傳一乘中。三空假中。碧梧樹更翠鹿苑。實无乃當時宗匠。遠世規模。於戲吾儕香海微漚。禪林病葉。謬當佩印之命。濫叅傳燈之名。每茹佛後之嘖。常起法弛之嘆。斯結蓮契。心切報恩。屈指世系。則沂流得源。上自能仁七十世之或四或六。因苗識本。下及菩提四十系之亦一亦三。然而圓融佛門。本是一味之海。無碍法界。寧分五姓之家。伏望欲報佛恩。各佩祖印。禪燈益熾。恊日月而長明。敎林展芳。與天地而同翠。

사천왕상을 중수하고 채색하는 권선문 【경인년(1890) 3월】

만물을 덮어 기르는 것을 일러 하늘이라 하니 바람과 구름, 비와 이슬, 일월과 별들이 매여 있습니다. 무리들을 안락하게 하는 분을 일러 왕이라 하니 예절과 음악, 형벌과 정치, 선한 이를 상 주고 악한 이를 벌 주는 것이 가능합니다. 도리야마忉利夜摩⁴⁹²는 사선四禪⁴⁹³과 사공四空⁴⁹⁴에서 법락法樂⁴⁹⁵을 스스로 받아 그 수명이 무강하거늘, 주나라와 진나라·한나라·당나라, 그리고 오계五季⁴⁹⁶와 오패五覇⁴⁹⁷는 그저 당시에 이익이 되었을 뿐 지금은 어디에 보탬이 됩니까. 움직이면서도 변하지 않는 것을 하늘의 운행이라 하고 오래될수록 더욱 향기로운 것을 왕의 덕이라 합니다.

아, 이 사천대왕은 오행을 빌려 주조하니 명나라 시기에 처음 만들었고, 사부대중을 보호하여 감응하니 가경嘉慶⁴⁹⁸ 연간에 세 번 수리하였습니다. 보배 같은 네 궁전은 수미산 허리에 높이 드러나 신체는 높고도 낮으며, 빛나는 두 눈(兩曜)은⁴⁹⁹ 향해香海⁵⁰⁰의 중심을 굽어보고 우러르니 비춰 봄이 지극히 신령스럽고 신성합니다. 건달바乾達婆⁵⁰¹와 대용주大龍主⁵⁰²는 율려律呂⁵⁰³로 음양을 조화시키니 동서로 구분하고, 구반다鳩槃茶⁵⁰⁴와 비사문毘沙門⁵⁰⁵은 구름을 치달리고 비를 내리게 하니 남북으로 구분합니다. 이렇게 온갖 상像을 만들어 성숙시키면 중생의 마음이 기쁘지 않겠습니까. 방망이와 호통 소리 속에 바다와 골짜기가 기울어 천둥이 치는 듯하고, 금강봉 아래 외도外道가 항복하여 바람 달리듯 하니, 모두 인연에 실제로 보답함이요, 임시 형상에 응한 자취입니다.

아아, 삼재三災(水火風)가 교대로 공격함에 존귀한 형체가 자잘해지고 쥐 둘(二鼠, 일월)이 번갈아 침노하니 하늘 옷이 여기저기 떨어졌습니다. 모두 의논을 일제히 펼쳐 중수하기를 도모하는데, 힘은 반딧불이 수미산을 태우려는 것 같고 일은 모기가 발해를 삼키려는 것과 같습니다. 이에 황금을 투척하여 사원을 시설하니 수달다須達多의 성심이요, 채석彩石을 다듬어 하늘을 기움은 여와씨女媧氏[506]의 근력입니다.

바라건대 군자들께서는 황금 같은 허락을 함께 드리우시면 만 가지 얽힌 일들이 눈 녹듯 해결될 것입니다. 조화로운 비와 좋은 구름이 군자의 댁에 생길 것이요, 예악의 교화가 적선한 집에 상으로 내릴 것입니다. 노래가 큰 거리에 무르익으리니 혹 건달바가 구관九關(궁궐)에서 화답함이요, 거문고가 남전南殿에서 연주되니 응당 비사문의 칠현금七絃琴일 것입니다.

四天王眞像重修改彩勸文【庚寅三月日】

覆毓萬像之謂天。風雲雨露。日月星辰。繫也。安樂衆庶曰王矣。禮樂刑政。賞善罰惡。能焉。忉利夜摩。四禪四空。自受法樂。而其壽无疆。周秦漢唐。五季五覇。但益當時。而今奚有補。運而不變謂天行。久而彌芳曰王德。戲玆四天大王。托五行而鑄就。粃始於大明之秋。護四衆而感應。三葺於嘉慶之曆。四寶宮殿。逈出於須彌之腰。身量則可高可低。兩曜朗儀。俯仰香海之心。照鑑也至靈至聖。乾達婆大龍主。律呂調陽。而位分東西。鳩槃茶毘沙門。雲騰致雨。而昭穆南北。是無乃生熟萬像。悅可衆心棒喝聲中。海壑傾而雷捲。金剛鋒下外道降而風馳。皆爲實報酬因。權形應跡。烏乎。三災交擊。尊體瑣瑣。二鼠迭侵。天衣落落。衆議齊發。重葺斯謀。力同螢燒須彌。事如蚊呑渤海。擲黃金而施院。須達多之誠心。鍊彩石而補天。女媧氏之膂力。願諸君子同垂金諾。萬縷冰釋。和雨祥雲。自生於君子之宅。禮樂敎化。必賞於積善之家。謠濃康衢。倘和乾達婆之九關。琴奏南殿。應是毘沙門之七絃。

감로암 중수 화문【4월 일】

1천 바위가 다투어 아름다우니 천지가 감추어 둔 곳이 조계산이요, 1만 골짜기에 다투어 흐르니 신출귀몰한 곳이 송광사입니다. 보조국사普照國師가 나무 솔개를 놓아507 잎사귀 범을 흩어 놓는 지혜로운 눈이 아니었다면 어찌 이러한 열여덟 분의 거찰508을 차지할 수 있었겠습니까.

사찰의 두 번째 층에 암자가 있으니 명칭은 '감로암'이라 합니다. 그 암자는 원감국사圓鑑國師 위씨魏氏509께서 창설한 곳으로, 국사는 열여덟 분에 속합니다. 국사께서 당년에 8도 관찰사의 자수紫綏510를 차니 백성들의 칭송(口碑)이 총림에 끊이질 않았고, 직접 여러 고을에서 수령들의 행차(皂蓋)가 이르게 하니 하마비下馬碑511가 아직도 사문沙門(사찰)에 남아 있습니다. 아전鵝殿(법당)의 금방울(요령)이 사시四時의 하늘 음악을 매번 들려 주고, 귀비龜碑(비석)의 옥전玉篆(글씨)은 여전히 만 가지 용과 뱀처럼 생생합니다.

장엄한 국사國師의 도량이 어찌 오늘날 슬퍼할 줄 알았겠습니까. 아아, 이루어지고 머묾은 무상하고, 무너지고 공허해지는 운수를 감당하지 못합니다. 채우고 비움에 이치가 있으니 천복薦福의 운수512를 어찌하겠습니까. 황금 누각의 슬픔과 옥탑玉塔의 근심에 지나던 객도 슬퍼하거늘 승려(釋子)는 어떠하겠습니까.

이에 중수 논의를 일으켜 단씨檀氏(시주)들에게 고합니다. 바라건대 군자들께서는 티끌 재물을 아끼지 마시고 좋은 인연을 심으소서.

甘露菴重修化文【四月日】

千岩競秀而天藏地秘者。曹溪山也。萬壑爭流而神出鬼沒者。松廣寺也。若非普照國師放木鷹散葉虎之慧目。焉能占此十八公之巨刹也哉。寺之第二層。有菴曰甘露。其名矣。庵卽圓鑑國師魏氏之所剏。師是十八公之一數也。師之當年。身佩八域道伯之紫綬。士庶之口碑不絶於叢林。面致列邑守令之皂蓋。下馬之碑碣尙存於沙門。以其鵝殿金鈴。每聞四時天樂。龜碑玉篆。尙活萬縷龍蛇。壯其國師道場。焉知今日慷慨。嗚呼。成住無常。不堪壞空之數。盈虛有理。其奈薦福之運。金樓之悽。玉塔之愁。野客猶感。況釋子何。爰起茸議。告其檀氏。唯願君子。莫惜塵財。以樹良緣云爾。

광원암 중수 화문 【7월 3일】

조계산 북쪽(坎)에 '광원암'이 있습니다. '광원'이라 이름 지은 것은 무슨 까닭입니까. 진각국사眞覺國師513가 여기서 염송拈頌514을 모아 훌륭한 명예를 중화中華(중국)보다 빛나게 했고, 구곡龜谷 선사는 여기서 설화를 기록하여515 동방에 아름다운 풍습이 고무되도록 하였습니다. 암자의 이름이 넓고도 멀다고 하였으니, 가히 명실이 상부하다고 할 만합니다. 하물며 원숭이가 고개 위에서 울고 학이 숲속에서 울며, 꽃이 봄 시냇가에 밝고 솔이 여름 오솔길에 푸르며, 가을 계곡의 달과 겨울 산봉우리의 눈 등 사계절 변화하는 모습이 백 가지를 만들어 내니, 모두 광원암의 큰 볼거리입니다.

아, 만물의 번성하고 쇠퇴함과 달의 차고 기욺은 당연한 이치입니다. 기둥은 기울고 서까래는 썩었으니 어찌 숲이 슬퍼하고 시냇물이 부끄러워하지 않겠습니까. 또한 천룡이 소리치니, 중생이 중수하길 도모하여 단나檀那(시주)에게 내달려 고합니다.

엎드려 생각건대 천지를 여관 삼아 팽상彭殤516과 범초凡楚517가 헛되이 일장춘몽을 이루고, 광음光陰(세월)은 과객으로518 진시황제와 한 무제武帝519도 결국 석 자 진토塵土로 돌아갔습니다. 집안에 천금을 쌓아 두면 필시 자신을 함몰시키는 좋은 미끼가 되고, 마음에 선을 하나 두면 마침내 하늘에 오르는 좋은 사다리가 될지니, 지극히 축원합니다.

廣遠菴重修化文【七月三日】

曹溪之坎。有曰廣遠庵。以廣遠名者何。眞覺國師。集拈頌於玆。令譽光宅於中華。龜谷禪老。錄說話於此。嘉風鼓舞於東土。庵之名。廣且遠矣。可謂名實相符者歟。況其猿啼嶺上。鶴唳林間。花明春溪。松碧夏徑。秋壑月冬嶠雪。四時變態。百端造化。皆是廣遠菴之大觀也。噫。物盛衰月滿虧。理之常然。棟之傾椽之朽。豈林慚澗愧。亦龍天所喝。衆以謀新。奔告檀那。伏唯逆旅天地。彭殤范[1]楚。空作一場春夢。過客光陰。秦皇漢武。竟歸三尺塵土。家積千金。必爲陷身之芳餌。心存一善。終作上天之良梯。至祝。

---

1) 옉 '范'은 '凡'의 오자이다.

지장전[520]의 양식과 등불 공덕에 대한 기문

옛날 석가모니께서 처음 정각正覺을 이루심에 난타難陀[521]가 죽을 공양하고 가난한 여인이 등불을 바쳤으니, 물건은 다르지만 정성은 동일하다. 지금 지장왕에게 오래도록 등불 공양이 없었다. 추파옹秋波翁이 그 토지를 드리고, 조신녀曺信女께서 등유를 보시하니, 고금이 같지 않지만 그 사적은 또한 동일하다. 산사의 대운大雲 공公께서 이 일에 대해 힘을 많이 쓰셨다. 사람들에게 권하여 일을 이미 성취하고서 나에게 한마디 말을 구하니, 나는 "옛날에 일을 기록해 두었는데 지금은 어찌 그렇게 하지 않겠는가."라 하였다. 그리고서 다음과 같이 서술한다.

"크도다, 단씨檀氏(시주)의 공덕이여. 향해香海가 마르도록 이 공양은 다함이 없고 대명大明(태양)이 잠기도록 이 빛은 불멸하리라."

地藏殿粮燈功德記·

昔釋迦氏。始成正覺。難陀供其粥。貧女獻其燈。物雖殊而誠則一也。今地藏王。久闕供燈。秋波翁納其土。曺信女施其油。今古不同。其事亦一也哉。山之大雲公。於此事。有力大矣。勸諸人。事旣就。求余一言。余曰古之事。記之傳錄。而今胡不然。因爲書曰。大矣哉。檀氏之功。香海渴而此飯无盡。大明蘸而此光不滅云爾。

국사의 부도에 다례를 올리는 축문【3월 26일 기신(기일) 겸 부도를 축원함.】

유세차維歲次 모년 모월 모일에 주지 사문沙門 아무개 등은 삼가 다과를 국사의 탑에 우러러 바칩니다.
대대로 은미한 덕을 숭상하고 일찍이 영험한 바탕을 받으셨습니다.
큰 도가 동쪽으로 와서 종풍宗風이 더욱 성대해지니
열조列祖께서 자리를 주장하시어 지혜의 빛이 휘황찬란했습니다.
참모습이 남아 계신 듯하여 이에 영정靈庭(뜰)을 쓸고
삼가 향과 차를 드리오니, 엎드려 바라건대 흠향하소서.

國師浮屠茶禮祝文【三月二十六日忌辰兼祝浮屠】

維歲次某年某月某日朔。住持沙門某某等。謹以茶果。仰獻于國師之塔。世崇隱德。夙禀靈姿。大道旣東。宗風益熾。列祖主席。慧光輝映。眞儀如存。玆掃靈庭。謹以香茶。伏唯尙享。

통허[522] 화상의 진신[523]에 대한 찬【신축년(1901) 7월 9일 묘시】

용을 그린다고 하는데 용을 그릴 수 있습니까? 껍데기일 뿐입니다. 범을 그린다고 하는데 범을 그릴 수 있습니까? 털일 뿐입니다. 대사를 그린다고 하는데 대사를 그릴 수 있습니까? 영상일 뿐입니다. 그렇다면 대사의 계율과 모범(軌模)과 자비와 정진, 불교 모임을 창설하고 융성하게 한 공과 덕은 어디서 찾을 수 있습니까.

아, 골짜기 허공(洞虛空)이 진상眞常[524]의 체體가 되었으니, 물은 은병銀瓶에 있고 달은 하늘에 있습니다.

洞虛和尙眞身讚【辛丑七月初九日卯時】

畫龍龍可畫乎。皮而已。畫虎虎可畫乎。毛而已。畫師師可畫乎。影而已。然則師之戒律軌模。慈悲精進。佛會刱隆之之功之德。向甚麼處覓得。咄。洞虛空爲眞常體。水在銀瓶月在天。

또

　오실 때는 초승달 같고 가실 때는 새벽 구름 같아, 본지本地를 매각昧却하고⁵²⁵ 수고로이 신훈新熏⁵²⁶을 닦는구나. 계율을 엄격히 하여 불타佛陀께 귀의하니, 감인堪忍(세상)의 교화를 그만두고 비야毘耶⁵²⁷처럼 입을 닫으셨네. 후손들이 추모하니 억지로 상서로운 모습 드러내시어, 방장方丈⁵²⁸에 모습을 남기니 길이 솔문을 단속하시는도다.

又

來如初月。去似曉雲。昧却本地。勞修新熏。嚴身律儀。歸心佛陀。休化堪忍。掩關毘耶。兒孫追慕。强現瑞祥。留影方丈。永鎭松扃。[1]

---

1) 옉 '扃'은 '扃'의 오자인 듯하다.

통허 화상의 입적을 알리는 통장[529] 서문

대개 사람에게 선한 것이 있으면 기록하고 행실에 아름다운 것이 있으면 표창하여, 금석에 새기고 죽백竹帛(책)에 기록하여 후세에 민멸되지 않도록 합니다. 하물며 도인(道者)으로서 예부터 현재에 이르기까지 천지를 관통하여 귀신을 항복 받아 울게 한 분은 어떠하겠습니까.

화상의 휘는 치성致性이고, 통허는 그 호입니다. 속성은 김씨로서 본관은 김해이며 용성龍城 사람입니다. 부친은 상록尙淥, 모친은 광산 김씨이며, 함풍咸豊 갑진년[530] 10월 21일에 태어나셨습니다. 13세 때 방장산(지리산) 천은사泉隱寺에서 출가하여 덕성 장로德誠長老에게 삭발하였고, 풍운豊雲 대사에게 구족계를 받았습니다. 일찍이 서당(蠶海)에 다녔고, 송광사에서 조계曹溪의 종지宗旨를 찾았습니다. 벽하碧霞 대사를 구법具法의 부사父師로 정하고 우담優曇[531]이 강의하는 자리에 나아가 대장경을 섭렵하여 여러 서적의 숨은 뜻을 탐구하고 다양한 사상(百家)에 두루 통하였습니다. 유력遊歷[532]을 마치고는 불이법문을 영산 도사影山道師[533]께 듣고 여산廬山에서 허주 선백虛舟禪伯[534]께 참례하여, 조사들의 어구를 세밀히 탐구하였습니다.

이에 문득 깨달으니 이 몸을 얻기 어려움이 귀목龜木[535]과 같으며, 빈손으로 와서 빈손으로 돌아가니 복전福田에 썩지 않는 것을 심는 것과 무엇이 낫겠습니까. 이에 만일회萬日會를 본사本寺 자정암慈靜蘭若[536]에 베푸니, 기묘년(1879) 4월 15일에 시작하여 6·7년 사이에는 화엄회를 두 차례 베풀었습니다. 좁은 것을 꺼려 을유년(1885) 봄에 대사大寺 보제당普濟堂으로 모임을 옮기니 사방팔방으로 확 트여서 오는 이들을 널리 접하니 재물이 끊이지 않고 선중禪衆(수행자)들이 이어졌습니다.

오직 장애 없기를 바라는 축원과 널리 구제하리라는 서원은 물이 반드시 동쪽으로 흐르듯 하였고, 정진하는 자세와 나태를 책망함은 머리에 붙은 불을 끄듯 하였습니다. 하루에 만 번 염송하고(萬聲) 육시六時마다 예경禮敬하는 과업을 추우나 더우나 어기지 않으며, 시주와 재물(檀財)을 섞어 사용하지 않고 계율(律儀)을 지키고 범하는 절목에 있어서 오직 주색酒色을 금하는 것에 더욱 엄하게 하였습니다. 생각마다 안양安養(서방정토) 산업을 잊지 않고 마음마다 널리 구제하는 방편에 항상 두었으나, 자리自利가 이타利他보다 앞서고 화연化緣[537]이 학주壑舟[538]보다 빠름을 누가 알겠습니까?

신축년(1901) 봄에 어떤 대단한 단신檀信(신도)이 와서는 화엄 산림을 방문하니, 종이 두드림을 기다리는 듯하고 거울이 피로함을 잊은 듯했습니다. 3월 12일부터 비로소 결계結界[539]하고 모임을 베풀어 깃발을 세우고(開幢) 널리 설설하여 장애 없이(無障) 회향回向[540]하였습니다. 5월 1일부터는 한 끼를 과제로 삼아 제호醍醐[541]의 맛과 향적香積의 반찬이라도 시간이 되지 않으면 반드시 거두셨습니다. 7월 7일에 이르러 가벼운 질병을 보이시고는 일어나지 않으시고, 9일 묘시卯時[542]에 입적(奄眞)하시니, 세수世壽 58세요, 승랍僧臘은 45세입니다.

열반하시던 아침에 입승立繩[543]에게 명하기를, "나는 가련다. 나를 위해 사성례四聖禮[544]를 해 다오."라고 하셨습니다. 입승이 목탁을 울려 무리를 모아 사성四聖을 제창할 때, 입술을 움직여 미미한 음성으로 함께 사성을 칭념하고 사성례를 마치자마자 담백하게 선서善逝(입적)하셨습니다. 침실에 임시 빈소를 마련하였는데 첫날 밤 삼경三更에 한 줄기 상서로운 빛이 서쪽에서 사찰에 이르러 빽빽하게 공중에 서리어 하늘 높이 솟아 불꽃(火聚)이 붉게 치솟는 듯하니 흰 달이 밝음을 잃고 뭇 별들이 빛을 잃었습니다. 삼 일 동안 이러했고, 다비하는 곳에서도 또한 다시 이틀 밤이나 이러했습니다. 이러한 아름다운 상서로움에 원근의 속인들이 공경하여 다투어 조문을 오는 이들이 한두 사람에 그치지 않았습니다. 이것이 어찌 일생一生 일겁一劫에 심은 선근善根의 원력이겠습니까. 백겁 천생千生토록 제불諸佛을 받들어 섬기고 선지식에 참례하며 난행難行[545]과 고행을 한 광대한 원력으로 해탈한 경계에서 나온 것입니다. 어찌 공연히 그렇겠습니까.

아, 이 만일회는 결사結社 이래로 겨우 23년 사이에 상서로움을 드러내며 왕생한 이도 있고 빛을 나투며 왕생한 이도 있고 좌탈坐脫하여 왕생한 이도 있어 그 수가 10여 명에 이르니 이는 화상과 본래 왕생을 서원誓願한 상선上善의 사람들인 것입니다. 그렇다면 화상이 상서로움을 드러내며 왕생함은 이미 반드시 그렇게 될 사건으로, 중생들의 이목에 널리 고할 것도 없습니다. 그러나 또한 유명幽明(생사) 간에 널리 권하는 경사에 관계되므로 앞에는 선善을 기록하고 다음에 화상의 행적을 기록하고 마지막으로 승려(上人)들에게 부촉하여 깨닫게 한 것을 기록하였습니다.

엎드려 생각건대 사방(諸方) 존숙尊宿[546]들은 같이 증명하고 흠모하시기를 힘쓰소서.

洞虛和上出世通狀序

蓋人有一善則記之。行有一美則褒之勒之金石。書之竹帛。使之不泯於後世。況道者。亘古彌今。貫天達地。泣鬼降魔者乎。師諱致性。洞虛其號也。俗姓金氏。貫金海。龍城人。父向淥。母光山金氏。生於咸豊甲辰十月二十一日。十三出家於方丈山泉隱寺。祝髮於德誠長老。受具於豊雲大師。早遊叢海。訪曹溪宗旨於松廣寺。以碧霞大師。定爲具法之父。詣優曇講軒。涉獵大經。秘探群籍。方通百家。遊歷旣畢。聞不二法門於影山道師。叅虛舟禪伯於廣山地。密究諸祖語句。於是頓覺。此身難得。猶似龜木若也。空來空歸。孰與植不朽於福田。爰設萬日會於本寺慈靜蘭若。己卯四月十五日始瓶。六七年間。設華嚴會兩度。嫌於狹窄。乙酉春移會於大寺普濟堂。廣闢八閫。普接方來。財帛陳陳。禪衆濟濟。唯以无障之祝。普濟之願。如水必東。精進之操。懈怠之策。如救頭燃。一日萬聲之課。六時禮敬之葉。[1] 雖寒暑而不忒。檀財互用之禁。律儀持犯之節。唯酒色之斷。尤加切嚴。念念不昧安養產業。心心長在普濟方便。誰知自利先於利他。化緣速於壑舟乎。辛丑春有大檀信來。叩華嚴山林。如鍾待扣。如鏡忘疲。自三月十二日。始結界設會。開幢普說。無障回向已。自五月一日。一食爲課。雖醍醐之味。香積之饌。未及其時。必掇焉。至七月初七日。示微疾。因以不起。於初九日卯時奄眞。世壽五十八。僧臘四十五涅槃之旦。命立繩曰。吾將行矣。爲我拜四聖禮云。立繩鳴鐸集衆。齊唱四聖時。翻唇微音。共稱四聖。纔了聖禮。泊然善逝。因假殯於寢室。初夜三更。一道瑞色。自西亘寺。鬱鬱盤空。衆天火聚。赫赫熾然。白月失其明。衆星奪其光。如是者三夜也。於茶毘所。亦如是者。更二夜矣。如是嘉祥。遠近痴俗。欽服奔慰者。非止一兩人而已矣。則此豈曰一生一劫之所種善根願力耶。乃百劫千生。承事諸佛。叅禮知識。難行苦行。廣大願力。解脫境界中流出也。豈徒然哉。瞖此萬日會。結社以來。纔二十三年之間。或有現瑞而徃生。或有放光而徃生。或有坐脫而徃生者。其數十餘。而是莫非和尙本誓願徃生之諸上善人也。然則和尙之現瑞徃生。早已必然之事。不足普告於衆人耳目。而亦繫於幽明間。普勸之慶欽故。始以善記之。次以和尙行李錄之。終以諸上人付而曉之。伏唯諸方尊宿。同垂證明。欽慕勉旃。

---

1) ㉮ '葉'은 '業'의 오자인 듯하다.

송광사 행해당의 중건 상량문【임인년(1902) 2월 26일】

공경히 생각건대, 여래의 칠보七寶547로 만들어진 대臺는 원래 이뤄지고 무너지는 실제가 없지만, 중생의 오행五行으로 이루어진 세계는 본래 머무르고 사라지는 명칭이 있습니다. 어떠한 과보의 인연입니까. 모두 원력으로 성취한 것입니다.

이 행해당은 실제로는 여래의 궁전이요 명칭은 중생의 요사채(寮堂)입니다. 지위는 선승禪僧으로548 보현普賢549의 행해行解550에 찬란한 자리 높고, 나라의 화상으로 법도(規矩)가 늠연했습니다. 1천 년 동안 꽃비가 내리던 도량이요 열여덟 분이 공덕을 펼치던 곳이니, 또한 삼한의 조실祖室이며 삼보三寶의 복전입니다.

그런데 겁파劫波가 요동쳐서 봉황처럼 우뚝하더니551 기울어진 것을 안타까워하고, 안개와 먼지에 매몰되니 물고기 비늘 같던 기와가 헝클어짐을 누가 감당하겠습니까. 이에 대중들에게 아름다운 노래를 일으키고 단씨檀氏(시주)의 보시를 모집합니다. 수달須達의 동산이 있으니 어찌 기타祇陀의 재목이 없겠습니까. 청오靑烏552가 마땅히 잘 살폈으니, 어찌 백마가 슬피 울도록 하겠습니까. 앞서 수년 동안 경영하고 왕성한 운을 기다려 성취하고자 하오니, 이에 철을 가르고 못을 부러뜨려(擘鐵斬釘)553 공수工倕의 화로에 재가 날리고, 도끼를 휘둘러 깎으니(削繩) 장석匠石554의 소매에 바람이 일었습니다.

고금을 굽어보고 우러르니, 들보에 좀 슨 글자는 강희康熙 갑신년(1704)에 중수했다는 말만 보입니다. 먼지 자욱한 옛 글에 누가 '수미산처럼 큰 겁劫에 수창하고 보수하다'라는 글귀를 살피겠습니까. 지금 상원上元(대보름) 화갑花甲에 바야흐로 일을 시작하는 모양을 경영하여 하현下弦555의 시기에 반드시 공사를 마무리할 계획입니다. 옛 규모가 좁음을 꺼려 새로 넓게 도모하니, 남풍藍風556에 구슬 먼지(珠塵)557가 날리고 꽃비에 옥 초석

을 안치했습니다. 시간을 줄여 옛 모습을 바꾸니 주춧돌에는 오대부五大
夫인 진나라 소나무가 생기고, 기한을 정해 새롭게 하니 공중에 삼장군三
將軍인 한나라 잣나무로 가설하였습니다. 바람과 구름이 만남에 긴 들보
를 들어서 물과 달의 맑은 가슴으로 공경히 짧은 노래를 바칩니다.

들보 동쪽으로 던지니
청제靑帝[558]가 붉은 사우社宇(사찰) 순찰했고
열여덟 분의 조사祖師들께서 뜻을 두신 듯
밤 사이 감응하여 신통력을 드러내셨네

남南
대장봉 꼭대기에 있는 천자암
마루 위의 제자들은 정근精勤하여
3대 국사[559]께 머리 조아려 참례하네

서西
조계 이삭 하나가 찬 시내를 베개 삼아[560]
보림寶林의 봄빛은 지금도 여전하니
푸른 산 하늘 닿고 시냇물은 낮구나

북北
눈에 가득한 무수한 문수보살이[561]
오직 우리 임금님 수명 무궁하길 바라니
육시六時에 머리 들고 향 집어 축원하네

상上

칠성과 삼광三光이 나누어 벌여 있는데
향적香積 한 발우 음식을 어찌 얻어서
산에 가득한 빈도貧道들 함께 공양하리

하下
육도六途가 모두 살바야薩婆若562로 들어가
청정한 무리들이 『법화경』 일제히 염송하니
하늘에서 사방에 꽃비 내려 세상을 씻어 내네

 엎드려 바라건대 들보 올린 후에 삼재三灾가 영원히 사라지고 팔부八部563의 상서로움이 나타나, 사찰의 운수 평화롭게 용상龍象(큰스님)이 선원에 모이고 국풍이 태평하여 문무文武가 도량을 보호할지어다.

松廣寺行解堂重建上樑文【壬寅二月二六日】

 恭唯如來之七寶臺。原无成壞之實。衆生之五行界。自在住空之名。奈何果報因緣。儘是願力成就。唯玆是堂。實則如來宮殿。名曰衆生寮堂。位分禪僧。普賢行解。燦爛座高。邦國和尙。規矩凜然。一千年雨花之場。十八公闡化之地。抑亦三韓國之祖室。三寶宗之福田。然而刼波搖蕩。感嗟鳳跱傾斜。烟塵磨沒。孰堪魚鱗錯落。爰起大衆嘉唱。載募檀氏信施。旣有須達之園。寧无祇陀之材。宜可靑鳥善視。豈令白馬悲嘶。前數年而經營。待旺運而成就。以乃掣鐵斬釘。灰飛工倕之爐。運斧削繩。風生匠石之袖。俯仰古今。樑生蠧字。只見康熙甲申重修之言。塵湮舊文。誰考須彌浩刼瓶補之句。今則上无花甲。方營始役之模。下弦月辰。必期告功之計。嫌舊規之狹隘。營新製之宏平。飛珠塵於藍風。安玉礎於花雨。促時革舊。石生五大夫之秦松。克日就新。空架三將軍之漢栢。風雲際會。迺擧脩樑。水月朗懷。敬獻短頌。抛樑東。靑帝已巡社宇紅。十八祖師如有意。夜來感應現神通。南。

大將峰頭天子菴。堂中弟子須精勤。三大國師稽首祭。西。曹溪一穗枕寒溪。寶林春色今猶在。蒼峭接天澗水低。北。滿目文殊无數億。唯願吾君壽不窮。六時翹首拈香祝。上。七曜三光分列張。安得香積一鉢羞。滿山貧道同供養。下。六途盡入薩婆若。淸衆齊誦法華經。天雨四花塵界洒。伏願上樑之後。三灾永息。八部禎祥。寺運昇平。龍象聚於禪院。國風亨泰。文武護於道場。

제운당[564] 비석을 세우는 축문 [3월 31일]

엎드려 생각건대 선사께서는
법신法身은 자취 없으나, 비원悲願으로 형체를 드러내시어
갠 하늘에 구름처럼 나타나, 진주 다섯 알을
스스로 취하시고 쓰시니, 바다처럼 맑고 하늘처럼 깨끗하십니다.
용이 접수鰈水(조선 해역)에 서리고, 범이 솔문에 웅크리듯
교화는 진속眞俗을 아울러 인도하고, 문정門庭을 다스리셨으니
은혜로운 가지는 동쪽에 번창하는데, 자비로운 달은 서쪽으로 떨어져
음성과 모습이 멀어지니, 법은法恩을 갚지 못하고
무념無念에 대한 교훈을, 그저 간직할 뿐입니다.
바위를 다듬어 묘소를 만들고, 옥을 쪼아 비명을 새기니
높이 버틴 푸른 벽에, 아득히 산봉우리들이 점점이 보입니다.
겁석劫石도 마모되거늘, 풍귀豊龜(비석)가 편안하겠습니까만
사리(靈珠)를 안치하니, 상서로운 빛이 드러납니다.
덕으로 길이 세상을 교화하여, 문도들이 창성하고
금강 보당寶幢[565]에, 편히 가부좌하셨습니다.
이에 천관薦祼[566]하고, 차와 공양으로 아룁니다.
소박한 음식이지만, 붉은 정성을 곡진히 하여
삼가 몇 가지 음식을 드리니, 엎드려 바라건대 흠향하소서.

霽雲堂立石祝文【三月三十一日】

伏唯先師。法身無跡。悲願現形。霽天出雲。眞珠五介。自我取用。海湛空澄。龍蟠鰈水。虎踞松局。化導眞俗。戡理門庭。惠柯東繁。慈月西隆。音容洞隔。法恩難酬。無念之訓。有徒是膺。攻石封塚。琢玉勒銘。高撑翠壁。迥點靑嶂。刦石猶磨。豊龜彌靖。旣安靈珠。特現祥光。德化永世。門徒崇昌。

金剛寶幢。跏趺安定。爰庸薦祼。載訴茶供。物維菲薄。曲盡丹誠。謹以庶羞。伏唯尙饗。

송광사 당사[567]의 상주 집물[568] 전장[569]에 대한 서문[3월 16일]

천지에 상주하는 것은 수륙의 금석과 산해의 진귀한 음식들이요, 국가에 상주하는 것은 옥쇄와 갑옷, 그리고 예악과 형정刑政이다. 자못 조물주의 강상綱常[570]이 그렇게 한 것에 의지한 것인가.

지금 본사本寺에 상주하는 것은 근고近古에 보기 드문 것들이다. 우리 보조普照 대사께서 금金나라 황제의 조정에서 국사가 되니, 기이한 보물들인 신출귀몰한 옷과 야광주, 능견난사能見難思 그릇[571] 등을 하사하였다. 대사께서 가져와서는 보배로 간직하여 전각 벽에 보관하였다. 유나維那와 찰중察衆,[572] 당직堂直[573] 세 사람에게 맡아서 간수하라고 하니, 조물주와 강상의 관계 같았다. 천백 년 전해져 상주하니, 금석과 옥쇄의 관계와 흡사하다. 그러한즉 사찰의 흥망이 어찌 천지, 국가와 동일하게 이뤄지고 무너지지 않겠는가.

국사의 기일이 올 때마다 전장傳掌을 규칙으로 삼아, 부르는 소리에 따라 물건이 들어 있는지 없는지 상세하게 조사하고 잘잘못을 따져 상벌을 가하니, 조물주의 시기를 면하자면 집사의 책임에 힘쓸지어다. 그중에서도 13법전法殿(법당)에 있는 집물들 또한 이상과 같이 전하기를 무궁하게 하니, 천지에 상주하는 물건과 무엇이 다르겠는가.

일찍이 전장傳掌한 기록이 있으나 종이가 이지러지고 글자가 좀먹어 살펴보기 난감해서, 영우靈祐 상인上人(승려)이 다시 손질하고 서문을 청하기에 이렇게 쓰노라.

松廣寺堂司常住汁物傳掌序【三月十六日】・

天地之常住者。水陸金石。山珍海錯。國家之常住者。璽印胄甲。禮樂刑政。頗賴造物綱常所使然歟。今本寺之常住者。近古所罕見者也。吾師普照。作國師於金帝之朝。命賜奇珍異玩之寶。神出鬼沒之衣。夜光晝映之珠。能見難思之器。師自携來。寶重之而藏諸殿壁。使維那察衆堂直數三人。任之幹檢。猶若造物之於綱常也。千百載傳而常住。恰似金石之於璽印也。然則寺之興亡。不啻與天地國家同一成壞也哉。每至國師忌日。傳掌以爲常規。則隨唱擧物。詳查有无。黜陟藏否。庶免造物之猜。執事之責勉之。就中十三法殿所有汁物。亦如右而傳之无窮。與天地之常住之物。何異耶。曾有所傳掌記。而紙缺字蠧。難堪考得。靈祐上人。重葺而請弁。仍以書云爾。

임금께서 하사하신 대법보종찰 가야산 해인사 금강계단 계첩 서문[5월 15일]

　공경히 생각건대, 우리 각황씨覺皇氏(부처)는 금구金口로 친히 목차木叉[574] 이훈彛訓[575]을 펼치심에, 자세하게 보자면 무량하고 간략하게 보자면 세 가지(三聚)이니, 요점을 얻은 것으로는 특히 5부部『범망경梵網經』이 최고다. 백겁百劫 정진하기 이전으로 거슬러 오르고, 천화千花가 떨어지는 시기에 분파되었다. 녹야원에서 시작하여 육군六群[576]이 절로 조복하고 마침내 영취산에서 극에 이르니 칠중七衆[577]이 모두 복종하였다. 부처와 부처가 친히 설하고 조사와 조사가 서로 전하여, 언우씨鼴齫氏(달마)가 강을 건넘에 꽃 하나가 소림에 드러나고 여섯 잎이 보림寶林에 펼쳐졌다. 조사의 등불이 어둡지 않고 계율의 구슬에 티끌이 없어 다섯 줄기로 나뉘어 흐르니 다만 '매달린 실(懸絲)'[578]의 참언만 남았다.

　아아, 법의 운수가 순환하여 다행히 옛 조사께서 오대산에 조근朝覲[579]하고 은밀하게 묘길상妙吉祥(문수보살)의 의궤儀軌를 받으니, 이로부터 계戒의 숲이 점차 향기로워져 선정의 물결이 편안하고 맑게 되었다. 이에 역대 조정에서 번창한 내력을 살펴보니, 당나라와 송나라 시대에 칙명을 받들어 계율을 천명함이 손으로 꼽을 수 없이 많고, 명나라와 청나라 이후에는 조서를 받들어 계단戒壇을 세우니 대개 다시 숭상한 것이다. 만력萬曆[580] 성조인황제聖祖仁皇帝는 칙명으로 송조松祖를 혜거사惠居寺에 머물게 하여 남종南宗을 크게 번창시켰고, 옹정雍正 세종헌황제世宗憲皇帝는 칙명으로 대법원사大法源寺에 문조文祖[581]를 머물게 하여 조사의 기풍을 중흥시키고 공경히 받들었다.

　우리 접역鰈域(조선)은 근기와 행실이 나태하고 계戒의 숲이 쓸쓸한데, 만화萬化[582] 화상이 분발하여 서쪽으로 배 타고 가서 대법원사 황계계단皇戒戒壇의 정함靜涵[583] 대화상大和尙에게 나아가 삼단대계三壇大戒[584]를 공경히 받고 몸을 닦아(律身) 돌아왔다. 아무개는 법유法乳가 동쪽으로 흐른다는 소식을 듣고 영취산 불보종찰(통도사) 금강계단에 나아가 만화 화상께 청하여 삼단대계를 공경히 받고 세상 밖으로 이름을 숨기고 빛을 호중壺中585에 감추었다.

지금 칙명으로 세운 대법보종찰 금강계단에서 칠중이 같이 삼단을 세우고 계율에 따른 결계結界를 원만히 갖추어 보배로운 계를 펼친다. 안으로 보살계 제자가 있으니 계파는 아무개 지역이고 적籍은 아무개의 자식으로 이름 아무개, 자 아무개가 아무개 년에 아무개 지역 아무개 사찰 아무개 대사에게 나아가 삭발(祝髮)하고 아무개 해에 본단本壇에 참여하여 삼단대계를 원만히 받는다.

바라건대 함께하는 납자들은 스스로 대계를 받아 여법如法하게 행지行持하고 전전展轉하며 교화하여 불교(釋敎)를 닦아 밝게 하고 승규僧規(승려 규율)를 잘 지키도록 하라.

勅賜大法寶宗刹伽耶山海印寺金剛戒壇戒牒序【五月十五日】

恭唯我覺皇氏。金口親宣木叉彝訓。廣則無量。署唯三聚。節要得中。特五部梵網最焉。以源乎百刼精進之前。派乎千花辭退之時。濫觴鹿苑。六群自調。終極鷲嶺。七衆咸服。佛佛親說。祖祖相傳。鯱麟氏渡江。一華現於少林。六葉敷於寶林。祖燈不昧。戒珠無瑕。五派分流。只存懸絲之識焉。嗚呼。法運循環。何幸古祖朝觀五臺。密承妙吉祥之儀軌。自是戒林轉芳。定河宴清。爰稽歷朝之昌崇。唐宋之代奉勅闡戒。指不勝屈。明清之後。承詔建壇。蓋復崇焉。萬曆聖祖仁皇帝。勅住松祖於惠居寺。大暢南宗。雍正世宗憲皇帝。勅住文祖於大法源寺。中興祖風。欽承奉持。唯我鰈域。根行懈怠。戒林蕭然。有萬化和尚。奮志西泛。詣大法源寺。皇戒戒壇。靜涵大和尚。敬受三壇大戒。律身東還。某聞法乳東流。就靈鷲山佛宗刹金剛戒壇。請萬化和尚。欽受三壇大戒。晦名塵外。藏光壺中。今於勅建大法寶宗刹金剛戒壇。七衆耕埴。三壇圓備依律結界。開演寶戒。內有菩薩戒弟子。系某地籍某人之子。名某字某年某。就某地某寺某師祝髮。年某叅于本壇。圓受三壇大戒。願諸同袍。自受大戒。如法行持。展轉化導。俾務修明釋敎。整守僧規。

성수전을 창건한 연기 발문 【계묘년(1903) 9월 19일】

엎드려 듣자니, 대한제국 광무光武 7년[586] 임인년(1902)은 우리 성천자聖天子(고종)의 성수聖壽가 망륙望六(51세)의 화갑花甲 경회慶會[587]가 있는 해이다. 선왕先王의 예를 따라 기사耆社[588]에 들어가 예연禮宴[589]을 베풀고 천하 명승지를 선택하여 원당願堂을 세우고자 하니, 팔도 승려들이 구름처럼 달려와 청하였다. 임금께서, "호남의 조계산 송광사는 길성吉星[590]이 비추어 천지간에 길이 존재하리니 짐이 스스로 점쳤노라. 승려를 불러 물어보라."라고 하셨다. 봉시奉侍[591] 이병정李炳鼎과 감동監董 정명원鄭明源이 명령을 듣고 발문發文[592]하여 해당 사찰의 승려를 급히 불렀다.

동년 10월에 해당 사찰의 승려 보정寶鼎 등이 행장을 꾸려 상경했는데, 마침 궁중에 편치 않은 일이 있어 부사府社가 숙정肅靜하고 잠 잘 겨를이 없으셨다. 다음 해 계묘년(1903) 5월에 특별히 조칙을 내려 내탕전內帑錢[593] 5만 냥으로 밤낮없이 감독하여 날을 정해 완공을 고하라고 하셨다. 감동 정명원과 보정이 칙명을 받들어 수레에서 내려 북을 울려 무리를 모아 터를 점치고 건물을 세우기로 하고 날을 가려 감독하였다. 도백道伯[594]과 수령들이 돕겠다고 자원하고 지역 백성들이 양식을 들고 일하러 와서는, 근처 산들에서 재목을 구하고 고흥과 낙안의 진창鎭倉에서 기와를 운반했다. 이는 칙명을 받들어 달게 거행함이니 어찌 사사로이 편할 대로 하겠는가.

6월 9일에 시작하여 7월 20일에 상량上樑하기를 정하였다가 곡식 정책이 어렵고 지리한 여름 장마 때문에 8월 20일로 미루었다. 그리고 재목이 마땅하지 않아서 다시 9월 19일에 상량하고 11월 10일에 완공을 아뢰기로 했다. 예산의 부족 여부는 감독의 방법과 주도면밀함 가운데서 나온다. 토목의 헛된 소비와 인물의 헛된 힘은 갖추고 싶지 않다. 상량할 때 축소祝所에 내하전內下錢[595] 1천 냥, 상량문을 쓸 홍공단紅貢緞[596] 1필, '수

水' 자를 새긴 은화 3원이 들어왔으니, 이 모두는 드물게 있는 일대 성대한 것이다.

대개 우리 동방의 명승지에 원당을 설립함은 그 수가 헤아릴 수 없으니, 진신縉紳(벼슬아치)과 장보章甫(유생)들이 경영하여 공적을 요구하려 할 따름이다. 본사에 새로 건립한 기로소耆老所의 원당願堂 성수전 같은 경우는 즉시 정하였고 예산이나 나무, 돌, 기와 재목이나 상량문이나 전각 편액이 칙지勅旨로 하사하시지 않은 것이 없다. 그 중차대함이 어찌 감히 공적을 요구하는 것과 동일하게 비견하겠는가. 다만 후에 상고할 만한 것이 없을까 염려되어 전말을 대략 써서 천 년 후의 사람들에게 보일 따름이다.

聖壽殿始刱緣起跋文【癸卯九月十九日】

伏聞大韓帝國光武七年壬寅。卽唯我聖天子。聖壽望六之花甲慶會也。追遹先王之禮。入耆社。設禮宴。選擇天下名勝。營建願堂。八域僧尼。雲奔而請。上曰。湖南之曹溪山松廣寺。吉星照臨。天地長存。朕自占矣。招僧問之。奉侍臣李炳鼎。監董[1]臣鄭明源聽令發文。急招該寺僧。同年十月該寺僧寶鼎等。裵足上達。適因宮中靡寧。府社肅靜。寢之未暇。越明年癸卯五月。特下詔勅內帑錢伍萬兩。罔夜董役。剋日告功。監董臣鄭明源與寶鼎。奉勅下車。鳴鼓集衆。占基營建。差日董役。道伯郡倅。自願補助。府郡民丁。聚粮赴役。求材於近郡諸山。運瓦於興樂鎭倉。此莫非奉勅甘訓而擧行。何敢私自闌便也。自六月初九日始役。以七月二十日初。定上樑。爲粮政之艱凶。夏霖之支離。以八月二十日退定。又以材木之未當。更以九月十九日上樑。至十一月初十日功告。預筭之足不足。流出於監董之方畧周圖之中矣。土木之虛費。人物之空力。不欲備焉。上樑時。爲祝所入內下錢一千兩。樑文所寫紅孔[2]緞一疋。水字刻銀貨三圓。儘是罕有之一大晟擧也。蓋吾東方勝地。願堂之設。其數不億而止。是縉紳章甫藉營要功已而矣。至若本寺之新建耆老所願堂聖壽殿。卽占之也。預筭也。木石瓦材也。
樑文殿額也。莫非爲勅旨所賜也。其所重且大。何敢以要功營建。同日譬肩
哉。只恐泯後稽古。畧書顚末。以示于千載之下云尒。

1) ㉠ '董'은 '董'의 오자이다. 이하 동일. 2) ㉡ '孔'은 '貢'의 오자인 듯하다.

칠성계안 서문 【갑진년(1904) 9월 20일】

무릇 칠성계란 칠원성군七元星君을 봉안하여 재물을 모아 공양드리고 복을 비는 것을 일컫는다. 성군의 신이한 변화 같은 것은 허공(空界)을 순환하여 인간의 선악을 거울에 비추어 보듯 하고 저울에 달아 보듯 하여, 조금도 어그러짐이 없이 온갖 재난을 소멸하고 온갖 복을 이루어 자손이 흥하고 수명이 늘어나게 된다. 유정有情(중생)의 수명과 화복은 각사各司에서 복록을 정하여 인간 세계에 내려보내니, 그렇다면 복을 구하고 장수를 비는 것은 여기를 두고 어디로 가리오?

본사本寺에 일찍이 성탱星幀[597]이 없어 매번 성군星君께 기도하는 근심이 있었다. 계묘년(1903)에 황성皇城(서울)의 정3품 정씨鄭氏가 성전聖殿을 세우는 일로 칙명을 받들어 내려와서 둘러보다가 불전佛殿에 이르러 승려에게 묻기를, "이러한 큰 사찰에 왜 성탱이 없소. 내 마땅히 힘써 보리다."라고 하였다. 갑진년(1904) 정월이 되자 일꾼들을 불러 탱화를 그리니 찬란하게 하늘이 개고 별들이 늘어선 듯하였다. 장경전(經殿) 북면에 안치하니, 이 장경전은 막중하게 엄중한데 필시 시절인연을 기다림이 있었던 것인가.

그렇게 성탱을 안치했지만 축리祝釐[598]의 재물이 없었다. 이제 왼쪽에 칠원성군을 나열하고 복을 비는 계를 마련하고자 한다. 바라건대 여러 현명한 분들께서 각기 성군께 삶을 받은 아래 뜻대로 폐물을 들이고 재물을 모아 계를 만들어 정업淨業(선업)을 같이 닦으면, 온갖 재난을 멸하고 온갖 복을 이룸이 성군께서 분명하게 비추어 살피시는 속에 자연히 나타날 것이다. 마음을 맹세하여 뜻을 같이하는 이들은 향을 집고 기록에 참여하시라.

七星契案序【甲辰九月二十日】·
凡七星契者。奉安七元星君。聚財獻供。祈福之謂也。至若星君之神變。循環空界。人間善惡。如鏡照形。如衡載物。不錯絲毫。滅千災而成萬福。子孫興而壽命長。有情之壽夭福禍。各司定祿。降生人間。然則求福求壽。捨此安歸。本寺曾無星幀。每爲祈星之憂。歲癸卯皇城正三品鄭氏。以聖殿營建事。奉勅下車周覽。及佛殿。顧僧問曰。此等巨刹。何無星幀。吾當營之。至甲辰正月。招工模畵。燦然若霽天星羅。安于經殿之北面。此殿則莫嚴莫重。而必待時緣而有在哉。然而旣安星幀。祝釐之資闕焉。玆列七元君於左。欲修祈福之契。願諸僉賢各於受生星君之下。隨意納幣。聚財成契。同修淨業。則滅千災成萬福。自現於星君照察之明鑑中矣。誓心同志之士。拈香叅錄焉。

장경전의 불량을 들이기를 원하는 공덕에 관한 기문【갑진년(1904) 10월】

엎드려 듣자니, 오행이 배속되어 세계가 이루어지고 세 인연이 합하여 몸(根身)이 이루어진다고 한다. 어찌 세계의 몸만 합해진 것이리오, 나라에 충성하고 부처를 봉양함이 모두 그러하다.

사찰의 장경전은 어인御印이 찍힌 팔만대장경을 특별히 하사하여 보관한 장소이다. 높이 봉안함은 진신 사리를 봉안함과 어울리는데, 향화香火(공양) 등의 제반 일들을 나한계羅漢契에서 마련하니 무릇 사정상 온당하지 못하다.

산山의 승려 금명錦明이 이러한 뜻을 영파影坡 대사께 달려가 고하였다. 대사는 일찍이 본사本寺의 사람인데 지금은 보석사寶石寺[599]에 주석하고 있다. 대사는 그 일을 같이 거주하는 응허 장로應虛長老에게 말하셨는데 말이 끝나기도 전에 장로의 마음이 활짝 열려, 시주(檀門)의 1천 금 동전(銅葉)을 초개처럼 내주며, 길이 매일 공양하는 도구로 삼도록 하였다. 그래서 토지 열 섬지기(石落)를 사서 경결한 음식으로 공양하였다. 그리고 다음과 같이 축원하였다.

"대황제 폐하께서는 성수聖壽 만세를 누리시고 황태자 전하께서는 성수 천세를 누리소서. 임금을 보필하는 기신耆臣[600]들은 충량忠良하고 지위 높으니 어찌 특히 불사(法事)의 인연뿐이리오. 또한 충국忠國의 마음이 응당 동방의 허공과 같습니다. 응허 장로의 공은 겁석刼石이 마멸되어도 길이 남고 개성芥城[601]이 비어도 헤아리기 어렵습니다. 영파 대사의 덕은 또한 응허 장로보다 못하지 않습니다. 일을 시작한 것은 금명의 힘입니다. 하늘에 삼광三光이 있고 사람에게는 삼덕三德이 있듯이 이러한 일에 있어서 하나라도 없으면 안 되니 이를 세 인연의 화합이라 하겠습니다. 오직 바라건대 지전持殿[602] 비구는 칼을 차고 자며[603] 마음에 새겨 노래할지어다."

藏經殿佛粮願入功德記【甲辰十月日】

伏聞五行配而世界成。三緣合而根身生。豈唯世界根身之偶合。忠國奉佛皆然。寺之藏經殿。卽御印八萬大藏經。特賜藏鎭之所。其爲崇奉。端合於眞舍利奉安。而香火諸般。自羅漢契中磨鍊。凡情所未穩矣。山之釋錦明。以此意。走告于影坡師。師曾本寺人。今住寶石寺也。師以那箇事說。及於同居應虛長老。言未要終。長老之心地豁開。檀門一千金銅葉。若草芥而托出。爲永年每日供具云。買土十石落。精需上供。仍爲上祝曰。大皇帝陛下。聖壽萬歲。皇太子殿下。聖壽千秋。陪叅耆臣。忠良位高。豈特法事因緣。亦乃忠國之心。應如東方虛空然。應老之功。刼石磨而長存。芥城空而難量。影師之德。亦不下於應老。其叛囨則錦堂之力也。在天爲三光。在人爲三德。至若此事。無一不可。是謂三緣合也。唯願持殿比丘。帶刀而睡。銘心而頌。

취은 화상의 열반계 서문【임인년(1902) 정월】

여래如來께서 성도成道하실 때 목녀牧女[604]가 죽을 드렸고, 열반하실 때는 난타難陀[605]가 공양을 올렸다. 처음과 끝이 다르지만 정성은 동일하다. 존자尊者(달마)가 강을 건넘에 혜가惠可가 팔을 끊었고 양왕梁王이 당간幢竿을 세웠으니[606] 사건과 예절이 같지 않지만 믿음은 또한 동일하다. 정성과 믿음의 이치(義)는 넓고도 크도다.

지금 취은翠隱 화상의 생사(時順)[607]에 팔방의 승려들과 사방의 신녀信女들이 향화香火의 인연을 맺어 불후의 인연을 세우니, 향기로운 음식의 자료들을 각자 가져와서 잊지 않고자 하는 계를 함께 이루었다. 장차 시적示寂의 시기에 향기로운 제수祭需를 차리는 오묘한 길(妙軌)을 위하니, 사건은 다르고 시기는 같지 않지만 정성스런 마음이 지극히 간절함에 있음이 어찌 옛날에만 오로지 아름답겠는가.

내가 듣고서 가상하게 여겨 말했다. "화상의 생사 인연은 여래와 존자의 과덕果德[608]과 오묘한 길보다 낮지 않도다." 그리고 아래 나열한다.

翠隱和尙涅槃契序【壬寅正月日】

如來之成道也。牧女獻其粥。涅槃也。難陀供其飯。始終雖殊。而誠則一也。尊者之渡江也。惠可之斷臂。梁王之竪竿。事禮不同。而信亦一也。以其誠信之義。廣且大矣哉。今翠隱和尙之時順也。八方僧尼。四表信女。結香火因。樹不朽緣。各齋香需之資。合成不忘之契。將爲示寂之辰。香羞之妙軌。事殊而時不同。存乎誠心之至切。何專媺於古也哉。余聞而嘉之曰。和尙時順之因緣。不下於如來尊者之果德妙軌云爾。仍列于左。

대지전[609]에 논을 바치는 기문【을사년(1905) 2월 19일】

엎드려 듣건대, 많이 허락하고 조금 주는 자에게는 원망이 있고, 조금 보시하고 많이 바라는 자에게는 보답하지 않는다고 하니, 미덥도다, 이 말이여. 조금 주고 많이 바람은 보시하는 자의 잘못이요, 원망하여 보답하지 않음은 받는 이의 과오이다. 보시하고 받는 일에 신중하지 않을 수 있는가.

지금 청신녀淸信女[610] 오씨吳氏가 오계五戒[611]를 머리로 받들고(頂受) 마음으로 구품九品(극락)을 향해 부처를 받들어 예를 다하고 스승을 따라 도를 배우며 백 년의 목숨을 여기서 마감하고 10섬의 토지를 여기에 바쳐, 재승齋僧[612]이 천령薦靈(천도)하는 자본으로 삼고자 한다. 이 어찌 조금 주고 많이 바라는 것이겠는가. 청정하게 주고받아 재 올릴 음식을 엄히 준비하여, 삼시三施[613] 공양을 베풀고 십계十界[614]의 중생을 제도하니, 누가 감히 원망하여 보답이 없다 하겠는가. 그러나 삼륜三輪[615]이 공하지만 발혈鉢血의 교훈이 여전히 두렵고, 사시四施[616]가 미약하지만 정확頂钁의 경계는 여전히 무섭도다. 엎드려 바라건대 힘쓰시라.

大智殿獻畓記【乙巳二月十九日】

伏聞多許而小與者。有怨。薄施而厚望者。不報。信哉是言。小與厚望。施之咎也。有怨不報者。受之過也。施受之事。不得不愼哉。今淸信女吳氏頂受五戒。心向九品。奉佛盡禮。從師學道。終百年之命於此。獻十石之土於斯。爲永年齋僧薦靈之資。此豈曰小與厚望者歟。淸淨納受。嚴備齋需。設三施之供。度十界之衆。孰敢云有怨不報者哉。然而三輪雖空。尙恐鉢血之訓。四施雖微。猶懼頂钁之戒。伏唯勉旃。

청원루 상량문 【을사년(1905) 2월 20일】

우러러 생각하니, 양梁 무제武帝[617]가 사찰을 지음에 원래 법당(法宇)과 누각(樓觀)의 구별이 없었고, 중니仲尼(공자)가 사당을 세울 때에야 정당正堂 (본채)과 상서序序[618]의 규모가 생겼습니다. 누각은 임금과 신하의 지위를 정하고, 상서는 주인과 빈객의 명칭을 나열합니다.

우리 청원루는 불조佛祖께서 선택하신 장소에 국사國師께서 차지한 곳으로, 간곤艮坤[619]으로 자리를 정해 목금木金의 재앙을 진압하고 임병壬丙년에 터를 닦아 용호龍虎(산줄기)가 성대한 수화水火를 빼앗았습니다. 온갖 골짜기에서 다투어 모여들어 맑게 쏟아지는 개울 빛이 세차게 흐르며 거문고 연주하듯 하고, 한 누각이 높이 날아 멀리 들녘 맑은 하늘의 구름과 저물녘 경치를 끌어옵니다. 아래로 구름 같은 개울을 누르니 봄 개울의 꽃을 예뻐할 수 있고, 한편 노을 어리는 산봉우리에 기대니 가을 산악의 달이 가장 사랑스럽습니다.

그러나 겁파劫波로 여러 번 감소하여 증수하기를 몇 차례 하였습니다. 아, 이 청사靑蛇(을사년)의 봄 황토黃兎의 달(2월)에 날을 가려 일을 감독하고 기한을 정해 일을 하였습니다. 뒤틀린 용골龍骨[620]을 바꾸어 쓸모없는 재목(樗櫟)을 겁화로 태우고, 헝클어진 기와(魚鱗)를 열어젖히니 먼지(珠塵)가 남풍藍風에 날리듯 합니다. 기울어진 것은 바로 세우고 낮은 것은 높게 하며, 위태로운 것은 안정되게 하고 무너진 것은 바꾸었습니다. 깨진 거울이 다시 합해지니 이에 몇 아름 되는 들보를 들고, 이지러진 달이 다시 둥글어지니 육위六偉 노래[621]를 부릅니다.

동東

엄나무(刺桐) 꽃이 비치는 목란은 붉고

별천지(壺中) 은밀하고 고요한데 무엇을 하나

이삭 하나의 하늘 향기가 보궁寶宮(절)에 스미누나

남南
한쪽 끝 청산은 쪽빛처럼 푸르니
사람들아 국사의 도를 묻지 마라
쌍향수622 천자암을 웃으며 가리키네

서西
무악毋岳623의 구름이 북두와 나란하니
보림寶林의 도를 전하는 곳 알려 하나
한 걸음 움직이지 않아도 조계曹溪로다

북北
구중궁궐의 임금 은택은 원래 끝없는데
지금 어찌 향기로운 벽도碧桃624를 얻어
임금님 천만 장수를 봉축할 수 있을까

상上
삼천 대천 세계 천인天人들이 모두 노래하니
법루法樓에 잘 머묾이, 묻노니 어떠한가
장엄하고 크고 넓어 함께 모양 이루었네

하下
평상은 맑은 바람과 솔 이슬에 씻기고
해질녘 다기에서 자줏빛 연기 나오는데
숲 멀리 학이 축하하듯 울어 대네

엎드려 바라건대, 들보 올린 후에 땅의 운세가 회복되고 사찰의 풍모가 중흥하여, 담백하고 밝게 불조佛祖의 골수를 파쇄하고, 고요히 멀리 국사國師의 은혜로운 유풍을 고무할지라.

淸遠樓上樑文【乙巳二月二十日】

仰唯梁武建刹。元無法宇樓觀之分。仲尼立廟。迺有正堂庠序之規。樓觀定君臣之位。庠序列主賓之名。唯我淸遠樓。佛祖選擇之場。國師粃占之地。艮坤定局。坐向壓木金之災。壬丙開基。龍虎奪水火之克。萬壑爭聚。淸瀉溪光之激湍奏琴。一樓高飛。遠控野色之霽雲晩景。俯壓雲澗。堪憐春溪之花。却倚霞岑。最愛秋岳之月。然而刼波累減。修葺幾增。吁。玆靑蛇之春。黃兎之月。差日董役。剋時營搆。換龍骨之枊枒。掃樗櫟於刼火。拓魚鱗之錯落。颰珠塵於藍風。倚者正而。低者高兮。危者安之。頹者換矣。破鏡復合。爰擧數抱之樑。缺月重圓。載唱六偉之頌。東。刺桐花映木蘭紅。壺中隱寂甚麽做。一穗天香襲寶宮。南。一末靑山碧似藍。諸人莫問國師道。笑指雙香天子菴。西。母岳瑞雲與斗齊。要識寶林傳道處。不攛寸步卽曺溪。北。九重聖澤元無極。如今安得碧桃香。奉祝吾君千萬億。上。三界天人咸酬唱。善住法樓問若何。莊嚴宏廣同成樣。下。一榻淸風松露洒。日晩茶銚生紫烟。隔林遠鶴鳴如賀。伏願上樑之後。地運回復。寺風重興。淡泊明淸。破碎佛祖之骨髓。寧靜致遠。鼓舞國師之惠風。

남여를 혁파하는 연기 기문 【기해년(1899) 10월】

옛말에 이르길, "한 점 불똥이 만 이랑의 섶을 태우고 한 알의 환단還丹(단약)이 백 년 된 병을 치유한다."라고 하니 옳도다, 이 말이여. 어찌 그런 줄 아는가?

본사本寺(송광사)에 이른바 남여籃舁(가마)라는 것은 금이나 옥처럼 큰 경비가 드는 것은 아니나 사찰 승려들의 고질병이 된 지 오래되었다. 기해년(1899)에 우리 대황제 폐하(고종)께서 칙명으로 인출한 팔만대장경 3부를 삼보종찰三寶宗刹[625]에 나누어 안치하고 계판啓板[626]을 내려 일체 잡역을 영원히 혁파하라는 칙명이 있었다. 그리고 가마 한 건에 대해서는 특별히 본도(전라도) 부군府郡에 특별히 칙지를 내리시고 또 무감武監[627] 김영택金永澤에게 명하여 자주통부自主通符를 하사하시고 따로 혁파할 것을 더하셨다. 관찰사 민영철閔泳喆[628]과 본군本郡(순천) 수령 윤성구尹成求와 무감 김영택이 칙령을 받들어 그에 따라 시행하였다. 부군府郡에서 군교를 보내 10좌座 가마를 감영 뜰로 날라서 부숴 불태우고 재로 만들어 쓸어 버렸다. 어찌 다만 한 점 불똥으로 비유하겠는가.

밧줄 같은 윤음綸音[629]에 부군에서 응하여 천년의 고질병이 하루아침에 단번에 나으니, 이 어찌 환단還丹 한 알의 명확한 효험이 아니겠는가. 결승結繩으로 그물을 푸는(解網)[630] 덕은 천지가 오히려 가벼운데, 소리에 응하고 그림자처럼 따르는 은택에 산과 바다가 무거우리오.

그 말을 기록하고 그 솥에 새겨 천 년 뒤 사람에게 보이노니, 혹 오늘의 일을 증명하지 않겠는가.

籃舁革罷緣起記【己亥十月日】
古云一點星火。能燒萬頃之薪。一粒丹還[1] 可醫百年之病。豎哉是言。何以知其然也。本寺所謂籃輿者。雖非金玉之景費。能爲寺僧之痼疾。其來久矣。歲己亥。我大皇帝陛下。勅印八萬藏經三部。分鎭三寶宗刹。仍下啓板一切雜役永革事。勅命自在。而至若藍輿一節。特下勅旨于本道府郡。又命武監金永澤。賜許自主通符。另加革袪事。觀察使臣閔泳喆。本郡倅臣尹成求。武監臣金永澤。奉勅聽令。懍遵施行。自府郡發校。十座藍轝。輸上營庭。碎而燒之。灰而掃之。豈特以一點之火比譬哉。綸音如綍。府郡響應。千年痼瘼。一朝頓瘳。此豈非一粒還丹¹⁾之明效耶。結繩解網之德。天地猶輕。響應影從之澤。山海何重。錄其言。銘其鼎。以示于千載之下。倘或證明今日事否。

---

1) ㉠ '丹還'은 '還丹'의 오류인 듯하다.

성수전의 제반 집물을 전장(인계)하는 서문 [을사년(1905) 6월]

산이 높지 않아도 범이 은거하면 웅장하고, 물이 깊지 않아도 용은 잠겨 있으면 깊어 보인다. 용과 범의 변화는 사람과 하늘이 헤아리지 못하는 것인가.

지금 조계산 송광사는 숭산崇山이나 화산華山처럼 굉장하지는 않지만 명성이 진단震旦[631]에 드날림은 무슨 까닭인가. 보조국사普照國師께서 고려 고승으로 삼보종찰에 참여하여 열여섯 분[632]의 비조鼻祖를 존숭하고 부처를 봉양하고 조사를 홍보하며 나라의 복을 빌고 세상을 도우셨다.

광무光武 기해년(1899)에 이르러 팔만대장경을 칙령으로 하사하시어 옛 보조국사께서 설법하시던 전각에 보관하게 하셨다. 이로부터 산이 절로 빛나고 냇물이 더욱 아름다워졌다. 임인년(1902)에는 우리 대황제 폐하의 성수聖壽가 망육望六(51세)이 되는 경사스런 때여서 선왕의 예법에 따라 기로소(耆社)에 들어가 예연禮宴을 베풀고 영수각靈壽閣[633]의 옛일을 이으셨다. 본사(송광사)에 원당願堂을 세우라 하시고 정3품 정명원鄭明源을 보내 감독하게 하시고, 전의정前議政 윤용선尹容善[634]에게 명하여 상량문을 찬술하게 하고, 규장각 학사 이순익李淳翼[635]에게 필사하게 하셨다. 그리고 내탕전內帑錢 1만 냥과 예폐禮幣[636]와 옥백玉帛·은화銀貨 등을 하사하시고, 지존至尊의 위패와 선생안先生案[637]·시연侍輦[638]·위의威儀 등을 봉안하니 찬란하게 일신되었다. 이른바 범이 은거하니 산이 웅장하고 용이 머무니 물이 깊어진 격이다. 무릇 여러 보배롭고 귀중한 집물什物들을 천 년 뒤로 전함에 글이 없으면 상고할 수 없으니, 서문을 적고 명칭을 기록하여 책자를 만들어서 후생(可畏)[639]에게 보인다.

엎드려 생각건대, 천 년 후에 안목을 갖춘 이가 혹시 '강이 흘러도 돌은 구르지 않는다(江流石不轉)'[640]는 구절을 기억할까.

聖壽殿諸般汁物傳掌序【乙巳六月日】

山不高。虎隱則雄。水不深。龍藏則涵。龍虎之變。非人天之所測歟。今曹溪山松廣寺者。雖非嵩華宏壯。而名闡震旦。何也。國師普照。以麗朝高僧。位參三寶之宗刹。道尊十六之鼻祖。奉佛弘祖。福國祐世。迄于光武己亥。勅賜八萬藏經。藏鎭于古普照國師說法殿上。自是山自輝而川益媚焉。越壬寅。我大皇帝陛下。聖壽望六之慶會。追遹先王之禮。入耆社設禮宴。繼述靈壽閣古事。勅建願堂於本寺。派送正三品鄭明源董役。命前議政尹容善。撰上樑文。命奎章閣學士李淳翼書之。又下內帑錢壹萬兩禮幣玉帛銀花[1]等節。奉安至尊位牌及先生案侍輦威儀等節。煥然一新。是所謂虎隱而山雄。龍藏而水涵者也。凡諸寶重汁物。傳於千載。無文莫稽。書其辨。錄其名。著成一冊。示諸可畏。伏唯千載之後。具眼人。倘記得江流石不轉句云尒。

---

1) ㉑ '花'는 '貨'의 오자인 듯하다. 본서「又樑文額號禮幣事上言狀」에 따랐다.

대장경 전독[641] 발문 【을사년(1905) 3월 26일 회향】

엎드려 듣건대, 우리 세조대왕께서 50부를 인쇄하여 오백승재五百僧齋[642]를 베풀어 7일 동안 전독하게 하셨고, 정희대비貞熹大妃께서 30부를 인쇄하여 삼백승재를 베풀어 7일 동안 전독하게 하셨고, 우리 대황제 폐하께서는 3부部를 인쇄하여 이백승재를 베풀어 7일 동안 전독하게 하셨다. 위로 세 번 창설된 경사스런 모임의 연기緣起와 성과는 학조學祖[643] 대사와 조매계曺梅溪[644]·조시영曺始永[645] 세 고사高士의 귀한 기록들에 이미 기재되어 있다. 이는 모두 법종찰法宗刹 해인사의 장전藏殿[646]에서 베푼 일대 경사스런 모임이다.

지금 3부 경전을 칙명으로 하사하여 삼보종찰에 나누어 보관하게 하셨다. 본사(송광사)의 7일 정진과 대장경 전독에 대해서 보자면, 그런 일은 만나기 어렵고 인연 또한 없을 수 없으니 어찌 기록하지 않겠는가.

광무光武 2년 기해년(1899)[647] 봄에 칙명으로 3부 경전을 인쇄할 때 본사 승려 50명이 인쇄 현장으로 가서 증명하여 교정하기도 하고 편집하여 봉첩奉牒하기도 하면서 그곳의 종주가 되지 않음이 없었다. 1부 대장경을 차례대로 옮기는 것은 얼음 위에서 수레바퀴를 굴리듯 조심스레 본전本殿에 봉안하였다. 이듬해 경자년(1890)에는 장막에 단청을 칠하고 건물을 새롭게 하였다. 신축년(1901)에 재물을 구하여 임인년(1902)에 단청을 칠하고 갑진년(1904)에 시주를 구하여 양식과 등불 물품과 갖가지 도구들을 갖추었으니, 부족한 것은 오직 전경轉經 한 대목이었다.

임인년 봄에 상궁 천씨千氏[648]가 승가리僧伽梨[649] 불사 때문에 해인사에 행차한다는 소식을 듣고는 산승 금명錦明이 급하게 참여하여 좌하坐夏[650]하니, 다만 크게 바라는 것은 오직 풍경諷經[651] 불사 한 가지였다. 한가로움을 틈타 토론을 할 때는 반드시 그러한 도리를 설파하였다. 마침 회광晦光[652]과 초은草隱 두 존숙尊宿[653]이 계셔서 천씨의 종기鍾期[654]가 되므로 상황이 되는 대로 그 일에 대해 말씀드렸다. 하안거를 마치고 나서 두 사리闍梨655와 천씨를 본사로 청하여 극진하게 예를 드리고 재를 올려 기도하였다. 국사國師의 유적을 며칠(廣日) 완상하는 가운데 저절로 칭송하게 되었다. 그래서 향화香火(제사)의 인연과 결사結社의 약속을 방당方塘656에서 굳게 맺었고, 각기 서울과 지방으로 나뉘어서는 매번 편지(魚鴈)로 묵연墨緣657을 이었다.

그런데 뜻밖에 초은 옹께서 무상無常한 선정으로 들어가시니 음성과 용모가 아득히 멀어져 이전의 약속을 고할 수 없었다. 그러나 불가의 대사는 유명幽明(생사)과 사후(身後)의 일에 관련이 없다. 회광 율사律師에게 부탁드렸는데, 일이 매우 거창하여 끝내 홀로 해 내기 어려웠다. 회광 율사는 선교善巧658로 천씨와 초은 옹 사이에 앉아 2천 금을 모금하고 자신의 5백 금을 부비浮費659로 사용하며, 천 리 되는 서울과 지방을 산 넘고 물 건너 왕림하셨다. 을사년(1905) 3월 9일에 본사에 이르러 동월 17일에 불사를 시작하였다.

규모가 비록 풍요롭지는 않으나 일이 알려져 모두들 놀랐다. 도내道內 산들에 글을 보내 밝은 선지식들을 초청하고, 계율에 따라 결계結界하고 여법如法하게 단을 설치했다. 뒤섞여 함부로 하는 변고가 있을까 걱정하여 건물 전체의 법중法衆을 2단壇으로 나누어, 교사敎師는 장경전藏經殿에 탑을 설치하고 발패發牌하여 풍경諷經하니 한결같이 경도감經都監660과 입승立繩661의 지시에 따라서 아침부터 오후까지 그리고 오후부터 저녁까지 한 번도 끊임이 없었다. 선사禪師는 대법당에 탑을 설치하여 정성 들여 정진하니 한결같이 유나維那662와 지전持殿663의 지시에 따라서 또한 끊임이 없었다. 기도하고 찬양하며 향불을 피우고 도를 닦을 때는 양쪽 법중이 대광명의 자리에서 합석하여 혼령을 불러 청하여 마땅하게 설하니 보고 듣는 것이 더하였다. 3경更(자정 무렵)을 친 후에 각자 장소로 돌아가서 자리를 펴고(開單) 쉬었다. 5경(새벽 4시 무렵)이 되면 양쪽 법중이 대법당 관음불 앞에 합석하여 마지摩旨**664**를 올린 후 법에 따라 아침 공양을 마치고 양쪽 법중이 단을 나누어 전날처럼 하여 7일 동안 정진하고 장애 없이 회향하였다. 법중의 법식과 위엄이 대단하니 이전 오백승五百僧 대회와 어찌 다르겠는가. 연후에 산중에서 동참하여 재齋를 설치하여 3일 정진하고 『범망경梵網經』**665**과 『사분율四分律』**666**로써 계율에 따라 결계하여 보계寶戒(귀중한 계율)를 연설(開演)하니 사중四衆**667**이 3단에 모여들어 단상의 사리闍梨(스승) 말씀을 원만히 들었다. 대회 가운데 대덕大德(고승)의 위의가 엄숙함은 청나라 황계皇戒 계단의 가풍에 뒤지지 않으리라.

이로부터 조계산(溪山)에서 티끌을 초월하고 송광사(松門)의 빗장을 여니, 삼일암三日庵에서 부처를 삶고(烹佛) 조사도 삶는**668** 고승을 자주 보게 되고, 육감정六鑑亭 위에는 계율을 보호하고 탑을 보호하는 도사들이 나열해 앉았다. 그러한즉 인쇄 장소(印場)에서 집무하는 상사上師(고승)와 시주자(檀門)를 이끌어 권하는 선지식들의 공덕은 무량하고 복이 무량하리라.

그저 몇 마디 말을 중생(含識)에게 부치노니, 나 또한 선림禪林의 병든 잎이요 가르침의 바다에 뜬 미미한 거품으로서 외람되이 경단經壇에 참여하여 여러(諸方) 선지식들의 가르침을 친히 받들어 해인 대장경의 법유法乳를 핥아 맛보게 되었으니, 내 사사로운 분수에 막대한 행운이다. 그 전말을 대강 서술하여 후생(可畏)에게 보이노라.

轉讀大藏經跋文【乙巳三月二十六日回向】

伏聞我世祖大王。印五十部。設五百僧齋。七日轉讀。貞熹大妃。印三十部。設三百僧齋。七日轉讀。我大皇帝陛下。印三部秩。設二百僧齋。七日轉讀。上三叔慶會緣起課蹟。已載於學祖大師曹梅溪曹始永三高士之寶唾傳錄記中。而是皆爲法宗利海印藏殿之所設辦一大慶會也。今三部經勅賜分鎭三寶宗利。而至若本寺之七日精進。轉讀大經。事必難遇。緣亦不無。安闕傳錄哉。光武二年己亥春。勅印三部經時。本寺釋五十員。齊赴印場。或爲證明校正。或爲編集奉牒。莫不爲該所宗主。而一部大經。傳次移運。如冰稜上轉輪。仍奉安于本殿。越庚子。臄其帳。新其廳。辛丑求財。壬寅丹艧。甲辰求諸檀氏。爲粮燈之需百色具而所欠者。唯轉經一款也。越壬寅春。聞尙宮千氏。以僧伽梨佛事行次于海印寺。山之釋錦明。委奔叅會。仍爲坐夏而第所大願。唯諷經佛事一端也。乘閑吐論。必說那箇道理。適有晦光草隱兩尊宿。爲千氏之鍾期故。隨便說盡遮箇說話。解夏後。奉請兩闍梨及千氏于本寺。致禮儘極。致齋祈聖。廣日玩賞國師遺跡。不覺欽頌。香火之緣。結社之約。牢結方塘各分京鄉。每憑魚鴈。可續墨緣。意外草翁。奄入無常定中。音容洞隔。莫告宿約。然而佛門大事。不關幽明身後之事。旣囑於晦光律師。事甚巨刱。卒難獨辦。以晦師之善巧。坐千氏草翁之間。募得二千金文。以自己五百金。浮費需用。千里京鄉。跋涉枉臨。至乙巳三月初九日。抵本寺。同月十七日。始作佛事。齋體雖非豐饒。事聞已驚凡聽。發文道內諸山。奉請有明知識。依律結界。如法開壇。恐有閑襍漫然之變。一堂法衆。分爲二壇。敎師設榻於藏經殿。發牌諷經。一從經都監立繩之知委。從朝至午。自午至夕。一無間斷也。禪師設榻於大法堂。致誠精進。一從維那持殿之知委。亦無間斷。祈聖讚祝而焚修。則兩衆合席于大光明場。唱魂請靈。隨宜說聽見聞得益。打三更後。各歸該所。開單休脚。至五更時。兩衆合席于大法堂觀音佛前。摩旨上祝后。依法朝供畢。兩衆分壇。如作日樣子。七日精進。無障回向。法衆矩規威嚴深密。何異昔日五百僧大會也。然後山中同衆設齋。三日精進。以梵網經。四分律。依律結界。開演寶戒。四衆幷集三壇。圓受壇上闍梨。會中大德之威儀嚴肅。莫讓於淸朝皇戒戒檀之家風歟。自是溪山超塵。松門通局。三日庵中。頻見烹佛烹祖之高僧。六鑑亭上。列坐護戒護塔之道士。然則印場執務諸上師。檀門引勸善知識。功德無量福無邊。聊將數語付含識。余亦禪林病葉。敎海微漚。猥叅經壇。親炙諸方善識之敎誨。吮味海印大藏經之法乳。於吾私分。幸莫大焉。槩書顚末。示諸可畏云尒。

청원루 중수기【을사년(1905) 7월】

광무光武 9년 을사년(1905) 봄에 본 암자의 대덕大德 용선龍船 장로께서 이 누각을 중수하시고 겸하여 본채(正堂)의 왼쪽 행랑을 수리하시니 사성각四聖閣[669]이 환해졌다. 스님의 법윤法胤[670] 금월錦月 공公께서 내게 글을 구하기에, 나는 다음과 같이 말했다.

"일찍이 주당籌堂[671]에 주석하며 벽오碧梧 도인이 찬술한 판상기板上記[672]를 읽으니, 대강 '순치順治 경자년(1660)에 유영柳影 대사가 그의 무리 웅雄 등에게 명하여 사무에 애쓰게 하고 누각을 세우니, 승려와 시인들이 강설하고 읊조리는 일대 기특한 경관이 되었다.'라고 되어 있었다. 이제 천 년 후대가 되어 몇 번의 겁화를 지냈는지 모르고 고찰할 글도 남아 있지 않다. 용선 장로가 이 암자에 주석한 지 10년에 문정門庭을 수리하고 암자의 규칙을 바로 세웠다. 산에 오르거나 바다에 들어가지 않고[673] 산야에서 모집하여 장인을 불러 일을 감독하니 기한 내에 일을 마쳤다. 웅장하고 화려하여[674] 찬란하게 새로워지니, 어찌 강설하고 읊조리는 기특한 경관이 될 뿐이겠는가. 구름 덮인 시내를 내리누르고 이근耳根을 상쾌하게 하는 것은 이 누각의 맑은 빛이다. 노을에 물드는 봉우리에 기대어 멀리 들녘의 빛깔을 당기는 것은 이 누각의 먼 광경이다. 목을 늘여 삼청三淸의 법려法侶(도반)를 부를 만하고, 걸음을 옮겨 팔방(八跟)의 아름다운 경치를 거닐 수 있으니, 청원루의 취향이 아님이 없도다. 이제 유영의 뜻을 잘 계승한 이는 용선 노옹이거늘, 용선 노옹의 뜻을 뒤에 잘 계승할 자는 누구일까 묻노라."

淸遠重修記【乙巳七月日】

光武九年乙巳春。本庵大德龍船長老重葺是樓。兼修正堂之左翼。爲四聖閣奐然之。而師之法胤錦月公。就余求文。余曰曾住籌堂。讀碧梧道人所撰板上記。其槩曰。順治庚子。柳影大師。命其徒雄等。拮据事務。刱起樓觀。爲衲子騷人之講說題詠之一大奇觀云。迄今千載之下。未知幾經刦火。而無文考焉。龍老之住是庵十載。葺理門庭。住持庵規。不山不海。而募諸山野。招匠董役。克日告功。鳥革彙[1]飛。奐然一新。豈特爲講說題詠之奇觀而已哉。附壓雲碉。爽耳根者此樓之淸光也。却倚霞岑。遠控野色者。是樓之遠光也。延頸可呼三淸之法侶。擧步能跨八跟之佳境。則是莫非淸遠之趣歟。今善繼柳影之志者。龍老是也。而後之善繼龍老之志者。問是阿誰。

---
1) ㉭ '彙'는 '翬'의 오자인 듯하다.

만일회 불장을 새로 만들고 쓴 기문 【을사년(1905) 6월】

불佛에는 진眞과 비진非眞이 있다. 진이란 진여자성眞如自性으로, 이름도 없고 형상도 없기 때문이다. 비진이란 금석金石과 목칠木漆과 소상塑像 등이다. 장藏에는 공空과 불공不空이 있다. 공이란 공적허령空寂虛靈하여 훤하게 조금의 가림도 없는 것이다. 불공이란 항사恒沙[675] 같은 제불諸佛의 공덕을 구족한다. 그렇다면 진불眞佛의 경계는 오직 공을 간직할(空藏) 따름이니, 어찌 간직함을 쓰겠는가. 쇠와 나무로 된 형상에 이르러는, 즉 무량한 공덕으로 장엄하는 간직함 속에 흘러나온 것이다. 불佛의 간직함이나 간직함의 불은 정지正智에 의해 그림자가 변하여 드러난 것이다. 간직함을 얻을 수 있는가.

본회(만일회)의 구품九品 회소繪塑[676] 삼존금신三尊金身[677]은 쇠와 나무에 교칠膠漆을 하여 채색한 형상의 인연으로 만든 것이다. 거미줄과 파리로 더럽혀지는 근심을 매번 생각하여, 잘 간직할 계획을 도모하고자 인연을 기다린 지 오래되었다. 갑진년(1904) 겨울 하담荷潭 옹翁이 단서를 마련하여 유리를 사고 을사년(1905) 봄에 풍호당豊湖堂이 장인을 불러 일 마칠 것을 요구하니, 가히 눈과 발이 서로 돕고 지혜와 행실이 겸하여 온전하다 하겠다. 쇠와 나무가 몸이 되고 유리는 쓰임이 되어, 한 폭의 장엄한 보배 거울이 환영처럼 머무는 누각의 구름 속에 용솟아 올랐다. 진불眞佛의 공空을 간직함 같은 것은 형상의 공덕이 아니면 드러낼 수 없고, 형상의 공덕은 화단化檀[678]의 인연이 아니면 형체를 이룰 수 없다. 불佛의 진眞과 비진非眞, 장藏의 공空과 불공不空은 화주(化主)와 시주(檀氏)의 일말의 정성스런 마음으로부터 유출되는 것인가.

이곳에 머물며 이 불상에 예배하는 이들은 불장佛藏의 인연을 돌이켜 비추어, 그저 쇠와 나무와 유리로 간직한 것이 아님을 알 것인가. 진여와 공적空寂의 불장佛藏이 육문六門[679]의 마음속 자금광紫金光 속에 드러나리니,[680] 오직 대중들은 힘쓸지어다.

萬日會佛藏新成記【乙巳六月日】

佛有眞非眞。眞者。眞如自性。無名絶相故。非眞者。金石木漆塑像等也。藏有空不空。空者。空寂虛靈。蕩無纖翳故。不空者。具足恒沙諸佛功德故也。然則眞佛境界。唯空藏而已。安用藏爲哉。至於金木塑像。卽無量功德莊嚴藏中流出之。佛之藏。藏之佛。乃依正智。影之所變現也。爾藏而得乎。本會九品繪塑三尊金身。卽金木膠漆繪像之因緣所造。而每念蛛網蠅汚之患。剋圖藏羅之計。待因緣之久矣。甲辰冬荷潭翁。發其端。買琉璃。乙巳春豊湖堂。召其匠。要其終。可謂目足相資。智行兼專。金木爲體。琉璃爲用。一幅莊嚴寶鏡。聳出於幻住樓閣雲中。若乃眞佛之空藏。非塑像功德。莫可現用。塑像之功德。非化檀因緣。無以成體。佛之眞非眞。藏之空不空。唯自化士檀氏之一末誠心中流出歟。居是堂。禮是佛者。庶幾返照佛藏因緣。豈特以金木琉璃藏之知得耶。眞如空寂之佛藏。自現於六門心頭紫金光中。唯諸大衆。勉旃。

봉두산 동리사[681] 봉서암의 개와 권선문 【을사년(1905) 8월】

듣자니, 동리사는 옛날 신라 고승 혜철 국사慧徹國師[682]가 창건한 것인데, 산 좋고 물 맑아 천 년 동안 꽃비가 내리던 도량이요 천지가 비장한 곳으로 삼백 고을[683] 가운데 명승지입니다. 터전의 웅장함과 사찰의 굉장함은 오래된 국사의 비문에 자세히 적혀 있습니다.

그중에 봉서암은 봉두산의 구름 같은 날개(雲翼)요, 동리사의 배에 감춘 것(腹藏)으로, 암자의 크고 넓음은 호남 사찰 가운데 가장 으뜸입니다. 그와 같은 명승지로서도 오랜 세월을 지내다 보니 기둥과 처마가 썩어 부서진 것이 많은데, 현재 가장 급한 것은 기와가 갈라지고 부서져 비가 새는 것입니다. 이른바 '기와 하나 부서지면 기둥이 썩는다'고 하는 말이 이미 전하고 있는데, 하물며 암자 전체가 모두 그러하니 어떻겠습니까. 지금 하지 않는다면 무너질 테니 어찌하겠습니까. 두세 명의 승려(緇徒)들이 이에 본인들의 힘을 헤아리지 않고 기와 굽는 일을 막 시작하니 비유하자면 맨손으로 범을 잡고 바다를 걸어서 건너려는[684] 격입니다. 일이 이미 태산보다 중한데 힘은 기러기 털보다 가벼우니 여러 사람들의 삼태기를 빌리지 않고는 9길의 산을 이룰 수 없습니다.[685] 그래서 짧은 글에 기대어 인자한 집안에 널리 고합니다.

엎드려 바라건대 적선하는 군자들은 티끌 재물을 아끼지 마시고 좋은 인연을 심으시면, 인간 세계의 오복이 갖추어지길 산이 울어 골짜기가 응하듯 하고, 극락의 구품을 누리길 물이 맑아 달이 비치듯 할 것입니다.

鳳頭山桐裏寺鳳捿菴盖瓦勸善文【乙巳八月日】

聞夫桐裡寺者。古新羅高僧慧徹國師所刱。而山明水麗。一千年雨花之塲。天藏地秘。三百州名勝之地。基址之雄。梵宇之宏。古國師碑。書之詳矣。就中鳳捿菴者。鳳頭之雲翼。桐裡之腹藏。庵之宏廣。最冠於湖南諸刹。而以若名勝之處。多閱星霜。棟椽之朽敗雖多。而最爲目下所急者。瓦甑龜圻。時雨添漏。所謂一瓦之破。棟樑之朽。已有傳說。而況渾菴皆然者乎。失今不爲。必將傾覆而何也。數三緇徒。兹不度力。方設燔瓦之役。比猶暴虎而憑[1]海者也。事已重於泰山。力猶輕於鴻毛。不借衆人之簀。難成九仞之山。敢荷短疏。普告仁門。伏願積善君子。莫惜塵財。能樹良緣。備人間之五福。若山鳴而谷應。享極樂之九品。似水澄而月現云爾。

---

1) ㊜ '憑'은 '馮'의 오자이다.

두월 화상의 문계 서문【병오년(1906) 7월】

문門이란 문벌(閥)이요, 계契란 모임(合)이다. 여러 사람을 문정門庭(집안)에 모아 일가 문벌을 이루는 것이다. 이른바 네 개의 강물이 바다로 들어가면 동일하게 짠 맛이요, 다섯 성씨[686]가 출가하면 동일하게 석씨가 된다고 하는 것이다.

지금 이 계는 누구의 계인가. 즉 선사先師 두월당斗月堂[687]의 문정門庭에서 만든 계 모임(契社)이다. 일찍이 친분(契誼)이 있었는데 지금 계안契案(명단)이 없다. 그래서 계를 하는 날에 소목昭穆[688]이 혼란하여 멀고 가까운 후손들을 진실로 기록할 수가 없다. 그래서 그 문도門徒 금송錦松 공公께서 한마디 말을 해 달라고 하셨다. 그래서 상한 손[689]을 부끄러워 않고 마음을 내어, 선사를 위하는 도와 문정을 다스리는 정을 급하게 기록하노라.

斗月和尚門契序【丙午七月日】

門者。閥也。契者。合也。聚衆人之門庭。合爲一家門閥也。所謂四河入海。同一醎味。五姓出家。同一釋氏者也。今是契者。是誰之契也。卽先師斗月堂之門庭契社也。曾有契誼而今無契案。至於修契之日。昭穆之混亂。雲仍之遠近。固莫得而記焉。其門徒錦松公。求諸一言。不愧傷手。慷慨其爲先之道。理門之情。倉卒書于左。

단자

 삼가 살펴 주시기를 바랍니다. 엎드려 생각건대, 저는 본래 현풍縣風의 외로운 피붙이로 대대로 청고淸高함을 지켰습니다. 조부 이전에는 매영梅營690에 살았는데, 부모를 일찍 여의고는 고양高陽으로 이사했습니다. 열심히 본업을 닦았으나 청전靑氈691은 낡고 초가집을 보존하지 못하였습니다. 기러기 둘이 같이 나니 황천에서 외로운 그림자를 조문하고, 두 밝음을 모두 잃으니 일신을 지팡이에 의탁했습니다. 천 리 비옥한 들판에 원래 경작할 조그만 땅도 없는데, 사해四海 가옥에 어찌 몸을 굽히고 펼 초가집이나마 있겠습니까. 삼시 세끼 벽곡辟穀692을 하니 적송자赤松子693를 원해서 그렇겠습니까. 긴 밤에 서리 맞으며 자니 백수白首 옹翁이 부러워서 그렇겠습니까? 나물국에 거친 밥도 코 아래 구멍을 채우지 못하고, 누더기 베옷도 몸의 누추함을 가리지 못합니다. 굶주림과 추위에 쫓기니 염치가 어디 있겠습니까. 그래서 짧은 글로 선한 집안에 널리 고합니다.

 엎드려 생각건대, 밥 한 덩이의 은혜로 어찌 예상翳桑의 보답694을 바랐겠습니까. 몇 말의 물은 수레바퀴 자국의 붕어695 목숨을 살릴 수 있으니, 천만 번 천만 번 바라옵니다.

【병오년(1906) 2월 곽두환郭斗煥이 단자를 올립니다.】

單子•

恐鑑。伏以生本。以縣風孤族。世守淸高。父祖以上。寓於梅營。早失雙親。移于高陽。勤修本業。靑氈衰耗。白屋難保。雙鴈幷飛。吊隻影於黃泉。兩明俱失。托一身於杖頭。千里沃野。元無耕獲之尺壤。四海家宅。安有屈伸之草屋。三時辟穀。誰願赤松子然矣。長夜宿霜。何羨白首翁然耶。藿藜龜糲。難充鼻下之坑。裋袍縷褐。莫掩身上之陋。飢寒所逼。廉義安在。故將短詞。普告善門。伏唯一湌之惠。豈望預1)桑之報。數斗之水。能活跡鮒之命。千萬

千萬。【丙午二月日郭斗煥仰單】

---

1) ㉨ '預'는 '翳'의 오자이다.

삼일암 중창 상량문 [병오년(1906) 10월 4일 미시(오후 2시 무렵)에 이하영[696]이 서술한 것을 올리고, 이것은 사용하지 못했다.]

엎드려 듣자니, 진원眞元은 혼돈스럽게 천문天門에 일기一氣[697]를 닫고, 변화像化는 어릿어릿하여 지호地戶에 삼령三靈[698]을 감춥니다. 옥룡玉龍[699]의 고견高見이라도 정밀함을 탐지하지 못하는데 금지보방金地寶坊(사찰)에 대해 어찌 오묘함을 알 수 있겠습니까.

조계산 송광사는 해전海甸(조선)에 웅장하게 서리어 산길에 절묘하니, 거령巨靈[700]이 잠겨 있어 신이한 빛이 맑은(淸抹) 기운을 심었고 신성이 수호하여 상서로운 것이 정묘한 화려함을 쌓았습니다. 동부洞府[701] 안은 넓어 하늘의 해가 많이 비춤을 경하하고, 산문은 북으로 트여 왕의 교화가 먼저 적심을 기뻐합니다. 땅의 기운이 회복됨을 보고서 만덕萬德의 아전鵝殿(법당)을 일찍이 창건하였고 하늘의 아름다움이 두터움을 헤아려 성수聖壽의 용루龍樓[702]를 근래 세웠습니다.

다만 이 암자는 산의 정맥이 감춘 것이고, 여러 골짜기의 영험한 기운이 모인 곳입니다. 영묘하고 복스러운 지역이라 신의 보호를 받고 있고, 옥방금승玉榜金繩은 조정의 명을 기다리고 있습니다. 겁파刦波에 따라 몇 번 무너졌고, 왕성한 운을 기다려 누차 완성되었습니다. 신라 시대에 조그맣게 차지하여 몇 번의 중창을 거쳤는지는 알 수 없고, 고려 시대에 크게 중창하여 네 번 돌이켜 신축한 것을 알 수 있습니다. 금나라 태종황제 승안承安 2년(1197)에 보조국사普照國師가 창건 개산開山[703]하여 삼보종찰에 비로소 참여하였고, 태화太和 5년(1205)에 담당湛堂 화상이 암자를 세워 마음을 증명하였고(證心) 비로소 '삼일'이라는 편액을 걸었습니다. 명나라 가정嘉靖·숭정崇禎[704] 연간에 고봉高峰 조사와 계림 대사戒林大士가 차례로 입계入啓[705]하여 거듭 완성하였고, 청나라 함풍咸豊 을묘년(1855)에 용운龍雲[706] 화상과 신석희申錫禧[707] 공이 동시에 힘을 합쳐 보수하였습니다.

우리 광무光武 10년(1906)에 만국萬國이 십부十部의 문턱에서 만나고, 많은 관리들이 삼승三乘의 문에 모여들었습니다. 성스런 글은 온갖 왕들을 가리고, 황제의 풍모는 만국을 부채질합니다. 큰 단신檀信(신도) 이하영李夏榮 공은 품계가 내부內府에서 장수와 재상의 지위 가운데 최고이고, 재능은 외무外務와 물리物理의 직분에 높다랗습니다. 친히 악발握髮[708]하는 정성으로 섭족躡足[709]하는 권위에 간언하고, 수달須達이 사원을 보시함을 사모하여 공방孔方(돈)을 내어 암자를 세웠습니다. 여산廬山에 결사하니 삼소三笑의[710] 교분(契)을 잊어버리고, 월주越州에 탑을 세우니 삼생의 인연을 누구에게 고할까요. 장인을 불러 목재를 택하니 여름 석 달이 두렵고, 일꾼을 데리고 감독하니 가을(九秋)이 가장 적당합니다. 터전은 갑경甲庚[711] 방향으로 금목金木의 재앙을 범하니 뇌화雷火의 때(令)[712]를 기다려 터를 닦아 초석을 놓았고, 임병壬丙[713] 방향으로 수화水火의 국면을 정하니 중수重水의 달(朔)을 점하여 기둥을 세우고 들보를 올렸습니다. 이에 온 골짜기의 자줏빛 안개가 부상扶桑[714]을 에워싸 이 산으로 돌아오고, 온갖 산의 붉은 잎이 비람毘藍(바람)과 함께 공중으로 솟아올랐습니다. 자줏빛 골짜기를 뽑아 사방을 두르고 붉은 봉우리를 쌓아 만 가지 변화를 주니, 풍경을 수습하여 찬양하는 노래를 조성합니다. 노래는 다음과 같습니다.

동東

수레바퀴처럼 둥근 아침 해가 부상扶桑을 붉게 하니
푸른 연꽃 자리의 주인은 석가세존이시고
늘어선 성중聖衆은 자줏빛 감궁紺宮(절)에 있네

서西

푸르고 가파른 산봉우리가 조계曹溪를 압도하니
보림寶林[715]의 남은 음향이 지금도 여전하구나

목서木犀(계수나무)와 황매黃梅에 머리를 숙이네

남南
대장봉 앞에 암자가 있다고 하는데
팔만대장경이 어떻게 여기로 왔나
뛰어난 선인善人들이 달고 씀을 말하네

북北
나한의 신통으로 놓은 곧은 잔도栈道[716]
오직 바라는 건 대승의 선禪에 참여하는 것
머리 숙여 지금까지 정성을 드리네

상上
중향국의 땅에 가는 데 장애 없어
원컨대 재 올리고 남은 향적반香積飯으로
선사禪師에게 봉헌하여 함께 공양하네

하下
신도들이 운집하여 같은 마음으로 있으니
삼생에 육정六情[717]과 육근六根을 닦아서
한 세대에 결국 사찰을 이루었도다

엎드려 바라건대, 들보를 올린 후에 도력이 영원히 견고하고 종풍宗風이 크게 떨쳐 온갖 집안의 덕 있는 음조陰助가 편안하고 평탄한 풍조를 따르게 되고, 백대의 사부로서 허명虛明한 뜻을 통하게 하소서. 이하영 공의 자손이 길이 창성하여 삼황오제 성군(三五聖明)의 아름다운 기약에 응하게 하시고, 지위가 신하의 극에 이르러 백만 창생蒼生(백성)의 넓은 복을 모으게 하소서.

三日菴重刱上樑文【丙午十月初四日未時。上李夏榮所述者用之此未用。】

伏聞眞元混沌。閉一氣於天門。像化童蒙。秘三靈於地戶。雖玉龍高見。未克探精。況金地寶坊。焉能窮妙。爰有曹溪山松廣寺者。雄蟠海甸。奇絶山徑。巨靈潛藏。神光種淸抹之氣。聖神守護。瑞物蓄精英之華。洞府中寬。慶天日之多照。山門北坼。喜王化之先沾。相地運之復廻。曾刱萬德之鵝殿。度天休之滋渥。近建聖壽之龍樓。但是庵者。一山正脉之函藏。衆壑靈氛之輻湊。靈區福地。已被神功。玉榜金繩。會待朝命。隨刧波而幾壞。待旺運而婁成。羅代小占。莫考幾經刱葺。麗朝巨刱。可稽四返建修。大金太宗皇帝承安二年。普照國師刱寺開山。始叅三寶之宗。太和五年。湛堂和尙建庵證心。初揭三日之額。大明嘉靖崇禎。高峰祖師。戒林大士。相次入啓重成。淸朝咸豊乙卯。龍雲和尙。申公錫禧。同時并力修補。唯我光武十年。萬國際會於十部之梱。百官輻湊於三乘之門。聖文掩於百王。皇風扇於萬國。有大檀信李公夏榮。品極內府將相之位。才高外務物理之分。躬親握髮之誠。諫犯躡足之權。慕須達之施院。擲孔方而建庵。廬山結社。却忘三笑之契。越州建塔。誰告三生之因。然而招匠捐材。可畏三夏。率軍董役。最宜九秋。基局則甲庚犯金木之災。待雷火令而開基安礎。壬丙定水火之局。占重水朔而竪柱上樑。于是萬壑紫烟。繞扶桑而歸嶺。千山丹葉。幷毘藍而騰空。抽紫壑而四環。疊丹峰而萬變。收拾風景。助成贊詞。頌曰。東。一輪朝旭扶桑紅。靑蓮座主釋迦尊。第列聖衆紫紺宮。西。蒼峭一抹壓曹溪。寶林遺響今猶在。木犀黃梅稽首低。南。大將峰前曰有庵。大藏八萬緣何到。諸上善人說苦甘。北。羅漢神通棧道直。唯願欲叅大乘禪。稽首于今呈悃愊。上。衆香國土去無障。願將香積齋餘飯。奉獻禪師同供養。下。信侶雲集同心在。三生修到六情根。一世竟成一蘭若。伏願上梁之後。道力永堅。宗風大振。千門德蔭。便邐安平之風。百世師傳。要通虛明之旨。李公夏榮。子孫永昌。應三五聖明之休期。位極人臣。集百萬蒼生之洪福。

삼일암을 중건한 연기에 대한 의론 [11월 3일]

비파의 마음이 오묘하더라도 손가락 아니면 발휘할 수 없고 사람의 마음이 선하다 해도 인연 아니면 베풀 수 없으니, 종이 치기를 기다림 같고 거울이 사물을 비춤 같다. 손가락 때문에 소리가 나고 인연을 기다려 은혜를 베푼다. 그렇다면 손가락과 인연의 이치가 어찌 헛되겠는가.

우리 대한 황제 광무光武 5년[718] 경자(1900)에 나는 총섭惣攝[719]의 직임에 있었는데 기원祇園(사찰)이 적적하고 단문檀門(시주)도 막막하여 밤이나 낮이나 근심하고 있었다. 홀연 신사信士(신도) 정인홍鄭寅弘 공이 완영完營(전라 감영)에서 올라와 몇 개월 쉬게 되었는데, 한 번 만나 보고는 오래 알던 사이 같았다. 심지心地는 담백하고 품행(行義)은 고결하였다. 차를 마시다가 대화가 선방을 중건하는 일에 미쳐 가방街坊[720]의 담당을 의탁하였더니, 태연히 고개를 끄덕였다. 편히 지내다 섣달(臘月)이 지나 헤어졌는데 정녕 바라는 건 오직 이 창건하는 일뿐이었다. 이후로 정 공鄭公은 업무 때문에 서울로 갔다. 서울과 지방이 멀지만 묵연墨緣(편지)은 이어졌다. 5년 후 갑진년(1904)에 다시 총섭을 맡았을 때, 비단가사 구품九品 불사, 그리고 백일기도 때문에 수레를 타고 사찰에 이르렀다. 이전에 이루지 못한 맹세를 펼쳐 보니, 먼저 불사가 가장 급하여 뜻은 창건하는 일에 있었다. 그래서 장경전藏經殿에서 기축祈祝을 베푸니, 장애 없이 성취하여 기쁘게 회향하였다.

다음 해 을사년(1905)에 유나維那 직임에 있었는데 또 탱화 개금改金과 비단가사 불사 때문에 인연 따라 사찰에 이르렀고 역시 바람대로 회향하였다. 다만 한스러운 것은 창건하는 일을 완수하지 못한 것이다. 병오년(1906) 가을에 지화紙貨 400원元을 보내 와서, 풀어 보니 한화韓貨로 7,500냥이 되었다. 그것은 시임 법부대신 이하영李夏榮 공이 은혜를 베푼 것이다. 이에 장인을 불러 감독하니, 몇 개월 되지 않아 일을 마쳤다.

오묘한 손가락의 움직임으로 비파의 마음이 자연히 움직이고 아양峨洋[721]을 연주하여 타인의 선善을 자연히 발휘하게 하였으니 그렇다면 옛 비파의 무생곡無生曲과 본인의 인연 있는 재물로 부처와 조사들이 몸을 편히 하고 입명立命[722]하는 곳을 창건한 것이다. 인연을 베푼 실제 본바탕을 보노라면 겁석劫石으로도 논할 수 없는데, 그 오묘한 손가락으로 마음을 움직여 창건한 것을 개성芥城으로도 어찌 비유하리오.

엎드려 바라건대, 천 년 뒤에 오늘의 마음을 살펴보는 이 또한 쓸데없지 않으리라.

三日庵重建緣起論【十一月初三日】

琴心雖妙。非指不發。人心雖善。非緣不施。如鍾待扣。如鏡照物。因指發音。待緣施惠。然則指緣之義。豈徒然哉。我大韓皇帝光武四年庚子。余在揔攝之任。祇園寂寂。檀門寞寞。日夕爲憂。忽有信士鄭公寅弘。自完營來。憇錫數月一面如舊。心地淡冷。行義高潔。茶飯之餘。語及禪房重建事。托以街坊之擔。油然瀕之。安居解臘而分袂。丁寧者唯此䂓事而已。自後鄭公。因擾赴京。京鄕雖遠。墨緣可續。越五年甲辰。再任揔攝時。以錦袈裟九品佛事。與百日祈禱事。乘輪到寺。舒盡昔誓未逡。先以佛事最急。志在䂓事矣。因設祈祝於藏經殿。無障成就。歡喜回向。明年乙巳在維那任。又以改金幀畫。與錦袈裟佛事。隨緣到寺。亦如願回向。第恨未逡䂓事矣。至丙午秋。以紙貨肆百元賚來解之。爲韓貨七千五百兩也。卽時法部大臣李公夏榮之所惠云。于是招匠董役。不數月告功。盖以妙指之所運。琴心自動。峨洋之所奏。人善自發。然則古琴之無生曲。本人之有緣財。䂓起於佛祖安身立命處。睠彼施緣之實頭本地。刦石莫論。若其妙指之運心䂓說。芥城何喻。伏望千載之下。視今之心亦不徒然也夫。

이봉[723] 선사의 문계 서문【병오년(1906) 11월】

옛사람들의 계 모임(修契) 가운데 흥이 나서 정을 펼친 것이 있고, 공을 닦아 덕을 세운 것이 있으며, 혹 생사를 같이하기로 맹세한 경우도 있고, 경사를 축하하고 상례를 돕는 경우도 있도다. 서적(方策)에 분명하게 기록되어 있어서 마음에 새기고 입으로 외우니, 난정蘭亭에서 풍속을 따른 것[724]은 단지 현인들이 봄 한철을 즐긴 것일 따름이요, 여산廬山의 도원桃園 같은 경우[725]는 영웅들의 천 년 전 아름다운 자취이니, 누가 흠모하지 않겠는가.

지금 응하應夏 공公[726]께서 그 조사 이봉离峯 대선사를 위하여 문도를 모아 계를 만들고 책자를 가져와서는 내게 서문을 구하므로, 나는 다음과 같이 말한다.

"일찍이 보조普照의 난야蘭若(송광사)에서 선사의 도덕을 흠모하였고 귀로 법음을 흠씬 듣고 눈으로 진용眞容을 취하도록 보고 입으로 선열禪悅을 포식하면서 좋아하는 바가 되니, 자못 시탕侍湯[727]한 은혜와 같습니다. 지금 이를 위함에 어찌 거적을 엮는 졸렬한 솜씨로 말을 하겠습니까? 그러나 그대가 이미 계契를 만들었으니 내가 한마디 물어보겠습니다. 계라는 이름은 같으나 취지는 다른데 지금 그대의 계는 흥이 나서 정을 펼친 것입니까, 상례를 돕고 경사를 축하하는 것입니까. 생사를 같이하자고 맹세한 것은 오직 세 분 준걸[728]이 공을 닦고 덕을 세울 수 있었던 것인데, 납자衲子(승려)들은 할 수 없는 것입니까. 절실하게 힘써야 합니다."

离峯禪師門契序【丙午十一月日】
古人之修契也。有發興而暢情者。有修功而立德者。或誓同生死者有矣夫。或賻喪賀慶者矣夫。昭著方策。誨炙心口而如蘭亭隨俗。只賢流之一春娛樂而已。至若廬山桃園。乃群雄之千載芳躅。孰不欽慕哉。今應夏公爲其祖師离峯大禪師。聚門徒。成契誼。夾册來余求文。余曰曾在普照蘭若。欽奉禪師之道德。耳飫法音。目醉眞容。口飽禪悅。爲其所愛。頗同於侍湯之恩誼。而今是爲也。安敢以編苦傷手道也哉。然而君旣成契。吾以一言向之。契雖同名。趣意卽殊。今君契也。發興而暢情乎。賻喪而賀慶乎。翳彼誓同生死。唯三傑之所能修功立德矣。衲子之不能哉。切須勉之。

해경 선사의 자량(양식) 단문 【정미년(1907) 2월】

엎드려 생각건대, 빈도貧道[729]는 가문이 쇠락하고 복이 없어 부모님을 일찍 여의고 불교(桑門)에 몸을 맡기고 부처님께 귀의하였습니다. 청전靑氈[730]은 없고 맨손으로 지탱하기 어려워 사방 산을 두루 다니면서 마음은 일경一境[731]에 모았습니다. 그러나 구름을 끊고 달을 치는 듯한 조사들의 선열禪悅과 솔잎을 먹고 시냇물을 마시는 신선들의 수양(養精)에 대해 조사의 영역에 오르지 못했는데 어찌 신선을 바라겠습니까. 도업道業을 이루기 위해서는 반드시 마른 형체를 치료하고 육신(色身)을 보호해야 합니다. 그래서 다만 굶주린 창자를 위로하고자 하나 들판에 조그만 땅도 없고 집안에 쌓아 둔 것도 없습니다. 그래서 여러분께 발우를 돌려 많은 가옥에 고합니다. 굶주림과 추위에 시달리니 염치가 어디 있습니까.

엎드려 생각건대, 미덥고 선한 군자들께서 적은 물이라도 기울여 붕어[732]를 살려 주시기를 천만 기원합니다.

海景禪師資粮單文【丁未二月日】

伏以貧道。門衰祚薄。早失怙恃。托身桑門。歸命佛陀。靑氈無物。白手難保。足遍四山。心注一境。然而切雲批月。祖師禪悅。餐松挹澗。仙子養精。未躋祖域。安望仙界。爲成道業。必療形枯。欲保色身。但慰飢腸。野無寸壤。家無斗儲。所以輪鉢諸方。掛口萬戶。飢寒所迫。廉義安在。伏唯信善君子。能傾斗水。可活鮒魚。千萬祝手。

곡성 태안사에 십륙존[733]을 봉안한 연기 기문[기유년 (1909) 중양일(9월 9일)]

부처는 본래 머묾이 없는데 중생 때문에 손님과 주인의 명칭으로 나누었고, 마음은 내(我)가 없는데 인연들을 빌려 타인과 나의 경계를 드러낸다. 드러난 경계는 저절로 왕복이 있으니, 나뉜 명칭에 어찌 선후가 없겠는가. 그래서 문을 나선 목상木相이 군주에게 증거가 되어 선후를 양보하는 예의가 있었고, 하늘에 오른 진신眞身이 모친을 위해 설법하니[734] 왕복에 제한이 없었다. 손님과 주인이 거듭되니 이에 존귀의 두각이 있고, 타인과 내가 뚜렷하니 맑고 더러움의 구분이 응한다. 비록 그러하나 이 어찌 이치가 본래 그러하겠는가. 이 모두는 권화權化[735]로 마련된 것이다.

이제 아무개 산의 성중聖衆은 사람들이 손님과 주인의 지위로 칭하는데, 왕복의 단서를 경유하여 일의 핵심을 알고자 하면 문헌을 참고할 수 있다. 임진년 전란에 일대 사찰들이 모조리 화재의 화망을 당하였고 16석상은 모두 환퇴桓魋의 도끼[736]를 받았으니, 이른바 곤륜산이 불에 타자 옥과 돌이 같이 탄다는[737] 격이다. 비록 그렇게 화재가 다시 일어났으나 이에 16석상을 봉안하자는 의론이 일어났다.

우리 태상황제(고종)께서 즉위하신 지 10년 임신년(1872)[738] 봄에 이웃 고을 태흥사太興寺 옥존玉尊을 봉안하여 십수 년 동안 받들어 향공양을 하였다. 계사년(1893) 여름에 본군(곡성) 천태암天台庵 석굴로 옮겼다. 12년간 단지 물이 스몄으니 이로 말미암아 손님과 주인을 구별한다는 기롱이 바람 달리듯 하고 타인과 나를 구별한다는 의론이 바람에 풀이 눕듯[739] 하였다. 사찰의 모양은 옮긴 날 이전보다 점차 기울었고, 옥축玉軸[740]은 봉안할 때의 옛 모습이 전혀 없어졌으니, 반드시 그럴 만하다. 봉안하여 숭봉했으나 복은 뒤(隱後)에 있고, 옮겨 훼손했으니 화망이 목전에 있다. 훼손하여 옮기다 재앙을 초래하느니 높이 받들어 복을 받는 것만 같겠는가.

갑진년(1904) 여름에 천태암에서 옮겨 봉안하니, 의젓함이 도리천忉利天의 진상眞像 같았다. 을사년(1905) 봄에는 단나檀那(시주)들을 교화하여 채색하니 모습이 기환祇桓741의 새로운 형상 같았다. 달이 드러난 천문天門처럼 석존의 온갖 덕이 찬란하고, 별이 늘어선 운각雲角742처럼 아라한의 육신통이 환히 빛난다. 산이 빛나고 냇물이 아름다우니, 또한 용이 기뻐하고 귀신이 수호한다.

사찰의 이름은 '태안泰安'이니 봉안한 후에 사찰의 운수가 태안(편안)하고, 당堂(대청)의 이름이 '해회海會'이니 채색(塗會)하는 날에 대청의 중생이 해회(바다처럼 모이다.)하였다. 맹세하여 책자를 짊어지고 처음을 헤아려 결말을 요구한 것은 수경袖鯨 선사가 해당되고, 기쁨에 따라 찬탄하며 흠모하여 일을 맡은 것은 대중과 석덕碩德(고승)이 또한 그러하다.

나는 문장이 아름답지 못하나 함부로 썩은 붓을 꺼내고, 마음이 비단 같지 않으나 절하며 큰 송가를 바친다.

谷城泰安寺十六尊奉安緣起記【己酉重陽日】

佛本無主。而因衆生以分賓主之名。心是無我。而假衆緣以現人我之界。現界自有往復。分名何無後先。所以出門木相。爲君作證。讓後先而有禮。上天眞身。爲母說法。乃往復而無際。伴主重重。爰有尊貴之頭角。彼我歷歷。應是淨穢之區分。雖然。是豈理性之本然。此皆權化之施設。今某山聖衆者。人稱賓主之位。凡經往復之端。欲知事巓。可考文獻。粤在壬辰兵燹。一大梵刹。卒當鬱攸之禍。二八石像。俱受懽1)魋之斧。所謂崑崗旣炎。玉石俱焚。雖然回祿重興。爰起奉安議論。唯我太上皇帝卽位十年壬申春。奉安隣郡太興寺玉尊。十數年崇奉香供。癸巳夏。移運本郡天台庵石窟。十二載只見滲漏。由玆賓主之譏風馳。彼我之論草偃。寺樣漸傾於移運之前日。玉軏全无乎奉安時舊儀。必然。奉而崇之。福在隱後。移而毀之。禍招目前。如其毀移而招禍。孰與崇奉而受福。甲辰夏。自天台而奉安。儼如忉利之眞像。

乙巳春。化檀那而塗繪。儀若祇桓之新形。月現天門。釋尊之萬德燦爛。星列雲角。羅漢之六通炳煌。豈是山輝川媚。抑亦龍歡鬼護。寺號泰安。奉安之後。寺運泰安。堂名海會。塗會之日。堂衆海會。矢心荷芬。原始要終。袖鯨禪師是也。隨喜讚歎。欽慕執務。大衆碩德亦然。余文不圭璋。妄抽腐毫。心非錦繡。拜獻景頌。

---

1) ㉠ '懽'은 '桓'의 오자인 듯하다.

경안성 청룡사[743]의 두찬 수좌의 단문

엎드려 생각건대, 법을 구하는 이는 풀 옷에 열매를 먹고 서리 밟으며 가고 이슬 맞으며 자니, 나무 아래와 무덤 사이가 도량이 아님이 없고, 가고 머물고 앉고 누움에 편안한 자리 아님이 없습니다. 어찌 반드시 큰 하천 옆의 큰 건물인 연후에야 편히 지내겠습니까. 얕고 노둔한 근기인 경우에는 반드시 복 있는 땅을 빌려야 인연을 맺고 복을 심게 됩니다. 그래서 시대의 소란에 휩쓸림을 돌아보지 않고 좋은 지역의 거듭되는 영향(重熏)에 공경히 취하여, 90일 인연을 맺어 안거할 장소를 얻기 위해 염치를 무릅쓰고 단문單文을 올립니다.

엎드려 생각건대, 대덕大德[744]들께서 중생을 제도하는 은택을 널리 열고 양식(資糧) 비용을 넉넉히 베풀어 주시면 가히 미세한 먼지가 쌓여 산이 되고 물방울이 합쳐서 바다가 된다 하리니, 헤아려 처분해 주시기를 천만 번 천만 번 바라옵니다.

京安城靑龍寺斗贊首座單文

伏以求法之士。草衣木食。霜行露宿。樹下塚間。无非道場。行住坐臥。无非宴座。何必大川廣廈然後安居哉。至若淺根劣機。必藉福勝之地。可結緣而種福。故不顧時擾之所蕩。欽醉勝地之重熏。以得九旬結緣安居次。冒廉仰單。伏唯大德。廣開濟衆之澤。優惠資粮之費。可謂纖塵培岳。滴水添海。照亮處分之地。千萬千萬。

은적암[745]과 보조암[746]의 화재 기문 [무신년(1908) 4월 18일 화재]

보건대, 세계가 만들어지고 소멸함은 학주壑舟[747]보다 빠르고, 국민의 살고 죽음은 허공의 실보다 가볍다. 겁파劫波의 흐름이 아침저녁으로 바뀌고, 남풍藍風의 부딪힘은 동서로 어지러이 날린다. 하물며 인력으로 유지함이 이치의 변화와 같겠는가.

나라의 운이 임진년(1592)과 계사년(1593) 강을 건너는 날에 기울어졌고, 국민의 정이 갑오년(1894)과 을미년(1895) 약탈하는 해에 요동쳤다. 이 산이 비록 바닷가 궁벽한 산에 있어 깊은 골짜기와 둘러싼 산기슭이 많지만 어찌 홀로 백납白衲(승려)이 머물 뿐이겠는가. 황건黃巾(도적)이 기대앉기에 가장 알맞다.

융희隆熙 2년 무신년(1908) 봄에 지방이 점차 탁해져서 의도義徒(의병)가 창궐하여 부근의 떠돌이 백성들이 장대를 들고 모여들었다. 지역의 우두머리들이 위세를 따라 응하여, 초야에 몸을 숨긴 채 음식을 구하여 목숨을 보존하기도 하고 담 밖에서 자취를 숨겨 포를 거두고(收炮) 재물을 약탈하기도 하였다. 공적인 일을 빌미로 사적인 이득을 취하며 공갈하고 위협하였다. 4월 18일 석양이 되자, 본면(송광면) 대곡大谷 분대소分隊所의 일본 병사 수십 인이 처음에 진촌津村으로부터 갓고개(冠峙)를 거쳐 염불암念佛庵의 옛터에 오르니, 가로지른 길은 동암東菴 별당別堂 모퉁이로 바로 연결되었다. 즉시 불을 지르니, 거창한 한 암자가 순식간에 소진되었다. 돌이켜 보조암에 이르러 똑같이 불을 질렀다. 굉장한 범우梵宇(사찰)가 결국 화재의 변을 당했다. 하늘인가, 사람인가, 참인가, 꿈인가. 진실로 이해할 수 없도다.

부처님이 말씀하시길, 염불하고 불경을 보는 이들은 선신善神이 호위하고 장애가 소멸된다고 하셨으니, 책자에 분명히 기록되어 있다. 그리고 두 암자로 보자면 하나는 선방이고 하나는 강당인데, 삼재 변란이 다른 경계보다 먼저 범하였으니, 천룡이 노하고 지력地力이 쇠퇴한 것인가. 겁파波가 씻고 비람풍이 불었던 것인가. 아, 아!

　　예전의 불고佛鼓와 경종經鍾이
　　이제 적막한 물가에 울리지 않겠네
　　오늘 아침 석장 짚고 옛일 회상하니
　　한 곡조 슬픈 노래가 정녕 쓸쓸하구나

隱寂庵普照菴回祿記【戊申四月十八日回祿】

觀夫世界之起滅。速於堅舟。國民之存亡。輕乎空縷。劫波所流。朝變而夕改。藍風所擊。東亂而西飛。況乎人力之維持。奈若理數之遷變。國祚俄傾於壬癸龍巳渡江之日。民情旣動於甲乙馬羊討掠之年。玆山雖在海甸窮峽。多作幽谷環麓。豈獨白衲之捿息。最宜黃巾之隱几。隆熙二年戊申春。地方漸濁。義徒倡蹶。附近遊民。揭竿而嘯聚。域內魁酋。望風而響應。或潛身草裡。討飯而保命。或隱迹墻外。收炮而掠財。藉公營私。恐喝威脇。以至四月十八日夕陽。本面大谷分隊所日兵數十人。初自津村。路由冠峙。仍登念佛庵舊址。橫路直接于東菴別堂隅。卽爲冲火。巨刹一庵。頃刻燒燼。回抵普庵。倂冲火燹。宏壯梵宇。卒當鬱攸之變。天也人也。眞也夢也耶。固莫得而思議也。佛氏所謂念佛看經者。善神衛護。災障消磨云者昭著方冊。而至於兩菴。一是禪室。一曰講堂也。而三災之變。先犯於凡境者以其天龍怒而地力衰耶。劫波洗而藍風吹去歟。嗚呼嗚呼。
昔年佛鼓與經鍾。從此不鳴寂莫洲。
今朝策杖因懷古。一曲殷歌正感愁。

일본으로 돌아가는 등원삼목남을 송별하는 서문 [경술년(1910) 가을]

가면 돌아오지 않음이 없는 것이 천지의 조화造化이고, 움직이면 고요해지지 않음이 없는 것이 이치의 공덕입니다. 고요히 움직이지 않고 돌아와서 가지 않는다면 어찌 조화의 공덕을 보겠습니까. 그러므로 능히 가서 돌아오고 움직여서 고요한 연후에 절로 생성의 묘함이 있습니다.

이제 등원藤原 공공은 일본의 높은 가문이요 동경의 귀족으로, 뜻은 파란 구름을 능가하여 능히 바다의 붕새[748] 여정을 뛰어넘고, 기질은 백업白業(선업)에 절실하여 발해渤海 거북이[749]의 상서로움을 도모할 만합니다. 재주는 신이한 교화를 겸하고 언설은 묘한 덕을 함축하며, 기감機感[750]이 서로 투합하고 기러기 갈 길(鴈路)이 절로 열립니다. 시절 인연이 이미 익었으니 등용문(龍門)을 기대할 만합니다.

융희隆熙 3년(1909) 1월 8일 역말을 타고 본교本校에 이르러, 본월 10일에 제물을 차려 학연學宴을 개최하니, 지혜의 창(慧鋒)을 휘두를 때 눈먼 이들이 빛을 얻고, 날카로운 혀를 내두르는 곳에 귀 어둔 이들이 절로 총명해졌습니다. 몽매한 자로 하여금 눈을 비비고 자리에 올라가게 하시고, 혹 노둔한 이로 하여금 귀를 기울여 출석하게 하였습니다. 이제 쉬는 여름(休夏)이 되었는데 문득 귀국을 청했다는 소식을 듣고는, 힘들게 자리에 가서는 석별의 글을 다시 쓰게 되었습니다.

오직 바라건대 귀공貴公께서는 몸이 붕새의 길에 올라 부요扶搖(회오리바람)를 끼고 본댁에 도달하시고, 발은 용선龍船을 밟고 철륜鐵輪(기차)을 움직여 편히 실지實地에 도달하소서. 감에 어려움이 없으니 돌아옴이 어찌 쉽지 않겠습니까. 풍륜風輪[751]이 저기에 있는데 누가 층암절벽의 육지 여정을 꺼릴 것이며, 기선이 뜨니 교룡과 고래의 파도치는 바다를 꺼리지 않을 것입니다. 이처럼 왕복하여 애타게 우러르는 정을 풀어 주시고, 이와 같이 동정動靜을 아시니 속히 경제經濟 방책을 마련하소서.

送藤原三木男歸日本序【庚戌秋】

無往不復。天地之造化。無動不靜。理數之功德。唯靜不動。唯復不往。安能見造化之功德哉。是故能往復能動靜然後。自有生成之妙歟。今藤原公。日域高門。東京貴族。志凌靑雲。能超滄溟之鵬程。氣切白業。可圖渤海之龜瑞。才兼神化。舌含妙德。機感相投。鴈路自闢。時緣旣熟。龍門可期。隆熙三年一月八日。乘傳而至本校。本月十日設奠而開學宴。慧鋒揮時。盲者得光。利舌搖處。聾者自聰。使阿蒙括目而陞座。或魯鈍側耳而出席。卒當休夏。俄聞歸國之請。克服臨行。更寫惜別之句。唯冀貴公。身騰鵬路。挾扶搖而得達本第。足跨龍舸。駕鐵輪而安到實地。往旣無難。復何不易。風輪在彼。誰畏層嶺疊巒之陸程。滊船自泛。不憚蛟浪鯨波之海門。如是往復。能解渴仰之情。知是動靜。速設經濟之方。

종무원이 조동종에 붙는다는 소식을 듣고 스스로 반대하는 설을 쓰다【신해년(1911) 겨울】752

진나라 역사에 이르길, 천하의 병기를 거두어 녹여서 종(鍾鑛)을 만들고, 백가百家753의 책들을 모아 불태워 잿더미로 만들었다고 한다. 여呂를 영嬴으로 바꾸고754 스스로 시황제始皇帝라고 칭한 이는 진나라 왕 정政755이다. 강동江東 자제 8천 인을 이끌고 강을 건너 서쪽으로 가서 의제義帝를 상강湘江에서 시해하고 스스로 초패왕楚伯王이라 칭한 것은 항적項籍이다. 지금 국내 승려들의 동산動産을 거두어 종무원756을 설치하고 사찰의 부동산을 기록하여 모아서 문구文具로 삼아 풍속을 바꾼다고 하며, 도총무都摠務라 칭하는 이는 김현암金玄庵757이다. 조선 승려 6천 인을 대신하여 강을 건너 동쪽으로 가서 조동종에 임제종을 부속시키고 대종정大宗正이라 칭하는 이는 이회광李晦光758이다.

정 같은 영웅도 2대에 사직이 끊어지고 용맹한 장수 항적도 눈앞에서 천하를 잃었거늘 하물며 김씨의 영웅다움은 진나라 정에 못 미치고 이씨의 용맹 또한 항적에게 미치지 못하니, 정처럼 제사가 끊어지길 바라지 않고 항적처럼 나라를 잃지 않으려 한들 가능하겠는가. 의제義帝를 시해한 죄가 천하에 밝게 드러나 대역죄의 오명이 전역에 비릿하게 퍼졌다. 그래서 유방劉邦이 먼저 주창하여 삼하三河 사람들을 이끌고 하남河南 장수들을 일으켜 8년 동안 경쟁하여 천하 대적을 드러내어 무찌르니, 역사가가 이르길 명분이 바르고 이치가 순조롭다고 하였다.

이제 임제종의 적통이 인도와 중국으로부터 와서 2천 년 동안 대대로 이어졌거늘 감히 자신이 조동종 지파에 팔아 속하게 하고, 스스로 종무에 힘쓰고 가르침을 펼치며 사찰을 보호하고 승려를 보호한다고 한다. 종무에 힘쓴다고 했는데 어찌 반드시 종파를 바꾸어야 하는가. 원래 동일한 불조佛祖의 종교이거늘 어찌 특별히 본래 종파를 바꾸어 지엽적인 가르침을 펼치는가. 미혹됨이 심하다. 서울의 위세를 믿고 정치의 위협적인 권리에 기대어 진나라와 항적의 대역을 지으니, 소리를 삼키고 이빨을 머금고자 해도 격절한 정성을 이기지 못해 의로운 진열을 스스로 일으키노라.

우러러 바라건대, 석덕碩德은 모두 헤아리시어 이 전남 한 골짜기로 하여금 그냥 두어 관할하지 않게 하고, 해외 동포께서도 대역의 구덩이에 빠지지 않기를 기대합니다. 천만 공경히 바라나이다.

聞宗務院付屬曹洞宗自題反對說【辛亥冬】·

秦史云。收天下兵。銷爲鍾鐻。會百家書。焚爲土塊。以呂易嬴。自稱始皇帝者。秦王政是也。舉江東子弟八千人渡江而西。弒義帝於湘江。自稱楚伯王者。項籍是也。今收國內僧侶之動産。設爲宗院。籍寺利不動之産。聚爲文具。以風易俗。稱爲都摠務者。金玄庵是也代朝鮮僧侶六千人。渡江而東。附臨濟於曹洞。稱爲大宗正者。李晦光是也。以其政之英雄。二世絶社稷。籍之勇將。目下失天下。況金雄不及秦政。李勇亦不及項籍。雖欲無政之絶祀。籍之失國。安可得乎。以其弒帝之罪。昭著於天下。大逆之名。腥布於域中。劉邦首倡。舉三河之士。起河南之將。八年競爭。現戮天下之大賊。史氏之所謂名正義順。今以臨濟嫡脉。自來竺華。二千年之久歷代嫡宗。敢自販屬於曹洞枝派。自稱務宗布敎。保寺護僧。旣曰務宗。何必易宗可乎。原是一佛祖宗敎。何特易本宗而布枝敎也。甚之惑矣。能恃京洛之威勢。竊憑政治之脅權。忽作秦項之大逆。擬欲吞聲含齒。不勝激切血誠。自倡陳列之義擧。仰冀碩德。僉垂照亮。俾此全南一曲。置之不管。至於海外同胞。期不入大逆之坑。千萬敬要。

『선문증정록』을 인쇄하기 위해 베껴 쓰고 난 후의 발문 【계축년(1913) 3월】

선禪이란 부처님의 마음이다. 마음이란 사람의 본성(性)이다. 이것을 깨달으면 부처님이 되고, 이것에 미혹하면 사람이 된다. 미혹과 깨달음이 다르지만 마음과 본성은 하나다. 석가세존께서 이것을 가섭迦葉에게 전하시고 이름을 '정법안장正法眼藏'[759]이라 하였고, 달마는 이것을 혜가慧可에게 전하고 이름을 '제불법인諸佛法印'이라 하였다. 이 또한 이름은 다르나 실체는 하나다. 육조六祖(혜능) 이후 다섯 분파로 나뉘어 전하는데 그 적통을 이은 것이 '임제臨濟'이니, 임제는 선문禪門 삼구三句[760]의 비조이다. 도처의 중생(兒孫)들이 이 삼구를 가지고 염롱拈弄[761]하지 않음이 없다. 해동의 후학이 염송拈頌을 모으거나[762] 설화說話를 찬술하니,[763] 이것은 종파를 뛰어넘은 특별한 안목을 지닌 이들이 아님이 없다.

조계산은 바다 밖 편벽된 곳인데 우담優曇[764] 선사가 있어, 그 종지를 얻고 안목에 통달하여, 조선의 안목 있는 이들을 자못 놀라게 했다. 가르침의 바다(敎海)에서 칼을 놀리고 선유禪乳의 맛을 완상하며 은밀한 뜻을 찾으니 완연히 한 잔의 과일즙 같고, 잘못된 부분을 증명하니 원효와 의상에 비견할 만하다. 이에 선종禪宗의 문단을 섭렵하여 삼전이선三傳二禪의 죽이고 살리는 문구[765] 등의 말을 채집하였고, 간혹 별도로 해석하여 새롭게 듣는 것도 있다. 조사의 글과 옛 해석을 인용하여 변증하기도 해서, 근원을 맑게 하고 이름을 바르게 하니, 비유하여 극에 이르게 하고 근본을 찾아 통달하게 한다. 원래의 기록이 해석들과 함께 꼭 들어맞아, 선문의 명칭과 비유의 본말, 불조의 전수한 원류들이 환하게 눈앞에 보이게 되었으니 가히 선학禪學의 보감寶鑑이라 하겠다.

이것이 혹시 사라질까 봐 걱정되어 문재門財(문파의 재물)를 사용하여 인쇄해서 공적으로 보고 들을 수 있게 한다. 여러 대덕들께서는 부처님 마음과 사람의 본성을 특별히 증명하시고, 이로 말미암아 천겁千劫 후에도 사라지지 않기를 바란다.

禪門證正錄印刷次書寫後跋【癸丑三月日】

禪者。佛之心。心者。人之性。悟此之爲佛。迷此之爲人。迷悟雖殊。心性一也。釋尊以是而傳之迦葉。其名曰正法眼藏。達摩以是而傳之慧可。其名曰諸佛法印。此亦名異而體一也。六祖以下五派分傳。而其嫡傳者曰臨濟。臨濟卽禪門三句之鼻祖也。遍地兒孫。莫不由此三句而拈弄。海東後學。或集拈頌。或撰說話。此莫非超宗異目之徒也。曹溪卽海外偏方。有優曇禪師。得其宗。達其目者。頗駭域中之眼目。而游刃於敎海。玩味於禪乳。探隱搜密。完如杯汁。理亂證誤。比肩曉湘。爰涉禪宗文苑。採集三傳二禪殺活文句等語。或有別解新聞者。便引祖文古釋。而卞正之。使其源而淸之。名而正之。喩而極之。本而達之。與其元錄釋錄。若合符契。禪門之名喩本末。佛祖之傳授源流。昭然在目。可謂禪學之寶鑑也。恐或泯其烏有。費門財而印刷。以公見聞。唯諸方大德。特證乎佛心人性。賴此而不滅於千刼之下云尒。

보살계를 받는 첩

　삼업三業[766]은 본래 청정하나 외경外境 때문에 아울러 일어나고, 칠중七衆[767]은 원래 공한데 내심內心을 잊어 함께 나열된다. 원래 공하니 필시 지위 계급이 없고, 본래 청정하니 어찌 감응하는 기연機緣이 있겠는가. 중생과 부처는 근원이 동일하고, 사물과 나 또한 같은 것이다. 그러나 범인을 녹여 성인으로 단련하는 데는 선정과 지혜가 으뜸이 되고, 선정으로 인해 지혜를 발현하는 데는 계율(戒法)이 최고다. 그래서 세존께서 방편의 빗장을 크게 여시고 평등한 법문을 널리 설하실 때 비구의 사분율四分律을 친히 만드시고 보살의 범망계梵網戒를 특별히 선포하셨다. 인因이 과해果海를 갖춤은 연꽃이 곧 열매(果)인 것과 같고, 과果가 인원因源에 통함은 암마菴摩[768]가 인因을 닮음과 같다.

　보살계를 받는 것은 곧 제불諸佛의 지위에 들어가는 것이다. 33대에 전하여 등불과 등불이 서로 불타고 다섯 분파로 나뉘어 정병과 정병이 서로 부어 주었는데, 해동 총림叢林에 이르러서는 매달린 실처럼 은미한 비결만 지키고 있었다. 이에 대은 율사大隱律師[769]가 광명의 계상戒相을 간절히 구하니 동방의 계림戒林이 초의草衣[770]에게서 향기로워지고, 접역鰈域(조선)의 선파禪波가 범해梵海[771]에게서 거듭 맑아졌다. 세 단의 계戒를 펼치니 삼업이 절로 맑아지고, 칠차죄七遮罪[772]를 제압하니 칠중이 함께 조복한다.

　이제 아무개 사찰 금강계단에서 계율에 따라 결계하고 보배로운 계를 펼치니, 안으로 제자 아무개 등은 본 단壇에 참여하여 3단의 보살대계를 받는다. 바라건대 대덕들은 스스로 큰 계를 받아 여법如法하게 행지行持하고 되풀이하여 교화하고 인도하여 대승 계율의 힘을 받아 현생에 보살위에 오르고 앞으로 불과佛果를 이루시라.

　모년 모월 모일.

受菩薩戒牒•

三業本淨。因外境而並興。七衆元空。忘內心而齊列。元空兮。必無地位階級。本淨兮。安有機緣感應。生佛以之同源。物我亦是一則。然而鎔凡鍛聖。定慧居首。因定發慧。戒法爲最。所以世尊大開方便之關鍵。普說平等之法門。親制四分比丘之儀。特宣梵網菩薩之戒。因該果海。猶蓮花之卽果。果徹因源。如菴摩之修因。受菩薩戒者。卽入諸佛位。傳之卅三。燈燈相燃。分之五派。瓶瓶相注。至于海東叢林。只守懸絲之隱識。爰有大隱律師。懇乞光明之戒相。東方戒林。芬芳於草衣。鰈域禪波。重淸於梵海。演三壇戒。而三業自淨。制七遮罪。而七衆并調。今於某寺金剛戒壇。依律結界。開演寶戒。內有弟子某人云云叅于本壇。仍受三壇菩薩大戒。願諸大德。自受大戒。如法行持。展轉化導。以受大乘戒力。現登菩薩位。當成佛果者云云。年月日云云。

벌목 축문 【2월 6일】

 숲을 주관하는 신중神衆과 나무에 붙은 정령과 오행五行의 제령諸靈들은 각기 신이를 내어 이 정성(丹誠)을 비추소서. 큰 건물을 중창하기 위해 재목(杞材)을 사용하려고 큰 소나무와 울창한 나무들을 베어 내야 하므로 소청召請을 폅니다. 따로 늙은 회나무를 정하고 향기로운 양식을 특별히 마련하여 여기에 봉안하니, 한 대청에 구름처럼 모여 이 음식을 흠향하소서.

 오직 이 한 장소는 온갖 장애가 소멸하고, 우리 사찰에는 많은 복을 내리소서. 귀신이 붙들고 보호하여 거창한 일을 잘 이루게 하시고, 오행의 신명들은 편히 머물러 움직이지 마소서. 여러 음식을 엄숙히 갖추고 삼가 맑은 술을 드리며 엎드려 바라건대 흠향하소서.

伐木祝文【二月六日】・[1]

主林神衆。附木精靈。兼及五行諸靈等衆。各放神異。照斯丹誠。重刱大廈。爰庸杞材。長松鬱木。无不斫伐。故伸召請。別之老檜。特設香粻。奉安于玆。雲會一堂。赴欽斯奠。唯此一局。百障滅殄。唯吾一寺。萬祥幅注。神護鬼扶。善就巨創。五行神祇安住勿動。嚴備庶羞。謹以淸酌。伏唯尙饗。

---

1) ㉮ 현재 동국대학교 도서관에 소장되어 있는『茶松文稿』영인본은「伐木祝文」부터「枕溪樓重修大施主小記」마지막 부분까지 2면이 앞쪽에 있는「冥府殿契案序」의 '猶請照' 다음에 잘못 수록되어 있다. 그래서「冥府殿契案序」는 중간이 끊기고 두 면을 지나가서 글이 연결되는 형국이다.

건물 부수는 축문【2월 5일】

 구름 속으로 솟은 누각과 큰 신이 있는 가람伽藍(사찰)이 불상을 보호하고 탑을 보호하며 계를 보호하고 사람을 보호하는데, 세월을 여러 번 지나니 겁파劫波에 먼지가 날려 가옥은 늙고 사물은 무너졌습니다. 그러니 반드시 인연을 빌려 바꾸는 것이 도리이므로 옛것을 바꾸어 새 것을 따르려 합니다. 그래서 곡일穀日[773]을 가리고 정결한 이웃을 별도로 택하여 존령尊靈을 옮기고자 하오니, 분노하지 말고 평상에 편히 계시옵소서.
 정성껏 음식(糜粻)을 정결히 마련하오니, 이 정단淨壇(제단)에 강림하시어 흠향하소서. 우리가 짓는 일에 상서로움을 내리시고 장애를 소멸해 주소서. 우리 일꾼들에게 경사가 많고 재앙은 없게 하소서. 삼가 몇 가지 음식을 드리오니 엎드려 바라건대 흠향(尙饗)하소서.

破屋祝文【二月五日】

樓閣雲中。伽藍大神。護佚護塔。護戒護人。累經星霜。刼波飛塵。屋老物壞。必假因緣。易之爲道。改舊從新。故差穀日。別擇淨隣。移運尊靈。勿怒安床。庸諸丹衷。精備糜粻。降此淨壇。俯賜欽享。唯我創事。降祥消障。唯我軍額。多慶無殃。謹以庶羞。伏唯尙饗。

제운[774] 화상의 문계 서문

　엎드려 듣자니, 물에는 파도 없는 물이 없고, 가지에는 뿌리 없는 가지가 없다고 한다. 싹을 잡아 뿌리를 알고, 흐름을 거슬러 갈래를 얻게 된다. 이로 말미암아 구담씨瞿曇氏[775]가 자리를 나눔에 음광飮光(가섭)이 천축竺天(인도)의 뿌리가 되고 언우자鼹齬子(달마)가 강을 건넘에 혜가惠可가 월방月邦(중국)[776]의 갈래가 된다. 여섯 대에 홀로 전하여 정병으로 정병에 부어 석실石室[777]에서 기방箕邦(조선)의 물결을 전하였고, 다섯 갈래로 나뉘니 등불로 등불을 이어 보우普愚가 신주神州[778]의 횃불을 이었다. 태고太古(보우)가 5세世 때 한 그루 부용芙蓉(영관靈觀)이 청허淸虛와 부휴浮休의 방당方塘[779]을 덮어 주었고, 부휴가 6세 때 열 길 풍암楓岩(세찰世察)이 묵암默庵[780]과 벽담碧潭[781]의 둥근 정수리에 우뚝 빼어났다. 모두 법에 대한 견해가 고명하고 지혜의 눈이 밝았다.
　이 제운 화상은 벽당碧堂(벽담)의 사형이요 묵사默師(묵암)의 사제로서 법부法父의 무딘 도끼鈍斧를 가지고 가풍을 다스리고, 형제의 집게와 망치에 기대어 소굴(窠窟, 집착)을 깨뜨렸다. 그래서 겁우刼雨가 복숭아 들판에서 개니 교룡과 고래의 검은 구슬(驪珠)이 빛나고, 자애로운 구름이 소나무 고개에 퍼지니 뭇 범과 사자·봉황 같은 영웅이 고무된다. 한 구름이 빽빽이 퍼지니 문정門庭이 융성하고, 만물을 두루 적시니 후손(法胤)들이 혁혁하다. 돈독하게 결사結社하여 무념無念의 가르침을 일으키고, 동전 모아 계 만들어(修契) 조사를 닮은 덕을 송축한다. 스승과 제자 및 동문형제 간에 가지마다 뽕나무 밭(桑田)에서 꽃을 피우고, 형제와 조카 및 손자들이 물결마다 접수鰈水(조선)에서 깊고 깊도다.
　아아, 일은 이미 십 년을 경과하였는데 문장은 한마디도 이루지 못했다. 그래서 굳이 청하는 탓에 끈질기게 사양하니 철주掣肘[782]한 듯한 글씨가 부끄럽고, 사양하지 못해 붓을 적시니 썩은 붓이 부끄럽다.

霽雲和尙門禊序

伏聞水無無派之水。枝無無根之枝。攀苗而識根。沂流而得派。由是瞿曇氏分座。飮光爲竺天之根。鱍齝子渡江。惠可作月邦之派。六代單傳。以瓶注瓶。石室傳箕邦之波。五派分流。以燈燃燈。普愚續神州之炬。太古五世一樹芙蓉。覆蔭於淸虛浮休之方塘。浮休六傳十丈楓岩。挺特於默庵碧潭之圓頂。盡是法見高峻。智眼朗明。唯此霽雲和上。碧堂之兄。默師之弟。將法父之鈯斧。葺理家風。憑兄弟之鉗鎚。撞破窠窟。所以趵雨霽於桃野。蛟龍鯨魚之驪珠璿芳。慈雲布於松岑。衆虎獅鳳之英傑鼓舞。一雲密布。門庭隆隆。萬物普沾。法胤赫赫。結社篤睦。爰起無念之訓。修契聚銅。載頌克肖之德。師資叔伯。枝枝敷榮於桑田。兄弟侄孫。波波淵深於鰈水。嗚呼。事已經於十載。文未成於一言。因固請而膠讓。書慚掣肘。辭不獲而染翰。詞忢腐毫。

침계루를 중수하는 데 크게 시주한 이에 대한 작은 기록【7월 7일】

단씨檀氏(시주)가 보시하여 황금 밭에 복을 심는 것은 시기의 적막適莫[783]에 따르니 왜 그러한가. 인연의 있고 없음이 매여 있기 때문이다. 인연 없이도 열심히 구하는 것은 법중왕法中王이요 인연 있어도 더욱 아끼는 것은 수전노이다. 세상에는 인연 없이 열심히 구하는 이가 몇 사람 되지 않는다.

지금 하동 고동골(螺洞)에 사는 한씨韓氏는 방장方丈(지리산)으로부터 인연을 만나 보시하고 싶었으나 인연의 시기가 맞지 않았다. 이 산에 옮겨 왔는데 마침 이 누각을 중수하게 되니 저절로 기쁘게 보시하였다. 가히 "마침 온 것은 선생께서 때를 만남이다.(適來夫子時)"[784]라고 할 만하다. 저 수전노에 비교하면 차이가 또한 얼마만 한가. 이러한 까닭에 인연 없이 열심히 구하는 이는 법중法中의 왕이라 한 것이다. 시주(檀氏)의 공적 같은 경우는 천 년 이어질 조계산(溪山)의 영원히 봄날인 송광松光[785]이리니 그저 여기 나열한다.

枕溪樓重修大施主小記【七月七日】

夫檀氏之捨施。種福於金田者。幹時之適莫。何也。蓋緣之有無。所以繫焉。無緣以勤求者。法中之王。有緣以彌慳者。守錢之虜也。世有無緣而勤求者。又幾人也。今河東之螺洞居韓氏。草自方丈。欲遇緣捨施。而緣時之不適也。轉到玆山。適斯樓之營建。油然而喜施。可謂適來夫子時。校彼守錢虜。相去又幾何。是故以[1]緣勤求者。法中之王也。若夫檀氏之功。千秋溪山。長春松光。只列于左。

---

1) ㈜ '以'는 '無'의 오자인 듯하다.

갑신조합 취지 서문 【임자년(1912) 10월 그믐】

재물이란 세계의 보물인데 안팎의 다름이 있으니 '사람'과 '사물'이다. 세계가 처음 나뉠 때에 맑아서 뜬 것은 하늘이고 탁해서 가라앉은 것은 땅이요 그 사이에 있는 것이 인물人物이다. 세계가 있고 인물이 없으면 빈 껍데기라 하겠고, 인물이 있으나 세계가 없으면 나체라 하겠다. 이렇게 보자면 세계가 보물로 삼는 것은 필시 사람과 사물이다. 사물 또한 사람이 없으면 그 보배 됨을 얻기 어렵다. 사람 또한 사물이 없으면 역시 그 보배 되기를 보존하기 어렵다. 사람과 사물의 보배 됨이 어찌 그저 그러하겠는가.

지금 조계산 법려法侶(도반)의 이 거사는 사물이 세계의 보배 됨을 일찍 알아서 동일한 나이(一甲)의 사람들을 조직하여 수십 전錢을 모아 그 이름을 '갑신조합'이라 하였다.

갑甲부터 계癸에 이르기까지 갑목甲木이 계수癸水의 윤택함을 얻고, 신申에서 사巳까지 신금申金이 사화巳火의 단련을 만나니, 윤택하면 만물이 자연히 자라나 성숙하고 단련하면 여러 마음이 반드시 모여서 결실을 맺는다. 원금과 이자(子母)가 같이 증식하니 넘실대는 화천貨泉[786]에서 목욕하길 기대하고, 형제가 서로 양보하니 부드러운(習習) 독풍篤風[787]을 볼 수 있다. 인물이 함께 번성하여 안팎이 도우니, 그러면 세계의 이른바 보배라는 것은 인물이 아니면 무엇인가. 인물의 이름이라는 것은 재보財寶가 아니면 무엇인가. 그대들은 각기 보배를 보배로 여기고 각기 앎을 알아서 세계에 우뚝 서서 빈 껍데기가 되지 말게 할지어다.

甲申組合趣旨序【壬子十月晦日】

財者。世界之寶。而有內外之異。曰人與物也。世界之肇判。淸而浮者。天。濁而沈者。地。間於中者。人物也。有世界而無人物。可謂空殼。有人物而無世界。可謂裸形。以是觀之。世界之所以爲寶者。必人與物也。物亦無人。難得其爲寶也。人亦無物。亦難得乎保其爲寶也。人與物之所爲寶者。豈徒然哉。今曹溪法侶之是擧也。早知物之爲世界之寶也。組一甲之人。合十數之錢。其名曰甲申組合也。自甲至癸。甲木得癸水之閏澤。自申至巳。申金逢巳火之鍛鍊。潤澤則萬物自然長養而成熟。鍛鍊則衆心必也團體而結果。子母幷殂[1] 期沐貨泉之滔滔。弟兄相讓。庶見篤風之習習。人物俱盛。內外相藉。然則世界之所謂寶者。非人物而誰也。人物之所爲名者。非財寶而何也。唯諸君。各寶其寶。各知其知。立於世界。而毋使空殼也夫。

---

1) ㉮ '殂'는 '殖'의 오기인 듯하다.

애동계 서문

 널리 사랑함을 인仁이라 하고, 크게 같음을 의義라 한다. 인의에 도달하게 하는 것을 자선이라 한다. 이것을 투구와 갑옷으로 삼은 것은 불교요 이것으로 실행하는 것은 유교이다. 인간(生民)이 세상에 드러난 이후로 두 성인의 큰 도를 배우지 않은 적이 없었는데, 그렇게 도달할 수 있는 자가 혹 있고, 배워도 도달하지 못하는 자도 또 있다. 도달하거나 못하는 것은 근기의 깊고 얕음에 있지, 도의 멀고 가까움에 있지 않은 것은 분명하고 명확하다. 지금 '애동愛同'이라는 것은 널리 사랑하고 크게 같다는 것이다. 인의의 넓음은 법계를 두루 하여 미치지 못하는 곳이 없고, 자선의 큼은 허공(空界)과 같아서 도달하지 못하는 곳이 없다. 모든 세계와 빈 허공이 사랑의 범위가 되니 불교와 유교를 논하지 않는다. 애동의 형제들은 개인의 실행에 있어서 자선 아님이 없고, 투구와 갑옷 또한 자선 아님이 없다. 자선을 일제히 동포의 마음으로 삼으면 누가 경애하여 화동和同하지 않겠는가. 마음이 이미 자선하면 인의의 도는 저절로 전 세계에 일어나리니, 대동 박애의 형제들을 볼 수 있으리라.

愛同契序

博愛之謂仁。大同之謂義也。仁義之所以到達之爲之慈善。以是而胄甲者。佛也。以是而行履者。儒也。自生民之現於世。未有不學於二聖之大道。而然而能逮者或有之。學而未逮者亦有之。逮之能否。在乎根之淺深。不在道之遐邇者。章章明矣。今之愛同者。博而愛之。大而同之。仁義之所博。徧法界而無所不到。慈善之所大。等空界而無所不達。渾世界虛空界。爲愛之範圍。不論佛儒。爲愛同之昆季。以其個人之行履也。無非慈善。胄甲也。亦莫非慈善也。以慈善一齊。爲同胞之心。則誰無敬愛而和同哉。心旣慈善。則仁義之道油然。而興全世界。庶見大同博愛之兄弟也夫。

장경전 유리 창문을 새로 만드는 기문【계축년(1913) 7월 15일】

우리 석사자釋獅子[788]의 기원정사祇桓精舍는 수달須達 장자長者가 황금을 희사하여 창설한 것이고, 미륵존의 선주누각善住樓閣은 뇌도발제牢度跋提가 마니摩尼로 세운 것이다.[789] 혹은 티끌재물(塵財)을 내고 혹은 법력法力에 의지하였으니, 이는 불교를 도와 법을 드날리려는 큰 원력願力에서 흘러나온 것이 아님이 없다.

지금 산사의 석덕碩德(고승) 한붕漢朋[790] 선사는 심우心友의 선善한 싹과 붕사鵬師의 미묘한 말을 인연으로 하여 재물을 특별히 허락하고 법력을 크게 움직이니, 다섯 쌍의 유리 창문에 거의 60원圓을 들여 환하게 일신하였다. 그리하여 삼장三藏의 용루龍樓와 보각寶閣이 거듭 드러나고 삼보 종찰의 장엄함이 최고를 표방하게 되었다.

아아, 여래의 응화應化[791]가 2,940년이요 경전이 보관된 지가 145년이다. 발원하여 문을 수리하는 믿음의 힘이 있을지 누가 알았으리오? 이전의 수달 장자와 뇌도발제가 다시 온 것인가, 도솔천과 기원정사에서 출현한 것인가. 훗날 개안開眼[792]하면 박수 치며 웃지 않겠는가.

藏經殿琉璃窓門新造記【癸丑七月十五日】

唯我釋獅子祇桓精舍。須達長者。擲黃金而剏設。彌勒尊善住樓閣。牢度跋提傾摩尼而建修。或出塵財。或賴法力。是莫非助佛闡法大願力中流出也。今山之碩德漢朋禪師。因心友之善芽。緣鵬師之妙談。特許塵財。宏運法力。五雙之琉璃帳門。近費六十圓。而煥然一新。三藏之龍樓寶閣重現。三宗刹之莊嚴甲榜。嘻嘻。如來應化也。二九四十年。經卷藏鎭也。一十五六歲。誰知有發願修門之信力哉。或前須達牢度之重來耶。或從兜率祇桓而出現耶。他日開眼。無乃搏笑也否。

환선정[793] 불상 봉안식 취지서 【계축년(1913) 10월 2일】

법신法身은 형상이 없으나 중생을 위해 형상을 드러내셨고, 진리는 말이 없으나 방편으로 말을 펼쳤다. 말은 진리를 빌려야 펼쳐지니, 말마다 진여와 일미一味이고, 형상은 법으로 인해 드러나니 형상마다 법성法性과 동체이다. 동체이니 형상이 곧 형상 없음이요, 일미이니 말이 또한 말 없음이다. 그래서 경전에 이르길, 만약 색으로 보고 소리로 구하면 부처를 볼 수 없다고 하였다. 색과 형상, 소리와 말로 진정한 형상을 보고자 하면 겁을 다하도록 보기 어렵다. 사위성舍衛城의 목상木像[794]이 어찌 진정한 형체이겠는가? 우전왕(于闐)이 임시로 베푼 것이다. 비야毘耶가 말을 안 한 것이 어찌 실제 일이겠는가? 문수를 기다려 비로소 말한 것이다. 기회를 기다려 형상을 드러내니 달이 1천 강에 비침과 같고, 인연에 응하여 말을 하니 천둥이 만국에 진동함과 같다.

지금 봉안하는 것은 형상 없는데 형상을 드러냄이요, 말 없는데 말을 함이다. 그 형상은 32가지 상호[795]를 모두 갖추었고 그 말은 49년 동안의 파란이 광활하다. 그 진정한 형상을 보면 신통한 천안天眼을 반드시 얻고, 그 지극한 말을 들으면 지혜로운 천이天耳를 결정코 증득하게 된다. 우러러 바라노니, 선남善男과 신녀信女들은 경전에서 말씀한 대로 색과 형상 바깥에서 참된 부처를 보고, 소리와 말 바깥에서 지극한 말을 들어야 한다.

다만 지금의 경사(慶幸)는 시절 인연이 도래한 것으로 봄에 꽃나무가 피는 것과 크게 같고, 운때(運機)가 펼쳐진 것으로 조수가 바다로 나아감과 동일하다. 이는 자연스레 그렇게 되지 않음이 없으니 누가 감히 억지로 하고자 해서 하는 것이겠는가. 우둔한 이가 지혜로운 이가 됨에 반드시 소리와 말을 빌려 참을 증명할 것이요, 범인이 성인이 됨에 어찌 형상을 보고 법을 깨닫는 데 방해되리오. 그렇다면 노란 꽃과 푸른 대나무는 법신의 진실한 형상 아님이 없고, 앵무새 소리와 제비 소리가 지극한 이치와 오묘한 말 아님이 없다. 아하하, 이것이 무엇인가.

喚仙亭佛奉安式趣旨書【癸丑十月二日】

法身無相。爲衆生而現相。眞理無言。因方便而宣言。言必藉眞而宣。言言眞如一味。相乃因法而現。相相法性同體。同體則相卽無相。一味則言亦無言。故經云。若以色見聲求。不能見佛。蓋以色相聲言。欲見眞像。窮刦難能。所以舍衛木像。豈是眞形。乃于闐之權設。毘耶杜言。豈是實事。待文殊而方說。待機現相。如月印千江。應緣發言。似雷動萬國。今之奉安也。卽無相而現相乃無言而發言。其相也。三十二相之殊好具足。其言也。四十九年之波瀾浩瀚見其眞相。則必得天眼之神通。聞其至言。則決證天耳之聰智。仰翼善男信女如經所說。見眞佛於色相之表。聽至言於聲言之外。但今之慶幸。時緣所到大同春行花木。運機所發。一似潮進海門。是莫不自然而然矣。孰能敢强爲而爲哉。變愚成智。必假聲言而證眞。革凡作聖。何妨見相而得法。然則黃花翠竹。無非法身眞相。鶯音燕語。莫不至理妙言。阿訶訶是甚摩。

관세음보살께 드리는 기도문【본경전에 7일 상공[796]】

시방十方의 도사導師[797]이자 사생四生의 자애로운 아버지요 광대하고 영험하게 감응하시는 관세음보살께 우러러 아룁니다. 원통圓通[798]의 문을 열고 큰 서원을 펼치고 특별히 자비를 하사하여 밝은 살핌을 내리소서.

지금 이 아무개 보체保體[799]는 다행히 불법을 만났으나 도심道心에 물들지 못하고 안팎의 경전에 대해 뜻을 깨우치지 못하여 그저 공문空門에 들어 혹시 헛되이 죽을까 염려하여, 마음을 씻고 피눈물을 흘리며 머리를 조아려 정성을 바칩니다. 오직 바라건대 대성大聖께서 원통의 넓은 문(普門)으로 특별히 가피를 내리시고 밝은 빛을 펼치시어 내 심신을 비추소서. 감로수 병을 기울여 나의 정수리에 부으셔서 여러 세대의 원망을 씻어 버리고, 천생千生의 죄업을 세척하시어 심신이 청정하게 마장을 소거하소서. 낮이나 밤이나 신통이 밝게 펼쳐지고 앉으나 누우나 지혜가 총명하여, 일체 경서를 자연스레 기억하고 일체 이치(義理)를 자연스레 깨달아 큰 변재辯才(말솜씨)를 얻고 큰 지혜를 통하며, 긴 수명을 얻고 영원한 안락을 누리게 하소서. 참선하고 도를 배움에 마장이 없어, 무생인無生忍[800]을 깨닫고 유루업有漏業[801]을 뽑아 버려 사은四恩[802]에 모두 보답하고 삼유三有[803]를 고루 구제하여 법계 중생과 함께 지혜를 심기를 바랍니다.

祈觀世音菩薩文【本經殿七日上供】

仰啓十方導師。四生慈父。廣大靈感觀世音菩薩。開圓通門。發大誓願。特賜慈悲。許垂朗鑑。今此某人保體。幸遇佛法。不染道心。內外經書。章句未曉。徒入空門。恐或浪死。洗心泣血。稽首投誠。唯願大聖。圓通普門。特賜加被。放光明燭。照我身心。傾甘露瓶。灌我頂門。蕩除累世怨債。洗滌千生罪業。身心淸淨。魔障消除。晝夜之間。神通朗發。坐臥之際。智慧聰明。一切經書。自然記憶。一切義理。自然明曉。得大辯才。通大智慧。得長壽命。

享永安樂。叅禪學道。無諸魔障。悟無生忍。拔有漏業。四恩摠報。三有齊拔。法界衆生。同願種智。

청운 화상의 학계안 서문 [관음사에서]

공손히 생각건대, 부처와 조사가 주고받은 대의(大節)는 총림(叢木)의 방에서 자못 들었고, 스승과 제자가 전승한 동일한 풍모는 내수樑樹의 정원[804]에 이미 기원을 두고 있습니다. 특별한 일구一句는 석가세존의 아름다운 법식이고, 속수束脩 오정五釘[805]은 공자가 남긴 규모이니, 내실을 인하여 밖으로 드러나고 정성이 쌓여 말을 하게 됩니다.

이제 청운 강백靑雲講伯은 덕의 뿌리를 이전에 심으셨으니 덕산德山의 아름다운 지경에 가지가 무성하고, 영험한 새싹이 현재 돋아나니 관음사의 학림學林에 기운이 모입니다. 주고받음에 근원을 얻으니 멀리 월조月祖[806]의 심인心印[807]을 잇고, 전승함에 근본이 있으니 가까이 진옹震翁[808]의 교강教綱을 앗을 만합니다. 지혜가 담무참曇無讖과 축법란竺法蘭[809]보다 넓어 오교五教[810]의 법수法水에 가르침이 융화되고, 재주가 도안道安과 혜원慧遠[811]을 뛰어넘어 삼승三乘의 빼어난 수레에 올라탔습니다. 혜철국사慧徹國師[812]의 도량에서 용의 발우를 얻어 청운의 깃발을 세웠고, 대화엄의 법계에서 코끼리 주미(麈麈)를 휘두르며 백마가 싣고 온 경전[813]을 문드러지게 맛보았습니다. 흐름을 거슬러 근원을 찾으니 임제臨濟는 40세 비조가 되고, 뿌리를 인하여 싹을 얻으니 청허淸虛의 16대 적손이 됩니다. 띠풀을 잡아 머리를 덮어[814] 지혜로운 앎으로 선동하고, 도끼를 세워 안막을 제거하여 지혜로운 힘을 드날립니다. 또한 일과 이치(事理)를 겸행하니 그 행동이 방편(權)과 진실을 겸하고, 자비와 엄격함을 아울러 거행하니 그 거행함이 맹렬하고 위엄 있었습니다. 번뇌(迷津)에서 법륜을 굴리니 종이 치기를 기다리고 거울처럼 피로를 잊고 물리지 않으며, 글방(黌海)에서 가르침의 그물을 펼치니 잉어가 용이 되고 곤어가 붕새 되어 스스로 옮아갔습니다. 개미가 사모하듯[815] 골짜기에 가득하고 산에 그윽하며, 매가 변화하듯[816] 깃을 펼쳐 오디를 먹었습니다.[817] 이로부터 청평靑萍과 결록結祿⁸¹⁸이 설설薛·변卞⁸¹⁹의 문하에서 가격을 정하고⁸²⁰ 녹이騄駬와 기기騏驥⁸²¹가 백락伯樂⁸²²의 구유에서 발을 움직였습니다. 풀을 뽑아 (길을 내어) 풍모를 우러르는⁸²³ 선비가 남쪽에서 오고 서쪽에서 오며, 양식을 싸들고 짚신 신고 오는 무리들이 동에서 오고 북에 이르렀습니다. 빈 채로 와서는 가득 채워 돌아가니⁸²⁴ 광산匡山에서 바늘을 정련하는⁸²⁵ 것처럼 빛을 갈고, 실로 가서 비단으로 돌아오니 서천西川의 비단 세탁에서⁸²⁶ 모양을 이룹니다. 그래서 이에 정수를 얻어 파초를 감싼 믿음은 신광神光 법사에게 듣고,⁸²⁷ 속수束脩⁸²⁸ 취부聚趺의 정성은 또한 공자의 제자들을 본받았습니다. 규모와 조직은 장운張雲 옹翁의 첫 기회에 넘쳐 감촉되고, 문서와 책은 김선金善 공公의 마름질에서 두루 성취되었습니다.⁸²⁹

나는 송석松石의 자갈이자 조계산(溪山)의 먼지 거품으로서,⁸³⁰ 재주는 보잘것없으나⁸³¹ 고상한 스승이 주고받는 대의(大節)를 공경히 송축하고, 문장은 저력樗櫟⁸³²과 같으나 많은 분들이 전승하는 동일한 풍모를 기쁘게 따릅니다. 그러나 석 자 길이의 입⁸³³이 없으니 오직 한마디 간절한 부탁만 당부합니다. 금석金石과 포백布帛과 곡식과 동철銅鐵은 규정(典章)의 외모일 뿐이요, 예악禮樂과 형정刑政을 막론하고 믿음과 경건함과 공경과 정성이 자선慈善의 내실이니, 굳이 바라건대 오직 같은 마음으로 힘쓰시길.

靑雲和尙學契案序【在觀音寺】

恭唯佛祖授受之大節。頗聞乎叢木之房。師子傳承之同風。旣源於棕樹之苑。特地一句。爰是釋尊之嘉模。束脩五釘。抑乃孔門之遺規。因內實而顯外。蘊衷誠而發言。爾今靑雲講伯。宿植德根。枝茂德山之勝界。現挺靈芽。氣鍾觀音之學林。受授得源。遠繼月祖之心印。傳承有本。近奪震翁之敎綱。智廓曇蘭。敎融五敎之法水。才超安遠。乘駸三乘之逸車。得龍鉢於徹國師之道場。爰建靑雲之幢。揮象塵於大華嚴之法界。爛嚼白馬之經。泝流討源。臨濟爲四十世之鼻祖。因根得苗。淸虛後十六代之嫡孫。把茅盖頭。智解以之扇動。堅錍括膜。慧力以之風揚。抑亦事理竝行。其行也。載權載實。慈嚴幷擧。其擧也。能猛能威。轉法輪於迷津。鍾待扣。鏡忘疲而不厭。張敎網於覺海。鯉成龍。鯤化鵬而自遷。蟻慕兮。彌谷而幽山。鷹化者。展翎而食棋。自是靑萍結祿。[1] 定價於薛卞之門。駸駬驦騏。動趾於伯樂之櫪。撥草櫛風之士。從南而從西。裹粮躃屩之徒。自東而自北。虛而往。實而復。磨光於匡山之鍊針。絲之歸。錦之還。成樣於西川之濯錦。故玆得髓裒蕉之信。或聞於神光法師。束脩聚跌之誠。亦倣乎孔門弟子。規矩組織。濫觸於張雲翁之初機。案帙成篇。周就乎金善公之裁剪。余卽松石瓦礫。溪山塵滙。才雖彫蟲。祗頌高師受授之大節。文同楞櫟。隨喜多士傳承之同風。然而雖無三尺之喙長。唯託一言之丁囑。金石布帛。穀米銅鐵。但典章之外模也。莫論禮樂刑政。信敬恭誠。唯慈善之內實。則固願唯諸同情。勉旃。

---

1) ㉠ '祿'은 '綠'의 오자이다.

대계첩 서문

엎드려 듣자니, 각황씨覺皇氏(부처) 금구金口의 진리 말씀(眞詮)과 목차木叉[834]의 떳떳한 가르침은 백겁 수행의 이전에 근원을 두고 온갖 꽃들이 떨어지는 즈음에 갈라지며, 상암象嵓 취령鷲嶺에서 흥성하고 녹원鹿園 용성龍城에서 넘쳐흘렀습니다. 진단震旦[835]의 주고받음을 돌이켜 보건대 기록은 문헌에 있고, 접역鰈域(조선)의 전하는 말을 고찰하건대 또한 상세합니다. 정관貞觀 17년(643)[836]에 자장 율사慈藏律師께서 오대산에서 문수보살을 친견하시고[837] 상원上元 3년에 진표 율사眞表律師께서 보안현普安縣에서 미륵불을 뵈었습니다.[838] 금강계단金剛戒壇[839] 그림을 받아 널리 중생을 구제하기도 하고, 옥게玉偈 대승계大乘戒를 받아 무궁하게 전파하기도 했습니다.[840]

그러나 세대가 흘러 성현이 멀어지니 우리 불교의 대계大戒는 거의 땅에 떨어져서 납자衲子(승려)들이 안타까워했습니다. 우리 순조대왕 26년 병술년(1826) 납일臘日[841]에 대은大隱 율사께서 칠불선원七佛禪院[842]의 종주가 되어서는 이 계법戒法이 퇴색함을 개탄하여 그 스승 금담金潭 선사와 서원을 세워 단壇을 세우고 불전에 계율을 빌었습니다. 그러자 7일 5경更(새벽)에 한 줄기 서광이 아방亞房[843] 전문殿門에 이르러 적시고 여러 향기와 상서로운 빛이 대은 율사의 정수리에 이어지니, 다함없는 계품戒品이 천둥을 귀에 댄 듯하였습니다. 이에 대은 율사가 이 일로 금담金潭 율사에게 전하고,[844] 금담 율사는 초의草衣 율사에게 전하고 초의 율사는 범해梵海 율사에게 전하고 범해 율사는 제게 전하였습니다. 병으로 병에 부으니 금구의 진리 말씀이 근원이 있어 마르지 않고, 등불로 등불을 사르니 목차木叉의 떳떳한 가르침은 전파됨이 무궁합니다.

이제 아무 곳 아무 사찰에서 계율에 따라 결계하여 보배로운 계戒를 열어 펼치니 안으로는 아무 나이의 제자 아무개가 본단本壇에 참여하여 대계를 공경히 받았습니다. 바라건대 대덕大德들께서는 이 계의 힘을 받아 보살위菩薩位를 현증現證하시고 불과佛果를 당래에 이루소서.

大戒牒序文

伏聞覺皇氏金口眞詮。木叉彝訓。源乎百刼修行之前。派乎千花謝退之際。汪洋於象崑鷲嶺。汗漫於鹿園龍城。稽震旦之受授。記在傳錄。考鰈域之傳說亦可詳也。貞觀十七年。慈藏律師親見文殊於五臺山。上元三載。眞表律師奉覲彌勒於普安縣。或受金剛戒壇圖。普濟有衆。或受玉偈大乘戒。傳布無窮。然而世降聖遠。吾佛大戒。幾墜乎地。衲子病焉。繄我純祖大王二十六年丙戌僧[1]臘日。大隱律師。爲七佛禪院宗主。慨此戒法之頹綱。與其師金潭禪師。立誓建壇。乞戒佛前。七日五更。一道祥光。亘灌於啞[2]房之殿門。衆香瑞色。貫注乎大隱之頂骨。無盡戒品。如雷灌耳。於是大隱律師。以是而傳之金潭律師。師傳之草衣律師。師傳之梵海律師。師傳之不佞。以瓶注瓶。金口眞詮。有源不渴。以燈燃燈。木叉彝訓。傳派無窮。今於某地某寺。依律結界。開演寶戒。內有弟子某人某齡。叅于本壇。欽受大戒。願諸大德。受此戒力。現證菩薩位。當成佛果者。

---

1) 역 '僧'은 연문衍文인 듯하다. 2) 역 '啞'는 '亞'의 오자인 듯하다.

해남군 두륜산 대흥사 청신암 중수기 [정사년(1917) 봄]

저 양의兩儀(천지) 사이의 삼라만상을 보건대 차고 비고 줄고 느는 가운데 이뤄지고 무너짐이 동일하다. 원림園林의 누관樓觀과 궁전宮殿으로 별처럼 늘어서 아름답게 보이는 것들은 그저 만물 가운데 개개의 사물이니 환주장엄幻住莊嚴[845] 가운데 어찌 일어서고 멸하지 않을 수 있겠는가.

이 사찰은 신라의 고승 아도阿度[846]께서 창건하였다. 거대하고 아름다운 모습이 흥하고 무너지고 창건하고 보수한 자취들은 중관中觀의 기記[847]와 다산茶山의 지誌[848]에 자세히 기록되어 있다. 맑은 물과 수려한 산의 사계절 변화하는 아름다운 감상은 중부옹中孚翁[849]과 환여수幻如叟[850]의 맑은 담론에서 얻을 수 있으니 어찌 쓸데없이 덧붙이겠는가.

사찰의 곤坤 방향(북쪽)이요 시내의 태兌 방향(서향)에 청신암이 있다. 현재 고찰해 볼 글이 없는데, 사찰과 동시에 이뤄지고 무너짐이 몇 번이나 되는가. 뒤로 노을 봉우리에 의지하고 구름 낀 시내를 굽어보니 십 리에 걸친 맑은 내가 세차게 흐르며 뜰을 두르고, 아홉 굽이 긴 폭포가 우렁찬 소리의 물방울로 앞을 막아선다. 일문日門[851]을 마주하면 정신이 확연히 맑아지니 이것이 청신암의 큰 광경인데, 암자가 오래도록 무너져 승려가 거처할 수 없으니 이 또한 줄고 느는 운수이런가. 암자에 주석하는 학운鶴雲 장로께서 평소 비증悲增[852]으로 권행權行하시는데 오직 이것을 걱정하셨다. 그래서 대중에게 의논하지 않고 손수 단문檀門(시주)을 모으고 인부를 불러 날을 가려 을묘년(靑兎, 1915) 맹춘(1월)에 일을 감독하고 같은 해 초여름에 삼태기 흙을 부었다.[853] '하루도 못 되어 경영하여 때에 맞추어 준공했다'[854]고 할 만하다. 본채가 우뚝하고 곁채는 날개를 펼친 듯하여 웅장하고 화려하게[855] 새로이 단장하였으니 환주장엄의 일대 광경이런가.

다음 해 정사년(1917) 봄에 학운의 법손 효순孝順이 내게 달려와 글을 구하기에 나는 다음과 같이 말하였다. "최상은 덕을 세움이요, 하늘 또한 말이 없다[856]는 것이 옛 성현께서 가르쳐 주신 감계이거늘, 선사께서는 어이하여 무앙수無央數[857]의 겁전劫田에 무상無相[858]의 정인淨因[859]을 심지 않고 천지간에 이뤄지고 무너짐을 피할 수 없는 것을 근심하여 풍속을 따라 중수重修하여, 이미 덕의 과반을 더럽히고서 또 환幻 중의 환을 구하는가?"

효순은 다음과 같이 말하였다. "덕이 없어지지 않음은 오직 말을 빌림이요, 말이 전해짐 또한 덕에 의지하여 드러납니다. 덕이라는 것은 말에 기대어야 없어지지 않으니, 누가 그렇지 않다고 하겠습니까."

나는 환 속에 없어지지 않는 덕이 말과 서로 의지한다는 말을 가상하게 여겨 일전어一轉語[860]로 다음과 같이 고한다.

무릇 맑음이란 탁함의 근원이요, 정신이란 마음의 앎이다. 오탁五濁[861]의 근원에서 맑게 하고 일심의 앎에서 정신을 밝게 하면 이른바 청신암이라는 환영의(幻住) 건물이 선사의 방촌方寸(마음)에서 찬란하리니, 어찌하여 애써 신체[862]를 수고로이 하겠는가. 힘쓸지어다.

海南郡頭崙山大興寺清神庵重修記【丁巳春】

觀彼兩儀間森羅物。同一成壞於盈縮消長之內。如園林樓觀宮殿之星羅綺錯者。只是萬數之若箇物也。安得不起滅於幻住莊嚴中耶。是寺也。卽羅代高僧阿度所剏也。宏傑巨麗之奇觀。興廢叛葺之盛蹟。詳說於中觀記茶山誌之神筆。水明山秀四時變態之勝賞。自得於中孚翁幻如曳之清談。何足贅也哉。寺之坤。溪之兌。有庵曰清神。現無文考。與寺同時興廢之幾度歟。却倚霞岑。俯壓雲澗。十里明川。激湍環除。九曲長瀑。錚淙鎖襟。顏對日門。廓清精神。是卽清神庵之大觀也。庵久壞頹。僧不堪居。此亦消長之一數耶。庵住鶴雲長老。素以悲增權行。唯是之憂。不謀衆而袖募檀門。招工差日。董役於靑兎孟春。覆簀乎同年初夏。可謂不日經營尅時竣功也。正堂兀然。廊廡翼[1]然。鳥革彙飛。奐然一新。抑乃幻住莊嚴之一奇觀歟。粵明年丁巳春。雲之孫孝順走余求文。余曰。太上立德。天亦無言。古聖之訓鑑。而師何不樹無相淨因於無央數刦田。憂其成壞之天地間所不能免者。循俗而重修之。已汚其德之過半也。又求諸幻中之幻乎。曰德之不朽。唯藉言。而言之所傳。亦賴德而現也。之德也。賴之言而不朽。則其誰曰不然也哉。余嘉其幻中不朽之德。言相藉之言以一轉語告之。夫清者濁之源。神者心之識也。澄淸乎五濁之源。明神乎一心之識。則所謂淸神庵之幻住樓觀。煥然於師之方寸。何勞肯綮[2]之營營爲也哉。唯勉旃。

1) ㉮ '翼'은 '翬'의 오자이다.　2) ㉮ '綮'은 '綮'의 오자이다.

범해 선사의 행장【정사년(1917) 봄】

선사의 휘諱는 각안覺岸이요 자字는 환여幻如이니, 범해梵海는 그 호이다. 가경嘉慶 25년 경진(1820) 6월 15일에 태어나서 광서光緖 22년【조선 개국 505년】병신(1896) 12월 26일에 입적하였다. 동방의 몸으로 응한 것이 희수稀壽(70)에 7을 더하였고, 서방 계율을 따른 것[863]이 이순耳順(60)에 4를 더하였다. 호남 청해淸海의 범진梵津 구계九堦 사람이다.

세대를 거슬러 가면 신라의 명철한 최고운崔孤雲(최치원)의 후예이고, 본조(조선) 은사隱士 최수강崔壽崗 공의 6세世가 된다. 부친은 철徹이고 모친은 성산星山 배씨裵氏이다. 꿈에 방죽의 흰 물고기를 보고는 출산하였는데, 좌우의 바깥쪽 사타구니에 길고 하얀 무늬가 아름답게 있어서 이름을 '어언魚堰'이라 하고 또는 '초언超堰'이라고도 했다. 성품이 물고기를 좋아하지 않았으니 태교胎敎를 돌아보아 결연히 속세를 뛰어넘는 기회로 삼았던 것인가.

14세 때 해남군 두륜산頭輪山 대둔사大芚寺의 호의縞衣[864] 선사【선사는 임진년(1592)에 창의모량사倡義募粮使[865]였던 성균관 진사 효자 창랑공滄浪公 정수암丁壽嵓의 8세손이다.】에게 의탁하여, 16세 때 삭발하고 하의荷衣[866] 선사에게 십계十戒[867]를 받았고 초의草衣 율사律師에게 구족계를 받았다.【묵화默和 선사와 화담華潭 선사가 갈마교수羯摩敎授[868]가 되었다.】호의와 하의·초의·문암聞庵·운거雲居·응화應化 6대 종사宗師에게 참학參學하였고, 요옹寥翁 이李 선생[869]께 유교를 배우고, 대호大澔[870]와 자행慈行[871]에게 재의齋儀를 받았다. 선사가 27세 때 호의 사부의 법인法印을 차고는 불자拂子[872]를 세워 개당開堂[873]하니, 진불상원眞佛上院[874]은 보리의 법장法場[875]이고 북암北庵 만일암挽日庵[876]은 참선 강의(說禪)의 별궁이 된다. 6년 동안『화엄경』의 근기에 따른 삼승법三乘法[877]을 강의하시니 다투어 쏟아 냄이 말(斗)로 헤아릴 정도요, 12년 동안『범망경梵網經』의 인연 따른 비니회毘尼會[878]를 말하니 논의가 수레에 실을 정도였다.[879] 실로 삼교三教[880]를 공부하는 이의 스승(教父)이요 12대 종사宗師[881]의 적손嫡孫이다.

갑진년(1844) 봄에 동쪽 방장산(지리산)에 들어갔고 이어서 조계산과 가야산·취령鷲嶺의 종찰宗刹들을 참배하였고, 계유년(1873) 여름에 남쪽 바다로 가서 탐라耽羅(제주) 한라산 명승지를 오르내렸다. 을해년(1875) 가을에 북쪽 한양으로 가서 삼각산의 자기紫氣[882]와 구잠九岑의 아스라함과 송악松岳(개성)의 험준함과 기도箕都(평양)의 수려함에 눈이 취하고 마음이 배불렀다. 묘향산 보현보살께 참배하고 금강산 법기보살法起菩薩[883]께 예를 올렸다. 이에 명산대천明山大川의 화려함과 크고 넓은 강 물결의 아득함이 산 같은 지혜와 바다 같은 가슴 사이에 가득해졌다. 이로부터 사람들을 보지 않아도 메아리처럼 응하고 친구들을 부르지 않아도 구름처럼 모여, 사람들과 시를 주고받음에 취하듯 영향 받음이 있고 대구와 격식에 따라 화답함에 미리 지어 놓은 듯이 능숙하였다.

선사는 일찍이 다음과 같이 말하였다. "감정이 안에서 움직여 밖으로 화려하게 드러난 것은 이백李白과 두보杜甫의 문장이요, 감회가 안에 쌓여 겉으로 드러난 것이 왕희지王羲之와 조맹부趙孟頫[884]의 필법이다. 나는 틈날 때 감흥이 일어나는 대로 하니 비리한 말이 뒤섞이는 것을 알아도 바꾸지 않는다. 그저 감회를 펴고 그럴 듯하게 꾸밀(弄假) 뿐이다." 선사가 지은 시문은 화려함을 버리고 실지를 취하였으니 이른바 '살진 피부를 벗기니 진정한 전단栴檀(향나무)만 남았다'는 말이 진실로 그릇되지 않다. 저작을 개괄하자면 『경훈기警訓記』와 『유교경기遺教經記』·『사십이장경기四十二章經記』·『사략기史略記』·『통감기通鑑記』·『진보기眞寶記』·『박의기博議記』·『사비기四碑記』·『명수집名數集』·『동시선東詩選』 각 1권, 『동사열전東師列傳』 4편, 시고詩稿 2편, 문고文稿 2편으로 총 20여 편이 나란히 세상에 유통되고 있다. 다만 아직 간행할 여유가 없음이 안타깝다. 혹시 시절 인연을 기다려서 그런 것인가. 그 나머지 생사(時順)[885]의 사이에 빛나는 사적들, 즉 물욕이 결백하고 범행梵行(수행)의 꿋꿋함이나 학식(學行)의 박식함, 가르침의 자애로움 등은 어찌 몽당붓의 짧은 말로 만에 하나라도 표현할 수 있겠는가. 요약하여 보자면, 마음은 하늘을 어기지 않고 얼굴은 타인에게 부끄럽지 않다고 함이 바로 이를 이름이라.

병신년(赤猿, 1896) 납월臘月(12월) 25일에 문인【취운翠雲·동산東山 등】들에게 명하기를, "세상 인연이 다하여 운명이 바뀌니 나는 내일 갈 것이다. 선교禪敎를 전한 이는 손가락을 구부려 헤아릴 수 있다.【교敎를 전한 이는 원응 계정圓應戒定이고 선과 교를 아울러 전한 이는 취운 혜오翠雲慧悟와 서해 묘언犀海妙彥·금명 보정錦溟寶鼎·율암 찬의栗庵讚儀886 등이라고 한다.】 그대들은 오직 선을 전하기에 힘써라."라고 하였다. 절구 한 수를 즉석에서 다음과 같이 읊었다.

> 인연들을 잘못 알고 살아온 지 77년
> 벌이 창에 부딪히듯887 사업들이 허망하구나
> 어느새 피안에 오를 운수가 되었으니
> 비로소 물거품의 바다가 원만함을 깨닫네

그러고는 목욕하고 옷을 갈아입고서 차를 마시며 대화하기를 평소와 같이 하고 밤새 서방정토를 염송하고는, 26일 여명에 문득 앉아서 입적하였다.

아아, 선사가 오심에 그 태몽이 이와 같고 선사가 가심에 그 영험이 이와 같도다. 천 년 후에도 영식靈識888은 홀로 드러나 참된 빛이 어둡지 않으리니 생각건대 응당 증명되리라.

문생들이 이와 같이 말하였다.

梵海禪師行狀【丁巳春】

師諱覺岸。字幻如。梵海其號也。嘉慶二十五年庚辰六月十五日生。光緒二十二年。【朝鮮開國五百五年】丙申十二月二十六日化。應東身者。稀又七。服西戒者。順有四。湖南淸海梵津九塔人。泝其世系。新羅明哲崔孤雲之裔。本朝隱士崔公壽崗之六世也。父徹。母星山裵氏。夢見堰沼白魚而生。左右外胯。有長白紋彬彬焉。仍名魚堰。又曰超堰。性不耆魚物。顧念胎敎。決爲超塵之機歟。十四投海南郡頭輪山大芚寺縞衣禪師。【師卽壬辰。倡義募粮使成均進士孝子滄浪公丁壽崑之八世也】十六薙染。受十戒於荷衣禪師。得具戒於草衣律師。【以默和禪師華潭禪師爲羯摩敎授之位】叅學於縞衣荷衣草衣聞庵雲居應化六大宗師。閱儒敎於寥翁李先生。受齋儀於大湖慈行。師二十七佩縞衣父之法印。堅拂開堂。眞佛上院爲菩提之法場。北庵挽日爲說禪之別宮。六周講華嚴。逐機三乘法。競抱斗量。十二說梵網。隨緣毘尼會。動論車載。實三敎學人之敎父。乃十二宗師之嫡孫也。甲辰春東入方丈。彷叅曹溪伽耶鷲嶺之宗刹。癸酉夏南浮瀛海。躋攀耽羅漢拏之名勝。乙亥秋北登漢陽三角之紫氣。九岑之崇峩。松岳之峻嶺。箕都之秀麗。目醉而心飽之。叅妙香之普賢。禮金剛之法起。於是明山大川之華麗。長江洪浪之浩渺。汗漫於智岳胸海之間。自是人不見而響應。朋不招而雲會。與人酬唱。有熏陶之醉。對格和酌。如宿搆之能也。師嘗曰。情動內而華外者。李杜之文章。懷積衷而發表者。王趙之筆法也。吾惟隨暇興感。俚語襍遝。知而不改者。但述懷弄假而已。蓋所著詩文。祛華取實。所謂脫落肥膚惟眞旃檀在者。信不謬矣。槪考著作。警訓記。遺敎經記。四十二章經記。史略記。通鑑記。眞寶記。博議記。四碑記。名數集。東詩選各一卷。東師傳四篇。詩稿二篇。文稿二篇。合二十餘篇。幷行于世。而只恨未暇印布。或待時緣而然歟。其餘時順間事蹟犖犖者。卽物欲之潔潔。梵行之亭亭。學行之博通。敎訓之慈諄。安敢以禿穎短詞。售其萬一哉。摘要觀之。心不逆天。面不愧人。正謂此也。赤猿之臘念五日。命門人【翠雲東山等】等曰。世緣已盡。大命俄遷。吾當明日行矣。禪敎所傳。指可屈而得也。【敎傳圓應戒定。禪敎幷傳翠雲慧悟犀海妙彥錦溟寶鼎栗庵讚儀等云云。】君惟傳禪勉旃。口點一絶曰。妄認諸緣稀七年。窓蜂事業摠茫然。忽登彼岸騰騰運。始覺浮漚海上圓。仍以灌浴改衣。茶話一如。竟夜念西。至六[1]日黎明。奄然坐化。嗚呼。師之來也。其夢如是。師之去也。其靈如是。千載之下。靈識獨露。眞光不昧。想應證明。門生之如是云爾。

---

1) ㉯ '六'은 '念六'인 듯하다.

『범해선사시집』의 발문【정사년(1917) 봄】

병진년(赤龍, 1916) 겨울에 나는 두륜산 장춘강원長春講院에 머물렀다. 석덕碩德(고승) 인월印月과 완월玩月 두 고명한 붕우가 있었으니 범해 선사의 법손이요 후손이었는데, 소매에서 4편扁 2권을 꺼내어 내게 보이며 말하였다. "이것은 범해 선조께서 참선하던 여가에 남기신 글(寶唾)[889]인데 출간할 여가가 없소. 선사께서 보시고 편찬하시겠소?" 나는 빙그레 미소 지으며 읽어 보았다. 옮겨 쓸 겨를은 없었다.

다음 해 봄에 조계산에 가지고 와서 고명한 이에게 가치를 정하고자 하였다. 마침 사마司馬 송태회宋泰會[890] 염재念齋 공公이 있었으니, 공은 즉 산 속의 재상이요 바다 밖의 명사로서 학식은 소식蘇軾과 두보杜甫만큼 넉넉하고 필체는 왕희지王羲之와 조맹부趙孟頫에 필적하였다. 승려인 나는 태전太顚과 혜원慧遠[891]의 식견은 없으나 절로 한유韓愈와 도연명陶淵明의 취지는 있기에 숙소에 원고를 가져가서 연유를 말하였다. 공이 읽어 보더니 박학의 자질을 사랑하여 완상하면서 점점이 평가하고는 또한 서문을 써서 주셨다. 다만 이 원고는 이제부터 금성金聲[892]이 있게 되었으니, 즉시 소사리小闍黎[893] 완섭完燮[894]에게 날을 정해 옮겨 쓰도록 하였다. 그리고 옛 편扁으로 책을 만들었다.

아, 병술년(1898) 봄에 만일암挽日菴 계단戒壇 앞에서 선사의 계를 받았고 병진년(1916) 겨울에 보련각寶蓮閣 안에서 선사의 진영을 참례하였으며, 정사년(1917) 여름에 조계산방에서 선사의 시를 편집하였으니 호겁浩劫(영원) 속의 기이한 인연이런가.

바닷가 두륜산(海崙山)에서 마침을 요약하니(要終) 그저 한때의 감우感遇[895]가 있는 것만은 아니다. 훗날 이것을 읽는 이는 두 고명한 붕우의 본뜻이 과연 어디에 있는지 잘 체득해야 비로소 얻을 수 있을 것이로다.

梵海禪師詩集跋【丁巳春】

赤龍之冬。余住頭崙之長春講院。有碩德印月玩月二高朋。即禪師法孫雲仍也。袖四扁二卷而示余曰。此卽梵海先祖禪餘寶唾。而未暇棹印。唯師閱而編之否。予莞爾而拜讀。不遑寫了。翌春帶至曹溪。欲將定併¹⁾於高眼矣。適有宋司馬泰會念齋公。公卽山中宰相。海外名士。學富蘇杜。筆參王趙。僧無顚遠之識見。自有韓陶之趣旨也。賚就其笛。說由而試讀之。愛其博學之質實。玩之而點評之。又以辨文而賜之。但斯稿也從妓爲金聲之有在也。卽命小闍黎完燮。赳日寫了。仍舊扁而成帙之。吁。丙戌春受禪師戒於挽日壇前。丙辰冬禮禪師眞於寶蓮閣裡。丁巳夏編禪師詩於曹溪山房。倘是浩规奇緣。要終於海崙山之中。非特有一時感遇而已。後之讀此者。能體乎二高朋之本意。果安在而始得之也夫。

---

1) ㉮ '併'은 '價'의 오자인 듯하다.

응암 선조의 행장 초고 【정사년(1917) 봄】

스님의 휘諱는 낭윤朗允, 자字는 퇴옹退翁, 호는 응암應庵이요 곡성군谷城郡 통명리通明里 출신이다. 속성은 초계草溪 최씨崔氏로 부친은 봉의鳳儀, 모친은 이씨李氏이다.

강희康熙 57년【숙종 44년】 무술년(1718) 4월 19일에 태어나셨다. 어려서 영특한 싹이 드러나 수승한 인(勝因)을 현재에 심었다. 골상이 특이하고 성품은 활달하여 안목은 구름을 가르는 번개를 빼앗고 눈썹은 진흙에서 솟아난 연꽃 같았다. 어려서 가정 교육을 받고 일찍 스승의 가르침을 받아 노고魯誥[896]의 참된 글들과 두보杜甫와 소식蘇軾의 문장들을 대략 모두 살펴보았다.

13세 경술년(1730)에 부모를 모두 여의었다. 아아, 부모가 돌아가시니 일신一身을 어디에 의지할까. 일찍이 삼교三敎가 높다고 들었는데 어찌 한 밭만 고수할 것인가.

15세 임자년(1732)에 삼신산三神山[897] 청학동을 방문하여 칠불암에 올라 눈길 가는 대로 회포를 붙였다. 경치가 눈을 놀라게 할 정도였고 진실로 머물 만해서 덕균德均 장로께 의탁하여 머리를 깎았다.

17세 때 용담龍潭 대덕에게 구족계를 받고, 18세 을묘년(1735) 조계산 풍암楓嵒[898] 강백講伯을 방문하여 공부하니, 노사魯史[899]와 불경(竺典)의 도리가 동일하여 기미와 이치가 부합하니 도장이 찍히는 것처럼 거푸집으로 찍어 내듯 할 따름이었다. 사오 년 동안 아비소(父牛)를 다 먹어치우고[900] 친구 눌공訥公[901]과 방외方外를 유람하며 5대 종장宗匠(대가)을 참배하여 구준衢樽[902]에 만취하였다.

26세 계해년(1743) 봄에 (순천) 대광사大光寺 영천암靈泉庵에서 풍암楓岩의 강헌講軒[903]을 다시 따랐고 눌공과 동일한 장소에서 법당法幢을 세우니【윤允은 응암應庵이요 눌訥은 묵암默庵이다.】 가히 '할미새 들판에 있고(鶺鴒在

原)⁹⁰⁴ 훈지壎篪⁹⁰⁵가 조화롭다'고 할 만 했다. 그러나 도가 이루어져도 시기가 된 연후에야 행해지는 법이요 하물며 '경전을 삼천 번 읽었는데 조계曹溪의 한마디에 사라졌네'⁹⁰⁶라는 것이 이전 현인께서 경계한 바로다. 그리고 어리석은 벌이 창호지를 뚫음⁹⁰⁷과 윤편輪扁의 지게미⁹⁰⁸라고 하는 것들을 생각하니, 실로 경전의 요체인 지침을 곧장 잘라 버리고 삼장三藏의 통발을 단번에 버림이라.

칠불사 아방亞房(선방)에 돌아와 십무十無⁹⁰⁹ 병의 근원을 화두로 보고 백칙百則 공안公案⁹¹⁰을 마음에서 찾았다. 10년 하안거에 미세한 업(業累)이 고요한 물에 거울처럼 임하고, 뒤섞인 명상名相⁹¹¹이 이치의 하늘(義天)에 별처럼 나열되었다. 이로부터 비릿함이 더욱 드러나 이름을 숨기기 어렵게 되어 개미처럼 좋아하는 이들이 많았으니 자못 비단으로 돌아감⁹¹²이 있었다. (여수) 영취산靈鷲山 정수암淨水庵과 지리산 사대암四大庵, (화순) 쌍봉산雙峰山 동부도東浮屠, 조계산 은적암隱寂庵과 보조암普照庵은 모두 선사께서 백추白鎚⁹¹³를 잡고 불자拂子를 세운 곳이다.

32세 기사년(1749)에 묵공默公(묵암)과 함께 방외의 행각을 하여 자취가 높은 분은 반드시 찾아뵙고 참된 스님께는 반드시 나아갔다.

다음 해 경오년(1750)에는 함께 조계산 은적암으로 돌아가 봄에 영해影海⁹¹⁴ 노스님(師翁)의 대회를 마련하였다. 또한 기묘년(1759) 가을에 법부法父에게 신의信衣⁹¹⁵를 받고 풍암楓嵓 엄군嚴君(부친) 대회를 마련하게 되었는데 모두 단금斷金⁹¹⁶이 음으로 도왔다. 그리고 병술년(1766)에 백암栢庵⁹¹⁷ 조사의 비를 비전碑殿⁹¹⁸에 세웠다. 선조들을 위한 사업을 벌임에 있어서 가히 '같은 소리는 서로 응대하고 같은 기운은 서로 찾는다'⁹¹⁹고 함이 진실로 허망하지 않았다.

대개 선禪과 교敎를 겸하여 전하고 선정과 지혜를 고르게 닦아, 머무름 없음을 본체로 삼고 형상 없음을 종지로 하여 기미에 응하게 되니, 종이 치기를 기다리고 거울이 피로를 잊은 듯하였다. 일생 동안 이리二利(자리自

利와 이타利他)의 행적(行蹟)이 대개 이와 같았다.

하루는 문인【호명虎鳴과 무봉鶩峰 등】에게 명하기를, "무상無常함이 신속하니 유상有相(육신)이 문득 변천하는구나. 명銘을 쓰지 말고 탑도 세우지 말지니 (돌을) 자르지 말고 새기지 마라. 너희들은 삼가 지켜서 끝내 명예롭게 하지 않도록 하라."라고 하고는 말이 끝나자 눈을 감고 손을 모으고는 소리 없는 삼매에 들어가셨다. 때는 건륭乾隆 59년【정조 18년】 갑인년(1794) 3월 17일 포시晡時[920]였다. 세수世壽 77세요 좌하坐夏[921] 62세였다. 그저 조계산 칠불암에 진영을 걸었으니 유훈을 삼가 지킨 게 아닌가. 껄껄.

應庵先祖行裝草【丁巳春】

師諱朗允。字退翁。號應庵。谷城郡通明里人。姓草溪崔氏。父鳳儀。母李氏康熙五十七年。【肅宗四十四年】戊戌四月十九日生也。夙挺靈芽。現種勝因。骨相超異。性宇磊落。眼奪割雲之電。眉拔出泥之蓮。幼蒙庭訓。早霑師敎。魯誥眞篇。杜蘇章句。略皆編覽矣。十三庚戌俱喪怙恃。嗚呼。雙親臨崩。一身安寄。曾聞三敎之昇峙。奚但一田之株守耶。十五壬子訪三神山靑鶴洞。登七佛庵。縱目憑懷。境駭人目。良可棲息。投德均長老薙髮。十七受具於龍潭大德。十八乙卯訪曹溪之楓嵓講伯。魯史竺典。其揆則一也。契機符理。如泥從璽。金在鎔而已。四五年間。盡食其父牛。與知己訥公遊方外。叅五大宗匠。滿醉衢樽也。二十六癸亥春。復追楓岩講軒於大光寺靈泉庵。與訥公一場竪幢。【允曰應庵。訥曰默庵】可謂鳩[1]在原。塤箎相和。然而道雖成而時然後行矣。而況經誦三千部。曹溪一句亡。即前賢之所戒者乎。且想痴蜂之鑽紙。輪扁之糟粕云者。實乃直截經要之指針。頓捨三藏之筌筏。歸來七佚之亞房。看話於十無之病源。覓心於百則之公案。十夏安居。微細業累。鏡臨於定水。盤錯名相。星羅於義天。由是腥益露名難晦。蟻慕者。頗有錦歸矣。靈鷲之淨水庵。智異之四大庵。雙峰之東浮屠。曹溪之隱寂庵。普照盡師拈錘竪拂之場。三十二己巳。與默公作方外行脚。跡高必尋。僧眞必詣。越庚午伴歸曹溪之隱寂庵。春設影師翁之大會。又己卯秋受信衣於法父。爲設楓嚴君之大會。皆斷金影助。粤丙戌立栢庵祖碑於碑殿。至若爲先之颫役。可謂同聲相應同氣相救。[2] 信不誣矣。盖禪敎兼傳。定慧均修。無住爲體。無相爲宗。以至應機。如鍾待扣鏡忘疲。一生之二利行模。槪此類也。一日命門人【虎鳴鵚峰等】曰。無常迅速。有相俄遷。不銘不塔。非斫非雕。爾惟愼守。勿令終譽。言訖。閉眉合手。奄入無聲三昧。卽乾隆五十九年。【正宗十八年】甲寅三月十七日晡時也。世壽七十七。坐夏六十二。但掛眞于曹溪之於七佛。無乃謹守遺誡也。呵呵。

---

1) ㉠ '鵚'은 '鶴'의 오자이다. 2) ㉠ '救'는 '求'의 오자이다.

지리산 천은사 감천강원 생도의 출품 존안[^922] 서문[을묘년(1915) 겨울]

살펴보니, 도는 본래 말이 없으나 말을 빌려 사제 간의 도리가 이루어지고, 이치는 원래 극이 없으나 태극을 빌려 음양의 이치가 나뉜다. 극이란 이치의 형상이요 말이란 도의 그물이다. 형상과 말을 두는 이유는 도와 이치를 얻고자 함이 아닌가. 어찌 도와 이치일 뿐이겠는가, 만물이 모두 그러하도다.

이제 본원(감천강원)이 을묘년(靑卯, 1915) 봄에 창설되었으니, 이곳은 산이 빛나고 물이 아름다우며 바위 샘물이 맑고 달다. 암자에 약사암 편액을 거니 이는 신선이 거처하는 곳이 아니런가. 나는 조계산에서 이곳에 적식擿植[^923]하여서는 석장을 쉬고 감천甘泉(단 샘물)으로 발우를 씻고는 강원을 '감천'이라 명명하였다. 숲과 샘의 즐거움을 찾아다니며 더위를 피하자 홀연 하안거가 끝났다. 단풍을 사랑하는 수레를 멈추고서[^924] 다만 눈밭에 앉는 제도(동안거)를 당면하여 수십 명의 도반(法侶)들과 함께 불경(金經)의 현묘한 뜻을 토론하고 게송(玉偈)의 서늘함(虛涼)을 곱씹었다. 간혹 사람을 무는 사자[^925]도 있지만 또한 남곽南郭처럼 피리 부는 이[^926]도 없지 않았다. 그러므로 학생(學員)이 얻은 공부의 업적은 드러내어 적지 않으면 핵심을 얻었는지 여부를 알 수 없다.

그래서 출품出品[^927]하는 창제唱題[^928]를 내어 두루마리 9축軸을 제출하여 대방大方[^929]의 여덟 사찰에 8축을 나눠 주고 하나는 본원 벽에 걸어 놓는다. 한편으로 방외方外의 웅변雄辯[^930]을 알리기를 도모하고 한편으로는 지식이 전진하는 것을 돕고자 함이다. 그러한즉 이 기록은 웅변과 지식의 형상이요 그물이로다. 만약 반쪽짜리 사자라도 있어서 문장들 사이에 주목하여 두뇌를 굴리게 되면 천 년 후에 말 없는 도와 극 없는 이치가 응당 말과 형상의 바깥에서 드러나리라. 이에 서문을 쓴다.

智異山泉隱寺甘泉講院生徒出品存案序【乙卯冬】

觀夫道本無言。假有言而師資之道成矣。理元無極。藉太極而陰陽之理判焉。極者。理之象也。言者。道之羃也。所以存乎象羃者。乃非得其道理者也。豈道與理之而已哉。萬物皆然歟。今本院之剏設於靑卯之春。但玆地也。山光水麗。泉石潔甘。菴揭藥師之扁。是無乃仙子之所居耶。余自曹溪。摘植于此。仍惦[1])錫而洗鉢之以甘泉。而命其院。酷探林泉之樂而避暑者。忽然解夏。而旣停愛楓之車。第當坐雪之制。爰與數十法侶。討論金經之玄旨。咀嚼玉偈之虛凉。或有咬人之獅兒。亦不無郭吹之笛客。而然學員之所得工業。非著而筆之。莫知其髓皮之如何也。仍發出品之唱題。提出九軸。八頒於大方之八寺。一揭於本院之壁上。一以圖輸方外之雄辯。一以庶助進前之智識也。然則但此書也。卽雄辯智識之象羃耶。若有一半個獅兒着眼轉腦於章句間。以其千秋之下。無言之道。無極之理。應見於言象之表。於是乎書。

1) ㉑ '惦'은 '憩'의 오자인 듯하다.

금강산 유점사 출품의 답서【을묘년(1915) 겨울】

　남악南岳의 나무 그늘에서[931] 세상의 꿈이 깨지 않고, 서구西球(서방정토)의 진실한 경관에 눈동자를 붙이지 못하여 몽롱하게 안절부절못하니, 아직 혼이 흩어지지 않았지만 거의 죽은 사람 같은 지 몇 년 되었다. 홀연 도리천忉利天[932]의 독고毒皷[933]가 벼락처럼 울리니 이상향(無何有)으로부터 문득 떨어져서 한 조각 협곡에서 가루가 되었다. 그 속의 티끌과 터럭이 겁풍劫風 바깥으로 흩날리고 세상의 모래와 돌들이 번갯불 주위로 불타니, 하물며 어둔 꿈을 대번에 깨고 높이 든 눈동자로 어찌 형체의 잠들고 깨어남[934]과 연꽃의 피고 짐으로 그 광경을 비유할 뿐이겠는가. 진정 가히 수미산이 바다에 솟으니 다른 봉우리들이 절로 낮아지고 높은 해가 공중에 뜨니 여러 빛들이 모두 빛을 잃는다 하겠다. 이는 법기法起[935] 노옹(老爺)이 반야般若의 다함없는 장藏을 펼치시고 봉래蓬萊 선동(仙子)이 방장方丈[936]의 인연 있는 무리들을 맞아들인 것이 아닌가. 공경히 생각건대 불일佛日이 일만이천 봉우리들의 달에 길이 빛나고, 법의 물결(法波)이 53불[937] 제불의 마음에 길이 흐르니, 천 번 만 번 축하하노라.

答金剛山楡岾寺出品序【乙卯冬】

南岳柯陰。塵夢未惺。西球眞景。眉眸莫着。曚曚然憧憧然。渾似魂未散之半死人者。幾個年矣。忽於忉利之毒皷霹靂。自無何有而頓落。擊碎於一片夾谷之中。個裡塵毛。蕩颺於刧風之外。寰中砂石。沃[1)]焦於電火之邊。而況夢昧之頓惺。眸睛之高着。豈特以形之交開蓮之合開。譬其景光哉。眞可謂須彌出海。群峰自落。杲日當空。衆景俱奪。是無乃法起老爺。開演乎般若無盡之藏。蓬萊仙子。引接乎方丈有緣之衆。恭惟佛日長明於萬二千峰峰之月。法波永流於五十三佅佅之心。千賀萬祝。

---
1) ㉴ '沃'은 '焚'이나 '爛'의 오자인 듯하다.

영남 곤양군(사천) 방장산(봉명산) 다솔사 대웅전과 선승당[938] 창건 상량문 【을묘년(1915) 겨울】

서술하노니, 양의兩儀(천지)가 나뉨에 터는 금지金地 법계를 살펴 정하였고 삼신산三神山이 높이 솟아 이름이 옥경玉京 선궁仙宮에 걸렸습니다. 우러러 하늘 마음을 헤아리니 다만 잘 살피는 청오靑烏[939]를 얻고, 엎드려 땅의 맥을 정하니 어찌 백마를 슬피 울게 하리오. 거북점이 같이 따름을 들었으니 환희하는 용신을 보는 듯합니다.

방장산 다솔사는 남악의 기운이 모이니 선계(蓬瀛)의 신령이 빛을 더하고, 동해가 알현하니 해 뜨는 곳(日域)의 고운 무지개가 빛을 드리우며, 에두른 십주十洲 군옥부群玉府[940]로 거의 천 년 동안 꽃비가 내리는 도량입니다. 창시한 것을 살펴보면 양梁나라 천감天監 2년(503)에 연기 조사烟起祖師가 개산주開山主[941]가 되고 당나라 정관貞觀 10년(636)에 자장 율사慈藏律師가 다솔사(兜率)의 손님이 되었습니다.[942] 의상義湘 스님이 '영봉사靈鳳寺'라 칭함은 당나라 의봉儀鳳 원정元正(676)이요, 도선道詵 노옹이 '영악사靈岳寺'라 칭함은 당나라 건부乾符 2년(875)입니다. 보제普濟와 곤봉昆峯[943]이 보수(皰修)한 해에 이르러 사적비寺蹟碑를 이어 세우고 진안震顏과 월초月蕉[944]가 중수한 날에 '다솔사'라는 명칭으로 바꾸었습니다. 시작을 헤아리고 결과를 요약하자면 크게 창시한 분은 여덟이고 중창한 분은 또한 셋입니다. 혹은 임금의 힘을 빌려 나라를 복되게 하고 백성을 도왔으며, 혹은 단문檀門(시주)을 방문하여 삶을 천도하고 세상을 구제하였습니다. 사리갈여闍黎(스승)들이 운집하니 정토의 업이 절로 새로워지고, 용상龍象(대덕)이 바람처럼 몰려드니 총림의 모양이 이전과 같았습니다.

그러나 운수(理數)가 있으니 영고성쇠가 얼마나 거듭하였던가. 개국 522년 갑인(靑虎, 1914) 납월臘月(섣달) 7일 밤에 화덕火德이 재앙을 흘려 결국 무너지고 없어지는 변화를 맞으니 염제炎帝(불의 신)가 재앙을 내려 화재(回祿)의 변화를 혹독하게 맞은 것입니다. 대웅보전도 솟아날 수 있는 문이 없는데 하물며 나한羅漢과 명왕冥王이 몸을 숨길 수 있는 곳이 있었겠습니까. 우리 승려들이 실색함은 논할 것도 없거니와 저 숲과 샘이 무안함을 어찌 능히 기록하겠습니까. 얼마나 다행인지 부처님의 가피로 법의 운수가 돌아와 본사 주지 월초月蕉가 중창하는 바람을 한 번 불어 대니 산승 대중이 함께 즐거워하며 풀처럼 빨리 응하였습니다. 이때 상부上府의 창설하라는 윤음綸音을 받고서 곤양군 관사의 재목을 얻게 되어, 기한을 정해 힘써 이룩하니 시각이 언제인가. 을묘년(靑兎, 1915) 소춘小春(10월)이라.

남풍嵐風[945]에 기와를 쓸어 버리고 은혜로운 비에 구슬의 티끌을 씻어서, 입덕立德에서 대들보를 운반하니 진나라 채찍[946]이 공적이 없고, 지산智山에서 흩어진 재목들을 옮기니 신의 도움이 있었습니다. 옥을 쪼아 장석匠石[947]의 돌로 기초를 다지고, 흰 사다리(雪梯)를 타고 공수工倕[948]의 재목으로 건물을 지었습니다.[949] 날을 가리고[950] 시간을 골라 오대부五大夫 진송秦松[951]이 다섯 위치로 나열하고, 별을 점쳐 날을 헤아리니 사장군四將軍 한백漢栢[952]이 사방에 올라 자리를 잡았습니다. 아스라이 높은 아전鵝殿(법당)인 비로전毘盧殿[953]의 참된 모습(眞體)은 여럿 가운데 용솟음치고, 웅장한[954] 익실翼室[955]인 선승당禪僧堂의 큰 활용(大用)은 양쪽으로 나뉘었습니다.

이에 긴 들보를 들며 짧은 노래를 엮습니다.

　　동東
　　아스라한 바다 하늘에 붉은 해 바퀴
　　오색 영롱하게 구름 속에 빛나니
　　누가 옥경을 닦아 창공에 걸어 놓았나

남南

많은 성들의 친구 방문하는 길에 참례하니

믿음의 근기가 선재동자와 같다면

촌보를 옮기지 않아 어진 암자에 들리라

서西

대장봉大將峰[956] 그늘에 해가 저물려 하는데

안양安養(극락)의 연꽃은 피었는지

향적반[957]을 먹고 풍가風柯를 듣노라[958]

북北

청허한 일기는 무극이러니

북궐의 큰 은혜는 갚을 수 없네

한 목소리로 천만 축원을 외치노라

상上

하늘에서 꽃비가 여러 모양으로 내리니

서왕모와 신선들의 동자들을 불러

안개와 구름 수습하여 함께 공양하리

하下

망명罔明[959]은 땅에서 솟아 삼매 일으키는데

야인野人은 이 집안의 가풍을 묻지 않고

유명한 십 리 냇가에서 반야를 말하누나

엎드려 바라건대 들보를 올린 후에 온갖 복이 함께 모이고 수많은 상서로움이 같이 이르러, 용천龍天과 신명들이 천지와 더불어 항상 수호하고 불일佛日과 조인祖印[960]이 일월과 함께 나란히 밝을지어다.

喬南昆陽郡方丈山多率寺大雄殿禪僧堂刱建樑文【乙卯冬】

述夫兩儀角分。基銓金地之法界。三山鼎峙。名懸玉京之仙宮。仰揆乾心。但得靑鳥善視。俯定坤脉。豈令白馬悲嘶。曾聞龜筮愶從。幾見龍神歡喜。方丈山多率寺者。南岳鍾氣。蓬瀛之靈神增輝東海朝宗。日域之彩虹呈瑞。環十洲群玉之府。幾千年雨花之場。稽考剏始之權輿。梁天監二年。烟起祖師。爲開山之主。唐貞觀十載。慈藏律師。立兜率之賓。義湘師之靈鳳兮。唐儀鳳之元正。道詵翁之靈岳寺。唐乾符之二年。以及普濟昆峯之剏修年。繼樹寺蹟之碑。震顏月蕉之重葺日。改稱多率之名。原始要終。大剏者爲八焉。重葺者亦三也。或藉王力。福國而祐民。或扣檀門。渡生而濟世。闍黎雲集。淨士之業自新。龍象風從。叢林之樣依舊。然而理數所在。否泰何尋。開國五百二十二年靑虎臘月初七日夜。火德流災。卒當壞空之消長。炎帝降殃。酷遭回祿之變態。而大雄寶殿。猶能乎湧出無門。況羅漢寘王。庸堪於竄身有地。我釋子之沒色。不足可論。彼林泉之無顏。有誰能紀。何幸而佛力所被。法運循環。本住持月蕉。重剏之風一號。山之釋大衆。咸樂之草偃然。爰蒙上府剏設之綸音。芀得本郡官舍之材木。克日成辦。暑刻何期。粤靑兎之小春也。掃瓦礫於嵐風。滌珠塵於惠雨。運大樑於立德。秦鞭無功。搬散材於智山。神力有助。玉琢而匠石安礎。雪梯而倕材架空。差穀選時。五大夫之秦松。分列五位。占星揆日。四將軍之漢栢。騰鎭四方。鵝殿崔嵬。毘盧眞體。湧出群品。翼室彙[1]革。禪僧大用。位分兩邊。爰擧俯樑。載綴短頌。東。海天縹緲日輪紅。五色玲瓏雲影裡。誰磨玉鏡掛靑空。南。百城詢友路頭螯。若也信根如善財。不移寸步入賢庵。西。大將峰陰日欲低。安養芙蓉開也未。應飽香飯聽風柯。北。淸虛一氣是無極。北闕鴻恩報不能。齊和一唱於千祝。上。諸天花雨幾般樣。喚來王母列仙童。收拾烟雲同供養。下。

罔明從地起三昧。野人莫問此家風。十里名川談般若。伏願上樑之後。百福咸集。萬祥鼎臻。龍天祇神。與天地而常護。佛日祖印。協日月而齊明。

---
1) ㉮ '彙'는 '霍'의 오자인 듯하다.

지리산 대화엄사 임제종 36세 적손 원화 대선사의 행장 초고【을묘년(1915) 겨울】

선사의 휘는 덕주德柱, 자는 수미守微, 호는 원화圓華이며 담양潭陽 사람이다. 속성은 정씨鄭氏로서 관향은 담양潭陽이고 부친 기철基喆은 대대로 의관衣冠을 갖추었다. 모친 오씨吳氏는 별이 품 안으로 떨어지는 꿈을 꾸고는 잉태하여 도광道光 19년【조선 헌종 5년, 일본 천보天保 10년이다.】 기해년(1839) 5월 25일에 출산하였다. 천성이 영특하고, 정수리는 둥글고 코는 우뚝하며 눈빛은 별빛을 앗을 정도요, 입술은 연꽃을 점찍은 듯했다. 다만 집안이 넉넉하지 못해 책을 읽지 못함을 늘 안타까워했다.

7,8세 때 노는 곳은 늘 서당의 옆이어서, 글 읽는(絃誦)[961] 소리를 몰래 듣곤 했다. 간혹 동료의 책을 같이 보기도 하고, 땅에 떨어진 붓(穎)을 줍기도 하면서, 독서를 하게 되면 시간 가는 줄 모르고, 붓을 잡으면 침식枕食을 잊을 정도였다. 낮에 두 끼를 먹고 밤에 잠을 한 번 자면서, 몸에는 갖옷과 삼베를 구별하지 않고 발에는 갖신과 버선을 얻지 못하였지만, 보는 건 반드시 외워서 가르쳤고 들으면 반드시 기억하여 전하였다. 그래서 사람들이 비상한 재주라고 칭찬하였다고 한다. 배움을 알게 되는 나이에 능히 역사서를 가르치고 서적을 다 보니 어른들이 '어린 선생님'이라고 일컬었다고 한다.

15세 계축년(1853)에 부모님 상을 함께 당하니 아아, 슬프도다, 궁박하게 되었으니 어디로 갈꼬.

17세 을묘년(1855)에 지리산 화엄사에 이르게 되니 산 좋고 물 맑으며 사찰이 웅장하여 마음이 쏠리니 어찌 머물지 않겠는가. 그래서 산문에 자취를 의탁하고 사찰 암자에서 거닐며 글을 읊었다. 서우西藕 대사가 보고는 기특하게 여기고 삭발하게 하고, 포허抱虛[962] 대덕에게 계를 받으니 남악南岳(지리산)의 영령이 나를 이끈 것이 아닌가. 이에 마음껏 다니며 공부를 하니 4대 종장宗匠[조계산 우담優曇과 함명涵溟, 방장산 포허抱虛와 응월應月[963]]에게 경전을 배우고 우담 선사에게 구족계를 받았다.

경전을 대하고 선정에 듦에 공양을 알리는 종(飯鍾)이 크게 울리는 것도 깨닫지 못하고, 격식을 찾고 숨은 뜻을 찾음에 강헌講軒의 은미한 기미를 드러내었다. 사서육경四書六經[964]에 대해서는 왕모王某의 고견을 다시 물었고, 삼장三藏과 백가百家에 대해서는 방외의 대가(雄辯)들에게 남김없이 탐구하였다. 가히 '어려서는 유교 경전을 탐독하고 커서는 불교 경전을 탐구하였다'[965]고 하리니, 어찌 고인이 이런 아름다움을 독차지할 것인가.

28세 병인년(1866)[동치 5년, 이왕李王(고종) 3년]에 화엄사 대도량에서 건당[966]하니, 법부法父는 즉 벽암碧嵒[967]의 10세손인 두월斗月[968] 대사였다. 근원을 거슬러 가면 부용芙蓉[969]의 13세손이요 임제臨濟[970]의 36세손이 된다. 그렇게 본산本山 금정암金井庵[971]에 주석하니 비린내가 드러나자 개미가 좋아하여 골짜기에 그윽하듯[972] 하였기에, 개당보설[973]하여 오는 이들을 응접하였다.

30세 무진년(1868) 봄에 어디선가 손님이 와서는 시를 청하고 이름을 구하기에, 시는 굳이 사양하고 다만 이름만 적어 주었다. 몇 달 지나 체포(邏取)하라는 어명이 내렸는데, 조금도 꺼리는 기색이 없이 역마驛馬를 타고 상경하였다. 훈련법아訓練法衙에 이르러 포도대장의 문초를 받았다. 아아, 손으로 용의 턱을 찌르니[974] 심주心珠가 불해佛海의 파도에서 빛을 발하고, 몸소 범 굴을 범하니 지혜의 칼(慧刃)이 법률의 칼과 창보다 휘황찬란하다. 이른바 죄명이 명백하게 나올 곳이 없고 하늘이 위에서 마음(心事)을 아심이라. 죄는 죄로 돌아가고 공은 공으로 돌아가니 무사히 방면되어 돌아왔다. 어찌 쇠가 대장장이 앞에서 펄펄 뛰는[975] 것뿐이겠는가, 또한 진주가 합포合浦로 돌아옴이라.[976] 이에 불경佛鏡이 무죄한 운명을 저절로 비추고 법력이 운수의 나뉨을 더욱 드러냄을 알겠다. 이로부터 명성이 고을에 퍼지고 명예가 날개 없이도 드날렸다. 그래서 배우고자 하는 이가 조수처럼 밀려오고 구름이 에워싸듯 하니, (지리산) 사대암四大庵의 영원사靈源寺와 (지리산) 천은사泉隱寺의 수도암修道庵은 마땅히 하안거를 지내는 강원講院이요 대화엄사의 보적암寶積庵과 구층대九層臺와 봉천암鳳泉庵은 항시 안거하는 교장敎場이었다.

손에는 원명圓明(둥글고 밝은) 염주를 놓지 않으며 대비大悲의 주문을 일과로 삼고, 입으로 방광方廣(크고 넓은) 게송을 끊지 않으며 묘연화妙蓮花[977]를 업으로 삼았다. 음식은 반찬을 겸하지 않았고 의복은 사치를 하지 않으며, 공적인 일을 반드시 먼저 하고 사적인 일은 뒤에 했다. 반가운 이(靑眼)를 만나 토론하면 묻지 못할까 걱정이요, 재가신자(白衣)와 대화할 때면 항상 말이 없고자 했다. 자취를 호중壺中[978]에 감추고서 대회의 논의가 구름처럼 일어도 더욱 자취를 감추고 나아가지 않았고, 처마 밑에서 재능을 감추니(韜光) 조계曹溪의 청이 굳세어도 더욱 재능을 감추고 응하지 않았다. 저술한『묘연기妙蓮記』와『회경록會鏡錄』, 손수 베껴 쓴『칠서대전七書大典』과『남화경南華經』[979]과『제가어록諸家語錄』이 세상에 유통된다.

광서光緒 19년 계사년(1893) 5월 25일에 가벼운 질병을 보이시며, "사대四大[980]는 가합假合이요 오온은 실제가 아니니 이름을 세상에 드날리지 말고 가합을 실제로 여기지 말라."라고 했다. 30일 새벽에 목욕하고 가부좌 하더니 이윽고 입적하셨다. 세수世壽는 55세요, 법랍法臘은 38세였다. 진영을 본사에 걸어 두었다.

智異山大華嚴寺臨濟宗三十六世嫡孫圓華大禪師行狀草【乙卯冬】

師諱德柱。字守微。號圓華。潭陽人也。姓鄭氏。貫潭陽。父基喆。世衣冠。母吳氏。夢星殞入懷。仍而有娠。道光十九年。【朝鮮憲宗五年日本天保十年也】己亥五月二十五日生。天資穎悟。頂圓準隆。眼奪星光。唇點蓮華。但家道不贍。每長恨不讀。年七八遊必學庠之傍。竊聽絃誦之聲。或倂同侶之笑。或拾落地之穎。臨讀不覺移晷。執筆忘却枕食。日必兩食。夜必一宿。身不卞裘䌷之衣。足不得靴襪之踐。目必誦而敎之。耳必記而傳之。人稱非常之才云。知[1]學之年。能訓通史。閱盡書籍。父老所謂童蒙敎員云爾。十五歲癸丑。俱遭雙親之痛。嗚呼哀哉。身且窮矣。我安適歸乎。十七乙卯。轉到智異山華嚴寺。山水秀明。寺宇宏傑。心意如注。盍以住居。仍托迹山門。行吟寺菴。有西藕大師。見而器之。乃爲削染。受戒於抱虛大德。無乃南岳靈之所引我耶。爰恣遊學。受經於四大宗匠。【曹溪山優曇薗[2]溟方丈山抱虛應月】受具戒於優曇禪師。對經入定。沒覺飯鍾之大鳴。探格索隱。現拔講軒之微稧。四書六經。更扣於王某之高見。三藏百家。鑽極於方外之雄辯。可謂骜專魯誥。冠討竺墳者。何專美於古哉。二十[3]歲丙寅。【同治五年李王三年】建幢於華嚴大道場。法父卽碧嵓十世孫斗月大師是也。泝其源則芙蓉之十三世。臨濟之三十六世孫也。茆住本山金井庵。腥薌發露。蟻慕幽谷。開堂普說。應接方來也。三十歲戊辰春。有客自無何而來者。請其詩。求其名。固讓乎詩。但記乎名矣。居數月有邏取之御命。小無忌色。乘馹上京。抵訓練法衙。對捕將問草[4]。聲嘻。手攬龍頷。心珠發光於佛海波瀾。身犯虎穴。慧刃輝晃於法律釰戟。所謂罪名白地無中出。心事靑天在上知。罪歸罪。功歸功。無事蒙放而還。奚啻金躍大冶。抑亦珠還合浦。是知佛鏡自鑑於無罪之命。法力益彰於有數之分。自是名播有鄕。譽飛無翼。請益者。海進雲圍。四大庵之靈源。泉隱寺之修道。宜其結夏之講院。大華嚴之寶積。九層臺與鳳泉。恒是安居之敎場。手不釋圓明之珠。大悲呪爲課。口不掇方廣之偈。妙蓮花爲業。食不兼饌。服不重侈。爲公必先。營私在後。對靑眼而討論。唯恐不問。與白衣而酬酢。常欲無言。斂迹壺中。大會之論雲興。愈斂迹而不赴。韜光廡下。曹溪之請膠固。益韜光而不應。所著妙蓮記會鏡錄。手所寫七書大典。南華經諸家語錄。行于世。光緒十九年癸巳五月二十五日。示微疾。曰四大是假。五蘊非實。無以名顯於世。無以假爲其實。至三十日黎明灌浴趺坐已。奄然而化。世壽五十五法臘三十八。掛眞于本寺。

---

1) ㉕ '知'는 '志'의 오자인 듯하다. 2) ㉕ '薗'은 '涵'으로 표기되기도 한다. 3) ㉕ '二十'은 '二十八'의 오류인 듯하다. 4) ㉕ '草'는 '招'의 오자인 듯하다.

조계산 송광사 우담 대선사의 행장 초고 『동사열전』에 대략 나옴.】

선사는 영남 안동 사람이다. 속성은 권씨權氏로서 부친은 중국重國이며 모친은 조씨趙氏이다. 홍기洪基가 이름이고 우담優曇은 호이다. 도광道光 임오년(1822) 3월 3일에 태어났다. 나면서 영특하고 성숙하여 어려서부터 명민하고 배우길 좋아했다.

배움에 뜻을 두는 나이(15)에 맹세하고 출가하려는데 부모께서 허락하지 않아 유성踰城[981] 고사를 생각하였다. 순흥順興[982] 지역 소백산 희방사希芳寺[983]로 들어가 자신自信 장로에게 의탁하여 삭발하였다. 세상 인연이 넉넉하지 않아 다만 『초발심자경문初發心自警文』[984] 문구만 보고 심우心友[985] 도반道伴들과 함께 팔공산에 가서 혼허渾虛 대사를 참례하고 여러 경전들을 배웠다. 매이지 않음을 뜻으로 삼아 남쪽으로 차차 옮아가니 구름이 용을 따르듯 바람이 범을 따르듯 했다. 헤어질 인연이면 떠나고 따를 인연이면 머무르다가, 조계산 옛 길상사吉祥社(송광사)에 이르러 지봉智峰 대사를 세연世緣의 주인으로 삼고 연월蓮月 선사를 법인法印의 부친으로 삼았다. 침명枕溟[986] 대덕의 강헌講軒에서 가르침을 받고 인파仁波 율사의 계단戒壇에서 선선禪을 얻었다.

27세 때 진각眞覺[987] 조사의 수선사修禪社에서 향을 집고 개당開堂하였고, 벽담碧潭[988] 선사先師의 대회에서 발우를 얻고 부월斧鉞을 계승했다. 교敎의 눈은 설인 연묵雪仁蓮默의 교해敎海(가르침의 바다)에서 맑아졌고, 선禪의 몽둥이는 진귀 백초眞龜白草의 선문禪門을 두드렸다. 사방팔방의 개사開士[989]들이 백아伯牙의 거문고에서 음을 알고(知音),[990] 청평靑萍과 결록結綠[991]이 설촉薛燭[992]의 문에서 가치를 정하듯,[993] 크고 작은 두드림에 응하여 싫증 내지 않고 오랑캐와 한족 거울을 살핌에 피로를 잊었다.

저술한 『선문증정록禪門證正錄』[994] 1권과 『잡저雜著』 1권이 세상에 전한다.

세계世系를 고찰하면 부휴浮休의 11세손이요 임제臨濟의 36세 적통(嫡傳)이다. 부휴의 6세손에 풍암楓嵒995이 있고 풍암 아래 4대 걸인이 있으니 묵암 최눌默庵最訥과 응암 낭윤應庵朗允,996 제운 해징霽雲海澄, 벽담 행인碧潭幸仁이다. 이 4대 걸인은 조계산의 교사(敎父)이고 불해佛海의 아름다운 배로다. 벽담이 회계會溪997에게 전하고 회계의 세 제자 중에 연월蓮月이 있고 연월이 대사에게 전하였으니 필만畢萬998의 이후를 징험할 수 있다.

광서光緖 6년 신사년(1881)999 9월 8일에 입적하니 세수世壽 60세요 승랍僧臘은 45세이다. 진영을 조계산 영당影堂1000에 걸었다.

曹溪山松廣寺優曇大禪師行狀草【東師傳中略出】
禪師。嶺南安東郡人。姓權氏。父重國母趙氏。洪基名也。優曇其號也。生於道光壬午三月三日。生而穎達夙成。幼而敏悟好學。志學之年。誓心出家。父母不許。竊念踰城故事。入順興地小白山希芳寺。依自信長老而剃染。世緣不贍。但閱初發心自警之章句。與心友道伴。抵八公山。叅渾虛大師。學數部經。以不係爲志。轉次南行。若雲從龍。風從虎。離緣去。隨緣住。抵達曹溪山古吉祥社。因智峰大師。爲世緣之主。依蓮月禪師。結法印之父。受敎於枕溟大德之講軒。得禪於仁波律師之戒壇。二十七歲。拈香開堂於眞覺祖師修禪之社。得鉢繼鉥於碧潭先師大會之派。敎眼澄乎雪仁蓮默之敎海。禪椎扣於眞龜白草之禪門。八域開士。知音於伯琹。靑萍結涤。1) 定價於薛門。應大小扣而無厭。窺胡漢鏡而忘疲。所著禪門證正錄一卷。雜著一局。并行于世。考其世系則浮休之十一世孫。臨濟之三十六世嫡傳也。浮休之七2)傳有楓嵒。嵒下有四大傑。曰默庵最訥。應庵朗允。霽雲海澄。碧潭幸仁。此四傑卽曹溪之敎父佛海之芳舟。潭傳之會溪。溪之三傳有蓮月。月傳之大師。畢萬之後可驗也。光緖六年辛巳九月八日示寂。世壽六十。僧臘四十五。掛眞于曹溪之影堂也。

1) 옉 '涤'은 '綠'의 오자이다. 2) 옉 '七'은 '六'의 오자인 듯하다.

두륜산에서 조계산으로 돌아가는 김오천[1001]에게 주는 이별의 서 【병진년(1916) 섣달에 장춘원에서】

듣자니, 남쪽으로 강회江淮[1002]에 유람하여 드넓은 강물 위에 노닐며 빈 채로 가서는 꽉 채워 돌아오는 이가 있으며 서쪽으로 바다에 가서 지식인의 문을 찾아가 실이 물들어 비단으로 돌아오듯 한 이도 있다고 합니다. 어찌 문장 사업만 그렇겠습니까. 또한 도덕 가풍도 그러할 것입니다.

나는 을묘년(青兎, 1915) 봄에 방장산에 들어가 은자를 방문하였으나 만나지 못하고는 감천甘泉 강원[1003]에서 차를 달였습니다. 병진년(赤龍, 1916)에는 두륜산[1004] 정상에 올라 영주瀛洲(제주)를 향하고자 했으나 실행하지 못하고 장춘학림長春學林[1005]에 석장을 쉬었습니다. 구곡九曲[1006]의 맑은 바람을 섭렵하여 무이武夷[1007]의 그윽한 경치를 많이 보면서, 삼장三藏의 법미法味를 완상하였지만 제호醍醐[1008]의 극진함을 어찌 알겠습니까.

충의忠義 사당 같은 경우는 3대 화상[1009]의 사액으로 의로운 풍모가 늠름하고 진화眞化 비전碑殿은 12대 종사宗師[1010]의 풍성한 공적으로 위대한 업적이 찬란합니다. 또한 동東·서잠西岑과 일日·월문月門[1011]의 기반은 하늘이 감추고 대지가 비장한 곳이며, 남南·북대北臺의 미륵상[1012]은 그 덕이 신령의 변화요 귀신의 공적입니다. 황금빛으로 야기夜氣가 뜨니 천불千佛[1013]의 호광毫光[1014]이 항상 드러남이요, 옥빛 산색이 흐르니 온 계곡의 잣나무들이 항상 푸른 것입니다. 이는 대흥사의 장관이요 장춘동의 특색이 아니겠습니까. 가히 학자들의 기북驥北[1015]이요 승려들의 사남司南[1016]이라 할 만합니다. 다만 심전心田을 혀로 경작하는 데 코끼리의 조력이 없지 않고, 의지意地에 돌을 던짐에 사자가 사람 무는 것을 자주 봅니다.[1017] 그게 어찌 다른 분이겠습니까. 상인上人(스님)이십니다.

장차 서쪽으로 배를 타시리니 반드시 붕새처럼 현달하여 학처럼 돌아오실 테고, 그에 앞서 남쪽으로 행차하시니 가까이서부터 하여 멀리 오른다[1018]는 말과 완전히 부합합니다. 늠름한 기상은 산악에 모인 영기를 얻었고, 찬란한 외모(眉堂)[1019]는 고요히 비치는 강물 같습니다. 발로 양기羊岐[1020]의 성성城에 올라 여러 바다의 법류法流를 삼키고, 입을 표하驃訶[1021]의 문에 걸어 두고 꽃들(화엄경)의 맛을 곱씹었습니다. 이치의 하늘(義天)에 눈부시게 찬연히 십문十門[1022]의 별들이 벌여 있고, 마음의 땅(心地)에 밝고 드넓게 삼관三觀[1023]의 달이 원만합니다. 어찌 다만 본과本科(불경)만 정미하겠습니까, 또한 찬극鑽極[1024]이 나란히 빛납니다.

봄부터 겨울까지 문득 10개월의 시간이 지나고, 꽃을 찾고 눈발이 서기까지 홀연 삼제三際[1025]의 날들을 겪었습니다. 인연 있으면 안거하여 몇 겹 이전 번뇌의 미혹한 업業을 소멸하고, 장애 없으면 행각行脚(履歷)하여 여러 생生 이후 보리의 영험한 싹을 심었습니다. 이는 향화香火(공양)의 인연 아님이 없으니 누가 연꽃 사업이라고 하지 않겠습니까.

아아, 이치와 운수가 있으니 만남과 이별은 견디기 어렵고, 채움과 비움이 없을 수 없으니 만남과 이별을 어찌하겠습니까. 시기로는 지상에 우레가 돌아와[1026] 일양一陽이 명협蓂莢[1027]의 머리에 비로소 생기고, 지상에 연못이 비쳐 이르니[1028] 삼음三陰이 매화와 버들의 눈(眼)에 떨어집니다. 얼음이 물 가운데 굳건하고 눈발이 산의 모습을 치장합니다. 달 밝은 밤이나 바람 부는 아침에 그대가 '돌아감만 못하다'[1029]는 구절을 읊조리면, 등불의 남쪽이요 벼루의 북쪽에서[1030] 나는 '돌아가리라' 노래[1031]로 응대하겠습니다.

오직 바라건대, 남쪽으로 가는 오늘 아침 빈 채로 가서 가득 채워 돌아옴은 그저 당사자가 물 들이켬에 달렸고, 서쪽으로 배를 타는 훗날 실이 물들어 비단으로 돌아가리니 미혹한 나그네가 모래로 밥 짓기[1032]를 어찌 기다리겠습니까. 주인과 손님의 남은 회포를 이기지 못해 고금의 남은 감회를 들었습니다.

金梧泉自頭崙回曹溪山贈別序【丙辰臘在長春院】

聞夫南游江淮。涵泳汗漫之上。虛而往實而歸者。或有之。西浮大洋。叅訪知識之門。絲之染。錦之還者。亦有之。豈以文章事業已矣。抑爲道德家風然歟。余靑兎之春。入方丈山。訪隱者而不遇。芿[1]煎茶於甘泉講院。赤龍之歲。陟頭崙頂。向瀛洲而未果。洒憇錫于長春學林涉獵九曲之淸風。多見武夷之幽趣。玩閱三藏之法味。安知醍醐之極眞。至若忠祠義堂。三大和尙之賜額。義風凛凛。眞化碑殿。十二宗師之豊功。偉蹟彬彬。抑又東西岑日月門。其基也。天藏而地秘。南北臺彌勒像。其德也。神化而鬼功。夜氣浮金。千佛之毫光常靑。山色流玉。一洞之栢樹恒靑。是無乃大興寺之壯觀。長春洞之特色歟。抑可謂學者之驪北。衲僧之司南乎。但舌耕心田不無象兒之助力。或石投意地。頻見獅徒之咬人。其豈他耶。上人是矣。將期西泛。必也鵬顯而鶴歸。先作南行。完同自邇而陟遐。以其稜稜氣宇。剩得岳降之鍾靈。晃晃眉堂。渟淸江淵之鑑照。足涉羊岐之城。呑吐衆海之法流。口掛瓢訶之門。咀嚼襍華之滋味。義天耀朗。燦然十門之星羅。心地昭明。廓乎三觀之月滿。奚但本科之精美。亦乃鑽極之幷顯。自春抵冬。遽然十箇月之景影。探花立雪。忽經三際日之光陰。有緣安居。能消幾刼前煩惱惑業。無障履歷。挺植多生後菩提靈芽。是莫非香火因緣。孰不曰蓮花事業。噫噫。理數所在。合離難堪。盈虛叵無。會分奈若。時則地雷旣復。一陽始生於蕡荑之頭。地澤照臨。三陰剝落於梅柳之眼。氷堅水腹。雪粧山容。月夕風朝。君唱不如歸之句。燈南硯北。我酬歸去來之辭。唯冀南遊今朝。虛往實歸。只在當人之飮水。西泛他日。絲染錦還。何待迷客之蒸沙。不勝主伴之遺懷。載擧今古之餘感。

---

1) 옛 '芿'은 '仍'의 오자인 듯하다.

『송귀집』의 짧은 서문[모임의 일동이 시를 지어 책을 만들었기에 서문을 쓴다.]

조계산은 학자들의 기북驥北으로 열여섯 분의 국로國老[1033]가 뛰어난 기세로 세상에 출현하니 중생의 으뜸을 길러 양성함이요, 장춘동長春洞은 풍광(物華)의 회남淮南[1034]으로 12대 종사가 운수를 열고 출석하니 인류(品類)의 안목을 도야함이라. 법당을 열고 널리 설법하여 방외의 승려들을 응접하고, 풀을 뽑고 바람에 머리 감으며[1035] 세상의 빼어난 경관을 찾아 다녔도다. 수많은 인재들[1036]과 아름다운 인걸들이 상인上人(스님)께 나아오니, 오천梧泉이 그 호이다.

조계산 법의 물에 갓끈을 씻고 방장산의 용문龍門에서 뺨을 쪼이며, 응암應庵 사부의 법종을 몇 번이나 치고, 호붕浩鵬 노스님의 고아한 발자취를 걸었네. 제비와 짝하여 날아오르고 내리니 봄빛의 상서로움을 입에 물었고, 꾀꼬리를 불러 유희하니 꽃과 버들의 성대한 경치가 옷깃에 스몄네. 장춘동의 빈 공간에 세운 시냇가 누각의 바람과 안개가 소매 속으로 들어오고, 두륜산에 전하는 아름다운 학림學林의 법도가 혀 위로 굴러왔네.

아아, 인연 따라 머물고 인연이 흩어져 떠나니 운수 이치가 항상 그러하고, 옛것에 의지해 나아가고 옛것을 바꾸어 옮기니 주역의 도리를 어찌할 수 없도다. 홀연 백설곡白雪曲[1037]이 울리니 고승(開土)들이 모두 낙심(寒心)함이요, 녹죽綠竹 노래[1038]를 이어 부르니 친구(高朋)의 아름다운 약속을 감내하기 어렵네. 그러나 옛사람들의 송별 선물을 아련히 기억하나니 전송하는 짧은 글이 어찌 없을런가.

오직 바라건대 남쪽으로 유람하여 종사宗師가 도야하던 교화에 배불렀으니 북쪽으로 돌아가 국로國老가 장양長養[1039]하던 법의 물결에 다시 목욕하소서.

왼쪽에 기록된 금송錦頌[1040]을 이으라고 요구하기에 오른쪽에 거친 말들을 억지로 짓노라.

送歸集短引【會中一同。作詩成篇。以序弁之。】
曹溪學者之驥北。十六國老。間氣現世。長養群生之鼻頭。長春物華之淮南。十二宗師。啓運出席。陶冶品類之眼目。所以開堂普說。應接方外之衲僧。撥草櫛風。衆訪域中之勝賞。濟濟多士。彬彬物華。就有上人曰。梧泉其號也。濯纓曹溪之法水。爆腮方丈之龍門。幾撞應師之法鍾。却步鵬老之高蹋。伴燕子而飛落。口含吉祥之春光。招鶯兒而遊戲。衿襲花柳之盛景。長春餘空殼溪樓之風烟。盡入袖中。崙山傳嘉模學林之規矩。轉來舌上。吁吁。隨緣住離緣去。數之理常然。依舊就革舊遷。易之道莫奈。忽起白雪之曲。盡是開士之寒心。聯唱綠竹之詞。難堪高朋之佳約。遙憶昔人贈贐。盍無送歸之短篇。唯冀南遊旣飽宗師陶冶之風化。北歸更沐國老長養之法流。要聯左開之錦頌。强搆右行之蔬詞。

화산선회품시에 부치는 글【정사년(1917) 봄 조계산에서】

　들자 하니, 상한 국과 쉰밥은 향적香積 주방에 들어갈 수 없다는데, 소 오줌과 말똥이 어찌 편작扁鵲[1041]의 처방에 보탬이 되겠는가. 그러나 짧은 가지와 굽은 들보라도 장석匠石[1042]은 먹줄을 이용하여 3층 건물을 이룰 수 있고, 둔한 나귀와 말이라도 백락伯樂[1043]은 또한 채찍질하여 천 리 여정을 가게 할 수 있다. 그래서 좋은 기술자는 몇 자 되지 않는 썩은 나무라도 버리지 않고 성인 또한 미친 사람의 말이라도 채용한다고 하니, 훌륭하다 이 말이여. 그러나 이제 상하고 쉰 국과 밥, 그리고 소와 말의 오줌과 똥을 향적의 주방과 편작의 처방에 함부로 던져 놓으면, 냄새 난다고 하며 누가 약재로 쓰겠는가. 다만 장석의 먹줄과 백락의 채찍질로 버리지 않고 가려 사용하기만을 믿을 뿐이다.

　감히 짧은 가지 같은 몽당붓의 노둔하고 미친 말들로 존귀하고 총명한 이들의 장소를 함부로 더럽히고자 하니, 바라건대 수많은 인사들이 화목하게 임하여 보고서, 썩은 나무라도 버리지 말고 미친 말이라도 택하여 쓰소서. 먹줄을 쓰고 도끼를 휘두르며 채찍을 들어 구슬을 엮으소서. 수많은 패옥을 흩뿌려 쉰밥을 변화시켜 선열禪悅의 맛을 만끽하고, 한 줄기 비의 감미로운 은택을 내리시어 말똥을 씻고 약초의 싹이 자라나게 하소서.

　엎드려 바라노니 살펴보소서.

寄華山禪會品詩書【丁巳春。在曹溪山。】

聞諸。殘羹餿飰。不能入香積之厨中。牛尿馬糞。安敢補扁鵲之方哉。然而寸枝曲樑。匠石能以繩墨。而成三層之棟宇。駑驢鈍馬。伯樂亦以鞭撻。而行千里之道程。所以良工不棄數尺之朽。聖人亦用狂夫之語。良哉是言。今以殘餿之羹飰。牛馬之尿糞。妄投於香之厨扁之方。其誰曰聞臭而製刁之哉。但恃其匠氏之繩。伯公之鞭之不弃而擇用之也。敢將寸枝之短毫。駑鈍之狂語。妄瀆於尊聰之軒。幸濟濟多士。穆穆照臨。莫弃尺朽。擇用狂語。揮繩墨而運斧。擧鞭撻而聯珠。撒萬斛之瓊琚。變餿飣而飫禪悅之味。惠一雨之甘澤。滌馬糞而長藥草之萠。伏唯照鑑。

경성의 중앙학림으로 유학 가는 박상전[1044]을 송별하는 서【정사년(1917) 봄】

산이 그리 높지 않아도 범이 머물면 웅장하고, 물이 그리 깊지 않아도 용이 서리면 깊다고 하는 것처럼, 사람이 그리 현명하지 않아도 배움이 밝으면 현달한다. 그렇다면 용과 범은 산수가 이름을 드날리는 이유가 되고, 학문은 세상에서 입신立身하게 되는 이유인 것이다. 세 가지 것들에 이러한 셋이 없이 세상에 유명한 경우를 나는 아직 듣지 못했다.

이제 세계열강 속에서 영웅이 함께 일어나고 세상과 내가 경쟁하여, 강자와 약자가 서로 삼키고 지혜로운 이와 아둔한 이가 밀쳐 대는(推敲)[1045] 때에, 지역 총림叢林[1046]의 돈을 모아 학림學林을 삼각산 남쪽 한강의 북쪽에 창설하였다. 전국 사원의 재능 있는 이들을 모아 선교禪敎의 진리를 탐구하고 철학의 화려함(文華)을 연구하게 하니, 바라는 것은 반드시 영달하는 것이 아닌가.

영·호남의 남쪽 모퉁이에 있는 조계산 같은 데서 칠원漆園의 꿈[1047]에 아직 달콤하게 빠져 있어 열강의 세력을 깨닫지 못하다가, 다행히 용과 뱀이 서로 울부짖어[1048] 풍운이 괴안槐安의 꿈[1049]을 깨워 솔문을 밀어제치고 활안活眼[1050]을 뜨게 하며 한 쌍의 파랑새가 매화 정원과 버들 언덕에 오르내리는 때이니, 이는 조물주가 세계와 나를 경쟁하게 하는 기회가 아님이 없도다.

병진년(1916) 여름에 임 공林公【석진錫珍】[1051]을 선발하고 정사년(1917) 봄에 박 군朴君【상전祥銓】이 이어 나란히 상경하여 학교에 들어가 공부를 한다고 한다. 선후의 차이는 있으나 재기가 민첩(敏古)[1052]하여 난형국제蘭兄菊弟[1053]가 각기 향을 띠고, 옥을 단련하고 쇠를 끊듯이 각기 날카로움을 드러내니, 무리들 속에서 쟁쟁하여 가히 눈빛으로 의사를 통할 수 있는 자[1054]로다.

떠날 때에 도반들에게 지시하여 즉석에서 시를 지어 작품을 잇고 서문을 붙여서 주었다.

삼각산 우뚝하고 한강은 넘실대니
그대가 그 높음을 배우고 그 맑음을 생각하도록 하는 두 사물이로다
두 빛(일월)이 서로 바뀌고 만물이 서로 빛나니
그대가 그 밝음을 배우고 그 아름다움을 배우도록 하는 무진장이로다

아아, 조계산이 세상에 높고 세상에 깊은 이유는 용과 범이 여기에 머물고 여기에 서리는지 여하에 달려 있다. 저 용과 범과 함께 여기에 은거(隱藏)하는 이는 그 누구인가. 그대가 사해 풍운을 모아 조계산의 물에 함축하고 백수百獸 종족을 몰아 조계산에서 기르게 된다면 이 조계산의 높이 웅장하고 깊이 함축되는 명성이 천 년 후에도 썩지 않으리니, 그대를 얻기를 머리 들어 기다릴 뿐이라.

送朴祥銓遊學京城中學林序【丁巳春】

山不太高。而虎隱則雄。水不甚深。而龍藏則涵。人不良賢。而學明則達。然則龍虎乃山水之所以聞名者。學問卽人界之所以立身者也。有其三者。無此三而鳴於世也。吾未必聞也。今世界列疆之中。英雄幷起。物我競爭。强弱幷吞。智愚敲椎¹⁾之秋。聚域中叢林之金。叛學林於角山之南。漢水之北。慕²⁾海內寺院之才子。究禪敎之眞理。硏哲學之文華。其所以希望者。無乃必乎榮達也哉。以若曹溪在嶺湖之南陬。尙酣漆園之夢。莫悟列强之勢。幸於龍蛇之交叫風雲打起於槐安之夢。樵松扃開活眼一雙。靑鳥頡頏於梅園柳岸之際。是莫非造物之物我競爭之機耶。丙夏選林公【錫珍】。丁春繼朴君【祥全³⁾】。幷馳上洛。入校修學云。雖有先後。才機敏古。蘭兄菊弟。各佩其香。鍊玉斷金。各逞其利。卽徒中錚錚而可目語者也。臨發指法侶。題口呼聯篇。繼引而贈之曰。角山兀兀。漢水蕩蕩。使吾君學其高思其淸之兩箇物耶。雙耀迭遷。萬像交光。使吾君學其明師其華之無盡藏耶。吁吁。曹溪之所以高於世深於世者。其賴龍虎之隱於斯藏於斯之如何也。與彼龍虎。而隱藏於斯者。其誰人乎。若使吾君。會四海之風雲。藏畜於曹溪之水。驅百獸之種族。隱育於曹溪之山。庶此曹溪高深雄涵之名。不朽於千載之下。得吾君而翹首可待云爾。

---

1) ㉠ '椎'는 '推'의 오자인 듯하다. 2) ㉡ '慕'는 '募'의 오자인 듯하다. 3) ㉢ '全'은 '銓'의 오자인 듯하다.

제살[1055] 축원

유세 운운. 엎드려 생각건대 하늘이 만민을 내심에 연월일시를 미리 정할 수 없고, 수요壽夭 길흉 또한 기약할 수 없습니다. 혹 경사도 있고 혹 재앙도 있으니, 길흉이란 원래 하늘에 매여 있습니다. 하늘로 말미암아 생기고 하늘로 말미암아 죽으니 삶과 죽음의 이 운명은 오직 하늘만이 자재自在합니다.

저【아무개】보체保體[1056]는 날 때 달을 택하지 못하고 우연히 낭살狼殺[1057]을 범하였습니다. 비록 일시日時는 아니나 또한 천명에 매여 있습니다. 그래서 이에 비노니 한 마음 붉은 정성을 높은 하늘이시여 낮게 들으사, 미천한 정성을 곡진히 살피시고 특별히 제살制殺을 하사하시어, 끓는 물에 눈 녹듯 바람에 구름이 쓸려가듯 하게 하소서.

삼가 천수天水와 맑은 향을 올리노니 이 제례를 흠향하소서. 엎드려 바라노니 상향尙饗[1058]하소서.

制殺祝

維歲云云。伏以天生萬民。年月日時。不能預定。壽夭吉凶。亦不相期。或有吉慶。或有凶殃。凡有否泰。原係于天。由天而生。由天而死。生死此命。唯天自在。唯我【某】保體。生不擇月。偶犯狼殺。雖非日時。亦係天命。故玆敢乞。一寸丹誠。天高聽卑。曲照微誠。特賜制殺。如湯點雪。若風掃雲。謹以天水一炷清香。俯欽斯奠。伏唯尙饗。

학도들에게 행동에 대해 알려 주는 설

사람이 하늘에서 심성을 받아 땅에 떨어졌으니 그 지혜와 우둔함이나 성스러움과 평범함의 차이는 인종에서 비롯된 것인가? 그렇지 않다. 인종이 그런 종이 되는 까닭은 본성이 연기緣起되는 바에 원인이 있다. 심성이라는 것이 지혜와 우둔함이나 성인과 범인의 차별에 어떤 관계가 있는가? 다만 행동의 근면하고 나태함이 어떠한가에 달려 있을 따름이다.

요堯임금의 성스러움과 도척盜跖[1059]의 평범함이나 석가세존의 지혜와 조달調達[1060]의 우둔함은 행위가 그렇게 만든 것에서 연유하지 않음이 없다. 세상에 다니는 배들이 동으로 가고 서로 가고 느리고 빠르며 멈추고 가는 것이 모두 키를 잡은 이에게 달린 것과 같다. 키를 잡은 자는 기능(機關)이 손에 있는데, 혹여 제대로 사용하지 못하면 동으로 가고자 하나 도리어 서로 가고, 남으로 가고자 하나 북으로 가게 된다. 그 책망이 어디에 있는가? 책망이 있을 따름이 아니다.

한 배의 사람들이 목적지에 도달하지 못하고 물건을 가득 실어 피안에 오르지 못해 강 속에 침몰하여 하류로 떠내려가, 결국 풍랑과 파도 속으로 귀결되면 어찌 한심하지 않겠는가. 오직 우리 배움의 바다 가운데 키를 잡은 이들이 어찌 다른 사람들이겠는가. 즉 우리 형제들이로다. 그대들의 재주와 기량으로 바다 없는 향기로운 배를 함께 몰아서 무형의 지혜의 노를 굳게 잡고 무언無言의 물결에 떠가는도다. 옥을 캐는 이는 멀리 용궁에 소장한 것도 꺼리지 않고 주옥을 탐내는 자는 깊이 여용驪龍의 심연深淵도 사양하지 않는다[1061] 하니, 그대들에게 징험할 수 있다. 오대양 육대주에 이르러 증기선을 몰아 돌아다니고, 고래 파도가 치며 붕鵬새가 나는 바다에 은혜의 노를 잡아 떠다니며 동서남북을 마음대로 하며, 빠르고 늦음과 가고 멈춤을 마음대로 하여 피안에 올라 본지本地에 도착하는 것은 키를 잡은 이의 잘함과 못함에서 말미암지 않겠는가.

우리 학도들은 배를 움직이는 법을 보고 바야흐로 키를 잡는 핵심을 알리라. 인간 세계에서 지혜와 우둔함이나 성스러움과 평범함은 행동이 요 임금과 도척의 지혜와 우둔에서 말미암지 않음이 없고, 또한 행동이 석가세존과 조달의 성스러움과 평범함에서 말미암지 않음이 없도다. 오직 그대들은 애쓸지어다.

示學徒作之之說

盖人之禀乎天。落於地者。其智愚聖凡本乎種耶。曰否也。人種之所以爲種者。原乎眞性之所緣起者也。心性也者。何關於智愚聖凡之別也哉。但由作之之勤怠何如而已矣。所以堯之聖。跖之凡。釋尊之智。調達之愚。莫不由作之之使然也。夫如世行船者。能東能西。欲遲速。欲停行。惣關于把梢人也。爲其把梢者。機關在手。而或使用不善。欲東而反西。進南而退北。其咎安在乎。非但責咎之所在而已。一船人不達之地。滿載物未登彼岸。沉之中江。退之下流竟歸於風浪鯨濤之中。豈不寒心哉。唯我學海上把梢人。豈異人乎。即吾弟兄歟。以若諸君之才器。共駕無底之芳舟。堅把無形之智楫。浮沒無言之波瀾。可謂探玉者。不憚龍藏之遠。探珠者。不辭驪壑之深者。於君可驗矣。至於六洲五洋。駕鐵船而逍遙。鯨浪鵬溟。把惠楫而游泳。任東西而南北。能遲速而行止。登彼岸到本地。豈不由把梢之善否哉。唯吾諸君。觀行舟之法。方知把梢之機關。庶幾乎人界上智愚也聖凡也。莫不由作之爲堯跖之智愚。亦莫非作之爲釋尊調達之聖凡。唯諸君勉旃。

송광사 대공덕주 용운당 대선사 행장 【을미년(1895) 봄에 글을 완성했는데 정사년(1917) 겨울에야 (비석의) 초안을 잡았다.】

선사의 휘諱는 처익處益이요 자는 경암警菴이니 용운龍雲은 그 호이다. 속성은 이씨李氏이니, 즉 효령대군孝寧大君의 후예 장제부정長提副正 원손 源孫[1062]의 후손이다. 대대로 남원에 거주하다가 조부 이하로 곡성谷城 통명산通明山 용계촌龍溪村으로 옮겼다. 부친의 휘는 춘필春弼이고 모친은 밀양 박씨朴氏이다. 꿈에 어떤 범승梵僧[1063]이 가사를 입고는 문 밖에 와서 고하더니, 이후 임신이 되어 가경嘉慶 계유년(1813) 10월 7일에 낳았다. 광서光緖 무자년(1888) 5월 5일에 입적하셨으니, 세수 76세요 승랍은 61세였다.

골격이 특이하고 눈동자에 빛이 났다. 10세 때 총명하고 영특하여 배우면 바로 외워 버렸고 노닐 때는 다른 아이들과 함께하지 않아 장차 노성하게 될 징조가 있었다. 맵고 비린 것을 먹지 않았고 일찍 일어나서 늦게 잠이 드니, 모친의 꿈 조짐과 부합되었다.

15세(1827) 때 조계산 송광사로 출가하여 남일南日 장로를 은사로 모셨다.

17세(1829) 때 머리 깎고 기봉奇峰[1064] 대사에게 구족계를 받고 제봉霽峰 율사에게 선禪을 받았다. 침명枕溟[1065]과 인파印波, 성암惺庵, 기봉奇峰 4대 종장宗匠의 가르침에 참석하여 제반 학문을 연구하였다.

27세(1839) 때 보봉寶峰의 장실에서 분향(拈香)하니 즉 석가세존 72대 적손嫡孫이 된다. 기해년(1839)에 해남 표충사表忠祠 향임享任으로 부임하였다가, 부친의 질병 소식을 듣고는 밤새 집으로 가서 탕약 시중을 들었다. 이틀 만에 부친이 돌아가시게 되자, 손가락을 잘라 피를 내어 목구멍에 흘려 넣으니, 부친이 잠에서 깨듯 소생하셨다. 밤낮으로 손을 잡고 있다가 영결하게 되었다.

임인년(1842, 30세) 봄 밤중에 사찰에 불이 나서 대웅전과 불우佛宇 다섯 채와 승료僧寮[1066] 8채, 공사公舍 11채, 모두 1,150여 칸이 하루아침에 화재 변란을 당했다. 아무도 나서는 이 없어서 선사께서 나이 서른에 복구하려는 뜻을 세우고, 서울을 오가며 고관들과 관계를 맺어 공명첩空名帖으로 모금하기도 하고 문서를 가지고 다니며 재물을 모으기도 하였다. 이해 여름부터 갑진년(1844, 32세) 봄까지 우선 대웅전을 세우고 차례로 각 법전을 세웠고 또 그다음 승암僧庵을 차례대로 하고 안승安僧[1067]과 기타 공사公舍를 세웠다. 정미년(1847, 35세)까지 차례대로 세우니, 편안히 선을 닦는 것이 누구의 힘인지 알 것이다.

또한 해남 표충사 어필각御筆閣[1068]과 비각碑閣,[1069] 산양山陽(화순) 죽원사竹原寺와 곡성谷城 길상암吉祥菴·천태암天台菴, 운봉雲峰 백장암百丈菴이 모두 선사께서 창건한 것이다. 금구金溝 금산사金山寺와 완산完山 송광사松光寺 삼존불三尊佛에 대해 개금改金 불사를 하니 당시 상서로운 빛이 나왔다. 통도사通度寺 계단戒壇과 법당法堂, 해인사海印寺 장경전藏經殿을 중수重修하고, 봉은사奉恩寺 장경藏經의 인출印出과 해인사 장경의 인출에 있어서 화주化主[1070] 하셨으니, 모두 선사께서 장소에 따라 인연을 맺은 것들이다.

기미년(1859, 47세)에 해남 표충사 총섭物攝[1071]을 재임한 후에 전라도 도승통都僧統[1072] 직임을 맡았는데, 법이 오래되어 폐단이 되자 완영完營(전라감영) 최신묵崔信默과 임응환林應煥 두 관리와 함께 힘을 같이해 관인官印을 거두니, 상사上司에서 소멸시켰다.

병인년(1866, 54세) 봄에 영남 표충사 제임祭任을 받은 후에 돌아오길 세 차례 하였으니, 모두 '대각등계大覺登階'[1073] 교지가 내렸다. 같은 해 가을에 서양 배가 강화도를 함락하고 통진通津(김포) 등을 접하여 나라 안팎이 소란하였을 때,[1074] 전라도 수의繡衣(어사) 윤자승尹滋承[1075] 공을 의승장義僧將으로 초빙하여 명을 받들어 장비를 갖추길 재촉했는데, 마침 서양 배가 물러간다는 관보關報[1076]를 듣고는 그만두었다.

기사년(1869, 57세) 봄에 광양光陽성이 함락되고[1077] 바닷가가 소란해서 본관本官으로부터 성을 지키라는 칙명이 내려오자, 하루도 지나지 않아 의병을 이끌고 밤새 성으로 들어가 하루 동안 성채를 지키다가 돌아왔다. 관인을 차고 공무를 행한 적이 다섯 번이고, 직임을 받고 직첩을 받은 게 또한 그러했다. 어떤 승려가 나한羅漢에게 기도한 지 7일 만에 푸른 옷을 입은 이가 꿈에 나타나 말하길, "용운龍雲은 소백산의 신령이 사문沙門(승려)으로 자취를 드러내어, 승려 풍속을 바로잡으려고 한 것이다."라고 한 것이 세 번이다. 이 또한 모친의 꿈과 부합하는 것인가.

기묘년(1879, 67세) 여름에 승가리僧伽黎[1078] 대구품大九品[1079]을 만들고, 시왕생칠재十王生七齋[1080]를 7일 동안 밤낮으로 작법作法[1081]하고 회향回向하니 밤에 두 줄기 상서로운 빛이 보였다. 이는 운명이 다할 때에 극락(樂方)으로 인도한다는 징조가 아니겠는가.

상대霜臺(사헌부) 중신重臣과 창화倡和[1082]할 때마다 바로 시를 읊조리며 미리 지어 놓은 것처럼 하였다. "맑고 시원한 비가 삼천세계에 내리는데(淸涼雨下三千界), 적막하게 등불은 네다섯 기機를 사르네(寂寞燈燃四五機)."의 구절이 그러하다. 당시 진신대부縉紳大夫(관료)들이 공문空門(불가)의 친구가 되지 않음이 없었는데 신석희申錫禧[1083]·조석형曺錫亨[1084] 공公과 권돈인權敦仁[1085]·심응태沈膺泰[1086] 재상, 조영하趙寗夏 정승(輔), 오취선吳取善[1087]·이범진李範晉[1088] 공 등 41명은 고귀하고 성대한 가문으로 외부 장수나 내부 재상의 사대부 아님이 없었다. 도리를 논하며 취향을 펼침은 향산香山의 아름다운 법과 같고, 시를 나누며 보내고 맞이함은 호계虎溪[1089]의 남은 풍조이다. 어찌 옛날이 아름다움을 독차지하리오.

을유년(1885, 73세) 봄에 용화당龍華堂(지장전)을 수리하여 수령이 행차하여 묵을 수 있는 청헌淸軒으로 삼았다.

병술년(1886, 74세) 여름에 동쪽 방장方丈을 붉게 칠하여 삼대전三大殿을 봉안奉安하여 복을 비는 원당願堂[1090]으로 삼고, 백설당白雪堂은 30년간 참선(安禪)하는 장소로 삼았다.

능사能事를 이미 두루 하고 화연化緣이 다하려 하자 가벼운 질병을 보이고 담담하게 입적(化)하였다. 보조암普照庵에 진영을 걸고 부도전浮屠殿에 비석을 세웠다.

松廣寺大功德主龍雲堂大禪師行狀【乙未春書成而至丁巳冬草】

師諱處益。字警菴。龍雲其號也。俗姓李氏。卽孝寧大君裔長提副正源孫之孫也。世居南原。父祖以下寓谷城地通明山龍溪村。父諱春弼。母密陽朴氏也。夢有一梵僧。着袈裟。謁門外。仍有娠。生於嘉慶癸酉十月七日。光緒戊子午月五日寂。壽七十六。臘六十一。骨相不類。眼瞳曜日。年十歲聰明穎悟。學必立誦。遊必不群。將有老成之徵。食不葷腥。枕唯夙夜。倘符母夢之兆也。十五出家於曹溪山松廣寺。以南日長老爲師。十七祝髮。稟具于奇峰大師。受禪於霽峰律師。叅敎於枕溟印波惺庵奇峰四大宗匠。學窮百家。二十七拈香於寶峰之室。卽我釋尊七十二世之嫡孫也。己亥赴海南表忠祠享任。聞家君疾報。罔夜到庭。侍湯餌。纔兩日奄眞。乃斫指涎喉。如睡覺甦生。日夜執手。永訣耳。壬寅春夜牛渾寺失火。大雄殿及佛宇五所僧寮八公舍十一合一千一百五十餘間。一朝倅[1]當回祿之變人無倡首。而師年三十。志圖復舊。出沒京營。締交重臣。或空帖而募金。或荷券而鳩財。自同年夏。至甲辰春。先建大雄殿。次設各法殿。又其次僧庵如次并擧安僧。其他公舍。至丁未。次第建立。居禪安堵。知誰之力也。亦復海南表忠祠御筆閣碑閣。山陽竹原寺谷城吉祥菴天台菴。雲峰百丈菴。并師所剏建。金溝金山寺。完山松光寺三尊佛。并改金仸事。時見放光現瑞。通度寺戒壇法堂。海印寺藏經殿重修。奉恩寺藏經印出。海印寺藏經印出。化主皆師之隨處結緣也。己未海南表忠祠惣攝再任後。以道內都僧統之任。法久成弊。與完營崔【信默】林【應煥】兩吏。同力收印。上司銷之。丙寅春以嶺南表忠祠祭任。奉行而還。三次皆有大覺登階之敎旨也。同年秋洋舶陷江華接通津等地。朝野騷亂時。本道繡衣尹公【滋承】。以義僧將招督奉令治裝。適聞退舶關報而止之。己巳春光陽陷城。沿海蕭亂。自本官有守城之飭。不日。倡率冈夜入城。一日守壘而還。凡佩印行公者五也。贈職受帖者亦如之。有僧禱羅漢七日。夢一靑衣言曰。龍雲卽小白山靈。示迹沙門糾正僧風云者三夜。此亦倘符母夢耶。己卯夏造僧伽黎大九品。十王生七齋七晝夜作法回向。夕雙道現瑞。無乃臨命終時接引樂方之兆歟。每和霜臺重臣。率爾口占。如宿搆焉。其詩曰。淸凉雨下三千界。寂寞燈燃四五機之句是也。當時縉紳大夫。莫不爲空門友。而唯申公【錫禧】。曹公【錫亨】。權相【敦仁】。沈相【膺泰】。趙輔【寗夏】。吳公【取善】。李公【範晉】。如是四十一員。高門隆族。莫非爲出入將相之士大夫。而論道發趣。如香山之嘉模。唱酬送迎虎溪之遺風。何專美於古哉。乙酉春修葺龍華堂。爲守令行次寄宿之淸軒。丙戌夏丹雘東方丈。奉安三大殿祝釐之願堂。白雪堂爲三十年安禪之所也。能事已周。化緣將畢。示微疾。泊然而化。掛眞于普照庵。立石于浮屠殿。

---

1) ㉑ '倅'는 '卒'과 통한다.

『산수결』을 등사하여 보관하는 서[의병과 일병의 난리 역사는 다른 기록에 있다.]

나는 무기년戊己年[1091]의 난리에 청진암清眞蘭若[1092]에 은거하여 그저 심령心靈이 어떠한가만 관찰하고 있었다. 하루는 명사明師[1093]와 두 숙덕宿德[1094]이 문을 두드리고 방문하여, 차를 마시며 시를 화답하였다. 대화가 산수 취미에 이르자 옥룡玉龍[1095]과 일행一行[1096]의 비결을 유인游刃[1097]하지 않음이 없이 주고받으며 말하길, "동인東人(조선인) 가운데 없어서는 안 될 사람으로 이 사람만 함이 없다."라고 하였다. 나는 가슴이 상쾌하여 한 번 살펴보고자 하는 마음이 없을 수 없었다. 또한 선산의 명당 자리를 간절히 구한 지가 오래되었다. 즉시 승려들이 지닌 비결들을 구하여 날마다 등사하여 등불을 돋우고 읽었다. 몇 개월 되지 않아 등사와 독서를 마치니, 사격四格과 오산五山·팔괘八卦·구성九星[1098]에 대해 손바닥을 가리키듯 하였다. 형체로 드러난 것에 대해 용을 찾고[1099] 장소를 결정하는 것은 족히 주저하거나 의심하지 않게 되었다.

그러고는 스님들과 산을 구경하고 물을 감상하면서 산이 아름답고 물이 수려한 곳에 도달하면 담소하며 고인의 비밀스런 장소를 가리키기도 하였다. 운월령雲月嶺 위의 삼망봉三望峯에 이르러, 혈穴을 얻어 부친을 안장하니 임좌壬坐(북서쪽을 등진 자리)이고, 아래로 기룡촌起龍村에 이르러 혈을 얻어 모친을 안장하니 유좌酉坐(서쪽을 등진 자리)이다. 이것은 이른바 하늘과 땅이 감춘 곳이요 맹인이 문을 얻은 격이라 하리니, 어찌 많이 얻을 수 있겠는가.

아아, 옛날 명사明師가 하늘을 보고 땅을 꿰뚫어 근본을 살핀 연후에야 행세할 수 있었다. 지금처럼 육안肉眼의 부패한 선비들이 어찌 구구한 문자와 요철낭서腰鐵囊書[1100]로 산수 간에 치달으며 풍화風火의 말로 혀를 놀리는가. 이런 일은 일단 제쳐 두고 다음과 같이 송頌한다.

강남 수천 리를 다 다녀도
어디가 진짜 용인지 모르네
삼산이 솟아나 감싼 가운데
두 물줄기 흘러 만나는 중에
노비는 면전에서 크게 베풀고
주인은 뒤에서 별처럼 솟아나
성문 닫으니 뾰족하게 갈라짐 없고
수구 막으니 바람도 통하지 않네

山水訣謄寫藏實序【義兵日兵亂離歷史在別錄】

余戊己之亂。隱居于淸眞蘭若。只觀心靈之如許矣。一日明師二宿德。扣門而訪。茶以點之。詩以和之。語及山水之趣。玉龍之秘。一行之訣。莫不游刃而吞吐曰。東人之不可無者。莫此若也。余心懷爽朗。不能無一覽之欲。亦旣切於先山之明穴一所久矣。卽求諸師之所有眞訣。日寫而燈讀之。不數月而寫覽 其於四格五山八卦九星。指點於掌中。尋龍定局之形於外者。固莫足而遲疑也。仍與諸師觀山玩水。行到山佳水秀。或談笑指點古人秘地。轉至雲月嶺上三望峯。得一穴。安父。山壬坐。下至起龍村上。占一穴。安母。山酉坐。是所謂天藏地秘。盲者得門。安可多得耶。嗚呼。古之明師。鑑天透地。徹見根底然後。可以行於世也。如今肉眼腐儒安可以區區文字腰鐵囊書。走殺於山水之間。撓舌於風火之說乎。姑實是事。頌曰。

行盡江南幾千里。不知那介是眞龍。三山幷出抱藏裡。二水分流交會中。奴在面前排大張。主從背後聳星峰。城門塞閉無尖缺。水口關闌不通風。

육상궁 원당 기문

일찍이 듣자니, 본사(송광사)에 육상궁을 봉안했다고 하는데 무슨 말인가. 옛 기록에 이르길, 우리 숙종대왕의 두 번째 왕후인 숙빈淑嬪 최씨의 원당이라고 한다. 빈궁이 탄생한【임신하여 왕후로 봉한 사실의 전말은 길어서 일일이 열거하지 않는다.】 영조대왕이 즉위한 지 31년 을해년(1755)에 천하 명산을 골라서 추모하는 원당을 세우라 명하셨다. 예조에서 본도의 군(순천)에 발관發關[1101]하니 도신道臣(관찰사)과 군리郡吏들이 명에 따라 일을 하여 다음 해 병자년(1756) 봄에 본사 명부전(冥殿)의 남쪽이자 행해당(行堂)[1102]의 북쪽에 원당을 세웠다.

두 개의 마룻대와 화려한 기둥이 높이 초제招提[1103] 위로 솟고 일궁一宮의 주렴이 안개와 놀 바깥으로 은은히 비쳤다. 이로부터 계하啓下[1104]한 칙지勅旨가 매년 내려와서 각군各郡 향리와 백성들의 고충이 영원히 두절되었으니 사찰이 편안하고 승려들이 보존됨은 원당을 봉안한 덕이 아님이 없다. 조정에서 진휼하는 은택이 멀리 천 리 바깥의 공문空門까지 미쳤도다.

아, 70여 년 후에 본궁은 창평군昌平郡[1105] 용흥사龍興寺로 이전되었다. 이 또한 운수가 있는 것이요, 원래 치도緇徒(승려)들이 할 수 있는 바가 아니다. 어찌 탄식하겠는가. 그러나 원당의 창설은 인연으로 완성됨이요, 원당의 이전은 자연히 무너짐이다. 인연과 자연은 하늘의 이치요 주역의 수리이다. 그러므로 이수理數에 부칠 따름이다.

毓祥宮願堂記

曾聞本寺奉安毓祥宮云者。何謂也。古記云。卽我肅宗大王第二后淑嬪崔氏之願堂云。嬪宮所誕。【妊娠封后之始末事實。長不枚擧也。】英祖大王卽位三十一年乙亥。勅選天下名山。特設願堂之追慕。而自禮曹發關于本道郡。

道臣郡吏。依敎董役。翌年丙子春。勅建願堂于本寺冥殿之南行堂之北。雙棟華楹。突逈於招提之上。一宮瑤簾。隱映於烟霞之表。自是啓下勅旨。比年下護。各郡吏民之苦瘼永爲杜絶。寺安僧存。莫非願堂奉安之德。朝家賑恤之澤。遠及於千里空門矣。嘻。七十餘年後。本宮移安于昌平郡龍興寺。此亦理數所在。原非緇徒之所能。何足歎哉。然堂之刱也。因緣而成。堂之移也。自然而毀。盖因緣自然者。卽天之理。易之數也。故付諸理數而已。

축성전 창건기

축성전이란 즉 우리 삼전三殿의 탄생일에 축원(祝釐)하는 전각이다. 광서光緖 12년 병술년(1886)은 이태황李太皇(고종)께서 왕위에 오른 지 23년이 되는 해이다. 본 군수 이범진李範晉[1106]은 본래 화려한 가문의 각신閣臣으로서, 상경하여 대궐에 들어가 입시하여 친히 주달하면서 승평昇平(순천)의 웅걸함을 은밀히 아뢰고 송광사의 뛰어난 경치를 세밀히 사뢰었다. 그러자 주상께서 빙그레 감탄하며 말씀하셨다. "예전에 현릉玄陵[1107]이 '동방 제일의 도량'이라 일컬었다고[1108] 들었는데 정녕 빈말이 아니로구나. 짐朕이 1천 금 재물을 획하劃下[1109]할 테니, 네가 그 사찰에 건물을 지어서 삼전三殿의 탄신재誕辰齋를 받드는 것이 괜찮겠지?" 공이 절하고 물러나, 사찰에 와서 북을 울려 무리를 불러서는 용운당龍雲堂(처익處益)에게 관리하게 하였다. 그러고는 토지 32마지기를 사서 삼전의 위패를 동쪽 방장에 봉안하고 판액을 걸어 '축성전'이라 하였다. 다음 해 정해년(1887)에 또 5백 금을 내려 주어 단청을 새롭게 하고 문을 세우고 섬돌을 쌓게 하였다. 아, 막중한 성전聖殿이 오색구름 끝에 아스라이 높고 웅장한 홍문虹門[1110]이 네 거리에 빛나며 13층 섬돌 위에 삼중三重 어천문於千門을 올리고, 이름을 '만년'이라 하였다.

다음 병신년(1896)에 본도 관찰사 윤웅렬尹雄烈[1111]이 본사에 와서 백배百拜하며 경축敬祝하고 만세계萬歲契를 마련하여 7백 금을 하사하고, 또한 지방 관원들에게 힘 닿는 대로 희사喜捨하도록 권하였다고 한다. 그리고 계안문契案文을 친히 작성하였으니, 대략 "우리들이 이 지역에 들어와서 성전을 우러러보니 태양 아래 오색구름이 지척에 있는 듯하다."라고 하였다. 도신道臣(관찰사)과 군의 관리들이 이처럼 흠모하니 하물며 이 사찰에 머무는 치도緇徒(승려)로서 어떻게 경축하지 않겠는가. 불일佛日이 길이 밝고 황도皇圖[1112]가 공고하리라.

祝聖殿刱建記

祝聖殿者。卽我三殿下誕辰祝釐之殿也。光緖十二年丙戌年。卽李太皇卽祚之二十三年也。本郡倅李範晋。本以華族閣臣。上京入闕。入侍親達。密奏昇平之雄傑。細禀松寺之勝賞。上莞爾欽歎曰。昔聞玄陵之謂東方第一道場者。正不誣矣。朕劃下一千金需財。汝建堂于該寺。供三殿誕辰齋。可乎。公拜退。抵于寺。鳴鼓招衆。令龍雲堂管之。仍買土三十二斗落。只奉安三殿位牌於東方丈。揭額曰祝聖殿。翌年丁亥。又下五百金。重新丹雘。建門築階。噫。莫重聖殿。嵬嵬乎五雲之端。壯觀虹門。逈逈四街之表。十三層階上。上於千三重門。額[1]曰萬年。越丙申。本道觀察使臣尹雄烈。巡到于本寺。百拜敬祝。設萬歲契。以七百金處下。亦勸地方官員隨力喜捨云。親製契案文。其略曰。吾輩旣入此境。瞻仰聖殿。日下五雲。如隔咫尺云。以道臣郡官。如此欽慕。以況居此寺之緇徒。倘如何敬祝哉。佛日長明。皇圖鞏固云。

---

1) 옙 '三重門額' 오른편으로 줄이 그어져 있고 '上'이 적혀 있는데 어떤 의미인지 알 수 없다.

송광사 보제당 삼불의 개금 점안에 대한 소

사바세계 운운云云 재를 마련한 대단월大檀越 아무개 보체保體는 은사恩師 아무 당堂의 영靈을 위해 또한 자신이 정토에서 태어나려는 바람을 위해 화주(化士) 아무개와 도감都監[1113] 아무개, 별좌別座[1114] 아무개 등이 공동으로 발심하여 금어비구金魚比丘[1115] 아무개에게 청하여 극락도사極樂導師[1116] 아미타불 1위位와 관음觀音과 세지勢至[1117] 보살 각 1위를 도금하게 하였습니다. 그리고 원만한 날에 점안點眼 법회를 공경히 마련하여 섭호攝護[1118]해 줄 것을 우러러 기도합니다.

엎드려 생각건대 목상木像의 신령한 모습(靈儀)은 기원(祇桓)[1119]의 탁자 위에서 비롯되었고 금신金身의 오묘한 모습(妙色)은 음광飮光[1120]의 마음에서 흘러나왔고, 우전국優塡國 왕의 믿음[1121]과 비수천주毘首天主[1122]의 미술에서 비롯되었습니다. 이제 이 삼존불은 무량수광無量壽光이 주세불主世佛[1123]이 되고 관음觀音과 세지勢至가 보처존補處尊[1124]이 되어, 만덕萬德이 단엄하니 아스라한 수미산인 듯하고, 두 눈빛이 찬란하니 중중무진의 윤위산輪圍山[1125]과 방불합니다. 항상 비치는 광명은 천 개의 해가 두루 비추는 듯하고, 두루 묘법을 설함은 백 개의 혀로 항상 노래함이 아님이 없습니다. 48대원大願의 지난 인연은 법장法藏 비구가 때때로 발원한 원력願力이요,[1126] 천수천안의 현재 업은 관음여래께서 이전에 심은 선근善根[1127]이라. 그리하여 백옥처럼 밝은 터럭이 (수미산) 다섯 봉우리에서 휘돌고 자금색 사지(四像)가 백억 찰토에 화려하게 빛나네. 그림자로 나툰 화현化現[1128]은 끝이 없어서 인연 있는 이들 모두 건지고, 밝은 빛이 곳곳마다 흘러 중생을 거둬 주지 않음이 없도다.[1129] 좌보左補[1130]는 다음과 같다. "보배 손으로 버들가지 집어 감로수를 흩뿌리니 지옥에서 타는 불을 끄고, 금빛 몸으로 연꽃에 앉아 오묘한 향을 날리니 천하의 더러움을 제거하도다." 우보右補[1131]는 다음과 같다. "관 속의 보배 상투에 천 가지 꽃 드리우고 몸에는 구름 옷의 다섯 빛깔이 아롱지네." 이미 중생을 건질 방편이 있으니 어찌 대응하여 교화할 형체가 없겠는가. 모두 대단월의 한 조각 마음이 유출됨이고, 늙은 비구의 세 치 혀에서 나온 것이다. 여러 인연을 합하여 일이 이루어졌으니 어찌 성인들의 감응이 없겠는가.

엎드려 생각건대, 작은 실과 한 방울 물도 베풀기 어려운 이러한 말세 시대에 진짜 금과 좋은 땅을 희사할 수 있는 저 본래 근기를 생각하니, 어찌 일생 동안 훈습한 믿음의 종자일 뿐이겠는가, 실로 백겁百劫 동안 수행한 복전福田으로 말미암음이라. 금을 칠하고 빛을 다듬어 백 가지 어려운 일에 힘쓰고, 재물을 관리하고 경영하여 만 가지 힘든 일에 근면하였도다. 정갈한 마음을 증관證觀하고 위엄 있는 명령을 송념誦念하니 찬양할 수도 없고, 별을 보며 경점更點[1132]하고 공사供司[1133]가 밥을 함에 또한 아뢸 수 있는 게 있습니다. 온갖 물품을 구비하여 능히 일을 마치게 되니 혹시 한 가지라도 결핍되면 큰 일이 이루어지기 어렵습니다. 이제 점안點眼하는 법단을 개최하게 되어 특별히 축원을 펼치옵니다.

엎드려 바라건대, 요堯임금의 풍화가 만방에 펼쳐지고 불일佛日이 천추에 빛나소서. 온갖 일들이 조화로워 태평하고 평안하며 만민이 기뻐하며 함께 즐겁게 하소서. 그런 연후에 바라건대, 보고 들음에 따라 기쁘게 같이 보리 인연을 펼치고 원근에 인연을 맺어 함께 종지種智[1134]의 과보가 원만하게 되게 하소서.

松廣寺普濟堂三佛改金點眼疏

據娑婆世界云云。設辨齋者大檀越某保體。爲恩師某堂靈。亦爲己身。當生淨土之願。化士某都監某別座某等。同共發心。敬請金魚比丘某。銕金極樂導師阿彌佛一位。觀音勢至各一位。以圓滿之日。敬設點眼法會。仰祈攝護者。伏以木像靈儀。濫觴於柢[1)]桓卓上。金身妙色。流出於飮光心中。由乎優塡國王之信根。毘首天主之美術。今此三尊佛者。無量壽光爲主世佛。觀音勢至作補處尊。萬德端嚴。依俙須彌之落落。雙曜晃朗。彷彿輪圍之重重。常放光明。疑是千日之普照。徧說妙法。無非百舌之長吟。六八大願之宿因。法藏比丘時所發願力。一千手眼之現業。觀音如來前所種善根。所以白玉明毫。旋轉於五峯山上。紫金四像。輝華於百億刹中。影化重重。有緣皆度。光流處處。無不攝生。左補曰。寶手執楊枝洒甘露。沃燋燃於鬼界。金身坐蓮蕚飛妙香。除觸穢於八寶。右補曰。冠中寶髻垂千華。身上雲衣輕五彩。旣有度生之方便。那無應化之權形。儘是大檀越一片心而流出。老比丘三寸舌而自來。旣合衆緣而事成。盍無諸聖之感應。伏念丁此末葉。寸絲滴水難施之時。思彼本根。眞金沃土能捨之事。豈特一生熏習之信種。實從百刼修行之福田。抑唯銑金磨光。百種艱力。管財營辦。萬般勤辛。證觀淨心。誦念威令。已無能以讃仰。瞻星更點。供司蒸熟。亦有可以誦言。盖此百色俱存。能事方畢。若或一種乏缺。大功難成。伊今肆開點眼之壇。特伸祝釐之願。伏願堯風扇於萬國。佛日輝於千秋。百工和而泰安。萬民悅而咸樂。然後願見聞隨喜。共發菩提之因。遠近結緣。同圓種智之果。

---
1) ㉑ '祗'는 '祇'의 오자인 듯하다.

영산회 주별[1135]

사바세계 운운云云에 의거하여 재齋를 마련한 아무개는 엎드려 망사亡師 아무개 영靈이 마침내 사십구재를 당함에 정토에 태어나길 바라는 마음으로 법회를 공경히 마련하였으니, 우러러 바라건대 섭수攝受[1136]하소서.

엎드려 듣건대, 석가세존의 바다 같은 큰 자비는 삼계三界를 널리 윤택하게 고루 적시고, 명부시왕冥府十王의 하늘처럼 신이한 살핌은 칠취七趣[1137]를 온통 비춰 환히 꿰뚫습니다. 사랑하여 도와줌을 서두르니 어찌 간절히 기도하는 근면함이 없겠습니까.

엎드려 생각건대, 망사는 실로 제게 부친과 같아, 사랑하여 길러 주는 마음이 미혹한 자식에게 유독 깊었는데 일생 동안 받들었던 정성은 은사恩師에게 가장 얕았습니다. 변변치 않은 음식이라도 작은 정성이나마 백세까지 봉양하리라 기약하였는데 생사로 영원히 멀어짐이 어찌 하루아침보다 빠릅니까. 생전의 거처와 모습(音容)을 그윽이 생각해 보니 피눈물이 샘처럼 흐르고, 사후에 왕생할 태질胎質을 모르니 가슴에 불이 납니다. 두 뺨에 흐른 눈물 자욱이 마르기 전에 사십구재(七齋)의 정한 기일이 임박하였으니 그저 슬피 울부짖은들 무슨 보탬이 되리오. 천도함이 마땅합니다. 이로 말미암아 불초자의 미약한 정성을 펼쳐 무차대회를 엽니다.

삼단三壇[1138]의 정궤淨軌는 홍려鴻臚[1139] 문밖에서도 이에 따랐고, 7축의 영문靈文[1140]은 영취산 정상에서도 설했던 것입니다. 보탑의 문이 열리니 두 존尊[1141]의 진실한 모습을 우러러보고, 업경대業鏡臺[1142]가 높아 열왕列王(명부시왕)의 엄한 모습에 공경히 예배합니다. 천륜天輪이 움직이는 곳에 화개花盖 깃발이 타화천他化天[1143]의 당堂 앞에 어지러이 떨어지고, 지축이 움직이는 때에 장엄한 누각이 가라궁迦羅宮[1144] 문밖으로 용솟음쳐 나옵니다. 또한 1단壇의 아사리(闍梨)들이 운집하고 팔부천룡八部天龍[1145]이 강림하니, 금우반金牛飯과 옥산주玉山珠가 금쟁반과 옥발우의 표면에 쌓이고(鬪鬪) 우두향牛頭香[1146]과 용안과龍眼果[1147]가 코끼리 향로의 규각虯角[1148] 끝에 쌓입니다(飣飣).[1149] 어찌 형체를 꾸며 하늘을 감동시킬 뿐이겠습니까. 또한 마음이 정성스럽고 장소도 특별합니다. 진관眞觀과 청정관清淨觀, 그리고 지관智觀[1150]이 거듭 현묘하고, 범음梵音[1151]과 해조음海潮音,[1152] 그리고 패음唄音[1153]이 함께 울립니다. 믿음과 발원을 성취하니 향 내음이 수월도량으로 흩어지고, 주력呪力이 퍼져 흐르니 공양하는 연기(供雲)가 제주帝珠[1154]의 경계에 두루 퍼집니다. 등잔불은 반짝반짝 별들이 늘어선 듯 반야의 광명을 활짝 열고, 깃발은 겹겹이 구름처럼 드리워져 법신의 상호相好[1155]를 일제히 드러냅니다. 능인能仁(부처)의 보이지 않는 가피가 가까이 있고, 염마왕(閻老)의 감응이 멀지 않습니다.

엎드려 바라건대, 망사께서는 이 수승한 인연으로 천겁의 숙업을 다 소멸하고 오묘한 과보를 받아 일승一乘의 진리(道眞)를 깨달으소서. 혹 하늘에 태어나시거든 미륵불의 누각으로 돌아오시고, 결정코 불성을 깨달아 미타불의 연대蓮臺[1156] 위를 거니소서. 남은 물결이 널리 비추어 괴로운 중생들이 모두 소생하리니, 그저 진심어린 정을 드러내어 선소宣疏[1157]를 진술합니다.

靈山會晝別•

據娑婆世界云云。設辦齋者某。伏爲亡師某靈。卒當七七之齋。當生淨土之願。敬設法會。仰冀攝受者。伏聞釋尊之弘慈如海。普潤三界而均沾。冥王之神鑑如空。洞照七趣而朗徹。旣切愛援之急急。何乏懇禱之勤勤。伏念亡師。寔予猶父。諸資愛養之心。偏深於迷子。一生奉覲之誠。最淺於恩師。菽水微誠。將期於百歲。幽明永隔。何速於一朝。暗想生前之居處音。[1)] 血淚泉至。昧却死後之徃生胎質。胸臆火燃。雙臉之沾痕未乾。七齋之定期奄迫。徒哀號而何益。唯薦拔之是宜。由是玆發不肖之微忱。爰開無遮之大會。三壇淨軌。斯遵於鴻臚之門外。七軸靈文。自說於鷲嶺之頂上。寶塔門闢。仰瞻二尊之眞儀。業鏡臺高。敬禮列王之嚴像。天輪動處。花盖幢幡。亂墜於他化天之堂前。地軸轉時。樓閣莊嚴。湧出於迦羅宮之門外。抑亦一壇闍梨之雲集。八部天龍之降臨。金牛飯玉山珠。鬪鬪於金盤玉鉢之面。牛頭香龍眼果。訂訂於象爐虬角之頭。豈唯形篩之感天。亦復心誠而特地。眞觀淸淨觀并智觀而重玄。梵音海潮音和唄音而齊唱。信願成就。香縷散於水月之道場。呪力宣流。供雲遍於帝珠之境界。棧²⁾燈燦燦。星列洞開般若之光明。幡影重重。雲垂齊現法身之相好。能仁之冥加在近。閣老之感應不遐。伏願亡師。將此勝因。頓消千刼之宿業。承斯妙果。便悟一乘之道眞。倘或生天兮。徃返於彌勒樓閣之中。決定見佛矣。逍遙於彌陀蓮臺之上。餘波普潤。苦類咸蘇。聊表衷情。敢陳宣疏。

---

1) ㉯ '音' 뒤에 '容'이 빠진 듯하다.　2) ㉯ '棧'은 '盞'의 오자인 듯하다.

명왕 야별 소

사바세계 운운에 의거하여 엎드려 생각건대, 손안의 황금 석장錫杖으로 지옥문을 열어젖히고, 손바닥 위의 밝은 구슬로 대천세계를 비춥니다. 십전十殿[1158]에서 판결(照律)하니 아비阿鼻[1159]의 의정依正[1160]이 곧장 얼음 녹듯 하고, 오도五道[1161]가 나뉘니 비로毘盧[1162]의 몸과 토지에 자연히 방향이 다릅니다. 이미 선악의 길을 정했으니 어찌 뜨고 가라앉는 문이 없겠습니까.

엎드려 생각건대, 제자 아무개 등은 혹시 망사亡師께서 중음中陰[1163]에서 지체될까 걱정되어 영식靈識(영혼)을 천도하여 상품에 나도록 하고자, 사십구재 저녁에 9단壇을 마련합니다. 팔각八角의 궤범(軌模)을 얻지는 못했지만 삼단三壇의 청결한 법식은 드러낼 수 있습니다. 7일 동안 정진하니 일심이 하늘을 뚫고, 1단壇의 아사리는 오체五體를 투지投地합니다. 하늘로 솟는 범패는 어산魚山[1164]의 오묘한 소리를 고무시키고, 땅을 휩쓰는 단향檀香의 바람은 우두산牛頭山[1165]의 진향眞香을 사르는 듯합니다. 허공의 삼신三身은 완연히 보탑寶塔이 용솟은 듯하고, 탁자 가득한 십전十殿은 원래 명계冥界에서 강림한 것입니다. 연운烟雲의 보잘것없는 공양을 꺼리지 마시고 바라건대 청정한 수월水月의 단장壇場에 강림하소서.

엎드려 빌건대, 지장 성존地藏聖尊께서 아울러 길을 앞서 인도하시고, 염라 천자閻羅天子께서 대중을 이끌어 강림하소서. 밝은 구슬과 육환장(環錫)[1166]으로 빛을 내시니 소리가 울려 중생을 경계하게 하고, 쇠사슬과 구리 형구를 내려놓으니 편안히 괴로움이 그칩니다. 진열한 자리와 과일(蒲果)은 비록 순타純陀[1167]의 좋은 공양은 아니지만, 해바라기 같은 정성을 다하니 어찌 제위提韋[1168]의 좋은 음식과 다르겠습니까.

엎드려 바라건대, 망사의 가는 혼백이 괴로운 삼도三途[1169]를 밟지 않고, 극락 구품九品[1170]에 오르소서. 그러한 연후에 바라건대 재를 올리는 이들의 윗대 먼저 가신 여러 생生의 부모님들이 화택火宅을 여의고 연태蓮胎[1171]로 같이 태어나, 아뇩달지阿耨達池[1172]에서 여러 겁의 먼지를 씻어 버리고 옥호玉毫[1173]의 빛 속에서 무생無生의 오묘한 인연을 문득 깨달으소서. 남은 빛이 비치는 곳에 눈 어둔 이들이 함께 깨달으리니, 이에 정성을 다해 표현하고 삼가 아룁니다.

冥王夜別疏

據娑婆云云。伏唯手中金錫。振開地獄之門。掌上明珠。光攝大千之界。十殿照律。阿鼻依正直下冰消。五道分岐。毘盧身土自然趣異。既定善惡之路。何無昇沈之門。伏念弟子某等。恐或亡師。滯於中陰。欲薦靈識。生於上品。祭當七七之夕。爰設三三之壇。雖未得八角之軌模。猶可表三壇之淨式。七日精進。一心徹天。一壇闍梨。五體投地。掀天梵樂。鼓舞魚山之妙音。括地檀風。焚爇牛頭之眞香。半空三身。完若寶塔之湧出。滿榻十殿。原是冥界之降臨。莫嫌烟雲菲薄之供養。願降水月淸淨之壇場。伏祈地藏聖尊。幷引路而先導。閻羅天子。率徒衆而降御。明珠環錫放光。振聲而警群。鐵鎖銅鉗放下。安詳而息苦。陳列蒲果。雖非純陀之供。傾渴葵誠。何異提韋之上味。伏願亡師逝魄。不踏三途之苦趣。高步九品之樂方。然後願齋者各等。上世先亡。多生父母。幷離火宅。同生蓮胎。阿耨池中。蕩滌累刼之塵垢。玉毫光裡。頓悟無生之妙因。餘光所照。群盲咸惺。玆將丹誠。表宣謹疏。

고흥군 금산면 풍악산 송광암 중수기

엎드려 듣건대, 갈대 잎사귀 하나로 부처님을 덮어 준 덕택으로 십륜十輪의 왕위를 감득感得하였고, 동전 셋을 스님에게 시주한 덕택에 5리里의 보배(寶藏)를 뚫어 얻었다[1174]고 하는데, 하물며 전각을 수리하여 불상을 안치하고 10속束의 금으로 불상에 옷을 입혔으니 어찌 왕위와 보장으로 논할 뿐이겠는가.

이 암자는 보조국사普照國師께서 창건한 보방寶方(사찰)으로 지역은 수려하고 불상은 신령하여, 기도하면 응해 주시니 소리가 골짜기에 울리듯 하고, 바라면 이루어 주시니 달이 강에 비치듯 한다. 신이하고 영묘한 자취는 마을 노인과 촌부村夫들의 평판(口碑)으로 남아 있으니, 거듭 말할 게(重瀆) 없다.

몇 번의 겁파刼波[1175]를 지났는지 모르겠는데 함풍咸豊 7년 정사(1857)에 징천澄天이 중수하니 선극모宣克模 공이 공덕주가 되었다. 건양建陽 원년 병신(1896)에는 우화又和가 중수하니 승지 선영홍宣永鴻[1176] 공이 또 공덕주가 되었다. 소화昭和 2년 정묘(1927)에는 주지 경봉景鳳이 중건하니 참봉 선남훈宣南熏 공이 또 대공덕주가 되었다. 기사(1929) 여름에는 불상을 도금하니 참봉叅奉 공公(선남훈)과 면장面長 장남박張南搏[1177]과 사사키(佐佐木) 등 여러 인사들이 좋은 인연을 같이 맺어 불사를 성취하였다. 서까래와 벽돌·기와가 변하여 견고한 보배 전각이 되었고, 칠이 누추한 검은 몸이 광명의 금신金身이 되니, 이로부터 불심佛心이 영묘하고 천룡이 환희하였다. 중생이 믿음으로 돌아오니 반드시 재앙을 소멸하고 복을 내려 주며, 완상하는 객이 지팡이를 던지니 장차 손과 발로 춤을 추리라.

아아, 선공宣公이 3대에 복을 지음에 화華 지역인의 세 가지 축원[1178]과 기자箕子의 다섯 가지 복[1179]은 이미 거론할 게 없다. 동참하신 군자들께서 인연을 맺었으니 진실로 순씨荀氏 팔룡八龍[1180]과 주나라의 90세[1181] 보

응이 반드시 있을 것이다. 주지의 교화 인연으로 단씨檀氏(시주)들의 신근
信根을 규합하여 전각을 수선하고 불상을 빛나게 하여 찬란하게 변모시켰
으니, 함께 선한 인연을 맺어 함께 종지種智를 원만히 함을 얻을 것에 의
심이 없다.

아름다운 자취가 사라질까 걱정되어 전말을 대략 기록함으로써 그 덕
을 영원하게 하고자 할 뿐이다.

高興郡錦山面楓岳山松廣庵重修記

伏聞一蘆葉覆佛。感得十輪之王位。三錢金施僧。穿得五里之寶藏。而況修
一殿而安佛。銑十束而衣佛者。豈特以王位寶藏論也哉。是庵者。卽普照國
師所剙之寶方。其地也秀麗。其佛也神靈。恳禱卽應。如響傳谷。願求卽遂。
如月印江。神異靈妙之蹟。自在於鄕老村夫之口碑。不足重瀆也。未知幾經
刼波。而咸豊七年丁巳。澄天重修。宣公克模爲功德主。建陽元年丙申。又
和重修。承旨宣公永鴻。又作功德主。昭和二年丁卯。住持景鳳重建。叅奉
宣公南薰又作大功德。己巳夏銑金塗佛。叅奉公與本面長張南搏及佐佐木
等諸君子同結良緣。成就佛事。椽桴塼瓦。變成堅固寶殿。漆陋烏躬。改作
光明金身。從此而佛心靈妙。天龍歡喜。衆生歸信。必得消災降福。玩客投
杖。將有手舞足蹈矣。嗚呼。宣公三代之作福。華三祝箕五福。已無可論。同
叅諸君子之結緣。苟八龍周九齡。必有報應。以其住持之化緣。叫合諸檀氏
之信根。修繕殿宇。銑光佛身。而煥然改觀者。要得同結善緣同圓種智之無
疑也。恐泯芳蹟。略記顚末。以永厥德云尒。

여수군 돌산면 향일암 수륙대회 모연문

무릇 수륙대회란 산해진미를 널리 차려 놓고 위로 제불諸佛·보살菩薩과 성문聲聞·연각緣覺·명왕明王[1182]·팔부성중八部聖衆[1183]을 공양하고 다음으로 범석梵釋[1184]과 제천諸天·칠요七曜 등 일체 신중神衆을 공양하고 아래로 오악五岳과 용신龍神·수라修羅[1185]·명관冥官·지옥地獄·방생傍生[1186]·신기神祇[1187] 등의 무리를 공양하는 것입니다. 이처럼 사성四聖과 육범六凡[1188]을 함께 공양하고 여래의 비밀스런 신이한 주문을 같이 받들어, 밖으로 외모와 힘을 증가하고 안으로 복과 은혜를 받고자 합니다. 이로 말미암아 아난해阿難海는 밤에 면연귀面然鬼의 아룀을 들었고[1189] 양梁 무제武帝는 아귀신餓鬼神의 부탁을 받았습니다.[1190] 영 공英公[1191]이 이인異人을 감동시키고 양자楊子[1192]가 의식에 관해 지은 글은 모두 수륙재의 뚜렷한 명문明文[1193]입니다. 누가 타인을 속여서 재물을 취하겠습니까?

지금 이 지역에서는 집이 수국水國(바다)에 있으니 어찌 물고기 뱃속에 선산이 없겠습니까? 육도陸島[1194]에 거처하니 자못 범 등에 무덤이 있을 지경입니다. 만경창파는 모두 익사한 혼백의 장소요, 7리里 청산은 원통한 귀신의 집이 아님이 없습니다. 이와 같이 무량한 슬픈 혼백을 누가 능히 힘이 있어 제도하겠습니까? 제불諸佛의 법력이 아니라면 추도할 방법이 없을 것입니다. 그러므로 양자楊子의 의식에 기대어 양 무제의 공양(齋供)을 마련하고자 합니다.

엎드려 생각건대, 선남자와 선신녀善信女들은 먼저 선산의 슬픈 혼백을 생각하고 다음으로 자손에 음덕을 베풀도록, 티끌 재산을 널리 베풀어 수륙대회를 속히 마련하시고 신심을 넉넉히 펴시어 복과 지혜의 선근善根을 깊이 심으소서.

받들어 빌건대, 바다가 편안하고 강이 맑아 수국이 연꽃 고향으로 변하고 비바람이 순조로워 육도가 극락세계로 변할지어다.

麗水郡突山面向日庵水陸大會募緣文

夫水陸大會者。廣設山珍海錯。上供諸佛菩薩聲聞緣覺明王八部聖衆。次供梵釋諸天七曜一切神衆。下供五岳龍神修羅冥官地獄傍生神祇等衆。如是四聖六凡。普通供養。共承如來秘密神呪。外增色力。內資福惠。由是阿難海夜見面然鬼之告白。梁武帝夢得餓鬼神之囑托。英公之感異人。楊子之製儀文。皆爲水陸齋之明文昭著。人誰欺人取物哉。今此地也。家在水國。誰無魚腹之先塋。人居陸島。頗有虎背之塚殯。萬頃滄波。盡是沈魂滯魄之宮。七里靑山。無非寃鬼哀神之宅。如是等無量哀魂。孰能以有力拔濟。若非諸佛之法力。難以追悼之妙術也。故憑楊子之儀式。欲設武帝之齋供。伏唯善男子善信女。先念祖塋之哀魂。次施子孫之蔭德。廣惠塵財。速設水陸之大會。優發信心。深植福慧之善根。奉祝海宴河淸。水國變成蓮花之故鄕。雨順風調。陸島化作極樂之世界云尒。

보성군 대원사 능월당을 추도하는 축원

안타깝도다, 안타깝도다. 봉효奉曉 박 공朴公이여. 망극하고 망극하도다. 능월綾月 선자禪子[1195]여.

살고 죽음은 본래 공한데 그대는 절로 가고 오며, 가고 옴은 원래 없는데 그대는 절로 살고 죽는구나.

쯔쯧 쯔쯧, 어디서 오는가. 슬프고 슬프다, 어디로 가는가.

봉산鳳山(천봉산)은 적적한데 용이 큰 바다로 달아나고, 죽사竹寺는 쓸쓸한데 달이 태허太虛(허공)로 떨어지는구나.

벗이여 벗이여, 동일한 취지에 함께 공들였고, 친구여 친구여, 동일한 도를 같이 하였도다.

해와 달이 머물지 않아 벌써 다비를 치렀으나 슬픈 느낌은 잊히지 않아 이에 추도합니다.

소박한 음식이나마 차려 놓고 감히 존령尊靈을 부르노니, 제물은 보잘것없으나 간절한 정성을 불쌍히 여기소서.

삼가 다과와 몇 가지 음식을 슬피 드리노니, 엎드려 바라건대 흠향하소서.

寶城郡大原寺綾月堂追悼祝

嗟呼嗟呼。奉曉朴公。罔極罔極。綾月禪子。生死本空。君自去來。去來元無。君自生死。咄哉咄哉。從何處來。哀乎哀乎。自何所去。鳳山寂寂。龍遁大海。竹寺荒荒。月落太虛。友兮友兮。同功一致。朋哉朋哉。同風一道。日月不居。已經茶毘。哀感不忘。玆營追悼。爰設薄奠。敢募尊靈。物雖菲薄。悃誠可憐。謹以茶果。庶羞哀薦。伏唯尙享。

석곡 정농오의 회갑시 서문

결사結社 인원 중에 '정용월鄭龍月'이라는 법우法友가 있으니, 일찍이 향화香火(공양)의 불후不朽한 인연을 맺고는 나이를 잊고 막역한 교제를 하게 되었다. 그가 근자에 명부전(冥殿)에서 기도하길래, 그 까닭을 물었더니, 다음과 같이 대답하였다.

"사백舍伯[1196]이 엄군嚴君(부친)의 회갑을 위해 약간의 물품을 내어 명부시왕(十冥王)께 드려 잔치를 베풀고 마을의 군자들을 초청하고 시를 청하여 장수를 축원하고자 하는 까닭입니다."

"사백의 호는 무엇이오?"

"호는 농오農塢요 자는 기준基俊이며 이름은 내호來鎬라고 합니다."

나는 낯빛을 바로 하고 말했다.

"공경스럽도다. 농오農塢 공공의 집안 규율이여. 아우가 정성을 다해 명왕冥王께 기도하여 수명을 늘리는 은밀한 보살핌을 받고자 하고, 자식이 회갑연을 마련하고 수시壽詩[1197]를 청하여 축강祝崗[1198]하는 영화로움을 도모하는도다. 효심에 대한 형제의 정(鴒情)[1199] 같은 것은 모두 농오 공의 가정 교육에서 흘러나온 것이라. 누군들 듣고서 공경히 축원하지 않으리오. 나는 먼저 친구 용월龍月의 교분을 돌아보고 다음으로 조카의 효심을 생각하여, 다만 풀 냄새 나는 황잡한 말이나마 농오 공의 집안에 전하는 효우가 이와 같음을 축하드릴 뿐이라."

石谷鄭農塢回甲詩序

余有社內法友。曰鄭龍月。曾結香火不朽之緣。而爲忘年莫逆之交矣。近祈冥殿。問其故。答曰。舍伯之久。爲其嚴君之回甲初度。惠略干物。獻于十冥王。將欲設宴。請鄕黨諸君子。請其詩。祝其壽。如是故也。曰舍伯之號何也。曰號農塢。字基俊。名來鎬云。余啾然正色曰。欽哉。農塢公之家規也。

有其弟而極誠力祈冥王。欲蒙延壽之冥熏。有其子而設甲宴請壽詩。期圖祝崗之現榮。若其鴒情之於孝心。盡從於農公之家庭敎育中流出也。孰不聞而欽祝者哉。余先顧龍友之交分。次念其侄之孝心。但以踈荀荒辭。聊賀農塢公之家傳孝友如是也。

주

1 군옥부群玉府 : 옛날 제왕이 책을 보관하던 명산의 서고. 『穆天子傳』 권2.
2 사리事理 : 개별 현상과 깨달음의 진리.
3 삼전三殿 보궁寶宮 : 삼전은 왕대비전王大妃殿, 대전大殿, 중궁전中宮殿을 이르는 말이고 보궁은 삼전을 미화한 표현이다.
4 감전紺殿 : 감색의 궁전, 즉 사찰.
5 삼존三尊 성상聖相 : 삼존은 본존과 그 좌우에 모시는 두 보살. 성상은 성스러운 형상.
6 한나라 사신 : 한나라 무제武帝는 도사들의 말을 믿고 불로초를 찾기 위해 각지로 사람을 보냈다고 한다.
7 봉봉蓬·영영瀛 : 봉래蓬萊와 영주瀛洲의 병칭으로, 방장方丈과 함께 바다 가운데 있다고 전하는 삼신산三神山을 가리킨다.
8 진나라 아이들 : 진시황은 불로초를 구하기 위해 서불徐巿과 동남동녀童男童女 500명을 바다로 보냈다.
9 오배鰲背 : 오잠鰲岑의 등성이. 오잠은 「元曉菴山王契案文」에 나옴.
10 반야般若 : Ⓢ prajñā. 지혜. 지리산 반야봉(높이 1,732m)의 의미로 사용한 듯함.
11 만수굴曼殊窟 : 만수는 문수사리文殊師利(Ⓢ Manjushri). 대승불교에서 최고의 지혜를 상징하는 보살이다.
12 솔도파窣屠波 : Ⓢ stūpa. 탑.
13 노사나盧舍那 : Ⓢ Vairocana. 비로자나毗盧舍那(毘盧遮那), 대일여래大日如來. 법신불法身佛의 통칭.
14 구층암九層庵 : 지리산 노고단 자락 아래에 있다.
15 계옥桂玉 : 『史記』의 "땔나무를 구하기는 계수나무보다 귀하고 쌀은 옥보다도 귀하다."라는 표현에서 나온 말로, 땔감과 쌀을 일컬음.
16 선을 쌓으면~경사가 있음 : 착한 일을 쌓아 온 집에는 반드시 후손에까지 미치는 경사스러움이 있다는 뜻으로 『易經』 「文言」에 기록되어 있다.
17 오잠鰲岑 : 오봉鰲峰. 거북이 등에 지고 있다고 전해지는 바다의 산.
18 비래산飛來山 : 영취산靈鷲山. 항주杭州에 있다. 동진東晋 시대에 서천 승 혜리慧理가 이 산에 올라 놀라며 말하기를, 이 산은 천축국天竺國 영취산의 작은 봉우리인데 어떻게 날아왔는지 모르겠다고 했다고 한다. 여기서는 석가모니께서 설법했던 인도 마가다국(magadha)의 도읍지 왕사성王舍城 동쪽에 있는 영취산(기사굴산耆闍崛山)을 가리킨다.
19 소림굴少林窟 : 중국에 선종禪宗을 전한 달마達磨가 9년 동안 면벽좌선面壁坐禪하였던 곳.

20 선부주鮮部洲 : 조선朝鮮. 수미사주須彌四洲의 하나로 인간 세계를 뜻하는 '남섬부주南贍部洲'에 '조선'이라는 말을 합쳐서 만든 어휘로 보인다.
21 도시다천兜斯多天 : ⓢ Tuṣita. 도솔천. 욕계 6천 중의 제4천으로, 미륵보살이 머물고 있는 천상의 정토이다. 지족천知足天·묘족천妙足天·희족천喜足天 또는 희락천喜樂天 등으로 번역한다.
22 향사香社 : 당나라 백거이白居易가 향산香山의 승려 여만如滿과 함께 결성한 향화사香火社의 준말. 결사結社 일반을 가리키는 말로 사용함.
23 계안契案 : 계에 참여한 이들의 명단.
24 사은四恩 : 『心地觀經』에 따르면 사은은 부모의 은혜, 중생의 은혜, 국왕의 은혜, 삼보의 은혜를 들고, 일체의 중생은 모두 사은을 진 존재라고 함.
25 승려가 됨 : 원문은 '零染稟具'. 영염零染은 머리 깎고 물들인 옷을 입는다는 뜻으로, 승려가 됨을 이르는 말. 품구稟具는 승려로서의 자격을 갖춘다는 의미인 듯함.
26 십계十戒 : 사미沙彌와 사미니沙彌尼가 지켜야 할 열 가지 계율. 중생을 죽이지 말라, 도둑질을 하지 말라, 음행淫行하지 말라, 거짓말하지 말라, 술 마시지 말라, 꽃다발을 쓰거나 향을 바르지 말라, 노래하고 춤추고 풍류 구경하지도 말라, 높고 큰 평상平牀에 앉지 말라, 때 아닌 때에 먹지 말라, 금은 따위의 보물을 갖지 말라.
27 계사戒師 : 수계사授戒師. 자기에게 계를 준 스승.
28 무작계無作戒 : 말이나 행위로 드러나지는 않지만 계戒를 받음으로써 몸에 배게 되는, 허물이나 악을 방지하려는 의지력.
29 삼취정계三聚淨戒 : 대승의 보살이 받아 지녀야 할 세 가지 계율. 즉 섭률의계攝律儀戒·섭선법계攝善法戒·섭중생계攝衆生戒. 섭률의계는 5계·10계·250계 등 일정하게 제정된 여러 규율과 위의威儀 등을 통한 윤리 기준이고, 섭선법계는 선한 것이라면 무엇이든지 총섭하는 선량한 마음을 기준으로 하는 윤리 원칙이며, 섭중생계는 일체의 중생을 제도한다는 대원칙에 따르는 윤리 기준이다.
30 변무騈拇 : 엄지발가락과 둘째 발가락에 살이 더 붙어 합해진 것. 쓸모없는 물건을 뜻한다. 『莊子』「騈拇」.
31 대방大方 : 문장이나 학술이 뛰어난 사람.
32 고사제庫司祭 : 고사는 대개 절의 모든 일을 감독하는 도사都寺와 절의 사무를 맡아보는 감사監寺, 그리고 이러한 업무를 보조하는 부사副寺의 세 직임을 총칭하는 말인데, 여기서는 곳간을 맡은 신을 가리킨다.
33 성명지하聖明之下 : 신명을 높여 부르는 말인 듯함.
34 거교鉅橋 : 상商나라 주왕紂王 때의 곡식 창고. 『書經』「尙武」. 본문에 하나라라고 한 것은 착오로 보임.
35 상평常平 : 한나라 선제宣帝 때의 곡식 창고. 경수창耿壽昌이 제안하여, 이 창고에 곡

식을 저장하여 곡식 가격이 비쌀 때에는 싸게 팔고, 쌀 때에는 고가로 매입하여 저장함으로써 곡식 가격의 안정을 꾀했다.

36 헌원씨軒轅氏 : 전설의 고대 임금인 황제黃帝의 별칭. 헌원의 언덕에서 태어났다.

37 방패와 창~본보기에서 비롯되었고 : 황제는 처음으로 방패와 창을 만들었으며 지남거指南車라는 수레를 만들어 구려족九黎族의 우두머리 치우蚩尤와 판천阪泉에서 싸워 승리하였다 한다.

38 견융犬戎 : 은殷·주周 때에 서쪽 지방에 있던 융족戎族의 일파.

39 오패五伯 : 춘추시대의 제후 가운데서 패업霸業을 이룬 다섯 사람. 제齊나라 환공桓公, 진晉나라 문공文公, 진秦나라 목공穆公, 송宋나라 양공襄公, 초楚나라 장왕莊王 등을 이르는데, 목공과 양공 대신에 오吳나라 부차夫差와 월越나라 구천句踐을 이르기도 한다.

40 성군星君 : 북두칠성의 낱낱을 신으로 이르는 말. 탐랑貪狼 성군, 거문巨門 성군, 녹존祿存 성군, 문곡文曲 성군, 염정廉貞 성군, 무곡武曲 성군, 파군破軍 성군.

41 동비東匪 : 동학의 무리를 비적이라고 비난하는 표현.

42 남병산南屛山에서 칠원의七元儀계~지낸 일을 : 칠원의는 북두칠성을 가리킴. 제갈공명이 남병산에 칠성단을 설치하고 동남풍이 불기를 기도하여 적벽대전에서 성공하였다. 『三國志演義』49회 「七星壇諸葛祭風三江口周瑜縱火」에 나옴.

43 취령鷲嶺 : 영취산. 인도 마가다국摩竭陀國의 왕사성王舍城 동북쪽에 있는 산으로 석가모니가 설법한 곳.

44 용이龍耳 : 풍수지리 면에서 용의 귀에 해당한다고 보는, 명당으로 꼽는 장지. 『晉書』「郭璞傳」.

45 송도松濤 : 소나무가 바람결에 흔들려 물결 소리같이 나는 소리.

46 옥설沃雪 : 본래는 뜨거운 물을 눈에 붓는다는 뜻으로 일이 쉽게 해결됨을 뜻한다. 여기서는 그저 깨끗한 눈 풍경을 가리키는 듯함.

47 규폐圭幣 : 신神에게 바치는 귀중한 예물.

48 사미沙彌 : ⑤ śrāmaṇera. 불교 교단에 처음 입문하여 사미 십계를 받고 수행하는 남자 승려. 의역하여 식자息慈, 행자行者라고 한다.

49 축리祝釐 : 신에게 제사를 지내 복이 내리기를 기원함.

50 원군元君 : 칠원성군七元星君. 북두칠성을 신격화한 것.

51 치성광熾盛光 여래 : 칠성각의 여래. 북극성의 화신으로 하늘의 별을 주관함.

52 인연에 따른(隨緣) 묘방妙方 : 인연에 따라 변화하는 묘한 방법.

53 십선十善 : 몸과 말과 뜻으로 짓는 열 가지 청정한 일. 사람이나 동물 따위의 살아 있는 것을 죽이지 않는 불살생不殺生, 남의 재물을 훔치지 않는 불투도不偸盜, 남녀 간에 음란한 짓을 저지르지 않는 불사음不邪婬, 거짓말이나 헛된 말을 하지 않는 불망어不妄語, 남을 괴롭히는 나쁜 말을 하지 않는 불악구不惡口, 이간질을 하지 않는 불양설不

兩舌, 진실이 없는 교묘하게 꾸미는 말을 하지 않는 불기어不綺語, 탐내어 그칠 줄 모르는 욕심을 부리지 않는 불탐욕不貪欲, 성내지 않는 부진에不瞋恚, 그릇된 견해를 일으키지 않는 불사견不邪見.

54 삼악三惡 : 삼악도三惡道, 삼악취三惡趣. 뜨거운 불로 몸을 태우는 지옥도地獄道와 서로 잡아먹는 축생도畜生道, 그리고 칼과 몽둥이로 핍박하는 아귀도餓鬼道를 가리킨다.

55 구진九辰 : 북두구진. 북두칠성의 제6 무곡성 주변의 별 두 개를 합쳐서 부르는 말. 『天文類抄』에서는 무곡성 바로 옆에 있는 별은 내필성內弼星이라 하고 그보다 좀 떨어져 있는 별은 외보성外輔星이라 함.

56 칠요七曜 : 대개는 일·월과 오성(화·수·목·금·토)을 가리키는데 여기서는 칠요성, 즉 북두칠성을 가리키는 듯함.

57 삼계三界 : 미혹한 중생이 윤회하는 욕계欲界, 색계色界, 무색계無色界.

58 도사導師 : 남을 인도하여 불도佛道에 들어가게 하는 승려.

59 사생四生 : 생명체를 출생 방식에 따라 네 가지로 분류한 것. 모태에서 태어나는 태생胎生, 알에서 깨어나는 난생卵生, 습한 곳에서 생기는 습생濕生, 어느 것에도 의존하지 않고 스스로의 업력業力으로 태어나는 화생化生.

60 진남鎭南 : 남쪽을 진압한다는 뜻.

61 상설변설常說徧說 : 무한한 시간 동안 항상 설하며 무한한 공간에서 늘 설한다는 뜻.

62 회소繪塑 : 흙으로 만든 색칠한 인형.

63 단월檀越 : ⓢ dānapati. 보시하는 사람. 시주施主.

64 희사喜捨 : 기쁜 마음으로 재물을 베풀어 주는 것.

65 칠요七曜 삼태三台 : 요는 빛난다는 뜻으로 칠요는 일곱 개의 빛나는 별을 말하고, 삼태는 삼태성, 즉 국자 모양인 북두칠성의 물을 담는 쪽에 길게 비스듬히 늘어선 세 쌍의 별이다.

66 5리厘 : 1전錢의 절반.

67 파군破軍 : 칠성의 하나. 장수하게 해 준다고 함.

68 안회顔回 : 춘추시대 말기 노魯나라 사람. 자가 자연子淵이라 안연顔淵으로도 불린다. 공자가 가장 신임했던 제자로, 공자보다 서른 살 어렸지만 공자보다 먼저 죽었다.

69 탐랑貪狼 : 칠성의 하나. 자손에게 만 가지 덕을 준다고 함.

70 백도伯道 : 진晉나라 때 사람 등유鄧攸의 자. 등유가 하동 태수河東太守로 있을 적에 석륵石勒의 병란兵亂을 당하여 어린 아들과 죽은 아우의 소생인 어린 조카를 데리고 피난하였다. 그는 도중에 두 아이를 다 온전히 데려가지 못할까 염려한 나머지 마침내 자기 아들을 버리고 조카만 보호하여 데려갔는데, 그는 끝내 자식을 두지 못하였다. 당시 사람들이 그를 의롭게 여겨 슬퍼하여 말하기를, "천도가 무지하여 등백도로 하여금 자식이 없게 했다."라고 하였다. 『晉書』 권90 「鄧攸列傳」.

71 화장華藏세계 : 연화장세계. 비로자나불이 있는 공덕 무량, 광대 장엄의 세계.
72 의정依正 : 의보依報와 정보正報. 부처나 중생의 몸이 의지하고 있는 국토와 의식주 등을 의보. 과거에 지은 행위의 과보로 받은 부처나 중생의 몸을 정보라고 함.
73 겁파刼波 : 겁劫, 또는 겁파劫簸라고도 한다. 한 세계가 만들어져서 존속되다가 파괴되어 무無로 돌아가는 한 주기를 말한다.
74 삼신동三神洞 : 지리산의 계곡. 보적암은 화엄사에 속한 암자이다.
75 내원內院 : 도솔천兜率天에 있는, 미륵보살彌勒菩薩이 살면서 설법한다는 곳.
76 조사관祖師關 : 조사의 관문. 조사의 경지에 이르는 관문. 곧 공안公案을 뜻함.
77 원화圓華(1839~1893) : 덕주德柱의 호. 성은 정씨鄭氏, 전라남도 담양 출신. 17세 때 지리산 화엄사로 출가하여 서우西藕를 은사로 모시고 승려가 되었으며, 그 뒤 선을 배우고 두월斗月의 법맥을 이어받았다.
78 선불회選佛會 : 부처를 뽑는 모임. 참선 수행하는 모임.
79 운이 다하여 천둥이 울리네 : 매우 운이 없음을 가리킨다. 송나라 명재상 범중엄范仲淹이 지방 수령으로 있을 때, 가난해서 배부르게 먹어 본 적이 없다고 하소연하는 선비를 동정하여 그에게 천복비薦福碑 탁본을 뜰 수 있도록 기회를 만들어 주었지만 그가 탁본 장비를 가지고 가던 날 저녁에 천복비가 벼락을 맞아 깨지고 말았다. 천복비는 중국 요주饒州에 있는 비로, 당나라 이북李北이 글을 짓고 구양순歐陽詢이 글씨를 썼는데, 탁본이 송나라 때 매우 귀하게 여겨졌다.
80 단나檀那 : Ⓢ dāna의 음역으로 보시布施라는 뜻이며, 범어와 한어를 합쳐서 단시檀施라고도 한다. 또한 보시하는 사람을 의미하는 단월檀越(Ⓢ dānapati)과 혼용해 사용되기도 한다.
81 태호太湖 : 강소성江蘇省과 절강성浙江省의 접경 지역에 위치한, 중국에서 세 번째로 큰 담수호.
82 아홉 길의~것과 같습니다 : 『書經』「旅獒」의 "자그마한 행동이라도 신중히 하지 않으면 큰 덕에 끝내 누를 끼칠 것이니, 이는 마치 아홉 길 산을 만들 적에 한 삼태기의 흙이 부족하기 때문에 그 공이 허물어지는 것과 같다.(不矜細行. 終累大德. 爲山九仞. 功虧一簣.)"라는 말을 활용한 것이다.
83 비니毘尼 : Ⓢ vinaya의 음사. 조복調伏·율律. 출가자가 지켜야 할 규율.
84 삼업三業 : 신업·구업·의업을 가리키는 말로, 신체·언어·마음으로 이루어지는 선악의 행위.
85 십악十惡 : 몸과 말과 뜻으로 짓는 열 가지 죄악. 즉 살생, 남의 재물을 훔치는 투도偸盜, 음란한 사음邪婬, 거짓말이나 헛된 말인 망어妄語, 남을 괴롭히는 나쁜 말인 악구惡口, 이간질하는 양설兩舌, 진실이 없는, 교묘하게 꾸민 기어綺語, 탐욕貪欲, 진에瞋恚(성냄), 그릇된 견해인 사견邪見.

86 삼취三聚 : 삼취정계三聚淨戒.『菩薩地持經』에서는 일체의 계를 섭률의계攝律儀戒, 섭선법계攝善法戒, 섭중생계攝衆生戒로 분류하고 있다. 섭률의계는 율의를 지킴으로써 자신을 청정하게 하는 것이며, 섭선법계는 금계로써 만족하지 않고 봉사정신으로 이타적인 선행을 닦아 가는 것을 말한다. 그리고 섭중생계는 궁극적으로 중생을 보살로, 그리고 부처로 성취시켜 불국토를 실현한다는 것이다.

87 침계루枕溪樓 : 순천 송광사에 있는 누각.

88 미시未時 : 오후 1시부터 3시 사이.

89 상서庠序 : 학교. 주周나라에서는 상庠, 은殷나라에서는 서序라고 부른 데서 나온 말.

90 요나라 금나라 시절의 비 : 송광사에 있는 보조국사비普照國師碑. 송광사는 867년(경문왕 7) 도의道義가 창건하였으며, 고려 시대 보조국사普照國師 지눌知訥(1158~1210)이 중수하였다고 한다.

91 청나라 때의~수 있습니다 : 1656년에 각성覺性(1575~1660)이 송광사를 중창한 바 있다.

92 보조普照 : 보조국사 지눌. 고려 중기의 고승高僧이자 선종禪宗의 중흥조. 성은 정鄭씨. 자호는 목우자牧牛子.

93 노 공盧公 : 혜능慧能(638~713). 그의 속성이 노盧씨이다. 석가모니부터 계산하면 혜능은 33조사가 되고 달마로부터는 6조가 된다.

94 조계曹溪 : 혜능의 호. 혜능이 소주韶州 조계에 있는 보림사寶林寺에 머무른 데서 유래함. 송광사가 있는 산 이름이기도 함.

95 삼청三淸 : 신선이 산다는 옥청玉淸, 상청上淸, 태청太淸의 세 궁宮을 아울러 이르는 말.

96 아전鵝殿(법당) : 정원에 거위를 기르면 뱀이 사라지는 것처럼, 부처가 머무는 곳은 온갖 재해가 사라지므로 법당을 아전이라 한다.

97 백량전栢梁殿 : 한 무제 때의 궁전. 한 무제가 이곳에서 신하들과 함께 칠언시를 읊었던 일이 유명하다.

98 봉방蜂房 : '벌집'이라는 뜻인데 여기서는 작은 승방을 가리킴.

99 아방궁阿房宮 : 진나라 시황제가 세운 궁전.

100 현어懸魚 : 물고기 그림. 대개는 맞배지붕이나 팔작지붕의 합각 부분에 있는 박공판 牔栱板('∧' 모양으로 붙인 두꺼운 널판) 위쪽 밑부분에 달아 놓는 장식물을 가리킴.

101 습득拾得 옹翁 : 당 태종 정관貞觀 연간에 시승詩僧으로 유명. 국청사國淸寺에 있던 풍간豊幹 선사가 숲을 거닐다가 아기 울음소리를 듣고 주워 와서 길렀기에 습득이라고 불렀다.

102 한산자寒山子 : 당나라 때 승려. 절강성浙江省 천태현天台縣에 있는 한암寒岩 굴속에 살아 한산寒山이라 부른다. 습득과 함께 문수文殊와 보현普賢 보살의 화신으로 여겨졌다.

103 진쯥나라 채찍 : 진시황秦始皇이 석교石橋를 놓아 바다를 건너가서 해가 뜨는 것을

보려 했다. 그러자 신인神人이 돌을 굴려 바다를 메우는데, 돌이 빨리 구르지 않자 채찍으로 돌을 때리니 돌에서 피가 났다 한다. 진 복심伏深의 『三齊略記』.

104 한나라 소 : 목우유마木牛流馬를 말하는 듯함. 촉한蜀漢의 제갈량諸葛亮은 험한 산지를 뚫고 신속하게 군량미를 운반해야 하는 급박한 상황에 맞닥뜨리자 소와 말의 모양을 한 군량 수송용 장치를 만들어 위기를 극복했다.

105 준승準繩 : 평면의 수평 여부를 측정하는 수준기水準器와 직선을 긋는 먹줄.

106 이루離婁 : 황제黃帝 때 사람. 눈이 아주 밝았다고 전해지는 전설상의 인물이다. 『愼子』 內篇.

107 공수工倕 : 요堯임금 때 뛰어난 목수. 춘추시대 말기의 공수반公輸班과 함께 유명한 장인.

108 급고給孤 : [S] anāthapiṇḍada. 급고독給孤獨. 인도 교살라국憍薩羅國 사위성舍衛城의 부유한 상인 수달다須達多의 별칭. 기타祇陀 태자에게 황금을 주고 구입한 동산에 기원정사祇園精舍를 지어 석가모니께 바쳤다.

109 기타祇陀 : [S] jeta의 음사. 사위성 파사닉왕波斯匿王의 태자.

110 비람毘藍 : 싯다르타가 태어난 룸비니lumbinī 동산. 여기서는 사찰 터를 가리킴.

111 오대부五大夫 : 20등급 가운데 9등급에 해당하는 관작.

112 진송秦松 : 진시황이 봉선을 행하러 태산泰山에 올라갔다가 폭풍우를 만나자 나무 아래에서 쉬고는 그 나무를 오대부에 봉했던 고사가 전한다. 『史記』 「秦始皇本紀」.

113 한백漢柏 : 한 무제가 측백나무를 선장군先將軍에 비유했고, 태산에 여섯 그루를 심었는데 아직도 네 그루가 있다고 한다.

114 장홍長虹 : 긴 무지개라는 뜻으로 대개는 구름다리를 지칭하는데 여기서는 대들보를 가리킴.

115 만수실曼殊室 : 문수보살의 처소. 문수보살은 만수실리曼殊室利, 문수사리文殊師利, 묘길상妙吉祥 또는 묘덕妙德으로 표기됨.

116 천자암天子菴 : 송광사 남쪽에 있는 암자. '대장봉'은 대개 '장군봉'으로 불린다.

117 장겁長劫 : 기나긴 겁劫의 시간.

118 밥주머니와 똥자루(飯囊屎帒) : 아무 쓸모없는 사람을 지칭하는 말.

119 청진암淸眞菴 : 현재 송광사 부도암 위쪽에 청진국사 부도와 청진암 터가 있다.

120 화문化文 : 연화문緣化文. 인연 맺을 사람들을 모집하는 글.

121 청진국사淸眞國師 : 고려 승려 몽여夢如(?~1252)의 시호. 수선사修禪社 16국사國師 중 제3세 국사. 이규보李奎報와 교유.

122 내룡來龍 : 풍수지리 용어로서, 종산宗山(主山)에서 내려온 산줄기를 가리킴.

123 불조佛祖 : 부처와 조사祖師.

124 과행果行 : 인행因行으로 불도를 완성한 부처님이나 보살이 중생들을 위해 일으키는

온갖 공덕행과 구제행.

125 비석(龜碑) : 거북을 닮은 용 비희贔屭 모양의 석좌石座 위에 비석을 세워 놓은 것.
126 탑(鵠塔) : 원문 '鵠塔'은 곡림鵠林의 탑이라는 뜻인데 일반적인 탑의 의미로 사용함. 곡림은 석가모니가 세상을 떠난 곳으로 쌍림雙林 또는 사라쌍수沙羅雙樹라고도 하며, 곡탑에는 석가모니의 사리舍利가 간직되어 있음.
127 마음(心水) : 사물을 여실하게 반영할 수 있는 마음.
128 업경業鏡 : 생전에 지은 선악의 일을 비추어 본다는 저승의 거울.
129 선을 보면~듯이 한다 : 『論語』「季氏」에 나오는 구절.
130 감전紺殿 : 감색의 궁전. 사찰.
131 세 분의~왕사王師의 진영 : 현재 송광사 삼성각에 있는 지공 선현指空禪賢(1300~1361), 공민왕의 왕사 나옹 혜근懶翁慧勤(1320~1376), 태조의 왕사 무학 자초無學自超(1327~1405)의 진영을 말하는 듯함.
132 충사忠祠 : 나라에 공훈을 세운 이의 사당.
133 한 삼태기의~공적에 이르시고 : 『書經』「旅獒」의 "자그마한 행동이라도 신중히 하지 않으면 큰 덕에 끝내 누를 끼칠 것이니, 이는 마치 아홉 길 산을 만들 적에 한 삼태기의 흙이 부족하기 때문에 그 공이 허물어지는 것과 같다.(不矜細行. 終累大德. 爲山九仞. 功虧一簣.)"라는 말을 활용한 것이다.
134 학가鶴駕 : 황태자나 세자의 행차를 말함. 주周나라 영왕靈王의 태자 진晉이 백학白鶴을 타고 신선이 되어 갔다는 고사에서 유래하였음.
135 수성壽星 : 남극 부근의 별. 노인성老人星으로 장수의 신이라 함.
136 대붕大鵬이 남해(南溟)로 옮아가고 : 붕새가 남쪽 바다로 날아갈 때 파도를 3천 리나 일으키고 하늘 높이 9만 리를 날아간다고『莊子』「逍遙遊」에 나온다.
137 얼음을 두드리고~운 것 : 삼국시대 진晉나라 왕상王祥이 모친을 위해 잉어를 얻고자 겨울철 얼음을 깨고 잉어를 구하였고, 오나라 맹종孟宗은 겨울철에 죽순을 원하는 모친을 위해 대밭에 나갔더니 죽순이 없어 눈물을 떨구자 죽순이 솟아났다고 한다. 『三國志』「吳書」,「晉書」권33「王祥列傳」.
138 우란분재(蘭齋) : 음력 7월 15일에 지옥이나 아귀餓鬼의 세계에서 고통 받고 있는 영혼을 구제하기 위해 3보寶에 공양하는 의식이다. 우란분盂蘭盆은 ⓈullambaNa를 소리 나는 대로 적은 것으로, 도현倒懸이라 번역한다. '거꾸로 매달리는 고통을 받는다'는 뜻이다. 목련目連이 어머니를 천도하기 위해 여름 안거가 끝나는 음력 7월 15일에 여러 승려들에게 갖가지 음식과 과일을 정성스럽게 공양한 데서 유래한다.
139 향해香海 : 수미산을 둘러싸고 있는 향수 바다.
140 목련目連 : 부처의 10대 제자 중 한 사람으로 본명은 대목건련大目乾連.
141 광목廣目 :『地藏經』에 나오는 인물. 생전에 수많은 물고기와 자라, 고기, 알 등을 즐

겨 먹고 지옥에 떨어진 어머니를 구제하기 위하여 부처님을 그려 모시고 공양을 올리니, 얼마 뒤에 지옥에 떨어졌던 어머니가 광목녀의 집 하녀의 자식으로 태어났다.

142 공구供具 : 공양 때 쓰이는 그릇이나 도구. 대개 공양하는 향香, 화華, 번개幡蓋, 음식물을 넣는 그릇 등을 말함.

143 포뢰浦牢 : 용의 아들인데 고래를 보면 무서워서 크게 운다고 한다. 종의 윗부분에 음통과 용(포뢰)이 있는데 용의 목 부분에 종의 걸쇠가 걸려 있는 이 부분을 용뉴龍紐라고 부른다.

144 사물四物 : 사찰에서 사용하는 소리를 내는 네 가지 의식용 도구. 범종梵鐘, 법고法鼓, 목어木魚, 운판雲板.

145 만일회萬日會 : 정토왕생을 기원하며 1만 일 동안 염불하는 모임.

146 오경五更 : 새벽 3시부터 5시 사이.

147 향적香積 : 사찰 음식. 진리를 깨닫는 법열을 음식에 비유한 것이다. 『維摩經』「香積佛品」.

148 부처를 삶는(烹佛) : 불보살의 진실한 뜻을 체득한다는 말.

149 썩은 붓(腐毫) : 자기의 글 솜씨에 대한 겸칭.

150 팔꿈치를 잡아당기듯(掣肘) : 공연히 다른 사람의 일에 간섭하여 뜻한 바를 이룰 수 없게 만드는 것을 뜻하는 말인데, 여기서는 글이 서툴다는 뜻으로 사용하였다. 노魯나라 복자천宓子賤의 고사인데, 복자천이 단보亶父의 수령으로 임명되어 떠나갈 적에 글씨를 잘 쓰는 임금의 측근 아전 두 사람을 청하여 함께 데리고 갔다. 고을의 아전들이 모두 모였을 때 그 아전들에게 글씨를 쓰게 하였는데, 글씨를 쓰려고 하면 옆에서 팔꿈치를 잡아당기고, 그 때문에 글씨를 잘못 쓰면 또 화를 내었다. 그 아전들이 두려워 사직하고 돌아가 임금에게 자초지종을 고하니, 임금이 자신을 경계하려고 한다는 것을 알아채고는 간섭하지 않았다고 한다. 『呂氏春秋』「具備」.

151 장등長燈 : 불상 앞에 등불을 켜는 것을 말함.

152 아미타불阿彌陀佛의 본래 서원이고 : 서방 정토에 있는 아미타불이 법장보살일 때 48대원을 세웠고, 그중에 몽광안락원蒙光安樂願은 "만약 제가 부처가 될 적에 시방세계의 무량하고 불가사의한 모든 불국토의 중생들 몸이 저의 광명을 입어 그들의 몸에 비치기만 하여도 그들은 몸과 마음이 부드러워져 인간계와 천상계를 초월할 것이니, 그렇지 못하면 저는 부처가 되지 않겠습니다."라는 서원이다. 『無量壽經』.

153 삼시三施 : 재시財施, 법시法施, 무외시無畏施. 재시는 재물을 보시하는 것, 법시는 교법을 말해 주어 깨닫게 하는 것, 무외시는 죽음에 대한 두려움을 없게 해 주는 것이다.

154 열두 가지 중생 : 삼세三世와 사방四方이 화합하여 서로 교섭하므로 중생이 열두 가지로 변화한다고 『楞嚴經』에 나옴.

155 연사蓮社 : 백련사白蓮社. 동진東晉의 고승 혜원慧遠이 여산廬山에 세운 불교 모임인

데 여기서는 일반적인 불교 모임을 가리킴.
156 화사化士(화주) : 신도들의 집을 돌며 절에 필요한 양식·물건·비용 등의 시물施物을 얻는 소임, 또는 그 일을 맡은 승려.
157 화토化土 : 부처가 중생의 근기에 맞추어 방편으로 나타낸 국토.
158 단바라밀(檀波) : ⓢ dānapāramitā의 음역. 단나바라밀다檀那波羅蜜多, 보시바라밀.
159 기감機感 : 중생이 부처나 보살의 교화를 감지함.
160 수평水坪 : 물이 흐르는 평지. 지명으로 사용되었을 수도 있음.
161 삼명三明 : 부처나 아라한이 갖추고 있는 세 가지 자유자재한 지혜. 숙명지증명宿命智證明은 나와 남의 전생을 환히 아는 지혜, 생사지증명生死智證明은 중생의 미래 생사와 과보를 환히 아는 지혜, 누진지증명漏盡智證明은 번뇌를 모두 끊어 내세에 미혹한 생존을 받지 않음을 아는 지혜.
162 육신통六神通 : 아주 신묘하고 막힘이 없는 여섯 가지 지혜. 곧 천안통天眼通, 천이통天耳通, 타심통他心通, 숙명통宿命通, 신족통神足通, 누진통漏盡通을 말함.
163 십계十界 : 불계佛界·보살계菩薩界·연각계緣覺界·성문계聲聞界(이상은 오계悟界), 천상계天上界·인간계人間界·수라계修羅界·축생계畜生界·아귀계餓鬼界·지옥계地獄界(이상은 미계迷界) 등이다.
164 연태蓮胎 : 『蓮宗寶鑑』 권8에, "정토에 나서 그 연태에 들어가 모든 쾌락을 얻는다."라고 했으니, 이때 연태는 연꽃을 의미한다. 염불로 아미타불의 정토에 왕생하는 사람들은 연꽃 속에서 화생하는데, 이 모습이 어머니의 자궁에서 태어나는 것과 흡사하기 때문에 연태라고 하였다.
165 연대蓮臺 : 연꽃 자리. 정토에 왕생하는 이가 앉는 9종의 연화대를 구품연대九品蓮臺라 함.
166 공루空縷 : 신기루蜃氣樓의 뜻인 듯함.
167 기세계器世界 : 기세간器世間. 중생이 살고 있는 국토 세계.
168 자장慈藏(590~658) : 진골 출신으로 636년(선덕여왕 5) 승실僧實 등 제자 10여 명과 함께 당나라로 가서 청량산淸凉山의 문수보살상에 기도하고, 가사袈裟와 부처의 발우, 그리고 불두골佛頭骨 한 조각과 함께 사구게四句偈를 받았다. 대장경과 번당幡幢·화개華蓋 등을 가지고 귀국하자, 왕은 분황사芬皇寺에 머무르게 하고 대국통大國統으로 임명하였다. 645년 황룡사에 9층탑을 세웠다.
169 연기烟起 : '緣起', '烟氣', '鳶起'라고도 함. 신라 경덕왕 때의 승려. 지리산 화엄사華嚴寺의 중창주이다. 출가하여 도학道學을 성취한 뒤 여러 명산을 편력하였다는 설과 인도에서 왔다는 설 등이 있다. 경덕왕 때 제작된 『新羅華嚴經寫經』이 발견됨으로써 그의 사적이 확인되었다. 즉, 이 사경의 발문에 의하면, 그의 주재하에 754년(경덕왕 13) 8월에 사경을 조성하기 시작하여 그 이듬해 2월에 완성하였음을 알 수 있다. 그

가 창건한 사찰로는 흥덕 연기사烟起寺, 나주 운흥사雲興寺, 지리산 천은사泉隱寺와 연곡사鷰谷寺, 곤양 서봉사栖鳳寺, 산청 대원사大源寺 등이 있다.

170 이곳은 신라~개산開山한 곳입니다 : 화엄사 창건에 대해 중관대사中觀大師 해안海眼 (1567~?)이 1636년(인조 14)에 쓴 『湖南道求禮縣智異山大華嚴寺事蹟』에는 544년(신라 진흥왕 5)에 인도 승려 연기緣起가 세웠다고 기록되어 있으며, 『東國輿地勝覽』에는 시대는 분명치 않으나 연기煙氣라는 승려가 세웠다고 전한다. 『求禮續誌』에는 신라 선덕왕 때 자장 율사가 증축했다고 기록되어 있다.

171 화엄 석경石經 : 『華嚴經』을 엷은 청색의 돌에 새긴 것이다. 신라 문무왕 17년(677)에 의상 대사가 왕명을 받아 화엄사에 각황전을 세우고 이곳에 화엄 석경을 보관하였다. 각황전의 안쪽 벽에는 현재 그림이 걸려 있으나, 원래는 여기에 화엄 석경이 벽을 이루며 있었던 것으로 보인다. 임진왜란 때 화재로 석경들이 파손되었고, 색깔도 회갈색 등으로 변하였다고 한다. 파손된 것을 모아 지금은 약 9천여 점이 남아 있다.

172 벽암碧嵓의 비 : 조선 중기 승려인 벽암 각성碧巖覺性(1575~1660)의 행적을 기리기 위하여 1663년(현종 4) 세운 비석으로, 지리산 화엄사 금강문 앞에 있다. 벽암은 1630년에서 1636년에 화엄사를 크게 중창하였으며, 화엄사에서 입적하였다. 화엄사에 있는 벽암대사비에는 "여러 산사山寺를 창건하고 혹은 중수하였는데 쌍계사의 동찰東刹, 화엄사의 대대적 중창, 송광사 가람이 그중 큰 것이며 나머지는 생략한다.(諸山衆園。或斸或修。如霅溪之東刹。華嚴之宏制。松廣之伽藍。乃其大者。餘可略也。)"라는 언급이 보인다. 비문은 한국금석문종합정보시스템(http://gsm.nricp.go.kr/) 참고.

173 사성四聖 : 아미타불·관세음보살·대세지보살·대해중보살.

174 대범大梵과 제석帝釋 : 대범천왕大梵天王과 제석천왕帝釋天王. 대범천왕은 사바세계娑婆世界를 주관하고, 제석천왕은 수미산 정상에 있는 도리천忉利天에 주석하며 사천왕四天王과 주위의 32천왕天王을 통솔한다.

175 세지勢至 보살 : 대세지보살大勢至菩薩. 지혜로 중생을 이끄는 힘을 가진 보살을 말함. 보관에 수병水甁을 다는 것이 특징으로, 관음과 함께 아미타불의 협시脇侍로서 아미타삼존을 형성함.

176 우전왕優塡王(闐王) : [S] Udena 또는 Udyana. 갠지스Ganges강과 야무나Yamuna강이 합류하는 알라하바드Allahabad 지역에 있던 발사국拔沙國 구섬미성拘睒彌城의 왕. 최초로 불상을 만들었다고 함.

177 벼랑을 보고 물러나듯 : 당나라 배휴裵休가 황벽 희운黃檗希運의 설법을 편집하여 만든 『傳心法要』에 나오는 구절.

178 맨손으로 범을~강을 건너는(暴虎馮河) : 무모한 행동을 뜻함. 『論語』「述而」, 『詩經』「小雅」〈小旻篇〉에 나오는 말.

179 여러 사람의~못하는 것입니다 : 『書經』「旅獒篇」에 "아홉 길의 산을 만드는 데에 한

삼태기의 흙이 모자라도 일을 다 이루지 못한다.(爲山九仞之功. 虧一簣.)"라고 한 것을 활용한 표현.
180 모과를 던져~보배로 갚는다는 : 『詩經』「衛風」〈木瓜〉에 "나에게 모과를 주거늘 경거로써 갚는다.(投我以木瓜. 報之以瓊琚.)"라고 되어 있다.
181 낭무廊廡 : 정전正殿 아래로 동서에 붙여 지은 건물.
182 불령산佛靈山 : 경북 김천시 증산면에 있음.
183 기림祇林 : 석가모니가 머물렀던 기원정사祇園精舍가 있는 숲을 말하는데 여기서는 그저 숲이라는 의미로 사용됨.
184 초지初地 : 보살이 수행하는 계위階位인 52위 가운데 십지十地의 첫 단계, 곧 환희지歡喜地를 말함.
185 위국魏國 산하 같은 보배 : 멋진 산하를 말함. 『史記』「孫子吳起列傳」에 "무후武侯가 서하西河를 배 타고 내려가다가 오기吳起에게 말하기를, '아름답도다, 산하의 견고함이여. 이는 위국의 보배로다.'"라고 했다.
186 천석泉石에 대한 근심 : 자연을 사랑하는 마음이 고질병처럼 깊음을 비유하는 천석고황泉石膏肓의 의미인 듯함.
187 도솔천왕(都史) : 원문 '都史'는 도솔천兜率天을 가리킴. ⓢ Tuṣita Udeva의 음역. 6욕천의 네 번째.
188 도부桃符 : 악귀를 쫓는 부적의 일종. 복숭아나무 판자에 신도神荼 · 울루鬱壘 두 신상神像을 그려서 대문 곁에 걸어 두면 악귀를 쫓는다는 고사에서 유래됨.
189 가방街坊 : 거리에 나가 탁발하는 소임, 또는 그 일을 맡은 승려.
190 오도悟道 : 오도자吳道子의 오자가 아닐까 한다. 오도자는 당나라 화가로 불화佛畫에 뛰어났다.
191 수달다須達多 : ⓢ sudatta의 음사. 선시善施라고 번역. 석가에게 기원정사를 지어 드린 사람. 자비로운 마음으로 외롭고 늙은 사람들에게 아낌없는 보시를 하였다 하여 급고독給孤獨이라고도 한다.
192 무주상보시無住相布施 : 집착 없이 베푸는 보시.
193 유루有漏 : ⓢ sâsrava. 번뇌가 있음을 뜻하는 말. 번뇌가 없는 무루無漏에 상대되는 말이다. 여기서 누漏는 누설漏泄이란 말로 번뇌를 의미한다.
194 모연문募緣文 : 권선문勸善文과 같음. 승려가 일반 사람에게 돈이나 물건을 기부하도록 이끄는 글.
195 문수사리曼殊舍利 : ⓢ Manjusri. 문수보살. 문수사리文殊師利, 만수사리曼殊師利, 묘길상妙吉祥. 지혜의 보살.
196 첫째 봉우리 불묘佛廟(사찰) : 지리산 첫째 봉우리는 대개 높이 1,915m인 천왕봉을 일컫는다. 위 문맥에서는 '불묘'가 봉우리 명칭으로 사용되었을 수도 있다.

197 진나라 아이들의 뗏목 : 진시황이 불로초를 구해 오도록 보낸 동남동녀들의 배를 말한다.
198 요대瑤臺 : 옥으로 장식한 누대. 신선 거주지.
199 보살계菩薩戒 : 대승大乘의 보살이 지켜야 할 계율. 『菩薩地指經』의 유가계瑜伽戒와 『梵網經』의 범망계梵網戒가 주로 행해짐.
200 계단戒壇 : 계를 수여하는 의식을 진행하는 장소.
201 언우씨齵齵氏 : 뼈드렁니에 충치투성이. 달마 대사를 가리킴. 삼교노인三教老人이 쓴 「碧巖錄序」에 "齵齵來東. 單傳心印."이라는 구절이 나온다.
202 곧바로 가리키는(直指)~보여 주고 : 달마 대사가 새로운 선법禪法을 전한 것을 일컫는다.
203 노행자盧行者 : 육조 혜능慧能(638~713)을 가리킴. 그의 속성이 노盧씨이다. 행자行者(Ⓢ Acarin)는 불도를 닦는 사람이라는 뜻으로 방장을 돕는 상좌上座를 이르기도 한다. 혜능은 5조 홍인의 의발을 전수받아 남쪽으로 피신했다. 그가 임종할 때 제자들에게 말하길, 가사 때문에 죽을 뻔했고 법은 옷에 달려 있지 않다고 하며 제자들에게 가사를 전하지 않았다.
204 일미一味의 선교禪教 : 부처님의 교법은 외면적으로 보면 다종다양하지만, 그 근본 뜻은 하나라는 뜻.
205 여섯 잎으로 꽃을 피웠고 : 선종이 초조 달마에서 육조 혜능으로 이어져 번성했다는 의미.
206 성상性相 : 성품과 형상.
207 원융한 성상이~분파로 나뉘었습니다 : 혜능 이후로 발생한 임제종, 위앙종, 조동종, 운문종, 법안종을 말한다.
208 도첩度牒 : 관청에서 승려에게 발급하는 출가 증명서.
209 흠준欽遵 : 황제의 명령에 따라 시행함.
210 마조馬祖가 한~벙어리 되고 : 당나라 때 백장百丈이 마조를 찾아뵈었는데 마조가 불자拂子를 세우고 백장에게 법거량을 하다가 마조가 소리를 지르자 백장은 사흘 동안 귀가 먹었다. 훗날 백장 문하에 있던 황벽黃蘗이 마조를 예배하러 가려고 하자 백장이 그 얘기를 들려 주었고 이를 들은 황벽은 자기도 모르게 혀를 내둘렀다. 『禪門拈頌』 181칙 「百丈再參」.
211 부용芙蓉이 높이~골수를 얻었습니다 : 조선 초기 부용 영관芙蓉靈觀이 벽송 지엄碧松智嚴으로부터 태고 보우太古普雨의 법통을 계승하여 청허 휴정淸虛休靜과 부휴 선수浮休善修에게 전해 주었다.
212 산종散宗 : 중국에서 전래하지 않고 자생한 종파.
213 경성敬聖 : 법명은 일선一禪이고 호는 경성 외에도 휴옹休翁, 선화자禪和子, 광성廣

聖 등이 있음. 1511년(중종 6)에 묘향산 문수암文殊庵에서 고행·정진하다가, 지리산에 있는 지엄智儼을 찾아가서 지도받았다. 1544년에 묘향산 보현사普賢寺 관음전觀音殿에 머물면서 후학들을 지도하였다.

214 환성喚惺(1664~1729) : 법명은 지안志安. 15세 때 미지산 용문사龍門寺로 출가하였고, 정원淨源으로부터 구족계를 받았다. 1725년(영조 1) 금산사金山寺에서 화엄대법회를 열었을 때 학인 1,400명이 모여 강의를 들었다.

215 금담錦潭(1842~1914) : 법명은 증준證俊. 1860년(철종 11)에 팔공산 동화사桐華寺 송암松庵 장로를 은사로 모시고 출가하였으며, 1862년에 금강산 유점사楡岾寺로 옮겨 나은懶隱 강백講伯으로부터 불경을 배웠다. 1892년에 도총섭都摠攝으로 임명되어 종풍을 널리 선양하고 불교의 뿌리를 확고히 하는 데 공을 세웠다.

216 대응大應(1830~1894) : 법명은 탄종坦鍾. 12세 때 금강산 장안사長安寺에 들어가서 승관勝寬을 은사로 삼고 일민日敏을 계사戒師로 삼아 출가하였다. 1851년(철종 2) 보운암普雲庵에서 개강開講한 뒤 여러 사찰의 주지를 지냈고, 오대산·설악산 등의 절에서 설법하면서 많은 승려들을 지도하였다.

217 현설현설現說 : 현신설법現身說法. 부처가 갖가지 모습으로 나타나 설법하는 것을 말함. 여기서는 설법을 잘하였다는 의미로 사용함.

218 초의草衣(1786~1866) : 법명은 의순意恂. 15세 때 나주 운흥사雲興寺의 벽봉 민성碧峰敏性을 스승으로 출가했고, 24세 때 강진에서 유배 생활을 하던 정약용과 교유했으며, 30세 때 서울에 올라와 김정희, 신위申緯 등과 사귀었다. 55세 때 살아 있는 채로 헌종에게서 시호를 받았고, 저서에 『一枝庵詩稿』, 『艸衣禪課』, 『禪門四辨漫語』, 『東茶頌』 등이 있다.

219 범해梵海(1820~1896) : 법명은 각안覺岸. 1833년(순조 33) 두륜산 대둔사大芚寺로 가서 출가하였고, 1835년 호의縞衣를 은사로 삼고 하의荷衣에게서 사미계를 받았으며, 초의로부터 구족계를 받았다. 1846년에 호의의 법을 이어 진불암眞佛庵에서 『華嚴經』과 『梵網經』을 강설하고 선리禪理를 가르쳤다.

220 금구金口 : 부처님의 입을 높여 이르는 말.

221 목차木叉 : 바라제목차波羅提木叉(Ⓢ prātimokṣa의 음사). 계율의 조문만을 모은 것. 불교 교단에서 포살布薩 때에 읊어졌다.

222 십계十戒 : 사미 또는 사미니가 받는 계율. 사미계沙彌戒. 주 26 참조.

223 구족계具足戒 : 정식 승려가 될 때 받는 계율. 비구에게는 250계, 비구니에게는 348계가 있다.

224 행지行持 : 불도佛道를 닦아 가짐.

225 불과佛果 : 불도 수행으로 얻는 부처의 경지.

226 반드시 도달해야 한다 : 원문 '須至'는 공문에서 반드시 수신자에게 도달해야 한다는

뜻의 마무리 짓는 말.

227 갈마아사리羯摩阿闍梨 : 계 받는 취지를 대중에게 알리는 표백表白과 갈마문羯摩文을 읽는 스승. 아사리阿闍梨ⓢ ācārya는 스승이라는 뜻.
228 화상아사리和尙阿闍梨 : 계를 주는 아사리. 계화상.
229 교수아사리敎授阿闍梨 : 위의 작법을 가르쳐 주는 아사리. 위의아사리라고도 함.
230 팔수八樹 : 부처님이 구시라拘尸羅의 사라수沙羅樹 숲속에서 열반에 들었는데 동서남북에 이 나무가 두 그루씩 서 있었으므로 사라쌍수라고 하며, 부처님이 열반에 들자 그중 한 나무씩 죽었다는 전설이 있다.
231 바라굴鉢羅窟 : 필바라굴畢波羅窟. ⓢ Pippali-guhā. 칠엽굴七葉窟. 중인도 왕사성王舍城 부근에 있던 석굴로, 불멸 후 1차 결집을 행하였던 곳이다.
232 사갈궁沙竭宮 : 사갈라용궁沙竭羅龍宮. ⓢ Sāgara. 사갈라는 한역하면 '큰 바다'라는 뜻.
233 총지摠持 : 대개는 '모든 공덕을 다 지니고 있다'는 뜻으로 진언眞言, 곧 다라니陀羅尼를 뜻하는 명사로 사용하는데 본문에서는 동사로 사용하였다.
234 마명馬鳴 : ⓢ Aśvaghoṣa. 중인도 마가다 사람으로 불멸 후 6백 년경에 출세한 대승의 논사論師. 본래 외도 출신으로 불법을 헐뜯었으나 협존자脇尊者(일설에는 부나사富那奢)와 토론하다 설복당하여 그의 제자가 되고 대승불교를 선전하였다. 『大乘起信論』 등의 저서가 있다.
235 용수龍樹 : ⓢ Nāgārjuna. 바라문 계급 출신으로 남인도에서 태어났다. 용궁의 창고에서 대승의 경전들을 보고는 석 달간 읽고 그 뜻을 두루 통하였다. 『中論』과 『大智度論』 등의 저서가 있다.
236 마명 대사가~등불을 밝혔습니다 : 『法苑珠林』의 "六百歲已九十六種外道等. 邪見競興. 破滅佛法. 有一比丘. 名曰馬鳴. 善說法要. 降伏一切諸外道輩. 七百歲已有一比丘. 名曰龍樹. 善說法要. 滅邪見幢. 然正法燈." 구절을 원용한 듯하다.
237 청정靑精 : 강회가 들고 갔다는 사리를 가리키는 듯함.
238 강회康會 : 동오東吳의 승려 강회는 베트남에서 수도하다가 진신사리를 들고 남경으로 와서 포교를 하였다. 손권孫權이 기뻐하여 242년에 사찰을 짓게 하였다.
239 법란法蘭 : 축법란竺法蘭. 중국에 처음 불교를 전했다고 하는 중인도의 승려. 67년 가섭마등迦葉摩騰과 함께 중국에 백마를 타고 건너와 낙양洛陽의 백마사白馬寺에서 『四十二章經』을 번역했다고 전해진다.
240 응공應供 : ⓢ arhat. 마땅히 공양 받아야 할 자라는 뜻으로 아라한阿羅漢을 가리킨다. 『五分律』에 따르면, 석가모니의 열반 직후 왕사성王舍城에서 1차 결집結集이 있었는데, 500명의 아라한들이 이 회의에 참석하여 불전佛典을 편찬하였다고 하며, 이 결집을 현재 '오백결집'이라고 부른다.
241 노나라 임금이~있는 것입니다 : 노魯 장공莊公 7년에 별들이 비처럼 떨어지면서 밤

이 대낮처럼 밝았다고 『春秋』에 있으니 부처가 태어난 것이요, 한漢 명제明帝 때 목에 해를 두르고 있는 금빛 사람이 궁전으로 날아오는 꿈을 꾸고서, 서역에 사람을 보내 불법을 구해 오게 했다. 이 구절은 최치원의 『智證和尙碑銘』을 활용하였다. 이어지는 다음 문장도 그러하다.

242 **신라 애장왕哀莊王이 법당을 열어** : 애장왕 3년(802)에 해인사를 창건했다. 『東史綱目』

243 **고려 문종이~문헌을 간행하였습니다** : 해인사 사적비 비문에 따르면, 문종 시대에 경판을 해인사에 안치하였다고 한다.

244 **삼승三乘** : 세 종류의 가르침. 승乘은 '타는 것'으로, 인간이 깨달음의 경지에 이르기 위해 타는 것, 즉 가르침을 의미한다. 대승불교에서는 불교를 성문승聲聞乘, 연각승緣覺乘, 보살승菩薩乘의 3종으로 나누어, 각각 능력이 다른 세 종류의 대상을 위해서 다른 가르침이 있다고 한다.

245 **삼보三寶** : 불교도의 세 가지 근본 귀의처인 불보佛寶·법보法寶·승보僧寶.

246 **정희대비貞熹大妃** : 조선 세조의 왕비. 성종 때 8년 동안 수렴청정을 하였다.

247 **닉왕匿王** : 파사닉왕波斯匿王. ⓢ prasenajit. 사위성舍衛城의 파사닉왕은 부처님께 수시로 나라 다스릴 이치를 물었다.

248 **가제迦帝** : 아수가왕阿輸迦王, 아육왕阿育王, 무우왕無憂王, 아소카왕. 인도 마우리아조 제3대왕(재위 B.C. 269~B.C. 232)으로, 불적佛跡을 순방하며 많은 스투파(탑)를 건설하였다고 한다.

249 **중귀 엄후中貴嚴后(1854~1911)** : 순헌황귀비純獻皇貴妃. 엄귀인이라 불렸다. 1897년 덕수궁으로 환궁한 후 대한제국의 선포와 때를 같이하여 영친왕 이은李垠을 낳았다. 이로 인해 고종의 후궁으로 귀인貴人에 책봉되었다. 1900년에 순빈淳嬪에, 1901년에 순비淳妃에, 1903년에는 황귀비皇貴妃에 책봉되었다. 엄황귀비를 황후로 승격시키고자 하는 운동이 1897년부터 1906년까지 지속적으로 일어났으나, 한편에서는 반대하는 의견도 많아 결국 황후에 책봉되지는 못하였다. 그녀는 후궁이었지만 왕비가 없는 상황에서 왕비와 같은 역할을 하였으며, 황귀비라는 독특한 지위에 있었다.

250 **헌호軒昊** : 황제 헌원씨黃帝軒轅氏와 태호 복희씨太昊伏羲氏의 합칭. 중국 문물의 기초를 다졌다고 평가되는 신화적 인물.

251 **성강成康** : 주周나라의 전성기를 이끈 성왕成王과 강왕康王.

252 **사홍四弘** : 사홍서원四弘誓願. 네 가지 넓고 큰 서약. 가없는 중생을 다 건지겠다는 중생무변서원도衆生無邊誓願度, 끝없는 번뇌를 다 끊겠다는 번뇌무진서원단煩惱無盡誓願斷, 한없는 법문을 다 배우겠다는 법문무량서원학法門無量誓願學, 위없는 불도를 다 이루겠다는 불도무상서원성佛道無上誓願成.

253 **오덕五德** : 유학儒學에서 말하는 다섯 가지 덕. 온화, 양순良順, 공손, 검소, 겸양.

254 **결승結繩** : 끈을 묶어 의사 표시를 하던 방식. 그 시대의 소박한 정치를 가리키는 듯함.

255 용정龍庭과 호혈虎穴 : 용정은 흉노匈奴의 선우單于가 천지의 귀신에게 제사 지냈던 장소로 오랑캐 땅을 가리킨다. 호혈도 같은 의미로 보인다.

256 한해瀚海 : 고비사막을 가리키기도 하고, 발해渤海를 가리키기도 하며, 남쪽의 큰 바다를 가리키기도 함.

257 천산天山 : 파미르고원에서 중앙아시아의 키르키스탄과 카자흐스탄까지 2,900km에 걸쳐 있는 산맥.

258 사의四儀 : 수행자가 생활에서 갖추어야 할 네 가지의 몸가짐. 행行, 주住, 좌坐, 와臥.

259 칠정七政 : 일곱 가지 자연물의 변화 원리를 정치의 근원으로 삼은 치도治道. 대개 『書經』에 나오는 일월과 오성을 말함.

260 조종朝宗 : 제후가 천자에게 조하朝賀하는 일. 봄에 만나는 것을 조朝라 하고, 여름에 만나는 것을 종宗이라 한 데서 유래한다.

261 삼귀三歸 : 불법승佛法僧 삼보三寶에 귀의함.

262 사의四依 : 출가자가 닦아야 할 네 가지 법. 진리에 의지하고 사람을 의지하지 않음(依法不依人), 바른 뜻의 경전에 의지하고 바르지 못한 경전에 의지하지 않음(依了義經不依不了義經), 뜻에 의지하고 말에 의지하지 않음(依義不依語), 지혜에 의지하고 인식에 의지하지 않음(依智不依識). 『大般涅槃經』 권6 「四依品」. 이 외에 초기 출가 수행자들이 지켜야 할 청정한 생활 양식을 말하기도 함. 이때 사의지는 탁발托鉢, 분소의糞掃衣, 수하좌樹下坐, 부란약腐爛藥. 분소의는 남이 버린 헌옷 조각이나 버려진 시체에서 얻은 천 조각을 기워 입는 것을 말한다. 수하좌는 지붕이 있는 곳에서 잠자지 않는다는 것이다. 부란약은 소의 오줌을 발효시켜 만든 허술한 약을 사용할 정도로 자신의 몸에 대한 집착을 끊어야 한다는 의미가 들어 있다. 좋은 약에 대한 집착을 경계한다는 의미도 있다.

263 팔정八正 : 팔정도. 괴로움의 현실을 종식시킬 여덟 가지 바른 길. 바른 견해, 바른 사유, 바른 말, 바른 행위, 바른 생활, 바른 노력, 바른 주의력, 바른 정신.

264 오승五乘 : 해탈의 경지를 얻게 하는 불타의 교법을 수레를 타는 것에 비유해서 승乘이라고 한다. 여기에 다섯 가지 구별을 세운 것을 오승이라 하니, 즉 인승人乘·천승天乘·성문승聲聞乘·연각승緣覺乘·보살승菩薩乘이다.

265 범운梵雲 : 1866년(고종 3)에 용선龍船과 함께 대원군의 시주로 서울 화계사의 퇴락한 건물들을 보수한 경력이 있다.

266 육문六文 : 한자를 만드는 여섯 가지 방법인 육서六書인 듯함.

267 오추烏箒 : 판목을 인간할 때 판목에 먹을 묻히는 솔을 말하는 듯함.

268 간장干匠 : 오나라 합려闔閭 시대의 칼을 잘 만들던 간장干將인 듯함.

269 칠금산七金山 : 금·은·폐류리吠琉璃·파지가頗胝迦의 네 보석으로 된 수미산과 쇠로 된 철위산鐵圍山의 중간에 있는, 금으로 된 일곱 개의 산.

270 홍속紅粟 : 큰 창고에 가득하여 붉게 썩어 가는 곡물.
271 향적香積 : 중향衆香 나라의 부처 이름. 사찰 음식을 가리킴.『維摩詰經』「香積品」.
272 주목왕周穆王 : 팔준마八駿馬가 모는 수레를 타고 천하를 유람하다가 곤륜산 꼭대기의 요지瑤池에 가서 서왕모西王母를 만나 환대를 극진히 받았다는 이야기가 전한다.『列子』「周穆王」.
273 금고金膏 : 신선들이 먹는 약.
274 오정五淨 : 오탁五濁과 반대되는 청정한 세상. ① 겁정怯淨은 전쟁과 기근, 질병이 없고 물질이 풍요하고 육체적으로 건강한 세상. ② 견정見淨은 청정한 견해를 지녀 삿된 견해가 발을 못 붙이는 세상. ③ 번뇌정煩惱淨은 욕심과 성냄, 어리석음의 번뇌로 괴로움을 겪지 않는 세상. ④ 중생정衆生淨은 중생들이 자비심과 평정심으로 서로 아끼고 사랑하는 세상. ⑤ 명정明淨은 불국토로서 수명이 극지히 긴 세상.
275 삼덕三德 : 부처가 갖춘 세 가지 공덕. 단덕斷德은 모든 번뇌를 소멸한 공덕, 지덕智德은 지혜로써 모든 것을 있는 그대로 꿰뚫어 보는 공덕, 은덕恩德은 중생을 구제하기 위해 은혜를 베푸는 공덕.
276 기자己字 무늬(藻繢) : 기자의 등을 보인 형태인 아亞 자 모양.
277 팔한八寒 지옥 : 여덟 개의 추운 지옥. 심한 추위로 몸이 부르튼다는 알부타頞部陀(arbuda) 지옥부터 심한 추위로 몸이 몹시 얼어서 터져 큰 붉은 연꽃같이 된다는 마하발특마摩訶鉢特摩(mahā-padma) 지옥까지를 말함.
278 구정九頂 하늘 : 구천九天. 가장 높은 하늘. 구九는 최고의 수를 뜻함.
279 칠요七曜 : 해, 달과 오성.
280 화장華藏세계 : 우주의 중심에 있다고 하는 비로자나불毘盧遮那佛의 정토. 이 부처는 천 개의 잎을 가진 연화좌蓮華座에 앉아 있는데, 그 잎 낱낱은 낱낱의 세계를 상징하며, 그 낱낱의 세계에 100억 국토가 있고 그 국토에 보신불報身佛이 출현한다고 함.
281 자존慈尊 : Ⓢ maitreya. 음사는 미륵彌勒, 번역은 자씨慈氏. 미륵보살을 높여 이르는 말.
282 옥호玉毫 : 32상相의 하나. 부처님 두 눈썹 사이에 있는 희고 빛나는 가는 터럭.
283 구광루九光樓 : 해인사 한가운데 있는 강당으로 사용하던 건물. 부처님이 아홉 곳에서 설법하면서 그때마다 백호에서 광명을 놓았다는『華嚴經』내용에서 따옴.
284 사찰의 신(伽神) : 사찰을 지키는 신. 그 신을 모신 곳이 가람각伽藍閣으로, 통도사나 표충사 등에 있다.
285 홍하문紅霞門 : 해인사 일주문.
286 사찰의 신(局師) : 국사局司, 곧 절터를 수호하는 신. 해인사 봉황문(천황문) 안에 그 신을 모신 국사단局司壇이 있다.
287 수명(鶴算) : 삼국시대 오나라 육기陸璣의 모시소毛詩疏에, "학은 천 년을 산다."라고 하였음. 학을 선금仙禽이라 하여 축수祝壽하는 데 많이 사용한다.

288 사등四等 : 사무량심四無量心. 모든 중생에게 즐거움을 주고 괴로움과 미혹을 없애 주는 자慈·비悲·희喜·사捨의 네 가지 무량심을 의미한다.

289 육인六因 : 여섯 가지 원인. ① 능작인能作因은 어떤 것이 생겨나는 데 도움이 되는 원인, 또는 방해되지 않는 원인. ② 구유인俱有因은 두 개 이상의 현상이 동시에 일어나, 서로 원인이 되고 결과가 되는 관계일 때의 그 원인. ③ 상응인相應因은 마음과 마음 작용(心所)이 동시에 일어나, 서로 원인이 되고 결과가 되는 관계일 때의 그 원인. ④ 동류인同類因은 결과와 성질이 같은 원인으로, 인과 관계에서 결과도 좋고 원인도 좋고, 결과도 나쁘고 원인도 나쁜 것과 같이 성질이 같을 때의 그 원인. ⑤ 변행인遍行因은 두루 작용하는 원인으로, 동류인에서 힘이 강한 번뇌가 원인이 되는 경우를 따로 세운 것이며 강력한 번뇌가 특정한 대상에 한하지 않고 널리 여러 번뇌를 일으킬 때의 그 원인. ⑥ 이숙인異熟因은 다른 성질로 성숙된 결과를 초래하는 원인.

290 겁석劫石 : 겁劫의 무한한 시간을 비유한 말. 곧, 가로·세로·높이가 각각 1유순由旬(약 8km)인 큰 반석을 솜털로 짠 베로, 100년에 한 번씩 쓸어 반석이 다 닳아 없어진다 해도 1겁이 끝나지 않는다고 함.

291 개성芥城 : 개자겁芥子劫. 겁의 무한한 시간을 비유한 말. 곧, 가로·세로·높이가 각각 1유순由旬(약 8km)인 성 안에 가득한 겨자씨를 100년에 한 알씩 집어 내어 겨자씨가 다 없어진다 해도 1겁이 끝나지 않는다고 함.

292 아량위兒樑偉 : 혹은 아랑위兒郎偉. 상량문에서 시 첫 부분에 쓰는 말. 대개 '어기여차'의 뜻으로 봄.

293 하사당下舍堂 : 승려들이 생활하던 건물. 대웅전 뒤 높은 곳에 있다.

294 상사당上舍堂 : 방장실로 사용되는 건물. '삼일암'이라고도 함.

295 장석장匠石 : 고대의 유명한 장인匠人. 이름은 석石, 자字는 백백. 그가 자귀로 물건을 쪼면 조금도 틀림이 없다 하여, 기예가 미묘한 경지에 이른 것을 비유함.

296 비람풍(藍風) : 비람毘嵐은 Ⓢ vairambhaka의 음사. 신맹迅猛이라 번역. 우주가 성립될 때나 파괴되어 끝날 때, 맹렬하게 휘몰아친다는 폭풍.

297 영천 : 삼일암 옆의 샘물. 제9대 국사 담당湛堂이 이곳의 물을 마시고 3일 만에 오도하였으므로 '삼일영천三日靈泉'이라 했다.

298 축융祝融 : 불의 신, 여름의 신.

299 삼일암三日庵 : 송광사의 암자. 제9대 국사 담당湛堂이 이곳의 물을 마시고 3일 만에 오도하였으므로 일명 삼일암이라고 부른다. 조선 시대 김시습, 근래 성철 승려 등이 머물렀다.

300 추성樞星 : 북두칠성의 첫째 별.

301 자극紫極 : 북극성. 천자의 자리를 뜻함.

302 각항角亢 : 수성壽星. 남극노인성. "각성角星·항성亢星·저성氐星은 수성壽星의 자리

인데 연주兗州의 분야이다."라고 하였다.『白湖全書』권26 『『周禮』춘관의 별에 해당되는 구주의 분야 및 열두 자리(周官星土九州十有二次)』참조.

303 천지는 일마一馬이거늘 :『莊子』「齊物論」에서 "천지는 하나의 손가락이요 만물은 하나의 말이다.(天地一指也。萬物一馬也)"라고 한 데서 온 말. 시비是非와 진위眞僞는 알기가 어려움을 의미한다.

304 경희慶喜 : 아난阿難. Ⓢ ānanda. 석가모니불의 사촌동생이며, 십대 제자 중 다문多聞 제일이다. 불멸佛滅 후에 경권經卷의 대부분은 이 사람의 기억에 의하여 결집結集되었다고 함.

305 학수鶴樹 : 부처님께서 북인도 구시라拘尸羅 성 서북쪽으로 흐르는 발제하跋提河 물가의 사라수 여덟 그루가 둘씩 마주 서 있는 사이에 자리를 깔고 열반에 드니 그 숲이 하얗게 변했다. 그래서 그것을 학림鶴林 또는 학수라 한다.

306 노고魯誥 : 유교 문헌. 誥는 왕이 신하에게 내리는 글이며,『書經』에 있는 문체의 하나다. 진秦나라의 박사였던 복승伏勝이 은밀히『書經』을 벽 속에 감추고, 난을 피해 사방으로 흘러 다니다가 평화를 되찾은 뒤 돌아와서 벽을 열어 당시 통용되는 문자인 금문今文으로 기록했다고 한다.

307 백마를 몰아~달빛이 가득하고 : 67년 후한 시대 때 명제明帝의 초청을 받고 가섭마등迦葉摩騰이 축법란竺法蘭과 함께 백마에 불경을 싣고 낙양으로 갔다.

308 황권黃卷을 태워~구름처럼 달립니다 : 후한 명제가 불법을 펴자 오악五嶽의 도사들이 재주를 시험하기를 청하였다. 그래서 황권, 즉 도교 경전과 불경을 단 위에 놓고 불을 지폈더니 불경은 온전하고 황권은 다 타 버렸다.『漢法本內傳』.

309 허무(何有鄕) : 무하유지향無何有之鄕은 어디에도 없는 곳으로, 곧 무위無爲의 경지.『莊子』.

310 삼목왕三目王 조판관曺判官의~창시하게 되었습니다 : 이거인은 신라 문성왕 4년(842) 길가에서 눈이 셋 달린 강아지를 발견하고는 불쌍하게 여겨 집에 데려다 길렀다. 844년 강아지가 죽어서 묻어 주었고 846년 이거인이 죽어서 저승에 가니, 세 눈을 가진 왕이 심판을 하다가 그를 반가이 맞았다. 왕은 바로 세 눈 달린 강아지였던 것이다. 이거인은 왕의 도움을 받아, 염라대왕에게 불경을 유포하는 일을 하지 못하고 왔다고 대답하여 이승에 돌아왔고, 이거인이 공주의 병을 고쳐 줌으로써 왕은 사재를 보시하여 불경을 간행하게 하였다. 간행한 불경은 해인사에 모시고 경찬회慶讚會를 베풀었다.『朝鮮寺刹史料』. 본문에서 조판관이라 한 것은 염라대왕의 휘하에 있는 관직임을 가리킨다.

311 정희貞熹 왕비(1418~1483) : 세조의 왕비. 세조가 죽은 후 예종이 14개월 만에 죽자 1469년부터 1476년(성종 7) 2월 8일(음력 1월 13일)까지 수렴청정을 하였다.

312 기유년 : 기유년은 1489년인데 정희 왕비의 생몰년과 맞지 않으니 착오가 있는 것이다.

313 대지가 기운을~소리치는 듯합니다 : 『莊子』「齊物論」에 "대지가 기운을 내뿜는 것을 바람이라 하는데, 가만히 있으면 모르지만 일단 일어났다고 하면 만 개의 구멍이 노하여 소리친다.(夫大塊噫氣。其名爲風。是唯無作。作則萬竅怒號。)"라는 말이 있다.

314 삼보三寶의 집 : 사리를 봉안한 불보사찰 통도사, 대장경을 보관한 법보사찰 해인사, 고승을 많이 배출한 승보사찰 송광사.

315 비가 세~균등히 적시고 : 『大方廣佛華嚴經疏演義鈔』 권10에 "세 가지 풀과 두 가지 나무가 같지 않으나 동일하게 비의 윤택함을 입고, 오성과 삼승이 같지 않으나 법우의 맛은 차이가 없다.(三草二木不同。同承一雨之潤。五性三乘不一。法雨一味無差。)"라는 구절이 있다. 세 가지 풀은 인천人天과 이승二乘과 보살을 상징한다.

316 나루와 다리(津梁)로 삼을 청동 : 나루와 다리는 물을 건너는 수단이므로 중생을 제도하는 방편을 말하는데 여기서는 경전을 운반할 수 있는 수단을 뜻한다. 청동은 청동전靑銅錢의 준말로 동전을 뜻함.

317 작은 강남 : 순천을 가리키는 듯함.

318 초료草料 : 초료장草料狀. 공무로 파견되는 관원에게 연도沿道의 각 역참驛站에서 역마와 식료 등을 공급하도록 명령하는 문서.

319 진산鎭山 : 대개는 진호鎭護하는 산, 즉 주산主山의 뜻으로 사용하는데 여기서는 대장경이 산을 진호한다는 의미로 사용함.

320 빈도貧道 : 승려의 겸칭.

321 잊지 않으니 무리가 많다(無念有徒) : '잊지 않으니(無念)'는 "임금의 충성된 신하라면, 그대 조상의 덕을 잊지 말아."라는 『詩經』「大雅」〈文王〉의 구절이고, '무리가 많다(有徒)'는 것은 "어진 이를 홀대하고 권세가에게 붙는 무리가 실로 많다.(簡賢附勢。寔繁有徒。)"라는 『書經』「仲虺之誥」의 구절이다. 최치원이 「智證和尙碑銘」에서 두 구절을 이어서 "無念爾祖。寔繁有徒。"라고 하였으니, 조상의 덕을 잊지 않으면 무리가 불어난다는 의미로 풀이되는데, 여기서도 그런 의미로 사용하였다.

322 선한 이는~벌을 받는다 : 원문은 '善慶惡殃'. 『周易』「文言傳」의 "선을 쌓은 집안은 반드시 남는 경사가 있고, 불선을 쌓은 집안에는 반드시 남는 재앙이 있다.(積善之家。必有餘慶。積不善之家。必有餘殃。)"를 줄인 말이다.

323 산이 울고 물이 맑다 : 산이 울면 골짜기가 응하고 물이 맑으면 달빛이 드러나듯 인과가 분명하다는 뜻이다.

324 호념護念 : 부처나 보살을 마음에 잊지 않고 염송함.

325 혜일慧日 : 부처의 지혜를 햇빛에 비유한 말.

326 황풍皇風 : 천자의 덕화德化를 바람에 비유한 말.

327 니구산尼丘山 : 중국 산동성山東省 곡부曲阜에 있는 산으로 공자가 태어난 곳.

328 금곡옹金谷翁이나 도주공陶朱公 : 금곡옹은 금곡에 살았던 석숭石崇, 도주공은 월왕

구천句踐의 신하였던 범여范蠡의 다른 이름. 둘 다 막대한 부자였다.

329 풍읍豊邑 : 한나라의 건국 시조 유방劉邦이 패군沛郡 풍현豐縣 출신이었던 까닭에 풍읍은 건국 시조 또는 제왕의 고향을 지칭한다. 여기서는 전주를 말함.

330 숙량흘叔梁紇 : 공자의 아버지로 성은 공孔이고, 이름이 흘이며, 자가 숙량이다.

331 공성孔聖(공자)이 진陳과~어려움을 겪었고 : 공자가 일찍이 초楚나라의 초빙을 받아 제자들과 함께 가던 중 진·채 두 나라 경계에 이르렀는데, 진나라와 채나라 대부들이 서로 짜고서 사람들을 동원하여 공자를 들에서 포위해, 가던 길을 차단하고 또한 식량 공급을 막아서 7일간이나 끼니를 못 끓이는 곤경을 겪었다. 『論語』「衛靈公」

332 양호陽虎의 액운을~뻔 하였고 : 공자가 광匡 지역을 지나는데 그곳 사람들이 공자를 양호로 오인하여 구류하였다가 5일 후에 풀어 주었다.

333 목녀牧女는 젖을 바쳤습니다 : 석가모니가 6년 고행을 했지만 깨닫지 못하고 니련선하尼連禪河에서 목녀가 공양하는 유미죽乳糜粥을 먹고 안정을 취한 후 선정에 들어 해탈하게 되었다.

334 총림叢林 : 잡목이 우거진 숲. 승려들의 경전 교육을 위한 강원講院, 참선 수행을 위한 선원禪院, 계율 교육을 위한 율원律院 등 세 개의 교육 기관을 모두 갖춘 사찰을 뜻하기도 함.

335 상문桑門 : 사문沙門. 불교.

336 백암白岩 : 백암산은 여러 군데가 있는데 여기서는 전남 내장산 옆에 있는 백암산으로 보임.

337 유루有漏 : 번뇌가 있음. 번뇌가 없는 무루無漏에 상대되는 말이다.

338 삼독육적三毒六賊 : 삼독은 탐진치貪瞋癡, 육적은 육식六識, 즉 안식眼識·이식耳識·비식鼻識·설식舌識·신식身識·의식意識을 일컬음.

339 적송자赤松子 : 진晉나라 때 도사道士. 일명 황대선黃大仙이고, 본명은 황초평黃初平이다. 출신이 빈한하여 8세 때 가축을 치는 일을 했다. 15세 때 적송산赤松山에 들어가 도를 닦아 적송자란 이름이 붙었다. 도술이 신통해서 백성들을 재난에서 많이 구해 주었다고 한다.

340 오위五位 : 불도를 수행하는 다섯 가지 자리. ① 자량위資糧位는 불도에 나아갈 양식을 저축하는 자리, ② 가행위加行位는 다음 위位에 나아가기 위하여 특별히 노력하는 자리, ③ 통달위通達位는 공하여 내가 없는 진리를 통달한 자리, ④ 수습위修習位는 진리를 본 뒤에 다시 닦아서 장애를 없애는 자리, ⑤ 구경위究竟位는 번뇌를 끊고 진리를 증하여 불과佛果에 이른 자리를 말한다.

341 육도六度 : 육바라밀六波羅蜜. 보살이 수행해야 할 보시布施, 지계持戒, 인욕忍辱, 정진精進, 선정禪定, 지혜智慧 등 여섯 가지.

342 석덕碩德 : 덕이 높은 승려.

343 묵암默庵 : 최눌最訥(1717~1790)의 호. 본관은 밀양, 성은 박씨, 자는 이식耳食. 전라도 흥양현興陽縣 장사촌長沙村 출신. 14세 때 징광사澄光寺로 출가하여 18세 때 만리萬里 대사에게 구족계를 받았으며, 당대의 종장이던 호암虎巖·회암晦庵·용담龍潭·상월霜月 등을 참방하였고, 명진明眞 대사에게서 선지를 깨달았고, 영해影海 대사에게 탁마하였다. 17년간 표충사에 주석하다가 조계산 보조암으로 이거하여 그곳에서 74세로 입적하였다. 문집『默奄大師詩抄』와 저서『諸經會要』가 전한다.

344 소왕素王 : 왕위는 없으나 왕의 덕을 갖추고 있다는 뜻으로 공자를 가리킴.

345 익주益州의 비 : 당나라 왕발王勃이 지은 「益州夫子廟碑」를 가리킴.

346 대감大鑑 : 육조 혜능. 816년에 당나라 헌종이 대감선사라는 시호를 내렸다.

347 유후柳侯 : 유종원柳宗元(773~819). 자는 자후子厚. 한유·구양수·소식·소순·소철·증공·왕안석과 더불어 '당송팔대가'로 불린다. 「曹溪第六祖賜諡大鑑禪師碑」를 지었다. 유주 자사를 지냈기 때문에 유유주柳柳州, 유후로도 일컬어진다.

348 부휴浮休 : 선수善修(1543~1615)의 호. 속성은 김씨. 지리산의 신명信明에게 출가하여 부용 영관芙蓉靈觀의 법을 이어받았다.

349 백암栢庵 : 성총性聰(1631~1700)의 호. 속성은 이씨. 남원 사람으로 13세 때 출가하여 13법계法戒를 받고, 18세 때 방장산方丈山에 들어가 취미翠微에게서 9년 동안 불교 공부를 하였으며 많은 불전을 간행하였다.

350 귀비龜碑 : 무덤 앞에 배설하는 거북을 닮은 용 비희贔屭 모양의 석좌石座 위에 세운 비碑를 말한다. 비희는 구룡九龍이 낳은 새끼로서 나면서부터 무거운 것을 지는 것을 좋아한다고 한다.

351 풍암楓岩 : 세찰世察(1688~1765)의 호. 영해 약탄影海若坦의 제자이고, 속성은 밀양 박씨이며 전라남도 순천 출생이다. 어린 나이에 출가해 당대 화엄학으로 이름이 높던 무용 수연無用秀演과 영해 약탄影海若坦의 문하에 들어 수학하다 무용이 입적한 후 영해의 제자가 되어 부휴 문중의 정맥을 계승했다.

352 영해옹影海翁 : 약탄若坦(1668~1754)의 호. 자는 수눌守訥. 10세 때 고흥 능가사楞伽寺에 출가하여 득우得牛와 수연秀演에게 경론經論을 배운 후 참선 수행함. 자수암慈受庵과 송광사松廣寺에서 학인들을 지도함. 무용의 제자.

353 티끌세계와 어울리니 : 원문은 '同塵'. 자기의 지덕과 재기를 감추고 세속을 따름을 이르는 화광동진和光同塵의 의미.

354 화장세계華藏世界 : 불교에서 그리는 세계.『華嚴經』에「華藏世界品」이 있다.

355 과도科圖 : 경전 내용의 과목들을 도표와 같이 표로 그린 것.

356 낭함琅函 : 귀한 서적을 간직한 상자. 불경을 가리킴.

357 완염琓琰 : 비석. 본래 주나라 성왕 때부터 서서西序에 진열해 둔 보물의 하나로 규丰의 이름이라고 한다.『書經』「顧命」.

358 우부禹斧 : 우禹가 천하의 하천을 개척할 때 용문산龍門山을 도끼로 끊었다 한다.
359 주정周鼎 : 우임금이 구주九州의 쇠붙이를 모아 주조했다는 큰 솥. 주周 정왕定王의 사자로 위문 나온 왕손만王孫滿에게 초자楚子가 주정周鼎의 경중을 물으니, 왕손만은, "나라란 덕에 달려 있는 것이지 솥의 경중에 달린 것이 아니다.……지금 비록 주나라가 쇠미해졌으나 천명이 다하지 않았으니, 솥의 경중은 물을 것이 못 된다."라고 하였다. 『左傳』'성공成公 3년'.
360 아안鵝眼 : 남북조南北朝 시대 송宋나라 폐제廢帝 이후로 주조된 구멍 뚫린 쇠돈.
361 빗돌을 옮기는 : 원문은 '鞭叱'. 진시황이 석교石橋를 놓아 바다를 건너가서 해가 뜨는 것을 보려 하자 신인神人이 돌을 굴려 바다를 메우는데, 돌이 빨리 구르지 않자 채찍으로 돌을 때리니 돌에서 피가 났다 한다. 진晉 복심伏深의 『三齊略記』.
362 보당寶幢 : 비단에 구슬을 매단 깃발이나 휘장. 본래 당번幢幡을 뜻하나, 당번을 걸기 위한 당간幢竿까지 총칭하여 쓰기도 한다.
363 팔상전八相殿(捌相殿) : 부처의 일생을 여덟 장면으로 나눠 그린 팔상도를 모신 사찰 전각.
364 천불千佛 : 과거, 현재, 미래의 삼겁三劫에 각각 나타난다는 1천의 부처.
365 열두 가지 발원 : 광명이 항상 비출 것, 몸이 유리 같고 뜻대로 이루어질 것, 보시함에 다함이 없을 것, 대승불교를 안립할 것, 삼취정계三聚淨戒를 갖출 것, 신체가 완전할 것, 병이 없을 것, 여자가 남자 되어 성불할 것, 정견正見을 가질 것, 어려움을 벗어날 것, 음식이 넉넉하여 안락할 것, 의복이 갖추어질 것.
366 동방의 도사導師 : 도사는 인도하는 스승. 약사여래는 동방세계 유리광국琉璃光國이라는 불국토를 건설한다고 한다. 『藥師瑠璃光如來本願功德經』.
367 마야摩耶 : ⓢ Māyā. 대개는 마야摩耶로 표기함. 석가 출산 후 7일 만에 타계했다고 한다.
368 법계일여法界一如 : 진여眞如와 같음.
369 삼계三界 : 천계天界와 지계地界, 인계人界의 세계를 말하기도 하고, 욕계와 색계·무색계를 말하기도 한다.
370 녹원鹿園 : 녹야원鹿野苑. 석가모니께서 성도한 지 삼칠일 만에 법륜을 굴리어 아야교진여阿若憍陳如 등 다섯 비구를 제도하였다. 『雜阿含經』.
371 접역鰈域 : 가자미가 많이 잡히는 구역이라는 뜻으로, 조선을 가리킴.
372 패엽貝葉 : 패다라엽貝多羅葉. ⓢ pattra. 인도에서 여기에 경문經文을 썼기에 경전을 뜻하게 됨.
373 사찰을 지어~높인 것은(建利崇福) : 신라 시대에 지은 숭복사를 염두에 둔 표현이다.
374 겸상縑緗 : 겸縑은 명주, 상緗은 담황색 비단으로 책의 장정裝幀을 말하는데, 여기서는 불경 편찬을 가리킴.

375 밝게 이어 가고 : 원문 '緝熙'는 『詩經』 「大雅」 〈文王〉에 나오는 표현이다.
376 완염琬琰에 꽃무늬를 놓기도 한다 : 완염은 아름다운 옥의 일종인 규圭의 이름인데 여기에 문자를 써서 기록을 남기기도 한다. 고운 옥에 팔상도를 그린다는 말인 듯함.
377 영산靈山의 모임 : 영산회靈山會 또는 영산회상靈山會上이라고 함. 석존釋尊이 영취산靈鷲山에서 주로 『法華經』을 설법하던 때의 모임을 이름.
378 사문沙門 : 출가 수행자. '노력하는 사람'이라는 뜻의 ⑤ śramaṇa를 음역한 것.
379 수달須達 : ⑤ sudatta. 사위성舍衛城의 부호이며 파사닉왕波斯匿王의 신하. 기타祇陀 태자에게 황금을 주고 구입한 동산에 기원정사祇園精舍를 지어 석가모니에게 바침.
380 가난한 여인 : 석가모니께서 사위국舍衛國에 머물 때 가진 게 없는 여인 난타難陀는 온종일 구걸을 하여 한 푼의 돈을 손에 쥐게 되었고, 그 돈으로 기름을 사서 등불 하나를 밝혀 석존에게 바쳤다. 이 등불 공양의 공덕으로 모든 사람들이 고통에서 벗어나 행복을 얻을 수 있기를 간절히 발원하고 기도하였다. 『賢愚經』 「貧女難陀品」.
381 승기僧祇 : 아승기阿僧祇. 수로 표현할 수 없는 가장 많은 수.
382 십계十界 : 불계佛界·보살계菩薩界·연각계緣覺界·성문계聲聞界(이상은 오계悟界), 천상계天上界·인간계人間界·수라계修羅界·축생계畜生界·아귀계餓鬼界·지옥계地獄界(이상은 미계迷界).
383 시왕十王 : 『十王經』에 나오는 명계冥界에서 사자死者에 대한 죄의 경중을 다루는 10명의 왕. ① 진광왕秦廣王(本地, 부동명왕), ② 초강왕初江王(석가불), ③ 송제왕宋帝王(문수보살), ④ 오관왕五官王(보현보살), ⑤ 염마왕閻魔王(지장보살), ⑥ 변성왕變成王(미륵보살), ⑦ 태산왕泰山王(약사여래), ⑧ 평등왕平等王(관세음보살), ⑨ 도시왕都市王(대세지보살), ⑩ 전륜왕轉輪王(아미타불).
384 광목녀廣目女 : 『地藏經』에 나오는 인물. 생전에 수많은 물고기와 자라, 고기, 알 등을 즐겨 먹고 지옥에 떨어진 어머니를 구제하기 위하여 부처님을 그려 모시고 공양을 올리니, 얼마 뒤에 지옥에 떨어졌던 어머니가 광목녀 집 하녀의 자식으로 태어났다.
385 대목련大目連의 분재盆齋 : 신통력을 지닌 대목건련大目犍連이 어머니가 지옥에서 고통 받는 모습을 보고 부처님의 말씀에 따라 재를 올려 모친을 구원하였는데 이 재를 우란분재盂蘭盆齋라고 한다.
386 오역십악五逆十惡 : 오역은 아버지를 죽이고, 어머니를 죽이고, 승려를 죽이고, 이간질하고 화합을 깨뜨리고, 부처님을 부정하는 행위. 십악은 신身에 관련된 살생·도둑질·음탕함·구口에 관련된 거짓말(妄語)·아첨(綺語)·험담(惡口)·이간질(兩舌), 의意에 관련된 탐貪·진瞋·치癡를 말한다.
387 업경대業鏡臺 : 업경業鏡. 지옥에 있는 염라대왕이 중생의 죄를 비추어 보는 거울.
388 오형五刑 : 태형笞刑, 장형杖刑, 도형徒刑, 유형流刑, 사형.
389 향사香社 : 당나라 백거이白居易가 향산香山의 승려 여만如滿과 함께 결성한 향화사香

火社의 준말. 결사結社 일반을 가리키는 말로 사용함.
390 쇠라도 끊을 : 우정友情이 쇠붙이도 자를 만큼 단단함을 비유함. 출전은 『周易』「繫辭傳」上 "二人同心。其利斷金。".
391 푸성귀 같은 : 원문은 '蔬筍'. 승려들의 담박한 문장을 가리키는 표현이다.
392 옥을 떨치는(振玉) : 상대방의 목소리를 미화한 표현. 한편 『孟子』「萬章篇」에 "집대성되는 것은 금성金聲으로 시작하고 옥진玉振으로 끝맺는다."라고 해서 완성을 뜻하기도 한다.
393 향도香徒 : 향사香社의 무리. 불교 신앙 활동을 목적으로 조직된 결사結社의 신도들.
394 아뇩달지阿耨達池 : ⓈⒶ anavatapta. 여기서 맑은 물이 흘러내려 섬부주贍部州를 비옥하게 한다고 함.
395 원당願堂 : 시주자의 소원을 빌거나 죽은 사람의 화상이나 위패를 모셔 놓고 명복을 비는 법당을 이르는 말.
396 육왕育王 : 아육왕阿育王. Ⓢ aśoka. 무우無憂라고 번역. 찬드라굽타candragupta가 마가다국magadha國 난다nanda 왕조를 무너뜨리고 세운 마우리야maurya 왕조의 제3대 왕으로, 인도 남단부를 제외한 전 인도를 통일함. 불교에 귀의하여 수많은 탑과 사원을 세우고, 수많은 사절들을 인도 전역에 파견하여 불교를 전파함.
397 정란丁蘭 : 한漢나라의 효자. 어렸을 때에 어머니를 여의고 너무 애통하여 나무에다 어머니의 모습을 새겨 두고 늘 어머니같이 섬겼다 한다. 어느 날 이웃에 사는 장숙張淑이란 사람이 만취하여 그 상像을 쳤기에 흥분하여 장숙을 죽여 관헌에게 체포되었는데, 그 상이 눈물을 흘렸다고 한다.
398 공수工倕 : 요堯임금 때의 훌륭한 장인. 『莊子』「達生」.
399 아량兒㮯 : 상량할 때 부르는 노래. 상량식을 할 때 부르는 노래가 처음에 '아량위兒㮯偉'라는 말로 시작된다.
400 53선지식 : 『華嚴經』에 선재동자가 문수보살의 지도에 따라 53인의 선지식을 방문한다.
401 원형元亨 : 원형이정元亨利貞. 역학에서 말하는 천도의 원리. 원元은 만물의 시始로 춘春에 속하고 인仁이며, 형亨은 만물의 장長으로 하夏에 속하고 예禮이며, 이利는 만물의 수遂로 추秋에 속하고 의義이며, 정貞은 만물의 성成으로 동冬에 속하고 지智가 됨.
402 망명罔明 : 초지初地 보살. 분별적 지성을 극복했다는 선종의 불립문자를 상징함. 문수보살이 여러 부처들이 모인 곳에 이르렀을 때, 여러 부처들이 각기 처소로 돌아가고 있었다. 그런데 오직 한 명의 여인만이 석가모니의 자리 가까이에서 삼매에 들어 있어서, 문수가 세존에게 그 이유를 물어보니, 세존은 여자를 깨워 삼매의 경지에서 나오게 해서 직접 물어보라고 했다. 문수는 여인의 주변을 세 번 돌고서 손가락을 한 번 탁 튕기고는 신통력을 다하여 깨우려고 했으나 깨우지 못했다. 그러자 세존은 말

하길, "설령 수백 수천의 문수가 있다고 하더라도 이 여자를 삼매의 경지에서 나오게 할 수 없을 것이다. 그렇지만 아래로 내려가 12억이라고 하는 갠지스강 모래알의 수처럼 많은 국토들 지나면, 이 여자를 삼매에서 꺼낼 수 있는 망명罔明 보살이 있을 것이다."라고 했다. 그 순간 망명 대사가 땅에서 솟아 나와 세존에게 예배를 하였다. 세존은 망명에게 여인을 삼매로부터 꺼내라고 명령을 내렸다. 망명이 여인 앞에 이르러 손가락을 한 번 탁 튕기자, 여인은 바로 삼매의 경지에서 나왔다. 『無門關』 42칙 「女子出定」.

403 범천梵天 : 브라흐마Brahmā, 범천왕. 힌두교 창조의 신. 비슈누Vishnu(유지의 신), 시바Shiva(파괴의 신)와 함께 힌두교 삼주신(Trimūrti) 가운데 하나다. 불교에 수용된 뒤에는 석가모니에 귀의해 제석천帝釋天과 함께 불법佛法의 수호신이 되었다.

404 윤웅렬尹雄烈(1840~1911) : 본관은 해평海平이고 충청남도 아산 출신이며 자는 영중英仲, 호는 반계磻溪이다. 윤치호尹致昊의 아버지이다. 1856년(철종 7) 무과에 합격하였고, 1880년 수신사 김홍집金弘集의 수행원으로 일본에 동행하였다. 1884년 갑신정변에 가담하여 개혁이 단행될 때 형조판서·한성부좌윤에 임명되었다. 갑신정변이 실패하자 1886년 4월부터 1894년 6월까지 능주(현재의 화순)로 유배되었다. 1896년 전라남도 관찰사로 발령 받았고 전라남도재판소 판사를 겸하였다. 또한 이 해부터 수년에 걸쳐 중추원 의관을 맡았다. 1900년 전라남도 관찰사, 1902년 중추원의관·임시서리로 발령 받았다. 1910년 10월 7일 '한일합병'에 대한 공로로 남작 작위를 받았다.

405 사사四事 : 승려의 일상생활에 필요한 네 가지 물건. 침구, 의복, 음식, 탕약.

406 삼전三殿 : 왕대비전王大妃殿·대전大殿·중궁전中宮殿.

407 엎어진 항아리 : 원문 '伏盆'은 '覆盆'의 뜻이다. 『抱朴子』「辨問」에 "해와 달도 비추지 못하는 곳이 있고, 성인도 알지 못하는 것이 있으니, 마치 삼광三光이 엎어 놓은 동이 안을 비추지 못하는 것과 같다."라고 하였다.

408 대지의 우레 : 주역의 지뢰복地雷復 괘에 해당하며, 쌓인 음의 기운 속에 한 줄기 양의 기운이 새롭게 나옴을 나타냄.

409 장사長沙의 괴로움 : 전국시대 초楚나라 굴원屈原은 회왕懷王 때 삼려대부三閭大夫가 되어 국정國政을 행하였는데, 다른 대부의 투기를 받아 신임을 잃자 「離騷經」을 지어 왕의 마음을 돌리려 하였으며, 회왕의 아들 양왕襄王 때에 이르러 참소를 받고 장사로 옮겨지자 〈漁父〉 등을 지은 뒤 멱라수汨羅水에 투신하였다. 그리고 한漢나라 때 장사왕長沙王의 태부太傅였던 가의賈誼가 모함을 받고 쫓겨난 뒤 상수湘水를 건널 적에 백여 년 전 멱라에 빠져 죽은 굴원을 애도하면서 〈弔屈原賦〉를 지었다.

410 육시六時 : 하루를 여섯으로 나눈 염불 독경의 시각.

411 묘길상妙吉祥 : 문수사리文殊師利. 묘덕妙德·유수濡首. 지혜가 뛰어난 공덕이라는

뜻으로 반야지혜를 상징한다.
412 회향回向 : 자기가 닦은 선근공덕을 다른 사람이나 자기의 불과佛果로 돌려 함께하는 일.
413 귀명례歸命禮 : 몸과 마음을 바쳐 지극한 마음으로 예배함.
414 용봉龍逢과 비간比干 : 용봉은 하나라의 현신賢臣인 관용봉關龍逢인데, 걸왕桀王의 무도無道함을 간쟁하다가 피살되었고, 비간은 은나라 주왕紂王의 숙부로, 주왕의 학정虐政을 간하다가 피살되었다. 여기서는 현신을 뜻하는 말로 사용하였다.
415 부월斧鉞 : 임금이 장수나 제후에게 생살권生殺權을 부여한다는 뜻에서 주던 도끼 모양의 의장儀仗.
416 팔뚝을 끊고 : 달마 대사가 갈대를 타고 중국으로 오자 그의 가르침을 청하던 혜가惠可가 "천하에 붉은 눈이 내릴 때 제자로 받아들이겠다."라는 달마 대사의 말에 팔뚝을 잘라 바치며 확고한 구법 의지를 보였다.
417 절구를 짊어지는(負舂) : 당나라 때 혜능慧能이 황매 회하黃梅會下의 행자 시절에 돌을 짊어지고 방아 찧기를 여덟 달 했다고 한다. 이 때문에 부용 거사負舂居士라 불렸다.
418 삼장三藏 : 경장經藏, 율장律藏, 논장論藏의 셋으로 불교성전佛敎聖典을 총칭함.
419 강백講伯 : 경론經論을 가르치는 강사講師에 대한 존칭.
420 여학驪壑 : 여룡驪龍(흑룡)이 산다는 깊은 골짜기.『莊子』「列禦寇」.
421 구준衢罇 : 누구나 실컷 마시도록 대로에 놓아 둔 술동이라는 뜻으로, 성인聖人의 도를 가리킨다.『淮南子』「繆稱訓」의 "성인의 도는 마치 대로에 술동이를 놔 두고서 지나는 사람마다 크고 작은 양에 따라 각자 적당히 마시게 하는 것과 같다.(聖人之道。猶中衢而置尊邪。過者斟酌。多少不同。各得所宜」"라는 말에서 나온 것이다.
422 옥루屋漏 : 집안 구석진 모퉁이.『詩經』「大雅」〈抑〉에 "네가 네 집에 있을 때에 보니 옥루에 있을 때에도 부끄러움이 없었네.(相在爾室。尙不愧于屋漏。)"라고 하였다.
423 경방經牓 : 경전을 공부하는 곳이라는 표시.
424 법당法幢 : 불법을 표시하는 깃발.
425 개미처럼 사모하여 : 『莊子』「徐無鬼」에 "양고기가 개미를 좋아하지 않아도 개미들이 좋아서 달려드는 것처럼(蟻慕羊肉) 순임금이 노린내 나는 행동을 했기 때문에(舜有羶行) 백성들이 좋아한 것이다."라는 구절이 있다.
426 십양금十樣錦 : 사천四川에서 나는 질 좋은 비단으로 열 가지 꽃무늬가 있다. 원나라 척보지戚輔之가 찬술한『佩楚軒客談』에 "맹씨가 촉蜀에 있을 때 십양금을 제작했으니, 장안죽長安竹·천하악天下樂·조단雕團·의남宜男·보계지寶界地·방승方勝·사단獅團·상안象眼·팔답운八答韻·철경쇠하鐵梗襄荷라 한다."라는 문구가 있다.
427 쇠를 끊을 : 『周易』「繫辭」上의 "二人同心。其利斷金。"에서 나온 것으로 두 사람의 우정이 금속을 끊을 만큼 단단하다는 것을 말한다.
428 월화당月和堂 : 1891년에 계암桂庵, 용선龍船과 함께 송광사 불일암 정문을 중수한

바 있다.

429 상대인上大人 아무개씨(공자)는~학사를 교화하였고 : 원문의 "上大人某乙己。化三千七學士"는 "上大人孔乙己。化三千。七十士。"의 변용이다. 이 문구는 당나라 둔황 사본에도 보이고 송나라 『續傳燈錄』권20, 『佛祖綱目』권36 등에 보인다.

430 정변지正徧知 명행족明行足 : 바르게 두루 알고 식별(오온에 대한 통찰)과 행동(보시, 계율)을 갖추신 분이라는 뜻으로 『法華經』에 나오는 여래의 칭호.

431 삼신동三神洞 : 지리산 골짜기 이름.

432 발을 밟으며(躡足) : 조심스레 주의를 환기하는 몸짓. 『史記』「淮陰侯傳」에 "장량張良과 진평陳平이 한왕漢王의 발을 밟으며 귀에 대고 말하기를 '한漢나라가 방금 불리한 형편이니, 어찌 한신韓信이 제왕齊王이 되는 것을 금할 수 있습니까? 왕으로 세워 잘 대우하는 것만 같지 못합니다.'라 하였다."라는 구절이 있음.

433 강신講信 : 성원들이 한자리에 모여서 우의와 신의를 새롭게 다짐하며 대화하는 것.

434 나는 저적~하려고 하였다 : 나는 짧게 하고자 하나 저들은 길게 늘이길 원했다는 뜻이다. 최치원의 『無染和尙碑銘』에서 "僕編苫者。師買菜乎。【編苫者。常以編索。比於前。欲其短也。買菜者。常求其小盆也。】"의 구절을 가져온 것이다.

435 호붕당浩鵬堂 : 호붕 진흥浩鵬振弘. 1892년에 송광사 감로암에 주석한 바 있다.

436 계수나무 두 그루 : 남천축국南天竺國에 있던 달마 대사가 스승 반야다라般若多羅에게 어느 나라에 가서 불사를 펼칠지 물으니, 반야다라가 중국으로 가라고 하며 게송을 지어 줬는데 그 마지막 구절이 "두 그루 어린 계수나무 오래도록 무성하리라.(二株嫩桂久昌昌)"였다. 달마가 머문 숭산에 계수나무가 많다고 한다.

437 33인 : 육조 혜능의 전법 제자가 33인이라 한다. 『傳燈錄』.

438 눈 속에서 팔뚝을 태웠고 : 미상. 아마도 혜가가 눈 속에서 자기 팔뚝을 잘라 달마에게 공부를 청했던 일을 말하는 듯함. 입설단비立雪斷臂.

439 다섯 종파 : 임제종·위앙종·운문종·조동종·법안종. 당나라 무종이 도교를 숭상하고 불교를 억압한 폐불 사태(842~845)를 일으켜서 4만여 사찰을 폐사하고 모든 경전을 불살랐다. 이 극악한 억불 정책으로 화엄과 천태 등 교종은 거의 단절됐으나, 주로 산중에 있던 선종은 별 타격을 입지 않아 이후 불교의 중심으로 등장하게 된다.

440 호통 소리(喝)에 귀가 먹었다 : 마조馬祖 선사가 백장 회해百丈懷海에게 호통을 치자 백장은 사흘 동안 귀가 먹었다가 마조 선사의 뜻을 깨닫고 법을 펼쳤다.

441 벽송碧松(1464~1534) : 지엄智儼. 벽송은 당호이고 법호는 '야로野老'이다. 속성은 송씨宋氏로서 전라북도 부안에서 출생.

442 태고太古(1301~1382) : 보우普愚. 태고는 호, 시호는 원증圓證. 1347년 중국 호주湖州 천호암天湖庵에서 석옥石屋에게 도를 인정받고, 〈太古庵家〉의 발문과 가사를 받았다. 1371년 공민왕이 국사로 봉하였다.

443 부휴浮休(1534~1615) : 선수善修. 부휴는 법호. 시호는 홍각등계弘覺登階. 20세 때 지리산에 들어가 신명 장로信明長老에게서 수도하였으며, 서예에도 뛰어났다. 저서로 『浮休堂集』이 있다.

444 벽담碧潭(1721~1788) : 행인幸仁. 풍암 세찰의 제자. 해남 대흥사의 13대 강사에 속한다.

445 우담優曇(1822~1881) : 홍기洪基. 우담은 법호이고 초명은 우행禹幸, 성은 권權이다. 『禪門證正錄』을 지어 긍선亘璇(1767~1852)의 『禪文手鏡』을 논박했다.

446 묵암默庵(1717~1790) : 최눌最訥. 자는 이식耳食. 14세 때 출가하여 만리萬里 대사 밑에서 승려가 되었다. 19세 때 풍암楓巖 화상에게 불경을 배우고 저서로『諸經問答盤着會要』 등과 문집을 남겼다.

447 침명枕溟(1801~1876) : 한성翰醒. 침명은 법호. 16세 때 팔영산八影山 선계암仙界庵으로 가서 권민權敏을 은사로 하여 삭발하였다. 춘파春坡에게 구족계를 받았고, 긍선에게 선과 참법懺法을 배운 다음 혁원奕諼의 법을 이었다.

448 도명道明 : 육조 혜능의 지도로 깨달음을 얻은 이. 원주袁州 몽산蒙山에 머물며 몽산 도량을 만들었고, 성제사聖濟寺의 개산조사開山祖師가 되었다.

449 매가 오디에~계곡에 그윽하다 : 최치원의 「智證和尙碑銘」에 나오는 "개미가 양고기를 좋아하듯 사람들이 모여들어 산을 가득 채웠으며, 매가 변화하듯 사람들이 개과천선하여 그 골짜기에서 그윽했다.(蟻慕者彌山。鷹化者幽谷。)"라는 구절을 활용했다. '매가 오디에 교화되어(鷹化椹)'는 대구를 맞추면서 발생한 오류로 보인다.

450 백 공伯公 : 주나라 사람 백락伯樂. 천리마가 소금 수레를 끌고 태행산太行山을 오르다가 그를 보고 크게 울자 백락이 수레에서 내려 눈물을 흘렸다고 한다.

451 곤어가 붕새 되니 : 북쪽 바다에 사는 곤어는 크기가 몇천 리나 되는데 새로 탈바꿈하면 붕새가 되어 남쪽 바다로 날아간다고 한다. 『莊子』「逍遙遊」.

452 우문禹門 : 용문협. 우임금이 물을 다스리던 곳이라 함. 이곳의 폭포는 세 단계로 이루어져서 매우 급하게 쏟아져 내리기 때문에, 강해江海의 대어大魚 수천 마리가 그 밑에 모여서 위로 뛰어올라 가면 용이 된다. 용이 되어 승천할 때 번개가 내리쳐 잉어의 꼬리를 태워 없앤다고 한다.

453 속수束脩 오정五釘 : 소박한 예물. 『論語』「述而」에서 공자가 이르기를 "속수 이상을 행한 자는 내가 가르치지 않은 적이 없다."라고 하였는데, 주자朱子의 주에 "수脩는 포脯이니, 10정脡이 1속束이다. 속수는 지극히 박한 예물이지만 예를 갖추고 오면 가르치지 않은 적이 없었다."라고 하였다. '釘'은 '脡'을 뜻하는 게 아닐까.

454 십철十哲 : 공자孔子 문하의 뛰어난 열 명의 제자. 곧 안회顔回·민자건閔子騫·염백우冉伯牛·중궁仲弓·재아宰我·자공子貢·염유冉有·자로子路·자유子游·자하子夏.

455 규장珪璋 : 예식 때 장식으로 쓰는 귀한 옥이라는 뜻으로, 훌륭한 인품을 비유적으로

이르는 말.
456 소순蔬荀 : 채소와 죽순. 채식을 하는 승려들의 기풍을 말함.
457 거적 엮는 : 원문은 '編苫'. 자기 글에 대한 겸칭이다. 최치원의 「無染和尙碑銘」 참조.
458 맑은 대화(淸塵) : 주볼은 주미塵尾(사슴 꼬리털로 만든 먼지떨이)의 뜻. 진晉의 명사名士들이 청담淸談을 할 때 손에 쥐고 이리저리 흔들며 이야기했음.
459 채소를 사려는 : 글을 청한다는 뜻. 최치원의 「無染和尙碑銘」에 보임.
460 종사宗師 : 법맥法脈을 받고 건당建幢한 높은 승려.
461 바다에 흘러드니 : 원문은 '朝宗'. 『詩經』「小雅」〈沔水〉 "沔彼流水。朝宗于海。"에서 유래.
462 발해渤海와 창명滄溟 : 둘 다 큰 바다라는 뜻으로 사용한 말이다.
463 다섯 성씨 : 육조 혜능 아래 나뉜 오종五宗을 가리킴.
464 용상龍象과 호덕虎德 : 용상은 덕이 높고 행적이 뚜렷한 스님을 용이나 코끼리의 위력에 비유하여 사후에 높여 이르는 말. 호덕 역시 그러한 의미를 표현한다.
465 내원㮈園 : 바라내국波羅㮈國(Bārāṇasī)의 녹야원鹿野苑. 석가모니께서 제자들에게 전도의 길을 떠나라고 선언했고 이때 악마 파순波旬(Pāpīyas)이 나타나 방해하지만 동요하지 않았다는 내용이 『雜阿含經』권39 제1096경 『繩索經』에 나온다.
466 도야桃野 : 도도桃都의 들판이라는 말로, 동방, 즉 조선을 뜻한다. 중국 동남쪽에 도도라는 이름의 거목巨木이 있다는 전설에서 유래한 말이다. 최치원의 「大嵩福寺碑銘」, 『述異記』.
467 28조사祖師 : 1세 마하 가섭摩訶迦葉부터 28세 보리 달마까지를 말함.
468 6종사宗師 : 초조 달마에 이어 2조 혜가慧可, 3조 승찬僧璨(?~606), 4조 도신道信(580~651), 5조 홍인弘忍(601~674), 육조 혜능慧能(638~713) 중에 도신이 수나라와 당나라에 걸쳐 있고 홍인과 혜능은 당나라 시기에 활동했다.
469 임제臨濟 : 당나라 조주祖州 남화현南華縣 출생. 이름은 의현義玄, 속성은 형刑. 황벽산黃檗山의 희운希運에 사사하여, 그의 법을 이어받았다.
470 하택荷澤(684~758) : 신회神會. 혜능 문하의 5대 종장宗匠으로 남돈선南頓禪을 확립. 활대滑臺의 대운사大雲寺에서 무차대회를 개설하여 종론宗論을 제기하고 신수계의 북종선이 방계임을 선전했다.
471 마명馬鳴 : 중인도 마가다Magadha(摩竭陀) 사람으로, 불멸 후 600년경에 출세한 대승의 논사論師.
472 용수龍樹 : 원래의 이름은 나가르주나Nāgārjuna이며, 용수는 산스크리트어로 용龍을 뜻하는 나가naga와 나무를 뜻하는 아가르주나agarjuna를 한자로 옮겨 표기한 것이다. 중관中觀을 주창하여 대승불교의 교리를 체계화하는 데 크게 기여하였다.
473 칠조七祖 : 화엄칠조華嚴七祖. 인도의 마명과 용수, 당나라의 두순杜順과 운화 지엄雲華智儼, 현수 법장賢首法藏, 청량 징관淸涼澄觀, 규봉 종밀圭峰宗密.

474 백장百丈(749~814) : 회해懷海. 마조馬祖로부터 선맥禪脈을 이어받았다.

475 황벽黃蘗(?~850) : 희운希運. 백장 회해의 제자이고 임제 의현의 스승. 당나라 지성인 배휴裵休와 마음에 대해 묻고 답한 내용으로 임제종의 기준이 되는 『傳心法要』를 남겼다.

476 현수賢首(643~712) : 법장法藏. 699년 측천무후則天武后의 청으로 『華嚴經』을 강하여 현수라는 호를 받고, 이로부터 무후의 신임이 두터웠다. 책을 지어 화엄의 교리를 크게 밝히고, 화엄종의 조직적 체계를 이루었다.

477 청량淸凉(738~839) : 징관澄觀. 796년에 장안長安에 가서 40권 화엄경의 번역에 참여하고 그 경의 주석서를 지음.

478 십문十門 : 지엄智儼이 법계연기를 이해시키기 위해 다음과 같은 십문을 설하였고, 지엄의 이러한 십문은 그 뒤 화엄가華嚴家에서 법계연기를 나타내는 가장 대표적인 법문(十玄緣起無碍法門)으로 알려졌다. ① 동시구족상응문同時具足相應門(相應에 의함), ② 인다라망경계문因陀羅網境界門(譬에 의함), ③ 비밀은현구성문秘密隱顯俱成門(緣에 의함), ④ 미세상용안립문微細相容安立門(相에 의함), ⑤ 십세격법이성문十世隔法異成門(世에 의함), ⑥ 제장순잡구덕문諸藏純雜具德門(行에 의함), ⑦ 일다상용부동문一多相容不同門(理에 의함), ⑧ 제법상즉자재문諸法相卽自在門(用에 의함), ⑨ 유심회전선성문唯心回轉善成門(心에 의함), ⑩ 탁사현법생해문託事顯法生解門(智에 의함).

479 월방月邦 : 인도. 『首楞嚴義疏注經』에 따르면 인도가 별처럼 작은 나라들에 비하여 달처럼 크므로 월방이라 한다고 했다. "印度月名。具云印特伽。此云月邦。以此大國形諸小國如星中月。"

480 석실石室에 옥(珙)이 맑으니 : 고려 말 태고 보우太古普愚의 스승인 석옥 청공石屋淸珙(1272~1352)을 가리킴. 석옥 청공은 원나라 승려로 임제종의 18대손이다. 보우는 석옥에게 임제선을 배웠고 깨달음의 증거로 가사를 받았다.

481 구곡龜谷 : 각운覺雲의 호. 고려 말의 승려. 보우普愚의 법통을 이어 남원 만행산 승련사勝蓮寺에 있었으며, 『傳燈錄』에 심취하여 30여 년간 연구하였다.

482 환암幻庵 : 혼수混修(1320~1392)의 호. 선원사禪源寺의 식영암息影庵으로부터 『楞嚴經』을 배웠고 고운암孤雲庵에 있던 나옹懶翁과 자주 만났으며, 나옹으로부터 신표를 받았다. 1383년에 국사로 책봉되고, '대조계종사 선교도총섭 오불심종 홍자운비 복국리생 묘화무궁 도대선사 정편지웅존자大曹溪宗師禪敎都總攝悟佛心宗興慈運悲福國利生妙化無窮都大禪師正遍智雄尊者'라는 존호를 받았다.

483 벽송碧松 : 지엄智儼(1464~1534)의 당호. 법호는 야로이고 전라북도 부안 출생이며 속성은 송씨이다. 조선 중종 때(1520) 지리산에 작은 암자를 지어 수도했는데 이것이 벽송사가 됨.

484 취미翠微 : '취미'는 푸른 산을 뜻하기도 하면서 수초守初(1590~1668)의 호이기도 하

다. 16세 때 두륜산으로 가 부휴 대사를 모셨다. 40세 때 옥천 영취사에서 선법을 발표하니 배우고자 하는 자가 구름처럼 모였다. 저서로『翠微大師詩集』이 있다.

485 부용芙蓉 : 영관靈觀(1485~1571)의 당호. 자는 은암隱庵, 법호는 연선蓮船. 낙엽 떨어지는 모습을 보고 확연 대오大悟하였다. 지리산의 지엄智儼을 만나 비로소 불법을 대오하고, 보우普愚의 법통을 계승, 이를 휴정休靜과 부휴浮休에게 전수하였다.

486 백암栢庵 : 성총性聰(1631~1700)의 호. 13세 때 출가하여 지리산 수초守初 밑에서 불경을 배웠고 많은 불서를 간행하였다.

487 부휴浮休 : 선수善修(1543~1615)의 호. 서산 대사의 사제로 전통적인 격외선格外禪을 계승하였고, 일념회기一念回機 · 일념회광一念回光 · 회광반조回光返照를 강조하여 임진왜란 이후의 불교계를 정비하였다. 저서로는『浮休堂大師集』이 있다.

488 삼구三句 : 선의 종지를 간명하게 나타내는 것. 임제삼구臨濟三句를 비롯하여 분양선소汾陽善昭와 운문 문언雲門文偃 등의 삼구가 있음.

489 학림鶴林 : 석가모니가 입멸한 쿠시나가라kuśinagara의 사라쌍수沙羅雙樹 숲을 말함. 석가모니가 입멸할 때, 그 숲이 학과 같이 희게 되었다는 전설에서 유래함.

490 공가중空假中 : 모든 현상에는 불변하는 실체가 없다는 공空, 모든 현상은 여러 인연의 일시적인 화합으로 존재한다는 가假, 공空이나 가假의 어느 한쪽에 치우치지 않는 중中을 말함.

491 녹원鹿苑 : 녹야원鹿野苑. 석가가 불도를 닦아 처음 설법한 곳. 지금의 바라나시Varanasi에서 북동쪽 약 7km 지점에 있는 동산. 중부 인도 파라나국派羅奈國 북쪽 성밖에 있던 동산.

492 도리야마忉利夜摩 : 도리천忉利天과 야마천夜摩天. 욕계 6천의 제2천. '도리'는 33의 음사音寫이며 삼십삼천三十三天으로 의역한다. 도리천은 세계의 중심인 수미산須彌山(Sumeru)의 정상에 있으며 제석천帝釋天(Indra)의 천궁天宮이 있다. 야마夜摩는 'yāma'의 음사, 시분時分이라 번역. 이곳에 있는 신들은 때때로 즐거움을 누린다고 함. 도리천에서부터 위에 구름을 붙여서 허공에 있는 하늘인데, 욕계 6천의 세 번째인 곳.

493 사선四禪 : 사선천四禪天. 색계色界의 선정禪定에 있는 초선천初禪天 · 제이선천第二禪天 · 제삼선천第三禪天 · 제사선천第四禪天을 통틀어 이르는 말.

494 사공四空 : 사무색처四無色處. 무색계의 네 가지 경지. 공무변처空無邊處, 식무변처識無邊處, 무소유처無所有處, 비상비비상처非想非非想處 등이 있다.

495 법락法樂 : 부처의 가르침을 믿고 받드는 기쁨. 법회를 마칠 때 음악이나 시, 노래 등으로 불보살에게 공양하는 것.

496 오계五季 : 당나라가 망하고 송나라가 일어나기까지의 다섯 나라. 오대五代. 후량後梁, 후당後唐, 후진後晉, 후한後漢, 후주後周. 말세라는 뜻에서 이르는 말임.

497 오패五霸 : 춘추시대 다섯 명의 패왕을 이른다. 대개 제齊 환공桓公, 진晉 문공文公, 초楚 장왕莊王, 오吳 합려闔閭, 월越 구천句踐을 꼽는다.
498 가경嘉慶 : 청나라 인종仁宗 때의 연호. 1796년부터 1820년까지.
499 두 눈(兩曜)은 : 원문 '兩曜'는 본래 해와 달을 뜻하나 문맥상 '두 눈'으로 풀었다.
500 향해香海 : 수미산을 둘러싸고 있는 향수 바다.
501 건달바乾達婆 : Ⓢ Gandharva. 수미산 남쪽 금강굴金剛窟에 살며, 제석천帝釋天의 음악을 관장하는 신神.
502 대용주大龍主 : 서방 호세천왕護世天王. 비류박차毘留博叉. 용과 여의주를 지녔으며 광목천왕廣目天王이라고도 함.
503 율려律呂 : 한 옥타브 안에 배열된 12율의 양률과 음려의 총칭.
504 구반다鳩槃茶 : Ⓢ kumbhāṇḍa의 음사. 염미귀厭眉鬼, 동과귀冬瓜鬼라고 번역. 수미산 중턱의 남쪽을 지키는 증장천왕增長天王의 권속으로, 사람의 정기를 먹는다는 귀신.
505 비사문毘沙門 : 사천왕 가운데 북쪽을 수호하는 다문천왕多聞天王의 이칭. 비사문천은 항상 불교의 도량을 보호하며 법을 빠짐없이 듣는다고 한다. 탑을 지니고 있는 형상.
506 여와씨女媧氏 : 다섯 가지 색깔의 돌을 다듬어 하늘의 부족한 곳을 기웠다고 함. 『列子』「湯問」.
507 보조국사普照國師가 나무 솔개를 놓아 : 보조국사가 송광사 절 터를 잡을 때 나복산羅葍山(현재의 모후산母后山)에서 나무로 만든 솔개(木鴟)를 날렸더니 국사전國師殿의 뒷등에 떨어져 앉으므로 이 뒷등의 이름을 치락대鴟落臺라고 불렀다 한다.
508 열여덟 분의 거찰 : 송광사의 '송松'은 '十八公'으로 파자된다. 열여덟 분의 큰 스님이 불법을 널리 펴는(廣) 사찰이라는 뜻을 지닌 이름이라는 전설이 있다.
509 원감국사圓鑑國師 위씨魏氏 : 충지冲止(1226~1293). 법호는 법환法桓·복암노인宓庵老人, 시호는 원감圓鑑, 속명은 위원개魏元凱. 아버지는 호부원외랑戶部員外郎 소紹이며, 어머니는 이부원외랑吏部員外郎 송자옥宋子沃의 딸이다. 원나라 세조의 흠모를 받았으며, 원오圓悟의 법을 이어 수선사修禪社 제6세 국사가 되었다.
510 자수紫綬 : 고위 관원이 차는 호패號牌의 자줏빛 술실이나 술띠.
511 하마비下馬碑 : 공경을 표시하기 위해 말에서 내려야 하는 곳임을 표시하는 비석.
512 천복薦福의 운수 : 매우 운이 없음을 가리킨다. 송나라 범중엄范仲淹이 지방 수령으로 있을 때, 가난해서 배부르게 먹어 본 적이 없다고 하소연하는 선비를 동정하여 그에게 천복사薦福寺의 비석 탁본을 뜰 수 있도록 기회를 만들어 주었지만, 그가 탁본 장비를 가지고 가던 날 저녁에 천복비가 벼락을 맞아 깨지고 말았다.
513 진각국사眞覺國師 : 혜심慧諶(1178~1234). 지눌知訥의 뒤를 이어 수선사修禪社(송광사)의 제2세 사주社主가 되었다. 저서로는 『禪門拈頌集』 등이 있다.
514 염송拈頌 : 불경 또는 조사祖師의 어록에서 발췌한 선문 공안에 대한 강령의 요지를

제시한 염拈과 그에 대한 찬송.

515 설화를 기록하여 : 『禪門拈頌』에 대하여 특별한 어휘를 뽑고, 거기에 관계되는 출전을 인용하고 용어를 풀이한 주석서를 지칭한다.

516 팽상彭殤 : 장수와 요절을 뜻함. 팽조彭祖는 700살을 살았고 상殤은 스무 살을 넘기지 못하고 죽음을 뜻함.

517 범초凡楚 : 춘추시대 강대국인 초나라와 그 속국인 범나라를 합칭한 말. 『莊子』「田子方」에 초왕楚王이 범군凡君과 함께 앉았을 때 초왕의 좌우에서 "범나라는 망했다."라고 하자 범군이 존망存亡에 대한 견해를 피력한다.

518 천지를 여관~광음光陰(세월)은 과객으로 : 이 구절은 조선 시대 임제林悌(1549~1587)의 「愁城誌」에서 "夫以逆旅天地之間。過客光陰之中。彭殤同夢。凡楚一轍。"을 원용한 것인데, 그 이전에 당나라 이백李白이 「春夜宴桃李園序」에서 "夫天地者。萬物之逆旅也。光陰者。百代之過客也。而浮生若夢。爲歡幾何?"라고 하였다.

519 진시황제와 한 무제武帝 : 둘 다 장수하기 위해 도술을 좋아하였던 임금.

520 지장전地藏殿 : 명부전冥府殿, 시왕전十王殿이라고 일컫는다. 염라대왕 등 10왕을 모신 전각인데 주존은 지장보살地藏菩薩을 모신다.

521 난타難陀 : 난타라는 가난한 여인이 부처님을 위해 공양을 올리고 싶었지만 가진 것이 없어 구걸로 얻은 몇 푼의 돈으로 작은 등과 기름을 사서 불을 밝혔다. 시간이 흘러 새벽이 다가오자 왕과 귀족들이 밝힌 호화로운 등은 꺼졌으나 난타의 등불만은 홀로 꺼지지 않고 주위를 밝게 비췄다. 석가모니 부처님은 가난하지만 마음 착한 여인이 정성으로 켠 등불은 꺼지지 않는다며 제자 아난에게 이 여인이 훗날 성불할 것이라고 말했다. 『賢愚經』「貧女難陀品」. 고행하던 석가모니께서 수자타(善生女)가 주는 우유죽을 먹고 깨달았다고 한다.

522 통허洞虛(1844~1901) : 행적은 이 글의 본문 참조.

523 진신眞身 : 진리 그 자체를 뜻하는 말인데 여기서는 초상화를 가리킴.

524 진상眞常 : 참되고 변하지 않음.

525 본지本地를 매각昧却하고 : 본지는 변화하지 않는 본래의 부처나 보살을 이르고, 매각은 잊어버리는 것인데, 여기서는 방편을 펴기 위해 그렇게 했다는 의미로 보임.

526 신훈新熏 : 선천적으로 존재하는 것이 아닌, 후천적으로 형성되는 것을 이르는 말.

527 비야毘耶 : 유마거사維摩居士는 비야리성毗耶離城에서 늘 칭병稱病하고 누워서 문병 오는 불제자들에게 침묵으로 설법했음. 『維摩詰小說經』.

528 방장方丈 : 사방으로 1장丈이 되는 방이란 뜻이다. 유마거사가 병이 들었을 때 그가 거처했던 사방 1장의 방에 문병 온 3만 2천 명을 모두 사자좌獅子座에 앉게 한 데서 유래함.

529 통장通狀 : 통문通文. 민간단체나 개인이 같은 종류의 기관, 또는 관계가 있는 인사

등에게 공동의 관심사를 통지하던 문서.
530 함풍咸豊 갑진년 : 함풍 연간엔 갑진년이 없다. 도광道光 갑진년(1844)의 오류이다.
531 우담優曇 : 홍기洪基(1822~1880)의 호.
532 유력遊歷 : 여러 곳을 두루 돌아다님.
533 영산 도사影山道師 : 경순敬淳(?~1883)의 호. 고창 선운사禪雲寺에서 삭발하였다. 선방에서 20여 년 동안 참선 공부로 선의 깊은 뜻을 체득하여, 선운사의 뛰어난 선지식으로 명성이 높았다. 당시 덕진德眞과 더불어 뛰어난 선지식으로서 이름을 떨쳤으며, 전라남도 곡성군 관음사觀音寺에서 앉은 채 입적하였다.
534 허주 선백虛舟禪伯 : 덕진德眞(1806~1888)의 호. 조계산 송광사에 들어가 삭발하고 홀로 선정을 닦으며 도학을 성취하였다. 흥선대원군이 불러 국가를 위하여 철원 보개산寶蓋山 지장암地藏庵과 고산高山 운문사雲門寺에서 기원하게 하였다.
535 귀목龜木 : 맹귀우목盲龜遇木. 사람의 몸을 받아 세상에 나거나, 불법을 만나기가 아주 어렵다는 것을 비유한 말. 눈먼 거북이가 바다에서 백 년마다 한 번씩 물 위에 나오는데 우연히 구멍 뚫린 나무로 머리가 나온다는 말로, 만나기 어려움을 비유한 말이다.『涅槃經』.
536 자정암慈靜庵(慈靜蘭若) : 송광사 산내 암자. 고려 시대 자정국사慈靜國師가 창건하여 자정암이라 하였는데 1975년 법정法頂 스님이 중건하면서 불일암佛日庵이라는 편액을 걸었다.
537 화연化緣 : 대개 교화하는 인연을 가리키는데 여기서 화연이 빠르다고 한 것은 열반을 뜻함. 불보살이 이 세상에 출현하는 것은 교화할 인연이 있기 때문이고 이 화연이 다하면 곧 열반하게 된다.
538 학주壑舟 : 골짜기 속의 배. 죽음을 가리킴.『莊子』「大宗師」에 "골짜기 속에 배를 숨겨 두고 산을 못 속에 숨겨 두면 안전하다고 여긴다. 하지만 한밤중에 힘센 자가 등에 지고 달아나도 어리석은 사람은 알아채지를 못한다.(夫藏舟於壑。藏山於澤。謂之固矣。然而夜半有力者負之而走。昧者不知也。)"라고 하였다.
539 결계結界 : 수행에 필요한 일정한 지역을 정해 행동에 제한을 가하는 일.
540 회향廻向 : 회전취향廻轉趣向의 준말. Ⓢ pariāmanā. 스스로 쌓은 선근善根 공덕을 다른 사람에게 돌려 자타自他가 함께 불과佛果의 성취를 기하려는 것.
541 제호醍醐 : 우유에 갈분葛粉을 타서 미음같이 쑨 죽. 최상급의 음식.
542 묘시卯時 : 오전 5시부터 7시까지.
543 입승立繩 : 사찰의 규율과 질서를 다스리는 직책, 또는 그 일을 맡은 승려.
544 사성례四聖禮 : 극락세계에 있는 아미타불과 관세음보살, 대세지보살, 일체청정대해중보살님께 예를 올리는 것.
545 난행難行 : 극도로 고된 수행.

546 존숙尊宿 : 학문과 덕행이 뛰어나 남의 본보기가 될 만한 승려.

547 칠보七寶 : 일곱 가지 보물. 『無量壽經』에 따르면, 금·은·유리琉璃·거거硨磲·산호·마노瑪瑙·파리玻璃.

548 지위는 선승禪僧으로 : 맥락이 이어지지 않으니 착오나 누락이 있는 듯함.

549 보현普賢 : 문수보살이 지식과 지혜와 깨달음을 관장하는 데 대해, 이치와 명상과 실천을 관장하는 보살.

550 행해行解 : 심식心識이 대상에 작용하여 그 모양을 분별하고 요해하는 일.

551 봉황처럼 우뚝하더니 : 원문의 '鳳跱'는 최치원의 「大嵩福寺碑銘」에서 인용함. '跱'는 '峙'와 같음.

552 청오靑烏 : 풍수, 지관地官을 말함. 풍수지리학의 원조인 한나라의 청오자靑烏子가 자신의 학문을 요약하여 묘 터를 정하는 데 필요한 사항을 정리하여 『靑烏經』이란 책을 펴낸 데서 유래함.

553 철을 가르고 못을 부러뜨려(擘鐵斬釘) : 『碧巖錄』에 나오는 표현으로, 과감하게 일을 처리함을 이르는 말인데 여기서는 작업 과정을 뜻하기도 한다.

554 장석匠石 : 고대의 유명한 장인匠人. 『莊子』「人間世」.

555 하현下弦 : 음력 매월 22~23일에 나타나는 달의 형태. 활 모양의 현弦을 엎어 놓은 것.

556 남풍藍風 : 비람풍毘嵐風. ⓢ vairambhaka의 음사, 신맹迅猛이라 번역. 우주가 성립될 때나 파괴되어 끝날 때, 맹렬하게 휘몰아친다는 폭풍.

557 구슬 먼지(珠塵) : 빙소작憑霄雀이 창오蒼梧 들녘에 푸른 모래 구슬을 물어다 언덕을 쌓으니 '구슬 언덕'이라 하는데, 구슬은 가볍고 작아 먼지처럼 바람에 흩날리니 '구슬 먼지'라 한다는 내용이 『拾遺記』에 있다. 여기서는 공사할 때 나는 먼지를 미화시킨 표현이다.

558 청제靑帝 : 봄을 맡은 동쪽의 신.

559 3대 국사 : 2대 국사 즉 두 분의 국사가 아닐까. 천자암에 두 그루 향나무가 있는데 보조국사普照國師와 담당국사湛堂國師가 중국에서 수도를 하고 귀국할 때 짚고 온 지팡이를 나란히 꽂은 것이 이 나무가 되었다고 한다. 담당국사는 왕자의 신분으로 보조국사의 제자가 되었다.

560 찬 시내를 베개 삼아 : 침계루枕溪樓를 가리킴.

561 눈에 가득한 무수한 문수보살이 : 『祖庭事苑』에 "눈에 가득히 문수보살 만나 말을 나누었으나 무슨 말인지 알아듣지 못했으니 어찌하랴.(滿目文殊接話談. 言下不知開何印.)"라는 구절이 있다.

562 살바야薩婆若 : ⓢ sarva-jña의 음사. 일체지一切智라고 번역. 모든 것의 안팎을 깨달은 부처의 지혜.

563 팔부八部 : 팔부신장八部神將, 팔부신중八部神衆, 천룡팔부天龍八部, 용신팔부龍神八

部. 인도에 예로부터 전하여 내려오던 신들 가운데 여덟 신을 하나의 군으로 수용해서 불교의 수호신으로 삼아 조성한 상을 말한다.

564 제운당霽雲堂 : 제운 해징霽雲海澄(1719~1804). 풍암 세찰楓巖世察의 제자. 이 글 뒤쪽에 「제운 화상의 비석을 세우는 축문【기미년(1919) 3월 14일에 세움.】」이 있으므로 이 글 역시 1919년의 기록일 가능성이 높다.

565 보당寶幢 : 비단에 구슬을 매단, 깃발이나 휘장.

566 천관薦祼 : 천薦은 신에게 제물 들기를 권하는 일, 관祼은 술을 땅에 부어 신의 내강來降을 비는 일.

567 당사당司 : 수행승의 규율과 질서를 다스리는 유나維那가 절의 사무를 보는 곳. 또는 그곳에서 사무를 보는 유나.

568 상주常住 집물汁物 : 항상 있어야 하는 물건들.

569 전장傳掌 : 전임자가 후임자에게 맡아보던 일이나 물건을 넘겨서 맡김. 사무 인계.

570 강상綱常 : 삼강三綱과 오상五常. 곧 사람이 지켜야 할 도리.

571 능견난사能見難思 그릇 : 보조국사가 금나라에 들어가 병든 황제의 쾌유를 빌기 위하여 기도할 때 쓰던 청동제의 바루로 원래는 500점이었다고 한다. 송광사 사적에는 조선 숙종이 이들 그릇을 감상한 뒤에 그 가공 기교의 뛰어남에 감탄하여 이름을 '능견난사'라 붙였다는 기록이 전한다.

572 찰중察衆 : 사찰에서 대중의 잘못을 살펴 시정케 하는 직책, 또는 그 일을 맡은 승려.

573 당직堂直 : 당집이나 서당 따위를 맡아 지키는 사람.

574 목차木叉 : Ⓢ moksa. 계戒.

575 이훈彛訓 : 사람이 항상 지켜야 하는 가르침.

576 육군六群 : 부처 당시에 악행을 일삼은 난타難陀, 발난타跋難陀, 가류타이迦留陀夷, 천나闡那, 아설가阿說迦, 불나발弗那跋의 여섯 비구.

577 칠중七衆 : 불교 교단을 구성하는 일곱 부류의 사람. 비구, 비구니, 식차마나式叉摩那(예비 비구니), 사미, 사미니, 우바새, 우바이를 가리킨다. 앞의 5중衆은 출가중出家衆, 뒤의 2중은 재가중在家衆이다.

578 매달린 실(懸絲) : 5조 홍인弘忍(601~674)이 육조 혜능을 인가하면서, 옛날부터 법을 전해 받으면 목숨이 '매달린 실'처럼 위험하다고 했다. 『六祖壇經』.

579 조근朝覲 : 조정에 나가 임금을 뵙던 일을 뜻하는데 여기서는 오대산 문수보살을 예경했다는 뜻으로 사용했다.

580 만력萬曆 : 명나라 신종의 연호. 이어서 나오는 성조는 청나라 황제로 연호는 강희康熙를 사용했다.

581 문조文祖 : 문해 복취文海福聚(1686~1765). 율종律宗 천화파千華派의 제7조祖로, 강소江蘇 보화산寶華山에서 수계受戒하고 율장律藏을 깊이 연구했다. 얼마 뒤 진휘 실

영진휘實詠의 법을 이었다. 옹정雍正 12년(1734) 세종이 불러 보고 북경北京 대법원 사人法源寺에 머물면서 전계傳戒하고, 마침내 천화파가 국도國都에서 흥법하는 단서를 열었다. 나중에 보화산으로 돌아가니 수계하는 사람이 수십만에 이르렀다. 저서에 『南山宗統』과 『瑜伽補註』, 『施食儀軌』 등이 있다.

582 만화萬化(1850~1919) : 관준寬俊. 강원 간성 출생. 9세 때 금강산 건봉사乾鳳寺 금현錦玹의 문인으로 들어가, 태허太虛에게서 구족계를 받았다. 1872년(고종 9) 왕가의 기원도량인 석왕사釋王寺 봉향관奉香官에 임명되고, 1874년 승통僧統, 1878년 강화도 전등사傳燈寺의 총섭이 되었다. 1910년 일본에 국권을 빼앗기자 승직을 버리고 전국의 명찰을 유랑하다가 1919년 건봉사로 돌아가 후학을 양성하였다. 후학 정호鼎鎬가 그곳에 비를 세웠다.

583 정함靜涵(1817~1893) : 창도昌濤. 동산銅山 사람으로 속성은 유劉이고, 정함은 자, 호는 거정도인蘧汀道人이다. 청나라 말기의 저명한 고승이다.

584 삼단대계三壇大戒 : 사미니계, 비구니계, 대승보살계를 수여하는 계단.

585 호중壺中 : 신선세계. 후한後漢의 술사術士 비장방費長房이 시장에서 약을 파는 선인仙人 호공壺公의 총애를 받아 그의 호리병 속으로 들어갔더니, 그 안에 일월日月이 걸려 있고 선경인 별천지別天地가 펼쳐져 있었다고 한다. 『後漢書』 권8.

586 광무光武 7년 : 임인년(1902)은 현재 광무 6년으로 본다.

587 경회慶會 : 새해 첫날이나 임금의 생신, 회갑 등 국가 및 왕실에 경사가 있을 때 군신君臣이 모여 축하하는 것.

588 기사耆社 : 기로소耆老所. 연로한 고위 문신들의 친목 및 예우를 위해 설치한 관서. '기耆'는 나이 70이고, 80이 되면 '노老'라고 하였다.

589 예연禮宴 : 격식을 갖추고 베푸는 궁중 잔치.

590 길성吉星 : 복성福星, 녹성祿星, 수성壽星 등 3성을 가리킴.

591 봉시奉侍 : 시종원侍從院의 벼슬. 시종원은 1895년(고종 32) 관제개혁 때 임금의 비서·어복御服·어물御物, 그밖의 의약·위생 등에 관한 일을 관장하기 위하여 설치되었던 궁내부 산하 관서.

592 발문發文 : 발통發通. 글을 보내 소식을 알림.

593 내탕전內帑錢 : 임금이 사사로이 쓰는 돈.

594 도백道伯 : 당시 전라도 관찰사는 이근호李根澔(1861~1923). 1915년 불교계 중심 기관인 30본산연합사무소 고문을 맡았고, 1917년 친일 성향 단체인 불교옹호회의 고문으로 활동하였다.

595 내하전內下錢 : 임금이 신하에게 사사로이 내어 주던 돈.

596 홍공단紅貢緞 : 붉은 빛깔의 두껍고 무늬 없는 비단.

597 성탱星幀 : 칠성을 불교 호법신으로 의인화하여 묘사한 그림.

598 축리祝釐 : 신에게 제사를 지내 복이 내리기를 기원함. 축祝은 빈다는 의미이고 리釐는 복이란 의미.

599 보석사寶石寺 : 충청남도 금산군 남이면 석동리 진락산에 있는 절. 마곡사麻谷寺의 말사이다.

600 기신耆臣 : 기로소耆老所에 소속된 나이 일흔이 넘은 정2품 이상의 문신.

601 개성芥城 : 개자겁芥子劫. 겁겁의 무한한 시간을 비유한 말. 곧, 가로·세로·높이가 각각 1유순由旬(약 8km)인 성 안에 가득한 겨자씨를 100년에 한 알씩 집어 내어 겨자씨가 다 없어진다 해도 1겁이 끝나지 않는다고 함.

602 지전持殿 : 노전爐殿. 법당을 관리하는 소임.

603 칼을 차고 자며 : 잠을 잘 때도 번뇌를 자르는 칼을 차고 잔다는 뜻으로 수련에 매진함을 가리키는데, 여기서는 자나 깨나 잘 관리하라는 뜻으로 사용하였다.

604 목녀牧女 : 석가모니가 6년 고행을 했지만 깨닫지 못하고 니련선하尼連禪河에서 목녀가 공양하는 유미죽乳糜粥을 먹고 안정을 취한 후 선정에 들어 해탈하게 되었다.

605 난타難陀 : 난타라는 가난한 여인이 부처님을 위해 공양을 올리고 싶었지만 가진 것이 없어 구걸로 얻은 몇 푼의 돈으로 작은 등과 기름을 사서 불을 밝혔다.『賢愚經』「貧女難陀品」. 주 521 참조.

606 양왕梁王이 당간幢竿을 세웠으니 : 양왕은 양 무제, 당간은 법회 같은 행사가 있을 때 다는 기를 달아 두는 장대를 뜻하므로, 당간을 세움은 사찰을 세웠다는 뜻으로 보임. 양 무제는 자신의 참배를 위해 동태사同泰寺라는 거대하고 화려한 사원을 지었으며, 고행승처럼 꾸미고 아침저녁으로 사원에 가서 예불을 올렸다.

607 생사(時順) :『莊子』「養生主」에 "때마침 이 세상에 태어난 것은 태어날 때였기 때문이고, 때마침 세상을 떠난 것은 갈 때였기 때문이니, 태어나는 때를 편안히 맞이하고 죽는 때를 편안히 따르면 슬픔이나 즐거움 따위의 감정이 그 사람의 마음에 들어갈 수 없다.(適來夫子時也。適去夫子順也。安時而處順。哀樂不能入。)"라고 했다.

608 과덕果德 : 수행의 결과로써 얻은 공덕.

609 대지전大智殿 : 대지, 곧 문수보살을 모신 곳.

610 청신녀淸信女 : 불교를 믿는 여자 재가신도.

611 오계五戒 : 불교 계율 중 가장 근본이 되는 다섯 가지 계목. 일반적으로 처음 출가하여 승려가 된 사미沙彌와 재가在家 신도들이 지켜야 할 것이라 하여 사미오계沙彌五戒, 신도오계信徒五戒라고 함.

612 재승齋僧 : 재를 지내는 승려.

613 삼시三施 : 세 개의 단壇을 쌓고 승려들에게 음식을 대접하는 것을 말하는데, 삼시란 금전·의복·음식 등의 재시財施, 설교의 법시法施, 병자나 고독한 사람을 위로해 주는 무외시無畏施이다.

614 십계十界 : 미혹한 사람에서 깨달은 사람을 포함한 모든 경지를 열 종류로 나눈 지옥계, 아귀계, 축생계, 수라계, 인간계, 천상계, 성문계, 연각계, 보살계, 불계를 말한다.

615 삼륜三輪 : 지하에서 대지를 받들고 있다는 금륜金輪, 수륜水輪, 풍륜風輪.

616 사시四施 : 네 가지 베풂. 보시, 서로 사랑함, 이익이 됨, 이익을 함께함.『佛說七處三觀經』.

617 양梁 무제武帝(464~549, 재위 502~549) : 소연蕭衍. 남조 양나라의 초대 황제. 불교를 신봉하여 사원을 대대적으로 건축하는 한편 세 번이나 동태사同泰寺에 몸을 바쳤다.

618 상서庠序 : 학교. 주나라에서는 상庠, 은나라에서는 서序라고 하였음. 여기서는 문맥상 본체에 잇대어 지은 행랑行廊(翼廊)의 의미로 사용함.

619 간곤艮坤 : 간은 동북, 곤은 남서 방향이다.

620 용골龍骨 : 들보를 가리키는 듯함.

621 육위六偉 노래 : 상량할 때 부르는 노래. 동, 서, 남, 북, 상, 하로 여섯 번 '아랑위兒郎偉'라는 말이 들어간다.

622 쌍향수 : 송광사 천자암에 1세 보조국사와 9세 담당국사湛堂國師가 꽂은 향나무 지팡이가 자라서 두 그루 향나무가 되었다고 한다. 천연기념물 88호.

623 무악母岳 : 전라남도 화순군 동복면과 남면, 전라남도 순천시와의 경계에 있는 모후산母后山을 가리키는 듯함.

624 벽도碧桃 : 반도蟠桃. 삼천 년에 한 번 꽃이 피고 그 꽃이 핀 후 삼천 년 만에 열매가 열리며 삼천 년이 지나야 먹을 수 있다. 그때가 되어도 색깔이 푸른색이라 벽도라고 한다. 이 과일을 먹으면 불로장생한다고 알려져 있다.

625 삼보종찰三寶宗刹 : 양산 통도사(불佛), 합천 해인사(법法), 순천 송광사(승僧).

626 계판啓板 : 승정원承政院에 걸어 두었던 게시판의 일종. '계啓' 자를 새긴 널판인데 그 위에 주의 사항을 써 놓았음. 임금의 전교傳教를 받거나 상주문上奏文을 올릴 때 이 판 앞에서 배례拜禮한 후 사무를 처리하였음.

627 무감武監 : 무예별감武藝別監의 준말. 훈련도감訓鍊都監의 군사 중에서 궁궐 문 옆에서 숙직 호위하던 무사.

628 민영철閔泳喆(1864~?) : 본관은 여흥驪興, 초명은 영철泳轍. 민익호閔益鎬의 아들로, 교리校理 민선호閔善鎬에게 입양되었다. 1885년(고종 22) 문과에 합격하고, 검열檢閱·설서說書, 홍문관의 정자正字 등을 거치고 1895년 궁내부특진관에 제수되었다. 다음 해 황해도 관찰사로 나갔다가 뒤에 전라도 관찰사로 전임하고, 1902년 군부대신이 되었고, 그 뒤 육군부장陸軍副將·군무총장軍務總長·철로총재鐵路總裁를 역임하였다.

629 밧줄 같은 윤음綸音 : 윤음은 국왕이 국민에게 내리는 훈유訓諭 또는 그 문서이다.『禮記』「緇衣」에서 "임금의 말씀이 실 같다가 나오면 명주실 같고 임금의 말씀이 명주

실 같다가 나오면 밧줄같이 된다.(王言如絲, 其出如綸, 王言如綸, 其出如綍)"라고 한 대목에서 유래되었음.

630 결승結繩으로 그물을 푸는(解網) : 결승은 끈을 묶어 표시하던 순박한 시대를 말함. 그물을 푼다는 것은 사냥할 때 그물의 한쪽을 약간 터 놓아 짐승을 다 잡지 않는다는 것으로, 탕왕湯王의 인덕을 나타낸 말. 탕왕이 들에서 어떤 사람이 사방을 막은 그물을 쳐 놓고 "모두 이 그물 속으로 들어오라."라고 비는 것을 보고 그 그물의 3면을 터 놓은 채 "왼쪽으로 갈 것은 왼쪽으로, 오른쪽으로 갈 것은 오른쪽으로, 그렇지 않을 것만이 그물 속으로 들어오라."라고 빈 데서 나온 고사.

631 진단震旦 : 해가 뜨는 곳이라는 뜻으로 인도에서 중국을 부르던 별칭이었는데, 여기서는 조선을 뜻함.

632 열여섯 분 : 송광사의 법맥을 이어온 16국사. 제1세 조사祖師 원력수생 해동불일 보조국사願力受生海東佛日普照國師, 제2세 조사 진각국사眞覺國師, 제3세 조사 증익 청진국사贈諡清進國師, 제4세 조사 충경 진명국사沖鏡眞明國師, 제5세 조사 회당 화상 자진국사晦堂和尙慈眞國師, 제6세 조사 원감국사圓鑑國師, 제7세 조사 자정국사慈靜國師, 제8세 조사 자각국사慈覺國師, 제9세 조사 담당 화상湛堂和尙, 제10세 조사 별전종주 중속조등 묘명존자 혜감국사別傳宗主重續祖燈妙明尊者慧鑑國師, 제11세 조사 묘엄존자 증시자원국사妙嚴尊者贈諡慈圓國師, 제12세 조사 혜각국사慧覺國師, 제13세 조사 각엄국사覺嚴國師, 제14세 조사 복암 화상 정혜국사復庵和尙淨慧國師, 제15세 조사 홍진국사弘眞國師, 제16세 조사 고봉 화상高峯和尙.

633 영수각靈壽閣 : 숙종 45년(1719)에 임금의 나이가 예순이 되자, 기로소耆老所에 들어가서 만들어 놓은 누각의 하나로, 이때부터 갖가지 어첩御帖을 보관하는 장소로 쓰임.

634 윤용선尹容善(1829~1904) : 자는 경규景圭, 호는 자유재自有齋, 시호는 문충文忠, 본관은 해평海平. 이조 참판 윤치의尹致義의 아들이다. 1885년(고종 22) 문과에 급제하여 문명文名을 떨쳤다.

635 이순익李淳翼 : 1857년(철종 8) 전시殿試에 직부直赴하여 급제하였다. 이후 규장각 직각 등을 역임하고 1902년 정1품 보국輔國에 올랐다.

636 예폐禮幣 : 공경의 뜻으로 주는 물건.

637 선생안先生案 : 전임자의 인적 사항을 적은 책. 일명 안책.

638 시연侍輦 : 불교의 재 의식에서 사용되는 가마. 절 문 밖까지 메고 나가서 신앙의 대상과 재를 받을 대상을 절 안으로 모셔 오는 역할을 한다.

639 후생(可畏) : 『論語』「子罕篇」"후배가 두려워할 만하다.(後生可畏)"에서 나온 말.

640 강이 흘러도~구르지 않는다(江流石不轉) : 두보杜甫의 시 〈八陣圖〉의 구절. 이 시는 두보가 어복현魚復縣 강가에 아직도 남아 있는, 지난날 제갈량이 군사 훈련을 위해 만든 팔진도 돌무더기 유적을 보고 지은 시이다.

641 전독轉讀 : 큰 경전을 읽을 때 전체를 차례대로 읽지 않고 띄엄띄엄 읽는 것.

642 오백승재五百僧齋 : 5백 분의 승려를 공양하는 의식. 『目蓮經』에 백승재, 오백승재, 천승재의 명칭이 나온다.

643 학조學祖 : 본관은 안동, 속성은 김씨, 호는 등곡燈谷·황악산인黃岳山人. 아버지는 김계권金係權이다. 신미信眉·학열學悅 등과 함께 선종의 승려로서 세조의 두터운 신임을 받았다. 여러 고승들과 함께 많은 불경을 국어로 번역, 간행하였다. 1500년(연산군 6) 왕비의 명으로 해인사의 대장경 3부를 인간하고 그 발문을 지었으며, 1520년(중종 15) 왕명으로 다시 해인사 대장경 1부를 간인하였다.

644 조매계曺梅溪 : 조위曺偉(1454~1503). 본관은 창녕昌寧, 자는 태허太虛, 호는 매계梅溪. 김종직金宗直의 시고詩稿를 수찬한 장본인이라 하여 오랫동안 의주에 유배되었다. 박식하고 문장이 위려偉麗하여 문하에 많은 문사가 배출되었다.

645 조시영曺始永(1843~1912) : 본관은 창녕昌寧, 자는 치극稚克, 호는 후계後溪. 동지중추부사 위偉의 12세손. 1882년 정시문과에 급제하여 홍문관의 수찬, 경상도 관찰사 등을 역임하면서 향약鄕約과 향음주례鄕飮酒禮를 실시하여 풍속을 교화하고 농상農桑을 권장하여 치적을 남겼다.

646 장전藏殿 : 대장경을 보관해 두는 건물.

647 광무光武 2년 기해년(1899) : 광무 2년은 1898년이고 기해년은 1899년이므로 일치하지 않는데, 기해년이 정확하다.

648 천씨千氏 : 천일청千一淸. 네 살에 궁녀로 들어가 1909년 훈5등에 서훈됨.

649 승가리僧伽梨 : ⓢ saṃghāṭi의 음사. 삼의三衣의 하나. 삼의 가운데 가장 크므로 대의大衣, 베 조각들을 거듭 이어서 만드므로 중의重衣, 조條의 수가 많으므로 잡쇄의雜碎衣라고 함.

650 좌하坐夏 : 승려들이 음력 4월 15일부터 7월 15일까지 일정한 곳에 머물며 수행하는 하안거에 참여하다.

651 풍경諷經 : 경전을 소리 내어 읽음.

652 회광晦光(1862~1933) : 1908년 근대 불교 최초의 교단인 원종圓宗의 종정을 역임(1908~1912)한 이래 해인사 주지(1911~1923)로서 당대 불교계의 실력자로 군림함.

653 존숙尊宿 : 수행이 뛰어나고 덕이 높은 노승老僧을 일컫는 말.

654 종기鍾期 : 종자기鍾子期. 춘추시대 거문고 명인 백아伯牙의 친구로, 백아의 곡을 잘 이해하고 터득함.

655 사리闍梨 : 아사리阿闍梨의 준말. 승려의 스승.

656 방당方塘 : 네모난 못. 마음을 비유하기도 한다. 송나라 주희朱熹의 〈觀書有感〉.

657 묵연墨緣 : 편지로 잇는 인연.

658 선교善巧 : 중생을 구제하기 위해 그 소질에 따라 임시로 행하는 교묘한 수단과 방법.

659 부비浮費 : 일을 하는 데 써서 없어지는 돈.
660 경도감經都監 : 경전에 관한 경비를 맡아보는 직임, 또는 그 직임에 있는 승려를 가리키는 듯함.
661 입승立繩 : 불가의 기강을 맡은 직임, 또는 그 직임에 있는 승려.
662 유나維那 : 선원禪院의 규율과 질서를 다스리는 직책, 또는 그 일을 맡은 승려.
663 지전持殿 : 불전佛前이나 법당을 관리하는 직책, 또는 그 일을 맡은 승려.
664 마지摩旨 : 불전에 올리는 밥.
665 『범망경梵網經』 : 우리나라 불교 계율의 기초를 이루는 경전. 제불諸佛이 중생을 구제함이 거미줄같이 빠짐없다는 뜻.
666 『사분율四分律』 : 출가한 승려가 불법을 수행하는 데 필요한 계율을 자세히 기록한 불교의 율전.
667 사중四衆 : 불교 교단을 구성하는 네 부류의 사람. ① 비구比丘. ⑤ bhikṣu. 걸사乞士라고 번역. 출가하여 구족계具足戒를 받은 남자 승려. ② 비구니比丘尼. ⑤ bhikṣuṇī. 출가하여 구족계를 받은 여자 승려. ③ 우바새優婆塞. ⑤ upāsaka의 음사. 근사남近事男, 청신사淸信士라고 번역. 출가하지 않고 부처의 가르침에 따르는 남자 신도. ④ 우바이優婆夷. ⑤ upāsikā의 음사. 근사녀近事女·청신녀淸信女라고 번역. 출가하지 않고 부처의 가르침에 따르는 여자 신도.
668 부처를 삶고(烹佛) 조사도 삶는 : 부처나 조사라는 이상적인 인격체가 고정되어 실재하는 것으로 착각하는 수행자의 선병禪病을 치료하기 위한 법문. 『祖堂集』 권9.
669 사성각四聖閣 : 사성은 아미타불, 관세음보살, 대세지보살, 대해중보살을 가리킴.
670 법윤法胤 : 법통을 계승한 아들.
671 주당籌堂 : 일반적으로는 비변사를 가리키는데 여기서는 암자 이름인 듯함.
672 판상기板上記 : 현판에 적힌 기문.
673 산에 오르거나~들어가지 않고 : 원문 '不山不海'는 최치원의 「智證和尙碑銘」에서 차용한 것으로 비명에는 이어서 '而得上寶'라는 구절이 있다. 멀리 가지 않고도 좋은 재목을 얻었다는 의미로 사용한 것이다.
674 웅장하고 화려하여 : 원문 '鳥革翬飛'는, 『詩經』「小雅」〈斯干〉의 "새가 놀라 낯빛이 변함과 같으며, 꿩이 날아가는 것과 같다.(如鳥斯革。如翬斯飛)"에서 나온 말이다. 주희朱熹의 『詩經集傳』에 "그 동우棟宇가 높게 일어남은 새가 놀라 낯빛이 변함과 같고, 처마가 화려하고 높으며 날아갈 듯함은 꿩이 날아 날개를 펴는 것과 같다. 대개 그 건물의 아름다움이 이와 같다.(其棟宇峻起。如鳥之驚而革也。其簷阿華采而軒翔。如翬之飛而矯其翼也。蓋此堂之美如此)"라고 하였다.
675 항사恒沙 : 인도 항가하恒伽河(갠지스강)의 모래란 뜻으로 무수 무량의 큰 수를 나타내는 말. 항하사恒河沙.

676 회소繪塑 : 흙으로 만들어 색칠한 형상.

677 삼존금신三尊金身 : 삼존은 석가 삼존, 아미타 삼존, 약사 삼존 등이 있다. 금신은 금불상.

678 화단化檀 : 보시. 연화단월緣化檀越의 줄임말. 연화緣化는 인연 있는 사람을 교화함. 단월檀越은 보시.

679 육문六門 : 육근六根의 문. 즉 안근眼根, 이근耳根, 비근鼻根, 설근舌根, 신근身根, 의근意根을 말한다.

680 육문의 마음~속에 드러나리니 : 육문은 육근이고, 나옹 화상의 「누이에게 보내는 답장(答妹氏書)」에 "육문에서 언제나 자금광을 놓으리라.(六門常放紫金光)"라는 문구가 있다.

681 동리사桐裏寺 : 전라남도 곡성군 동리산(일명 봉두산)에 있는 태안사泰安寺의 별칭.

682 혜철 국사慧徹國師 : '惠哲'이라고도 함. 자字는 청보淸寶이며, 속성은 박朴씨이고 경주에서 출생하였다. 당나라에 들어가 서당 지장西堂智藏 선사의 법을 이어받았다. 경문왕景文王이 '적인寂忍'이라는 시호를 추증하였다. 『東師列傳』.

683 삼백 고을 : 전국을 가리킴. 윤기尹愭(1741~1826)의 『無名子集』〈在泮. 有人以烟草歌命題賦百韵. 押烟以速爲善. 余亦走筆〉에 "우리나라 전국의 삼백 고을은, 토질이 지역마다 서로 달라서(我東三百州。土宜殊分躔)"라는 구절이 있음.

684 맨손으로 범을~걸어서 건너려는 : 원문 '暴虎而憑海'는 『論語』「述而」의 '暴虎馮河'와 『詩經』「小雅」〈小旻〉의 "不敢暴虎. 不敢馮河."에서 나온 것이다.

685 여러 사람들의~수 없습니다 : 『書經』「旅獒」의 "9길의 산을 만드는 데에 한 삼태기의 흙이 모자란다.(爲山九仞之功。虧一簣.)"라고 한 데에서 나온 말.

686 다섯 성씨 : 혜능 이후로 발생한 임제종, 위앙종, 조동종, 운문종, 법안종을 말한다.

687 두월당斗月堂 : 우홍禹洪(1744~1816)의 호. 백암 성총栢岩性聰→우계 준익友溪儁益→화봉 회변華峯懷卞으로 이어지는 법맥을 이었다. 1797년에 제운霽雲과 함께 송광사 천자암을 중건하였다.

688 소목昭穆 : 종묘나 사당에 조상의 신주를 모시는 차례. 왼쪽 줄을 소昭라 하고, 오른쪽 줄을 목穆이라 함.

689 상한 손 : 졸렬한 솜씨를 가리킴. 『道德經』 74장 "뛰어난 목수 대신에 나무를 베는 자는 제 손을 상하게 하지 않는 경우가 거의 없다.(夫代大匠斲者。希有不傷其手矣。)"의 구절에서 연유함.

690 매영梅營 : 여수에 있는 전라 좌수영.

691 청전靑氈 : 선대先代로부터 전해진 귀한 유물. 진晉나라 왕헌지王獻之가 누워 있는 방에 도둑이 들어와서 물건을 모조리 훔쳐 가려 할 적에, 그가 "도둑이여, 그 푸른 모포는 우리 집안의 유물이니, 그것만은 두고 가는 것이 좋겠다.(偸兒。青氈我家舊物。可

特置之)"라고 하자, 도둑이 질겁하고 도망쳤다는 고사가 있다. 『晉書』 권80 「王羲之列傳王獻之」.

692 벽곡辟穀 : 곡식은 안 먹고 솔잎, 대추, 밤 따위만 날로 조금씩 먹음.

693 적송자赤松子 : 신농씨神農氏 시대에 활약했던 우신雨神이다. 그는 빙옥산冰玉散(수정 분말)을 복용하는 술법에 뛰어났다.

694 예상預桑의 보답 : 예상은 지명인데, 먹을 것이 없어 굶어 죽는 것을 뜻한다. 춘추시대 진나라 영첩靈輒이 이곳에서 굶주려 쓰러져 있는데 조돈趙盾이 지나다 보고 먹을 것을 주어 구제해 주었다. 그 뒤에 영첩이 진나라 영공靈公의 갑사甲士가 되어, 위험에 처한 조돈을 구제해 주었다. 『春秋左氏傳』 '선공宣公 2년'.

695 수레바퀴 자국의 붕어 : 『莊子』 「外物」에서 장자가 감하후監河侯에게 곡식을 꾸러 갔다가 감하후의 답변을 듣고 한 이야기. 장자가 길을 가다 수레바퀴에 패인 웅덩이에 있는 붕어를 보았는데, 붕어가 살려 달라고 해서 장자가 서강의 물을 길어다 주겠다고 하자, 붕어가 몇 되의 물만 있으면 되는데 서강의 물을 가져오려면 나를 어물 가게에서 찾을 거라며 화를 냈다고 한다.

696 이하영李夏榮(1858~1929) : 조선 말기의 문신·친일 반민족 행위자. 본관은 경주, 자는 치행致行, 호는 금산琴山. 1886년(고종 23) 외아문주사外衙門主事 등을 거쳐 1904년 외부대신이 되었는데 각종 이권을 일본에 넘겨주었다. 1929년 3월 1일 사망할 때까지 조선총독부 중추원 고문으로 활동하였다.

697 일기一氣 : 만물의 원기.

698 삼령三靈 : 천지인.

699 옥룡玉龍 : 신라 말의 승려 도선道詵(827~898)의 자. 음양지리설陰陽地理說과 풍수지상법風水地相法을 담은 『道詵秘記』의 저자로 알려져 있다.

700 거령巨靈 : 물의 신.

701 동부洞府 : 신선이 사는 계곡.

702 성수聖壽의 용루龍樓 : 1902년에 세운 성수전을 말한다. 용루는 황궁 또는 황태자가 거처하는 곳을 가리키는데, 여기서는 왕과 관련되어 있음을 표시한다.

703 개산開山 : 절을 처음으로 세움.

704 가정嘉靖·숭정崇禎 : 가정은 명나라 세종의 연호로 1522년에서 1566년, 숭정은 명나라 의종의 연호로 1628년에서 1644년을 가리킨다.

705 입계入啓 : 임금에게 상주上奏하는 글월을 올리거나 또는 직접 아뢰는 일.

706 용운龍雲 : 처익處益(1813~1888)의 호. 본문 「송광사 대공덕주 용운당 대선사 행장」 참고.

707 신석희申錫禧(1808~1873) : 본관은 평산平山, 자는 사수士綏, 호는 위사韋史. 대사헌·규장각제학·이조판서·예조판서 등을 지냈으며, 글씨에 능하였다.

708 악발握髮 : 주나라 주공周公이 머리를 감을 때 손님이 찾아오면 머리카락을 잡은 채 손님을 맞았다는 고사에서 온 말.

709 섭족躡足 : 발을 밟는다는 뜻으로, 신하가 임금에게 간언諫言을 하는 것을 의미함. 한漢나라 때 장량張良과 진평陳平이 한왕漢王의 발을 넌지시 밟고 귓속말로 간언한 데서 유래함.

710 여산廬山에 결사하니 삼소三笑의 : 동진東晉 시대 혜원 법사慧遠法師가 여산 동림사東林寺에 있었는데, 도연명陶淵明과 육수정陸修靜이 찾아왔다가 돌아갈 때 혜원이 평소의 전송에는 넘지 않던 호계를 지나왔으므로 세 사람 모두 웃음을 터뜨렸다.

711 갑경甲庚 : 갑은 정동에서 북으로 15도, 경은 정서에서 남으로 15도 기운 방향.

712 뇌화雷火의 때(令) : 뇌화는 『周易』에서 풍괘豐卦를 뜻한다. 풍요로운 시기라는 의미인 듯하다.

713 임병壬丙 : 임은 정북에서 서로 14도, 병은 정남에서 동으로 15도 기운 방향.

714 부상扶桑 : 해가 뜨는 동쪽 바다. 여기서는 조선을 가리키는 듯함.

715 보림寶林 : 육조대사 혜능이 조계曹溪에 지어서 36년 동안 가르침을 편 사찰.

716 잔도棧道 : 절벽과 절벽 사이에 사다리처럼 높이 걸쳐 놓은 다리.

717 육정六情 : 희喜, 노怒, 애愛, 락樂, 애哀, 오惡의 여섯 감정.

718 광무光武 5년 : 1901년. 경자년은 1900년이므로 번역은 경자년에 따른다.

719 총섭摠攝 : 현재의 본사本寺 주지급主持級에 주어졌던 직책명이다.

720 가방街坊 : 거리에 나가 탁발하는 소임, 또는 그 일을 맡은 승려.

721 아양峨洋 : 거문고의 명인인 백아伯牙가 고산高山에 뜻을 두고 연주하면 그의 지음知音인 종자기鍾子期가 "좋구나, 아아峨峨하여 태산과 같도다."라고 하였고, 유수流水에 뜻을 두고 연주하면 "좋구나, 양양洋洋하여 강하江河와 같도다."라고 평했다는 일화가 있다. 『列子』「湯問」.

722 입명立命 : 천명을 좇아 마음의 안정을 얻음.

723 이봉离峯(1804~1890) : 법명은 낙현樂玹. 나주 출신으로 17세 때 나주 덕룡산 쌍계사로 출가하였다가 조계산 회계會溪 선사의 법을 이었다. 금강산과 태백산을 유력하다가 칠불사 옥부대玉浮臺에서 선정을 닦았고 보성 대원사大原寺에 머물다가 만년에 송광사 보조암에 주석했다. 팔도대각등계보제존자도총섭八道大覺登階普濟尊者都摠攝에 추증되었다.

724 난정蘭亭에서 풍속을 따른 것 : 동진東晋 목제穆帝의 영화永和 9년(353) 3월 3일 회계會稽 산음山陰(절강성浙江省 소흥紹興) 난정에서 당시의 명사 41명이 모여 계추를 하고 유상곡수流觴曲水의 유흥을 하고 시흥에 젖었다. 그때 지은 시집의 서를 왕희지王羲之가 썼고 옛날에는 「臨河序」라고 하였으나 지금은 「蘭亭序」라고 하며 또 「禊帖」이라고도 한다.

725 여산廬山의 도원桃園 같은 경우 : 동진 시대에 여산에 살던 혜원慧遠이 동림사東林寺에서 18명의 인사들과 함께 백련사白蓮社를 만들었다.
726 응하應夏 공公(1881~1908) : 전라남도 곡성군 석곡면 출신. 13세 때 송광사로 출가하여 호연 선사를 은사로 하여 금명 선사에게 수계하고 진응震應 강백에게 골수를 얻고 26세 때 광원암에서 건당하였다.
727 시탕侍湯 : 어버이의 병환에 약시중을 드는 일. 여기서는 직접 곁에서 모셨다는 의미.
728 세 분 준걸 : 백련사를 맺은 승려 혜원과 도사 육수정陸修靜, 시인 도연명陶淵明.
729 빈도貧道 : 승려 자신의 겸칭.
730 청전靑氈 : 선대先代로부터 전해진 귀한 유물. 진晉의 왕헌지王獻之가 누워 있는 방에 도둑이 들어와서 물건을 모조리 훔쳐 가려 할 적에, 그가 도둑에게 그 푸른 모포는 우리 집안의 유물이니, 그것만은 두고 가는 것이 좋겠다고 하자, 도둑이 질겁하고 도망쳤다는 고사가 있다.
731 일경一境 : 하나의 대상. 진리를 어떠한 사물을 빌려 표현하는 것.
732 붕어 : 『莊子』「外物」에서 장자가 감하후監河侯에게 곡식을 꾸러 갔다가 감하후의 답변을 듣고 한 이야기. 장자가 길을 가다 수레바퀴에 패인 웅덩이에 있는 붕어를 보았는데, 붕어가 살려 달라고 해서 장자가 서강의 물을 길어다 주겠다고 하자, 붕어가 몇 되의 물만 있으면 되는데 서강의 물을 가져오려면 나를 어물 가게에서 찾을 거라며 화를 냈다고 한다.
733 십륙존十六尊 : 석가모니 생존 시에 교화를 받았던 열여섯 제자. 『入大乘論』에는 "부처님이 열반하실 때 16아라한에게 불멸佛滅 후의 불교 호지護持를 부촉付屬하셨다."라고 하였다. 이들 16아라한은 삼계三界(과거·현재·미래)의 더러움에 물들지 않았으며, 삼장三藏(경·율·논)에 통달하였다고 한다.
734 하늘에 오른~위해 설법하니 : 부처님이 도리천忉利天에서 어머니 마야부인摩耶夫人을 위하여 설법한 것을 모은 것이 『地藏菩薩本願經』이다.
735 권화權化 : 부처나 보살이 중생을 구제하기 위해 여러 모습으로 변신하여 세상에 나타나는 것.
736 환퇴桓魋의 도끼 : 공자가 송宋나라에 있을 때에 큰 나무 아래에서 제자들과 예禮를 익히고 있었는데, 평소 공자를 미워하던 사마司馬 환퇴가 공자를 해치고자 그 나무를 베어 버리게 한 일이 있었다. 『史記』 권47 「孔子世家」.
737 곤륜산이 불에~같이 탄다는 : 『書經』「夏書」 '胤征'에 나오는 말이다.
738 즉위하신 지 10년 임신년(1872) : 임신년은 고종 9년에 해당함.
739 바람에 풀이 눕듯 : 『論語』「顔淵」에 나오는 말로, 공자孔子가 "군자의 덕은 바람과 같고 소인의 덕은 풀과 같아서 바람이 불면 쓰러지게 된다.(君子之德風也。小人之德草也。草尙之風。必偃)"라고 한 구절을 활용한 것임.

740 옥축玉軸 : 본래는 왕이 공신에게 내린 두루마리 글인데, 여기서는 16존을 기록한 족자를 일컫는 듯함.

741 기환祇桓 : 기원祇園, 즉 기수급고독원祇樹給孤獨園.

742 운각雲角 : 구름 무늬를 놓아 만든 장식용의 기와. 지붕 용마루 끝에 얹는 망새의 한 가지이다.

743 청룡사 : 경기도 안성시 서운면 청룡리에 있는 고려 시대 사찰.

744 대덕大德 : ⓢ Bhadanta를 의역한 것으로 원래는 부처를 가리키는 말이었으나 점차 지혜와 덕망이 높은 승려를 높여 부르는 말로 사용됨.

745 은적암隱寂庵 : 현전하지 않음. 본서에서 '동암東庵'으로 지칭되는 것으로 보아 보조암의 동쪽에 있었던 것으로 보임.

746 보조암普照菴 : 송광사 부도암과 감로암의 북쪽 해발 400m 정도의 산속 깊은 곳에 축대를 쌓아 조성하였는데 발굴 조사 결과 인법당因法堂 구조였다고 한다.

747 학주壑舟 : 골짜기 속의 배. 죽음을 가리킴. 『莊子』 「大宗師」.

748 붕새 : 붕새가 남쪽 바다로 날아갈 때 파도를 3천 리나 일으키고 하늘 높이 9만 리를 날아간다고 『莊子』 「逍遙遊」에 나온다.

749 발해渤海 거북이 : 발해 동쪽 저편에 귀허歸墟라는 깊이를 알 수 없는 계곡이 있고 귀허의 바다에는 신선들이 사는 다섯 개의 산인 대여산岱輿山, 원교산員嶠山, 방곤산方壺山, 영주산瀛州山, 봉래산蓬萊山 등이 떠 있는데 이 산들을 거대한 거북이 열다섯 마리가 받치고 있다는 이야기가 『列子』 「易間篇」에 나온다.

750 기감機感 : 부처의 가르침을 받아들이는 중생의 소질이나 능력.

751 풍륜風輪 : 수미산 둘레에 있는 구산팔해九山八海와 사주四洲 밑에는 그것들을 떠받치고 있는 거대한 세 원통형의 층이 있는데, 위층을 금륜金輪, 중간층을 수륜水輪, 아래층을 풍륜이라 함. 여기서는 그저 바람처럼 쉽게 오고 간다는 의미로 사용한 듯함.

752 이회광은 일본에 가서 원종과 일본 조동종과의 연합에 합의를 보고 10월 6일에 연합조약 7개조를 체결했고, 이를 알게 된 승려들이 1910년 음력 10월 5일에 광주 증심사證心寺에서 승려대회를 열었으며, 1911년 정월 15일에 영남과 호남의 승려들이 순천 송광사에서 총회를 열고 임제종을 세우게 되었다. 그러나 임제종과 원종은 1911년 6월에 총독부에서 사찰령을 반포함에 따라 없어지게 되었다.

753 백가百家 : 여러 학파.

754 여呂를 영嬴으로 바꾸고 : 진시황은 장양왕莊襄王 영이인嬴異人의 아들이라고 하지만 사실은 여불위呂不韋의 아들이라고 한다.

755 정政 : 진시황의 이름.

756 종무원 : 승려 대표자 52인이 1908년 3월 6일 원흥사에 모여 설립한 원종종무원圓宗宗務院을 가리킨다.

757 김현암金玄庵 : 서울 안암동 개운사開雲寺의 주지를 역임했다.
758 이회광李晦光(1862~1933) : 1906년 조직된 친일 성향 불교단체인 불교연구회가 1908년 원종이란 종단을 창설하자 종정으로 추대됐다. 친일 단체인 일진회 이용구李容九 회장의 추천으로 일본인 승려 다케다 한시(武田範之)를 원종 고문에 앉히는 등 본격적으로 친일 활동에 나섰다. 1910년 8월 29일 전국 72곳의 사찰 위임장을 갖고 일본에서 일본 대표인 히로쓰(弘津設三) 조동종 총무와 7개조의 '연합맹약'을 체결했다. 친일 불교단체인 불교진흥회도 만들었다.
759 정법안장正法眼藏 : 정법은 부처님의 근본 가르침이고, 안장은 정법이 일체의 사물을 밝혀 내 갈무리한다는 의미.
760 선문禪門 삼구三句 : 선의 근본 가르침을 간명하게 나타낸 것. 임제의 삼구 이외에 분양 선소汾陽善昭와 파릉 호감巴陵顥鑑, 운문 문언雲門文偃, 현사 사비玄沙師備 등이 삼구를 말하였다.
761 염롱拈弄 : 가지고 논다는 뜻인데, 삼구를 여러 방면에서 되새기는 것을 뜻한다.
762 염송拈頌을 모으거나 : 고려 고종 13년(1225)에, 승려 혜심慧諶이 불경 또는 조사祖師의 어록에서 공안을 발췌한 다음, 그에 대한 강령의 요지를 제시한 염拈과 공안의 본뜻을 알리고자 시로 간결하게 참뜻을 내보이는 송頌 등을 채집하여 『禪門拈頌』을 편찬했다.
763 설화說話를 찬술하니 : 『禪門拈頌』의 해설서 『拈頌說話』를 진각 혜심眞覺慧諶(1178~1234)의 제자 각운覺雲이 찬술하였다.
764 우담優曇 : 홍기洪基(1822~1881)의 법호. 초명은 우행禹幸, 성은 권權이다. 『禪門證正錄』을 지어 백파 긍선白坡亘璇의 『禪文手鏡』을 논박했다.
765 삼전이선三傳二禪의 죽이고 살리는 문구 : 삼전은 삼처전심三處傳心, 이선은 조사선과 여래선을 가리킨다. 삼처전심은 여래의 삼처전심과 달마의 삼처전심이 있다. 세 곳에서 심법을 전했다는 것이다. 여래의 삼처전심 가운데 첫째인 '여래가 다자탑 앞에서 가섭과 자리를 반으로 나누어 앉은 일(多子塔前分半座)'에 대해 『禪門拈頌』에서는 살인도殺人刀라 하고, 둘째인 '여래가 꽃을 들어 대중에게 보이자 가섭이 깨닫고 빙그레 웃은 일(拈花微笑)'은 활인검活人劍이라 했는데, 이에 대해 논쟁이 전개된다. 백파는 첫째에 대해 살殺뿐인 여래선이고 둘째는 살활을 겸하고 기용機用을 갖춘 조사선이라고 했으나 초의는 첫째도 살활을 겸했다고 주장했고, 우담은 초의를 지지한다.
766 삼업三業 : 몸과 입과 마음의 세 가지 욕심으로 인하여 저지르는 죄업.
767 칠중七衆 : 불교 교단을 구성하는 일곱 부류의 사람. 비구, 비구니, 식차마나式叉摩那(예비 비구니), 사미, 사미니, 우바새, 우바이를 가리킨다. 앞의 5중衆은 출가중出家衆, 뒤의 2중은 재가중在家衆이다.
768 암마菴摩 : 암라림菴羅林에서 세존을 만나 교화된 여자 암마라菴摩羅. 『佛所行讚』 권

4 「菴摩羅女見佛品」.

769 대은 율사大隱律師 : 대은 낭오大隱朗旿(1780~1841). 연담 유일蓮潭有一의 손상좌이고 금담 보명金潭普明(1765~1848)의 제자.

770 초의草衣(1786~1866) : 15세 때 나주군 남평 운흥사 벽봉 민성에게 출가했다. 19세 때 해남 대흥사 완호에게서 구족계를 받고 삼장을 수학했다. 24세 때 대흥사로 돌아와 연담으로부터 초의라는 호를 받았다. 일찍이 24세 연상인 정약용丁若鏞이 강진 신지도로 유배 오자 그에게 유학과 시문을 배웠다. 한양에서 많은 인사들과 교유했으며, 특히 동년배인 김정희金正喜와는 교분이 두터웠다. 1815년 처음으로 금강산 등지를 유람하다가 1817년(순조 17) 경주 불국사에서 크게 깨달았다. 1826년에 대흥사 뒤쪽에 일지암을 짓고 이곳에서 홀로 40여 년간 수행에 전력했다. 1856년(철종 7) 김정희가 죽자 2년 후 과천까지 가서 조문하고 돌아와 그 후 일지암에 머물며 두문불출하다가 1866년 8월에 입적했다.

771 범해梵海(1820~1896) : 법명은 각안覺岸, 법호는 범해, 자는 환여幻如, 자호는 두륜산인구계頭輪山人九階. 1833년(순조 33) 두륜산 대둔사大芚寺로 가서 출가하였고, 1835년 호의縞衣를 은사로 삼고 하의荷衣에게서 사미계를 받았으며, 초의로부터 구족계를 받았다. 1846년에 호의의 법을 이어 진불암眞佛庵에서 『華嚴經』과 『梵網經』을 강설하고 선리禪理를 가르쳤다.

772 칠차죄七遮罪 : 일곱 가지 지극히 무거운 죄. ① 부처의 몸에 피가 나게 함. ② 아버지를 죽임. ③ 어머니를 죽임. ④ 화상和上을 죽임. ⑤ 아사리阿闍梨를 죽임. ⑥ 교단의 화합을 깨뜨림. ⑦ 성인聖人을 죽임.

773 곡일穀日 : 곡단穀旦. 좋은 날. 『詩經』「陳風」〈東門之枌〉에 "날씨 좋은 날 남쪽의 원씨를 찾는구나.(穀旦于差. 南方之原.)"라는 구절이 있다.

774 제운霽雲 : 제운 해징霽雲海澄(1719~1804). 풍암 세찰楓巖世察의 제자.

775 구담씨瞿曇氏 : 석가모니 종족의 성.

776 월방月邦(중국) : 『首楞嚴義疏注經』에 따르면 "인도가 별처럼 작은 나라들에 비하여 달처럼 크므로 월방이라 한다.(印度月名. 其云印特伽. 此云月邦. 以此大國形諸小國如星中月.)"라고 했다. 위 문맥에서는 중국을 가리키는 것으로 해석한다.

777 석실石室 : 고려 말에 백운 경한白雲景閑(1299~1375)과 태고 보우太古普雨(1301~1382)가 원나라에 건너가 석옥 청공石屋淸珙(1272~1352)에게 사사받고 돌아온 것을 말하는 듯함.

778 신주神州 : 중국. 전국시대 제齊나라 추연鄒衍이 중원中原 지방을 '신주적현神州赤縣'이라고 일컬은 데에서 유래하였다. 도성을 가리키기도 하며, 문맥상 조선으로 볼 수도 있다.

779 방당方塘 : 네모난 못. 마음을 비유하기도 한다. 송나라 주희朱熹의 〈觀書有感〉.

780 묵암默庵 : 최눌最訥(1717~1790)의 호. 주 343 참조.
781 벽담碧潭 : 행인幸仁(1721~1788)의 호. 주 444 참조.
782 철주掣肘 : 남의 팔꿈치를 옆에서 잡아끈다는 뜻으로, 남의 일에 참견하여 못하게 방해함을 비유적으로 이르는 말. 여기서는 자유롭게 쓰지 못하는 실력을 가리킴. 원문 '書慚掣肘'는 최치원의「大嵩福寺碑銘」에 나옴.
783 적막適莫 : 적適은 가可, 막莫은 불가不可인데, 미리 가와 불가를 정하지 않고 오직 의義를 따른다는 말이『論語』「里仁」에 나온다.
784 마침 온~때를 만남이다(適來夫子時) :『莊子』「養生主」의 글.『莊子』에서는 이 뒤에 '適去夫子順'이라고 하여 '去來'를 생사의 의미로 사용하였는데, 이 소기에서는 그저 '오다'라는 뜻으로 사용하고 있다.
785 송광松光 : 소나무 빛. 송광사松廣寺를 염두에 둔 표현이다.
786 화천貨泉 : 재화의 샘. 신新나라 때 왕망王莽이 발행한 엽전 이름이기도 하다.
787 부드러운(習習) 독풍篤風 : 원문 '習習'은 바람이 부드럽게 부는 모양을 가리키는 말로『詩經』「邶風」〈谷風〉에 나오고, 독풍은 도타운 풍속이라는 뜻이다.
788 석사자釋獅子 : 석가모니를 동물의 제왕인 사자에 비유한 표현.
789 미륵존의 선주누각善住樓閣은~세운 것이다 : 선주누각은 도솔천 내원內院의 선법당善法堂을 가리킴.『彌勒上生經』에 따르면, 뇌도발제가 서원을 세우길, 미륵보살을 위해 법당을 지을 수 있다면 이마에서 구슬이 나오게 해 달라고 하자, 이마에서 보배 구슬과 유리 등이 나와서 마니摩尼처럼 투명하였고 이 마니 빛이 허공에서 돌아 49개의 보배 궁전으로 변화했다고 한다.
790 한붕漢朋(漢鵬, 1864~?) : 고흥 출신으로 속성은 안씨安氏요, 자는 성학聖鶴이라고 본문「승평군 조계산 극락교 기문」에 소개되어 있다. 현재 송광사 종고루鐘鼓樓 옆 약수터에 '漢朋和尙'이라 새겨져 있다.
791 응화應化 : 부처나 보살이 중생을 구제하기 위해 중생의 능력이나 소질에 따라 여러 가지 모습으로 변화하여 나타나는 것.
792 개안開眼 : 불도의 진리를 깨달음.
793 환선정喚仙亭 : 전라남도 순천시 조곡동稠谷洞 죽도봉공원竹島峰公園 내에 있다. 원래 환선정은 매곡동 둑실로 건너가는 다리 머리에 있었다. 1962년 8월 28일 수해로 유실되면서 1988년에 현재 자리에 복건했다. 송광사와 선암사에 의해 1913년 불상이 안치되고 승속僧俗의 염불 수행을 위해 백련사白蓮社가 결성되는 등 불교 포교당으로 바뀌었다.
794 사위성舍衛城의 목상木像 : 사위성의 파사닉왕波斯匿王과 코삼비국의 우전왕이 각각 자마금과 전단나무로 5척의 부처님 형상을 만들었다고 한다.
795 32가지 상호 : 족하안평립상足下安平立相 등 부처님 형상의 특징들.

796 상공上供 : 부처나 보살에게 음식물·향·꽃 등을 바침.

797 도사導師 : 남을 인도하여 불도佛道에 들어가게 하는 승려.

798 원통圓通 : 진여眞如의 이치를 깨달은 상태 또는 그 이치를 뜻하는 말로, 일주문 대신 원통문을 세운 사찰도 있음.

799 보체保體 : 몸을 보호한다는 뜻으로, 살아 있는 사람의 축원문 이름 밑에 쓰는 말.

800 무생인無生忍 : 무생법인無生法忍의 준말. 불생불멸不生不滅의 진리를 확실하게 인정하고 거기에 안주하여 마음을 움직이지 않음.

801 유루업有漏業 : 미혹한 생존을 초래한 번뇌나 그릇된 행위. 깨달음에 이르게 한 청정한 수행을 뜻하는 무루업無漏業의 상대가 되는 업.

802 사은四恩 : 『心地觀經』에 따르면 부모의 은혜, 중생의 은혜, 국왕의 은혜, 삼보의 은혜를 들고, 일체의 중생은 모두 사은을 진 존재라고 함.

803 삼유三有 : 중생의 세 가지 생존 상태. 욕유欲有는 탐욕이 들끓는 욕계의 생존. 색유色有는 탐욕에서는 벗어났으나 아직 형상에 얽매여 있는 색계의 생존. 무색유無色有는 형상의 속박에서 완전히 벗어난 무색계의 생존.

804 내수㮈樹의 정원 : 암몰라원菴沒羅園. 부처님이 『維摩經』을 설한 곳. 중인도 폐사리吠舍釐(Vaiśāli) 성 부근에 있다. 내수㮈樹에서 출생한 내녀㮈女가 뒤에 마가다국摩竭陀國 빈바사라왕頻婆娑羅王의 왕비가 되었으며 이 정원을 부처님께 바쳤다. 『出曜經』권3, 『四分律』권39.

805 속수束脩 오정五釘 : 소박한 예물. 『論語』 「述而」에서 공자가 이르기를 "속수 이상을 행한 자는 내가 가르치지 않은 적이 없다."라고 하였는데, 주자朱子의 주에 "수脩는 포脯이니, 10정脡이 1속束이다. 속수는 지극히 박한 예물이지만 예를 갖추고 오면 가르치지 않은 적이 없었다."라고 하였다. '釘'은 '脡'을 뜻하는 게 아닐까.

806 월조月祖 : 월방月邦의 조사. 월방은 중국을 가리키는 뜻으로 사용됨.

807 심인心印 : 마음에서 마음으로 전해진 깨달음.

808 진옹震翁 : 동방의 노인.

809 담무참曇無讖과 축법란竺法蘭 : 담무참은 인도인으로 둔황을 거쳐 412년 고장姑臧(甘肅省)에 와서 『大集經』 등을 번역하였고, 축법란은 인도인으로 동한東漢 때에 낙양 백마사白馬寺에 머물며 『四十二章經』 등을 번역하였다.

810 오교五敎 : 석가의 일대 교설을 5종으로 분류하여 설명하는 것으로, 여러 경우가 있는데 당나라의 법장法藏은 소승교小乘敎(阿含經)·대승시교大乘始敎(解深密經)·종교終敎(楞伽經·勝鬘經)·돈교頓敎(維摩經)·원교圓敎(華嚴經)로 분류했다.

811 도안道安과 혜원慧遠 : 동진東晋의 승려 도안은 12세 때 천재 소년으로 조정에 발탁되었고 불교 경전에 주해를 달았다. 혜원은 도안의 제자로서 정토교를 창시했다.

812 혜철 국사慧徹國師 : '惠哲'이라고도 함. 자字는 청보淸寶이며, 속성은 박朴씨이고 경

주에서 출생하였다. 당나라에 들어가 서당 지장西堂智藏 선사의 법을 이어받았다. 경문왕景文王이 '적인寂忍'이라는 시호를 추증하였다. 『東師列傳』.
813 백마가 싣고 온 경전 : 67년 후한 시대 때 명제明帝의 초청을 받고 가섭마등迦葉摩騰이 축법란竺法蘭과 함께 백마에 불경을 싣고 낙양으로 왔다.
814 띠풀을 잡아 머리를 덮어 : 암자를 지어 거주한다는 뜻인 듯함.
815 개미가 사모하듯 : 『莊子』「徐无鬼」에 "개미는 양고기를 좋아하여 모여든다. 양고기는 누린내가 나기 때문이다. 순임금의 행동에도 누린내 나는 구석이 있다. 그래서 백성들이 좋아하여 모여드는 것이다.(蟻慕羊肉。羊肉羶也。舜有羶行。百姓悅之。)"라는 말이 나온다.
816 매가 변화하듯 : 『禮記』「月令」에, 중춘仲春의 달에는 "매가 변화하여 비둘기가 된다.(鷹化爲鳩)"라는 말이 나온다. 최치원의 『智證和尙碑銘』에 "개미가 양고기를 좋아하듯 사람들이 모여들어 산을 가득 채웠으며, 매가 변화하듯 사람들이 개과천선하여 그 골짜기에서 그윽했다.(蟻慕者彌山。鷹化者幽谷。)"라는 말이 나온다. 주석에, 매가 변화하여 비둘기 됨이 악이 변하여 선이 됨과 같다고 하였다.
817 오디를 먹었습니다 : 『詩經』「衛風」〈氓章〉에, "아, 비둘기여, 뽕나무 열매를 따먹지 말라.(于嗟鳩兮。無食桑葚。)"라고 하였다. 비둘기가 뽕나무 열매를 많이 먹으면 취함에 이른다고 하였다.
818 청평青萍과 결록結祿 : 청평은 보검의 이름이고 결록은 미옥의 이름.
819 설薛·변卞 : 춘추시대 초나라 사람으로 도검刀劍을 잘 감정한 설촉薛燭과 보옥寶玉을 발견한 변화卞和이다. 그가 형산荊山에서 캐낸 옥이 화씨벽和氏璧이다.
820 청평과 결록이~가격을 정하고 : 이 문장은 이백의 『與韓荊州書』를 원용하였다.
821 녹이騄駬와 기기驥騏 : 천하의 준마駿馬.
822 백락伯樂 : 주나라 사람. 천리마가 소금 수레를 끌고 태행산太行山을 오르다가 그를 보고 크게 울자 백락이 수레에서 내려 눈물을 흘렸다고 한다.
823 풀을 뽑아~풍모를 우러르는 : 원문은 '撥草櫛風'인데 '撥草瞻風'의 의미인 듯하다. '櫛風'은 '櫛風沐雨(바람에 빗질하고 비에 머리 감다.)'라고 하여 우禹가 집에 들어가지 않고 치수하러 다닌 것처럼 객지에서 고생하는 것을 뜻한다.
824 빈 채로~채워 돌아가니 : 『莊子』「德充符」의 표현.
825 광산匡山에서 바늘을 정련하는 : 당나라 때 이백李白이 젊었을 적에 광산에서 글을 읽다가 도중에 그만두고 집으로 돌아오던 길에 한 노파가 바늘을 만들기 위해 바위에 열심히 도끼를 가는 모습을 보고 감명 받았다고 한다.
826 서천西川의 비단 세탁에서 : 서천은 사천성四川省의 금강錦江을 말함. 여기에서 비단을 세탁하면 더욱 빛난다고 함.
827 정수를 얻어~법사에게 듣고 : 신광 법사는 달마의 제자 혜가慧可. 혜가가 자기 왼쪽

팔을 잘라 구도의 결심을 보이자, 이에 땅에서 파초 잎이 솟아나 팔을 받들었다.

828 속수束脩 : 소박한 예물. 『論語』「述而」에서 공자가 이르기를 "속수 이상을 행한 자는 내가 가르치지 않은 적이 없다."라고 하였는데, 주자朱子의 주에 "脩는 포脯이니, 10정脡이 1속束이다. 속수는 지극히 박한 예물이지만 예를 갖추고 오면 가르치지 않은 적이 없었다."라고 하였다.

829 규모와 조직은~두루 성취되었습니다 : 조직은 장선 옹이 만들고 문서는 김선 공이 완성했다는 뜻.

830 송석松石의 자갈이자~먼지 거품으로서 : 조계산 송광사에 주석하고 있다는 표현인 듯함.

831 보잘것없으나 : 원문 '彫蟲'은 '彫蟲篆刻'의 준말로서, 작은 벌레를 새기고 이상야릇한 글자를 아로새긴다는 뜻으로, 대개는 문장을 지을 때 지나치게 자구의 수식에만 얽매임을 말한다.

832 저력樗櫟 : 참나무와 가죽나무 재목이라는 뜻으로, 아무 데도 쓸모없는 사람을 비유함.

833 석 자 길이의 입 : 언변이 능숙함을 뜻함. 『莊子』「徐无鬼」.

834 목차木叉 : 바라제목차波羅提木叉. Ⓢprātimokṣa의 음사. 계율의 조문만을 모은 것. 불교 교단에서 포살布薩 때에 읊어졌다.

835 진단震旦 : 인도에서 중국을 부르던 별칭. 震은 秦의 음이 전와轉訛한 것이며 진토秦土, 즉 진나라 땅을 의미하는 ⓈCīna-sthāna에 중국인이 한자를 갖다 맞춘 것이다.

836 정관貞觀 17년(643) : 『三國遺事』 탑상편 「皇龍寺九層塔」의 기록에 의하면 이 해는 자장 율사가 신라로 돌아온 해이고, 문수보살을 친견한 시기는 선덕여왕 5년(636) 정관貞觀 10년이라고 한다.

837 정관 17년(643)에~문수보살을 친견하시고 : 자장 율사가 당나라 오대산에 가서 돌로 조성한 문수보살 앞에서 7일 동안 기도하였더니 꿈에 범어로 게송을 일러 주었다. 그 의미를 알지 못했는데 꿈에 어떤 승려가 나타나 해석해 주었다. 이후 신라로 돌아올 때 용이 나타나 이전에 게송을 번역해 준 승려가 문수보살의 진신이라고 일러 주었다.

838 상원上元 3년에~미륵불을 뵈었습니다 : 상원 3년은 미상. 진표 율사가 영산사靈山寺에서 미륵불을 친견한 이야기는 『三國遺事』 의해편 「眞表傳簡」에 나온다. 영산사는 일명 변산邊山 또는 능가산楞伽山이라고 한다는데, 변산반도 부안의 옛 지명이 보안保安이므로 본문의 보안현普安縣은 변산을 가리키는 듯하다.

839 금강계단金剛戒壇 : 자장 율사가 신라로 돌아와 현재 영축산 통도사 대웅전 북쪽에 부처님 진신사리를 모신 금강계단을 쌓았다.

840 옥계玉偈 대승계大乘戒를~전파하기도 했습니다 : 진표 율사에게 미륵보살이 나타나 간자簡子를 주면서 이 법을 세상에 전파하라고 했다. 이후 진표 율사는 매해 개단開壇하여 법을 펼쳤다.

841 납일臘日 : 동지로부터 세 번째의 미일. 중국에서는 세 번째 술일戌日 또는 진일辰日 등으로 시대마다 달랐으며, 우리나라의 경우 신라 때에는 12월 인일寅日이었다.

842 칠불선원七佛禪院 : 칠불사七佛寺. 경상남도 하동군 화개면 범왕리에 있다. 가락국의 시조 김수로왕(재위 42~199)의 일곱 왕자가 이곳에 와서 수도한 지 2년 만에 모두 부처가 되었으므로 칠불사라 이름 지었다.

843 아방亞房 : 신라 효공왕(재위 897~912) 때 담공曇空 선사가 이중 온돌방을 지었는데 그 방 모양이 '亞' 자와 같아 아자방이라 하였다.

844 대은 율사가~율사에게 전하고 : 제자인 대은 율사의 머리에 서광이 비쳤기에 대은이 스승인 금담에게 대계大戒를 줌으로써 사제 관계가 바뀌게 되었다.

845 환주장엄幻住莊嚴 : 실지정토實地淨土와 상대되는, 환영으로 머무는 장엄.

846 아도阿度(357~?) : 고구려 출신으로 16세 때 사신을 따라 아버지 아굴마阿掘摩가 있는 위나라로 넘어가 출가해 아도라는 도첩을 받고 현창玄暢에게 아도我道라는 법명을 받았다. 이후 19세 때 귀국해 어머니의 뜻을 따라 눌지왕(417~457)이 다스리는 신라로 넘어와 포교하였다.

847 중관中觀의 기記 : 중관 해안中觀海眼(1567~?)이 편찬한 『竹迷記』.

848 다산茶山의 지誌 : 다산 정약용丁若鏞(1762~1836)이 편찬한 것으로 알려져 있는 『大芚寺誌』. 대둔사는 대흥사의 이전 이름.

849 중부옹中孚翁 : 초의 의순草衣意恂(1786~1866)의 자. 초의는 여러 절에서 수학했지만 대흥사에서 가장 오랫동안 머물렀다.

850 환여수幻如叟 : 범해 각안梵海覺岸(1820~1896)의 자. 14세 때 해남 대둔사로 출가하여 호의縞衣를 스승으로 승려가 되고, 16세 때 초의에게 구족계를 받았다.

851 일문日門 : 대둔사의 동쪽 오심재는 해가 뜨는 곳이라 하여 일문이라 하고 대둔사 서쪽 오도재(오도치)는 달이 뜨는 곳이라 하여 월문月門이라 부른다.

852 비증悲增 : 중생에게 공덕과 이익을 베풀어 구제함을 본원으로 하고, 자비의 마음으로 색계色界에 오래 머물면서 중생들을 이롭고 즐겁게 하기 위하여 빨리 성불하기를 원하지 아니하는 보살의 성격.

853 삼태기 흙을 부었다 : 원문 '覆簣'는 흙 한 삼태기를 부어 산을 만든다는 말로 적소성대積小成大의 뜻과 같다. 『論語』 「子罕」의 "비유하자면, 산을 만들 적에 마지막 한 삼태기의 흙을 붓지 않아 산을 못 이루고서 중지하는 것도 내 자신이 중지하는 것이며, 평지에 흙 한 삼태기를 부어 산을 만들기 시작해서 점점 만들어 나가는 것도 내가 해 나가는 것이다.(譬如爲山。未成一簣。止。吾止也。譬如平地。雖覆一簣。進。吾往也。)"라는 말에서 나온 것이다.

854 하루도 못~맞추어 준공했다 : 원문 "不日經營。尅時竣功."은 『詩經』 「大雅」 〈靈臺〉에 "영대를 세우려고 경영하시니, 백성들이 달려들어 하루도 못 되어 완성했네.(經始靈

臺. 經之營之. 庶民攻之. 不日成之)"라고 한 것을 원용한 것이다.

855 웅장하고 화려하게 : 원문 '鳥革翬飛'는, 『詩經』「小雅」〈斯干〉에 "새가 놀라 낯빛이 변함과 같으며, 꿩이 날아가는 것과 같다.(如鳥斯革. 如翬斯飛)"라고 하였고, 주희朱熹의 『詩經集傳』에 "그 동우가 높게 일어남은 새가 놀라 낯빛이 변함과 같고, 처마가 화려하고 높으며 날아갈 듯함은 꿩이 날아 날개를 펴는 것과 같다. 대개 그 대청의 아름다움이 이와 같다.(其棟宇峻起. 如鳥之驚而革也. 其簷阿華采而軒翔. 如翬之飛而矯其翼也. 蓋其堂之美如此)"라는 말이 나온다.

856 최상은 덕의~말이 없다 : 앞 구절은 입덕立德 입공立功 입언立言이라는 삼불후三不朽 가운데 입덕이 최고라는 말로, 『春秋左氏傳』 양공襄公 24년에 나오고, 뒤 구절은 하늘은 말이 없고 행동과 사실로 보여 줄 뿐이라고 『孟子』「萬章」에 나옴.

857 무앙수無央數 : Ⓢ asaṃkhya. 헤아릴 수 없이 많은 수.

858 무상無相 : 차별과 대립의 모습(相)을 초월한 무차별의 상태.

859 정인淨因 : 정토에 태어날 수 있는 씨앗.

860 일전어一轉語 : 미혹한 마음을 싹 바꿔 깨달음에 들게 하는 간단명료한 한마디 말.

861 오탁五濁 : Ⓢ Kasaya. 말세에 일어나는 다섯 가지 혼탁함. 겁탁劫濁은 시대가 더러워진 것이다. 견탁見濁은 간사한 악과 사상에 대한 견해가 번성함을 말한다. 번뇌탁煩惱濁은 탐심貪心과 진심瞋心 등의 정신적 악이 넘치는 것을 말한다. 중생탁衆生濁은 중생의 몸과 마음이 더럽혀짐을 말한다. 명탁命濁은 수명이 짧아짐을 말한다.

862 신체 : 원문 '肯綮'은 대개 모든 사물의 급소 또는 가장 중요한 곳을 일컫는 말이지만 여기서는 달리 사용되었다. 긍肯은 뼈에 붙은 살, 경綮는 힘줄과 살이 얽힌 부분을 뜻한다. 『莊子』「養生主」에, 요리의 명인 포정庖丁이 "문혜군文惠君을 위하여 소를 잡아 살을 도려낼 때, 그 기술은 긍경肯綮을 건드리지 않고 교묘히 도려냈다."라고 한 데서 비롯되었다.

863 동방의 몸으로~따른 것 : '동방의 몸으로 응한 것'의 원문 '應東身者'와 '서방 계율을 따른 것'의 원문 '服西戒者'는 최치원의 「無染和尚碑銘」에 나오는 표현으로 각각 '조선에 태어난 것'과 '출가한 것'을 말한다.

864 호의縞衣 : 시오始悟(1778~1868)의 호. 어릴 때 이름은 계방桂芳, 속성은 정씨丁氏, 전라남도 보성 출신. 학문과 덕행이 뛰어나 초의草衣·하의荷衣와 더불어 삼의三衣라 불렸다.

865 창의모량사倡義慕糧使 : 의병을 일으키고 식량을 모은 인물이었다는 뜻이다.

866 하의荷衣 : 정지正持(1779~1852)의 호. 속성은 임씨林氏이며 전라남도 영암靈巖에서 태어났다. 1794년(정조 18) 두륜산 대흥사 백련白蓮에게 출가하였으며, 열심히 수행하여 완호玩虎에게 구족계를 받은 후 법제자가 되었다.

867 십계十戒 : 사미沙彌와 사미니沙彌尼가 지켜야 할 열 가지 계율.

868 갈마교수羯摩教授 : 갈마아사리羯摩阿闍梨. 계 받는 취지를 대중에게 알리는 표백表白과 갈마문羯摩文을 읽는 스승.

869 요옹寥翁 이李 선생 : 이병원李炳元.『東師列傳』참조.

870 대호大湖 : 『東師列傳』에는 '태호 성관太湖性寬'이라 하였다.

871 자행慈行 : 책활策活(1782~1862)의 호. 범패승梵貝僧이며 속성은 장씨張氏, 전라남도 영암 출신. 17세 때 해남 두륜산 대흥사로 출가하여 완호玩虎에게 구족계를 받고 덕홍德弘의 법을 이었다. 삼여三如에게 율律과 선禪을 배우고 호훈好訓에게 범패를 전수받았다.

872 불자拂子 : 불도를 닦을 때 마음의 티끌이나 번뇌를 털어 내는 데 사용하는 불구佛具의 하나. 상징적인 수행 용구로 사용되고 있다. 일종의 장엄구로서 선승禪僧이 문답시에 즐겨 사용하기도 한다.

873 개당開堂 : 새로 주지가 된 스님이 절에 가서 처음으로 설법하는 의식.

874 진불상원眞佛上院 : 대흥사 남서쪽에 있는 진불암.

875 법장法場 : 불사를 행하고 설교, 법회 따위를 하는 장소.

876 북암北庵 만일암挽日庵 : 대흥사 동편에 있는 북미륵암과 그 아래쪽에 있었던 만일암을 가리키는 듯함.

877 삼승법三乘法 : 성문聲聞, 연각緣覺, 보살菩薩에 대한 세 가지 가르침.

878 비니회毘尼會 : 비니는 Ⓢ vinaya의 음사로서 출가자가 지켜야 할 규율을 가리킨다.

879 다투어 쏟아~실을 정도였다 : '다투어 쏟아 냄이 말로 헤아릴 정도요'의 원문 '競抱斗量'과 '논의가 수레에 실을 정도였다'의 원문 '動論車載'는 최치원의「智證和尙碑銘」에 나온다.

880 삼교三敎 : 대개는 유불선 삼교를 뜻하는데 불교 가운데 돈교頓敎, 즉 일정한 단계를 거치지 않고 처음부터 깨달음의 경지를 설한 가르침인『華嚴經』을 말한다. 점교漸敎, 즉 일정한 단계를 거치는 과정에서 점진적으로 깨달음에 이르게 하는 가르침인 아함경에서『般若經』·『涅槃經』등으로 나아가는 형식. 부정교不定敎, 즉 돈교와 점교의 형식에 구애받지 않고 영원한 부처의 성품을 설한 가르침인『勝鬘經』·『金光明經』의 가르침을 말함.

881 12대 종사宗師 : 풍담 의심楓潭義諶(1592~1665), 취여 삼우醉如三愚(1622~1684), 화악 문신華岳文信(1629~1707), 월저 도안月渚道安(1638~1715), 설암 추붕雪岩秋鵬(1651~1706), 환성 지안喚惺志安(1664~1729), 벽하 대우碧霞大愚(1676~1763), 설봉 회정雪峰懷淨(1678~1738), 호암 체정虎巖體淨(1687~1748), 상월 새봉霜月璽封(1687~1767), 함월 해원涵月海源(1691~1770), 연담 유일蓮潭有一(1720~1799).

882 자기紫氣 : 상서로운 기운.

883 법기보살法起菩薩 : 80권본『華嚴經』에 금강산이 법기보살의 주처라고 하였다. 반야

계 경전에는 담무갈曇無竭이라는 이름으로 등장한다.

884 왕희지王羲之와 조맹부趙孟頫 : 왕희지는 동진東晉의 서예가, 조맹부는 원나라 서예가.

885 생사(時順) : 『莊子』「養生主」에 "때마침 이 세상에 태어난 것은 태어날 때였기 때문이고, 때마침 세상을 떠난 것은 갈 때였기 때문이니, 태어나는 때를 편안히 맞이하고 죽는 때를 편안히 따르면 슬픔이나 즐거움 따위의 감정이 그 사람의 마음에 들어갈 수 없다.(適來夫子時也。適去夫子順也。安時而處順, 哀樂不能入。)"라고 했다.

886 율암 찬의栗庵讚儀(1867~1929) : 송광사 원해圓海의 법인을 받고 1904년에 송광사 판사 부임, 1923년에 송광사 주지 부임.

887 벌이 창에 부딪히듯 : 당나라 고령古靈 선사가 창가에서 경전을 읽고 있다가, 벌이 창호지를 뚫고 나가려 하는 것을 보고는 "세계가 이처럼 광활한데도 나가려 하지 않고 창호지만 뚫으며 세월을 보내려 하는구나.(世界如許廣闊不肯出。鑽他故紙驢年去得。)"라고 탄식했다는 고사가 있다. 『景德傳燈錄』「古靈神贊禪師」.

888 영식靈識 : 신령스럽게 아는 마음 작용. 지식을 배워서 아는 것과는 달리 사람의 근본 성품에는 본래 신령스럽게 아는 마음 작용이 있는데 이를 영식이라고 한다.

889 글(寶唾) : 원문 '寶唾'는 보배로운 침이란 뜻으로 훌륭한 글귀를 가리킴.

890 송태회宋泰會(1872~1942) : 전라남도 화순 출신이며 자는 평숙平淑, 호는 염재念齋. 16세 때 형 재회在會와 함께 최연소로 사마시司馬試에 급제하여 '동몽진사童蒙進士'로 불렸다. 시문詩文과 서예에 뛰어났고 『매일신보』 기자로 잠시 활동하였다. 한일합방 이후 낙향하여 보성, 능주, 순천, 고창 등에서 한문과 서화 등을 가르쳤다. 1922년 제1회 조선미술전람회 동양화부에서 입선한 후 글씨와 사군자에서 모두 9회에 걸쳐 입선하였다.

891 태전太顚과 혜원慧遠 : 태전은 당나라 문인 한유가 조주자사潮州刺史로 좌천되었을 때 교유했던 승려이고, 혜원은 동진東晉 시대 여산廬山의 동림사東林寺를 세우고 도연명 등과 교유했다.

892 금성金聲 : 시작을 뜻함. 음악을 합주할 때 먼저 종을 쳐서 소리를 베풀고 마지막에 경磬을 쳐서 그 음운을 거두어 주악을 끝냈다.

893 소사리小闍黎 : 소좌小佐. 제자.

894 완섭完燮 : 용은龍隱 주완섭朱完燮.

895 감우感遇 : 대우에 감동함.

896 노고魯誥 : 유교 문헌. 고誥는 왕이 신하에게 내리는 글이며, 『書經』에 있는 문체의 하나다.

897 삼신산三神山 : 신선이 산다는 봉래蓬萊·방장方丈·영주瀛洲의 세 전설적인 산인데 여기서는 방장산으로도 불린 지리산을 가리킨다.

898 풍암楓嵒 : 세찰世察(1688~1767)의 법호. 속성은 밀양 박씨. 무용 수연無用秀演에게

수학하다가 무용이 입적한 후 영해 약탄影海若坦의 제자가 되어 부휴 문중의 정맥을 계승했다.

899 노사魯史 : 노나라 공자가 지은 역사서 『春秋』를 가리키는데 여기서는 유교 경전 전반을 뜻하는 말로 사용되었다.

900 아비소(父牛)를 다 먹어치우고 : 사부師父의 가르침을 모두 받았다는 뜻인 듯함.

901 눌공訥公 : 묵암 최눌黙庵最訥(1716~1790). 자字는 이식耳食. 18세 때 출가하여 선과 교종에 능하고 제자백가 및 시서에도 통함. 풍암에게 경학을 익히고 조계산 보조암에서 세수 74세로 입적하였다.

902 구준衢樽 : 성현의 도. 성인의 도는 길거리 복판에 술통을 놓아 둔 것과 같아서 지나가는 사람마다 자기 양대로 적당히 떠서 마시면 된다고 하였다. 『淮南子』.

903 강헌講軒 : 고승이 경전을 가르치고 법을 설하는 장소.

904 할미새 들판에 있고(鶺鴒在原) : 『詩經』「小雅」〈常棣〉에 "저 할미새 들판에서 호들갑 떨듯, 급할 때는 형제들이 서로 돕는 법이라오. 항상 좋은 벗이 있다고 해도, 그저 길게 탄식만을 늘어놓을 뿐이라오.(鶺鴒在原. 兄弟急難. 每有良朋. 況也永歎.)"라는 구절이 있는데, 물가에 있어야 할 할미새가 언덕에서 쏘다니며 자기의 짝을 찾듯, 그렇게 형제간에도 깊이 우애하는 마음을 발휘해서 서로 환난을 구하려고 급히 달려가야 한다는 뜻으로, 형제의 우애를 비유할 때 흔히 쓰는 말이다.

905 훈지塤箎 : 서로 가락이 잘 맞는 두 개의 관악기로서 보통 형제를 가리킬 때 쓰는 표현이다. 『詩經』「小雅」〈何人斯〉에 "형이 훈을 부니 동생이 지를 부네(伯氏吹塤. 仲氏吹箎)"라고 하였다.

906 경전을 삼천~한마디에 사라졌네 : 법달法達이라는 수행자가 조계 혜능을 찾아와 절을 하는데 이마가 바닥에 닿지 않는 것을 보고 혜능이 법달의 상태를 알아보아 무엇을 공부했냐고 물으니 『法華經』을 3천 번 읽었다고 하였다. 그러자 혜능은 예절이란 본시 아만我慢을 꺾는 것인데 어찌하여 머리가 땅에 닿지 않느냐는 게송을 읊었고, 이에 법달은 참회의 눈물을 흘리며 위와 같은 내용의 게송을 읊었다. 『六祖壇經』.

907 벌이 창호지를 뚫음 : 주 887 참조.

908 윤편輪扁의 지게미 : 윤편은 춘추시대 제齊나라 사람으로 수레바퀴를 잘 만드는 이다. 그가 제환공齊桓公이 당상堂上에서 책을 읽는 것을 듣다가 왜 지게미를 읽느냐면서 바퀴통에 꼭 맞게 굴대를 깎는 기술은 손의 감각으로 알고 마음으로 느낄 수 있을 뿐 결코 자식에게도 말로 전해 줄 수 없는 것이라고 하였다. 『莊子』「天道」.

909 십무十無 : 『華嚴經』「盧舍那佛品」에서 설한, 화장장엄華藏莊嚴 세계해世界海가 갖춘 열 가지 무애無碍를 말한다. ① 정사무애情事無碍는 유정에 응하여 나타내지만, 일은 유정 밖으로 뛰어넘음을 말한다. ② 이사무애理事無碍는 온전히 참 성품과 같지만, 천차만별의 상이 분명함을 말한다. ③ 상입무애相入無碍는 한 불국토가 시방에 가

득 차고, 시방은 하나로 들어가도, 또한 남음이 없음을 말한다. ④ 상즉무애相卽無碍는 무량한 세계가 곧 한 세계임을 말한다. ⑤ 중현무애重現無碍는 티끌 속에서 일체 세계를 보며, 세계 속의 티끌 가운데에서 세계를 보는 것이 또한 이와 같음을 말한다. ⑥ 주반무애主伴無碍는 한 세계는 반드시 존재하는 일체를 권속으로 삼음을 말한다. ⑦ 체용무애體用無碍는 일찰해一刹海는 반드시 대용大用이 있어서, 근기에 부응한 설법을 함을 말한다. ⑧ 은현무애隱顯無碍는 물듦과 깨끗함, 나타냄과 숨음, 이류異類의 숨음과 나타냄 등은 연緣에 따라 정해짐을 말한다. ⑨ 시처무애時處無碍는 한 찰나가 삼세의 겁을 나타내고, 혹은 한 생각 가운데서 무량한 세계를 나타냄이 이와 같이 걸림이 없음을 말한다. ⑩ 성괴무애成壞無碍는 이뤄짐이 곧 무너짐이고, 무너짐이 곧 이뤄짐이며, 걸림이 없이 잘 나타내고 숨음을 말한다.

910 백칙百則 공안公案 : 송宋나라 승려 중현重顯이 옛 조사祖師들이 남긴 언행 중 후세에 귀감이 될 만한 고칙古則을 100가지로 정리하고 거기에 송頌을 붙인 『雪竇頌古』가 이후 선종禪宗에서 가장 많이 읽히는 『碧巖錄』의 모체가 되었다.

911 명상名相 : 망상을 일으키고 미혹하게 하는 것. 귀에 들리는 것을 명名, 눈에 보이는 것을 상相이라 한다. 들리고 보이는 모든 사물에는 다 명 또는 상이 있는데 모두 망령된 생각이 지어낸 것이다.

912 비단으로 돌아감 : 실로 왔다가 비단이 되어 돌아간다는 말의 줄임말로, 빈 채로 왔다가 가득 차서 돌아간다는 뜻이다.

913 백추白鎚(白椎) : 백퇴白槌라도도 함. 백白은 아뢴다는 뜻이고, 추鎚는 소리 내는 도구. 개당開堂할 때 퇴를 쳐서 대중에게 알림을 말함.

914 영해影海 : 영해 약탄影海若坦(1668~1754). 화엄학으로 유명했던 무용 수연無用秀演의 법제자이자 풍암 세찰의 스승.

915 신의信衣 : 스승이 제자에게 법맥法脈을 전하는 표시로 물려주는 가사.

916 단금斷金 : 친구를 가리킴. 친구 사이의 우정이 쇠붙이도 자를 만큼 단단함을 비유할 때 쓰이며, 출전은 『周易』「繫辭傳」 上. 여기서는 묵암을 가리키는 듯함.

917 백암栢庵 : 성총性聰(1631~1700)의 호. 13세 때 조계산으로 출가하여 지리산 수초守初 밑에서 불경을 배웠고 1660년부터 순천 송광사에서 학승을 지도하였으며 1681년 임자도에 표류하다 정박한 배에서 명나라 간행본 『華嚴經疏鈔』 등을 발견하여 간행하였다.

918 비전비전碑殿 : 비각碑閣. 비석과 부도를 봉안한 곳.

919 같은 소리는~서로 찾는다 : 『周易』「乾卦」의 구절.

920 포시晡時 : 오후 3시부터 5시까지.

921 좌하坐夏 : 수행승들이 여름에 일정한 기간 동안 외출을 금하고 수행하는 것. 여기서는 승랍僧臘의 의미로 사용되었다.

922 존안存案 : 없애지 않고 보존하여 두는 원안의 문건.
923 적식擿埴 : 장님이 지팡이를 두드리면서 간다는 뜻인데 어렵사리 왔다는 것을 말하는 듯하다.
924 단풍을 사랑하는 수레를 멈추고서 : 가을이 되었다는 뜻으로, 당나라 두목杜牧의 칠언절구 〈山行〉에 나오는 "수레 멈추고 앉아 늦은 단풍 즐기니(停車坐愛楓林晚)"의 구절을 응용한 표현이다.
925 사람을 무는 사자 : 진실을 파악하는 이를 뜻한다.『傳燈錄』에 "韓獹逐塊。獅子咬人。"이라는 구절이 있다. 개(韓獹)에게 돌을 던지면 개는 구르는 돌덩이를 쫓아가 입으로 문다. 그러나 사자에게 돌을 던지면 사자는 구르는 돌을 쫓지 않고 돌을 던진 인간을 찾아 문다.
926 남곽南郭처럼 피리 부는 이 : 실력이 없는 이를 뜻한다. 제齊 선왕宣王이 피리 연주를 좋아하여 항상 3백 인을 모아 합주하게 하자, 남곽 처사南郭處士가 피리를 불지도 못하면서 슬쩍 끼어들어 흉내만 내며 국록을 타 먹었는데, 선왕이 죽고 민왕湣王이 즉위한 뒤 한 사람씩 연주하게 하자 처사가 줄행랑을 놓았다는 남곽취우南郭吹竽의 고사가 전한다.『韓非子』「內儲說」上.
927 출품出品 : 품평을 하다, 즉 학식을 평가한다는 뜻으로 사용되었다.
928 창제唱題 : 경전의 제목만을 입으로 부르다.
929 대방大方 : 학문과 격식이 높은 사람.
930 방외方外의 웅변雄辯 : 여기서 방외는 승려를 가리키고 웅변은 학식이 뛰어남을 가리킨다.
931 남악南岳의 나무 그늘에서 : 원문은 '南岳柯陰'으로 남가일몽南柯一夢을 가리킨다. 당나라 이공좌李公佐의「南柯太守傳」에 나오는 이야기인데, 주인공 순우분淳于棼이 그의 집 남쪽에 있는 크고 오래된 회나무 아래서 술을 과도하게 마셔서 잠이 들었는데 꿈속에서 부귀영화를 경험하고서 인생의 무상함을 깨달았다.
932 도리천忉利天 : ⓢ Trāyastriṃśa. 의역해 33천이라고도 한다. 불교의 27천天 가운데 욕계欲界 6천의 제2천에 해당한다. 세상의 중심인 수미산의 정상에 있으며 중앙에 있는 선견천善見天이라는 궁전에 제석천帝釋天이 머무르면서 사방 32성의 신神들을 지배한다.
933 독고毒鼓 : 독을 바른 북으로 이것을 두드리면 듣는 사람들이 모두 죽는다고 한다.『涅槃經』에서 그 가르침이 중생의 번뇌를 살해한다는 것에 비유해서 말한 것이다.
934 형체의 잠들고 깨어남 : 원문 '形之交開'는 『莊子』「齊物論」의 "其寐也魂交. 其覺也形開."를 활용한 표현이다.
935 법기法起 : 금강산에 머물고 있다는 보살. 80권본『華嚴經』.
936 방장方丈 : 사방으로 1장丈이 되는 방이란 뜻이다. 유마거사維摩居士가 병이 들었을

때 그가 거처했던 사방 1장의 방에 문병 온 3만 2천 명을 모두 사자좌獅子座에 앉게 한 데서 유래함.

937 53불 : 월씨국月氏國에서 53불이 철종을 타고 바다를 건너와 신라 안창현安昌縣(간성)을 거쳐 금강산 느릅나무 그늘에 앉아 있었기에 이곳에 유점사楡粘寺를 지었다고 한다.

938 선승당禪僧堂 : 참선하는 선당과 승려들이 거처하는 승당을 아울러 이르는 말.

939 청오靑烏 : 한나라 때 풍수지리가. 『靑烏經』이 전한다.

940 십주十洲 군옥부群玉府 : 십주는 바닷속 선경으로 조주祖洲·영주瀛洲·현주玄洲·염주炎洲·장주長洲·원주元洲·유주流洲·생주生洲·봉린주鳳麟洲·취굴주聚窟洲이다. 군옥부는 군옥산群玉山으로 서왕모西王母가 살았다는 전설상의 선산仙山이다.

941 개산주開山主 : 사찰을 세운 이.

942 연기 조사烟起祖師가 개산주가~손님이 되었습니다 : 연기 조사가 창건할 때는 영악사靈岳寺라 하였는데, 자장 율사慈藏律師가 중창하여 사명을 다솔사로 바꾸었다고 한다. 「靈岳寺重建碑」.

943 보제普濟와 곤봉昆峯 : 고려 공민왕의 왕사인 보제존자 혜근惠勤이 크게 중창하였고, 1686년 숙종 12년에 곤봉자昆峯子 혜능惠能 등이 복구하였다. 채팽윤蔡彭胤의 「昆陽知異山靈嶽寺重建碑」 『希菴集』.

944 월초月蕉(1870~1930) : 월초가 다솔사의 주지를 맡고 있던 1914년에 불이 나서 사찰이 소진되자 신도들과 합심하여 보수하였다.

945 남풍嵐風 : 비람풍毘嵐風. Ⓢ vairambhaka의 음사, 신맹迅猛이라 번역. 우주가 성립될 때나 파괴되어 끝날 때, 맹렬하게 휘몰아친다는 폭풍.

946 진晉나라 채찍 : 진시황이 석교石橋를 놓아 바다를 건너가서 해가 뜨는 것을 보려 했다. 그러자 신인神人이 돌을 굴려 바다를 메우는데, 돌이 빨리 구르지 않아 채찍으로 돌을 때리니 돌에서 피가 났다 한다. 진 복심伏深의 『三齊略記』.

947 장석匠石 : 고대의 유명한 장인匠人. 자字는 백백. 그가 자귀로 물건을 쪼면 조금도 틀림이 없었다고 함.

948 공수工倕 : 요堯임금 때 뛰어난 목수.

949 흰 사다리(雪梯)를~건물을 지었습니다 : 원문 '雪梯而傞材架空'은 최치원의 「大嵩福寺碑銘」 "雪梯而傞材架險"을 원용한 것이다. 그 주석에 "나무 깎아 사다리를 만드니 눈처럼 하얗다.(削木爲梯。其白如雪。)"라고 했다.

950 날을 가리고 : 원문 '差穀'은 『詩經』 「陳風」 〈東門之枌〉의 "좋은 날을 택하여 남쪽 언덕에 모이네.(穀旦于差。南方之原。)"에서 나온 말이다.

951 진송秦松 : 진시황秦始皇이 봉선을 행하러 태산泰山에 올라갔다가 폭풍우를 만나자 나무 아래에서 쉬고는 그 나무를 오대부五大夫에 봉했던 고사가 전한다. 『史記』 「秦

始皇本紀」.

952 한백漢柏 : 한 무제가 측백나무를 선장군先將軍에 비유했고, 태산에 여섯 그루를 심었는데 아직도 네 그루가 있다고 한다.

953 비로전毘盧殿 : 비로자나불을 모신 법당.

954 웅장한 : 원문 '翬革'은 『詩經』「小雅」〈斯干〉에, 추녀의 위용을 "새가 날개를 펼친 듯, 꿩이 날아가는 듯.(如鳥斯革。如翬斯飛。)"이라고 표현한 데서 나왔다.

955 익실翼室 : 본채의 좌우 양편에 달린 방.

956 대장봉大將峰 : 다솔사가 있는 산이 전후좌우에 병사들을 거느린 대장 같은 모습이라서 사찰 이름을 '많이 거느렸다'는 의미로 지었다고 『多率寺冥府殿大陽樓四王門重建記』에 전한다.

957 향적반香積飯 : 사찰 음식. 진리를 깨닫는 법열을 음식에 비유한 것이다. 『維摩經』「香積佛品」.

958 향적반을 먹고 풍가風柯를 듣노라 : 『續傳燈錄』 권18 「仰山行偉禪師法嗣」에 "향적세계에서는 향반을 먹고 무생을 깨닫고, 극락나라에서는 풍가를 듣고 반야를 깨닫노라.(香積世界餐香飯悟無生。極樂國中聽風柯悟般若。)"라고 하였다.

959 망명罔明 : 초지初地보살. 분별적 지성을 극복했다는 선종의 불립문자를 상징함. 문수보살이 여러 부처들이 모인 곳에 이르렀을 때, 여러 부처들이 각기 처소로 돌아가고 오직 한 명의 여인만이 석가모니 자리 가까이에서 삼매에 들어 있어서, 문수가 세존에게 그 이유를 물어보니, 세존은 여자를 깨워 삼매의 경지에서 나오게 해서 직접 물어보라고 했다. 문수는 여인의 주변을 세 번 돌고서 손가락을 한 번 탁 튕기고는 신통력을 다하여 깨우려고 했으나 깨우지 못했다. 그러자 세존은 망명에게 여인을 삼매로부터 꺼내라고 명령을 내렸다. 망명이 여인 앞에 이르러 손가락을 한 번 탁 튕기자, 여인은 바로 삼매의 경지에서 나왔다. 『無門關』 42칙 「女子出定」.

960 조인祖印 : 조사의 심인心印. 심인은 마음에서 마음으로 전해진 깨달음.

961 글 읽는(絃誦) : 『詩經』을 배울 적에 거문고와 비파 등 현악기에 맞추어 노래로 부르는 것을 현가絃歌라 하고 악기의 반주 없이 낭독하는 것을 송誦이라 하는데 원문 '絃誦'은 이 둘을 합하여 말한 것이니, 곧 수업하고 송독하는 것을 말한다.

962 포허抱虛 : 담수淡水의 법호. 부휴 선수浮休善修(1543~1615)의 제자.

963 조계산 우담優曇과~포허抱虛와 응월應月 : 우담은 홍기洪基(1822~1880)의 호, 함명(1824~1902)의 호는 태선太先으로 침명枕溟에게 교학을 배움. 응월은 1867년에 상주 남장사南長寺 영산전靈山殿을 중수하고 1870년에 선덕사에서 쌍월雙月과 함께 수행했다는 기록이 있음.

964 사서육경四書六經 : 사서는 『論語』・『孟子』・『大學』・『中庸』이고, 육경은 『詩經』・『書經』・『禮記』・『樂記』・『易經』・『春秋』의 여섯 가지 경서.

965 어려서는 유교~경전을 탐구하였다 : 원문 "髫專魯誥, 冠討竺墳"은 당나라 종밀宗密이 쓴 『圓覺經大疏』의 서문에서, 종밀 자신이 그렇게 했다는 맥락으로 사용되었다. 그러므로 본문의 '고인'은 종밀을 가리킨다.

966 건당建幢 : 불법佛法의 깃발을 세운다는 뜻. 비구계를 받은 후, 오랜 기간 수행하여 남을 가르칠 수 있는 경지에 이른 승려가 스승의 법맥法脈을 이어받고 법호法號를 받는 일.

967 벽암碧嵓 : 벽암 각성碧巖覺性(1575~1660)은 지리산 화엄사를 1630년에서 1636년에 크게 중창하였으며, 화엄사에서 입적하였다.

968 두월斗月 : 우홍禹洪(1744~1816)의 호. '벽암의 10세손'이라 하였는데 '6세손'의 오류이다. 「두월 대사의 비를 세우는 제문」참고.

969 부용芙蓉 : 영관靈觀(1485~1571)의 당호. 자는 은암隱庵, 법호는 연선蓮船. 지리산의 지엄智儼을 만나 불법을 대오하고, 보우普愚의 법통을 계승, 이를 휴정休靜과 부휴浮休에게 전수하였다.

970 임제臨濟 : 당나라 조주祖州 남화현南華縣 출생. 이름은 의현義玄, 속성은 형刑. 황벽산黃檗山의 희운希運에 사사하여, 그의 법을 이어받았다.

971 금정암金井庵 : 지리산 화엄사의 부속 암자. 1562년(명종 17) 설응雪凝이 창건하고, 고종 때 칠성전과 요사채를 세웠다.

972 개미가 좋아하여 골짜기에 그윽하듯 : 최치원의 「智證和尙碑銘」에 나오는 "개미가 양고기를 좋아하듯 사람들이 모여들어 산을 가득 채웠으며, 매가 변화하듯 사람들이 개과천선하여 그 골짜기에 그윽했다.(蟻慕者彌山。鷹化者幽谷)"라는 구절을 활용했다.

973 개당보설開堂普說 : 처음 법당을 열어 널리 대중을 위해 설법함.

974 용의 턱을 찌르니 : 역린逆鱗을 건드림을 뜻하는 듯함.

975 쇠가 대장장이~펄펄 뛰는 : 『莊子』「大宗師」에 의하면, 자래子來가 말하기를 "지금 위대한 대장장이가 쇠를 녹이는데(大冶鑄金), 그 쇠가 펄펄 뛰면서 '나는 반드시 막야검鏌邪劍이 되겠다.'라고 한다면 대장장이는 반드시 그 쇠를 상서롭지 못한 쇠라고 여길 것이다."라고 했다는 데서 온 말로, 분수를 지키지 못하고 스스로 유능하다고 여겨 쓰이기를 급급하게 여기는 것을 주로 비유한다. 그러나 여기서는 두려워하지 않는 태도를 비유하는 듯하다.

976 진주가 합포合浦로 돌아옴이라 : 후한後漢 때 합포에서 진주가 생산되었는데, 탐관오리가 조개를 무리하게 채취하게 하니 진주가 나오지 않다가, 맹상孟嘗이 태수로 부임하여 청렴한 정사를 행하자, 다시 진주가 나오기 시작했다고 한다. 『後漢書』「孟嘗傳」.

977 묘연화妙蓮花 : 선나禪那. Ⓢ dhyāna. 선정禪定.

978 호중壺中 : 신선세계. 여기서는 경치 좋은 암자를 가리킴.

979 『칠서대전七書大典』과 『남화경南華經』 : 칠서는 『論語』・『孟子』・『中庸』・『大學』의 사서에

『詩經』・『書經』・『周易』 삼경을 추가하여 일컫는 말이다. 남화경은 『莊子』를 가리킨다.
980 사대四大 : 물질의 구성 요소인 지地, 수水, 화火, 풍風의 네 종류를 가리킴.
981 유성踰城 : 석가모니가 29세 때 밤중에 성을 넘어 출가한 것을 말한다.
982 순흥順興 : 경북 영주 지역의 옛 이름.
983 희방사希芳寺 : 희방사喜方寺라고 함. 643년(선덕여왕 12)에 두운杜雲이 창건함.
984 『초발심자경문初發心自警文』 : 고려 후기에 간행된 출가 승려를 위한 불교 입문 교재. 고려 보조 지눌普照知訥의 『誡初心學人文』과 신라 원효元曉의 『發心修行章』, 고려 야운野雲의 『自警文』 세 가지를 하나로 편찬함.
985 심우心友 : 서로 마음속을 터놓고 지내는 친구.
986 침명枕溟 : 한성翰醒(1801~1876). 침명은 법호. 16세 때 팔영산八影山 선계암仙界庵으로 가서 권민權敏을 은사로 하여 삭발하였다. 춘파春坡에게 구족계를 받았고, 긍선亘璇에게 선과 참법懺法을 배운 다음 혁원奕源의 법을 이었다.
987 진각眞覺 : 진각국사眞覺國師 혜심慧諶(1178~1234). 수선사(현재 송광사) 2세 조사. 지눌의 제자. 보조국사에 의해 시작된 수선사 선풍은 진각국사에 의해 확립되어 16국사가 배출되었다.
988 벽담碧潭 : 행인幸仁(1721~1788). 풍암 세찰楓巖世察의 제자.
989 개사開士 : 불도를 열어 중생을 인도하는 사부라는 뜻으로, '보살' 또는 '고승'을 달리 이르는 말.
990 백아伯牙의 거문고에서 음을 알고(知音) : 춘추시대 초나라의 종자기鐘子期가 백아의 연주를 알아주어 친구가 되었듯이 여러 고승들이 우담 대사와 지음의 교분을 맺었다는 뜻이다.
991 청평靑萍과 결록結綠 : 청평은 명검, 결록은 아름다운 옥의 이름.
992 설촉薛燭 : 춘추시대 월나라 사람으로 칼을 잘 감정했다.
993 청평과 결록이~가치를 정하듯 : 우담의 평가를 모두들 존중할 정도로 명망이 높았다는 뜻이다. 이 문장은 당나라 이백李白의 『與韓荊州書』에 나오는 "庶青萍結綠長價於薛卞之門"을 활용한 것이다.
994 『선문증정록禪門證正錄』 : 백파 긍선白坡亘旋(1767~1852)의 『禪文手鏡』에서 잘못된 부분을 지적하고자 1874년에 찬술하여 1913년에 송광사에서 간행함.
995 풍암楓嵒 : 세찰世察(1688~1767)의 법호. 속성은 밀양 박씨. 무용 수연無用秀演에게 수학하다가 무용이 입적한 후 영해 약탄影海若坦의 제자가 되어 부휴 문중의 정맥을 계승했다.
996 응암 낭윤應庵朗允(1718~1794) : 자字는 퇴옹退翁. 곡성군谷城郡 통명리通明里 출신이다. 속성은 초계草溪 최씨崔氏로 부친은 봉의鳳儀, 모친은 이씨李氏이다. 17세 때 용담龍潭 대덕에게 구족계를 받고, 18세(1735) 때 조계산 풍암 강백楓嵒講伯을 방문

하여 공부하고 선禪과 교敎를 겸하여 전하고 선정과 지혜를 고르게 닦았다. 본문「응암 선조의 행장 초고」참조.

997 회계會溪 : 법명은 휘종輝宗(1759~1835). 송광사 북쪽 기슭에 그의 탑이 있고 동각에 진영을 모심.

998 필만畢萬 : 춘추시대 진晉나라 사람. 필공고畢公高의 후예로, 진헌공晉獻公을 섬겨 경耿나라와 곽霍나라·위魏나라를 멸망시켰다. 위지魏地에 봉해져서 대부大夫가 되자, 진나라 장복대부掌卜大夫 곽언郭偃이 "필만의 후손은 반드시 크게 번창할 것이다.(畢萬之後必大)"라고 예언한 고사가 전한다. 『春秋左氏傳』 '민공閔公 1년'. 필만의 후손인 위씨魏氏는 나중에 한씨韓氏·조씨趙氏와 함께 진나라를 삼분하여 제후가 되고 급기야는 전국 칠웅戰國七雄의 하나로 국세를 크게 떨쳤다.

999 광서光緖 6년 신사년(1881) : 신사년은 광서 7년에 해당하므로 일치하지 않는데 신사년에 맞추어 연도를 제시했다.

1000 영당影堂 : 영정을 모셔 둔 사당.

1001 김오천金梧泉 : 해은 재선海隱栽善. 금명 보정에게 수업을 받은 승려.

1002 강회江淮 : 중국 장강長江과 회수淮水 일대. 지금의 강소성江蘇省과 안휘성安徽省 일대에 해당하는데 여기서는 남쪽 지방을 뜻하는 말로 사용됨.

1003 감천甘泉 강원 : 지리산 천은사泉隱寺에 있던 강원. 본문 앞쪽에 관련 글이 있음.

1004 두륜산 : 전라남도 해남군 삼산면 남쪽에 있는 산. 높이 703m이다. 남서쪽의 대둔산大芚山(높이 672m)과는 자매봉을 이룬다. 흔히 대둔산·대흥산大興山으로 부르기도 한다.

1005 장춘학림長春學林 : 장춘은 대흥사로 이어지는 계곡 이름이고, 학림은 학자가 모이는 곳이라는 뜻으로 학교를 뜻함.

1006 구곡九曲 : 장춘동 계곡이 아홉 굽이로 되어 있어서 '구림구곡九林九曲'으로 칭해지며 '구곡장춘九曲長春'이라 부르기도 한다.

1007 무이武夷 : 산 이름. 송나라 주희朱熹가 지은〈武夷九曲歌〉가 유명함. 여기서는 두륜산의 경치를 비유하는 말로 사용함.

1008 제호醍醐 : 우유를 정제한 최고의 음료. 불도의 숭고한 경지를 이르는 말.

1009 3대 화상 : 대흥사 표충사에는 임진왜란 때 승병장으로 활약한 휴정休靜과 그의 제자 유정惟政과 처영處英의 영정이 봉안되어 있고, 편액은 정조의 친필이다.

1010 12대 종사宗師 : 대둔사가 배출한 풍담 의심楓潭義諶(1592~1665), 취여 삼우醉如三愚(1622~1684), 화악 문신華岳文信(1629~1707), 월저 도안月渚道安(1638~1715), 설암 추붕雪岩秋鵬(1651~1706), 환성 지안喚惺志安(1664~1729), 벽하 대우碧霞大愚(1676~1763), 설봉 회정雪峰懷淨(1678~1738), 호암 체정虎巖體淨(1687~1748), 상월 새봉霜月璽封(1687~1767), 함월 해원涵月海源(1691~1770), 연담 유일蓮潭有一

(1720~1799). 대둔사 부도전에 서산 대사를 비롯하여 대둔사 13대 종사와 13대 강사 등의 부도와 비가 있다.

1011 동東·서잠西岑과 일日·월문月門 : 대둔사의 동쪽 오심재는 해가 뜨는 곳이라 하여 '일문日門'이라 하고 대둔사 서쪽 오도재(오도치)는 달이 뜨는 곳이라 하여 '월문'이라 부른다.

1012 미륵상 : 두륜산 진불암 위쪽에 있는 북미륵암 용화전龍華殿에는 마애 미륵상(국보 308호)이 있다.

1013 천불千佛 : 대둔사 천불전에 봉안되어 있다. 1817년에 발원하여 경주 기림사에 불상 조성을 의뢰하였고 경주 불석산佛石山의 돌로 천불상을 만들었다. 배로 운반 도중에 표류하여 일본에 갔다가 돌아와 1818년에 봉안하게 되었다.

1014 호광毫光 : 부처님의 두 눈썹 사이에 있는 희고 빛나는 가는 터럭에서 나오는 밝은 빛.

1015 기북驥北 : 기주冀州의 북쪽. 준마가 많이 나는 곳으로 훌륭한 인재가 모이는 곳을 말한다.

1016 사남司南 : 주장한다는 뜻인데 여기서는 '기북'과 유사하게 실력자들이 모인 곳이라는 의미로 사용한 듯하다. 최치원의 「無染和尙碑銘」에 "司南。【司。守主也。南。任也.】南宗。"이라 하였다.

1017 다만 심전心田을~자주 봅니다 : 심전을 혀로 경작한다는 것은 설법한다는 뜻이고, 의지에 돌을 던진다 함은 의지는 심心이니 마음을 일깨운다는 뜻인 듯하다. 사자가 사람을 무는 것은 『傳燈錄』의 "한로축괴韓獹逐塊 사자교인獅子咬人"으로서, 진실을 파악함을 뜻한다.

1018 가까이서부터 하여 멀리 오른다 : 『書經』「太甲」下에 "높은 곳에 오르려면 반드시 낮은 곳에서부터 시작해야 하고, 먼 곳에 오르려면 반드시 가까운 곳에서부터 시작해야 하는 것과 같다.(若升高。必自下。若陟遐。必自邇。)"라는 말이 나온다.

1019 외모(眉堂) : 원문 '眉堂'은 미우眉宇라는 표현을 바꾸어 쓴 듯함. 미우는 대개 눈썹 언저리를 지칭하나 문맥상 외모로 번역함.

1020 양기羊岐 : 양을 찾으러 나갔다가 만난 갈림길이라는 말이다. 도망친 양을 잡으려고 쫓아가다가 '갈림길 속에 또 갈림길이 있어서(岐路之中。又有岐焉。)' 끝내는 양을 잃어버리고 말았다는 '망양지탄亡羊之歎'의 고사에서 나온 것이다. 『列子』「說符」.

1021 표하驃訶 : 본래는 꾸민다는 말인데 여기서는 '화엄'의 뜻으로 사용되었다. 『華嚴經探玄記』에 "梵語名為健拏驃訶。健拏名雜華。驃訶名嚴飾。"이라 하였고, 최치원의 「無染和尙碑銘」에 "驃訶健拏"가 나오는데 이에 대해 '華嚴'이라는 협주가 달려 있다.

1022 십문十門 : 화엄종의 2조 지엄智儼(602~668)이 법계연기를 이해시키기 위해 다음과 같은 십문을 설하였고, 지엄의 이러한 십문은 그 뒤 화엄가華嚴家에서 법계연기를 나타내는 가장 대표적인 법문(十玄緣起無碍法門)으로 알려졌다. ① 동시구족상응문

同時具足相應門(相應에 의함), ② 인다라망경계문因陀羅網境界門(譬에 의함), ③ 비밀은현구성문秘密隱顯俱成門(緣에 의함), ④ 미세상용안립문微細相容安立門(相에 의함), ⑤ 십세격법이성문十世隔法異成門(世에 의함), ⑥ 제장순잡구덕문諸藏純雜具德門(行에 의함), ⑦ 일다상용부동문一多相容不同門(理에 의함), ⑧ 제법상즉자재문諸法相卽自在門(用에 의함), ⑨ 유심회전선성문唯心回轉善成門(心에 의함), ⑩ 탁사현법생해문託事顯法生解門(智에 의함).

1023 삼관三觀 : 관법觀法의 내용을 셋으로 나눈 것. 천태종에서는 공관空觀·가관假觀·중관中觀, 법상종에서는 자은慈恩이 세운 유관有觀·공관·중관, 화엄종에서는 진공관眞空觀·이사무애관理事無礙觀·주편함용관周遍含容觀으로 나눔.

1024 찬극鑽極 : 남김없이 연구한다는 뜻인데 불교 이외의 것까지 섭렵한다는 뜻으로 사용된 듯함. 『緇門警訓』에 "승려가 본업을 정미하게 하고서 찬극하여 견문을 넓힘으로써 한쪽에 매이지 않는다면 어찌 방해되겠는가.(釋子既精本業。何妨鑽極以廣見聞。勿滯於一方也。)"라고 함.

1025 삼제三際日 : 삼세三世, 즉 과거와 현재, 미래.

1026 지상에 우레가 돌아와 : 지뢰복地雷復 괘. 동지에 해당함. 땅을 상징하는 곤坤(☷) 괘가 위에 놓이고 진震(☳) 괘가 아래에 놓여 이루어진 괘(坤☷上 震☳下)이다.

1027 명협蓂莢 : 요堯임금 때 나타났던 상서로운 풀. 달력풀, 책력풀. 월초에 하루 한 잎씩 나서 보름에 15잎이 되고, 16일부터 한 잎씩 떨어지는데 작은 달에는 한 잎이 마르기만 하고 떨어지지 아니한다고 함.

1028 지상에 연못이 비춰 이르니 : 지택림地澤臨 괘. 12월에 해당함. 지뢰복 괘의 양이 자라서 지택림 괘가 됨.

1029 돌아감만 못하다 : 원문 '不如歸'는 두견이의 별칭으로 촉蜀나라 망제望帝가 임금 자리를 내 주고 도망칠 때에 두견이가 울었는데, 그 뒤로 촉 땅 사람들이 두견이의 울음 소리를 들을 때면 망제를 생각한 나머지 비감에 사로잡히면서 마치 "불여귀거不如歸去(어째서 빨리 돌아가지 않느냐.)"라고 울어 대는 것처럼 들었다는 고사가 있다. 『蜀王本紀』.

1030 등불의 남쪽이요 벼루의 북쪽에서 : 저녁 때 글을 지음을 가리킴.

1031 '돌아가리라' 노래 : 동진東晉의 도연명陶淵明이 지은 〈歸去來辭〉.

1032 모래로 밥 짓기 : 원문 '蒸沙'는 모래를 쪄서 밥을 지으려 한다는 '蒸沙成飯'의 줄임말인 듯하다. 이는 실현 가능성이 없음을 뜻한다.

1033 열여섯 분의 국로國老 : 송광사는 보조국사에서 시작해 16분의 국사를 배출하였다.

1034 회남淮南 : 회수淮水 남쪽. 기온이 따스하여 풍광이 좋음.

1035 풀을 뽑고~머리 감으며 : 행각行脚을 뜻함. 원문은 '撥草櫛風'. '撥草'는 '撥草瞻風'이라고 하여 잡초를 뽑아 길을 내어 가서 풍모를 우러른다는 뜻이고, '櫛風'은 '櫛風

沐雨(바람에 빗질하고 비에 머리 감다.)'라고 하여 우禹가 집에 들어가지 않고 치수하느라 다닌 것처럼 객지에서 고생함을 뜻한다.

1036 수많은 인재들 : 원문 '濟濟多士'는 『詩經』「大雅」〈文王〉에 나오는 표현이다.
1037 백설곡白雪曲 : 수준 높은 노래를 뜻한다. 전국시대 초楚나라 서울 언영鄢郢에서 어떤 사람이 불렀다는 〈陽春白雪曲〉으로, 그 수준이 워낙 높아 그에 화답한 자가 수십 명에 지나지 않았다 한다. 『新序』.
1038 녹죽綠竹 노래 : 절차탁마의 내용을 담은 『詩經』「衛風」〈淇奧〉을 말한다. 그 시 첫머리에 "저 기수 물굽이를 굽어보니, 푸른 대나무가 무성하도다. 아름답게 문채 나는 우리 님이여, 깎고 다듬은 듯하고 또 쪼고 간 듯하도다.(瞻彼淇奧. 綠竹猗猗. 有匪君子. 如切如磋. 如琢如磨.)"라고 하였다.
1039 장양長養 : 몸이나 마음을 단련하여 기름.
1040 금송錦頌 : 비단처럼 아름다운 노래. 최치원의 「智證和尙碑銘」에 "재주는 금송에 뒤져서 글을 짜내기 어렵다.(才輸錦頌文難織)"라는 구절이 있음.
1041 편작扁鵲 : 전국시대의 의술인. 거의 죽을 뻔한 괵국虢國 태자를 살린 것으로 유명하다.
1042 장석匠石 : 『莊子』에 나오는 유명한 장인匠人.
1043 백락伯樂 : 춘추시대 진목공秦穆公의 신하로 있으면서 말을 감정하는 일을 맡았다.
1044 박상전朴祥銓(?~?) : 3.1독립운동 주동자에 속하여 재판을 받은 사실이 『매일신보』 1919년 11월 8일자에 보인다.
1045 밀쳐 대는(推敲) : 원문 '推敲'는 주로 글을 다듬는다는 뜻으로 쓰는데 여기서는 문맥을 중시하여 풀이하였다.
1046 총림叢林 : 승려들의 경전 교육을 위한 강원講院, 참선 수행을 위한 선원禪院, 계율 교육을 위한 율원律院 등 세 개의 교육 기관을 모두 갖춘 사찰을 뜻함.
1047 칠원漆園의 꿈 : 장자莊子의 호접몽胡蝶夢을 가리킴. 칠원은 장자가 벼슬살이를 한 장소. 『史記』「莊周傳」.
1048 용과 뱀이 서로 울부짖어 : 병진년(1916)과 정사년(1917)을 가리킴.
1049 괴안槐安의 꿈 : 남가일몽南柯一夢. 괴안은 그 이야기에 나오는 나라 이름. 당나라 이공좌李公佐의 「南柯記」.
1050 활안活眼 : 사리를 밝게 보는 눈.
1051 임 공림公【석진錫珍】(1892~1968) : 법호는 기산綺山. 1912년에 다송에게 구족계를 받았고 중앙학림을 졸업한 다음 송광사 강사와 주지 등을 역임하고 총무원장과 동국대학교 이사장을 지냈다.
1052 민첩(敏古) : 원문 '敏古'는 『論語』「述而」 "我非生而知之者. 好古敏以求之者也."에서 온 말.

1053 난형국제蘭兄菊弟 : 매형국제梅兄菊弟, 화형국제花兄菊弟. 자질이 뛰어난 형제를 말함. 국화는 가을에 피기 때문에 아우라 칭함.

1054 눈빛으로 의사를~있는 자 : 원문 '可目語者'는 최치원의 「無染和尙碑銘」 "若若得東人可目語者"에서 온 것으로 '以心傳心'이라는 협주가 있다.

1055 제살制殺 : 오행에서 편관 칠살을 제극하는 것이다. 편관은 자신을 극하는 신이므로 일명 살쐈이라고도 하여 흉포한 신에 속한다. 그래서 제화制化가 있으면 편관이라 부르고 제화가 없으면 살이라 부른다.

1056 보체保體 : 몸을 보호한다는 뜻으로, 살아 있는 사람을 축원할 때 이름 밑에 쓰는 말.

1057 낭살狼殺 : 살쐈 또는 살煞. 편관偏官 칠살七殺의 약칭이다. 편관은 일간이 음양불배우陰陽不配偶로 극을 받는 것으로, 양일생은 양간陽干에서 음일생은 음간陰干에서 극을 받는 관계가 되는 것이 편관이다. 곧 편관은 흉신으로 철저히 자신의 의사를 배반하는 신이며 이 신은 칠살 또는 단순히 살쐈이라고 하여 가장 꺼리는 신이다. 칠살은 십간 오행의 일곱 번째로 각각 양은 양의 극, 음은 음의 극이 되는 작용이다.

1058 상향尙饗 : 제사 때 읽는 축문의 맨 끝에 쓰여, '비록 적지만 차린 제물을 받으소서'라는 뜻으로 이르는 말.

1059 도척盜跖 : 춘추시대 노魯나라 사람. 노나라 대부大夫 유하혜柳下惠의 동생이다. 일찍이 무리 9천 명을 모아 천하를 횡행하고 다니면서 제후를 공격하고 약탈해 나중에 도척으로 불렸다고 한다.

1060 조달調達 : 제바달다提婆達多. ⑤ devadatta. 붓다의 사촌 동생으로, 출가하여 그의 제자가 되었으나 붓다에게 승단을 물려줄 것을 청하여 거절당하자 500여 명의 비구를 규합하여 승단을 이탈하고 여러 번 붓다를 살해하려다 실패함.

1061 주옥을 탐내는~사양하지 않는다 : 이 구절은 최치원의 「眞監和尙碑銘」을 차용하였다. 깊은 연못 속에 여룡이 귀한 구슬을 물고 있다는 이야기는 『莊子』 「列禦寇」에 나온다.

1062 원손源孫 : 태종의 차남인 효령대군(1396~1486)의 둘째 아들 서원군瑞原君 이친李寀의 손자이자 이신성李愼誠(1552~1596)의 조부.

1063 범승梵僧 : 계행戒行을 지키는 승려.

1064 기봉奇峰 : 장오藏旿(1776~1853)의 호.

1065 침명枕溟 : 한성翰醒(1801~1876)의 호. 16세 때 팔영산八影山 선계암仙界庵으로 가서 권민權敏을 은사로 하여 삭발하였다. 춘파春坡에게 구족계를 받았고, 긍선亘璇에게 선과 참법懺法을 배운 다음 혁원突源의 법을 이었다.

1066 승료僧寮 : 요사채. 승려들이 기거하는 숙사.

1067 안승安僧 : 요사채를 가리키는 듯함.

1068 어필각御筆閣 : 왕의 글이 있는 건물. 현재 현판은 '御書閣'으로 되어 있다.

1069 비각碑閣 : 서유린徐有隣(1738~1802)이 1791년에 지은 「西山大師表忠祠紀蹟碑銘」과 연담 유일蓮潭有一(1720~1799)이 1792년에 지은 「建祠事跡碑銘」이 있다.

1070 화주化主 : 세상을 교화하는 주인, 곧 부처님을 말하나, 일반적으로는 가방화주街坊化主, 또는 가방 공양주街坊供養主를 말함. 즉 거리에 나가서 여러 사람들에게 시물施物을 얻으면서 사람들로 하여금 부처님과의 인연을 맺게 하는 동시에, 그 절에서 쓰는 비용을 마련하는 승려를 말함.

1071 총섭惣攝 : 현재의 본사本寺 주지급主持級에 주어졌던 직책명이다.

1072 도승통都僧統 : 조선 후기 규정소糾正所나 표충사 등의 책임자 승려. 1703년(숙종 29)에 전라도의 승려 통감統監 기관으로 좌·우 규정소가 각각 송광사松廣寺와 금산사金山寺에 설치되고, 도승통이 그 책임자로 임명되었다. 이후 경상도에도 규정소가 설치되는 등 점차 확산되었다. 정조는 여기서 더 나아가 용주사龍珠寺를 오규정소五糾正所의 하나로 지정하여 전국의 승려와 교단을 통솔할 수 있는 권한을 부여하였고, 용주사 주지 사일獅馹을 팔도도승통八道都僧統으로 임명하였다. 그러나 오규정소의 승통제는 정조 사후 유명무실해졌다.

1073 대각등계大覺登階 : 나라에서 지위가 높은 승려에게 내렸던 칭호.

1074 같은 해~소란하였을 때 : 흥선대원군의 천주교도 학살·탄압에 대항하여 프랑스 함대가 강화도에 침범한 병인양요丙寅洋擾를 가리킨다.

1075 윤자승尹滋承(1815~?) : 본관은 파평, 자는 중무仲茂. 경상남도 창녕 출신. 1859년(철종 10) 증광문과에 갑과로 급제, 이조참의·사간원대사간과 승지를 지낸 뒤 1865년(고종 2)에 전라도 암행어사로 출두하여 관기를 다스리고 잠시 의주부윤을 지냈다.

1076 관보關報 : 공문을 보내 알림.

1077 광양光陽 성이 함락되고 : 1869년 3월 전라남도 광양에서 70여 명의 난민과 가담자 등 300여 명이 광양현성을 침입하여 군기고를 습격하고 현감 윤영신尹榮信을 사로잡고 인부印符를 탈취한 뒤 사창社倉을 부수고 백성들에게 곡식을 나눠 주었다. 이 민란은 3일 만에 진압되어 주모자들은 서울로 압송되어 모반 대역죄로 능지처참되었고, 난도亂徒 44명은 좌수영에서 효수되었는데, 이 민란은 당시 민란 중 최초의 병란적 성격을 갖는다.

1078 승가리僧伽黎 : ⓢ saṃghāṭī. 가사袈裟 가운데 가장 크므로 대의大衣, 베 조각들을 거듭 이어서 만드므로 중의重衣, 조條의 수가 가장 많으므로 잡쇄의雜碎衣라고 한다. 중간 가사는 울다라승鬱多羅僧(ⓢ uttara-āsaṅga)으로, 윗도리에 입으므로 상의上衣·상착의上著衣, 대중이 모인 의식 때 입으므로 입중의入衆衣라고 한다. 내의로 입는 가사는 안타회安陀會(ⓢ antarvāsa), 중숙의中宿衣라고 한다.

1079 대구품大九品 : 가사袈裟 여든한 벌을 만드는 일.

1080 시왕생칠재十王生七齋 : 생전예수시왕생칠재生前豫修十王生七齋의 준말. 살아 있는

동안에 진 빚을 참회하고 다음 생의 복을 미리 닦는 의식. 죽은 이를 심판하는 열 명의 왕을 명부시왕冥府十王이라 하고, 살아 있을 때 미리 7일 동안 사십구재와 같은 의식을 봉행하므로 '생칠生七'이라고 한다.

1081 작법作法 : 불교 의식에 사용되는 무용을 작법이라고 하는데 주로 일정한 장단과 리듬이 없이 범패를 반주로 추는 것이어서 대개는 법당 안에서 조용히 추는 춤이다.

1082 창화倡和 : 남의 시운에 맞추어 시를 지음. 시가를 주고받음.

1083 신석희申錫禧(1808~1873) : 본관은 평산平山, 자는 사수士綏, 호는 위사韋史. 대사헌·규장각제학·이조판서·예조판서 등을 지냈으며, 글씨에 능하였다.

1084 조석형曺錫亨(1794~?) : 본관은 창녕, 자는 치겸穉謙. 1834년 식년시에 급제.

1085 권돈인權敦仁(1783~1859) : 본관은 안동, 자는 경희景羲, 호는 이재彝齋. 우의정, 좌의정, 영의정을 지냈다. 원상으로 잠시 국정을 맡았다.

1086 심응태沈膺泰(1803~?) : 본관은 청송, 자는 사원士元. 1834년 식년시에 급제.

1087 오취선吳取善(1804~?) : 본관은 해주海州, 자는 순위舜爲. 1868년 경상도 관찰사로 있으면서 지방 방비에 힘썼으며, 한성판윤으로 있을 때는 부패한 포도청을 대신해 민간의 송사를 담당하였다.

1088 이범진李範晋(1852~1911) : 자는 성삼聖三, 본관은 전주. 1879년(고종 16) 문과에 급제, 왕비 민씨의 사랑을 받아 궁중에 출입. 친로파 안경수安駉壽 등과 같이 궁중 세력을 잡고 친일파를 몰아내고 일본 장교에게 훈련을 받은 훈련대를 해산하는 등 일본색 일소에 노력하였다.

1089 호계虎溪 : 중국 강서성江西省 여산廬山의 시냇물. 「廬山記」에 "샘물이 동림사東林寺 아래를 돌다 호계로 흘러들어 간다. 동진東晉 혜원慧遠이 손님을 전송하면서 이곳을 지나는데 때마침 범이 울었기 때문에 호계라는 이름이 붙었다. 그 뒤로 혜원이 손님을 전송할 때 호계를 넘어가지 않았다. 당시 문인 도연명陶淵明과 도사 육수정陸修靜을 전송할 때 이야기를 나누다 마음이 맞아 지나는 줄도 모르고 호계를 지났는데, 이로 인하여 서로를 바라보고 크게 웃었다."라고 전한다.

1090 원당願堂 : 죽은 이의 화상畵像이나 위패位牌를 모시고 그 원주願主의 명복冥을 빌던 법당.

1091 무기년戊己年 : 1905년 을사조약과 1907년 정미 7조약과 고종의 양위, 군대 해산을 계기로 의병투쟁이 전개되었는데, 이에 대해 일본은 1908년 5월 경기도·충청도·강원도 일부 지방에 제6사단의 보병 제23연대를, 서울·평안도·황해도에 제7사단의 보병 27연대를 각각 파견하여 의병 탄압에 주력하였다. 그에 따라 전국적인 의병 활동이 위축되었지만 호남 지역은 유지되었다. 이 때문에 일본군 사령부는 1909년 9월 1일부터 약 2개월간 '남한대토벌작전'을 지휘하며 호남 의병을 철저히 탄압하기 시작했다. 무신년은 1908년, 기유년은 1909년이다.

1092 청진암(淸眞蘭若) : 현재 송광사 부도암 위쪽에 청진국사 부도와 청진암 터가 있다.
1093 명사明師 : 풍수지리에 밝은 사람.
1094 숙덕宿德 : 학식과 덕망을 쌓은 선비.
1095 옥룡玉龍 : 신라 말의 승려 도선道詵(827~898)의 자. 음양지리설陰陽地理說과 풍수지상법風水地相法을 담은 『道詵秘記』의 저자로 알려져 있다.
1096 일행一行(683~727) : 당나라 승려. 시호는 대혜선사大慧禪師. 현종의 명을 받아 새로운 달력 대연력大衍曆을 만들었다. 도선이 일행에게 음양술수와 풍수지리설을 배웠다고 한다.
1097 유인游刃 : 일을 처리하는 데 매우 익숙하여 침착하고 여유 있음을 비유하여 이르는 말인데 여기서는 비결을 시원하게 파헤침을 가리킴. 『莊子』 「養生主」 '庖丁解牛'의 고사에서 요리사가 소 잡는 일에 익숙해져, 살을 가를 때 살점과 살점 사이에 틈이 있는 곳으로 칼을 쓰는 것이 여유롭다는 데서 비롯된 말.
1098 사격四格과 오산五山·팔괘八卦·구성九星 : 사격은 원형이정元亨利貞, 오산은 동국의 명산으로 꼽히는 북쪽 묘향산妙香山·서쪽 구월산九月山·동쪽 금강산·중앙 삼각산三角山·남쪽 두류산이다. 구성은 만물을 아홉 가지로 구분하는 것인데, 일백수성一白水星·이흑토성二黑土星·삼벽목성三碧木星·사록목성四綠木星·오황토성五黃土星·육백금성六白金星·칠적금성七赤金星·팔백토성八白土星·구자화성九紫火星이다.
1099 용을 찾고 : 산의 형세를 살펴 그 진위眞僞와 생사를 판단하는 일.
1100 요철낭서腰鐵囊書 : 요철은 지남침, 낭서는 지리서를 말하는 듯함.
1101 발관發關 : 상관이 하관에게 공문을 보냄.
1102 행해당行解堂(行堂) : 원문 '行堂'은 사찰 나그네가 묵는 방을 가리키는데, 명부전을 '冥殿'이라고 표현했기에 '行堂'은 행해당을 줄인 표현으로 해석된다.
1103 초제招提 : 사찰의 다른 이름. Ⓢ catur-diśa. 사방四方이라는 의미.
1104 계하啓下 : 임금의 재가裁可.
1105 창평군昌平郡 : 1914년에 폐지되어 담양군에 병합되었다.
1106 이범진李範晉(1852~1911) : 자는 성삼聖三, 본관은 전주. 1879년(고종 16) 문과에 급제, 왕비 민씨의 사랑을 받아 궁중에 출입, 친일파를 몰아내고 일본 장교에게 훈련을 받은 훈련대를 해산하는 등 일본색 일소에 노력하였다. 1895년(고종 32) 을미사변이 일어나 민심이 소란한 틈을 타서 정권을 탈환하려고 경복궁을 습격했으나 실패하고, 이듬해 1896년(건양 1) 2월 인천에 정박 중인 러시아 군함으로부터 군인을 끌어들여 시위한 후 고종 황제와 황태자를 모셔 내어 아관파천俄館播遷을 단행, 그해 7월 군인과 경찰을 경복궁에 보내 총리 대신 김홍집金弘集과 농상공부 대신 정병하鄭秉夏 등을 잡아 죽이고 친일파를 역적으로 몰아 많은 희생자를 내게 하고 박정양朴定陽을 수반으로 친로파 내각을 조직하였다. 벼슬은 내무협판內務協辦과

법무 대신 등을 역임했으며 노일 전쟁 후 모든 공직에서 물러나 러시아 방면에서 방랑하다가 죽었다.

1107 현릉玄陵 : 황해북도 개풍군 해선리에 있는 고려 공민왕의 무덤.

1108 현릉이 '동방~도량'이라 일컬었다고 : 『懶翁禪師語錄』「塔銘」에 "신해년(1371) 8월 26일에 임금(공민왕)이 공부상서 장자온張子溫을 보내 편지와 도장과 법복과 발우를 내리시고는 '왕사 대조계종사 선교도총섭 근수본지 중흥조풍 복국우세 보제존자 王師大曹溪宗師禪敎都摠攝勤修本智重興祖風福國祐世普濟尊者'로 봉封하시고, 동방 제일 도량인 송광사에 계시라고 명하셨다."라는 기록이 있다.

1109 획하劃下 : 주어야 할 것을 한 번에 다 주지 아니하고 나누어 줌.

1110 홍문虹門 : 무지개처럼 반원형으로 지은 문.

1111 윤웅렬尹雄烈(1840~1911) : 본관은 해평海平이고 충청남도 아산 출신이며 자는 영중英仲, 호는 반계磻溪이다. 윤치호尹致昊의 아버지이다. 1856년(철종 7) 무과에 합격하였고, 1880년 수신사 김홍집金弘集의 수행원으로 일본에 동행하였다. 1884년 갑신정변에 가담하여 개혁이 단행될 때 형조판서·한성부좌윤에 임명되었다. 갑신정변이 실패하자 1886년 4월부터 1894년 6월까지 능주(현재의 화순)로 유배되었다. 1896년 전라남도 관찰사로 발령 받았고 전라남도재판소 판사를 겸하였다. 또한 이 해부터 수 년에 걸쳐 중추원 의관을 맡았다. 1900년 전라남도 관찰사, 1902년 중추원의관·임시서리로 발령 받았다. 1910년 10월 7일 '한일합병'에 대한 공로로 남작 작위를 받았다.

1112 황도皇圖 : 황제의 계획. 나라의 운명을 말함.

1113 도감都監 : 절에서 돈이나 곡식 따위를 맡아보는 직책, 또는 그 사람.

1114 별좌別座 : 절에서 식사·의복·방석·이부자리 등을 담당하는 직책, 또는 그 일을 맡은 승려.

1115 금어비구金魚比丘 : 불상을 그리는 비구.

1116 극락도사極樂導師 : 극락으로 인도하시는 분.

1117 세지勢至 : 아미타불의 오른쪽에 있는 보처補處 보살. ⓢ Mahasthama-prapta. 마하살타마발라발다摩訶薩駄摩鉢羅鉢跢. '대세지' 또는 '득대세得大勢'라고 함.

1118 섭호攝護 : 부처님이 중생을 광명 속에 받아들여 보살핌.

1119 기원(祇桓) : 기원정사祇園精舍(祇洹精舍).

1120 음광飮光 : ⓢ káśyapa. 가섭迦葉. 마가다국magadha國 출신으로, 엄격하게 수행하여 두타제일頭陀第一이라 일컬음. 바라문의 여자와 결혼했으나 가정생활을 싫어하여 아내와 함께 출가하여 붓다의 제자가 됨. 붓다가 입멸한 직후, 왕사성王舍城 밖의 칠엽굴七葉窟에서 행한 제1차 결집結集 때, 의장이 되어 그 모임을 주도함.

1121 우전국優塡國(于闐國) 왕의 믿음 : 우전국은 타클라마칸Taklamakan사막의 남서쪽에

있는 불교가 성행하던 나라. 해남 미황사 사적비에, "신라 경덕왕 8년(749년), 의조義照 화상의 꿈에 금인金人이 나타나 '나는 본래 우전국의 왕인데, 금강산이 일만불一萬佛을 모실 만하다 하여 배에 싣고 갔더니, 이미 많은 사찰들이 들어서서 봉안할 곳을 찾지 못하여 되돌아가던 길에 여기가 인연토因緣土인 줄 알고 멈추었다. 경전과 불상을 소에 싣고 가다가 소가 멈추는 곳에 절을 짓고 모시면 국운과 불교가 함께 흥왕하리라.'라 하였다."라고 한다.

1122 비수천주毗首天主 : 비수갈마천毗首羯磨天. ⓢ viśvakarman. 제석천帝釋天의 신하로 공작工作을 담당하는 신.

1123 주세불主世佛 : 법당에 모신 부처 가운데서 주主가 되는 부처. 말세에 출현하여 새로운 정법회상을 열어 세상을 바로잡고 모든 중생을 구제하는 부처님.

1124 보처존補處尊 : 주불主佛의 좌우에서 모시는 보살.

1125 윤위산輪圍山 : 철위산鐵圍山. ⓢ cakravāḍa-parvata. 수미산의 사주四洲를 둘러싸고 있는 쇠로 된 산.

1126 48대원大願의 지난~발원한 원력願力이요 : 서방 정토에 있는 아미타불이 법장보살일 때 48대원을 세우고 5겁 동안 수행을 거듭한 결과 서원과 수행을 성취하여 지금으로부터 10겁 이전의 옛날에 부처가 되어 서쪽 안국정토에서 설법을 펼치고 있다. 『無量壽經』.

1127 선근善根 : 좋은 과보를 받을 만한 좋은 인因.

1128 화현化現 : 부처나 보살이 중생을 구제하기 위해 중생의 소질에 따라 여러 가지 모습으로 변화하여 나타나는 것.

1129 백옥처럼 밝은~않음이 없도다 : 아미타불에 대한 찬탄의 구절로, 『僧家禮儀文』 등에 나온다.

1130 좌보左補 : 아미타불을 왼쪽에서 보좌하는 관세음보살.

1131 우보右補 : 아미타불을 오른쪽에서 보좌하는 대세지보살.

1132 경점更點 : 성곽이 있는 곳에 북과 징을 쳐서 시간을 알리는 일을 이르던 말.

1133 공사供司 : 밥을 짓는 소임을 맡은 승려.

1134 종지種智 : 모든 현상의 있는 그대로의 평등한 모습과 차별의 모습을 두루 아는 부처의 지혜.

1135 영산회靈山會 주별晝別 : 영산회는 석가여래가 영취산靈鷲山에서 제자들을 모아 설법하던 모임. 「靈山會晝別」은 뒤에 기록된 「冥王夜別疏」와 같이 망자를 천도하는 의식에서 사용된 글이다. 주별은 낮에, 야별夜別은 밤에 시행한 것으로 보인다.

1136 섭수攝受 : 자비심으로 중생을 포용하여 가르쳐서 인도함.

1137 칠취七趣 : 지옥, 아귀餓鬼, 축생畜生, 인간, 신선, 천상, 아수라阿修羅 등의 세계를 일컫는 말.

1138 삼단三壇 : 상단은 불보살을 모시는 단상, 중단은 팔부신장을 비롯한 호법선신을 모시는 단상, 하단은 영혼의 위패가 모셔진 단상.

1139 홍려鴻臚 : 후한 때에 마등摩騰과 법난法蘭이 처음으로 불교 경전을 가지고 와서, 외국인을 접대하던 관청 홍려시鴻臚寺에 머물렀다. 이후로 사寺가 사찰을 뜻하는 말로 사용되었다.

1140 7축의 영문靈文 : 『妙法蓮華經』 7권을 가리킴.

1141 두 존尊 : 문맥상 석가세존과 염마왕을 가리킴.

1142 업경대業鏡臺 : 업경業鏡. 지옥에 있는 염라대왕이 중생의 죄를 비추어 보는 거울.

1143 타화천他化天 : 타화자재천他化自在天, 파라유마파사波羅維摩婆奢. 욕계欲界 6천天 가운데 제6천이다. 다른 세계에서 만들어 낸 욕망의 대상을 자유자재로 수용하여 즐거움을 누리는 세계.

1144 가라궁迦羅宮 : 사가라沙迦羅궁을 가리키는 듯함. 사가라는 8대 용왕의 하나. 사가라는 큰 바다란 뜻. 고대로부터 비를 내려 주는 신으로서 널리 숭앙받고 있으며, 특히 불교에서는 불법을 수호해 주는 대표적인 호법신이다.

1145 팔부천룡八部天龍 : 불법을 지키는 신장神將들. 곧 천天, 용龍, 야차夜叉(Yaksa), 건달바乾達婆(Gandharra), 아수라阿脩羅(Asura), 가루라迦樓羅(Garuda), 긴나라緊那羅(Kimnara), 마후라가摩㬋羅伽(Mahoraga).

1146 우두향牛頭香 : 마라야摩羅耶산에서 나는 전단향의 이름. 그 향을 몸에 바르면 불구덩이에 들어가도 타지 않는다. 40권본 『華嚴經』 권14.

1147 용안과龍眼果 : 용안육龍眼肉. 용안龍眼, 즉 무환자과에 속하는 상록교목의 열매. 자양분이 많고 단맛이 있다.

1148 규각虬角 : 바다코끼리의 송곳니.

1149 쌓입니다(釘釘) : 앞의 '鬪鬪'와 함께 『禪要』 「晩參」에 나오는 표현이다.

1150 지관智觀 : 광대지혜관廣大智慧觀. 진관, 청정관, 비관悲觀, 자관慈觀과 함께 관세음보살의 오관五觀이라고 함. 『觀世音菩薩普門品』.

1151 범음梵音 : 범패梵唄. 불교의 의식 음악.

1152 해조음海潮音 : 중생이 나무관세음보살이라고 염불함에 대하여 관세음보살이 때를 가리지 않고 이익을 주는 것을 해조 소리에 비유한 것.

1153 패음唄音 : 경전을 외우는 소리.

1154 제주帝珠 : 제석천帝釋天의 구슬. 제석천은 욕계 제2천인 도리천의 주인이며, 수미산 위의 선견성善見城에 살면서 중턱에 있는 사천왕을 거느리고 불법과 불제자를 보호한다. 제석천이 사용하는 강력한 무기는 인다라망因陀羅網이다. 이것은 제석천궁에 장엄되어 있는 그물로, 수많은 보배 구슬로 이루어져 있어 흔들면 서로 빛을 발하면서 함께 어우러져 적을 물리친다.

1155 상호相好 : 부처가 갖추고 있는 신체의 크고 작은 특징.

1156 연대蓮臺 : 연꽃 자리. 정토에 왕생하는 이가 앉는 9종의 연화대를 구품연대九品蓮臺라 함.

1157 선소宣疏 : 불전佛前 등에서 바라는 취지 등을 진술하는 것.

1158 십전十殿 : 명계冥界 시왕十王의 처소.

1159 아비阿鼻 : 여덟 가지 지옥 중에 가장 아래층에 있는 지옥. ⓢ avīci. 무간無間이라 번역.

1160 의정依正 : 의보依報와 정보正報. 부처나 중생의 몸이 의지하고 있는 국토와 의식주 등을 의보, 과거에 지은 행위의 과보로 받은 부처나 중생의 몸을 정보라고 함.

1161 오도五道 : 천도天道·인도人道·아귀도餓鬼道·축생도畜生道·지옥도地獄道.

1162 비로毘盧 : 비로자나毘盧遮那의 준말. ⓢ Vairocana. 몸의 빛, 지혜의 빛이 법계에 두루 비쳐 가득하다는 뜻으로, 부처의 진신을 일컫는 말이다.

1163 중음中陰 : 중유中有, 중온中蘊. 중생이 죽어서 다음 생을 받을 때까지의 49일 동안.

1164 어산魚山 : 범패를 하는 승려. 범패 수도장의 발상지를 가리키기도 함. 인도는 이민 달라산, 중국은 어산이 범패의 발상지라고 한다.

1165 우두산牛頭山 : 산봉우리 모양이 소 머리 같은데, 이곳에서 나는 향을 우두전단향牛頭旃檀香이라 한다. 몸에 바르면 불에 들어가도 불이 사르지 못하며, 제천諸天이 아수라阿脩羅와 싸울 때 칼이 헌 데 바르면 곧바로 아물었다고 함.

1166 밝은 구슬과 육환장六環杖(環錫) : 지장보살이 어둠을 밝히는 마니주摩尼珠를 들고 육환장(고리 여섯 개 달린 석장)으로 지옥문을 열어 지옥중생을 구제한다고 한다.

1167 순타純陀 : ⓢ cunda. 대장장이의 아들로, 붓다가 쿠시나가라(kuśinagara)에서 입멸하기 직전에 그에게 버섯 요리를 바침.

1168 제위提韋 : 배선사국裵扇闍國 바라문婆羅門 종성의 부유한 여인. 남편이 죽고 아들이 없었으므로 과부로 살다가 자기 소유를 모두 보시하고 자신을 불태우려고 하다가 발지바鉢底婆(변재辯才)의 가르침에 따라 열 가지 선한 금계를 받음.『未曾有經』.

1169 삼도三途 : 지옥地獄, 아귀餓鬼, 축생畜生.

1170 극락 구품九品 : 하품하생부터 상품상생까지의 구품연대九品蓮臺.

1171 연태蓮胎 : 연꽃을 통해 서방정토에 태어남을 가리킨다.『觀經』.

1172 아뇩달지阿耨達池 : 아뇩달은 ⓢ anavatapta의 음사. 무열無熱·무열뇌無熱惱라고 번역. 향취산香醉山의 남쪽, 대설산大雪山의 북쪽에 있다는 상상의 연못. 여기에 용왕이 살며, 맑은 물이 흘러내려 섬부주瞻部州를 비옥하게 한다고 함.

1173 옥호玉毫 : 32상相의 하나. 부처님 두 눈썹 사이에 있는 희고 빛나는 가는 터럭.

1174 동전 셋을~뚫어 얻었다 : 옛날 악생왕惡生王이 동산에서 황금 고양이를 보고는 사람을 보내 땅을 파 보니, 3섬들이 구리쇠 독을 하나 얻었는데 거기에는 금전이 가득

차 있었다. 좀 더 깊이 파다가 또 독 하나를 얻었다. 이렇게 하여 세 개의 독을 얻었다. 또 곁으로 파다가 거기서도 구리쇠 독을 얻었다. 쉬지 않고 자꾸 파서 5리에 이르는 동안 모두 구리쇠 독을 얻었는데 거기에도 금전이 가득 차 있었다. 악생왕은 매우 이상히 여겨 곧 존자 가전연迦栴延에게 가서 그 돈을 얻은 내력을 자세히 이야기하고 과거의 그 인이 뭐냐고 물었다. 존자는 대답하였다. "자세히 들으십시오. 먼 옛날 91겁 전 비바시불毘婆尸佛의 끼친 법이 있을 때 여러 비구들이 네거리에 높고 큰 자리를 만들고 그 위에 발우를 얹어 두고 이렇게 말하였습니다. '세상에 누가 이 든든한 창고 안에 돈을 넣겠는가? 이 창고에 넣은 돈은 물도 띄울 수 없고 불도 태울 수 없으며, 왕도 빼앗을 수 없고 도둑도 겁탈할 수 없을 것이다.' 그때 어떤 가난한 사람이 마침 나무를 팔아 돈 세 전을 얻은 것이 있었는데, 그는 이 말을 듣고 매우 기뻐하여 곧 그 돈을 모두 발우에 넣고 성심으로 발원하였습니다. 그리고 집을 향해 5리쯤 걸어오면서 걸음마다 기뻐하고, 집 문에 이르러서는 보시한 그곳을 향해 진심으로 발원하고는 집에 들어갔습니다. 그때의 그 가난한 사람이 바로 지금의 왕입니다. 왕은 과거에 세 전을 보시한 인연으로 말미암아 세상마다 존귀하여 그런 세 개의 돈 항아리를 얻었으며, 5리 동안 걸음걸음마다 기뻐한 인연으로 항상 5리 안에 그런 돈이 있게 된 것입니다." 왕은 전생의 인연을 듣고 기뻐하면서 떠나갔다. 『雜寶藏經』9권 103 '金猫因緣'.

1175 겁파劫波 : 겁劫, 또는 겁파劫簸라고도 한다. 한 세계가 만들어져서 존속되다가 파괴되어 무無로 돌아가는 한 주기를 말한다.

1176 선영홍宣永鴻 : 본명 선형수(1861~1924). 본관 보성. 도양면 관리(현 도덕면)에서 태어나 거금도 지역인 금산면을 기반으로 부를 이루었다. 고흥 최초의 무역상으로 알려진 선영홍은 중국과 일본으로 우뭇가사리를 수출해서 고흥 제일의 거부가 되어 재산이 3만 석에 이르렀다. 그는 1904년 당시 우리나라에서 가장 큰 134칸의 한옥을 짓고 보은으로 이주하면서 두원면과 과역면, 점암면, 영남면 등 네 개면 일대에 보유하고 있던 토지를 소작인들에게 나눠 줬다. 소작인들은 십시일반으로 쇠붙이를 모아 1922년 두원면에 철로 된 그의 시혜비施惠碑를 세웠다. 철비는 현재 보은에 있는데 지난 2004년 도로 공사로 인해 옮겨 갔다고 한다.

1177 장남박張南搏 : 거금도 고흥군 금산면 신촌리에 장남박 면장의 행적을 기념하는 비가 1941년에 세워져 전해진다.

1178 화華 지역인의~가지 축원 : 요堯임금 때에 화 땅의 봉인封人(관직)이 수壽, 부富, 다남자多男子라고 하는 세 가지로써 임금을 축도祝禱했다. 화봉삼축華封三祝. 『莊子』「天地」.

1179 기자箕子의 다섯 가지 복 : 주周 무왕武王의 물음에 대해 기자가 답변한 홍범구주洪範九疇에 나옴. 오래 사는 것(壽), 부유함(富), 안락함(康寧), 덕을 좋아하는 것(攸好

제1권 • 347

德), 늙어서 편히 죽는 것(考終命).『書經』.

1180 순씨荀氏 팔룡八龍 : 한나라 말엽 순숙荀淑이 낳은 여덟 명의 훌륭한 아들을 일컬음. 그중 순곤荀緄은 제남상濟南相을 역임했고, 조조曹操를 보필한 순욱荀彧을 낳았다.

1181 주나라의 90세 : 장수함을 뜻함.『禮記』「文王世子」에 다음과 같은 기록이 있다. 문왕이 무왕에게 말하기를, "너는 무슨 꿈을 꾸었느냐?"라고 하니, 무왕이 답하기를 "꿈에 천제께서 저에게 구령九齡을 주셨습니다."라고 했다. 문왕이 "너는 그것을 무엇이라 생각하느냐?"라고 묻자 무왕이 "서방에 아홉 나라가 있으니 군왕께서 마침내 진무鎭撫하실 듯합니다."라고 하였다. 문왕이 "아니다. 옛날에는 나이를 령齡이라 말했으니 이(齒)도 또한 령이다. 내 수명은 100세이고 네 수명은 90세니 내가 너에게 세 살을 주겠다."라고 하였다. 문왕은 97세에 임종하고 무왕은 93세에 임종하였다.

1182 명왕明王 : ⓢ Vidyārāja. 부처의 명을 받아 마장魔障의 항복을 받고 물리친다는 밀교 특유의 분노존忿怒尊으로, 불교 제존의 분류에서 여래, 보살 다음인 제3류를 말한다. 일반적으로 무서운 외모, 격한 자태의 분노형으로 다면광비多面廣臂한 것이 많고, 무기를 가지고 불꽃에 휩싸이며, 매우 강포하며 괴이한 모습으로 나타내는 것이 통례이다.

1183 팔부성중八部聖衆 : 팔부신장八部神將, 팔부신중八部神衆, 천룡팔부天龍八部, 용신팔부龍神八部. 인도에 예로부터 전하여 내려오던 신들 가운데 여덟 신을 하나의 군으로 수용해서 불교의 수호신으로 삼아 조성한 상을 말한다.

1184 범석梵釋 : 색계 초선천初禪天의 왕인 범천梵天과 수미산 정상에 있는 도리천忉利天의 왕인 제석帝釋을 일컬음.

1185 수라修羅 : ⓢ Asura. 제석천과 싸움을 그치지 않는 신.

1186 방생傍生 : 몸을 옆으로 누이고 다니는 벌레, 새, 물고기 따위의 생물.

1187 신기神祇 : 하늘의 신을 신神, 땅의 신을 기祇라 하고, 합해서 신기라 한다.

1188 사성四聖과 육범六凡 : 사성은 불佛·보살菩薩·연각緣覺·성문聲聞의 사계四界. 육범은 십계十界 가운데 여섯 가지 범부의 세계인 지옥, 아귀, 축생, 아수라, 인간, 천상.

1189 아난해阿難海는 밤에~아룀을 들었고 : 아난해, 즉 아난이 홀로 있을 때 얼굴이 불타는 '면연面然'이라는 아귀가 나타나서는 3일 후에 아난의 운명이 다하여 아귀로 환생할 것이라고 하였다. 그래서 아난이 세존께 방법을 묻자 세존께서는 다라니를 일러 주어 암송하게 하였다.『佛說救面然餓鬼陀羅尼神呪經』.

1190 양梁 무제武帝는~부탁을 받았습니다 : 양 무제가 538년에 꿈속 신승神僧의 가르침을 따라 수륙재의를 마련했다고 한다.

1191 영 공英公 : 당나라 고종 시대에 도영道英 선사가 북산사北山寺에서 수륙재를 봉행

했다고 한다. 도영은 처음에 태행산太行山에 숨어 지내다가 나중에 용대택龍臺澤에 이르러 물고기가 노니는 것을 보고는 마음에 들어 옷을 벗고 연못 속으로 들어갔다가 이레 만에 나오는 등 행동거지가 기궤奇詭하였다.

1192 양자楊子 : 양악楊鍔(974~1020). 동천추관東川推官. 『水陸儀文』 3권을 찬술했다고 하는데 전지지는 않고, 송나라 종효宗曉가 편찬한 『施食通覽』에 수록된 「水陸大齋靈跡記」나 「水陸齋儀文後序」 등을 통해 대강을 짐작할 수 있다.
1193 명문明文 : 법령 중에서 어떤 사항을 명시적으로 규정하고 있는 조항.
1194 육도陸島 : 대륙에 가까운 섬.
1195 선자禪子 : 선을 닦는 이.
1196 사백舍伯 : 남에게 자기 맏형을 겸손하게 이르는 말.
1197 수시壽詩 : 생일 축시.
1198 축강祝岡 : 산등성이처럼 오래 살기를 축원함. 『詩經』 「小雅」 〈天保〉의 "산등성이 같고 구릉같이(如岡如陵)"의 구절에서 나옴.
1199 형제의 정(鶺情) : 『詩經』 「小雅」 〈常棣〉에 "저 할미새 들판에서 호들갑 떨듯, 급한 때는 형제들이 서로 돕는 법이라오. 항상 좋은 벗이 있다고 해도 그저 길게 탄식만을 늘어놓을 뿐이라오.(鶺鴒在原。兄弟急難。每有良朋。況也永歎。)"라는 구절에서 나온 말.

다송문고 제2권
| 茶松文稿 卷*第二 |

조계산인 금명 보정 지음
曹溪山人 錦溟寶鼎 著

---
* ㉑ '卷' 자는 편자가 보입하였다.

원통계안 서문

공양이 4만억 가지로되 구단具檀[1]이 진실로 성불의 기반이 되고, 교설이 8만 4천 법문이로되 권화權化[2]가 중생을 제도하는 근본입니다. 이치에는 반드시 인과가 있고 일에는 보응이 없지 않습니다. 관음대성觀音大聖을 우러러 생각하니, 사생四生[3]의 부친이요 중성衆聖의 왕이십니다. 높이 십지十地[4] 위로 받들어 권현權現[5]의 뒤에 계시니 세칭 '미타영중彌陀影衆'[6]이요, 항상 삼계三界에서 눈앞에 영험하게 응하시니 사람들이 '도량교주道場教主'라고 일컫습니다. 다라多羅[7]의 팔 안에 1천 개의 손으로 세워 드니 삼제三際[8] 의정依正[9]의 좋거나 나쁜 보응에 먼지와 모래도 빠져나가지 못하고, 가라迦羅[10] 머리 위에 천 개의 눈이 횡으로 열리니 시방 중생의 선악 인과가 조금도 어긋나지 않습니다.

궁전은 천지에 비밀스레 감춘 해안가 인적 드문 보타락가補陀落迦[11]의 아름다운 꽃과 나무로 장엄하였고, 신통력은 신출귀몰하여 사주泗洲의 성승聖僧[12]이나 섬부陝部의 선녀仙女[13] 등 자의금골紫衣金骨로 변현하기도 하셨습니다. 타인의 마음을 통찰하고 세상 사람들의 소리를 보시니, 이 고독한 이들을 슬피 여기소서. 인아人我의 굴속에 육진六塵[14]이 늘어나 험준한 사산四山을 넘기 어렵고, 탐진貪嗔의 경계 위에 팔풍八風[15]이 요동하니 파도치는 삼해三海를 어찌 견디겠습니까. 보배 뗏목을 버리고 그저 부유

---

1) ㉮ '文' 자는 편자가 보입하였다.

하니 나찰羅刹[16]의 빈 주머니를 얼마나 허락할 것이며, 좋은 사다리를 버리고 넘어지니 살귀殺鬼들이 입맛 다시는 문을 두려워합니다. 하물며 우리의 자비행에 어찌 열어 보여 주시는 도가 없겠습니까.

그래서 이 계안契案을 맺어 단문檀門(시주)께 고합니다. 원통회圓通會[17]에서 큰 방법(大方)을 널리 여니 병들고 힘든 이들이 어떤 장애인들 없애지 못하겠습니까. 달콤한 이슬 담은 병(甘露甁) 주위로 법우法雨가 널리 적시니 선경禪經[18]을 읽는 이들에게 어떤 복이 이르지 않으리오. 염불에 응하여 편안함을 주리니 문득 이익이 많음을 칭할 것이요, 소리를 찾아 괴로움을 구하리니 때때로 길상이라 부르리라. 오묘한 향이 흩날리니 귀계鬼界라도 태울 듯하고, 진실한 형상이 나타나는 곳이 어찌 천당 아니겠습니까.

엎드려 바라건대 너와 나 지혜롭건 어리석건 간에 화사化士[19]가 서원하는 누각에 같이 들어가고 선남신녀들이 원통圓通 보문普門의 도량으로 함께 나아가서, 거리의 권화權化가 무궁하여 백도伯道[20]에게 후사가 있게 하고, 단나檀那(시주)의 보시에 바람 있어 안회顔回[21]가 장수하게 하소서.

圓通契案序

供分四萬億種。具檀信爲成佛之基。教說八萬四千門。權化是度生之本。理必有因果。事不無報應。仰唯觀音大聖者四生之父。衆聖之王。高拱十地上。位後權現。世稱彌陀影衆。恒在三界中。目前靈應。人謂道場教主。多羅臂中千手堅擧。三際依正休咎報應。塵沙莫逾。迦羅首上千眼橫開。十方衆生善惡果因。毫釐不忒。宮殿也。天藏地秘。海岸孤絶。寶陀洛迦。琪花瑤木莊嚴。神通則。神出鬼降。泗洲聖僧。陝部仙女。紫衣金骨變現。通他心性。觀世人音哀此孤獨。人我窟中。六塵培增。難越四山之險峻。貪嗔境上。八風鼓動。安堪三海之波濤。捨寶筏而徒浮。幾許羅刹之乞囊。放善梯而顚倒。猶恐殺鬼之嚬門。況吾慈悲之行。奈無開示之道故結此案。敢告檀門。圓通會上。廣闢大方。病苦者何障而不滅。甘露甁邊。普潤法雨。禪經者何福而不臻。應念與安而乍稱多利。尋聲求苦而時號吉祥。妙香飛兮。猶爇鬼界。眞相現處。何難天堂。伏願爾我智愚。同入化士誓願之樓閣。善男信女。共赴圓通普門之道場。街坊之權化無窮。使伯道有後。檀那之信施有願。以顏回永年。

방장산 월화 장로[22]께 올리는 서

이의二儀(천지)에 삼재三才(천지인)를 드러내어 부침하니 사방四方의 기강이 안정되고, 만물에 오상五常을 나열하여 혼잡하니 삼교三敎(유불선)의 강령이 나뉘었습니다. 삼교는 만물의 정립鼎立이요, 사방은 이의二儀의 기둥(柱砥)입니다. 불교는 불교로서 도교(老)는 도교로서 유교(孔)는 유교로서 각기 익숙한 바로 보배를 삼으니, 물욕에 매인 지가 오래되었기 때문입니다. 이 어찌 이의二儀의 본성이겠습니까. 그러나 바다의 짠맛은 동일하고 도의 근본은 동일한데 시종 어찌 삼교의 정립과 사방의 혼잡이 있겠습니까. 모두 진리를 등지고 세속을 향해서 벌어진 일입니다. 도에 있어서 표현은 다를지라도 법도는 같습니다. 하나의 공空 안에 본래 자황雌黃[23]의 구분이 없는데 다만 눈을 가린 것이 그렇게 보이게 한 것입니다. 그렇다면 삼교의 구분은 만물의 가림 때문이니 어찌 공에 관계있겠습니까.

형(吾兄)께서는 삼교의 다르지 않음을 융합하고자 하시어 욕천浴川[24] 정사精舍에서 노고魯誥(유교 경전)를 어려서 해석하고, 방외의 명찰(名藍)[25]에서 축분竺墳(불경)을 어른이 되어 토론하셨습니다.[26] 구용九容[27]에 대해 하루 세 번 반성하고, 십과十科[28]에 대해 사심四心[29]으로 맹세한 것이 모두 구비口碑에 기재되어 있습니다. 하물며 구준衢樽[30]에 만취하여 덕의 향기로 배불렀으니 타인의 고량진미를 바라지 않고, 푸줏간 문에서 질겅질겅 씹어[31] 몸을 윤택하게 하고 물렸으니 타인의 수놓은 비단을 바라지 않으십니다. 능한 일을 두루 하고 나서 타인에게 넓히려는 생각이 일어나니, 가랑비 내리는 향기로운 풀들이 있는 방장산으로 학이 돌아오듯, 흰 달과 따스한 바람이 부는 조계산(溪山)에 봉황이 있는 듯합니다. 산은 이로써 더욱 윤택해지고 개울은 이를 따라 흐릅니다. 사리事理가 함께 융화하니 성상性相(본성과 현상)에 걸림(碍膺) 있는 이들이 빈 채로 왔다가 채워서 돌아가고, 삼교를 함께 닦으니 치백緇白(불교와 유교)에 의심하는 이들이 구름처럼 달려왔다가 썰물처럼 물러납니다. 혹은 때때로 '소리 들음을 돌이켜 들음(反聞聞性)'³²이 있어 기미를 잊고 얼핏 잠이 들고, 혹은 때때로 집중執中·시중時中³³이 있으니 가假를 다루어 진眞을 이룹니다. 염拈³⁴하거나 송頌하거나 화광동진和光同塵³⁵이 아님이 없으니, 송誦하거나 술述하거나 응기접물應機接物³⁶이 아니겠습니까. 인연 따라 변하고 운수에 맡겨 거두시니, 삼교를 융화시킬 이는 형이 아니고 누구이겠습니까.

나 또한 이의二儀 사이에 낀 미물이라 삼교가 어떠한 것인지 구별하지 못하는데 일찍이 형과 함께 향화香火 올린 인연이 있고 또한 비파를 놓은(捨琴) 인연³⁷을 맺은 터라 흰 이(瓠犀)³⁸가 드러남을 돌아보지 않고 피하기 어려운 붓을 감히 꺼냈습니다. 먼저 이의가 만물의 기강이 됨을 서술하고 다음에 훈지塤篪³⁹가 서로 어울리는 아름다운 구절에 감탄합니다. 삼교를 깨달은 이의 책상에 감히 드리오니 채납采納(수용)해 주시기 바랍니다.

上方丈山月和長老序

二儀表三才而浮沉。四方之紀已定。萬物列五常而混雜。三敎之綱爰分。三敎萬物之鼎峙。四方二儀之柱砥。以自佛以佛。魯以魯。¹⁾ 孔以孔。各以所習。爲寶者。盖物欲之所羅籠者久矣。此豈二儀之本性也哉。然而海醎一味。道本同源。始終寧有三敎之鼎峙。四方之混雜。皆是背眞向俗之所能也。其於道也。發致雖殊。其揆一也。一空之裡。本無雌黃之分。但翳目者所使以也。然則三敎之分。曲在物之所翳。何管於空也哉。盖吾兄欲融三敎之無二。髻詮魯誥於浴川之精舍。冠討竺墳於方外之名藍。三省之於九容。四心之於十科。其所矢心。盡載口碑。而況滿醉衢樽。旣飽德馨。不願人之粱肉之味。大嚼屠門。多飫闠身。不願人之錦繡之紋。能事已周。鼓起推餘之想。細雨芳草。鶴歸方丈。皓月陽風。鳳儀溪山。山由是以增潤。川履玆以漩渡。事理雙融。性相之碍膺者虛往而實歸。三敎兼修。緇白之狐疑者雲奔而潮退。或有時返聞聞性。忘機而假眠。或有時執中時中。弄假而成眞。或拈或頌。莫非和光同塵。載誦載述。無乃應機接物。隨緣而化。任運而收。融三敎者。莫吾兄而阿誰也。余亦介二儀之微物。莫卞三敎之如之何。而曾與吾兄有香火之因。亦結捨琴之緣。忘顧瓠犀之露。敢抽難避之毫。先叙二儀萬物之紀綱。次感塤篪相和之佳句。敢呈三敎了夫几下。許垂采納焉。

---

1) ㉅ '魯以魯'는 '老以老'의 오류인 듯하다.

화엄사 원화[40] 함장(스승)께 올리는 글 【정해년(1887) 봄】

제불諸佛과 조사들(列祖)께서 선禪을 전하고 교敎를 전함은 의천義天(이치의 하늘)의 자비 구름과 법우法雨 같고, 보살과 중생(群生)이 골수를 얻고 거죽을 얻음은 복된 땅에 오이를 심고 벼를 경작함과 같습니다. 모두 방편의 문을 열어 근기에 맞추고,[41] 다 진여의 바다를 따라 흘러나오게 합니다.

우리 대종장大宗匠께서는 덕운德雲으로 몸을 윤택하게 하고 법우法雨로 마음을 비옥하게 하십니다. 면면히 흐르는 종맥宗脉을 우러러보노라면 부휴浮休[42]와 벽암碧嵓[43]이 먼 조상이 되고 도도한 법의 물결을 굽어보면 영해影海[44]와 풍암楓嵓[45]이 근세의 스승이 되니, 모두 당대 용상龍象이요 말세의 중추(樞機)이십니다. 10년을 경영함에 법을 위해 몸을 잊어 우담優曇[46] 꽃을 맛보았고, 반세기 언행은 중생 제도를 업으로 삼아 함명涵溟[47] 바다를 삼켰습니다. 산을 나와 바다를 아우르니 복성福城의 아이[48]를 보는 듯하고, 풀을 헤치고 나아가며 바람에 머리 감으니 나찰의 말[49]을 많이 들었습니다. 마음의 꽃에 이슬이 맺히고 행위의 잎이 바람에 흩날립니다. 그렇게 남으로 가고 북으로 가서 결사結社의 의례[50]를 스스로 거행하고, 서쪽으로 동쪽으로 매번 법을 베푸는 지위에 머물렀습니다.

제불諸佛의 대원大願을 생각해 보면 본래 타인을 이롭게 하는 것이니, 오늘날 경륜經綸이 다만 자신을 이롭게 하고자 함과 어찌 같겠습니까. 이에 반야봉 아래에 법당法幢[51]을 세워 근본지根本智[52]를 본체로 삼고, 화엄 바다에 경방經牓을 내걸어 만행화萬行華[53]를 활용으로 삼았습니다. 활용 그대로 본체이니 천지의 상징이 있고, 본체 그대로 활용이니 어찌 해회海會[54]의 빛남이 없겠습니까. 삼세제불이 증명하고 시방중생이 주반主伴(주·객체)이 됩니다. 제불이 그대로 반伴인 중생이니 근기에 많고 적음이 없고, 중생이 그대로 증명하는 제불이니 법이 공空하지 않고 있지도 않습니다. 그렇다면 화엄바다에서 항상 설하고 두루 설하니 설하지 않더라도 설함이요, 감인계堪忍界[55]에서 음을 듣고 소리를 들으니 들림이 없어도 듣습니다. 장광설을 열어 무진법장無盡法藏을 펼치니 소리가 팔해八垓[56]에 들리고, 아름다운 바람이 더욱 불어오며 명성이 오악五岳보다 높아 명예가 더욱 많아집니다. 양고기 숨겨 놓은 언덕에 파리와 개미가 몰려드는 것을 막을 수 없고, 범 있는 평원에 까마귀와 참새가 시끄러이 우는 것을 누구도 막을 수 없는 것과 같습니다. 뱀을 마신 것[57]이 산산이 흩어져 의심하는 것이 얼음처럼 녹습니다. 선禪을 전하고 교敎를 전함에 여래의 삼전三傳한 곳[58]이 어찌 아름다움을 독차지하겠습니까, 골수를 얻고 거죽을 얻음에 혜가惠可[59]가 삼배三拜한 풍모보다 명확합니다.

아아, 산이 어찌 옥을 품기 이전에 윤택하겠습니까. 물 또한 구슬을 품은 연후에 길어집니다. 방장산의 영광은 이로부터 커지고, 화엄사의 아름다운 칭호는 지금부터 드날릴 것입니다. 함장啣丈(스승)의 풍모는 산처럼 높고 물처럼 깁니다. 저는 조계의 잔류殘流요 솔숲의 병든 잎으로, 높은 풍모를 듣고 말단에 참여하여 아름다운 명성을 우러러 예를 올립니다. 침개針芥의 인연[60]이 어찌 그리 큰가요. 일찍이 말하지 않은 것을 말하니 청량淸凉의 '오지성인五地聖人으로 세속의 마음을 일으킴'이요,[61] 일찍이 듣지 못한 것을 들으니 도안道安의 '풍속이 다른 타지에도 통하지 않음이 없다는 말'이[62] 여기서 바로 증험이 됩니다. 이른바 근기에 따른 점설漸說[63]이요 방편의 묘문妙門이니, 인연 있으면 머무르고 인연이 떨어지면 가는 것이지만, 막중한 법은法恩을 이기지 못해, 헤어지는 느낌을 대략 적습니다.

바라건대 이 몸으로 보리심을 발하여 당堂의 모든 선우善友들이 단박에 해탈문을 열어, 세세생생에 제불을 받들고 곳곳에서 선우를 친근하게 하소서. 환화幻花의 허공 속에서 항상 불사佛事를 짓고 실제 이치 옆에서 항상 묘법을 말하며, 출몰함에 구품九品(정토)의 주인이 되고 왕래함에 삼계三界의 객이 되도록 하소서.

또한 바라건대 구족九族[64]의 죽은 영이 모두 정토에 태어나고, 육친六親[65] 중생(含識)이 모두 고통의 윤회를 벗어나게 하소서. 삼도사생三途四生[66]과 팔난구유八難九有[67]에 모두 진여의 이치를 증명하고, 팔부천룡八部天龍[68]과 당堂에 가득한 성현들이 함께 좋은 인연의 증거를 지으소서. 최후의 몸에 이르러서는 항상 큰 가르침을 넓히어 불심에 가합하다 일컫고 큰 법당法幢을 세워 부처의 혜명慧命[69]을 이으소서. 그러한즉 선과 교를 전하고 피부와 골수를 얻음이 여기서 다 될 것입니다.

上大華嚴寺圓華函丈文【丁亥春】

夫諸佛列祖之傳禪傳敎。若義天之慈雲法雨。菩薩群生之得髓得皮。如福地之種瓜耕稻。盡開方便門而逗機。悉從眞如海而流出。唯我大宗匠。德雲潤身。法雨沃心。仰觀宗脉之源源。浮休碧嵓爲遠世祖。俯考法波之滔滔。影海楓嵓爲近世師。皆是當代龍象。叔世樞機。十載經營。爲法亡躬。咀嚼優曇之花。半世云爲。濟衆爲業。吞吐崗[1)]溟之海。出山幷海。幾見福城之兒。拔草櫛風。多聞羅刹之說。心花露結。行葉風揚。所以之南之北。自擧結社之讓。自西自東。每住法施之位。思唯諸佛大願。本乎利他。奈若今日經綸。只求自利。於是建法幢於般若峰下。以根本智爲體。揭經榜於華嚴海中。以萬行華爲用。卽用之體。旣有天地之徵祥。卽體之用。那無海會之放光。三世佛作證明。十方衆爲主伴。卽佛之伴衆。其機則無多無少。卽衆之證佛。其法則不空不有。然則華嚴海中。常說徧說。雖不說而說。堪忍界裡。音聞聲聞。唯無聞而聞。開廣長之舌相。闢無盡之法藏。聲聞八垓。嘉風益熾。名高五岳。令譽尤多。猶如羊藏丘垤。難防蠅蟻之鼓動。虎隱平原。誰禁烏雀之喧噪。飮蛇者瓦解。狐疑者冰析。禪之傳。敎之傳。何專美於如來三傳之處。髓也得。皮也得。猶端的於惠可三拜之風。嗚呼。山何蘊玉以前聞。[2)] 水亦藏珠然後長。方丈榮光。從此大。華嚴佳號。自今揚。唯函丈之風。山高水長。余唯曹溪殘流。松林病葉。聞高風而泰末。仰令譽而禮足。針芥之緣孰大焉。說其未曾說。淸凉之謂五地聖人。起世俗心聞所未嘗聞。道安之謂他方殊俗。無不通之之言。卽驗於此矣。所謂逐機漸說方便妙門。有緣住。離緣去。不勝法恩之重。槃書臨行之感。願我此身。能發菩提心。一堂善友。頓開解脫門。生生承事諸佛。在在親近善友。恒作佛事於幻花空裡。常談妙法於實際理邊。出沒爲九品之主。往來作三界之賓。抑願九族亡靈。俱生淨土。六親含識。悉超苦輪。三途四生。八難九有。咸證眞如之理。八部天龍。滿堂聖賢。共作良緣之證。至於最後身。常弘大敎。稱可佛心建大法幢。續佛慧命。然則傳禪敎得皮髓。於是乎盡之矣。

---

1) ㉠ '菡'은 '涵'의 오자이다.　2) ㉠ '閏'은 '潤'의 오자이다.

용악 장로께 사례하는 편지 [백양산[70] 정토사에 있다. 법명은 성인.]

　전광석화 같은 세월에 만남과 이별의 빠르고 늦음이 어찌 있겠습니까. 부평초 같은 천지에 주인과 객의 있고 없음을 나누기 어렵습니다. 구토九土[71]가 아득하게 걸림이 없으니 주인 속의 손이요 손 가운데 주인이며, 육시六時[72]에 생각마다 한탄이 많으니 이별했다 만나고 만났다 이별함입니다. 실로 세월의 무상함 때문이지 어찌 천지의 크기 때문이겠습니까.

　우리 화상께서는 속세 나이로도 위(甲)고 법랍으로도 형인데, 유리단琉璃壇 앞에서 구족계를 받으시니 그 바람은 먼저 자비롭고 뒤에 지혜로움이며, 청원루淸遠樓 위에서 오묘한 연꽃을 감상하니 그 경치는 하나로 돌이켜 셋을 모음입니다.[73] 불일당佛日堂 앞에 낮과 밤의 밝고 어둠이 없더라도 감인계堪忍界(속세)에서 보토報土[74]의 같고 다름을 어찌하겠습니까. 이에 형은 용산龍山[75]의 기린이 되고 아우는 조계산의 원숭이 되어, 삼성三星과 반월이 강동江東의 저녁 구름에 은은히 빛나더라도 사대四大[76] 일신은 위북渭北의 봄 나무에 쓸쓸합니다.[77]

　하물며 형은 하늘이 무너지는 아픔(부친상)을 만나셨는데 아우는 땅을 치는 인사도 못하였으니, 어찌 마음이 그렇게 시켰겠습니까. 실로 끈 없이 스스로 묶여 있는 격입니다. 아, 번개 치듯 하는 세월에 어찌 사화四花[78]가 피고 지는 것을 보겠습니까. 부평초처럼 떠도는 신세는 세 번 옮긴[79] 교훈을 받은 듯합니다. 이러므로 벼루 동쪽과 등불 남쪽(硯東燈南)에서[80] 연야演若[81]의 거울에 무척 놀라고, 물 양지와 산 북쪽(水陽山北)[82]에서 친구의 구슬[83]을 풀지 못합니다. 길이 어찌 용산 봉우리에 막히었는지, 이에 보배 장소에 가기 어려움을 압니다. 그러나 행할 만한 날에 행할 만한 일을 행하니 그 정이 단술과 같지 않고,[84] 만날 만한 시간에 만날 만한 이를 만나니 이 행차를 머뭇거리지 않습니다. 정해년(火猪, 1887) 순주鶉味[85]에 길이 연대암蓮臺庵으로 열리고, 반딧불 나는 경염庚炎(삼복더위)에 일을 완산역完山驛(전주)에서 관리합니다. 이에 주인과 객이 없는 가운데 주인 속의 객을 나누더라도, 만나고 헤어짐이 없는 가운데 헤어지고 만남을 기뻐합니다.

지난해에 10수의 시를 땅에 던지시니 쇳소리 남[86]을 들었고, 작년의 편지 한 통은 거울을 꺼내 옥 같은 얼굴을 보는 것보다 낫습니다. 그렇게 정이 한가득함을 감탄하노니 썩은 붓의 표현이 부끄럽고, 말이 매우 짧아서 창피하니 철주掣肘[87]한 듯한 글씨를 부끄럽게 여기면서, 감히 난잡한 글 10수를 지어서 외람되이 3자 날랜 입으로 말씀드립니다. 새는 원망하고 꽃은 근심하니 용악(龍峰)의 필설을 감내하기 어렵고, 숲이 참담하고 냇물이 부끄러워하니 송계松溪의 시평을 절로 저버렸습니다. 요컨대 제 글을 인가해 주시길 구함이 아니라 그저 무상한 이별과 만남을 기록하여, 주객의 분리되지 않음만 드러내고 또한 형제가 다름을 서술할 뿐입니다.

謝龍岳長老書【在白羊山净土寺。名性仁。】

石火光陰。誰有逢別之遲速。浮萍天地。難分賓主之有無。九土茫茫無碍。主中賓。賓中主。六時念念多恨。離而合。合而離。實由光陰之無常。奚因天地之有大。唯吾和尙。俗年之甲。法臘之兄。受具戒於琉璃壇前。其願則先慈後智。玩妙蓮於淸遠樓上。其景則歸一會三。佛日堂前。雖無晝夜之明昧。堪忍界裡。其奈報土之異同。於是兄作龍山之猴。弟爲曹溪之猿。三星半月。雖隱隱於江東之暮雲。四大一躬。寥寥於渭北春樹。況乃兄遭朋天之痛。弟闕叩地之候。豈欲有心使然也。實是無繩自縛歟。吁電拂光陰。焉見四花之開落。萍蹤身勢。幾蒙三遷之敎訓。是以硯東燈南。多驚演若之鏡。水陽山北。莫解親友之珠。路何塞於龍岑。是知難到寶所。然而爲可爲於可爲之日。其情也不若醴。逢可逢於可逢之時。斯行也不蹉跎。火猪之鶂味。路開蓮臺庵中。飛螢之庚炎。事管於完山驛上。於是乎。雖分無主賓之主中賓。且喜不合離之離而合。往歲十首韻。乃聞擲地金聲。昨年一函書。勝見開鏡玉面。然而情滿其斛。堪嗟詞恧腐毫。言短其綆。可羞書慚掣肘。敢搆十首荒辭。叨似三尺利喙。鳥寃花愁。難耐龍峰之筆舌。林慚澗愧。自負松溪之詩枰。[1] 要且非求有印吾文。聊書無常離合。以表賓主之不分。亦舒昆季之自異云尒。

---

1) ㉑ '枰'은 '評'의 오자인 듯하다.

우룡 법우에게 보내는 답서【하동 쌍계사에 있다.】

 정해년(赤豕, 1887) 황양월黃楊月⁸⁸에 방장산 화엄사에 참례하고, 한가함을 틈타 신발을 끌고 맑은 개울과 세찬 여울의 꼭대기로 갔습니다. 거문고 소리 같은 개울 소리가 끊어졌다 이어졌다 하고, 비파 같은 소나무 소리가 몰려왔습니다. 그렇게 조물주의 음악에 맡기니 그 즐거움에 기미를 잊고 얼핏 잠이 들었습니다.

 '한민漢旻'이라는 개사開士⁸⁹가 맨발로 와서는 편지를 꺼내 주기에, 피곤한 눈썹을 비비고 읽다가 나도 몰래 규복圭復⁹⁰하고는, 작년에 받은 횡해觺海⁹¹의 법우法友 응오應悟 상인上人(스님)의 편지(信墨)임을 알게 되었습니다. 상인은 한민 공의 법형이요, 일찍이 얼마간 가르침을 받았으니 어찌 심상할 수 있겠습니까.

 처음 수도암에서 보았을 때 연달아 『능엄경』을 읽었고, 다시 법화사에서 만나 같이 깨달음의 장으로 들어갔으며, 발걸음 따라(信) 조계산에 이르러 기쁘게 잡화雜華(화엄경)를 꺾었습니다. 세 번 옮긴 인연을 일찍이 논하자면 어찌 한때의 감동에 비기겠습니까. 하물며 다섯 글자를 보여 주시며 구하시니, 어찌 그저 약한 수레에 무거운 짐이요 짧은 줄로 깊은 우물을 긷는 것에 불과하겠습니까. 돌이 말함에 거북이가 돌아보는⁹² 부끄러움을 도모하지 않지만, 까치가 울자 범이 본받는 염치를 무릅쓰고, 함부로 율시 한 수를 지었으니, 꽃부리를 씹고 꽃을 따는 것⁹³으로 보지 마십시오. 오직 향화香火의 인연이 중하고 크므로 이와 같이 대신할 뿐입니다.

 상인上人은 누구신가. 호가 우룡雨龍이라네.

答雨龍法友書【在河東雙溪寺】·¹⁾

赤豕之黃楊。叅方丈之華嚴。偸閑曳屐。就憑於淸流湍石之頂。澗琴斷續。松瑟搏之。任他造物之樂。其樂而忘機假眠。有開士漢旻者。跣足就之。抽尺書剔困眉。不覺圭復。迺知年前橫²⁾海法友應悟上人信墨也。上人卽旻公之法兄。而多少親炙於夙分。豈尋常且忍哉。初見修道。連讀楞嚴。再逢法華。同入覺場。信到曹溪。喜折雜華。盖嘗論三遷之緣。奚足比一時之感哉。況以五字示而求之。豈但以弱轅載重短綆汲深謝之乎。不圖石言龜顧之愧。敢冒雉鳴虎效之廉。妄搆一律。莫以嚼英采花看得也。唯以香火之緣。旣重且大。如是賽之。上人誰也。雨龍其號也。

---

1) ㉮ 이 ' · ' 표시는 저자가 친필 원고에 가칠하여 '刪' 자와 삭제선 위치를 표시한 것이다. 그 '刪' 자와 삭제선에 대해 저자는 뜻에 맞지 않아 삭제하려 했지만 『韓國佛敎全書』를 편집할 때 삭제하지 않고 게재한 것이다. 이하 동일.   2) ㉯ '橫'은 '賮'의 오자이다.

형민 상인(스님)을 전송하는 서 [여수 흥국사]

바다는 온갖 하천을 받아들이니 필시 마니摩尼[94]가 있고, 땅은 삼라만상을 실으니 어찌 숫돌이 없겠습니까. 사생四生 가운데 그 길이 덕 있고 뭇 보배들의 위에 쓰임새가 무궁합니다. 보배로는 자연의 구슬이 없는데 인간이 어찌 천진한 상태로 성인이 되겠습니까. 오개五盖[95]의 미혹에 많이 얽혀서 수증修證[96]을 빌려 밝음을 깨닫고, 천 길 깊이의 파도에 홀로 빛나니 바닷물을 떠서 뜻과 같이하길 맹세합니다.

상인께서는 경도京島[97]에서 기를 모으고[98] 취봉鷲峰(영취산)에서 삭발하였습니다. 사은四恩이 갚기 어려움을 매번 걱정하고 삼장三藏을 듣지 못함을 길게 탄식하였습니다. 이에 하늘까지 솟을 듯한 마음을 품고서 석장을 비껴들고 산과 바다로 나가고, 바위를 뚫을 듯한 뜻을 안고 어깨에 발우를 짊어지고 북으로 달리고 남으로 다녔습니다. 맑은 바람을 마시며 도인(道流)을 방문하고, 은미한 말을 탐색하러 친구를 찾았습니다. 행실이 고상하고 이치에 고결(義潔)한 이가 아니면 벗으로 삼지 않으니, 향과 난초의 뿌리가 아니면 누가 몸에 지닐 수 있겠습니까. 가히 '숫돌처럼 견고하고 마니처럼 빛난다'고 할 만합니다.

붕새가 조계산에 나타나 경운擎雲[99]의 처마에 날개를 퍼덕이고, 학은 방장산으로 돌아가 원화圓華[100] 자리에 날개깃을 접습니다. 청출어람이라[101] 선현이 탄식하고, 뒤에 출발했으나 앞서 도착함을 그대에게서 볼 수 있습니다. 영취산이 이로써 더욱 윤택하고 방장산이 이로써 빈 껍질이 되었습니다. 하천이 9리를 적시니 선재동자가 간간이 옴을 다시 보게 되고, 우담화가 다시 피니 석원釋院(사찰)이 거듭 영화로움을 기뻐합니다. 가히 바다를 퍼내어 보배를 얻었다 하리니, 실로 수증修證[102]하여 밝음을 깨우친 것입니다.

내가 횡해黌海(글방)에 부평초 같은 종적으로 마침 장님 지팡이를 짚고 다니다가, 조계산 불일당佛日堂에서 우연히 만났으니[103] 갑신년(靑猿, 1884) 순수鶉首[104]의 때이고, 방장산 화엄사에서 다시 만났으니 정해년(赤猪, 1887) 강루降婁(9월)[105]의 계절입니다. 비파를 놓은[106] 인걸과 숙업의 인연에 대해 어찌 푸성귀 내 나는 한 구절이 없겠습니까. 발섭跋涉[107]의 공을 축하하니 한편으로 갱장羹墻[108]의 마땅함이 될 것입니다.

送衡旻上人序【麗水興國寺】

海納百川。必有摩尼。地載萬品。那無砥石。四生之中。其道則有德。衆珍之上。所用也無量。寶無自然之珠。人何天眞而聖。多纏五盖之惑。假修證而覺明。獨耀千尋之波。誓抒酌而如意。上人氣鍾於京島。髮落於鷲峰。每恐四恩之難酬。長歎三藏之未聞。於是衿懷衝天。手橫錫而出山幷海。臂盤徹石。肩荷鉢而走北之南。飲淸風而訪道流。探微言而尋知己。非行高義潔者。莫與爲朋。靡香蘭木根。則其誰能佩。可謂固夫砥石映彼摩尼。鵬顯曹溪。敲翔擎雲之軒。鶴歸方丈。收翅圓華之筵。茜絳藍靑。先賢之所歎。後發前至。吾君之可觀。鷲山以之增潤。方丈以之空殼。河潤九里。更見善財之間來。曇華再訪。可喜釋院之重榮。可謂抒海得寶。實是修證覺明。余橫[1)]海萍蹤。適塡盲杖。傾盖於曹溪佛日。靑猿鶉首之時。再逢於方丈華嚴。赤猪降委之節。其於捨琴之傑。宿業之緣。何無蔬荀之一句哉。以賀跋涉之功。且庶羹墻之誼也夫。

---
1) ㉠ '橫'은 '覺'의 오자이다.

연포의 상인 연파가 행각하기에 보내는 답서 [본래 방장산에서 조계산으로 와서 머물렀다.]

주정周鼎이 크니 사물이 작을 수 없고, 강호康瓠가 작으니¹⁰⁹ 사물이 클 수 없습니다. 왜 그런가요. 작으면 비어서 가득 채울 수 없고, 크면 넘쳐서 거둘 수 없기 때문입니다. 그렇다면 그릇의 넓고 좁음에 맞추어 받아들여 담아야 그릇과 사물이 그 적합함대로 적합하게 되고 그 크고 작음이 양에 맞추어 비거나 넘치는 화망을 반드시 초래하지 않으리니, 그렇게 해야 '큰 것은 크다 하고 작은 것은 작다 하여 모자람도 없고 남음도 없는 것'이라 할 만합니다.

　조계산에 '무명無名'이라는 그릇이 있으니 본체는 시방법계十方法界에 두루 가득하여 도무지 빈 곳이 없고, 활용은 삼제三際¹¹⁰ 대천세계를 포괄하여 본래 원만합니다. 사대四大¹¹¹를 조화하여 본체로 삼으니 정鼎의 화풍火風은 역의 괘이고,¹¹² 삼장三藏을 나열하여 발로 삼으니 경전과 율장·논서는 부처님 말씀입니다. 물 긷고 땔감 나르니¹¹³ 사구四句¹¹⁴의 불이 타지 않고, 부처와 조사를 삶으니¹¹⁵ 삼선三禪¹¹⁶의 길이 이에 끊어집니다. 그릇이 그릇인 까닭은 광대함이 법계와 같고 두루 가득함이 허공과 같기 때문입니다. 천지를 덮고 고금에 걸쳐 있는 것이 이 그릇을 버리고 어디로 가겠습니까. 그렇다면 수미산과 향해香海,¹¹⁷ 교룡과 고래, 삼장과 사대, 사위四圍와 오명五明,¹¹⁸ 티끌과 인허隣虛(극미), 산의 진미와 바다의 해산물에 대해 포괄하고 싸매지 않음이 없으니, 비지 않고 넘치지 않는 것은 오직 이 그릇인 것입니다. 그릇이 큰 까닭은 그 채움에 있어서 크고 작고 곱고 추하고를 가리지 않음이요, 배움에 있어서 내경內經(불경)과 외전外典을 논하지 않으며, 재료에 있어서 금·은·동·철을 버리지 않으며, 활용에 있어서 춥고 덥고 빠르고 늦음을 피하지 않으니, 많을수록 더욱 부족하여 주정周鼎을 멀리 초월하는 것을 나는 공公에게 징험했습니다. 나는 강호康瓠에 해당하니 어찌 주정과 동일하게 말하여 비견하겠습니까. 그저 공의 법량法量이 주정의 넓고 큼과 같음을 보고 감동하여 글을 쓰니, 채우지 못한다는 기롱을 면하기 바라는 것입니다.

答蓮圃上人蓮坡遊方序【本自方丈來住曹溪山】·

夫周鼎之大也。物不能小。康瓠之小也。物不得大。何也。小則虛而不滿。大則濫而不收。然則稱其器之廣狹。而納而盛之。器與物當自適。其適大小。各稱其量。必不招虛而濫之之禍。而乃可謂大其大。小其小。無欠無餘者歟。曹溪有器曰無名。體周法界十方。都無空缺。用包大千三際。本自圓滿。和四大而爲體。鼎之火風。易之卦也。列三藏而爲足。經與律論。佛之言也。運水搬柴。四句之火莫焚。鎔佛烹祖。三禪之路斯絶。所以器之爲器也。廣大如法界。周徧如虛空。盖天地亘古今者。捨此器而安往耶。然則須彌之於香海。鮫龍之於鯨魚。三藏之於四大。四圍之於五明。微塵之於隣虛。山珍之於海錯。莫不包羅藏裹。不虛不濫者。唯此器歟。所以器之大者。其盛也。不擇巨細妍醜。其學也。不論內經外典。其質也。不捨金銀銅鐵。其用也。不避寒暑早晚。愈多而愈不足。其量迥超周鼎者。吾於公驗矣。余是康瓠者。寧道以周鼎同日而比肩戕。只見公之法量。如鼎之廣且大也。感而書之。庶免乎不滿之譏。

흥양군(고흥) 팔영산 능가사 서불암 기문

나라 남쪽 8백 리에 '고흥'이라는 현이 있고, 현의 동쪽으로 1유순由 旬[119] 거리에 '팔영산'이 있다. 옛날에는 '팔전산八田山'이라 했는데 '팔영산' 이라고도 부른다. 후위後魏[120] 탁발씨拓跋氏 13년(399)[121]에 팔영산이 위나 라 군주의 손 씻는 그릇에 비치었다. 군주는 기이하게 여겨 찾아보도록 했는데, 천하를 다니며 찾다가 해상에서 찾을 수 있었다. 그래서 상서로 운 무늬 비단에 '팔영' 두 글자를 써 주고, 본국에 사신을 보내 큰 가람을 창설하게 했으니 지금 일컫는 '능가사楞伽寺'가 그러하다.

산의 뛰어난 풍광은 지리산·월출산과 우위를 다투고, 그 나머지 천지 가 비장하고 신명이 출몰하는 듯한 형상은 보는 이가 스스로 얻어야지, 다 언급할 수는 없다. 봉우리 남쪽(离) 기슭에 '백운동白雲洞'이 있는데 많 은 바위들이 빼어남을 다투고 온갖 형상들이 빛을 섞으니, 흐릿하고 어렴 풋하며 깨끗하고 이어진 모습이 여름 하늘의 구름 같다. 그래서 선비들이 백운동이라 일컬었다.【앞에 백운사白雲寺가 있었는데 지금은 산막山幕[122]이 있다.】 약초를 캐는 이가 아니면 오는 이 없다. 계곡 중심에 '서불암西佛庵'이 있 으니 벼랑에 매달린 형국으로 북동쪽(壬)을 등지고 남서쪽(丙)을 향해 있으 며 사방 처마는 성과 같아 사다리가 아니면 오를 수 없다. 청룡(동쪽) 우매 산牛埋山[123]과 백호(서쪽) 마복산馬伏山[124]이 굽이굽이 낮게 엎드려 감싸 안 으며 빼어남을 다툰다. 푸른 하늘(碧落)의 바위 밑에 가장 진귀한 것은 용 입에서 솟아나는 은빛 샘으로, 맛이 달고 반짝반짝 청결하다.

그믐밤에도 바라보며 궤안에 기대 어루만질 수 있는 것은 영주瀛洲(제 주)의 한라산이요, 등지고 우러러 목을 늘이고 부를 수 있는 것은 운봉雲 峰(남원)의 방장산(지리산)이다. 짙푸르고 망망한 바다에 여러 섬들이 뒤섞 여 바둑판 같은데 두 개의 주먹바위가 까마귀 머리처럼 파도 속에서 돌연 솟아 있으니 '동해상 구계胸界에 있는 진나라 동문東門[125]이라는 것이 바로 이것이다. 여기서 조금 마음을 편히 하고 마음을 가다듬어 신선이 되고 부처가 될 수 있었던 것은 유구琉球의 태자이고,[126] 표류하다가 돌아간 이는 그 수를 헤아릴 수 없다. 풍수지리가들이 말하는 '구름 속의 신선자리'라는 것이 여기서 어긋나지 않는다. 암자를 지은 지 꽤 오래되었으나 여기서 승려가 입적했다는(僧化) 말을 들어 보지 못했다. 이 모두 서불암의 큰 볼거리이다. 암자에 문헌이 없어서 그저 상량문만 취할 따름이니, 대략 다음과 같다.

동진東晉 의희義熙 13년(417), 즉 신라 눌지왕 3년(419)[127]에 우리 해동의 아도阿度[128]가 창건하였다. 기원후 다섯 번째 신유년 당 태종 정관貞觀 원년(627)[129]에 산승 석인碩仁이 중창을 맹세하고 아전鵝殿(법당)을 높게 하니 관음 한 구軀가 월지月支[130]로부터 왔다. 인연이 있어 즉시 응한 것이다. 익실翼室[131]이 나란히 밝아 16성상聖像(나한상)이 큰 복전福田이 되어 이뤄지지 않는 바람이 없었다. 이후 두 쥐(밤낮)가 서로 침노하고 사겁四刼[132]이 서로 찾아오니 이치가 본래 그러한 것이다.

광서光緖 4년 경진(1880)[133]에 주석하고 있던 노승 설암雪嵒 선사는 복지福地가 무너진 것에 강개하여 공사를 벌였다. 눈처럼 흰 사다리로 수倕의 재목을 험한 곳에 설치하고, 서리처럼 하얀 칠로 노猱의 백악白堊을 새로 발랐다.[134] 날을 정해 마침을 고하니 어엿하게 화성化成된 듯하였다. 둥근 옥(玉璧)이 바다(鴻溟)의 달을 품으니 만 송이 서리꽃이 피고, 바위 구멍에서 소나무 사이로 바람이 부니 사계절 내내 하늘 음악이 울린다. 비록 선부제鮮浮提[135] 바다에 살지만 어찌 도사타兜斯陁[136] 천상에 부끄럽겠는가. 아, 이 암자에 머물며 이 불상에 공양하는 이는 관음의 천수천안 가운데 하나를 얻을 듯하니, 긴 강을 휘저어 제호醍醐[137]를 만들고 대지를 변하게 하여 황금으로 만듦이 또한 쉽지 않겠는가.

나는 조계산에서 여기로 와 이틀 묵으니 신선을 구함인가, 약을 캐려는 것인가. 암자의 주인이 본래 동향이라는 친분이 있어서 재齋를 지내고 차를 마실 때 대화가 본 암자의 시종에 이르렀고, 이에 다음과 같이 말하였다.

"그대는 어찌 한마디 말로 여기에 삼생을 묶지 않습니까."

"선사께서 이 암자에 머무시는데 제가 이 말을 함은 어찌 너무 지나치지 않겠습니까?"

"그렇지 않습니다. 공성孔聖(공자)이 노나라에 태어나 노나라 역사를 바탕으로 『춘추春秋』를 만든 것이 어찌 이와 다르겠습니까."

나는 이에 글을 써서 기록한다.

興陽郡八影山楞伽寺西佛菴記

國之南八百里有縣曰高興。縣之東一由旬有山曰八影。舊號八田。而同稱八影者。後魏跂[1]跂氏十三年。八峰照印於魏主與[2]器。主異而使之以物色。旁求天下。廼得于海上。因以瑞錦繪。賜八影二字。遣使本國。仿[3]粳大伽藍。今稱楞伽是也。山之勝槩。能與智異月出爭雄。而其餘天藏地秘。神出鬼沒之狀。覽者自得。叵能盡擧也。峰之离麓。有洞曰白雲。千岩競秀。萬像交光。濛濛靉靉。潔潔綿綿者。若夏天之雲。故土人謂之白雲洞【前有白雲寺。今有一山幕也】。非採藥所罕到。洞之臍有庵曰西佛。懸崖作局。壬丙爲向背。四簷如城。非梯莫能攀牛埋山之靑龍。馬伏山之白虎。逶迤低伏。爭秀藏抱。碧落嵓底最可珍者。龍口銀泉。味甘光潔。眺而望也。隱几可摩者。瀛洲之漢挐。背而仰之。延頸可呼者。雲峰之方丈。蒼茫碧海。諸島之交錯者。彷彿乎一局碁。兩柱拳石。如烏頭許。突聳波心者。卽東海上胸界中秦東門是也。於此小可安心靜慮。能以化仙作佛者。琉球太子。漂流還國。其儷不億。相地者。謂雲中仙座者。於此不謬矣。粳庵頗久。而未聞僧化于此。是皆爲西佛菴之大觀也。菴無文考。但取信樑文而已也。其略曰東晉義熙十三年。卽新羅訥祇王三年我東阿度之所粳也。迄紀元後五辛酉唐太宗貞觀元年。山之釋碩仁。矢心重葺。鵝殿崔嵬。一躬觀音。來自月支。有緣卽應。翼室幷明。十六聖像作大福田。無願不遂。二鼠迭侵。四刼相尋。理固然矣。越 光緒四年庚辰。住山老雪崑禪師。慷慨福地壞空。經之營之。雪梯而俥材架 嶮。霜塗而猱堊粘新。尅日告訖。儼若化成。玉璧⁴⁾含鴻溟之月。萬朶霜華。 石竇吼松間之風。四時天樂。雖居鮮浮提海中。寧慚兜斯陁天上。噫住斯庵 供是佛者。若得觀音千手眼之一。攪長河爲醍醐。變大地作黃金。不亦易乎 㦲。余自曹溪。信宿于玆。求仙乎採藥乎。庵主素有同鄕之分。齋餘茶初。語 及本庵之終始。仍云子盍以一言係三生於此乎。曰師住是庵。吾有是言。豈 非太過乎。曰不然。孔聖之生於魯因魯史作春秋者。何異是爲㦲。余於是乎 書爲誌。

---

1) ㉠ '跖'은 '拓'의 오자이다.　2) ㉠ '與'는 '盥'의 오기인 듯하다.　3) ㉠ '彷'은 '仍'의 오자이다.　4) ㉠ '璧'은 '璧'의 오자이다.

조계산 보조암 강당과 선불장[138]을 위한 연화 결사의 글 【임진년(1892) 3월】

살펴보건대, 보살이 중생을 위하여 필시 큰 비원悲願의 선근善根을 빌리고, 불조佛祖께서 마음을 전하심은 굴窟 안팎의 결집(部藏)[139]에서 들었으니, 삼도三途[140]를 구제할 방략이요 일사一事(깨달음)에 나아갈 권형權衡[141]입니다.

돌아보건대, 이 암자는 보조국사普照國師의 선방이요 선불장選佛場[142]의 교해敎海(가르침의 바다)입니다. 승안承安 5년(1200)에 본 암자에 머물다가 큰 사찰로 창건하였으니, 보리좌菩提座[143]를 옮기지 않고 보광당普光堂에 나아간 것[144]과 같습니다. 10년이 지나 원음圓音을 내어 중생을 타이르니 도독고塗毒鼓[145]를 스스로 울려 수라취修羅趣[146]를 여읜 것과 같습니다. 덕은 천지와 같아 질서 잃은 만물을 융화시키고, 믿음은 사시四時와 같아 질서 있는 삼라만상을 생숙生熟시킵니다. 이로써 진각眞覺[147]과 청진淸眞[148] 등에게 전하니 16노추老錐[149]가 되고, 이로써 부휴浮休[150]와 벽암碧嵒[151] 등에 이르러 32종맥을 이었습니다. 그리하여 인천人天의 안목을 열어젖히고 불조佛祖의 종유宗猷[152]를 드날렸습니다. 온 천지의 선불장選佛場에서 설경說經하는 강주講主(강사)들이 세상에 드문 용처럼 나타났고, 온 세계의 학승 법려法侶[153]로서 배움을 청하는 무리들이 멀고 가까운 데서 구름처럼 달려왔습니다. 하물며 다시 백암栢庵[154]과 무용無用[155]이 선교禪敎의 마당에서 홀로 거니니 침명枕溟[156]과 우담優曇[157]이 그림자와 메아리 같은 짝이 되며, 영해影海[158]와 풍암楓嵒[159]이 대회의 자리를 높이 마련하여 묵암默庵과 응암應庵[160]이 상족上足(제자)의 무리가 되니, 불조佛祖가 원력으로 다시 태어나서 보살이 만행 방편을 펼침을 알았습니다. 용상龍象(대덕)이 늘어서니 문수보살이 문을 나선 듯하고, 북과 나팔이 크게 울리니 묘음보살이 모임에 들어온 듯합니다. 칠중七衆[161] 가운데 운석韻釋(詩僧)들이 항룡발

降龍鉢[162]을 다투어 던지니 만고강산에 번화繁華하고, 팔굉八紘[163]의 고승들이 해호공解虎節[164]을 다투어 던지니 천추千秋(천년) 운월雲月에 장관입니다. 향기를 품고 입정하니 오고 감이 없는 말을 다투어 쏟아 내어 말(斗)로 헤아릴 정도요, 꽃을 뿌리며 경전을 말하니 생멸이 없는 말을 자주 논하여 수레에 실을 정도입니다.[165]

진정 이른바 문예를 흥기할 곳이며 선불選佛의 장소인데, 다만 인연과 운수가 더욱 하강하여 사람과 법이 더욱 위태롭습니다. 연하煙霞[166]가 빛을 잃고 수월水月이 빛을 숨기니, 아름다운 대坮와 보탑寶塔[167]을 누가 조각할 것입니까. 금옥 같은 글과 게송을 천양할 주인이 없습니다. 그러나 자리를 뺏을 강주가 면면히 끊이지 않으니 보리菩提 존자의 현기懸記[168]가 있는 듯하고, 경전을 옆에 끼고 다니는 무리들이 왕왕 돌아오니 실로 불일佛日[169] 노승의 원력이 사라지지 않음을 알겠습니다.

대개 이러한 법성法性의 참다운 보배는 가득 차고 빔이 없지만 감인堪忍(속세)의 티끌 재물은 어찌 진퇴가 없겠습니까. 단월檀越(시주)이 그렇지 않음이 없으니, 필시 왕성한 운을 기다려서 이런 것입니다. 패엽貝葉[170]이 봄바람의 각수覺樹에 다시 푸르러지고, 법의 파도가 가을달의 조계산에 다시 맑아지길 바랍니다. 이에 짧은 글을 가지고 단월 문하에 널리 고합니다.

흙덩이를 바쳐 마침내 전륜성왕이 되니 덕승德勝 아이의[171] 안목(漢鑑)이요, 금 땅을 보시하여 정사를 완성하니 수달다須達多[172]의 시주입니다. 재물은 몸을 해치는 칼이니 희사하기 어려운 티끌 보배를 아끼지 마시고, 선행은 몸을 보호하는 부적이니 썩지 않을 좋은 인연을 심기 바랍니다. 각수覺樹의 색과 패엽의 소리가 진실로 지옥을 깨뜨리는 도끼요, 옥호玉毫[173]의 빛과 금구金口(부처의 입)의 게송이 천당에 오르는 사다리임을 누가 알겠습니까. '크게 치면 크게 운다'는 것은 구담씨瞿曇氏(부처)의 가르침이요, '네게서 나온 것이 네게로 돌아온다'[174]는 것은 공부자孔夫子(공자)

의 진실한 말(丁寧)입니다. 청부아안青鳧鵝眼[175]이 희게 빛나고 붉게 고우니 지니고 있는 것을 헤아려 반출하시고, 유리와 진주·산호·호박琥珀 등은 가산家産이 아니면 어찌 논하겠습니까. 허리에 찬 10만 전錢은 학의 등에 탄 선비의[176] 환상이고, 공적이 삼천세계에 가득함은 필시 용화삼회龍華三會[177]에 참여할 사람입니다. 만 가지 근심이 얼음처럼 녹을 테니 쇠를 끊을 듯한 약속을 한 번 허락하소서. 요명堯蓂[178]이 날마다 길어지고 사민四民[179]이 태평가를 부르며, 순금舜琴[180]의 훈풍에 백공百工들이 복성福星과 서운瑞雲의 경사에 화답하기를 봉축하옵니다.

曹溪山普照庵講堂選佛場緣化結社文【壬辰三月日】

詳夫菩薩之爲物。必假大悲願之善根。佛祖之傳心。曾聞窟內外之部藏。濟三途之方略。就一事之權衡。顧此庵。卽普照國師之禪房。選佛場之敎海。承安五年。住本庵而䬃大寺。如不移菩提座而赴普光堂。越于十載。放圓音而警衆生。若自鳴塗毒鼓之喪修羅趣。德如天地。融冶萬物之失倫。信若四時。生熟森羅之得序。以是而傳之眞覺淸眞等。爲十六之老錐。因玆以迄于浮休碧嵓師。繼卅三之宗脉。開斫人天之眼目。闡揚佛祖之宗猷。渾天地選佛場。說經之主。間世龍現。盡世界學法侶。請益之徒。迤邐雲奔。況復栢庵無用。獨步於禪敎之場。枕溟優曇。作影響之伴。影海楓嵓。高設大會之座。默庵應庵。爲上足之儔。是知佛祖願力受生。菩薩萬行方便。龍像[1]列立。依然文殊之出門。鼓角喧轟。彷彿妙音之入會。七衆韻釋競擲降龍鉢。繁華萬古江山。八紘高僧爭投解虎節。壯觀千秋雲月。懷香入定無去來之說。景[2]抱斗量。散花談經。不生滅之言。動論車載。眞所謂興文之地選佛之場。但以緣運益降。人法愈殆。煙霞失色。水月潛光。華坮寶塌。[3] 彫縷何人。金文玉偈。闡揚無主。然而奪席之主。綿綿不絶。倘是菩提尊之懸記若存。橫經之徒。徍徍斯歸。實知佛日老之願力不滅。蓋此法性眞實。雖無盈虛。堪忍塵財。奈無進退。非無檀越而然矣。必待旺運而是歟。敢冀貝葉。重翠於覺樹春風。法波再淸於曹溪秋月。聊將短軸普告檀門。獻土麨而竟作輪王。德勝童之藻鑑。施金地而已成精舍。須達陀之檀行。財是害身之刀。莫惜難捨之塵寶。善是護身之符。願樹不朽之良緣。覺樹色貝葉聲。須信破地獄之斧鉞。玉毫光金口偈。誰知上天堂之棧梯。大鼓大鳴。瞿曇氏之銘訓。出爾反爾。孔夫子之丁寧。靑鈇鵝眼白璨紅鮮。度已有而盤出琉璃眞珠珊瑚琥珀。非家產則何論。腰纏十萬錢。只是鶴背上一幻土。功滿三千界。必叅龍華中三會人萬縷冰消。一諾金斷。奉祝堯蓂日永。四民興衢壤之歌。舜琴風熏。[4] 百工和星雲之慶。

---

1) ㉯ '像'은 '象'의 오자인 듯하다. 2) ㉯ '景'은 '競'의 오자이다. 3) ㉯ '塔'은 '塔'의 오자인 듯하다. 4) ㉯ '熏'은 '薰'의 오자이다.

조계산 천자암 성산각[181]의 중건 화문 [4월 일]

 하늘에 펼쳐져 인간에게 화복을 줄 수 있는 것은 칠원성군七元星君(북두칠성)이요, 땅의 온갖 형상 속에 중생의 선악을 살피는 것은 팔대산왕八大山王입니다. 이 모두는 옛 성현께서 자비를 일으켜 모습을 드러내신 것이며 보살이 권형權衡[182]으로 자취를 보이신 것입니다. 그래서 와룡臥龍이 병진兵陣에서 복을 기도했으니[183] 천년의 안목(藻鑑)이 한나라 역사에 밝게 빛나고, 우리 태조께서 제단을 정결히 하고 발원하였으니 세 칸 사찰(法宇)이 계봉鷄峰에 우뚝합니다.[184] 복전福田을 심으려고 한다면 이를 두고 어디로 가겠습니까.

 우리의 이 암자는 보조국사普照國師께서 창설하시고 담당湛堂[185] 고족高足(수제자)이 득도한 곳입니다. 땅이 신령하고 사람이 걸출하며 물화物華[186]가 특별하니, 연못가 노룡老龍 같은 두 쌍의 향나무가 빼어난데 이는 진실로 사자師資[187]의 전단향栴檀香 나무 지팡이로서 지금까지 없어지지 않았습니다.

 바다구름이 일었다가 사라짐에 고개를 들어 마주하는 것은 고흥高興의 팔영산八影山이요, 밤 빛깔이 썰렁함에 궤안에 기대어 불러 보는 것은 영암靈嵓의 월출산月出山입니다. 하물며 게다가 장안동長安洞의 웅장함과 고읍촌古邑村의 화려함이 더해지니 어떻겠습니까. 다양한 풀들과 온갖 꽃들이 모두 천자암의 좋은 볼거리인 것입니다. 오래된 한 칸 작은 집이 있어서 주천성군周天星君과 열악산령列嶽山靈[188]을 여기에 봉안하니, 겨자씨에 수미산을 넣는 것과 같습니다. 성인의 경지는 넓고 좁음에 자재自在하지만 범인의 심정으로는 크고 작음을 용납하기 어려우니 어찌합니까. 중흥을 계획하는데 창시하는 것보다 어렵습니다. 그래서 이제 여러 터럭을 모아 공을 만들고 온갖 하천을 모아 바다에 이르듯 하려고 합니다.

 바라건대 삼계三界의 티끌 재물을 희사하여 구천九天의 옥루玉樓에 오르소서. 공명孔明의 감응(蒙熏)¹⁸⁹과 태조의 가피가 어찌 옛날의 아름다움을 독차지하겠습니까. 선군자와 선여인께서는 성군星君의 은혜로운 살핌에 따라 수명을 연장하고 산왕山王의 복전에 선한 씨를 심어 연하烟霞(산수)의 지경에서 나란히 걷고 전단 숲으로 같이 나아가길 빕니다.

曹溪山天子庵星山閣重建化文【四月日】

天之森羅。能禍福於人間者。七元星君。地之萬像。察善惡於群品者。八大山王。是皆爲古聖之興悲現形。菩薩之權衡示跡。所以孔卧龍兵陣祈福。千載藻鑑。昭明於漢史。我太祖淨壇發願。三間法宇。嵬然乎鷄峰。欲樹福田。捨此安歸。唯我是庵者。普照國師之所剏占。湛堂高足之得道處也。地靈人傑。物華殊特。若其泉畔老龍雙香挺秀。眞是師資之栴檀節。抵今不滅。海雲起沒兮。翹首相對者。高興之八影山。夜色虛凉兮隱几可呼者。靈嵓之月出山也。況又長安洞之雄壯。古邑村之華麗。千般瑞草。萬品名花。皆爲天子菴之大觀歟。古有一間斗屋。而周天星君。列嶽山靈。奉安于玆。猶如納須彌於芥子。雖聖境之廣狹自在。奈凡情之巨細難容。所以斯謨重興。難於始剏。故玆聚衆毫而成毬。會百川而到海。願捨三界塵財。要上九天玉樓。孔明之蒙熏。太祖之加被。何專媺於古哉。幸諸善君子善女人。延壽命於星君之惠鑑。樹善種於山王之福田。齊步烟霞境上。共赴栴檀林下。

본군(순천) 수령 원우상[190]이 폐해를 없애 준 것에 대한 칭송기

백성에게 나라는 병자에게 좋은 의원이 있는 것과 같고, 사찰에 관리는 자식에게 자비로운 모친이 있는 것과 같습니다. 도탄에 빠진 자는 부모(怙恃)의 은덕을 외치는 법이고 병이 깊은 자는 편작扁鵲[191]의 처방을 구하는 법입니다. 처방을 얻어 병을 치료하고 덕을 입어 백성을 구제하면 의원에게 보상하고 부모에게 보답하는 도리가 과연 어떠하겠습니까.

우리 원元 사또께서는 하늘이 모아 준 남은 경사(餘慶)요 산악이 내려 준 영령으로서 북궐北闕(대궐)에 절을 올리고 남쪽 지방으로 깃발을 돌렸습니다. 우리의 공전公田에 비를 내리시니 만민이 같이 소생하고, 우리의 궁벽한 골짜기에 은택을 베푸시니 온갖 폐단이 함께 사라집니다. 그래서 진주가 돌아온다는 노래가 합포合浦의 백성에게만[192] 국한되지 않고 범이 건너갔다는[193] 송축이 또한 승평군昇平郡(순천)에도 들립니다. 하물며 또한 성주城主(수령)의 한 말씀은 바람이 달리듯 하고, 고을 관리들의 응낙은 풀이 눕듯 합니다. 빈도貧道들을 보살펴 주시니 편작의 처방입니까, 부모(怙恃)의 은덕입니까. 병자가 감사함을 생각하고 백성이 은덕을 의논하니 어찌 예상醫桑의 보답[194]이 없겠습니까. 이에 방함芳啣(성함)을 들어 잊지 못함을 만에 하나라도 보답하고자 합니다.

本郡守元禹常除瘼頌記•

民之有國。如病良醫。寺之有史。如子慈母。塗炭者。必呼怙恃之德。痼肓者。必求扁鵲之方。得方療病。荷德濟民則償其醫報其母之道果何如也㦲。唯我元候。[1)] 天鍾餘慶。岳降斯靈。獻拜北闕。還旆南州。雨我公田。萬民咸甦。澤吾窮谷。百弊俱寂。以其珠還之謠。不專於合浦之民。虎渡之頌。亦聞於昇平之郡。況復城主之一言風馳。鄉司之衆諾草偃。顧念貧道等。扁鵲之方歟。怙恃之德歟。病之感想。民之德誼。那可無預²⁾桑之報乎。爰揭芳啣。庶報不忘之萬一。

---

1) ㉮ '候'는 '侯'의 오자이다.　2) ㉯ '預'는 '豫'의 오자이다.

본도(전라도) 수의어사 이면상[195]의 천왕문 단청 공덕에 대한 송가
本道繡衣李冕相天王門丹靑功德頌

불광이 동쪽으로 퍼지니	佛光東布
팔토(전국)가 널리 밝아지고	八土普明
법우가 서쪽에 쏟아지니	法雨西霆
삼초[196]가 같이 윤택해지네	三草等潤
시운이 열리는바	時運所啓
사업이 함께하지 않으리오	事不偶偕
공경하는 우리 상대[197]시여	敬我霜臺
친족으로 선보[198]에 올라	族登仙譜
북궐(대궐)의 근심을 나누어[199]	憂分北闕
남방으로 기운이 모아지니	氣鍾南州
가을 물 같은 문장과	秋水文章
봄 성의 꽃 누각이라	春城花樓
인을 갑옷으로 의를 투구로[200]	甲仁冑義
수의 입고 금인金印 차니	衣繡佩金
은덕이 완주 성에 윤택하고	德潤完城
은택이 송광사 봉우리에 미쳐	澤及松岑
육도의 으뜸이요[201]	六度其首
삼귀[202]의 마음이라	三歸其心
윤음이 이슬처럼	綸音露墜
사찰의 폐단과 고을의 침탈 없애니	寺瘼邑侵
손뼉 치고 뛰며 찬양하며	讚賀抃躍
영원히 잊지 않으리라	永世不忘

지위는 신하로서 최고가 되고   位極人臣
자손은 영원히 창성하시리   子孫永昌

조계산 보조국사의 감로탑을 이안[203]한 연기와 평【옛 기록에서 뽑음. 병인년(1926) 9월 20일】

보조국사께서 고려 희종 6년 경오(1210) 3월 27일에 입적하시니 향년 53세요, 큰 사리가 30개 나오고 작은 것은 셀 수 없었다고 한다. 4년 지난 계유년(1213) 4월 10일에 수선사修禪社의 북쪽 기슭 옛 보현전普賢殿 위에 탑을 세웠다. 현재 성수전聖壽殿 위가 옛터이다. 백여 년 지나【연대와 주관자의 이름을 알 수 없으니 괴이하다.】 어떤 이유인지 보조암普照庵 정상【세칭 '범등고개(虎背嶝)'】으로 이안移安했다. 입적 후 260년 지난 명나라 성화成化 13년, 즉 이조 성종 8년 정유년(1477) 4월 27일에 주지 육정六正 선사가 무설당無舌堂 앞으로 봉안하여 비석과 나란히 서게 되었다.【현재 설법전說法殿, 즉 장경각藏經閣이다.】 115년 후 임진왜란에 이르러 파괴되어 귀부龜趺[204]만 남았다고 한다.【사리가 산실된 게 이때다.】 86년 후 청나라 강희康熙 17년 무오(1678)에 설명雪明 장로가 백암栢庵 선사의 가르침에 따라 비석과 탑을 거듭 세웠다고 한다. 10년 후 강희 26년, 즉 숙종 13년 정묘(1687) 3월 6일에 해문海文 비구가 고봉원高峰原 위로 이안하여 탑 앞에 비석을 세웠다고 한다. 37년 지나 옹정雍正 원년, 즉 경종 3년 계묘(1723) 4월 16일 영해影海 선사가 주지 기인起仁에게 명하여 옛터로 봉안하게 했다고 한다. 43년 지나 건륭乾隆 29년, 즉 영조 41년 을유(1765) 3월 19일에 주지 창오昌旿가 비전고개(碑殿嶝) 위 부휴탑浮休塔 뒤로 이안했다고 한다. 6년 지나 영조 46년 경인(1770) 11월 12일에 주지 승감勝鑑【또는 평원平遠이라 한다.】이 옛터에 봉안했다고 한다. 158년 지나 대정大正 15년 병인(1926) 9월 20일에 주지 찬의贊儀가 탑을 고치고 대를 쌓았다고 한다.【사유는 해당 기문記文[205]에 있다.】

평評은 다음과 같다.

비석과 탑의 이안을 살폈다. 비석은 한 번 부서져 거듭 세워지고 한 번 나갔으니 현재 비전고개(碑岾)에 있는 게 이것이다. 탑 또한 한 번 부서져 거듭 세워지고 세 번 나왔다가 세 번 들어오니 현재 옛터에 있는 게 이것이다. 그런데 나가면 유골이 더렵혀지고, 들어오면 상서로운 빛이 영롱하다고 한다. 금강불괴金剛不壞의 진신眞身으로서 길흉과 근심(悔悋)에 어찌 관여하리오마는, 다만 세제世諦[206]상의 소견으로는 재앙과 상서로움이 출입에 관여하니, 이와 같음으로 사찰과 승려의 화복禍福과 성쇠衰盛에 대하여 말하고 싶지 않으나 그럴 수 있는가. 만약 세상의 보물을 위험한 곳에 두면 위험하고 편안한 곳에 두면 편안한데, 하물며 막엄하고 중한 보배인 성골聖骨을 함부로 옮겨서 편안하고 위태로움과 길흉의 땅을 가리지 않는다면 화복과 재앙·상서로움이 어찌 여기에 있지 않겠는가. 우리들의 후손 되는 이들이 삼가지 않고 함부로 행동한다면 어찌 우리의 조사들을 거스르는 후손이 될 뿐이겠는가. 아비지옥의 고통을 달게 받게 될지니, 삼가지 않겠는가.

曹溪山普照國師甘露塔移安緣起評【古記抄丙寅九月二十日】

高麗熙宗八[1]年庚午[2]三月二十七日示寂。壽五十三。舍利大者三十。小者無數云。越四年癸酉四月十日。立塔于社之北麓古普賢殿上。今聖壽殿上。是古址也。越百餘年。【年代及主者名未詳。可悋也。】以何緣移安于普照庵頂上。【世所稱虎背岾云】示滅後二百六十年。大明成化十三年。卽李朝成宗八年丁酉四月二十七日。住持六正禪師。奉安于無舌堂前。與碑並立。【今說法殿卽藏經閣】至一百十五年壬亂破壞。只存龜趺云。【舍利散失此時也】越八十六年后。大淸康熙十七年戊午雪明長老。依栢庵禪師所敎。重立碑塔云云。十年後康熙二十六年。卽肅宗十三年丁卯[3]三月六日。海文比丘。移安于高峰原上。立碑于塔前云。越三十七年。雍正元年卽景宗三年癸卯[4]四月十六日。影海禪師命住持起仁。奉安于古址云。越四十三年。乾隆二十九年。卽英宗四十一年乙酉⁵⁾三月十九日。住持昌昕。移安于碑殿嶝上浮休塔後云。越六年。卽英宗四十六年庚寅⁶⁾十一月十二日。住持勝鑑。【亦云平遠】奉安于古址云。越一百五十八年。大正十五年丙寅九月二十日住持贊儀。改塔築址云。
【事由在本記文】

評曰。觀其碑塔之移安。碑唯一壞。重立而一出。現在碑嶝是也。塔亦一壞。重立而三出三入。現在古址是也。然而出則觸髏汚陋。入則祥光玲瓏云。若以金剛不壞之眞身。何管於吉凶悔恪犾。但以世諦上所見災祥。管於出入。以若此至於寺僧之禍福衰盛。不欲言而得乎。如世之重寶。置諸危處則危之。置諸安處則安之。況以聖骨之莫嚴重寶。妄自遷動。不擇安危吉凶之地。禍福災祥安敢不存於此犾。吾輩之爲裔者。若不愼而妄動。則何啻吾祖之逆孫。甘受阿鼻之苦痛。可不愼犾。

---

1) ㉘ '八' 옆에 '六'이라는 방주傍註가 있다.　2) ㉘ '庚午' 옆에 '距今七百十七年'이라는 방주가 있다.　3) ㉘ '丁卯' 옆에 '距今二百四十年'이라는 방주가 있다.　4) ㉘ '癸卯' 옆에 '距今二百四十年'이라는 방주가 있다.　5) ㉘ '乙酉' 옆에 '距今二百六十七年'이라는 방주가 있다.　6) ㉘ '庚寅' 옆에 '距今一百五十年'이라는 방주가 있다.

영호[207] 강백이 시를 청하기에 보낸 답서【백양산에 있다.】

삼양三陽이 엎드리고 육음六陰이 승한데[208] 근래 은우恩憂[209]를 겪어 문을 닫고 고요히 정양하며 그저 약(刀圭)[210]을 급무로 삼을 따름입니다. 하물며 물소리와 새소리가 상하에서 답을 하고 소나무 그늘과 대나무 음지가 좌우로 들쭉날쭉하니, 임을 그리는 일념이 이때에 정녕 심합니다. 고개 위 구름과 강가의 나무를[211] 아침저녁으로 바라다 보는데 어떤 시편(瓊琚)[212]이 하늘에서 떨어진 듯 먼지 구덩이에 날아 떨어졌습니다. 급히 손으로 펼쳐 읽어 보니 기쁨에 앞서 눈썹이 올라갔습니다. 여러 번 반복하여(主復)[213] 읊어 삼키자 어금니와 뺨에서 향기가 나오니, 시의 골격과 율격은 장莊·한韓의 뱃속에서 나오고 글씨 필봉은 은과 쇠의 사슬[214] 아래 깎은 듯합니다. 글월마다 금수강산이요 구절마다 연하烟霞의 누대입니다. 사사로이 생각하니, 등불의 남쪽이요 벼루의 북쪽에서[215] 십수 년간 눈썹을 치켜뜨고 괴로움을 삼킨 분명한 효과를 이에 이르러 더욱 깨닫게 됩니다.

정鼎(영호)의 연참鉛槧[216]과 글 가방(書囊)은 모두 울타리(芭蘺) 주변 사물에 속하니, 어찌 효빈效顰[217]을 일삼아 하겠습니까. 그저 처벌을 피하고자 억지로 망령된 붓을 꺼내 듭니다.

答映湖講伯求韻【在白羊山】

三陽已伏。六陰乘勝。近要恩憂。杜門潛靜。只以刀[1)]圭爲急務。而況水聲鳥語上下相答。松影竹陰。左右叅差。思人一念。此時政劇。嶺雲江樹。朝暮瞻望。有何瓊琚。若自天隕。而飛落塵臼。忙手披讀。喜先聳眉。主復呷下。牙臉生香。若其詩骨律格。抽出於莊韓之肚裡。書劒筆鋒。削截於銀銕之索下。章章錦繡江山。句句烟霞樓坮。私念於硯北燈南。十數年間。提眉喫辛之明效。到此益覺也。鼎鉛槧書囊。都屬於芭蘺邊物。安事效顰爲哉。只圖免誅。强抽妄毫。

1) ㉮ '刁'는 '刀'의 오자이다.

송광사 시왕 탱화를 새로 조성한 기문 【경자년(1900) 2월 27일】

하루는 어떤 객이 무주無住(머묾이 없음)에서 와서 말하길, "평범한 사원이라도 시왕의 존상尊像을 안치하지 않음이 없는데 하물며 해동의 큰 사찰로서 삼보사찰의 지위에 이름을 올려놓았고 일찍이 여러 성현께서 주지를 맡으신 곳인데 어찌 시왕의 존상이 없습니까."라고 하였다.

나는 다음과 같이 말하였다. "할머니 적삼을 빌려 입고 할머니에게 절하는 것이라.²¹⁸ 의심에 대해 의심하면 의심이 어찌 풀어지겠습니까. 내가 벌써 의심한 지 오래되었는데 그대 또한 이와 같군요. 근래 『공덕록』 【본사本寺에 전해 오던 것】을 얻었는데 '옹정雍正 병오년【영조 2년(1726)】에 비구 요안了眼이 명부冥府의 실상實相을 고쳐 세웠다'고 기록되어 있으니, 지금으로부터 194년 전입니다. 그렇다면 예전에 존상이 있었는데 도광道光 22년【헌종 8년(1842)】 임인년 화재로 옥석玉石이 모두 불타 버렸고 사찰을 개창한 후에 옛 탱화를 그대로 안치하고서 존상을 조성할 겨를이 없었던 것입니다. 전해 오는 이야기가 많더라도 한 줄 기록만 못하니, 기록이 있는 것을 어찌 의심하겠습니까. 그러나 옛 탱화는 언제 조성한 것인지 알지 못하며, 혼이 날아가고 채색이 흩어져서 시주檀那의 신심을 도울 수 없으니 새벽과 아침에 존재하기 어렵습니다. 그래서 광서光緖 25년 기해년 가을【광무光武 3년(1899)】에 여러 논의가 바람 몰아치듯 하고 대중의 뜻이 풀 눕듯 하니, 산승 보정寶鼎이 창도하는 주인이 되어 손이 상함을 깨닫지 못할 정도로 대중의 금전 2천 정도를 모아, 같은 해 11월 3일에 시작하여 다음 해 경자년(1900) 2월 27일에 봉안하여 회향하였습니다. 아마도 불모佛母²¹⁹【보응 현엄普應玄广】의 기술일 것이니, 준제 오도準提吳道²²⁰가 다시 나타난 것입니까. 어찌 그리 세밀하고 드러남이 이와 같은지요. 역력하고 은은함은 범선梵仙의 자비로운 모습을 옮겨 왔고, 문채 있고 찬란함은 용파龍婆의 자태를 추출한 것입니다. 만월滿月의 진용眞容[221]이 완연히 지옥문 앞에서 석장을 휘두르는 것 같고, 시부(十殿) 명왕이 궤안 위에서 공안을 결정하는 듯합니다. 염부제閻浮提(이승)의 충효와 선악이 업경業鏡에 고스란히 비치고, 명부계冥府界(저승)의 열의烈義와 상벌이 저울대에서 측량되는 듯합니다. 예전에 혼이 날아간 판관은 엄숙한 면목으로 변하였고, 이전에 채색이 흩어진 귀왕鬼王은 장엄한 형상으로 문득 바뀌었습니다. 이로부터 시주(檀氏)의 믿음이 샘처럼 솟구치고 승려(闍梨)의 정성이 구름처럼 일어납니다. 이후로는 천당에서 상을 주고 지옥에서 벌을 내림이, 왕이 칼을 쥐어 살리고 죽임이 자재한 것과 같습니다. 오직 바라건대 대중께서는 머리를 조아리고 향을 사르소서."

객이 기뻐하며 물러났다.

경자년(1900) 3월에 다송산방茶松山房에서 쓴다.

松廣寺十王幀新成記【庚子二月二十七日】

一日有客。自無住而來者曰。雖尋常寺院。莫不安十大王尊像。而況以海東宏刹。名叅三寶之位。曾是列聖之住持而何獨無十王之尊像也。余曰。借婆衫拜婆年者也。疑於疑而疑何冰釋。吾已疑之久。子亦如是乎。近得功德錄。【本寺傳來】有言曰。雍正丙午。【英祖二年】比丘了眼冥府實相改建云。距今一百九十四年也。然則昔有尊像。而去道光二十二年。【憲宗八年】壬寅回祿。玉石俱焚。以叛寺後仍安舊幀 而未暇造像耶。傳說雖多。莫若一毫之錄。錄之所存。何足疑也然而舊幀不知何代所叛。而魂飛彩漫。不能助檀那之信慮。有晨夕之難存矣。光緒二十五年己亥秋。【光武三年】衆議風馳。興情草偃。以山之釋寶鼎。爲倡導之主。莫悟傷手。鳩大衆金餘二千。同年十一月三日始。越庚子二月二十七日奉安而回向之。蓋其佛母【普應玄广】之技術也。準提吳道之重現耶。何其密顯之若是也。歷歷隱隱。移來於梵仙之慈容。彬彬煌煌。抽出於龍婆之眞委。滿月眞容。完若振錫於獄門之前。十殿冥王。况似決公於几案之上。閻浮提忠孝善惡。照印於業鏡。冥府界烈義賞罰。測量於秤錘。昔之魂飛判官。變成肅嚴面目。前之彩漫鬼王。頓作莊嚴妙相。由是檀氏之信泉湧。闍梨之誠雲興。從玆以徃。償之以天堂。罰之以地獄。如王秉鈚。殺活自在。唯願大衆。稽首拈香。客喜而退之。庚子三月日茶松山房書。

기로소 원당²²²을 새로 세우는 일에 대한 상언²²³ 【당시의 사건은 따로 기록해 두었다.】

전라도 승주군 송광사의 승려 보정寶鼎【본명 첨화添華】은 목욕재계하고 백 번 절을 하며 기로소 존엄尊嚴²²⁴ 아래 삼가 상언上言합니다.

엎드려 생각건대, 황제의 덕은 하늘처럼 크시니 영원히 밝은 일월처럼 우러러보고, 성대한 의식을 크게 거행하니 나라의 경사가 거듭 이름을 보게 됩니다. 칭송이 조정과 재야에서 들끓고 기쁨이 온 세상에 넘쳐납니다. 엎드려 생각건대, 산간의 고요한 무리들 또한 교화(維化)의 대상 가운데 하나이니, 까마귀의 정성과 견마犬馬의 정성²²⁵을 마음에 본받습니다.

이 본사는 신라 혜린惠璘²²⁶과 고려 보조普照가 창건한 것으로, 남쪽에는 천자암天子庵이 있고, 북쪽에는 천태성天台星, 서쪽에는 모후산母后山, 동쪽에는 대장봉大將峯이 있습니다. 그 가운데 한 구역을 차지하니 지위는 삼보종찰에 참여하고, 16국사들이 이어서 주지를 하였고 여러 차례 조정의 진휼賑恤²²⁷을 받았습니다. 태조 고황제께서 창업하신 초기에 무학국사無學國師가 이 산에 주석하니 '대승선종大乘禪宗'이라는 편액을 특별히 하사하셨고, 지금 대황제 폐하께서는 덕德이 삼조三朝²²⁸와 부합하여 위로 기로소에 들어가는(入社) 경사를 받들고, 예禮는 구작九爵²²⁹을 이루어 넉넉히 노인을 봉양하는 법전을 베푸셨습니다. 나라의 복이 영원히 창성할 것이요, 나라의 운명이 새로워집니다. 마침 이러한 보배로운 운수의 경사스런 모임에 어찌 고루 적시는 은택을 하소연하지 않겠습니까.

이에 감히 죄를 무릅쓰고 우러러 아뢰노니, 원당願堂을 새로 지으라는 처분을 특별히 내려 주시어 성수聖壽가 만억 년 가도록 축원하는 장소로 삼게 하소서. 죽음을 무릅쓰고 엎드려 기원합니다.

임인년(1902) 11월 19일 기로소 처분處分.

비제批題[230] : 알았다. 처분대로 할 것. 30일 어보御寶 날인.

耆老所願堂新建事上言狀【其時事件在別錄】

某道某郡某寺臣僧寶鼎.【本名添華】齋沐百拜。謹上言于耆老所尊嚴之下。伏以帝德天大。仰視日月之長明。縟儀誕擧。聿覩邦慶之洊臻。頌騰朝野。喜溢寰宇。伏念山間寂靜之徒。亦維化中一物也。而烏鳥之誠。犬馬之忱。敢效于衷。維玆本寺。粤在羅麗惠璘普照之所剙。而南有天子庵。北有天台星。西有母后山。東有大將峯。中藏一區。位衆三寶宗刹。十六國師。相繼住持。而累蒙朝家賑恤矣。太祖高皇帝。創業之初國師無學。住錫玆山。特賜大乘禪宗之額。而今大皇帝陛下。德配三朝。上承入社之慶。禮成九爵。優施養老之典。國祚永昌。邦命維新。適玆寶運慶會。盡訴均霑之澤。玆敢冒罪仰瀆。特下願堂新建處分。俾聖壽萬億年。爲祝所之地。冒死伏祝。壬寅十一月十九日耆老所處分。批題。知悉處分向事。三十日着寶。

팔상성도²³¹ 청문²³² 유치²³³ 【작법²³⁴은 평상시와 같음.】

우러러 생각건대, 석가여래 대성大聖의 청정한 법계의 몸은 본래 나고 사라짐이 없는데 대비大悲 원력으로 드러내어 생生을 받으시니, 도솔타천兜率陀天²³⁵에서 호명보살護明菩薩이 되고, 가비라국迦毘羅國²³⁶에 내려오시어 '일체의성一切義成'²³⁷이라 칭하셨다. 금단천자金團天子²³⁸가 그 집을 선택하여 백정반왕白淨飯王²³⁹을 부친으로 삼아, 흰 코끼리(玉象)가 태양을 타고 대술大術²⁴⁰의 태로 오시었다. 금륜왕金輪王²⁴¹이 되어 무우수無憂樹(보리수) 아래 탄생하시어 10세 때 욕락欲樂²⁴²을 받으시고 사문四門에 유관遊觀(돌아다니며 구경함)을 드러내셨다. 이에 8일 밤에 춘성春城(동궁)을 넘으시고 6년 동안 설산(雪嶺)에 머무셨다. 최후 수승한 몸²⁴³으로 보리수 도량²⁴⁴에 나아가 해탈의 깊은 인연을 원만하게 하시고 금강보좌金剛寶座²⁴⁵에 오르셨다. 이로 말미암아 마군魔軍이 자비로운 힘을 두려워하고 근심하며 돌아갔고, 유혹하던 여자들이 정심定心에 독을 끼치려다 패하여 추한 모습으로 바뀌었다.²⁴⁶

성불한 후에 교화 인연을 관찰하니, 이에 도리천忉利天 제석帝釋²⁴⁷이 33천을 구름처럼 몰아오고 감인堪忍(이승) 계왕界王²⁴⁸이 18범梵²⁴⁹을 안개처럼 감싸고 와서, 이마를 땅에 대고 예를 갖추어(頭面作禮)²⁵⁰ 전법륜을 청하였다. 도수道樹(보리수) 아래에서 일어나 녹야원(鹿林園)²⁵¹으로 나아가사 사제四諦를 부연하여 먼저 5인²⁵²을 제도하고, 삼승三乘을 설하여 마침내 5천 명을 구제하셨다. 사덕四德²⁵³을 노래하사 삼이三伊²⁵⁴를 드러내시고 만인(萬有)을 지시하여 일성一性(불성)으로 돌이키셨다. 그러나 유위법有爲法²⁵⁵은 소멸함이 있음을 밝히고 무상無常(진제眞諦)은 생生이 없음을 드러내시고자, 머리를 학림鶴林²⁵⁶에 두시어 두루 삼매의 문을 돌아다니시고 돌이켜 옥좌에 오르시어 일진一眞²⁵⁷의 성품을 회복하셨다.²⁵⁸

이로써 아무개는 이번 달 오늘 정갈한 음식을 경건히 마련하고 우러러 오묘하게 돕는 분께 기도합니다.

 엎드려 생각건대, 이름난 우두향(牛首香)²⁵⁹을 사르고 향적香積의 좋은 음식을 쪄 내어 지극한 마음과 지극한 정성으로 자비에 귀의하고 덕에 귀의합니다. 사사로운 마음을 이기는 정성을 타심통으로 멀리서 살피시고, 인연 있는 청을 혜안으로 멀리 살피소서. 삼가 한 마음을 잡아 먼저 삼청三請²⁶⁰을 나열합니다.

 나무(南無)²⁶¹ 운운云云.
 도사다천覩史多天(도솔천) 위에서 호명護明 존호가 되고, 마가다국(摩竭提國)²⁶²에서 마야摩耶 성모의 꿈에 감응하니, 금단천자金團天子가 그 집을 선택하여, 백정반왕白淨飯王을 부친으로 삼으셨네. 이에 구름거리(雲衢, 하늘)에서 일륜日輪에 코끼리를 매어 달리니 60억 제천諸天이 의논하여 호종護從하고, 석씨 가문에 성스런 몸을 용처럼 서리니 삼천계 염부주에 인자함이 성대하도다.
 도솔래의상兜率來儀相은 우리 본사本師²⁶³ 석가모니불이라네(是我本師釋迦牟尼佛). 오직 바라건대 운운.

  백정반왕이 부친이 되고
  금단천자가 그 집을 선택하여
  일륜에 코끼리 매어 마가다국 오시니
  용처럼 서린 태아를 석가라 부르네

 나무 운운.
 10개월이 차서 4월 8일에 성모 마야摩耶께서 채녀采女(궁녀)들을 데리고 룸비니(藍毘尼)²⁶⁴ 동산에 나들이 나가 무우수無憂樹 가지를 잡고 오른쪽 옆구리로 낳으셨네. 일곱 줄기 연꽃이 절로 나타나 발을 받드니 수레바퀴처럼 크도다. 일곱 걸음을 용처럼 걸으시고 스스로 음성을 내니 웅장하기 사자후 같아라. 아홉 용들이 물을 뿜어 태자의 몸을 씻기고, 하늘에서 꽃을 뿌리고 정성스레 기악妓樂²⁶⁵을 받들었네.

비람강생상毘藍降生相은 우리 본사本師 석가모니불이라네. 오직 바라건대 운운.

갑인년 사월 초파일에²⁶⁶
성모께서 룸비니 동산에 나가시어
나무 잡고 오른쪽 옆구리로 낳으사
연꽃이 발을 받드니 수레처럼 크도다

나무 운운.
사문四門에서 네 종류의 상을 보시니 생로병사가 무섭고 두렵도다. 모래사장에서 사문沙門의 모습이 지팡이 짚고 현신現神함을 만나니²⁶⁷ 공경하고 우러를 만하였네. 사산四山²⁶⁸은 사생四生의 업의 근심이니 싫증 내어 멀리하고, 불자佛子(사문)는 불타佛陀²⁶⁹의 진제眞諦이니 따라가 배우도다. 온갖 기악妓樂은 그저 슬픔과 근심만 증가시키니, 일념의 오묘한 도리에 대한 초심을 빼앗기지 않는다네.

사문유관상四門遊觀相은 우리 본사本師 석가모니불이라네. 오직 바라건대 운운.

사문에서 사산의 형상을 보니
생로병사가 진정 근심이로다
최후의 사문은 청정한 법이요
온갖 기악은 그저 슬픔만 더하네

나무 운운.

조병천자澡瓶天子가 깨닫게 하여 기녀의 추한 얼굴을 드러내고,²⁷⁰ 정거천인淨居天人²⁷¹이 받들어 찬다카(車匿)²⁷²가 뛰어넘어 엄중히 수레를 몰았네. 사문四門의 병사들은 갑자기 피곤해지고 사왕四王이 건척揵陟²⁷³의 네 발을 받들어, 8일 밤에 성을 넘으니 팔부八部²⁷⁴가 태자의 팔난八難²⁷⁵을 옹위하도다. 석범釋梵(제석)이 수레 덮개를 잡으니 궁인들이 깨달을 수 없고, 기이한 인연으로 앞서 인도하니 그 은애恩愛를 따라가 얽을 수 없도다. 성을 나가서는 제천諸天이 사라졌도다.

유성출가상踰城出家相은 우리 본사本師 석가모니불이라네. 오직 바라건대 운운.

　사문의 병사들이 지쳐 궁문이 고요하니
　석범이 덮개를 잡아 호종이 되고
　사왕이 받들어 건척을 날게 하여
　8일 밤에 성을 넘으니 팔부가 옹위하네

나무 운운.

설산에 가서 고요한 숲에 이르러, 칼을 휘둘러 검은 머리 삭발하니 탑이 천궁에서 일어나고,²⁷⁶ 곤룡포를 가죽옷으로 바꿔 입으니 모습이 산의 노루 같아라. 두루 선인들을 찾아가 도법을 물으며 용굴²⁷⁷에 들어가기도 했으나 결국 해탈하지 못하고, 연하連河²⁷⁸에 가기도 했으나 홀로 정려靜慮²⁷⁹를 구하게 되었네. 날마다 마름을 먹으니 모습이 고목처럼 되고 밤에는 수화水火를 끊으니 목숨이 실낱같구나. 끝내 죽을 받아 드시고²⁸⁰ 대도를 이루게 되도다.

설산수도상雪山修道相은 우리 본사本師 석가모니불이라네. 오직 바라건대 운운.

설산에 가서 고요한 숲에 이르러
칼로 삭발하고 깊은 서원 세워서
두루 선인들 찾아가나 결국 아니니
대도를 구하려면 내 마음 찾으라

나무 운운.

궁극에 이르길 구하려고 총목방叢木房[281]을 방문하시고, 수승한 체體를 얻고자 홀로 보리수 아래 나아가셨네. 해탈문에 들어감에 삿된 마귀의 장애가 없더라도 금강보좌 위에 앉음에 파순波旬[282]의 훼방이 있구나. 자비력을 일으켜 움직이니 80억 무리가 곧장 낙담하고, 정심定心으로 들어가 편히 앉으니 10종의 마궁魔宮이 홀연 무너지도다.[283] 연꽃이 물에서 솟아나듯 찬란함이 없는 곳 없고, 밝은 달(桂月)이 공중에 걸린 듯 광명이 빛나도다.

수하항마상樹下降魔相은 우리 본사本師 석가모니불이라네. 오직 바라건대 운운.

보리수 아래 금강보좌에서
뜻밖에 파순이 도의 실정을 시험하나
자비력으로 태연히 마음에 동요 없어
마궁이 무너지고 법왕은 평안하도다

나무 운운.

7일 동안 사유하여 범천梵天의 청을 받았고 십신十身[284]이 원만하니 그림자와 메아리의 근기로 응당 공양 받네. 문득 화엄을 설하시니 작은 근기로 자리에서 듣지 못함을 안타까워하시고, 물러나 아함을 펼치시어 자리에서 물러나 참석하지 못한 하열下劣한 이들도 인도하시네. 방등경方等

經²⁸⁵과 반야경般若經²⁸⁶은 교화 형식(化儀)의 점법漸法이요, 『원각경』과 『법화경』은 근기를 따르는 돈교頓敎로다. 삼승의 방편을 마치니 일승一乘의 실지가 원만하도다.

녹원전법상鹿苑轉法相은 우리 본사本師 석가모니불이라네. 오직 바라건대 운운.

　　예로부터 녹림은 연설하던 장이라
　　달콤한 말과 쓰디쓴 말을 날마다 길게
　　사십여 년 동안 펼쳤던 방편의 법은
　　근기와 형식이 모두 중생 구제에 있네

나무 운운.

교화 인연을 마치고 열반의 때가 이르니, 유루有漏²⁸⁷의 세계 버리고 무상한 이치 보이셨네. 구시라성拘尸羅城²⁸⁸에 가서 사라수沙羅樹²⁸⁹ 사이로 들어가 북쪽으로 머리를 두고 누워 일진一眞의 본성을 회복하시려고 서쪽으로 얼굴을 향해 입적하여 삼매의 문에 유희하시도다. 일월이 떨어지고 천지가 엎어지는 듯한데, 7일 동안 금관金棺에 가려서도 여전히 다비의 법칙을 기다리고,²⁹⁰ 두 발의 뒤꿈치(玉趺)를 보이시어²⁹¹ 정법正法의 안장眼藏²⁹²을 부촉하셨다네.

쌍림열반상雙林涅槃相은 우리 본사本師 석가모니불이라네. 오직 바라건대 운운.

　　네 쌍 여덟 그루의 사라수 사이에서
　　머리는 북으로 얼굴은 서로 반열반에 드시니
　　일진의 심성을 전할 곳 없어
　　억지로 마성을 7일 동안 잠갔네

八相成道請文由致【作法如常】

仰唯釋迦如來大聖者。淨法界身。本無出沒。大悲願力。示現受生。泊兜率
陀天。爲護明菩薩。降迦毘羅國。號一切義成。金團天子選其家。白淨飯王
爲其父。玉象乘日。示來于大術胎中。金輪作王。創誕於無憂樹下。受欲樂
於十歲。現遊觀於四門。於是踰春城於八夜。捿雪嶺於六年。以最後之勝
體。詣菩提之道場。圓解脫之深因。登金剛之寶座。由是魔軍威慴於慈力。
愁怖旋歸。媚女敗毒於定心。媸嬴變質。旣成佛已。觀所化緣。伊乃忉利帝
釋。雲歸於三十三天。堪忍界主。霧擁於一十八梵。頭面作禮。請轉法輪。起
道樹下。詣鹿林園。演四諦。先度五人。說三乘。終濟五千。唱四德而顯三
伊。指萬有而歸一性。然而明有爲之有滅。表無常[1]之無生。首臥鶴林。遍遊
三昧之門。還登玉座。將復一眞之性。是以云云。今月是日。虔設淨饌。仰
祈妙援者。右伏以燕牛首之名香。蒸香積之妙饌。至意至誠。歸慈歸德。他
心遠鑑冠念之誠。慧眼遙觀有緣之請。謹秉一心。先陳三請。南無云云。覩
史多天上。爲護明尊號。摩竭提國中。感摩耶聖夢。金團天子選其家。白淨
飯王爲其父。於是象駕日輪於雲衢。六十億諸天。議以護從。龍蟠聖身於釋
種。三千界閻浮。仁且熾盛。兜率來儀相。是我本師釋迦牟尼佛。唯願云云。
白淨飯王爲父。金團天子選其家。日輪象駕來摩竭。龍蟠胎身號釋迦。南無
云云。十箇月滿。四月八日。聖母摩耶。將諸采女。遊藍毘尼園。攀無憂樹
枝。右脇降誕。七莖蓮花。自現承足。大如車輪。七步龍行。自作音聲。雄如
獅吼。九龍吐水。灌沐太子之身。諸天散花。供獻妓樂之誠。毘藍降生相。是
我本師釋迦牟尼佛。唯願云云。甲寅四月初八日。聖母遊戲藍毘園。攀樹枝
分降右脇。蓮花承足大如輪。南無云云。四門見四種之相。生病老死。可憎
可怖。沙場遇沙門之像。執錫現神。可欽可仰。四山卽是四生之業患。厭而
遠之。佛子元是佛陀之眞諦。追而學之。百千妓樂。徒增悲憂。一念妙道。莫
奪初心。四門遊觀相。是我本師釋迦牟尼佛。唯願云云。四門第觀四山相。
老死病生眞可愁。最後沙門淸淨法。百千妓樂徒增悲。南無云云。澡淨[2]天

子以驚覺。彰妓女之醜容。淨居天人以捧持。躍車匿而嚴駕。四兵頓疲。四王奉揵陟之四足。八夜踰城。八部擁太子之八難。釋梵執盖。宮屬莫能覺知。奇緣先導。恩愛莫敢追絆。出城旣畢。諸天忽隱。踰城出家相。是我本師釋迦牟尼佛。唯願云云。四兵頓疲宮門靜。釋梵執盖作護從。四王奉持飛揵馬。踰城八夜八部擁。南無云云。徃至雪山。屈閑靜林。揮寶刀而落紺髮。塔起天宮。將袞服以貿皮衣。形叅山鹿。遍詣衆仙。歷問道法。或入龍窟。竟非解脫。或徍蓮³⁾河。獨求靜慮。日食麻菱形如枯木。夜絶水火。命如懸絲。終受糵⁴⁾粥。方成大道。雪山修道相。是我本師釋迦牟尼佛。唯願云云。徃至雪山屈靜林。揮刀落髮誓弘深。遍詣衆仙非究竟。欲求大道覓吾心。南無云云。欲求臻極。委訪叢木房中。爲得勝體。獨詣菩提樹下。解脫門中。雖無邪魔之罣碍。金剛座上。猶有波旬之阻戲。起慈力而運動。八十億衆。直下落膽。入定心而安座。十種魔宮。忽地傾覆。類蓮花而出水。赫煥無方。若桂月之懸空。光明洞徹。樹下降魔相。是我本師釋迦牟尼佛。唯願云云。菩提樹下金剛座。意外波旬試道情。慈力泰然心不動。魔宮傾覆法王平。南無云云。七日思唯。旣受梵天之請。十身圓滿。應供影響之機。頓說華嚴。堪嗟小機之在座不聞。退演阿含。引道下劣之退席不衆。方等般若。卽化儀之漸法。圓覺法華。乃隨機之頓敎。三乘方便旣畢。一乘實地圓滿。鹿苑轉法相。是我本師釋迦牟尼佛。唯願云云。自古鹿林演說場。甘言苦口日何長。四十餘年方便法。機儀盡是渡衆生。南無云云。化緣旣畢。涅槃時至。捨有漏之界。示無常之義。徍拘尸羅城。入沙羅樹間。北首而臥。將復一眞之性。西面而化。遊戲三昧之門。猶日月之墜落。若天地傾覆。掩七日之金棺。猶待茶毘之軌則。示雙足之玉趺。必付正法之眼藏。雙林涅槃相。是我本師釋迦牟尼佛。唯願云云。四雙八隻鶴林間。首北面西般涅槃。一眞心性無傳處。强掩麽⁵⁾城七日關。

---

1) ㉯ '常'은 '相'의 오자이다. 王勃의 「釋迦如來成道記」에 따랐다. 2) ㉯ '淨'은 '甁'의 오자이다. 王勃의 「釋迦如來成道記」에 따랐다. 3) ㉯ '蓮'은 '連'의 오자이다. 王

勃의「釋迦如來成道記」에 따랐다. 4) ㉑ '糵'는 '蘗'의 오자이다. 王勃의「釋迦如來成道記」에 따랐다. 5) ㉒ '麼'는 '魔'의 오자인 듯하다.

기로소 원당 성수전 창건에 대한 상언 [임인년(1902) 10월 상경하여 머물다가 계묘년(1903) 6월에 상언함. 당시 사실은 따로 기록해 두었다.]

전라도 승주군 송광사 신승臣僧 보정寶鼎은 목욕재계하고 백배百拜하며 기로소 존엄尊嚴 아래 삼가 상언上言합니다.

엎드려 생각건대, 하늘의 해가 비추고 지혜의 구름이 덮듯이 획하劃下의 덕과 성수전 건립의 처분을 넉넉히 받으니, 사체事體가 중대하지 않음이 없습니다. 그러므로 날을 정해 일을 감독하옵는데 본소本所(기로소)의 감칙甘飭[293]과 탁지부(度部)의 훈척訓尺(증명서)이 본군에 도착하였습니다. 마침 체임遞任[294]과 맞물려서 세 번이나 늦어진 후에 단지 가까운 면面에서 징수하기 어려운 가결전加結錢[295]으로 분배하여 출첩出帖하라는 것이었습니다. 그래서 즉시 체거遞去[296]하옵거니와 감독(監董)은 또 어찌할 수 없습니다. 막중한 성수전의 일로 획하한 금전에 대해 어찌 이처럼 심상한 조치를 용납하겠사옵니까? 또한 기와로 말하자면 요즘 장마와 무더위로 물과 흙이 인몰되어 기와 굽기가 극히 어려운 까닭에 가까운 지역을 면밀하게 탐색하니, 흥양군興陽郡 여도진呂島鎭 낙안군樂安郡 선소창船所倉[297]과 본군 북창北倉에서 매년 탈락하고 남은 것들에 대해 상세히 조사하여 기록하여 올리오며, 새로 성수전 세우는 택일기擇日記[298]를 정선하여 올립니다.

엎드려 빌건대, 지성至聖(임금)께서 살피신 후에 위의 획하 금액의 독봉督捧[299]과 세 곳의 목재와 기와를 허락하신 것에 대해 특별히 처분하도록 허락해 주시옵소서. 죽음을 무릅쓰고 엎드려 아뢰오며, 택일기는 또한 지명至明(임금)께서 밝히 살피시고 출척黜陟[300]의 가부를 처분해 주시기를 다시 기다리옵나이다. 간절한 기도와 지극한 정성을 감당하지 못하며 천만 번 천만 번 바라옵나이다.

광무 6년(1902) 7월.

비제批題 : 새로 세우는 일은 염려하지 않을 수 없다. 마땅히 각 부서에 감칙甘飭하여 속히 일을 마치도록 할 것. 6월 24일 어보御寶 날인.

耆老所願堂聖壽殿剏建事上言狀【壬寅十月日上京留連。至癸卯六月日。上其時事實在別錄中。】

某道某郡某寺臣僧寶鼎。齋浴百拜。謹上言于耆老所尊嚴之下。伏以天日之所照。慧雲之所覆。優蒙劃下之德。建殿之處分。事體莫不重大。故尅日董役是白齊。本所甘飭果度部訓尺。卽到付本郡。則適値遞任是如。三次斬遲後。只以近面加結錢難捧者。分排出帖是乎遣。卽爲遞去是乎所。監董亦莫可奈何是白如乎。莫重聖殿之役。劃下之錢。寧容若是尋常擧措是白乎旀。且以瓦子言之。方今潦炎。水土湮沒。陶瓦極難故。備探近地爲乎尼。興陽郡呂島鎭樂安郡船所倉。本郡北倉。逐年脫落 所餘者詳査錄上是乎旀。新建聖壽殿擇日記精選賫上。伏乞至聖垂察敎是後。上項劃下錢督捧事。三處材瓦。賜許事件。特爲處分敎是乎乙喩。冒死伏望爲白乎旀。擇日記亦至明照察。黜陟可否。更俟處分之地。無任懇禱至誠千萬千萬。光武六年癸卯七月日。批題。新建之役。不可不念。當甘飭各部矣。不日竣役向事。六月二十四日着寶。

또 상량문과 액호, 예폐[301]에 대한 상언

전라도 승주군 송광사 신승臣僧 보정寶鼎이 목욕재계하고 백배하며 기로소 존엄 아래 삼가 상언합니다.

공경히 생각건대, 우리 대황제 폐하께서는 덕이 삼조三朝에 부합하고 교화가 만방에 넘칩니다. 성수聖壽가 육십을 바라보는 처음(51세)에 어가御駕가 오색구름을 헤치고 기로소(耆社)에 들어가셨습니다. 어가를 여러 음악이 감싸고 예연禮宴을 펼치니 실로 5백 년 이래 드문 성대한 행사이며, 진실로 삼천리 태평 제국입니다. 특별히 도신道臣(관찰사)에게 성수전을 본사에 새로 세우라고 명하시니 사체가 중하여 날을 정해 일을 감독하여 이미 절반은 지났사옵나이다. 무릇 상량이라 일컫는 때에 상량문을 찬술하여 적는 것과 금은·옥백玉帛[302]의 예단은 덕을 기리고 폐백을 바치는 규범이니, 사연을 들어 죽음을 무릅쓰고 우러러 아룁니다.

엎드려 빌건대, 지성至聖께서 살피신 후에 성수전 상량문 찬술과 액호를 짓는 과역을 특별히 허락하여 내려 주시옵고, 예단 폐물을 넉넉히 더하여 처분하여 주시는 등 황공한 연유에 대해 저는 처분이 어떠하실지 알지 못하옵나이다. 간절한 기도를 감당하지 못하옵나이다.

광무 7년 계묘년(1903) 7월.

비제批題 : 마땅히 처분이 있을 것. 내탕고內帑庫에서 홍공단紅貢緞 1필을 내 주고, 상량문과 액호 6자는 윤용선尹容善[303]이 짓고 이순익李淳翼[304]이 쓰라고 칙하勅下한다. 수자水字 은화 3원과 엽전 2백 냥.

又樑文額號禮幣事上言狀
某道某郡某寺臣僧寶鼎。齋沐百拜。謹上言于耆老所尊嚴之下。恭唯我大皇帝陛下。德配三朝。化溢萬方。聖壽望六之初。御駕披五雲。而入耆社。金輦擁衆樂。而設禮宴。實五百年罕有之晟擧。寔三千里太平之帝國。特命道臣新建聖殿於本寺。事體旣重。赸日董役叛已過半是白如乎。凡稱上樑之時。樑文記述之撰寫。金銀玉帛之禮單。卽頌德獻幣之規矩。敢擧事緣。冒死仰達。伏乞至聖照鑑敎是後。聖壽殿樑文記述。額號撰寫課役。特爲許賜爲白乎旀。禮單幣物。優加處分敎是乎等。惶恐緣由事。伏未知處分如何敎是乎喩。無任懇禱之地。光武七年癸卯七月日。批題當有處分向事。內下紅工[1]緞一疋。寫樑文額號六字。勑下尹容善撰。李淳翼書。水字銀貨三元。葉錢二百兩。

---

1) ㉄ '工'은 '貢'의 오자인 듯하다.

풍암[305] 조사의 부도를 비전에 봉안하는 기문【정사년 (1917) 가을】

물에는 근원이 있어 유장하게 흐르고, 사람에게는 혈맥이 있어 지체가 움직인다. 흐름을 거슬러 근원을 얻고 지체를 인하여 혈맥을 움직이는 것은 상세하게 볼 수 있다. 근원을 막고 흐름을 구하며 혈맥을 끊고 지체를 잇는다는 것은 들어 보지 못했다.

지금 조계산의 불조佛祖 원류는 유래하는 바가 있다. 33세世 아래이자 5종파의 위로서[306] 다른 산(종파)에 대해서는 족히 논할 만한 게 없는 것 같고, 임제臨濟의 아래이자 태고太古의 후예로서[307] 다른 사찰과 매우 다르다. 특수한 것으로는 태고의 6세손으로 부용芙蓉(영관靈觀)이 있고 부용의 아래에 청허淸虛와 부휴浮休 두 가지가 있어서 각기 종풍宗風을 퍼뜨렸다. 부휴의 아래 적손嫡孫들이 등불을 이어 끊이지 않았는데 유독 조계산이 가장 성대하다. 그래서 이에 돌을 다듬고 묘소를 쌓아 비석을 세우거나 비명을 새기니, 부휴와 벽암碧嵓, 취미翠微, 백암栢庵, 무용無用, 영해影海, 풍암楓嵓, 묵암默庵, 환해幻海[308]이다. 9탑을 차례로 세우니 진주를 이음에 차례 있음과 같고, 주변 계파의 나열은 흩어진 별들이 가지런하지 않음과 같다. 어찌 공경히 감탄하지 않겠는가.

지난 건륭乾隆 연간[309]에 묵암默庵 화상의 동생인 벽담碧潭[310] 대사가 거짓된 청오靑烏[311] 비결에 미혹하여 풍암 조사의 탑을 보조普照(감로탑)의 서북쪽(乾) 모퉁이로 옮겼다. 벽담이 왼쪽이 되고 회계會溪[312]가 오른쪽이 되니, 풍암 노숙이 보처補處[313]의 소목昭穆[314]을 얻는다 한들 머리와 발의 바른 혈맥의 차례를 잃어버림은 어찌할 것인가. 근원을 막고 흐름을 구하며 혈맥을 끊고 지체를 잇는다 하리니, 영원하길 구하나 어찌 가능하겠는가. 하물며 무신년(1908) 병화【4월 8일에 일본인 안정安正이 불을 질렀다.】에 두 암자[315]가 혹독하게 화재 변란을 당하여 보방寶坊(사찰) 전체가 홀연 범과 표범의

굴로 변하고, 세 구의 안탑鴈塔³¹⁶이 돌연 여우와 이리의 마당에 서게 되었다. 지난날 벽담 대사의 청오靑烏 면목이 과연 어디에 있는가. 아아, 안타깝도다.

대정大正 5년【청나라 광서光緖 41년,³¹⁷ 조선 개국 525년이다.】 병진년(1916) 봄에 본사 주지【설월 용섭雪月龍燮³¹⁸】가 의로운 일을 시작하자 대중이 모두 즐거워하였다. 같은 해 4월 8일에 풍암 조사의 탑을 옮겨 비전碑殿 본좌本座에 봉안하였다. 영해影海 부친이 그 머리를 잇고 묵암默庵 후손이 그 발을 계승하니, 저 깨진 거울이 다시 합하고 이지러진 달이 다시 둥글어짐이다. 진주가 합포合浦로 돌아오니³¹⁹ 진주가 어찌 합포를 떠났겠는가. 부처님이 보리도량을 떠났겠는가. 부처님이 보리도량에 항상 머묾이 정녕 좋은 증거가 된다. 우리 조사의 탑은 비전碑殿을 떠나지 않았다. 이미 보조普照(의 가문)에 올라 보조를 떠나지 않고 항상 비전에 머문다.

불조佛祖의 동정을 어찌 감히 색상의 왕복으로 헤아릴 수 있겠는가. 그러나 일이 혹 그렇지 않을 수도 있어서 전말을 기록하여 보임으로써 혈맥을 끊고 지체를 이으려는 무리들에게 훈계하여 흐름을 거슬러 근원을 구하고 겁석劫石³²⁰의 시간에 진주를 이어 사찰(松門)이 영원히 평온하게 하길 바라노라. 오직 우리 조계산 후손(雲孫)들은 벽암 대사의 미혹과 설월 선사의 의로움에 대해 능히 비난과 칭찬으로 점검함이 있을 것인가.

楓嵒祖師浮屠奉安碑殿記【丁巳秋】

水有源而流長。人有脉而枝動。沂流得源。因枝運脉者。見之詳矣。塞源求流斷脉連枝者。未得聞也。今曹溪佛祖源流。有所自來。卅三之下。五派之上。自若於他山無足可論。而臨濟之下。太古之後。迥異諸刹。有其特殊者。卽太古六世。有芙蓉。蓉之下。有淸虛浮休兩枝。各播宗風。而唯浮休之下嫡孫。燈燈不絶者。獨曹溪最盛也。故玆攻石而封塚。或樹碑而勒銘。曰浮休碧嵒翠微栢庵無用影海楓嵒默庵幻海也。九塔之第立。若聯珠之有序。

傍派之羅列。如散星之不齊。孰無欽嘆哉。粤在乾隆年中。默庵和尙之弟。碧潭大師。惑於靑烏之誣訣。移楓嵓祖塔于普照之乾隅。碧潭而左之。會溪而右之。雖使楓老得補處之昭穆。奈失頭足正脉之位次何也。可謂塞源討流。斷脉連枝者。求欲長遠。烏可得也。況戊申兵燹。【四月十八日。倭人安正冲火也。】兩庵酷遭鬱攸之變。一區寶坊。忽作虎豹之窟。三軀鴈塔。突立狐狸之場。昔日碧師靑烏之面目。果安在者乎。嗚嗚嘻嘻。大正五年【淸光緖四十一年鮮開國五百卄五年也】丙辰春。本住持【雪月龍燮】倡儀。[1] 大衆咸悅。同四月八日。運楓嵓祖塔。安碑殿本座。影父繼其頭。默孫承其足。鑿彼破鏡復合。缺月重圓。珠還合浦。珠何離於合浦。佛離菩提場。佛恒住於菩提場者。正爲良證也。吾祖之塔。不離碑殿。已昇普照。不離普照。常住碑殿。佛祖之動靜。安敢以色相往復測度也哉。然而事或不然。錄示顚末。戒其斷脉連枝之徒。庶圖沂流討源。聯珠刼石。永鎭松門。唯我曹溪雲孫。至於碧師之惑誣。雪公之倡義也。能有毁讚而檢點也麽。

---
1) ㉘ '儀'는 '義'의 오자인 듯하다.

『조선불교약사』를 읽은 감상을 논함[권퇴경³²¹이 서술한 책]
【정사년(1917) 겨울】

역사가의 필체(史筆)란 천하의 정령精靈이며 고금의 공론입니다. 하늘에 있으면 별이고 땅에 있으면 산천이며 인간에 있어서는 영특한 기운이 됩니다. 그 기를 받아 터럭을 모으니 혹 터럭 하나의 차이가 있으면 천 년 동안 남을 한이 될까 염려하니 역사가의 필체가 막중하고 큼이 이와 같습니다. 어찌 삼가고 두렵지 않겠습니까.

귀좌貴座³²²께서 찬술한 『조선불교약사』 가운데 신라와 고려 고승과 운석韻釋,³²³ 그리고 삼한 조선(本朝)의 뛰어나고 기이한 자취들이 찬란하고 분명하며 숨고 흩어진 것들을 수습하여, 요충지(關坊)에 요점을 모으고 네거리에 드러내어 게시하였으니, 그 신이하고 정령精靈함은 아름다움을 후세에 남길 공론이 되기에 적합합니다. 한 가지 작은 안타까움이 있다면 조계산 진각국사眞覺國師가 모은 『선문염송집禪門拈頌集』을 완성한 장소에 대해 주소를 기재하지 않았고, 구곡龜谷³²⁴ 조사의 설화를 운운하면서 또한 주소를³²⁵ 명확히 하지 않았습니다. 인명고人名考 가운데 보조普照의 성姓을 조趙³²⁶라고 한 것은 어째서입니까. '약사'의 명칭은 이로 말미암아 얻은 것입니까. 간략히 할 만한 것을 간략히 함은 괜찮지만 간략히 할 수 없는 것을 간략히 함은 어찌 천고에 한을 남김이 되지 않겠습니까.

생각건대, 우주宇宙 옹翁의 창간 화설話說【화설만 간행하고 송설頌說은 간행하지 않았으니 이것은 초판이다.】의 일에 주소를 명확히 하지 않았습니다. 미천자彌天子의 향산香山 설화【화설과 송설을 합친 이름이다. 설화를 아울러 간행했으니 이것은 재판이다.】의 간행³²⁷에 우주 옹 화설의 옛 기록은 싣지 않았습니다. 설파雪坡³²⁸ 노스님의 대경大經 사업에 백암栢庵 노스님이 신주神州³²⁹ 바다에 떠돌았던 큰 인연을 기재하지 않았습니다. 그리고 『화엄경소은과華嚴經疏隱科』³³⁰의 사업에 회암晦庵³³¹ 노스님이 창안하여 기록했던 선線을 매몰하였습니다. 백파白坡[332] 노스님이 『대승기신론』을 신간한 사업에는 백암 노스님이 회편會編하여 간행한 업적[333]을 기재하지 않았습니다. 백암 노스님의 『치문경훈緇門警訓』 주석 사업에는 태고太古 조사가 유통한 단서를 수록하지 않았습니다. 이 몇 가지 조항들은 이미 학계에서 천고의 한으로 남게 되었으니 엉터리라는 비방을 받지 않을 수 있겠습니까. 스님의 고견과 식견으로 구준衢樽[334]에 만취하여 세상의 찬란한 문화를 누리고 방외方外의 철학 서적도 만끽하여, 지혜의 칼과 어휘의 창이 긴요한 곳을 유린하고, 쇠를 뽑고 못을 끊을 정도로[335] 얼크러진 사이에 지침이 되건만 어찌 알지 못하고 그러하십니까?

필시 번쇄함을 꺼려서 그러한 것이겠지요. 번쇄함을 꺼린다면 아방亞房(선방)으로 돌아가 '무無' 자字 화두를 들지 않고 서재(書齋)에 앉아 역사가의 필체를 휘둘러 스스로 '우주옹·미천자' 등의 엉터리 이름을 사십니까. 아아, 천은자天隱子[336]가 말하길, "승국勝國[337] 진각眞覺 대사가 큰 지식으로 불일佛日(지눌) 노스님의 밀전密傳을 얻어 12부部로 시작하여 제가잡기諸家襍記로 마무리하여, 도원道原[338]의 『경덕전등록景德傳登錄』에 맞서 한 편을 집성하여 '염송拈頌'이라 명명하였고, 책이 이루어지자 구곡 각운龜谷覺雲에게 전하고, 각운이 받아서는 바로 간행하여 배포했다고 했습니다. 우주 옹은 말하길, 해동 조계산 진각 대사가 여러 기록을 탈취(獵取)하여 『전등록』에 맞서 『염송』을 집성하여 각운에게 전하였고, 각운이 조계산 수선사修禪社에서 명을 받들어 3년 동안 입원入院[339]하고 7일 동안 엄관掩關[340]하여 찬란하고 명확하게 이것을 베꼈는데, 기록하는 때에 붓끝에서 오색 사리가 빗방울 떨어지듯 하였으니 인간의 기술로 이룬 것이 아닐 정도였고, 인천人天의 인물들에게 명하여 간행하여 배포했다고 하였습니다. 이러한 몇 줄의 글이 어찌 번거롭게 역사서의 분량을 늘리겠습니까. 그런데 이처럼 간략히 하였으니 '약사'라는 명칭은 『염송설화』가 이루어진 곳에만 해당되는 것입니까. 그리고 정鄭씨를 조趙씨로 바꾼 것은 혹 교정할 겨를

이 없었다 할지라도 또한 뒤에 교정을 해서 따르는 것이 옳은데 끝내 그러함이 없는 것은 왜입니까.

나의 관견으로 그저 한곳에 여러 의혹이 있으니 하물며 일부 역사서에 의혹되는 부분이 필시 없지 않을 것입니다. 저는 노쇠하고 천박한 놈으로 어찌 대방大方(위인)의 글(寶唾)³⁴¹을 입에 올리겠습니까. 그저 제 문중의 여한에 의혹이 있고 또한 근고近古의 여타 의혹을 인용하여 공론의 작은 흠집을 면하고자 합니다. 이와 같은 갈등을 주목하실 수 있겠습니까.

讀佛教畧史感想論【權退耕所述略史】【丁巳冬】·

夫史筆者。天下之精靈。古今之公論也。在天爲星辰。在地爲岳瀆。在人爲英特之氣。受其氣而簇毫。或有一髮之差。倘慮遺千載之恨。史筆之重且大若此。豈不愼且畏哉。貴座所撰畧史中。羅麗之高僧韵釋。三韓本朝之勝賞異蹟。燦然而明著。索隱而收散。會要於關坊。揭露於衢肆。其神異精靈。適足爲流芳之公論也。而至若一髮之所恨者。卽曹溪山眞覺國師所集拈頌成處。不載住所。龜谷祖師說話述云。亦不明住所。人名考中。普照姓趙云者。何也。畧史之名。由玆而得乎。可畧而畧之可也。不可畧而畧之。那無遺恨於千古耶。窃惟宇宙翁之創刊話說【但刊話說。未刊頌說。此初刊也】之役。不明住所也。彌天子之香山說話【話說頌說合名。說話幷刊。此卽二刊也】之刊。不載宇宙翁話說之舊錄也。雪坡翁之大經之役。不載栢庵老神州海泊之大緣起也。又述華嚴隱科之役。昧沒晦庵翁創錄之線也。白坡老之新刊起信之役。不載栢庵翁會編剞劂之績也。栢庵老之註警訓之役。不收太古祖流通之緖也。此數條者旣遺學家千古之恨。而不欲負杜撰之誚而得乎。以師之高見宏識。滿醉衢樽。旣飫域中之文華。飽采方外之哲牘。而智釼詞鋒。遊刃於冒繁之處。拔鐵截釘。指針於盤錯之間也。豈不知而然哉。必憚煩而然矣。旣云憚煩。何不歸亞房觀無字。而坐書舘揮史筆。自買宇宙彌天等之杜撰之名哉。噫噫。天隱子云。勝國眞覺大師。以大知識。獲佛日老之密傳。始於十二部。終以諸家裸記。對道源¹⁾傳燈錄。集成一編。命曰拈頌。書成。傳之龜谷覺雲。雲受而旋卽刊布云云。宇宙翁云。海東曹溪山眞覺大師獵取諸錄。對傳燈而集成拈頌。傳於覺雲。雲奉命于曹溪修禪社。入院三年。掩關七日。粲然明著寫斯。記時筆端。五色舍利。落如雨點。殆非人巧之所成命人天公。鋟刊傳流云云。此數行文何煩於一部史篇之多。而如是畧之。以略史之名。獨專於拈頌話說成處也。且以鄭易趨。容或校證之未遑。而亦從後證誤可也。終無其然。何也。以吾管見只有一處多感。²⁾而況一部史中所感³⁾處。必不無者乎。余以衰頹陋漢。安敢掛舌於大方之寶唾也。只感私門之遺恨。亦引近古之餘感。庶免公論之微玷也。如是葛藤。能有着眼麼。

1) ㉯ '源'은 '原'의 오자이다.　2) ㉯ '感'은 '惑'의 오자인 듯하다.　3) ㉯ '感'은 '惑'의 오자인 듯하다.

『수선지』 서문【신묘년(1891) 봄에 시작하여 정사년(1917) 겨울에 초고를 마쳤다.】

'수선修禪'으로 지誌의 이름을 지은 것은 무엇 때문인가. 내가 개당開堂[342]한 처음에 보조실普照室에서 머물렀는데 하루는 불사佛事 때문에 당사堂司[343]에 가서 오래되고 진귀한 물건들을 살폈다. 파손된 책들이 먼지 덮인 함에 매몰되고 글자는 좀이 먹어 불쏘시개에 가까웠다. 조용히 수습하여 삼가 펼쳐 보니 윤음綸音과 『수선사창명修禪社創銘』이었다. 나도 몰래 책을 덮고 탄식하였다. "이것은 (보조)국사(國老)께서 장정하여 보배로 간직한 물건이 아닌가. 천 년이 되지 않아 온통 폐물 형색이 되어 버렸구나. 머리 깎은 내가 어찌 보수하여 길이 전해지도록 하지 않겠는가."

즉시 종이를 잘라 책을 만들어 한 축軸을 선사繕寫[344]하여 봉안하고 '수선'이라 이름하였다. 그리고 이어서 사원비嗣院碑[345]와 사찰 안에 달린 상량문이나 기記 등 크고 작은 것을 막론하고 후에 참고가 될 만한 것들을 뽑아 필사하였다. 이것이 『수선지』를 지은 까닭이다.

그리고 당사堂司에 전하여 책함에 진중히 두라고 한 뜻이 어찌 그저 그렇겠는가. 천 년 긴 세월 후에 이 책을 펼쳐 보는 이는 나의 마음이 어떠한지 알리라. 또한 지금 사람이 옛날을 보는 것과 같으리라. 이어서 기록하고 보충하고 다듬으니 이 『수선지』가 사라지지 않기를 바라노라. 오직 펼쳐 읽는 이들은 책 이름의 뜻을 본받아서 제작한 업적을 추모하고 착안하여 힘쓰시라.

修禪誌序【辛卯春作至丁巳冬草】

以修禪而名誌者。何。余開堂之初。住於普照室中。一日仍佛事。抵堂司閱古物異珍。有殘帙[1]破帙。埋沒塵樻。蠧蝕字損。幾乎紙爐之物。窃收而愼展之。卽綸音與修禪社創銘也。不覺掩券而歎曰。此無乃國老之粧䌙而寶藏之物耶。未及千齡。渾爲廢物之形色也。以吾禿頭者。盍無修補永壽哉。卽斫楮成篇。繕寫一軕。而安名修禪。繼以嗣院碑及寺內所懸樑與記。無論巨細。可爲後考者。抄而筆之。此修禪誌之所以作也。且傳堂司鎭書櫃者意。豈徒然乎哉。以爲千載浩刼展劵讀此者。知余心之所在。而亦如今視昔。繼而錄之。補以修之。庶幾此誌之不泯也。唯展讀諸君。倘體名誌之意。追慕粧橫之績。着眼而勉旃。

---

1) ㉑ '劵'은 '卷'의 오자인 듯하다. 이하 동일.

백양산의 청장³⁴⁶을 사양하는 글【정사년(1917) 8월 25일】

지난번 옥엽玉葉(옆서)이 진토에 날아 떨어졌는데 답례를 하지 못했고 하물며 경함瓊凾(편지)이 가을 소리를 띠고 도착하니, 더욱 절실히 송구합니다. 다시 편지를 통해, 단풍과 국화가 선명함을 다투는 때에 영체領體³⁴⁷가 편안하심을 알게 되니 우러러 절절히 축하드립니다.

공경히 답장하는 것은 귀 강원講院으로 초빙한다는 말씀으로, 총애하여 부르시는 행복을 입었으나 어찌 높으신 기대의 뜻에 부합하겠습니까. 다만 5백 금을 소비하여 죽은 말의 뼈를 사고자 하는 것이니 마땅히 천리마가 스스로 올 것입니다.³⁴⁸ 바라건대 높으신 기대를 멈추시어 이 졸렬한 형상으로 하여금 (진흙) 길에서 꼬리를 끌며³⁴⁹ 천 년을 마칠 수 있도록 해 주십시오. 만 번 바라고 만 번 바라옵니다.

謝白羊山請狀書【丁巳八月二十五日】

曩者。玉葉飛落塵界。而旣無酬答之禮。而況復瓊凾信帶秋聲而至者乎。益切悚悶也。更憑審楓菊爭鮮。領體上萬寗。仰祝切切。敬復者。貴講院雇騁¹⁾之敎。旣荷寵招之幸。而安副高望之意哉。但費五百金。而欲買死馬骨。當有千里馬自來矣。幸休高望。俾此拙狀。曳尾於途中。以終天年之地。萬望萬望。

---

1) 옝 '騁'은 '聘'의 오자인 듯하다.

김환경[350] 영가 추도식 축문【정사년(1917) 8월 28일】

유세차, 오호 슬프도다. 이전에 빼어났던 신령스런 싹이 사바세계에 떨어져 먼지 가운데 있어도 물들지 않아, 동진출가童眞出家하여 손으로 각수覺樹(보리수)를 붙잡고 입으로 우담바라를 씹으며 일찌감치 법문의 깃발을 세웠고 거듭 교망敎網의 벼리를 떨치고 법주法主의 지위에 올라 상빈上賓[351]의 명성으로 칭해졌습니다.

아아, 애통하도다. 갑자기 무상한 이치를 만나 유한한 목숨을 보존하기 어려워지니, '하늘이 나를 버리시는구나'[352]라는 한탄을 하기도 하고 시력을 잃는 아픔[353]을 겪기도 했습니다. 선문禪門의 주춧돌이 갑자기 무너지고 교해敎海의 아름다운 배가 홀연 침몰하니 사제지간에 너 나 할 것 없이 모두 슬퍼하며 영결의 감동으로 추모합니다.

이에 이포伊蒲[354]의 상념으로 삼가 다과와 청작淸酌(술)을 갖추니 이러한 정경을 굽어 살피고 흠향하소서.

金喚鯨靈駕追悼式祝【丁巳八月二十八日】

維云云。嗚呼哀哉。宿挺靈芽。影落娑婆。在塵不染。童眞出家。手攀覺樹。口嚼曇花。早建法門之幢。重振敎網之綱。登法主之位。稱上賓之名。吁嘻痛哉。忽遭無常之理。難保有限之命。或有傷[1]予之恨。或切喪明之痛。禪門柱石。俄而崩摧。敎海芳舟。忽爾沈墜。師資同風。物我咸凄。敢慕永訣之感。玆庸伊蒲之想。謹以茶果之淸酌。俯歆情景而尙饗。

---
1) ㉠ '傷'은 '喪'의 오자이다.

오 참사[355]에게 올리는 편지 [복천[356] 남현에 거주하며 호는 소재이고 자는 호민이다.]

꽃이 피고 잎이 떨어짐은 대지의 절기가 시들고 번영함이요, 파도가 치고 물결이 고요함은 일심 가운데 망상이 일어나고 소멸함입니다. 꽃이 피니 잎이 지는 기일을 생각하지 않고, 파도가 치니 어찌 물결이 고요해지는 날을 알겠습니까. 절기와 망상은 그렇게 기약하지 않아도 절로 그러하며, 반연(緣)하려 하지 않아도 인(因)하여 반연하게 되니 어찌 피하겠습니까.

지금 빈도貧道는 수 년간 행장(行李)으로 자연히 움직였다가 인연으로 고요해지니 절기의 순환을 몇 번 보았고, 인연으로 피고 자연히 떨어져서 망상이 일어나고 멸함을 충분히 알게 되었습니다. 절기는 이수理數이고 망상은 무명無明입니다. 무명이 움직임에 이수의 고요한 바를 누가 감당하겠습니까. 이제 겨우 본지本地에 잎이 지고 자기 마음에 물결이 고요하니 이전처럼 그저 본지풍광本地風光[357]이요 헤아리건대(擬然) 역시 자기 마음이 달빛일 따름입니다. 어찌 뛰어나고 기특함이 있겠습니까.

공손히 듣자니, 족하足下의 몸에 비야毘耶의 근심[358]을 근래 겪었는데, 불이不二의 즐거움을 아직 말씀한다고 합니다. 스스로 만사萬獅의 행차를 하지 못하고 그저 일개 승려를 통해 편지를 보내니, 예의 없음에 대한 처벌을 특별히 내리시어 불가사의한 가풍을 아끼지 않으심이 어떠십니까. 축원하고 축원합니다. 다시 이로운 약이 되는 게송 하나를 바칩니다.

> 비야에서 질병 보인 그림을 지워 버리니
> 부처의 종기나 조사의 질병이 도로[359]라
> 법화의 약초도 오히려 졸렬할 뿐이니
> 약이 아닌 것을 캐 오는 것이 어떨지[360]

上吳僉事書【福川南峴號小齋字浩民】

花開葉落。大地上節候之枯榮。波動浪靜。一心中妄想之起滅也。花開不意葉落之期。波動安知浪靜之日。節之候妄之想也。不期然而自然。不欲緣而因緣。烏可免哉。今貧道數年間行李。自然而動。因緣而靜。幾見節候之循環。因緣而開。自然而落。足知妄想之起滅。節候則理數也。妄想則無明也。無明之所動。誰堪理數之所靜也。今纔葉落於本地。浪靜於自心。依前只是本地風光。擬然亦是自心月色而已。安有殊勝奇特也哉。恭聞足下體上。近嬰毘耶之憂尙談不二之樂云。而自未作萬獅之行。只敢替一闍之郵。特賜沒禮義之誅罪。無惜不思議之家風也否。祝祝。更引利藥一頌而呈上。抹却毘耶示疾圖。佛瘡祖病一都盧。法華藥草還鈍劣。不是藥者採來無。

승평군(순천) 조계산 극락교 기문 [정사년(1917) 7월 7일 개통]

해륙에서 무거운 것을 운반하고 건너게 해 주는 것으로 배와 차가 있고, 하천에서 허공에 설치하여 건너기 편리하게 하는 것이 교량이다. 운반과 설치의 동정動靜이 다르지만 건너는 공훈은 동일하다. 고금의 고량 가운데 이름을 가진 것을 돌아보니 대략 헤아려 셀 수 있다. 하늘의 오작교는 견우의 약속이고, 지상의 천진교天津橋는 선녀의 흥취이며,[361] 천태산의 완화교浣花橋[362]는 시인의 흥이고 송악松岳(개성)의 선죽교는 충신의 유감이다. 만리산萬里山의 만석萬石, 월미산月尾山의 노량鷺梁 이외 그 나머지 이름난 하천과 긴 강에 다리를 놓아 건너게 한 것을 일일이 열거하고 싶지는 않다. 예양豫讓이 다리에 숨어 있다가 임금께 보답하고[363] 자방子房이 교량에서 노닐면서 스승을 기다리고[364] 미생尾生이 교량에 앉아 친구를 기다렸고[365] 설옹薛翁(원효)은 교량에서 떨어져 궁宮에 들어갔으니[366] 이 모든 것은 이것(교량)에 의탁하여 흥을 부치고 이것에 기대어 공을 세운 것으로 각기 하나의 이치가 존재함이 있다.

다만 이 교량(극락교)은 그 시초를 고찰하자면, 옹정雍正 8년 경술(1730) 봄에 화주化主[367] 탁근卓勤이 창설한 것이다. 함풍咸豊 4년 갑인(1854) 가을에 홍수가 나서 무너졌다. 그 후에 나무를 가설하고 흙을 쌓으며 돌을 포개고 판자를 연결하였으나, 건너는 데 어려움은 말하지 않아도 알 수 있다. 대정大正 6년 병진(1916)[368] 가을에 이르러 조계산의 승려 한붕漢朋 공公이 건너기 극히 어려움을 개탄하여 재산을 털어 장인을 불렀고 완성을 고하기에 거의 이르렀는데 장인이 서툴러서 무너지고 말았다. 정사년(1917) 봄에 다시 돌을 모으고 허공에 가설하여 날을 정해 감독을 하였다. 칠석에 이르러 준공하여 개통하고 '극락'이라고 명명하였으니, 견우와 선녀의 약속과 흥취를 알고 그 즐거움을 즐긴 것인가, 시흥과 충성심(忠感)으로 즐거운 것인가. 임금께 보답하고 스승을 기다리며 즐거운 것인가, 친구를 기다리고 궁전에 들어가는 즐거움인가. 그 즐거움의 즐거움 되는 까닭을 나는 알지 못한다.

즐거움의 이른바 '극락'이라는 것은 즉 연화세계이다. 이 교량에 올라 몇 리를 가면 대승선종大乘禪宗 조계 문중으로 법계장엄 대도량이 호중별계壺中別界[369]를 이루었으니, 즉 보림寶林[370]의 맑은 바람이 중생의 마음을 기쁘게 하고 불일佛日과 혜월慧月이 영원토록 비추며, 샘은 달고 수풀은 우거져 진정 수선修禪 득도의 보방寶坊(사찰)이다. 밝은 창과 정갈한 자리(單)에 선의禪衣[371]를 여미고 공空을 관觀하며, 바람 부는 아침과 달 뜬 저녁에 석장을 짚고 교량에 나아가면 연화蓮華 고향이 걸음을 들어올리지 않아도 오르게 되고 극락정토에 왕생하지 않아도 앉을 수 있으니, 교량의 명명이 여기에 있고 저기에 있지 않은 것인가. 그리고 봄꽃과 가을 달, 여름 소나무와 겨울 눈 같은 사계절의 변화 모습과 조약돌에 흐르는 물소리와 나는 듯이 흐르는 여울, 무성한 숲과 긴 대나무 등 눈길이 닿는 성색聲色은 그저 교량에 가서 올라간 이가 취하기에 달렸을 뿐이다. 어찌 족히 말하리오.

아아, 완성되었다가 무너지고 무너졌다가 완성됨은 조물주가 시기를 많이 함이라. 옛날 흙다리와 판자 다리가 금일 교룡의 허리와 별 무지개처럼 변할 줄 누가 알았으랴. 교량에 오르는 이들은 그 명명한 깊은 뜻을 본받고 흥취와 감동의 허튼 생각을 취하지는 말라.

한붕漢朋 옹翁은 고흥高興 사람이다. 성은 안씨安氏요, 자는 성학聖鶴이다. 성품은 강하고 과감하며 기개는 고한孤閑하고 절개(風節)는 아스라이 높으며, 계정밀행戒定密行[372]은 타인이 헤아리기 어렵다. 몸은 사찰(松門)에 붙이고, 마음은 연화세계에 기울였다.【난재일기蘭齋日記】

昇平郡曹溪山極樂橋記【丁巳七月初七日開通】

海陸之運重通涉者。舟車。河川之架空利濟者。橋梁也。運架動靜雖殊。其涉濟之功一也。俯仰古今橋之所有名者。槩領畧而數矣。天之烏鵲橋。牽牛之結約也。地之天津橋。仙女之寄興也。天台浣花橋。詩士之發興也。松岳善竹橋。忠士之遺感也。萬石之於萬里。鷺梁之於月尾。其餘名川長河。架橋通涉者不欲枚擧。而至若豫讓伏橋而報君。子房遊橋而待師。尾生坐橋而期友。薛翁墮橋而入宮。是皆托此而寄興。憑斯而建功者。各有一理存焉。但是橋者。考其濫觴。雍正八年庚戌春。化主卓勤之所剏也。咸豊四年甲寅秋。洪水漲溢之所壞者也。其後架木培土。累石連板。難堪步涉者。不待言而記[1]得矣。迄大正六年丙辰秋。山之釋漢朋公。慨步涉之極艱。傾廩招匠。幾至告竣矣。爲匠氏之未巧而壞之。丁巳春。更以伐石架空。赳日董役。至七夕日。竣工開通。芴以極樂。命其名者。知牽牛仙女之約與興而樂其樂耶。爲詩興忠感而樂耶。報君待師而樂耶。期友入宮之樂耶。吾未知其樂之所以爲樂也。盖樂之所謂極樂者。卽蓮華世界也。登此橋而躋乎數里。大乘禪宗。曹溪門內。法界莊嚴大道場自作壺中別界。卽寶林之淸風。悅可衆心。佽日之慧月。永歲照臨。泉甘林茂。眞修禪得道之寶坊。明窓淨單。歛禪衣而觀空。風朝月夕。携杖錫而臨橋。則蓮華故鄕。不擡步而躋攀。極樂淨土非往生而坐卧。橋之命名。在此而不在彼歟。且春花秋月。夏松冬雪。四時之變態。泖石飛湍。茂林脩竹。目寓之聲色。祗臨登者之管取如許而已。何足道哉。嗚呼。成而壞。壞而成。造物者多猜。誰知昔日土圯板橋。變成今日蛟腰星虹也哉。唯登臨諸君。能體命名之深趣。莫取興感之浮想焉。漢朋翁。高興人也。姓安氏。字聖鶴。性剛果。意氣孤閑。風節卓逈。戒定密行。人所難測。身托松門。心注蓮界云爾。【蘭齋日記】

---

1) ㉮ '記'는 '知'의 오자인 듯하다.

정봉 대화상의 입적을 알리는 통장【을미년(1895) 3월 8일 입적】

엎드려 듣건대, 널 밖으로 두 발꿈치를 보이시어 불생불멸의 영험한 자취를 분명하게 하시고, 고갯마루에서 신발 한 짝을 끌어³⁷³ 가고 옴이 없는 표시를 명백하게 하셨습니다. 소림사에서 면벽하니 9년 동안 아름다운 취향이 많고, 마가다국에서 문을 닫고 7일간 본보기를 보이셨습니다.³⁷⁴ 동방 1만 8천 여래³⁷⁵의 상서로운 징조를 비추시니 그 수를 헤아릴 수 없고, 서방 33조사의 기이한 자취를 열거하니 어찌 계산하여 알겠습니까. 치미齒眉³⁷⁶와 족륜足輪³⁷⁷의 빛을 나툼은 문수文殊와 보현普賢이 경전을 강설할 상서요, 일광과 월륜月輪의 모양이 드러남은 마명馬鳴과 용수龍樹³⁷⁸가 몸을 드러낼 명칭이었습니다. 또한 빛을 받아 경전을 강설함은 즉 금강장金剛藏³⁷⁹이 십지十地³⁸⁰에서도 받기 어려운 예절을 말한 것이고, 나무를 잡고 입적을 보임은 승찬僧璨 스님이 한 구절 부전不傳의 가풍을 보임이라.³⁸¹ 이 모두는 제불諸佛의 방편 권행權行³⁸²을 본뜬 것(影響)이니 본색 납승衲僧³⁸³의 이성理性과 실사實事에는 어울리지 않습니다. 그러나 과거(往劫) 깊은 공부의 분수에서 나온 것이니 어찌 현재 넓은 지혜의 눈앞만 따르겠습니까. 비록 세간의 작은 기술이라 하더라도 필시 긴밀하게 연습한 데서 나온 것인데 하물며 형체 바깥의 큰 사물이 소홀히 범상한 뜻에서 말미암겠습니까.

우리 화상은 성이 최씨이고 호는 인찬引璨으로 부휴浮休 큰스님의 적전嫡傳³⁸⁴이요, 허주虛舟³⁸⁵ 화상의 법제法弟이십니다. 불립문자는 벽안碧眼³⁸⁶이 종주로 한 바와 크게 같으니, 관여하지 않는 방행放行³⁸⁷이 조백棗栢³⁸⁸의 장애 없음과 어찌 다르겠습니까. 정토 닦음을 업으로 삼아 구품연화대에 태어나길 항상 원했고, 아미타불 뵙기를 기약하여 여섯 자 염불(나무아미타불)을 잊지 않았습니다. 평생 마음 쓴 면목을 알고자 하면 3일 동안 하늘에 뻗친 빛나는 상서를 보면 됩니다.

이제 3월(姳月) 생명生明389 6일 계명성이 보이는 첫 시각(새벽)에 가벼운 질병을 보이시고는 일어나지 않으시니 색양色養390을 버리고 입적(歸眞)하여 홀연 순식간에 문을 닫고 문득 하루아침에 면벽을 하였습니다. 감실龕室 속에 두 발꿈치를 거두어 짐짓 불생불멸의 영혼(識靈)을 보이지 않으시고, 방안에 신발 한 짝을 놔 두니 또한 가고 옴이 없는 표시를 알지 못하겠습니다. 다비의 재의(齋體)를 수행하고 사유闍維391의 사물을 갖추니, 달은 부상扶桑(동쪽)에 아직 오르지 않았지만 해는 약목若木392에 이미 잠겼습니다. 이에 두 줄기 상서로운 빛이 서쪽에서 동쪽으로 이어지니 동쪽은 열반의 방이요, 한 줄기 하늘빛이 남쪽에서 북쪽으로 찬란하니 북쪽은 화장(火浴)의 장소입니다. 처음에 오색구름이 영롱하니 문수보살이 광명으로 깨닫게 함(光明覺)393입니까. 마침내 일곱 줄기로 은은히 비추니 여래께서 모습을 드러냄(現相品)394이 아닙니까. 백천 일월의 화려한 빛과 같고 억만 천지의 찬란함처럼 황홀합니다. 골짜기가 텅 비니 산새와 들새가 놀라 날아오르고, 일월이 빛을 잃으니 원근의 승려와 일반인(緇素)들이 찬송합니다. 5경(새벽 4시경)에 이르도록 밝게 빛나 목감木龕(나무 상자)에 단정히 앉은 정수리에 들이붓고, 구천九天에 응하여 서려 앉으니 은하수 별들의 형국(體局)을 바로 관통합니다. 한 번에 그치는 것이 아니라 3일 밤을 또한 이와 같이 했습니다. 대개 이 제불諸佛과 보살의 상서로운 징조는 경전 강설로 인하여 상서를 드러내거니와 조사들과 납승의 기이한 행적은 무엇으로 인하여 자취를 남깁니까. 필시 정토에 태어나는 상서로운 빛이요, 아미타불의 상서로운 색을 본 것입니다.

고금에 드문 위대한 자취이니 어찌 침묵하여 말없이 있겠습니까. 바라건대 동지들은 사람에게 고금의 모양이 있다고 고집하지 말고 법에 멀고 가까움이 없다는 논설을 믿어서 즉시 무상한 마음을 펼쳐 대인의 경계에서 유희하고, 속히 유루有漏395의 처지를 뛰어넘어 본색의 가풍에 소요하시기를 깊이 바랍니다.

正峯大和尙出世通狀【乙未三月初八日示寂】

伏聞示雙趺於槨外。不生不滅之靈蹟昭昭。携隻履於嶺頭。無去無來之表信的的。少林面壁。多是九載之嘉趣。摩竭掩關。乃見七日之楷模。照東方萬八千如來之徵祥。其數弗ень。列西土三十三祖師之奇蹟。何計較知。放齒眉足輪之光。文殊普賢說經之普瑞。現日光月輪之相。馬鳴龍樹現身之名稱。抑復蒙光說經。卽金剛藏說十地難受之禮節。攀樹示滅。是僧璨師示一句不傳之家風。是皆爲影響諸佛之方便權行。非宜乎本色衲僧之理性實事。然流出非深工之分上。豈從現今廣慧之目前。雖世間一小技。必出於繁梗習性。況形外幾大物。自由於率易凡情。惟我和尙。崔氏爲姓。引璨其號。浮休大老之嫡傳。虛舟和尙之法弟也。不立文字。大同碧眼之所宗。不關放行。何殊棗栢之無碍。修淨土爲業。常願九品之受生。見彌陁爲期。不忘六字之念佛。欲知一生用心之面目。就見三日亘天之璨祥。今窩月生明之六日。啓明之初刻。示微疾而弗起。捐色養而歸眞。忽頃刻而掩關。奄一朝而面壁。歛雙趺於龕裡。姑不見不生不滅之識靈。留隻履於室中。亦未知無去無來之表信。修茶毘之齋體。倏闍維之物機。月未上於扶桑。日已薰於若木。際玆雙鬐瑞色。自西亘東。東是涅槃之室。一面天光。從南璨北。北則火浴之場。始五雲以玲瓏。倘是曼殊之光明覺也。終七道而隱映。無乃如來之現相品耶。猶若百千日月之輝華。怳然億萬乾坤之晃朗。洞壑廓徹山禽野鳥飛鷩。日月奪光。遠近緇素讚頌。達五更而昭晰。湊灌於木龕端坐之頂門。應九天而盤蜿。直貫乎銀河列宿之體局。非唯一度乃已。如是三宵亦然。盖此諸佛菩薩徵祥。緣說經而現瑞。列祖衲僧奇蹟。因甚麼而遺蹤。必也受生淨土之祥光。獲見彌陁之瑞色。罕古今之景蹟。何寢默而寐然。願諸同志。毋執人有古今之相。須信法無遐邇之論卽發無常之心。遊戲於大人之境界。速超有漏之地。逍遙於本色之家風。幸甚。

『계산시고』 발문

서생書生에게 없어서는 안 될 것은 시詩이다. 그래서 옛날 성현이라는 분들은 시로 가사를 지어 감흥을 일으켰다. 솥에 새기고 돌에 새기는 말이 이것 없으면 될 수가 없다. 당송唐宋 이래 여덟 분의 뛰어난 이들[396]이 시로써 세상에 유명했는데 유독 이백李白을 더욱 좋아한다. 그 삶은 꽃과 새처럼 근심스레 했고, 그 죽음에 있어 풍월처럼 한가로이 여겼다. 세상에 이름난 이유가 시를 잘 지은 까닭에 있으니, 시가 없을 수 있는가.

나는 시를 잘 짓지 못하고 또한 뛰어난 이들을 사모하지도 못하지만 재주와 시가 유명하지 않음을 한스럽게 여기고 또한 배움이 옛날의 아름다운 지경에 이를 수 없음을 안다. 다만 가르치는 즈음에 학생들이 경전을 보다가 남은 시간에 혹시 빈 간격을 낭비할까 염려되어 그 재능에 따라 문장을 엮어 글을 완성하게 하여 '계산시고'라 하였다.

그러나 처음은 있고 끝이 없는 경우가 있고 처음을 파헤쳐 마침을 요구하는 경우가 있으니, 다만 품부 받은 재능이 어떠한가에 관계될 따름이다. 어찌 내게 관여되겠는가. 옛날 세상에 이름난 이들은 시에 재능이 있어서 그런 것인데 하물며 요즘 세상에 이름난 이들이 이것 없이 가능하겠는가. 혹시 훗날 일이 완성되어 글을 대하여 관람하면 미간을 펴고 고개를 끄덕이거나 후회하는 마음으로 얼굴을 붉히거나 하리라.

이것으로 발문을 쓰니, 서생에게 일조가 되기를 바랄 뿐이다.

溪山詩稿跋文·

書生所以不可無者。詩也。故古之聖賢者。詩以歌詞之興感之。銘鼎也。勒石也。不能無此而行之。自唐宋以下八家諸哲。以詩鳴於世。而獨李白益好之。其生也。花鳥愁之。其死也。風月閑之。其名世者存乎能詩之所以然者也。詩可無耶。余雖不能詩。亦莫敢慕聖哲。而自恨才與詩之未名。亦知學不能逮古之佳境。但於敎授之際。使學者看經之餘。或慮空隙之浪費也。隨其才能。而習綴成篇曰。溪山詩稿。然而有有始而無終者。有原始而要終者。只管其品賦之如何也。何預於我哉。古之名世者旣以詩之所能。況今之名世者。無此而得乎。倘功成他日。臨編觀覽。則或有展眉而點頭。或有悔心而愧顏者也。以是而書之。庶望乎書生之一助云尒。

부휴 선조[397]【임제 26세】의 비를 거듭 세우며 지은 비음기[398]【짓기만 하고 판에 새기지는 않았으니, 송염재[399]가 지은 글로 사용했기 때문이다.】

오직 우리 대선사께서는 사바 대천세계에 드러내시어, 황하가 맑아지는[400] 5백 년에 응하여 조계의 선종禪宗을 널리 천명하신 진정한 불자佛子이시며, 윤지綸旨의 아름다운 명[401]에도 흔들리지 않는 나라의 기둥이셨습니다. 『원각경』의 선천先天에 대해 앞선 인연의[402] 금송錦頌[403]을 누가 아뢰리오. 수미산의 호겁浩劫(긴 시간)에 현재의 귀부龜趺[404]를 깨닫지 못합니다. 속리사 앞에서 깨진 비석을 발견하고 조계산 골짜기에 7길(仞) 비석을 세우려고 합니다.

무오년(1918) 봄에 본사 주지 설월 용섭雪月龍燮이 본사 공금과 사재를 모으고 영·호남 후손(雲仍)들의 재물을 규합하여 예산 비용 2만 가운데 2천 원圓 가까이 모았습니다. 법화 언덕에서 돌을 캐고 서울 장인에게 빛이 나도록 다듬게 했습니다. 이에 백곡白谷[405]의 옛 명銘[406]을 활용하여 청구靑丘(조선)의 이름난 붓을 빌리니, 정부의 재정에 의뢰하여 철륜鐵輪의 화장火牆에 솟아오릅니다. 처음 시작함(登程)은 강남 제비 소리를 듣는 좋은 때였는데, 마치고 아룀(上達)은 욕불浴佛[407]을 하례하는 좋은 날이 되었습니다.

전액篆額[408]은 살아 있는 듯 오룡五龍의 무늬를 점찍은 듯하고, 게송은 구슬을 엮은 듯 만 곡斛[409]의 구슬처럼 찬란합니다. 오직 우리 대중들은 '네 조상을 생각하지 않느냐(無念爾祖)'[410]는 구절을 흠모하여 '무리가 실로 많도다(寔繁有徒)'[411]라는 가르침을 추도합니다.

무오년(1918) 1월 14세손 보정寶鼎이 분향하며 삼가 기록합니다.

浮休禪祖【臨濟二十六世】**重立碑陰記**【但制出而不登梓。以宋念齋所作文用之故也。】

唯我大禪師。現大千於沙界。應半千之河淸。廣闢曹溪之禪宗。眞是佛子。不動綸旨之嘉命。卽乃國砥。圓覺先天。誰告前因之錦頌。須彌浩刦。莫悟現在之龜趺。發見短碣於俗離寺前。謀樹七仞於曹溪洞上。歲戊午春。本寺住持雪月龍燮。倡募本寺公私之金。叫化嶺湖雲仍之財。算費餘二萬額。恰募近二千圓。採石於法華之邱。鍊光於漢城之匠。酒用白谷之舊銘。爰借靑丘之名毫。賴政府之金贜。騰鐵輪之火牆。始登程也。聞江燕之吉辰。終上達兮。賀浴佛之良日。篆額如活。墨點五龍之紋。偈頌聯珠。光燦萬斛之玉。唯我大衆。欽慕無念爾祖之句。追悼息[1]繁有徒之訓。戊午一月日。十四世孫寶鼎。焚香謹誌。

---

1) ㉠ '息'은 '寔'의 오자이다.

밭을 개간하기 위해 터를 닦는 축문【무오년(1918) 1월 27일 황우송[412]】

이름난 하천과 넓은 벌판에 영험한 신들이여,
지역은 '무동撫桐'이요 하천은 '봉천鳳川'입니다.
여기에 빈 터가 있어 개간을 시작하니
재목도 기르지 않고 물고기도 기르지 않아
공연히 도깨비와 다람쥐들로 하여금
거칠고 묵은 풀밭을 차지하게 하였도다.
막중한 왕토는 마땅히 백성에게 속해야 하니
남북으로 개간하여 크게 옥토를 이루리.
이에 곡일穀日[413]에 자욱한 풀을 베니
오직 신들께서는 화내지 말고 두려워도 말고
신이한 힘을 펼쳐 일꾼을 보호하여
흙을 옮기고 돌을 캐 내길 귀신이 돕는 듯하여
음양의 돌과 흙으로 쌓아 이루게 하소서.
삼가 광주리 밥과 음식을 갖추어
좋은 울창주[414]와 함께 드리니 흠향하소서.

墾田開基祝文【戊午一月二十七日黃友松】

名川廣野。靈祇等衆。域號撫桐。水名鳳川。玆有空土。可起墾佃。不養奇材。不產漁洄。空使魍魎。及與鼯孫。陳茅荒草。一場牧鄽。莫重王土。宜屬王民。以開阡陌。大成沃田。玆庸穀日。剪草開涇。唯冀神祇。勿嗔勿懼。能放神力。斗護役夫。運土拔石。如遇鬼扶。陰石陽土。築着成偶。謹以簞食。兼脩糜粻。庸韶鬱鬯。伏唯尙享。

지와굴 터를 닦는 축문 【2월 5일 김대우】

산신과 국사局師,[415] 높은 산 존엄한 영령이시여,
토지의 신들이여 이 도량에 강림하시어
우리의 창건을 보호하여 각기 신통을 펼치소서.
터를 닦고 기와 구워 호불護佛의 궁전 마련하니
우리 일꾼을 도와 재해 없애고 상서를 내리시어
악한 짐승은 물러가고 선한 신명이 나타나시어
하늘이 보호하고 땅이 도와 따스한 바람 보내사
바라는 바 속히 이루어 경사를 크게 이루도록 하소서.
삼가 맑은 술을 드리노니 흠향하소서.

地瓦窟開基祝文【二月初五日金大愚】•
山神局師。崇岳尊靈。土祇地神。降此道場。護我刱事。各放神通。開基陶瓦。爲護佛宮。助我役夫。消災降祥。惡獸迸迹。善神現形。天護地助。借送陽風。速成所望。大就慶功。謹以淸酌。伏唯尙饗。

제운[416] 대선사 비음기 【무오년(1918) 4월 8일 강철월】

공적을 따라서 덕을 추모함은 덕 있는 이에 대한 감상이요, 덕을 수립하나 공적이 없음은 지극한 이가 자취를 감춤입니다. 무릇 사람에게 비상하고 뛰어난 덕과 공적이 있는 경우에는 마땅히 돌에 새기고 솥에 새겨야 합니다.

지금 선사의 조부 '기인起仁'[417]은 그 지역의 시승(韻釋)이요 속세 밖의 명철한 승려였습니다. 숙종조에 통정첩通政帖[418]과 팔도도총섭八道都摠攝 교지教旨를 받았으며, 시호를 '자운紫雲'이라 합니다. 선사의 부친 '법안法顔' 또한 통정 첩지가 있으니, 세 번 전하여 대사께 이르렀습니다.[419] 당시 불법의 흥성은 이 3대代의 집안에서 나왔으니 진정 필만畢萬[420]의 이후를 징험할 수 있다고 하겠습니다.

선사께서는 처마 아래 빛을 감추고[421] 호리병 속[422]에 덕을 숨겨,[423] 눈 오는 달밤과 바람 부는 호시절에 금빛 하늘의 조의祖意[424]를 펼쳐 내고, 푸른 산과 물에 옥빛 게송의 법류法流를 쏟아 내었습니다. 손으로『화엄경』을 사경하며 마음으로 해탈법문을 증험하셨으니, 이것이 일생 동안 덕을 세운 것입니다. 하물며 천자암天子庵을 네 번째 창건하셨으니 선사께서 애써서 간고幹蠱[425]한 것입니다.

선사의 열반(泥洹) 후 97년 만에 문인 동호東湖와 추파秋波 등이 선사先師의 공적을 추모하여 비석을 자르고 흙을 북돋았습니다. 17년 후에 후손(雲仍) 경해鏡海[426]와 경봉景鳳[427]·인봉印峰[428] 등이 문도 40여 인과 함께 천여 원의 의연금을 모아 운암云庵과 상전祥銓에게 명하여 선사의 덕을 추모하여 비석을 다듬어 새기게 했습니다.

아아, 비석이 남포藍浦[429]에서 나왔으나 비석이 무슨 말을 하겠습니까. 명銘은 서울 분이 지었으니, 명 또한 값을 매길 수 없습니다. 나의 필체는 졸렬하지만 감히 선사의 지극한 덕을 기념하고 또한 공적을 따르는 무리가 있음을 찬양합니다. 바라는 바 겁석劫石[430]이 닳도록 정민貞珉[431]은 길이 남기를.

霽雲大禪師碑陰記【戊午四月八日姜哲月】

追功慕德。德人之感想。樹德無功。至人之晦跡。凡人有非常卓犖之德與功者。宜勒石而銘鼎也。今師之祖曰起仁。域中韻釋。物外明僧。肅宗朝有通政帖及八道都揔攝。敎旨諡曰紫雲。師之父曰法顔。亦有通政之帖。三傳至大師。當時佛法之興隆。出於三代之閫域。眞所謂畢萬之後可驗也。先師韜光廡下。匿德壺中。雪月風華。提撕金天之祖意。碧山淥水。呑吐玉偈之法流。手寫華嚴大經。心證解脫法門。此洒一生之樹德。而況天子庵第四刱建。卽師之拮据幹蠱者乎。師之泥洹後九十七年。門人東湖秋波等。追先師之功。斫石而封塚。越十七年。雲仍鏡海景鳳印峰等。與門徒四十餘人。募千有餘圓義金。命云庵祥銓。慕先師之德。鍊石而勒銘之。嗚嗚。石出藍浦。石何有言。銘綴漢城。銘亦無價。予筆雖拙。敢紀先師至德。亦贊有徒追功。所冀者。刦石磨而貞珉長存。

임경당 돌우물을 새로 완성한 명【무오년(1918) 4월 17일】

물은 육부삼사六府三事[432] 가운데 첫 번째이다. 크게 물살을 드러내는 것은 강과 바다이고 작게 마실 것을 모아 놓은 것을 샘과 우물이라 한다. 물을 건너고 논밭에 물을 대는 공적과 더러움을 씻고 갈증을 해소하는 이로움이 이만한 게 없으니, 물의 공적과 이로움이 위대하다.

이 당은 개울의 모퉁이에 있는 사찰의 입술에 해당하는데, 삼청각三淸閣과 육감정六鑑亭이 당의 서쪽 처마에 쓸쓸하게 서 있어 신선들이 거니는 것을 항상 보고, 능허교凌虛橋와 천왕문天王門이 당의 남쪽에 나열해 있어 범패 읊조리는 소리를 매번 듣는다. 여타 사계절의 변화와 만상을 살핌에 있어 진정 조계산의 경치가 임경당 한 곳에 있다고 하는 것이 진실로 어긋나지 않는다. 당의 동남쪽(巽) 뜰에 물이 자연히 솟아나 졸졸 흐르니 여름에는 시원하고 겨울에는 따뜻하며 장마와 가뭄에 관계없이 자강불식自强不息하니 족히 샘물과 우물의 근원이 될 만하다.

옛날 당을 지을 때 우물을 파서 설치하였는데 물통을 문 밖에 마련하여 아침저녁으로 물 긷는 것을 꺼리게 되었다. 갑인년(靑虎, 1914)에 미쳐 서응瑞應 공公이 멋진 기술로 당의 남쪽 담장 안에 홈통을 매설하여 물줄기를 이끄니 물이 더욱 차가워졌고 길은 더욱 탄탄해졌다. 필시 아침저녁으로 물을 길어 먹는 어려움은 없었을 것이다. 그러나 물을 모아 두는 방법은 나무통이 썩어 손상될까 항상 걱정이다. 우禹 임금의 솥[433]처럼 무겁고 장자莊子의 표주박[434]처럼 큰 게 있더라도 얻기 어렵지만 쉽게 부서질 것이다. 하물며 달리 구하기 어려운 것은 어떻겠는가.

당堂에 거하는 석덕碩德 한붕漢朋 옹翁이 오래도록 깊이 근심하다가 사재를 털어서 시냇가의 바위를 다듬고 3백 금을 들여서 7곡斛 남짓 되는 우물을 팠다. 길이는 6자, 넓이는 4자, 깊이는 1자 4치이다. 동쪽(卯乙)의 물을 끌어 남쪽(巳丙)의 불을 진압하니 물과 불이 서로 해치지 않는[435] 바른 위치에서 한 구역 석당石塘(돌연못)에 물이 고인다. 옥 같은 물이 가득 차니 은빛 물결이 당을 둘러서, 넘실거리고 졸졸 흘러 근원이 마르지 않는다. 또한 달이 물결 속에 떨어지면 거울처럼 만물을 비추고 바람이 수면에 불면 가슴이 청량해지니, 이것이 임경당의 큰 볼거리다.

밭에 물을 대는 공적은 없으나 갈증을 해소하는 이로움이 있으니 샘 우물의 도는 넓고도 크다. 하물며 또한 차를 달여 부처님께 공양하여 감로의 맛으로 변화시키니, 음식을 만드는 재승齋僧은 선열禪悅의 즐거움을 얻으리라.

아, 향해香海는 마르더라도 이 우물은 비지 않을 것이요, 석수石髓[436]에는 근원이 있어도 시주의 복은 무궁하리라.

臨鏡堂石井新成銘【戊午四月十七日】

水乃六府三事之一數也。大而放浪者謂之江海。小而貯飮者。謂之泉井。以其涉濟漑灌之功。濯穢鮮渴之利。莫此若也。水之功利大矣哉。此堂在溪之角寺之唇。而三淸閣六鑑亭。寥落於堂之西廡。常見仙子之逍遙。淩虛橋天王門。倂列於堂之南面。每聞梵樂之嘯咏。其餘四時變態。萬像照鑑。眞所謂曹溪勝賞。在臨鏡一堂者。信不謬矣。堂之巽庭。水自湧而滾滾然。夏冽而冬溫。不關水旱。自强不息。足爲泉井之源。古之籹堂之初。鑿而貯之。槽設門外。爲嫌朝暮之汲矣。洎于靑虎。以瑞應公之善巧。埋梘引槽於堂之南墻內。水益冽洌也。路甚坦坦焉。必不爲朝汲暮吸之艱阻也。然而貯水之方。常患木槽之朽壞。雖有禹鼎之重。莊瓠之大。尙爲難得而易壞。況餘求之難易者乎。堂之碩德漢朋翁。甚患之久矣。捐家貲。攻溪石。費三百餘金。斫井量七斛許。長六尺。廣四尺。深一尺四寸也。引卯乙之水。壓巳丙之火。水火不相射之正位。渟潴於一區石塘中。玉水盈科。銀波周堂。洋洋焉。淙淙然。其源不渴。抑復月落波心。鏡像照臨。風來水面。襟靈淸凉。此卽臨鏡堂之大觀也。雖無漑灌之功。能有解渴之利。泉井之道。廣且大矣。況又煎茶供佛。變成甘露之味。烹飪齋僧。便得禪悅之樂。噫。香海雖渴。此井不空。石髓有源。檀福無窮云爾。

벽담당 탑을 이안하는 축문【탑 세 본이 보조암 북쪽 모퉁이에 있었는데 풍암당 탑은 병진년(1916) 봄에 비전으로 이안하였고, 이번 무오년(1918) 4월 24일에 벽담437과 회계438 두 탑을 일시에 비전으로 이안하므로 이 글을 썼다.】

현선顯先439 조사祖師 벽담당碧潭堂 대화상 존영尊靈 아래 올립니다.

법신은 자취 없고 묘체妙體는 담백한데
자비로 사물에 응하여 영골靈骨로 참을 드러내사
삿된 견해의 그물을 부수고 불조佛祖의 인끈을 차니
마음은 화장세계440에 융합하고 탑은 동쪽(東震)을 진무하네.
흉조를 피하고 길조로 나아가 조사의 관문을 열고
터를 잡아 기초를 놓으니 소목昭穆441에 질서 있어
위로 조종祖宗을 모시고 옆으로 형제를 나열하네.
엎드려 바라건대 존영이시여, 화내지 말고 꾸짖지 마소서.
우리 후손들은 실로 많은 무리가 있어442
미미한 음식이나마 갖추어 정성을 표하고
삼가 차를 끓이니 흠향하소서.

碧潭堂塔移安祝【三本在普照庵北隅。而楓嵒堂塔。丙辰春移安碑殿。今戊午四月二十四日。碧潭會溪二塔。一時移安碑殿。故有此文也。】
顯先祖師碧潭堂大和尙尊靈之下。法身無迹。妙體湛然。大悲應物。靈骨現眞。破邪見網。佩佛祖印。心融華藏。塔鎭東震。避凶就吉。運啓祖關。銓基定礎。昭穆有序。上御祖宗。傍列兄弟。伏唯尊靈。勿嗔勿咎。唯我雲仍。息[1]繁有徒。特備微奠。庸表丹誠。謹以點茶。伏唯尙饗。

---
1) ㈜ '息'은 '寔'의 오자이다.

또(회계당 탑을 이안하는 축문)

회계당會溪堂 대종사 존영尊靈 아래 올립니다.

온 나라에 이름이 알려진 총림 대덕으로
법안法眼은 고명하고 용모는 빼어나시어
고금의 귀감이며 자타의 법칙이시니
교해敎海의 노를 만드사 불조佛祖의 맥을 이어
소리는 여러 산에 응하고 기운은 주석柱石 같은데
교화를 쉬고 입적(歸證)하여 영식靈識[443]을 드러내셨네.
영험한 그 구슬이 대록大麓[444]으로 들어가니
스승이 운용하고 제자가 따르며 동시에 움직여
법의 물결이 정정하고 차례(昭穆)가 역력하게
주춧돌을 봉안하니 기러기처럼 질서 있어
뛰어나게 높고 상서로워 길이 산악을 진호하네.
추모하는 무리들이 차를 배설하니
영험한 신명이시여 흠향하소서.

又

會溪堂大宗師尊靈。一國名現。叢林大德。法眼高明。容儀挺特。今古龜鏡。自他繩墨。作敎海楫。繼佛祖脉。聲應諸山。氣若柱石。休化歸證。獨露靈識。有靈其珠。入于大麓。師運資從。同時動作。法派井井。昭穆歷歷。銓礎奉安。形同雁鵠。殊特崇禎。永鎭山岳。追慕其徒。敢設茗藥。伏唯靈神。俯奠歆式。

벽담당 탑과 회계당 탑을 비전에 이안하고 담을 쌓는 기문

전傳에 이르길, "선사의 성품은 강직(强毅)하여 그의 눈 아래 사람들이 달려가지 못하고 혀 아래 여럿이 행하지 못하였다. 종풍을 부지함이 현판을 태우는 경계가 되고, 기회에 응함이 자리를 빼앗는⁴⁴⁵ 형세가 되었다."라고 했다. 강령降靈한 본本으로 세상에 드문 기이한 국면을 이루셨으니, 그렇게 하지 않으려 했지만 그렇게 된 것인가.

벽담 선사께서 세상에 계실 때 풍암楓岩⁴⁴⁶ 노숙老宿⁴⁴⁷의 탑을 보조탑의 서북쪽(乾) 모퉁이로 이안하였다. 이는 필시 보처존補處尊⁴⁴⁸을 염두에 둔 것으로 타인이 그 뜻을 거스를 수 없었다. 그 성품의 과감함을 여기서 알 수 있다. 선사께서 입적하신【정종正宗 22년 무오(1798) 9월 29일】 다음 해에 그 왼쪽에 탑을 세웠고, 후에 회계당會溪堂이 입적하여 또 그 오른쪽에 탑을 세웠으니, 보처의 예언이 명확하게 부합하였다.

아, 대한 융희隆熙【개국 512년 무신】 무신(1908) 봄【4월 18일】에 의병 난리에 동암東庵(은적암)과 보조암이 혹독하게 일병日兵의 방화를 당하여⁴⁴⁹ 두 채의 보배 구역이 곤명昆明⁴⁵⁰ 장소로 변하고 세 채의 스투파(窣堵)⁴⁵¹가 쓸쓸한 근심을 같이 띠게 되었으니 운수(理數)의 순환이 아니겠는가. 이에 9년 (지나서) 병진(1916) 봄에 지주 설월 용섭雪月龍燮⁴⁵²이 풍암 조사의 탑을 먼저 옮겨 비가 있는 비탈(碑嵄)의 본좌本座에 안치했다.【사건은 해당 기문에 보인다.】 두 채의 탑을 아직 이안하지 않은 상태로 무오년(1918) 봄에 이르러 담을 쌓고 기와를 얹어 4문파의 재물을 덜어 보조하니 수백 원圓을 소비하였는데, 진실로 가히 '산을 빛내고 개울을 아름답게 했다'⁴⁵³ 할 만 했다. 같은 해 5월 본문本門 사람【호봉豪峯·위송衛松·호명皓溟·용연龍淵·곤명混溟·눌봉訥峯】 등이 힘을 합쳐 두 선사의 탑을 이안했다. 일꾼은 16인뿐이라서 여섯 번씩 짐을 졌고 비용은 60원이 들었으며, 며칠 되지 않아 봉안했다.[탑을 세운 때부터 무오년까지 123년이다.] 풍암 노숙이 영해影海 조사의 맥을 잇고 묵암默庵이 (풍암을) 계승하여, 벽담 선사를 묵암 비의 오른쪽에 안치하고 회계 선사가 계승하였다. 그리하여 위로 부휴浮休부터 아래로 풍암 노숙에 이르기까지 조사들과 후손들이 소목昭穆의 차례로 나열되니 불조佛祖의 전등傳燈과 같았다. 풍암 노숙의 밑에 서너 분파가 생겨 가지마다 잎사귀마다 잇고 이어서 무궁한 기초를 전하였으니, 비록 삼척동자라 해도 일러 주지 않아도 알 수 있게 되었다.

그리하여 차례茶禮[5월 5일]를 지내고 나서 나에게 기문을 부탁했다. 나는 말했다.

"기문이란 사건의 명칭이요, 명칭이란 사실의 손님입니다. 사건이 완성되고 사실 또한 이루어졌으니 어찌 명칭을 쓰겠습니까."

"이른바 사건과 사실이 천년토록 전해지는 것은 명칭에 기대어 쓰지 않기 때문입니다. 사실이 홀로 명칭 없이 서게 된다면 전해지지 않음은 해를 보듯 명확하니, 명칭의 의미를 어찌 소홀히 하겠습니까."

나는 이에 선사의 덕과 행위, 사건과 실제가 이와 같고 이와 같음을 대략 기록한다.

碧潭堂[1]塔會溪堂塔移安碑殿及築墻記

傳曰。禪師性行強毅。眼下人不能走。舌底衆莫敢行。扶宗爲焚板之警。應會作奪席之勢。降靈之本。致間世之奇局。不其然而然乎欤。以故禪師在世。運楓老之塔。安于普照之乾隅。此必是將爲補處尊之預算。而人莫敢以抗志。其性行之果。敢於此驗矣。禪師示寂【正宗二十二年。戊午九月二十九日】之翌年。立塔于其左。後會溪堂示寂。又立之其右。補處之識。端合符契也。嘻嘻。迄大韓隆熙二年【開國五百十二年戊申也】戊申春【四月十八日】。義兵之亂。東普兩庵。酷遭日兵之燹禍。二區寶坊。變作昆明之場。三位窣塔。共帶怊悵之愁。無乃理數之循環歟。粤九年丙辰春。住持雪月龍變。先運楓祖之塔。妥于碑嶝本座【事見本記】。兩位之塔。未暇運安。而至戊午春築垣而盖瓦之。捐四門財而補助。費數百圓金。信可謂山輝而川媚者也。仝年五月本門人【豪峯衛松皓溟龍淵混溟訥峯】等。同力運兩禪師之塔。役丁但十六人。六次荷擔。用財六十餘圓。不數日奉安。而【自立塔至今戊午一百二十三年也】以楓老繼影祖之脉。而默塔繼其嫡。碧師安於默碑之右。而會師承其派。上自浮休。下至楓老。祖祖孫孫。昭昭穆穆。儼若佛祖之傳燈也。楓老之下三四分派。枝枝葉葉。繼繼承承。傳於無窮之基礎。雖三尺。不待言而記得也。礽以茶禮之【五月五日】事旣就矣。囑余其記。余曰記者。事之名也。名者。實之賓也。事旣成。實亦就矣。何足名之爲也哉。曰所謂事實之傳於千秋者。賴其名而不朽者也。若以實獨立於無名之鄕。則其所不傳。指日可待也。名之謂名。烏可忽諸。余於是略記禪師之德與行事實之如是之如是也。

---

1) ㉮ 저본底本 두주頭註에 '임제臨濟 33세世'라 하였다.

조계산 진영당 이전과 새로 영정을 조성한 연기에 대한 의론[무오년(1918) 7월에 기록하다.]

융희隆熙 2년 무신(黃猿, 1908) 4월 18일에 동암東庵(은적암)과 보조암이 혹독하게 병화兵火를 당해 동암의 불상을 문수당文殊堂으로 이안하고, 보조암의 불상은 자음당慈蔭堂(국사전)454으로 이안하였다. 신위神位에 따라 향을 올렸는데 보조암의 선조 영정 같은 경우는 봉안할 겨를이 없어서 후손들이 안타까워했다. 4년 후 신해(白豕, 1911) 3월 9일에 본사 지주 설월雪月 화상이 남곡南谷 화사畫師를 불러 영정 35축軸을 새로 조성하여 사찰의 동쪽 진영당에 걸고 차례茶禮를 지냈다. 그리고 내게 기문을 구하며 말하였다.

"전기傳記에 옛 영당과 새 영당의 혼란함이 있으니, 선조 영정의 효시와 중수하여 이안한 과정에 대해 들어 볼 수 있습니까?"

"네, 네. 본사에 영당을 마련함은 옛 기록을 고찰해 보면, 국사께서 열반한 처음에 진영을 모사하여 선방과 보조암 조실의 대坮 위에 봉안하였습니다. 그 후 15조사의 진영을 차례로 봉안하였으니 이것이 자음당 보조암 조실에 진영을 건 시작(草昧)입니다. 건륭乾隆 10년 을축(1745)에 이르러 16조사의 영정을 다시 그렸으니 화주化主455는 지변指卞이었고, 건륭 45년 경자(1780)에 16조사의 영정을 거듭 완성했으니 화주는 수징水澄이요, 가경嘉慶 12년 정묘(1807)에 옛 영당을 중수했으니 화주는 화봉華峰이었습니다. 이것이 16조사를 자음당에 봉안한 내력이니, '옛 영당'으로 칭하게 된 것이 빛나고 명확합니다.

묵암자默庵子가 서술한 영당 상량문에 이르길, 구름 밖 청산을 베어 중앙(主中)의 보전寶殿을 지으니, 오른쪽은 자음당이요 왼쪽 수석水石이며 진락대眞樂臺456를 등지고 침계루를 향했으며, 중국을 접한 태고太古(보우普愚)457와 두 계수나무를 기른 부용芙蓉458이라 했으니, 이에 건륭乾隆 연간에 새로 지은 당堂임을 알 수 있습니다.

　동치同治 3년 갑자(1864)에 새 영당을 중수하고, 광서光緖 11년 병술(1866)⁴⁵⁹ 봄에 새 영당을 도성당道成堂⁴⁶⁰ 옛터로 옮겨 세웠습니다.【을유년(1885) 2월 2일 밤에 화재가 났기 때문이다.】 주관은 용운당龍雲堂⁴⁶¹이 했습니다. 18년 지나 계묘년(1903) 가을에 다시 본래 있던 곳으로 옮겼으니 당시 주지가 주관했습니다. 이것이 태고太古 이하 조사들을 새 영당에 봉안한 내력이니 명확해서 의혹이 없습니다.

　지금 하는 불사는 보조암의 동쪽 건물(東廡)에 있으니, 광서光緖 원년 병자(1876)⁴⁶²에 창립한 것입니다. 풍암楓嵒 이하 4문파의 진영을 안치한 영당이 문득 화재(崑炎)⁴⁶³를 만나, 남아 있던 토산물을 각기 뜻에 따라 동시에 들어서 신위마다 3원圓씩 소비하여 도합 35축을 이 당에 걸었습니다. 이 당은 본래 태고 이하 조사들의 진영을 안치한 곳인데 대장전大藏殿 벽으로 이안하였으니, 예禮에 이르길 '친한 이를 가까이하고 소원한 이를 멀리한다.'는 것이고, 경전에 이르길 '새롭거나 오래되거나 여럿이 은미하거나 드러나거나 함께 이루어진다.'⁴⁶⁴는 것입니다. 이는 불조佛祖의 변화신이 출입에 장애 없는 매우 불가사의한 경계입니다.

　당堂이 갔다가 돌아옴에 한계가 없어 은연히 삼변정토三變淨土⁴⁶⁵와 같고, 진영은 훼손되고 완성됨에 자재하니 찬란히 뭇 별들의 섬궁蟾宮(달) 같습니다. 신구新舊 당의 명명과 진영을 중수하여 이안한 것은 그렇게 하지 않으려 해도 그렇게 된 것일 테지요."

　설월 옹(雪翁)이 흔쾌히 말했다. "당堂이 이와 같이 갔다가 돌아오고 진영이 이와 같이 훼손되었다가 완성되었으니, 어찌 기문이 없어서 되겠습니까."

　내가 이에 기문을 지어 후인들에게 보인다.

曹溪山眞影堂移建及新造影緣起論【戊午七月日誌】

隆熙二年黃猿之四月十八日。東普兩庵。酷遭兵燹。東佛像移安于文殊堂。普佛像移安于慈蔭堂。依位奉香。而至若普庵之先祖影幀。未暇奉安。爲雲仍之病焉。越四年。白豕三月九日。本住持雪月和上。招南谷畫師。新造影幀三十五軸。掛于寺之東眞影堂。仍茶禮之已。求余記云。傳記有古影堂新影堂之混濫。先祖影幀之嚆矢及重修奉安。可得聞乎。曰唯唯。本寺影堂之設。考諸古記。國師泥洹之初。摸寫眞影。奉安于坮上禪房及普庵祖室。其後十五祖影。次第奉安。是爲慈蔭堂普祖室。掛影之草昧也。至乾隆十年乙丑十六祖影重畫。化主指卞。乾隆四十五年庚子十六祖影重成。化主水澄。嘉慶十二年丁卯。古影堂重修。化主華峰。此卽十六祖奉安之慈蔭堂。稱爲古影堂云者。章章明矣。默庵子所述影堂梁文云。斫雲外之靑山。建主中之寶殿。右慈陰[1])而左水石。背眞樂而面枕溪。接中國之太古。毓兩桂之芙蓉。是知乾隆年間新刱之堂也。同治三年甲子。新影堂重修。光緒十一年丙戌春。新影堂移建于道成堂古址【乙酉二月二日夜回祿故也】主管龍雲堂。越十八年癸卯秋。更移于本基。時住持主幹也。此卽太古下列祖奉安之新影堂云者。的的無疑也。今之役也。卽普照庵之東廡。光緖元年丙子年刱立。所安楓嵓下四門派影堂。遽遭昆[2])炎。而所存土地物。各隨志願。同時幷擧。每位費三圓式。合三十五軸。揭于此堂而此堂本所安太古下諸祖影。移安于大藏殿壁。禮所云。近親而遠疏者耶。經所云。新舊衆隱現俱成者耶。此是佛祖變化身土[3])出入無碍之大不思議境界也。堂之𢘼復而無際。隱然若三變之淨土。影則壞成而自在。煥然如衆星之蟾宮。其新舊堂之命名。影重修之移安。不其然而然乎。雪翁欣然曰。堂如是𢘼而復。影如是壞而成。豈其無記而可乎哉。余於是記而示諸后。

---

1) ㉮ '陰'은 '蔭'의 오자이다. 2) ㉮ '昆'은 '崑'의 오자이다. 3) ㉮ '土'는 연문인 듯하다.

칠전의 동쪽 방장이 고금에 이름이 다름에 대한 변증【8월 일】

다송茶松 노인이 하루는 무설전無說殿에서 회차會茶⁴⁶⁶하니 무설 도인無舌道人과 오천 장실梧泉丈室이 자리로 오는데, 흡사 벽암헌碧嵒軒과 호월皓月과 청풍淸風 세 존숙尊宿께서 앉아서 회차하던⁴⁶⁷ 가풍 같았다. 무설 도인이 묻기를, "대상칠전臺上七殿은 어떤 것이고 어떤 의미가 있습니까?"라고 하였다.

"법신보살法身菩薩⁴⁶⁸의 자리가 무설전【즉 설법전說法殿으로, 현재 장경전藏經殿이다.】에 있고 왼쪽 넷과 오른쪽 셋이 이것입니다. 동서 방장方丈은 이 칠전의 선승당禪僧堂⁴⁶⁹이니, 동서에 각기 선승당이 있어서 셀 수 있습니다. 서쪽에는 삼일암三日菴【본래 서쪽 방장方丈 상사당上舍堂인데 담당湛堂⁴⁷⁰이 3일 만에 견성見性하였기에 불린 이름이다.】이 있고 이 아래에 선승당인 하사당下舍堂과 청운당靑雲堂⁴⁷¹이 있으니 오른쪽 3전殿이 됩니다. 동쪽에는 조사전祖師殿【병술년(1886)에 축성전祝聖殿⁴⁷²을 설치한 용운당주龍雲堂主, 기유년(1909)에 조사 진영을 건 응월당주應月堂主.】이 있다. 이 아래에 선승당인 백설당白雪堂⁴⁷³과 차안당遮眼堂·자음당慈蔭堂⁴⁷⁴【이 당은 당시 국사들께서 모여 공양하던 곳이다.】이 있으니 왼쪽 4전殿이 됩니다. 동서 방장과 양쪽 선승당에 식당을 합하면 7전이 됩니다. 이 당들이 진락대眞樂臺 아래 진여문眞如門⁴⁷⁵ 안에 있기 때문에 '대상칠전臺上七殿'이라 부릅니다. 옛 기록에 이르길, 이 전殿은 부처를 삶고 조사를 삶는 큰 화로이므로 또한 '선불장選佛場'이라 부르고 또는 '급제당及第堂'이라고도 부른다고 했습니다. 상사당과 하사당, 그리고 청운당 이름이 그저 그렇겠습니까."

"7전의 이름이 그런 것은 그러하군요. 동서 방장이 고금에 이름이 다른 것은 무슨 까닭입니까?"

"동서는 주인과 빈객의 지위입니다. 보조普照께서 계실 때에 보조가 주인으로 동쪽에 거하고 진각眞覺⁴⁷⁶이 빈객으로 서쪽에 머물렀습니다. 고봉高峯⁴⁷⁷과 태고太古⁴⁷⁸·부용芙蓉⁴⁷⁹에 이르기까지 주인과 빈객이 대대로 없던 적이 없습니다. 주인은 동쪽, 빈객은 서쪽의 위치이므로 동서 방장이라고 칭합니다. 서쪽이 삼일암이 된 것은 담당湛堂 화상和上이 여기에 앉아 선정에 들어 삼 일 만에 견성見性했기 때문에 비로소 '삼일암'이라 부르게 되었습니다. 동쪽이 조사전이 된 것은 도광道光 22년(1842)에 본사의 아홉 번째 창건주 용운당龍雲堂이 머물렀는데, 보조로부터 용운에 이르기까지 조사와 손자들이 주인이 되지 않고 이곳에 머문 경우는 없었습니다. 이 당을 보면 네모와 원이 들어맞고 사방에 청헌廳軒이 있고 문은 없으며, 중앙에 온돌이 있고 대들보는 없습니다. 말(斗)만 한 크기에 사방이 한 장丈으로 십홀방장十笏方丈⁴⁸⁰에 만 개의 사자좌(獅座)⁴⁸¹가 부족하지 않고 남음도 없으니 정명淨名⁴⁸²을 이름인가.

광서光緒 13년 정해(1887)에 본 군수 이범진李範晉⁴⁸³이 주지 용운당龍雲堂과 함께 이 당堂에 축성전祝聖殿을 창설하여 온돌 위에 대청을 더하고 처마 밖에 문을 걸었으며 이전의 긴 담장을 무너뜨리고 층계를 놓아 섬돌마다 삼중의 문(閭)을 세워 찬란하게 일신하였습니다. 삼전三殿의 위패를 봉안하고 축성전 판액을 걸어 '어천문於千門'⁴⁸⁴ 이름을 보이니 안팎의 무지개문(虹門)과 높고 낮은 처마와 섬돌에 해 아래 다섯 빛깔의 구름이 지척에 있는 듯하였습니다. 세상 밖(物外) 백성들이 모두 우로雨露⁴⁸⁵에 목욕하고, 명량明兩⁴⁸⁶의 칭송과 홍일弘一의 교화를 무궁한 세월 동안 누리게 될 것입니다.

풍조風潮가 송악松岳⁴⁸⁷에 넘치고 세파가 뽕나무밭을 뒤흔들어,⁴⁸⁸ 융희隆熙 3년 기유(1909) 응종월應鍾月(10월)에 심검당尋劍堂에 학교를 마련하게 되어 33조사의 진영을 축성전에 옮겨 거니, 축성전의 위패는 허공의 뼛속으로 숨고 액호額號는 오유향烏有鄕⁴⁸⁹ 바깥으로 돌아갔습니다. 옛날에 이른바 제나라가 변하면 노나라가 되고 노나라가 변하면 도를 행하게 된다[490]고 하더니, 진실로 그 말이 어긋나지 않습니다. 방장이 축성전이 되고, 축성전이 조사전이 되니 어찌 이와 다르겠습니까. 동서 방장의 이름이 고금에 차이가 있는 것은 이 때문입니다. 무슨 의심이 있겠습니까."

무설無舌 공공이 혀를 묶고는 묵언당으로 돌아가고, 오천자梧泉子는 샘물을 마시고 보제당普濟堂으로 돌아갔다. 다송 노인은 차 한 사발을 점다點茶[491]하고 한 줌의 솔잎을 먹고서 지팡이 짚고 허공을 바라보며 길게 한숨을 쉴 뿐이었다.

七殿東方丈古今名異卞【八月日】

茶松叟一日會茶於無說殿上。有無舌道人。與梧泉丈室適個座。恰如碧崑軒皓月淸風三尊宿打坐會茶之家風也。舌問。坮上七殿那箇是是甚麼意旨。曰法身菩薩坐在無說殿【卽說法殿今藏經殿】左之四右之三是也。東西方丈。卽此殿之禪僧堂。東西各有禪僧堂。可以數得也。西卽三日菴。【本西方丈上舍堂名也。湛堂三日見性。立名也】此下有禪僧堂。曰下舍堂靑雲堂也。卽右之三殿是也。東卽祖師殿。【丙戌設祝聖殿龍雲堂主。己酉掛祖師影應月堂主】此下有禪僧堂。曰白雪堂遮眼堂。及慈蔭堂。【此堂當時諸國師會食堂也】卽左之四殿是也。東西方丈及兩禪僧堂。幷食堂則足七殿。此堂幷在眞樂坮下眞如門內故稱云。臺上七殿。古記云。此殿卽烹佛烹祖之大爐。亦云選佛場。亦云及第堂。上下舍及靑雲堂之名意。豈徒然哉。曰七殿之名意。然卽然矣。東西方丈古今名異者如何。曰東西乃主賓之位。普照在時。普照主也。居其東。眞覺賓也。居其西。以至高峯太古芙蓉主主賓賓。無世無之。而主東賓西之位。故稱東西方丈也。西爲三日庵者。湛堂和上。坐此入定。至三日見性故。始稱三日庵也。東爲祖師殿者。道光二十二年。本寺第九叔主龍雲堂居之。盖自普照。迄于龍雲。祖祖孫孫。未爲主而居此者。未之有也。觀其堂。則方圓相稱。四有廳軒而無門。中有溫堗而無樑。如斗而方於丈。十笏方丈。萬箇獅座。無欠無餘者。淨名之謂歟。光緖十三年丁亥。本郡守李範晋。與主僧龍雲堂。倡設祝聖殿於此堂。而堗上加廳。軒外揭門。壞前長垣而架梯陛。陛上建三重閣。煥然一新。奉安三殿牌。揭祝聖殿額懸於千門號。內外虹門。高低軒陛。日下五雲。如隔咫尺。物外群氓。咸沐雨露。明兩之頌。弘一之化。將享於無窮之年矣。風潮溢於松岳。世波蕩於桑田。至隆熙三年己酉應鍾月。設學校於尋釖堂。卅三祖影。移掛於祝聖殿。殿牌隱於虛空骨中。額號歸於烏有鄉外。古所謂齊變爲魯。魯變爲道。信不謬矣。方丈之於聖殿。聖殿之於祖師殿。何異於此耶。東西方丈之名。古今異稱者。職由乎此也。何足疑也哉。無舌公結舌。而歸之默言堂。梧泉子飮泉而歸之普濟堂。茶松叟點茶一甌。餐松一掬。扶藜觀空。長嘯太息而已。

조계산 송광사 사자목의 새 길과 옛길의 연기에 대한 변증【10월 3일】

다송자茶松子가 운영雲影 노숙老宿의 처소(軒)를 방문하여 산수에 대한 의논을 하다가, 화제가 조계산의 아름다움과 터전의 통창함에 이르러 그 의미가 어떠한지 물었다. 운영은 다음과 같이 답하였다.

"사찰의 인묘寅卯[492] 방향 10리쯤에 주봉 '호악봉虎嶽峯'이 있고 남북으로 지류가 있는데 남쪽은 사찰의 병정丙丁[493] 방향으로 훤하게 트여 광활하다. 곤신경유坤申庚酉[494]로 에둘러 건해乾亥[495]에 이르러는 머리를 들고 마감하니 일곱 봉우리, 즉 장막봉帳幕峰과 호령봉號令峰[496], 대장봉大將峰[497], 인귀봉印歸峰, 조계봉曹溪峰[498], 직세봉直歲峰, 백로봉白鷺峰이 늘어서 있습니다. 차례대로 일어났다가 높고 달리다가 돌아보니 만경창파에 물오리와 돛이 오르락내리락하는 것 같습니다. 북쪽은 사찰의 갑인甲寅[499] 방향으로 머리를 들어 높이 솟아 축계자임丑癸子壬[500]에서 술해戌亥[501]에 이르기까지 머리를 돌려 낮게 엎드렸으니 또한 일곱 봉우리가 차례로 서 있습니다. 즉 장고봉長鼓峰과 증봉甑峰(시루봉), 화봉火峰, 학봉鶴峰[502], 망봉望峰(망수봉), 옥대봉玉帶峰, 탄금봉彈琴峰이 차례대로 이어졌다 끊어지고 숙였다가 우러르니 1천 층 봉우리가 구름과 파도처럼 겹겹이 서로 안아 옷깃이 되고 지류마다 교차하여 성城을 이룹니다.

멀리서 바라보면 하늘 감옥이 둘러싼 듯하고 가까이 건너가 보면 양의 창자처럼 꼬여 있습니다. 주봉에서 진辰(동남쪽)으로 입수入首[503]하여 머리를 든 것은 장고봉으로, 갑묘甲卯[504]의 용으로 맥이 떨어졌다가 혹 묘을卯乙[505]에서 일어나 인갑寅甲[506]으로 눕고 손사巽巳[507]에서 일어났다가 간인艮寅[508]에서 눕습니다. 중조봉中祖峰[509]은 우람하고 끄트머리 줄기(孫枝)들은 늘어섰습니다(璿列). 이와 같이 십 리를 행룡行龍[510]하다가 광활한 터가 나오는데 말 만 마리를 수용할 정도입니다. 이를 '바람에 나부끼는 비단 띠

(風吹羅帶)'511가 하나하나 국면을 맺는다 하거나, '큰 못의 연꽃(大澤芙蓉)'이 면면이 열매를 맺었다고 합니다.

갑경병임甲庚丙壬512의 4대격大格은 좌우 향배向背가 되고, 진술축미辰戌丑未513의 4고장庫葬514은 네 모퉁이의 8문이 됩니다. 법계法界에 늘어서서 국면을 펼치니 주인과 빈객이 마주 앉음에 응하고, 두 시내가 모여 연못을 이루니 용과 범이 세상을 지키는 형세를 포용합니다. 용 안에는 목마른 사자가 물을 마시는 형국이 있고 범 안에는 늙은 소가 송아지를 핥아주는 형국이 있는데, 서로 포용하여 수구水口515를 들이고 장쇄藏鎖516하니, 수구는 즉 상통하는 목구멍에 해당합니다."

"혹 '남쪽 기슭의 다리'라거나 혹 '북쪽 기슭의 길'이라고 하여 예로부터 분분한 것은 왜 그런가요?"

"조계산 문 밖의 큰길이 본래 용 옆구리인데 개통되어 유린되었습니다. 원래 큰 도시 명승지인 천연의 터전인데 사자 목에 이르러 큰 이해利害가 있다는 논란이 있는 고로 남쪽과 북쪽에서 고금에 다른 명칭이 있는 것입니다. 옛 기록을 살펴보면, 옹정雍正 8년 경술(1730) 봄에 화주化主 탁근卓勤이 창건하였는데, 함풍咸豊 4년 갑인(1854) 가을에 홍수로 무너졌습니다. 이것이 남쪽 길에서 사자 목을 자른 극락교의 처음과 끝입니다. 그리고 길을 고친 기록(改路記)을 살펴보면, 처음에 용호 사이에 큰길을 개통하였고 중간에 무당의 말을 믿고서 옛 길을 폐하고 용 꼬리 사자 목에 새 길을 내었습니다. 임진년(1892) 오월에 이르러 다시 옛 길을 수리하였으니 이것은 즉 북쪽 기슭에서 사자 목을 피하여 옛 길을 따른 처음과 끝입니다.

26년 지나서 정사년(1917) 7월에 산승 한붕漢朋 공公이 재산을 희사하여 옛 무지개다리 터에 석교를 놓고 도로를 정비하여 사자 목을 자르고 용 꼬리를 끊었으니 이것이 바로 극락교의 처음과 끝입니다. 옛 기록은 다만 극락교의 시종에 관한 연대만 말하고 길의 신구新舊에 대한 변론은 없습니다. 임진년에 길을 보수한 기록에서 비로소 신구 길의 이해에 대한 변론을 하였고 정사년 작업을 논하였으나 오롯이 신구 이해에 대한 설명은 없습니다. 허공에 석교를 놓고 땅을 북돋아 방죽을 설치하여 사자 목을 자르고 용 꼬리를 끊어 수레와 말이 통하게 하니 큰 도시와 항구보다 더 낫게 되었습니다. 아아, 남쪽 기슭의 길이 옛것입니까, 북쪽 기슭의 길이 새 것입니까. 옛길이 이롭습니까, 새 길이 해롭습니까. 진실로 무엇이 옛것이고 무엇이 새 것이며 무엇이 이롭고 무엇이 해로운지 정확히 변론할 수 없습니다.

전하는 바에는, 옛날에 사찰이 부유하고 승려가 성대할 시절에 가까운 곳에 있던 훼불毀佛하는 이가 신이한 안목이 있다고 칭하고서는 승려들을 속여서, 사자 목에 길을 열고 용 꼬리에 다리를 건설하면 사찰은 더욱 부유해지고 승려는 더욱 많아질 것이라 했습니다. 승려들이 그 말을 믿고 길을 고치고 다리를 세웠더니, 이로부터 사찰과 승려가 점차 퇴색했다고 합니다. 이것은 무당의 말을 믿고 임진년에 일을 벌인 것과 유사하고, 두 말이 부합하니 신구新舊를 분별할 수 있고 이해利害가 절로 구별됩니다.

논해 보자면, 옛 길이란 성사聖師께서 도안道眼으로 사찰을 창건한 처음에 사자 목을 피하여 북쪽 기슭을 건넜다고 하는 것이 해당됩니다. 새 길이란 훼불毀佛하는 무당이 옹정雍正 연간에 사자 목을 자르고 남쪽 기슭에 올랐다고 하는 것이 해당됩니다. 살아 있는 맥을 한 번 끊으니 천 년 동안 잇기 어렵고, 죽은 재가 불을 구하나 백 년 동안 얻기 어렵습니다. 지금 살아 있는 사자의 맥을 한 번 끊으면 끝내 잇기 어려울 것이요, 죽은 용의 꼬리에 석교를 세우더라도 끝내 살 수 없을 것입니다. 그 이해가 과연 어떠하겠습니까. 조봉祖峰의 우뚝함(迥特)과 용호의 안음(抱藏), 수구의 장쇄藏鎖, 중조봉中祖峰의 행룡行龍, 두 시냇물의 득파得破,[517] 비단 띠 모양의 정국正局, 법계도의 배치, 4대격大格의 향배向背, 4고장庫葬의 고임과 쏟아짐(渟瀉), 용호 옆구리의 통섭通涉 같은 경우는 천지가 비장한 군옥부群玉

府[518]러니 이 모두 도안으로 창업하여 천지가 함께 보존되길 도모한 계획
이 됩니다. 어이하여 말세에 사특한 말을 믿고 힘쓰기를 이처럼 의기양양
하게 합니까."
나는 이에 기록하여 도안과 고견을 가진 이에게 보이노라.

曹溪山松廣寺獅子項新舊路緣起卞【十月三日】

茶松子訪雲影老宿軒。問山水論。語及曹溪山水之奇麗。基局之開通。其意
如何。雲曰寺之寅卯方十里許。有主峯曰虎嶽峯。有南北兩支。南則寺之丙
丁方。宕關廣濶。坤申庚酉圍繞。至乾亥而矯首結開。而七峰列立。曰帳幕
峰號令峰大將峰印歸峰曹溪峰直歲峰白鷺峰。如次起而伏走而顧。若萬頃
波之鳧帆。北則寺之甲寅方。起頭崇隆。丑癸子壬。至戌亥而回頭低伏。而
亦有七峰第立。曰長鼓峰甑峰火峰鶴峰望峰玉燈峰彈琴峰。如次連而斷低
而仰。如千層峰之雲濤。重重相抱而作衿。枝枝相叉而作城。遠而望也。若
天獄之樞環。近而涉之。似羊腸之螺廻。自主峰辰入首而起頭者。卽長鼓
峰。甲卯龍而落脉。或卯乙起而寅甲伏。或巽巳起而艮寅伏。中祖峰豊隆。
末孫枝璿列。如是十里行龍。一局廣闊。萬馬可容。或云風吹羅帶。個個結
局。或云大澤芙蓉。面面結實。甲庚丙壬四大格。爲向背左右。辰戌丑未四
庫葬。爲四隅八門。列法界而布局。應主賓之對坐。會雙溪而成潭。抱龍虎
之持世。龍內有渴獅飲水形。虎內有老牛舐犢形。相抱爲內水口而藏鎭。水
口卽通涉之咽喉也。或南岸橋。或北岸路。從古紛紜者。何也。盖曹溪門外
大路。本自龍脇開通蹂躙。原是大都明勝之天然基局。而至獅項。有大利害
之論故。於南於北。古今異稱者是也。按古記。雍正八年庚戌春。化主卓勤
所剏也。咸豊四年甲寅秋。洪水所壞也。此卽南路斫獅子項極樂橋之始終
也。又按改路記。始通大路於龍虎之間。中年偶信巫覡。廢古治新於龍尾獅
項。迄于壬辰五月。更修古路。此卽北岸避獅項從古路之始終也。越二十六
年丁巳七月。山之釋漢朋公。捨財架石於古虹橋地。修治道路。斫獅項斷龍

尾。此卽極樂橋之終始也。盖古記。但言橋之始終年記。無路之新舊之卡。壬辰改路之記。始卡新舊路之利害。論丁巳之役專無新舊利害之說。築石架空。培土關堰。斫項斷尾。車馬通涉。便勝於大都巨港。噫噫。南岸路古耶。北岸路新耶。古路利耶。新路害耶。固莫得以卡其何古何新誰利誰害之的處也。傳說云昔在寺富僧盛時。近有毀佛者。稱以神眼誣僧云。開路獅項。建橋龍尾。寺益富。僧益盛。僧信其言。改其路。建其橋矣。從玆寺僧漸衰云。此與信巫之說壬辰之役大同。而兩說符契。新舊可卡。利害自分。盖甞論之。古路者。聖師道眼。剏寺之初。避獅項渡北岸者是也。新路者。毀佛巫覡。雍正之間。斫獅項蹋南岸者是也。若其生脉一斷。千載難續。死灰求火。百年難得。以今生獅脉一斷。終不可續。死龍尾架石。終不可活也。其所利害之果何如哉。至若祖峰之逈特。龍虎之抱藏。水口之藏鎖。中祖峰之行龍。兩溪水之得破。羅帶形之正局。法界圖之布錯。四大格之向背四庫葬之渟瀉。龍虎脇之通涉。天藏地秘。群玉之府。是皆爲道眼剏業之所以圖天地俱存之計也。奈之何以叔季信邪加功之如是得得也。余於是記。而示之於道眼高見者。

화엄사 진응 화상을 청하는 글

선문禪門이 세상에 행한 지가 멀고 크지 않음이 없고 선사禪師가 세상에 유명함이 또한 많고 밝지 않음이 없으니, 조계산 한 굽이에 이르러 선문의 조종朝宗이라 칭할 수 있음이 또한 불가함이 되지 않습니다.

각노覺老에 대해 구옹龜翁은[519] 널리 퍼뜨렸다 하더라도 세대가 지나고 시간이 멀어지니 그저 종이와 묵만 남아서, 살아 있는 조사의 뜻이 허공을 말하는 혀끝으로 귀결될 뿐입니다. 조사의 글이 오유烏有(없음)의 먼지 속으로 묻히게 되니 불자佛子로서 한심하여 어찌 그저 애만 끊겠습니까. 지난번 우담자優曇子[520]가 『선문증정록禪門證正錄』을 지역에 반포했으나 다만 책상 위 문구文具일 뿐입니다. 조석으로 눈여겨보고 마음과 입으로 회자할 게 무엇이 있습니까. 이것을 거행하지 않는다면 조계 선문은 땅에 떨어질 것임이 의심할 바 없습니다. 현재 지역 내 사찰들의 푸른 눈은 번개 같아 교문敎門의 갈등을 모두 쓸어 버리고, 붉은 혀는 고래 같아 화장華藏[521]의 파란을 모두 삼켜 버립니다. 오직 안타까운 것은 선문에 볼 만한 게 없으니 다만 창설剏設이 없어 그렇고 그런 것입니다.

엎드려 생각건대 화상께서 평등한 자비를 운용하시어 화장루華藏樓를 떠나지 마시고 조계산에 강림하소서. 제(不佞)[522]가 발기하여 일말一末의 편지를 보내 사방의 동지들을 부르니 필경 개미처럼 사모하여[523] 구름처럼 모여드는 정경이 있을 것입니다. 이때를 당하여 우리 대사께서 단에 오르시어 불자를 세워 들고 임제종의 본지를 설파하면, 참석하여 듣는 무리들이 책을 들고 조계선의 물살에 함께 목욕하게 될 것입니다. 이렇게 하면 언우鼴鼯[524]가 강을 건너온 공덕을 갚을 수 있을 것이니 또한 각노覺老가 편집한 공덕을 저버리지 않을 것입니다.

화상께서는 눈여겨보시고 답변해 주십시오.

請華嚴寺震應和尙書•

盖禪門之行于世。靡不遠且大矣。禪師之鳴於世。亦靡不衆且曠也。而至若曹溪一曲。能稱禪門之朝宗。亦未爲不可也。覺老之龜翁。雖云宏闡。然而世降時遠。徒遺紙墨。活底祖意。便歸於談空之舌頭端。祖文忽埋於烏有之塵裡。其爲佛子所可寒心者。何但切腑哉。向者優曇子之證正錄。雖頒於域內。只是案上文具而已。誰有晨夕着眼膽炙心口耶。若此不擧。曹溪禪門。幾乎落地而無疑矣。現今域中諸刹。靑眼如電。揮盡敎門之葛藤。赤舌如鯨。吞盡華藏之波瀾。唯恨禪文之莫闊者。第無籾設而然之然也。伏唯和尙。運平等慈。不離華藏樓。而降臨曹溪。以不佞之發起。輪一末之尺書。招四山之同志。必有蟻慕雲圍之情景。當此時也。吾師登壇。堅拂談罷臨濟之宗旨。聽徒叅會。挾筴咸沐曹溪之禪波。如是以可報䑛𩸄渡江之功。亦不負覺老綴葺之德也。唯和尙着眼一答也。

월간잡지(해동불보)를 읽고 감상을 쓴 편지 [최예운[525]이 당시 주필이다.]

이번에 선생께서 보필報筆[526]을 기억하지 않는다고 나를 책망하심이 절실하고 간절하며 알뜰하고 부지런하여[527] 간담이 땅에 떨어지니,[528] 분수 밖의 총애를 받음이 왕의 식사를 거지에게 베푼 듯하니 어찌 안심하고 입으로 넘길 수 있겠습니까. 그리고 선생께서 세상 추기樞機[529]를 다하고 현변玄辯(이치)을 다하여[530]『해동불보海東佛報』[531]에서 활달하고 넓게 비추시니, 미약한 지견知見으로 대방大方[532]의 지혜로운 안목에 함부로 글을 던진다면 어찌 태허太虛에 터럭 하나 될 뿐이겠습니까. 또한 큰 골짜기에 물 한 방울 같을 것입니다. 그래서 그동안 감히 글을 쓰지 못했습니다. 그러나 가슴에 걸림이 없을 수 없는 것이 있으니 즉 보조국사普照國師 비문을 싣다가 완재하지 않은 것입니다.

보필報筆이 세상에 중요한 이유는, 고금 역사 가운데 본받을 만한 것이나 성현의 시순時順[533] 간의 특별한 행적, 불조佛祖가 주고받은 아름다운 모범, 학계가 진보하는 오묘한 방법 등에 대해 본 것을 기록하고 들은 것을 모아서 세상에 반포하고 이목에 공포하기 때문이니, 이것이 가히 보필이 크게 경사스런 이유라 할 만합니다. 이제 조계 보조普照의 비문을 기재하되 완성하지 않고 또한 3개월이 지나도록 잇지 않으니[534] 왜 그렇습니까. 보조의 도덕이 화담華潭[535]과 함명涵溟[536]의 교화에 미치지 못하고 김군수金君綏[537]의 찬술이 또한 여하정呂荷亭[538]이나 이유원李裕元[539]의 찬술만 못합니까? 지금 보필은 바로 옛날 사필에 해당합니다. 글(筆)이 미완이라면 비문이 미완이요, 비문이 미완이라면 월보 또한 미완이요, 월보가 미완이라면 잡지사에서 보필報筆을 잡고서 죽백竹帛[540]에 흠이 있음을 부끄러워함이 없겠습니까. 잡지사에서 보필을 잡고서 삭제하고 기술하는 것을 자유롭게 함은 장사가 팔을 펼침에 타인의 힘으로 말미암지 않음과 같습니다.

공손히 생각건대, 선생께서는 서까래처럼 큰 붓[541]을 움직여 반절의 비명碑銘을 이어 비명을 완성하여 월보에 게재함으로써 훗날 비명을 읽는 이로 하여금 처음을 탐색하고 결말을 요약하여 국사의 덕음德音에 배부르게 한다면, 선생이 이에 대해 글을 쓰고 세상에 공표한 결과가 아니겠습니까. 생각건대 선생께서는 밝게 살펴보시길 간절히 바랍니다.

讀月報感想書【崔兒[1]雲時在主筆】•

今先生責我以不記報筆。切切懇懇。諄諄孶孶。肝膽塗地。以至於分外之寵幸如推王饌而惠乞兒。渠敢安心而下口哉。且以先生之竭世樞機。窮諸玄辯。磊落廓照於海東佛報。以若微塵知見。妄投大方之慧目。則奚但爲一毫之於太虛。亦如一滴之於巨壑。故兹不敢抽毫於其間。然而不能無碍膺者有之。卽普照國師碑載之未完者也。蓋以報筆之重於世者。古今歷史之可軌。賢聖時順之殊蹟。佛祖受授之嘉模。學界進步之妙方者。見則記之。聞則募之。頒於世。公於目。是可云報筆之所以大慶幸也。今曹溪普照之碑記而未完。亦過三個月而不續。何也。以其普照之道德。莫及於花[2]潭藡[3]溟之敎行。金君綏之撰。亦不若呂荷亭李裕元之述耶。今之報筆。卽古之史筆也。筆若未完。一碑未完。碑若未完。報亦未完。報若未完。居報社秉報筆。能無愧於竹帛之玷之乎。旣居其社秉其筆而削之筆之。任其自由。如壯士伸臂不由他力也。恭唯先生。運如椽之筆。續半絶之銘。完其碑。載其報。使後之讀碑者。原始要終。飽飫國師德音。無乃先生之筆於是公於世之結果耶。唯先生。切須洞鑑也否。

---

1) 옙 '兒'는 '猊'의 오자이다. 2) 옙 '花'는 '華'의 오자인 듯하다. 3) 옙 '藡'은 '涵'의 오자인 듯하다.

경월 거사의 「선문증정록 서문」 서술에 대한 답서 【당시 경성에 있었다. 추강 대사가 상경하여 인쇄할 때 (경월 거사에게) 서술하기를 청하였고, 제출하였기에 답하는 글이다.】

임계년(1892~1893)이 나뉠 때 광충교廣沖橋[542]에서 차를 마셨고, 경술년(1910) 봄에 수표교水表橋[543]에서 헤어졌고, 계축년(1913) 봄에 조계산방에서 글을 읽었습니다. 같이 차를 마신 지가 이미 10년이 지났고 헤어진 지 또한 4년(四花)이 지났으니 오늘 인적이 드문 드넓은 지경에서 글을 읽게 될 줄 어떻게 알았겠습니까. 글이 간략하면서도 풍부함은 실로 비단 마음과 수놓은 입[544]의 큰 보배 상자 속에서 나온 것이니 가히 물고기 눈을 단련하여 밝은 구슬을 만들고 평범한 바위를 황금으로 만든 것이라[545] 할 만합니다.

이 『선문증정록禪門證正錄』[546]의 서술은 지금까지 40년이나 되었고 선생의 글을[547] 천 리 바깥에서 얻어 오대양 안에 이 『선문증정록』을 공급하게 되었습니다. 아아, 이 『선문증정록』이 세상에 행해짐에 이 글을 얻음은 사람이 발을 얻음과 같습니다. 눈과 발이 서로 도우니 어디든 가지 못할 곳이 없다고 할 만합니다. 나 또한 우둔하고 완고하여 다만 그러함이 그러함만을 기억하고, 차를 마시며 이별하던 정만 서술하니 『선문증정록』 글을 얻은 기연은 훗날 살필 수 있겠는지요.

오직 바라건대 혜감慧鑑[548]하소서.

答擎月居士證正序述書【時在京。秋江大士上京印刷時。請述。提出故。仍答辭也。】•
壬癸年分。酌茶於廣沖橋。庚戌春。別顔於水表橋。癸丑夏。讀文於曹溪山房。酌茶也。已過十霜。別顔也。亦經四花。而安知今日讀其文於希夷曠漠之境哉。以其文之略而豊之。寔出於錦心繡口之大寶篋中也。可謂鍊魚目作明珠。斫磧石成眞金者矣。本錄之記述也。迄今四十禩之久。而得先生文於千里之外。供斯錄於五洋之內。噓唏哉。本錄之行於世。得斯文如人之得足也。可謂目足相資。無所往而不適也哉。余亦愚且頑。而但記其然之然也。叙其酌別之情。錄文之得機。幸使他日相照耶。唯冀慧鑑焉。

근본을 배반하고 스승을 구하는 학우에게 보여 주는 글

아, 우리 아무개 공公은 내 직언을 들으시오.

부모가 낳아 주셨으니 마땅히 모셔서 봉양해야 하고, 스승(師長)에게 법도를 받았으니 예의로 공경히 받들어야 합니다. 갑작스레 그동안 몸담았던 학교와 이름 걸었던 사당社堂을 떠나니, 관계된 것은 근본에 보답함이요 바라는 것은 업적을 이룸입니다. 간혹 근본을 잊어 은혜를 배반하고 마음을 놓아 업적을 잃으면 사당에 돌아가 얼굴을 대하는 날에 무엇을 빌려 얼굴을 싸매고 무슨 말을 하여 보답할 것입니까.

아아, 괴군蒯君이 한신韓信을 설득함에[549] '음식을 미루어 나를 먹이고 옷을 벗어 나를 입혔으니 배반함은 좋지 않다'는 말[550]이 역사(竹帛)에 전해져 이목을 놀라게 합니다. 스승이 제자를 기름에 옷 입히고 먹이며 사랑하고 길러 주어, 우리 문중을 잘 계승하라는 말로 이목에 경계하니 그 말씀이 조석으로 쟁쟁합니다. 지금으로 옛일을 보니 그 취향이 어찌 다릅니까. 이것으로 저것을 보니 그 도의를 어찌 잊을 수 있습니까.

일시 곤란하여 두 마음을 품을 생각이 일어나서 그 본색의 가치로서 이전의 높낮이를 비교하자면 어찌 다만 계산으로 능히 할 뿐이겠습니까. 장부가 세상에 나타남에 한번 곤란을 겪었다고 끝내 본색이 변화되면 어찌 사람으로서 도리어 푸르디푸르고 정정한 송백만 같지 못한 것입니까. 다만 군색한 때를 당하여 이빨을 물어 소리를 삼키고 눈여겨보아 정신을 수습하면서, 어린 나이에 입산한 어딘가에 혹시 잊지 못할 곳이 있는지 돌아보았습니까. 온 세상 인정이 한결같이 세력만을 헤아린다면 석숭石崇[551]의 이름이 도리어 중니仲尼(공자)보다 높고 윤왕輪王[552]의 지위가 도리어 실달悉達(부처)보다 높을 것입니다.

나로서 보자면 한 표주박의 붉은 모래(丹砂)[553]가 1만 통의 지게미보다

훨씬 나으니, 한 조각 붉은 깃발로 땅에 가득한 패잔병들을 굴복시킬 수 있습니다. 어찌 감히 일시의 곤란으로 도의를 배반하고 세력을 따라 많은 이들의 비웃음을 끼치겠습니까. 두터운 도의를 한 번 배반하면 지하의 처벌을 피하기 어렵거늘, 고명高名을 한 번 잃게 되면 지역(域中)의 드러난 형벌을 어떻게 속죄하렵니까. 그대와 나는 도의가 미더워서 감히 충언을 펼치니 귀로 듣기는 거슬리더라도 고귀한 도의에 보탬이 되기를 바랄 뿐입니다.

示學友背本求師之人書

嗟。吾某公。聽吾直言。父母生身。宜可侍養。師長受度。禮可敬奉。頓然謝離身捿學庠。名掛社堂。所管者。報本也。所願者。成業也。其或忘本而背恩。放心而失業。歸堂對面之日。借何物而裹面。措何辭而報答哉。嗚呼。剸君之說信也。推食食我。解衣衣我。背之不祥之說。傳之竹帛。駭人耳目也。師長之養佐也。衣而食之。愛而養之。善繼吾門之說。警之耳目。錚之晨夕者。以今視昔。其趣何殊。以此觀彼。其誼誰忘哉。若或一時之困難。忽起二心之想。以其本色之價値。比前高低。豈但以算數之所能也哉。蓋以丈夫現於世者。一經困難。卒變本色。則豈以人而反不如蒼蒼亭亭之松栢耶。第當窘猝之時。含齒呑聲。着眼收神。自顧齠年入山之鄒邊倘有難忘之處也否。若擧世人情一向推勢。則石崇之名。反高於仲尼。輪王之位。反高於悉達耶。以吾觀之。則一瓢丹砂。逈勝於萬樽糟糠。一片赤幟。能伏於滿地殘兵也。安敢以一時之困難。背誼追勢。以遺乎千人之目笑哉。重誼一背。難免地下之陰誅。高名一失。奚贖域中之現戮耶。君與吾而誼乎。敢開忠言。耳雖違逆。庶補高誼云尒。

조계산 제6세 원감국사께서 지은 『가송록』을 옮겨 적고 쓴 발문

옛날 용맹龍猛[554] 존자尊者께서 서인도에 나타나 염부제閻浮提(인간 세상)의 책을 모두 읽어 읽을 만한 게 없자 사가라沙迦羅[555] 용왕 궁중으로 들어가 소장되어 있는 경전을 모두 열람하고서 약본略本 『화엄경』을 외워 나와서 염부제와 4천하[556]에 반포하셨다. 그 후 삼장법사[557] 무리가 나와서 번역을 하여 타지에 전하였으니 큰 경전이 아니겠는가. 이제 조계산 제6세 원감국사圓鑑國師[558]께서 지은 『가송록』 1책은 원래 본산本山(송광사)에서 방판方板(목판)으로 소장한 것인데 불행히 병화를 입었고 또한 개인적으로 소장한 것도 없어서 보고 듣는 게 드물어져 자못 공부하는 이들에게 안타까움이 되었다.

무오년(黃馬, 1918) 봄에 조계산의 승려 해은海隱 공公[559]이 서울에 머무는 동경 임제종 한당 선사開堂禪師의 군지軍持[560]에 『가송록』이 있다는 소식을 듣고는 가슴을 쓸고 크게 숨을 토하며 말했다. "이것을 얻기 어려움은 용왕 턱 밑에서 진주를[561] 가져오는 것보다 어렵다. 그러나 차라리 듣지 못했으면 그만이려니와 들었는데 어찌 구하지 않겠는가."

즉시 여장을 꾸려 한성에 가서 육당 학인六堂學人 최 공崔公[562]과 함께 두루 찾아 얻고자 했다. 쇠를 갈고 뼈를 깎는 듯 열심히 했다. 육당이 아베(阿部) 거사居士에게 소개하여, 거사 또한 한당 선사에게 끈질기게 구하니(膠索), 선사가 마음으로 허락하였다. 한 달을 기한으로 아베에게 전하고, 아베는 육당에게 전하여, 육당은 해은에게 전하니, 해은이 보배로 여겨 가지고 와서 조계산에 이르러 대중에게 보였다. 대중이 모두 절을 하고 보며 서로 칭하기를, "합포合浦의 진주가 돌아왔고[563] 화씨和氏의 구슬이 완전해졌도다.[564] 나도 몰래 춤을 추며 그칠 바를 모르겠구나."라고 하였다. 그러나 진실로 한당이 말한 기한이 넉넉하지 않아서 판각할 겨를이 없었다. 그래서 세 학우에게 명하여 20질을 옮겨 적고서 나누어 보관하게 하고는 기궐씨剞劂氏565의 시절인연 여부를 기다렸다.

아, 용맹자龍猛子가 여래如來 입멸(B.C. 483경) 후 738년에 사가라沙迦羅 용궁 보관소에 들어가 경전을 외워 나왔고, 해은 공은 국사國師 입멸 후 624년에 상경하여 한당이 보관한 것을 빌려 가져왔다. 해은 공의 공적을 논하자면 용맹보다 덜하지 않고, 육당과 아베의 공적도 해은 공보다 높지 않다. 한당의 공적은 용궁 보관에 비견되고, 학우가 옮겨 적은 공적은 또한 삼장법사의 덕보다 못하지 않다. 하늘의 오성五星과 같고 땅의 오행五行과 같으니 하나라도 빠지면 안 된다. 다섯 인연이 함께 이루어진 것에 진실로 거짓이 없다.

보정寶鼎 내가 조계의 종파宗波를 마시고 국사의 법유法乳로 성장한 지 지금에 40년이 된다. 이 『가송록』을 봉독하면서 나도 몰래 눈물을 떨구며 이와 같이 기록하여 대중에게 고하노니, 오직 통달한 자는 같이 증명해 주시길.

대정大正 7년(1918) 저옹돈장著雍敦牂566 응종應鍾(10월) 하완下浣(하순)에 조계曹溪 후학後學 보정寶鼎이 다송실茶松室에서 쓰다.

曹溪山第六世圓鑑國師所著歌頌錄印寫跋文

昔龍猛尊者。現于西印度。讀盡閻浮提書。無可讀者。入沙迦羅龍王宮中。其所藏經。莫不畢閱。而誦出畧本華嚴經。頒於閻浮及四天下。其後三藏法師輩出。譯傳方外者。莫是大經歟。今曹1)山第六世圓鑑國師所著歌頌錄一局。原是本山方板所藏。而不幸爲兵燹之所害。亦無私藏。罕所見聞。頗爲學者病焉。黃馬之春。山之釋海隱公。竊聞本錄之藏在於漢城留東京臨濟宗閑堂禪師軍持中。撫膺太息曰。此之難得難於龍頷下穿珠也。然而寧以不聞。聞何不求哉。卽裹足抵漢城。與六堂學人崔公。圖周覓得。若磨鐵然刮骨焉。六堂紹介於阿部居士。士亦膠索於閑堂禪師。師心許之。限一朔而

傳之阿。阿傳之六。六傳之海。海寶而賽之。抵曹溪。現介衆。衆皆拜觀而
相賀曰。浦珠還歟。和璧完歟。不覺舞蹈。莫知攸云。然而固開堂之立期不
贍。不暇壽木。而命諸三學友。印寫二十衾。分藏之。以待剞劂氏之時緣如
何也。吁。龍猛子於如來滅後。七百三十八年間。入沙迦羅藏。而誦出大經。
海隱公於國師滅後。六百二十四年時。上京都開堂藏。而賫來本錄。盖嘗論
之海公之功。不下於龍猛。六堂阿部之功。亦莫上於海公。開堂之功。比諸
龍藏。學友印寫之功。又不下於三藏之德矣。在天如五星。在地若五行。可
謂闕一不可。五緣俱成者。信不誣也。鼎歆啄曹溪之宗波。長養國師之法乳
者。四十年于此矣。奉讀本錄。不覺泣泪而記之右。告于大衆。唯達者同垂
證明。大正七年著雍敦牂應鍾下浣日。曹溪後學寶鼎。書茶松室中。
---
1) ㉮ '曹' 다음에 '溪'가 탈락된 듯하다.

동복군 유마사 봉향각의 창건 상량문[기미년(1919) 3월 3일 상량]

아랑위兒郞偉.[567]

도솔타兜率陀[568]의 내원궁內院宮은 이루어지고 비워지는(成空) 겁劫을 보인 적이 없고, 색구경色究竟[569]의 비상계非想界[570]는 머무르고 무너진다는(住壞) 이름을 들어 본 적이 없습니다. 어찌 다만 의정依正[571]이 다르겠습니까. 실로 업과 인연의 감응으로 말미암는 것입니다.

이제 유마사維摩寺는 비록 내원棕園[572]의 숙원은 없지만 다만 역수曆數의 해(星朞)를 돌아봅니다. 당나라 정관貞觀 기원 정해년(627)에 개산開山[573]하여 창건(草剏)하였고, 청나라 순치順治 13년 병신해(1656)에 넓혀서 다시 지었습니다. 산은 '모후산母后山'이니 공왕恭王이 머물렀던 이후로 나복산蘿蔔山 이름을 바꾸었고,[574] 사찰은 '유마사'이니 거사가 물을 마실 당시 제월천濟月泉의 좋은 인연[575] 때문입니다. 말이 서산으로 달아나니 채찍 그림자를 보고는 도를 깨치고, 북두칠성(斗)이 동쪽 고개에 걸리니 뻐꾸기(布穀)[576]가 풍년을 점치는 소리를 듣습니다. 은하수에 별들이 늘어서 금륜金輪(태양)에 조회하여 절을 하고, 옥 같은 계곡(玉澗)의 긴 여울은 돌다리[577]를 씻으며 맑게 흐릅니다. 극락전에 삼불三佛[578]의 진리가 공공적적空空寂寂하고, 명부冥府 책상 위에 시왕의 판결이 소소영령昭昭靈靈[579]합니다. 실로 몇천 년 이어 온 꽃비 내리는 도량이요, 십주十州[580] 가운데 군옥부群玉府[581]입니다.

그러나 머무르고 빔이 돌고 도니 넝쿨이 울타리를 에워쌈을 탄식하게 되고, 이루어지고 무너짐이 순환하니 여우와 토끼가 섬돌에 사는 것을 금할 수 없습니다. 승료僧寮가 적막하니 서쪽 방과 동쪽 방이 염군炎君(화재)의 재앙을 만났고, 선암禪庵(암자)이 황량하니 남쪽 굴과 북쪽 대坮가 은자의 거처가 되기도 했습니다. 염라왕의 건물에 업경業鏡의 빛이 침침하고,

응진당應眞堂⁵⁸² 앞에 신묘한 감식이 먼지에 묻혔습니다. 옥 같은 섬돌은 온통 돌 조각이 되고, 우담바라는 가시넝쿨로 바뀌었습니다. 이로부터 안개와 구름으로 잠겨 오래도록 쓸쓸하고, 바위의 샘물은 오열하며 슬피 흘렀습니다.

광서光緖 5년 신사(1881)[583]에 경성의 고승(高師) 김경담金景潭이 창건하는 화주化主가 되고 광부光府(전라도) 관찰사 김규홍金奎弘[584]이 단나檀那(시주) 손님이 되어, 먼저 향당香堂을 세웠는데 옥 같은 기와를 덮을 겨를이 없었고 다음으로 불우佛宇를 수리하는데 다만 금용金容[585]을 봉안하기만 도모했습니다. 할향喝香[586]과 헌재獻齋[587]로 왕토王土가 길이 이어짐을 우러러 축원하고, 푯말로 표시한 지역으로 민생의 안정을 보호 유지합니다. 요컨대 3기紀(36년)가 겨우 지나자 서까래와 모자茅茨[588]가 어긋나고, 백 년이 되지 않아 향적방과 당우堂宇[589]가 무너졌습니다. 위에서 내리는 비와 옆에서 부는 바람에 기둥이 틀어지고 벽이 떨어졌습니다.

기미년(黃羊, 1919) 봄에 마을의 대부와 믿음 있는 군자들이 단문檀門(시주)을 보호하여 인연을 구하고, 주지 김영운金榮雲이 삼림을 가꾸어 재물을 모았습니다. 옛터가 좁음을 꺼려서 새로운 평평한 땅을 골라, 한 층을 낮추어 터전을 닦아 대족월大簇月(1월) 20일에 초석을 놓았으며, 사면에 기둥을 세워 대량월大梁月[590] 상순(上澣)에 들보를 올렸습니다. 진송秦松[591]을 도끼로 자르니 사대부四大夫[592]가 특별하고, 한백漢栢[593]을 먹줄로 다듬으니 삼장군三將軍이 솟아올랐습니다. 두 통나무가 가지런히 조화로우니 넝쿨과 여우·토끼들이 혼몽한 상태에서 문득 깨어나고, 육위六偉[594]를 나란히 거행하니 가시나무와 기와·자갈들이 모두 광명을 발합니다.

이에 긴 들보를 들어 짧은 송가를 부르니, 송가는 다음과 같습니다.

어영차(兒郞偉), 들보 동쪽(震)에 던지네
북두칠성 걸린 금륜金輪이 만 길로 솟는데

사자가 하늘 우러르던 굴은 어디에 있나
흰 구름 깊은 곳을 사람들은 믿지 못하네

어영차, 들보 남쪽(离)에 던지네
용처럼 안고 범처럼 앉아 각기 눈썹 펴니
광교廣橋의 돌 기운에 하늘나루가 가깝네
왕은 어느 해에 자규 소리를 들을까[595]

어영차, 들보 서쪽(兌)에 던지네
일대 청산에 구름이 자욱한데
제월천에 누가 벌써 샘을 길렀나
다시 구기 가지고 아침 내내 거르네

어영차, 들보 북쪽(坎)에 던지네
감전紺殿(절)의 대웅大雄(부처)이 감동하시리니
심향心香[596] 한 줄기로 현명한 임금을 축원하여
승하한 오늘 아침에 담제[597]를 받드네

어영차, 들보 위쪽(乾)에 던지네
자미궁[598] 안에 늘어선 신선들이
백운 한 조각을 수레처럼 몰아서
내 몸을 변화시켜 백 년 지난 듯하네

어영차, 들보 아래쪽(坤)에 던지네
만물이 일근一根을 짓지 않음이 없어
온 마을의 단월들에게 널리 고하노니

알음알이 두고서 내 문으로 들어오지 마시라

엎드려 바라건대, 상량上樑한 후에 온갖 재앙이 법우法雨에 모두 씻겨지고 온갖 복이 승당僧堂에 모여드소서. 불일佛日이 빛을 더하여 내원궁內院宮 안에서 요일堯日[599]과 병행하고, 선풍禪風이 더욱 치성하여 비상천非想天[600]에서 순풍舜風[601]과 조화를 이루소서.

同福郡維摩寺奉香閣剏建上樑文【己未三月初三日上樑】

兒郎偉。兜率陀內院宮。未見成空之刼。色究竟非想界。不聞住壞之名。何但依正之所殊。寔由業緣之所感。今維摩寺者。雖無乎椑園之宿願。但稽於曆數之星碁。唐貞觀紀元丁亥年。開山而草剏。清順治十三丙申歲。廣拓而重修。山以母后兮。恭王駐驆後。蘿蔔山之改號。寺名維摩者。居士飮啄時。濟月泉之良緣。馬逃西山。見鞭影而證道。斗掛東嶺。聞布穀之占年。銀漢列星。朝金輪而摸[1)]拜。玉澗長湍。泍石橋而清流。極樂殿中。三佛之眞理。空空寂寂。冥府案上。十王之決獄。昭昭靈靈。寔酒幾千年雨花之場。環十州群玉之府。然而住空輪轉。堪嗟藤蘿之繞籬。成壞循環。難禁狐兎之捿砌。僧寮寂寞。西室東堂。遭炎君之流災。禪庵荒凉。南窟北坮。或隱士之捿息。閤王殿上。業鏡光沈。應眞堂前。神鑑塵沒。玉階滿成瓦礫。曇花變爲蒺藜。由是烟雲鎖而長棲。石泉咽而下帳。迄于光緖五年辛巳。京城高師金景潭。爲剏化之主。光府觀察金奎弘。作檀那之賓。先建香堂。未暇玉瓦之盖覆。次修佛宇。只圖金容之奉安。喝香獻齋。仰祝王土之遐曆。標木場界。護持民生之賴安。要且三紀纔過。椽栳茅茨差脫。百載不滿。香積堂宇崩頹。上雨而傍風。棟斜而壁落。黃羊之春。郡大夫信君子。護檀門而求緣。住持釋金榮雲。埋[2)]森林而聚財。嫌舊址之陜隘。銓新土之坦平。落一層而開基。大簇月中念日安礎。維四面而立柱。大梁月上澣日上樑。斫秦松而斧斤。四大夫之特地。運漢栢而繩墨。三將軍之騰空。雙樸齊和。藤蘿狐兎。頓惺魂夢。六偉幷擧。蕀藜瓦礫。咸放光明。爰擧脩樑。載唱短頌。頌曰。兒郞偉。拋樑震。斗掛金輪聳萬仞。獅子仰天穴在何。白雲深處人難信。兒郞偉。拋樑离。龍抱虎蹲各展眉。廣橋石氣天津近。王子何年聽子規。兒郞偉。拋樑兌。一帶靑山雲靄靄。濟月何人已汲泉。更持木杓終朝汰。兒郞偉。拋樑坎。紺殿大雄肯赴感。心香一炷祝明君。昇遐今朝供祭禪。兒郞偉。拋樑乾。紫微宮裡列諸仙。白雲一片如相駕。幻化吾身倐百年。兒郞偉。拋樑坤。萬像無非作一根。普告千村檀越氏。莫存知解入吾門。伏願上。樑之後。千殃咸沐於法雨。百福鼎集於僧堂。佛日增輝。幷堯日於內院宮裡。禪風益熾。和舜風於非想天中。

---

1) ㉯ '摸'는 '膜'의 오자인 듯하다. '膜拜'는 두 손을 들고 땅에 엎드려 인사하는 것을 말한다. 2) ㉯ '埋'는 '理'의 오자인 듯하다.

수선사 계의⁶⁰² 서문【10월 15일】

생각건대, 석가모니께서 정법안장正法眼藏과 열반묘심涅槃妙心⁶⁰³으로 마하가섭摩訶迦葉⁶⁰⁴에게 부촉하시어 계속해서 이어지니, 그 도의 명쾌(直截)하고 원묘圓妙하며 초월(迥絶)한 이치는 온갖 관료와 대신(阿衡)에 대해 천자인 경우와 같아 삼승교법三乘敎法⁶⁰⁵으로 방불하게 비견될 수 없음이 자세히 책에 실려 있다. 그 공리功利를 비교하면 선단仙丹이 적은 분량으로도 죽은 이를 살리는 것과 똑같다. 능히 진실로 참구하고(實參) 진실로 깨달아서(實悟) 일념회광一念廻光⁶⁰⁶하여 옛 부처와 어깨를 나란히 할 수 있다면, 어찌 삼기三祇⁶⁰⁷의 헛된 공력을 쓸 것인가. 비록 진실로 함이 없어서 혼침昏沈과 도거掉擧(들뜸)가 뒤섞이더라도 또한 저 인과因果의 행문行門이 도달하는 바가 아니다.

부처님이 말씀하신 일대장교一大藏敎⁶⁰⁸에는 절반으로 원만하지 않은 것도 있고 임시변통(權)으로 진실하지 않은 것도 있다. 부처님이 스스로 말씀하시길, 요의了義⁶⁰⁹에 의거하고 불요의不了義에 의거하지 말라고 하셨다. 그 절반으로 원만하지 못한 것과 임시변통으로 진실하지 않은 것은 의거해서는 안 된다. 그 이치가 드러났는데 지금 수행자를 보면 대개 절반에 미혹되고 임시변통에 막혀 일생을 그르치고 있으니 슬프도다.

옛날 고야산姑射山의 선인仙人은 그 정신이 맺히면 만물이 병들지 않게 하고,⁶¹⁰ 회남왕淮南王 유안劉安이 신선이 되어 오르니 닭과 개도 구름을 탔다.⁶¹¹ 닭과 개도 그 도의 교화를 받았는데 하물며 만물 가운데 가장 신령한 사람임에랴. 신선 또한 만물이 병들지 않게 하는데 하물며 부처님의 위없는 바른 도임에랴. 그래서 말하길, "듣고도 믿지 않았으나 그래도 불종佛種⁶¹²의 인因을 맺었고, 배우고도 미처 이루지 못하였으나 그대로 사람과 하늘의 복을 더한다."⁶¹³라고 한다. 그래서 동참하는 계의契誼를 마련하여 최상의 인연을 같이 맺어 수역壽域에 같이 이르도록 하였다.

수역이란 무엇인가. 청산은 검푸르고(凝凝) 벽해는 시퍼렇고 구름 조각이 펼쳐지며 소나무 소리 스산하니 무엇이든 자기의 빛을 항상 발하지 않음이 없어 하늘을 두르고 땅을 두르며 옛날과 지금에 이르도다. 신묘한 작용이 항하사의 모래처럼 많더라도 견고함이 금강 같다. 그래서 고덕古德이 말하길, "반야 위에 헛되이 버리는 공부가 없다."[614]라고 했다. 성불하기를 원하는 자가 있으면 응당 깊은 마음으로 큰 원력을 발할지라.

이 수승한 인연에 따라 우러러 성수聖壽(임금 수명)를 축원합니다. 운운云云.

修禪社契誼序【十月十五日】

原夫釋迦氏。以正法眼藏涅槃妙心。付囑摩訶迦葉。轉轉相授。其道直截。其圓妙迥絶之理。如百僚阿衡之於天子。不可以三乘敎法比擬髣髴。具在方冊。較量功利。一似仙丹。刁圭而起死。若能實叅實悟。一念廻光。與古佛齊肩。何用三祇枉功。縱未有實。溷沌於昏掉。亦非他因果行門所到。佛說一代[1]藏敎。有半而未圓者。權而未實者。佛自說依了義。不依不了義。其半也權也。不可以依之也。其理彰著。而今觀修行者。擧槩迷半滯權。誤了一生。悲夫。昔姑射仙人。其心凝而萬物不疵。淮南王安。登仙而鷄犬乘雲。鷄犬被其道化。況最靈於物者乎。仙亦能使物不疵。況佛無上正道乎。故云聞而不信。尙結佛種之因。學而未成。猶盖[2]人天之福。故設同叅契誼。使共結最上因緣。同臻壽域。夫壽域者何也。靑山凝凝。碧海蒼蒼。雲片展張。松聲蕭瑟。無物非自己常光。帀天帀地。亘古亘今。雖妙用恒沙。能堅固如金剛。故古德云。般若上無虛棄之功夫。若有成佛願者。應發深心大願也哉。伏玆勝緣。仰祝聖壽云云。

---

1) ㉵ '代'는 '大'의 오자인 듯하다. 2) ㉵ '盖'는 '益'의 오자이다.

제운 화상의 비석을 세우는 축문【기미년(1919) 3월 14일에 세움.】⁶¹⁵

총림叢林의 대덕大德 제운당霽雲 존령尊靈이시여
법신은 본래 청정하고, 진상眞相은 이름이 없으며
지인은 사사로움이 없고, 대덕은 공적이 없거늘⁶¹⁶
하물며 우리 선조께서는, 무상함을 몸소 체득하시어
유위有爲의 업을 없애고, 무루無漏의 종지를 증득하셨네.
후손들이 추모하여, 돌을 다듬어 비석을 세우니
귀부龜趺가 돌아보는 듯, 용대龍坮는 날아오르는 듯
높이 푸른 벽을 지탱하고, 은은히 흰 빛이 비추니
글씨는 살아 있는 교룡 같아, 빛나는 말로 칭송하였네.
시작한 일이 이루어졌으니, 이에 차와 향을 올리며
추모하는 무리들이, 이에 정성을 다하여
삼가 알가閼伽⁶¹⁷를 드리노니, 엎드려 바라건대 흠향하소서.

霽雲和尙立石祝【己未三月十四日立】

叢林大德霽雲堂尊靈。法身本淨。眞相無名。至人無己。大德無功。況吾先祖。體達無常。蕩有爲業。證無漏宗。雲仍追慕。攻石樹碑。龜趺如顧。龍坮若飛。高撐翠壁。隱映白輝。篆活蛟腰。頌綴錦彙。粃事已周。玆薦茶香。庶追感慕。爰庸罄誠。謹以閼伽。伏唯尙饗。

벽담[618] 화상의 비석을 세우는 축문【기미년(1919) 3월 13일에 세움.】

대화엄종주 벽담당碧潭堂 각령覺靈[619]이시여,
불조佛祖의 심인心印을 전하여, 인천人天의 안목을 여시고
덕산德山[620]의 할喝을 활용하며, 임제臨濟의 종지를 지니사
12종사의 자리를 빼앗고, 열여덟 분(公)의 당堂[621]을 이어
거창한 업을 이미 수립했으니, 어찌 후손들의 정성이 없겠습니까.
이에 돌을 다듬는 비용을 쓰고, 금송錦頌[622]의 공적을 지으니
비석 짊어진 거북은 진흙에 묻히고, 싸우는 모습의 용은 하늘로 솟아
우뚝 솟아난 운근雲根[623]으로, 그 빛이 달의 얼굴을 쓰다듬고
연못 달의 그림자를 가볍게 두드리며, 산 구름의 빛을 잘게 자르네.
여러 음식과 차를 드리노니, 엎드려 바라건대 흠향하소서.

碧潭和尙立石祝【己未三月十三日立】

大華嚴宗主碧潭堂覺靈。傳佛祖心印。開人天眼睛。用德山之喝。佩臨濟之宗。奪十二宗席。繼十八公堂。旣樹巨刱之業。盍無雲裔之誠。玆庸攻石之費。載綴錦頌之功。負龜沒泥。鬪龍騰空。突聳雲根。光磨月容。薄批潭月之影。細切山雲之光。庶羞茶薦。伏唯尙饗。

학생에게 보이다

사람이 모여 삶에 금수와 다른 것은 규율(規模)로 몸을 따르게 함이 있음이니 차례를 넘어 앉거나 누울 수 없는 것이다. 바른 마음으로 책을 끼고 위치에 따라 자리에 앉아 규율에 편안하면 만물을 경계할 수 있다. 배우는 자리를 '학사學肆'[624]라고 부르는 것은 많은 물품들의 배열이 서로 뒤섞이지 않아서 문란하지 않고 조리가 있기 때문인데, 지금 배우는 이들은 도리어 시장(市肆)만 못하니 되겠는가?

옛날 백이伯夷·숙제叔弟와 공자·맹자는 수양산에서 굶주려 죽거나 빈 말을 하며 베풂이 없던 필부이다. 그런데 요즘 사람들은 이 사람들에게 빗대면 기뻐한다. 걸桀·주紂와 유幽·려厲[625]는 귀하게 천자가 되고 부유하게 사해의 제왕이 되었는데 요즘 사람들은 이 사람들에게 빗대면 화를 낸다. 그대들은 진실로 생각해 보라. 필부에게 비교하면 화내야 할 텐데 도리어 기뻐하고 제왕에게 비교하면 기뻐해야 할 텐데 도리어 화를 낸다. 기쁨과 화냄이 상반되니 왜 그러한가. 진실로 사람의 귀하고 천함은 도덕의 득실에 있고 지위의 고하에 있지 않은 것이다. 그대들은 힘쓸지어다.

示學生

人之群居。所以異於禽獸者。以其有規模隨身。不能越序坐卧故也。以正心挾册。依位列坐。規模安詳。則可以警物也。以學地。稱爲學肆者。品物行列。糅而不襍。有條不紊之謂也。今所爲學者。而反不如市肆而可乎。古之夷齊孔孟。是餓死首陽。空言無施之匹夫。而今人以此比之則喜。桀紂幽厲。貴爲天子。富有四海之帝王。而今人以此比之則怒。諸君誠思之。比諸匹夫。宜怒而反喜。比諸帝王。宜喜而反怒。以其喜怒相反。何也。固其人之所貴賤者。在道德之得失。不在名位之高下也。唯諸君勉之。

웃옷을 벗고 경전을 보는 학도들을 훈계하다

무릇 뿔을 보면 소라는 것을 알고, 갈기를 보면 말이라는 것을 안다. 뿔에 다섯 빛깔이 있으면 기린이라는 것을 알고, 예천醴泉⁶²⁶의 물을 먹고 오동나무에 서식하는 것을 보면 봉황임을 알며, 도덕을 알고 법의法衣를 입고 금문金文(경전)을 귀하게 여기면 학도라는 것을 안다. 그래서 소인데 뿔이 없고 말인데 갈기가 없고 기린인데 뿔에 다섯 빛깔이 없고 봉황인데 예천의 물을 먹거나 오동나무에 서식하지 않고 학도인데 도덕이 없고 웃옷을 벗고 금문을 천하게 여기면 내가 말한 소와 말과 봉황 등이 아니고 상서롭지 않은 개와 양 따위에 불과함을 안다. 그렇다면 소와 말과 봉황에게 없어서는 안 될 것은 뿔과 갈기 등이며 학도에게 없어서는 안 될 것은 또한 도덕과 법의 등이다. 하물며 사람들이 기린과 봉황에 대해 들어 왔는데, 보니까 뿔과 색채가 없고 일반 풀을 먹는다면 일반 금수에 불과하니 그 견문의 차이가 또한 부끄럽지 않겠는가.

사마司馬 공公이 책을 읽다가 창의氅衣[627]를 벗지 않고 잠을 자면서, "꿈에 성현을 뵐까 그렇다."라고 하였다. 저들도 오히려 이와 같은데 하물며 세상 밖에서 맑게 수도하여 불도를 공부하는 이들임에랴. 그대들은 폐할 수 없음을 알았으니, 어찌 스스로 위의威儀를 없이 하여 자기의 덕을 손상시키겠는가.

誡學徒脫上衣看經

夫角者。知其牛也。鬣者。知其馬也。一角五彩者。知其麟也。啄醴泉捿升梧者。知其鳳凰也。知道德着法衣貴金文者。知其學者也。故知牛而無角。馬而無鬣。麟而無一角五彩。鳳凰而無啄醴泉捿升梧。學者而無道德脫上衣賤金文。非吾所謂牛馬麟鳳等。乃不祥之犬羊等之不過也。然則牛馬麟鳳之不可無者。卽角鬣等也。學者而不可無者。亦道德法衣等也。況人聞有麟鳳而得得來。見無角彩。食凡草。則不過凡禽獸。其見聞之差。不亦愧哉。司馬公讀書。不脫幞衣宿曰。恐見聖於夢也。彼尙如此。況物外淸修之學佛者乎。諸君旣知其不可癈。則何可自蔑威儀以損己德者哉。

벽담 선사의 비를 세우는 연기 서문 [기미년(1919) 3월 13일에 세움.]

무릇 도덕이라 함은 사람이 마음을 수고롭게 하여 얻는 것이고, 사업이라 함은 사람이 몸을 수고롭게 하여 이룬 것이며, 금전이라 함은 즉 사람이 사용하는 것이다. 도덕이 있어야 사업이 이루어지고 사업이 있어야 금전을 사용하게 되지만 어찌 이와 같은 데 그칠 뿐이겠는가. 금전으로 인하여 사업이 이루어지고 사업으로 인하여 도덕이 사라지지 않게 된다. 이 세 가지는 세상에서 세발솥 같아서 하나라도 없으면 안 된다. 크도다, 도덕이여. 이것은 삼불후三不朽[628] 가운데 하나다.

이제 선사先師께서 교敎의 바다에서 헤엄치시고 선禪의 종지를 일으키사 도를 단련하고 덕을 심어 심성을 수고롭게 하셨으니, 이에 도덕이란 마음을 수고롭게 하여 얻는다고 할 만하다. 선사의 7세손 호명皓溟과 봉욱琫旭은 지기志氣가 맑고 높으며 행실(行義)이 과감하고 결백한데 부친 용선龍船 화상의 잊지 못하는 남은 감동을 사모하여, 하루는 문도들 전체를 모아 놓고는 선사의 사라지지 않는 도덕을 자기 임무로 삼아 깊이 토론하고 경영하여, 상족上足[629] 만호滿浩에게 명하여 경성과 남포藍浦로 달려가(千走) 비명과 비석을 구하게 하였다. 만호는 그렇게 하겠다고 하고, 즉시 제운霽雲 문중의 후손 운암云庵과 뜻을 같이하여 각자 조사祖師를 받들어 비를 마련하기로 했다. 먼저 경성으로 가서 소개를 받아 비명과 전서篆書를 받고 다음으로 남포에 갔다. 다행히 좋은 인연을 만나 바위를 얻어 쪼개어 두 개의 비석으로 만들었으니 이는 드물게 좋은 모양이었다. 같은 날 운반하여 같은 날 세웠으니 이 또한 호겁浩刦 이전에 일신을 나누고 자리를 나누어 앉겠다는 맹세의 기연이 아닐 수 없다. 호명과 만호는 그 사부께서 남긴 명을 삼가 준행하여 근골을 수고롭게 하고 타니대수拖泥帶水[630]하여 막중한 창업을 장애 없이 성취하였으니 또한 사업은 몸을 수고롭게 하여 이루는 것이라 할 만하다.

  그렇다면 금전이란 사업하는 이가 사용하는 것이고 사업이란 도덕 있는 자가 사용하는 것으로, 이 세 가지는 서로 도와 이루어 능히 창업을 이루는 것이다. 창업이 완전해졌으니 연기緣起 서문이 없을 수 없어서, 처음을 궁구하고 마지막을 요약하는 때와 금전을 지출한 양을 뒤에 나열하고, 다만 세 가지 불후가 이와 같고 이와 같음을 기록하여 훗날 문도들이 살피도록 한다.

碧潭禪師立碑緣起序【己未三月十三日立】

夫道德云者。人之勞心而得者。事業云者。人之勞身而成者。金錢云者。卽人之使用者也。有道德而事業成之。有事業而金錢乃用之。豈如此而止乎。因於金錢。事業方成。因於事業。而道德不朽。此三者。在世如鼎足。而闕一不可也。大矣哉。道德。此卽三不朽之一數也。今先師。游泳教海。提撕禪宗。鍊道種德。勞矻心性者。是可謂道德者。勞心而得也。師之七世孫皓溟琫旭。志氣淸高。行義果潔。慕其父龍船和尙。未忘之餘感。一日會一門人首某員。以先師道德之不朽。爲之己任。闡議之。經營之。命其上足滿浩。必千走京城及藍浦。而求銘若石也。浩云唯唯。卽與霽雲門孫云庵同志。各祖其祖而營碑。先之京城。紹介譔銘書篆。次到藍浦。幸遇良緣。採得一塊石。圻成兩個碑。此乃罕有之勝狀。同日運。同日立。亦莫非浩刼前分一身分半座之同盟奇緣也哉。溟與浩也。恪遵其師父之遺命。勞筋苦骨。拖泥帶水。莫重粊業。無障成就。亦可謂事業者。勞身而成也。然則金錢者事業者之使用也。事業者。道德者之使用也。所以三者者。相資而相成。能就粊業者也。粊事已周。不可無緣起序而其原始要終之日時。金錢支拂之多小。鱸[1]列于后。但紀三者之不朽如是如是。爲後門人之所矚也。

---

1) ㉠ '鱸'는 '臚'의 오자인 듯하다.

이태왕을 천도하는 기도 축문【기미년(1919) 4월 1일 회향】

신승臣僧 아무개는 지극한 마음으로 대훈위大勳位⁶³¹ 이태왕李太王⁶³² 선가仙駕⁶³³를 받듭니다.

하늘이 내신 경략과, 신령이 돕는 위의로

사사로움을 극복하여 임금이 되사, 백성 보기를 자식처럼 하시고

폭원여도幅員輿圖⁶³⁴로써, 제위에 오름을 담당하사 풍화風化를 기다리셨고

동관彤管⁶³⁵으로 아름다움을 남기사, 아득히 선어仙馭⁶³⁶하여 구름을 타시니

성전聖殿에 받들어, 유명의 길을 보배 뗏목에 의지하게 하고

향을 기사耆社⁶³⁷에서 살라, 극락에서 불력佛力을 받게 합니다.

다시 사바세계에 돌아오사, 전륜왕의 궁전에 탄생하시고

법인法忍⁶³⁸을 단번에 증득하사, 불과佛果의 지위에 속히 오르소서.

薦李太王祈禱祝【己未四月一日回向】

臣僧某。至心奉爲大勳位李太王仙駕。天縱睿畧。神贊英威。克己爲君。視民如子。幅員輿圖。膺龍飛而候風。彤管流芳。邈仙馭而乘雲。供獻聖殿。凭寶筏於冥路。香爇耆社。承佛力於樂邦。再還娑婆。降誕於輪王之宮。頓證法忍。速登於佛果之位。

이태왕의 백일재 연기 서문[위와 같음.]

천지인 삼재三才는 양의兩儀(음양)의 삼합三合이요, 일월성 삼요三曜는 칠정七政639의 삼합이며, 정사임丁巳壬 삼기三奇640는 오행의 삼합이다. 양의와 칠정, 오행이 처음 나뉨에 어느 사물이든 삼합으로 이루어지지 않음이 없다. 그래서 삼재와 삼요와 삼기가 사계절을 관리하고 만물을 이루는 것이며 또한 삼합으로 갑주甲冑를 삼으니, 크도다 삼합이여.

이제 대훈위大勳位 이태왕李太王 전하의 백일재를 송광사에 배설한 것은 즉 삼합에 관계되어 그러한 것이다. 왜 그런가. 지난 기해년(1899)에 대장경을 칙명으로 간행하여 보관하였고, 계묘년(1903)에 성수전聖壽殿을 지어서 위패를 봉안하였고, 기미년(1919)에 백일재를 하사하여 봉행하게 되니 실로 삼합이 아닐 수 없고, 큰 세 가지 인연을 이 산에 심은 것이로다. 하물며 임자생641의 백일재가 기미년 4월 1일 임자삭壬子朔에 당하니, 재주齋主인 제8평등왕平等王642이 염부제閻浮提(인간 세상) 안의 임자명壬子命을 관할한다. 이 임자생과 임자일·임자명이 선택하지 않은 좋은 때에 적합하니 이 어찌 삼합이 아니고 무엇이겠는가.

엎드려 듣자니, 태왕전하께서 기로사에 드시어 원당을 망륙望六의 나이643에 짓고, 예정하길, "희년稀年(70)에 송광사 원당에서 재를 마련하겠다."라고 하였으니 그 어잠御箴(말씀)이 분명하다. 또한 이왕궁李王宮에서 어잠御箴을 받드는 정성과 상궁 천씨千氏가 명을 받드는 힘으로 재수齋需를 마련할 은화와 불번佛幡,644 반기盤器(접시), 탁의卓衣,645 장병帳屛,646 향촉香燭, 금주錦紬(비단) 등 진기한 물품들을 넉넉하게 하사하였다. 예정한 어잠과 어잠을 받듦과 명을 받듦이 또한 삼합에 관계됨이 분명하다.

재 지내는 때를 간략히 기록하여 책을 만들어 진열하고, 주지 아무개가 내게 서문을 청하였다. 나는 배수拜手647하고 말하였다. "크시도다, 임금의 덕이여. 해가 뜨매 어두운 곳을 비추지 않음이 없음과 같고, 비가 내림에 무엇이든 윤택하게 하지 않음이 없음과 같도다. 나 또한 경전을 간행하던 장소와 건물을 짓던 곳에서 착수하고 신발을 매어 일을 하지 않음이 없었다. 이제 재를 올리고 애도하는 날에 어찌 망극한 비통함과 추모하는 감정이 없으리오." 이에 세 가지 큰 연기緣起를 서술하니 삼합三合의 원요原要**648**에 적절할 따름이다.

李太王百齋緣起序【同上】

天地人三才。兩儀之三合。日月星三曜。七政之三合。丁巳壬三奇。五行之三合也。兩儀七政五行之肇判。無一物非三合而成辦者。故三才三曜三奇之管四時成萬物者。亦以三合爲甲冑。大矣哉。三合也。今大勳位李太王殿下百齋之設於松廣寺者。卽管於三合而然矣。何也。去己亥年。大藏經之勅印而藏鎭。癸卯年聖壽殿之命建而奉安位牌。己未年百日齋之下賜而奉悼也。實莫非三合。而種三大因緣於玆山歟。況又壬子生之百日齋。當於己未四月一日壬子朔。當齋主之第八平等王。管閣浮提內壬子命。盖此壬子生壬子日壬子命適於非選擇之良辰。此豈非三合而何也。伏聞太王殿下。入耄社。建願堂望六之年。預定曰。第當稀年。設齋於松廣寺願堂之御箋昭著。又以李王宮奉箋之誠。尙宮千氏奉命之力。齋需銀貨。佛幡盤器卓衣帳屛香燭錦紬等奇珍寶玩。優數賜下。以其預箋也。奉箋也。奉命也。亦管於三合明之矣。齋時畧錄成册。而陳列之而住持臣某。請弁於余。余拜手曰。大哉王德。如日輪之無幽不燭。若雨澤而無物不潤。余亦曾於印經之場。建殿之地。靡不有着手襾足之役。以今獻齋奉悼之日。盍無罔極之痛。追慕之感哉。於是乎。敢舒三大緣起。切適於三合之原要云尒。

조계산 국사전의 중창에 따른 상량 명과 서문 [기미년 (1919) 4월 10일]

어영차(兒郞偉).

화장華藏[649]이 무너지고 비고 이루어지고 머무는 세계에 있어 사바娑婆·염부제閻浮提[650]가 도량을 여의지 않으며, 제불諸佛이 환화幻化(변화)의 방편문을 여시니 최상승의 선이 저절로 당념當念(현재)에 있습니다. 찰찰원융刹刹圓融하고 진진혼입塵塵混入하니[651] 풀과 지푸라기·기와 등이 모두 광명을 떨치고, 말마다 이치에 계합하고 구절마다 근기에 맞아 꾀꼬리 소리와 제비 소리가 함께 오묘한 노래를 부릅니다. 무엇인들 광장설상廣長舌相[652]과 청정신토淸淨身土가 아니겠습니까.

조계산 송광사는 산 이름에 근원이 있으니, 조계종의 보림寶林 조계[653]와 흡사한 고로 칙명으로 '조계'라는 호칭을 붙였습니다. 사찰이 왜 근거가 없겠습니까. 열여덟 분이 이역異域의 총림을 널리 교화한 고로 특별히 '송광松廣'이라는 이름으로 부른 것입니다. 그 시초를 고찰하면 신라 법흥왕 원년에 혜린慧璘 선사께서 아란야阿蘭若[654]를 작게 지었고, 중흥한 것을 살펴보면 고려 신종 3년에 보조국사普照國師께서 큰 가람을 넓게 펼치셨습니다. 상족上足인 진각국사眞覺國師가 선종을 크게 알리셨으니 수선사修禪社의 규도規度를 비교하면 한 가지로 동일하고, 고봉高峯[655]의 후예(末孫)가 사우寺宇를 법계도法界圖의 모습으로 크게 중창하였으니 또한 두셋이 있지 않습니다. 어찌 다만 16존尊(국사)이 자리를 이어 중수하였겠습니까. 또한 세 화상[656]이 명을 받들어 주석하였습니다. 강희康熙 임인년(1722)에 백암栢庵[657] 선사가 불일佛日(지눌)의 가풍을 중흥하였고, 도광道光 임인년(1842)에 용운龍雲[658] 대덕大德이 법우法宇의 문호를 크게 일으켰습니다.

이 건물은 대상垈上 7전殿의 하나이고 도중圖中 1층層의 7방房이니, 창설한 것을 살펴보면 사찰과 동일한 때입니다. 주석하던 날에는 도를 말하며 모여 공양하는 장소였는데, 니원泥洹(열반)하는 때에는 변하여 진영을 걸고 향을 사르며 축원하는 전당이 됩니다. 앞에는 행해당行解堂이요 뒤에는 진락대眞樂臺659이니 갑경甲庚660을 향하고 등지는 모양이며, 오른쪽은 방장이요 왼쪽은 영당이니 임병丙壬661을 보필하는 우익으로 삼았습니다.

일찍이 동림東林 18현인662의 영각影閣에 대해 들었는데 지금 조계 16조사의 진당眞堂663을 보니, 위대하도다, 호남 십승지十勝地664로 유명한 곳이라고 도선道詵665 스님이 감탄하였고, 해동 제일의 복된 땅이라고 현릉玄陵666이 칭찬하였습니다.667 먹은 것을 토하니 물고기로 변하여 은빛 비늘을 흩뿌리고,668 던진 석장이 나무로 자라니 단향목669 두 그루가 울울창창합니다. 남쪽을 진호하는 꽃비가 내리는 도량으로 인천人天을 제도하는 선박이요, 동국을 두른 군옥부群玉府670로서 불조佛祖를 삶는 솥단지에 부합합니다. 이는 국사께서 교화한 장소요 불조께서 다니신 경계가 아님이 없습니다.

그리고 나서 진영(影眞)이 잠시라도 탈락이 없었으니 가정嘉靖과 천계天啓671 연간에 계림戒林과 성은性誾이 입계入啓672하여 거듭 완성했던 것입니다. 당우堂宇는 바야흐로 무너질까 걱정이어서 강희康熙와 도광道光 연간에 백암栢庵과 용운龍雲이 개인적으로 수리하였습니다만, 들보와 서까래는 비에 젖어 썩어 가고, 금칠한 벽은 안개에 흐릿해졌습니다. 어찌 시주 인연이 없겠습니까마는 입계入啓한 앞 자취를 본받을 것이요, 필시 왕성한 운을 기다려야지 어찌 개인적으로 수리한 뒷일을 따르겠습니까.

병진년(赤龍, 1916) 봄에 길씨吉氏 선여인이 4백 원圓 금액을 보시하여, 정사년(火蛇, 1917) 가을에 주지 이설월李雪月673이 오등후五等侯의 정당政堂674에 계啓(보고)하였더니, 기술자를 보내 측량하고 장인에게 목재를 다듬게 했습니다. 기수祇樹675를 새로 베어 내니 내원㮈苑676의 앞선 공적에 손상이 없고, 수재侹材677를 가려 꺾으니 단계檀溪의 숙원宿願이 막힐까 염려되었습니다. 무오년(1918) 응종월應鍾月(10월)에 시작하여 석목析木(11월) 과 대려大呂(12월)에 '쩡쩡 창창' 도끼질을 하고, 기미년(1919) 대량춘大樑春678에 복궤覆簣679하여 택천澤天과 고선姑洗(3월)680에 '우르릉 탁탁' 일을 하였습니다. 황폐한 섬돌을 바꾸어 금으로 장식하고, 낮은 행랑을 아로새긴 회랑으로 바꾸었습니다. 옥 단청이 주목되니 화려한 우물에는 꽃들이 모여 늘어서 있고, 황금색과 푸른빛이 해를 쏘니 수놓은 두공(枓栱)에는 가지가 웅위하듯 맞물려 있습니다. 겹으로 된 불전은 용처럼 서린 가운데 1만 덕을 지닌 진용眞容이 달처럼 원만하고, 층층 누대는 봉황처럼 우뚝 서 있는데 16존영尊影이 별처럼 늘어서 있습니다. 금방울이 보림寶林의 바람에 부딪히니 사방에 하늘 음악이 울리고681 옥기와에 조계曹溪의 달이 비치니 1만 송이 연꽃이 빛납니다. 제자봉帝字峰(조계봉)을 우러르니 구름을 잡은 닭의 발 같고, 을자수乙字水가 문을 두르니 구슬을 희롱하는 용의 허리 같습니다. 도솔천(都史天)에 떠내려 온 것인가, 어슴푸레 가라궁迦羅宮682이 변하여 나타난 듯합니다.

이에 육위송六偉頌을 공경히 불러 사은四恩683의 공덕을 널리 고합니다.

> 어영차, 들보 동쪽(震)에 던지네
> 진락대眞樂臺 높이가 만 길이라
> 금빛 세계의 주인 누구인가
> 만수사리曼殊舍利684가 심인을 전하도다
>
> 어영차, 들보 남쪽(离)에 던지네
> 진영당의 당노堂老685 고추古錐686가
> 티끌마다 오묘한 색으로 빛을 내는 곳이니
> 각수覺首687 상인上人이 얼굴을 펴리라

어영차, 들보 서쪽(兌)에 던지네
제자봉帝字峰이 푸른 일산처럼 떠 있으니
연화세계의 길을 누가 헤매리
재수財首⁶⁸⁸가 가리키는 손끝에 구름이 자욱하네

어영차, 들보 북쪽(坎)에 던지네
삼일명천三日明泉⁶⁸⁹의 물빛이 맑고
목멱산 꼭대기에 치자꽃 붉으니
보수寶首⁶⁹⁰가 연꽃에 오름을 알겠네

어영차, 들보 위쪽(乾)에 던지네
36궁이 모두 신선세계이고
현수賢首⁶⁹¹ 누대가 평등하게 머무는데
공연히 도솔천과 야마천⁶⁹²에 머물까

어영차, 들보 아래쪽(坤)에 던지네
여러 무리들이 날마다 달려오고
파리玻璃⁶⁹³ 색계는 원래 청정한데
지수智首⁶⁹⁴는 언제 찰번刹幡⁶⁹⁵ 세울까

  엎드려 바라건대, 상량한 후에 온갖 복이 길상의 문에 모이고 다섯 마귀는 조계의 물에 모두 목욕하게 하소서. 7전殿 선당禪堂은 7보리과菩提果가 충만하여 화두 참구와 송념頌拈으로 화장찰해華藏刹海⁶⁹⁶의 물가에서 같이 노닐며, 8만 장경각에대 팔대각인八大覺人들이 모여 독송하고 설법함에 제불의 해탈 경계를 단번에 증득하게 하소서.

曹溪山國師殿重刱上樑銘并序【己未四月十日】

兒郎偉。華藏在壞空成住界。娑婆閻浮不離道場。諸佛開幻化方便門。最上乘禪自在當念。刹刹圓融。塵塵混入。草縷瓦礫。咸放光明。言言契理。句句逗機。鶯音燕語。共談妙唱。無乃廣長舌相也。清淨身土歟。曹溪山松廣寺者。山名有源。曹溪宗恰如寶林曹溪。故勅命曹溪之號。寺何無據。十八公廣化異域叢林。故特稱松廣之名。考其草昧。羅法興元年。慧璘禪師。小刱阿蘭若。稽乎重興。麗神宗三年。普照國老。廣闢大伽藍。眞覺上足。大闡禪宗。修禪社之規度。較若畫一。高峯末孫。宏刱寺宇。法界圖之體形。亦無二三。何但十六尊之繼席重修。抑亦三和尙之承命住錫。康熙壬寅歲。栢庵禪師。重興佛日之家風。道光壬寅年。龍雲大德。巨刱法宇之門戶。是堂者。坫上七殿之一數。圖中一層之七房。稽乎刱修。與寺同日。住錫之日。擬爲談道會食堂。泥洹之時。變成掛眞祝香殿。前行解而後眞樂。甲庚爲向背之局形。右方丈而左影堂。丙壬作補弼之羽翼。曾聞東林十八賢影閣。今見曹溪十六祖眞堂。大矣哉。湖南十勝之名區。道詵師之所歎。海東一等之福地。玄陵朝之所稱。吐食化魚。銀鱗潑潑。擲杖生樹。雙檜蒼蒼。鎭南州雨花之場。贍是濟人天之船筏。環東土群玉之府。端合烹佛祖之鑊湯。爾莫非國師化導之坊。佛祖遊履之界。然而影眞也。姑無脫落。嘉靖天啓。戒林性訔。入啓重成。堂宇則方患傾斜。康熙道光栢庵龍雲。從私修茸。朶棁衰朽於淋雨。金碧漫漶於烟霞。豈無檀緣。宜効入啓之前轍。必待旺運。何事從私之後箴。赤龍春吉氏善女人。施四百圓之金額。火蛇秋住持李雪月。啓五等候之政堂。派技術而測圖。命匠氏而鍊木。新斫祇樹。無傷椶苑之前功。選拓俥材。恐沮檀溪之宿願。濫觴於戊午應鍾月。析木并大呂而丁丁摐摐。覆簣於己未大樑春。澤天與姑洗而轟轟濯濯。易荒塏而鈜[1]砌。變卑庳而珝廊。玉丹凝眸。綺井華橵[2]而鞓韃。金碧射日。繡栭技[3]擁而杈枒。複殿龍蟠中。萬德眞容月滿。層樓鳳跱上。十六尊影星羅。金鈴激寶林之風。四時天樂。玉瓦印曹溪之月。萬朶蓮光。面仰帝字峰。若挐雲之鷄足。門環乙字水。似弄珠之龍腰。疑是都史天之浮來。隱然迦羅宮之變現。敬唱六偉之頌。普告四恩之功。兒郎偉抛梁震。眞樂臺高餘萬仞。金色界中主者誰。曼殊舍利傳心印。兒郎偉抛梁离。眞影堂堂老古錐。塵塵妙色放光處。覺首上人應展眉。兒郎偉抛梁兑。帝字曹峰浮翠盖。蓮花世界路何迷。財首指頭雲靄靄。兒郎偉抛梁坎。三日明泉波淡淡。木覔山頭舊䒳花。應知寶首躋菡萏。兒郎偉抛梁乾。三十六宮都是仙。賢首樓臺平等住。空居兜率夜摩天。兒郎偉抛梁坤。蠢蠢其徒鎭日奔。玻璃色界元淸淨。智首何年建利幡。伏願上樑之後。百福鼎集於吉祥之門。五魔咸沐於曹溪之水。七殿禪堂。充滿七菩提果。衆話頌拈。同遊華藏利海之濱。八萬經閣。會集八大覺人。讀誦說聽。頓證諸佛解脫之境。

---

1) ㉮ '鈊'은 '釖'의 오자이다. 2) ㉮ '攅'은 '攢'의 오자이다. 3) ㉮ '技'는 '枝'의 오자이다.

이봉 대선사의 비를 세우는 축문 【기미년(1919) 4월 26일 정축】

유세차 운운.
총림 대덕 이봉离峯 대선사 각령覺靈이시여.
가야(迦洛) 왕의 후손이며 학성군鶴城君[697]의 종족으로
청허淸虛 조사의 적손이며 소요逍遙[698] 선사의 정맥이십니다.
충과 효를 겸전하시고 선과 교를 같이 익히시어
단문檀門(시주)을 넓게 열어 중생을 널리 제도하셨습니다.
가산迦山[699]의 달을 낭랑히 읊조리며 보림寶林의 풍습을 바로잡으시고
조계의 물에 발우를 씻으시며 선찰禪刹의 종지를 마음으로 전하셨습니다.
교화의 인연을 이미 다하니 달이 하늘(天衢)에서 떨어지고
마음은 본래 상이 없으나 후손들은 추모합니다.
이에 거북 비석을 세우고 금송錦頌[700]을 새기니
전서篆書는 살아 있는 용인 듯, 소리가 하늘을 울립니다.
울창주를 진설하고 단향檀香을 사르며
삼가 맑은 차를 올리나니 엎드려 바라건대 흠향하소서.

离峯大禪師立碑祝文【己未四月二十六日丁丑】

維歲次云云。叢林大德离峯大禪師覺靈。迦洛王之苗裔。鶴城君之宗族。淸虛祖之嫡孫。逍遙師之正脉。忠孝雙全。禪教兼講。廣開檀門。普渡跉踶。朗吟迦山之月。糾正寶林之風。洗鉢曹溪之水。傳心禪刹之宗。化緣已周。月落天衢。心本無相。雲仍追慕。迺營龜碑。載印錦頌。篆活龍蛇。聲震穹窿。敢陳鬱禮。慶蔫檀享。[1] 謹以淸茶。伏唯尙嚮。

---
1) ㉠ '享'은 '香'의 오자인 듯하다.

기봉 대선사의 비를 세우는 축문 【기미년(1919) 6월 9일 기미】

　대공덕주 기봉奇峰[701] 대선사 각령覺靈이시여.

　대대로 풍부豊府(안동)에 거처하다가 화주和州[702]로 옮기고

　부모의 집을 떠나 봉루鳳樓에 투신하시니

　최崔 공신功臣의 11세손이요 부휴浮休 조사의 9세손이십니다.

　조계에서 법을 구하여 소나무와 구름(松雲)에 자취를 의탁하사 묵암默庵[703]의 방에서 참학하였고 두월斗月[704]의 문하에서 분향(拈香)하였습니다.

　13년 동안 강설하여 삼칠재三七齋의 상서로운 모습이 있었고

　삼장三藏의 가르침을 술지게미로 여기고 한 가지(一着子)로 향상하려 하였습니다.

　임인년(1902) 화재에 대해 계묘년(1903)에 크게 창건하니

　솔고개에 바람이 크게 떨치고 조계의 달이 두 번 굽어졌습니다.

　창업이 완전해지고 인연대로 선서善逝[705]하셨습니다.

　상相 있는 것은 무상하여 깎지 않으면 조화롭지 않습니다.

　많은 무리들이 조사를 생각하지 않겠습니까.[706]

　비석은 푸른 벽을 지탱하고 용은 푸른 공중에 서리며

　비단 노래(錦頌)는 옥처럼 조화롭고 구름 전서(雲篆)는 바람을 부릅니다.

　달을 치고 구름을 자르며 향을 사르고 울창주를 드립니다.

　삼가 차를 따르나니 엎드려 바라건대 흠향하소서.

奇峰大禪師立碑祝文【己未六月初九日己未】

大功德主奇峰大禪師覺靈。世居豊府。載遷和州。謝家鯉庭。投身鳳樓。崔功臣之十一世。浮休祖之九世孫。求法曹溪。托迹松雲。叅學於默庵之堂。拈香於斗月之門。十三載之講說。三七齋之瑞相。三藏敎如糟糠。一着子之

向上。壬寅年之回祿。癸卯歲之巨刱。風一振於松嶺。月再彎於曹溪。刱業
旣周。化緣善逝。有相無常。非斲非調。有徒繁息。無念而祖。碑撑翠壁。龍
蟠碧空。錦頌調玉。雲篆喝風。批月切雲。爇香薦罍。謹以酌茶。伏唯尙享。

조계산 송광사 청진암의 네 번째 창건기 【6월 10일】

　승평昇平(순천)의 서쪽 1유순由旬707 남짓한 곳에 '조계산'이 있는데 산에서 가장 높은 곳을 '호령봉號令峰'708이라 한다. 호령봉이 두 갈래로 갈라지는데 남쪽으로 터져 용이 된 것은 굴곡과 기복이 바다에서 용이 날아 구름을 일으키고 물을 희롱하는 듯하며, 북쪽으로 달려 범이 된 것은 춤추고 뛰는 것이 산에서 범이 '으르렁'거리거나 '어흥' 소리치는 듯하다. 북쪽 줄기가 목구멍에 맺혀 문득 일어선 것이 '시루봉甑峯'709으로 뚜껑을 덮은 듯 펑퍼짐한데, 높게 아스라이 솟아 오른쪽에 축간丑艮(동북)710으로 떨어진 것은 송광사의 백호가 되고 중간에 경태庚兌(서쪽)711로 떨어진 것은 송광사의 주봉이 된다. 일어섰다 엎드려 맥을 맺고 갈래로 나뉘어 안아 감싸니 연꽃이 흩뿌려진 듯하다. 그 중앙에 터를 점하니 황건黃巾(도둑)의 소굴이 아니라면 마땅히 백납白衲(승려)의 거처가 되어야 한다.

　이에 고려 신종 3년(1200) 경신【금나라 승안承安 5년이다.】에 보조국사께서 결사結社하여 수선修禪하는 큰 사찰로 삼으셨다.【명칭을 '수선사修禪社'라 하였는데 후에 칙명으로 '송광사松廣寺'로 고쳤다.】 나라를 복되게 하고 세상을 도운 실제 기록은 김군수金君綏712와 최신崔侁의 필적에 상세하니 덧붙이고 싶지 않다. 세 번 전하여 청진국사淸眞國師713에 이르니, 즉 고려 고종 21년(1234) 갑오이다. 사찰의 뒤에 있는 제1주봉主峰 아래에 가서 서까래 몇 개를 얽고서 머무니, 즉 임종 시에 안선安禪(좌선)하신 별실이다. 암자의 명칭(청진암)이 그렇게 해서 얻어졌다. 왼쪽 봉우리에 석종石鍾 하나가 있으나 비갈碑碣이 보이지 않으니, 몇 번이나 수리를 했는지 누가 알겠는가. 암자가 기울어져 근심이 조석을 떠나지 않았다.

　이에 728년 기미(1919)【조선국 528년이다.】에 암자의 승려 춘성春盛과 두현斗玹이 주지 설월雪月과 향응하여 대중을 불러서 얼마간 재물을 모아 날을 정해 일을 감독하다가 상량문을 얻으니, "만력萬曆 17년 기축(1589)에 세 번째 창건했다."라는 기록이 있었다. 연화緣化[714]한 아름다운 이름은 고찰할 수 없으니 유감이 없을 수 없었다. 그렇게 맹추월孟陬月(1월)에 일을 시작하여 병든 곳을 고치고 무너진 곳을 정비하여 경영하고 감독하니 몇 달 되지 않아 완성되었다. 본채(正堂)는 우뚝하고 곁채는 날아갈 듯[715] 크고 화려했다. 이것이 네 번째 창건이 아니겠는가.

이에 범패를 울리며 단에 올라 법려法侶(도반)들을 하탑下榻[716]하니, 지혜의 구름이 청진암 경내 위에 가득하고 하늘 꽃이 길상사吉祥社(송광사)에 어지러이 떨어졌다. 용과 범이 날아 움직여 호위하며 따르고, 바람과 비가 기쁘고 조화롭게 순종하였다. 연화緣化하고 간고幹蠱[717]한 힘과 단나檀那(시주)의 은혜로이 희사한 덕은 천의天衣[718]처럼 길고 땅처럼 오래갈 것이며, 물의 근원이 깊고 산이 높은 것과 같다. 그래서 이에 기록하여 후인들에게 보인다.

曹溪山松廣寺淸眞庵第四刱建記【六月十日】

昇平之西一由旬許有山。曰曹溪。山之最高者曰號令峰。峰有兩支。南圻[1])而爲龍者。屈曲起伏。如滄海飛龍之興雲戲水。北走而爲虎者。鼓舞踴躍。如碧山怒虎之蹲喝放嘯也。北支結咽而卒起者曰甑峯。如胄覆而磅礴。[2]) 高迥特立。右落丑艮者。爲寺之白虎。中落庚兌者。爲寺之主峯。起伏結脉。分支藏抱。若蓮花之倒撒。中占一局。若非黃巾之窟。宜爲白衲之宅。粤在高麗神宗三年庚申。【金承安五年也】普照國老。結社修禪之宏刹。【名修禪社後勅改松廣寺】以其福國祐世之實錄。詳於金君綏崔侁之筆。不欲贅焉。三傳至淸眞國師。卽麗高宗二十一年甲午也。就寺之後第一主峰下。結數椽而卜居。卽臨終安禪之別室也。庵之名。仍玆而得矣。左峰有石鍾一舩。而不見碑碣。誰稽幾經修葺哉。庵之病頹。慮不旦夕矣。粤七百二十八年己未。【朝鮮國五百二十八年也】庵之釋春盛斗玹。與住持雪月響應。叫化大衆。鳩聚若干財。赳日董役。得其梁文。曰萬曆十七年己丑三刱云。莫考緣化之芳啣。

不能無恨。然而仍孟陬月始役。病者醫之。頹者整之。經營之。董督之。不數月而告竣。正堂突兀。翼廊彙³⁾飛。輪焉奐焉。此莫是第四椒耶。於是梵唄登壇。法侶下塌。⁴⁾ 慧雲彌漫於淸眞境上。天花亂墜於吉祥社中。龍虎飛動而護從。風雨和悅而調順。其於緣化幹蠢⁵⁾之力。檀那惠捨之德。天衣長而地久。水源深而山高。故玆而記。揭示于後。

---

1) ㉭ '圻'는 '垾'의 오자인 듯하다. 2) ㉭ '磚'은 '礡'의 오자인 듯하다. 3) ㉭ '彙'는 '翬'의 오자인 듯하다. 4) ㉭ '塌'은 '榻'의 오자인 듯하다. 5) ㉭ '蠢'는 '蠱'의 오자인 듯하다.

송광사 나한 전설에 대한 변증[7월 3일]

옛날 승국勝國[719] 신종 3년(1200) 경신에 보조국사께서 팔공산(公山) 거조사居祖寺[720]에서 와서 길상사吉祥社에 안선安禪(좌선)할 자리를 얻었다. 거친 풀 가운데를 넓게 개척하여 창건한 지 9년 만에 완성이 되었다. 조계 종지를 크게 천양하고 산 이름과 사찰 이름을 거듭 바꾸어 '조계산 송광사' 라 하였으니 모두 칙지勅旨【희종熙宗 4년(1208) 무진에 사액賜額이 있었다.】에 따른 것이다.

위사韋史 신석희申錫禧[721]의 기록에 따르면, "나무로 만든 매를 날려 흰 연꽃이 있는 터를 점치고, 잎사귀로 만든 범들로 녹림의 도적들을 쓸어 버렸다."라고 하였다. 또한 "지팡이를 던진 것이 살아 나무가 되었으니 세 그루 전단향이 사라지지 않고 더 자라지도 않았다. 먹은 고기를 토하니 물고기가 되어, 무수한 은빛 비늘의 물고기들이 자유롭게 살아 움직였다."라고 하였다.

구봉九峰[722] 노스님의 기록에는 "화국華國(중국)에서 몸을 빼 금나라 황제의 셋째 아들을 데리고 왔다.[723] 천자암天子庵과 삼일당三日堂을 창건하고 이름을 지었으며 즉석에서 옥게玉偈를 지었다. 아산峨山의 16성인을 초빙하였으니, 설법전의 높다란 사다리가 현존한다. 화덕군火德君[724]에 대한 구화군救火軍[725]의 토목 기술은 불구덩이를 멸하는 도력이다. 16존상을 새로 조성하는 사업에 불구덩이를 만들어 훈도燻陶하고 스스로 뛰어넘어 단壇에 올랐으니, 이 모두 국사께서 증득한 힘이요 오묘한 방법이었다."라고 하였다.

전설이 오래되어 사람들에게 회자되었으니 그래서 현존하는 성상聖像들의 몸체가 훼손되고 옷이 벗겨지며 채색이 흐릿해졌다. 어찌 납자衲子(승려)들만 무색하겠는가. 또한 단씨壇氏(시주)도 근심스러워하나 미망에 익숙하여 오묘한 인연을 도모하기 어려웠다. 열 입이 전하고 여섯 귀가 듣는데 성인의 경지를 높이 추앙하여 범인이 듣기에 놀라웠고 습관에 온통 취하여 주먹을 펼 것을 깨닫지 못한726 지가 오래되었다.

이제 『영월집詠月集』727 「중수나한기重修羅漢記」를 보니, 대략 다음과 같다. "정유년(1597)에 성상이 적들에게 훼손되어 감실龕室이 처량해지니 속인들은 복을 심을 곳이 없고 승려들은 공경할 곳이 없어졌다. 어찌 이름난 사찰의 일대 흠이 아니겠는가. 산승 아무개가 새롭게 할 뜻이 있어서 계해년(1623) 봄에 시작하여 갑자년(1624) 겨울에 일을 마쳤다. 삼존불과 16진용眞容이 찬란하게 빛나니 별과 달이 푸른 하늘(碧落)에서 서로 빛나고 금과 옥이 붉은 쟁반에서 서로 비추는 듯하다."라고 하였다. 그 연표를 고찰해 보니 만력萬曆 25년(1597) 정유, 즉 선조 30년이다. 27년 지난 천계天啓 3년(1623) 계해는 즉 인조 원년이다.

국사께서 교화를 크게 펼친 날【신종 7년(1204) 갑자년이다.728】에 처음 조성한 성상이 393년 지나 정유(1597)에 이르러 적들에게 해를 입었다. 인조 원년(1623) 계해에 다시 조성한 성상이 이제 295년 지나 기미【대정大正 8년 (1919) 기미년】에 이르러 훼손되고 색이 바랬는데 전설에 익숙해져서 보수하지 못하니, 의혹됨이 심하구나, 세상이 무고를 좋아함이여. 어리석은 이의 구설수 때문에 만덕萬德의 장엄함을 길이 누락시키고, 미치광이의 의혹 때문에 만인의 복전을 길이 없애면 어찌 안타깝지 않은가.

믿음 있는 선남선녀에게 바라노니 얼음 같은 집착을 깨뜨리고 장엄의 도구를 판별하여 믿음의 씨를 복전에 뿌리면 창건한 공덕을 갚을 수 있을 것이다. 그래서 감히 스스로 변증하여 기록하노라.

松廣寺羅漢傳說卞【七月三日】1)

昔在勝國神宗三年庚申。有普照國師自公山居祖寺來。得安禪之地於吉祥社。荒茀之中。廣拓開剙。九載訖功。大闡曹溪宗旨。重易山名寺號。曰曹溪山松廣寺者。皆勅旨【熙宗四年戊辰有賜額之事】也。申韋史記云。飛木鷹而占白蓮之基。散葉虎而掃綠林之賊。又曰杖投生幻樹。三個梅檀。不滅不生。食吐化爲魚。無數銀鱗。自在活潑。九峰老記云。身挺華國。携金帝之第三男。天子庵三日堂之瓶號。口演玉偈。招峨山之十六聖。說法殿加峙棧現存。至於火德君救火軍之土木奇術。是乃滅火坑之道力。十六尊新造役。設火坑而燻陶。自超昇壇。是皆國師之證力妙方。傳說旣久。膾炙耳目。以故現存聖像。壞體脫衣。五彩漫漶。何但衲子無色。亦爲壇氏有愁然而慣於迷妄。難圖妙緣。十口所傳六耳所聞。高推聖境。語驚凡聽。渾醉習慣。莫悟申拳者。流來久矣。今見詠月集重修羅漢記。其略曰歲在丁酉。毁相于賊。凄凉龕室。俗無植福之處。僧無投敬之地。豈非名利之一大欠事耶。山之釋某。有志重新。始役於癸亥之春。訖功於甲子之冬。三尊嚴像。十六眞容。爭煥炳列。星月交輝於碧落。金珠互映於赤盤云。考其年表。萬曆二十五年丁酉。卽宣祖三十年是也。越二十七年天啓三年癸亥。卽仁祖元年是也。以自國師隆化之日。【神宗七年甲子年也】瓶造之聖像。迄于三百九十三年丁酉。爲賊所害。仁祖元年癸亥。重修之聖像。迄今二百九十五年己未。【大正八年己未年】爲壞相脫彩。而慣於傳說。不能修補。惑之甚矣。世之好誣也。以愚夫之口舌。永闕萬德之莊嚴。以狂夫之熒惑。永蔽萬姓之福田。豈非痛惜哉。唯冀信男善女。破冰執而辦莊嚴之具。下信種於福田。庶報乎瓶修之功。敢自卞錄。

---

1) ㉑ 저본에는 이 글 위에 다음과 같은 두주頭註가 있다. "국사께서 입적한 희종熙宗 경오년(1210)부터 만력萬曆 25년(1597) 정유에 이르기까지가 388년이고, 천계天啓 3년(1623) 계해부터 대정大正 12년(1923) 계해까지 301년, 국사께서 조계曹溪에 들어오신 경신년(1200)부터 대정 12년(1923)까지가 725년이다.(自國師入寂熙宗庚午。至萬曆二十五年丁酉三百八十八。自天啓三年癸亥。至大正十二年癸亥三百一年。自國師入曹溪庚申。至大正十二年。合七百二十五年也。)" 1923년은 이 글을 찬술한 해인 듯 하다.

조계산 송광사 국사전의 중수기【길금[729] 360원. 대중금 139원 13전 6리. 사금 2,001원 69전 6리. 기미(1919) 5월 5일 봉안.】

내가 어느 날 용화당龍華堂(지장전)에서 회차會茶[730]하며 불조佛祖의 가풍에 대해 말하다가 수선修繕하는 임무에 미쳐 간고幹蠱[731]의 뜻이 있는 것처럼 하였다. 본사 주지 설월雪月 옹翁이 내게 부탁하여 말했다.

"지금 국사전의 중수重修를 마쳤는데 어찌 한마디 하여 문미에 걸지 않겠습니까?"

"그렇다면 전말을 들어 볼 수 있습니까?"

"상량문을 보지 못해서 옛 인연을 고찰할 수 없는 것이 유감입니다. 다만 기록이 있어, 강희康熙 61년(1722) 임인에 백암栢庵(성총性聰) 노스님이 중수하였고 가경嘉慶 12년(1807) 정묘에 화봉華峯 스님이 보수하였다고 하는데 또한 몇 번이나 중건했는지 알 수 없습니다. 이번의 일은 병진년(赤龍, 1916) 봄에 관산冠山[732]의 신녀信女 김씨가 2천 관貫을 포금布金[733]하여 국사전을 수리하게 하였습니다. 그러나 이 국사전은 원래 평범한 법우法宇가 아니므로 정사년(1917) 가을에 정당政堂(지방 관아)에 달려가 호소하여 그 소중함을 알게 하였습니다. 정당에서는 공학 박사 기술자 쿠리야마(栗山)와 기코(木子)[734]를 두 차례 파견하여 측량하게 하였는데 그가 탄식하길, '이 국사전은 고려 시대 미술로 솜씨가 좋은 장인의 옛 자취이니 함부로 부수고 더할 수 없다. 다만 보수만 해서 기운 것을 바로 하고 썩은 것을 새롭게 하며 빠진 것을 보충하고 누운 것을 서게 하며 새는 곳에 기와를 대고 부서진 곳에 흙칠을 해서 아름다운 자취를 잃지 않게 해야 한다.'고 했습니다. 무오년(1918) 10월에 재목을 베어 일을 시작했고 후루타(古田) 감독에게 보내어 한결같이 그 말대로 보수하였습니다. 기미년(1919) 5월에 이르러 일을 마치고 봉안하니 그 8개월 동안에 장애 없이 성취하여 완전히 새롭게 찬란해졌습니다. 단나檀那의 공적과 정당政堂의 덕을 잊을 수 없기 때문에 뒷사람들에게 보이고 싶으니 일전어一轉語⁷³⁵가 필요합니다."

"아, 설 옹雪翁의 힘이여. 거문고가 묘하기는 하나 손가락이 아니면 연주할 수 없고, 도道가 원만하더라도 스승이 아니면 깨우칠 수 없네. 이번 국사전의 일은 단나와 정당이 거문고와 도道 같고, 설 옹이 앞장섬은 손가락과 스승 같도다. 이로 말미암아 엄숙한 금용金容이 옥평상 위에 높다랗고 은은한 옥영玉影은 금벽金壁에 빛나네. 불일佛日이 조계의 물과 바위를 거듭 비추고 조사의 호령이 상서로운 구름과 안개를 거듭 뒤흔들도다. 이것은 손가락을 움직이고 교화(叫化)하는 힘이 아닐 수 없도다."

설월 옹은 웃으며 말이 없었다.

나머지 전각들의 우람함과 사방으로 둘러싼 배치, 산 좋고 물 맑은 풍치와 달콤한 샘물과 무성한 숲의 아름다움은 관람한 이들이 기억할 것이니 다만 단나의 인연만 나열한다.

曹溪山松廣寺國師殿重修記【吉金三百六十圓。○大衆金一百三十九圓十三錢六里。寺金二千一圓六十九錢六里。己未五月午日奉安。】

余一日會茶於龍華堂上。說盡佛祖家風。語及修繕之務。若有幹蠱之思。本住持雪月翁屬余曰。今國師殿重修了。而盍無一言揭楣哉。曰然。則可得聞顚末乎。曰恨未見梁文。莫考昔因。而但有記云。康熙六十一年壬寅。栢庵老重修。嘉慶十二年丁卯。華峯師修葺云。亦未知幾重建也。今之役。則赤龍之春冠山信女金氏。布金二千貫。以修國師殿。而然此殿。元非尋常法宇故。丁巳秋走訴于政堂。使知其所重。政堂再遣工學博士技術員栗山木子。測圖而嘆曰。此殿卽麗朝美術巧匠之古蹟。不敢毀撥者。但架修補。而猗者正而朽者新之。闕者補而臥者立之。漏者瓦之。破者塗之。毋喪美績也。戊午十月。伐木而始役之。又送古田監督。一如其言而修補之。至己未午月。竣工而奉安之這間八個月。無障成就。一新奐然。以其檀那之功。政堂之德難忘。而欲示諸後。師須一轉語曰。嘻。雪翁之力。琴雖妙而非指不發。道雖圓而非師不覺。今之殿之役也。檀那與政堂。但如琴與道而已。雪翁之唱囮。若指與師也。由是而儼然金容。嵬嵬乎玉榻之上。隱然玉影。彬彬於金壁之中。佛日重照於曹溪水石。祖令再振於吉祥雲烟。是莫非運指叫化之力乎。翁笑而默然。其餘殿宇之宏傑。基局之環抱。山明水麗之趣。泉甘林茂之味。覽者記得。只列檀緣。

두월 대사의 비를 세우는 제문【기미년(1919) 8월 기묘삭[736] 9일 정해에 세움. 한붕[737]과 성학이 주관함.】

행行(항렬) 5대조 두월斗月[738] 대선사시여.

계파는 금천金天[739]이요, 본적은 광산光山(광주)의 유파로다. 세간의 음악을 싫어하니 불 속의 연꽃(火中蓮)과 같고, 위엄이 북두와 같으며 마음은 동녘의 달과 같네. 풍암楓巖 노스님이 경전을 가르쳤고, 원화圓華[740] 옹에게 의발을 전수했네. 부휴浮休 조사의 7세손이요 백암栢庵 노스님의 4세손으로서 쌍기雙奇[741]의 법부法父이며 사걸四傑[742]의 막내였네. 공적은 천자암天庵[743]을 건설하여 그 덕이 도적에까지 이르고, 발자취는 속세로 들어가지 않았는데 하물며 서울로 갔으랴. 마음으로 조사의 영역에 참여하고 눈은 불경에 붙여, 보시는 가을 물처럼 맑고 덕은 봄 구름처럼 풍성하도다. 응신應身[744]은 희수稀壽에 셋(73)이요 승랍은 지명知命(50)에 여덟(58)을 넘으셨네. 지혜의 가지 수려한데 불법의 기둥이 갑자기 쓰러지니[745] 안개 속 넝쿨은 초췌하고[746] 후손들은 애통해하네.

아아, 대사를 사모하는 많은 무리들이 바위를 다듬어 무덤에 봉하고 옥을 깎아 비석을 세우니, 코끼리 네 마리가 땅에서 솟고 용 여섯 마리가 하늘에서 내려오네. 거북이는 잘 돌아보나 비석은 다른 말이 없도다. 산호 같은 송가를 엮으니 전서는 구름 속 규룡 같도다. 이제 길일(穀日)을 골라 높이 푸른 벽을 지탱하니 보당寶幢(깃발)이 아스라하고 사리舍利는 참되도다.

투박한 술이나마 향기로운 음식을 갖추어 삼가 울금鬱金[747]을 드리나니, 엎드려 바라건대 흠향하소서.

斗月大師立碑祭文【己未八月己卯朔初九日丁亥立安。漢鵬聖鶴爲主也。】

行五代祖。斗月大禪師。系派金天。籍流光山。厭世間樂。若火中蓮。威如北斗。心似東月。楓老授經。華翁傳鉢。浮休祖之七世。栢庵老之四代。卽雙奇之法父。是四傑之叔季。功建天庵。德被匪徒。跡不入俗。況復上都。心祭祖域。眼掛佛文。施若秋水。德同春雲。應身稀三。臘過命八。慧柯方秀。法棟俄折。烟蘿憔悴。雲仍痛忉。嗚呼感慕。繁息有曺。攻石封塚。刪玉樹碑。四象地湧。六龍天垂。龜有善顧。石無異言。頌綴珊瑚。篆活虬雲。玆選穀日。高撐翠壁。寶幢崔嵬。舍利眞的。載庸薄尊。特備香養。謹以鬱金。伏唯尙饗。

진도 군수 이 옹[748]께 올리는 편지【기미년(1919) 중추】

엎드려 생각건대, 합하閤下께서 남쪽으로 행차하시니 바다 구름이 아득하고 역로驛路[749]가 막막하여 하교河橋의 근심과 강수江樹의 부끄러움[750]이 솔문(松門) 밖 낙강洛江[751] 위에서 오히려 간절한데, 헌병軒屛[752] 아래 안부를 미처 묻기도 전에 외롭고 누추한 거리로 먼저 편지를 보내 주시니, 정중하고 송구함은 하늘의 벌을 받아 죽을 듯하여 나도 몰래 부끄럽고 뭐라 말할지 판별할 수가 없습니다. 하물며 비야毘耶[753]의 번뇌에 구속되어 연야演若[754]의 미친 성품을 스스로 짓다가 이제야 겨우 조금 완치되어서 게을러짐(慢延)을 깨닫게 됩니다.

비록 그러하나 푸성귀(승려)의 말이라도 말없이 쳐다보는(默照) 마음보다 도리어 나으리니 이에 우러러 아뢰옵니다. 엎드려 생각건대 살펴보소서. 다시 기도하노니, 관아는 고요하고 엄숙하여 영주瀛洲[755]의 신선 풍모 보기를 기약하고, 해역海域(진도)은 맑고 평안하여 곤륜산의 지혜 달이 비추기를 바라나이다. 이만 글을 줄입니다.

上珍島郡守李云翁書【己未仲秋日】

伏唯閤下。運駕南征。海雲迢迢。驛路漠漠。河橋之愁。江樹之恥。尙切於松門之外。洛江之上。未及修問於軒屛之下。先卽下書於孤陋之巷。鄭重感悚如殞天譴。不覺愧恧。莫卞攸云。而況拘於毘耶之惱魔。自作乎演若之狂性。今纔稍完。方覺慢延。然雖而蔬荀之說。反勝於默照之心。玆敢仰籲。伏唯照察。更祈衙閫肅靜。期見瀛洲之仙風。海域晏淸。庶照崙山之慧月。不備狀辭。

허정환이 법을 구하기에 쓴 답서【기미년(1919) 초겨울. 본래는 응암[756] 문파인데 또한 가르친 공적이 있다. 가난을 버리고 부유함을 따른 까닭이다.】

그대의 편지를 보고 기뻐했는데 그대의 편지를 읽고 슬퍼했으니, 무슨 까닭인가. 조정祖庭[757]의 나무 한 그루가 조계曹溪에 뿌리를 서려 법유法乳에 함께 젖어 거의 총림을 이루었으니 장차 푸르게 번성하고 꾀꼬리 소리를 들을 텐데, 무지한 나무꾼이 가지를 베고 힘껏 뽑아서 어느 집의 기둥으로 삼으니, 미워서 탄식이 나도다. 이로부터 뜰(庭軒)은 무색해져서 바람이 불어도 '솔솔' 소리가 들리지 않고 달이 떠도 은은한 모양이 보이지 않으니 이전의 공적이 여기에 이르러 사라질 줄 누가 알았으랴.

아아, 예전의 설파雪坡[758]가 회당晦堂[759]의 문에서 공부를 이루고, 호암虎嵒[760]의 뜰에서 일가를 이루었다. 동방의 설파 후손이 지역에 가득한 것은 모두 회당 옹翁의 공적이다. 이제 그대는 달 문하에서 마음을 밝히고 구름 뜰에 투신했으니, 구름이 허공에 가득하다면 달이 필시 비추지 않을 것이다. 휴암休庵의 적적함과 응암應庵의 막막함은 말을 하지 않아도 그러할 줄 알 것이다. 이에 이르러 그대의 영광은 구름 거리에 가득하여 일어나 뛰고 굽혔다 뛰며 손과 발로 춤을 추면서 호수 빛의 넘실댐과 달빛의 휘영청 밝음을 보지 못하고, 결국 응암 집안의 보물을 잃어버리게 되니, 회당이 사람을 잃은 것과 같다. 그대에게 얼마나 경사스런 유쾌함이 있는가.

편지 가운데 '재물(財)을 알고 사람을 모른다'고 한 것은 무슨 뜻인가. 그대가 법을 구함이 재물을 아는 것인가, 은혜를 아는 것인가. 굶주림과 추위를 참지 못하여 그런 것인가, 따뜻함과 배부름을 구하려고 그런 것이 아닌가. 마음은 항상 굶주림과 배부름의 뜻을 품고 입으로 항상 부족함과 충족함에 대한 말을 하며 집안에서 앙앙 대고 길에서 궁시렁대며 스승과 제자의 정이 멀어짐을 야기하고 친족의 정이 떨어지도록 만들었다. 어느 아침에 감득感得하여 달리 법을 구하기를 허락하니, 치닫는 정의 무리(情黨)가 좌우로 결탁하는구나. 입은 창고의 문에 걸고 몸은 화려한 집안 뜰에 의탁하였으니, 재물을 모르고 은혜를 안다는 것이 과연 이와 같은가.

그대가 이와 같으니 이제부터는 필시 비단옷을 입고 배부르고 관옥冠玉[761]에 금신을 신고 사계社界에 출두하여 눈길은 천하에 높이 뜨고 입은 해외로 크게 벌려, 나보다 높은 이는 없으리라 생각할 것이다. 그렇게 비록 한 지역에서 활보하고자 하나 지역의 빈정거림은 어찌할 것인가.

아아, 장수와 요절은 동일하고 범석范石[762]은 동일한 귀신이니, 영광과 욕됨은 잠시일 뿐 풍요와 검약이 어찌 다르리오. 조금이라도 바른 지견이 있다면 이것을 버리고 저것을 구하여 은혜를 버리고 법을 구함을 어찌 일삼겠는가. 나의 게송을 들으라.

答許正煥求法書【己末初冬日。本爲應庵門派。亦有敎授之功。捨貧從富故也。】

見君之書喜。而讀君之書悲之何也。祖庭一樹。根盤曹溪。同霑法乳。幾成叢林。將見綠之繁。黃鳥之音。無知樵夫斫一枝而力拔之。爲那家之棟。可憎歎哉。從此庭軒無色。風來不聞瑟瑟之響。月到不見隱隱之影。誰知前功之到此烏有哉。嗚呼。昔之雪坡。成工於晦堂之門。作家於虎崑之庭。東方雪孫。滿於域中者。盡是晦翁之功也。今君明心於月門。投身於雲庭。雲若滿空。月必不照。休庵之寂寂。應庵之莫莫。不待言而其然也。到此君之榮光。滿於雲衢。起踊曲踊。手舞足蹈。不見湖光之洋洋。月色之皎皎。終見失於應庵家裡寶藏。如晦堂之失人。於君有幾個慶快也哉。書中知財不知人者。何謂也。以君之求法。知財耶。知恩耶。不忍飢凍而然也。不求溫飽而然耶。心常懷飢飽之情。口常說窘足之言。鞅鞅於家裡。苟苟於途中。惹起師資之情踈。做出眷族之誼離。一朝感得。任他求法之諾。馳走情黨。左締右結。口掛於倉廩之門。身托於華族之庭。不知財而知恩者。果如是乎。君旣如是。則從此必衣錦而膓飫。冠玉而履金。出頭於社界。眼高開於宇內。口大張於海外。自以謂無有上於我者。雖欲作一方之活步。其奈何一方之嚬嗽哉。噫噫。彭殤一轍。范石一鬼。榮辱暫時。豊儉何殊。小有正知見者。何事捨此求彼。棄恩求法哉。聽吾一偈。

동복군 옹성산 몽성암 칠성계안 서문【11월 11일】

무릇 칠성계란 무엇인가. 선남선녀 신도들이 단금斷金[763]의 교분으로 재물을 모아 성군星君(북두칠성)께 공양하여 재앙을 소멸하고 복을 받음을 말한다. 일이 어찌 쓸데없겠는가.

이 몽성암夢聖庵은 대성大聖(부처님) 자부慈父께서 꿈에 감응하여 대단신大檀信(시주) 오씨吳氏 문중에 영험을 드러내시어 월봉月峰 정상에 터를 정하고 암자를 창건하게 하신 것이다. 바람이 있으면 응하며 돌아보아 이루어 주지 않음이 없으니 다시 논할 게 없다. 하물며 칠원성군七元星君은 허공(空界)을 순환하고 인간 세계를 굽어 살피시며 크게는 천계를 주유하면서 작게는 미진微塵에 들어가는 무량하고 신이한 변화와 가늠할 수 없는 공덕을 지닌 분이시다. 그 영험을 개괄하여 논하자면 자손이 창대하고 수명이 길어져 만 리 허공에 구름이 일어나는 듯하다. 온갖 복이 나오고 수많은 장애가 소멸되니 수많은 강물 속에 달이 비치는 것과 같다. 지혜로운 살핌이 환하여 터럭만 한 선악도 착오가 없고, 신이한 칼이 엄정하여 조금의 복과 재앙도 피할 수 없다. 믿음의 힘이 일어나면 어찌 복이 오지 않으리오. 정성스런 마음이 이르면 어찌 장애가 소멸되지 않으리오.

엎드려 생각건대, 가장 뛰어난 선(上善)의 대단씨大檀氏들께서 마음을 잃게 하는 티끌 재물을 아끼지 마시고 몸을 보호할 좋은 인연을 깊이 심어, 현재 사바세계에서 다른 성의 형제를 체결하고 앞으로 극락세계에서 업을 같이할 도반(法侶)과 유희하고자 이에 향사香社[764]를 결성하고 그 명단(芳啣)을 고하노라.

同福郡甕城山夢聖庵七星契案序【十一月十一日】•

夫七星契者。何謂也。信男善女。斷金聚財。獻供星君。消災降福之謂也。事豈徒然哉。此夢聖菴者。大聖慈父。感夢現靈於大檀信吳氏之門。占基叔菴於月峰之頂。有願卽應。無顧不遂。已無更論。而況七元星君。循環空界。俯察人間。大周天界。細入微塵之無量神變叵思功德者哉。槩論其靈。則子孫昌而壽命長。似雲興於萬里空界。百福進而千障滅。若月印於千江波心。慧鑑昭昭。不錯絲毫之善惡。神釖嚴嚴。難逃分寸之福殃。信力所起。何福而不臻。誠心所到。何障而不滅哉。伏唯諸上善大檀氏。莫惜喪心之塵財。深種護身之良緣。現在娑婆。締結異姓之昆季。當生極樂。遊戲同業之法侶。玆結香社。爰告芳啣。

몽성암 창건기 [11월 11일]

노령蘆嶺⁷⁶⁵의 남쪽이자 무악母岳⁷⁶⁶의 북쪽에 '옹성甕城'이란 산이 있다. 형체는 크게 두툼하여 철 단지(鐵甕)를 엎어 놓은 듯하다. 멀리서 바라보면 투구의 끈이 풀어진 듯하고 가까이서 우러러보면 철위산(輪圍)⁷⁶⁷이 겹쳐진 듯하니, 그래서 그 명칭을 얻은 것인가.

옹성 아래에 적벽赤壁이 있고 적벽 아래에 강이 있고 강 언덕에 정자가 있다. 정자의 벽면은 살아 있는 병풍이요 강 위엔 맑은 바람, 정자에서 보이는 밝은 달은 소선蘇仙⁷⁶⁸의 아름다운 취향과 방불하도다. 적벽의 정상에 '칠성대'가 있으니, 범과 용이 서려 있어 북극성이 비추고, 하늘과 땅이 비장하여 남극성⁷⁶⁹이 헌수獻壽⁷⁷⁰하니, 신명이 보호하고 귀신이 달아나는 별세계요 마땅히 불상을 봉안하고 참선(安禪)할 복지인데, 필시 왕성한 운을 기다려 그러한 것이로다.

마침 무오년(黃馬, 1918) 봄에 동복군의 신도 오완기吳完基가 부처님 꿈을 꾸고 터를 정하더니 과연 남아를 얻었다. 믿음의 씨앗이 저절로 싹터서 집안 재물을 내어 이 암자를 짓고 태영泰英 상인上人(스님)을 초빙하여 일을 감독하고 암자에 주석하게 하였다. 같은 해 초여름에 시작하여 8월 그믐에 마쳤다. 이것이 '몽성암'이라고 명명한 까닭이로다.

기미년(1919) 가을에 불상을 주조하고 탱화를 그려 나란히 봉안하고 낙성재落成齋를 마련했다. 온갖 색들을 다 갖추고 온갖 것들을 성취하니 단나檀那(시주)가 부처님께 기도함에 뜻대로 되고 납자衲子(승려)들이 거주함에 편리하다. 부처님의 감응은 달이 강에 비침과 같아 본래 논할 수 없다.

하잠霞岑(노을 봉우리)에 기대어 성봉星峰이 높다랗게, 구름 낀 개울을 내리누르고 푸른 강은 첩첩이 겹쳐지네. 서쪽으로 서석瑞石⁷⁷¹의 무등산을 가리키고 동쪽으로 운룡雲龍의 비봉산을 소리치도다. 오르는 이들이 스스로 감흥을 펼칠 터이니 어찌 족히 말하겠는가. 그러나 사사四事⁷⁷² 공양으로 부처님과 승려들에게 보시함에 쌀 한 톨이 7근의 무게이니 조금이라도 보답하기 어렵다는 게 옛 성현773의 밝은 가르침이다. 선정에 거하면서 피를 머금어 식사하고 칼을 차고 잠을 자며774 거하는 승려는 누구인가. 암자를 창건한 혼명渾溟 화상의 상족上足(제자)인 태영泰英이다. 기록하는 이는 누구인가. 조계 늙은이 금명錦溟이라 한다.

夢聖庵剏建記【十一月十一日】

蘆嶺之南。母岳之北。有山曰甕城。其形磅磚。¹⁾ 若鐵甕之覆。遠而望也。如冑凱之脫纓。近而仰也。似輪圍之疊袊。故得其名歟。甕城之下。有赤壁。壁下有江。江岸有亭。壁面之活屏。江上之淸風。亭中之皓月。依俙乎蘇仙之嘉趣耶。赤壁之頂有臺。名七星。虎踞而龍蟠。北宸照臨。天藏而地秘。南極獻壽。是可謂神護鬼通之別界。宜奉佛安禪之福地。必待旺運而然矣。適黃馬之春。郡之信士吳完基。夢聖而占基。果得一男。信芽自萌。出家財。剏是庵。招泰英上人。董其役。主其庵。仝年初夏始。八月晦日終。此所以夢聖菴之命名者歟。越己未秋。鋑佛像。畵聖幀。并奉安而設落成齋。色色畢備。頭頭成辦。檀那之祈聖如意。衲子之棲息便宜。以其佛聖之感應。如月印江。固不可論。至若却倚霞岑。星峰崇隆。俯壓雲潤。壁江疊層。西指瑞石之無等。東喝雲龍之飛峰。登臨者之自得以興感暢舒。何足道哉。然而四事供養。施佛及僧。一米七斤。錙銖難報。古聖之明訓。唯居禪含血而食。帶刀而眠。居僧誰也。剏庵主渾溟和尙之上足泰英是也。記者誰也。曹溪老漢錦溟云尒。

---
1) ㉠ '磚'은 '礡'의 오자인 듯하다.

해강 김규진과 죽농 안순환이 30사찰의 액호를 써서 보냈기에 판 뒤에 쓴 간단한 서문【12월 12일】

이 판액은 한양의 명사明士 김해강金海岡[775]과 안죽농安竹農[776] 두 분이 그려 보낸 서화書畵이다. 두 분은 일찍 벼슬살이를 하여 청요직淸要職[777]을 다 거치고 일찍이 서화로 조정에서 이름이 났으나 성품은 아름다운 산수를 좋아하였다. 해진 두루마리와 먹을 도시의 먼지 속에서 모조리 부서지게 하느니 도리어 멀리 금지옥토 범궁梵宮(사찰)에서 관람하는 것만 못하다고 여겨, 30본사本寺[778]의 액호額號를 완성하였다. 이에 해강의 글씨와 죽농의 그림을 판본처럼 새기고 칠하여 장소에 따라 배포하여 범궁의 문미에 높이 걸게 하였다.

아, 두 분의 마음은 수묵 난죽水墨蘭竹의 사이에서 사라지지 않으리라.

金圭鎭【海岡】安淳煥【竹農】寫送三十寺額號板背小引【十二月十二日】
此額卽漢陽明士金海岡安竹儂[1]二公之所寫書畵也。二公蚤遊宦海。歷盡淸要。曾以書畵。名於朝而性好山水之美者也。與其殘軸破墨。渾碎於紫陌紅塵之中。反不若遐觀於金地梵宮之外。仍成三十本寺額號。海之書。竹之畵。如板本而刻塗之。隨處播及。高揭梵宮之楣。噫。二公之心。不泯於水墨蘭竹之間云尒。

1) 옙 '儂'은 '農'의 오자이다.

한씨 문계안 서문 【경신년(1920) 1월】

산에 맥이 있어 국면을 이루고, 물에 근원이 있어 못을 이룬다. 국면을 이루면 땅이 영험하고 사람은 걸출해지며, 못을 이루면 용이 깃들고 물고기가 변한다. 이것은 산과 물이 기운을 모은 것으로, 하물며 사람은 만물 가운데 영험하니 어찌 맥을 찾고 근원을 탐색하여 세상에 바로 서고 이름을 드러나게 함이 없겠는가.

이제 한씨는 청주에 관적을 두고 복천福川[779]에 산 지가 거의 십수 대代에 이른다. 본래 의관을 갖춘 혈통으로 여항閭巷[780]에 은거하면서도 관적의 청전靑氊[781]을 굳게 지켰다. 지난 임인년(1902)에 무악母岳(무등산) 남쪽이자 두치斗峙의 서쪽에 한 자락 산기슭을 얻어 몇 개의 혈穴을 점쳐서 부모를 안장할 음택陰宅(산소)으로 삼았다. 이후 삼림을 배양하여 선산(先壠)의 울타리로 삼은 지가 19년이 되었다. 얼마나 다행인지 산그늘이 덮어 주어, 아들과 손자들이 번식하여 무리 지으니 마을을 이루어 안도하게 되는 경사에 이르게 되었다. 외로이 궁박하던 시절과 비교하면 이 어찌 먼 시골의 지극한 바가 되지 않겠는가. 이후로는 삼림을 배양하고 덤불을 베어내어 금액이 많든 적든 문중에 원금을 마련하고 친족들에게 이자를 불려서 선산(先塋)과 친족의 자본으로 사용할 수 있게 한다.

누가 알겠는가, 맥을 찾고 근원을 탐색하는 날에 땅이 영험하고 사람이 걸출하며 물고기가 변하여 용이 된 경우가 있으니 이날에 계를 이룬 근원을 돌아보게 될 줄. 이렇게 계약하여 굳게 계안을 정하고 아래에 친족의 명단(芳啣)을 나열한다.

韓氏門契案序【庚申一月日】

山有脉而作局。水有源而成潭。作局則地靈而人傑。成潭則龍隱而魚變。此山水之鍾氣。而況人於萬物之靈。而豈無尋脉討源。而立於世現於名者哉。

今韓氏貫於淸州而居於福川者。幾至十數代也。本衣冠之冑而隱於閭巷。固守貫籍之靑氈矣。去壬寅年。得一片山麓於母岳之南。斗峙之西。占數穴而安父母之陰宅。養森林而爲先壠之藩籬者。十九年之久也。何幸。山蔭所覆。子其子孫其孫。繁息有徒。以至成村安堵之餘慶。比諸孤單窮獨之時。此豈不爲之退鄕之所極乎。從此以往也。養森林。剪榛苫。隨多少金。立本於門中。殖利於族下。使有繁用於先塋及門族之資。誰知爲尋脉討源之日。有地靈人傑。魚變成龍者。顧念乎此日之成契之源也哉。以此契約。而牢定成案。列族門之芳啣于左。

『조계고승전』 서문 [3월 3일]

'고승전'이란 또한 '명승전'이라고도 하니, 즉 도덕으로 고명한 사승師僧[782]들을 전한 기록이다. 고승전을 짓는 것은 당나라와 송나라 시대에 시작되었다. 당나라 의정義淨[783]과 혜교惠皎[784]·보창寶唱[785] 등이 각기 10권을 저술했고 송나라 찬영贊寧[786]이 또한 10권을 저술하고 도선道宣[787]이 또 1권을 저술했다. 금나라 세종이 40권을 제작했으니 전후로 도합 100여 권이 세상에 유행하였는데 모두 도덕으로 고명한 승려들에 대한 기록이다.

해동을 보자면, 신라와 고려 때부터 삼한의 명승들이 배출되어 출중한 현인들이 진단震旦(중국)에서 어깨를 나란히 하였는데 원래 승전은 없었다. 신라 때『신승전神僧傳』이 있고, 고려 때『학승전學僧傳』이 있었을 뿐이다. 삼국시대에 이르러 비로소『해동고승전海東高僧傳』이라 하여 각훈覺訓[788]이 지은 것이 있다. 이조 시대에 이르러서는 또한 고승전이 있는데 시반(師蠻)[789]이 저술한 것이고, 근래『동사열전東師列傳』이 있으니 범해梵海[790] 노스님이 찬술한 것으로 모두 통방정안通方正眼[791]이요 불문佛門의 등불을 이음이다. 다섯 종파의 유파[792]를 가리지 않고 또한 구산九山[793] 선문의 분류를 따지지 않으니, 실로 관방關坊에 의거하여 오는 이들은 모두 취지가 같다는 것인가.

오직 이『조계고승전』은 다만 조계산의 고승들에 관한 기록이다. 어찌하여 그런가. 즉 우리 개산조開山祖 보조국사께서 구산의 장벽을 열어젖혀 선교의 종찰로 삼고 여러 유파들을 융합하여 조계종을 세우니 이로부터 구산이 변하여 하나의 도가 되고 선과 교 양가兩家가 합하여 하나의 종이 되었다. 조계종의 취지가 넓고 크도다. 이로 말미암아 본종本宗의 창업주에서 시작하여 본종의 유파에 마치기까지 하나하나 여러 책들을 열람하여, 어느 산 어느 문중을 막론하고 이 종宗에 관계되면 병입하여 수록하였다. 명銘과 행장(狀)이 있으면 원본에 따라 대략 기록하고 고찰할 게 없으면 다만 차례대로 기록하였다. 현재 가히 명승이라 할 만한 분에 대해서는 개인적으로 고찰하여 행장을 이루고 가외可畏(후인)[794]를 기다린다.

그러나 다만 이와 같은 것으로 어찌 당나라와 송나라, 신라와 고려의 문장 사업을 도모했겠는가. 그저 종주께서 장애를 열어젖혀 종지를 세우신 것의 만분의 일이나 은혜를 갚고자 한 것이요, 다만 조사들의 고명한 도덕이 사라지지 않기를 바람이다. 오직 통달한 이들은 같이 증명해 주시라. 뒤를 이어 등불을 전하여 결국 원질原帙[795]을 완성하기를 정축頂祝[796] 할 따름이다.

曹溪高僧傳序【三月三日】[1)]

高僧傳者。亦云名僧傳。卽道德高名之師僧傳錄也。高僧傳之作。嚆矢於唐宋之代。唐之義淨惠皎寶唱等。各述十卷。宋之贊寧。亦作十卷。道宣又述一卷。金之世宗。御製四十卷。前後合一百餘昻。行于世。而盡是道高名僧之傳錄也。若海東則自羅麗三韓名僧輩出。矯矯群賢。比肩於震旦。而原無其傳。以唯羅有神僧傳。麗有學僧傳而已。至於三國。始有海東高僧傳。覺訓之所造。及于李朝。亦有高僧傳。師蠻之所述。近有東師傳。梵海翁之所撰。而皆爲通方之正眼。佛門之續燈也。不揀五宗之派流。亦不問九山之分岐。實謂據關坊而來者皆同趣歟。唯此傳者。但曹溪山之高僧傳也。曷故然也。卽我開山祖普照國師。闢九山之障壁。爲禪敎之宗。融諸家之派流。立曹溪之宗。自是九山變爲一道。兩家合爲一宗。曹溪宗之趣義。廣且大矣哉。由是始於本宗之叛主。終於本宗之派流者。一一閱於群篇。不論何山何門。而唯關於是宗。并入而錄之。而有銘狀。則依本畧錄。無狀可考則但依次列錄。至於現見可爲名僧者。私考而成狀。以待可畏也。然而但如此者。豈圖唐宋羅麗之文章事業也哉。庶報宗主之闢障立宗萬一之恩。祇望諸祖之道高德名之不朽也。唯達者。同垂證明。續後傳燈。竟成原帙。頂祝耳。

---

1) ㉮ 이 서문은 『曹溪高僧傳』에 실려 있다.(『韓國佛敎全書』 12책 381면)

『저역총보』 서문

천하의 성인은 책을 저술하여 가르치지 않음이 없고, 세상 밖(方外) 현인들도 불경(梵)을 번역하여 남기지 않음이 없다. 불교가 동쪽으로 전래한 이후로 저서와 역서가 더욱 많아졌다. 한나라와 당나라 때의 인도 승려들과 진나라와 송나라의 유명한 이들이 명성을 다투어 논서를 짓고 경전을 번역하니 긴 창공에 구름이 일듯 하였고 큰 바다에 파도가 밀려오듯 하였다.

해동에 이르러서도 또한 진단震旦(중국)보다 덜하지 않은데 간혹 경전과 논서의 같고 다름이나 소기疏記(주석)의 구별, 저자와 역자의 이름들을 분변할 수 없고, 강의하는 즈음에 매번 빠뜨리고 잊어버리는 근심이 없지 않았다. 그래서 열람하는 대로 그때마다 합쳐서 글을 주고받을 때에 자료로 삼게 하였는데 거의 한 권이 되었기에, 이름을 '저역총보著譯叢譜'라 하여 책상머리에 두고 항상 볼 수 있도록 하였다. 한번 펼치면 고금의 저술가들을 편하게 볼 수 있다. 그러나 그저 스스로 눈여겨볼 뿐이지 어찌 고견을 지닌 대가들에게 증정하기를 도모하겠는가. 안목 있는 이들이 보면 불쏘시개로 충당하여 일성一星[797]의 근심을 면하지 못하리라. 한 번 웃노라.

著譯叢譜序[1)]

天下聖者。莫不著書而敎之。方外賢哲亦莫不譯梵而遺之。自佛敎東漸。著譯益熾。漢唐之胡僧。晋宋之名士。競名爭頭。造論而譯經也。如長空之雲興若巨海之波進。以至海東。亦不下於震旦。而或經論之同異。疏記之幷別。著譯之氏名。莫能分卞。至於講授之際。每不無遺忘之慮。故隨所閱。而逐旋捏合。使備酬唱之資。幾成一局。命名以著譯叢譜。實諸案頭。俾要常目。一展而便見古今述作者。然而只可以自家寓目。豈圖持贈大方之高見也哉。若具眼者見之。足充紙燼。而不免一星之患也夫。一笑。

---
1) ㉮ 이 서문은 『著譯叢譜』에 기재되어 있다.(『韓國佛敎全書』 12책 435면)

엄군(부친) 통정공의 신산[798] 장례 축문【기유(1909) 2월 일】

현고顯考 통정대부通政大夫 부군府君 신위神位[799]

신이하고 영령하시니, 진동하거나 놀라지 마소서.
다섯 번 산소를 바꾸어, 삼망三望[800]으로 결정하니
세상에서 '천마天馬'라 칭하고, 사람들이 영험한 자리라 하는 곳
백리 행룡行龍[801]에, 별점으로 자리 하나 얻어서
임任을 향하고 병丙을 등지며,[802] 진辰과 경庚으로[803] 파정破汀[804]하니
혈의 깊이는 4척이요, 흙은 오황五黃[805]을 겸했습니다.
이에 옥관玉棺을 내리고, 고르게 금정金精[806]을 나누니
오성이 내리 비추고, 양의兩儀(일월)가 함께 응하며
만 리에 바람이 통하니, 일기一氣가 형통합니다.
바라건대 신령께서는, 이제부터 음택에서 편안히
시간이 갈수록 평안하시고, 재앙을 소멸하고 복을 내리시길
지극한 마음으로 축원하오며, 소박한 음식이나마 차려서
삼가 맑은 술을 드리노니, 굽어 음식을 흠향하소서.

嚴君通政公新山葬禮祝【己酉二月日】·
顯考通政大夫府君神位。唯神唯靈。勿震勿驚。五遷改塚。三望酒銓。世稱天馬。人謂靈阡。百里行龍。一穴占星。壬丙向背。辰庚破汀。穴深四尺。土兼五黃。乃下玉棺。均分金精。五星照臨。兩儀幷應。萬里風通。一氣元亨。唯願神靈。從玆安宅。愈久彌寧。消災降福。至心奉祝。爰設菲薄。謹以淸酌。俯欽斯奠。

자당 숙부인 전주 이씨의 신산 장례 축문【임자(1912) 2월 27일】

현비顯妣 숙부인淑夫人[807] 이씨 존령尊靈

세 번 후토后土[808]를 옮긴, 한 구역의 명당
선인들이 바둑 두는, 구름 속 신선 마을
경태庚兌[809]로 낙맥落脉[810]하는, 유酉를 등지고 묘卯를 향해[811]
병丙에서 득得하고 진辰으로 파하며,[812] 위로 아래로 다시 살피니
뒤로 평평한 언덕으로 떨어지고, 앞으로 넓은 평야가 열리니
용이 머리를 돌려 서리고, 범이 꼬리를 내려 엎드리며
거북이 등에 해당하니, 오석烏石[813]들이 섞여 있어
안으로 혈을 여니, 길한 곳의 음택입니다.
바라건대 편안하시어, 천지처럼 장구하게
자손들이 가지와 잎사귀처럼, 영원히 번성하게 하소서.

慈堂淑夫人全州李氏新山葬祝【壬子二月二十七日】
顯妣淑夫人李氏尊靈。三遷后土。一地明堂。仙人圍碁。雲中仙鄕。庚兌落脉。酉坐卯向。丙得辰破。更察俯仰。背落平崗。面開大野。龍結回頭。虎伏低尾。龜背當局。烏石列錯。內開一穴。吉阡陰宅。唯冀安宅。地久天長。子葉孫枝。永昌茂榮。

6대와 5대 조비 묘의 석물을 봉안하는 축문【경신(1920) 4월 일】

덕이 밝은 바위비탈에서, 호승胡僧[814]이 예불합니다.
세월이 오래되어, 산소가 부실해져서
개금開金[815] 골짜기 위에, 회룡回龍이 조상을 돌아봅니다.
일을 시작하여, 두 가지 일을 같이 하니
먼저 사토莎土[816]를 더하고, 다음 석재를 옮겨
세 구역에 상을 차리니, 한 쌍 망주望柱[817]에
석 좌의 신좌神坐,[818] 한 개의 비석
옥을 다듬어 용이 서리게 하니, 구름처럼 우뚝 솟구쳐
전각은 살아 있는 듯하고, 소목昭穆이 분명해지니
산천이 빛을 내며, 귀졸은 숨고 신이 영명하도다.
엄숙하신 조상을 생각지 않을까, 실로 많은 후손들이
시작한 일을 마치고서, 음식을 차리니
태뢰太牢[819]는 없지만, 갱장羹墻[820]이 있습니다.
이에 다과를 배설하고, 띠풀[821]과 울창주를 세우며
삼가 맑은 술을 따르나니, 엎드려 바라건대 흠향하소서.

六代五代祖妣墓石物奉安祝【庚申四月日】•

明德嵓嶝。胡僧禮佛。歲月久深。封疆不實。開金洞上。回龍顧祖。經始營之。兩役幷擧。先加莎土。次運石材。三區床盤。一雙望柱。三座神坐。一躬碑碣。磨玉盤砣。[1]) 聳雲突兀。篆刻活凝。昭穆著明。山輝川媚。鬼遁神靈。無念肅祖。寔繁有徒。要終叛役。爰設俎豆。雖無太牢。酒有羹墻。庸排茶果。載堅茅纏。謹酌淸醑。伏唯尙饗。

---

1) ㉠ '砣'는 '蛇'의 오자인 듯하다.

『석보약록』자서

『석가보釋迦譜』는 북위北魏[822]의 승우僧佑[823]가 편집한 것이다. 위로는 찰리利利 구담瞿曇 감자甘蔗[824] 석가가 강령하신 종기鍾氣[825]의 시원을 서술하고, 아래로 싯다르타(悉達) 성인의 자취와 소멸의 마지막(要終)을 언급하였다. 그 문장은 박식하고 그 뜻은 오묘하여, 원래 초학자들이 떠벌릴 수 있는 게 아니요, 여러 경전들의 중요한 문장을 수색하고 논서(請論)들의 분명한 뜻을 절취하여 30권[826]으로 만들었다. 비록 섭렵하고자 하나 번거로울까 두려워서 간단하게 할 뜻이 없지 않았다.

나는 강의하는 여가에 틈나는 대로 보면서 번거로움을 줄이고 간략하게 취하여 기록해서 60항목(科)을 만드니, 항목은 본래보다 배가 되었으나 문장은 열에 하나보다 더 간략해졌다. 문장은 이전보다 간략해졌으나 뜻은 본 책보다 덜하지 않다. 이것이 번거로움을 꺼려하고 간략함을 좋아하는 모범이다. 항목 끝에는 매번 노래를 붙여서 60가지가 되게 하였으니, 즉 기야송祇夜頌[827]이다. 다만 간략하게 기록하고 한글로 토를 붙여서 '석보약록釋譜畧錄'이라고 명명하여 초학자들이 볼 수 있게 했다. 그러나 이처럼 기록하고 송頌을 붙인 것에 어찌 조금이나마 두찬杜撰(날조)한 아견我見[828]이 있으리오. 혹시 방외에 흘러들어 가 안목을 갖춘 이들의 검토가 있을까 기다릴 뿐이다.

釋譜畧錄自序

本譜卽北魏僧佑之所緝也。上述利利瞿曇甘蔗。釋迦之降靈。鍾氣之原始。下及悉達。聖人之示迹。垂滅之要終也。其文博。其義奧。原非初學之所藉口。搜索群經之要文。節取請論之了義。爲三十卷之多矣。雖欲涉獵。恸於煩瓶。靡甞無短簡之志也。予於講授之餘。隨暇一閱。節煩取畧而錄之。爲六十科而科雖倍於本。而文益畧於十一。文雖畧於前。而義不欠於本局。此憚煩好畧之方軌也。科末每係一関。爲六十咏卽祇夜頌也。但畧而錄之。諺而吐之。以釋譜畧錄命名之。爲初學之一覽。然而如是錄頌。豈有如小孔杜撰之我見。或流入方外。庶待具眼之證正云尒。

동경으로 유학 가는 완섭[829] 사미를 보내며 【2월 17일】

　너는 신해년(1911) 봄에 입산하여 삭발하고는, 보통학교에 들어가 3년이 지나 졸업하였고, 바로 전문불교[830]에 들어가서는 4년이 지나 봄에 또 졸업하고서, 돌아와 지방과地方科에 들어가서 이번 봄 학기에 또 졸업한다. 전후 10년 사이에 세 번을 아울러 졸업한 것이다. 이제 또 바다를 건너가 위없는 법보를 공부하려고 하니, 옛사람이 말한 바, 옥을 캐는 이는 곤륜산의 험준함도 꺼리지 않고, 진주를 찾는 이는 여학驪壑[831]의 깊은 곳도 사양하지 않는다고 하더니, 이 말이 진실하도다. 이제 너는 의주意珠를 캐고자 하니 큰 바다의 파도를 어찌 꺼리며, 심옥心玉을 찾고자 하니 바다 건너기를 어찌 사양하겠는가. 바다를 건너니 옛사람의 행장을 본받아 인천의 안목을 이루어, 남아가 출가한 큰 뜻을 저버리지 않기를 진정 바라노라. 출발이 촉박함을 깨닫지 못하고 한마디 말로 먼 길 오르는 감상을 부치니, 너는 반드시 삼가 가서 진중하게 돌아오라. 노래는 다음과 같다.

送完燮沙彌東京留學【二月十七日】

汝辛亥之春。入山剃染。仍入普通校。越三年卒業。卽入專門佛敎。越四年春又卒業。反入地方科。今春期又卒業。前後十年間。三者并卒業也。今又渡海欲學無上法寶者。古人云。採玉者。不憚崑丘之峻。探珠者。不辭驪壑之深。誠哉是言。今汝欲採意珠。何憚鴻溟之波瀾。欲探心玉。奚辭鯨浪之跋涉哉。旣涉溟浪。能效古人之行李。可作人天之眼目。不負男兒出家之大志。是所苦望。臨行促迫不覺。以一言囑其登程之感想。汝須謹愼而往。珍重而返。頌曰。

『진각국사 법어송 초집』 서문

병신년(赤猿, 1896) 봄에 방장方丈으로 물러나 거하며 이시二時(아침저녁)의 다반茶飯(차와 식사)과 일주一炷 심향心香[832]으로 다만 무상無常을 구하는데, 어떤 사리闍梨[833]가 불교 역사책을 가지고 와서는 보여 주며 의심되는 것을 구하기에, 질문하는 것에 답하며 한 번 살펴보면서 그 즐거움을 스스로 즐기고자 했다.[834] 그러다 조계산 진각국사眞覺國師[835]께서 지으신 가송 14편을 보고는 몽당붓을 꺼내어 초록하고 한 번 읊으며 음미하였다. 이는 전에 들어본『조계록曹溪錄』중에 전하던 것을 베낀 것인가. 어찌하여 일찍 보지 못하였던가. 그러나 비록 전부를 보지는 못하였으나 그래도 물방울 하나를 움켜쥠에 향해香海[836] 전체를 얻었다 하리니 어찌 공경하지 않으리오. 그리고『선문염송설화禪門拈頌說話』[837] 가운데 인용한 무의자無衣子[838]의 송頌 24수를 얻어서 합하여 한 권을 만들었으니 가히 모래를 헤쳐 금을 가리고 터럭을 모아 공을 만든다고 할 만하다. 그것을 법어록 말미에 붙여서, 함치含齒[839] 후손을 기다리노니 세상에 반포됨이 없겠는가. 가장 안타까운 것은『조계록』원본을 보지 못한 것이다.

『선문염송』1125칙則 화제(話) 가운데 무의자는 생각건대 송頌하지 않은 화제가 없을 터인데, 결집할 때 어찌하여 조사들의 말미에 붙이지 않았을까. 그리고 설화의 주인이 또한 갖추어 인용하지 않고 어찌 다만 20여 송頌만 사용하였는가. 아, 저 진각 노스님을 보노라면 그래도 사양을 좋아하는 풍모로 자기 송을 붙이지 않았다. 만약 후손이 설화를 지을 때 세간과 출세간의 문자를 함부로 취했다면, 어찌하여 자기 스승의 보묵寶墨(글)을 (싣지 않고) 울타리 주변 물건처럼 방치했을까. 내가 당시 후손들을 본다면 기꺼이 몽둥이로 아프게 30방을 칠 것이 틀림없다. 통달한 이들은 같이 증명해 주시지 않을까.

眞覺國師法語頌抄集序

歲赤猿之春。退居方丈。二時茶餘。一炷心香。只求無常。有一闍梨。袖佛史而示之。以求其惑。酬其所詰。而閱編一覽。將自適其適矣。見有曹溪眞覺國師所寶唾歌頌十四題。卽抽禿穎而抄之。乃一唱而姸味之。是乃曾所聞曹溪錄中所傳膽耶。何覽之未蚤也。然雖未見全錄。猶云掬一滴而得香海之全渤。豈不欽也哉。又採得說話中所引無衣子頌二十四首。合爲一局。可謂潑沙揀金。聚毛成毬。繼于法語錄之尾。以待雲仍之含齒者。得無布諸宇內耶。最所恨者。未見曹溪錄之元本也。拈頌一千一百二十五話中。無衣子想無話不頌也。而結集時。何不續於諸祖之末。且說話主。亦不具引。而何但用二十餘頌乎。嘻。睠彼覺老。猶以好讓之風。不繼己頌。若以雲孫之作說話時。捏取世出世之文字。而何以自家師翁之寶墨。實諸巴籬邊物之相似也。我若當時得見雲孫。好箇三十痛棒也不疑耳。唯諸達士。同垂證明也否。

부휴 선조의 비를 세운 역사 서문 [4월 8일]

현릉玄陵이 말한, '조계산이 즉 동방 제일의 대도량이다'라는 것은⁸⁴⁰ 16국사들이 왕명으로 이어서 주석하여 나라에 복을 주고 세상을 도와 조계종을 창설하고 인천의 안목을 널리 열었기 때문인가, 도는 사람이 넓히는지라⁸⁴¹ 사람이 영걸하면 땅도 신령하다는 뜻이 아니겠는가. 선조(부휴)께서 세상에 나타나 도를 고금에 비추어 명성이 타 지역까지 진동하였는데 다른 산에 비를 세우지 않고 오직 이 조계 문도들이 이 산에 비를 세우는 것은 9세대 적손嫡孫들이 소목昭穆을 계승함이 다른 산과 크게 다르기 때문이다. 그 적손들은 '벽암碧嵓과 취미翠微, 백암栢庵, 무용無用, 영해影海, 풍암楓嵓, 묵암默庵, 환해幻海,⁸⁴² 용운龍雲⁸⁴³'이니, 등불과 등불이 타고 병과 병에 붓고 마음과 마음에 도장 찍은 듯하다. 곡탑鵠塔⁸⁴⁴이 수미首尾에서 구슬을 빛내니 주변 유파 후손들이 가지마다 잎사귀마다 귀비龜碑⁸⁴⁵들이 소목을 이어 나열된다. 그런데 오직 선조께서는 탑만 있고 비가 없으니 괜찮은가?

이에 주지가 앞장서고 대중이 응모하여 문인들에게 5천여 원圓을 모금하였고, 천안에서 강화석江華石을 구매하여 철차鐵車에 싣고 목포항(木港)에 이르러, 증기선(輪船)에 옮기고 벌교에 내린 다음 동거銅車에 실어 소 5필로 끌고 길을 따라 마을에서 부역하여 바야흐로 본사에 도달하게 되었다. 운반 비용이 물건 값(體金)보다 대여섯 배나 되었으니, 사람들이 말하길, 귀신의 방법이 아니면 필시 부처님의 힘이라 하였다. 그리고는 백곡白谷이 찬술한 명銘⁸⁴⁶과 중국인의 액전額篆(전서)을 얻으니, 이른바 돌 옮기는 것이 돌 구하기보다 어렵고 전서 쓰는 것이 명 짓는 것보다 어렵다고 하겠다.

남상濫觴(시작)은 무오년(黃馬, 1918) 봄이요 복궤覆簣(마침)⁸⁴⁷는 경신년(1920) 여름이다. 그런데 선조의 열반(泥洹)이 지금 290년 지났는데 문하에 용과 코끼리·사자·범 무리들이 비를 세우는 정성이 어찌 없었겠는가. 다만 선사의 도덕이 법계와 같이 광대하여 허공의 골骨에 감추었으니 유즉무有卽無(있음이 곧 없음이다.)의 형상이요, 이제 굼뜨고 어리석은 무리들로써 진상眞相의 경계에 한 터럭을 드러내었으니 무즉유無卽有의 형상이다. 옛날과 지금을 비교하면 유무有無가 장애 없고 사리事理가 원융하여 진실로 대사의 진실한 자취가 동방 대도량에 드러났다고 하겠다. 나는 아름다운 취지를 흠모하여 대략 기록해서 가외可畏(후배)에게 보이노라.

浮休先祖立碑歷史序【四月八日】

玄陵之所謂曹溪山。卽東方第一大道場云者。爲十六國師。勅住繼席。福國祐世。叛闢曹溪宗。廣開人天眼之故歟。莫是道以人弘。人傑地靈者歟。先祖現世。道映古今。名震殊域。而不於他山樹碑。唯此曹溪門徒。營碑于玆山者。以有九世嫡孫。承繼昭穆。迥異諸山故也。其嫡孫曰。碧嵓翠微栢庵無用影海楓嵓默庵幻海龍雲。如燈燈燃瓶瓶注心心印。鵠塔映珠於首尾。傍派雲仍枝枝葉葉。龜碑續列於昭穆。而唯獨先祖。有塔無碑。可乎哉。於是住持倡首。大衆應謀。慕門人金五千餘圓。購江華石於天安。載鐵車而至木港。登輪船而下筏橋。載銅車。拽牛五匹。沿路各村扶役。方達本寺。運費蓓葰體金。人謂若非鬼術。必也佛力云尒。仍用白谷所撰銘。爰得漢人之額篆。是所謂運石難於求石。寫篆難於撰銘也。其濫觴也。黃馬之春。以覆簣也。白猿之夏。然而先祖泥洹。迄今二百九十年之久。而門下龍象獅虎之徒。抑何無堅碑之誠哉。但以先師之道德。廣大如法界。藏諸虛空骨中。有卽無相。以今蠢頑痴庸之流露一毫於眞相界中。無卽有相。以古較今。有無無碍。事理圓融。眞所謂大師眞蹟。一現於東方大道場矣。予欽慕嘉趣。畧記而示諸可畏。

부휴 조사의 비를 세우는 제문【경신년(1920) 4월 20일에 세움.】

운운.

대조계大曹溪 종주宗主 부휴당浮休堂[848] 존령尊靈이시여.

신령한 기운이 석무갈石無碣에 모여 옛 대방帶方(남원)에 성스런 태를 의탁하셨네. 출가하여 화엄의 가르침을 배우고, 입도하여 임제의 종주가 되셨도다. 앎은 삼교三敎에 통달하사 인천의 귀감(龜鏡)이 되시고, 덕은 사중四衆[849]을 위하여 어지러운 길의 큰 종이 되셨네. 지혜는 명나라 사신의 행차도 머무르게 하였고,[850] 도력은 바다 오랑캐의 칼을 복종시켰도다.[851] 미친 승려의 무고는 남관南冠[852]의 모범을 드러내고,[853] 뜰의 이무기는 『원각경』을 듣고 변화하였네.[854] 모영毛穎(붓)이 중국 선비의 거울에 굳건했고, 고삐가 왕의 뜰로 이어졌네. 비록 본분의 겸추鉗鎚[855]에 능하였지만 반드시 신훈新熏[856]의 기봉機鋒[857]을 겸하셨도다. 널리 방외 무리까지 접하니 7백 명이나 되고, 장차 수족을 펴 보이니[858] 칠순이 지났도다.[859] 교화 인연이 두루 주밀함에 미쳐 세제世諦[860]를 따라 원만하게 입적하셨으니, 긴 대들보가 다시 꺾임이라 총림의 적막함을 어찌하리오. 고통의 바다에서 큰 노를 잃고 어두운 거리에서 보배 촛불이 꺼짐이라. 지혜의 해가 서쪽으로 떨어지니 구름 같은 후손들이 추모하노라.

불우佛宇(사찰)가 동쪽에서 퇴색하니 해회海會[861]가 망극하도다. 사면의 산에 무봉탑無縫塔[862]을 세웠으나 한 지역에는 아직도 명銘을 적은 돌이 없도다. 근역槿域(조선)의 문도들이 많지 않음이 아니요, 조계 종파가 적손 아님이 아니네. 대석坮石(받침돌)을 조계산(溪山) 언덕에서 캐고, 비석은 강화도 옥으로 다듬도다. 거북은 여섯 지체를 감추어 앉아 하수와 낙수에 웅크린 듯하고,[863] 용이 머리에서 둘이 싸우며 높이 푸른 벽을 지탱하네. 글자는 여주驪珠(검은 구슬)를 흩뿌린 듯 놀이 금송錦頌에 비치고, 전서는 살아 있는 규룡의 허리 같으니 구름이 수놓은 벽옥을 감싸도다. 우리 조사의 공업을 기록할 뿐 우리 조사의 도덕은 표현하지 못하네. 그저 사모하는 모양만 드러낼 뿐이니 아직도 살아계신 듯한 감상을 말하노라. 한 접시의 호떡과 변변찮은 음식을 진열하고 세 사발의 중국차(漢茗)로 대략 슬픈 마음을 표현하네. 가격을 매길 수 없는 심향心香을 함께 드리오니 막엄한 존령尊靈이시여 굽어 받으소서. 여러 음식을 드리노니 흠향하소서.

浮休祖師立石祭文【庚申四月二十日立】

云云。大曹溪之宗主浮休堂之尊靈。鍾氣靈於石無碍。托聖胎於古帶方。出家學華嚴之敎。入道爲臨濟之宗。智達三敎。作人天之龜鏡。德兼四衆。爲迷途之鴻鍾。慧猶駐乎天使之勒。道能伏乎海寇之鋒。狂誣現於南冠之型。庭蟒化於圓覺之經。毛穎犍於漢土之鏡。轡靮連於王者之庭。雖能乎本分之鉗鎚。必兼於新熏之機鋒。普接方外。衆盈七百之徒。將啓手足。年逾七旬之齡。泊化緣之方周。順世諦而圓寂。抑復脩檃之已摧。爭奈叢林之寂寞。苦海失其巨楫。昏衢滅其寶燭。慧日西隆。雲仍追慕。佛宇東頹。海會罔極。四山雖起無縫之塔。一地尙闕有銘之石。槿域門徒不爲不夥。曹溪宗派非是非嫡。坮石採於溪山之崗。躰碑磨於江華之玉。龜趺六藏。盤踞河洛。龍冠雙鬪。高撑翠壁。字撒驪珠。霞龔錦頌。篆活虬腰。雲籠繡壁。唯紀吾師之功業。難極吾師之道德。但表思慕之外貌。猶云如存之感想。一盃胡餠。兼陳薄奠。三甌漢茗。畧表哀衷。齊運沒價之心香。俯歆莫嚴之尊靈。庶羞企薦。伏唯尙享。

환해[864] 화상의 비를 세우는 제문[5월 5일][865]

화엄華嚴 대종사大宗師 환해당幻海堂 존령尊靈이시여.
　유림儒林에서 우뚝 빼어나 석원釋園에 옮겨 심으니, 일찌감치 티끌세계를 떠나 선근善根을 널리 꽃피우셨네. 팔영산[866]에 영험한 기운이 내리니 고흥의 남쪽이라. 달이 공중에서 밝은 듯, 용이 못에 있는 듯하도다. 법의를 묵암默庵 노스님께 얻고 종지를 조계산에서 펼쳤도다. 환몽을 비로장해毘盧藏海[867]에서 깨고, 법인法印을 대 법린法璘의 숫돌에 연마하니, 지혜의 가지가 바야흐로 수려하여 대중의 마음을 기쁘게 하였는데, 불법의 동량이 느닷없이 쓰러지니[868] 새들이 울어 대도다. 하나의 영험한 골상은 하늘을 덮은 콧구멍이요 사리 세 알은 땅에 떨어진 눈빛(眼光)이로다. 법신法身은 본래 그러하거늘 후손들이 추모하여, 탑이며 비석에 명銘을 마련하고 제사 지내도다. 전서(篆)는 교룡처럼 활발하고 노래는 산호처럼 찬란하며, 거북은 말없이 잘 돌아보고, 비석은 빛이 나 더욱 찬란하게, 푸른 석벽의 용 뿔이 드높이 아스라한 절벽의 거북에 올라탔네. 전단향과 서수犀首를 사르며 이포伊蒲[869]의 제호醍醐를 마련하고 특별히 운문雲門을 갖추고 경건하게 울향鬱香을 태웁니다. 공경히 영령께 드리노니 흠향하소서.

幻海和上立石祭文【五月五日】

華嚴大宗師幻海堂尊靈。挺特儒林。移植釋園。蚤謝塵界。敷榮善根。降靈八影。高興其南。如月朗空。若龍處潭。得法衣於默老。闡宗旨於曹溪。幻夢覺於毘盧藏海。法印磨於大法璘砥。慧柯方秀。悅可衆心。法棟俄隳。咽號群禽。一頂靈骨。掩天鼻孔。三枚舍利。落地眼光。法身本然。雲仍追慕。載塔載碑。酒銘酒醋。篆蛟龍之活潑。頌珊瑚之燦爛。龜無言而善顧。石有光而益煥。撐翠壁之虬角。駕蒼崖之龜趺。焚栴檀與犀首。設伊蒲之醍醐。特備雲門。敬煎鬱香。祇薦于靈。伏唯尙嚮。

태안사 봉서암 중창기 [경신년(1920) 7월]

지리산 남쪽에 '봉두산鳳頭山'이 있는데 봉우리들이 특히 수려하여 감싼 모양이 날아오르는 봉황의 무대 같고, 두 물줄기가 나뉘었다가 합쳐져 흐르니 흡사 태극의 둥근 그림 같다. 토양은 비옥하고 숲은 무성하며 샘물은 달고 시냇물은 풍부하니, 선인仙人의 집이 아니면 불자佛子의 거처로다. 첫째 봉우리 아래에 '태안사泰安寺'가 있으니 속칭 '동리사桐裏寺'라고도 함은 옛날 산 이름 때문이다.

신라 시대에 신승神僧 셋이 암자를 지었다는데 자세히 말하기에는 자료가 부족하다. 당나라 원화元和 9년(814)에 혜철국사慧哲國師께서 크게 창건하여 비로소 '봉두산 태안사'라고 칭하였다. 아전鵝殿(법당)이 아스라이 높고 봉방蜂房이 이어져, 신라와 고려 시대 천여 년 동안 꽃비가 내리던 보방寶坊(사찰)이다. 사찰의 남서쪽(坤)으로 반보(一武) 떨어져서 '봉서암'이 있으니 사찰과 같이 창건되었는데 고찰할 문건이 없으니, 이전에 몇 번이나 흥폐를 겪었는지 알 수 없다. 청오靑烏[870]가 말하길, "사찰이 인신寅申[871]으로 자리 잡고 암자가 정계丁癸[872]로 터를 잡았으니 그 방향과 기복이 봉황이 서로 쫓고 서식하는 듯하다. 사찰이 있고서 암자가 없을 수 없고 암자가 있고서 또한 사찰이 없을 수 없음을 단연코 생각할 수 있다."라고 하였다. 암자가 사찰에 관계됨이 어찌 중차대하지 않은가. 또한 봉황교鳳凰橋가 언덕의 눈썹에 닿고 능파각凌波閣이 물 입구에 걸터앉은 것은 용과 범이 서로 건너는 모양이다. 반월봉이 배후에 걸려 있고 쌍계수雙溪水가 앞에서 합해지는 것은 물과 달이 서로 비추는 형국이다. 천마天馬가 날아오르고 지고地庫가 중첩되며 대나무가 빽빽하고 오동나무 그늘이 맑게 그윽한 것은 모두 봉서암의 큰 볼거리로다.

그러나 겁파劫波가 이어지니 허물어지고 비게 되는 운수를 어찌 면할 것인가. 지난 강희康熙 신사년(1701)에 이 산의 각현覺玄 상인上人이 단문檀

門(시주)들에 부르짖어 옛터에 크게 난야蘭若(사찰)를 창건하니 정전正殿 6칸과 익실翼室[873] 각기 5칸, 정루正樓 5칸, 회랑 2칸, 서문 1칸으로 크고 넓게 지어서 호남의 으뜸 건물이요 납자衲子들의 기북驥北[874]이 되었다. 아아, 이슬이 가면 서리가 오며 토끼(달)가 달리고 까마귀(해) 날아, 또한 이뤄지고 무너지는 때가 있으니 만물의 성쇠를 인간이 어찌할 수 있겠는가.

주지 영월映月 선사는 이 산의 염불당 화주로서 일찍이 공적인 업무에 있어서 크게 역량이 있었다. 혹 종정鍾鼎을 만들어 당堂에 걸기도 하고 혹 토지를 사서 불전에 바치기도 했으니 불법을 호위하는 마음이 갈수록 더한 이라 하겠다. 이 암자가 스러진 것을 보고는 왕년에 수리한 것을 사랑하여 부흥시키려는 마음을 일으켜 대중에게 고하기를, "산림을 공연히 썩히는 것이 어찌 불상 머리를 덮는 것과 같겠는가."라고 하고, 한 기슭의 삼림을 방매하여 3만 금액을 얻어서는 장인들을 불러 계획을 잡아 날을 정해 일을 감독했다. 정전正殿의 뒤 처마가 긴 것은 자르고 수리하였으며, 서실西室과 사문沙門[875]은 옛 모습을 버리고 혁신하였고 동무東廡[876]와 정루正樓는 새롭게 보수하여 옛 모습을 일신하였다.

경신년(1920) 맹춘孟春(1월)에 시작하여 같은 해 초가을(7월)에 마쳤다. 이에 종소리와 경쇠 소리를 수월水月의 바깥으로 보내니, 봉황이 오동과 대나무 사이로 날아와 춤추었다.[877] 삼존불은 코끼리 자리(象座)에 의젓하고, 다라니(多羅) 가르침은 용이 잠겨 있는 곳(龍藏)에 가득하다.[878] 오동나무 꽃 그림자 속에 상서로운 구름이 영롱하고, 대나무 그늘 사이로 상서로운 바람이 수수수 분다. 암자의 완성으로 사찰은 빛이 나고 봉황이 짝을 얻었으니, 사찰과 암자의 체모가 구비되고 자웅의 즐거움이 족하도다. 아, 오늘의 일은 원화元和와 강희康熙 삼생三生에 걸쳐 거듭 찾아온 원력임을 어찌 알겠는가.

나는 조계산에서 와서 미타실彌陀室에서 좌하坐夏[879]하다가 차를 마시고 있었는데, 대중이 그 완성(要終)을 말하면서 방함芳啣(성함)을 기록하여 후인들에게 보여 주겠다고 하였다. 그래서 감히 한마디 말을 대중에게 고하였다. "암자의 이루어지고 무너짐은 운수이고 사람이 살고 죽은 것은 운명입니다. 오직 도의 생성만이 무너지고 죽는 사이에 있지 않습니다. 대중들은 이 암자에 올라 칼을 차고 자며[880] 이 당에 거처하여 또한 마시고 먹으리니, 바라건대 거듭 찾아온 원력을 갚으소서."

泰安寺鳳瑞庵重刱記【庚申七月日】

智異之南有山曰鳳頭. 衆峯特秀而抱藏. 若飛鳳之舞臺. 二水分派而合流. 似太極之環圖. 土肥而林茂. 泉甘而溪沃. 若非仙人之宅. 原是佛子之居. 第一峯下. 有寺曰泰安. 俗稱桐裏者. 卽古之山名歟. 羅朝三神僧之結菴. 不足詳說. 而唐元和九年. 慧哲國師之宏刱. 始稱鳳頭山泰安寺之號. 鵝殿崔嵬. 蜂房陸續. 卽羅麗朝千餘年花雨之寶坊也. 寺之坤一武許. 有庵曰鳳瑞. 以與寺同刱. 而文無可考. 莫悟前因之幾經興廢也. 靑烏有言曰. 寺以寅申而得局. 庵以丁癸而作基. 其向背起伏. 如鳳凰之相逐捿息. 有寺而不可無庵. 有庵而亦不可無寺. 斷可以想也云. 庵之有關於寺者. 豈不重且大哉. 抑復鳳凰橋之接其岸眉. 凌波閣之跨乎水口者. 所以爲龍虎之相渡. 半月峯掛其背. 雙溪水合其前者. 所以爲水月之相照也. 以其天馬之飛騰. 地庫之重疊. 竹樹之鬱密. 梧陰之淸幽. 是皆爲鳳瑞庵之大觀歟. 然而刼波所傳. 誰免壞空之運乎. 往在康熙辛巳. 山之覺玄上人. 叫化檀門. 仍於舊墟. 大刱蘭若. 正殿六間. 翼室各五間. 正樓五間. 廊二間. 西門一間. 宏傑廣闊. 爲湖南之甲第. 衲子之驥北矣. 嗚呼. 露往霜來. 兎走烏飛. 界亦成壞. 況物之盛衰. 人孰能哉. 有住持映月禪師. 卽山之念佛堂化主. 曾於公務. 大有力量焉. 或化鍾鼎而掛堂. 或買土地而獻佛. 護佛法之心. 老當益壯者也. 目此庵之傾覆. 爰往年之修治. 爰起興復之心. 乃告衆曰. 以其山林之空腐. 孰與盖佛頭乎. 放一麓之森林. 得三萬之金額. 招工規度. 克日董役. 正殿後簷. 斷其長而修之. 西室及沙門. 頓袪舊而革新. 東廡與正樓. 改補

新而換舊。始於庚申孟春。終於同年初秋。於是鍾磬送音於水月之表。鳳凰來儀於梧竹之間。三尊佛儼然於象座。多羅教押揲於龍藏。桐華影裡。瑞雲玲瓏。竹樹陰邊。祥風蕭瑟。庵之成也。寺以之生光。鳳以之得凰。寺庵之體具矣。雌雄之樂足也。嘻。今日之役。安知爲元和康熙三生重來之願力也哉。余自曹溪。坐夏於彌陀室。茶餘有大衆說其要終。記其芳啣。以示來者。敢以一言告衆。曰庵之壞成。數也。人之死生。命也。而唯道之生成。不在於壞死之間也。唯大衆登此庵也。帶刀而眠。居此堂也。亦飮血而食。庶報重來之願力也夫。

『화엄경』 사경 발문 [8월 15일]

크도다, 사경寫經의 공덕이여. 여래의 말씀을 축건竺乾[881]의 범자梵字로 잘 적어서 편집하였고, 삼장三藏의 번역을 진단震旦(중국)의 문자로 또한 필사하여 유통하니 나라에서 나라로 전하고 마을에서 마을로 전해졌다. 필사가 없으면 전할 수 있겠는가. 해동에서는 고구려와 신라, 백제가 불교를 수입하여 고려 시대에 소장본을 간행(刊鎭)하니 또한 필사의 공덕에 지나지 않을 뿐이다. 이렇게 보자면 필사자의 공덕이 어찌 넓고 크지 않은가. 『법화경』과 『금강경』, 『지장경』, 『유마경』 등 수십 장의 경전을 필사하여 전하는 이는 대나무와 갈대처럼 헤아릴 수 없지만, 약본『화엄경』 10조 95,048자[882]를 필사하는 이는 동토東土(조선) 전역에서 많이 얻을 수 없다. 간혹 명민한 선비가 필명을 팔아서 시나 부賦 등 한가로이 먹을 희롱하는 것처럼 삼업三業[883]을 정갈하게 하지 않고 향도 피우지 않고 절도 하지 않고서 필사한다면 비단으로 감싸고 옥함에 보관한다 하더라도 귀하게 되지 않는다.

우리 조선에 이르러, 보개산寶盖山의 남호南湖,[884] 금강산의 나은懶隱,[885] 조계산의 경운擎雲[886]은 모두 방외方外에 필명이 있던 분들로, 백 년 사이에 큰 경전을 필사하였고 진신縉紳(관료)들에게 고명을 얻었으니, 어려운 일을 했다고 할 만하다. 지금 어렵고도 더욱 어려운 것은 조계산 눌봉 정기訥峯正基가 그러하다. 재주가 뛰어나지는 않지만 신앙은 절륜하며, 필체는 빼어나지 않지만 설경說經[887]은 출중하고, 외모가 놀라울 정도는 아닌데 계율은 타인을 압도한다. 몸이 집에 있지는 않으나 부모에 효도하고 집을 보살피며, 지혜와 자비가 겸비되어 사범師範의 덕을 몸에 지녔고 종설宗說[888]에 두루 통하여 가르침을 전하는 풍모가 마음에 절실하다. 20여 년 입으로 말하고 마음으로 행하여 티끌 재산으로 저축한 업에 대해 단번에 짚신처럼 벗어 던지고 구름처럼 물처럼 행장을 꾸려 산수 사이에 자취를 숨겼다. 문득 사경의 공덕이 황하의 모래만큼 금탑을 조성하는 것보다 뛰어남을 깨닫고는 사경을 하기로 맹세했다.『화엄경』사경을 최상의 공덕으로 여기고는 삼업을 청정하게 하고 단향檀香 1주炷를 사르며 한 글자마다 한 번 염송하고 한 줄마다 한 번 절하며 한 장마다 한 번 읽는 것을 법식으로 정하였다. 조계산 은적암隱寂庵에서 시작하여 동악산動樂山 도림사道林寺[889]에서 마치니 문득 10년 광음을 소비하였고 단씨檀氏(시주)의 청원을 저버리지 않았다. 인연 따라 응접하며 불사佛事를 시행하여 장애 없이 성취하며, 교해敎海를 원만히 하였으니 신근信根이 아니면 어찌 물러나지 않을 수 있으리오. 구옹龜翁의 필주筆珠를 떨구지 않더라도 청사淸師의 설연舌蓮을 감상할 만하다. 아, 한가로이 먹을 놀리는 것에 비교하면 어찌 하늘과 땅의 차이에 그치겠는가. 크도다, 사경의 공덕이여.

나는 조계산의 남은 유파요 송광사의 병든 선사로서 다행히 불사佛事의 말미에 참여하여 편찬의 인연을 맺게 되었는데 눈은 어지럽고 손은 서툴러서 아름답게 치장할 수 없다. 노끈으로 비단을 묶는 것처럼 도리어 본래의 덕을 잃게 하는 듯하다. 그러나 다만 수희隨喜[890]하여 다행히 사경 공덕의 만분의 일 인연이라도 얻게 되어 이렇게 서문을 쓴다.

寫華嚴經跋【八月十五日】

大矣哉。寫經功德。如來所說。竺乾梵字。賴繕寫而編錄。三藏所譯。震旦文字。亦筆授而流傳。以國傳國。從鄕傳鄕。無筆寫而傳者。不可得也。若海東則麗濟羅之佛敎輸入。高麗朝之藏本刊鎭。亦莫過筆寫之功而已。以是觀之。寫氏之功。豈非廣且大也哉。所以法華金剛地藏維摩數十紙經之寫傳者。如竹葦之不億。而若佛華嚴曩本十兆九萬五千四十八字經之寫者。環東土不可多得也。或以才敏之士。售於筆名。若詩稿賦編之等閑戱墨。不淨三業。不香不拜而寫者。雖錦粧琅凾。未足貴也。至於我朝。寶盖山之南湖。金剛山之懶隱。曹溪山之擎雲。俱有筆名於方外者。既寫大經於百十年之間。已得高名於縉紳之士。可謂難矣哉。以今難之尤難者。唯曹溪山訥峯正基是也。才不超倫。而信佛絕倫。筆不出群。而說經異群。貌不驚人。而戒德壓人。身不在家。而孝親濟家。智悲雙行。身佩師範之德。宗說兼通。心切傳教之風。二十餘年。口說心行。塵財之産。畜積之業。頓然脫屣。雲水行裝。遁迹於湖山之間矣。忽覺寫經功德。勝造河沙金塔。誓心寫經。以華嚴經。爲最上功德。淸淨三業。檀香一炷。一字一念。一行一拜。一張一讀。以定課式。始於曹溪之隱寂。終於動樂之道林。遞費十年之光陰。莫負檀氏之所請。隨緣應接。施作佛事。無障成就。圓滿敎海。若非信根。孰能不退。雖不落龜翁之筆珠。當可賞淸師之舌蓮。嘻。比諸等閑戱墨。何啻於天淵懸也哉。大矣哉。寫經功德歟。余曹溪殘派。松社病禪。幸叅佛事之末。叨結粧䌙之緣。目眩手拙。莫可侈美。恰如藁索結錦。反喪本德者也。然而祇可隨喜。庶得寫經功德分萬一之緣。如是序。

도림사 대법당 상량문 [8월 20일]

 듣자 하니, 황금을 투척하여 동산을 매입함은 수달須達[891]의 원력이 끝없음이요, 장대를 세워 사찰을 세움은 제석帝釋의 정성이 작지 않음이라. 이는 항사겁恒沙劫[892]에 심은 인연이 아닐 수 없으니 미진계微塵界[893]에서 닦아 이룬 공덕을 누가 알 수 있겠습니까.

 이 산(곡성 동악산)의 이 사찰은 신라 시대의 맑게 흐르는 물과 바위, 고려 시대 불도의 으뜸이 되는 사찰이었습니다. 이전 시대 개산開山(창건)은 묘길상妙吉祥(길상암)의 현재 판액으로 알 수 있고, 현재의 위치(銓局)는 원효암의 옛터로 말미암았습니다. 만력萬曆 경자년(1600) 봄에 이르러 도림사를 처음 창건하였는데 화주(化土)의 호칭은 어찌 망실하였는가. 강희康熙 계묘년(1663)에 비로소 '동악사動樂寺'라 칭하였으니 즉 영오靈悟 선사의 인연 때문입니다. 도광道光 신사년(1821)에 세 번째 창건하게 되니 도성 두홍道成斗弘이 담당했고, 대한 경신년(1920)에 네 번째 중수하니 눌봉 정기訥峰正基가 담당했습니다. 이들은 일제히 모두 방외(物外)의 고승들이니 또한 교화된 신도들이 없지 않았습니다만 이제 대단월大檀越 정丁 신사信士[894]가 자원하여 성금을 처음 내고, 작은 공덕의 선남자들이 인연 따라 창건을 도와 무주상無住相[895]의 성금을 허락하니, 어찌 다만 수달須達의 바라는 마음뿐이리오. 인연 있는 대중이 응함이니, 어찌 특히 제석帝釋의 정성어린 힘일 뿐이리오.

 이에 새 목재를 곡우穀雨[896]에 베어 내니 한백漢栢과 진송秦松이 채찍 따라 올라가고,[897] 남풍藍風[898]에 옛 먼지를 쓸어 버리니 흙덩이와 기와들이 빛을 내며 무너졌습니다. 옛 기초를 그대로 두고 기둥만 바꾸니 청오青烏(풍수)의 풍수 이야기를 묻지 않았고, 새로 서늘해지길 기다려 상량하니 경신년(白猿, 1920) 보름달을 선택하였습니다. 도끼를 휘두르니 공수工倕[899]의 소매에 바람이 일고, 규획하고 헤아려 차곡差穀(택일)의 장부에 날짜를 적습니다. 신명의 상서로움에 기환정사祇桓精舍[900]가 솟아나고, 하늘 향이 짙게 날리니 향적香積(공양간)의 연기구름 영롱함이 이러하도다. 오량五樑[901]의 노래가 이미 솟았으니 육위六偉의 노래[902]를 부릅니다.

동東

방장산의 구름 바다에 해가 붉고
큰 들을 건너면 신선의 집과
성 가득 개사開士[903]들의 도력이 무궁하네

남南

산 이름은 통명通明[904]이라 짙푸르고
떨어질 듯 층층 바위가 골짜기 향해 서니
백호가 가람을 호위하는 줄 알겠네

서西

묘길상 봉우리 가지런하지 않고[905]
도림사 빽빽한 숲은 단풍이 좋아라
백조가 꽃을 물어 부처님께 공양하네

북北

성출봉聖出峰[906] 높으니 은혜가 망극하고
병풍처럼 첩첩 산중에 옛 자취 많구나
신선 내린 대臺 아래 또 신이한 덕德이로다[907]

상上

머리 돌려 우러르는 탐랑貪狼[908] 하나

묻나니 인간 세계 화복에 능한가
자미궁에 여러 별들이 길게 빛나네

하下
냇물 소리[909]는 반야를 말하는 듯
사계절 음악 소리가 도림사에 영원하니
우리들은 귀먹고 또 벙어리 된 듯하네.

엎드려 바라건대, 상량한 후에 음악을 울려(動樂) 대중과 함께 즐거 즐겁고 즐거우며, 도림道林이 삼림과 함께 숲을 이루고 이루소서. 길상암吉祥庵[910] 앞에 성중聖衆이 늘어서서 길상의 묘한 덕을 내리고, 성출봉 아래 신이한 덕이 사라지지 않으니 성출봉의 이름난 구역을 보호하소서. 단씨檀氏(시주)의 집 안에 온갖 복이 모여들어 팔룡구령八龍九齡[911] 금어옥대金魚玉帶[912]가 자자손손 불문하고 이어지고, 승려들의 가람에는 오중五衆[913]이 모두 모여 육도六度와 십신十信[914]으로 선禪과 덕을 갖춘 교사가 형과 아우를 막론하고 되게 하소서.

道林寺大法堂上樑文【八月二十日】

盖聞擲金買園。須達之願力無盡。堅竿建刹。帝釋之誠心不微。是莫非恒沙劫種得因緣。孰能知微塵界修成功德。玆山是寺。羅代之淸流水石。麗朝之道宗寺庵。劫前開山。憑知妙吉祥之現額。現在銓局。亦因元曉庵之古基。迄于萬曆庚子春。初刱道林。何忘失化士之號。康熙癸卯歲。始稱動樂。卽靈悟禪師之緣。道光辛巳。第三刱主道成斗弘是也。大韓庚申。第四重修訥峰正基是歟。一齊爲物外高僧。亦不無化中信徒。而今大檀越丁信士。自願擲金之倡因。小功德諸善男。隨緣建刹之助伴。無住相之金諾。何但須達之願心。有緣衆之響應。豈特帝釋之誠力。於是乎。斫新材於穀雨。漢栢秦松。

隨鞭登騰。掃舊塵於藍風。土塊瓦礫。放光崩落。仍舊礎而換柱。不問青烏之談風。待新凉而抛樑。選擇白猿之望月。運斧生風於工倕之袖。規度尅日於差穀之篇。神祇禎祥。湧出祇桓之精舍。天香飛馥。玲瓏香積之烟雲。如是哉。旣騰五樑之歌。載唱六偉之頌。東。方丈山雲海日紅。大野渡頭仙子宅。滿城開士道無窮。南。山號通明積翠嵐。欲落層崟應谷立。是知白虎護伽藍。西。妙吉祥峰相不齊。道林鬱密楓林好。白鳥啣花供佛低。北。聖出峰高恩罔極。屛疊嶂中古蹟多。降仙臺下又神德。上。回首仰觀一貪狼。問爾人間禍福能。紫微宮裡群星張。下。溪聲如舌談般若。四時動樂道林長。使我若聾又若啞。伏願上樑之後。動樂與衆樂而樂樂。道林幷森林而林林。吉祥庵前。聖衆森羅。降吉祥之妙德。聖出峰下。神德不壞。護聖出之名區。檀氏家裡。百福鼎臻。八龍九齡。金魚玉帶。子子孫孫而不問。僧伽藍中。五衆咸集。六度十信。禪德敎師。兄兄弟弟而莫論。

도림사 대법당 중창기

이와 같이 나는 들었다. 부처님은 본래 몸이 없는데 중생에 응하여 몸을 나투시고, 법은 본래 형상이 없는데 환화幻化^{915}를 따라 형상을 나툰다. 그래서 신토身土를 환화 세계에 나투고 누대樓臺가 빛과 소리 가운데 찬란함은 모두 제불諸佛이 방편으로 응하신 것이니 어찌 보살의 진제眞諦와 관계되겠는가.

도림사에는 옛일을 돌아볼 문서가 없어서 다만 전기傳記를 살펴보아 만수대사曼殊大士(문수보살)의 환화幻化와 원효 삼성三聖^{916}의 창건(創修), 호겁浩劫(긴 세월)의 개창開創, 신라와 고려 시대의 중수 등의 앞선 인연을 깨달을 수 없으나 강희康熙 계묘년(1663) 영오靈悟가 세 번째 개창하고, 도광道光 신사년(1821)에 도성道成이 네 번째 개창하고 남파南波가 또한 인연 따라 보수하니, 당대에 번화함이 오히려 겁파刦波의 흐름으로 귀결됨을 어찌 족히 더 이야기할 것인가.

이제 대웅전은 기둥(棟樑)이 무너지고 서까래가 기울고 수놓은 두공枓栱이 떨어지고 맞물려 놓은^{917} 것이 빠졌다. 향을 사르며 두 번 일어나 경쇠를 울리고 거듭 돌아보게 되니, 어찌 여기 거승居僧들만 낙심(寒心)하겠는가. 거사居士들의 슬픔을 더하지 않음이 없었다. 마침 본군(곡성) 대단신사大檀信士(시주) 정수태丁秀泰 공이 샘과 바위 사이에서 피서를 즐기다가 전각들이 기운 것을 몸소 보고 게다가 주지의 걱정을 듣고서는 이에 바람을 두기를 "제불諸佛 궁전을 예로부터 단신檀信(시주)들이 세웠으니 나 또한 단신의 일부가 됨이 옳도다."라고 하고는 7백 원元을 내어, 이것으로 종잣돈을 삼아 단씨檀氏(시주)들에게 구하면 반드시 일이 이루어질 것이라 했다. 주지 눌봉訥峯이 머리를 조아려 다음과 같이 찬양하였다. "천 리도 한 발짝부터이고, 높은 산(九仞)도 삼태기 흙 하나부터이니, 대인의 앞장섬으로 불전의 중창이 이미 절반은 된 셈이니 어찌 선善하지 않겠습니까."라고 하고는 단문檀門들에 행화行化⁹¹⁸하여 천여 원을 모아, 경신년 (1920) 봄에 시작하여 같은 해 가을에 일을 마쳤다.

무너진 것이 이뤄지고 낮은 것이 높아졌으며 기운 것은 바로 서고 옛 것이 새로워졌다. 치수와 먹줄, 회칠과 흙 손질 하는 이들이 각기 기술을 발휘하니 웅장하고 화려하며⁹¹⁹ 크고 아름다웠다.⁹²⁰ 삼존불이 복전複殿⁹²¹ 안에 의젓하고, 성중聖衆이 층루層樓 위에서 옹위하니, 몸 없는데 몸을 나투고 형상 없는데 형상을 나툰다는 말을 이에 이르러 진실로 믿게 되었다. 영향影響의 신토身土를 화주(化土)의 세 치 혀 위에 드러내시고, 환화幻化 누대가 시주(檀氏)의 한 조각 마음속에서 솟아났도다.

복을 빌고 수명을 늘리는 감응은 수많은 강에 달이 비치는 것과 같고, 재앙을 소멸하고 복을 내리는 영험은 온갖 나라에 봄이 오는 것과 같으리라. 보광전普光殿⁹²²에 혜감慧鑑이 길이 밝아 산이 울고 골이 응하며, 보제루普濟樓⁹²³에 업보의 인연(報緣)이 밝게 드러나 물이 흐르고 꽃이 피도다.

道林寺大法堂重刱記

如是我聞。佛本無身。應衆生而現身。法本無相。從幻化而現相。以故身土現於幻化之界。樓臺煥乎影響之中。盡是諸佛權應。何關菩薩眞諦也哉。唯道林寺無文稽古。但考傳記。曼殊大士之幻化。元曉三聖之刱修。浩劫之開刱。羅麗之重修。莫悟前因。而迄于康熙癸卯。靈悟之三刱。道光辛巳。道成之四刱。南波亦隨緣修補。當代繁華。尙歸刧波之所流。何足贅說乎。今大雄殿。棟樑頹壞。椽桷傾圯。繡栭之崩落。杈枒之差脫。焚香而再擧。因鳴磬而重回頭者。豈但居僧之寒心。不無居士之添悽。適本郡大檀信士丁公秀泰。避暑于泉石之間。親見殿宇之頹傾。又聞住持之供慮。爰有願言曰。諸佛宮殿。從古檀信之所建。而吾亦作檀信之一分者可乎。出資七百元。以此爲本。求諸檀氏。事必成矣。住持訥峯稽首讚曰。千里初步。九仞一簣。大人倡起。佛殿重刱。事已過半。豈不善哉。乃行化諸檀門。鳩千餘元。始役於庚申之春。竣功於同年之秋。壞者成而底者高之。傾者正而舊者新之。規矩繩墨。灰塗圬墁。各呈其巧。鳥革彙[1]飛。輪焉奐焉。三佛儼然於複殿之中。衆聖擁衛於層樓之上。无身而現身。無相而現相。到此良信。影響身土。顯現於化士之三寸舌上。幻化樓臺。湧出於檀氏之一片心中。求福延壽之感應。若月印千江。消災降祥之靈驗。如春行萬國。普光殿上。慧鑑長明。山鳴而谷應。普濟樓中。報緣昭現。水流而花開。

---

1) ㉑ '彙'는 '翬'의 오자인 듯하다.

도림사 길상암 중수기

　전해 오기를, '완성'과 '파괴'[924]는 이치와 운수의 감응이고, 계획하고 도모함[925]은 화주와 보시의 인연이라고 한다. 그래서 완성과 파괴는 화주와 보시의 복전福田이요, 복전을 만나 씨를 뿌릴 수 있으니 즉 선남자의 큰 기연奇緣이 된다.

　이제 길상암은 즉 문수보살께서 창건하시고 또한 원효元曉와 의상義湘과 윤필尹弼이 중수하여 신성(聖)을 모신 영험한 구역이다. 처음에 묘길상妙吉祥(문수보살)을 따랐기 때문에 '길상암'이라고 칭하였다. 또는 길성吉星이 내리 비추어 성중聖衆이 솟아나는 상서로움이 있었기 때문에 길상암이라 한 것인가.[926] 신라와 고려 시대 이래로 완성과 파괴를 여러 번 겪었으니 열 번의 중수한 자취를 일일이 열거할 수 없다. 이조 기미년(1919)에 이르러 암주庵主 취암翠菴 공公이 조계산에서 이곳으로 옮겨 와서는 약 1년 되자마자 항상 중수할 생각으로 잠자거나 먹을 때나 걱정으로 삼았다. 마침 광주 임 공林公과 본군 정수태丁秀泰 공이 암자가 기울어진 것을 보고는 큰 발원을 같이 내어 도합 5백 금을 내고, 또 신녀信女 배씨裵氏가 단문檀門에 부르짖어 날을 정해 일을 감독하였다. 경신년(1920) 봄에 시작하여 몇 개월 되지 않아 마무리(伏簀)하니, 찬란하게 새로워졌다.

　제불諸佛이 자리에 편안하시고 성중聖衆이 환희하며 가신伽神[927]이 상서로움을 드리니, 즉 이른바 '길상吉祥' 호칭이 이로 말미암음을 알 수 있다. 정 공과 임 공이 복전을 처음 일으켜 선근을 심었고 또한 단씨檀氏들과 함께 선한 인연을 같이 맺었다. 두 분의 증험으로 지위가 신하의 최고로 오르시고 자손은 길이 창성하리라. 단씨의 선한 벗들을 이끌어 길상의 복락福樂을 같이 받으니, 어찌 선남자의 큰 기연이 아니리오. 그래서 뒤에 방함芳啣(성함)을 게시한다.

道林寺吉祥庵重修記

傳云。曰成曰壞。理數之所感。經之營之。化施之因緣。故云成壞。乃化施者之福田。遇福田而能下種者。卽善男子之大奇緣也。今吉祥庵者。卽文殊之所剏。亦元曉義湘尹弼之重修。安聖之靈區也。初從妙吉祥。而稱吉祥之號。抑吉星照臨。聖衆湧出之嘉祥。故云吉祥歟。自羅麗以來。多經成壞。十番重修之蹟。不能枚擧。而至于李朝己未歲。庵主翠菴公。自曹溪來住于此。纔有年所。而常以重修。爲枕食之憂。適有光州林公某。本郡丁公某【秀泰】見庵之傾覆。同發大願。合財五百金。又有信女裵氏。叫化檀門。赶日董役。始庚申春。不數月而伏簀。奐然一新。諸佛安座。聖衆歡喜。伽神呈祥。卽所謂吉祥之號。從玆可覺矣。以其丁林兩公之倡起福田。已種善根。而亦與諸檀氏。同結善緣。兩公之驗。位極人臣。子孫永昌。接引諸檀之善友。同受吉祥之福樂。豈非善男子之大奇緣哉。所以揭示芳啣于后。

조계산 감로암 동별당을 새로 건축하는 기문 [9월 9일]

암자를 '감로'라고 명명한 이유는 무엇인가. (수선사修禪社) 제6세 원감국사圓鑑國師께서 암자를 짓고 들어간(入院) 날에 다음과 같은 시를 지었다.

오늘 아침 과일 익어 감로甘露에 젖으니
무한한 인천人天이 함께 맛보는구나[928]

이것이 ('감로'라고) 이름 붙인 발단(草昧)일까. 암자의 정전正殿과 정루正樓는 임병壬丙[929] 방향으로 하고, 동료東寮와 문루門樓는 갑경甲庚[930] 방향인데, 고찰할 문헌이 없어서 몇 번이나 수리했는지 알 수 없다. 광서光緒 기묘년(1879) 여름에 정전正殿과 좌익左翼을 이어서 수리하였으니 경원敬圓 총섭摠攝[931]이 주관하였고, 신묘년(1891) 봄에 정루正樓를 또 수리하였으니 용선龍船 대사가 주관하였다. 지금 가장 걱정거리는 동료東寮(동별당) 5칸의 주춧돌 바닥이 함몰되어 매번 물과 흙이 인몰되고 기둥이 어긋나서 비바람이 스며듦을 막지 못하는 것이다. 왼쪽으로 기울고 오른쪽이 무너져 싸락눈처럼 벽이 떨어지고, 동쪽이 무너지고 서쪽이 가라앉아 벼락 치듯 기와가 무너진다. 저녁에 아침까지 남아 있을지 보장하지 못하니 침식枕食이 어찌 편안하겠는가.

경신년(1920) 봄에 이 암자의 장로 용호龍湖 대덕大德이 2천 금을 내고 성봉性峯과 동운東雲 두 개사開士가 이번 사무를 보는 석덕碩德들과 맹약을 맺어 본사에 간구하니, 각당各堂과 제덕諸德이 얼마간 모금하여, 같은 해 맹추孟陬(1월)에 시작하여 중하仲夏(5월)에 마쳤다. 아, 몇 길의 산등성이(層阿)를 잘라서 네 칸의 범궁梵宮을 세우니, 동쪽 면을 돌려 남쪽으로 삼고 밑 빠진 것을 올려 높게 하였다. 다섯 들보가 다섯 기둥과 함께 광채를 드날려 서까래를 가설하고 기와를 덮었고, 네 문이 네 벽을 이어 널찍하니 불상을 안치하고 승려들은 즐겁도다. 목을 빼 부를 수 있는 조계산 제자봉帝字峰(조계봉)이 완연하고, 눈길 가는 대로 회포를 품으니 대장봉大將峯 깃발이 펼쳐 있도다. 귀비龜碑(비석)의 금송錦頌(노래)과 학천鶴泉(개울)의 영액靈液(샘물) 같은 경우는 마시고 읊는 이가 저절로 얻을 테니 어찌 길게 늘어놓겠는가. 다만 단씨檀氏 은혜의 힘과 사무의 성공으로 이 별당을 이루었으니 어찌 아름다운 자취를 게시하여 길이 잊지 않도록 하지 않겠는가. 이와 같이 기록하노라.

曹溪山甘露庵東別堂新建記【九月九日】

庵以甘露命者。何謂也。第六圓鑑國師靱庵入院之日。有詩云。今朝果熟沾甘露。無限人天一味同之句。卽爲命名之草昧歟。庵之正殿及正樓。壬丙爲向背。東寮與門樓。甲庚爲向背。而無文獻可考。不知幾經靱修也。至光緖己卯夏正殿及左翼。繼而修葺。敬圓揔攝主之。辛卯春正樓又修。龍船大師管之。今之最患者。唯東寮五間。址礎底陷。每犯水土之湮沒。棟樑差脫。不庇風雨之瀧漫。左傾右圮。壁落如霞。東頹西沒。瓦崩若雷。夕不慮朝。枕食何安哉。庚申春本庵長老龍湖大德。出財二千金。性峯東雲二開士。與本事務諸碩德盟約而懇求於本寺。各堂及諸德。鳩金略干。始於同年孟陬。終於仲夏。噫。斫數仞之層阿。建四間之梵宮。回東面而爲南。陟底陷而成高。五樑幷五柱而騰輝。椽可架而瓦可覆矣。四門聯四壁而洞敞。佛可安而僧可樂也。以延頸可呼者。曹溪峯之帝字完然。其縱目憑懷者。大將峯之旗纛布列。至若龜碑之錦頌。鶴泉之靈液。飮詠者自得。何足長提。但以檀氏之惠力。事務之成功。賴成此堂何不揭示芳躅爲永世不忘者哉。如是而記之。

태안사 16나한을 이안한 연기 [신유년(1921) 봄]

본사本寺의 석상 16나한 성중聖衆은 즉 (혜철慧哲)국사께서 사찰을 창건하시던 때에 조성하여 봉안한 것인데 임진년(1592) 병화로 훼멸되어, 온전하게 봉안할 만한 상이 하나도 없고 비석 무더기 아래 쌓여 있어 승려와 단나檀那(시주)들의 신앙이 현재 결여되어 있으니 사원의 수치가 된다.

순천 지역의 이웃 사찰인 대흥사[932]가 마침 다년간 비었고 오직 16성상만이 엄연히 아직 남아 있어 마땅히 봉안할 만하다. 여럿의 의논이 일제히 펼쳐져, 동치同治 12년 계유년(1873) 봄에 본사(태안사)로 이안하였다. 미타전彌陀殿 오른쪽에 응진당應眞堂을 새로 건립하고서 봉안한 것이다. 향공양을 법도대로 하였는데 다만 흠이라 할 것은 이로부터 다툼이 일어나서 도반(法侶)들이 흩어지고 사찰 재물이 없어진 것이니, 식자識者들은 주인과 손이 꺼려서 다툰 것이라 하였다.【당시 주관한 긍오亘悟 등이 옳다.】 10년[933] 지나 계사년(1893) 봄에 주지 축정竺靜 화상이 대중에게 고하길, "사찰의 패망은 새로 나한을 봉안한 데서 말미암았으니 다시 다른 산으로 이안하여 주인과 손의 꺼림을 막으려 하니 괜찮겠습니까."라고 하니, 대중들이 좋다고 하였다. 즉시 정려淨侶[934]들에게 아미산峨嵋山 천태굴天台窟[935]로 이안하게 하였다. 그런데 채색한 탱화가 음습한 습기로 온통 젖고, 백옥 성상聖像은 새어드는 빗방울을 거의 다 무릅쓰게 되니 누군들 한심하지 않겠는가. 갑진년(1904) 봄에 주지 포룡抱龍 화상이 다시 성기암聖祈庵[936]에 봉안하였고, 다음 해 을사년(1905)에 수경袖鯨 선사가 용호龍湖 대사의 금 1백 냥兩을 시주(化得)하여 부도전 익실翼室[937]로 이안하고 채색을 다시 하고 분을 바르고서, 거승居僧들에게 향공양하게 하였다. 그리고 다음 해 병오년(1906)에 해회당海會堂으로 이안하여 도배하고 향공양을 한결같이 법당처럼 하였다. 4년 지난 기유년(1909) 봄에 동봉東峰 등이 동일암東日庵으로 이안하였는데 일하一夏[938]를 지나지 않아서 동허東虛 등이 다시 해회당으로 이안하였다. 경술년(1910) 봄에 이르러 관음전으로 다시 이안하였다. 이 전각은 대웅전 왼쪽에 있으며 예전에는 대법당이었다. 계묘년(1903)에 인담印潭 화상이 옮겨 세운 옛 응진당이 이것이다. 관음불을 대웅전에 함께 이안하기에 부족하여 다른 전각에 봉안하고, 이에 성중을 봉안하여 관음전 현판을 없애고 응진당 칭호를 걸었다. 그리고 탑의 뒤 기슭에 옛 석상을 묻었다.

계유년(1873)부터 경술년(1910)에 봉안하기까지 여덟 차례 이동하여 아이들의 장난처럼 되었으니 얼마나 상서로운 복이 있고 어떤 즐거움을 보았던가. 제성諸聖의 진리는 비록 정결하고 더러움의 좋아하고 싫어함이 없으나 중생의 망상은 어찌 저와 나의 증오와 사랑이 없겠는가. 그렇다면 무지와 망각의 견해로 존엄하기 그지없는 진상眞相을 함부로 옮겼으니 어찌 아름다움과 더러움, 길함과 흉함의 의논이 없겠는가. 내가 듣고서 민망하여 대략 그 말을 서술한다. 이로부터 다시는 함부로 옮겨서 화를 부르는 지경이 없기를 정수頂手[939]하고 지극히 비노라.

泰安寺十六聖移安緣起【辛酉春】

本寺石羅漢十六聖衆。卽國師剙寺之時。造像奉安。而爲壬辰兵燹之所毁。一無完像可奉。委積于龜碑之堆下。現闕居僧檀那之信仰。窃爲寺院之羞辱矣。順天地大興隣寺。適空廢多年。唯十六聖像。儼然尙存。宜可奉安也。衆議齊發。於同治十二年癸酉春。移安于本寺。新建應眞堂於彌陀殿右。而仍安之。香供如法。但所欠者。從此起諍。法侶渙散。寺財耗損。識者以爲主賓忌諍云。【時主管亘悟等是也】越十年癸巳春。住持竺靜和尙告衆曰。寺之敗亡。職由乎新羅漢奉安。更移他山。欲杜主賓之嫌可乎。衆曰善哉。卽發淨侶。移安于峨嵋山天台窟。彩畫佛幀。渾浸陰霾之嵐。白玉聖像。幾蒙滴漏之雨。孰不曰寒心哉。粤甲辰春。住持抱龍和尙。還奉于聖祈庵。明年乙巳。袖鯨禪師。化得龍湖大師金一百兩。移安于浮屠殿翼室。改彩塗粉。使居僧奉香也。又明年丙午。移于海會堂。塗褙香供。一如法堂。越四年己酉春。東峰等移于東日庵。未經一夏。東虛等又移海會堂。至庚戌春。更安于觀音殿。此殿卽大雄殿左大法堂舊墟。癸卯年印潭和尙。所移建古應眞堂是也。觀音佛同安于大雄殿。不足別殿奉安。迺安聖衆。除觀音額。而揭應眞號。仍埋古石像於塔之後麓也。盖自癸酉至庚戌之安座。爲八次運動如小兒之嬉戲。有幾個福祥。見何等富樂耶。諸聖眞理。雖無淨穢之好惡。衆生妄想。那無彼我之憎愛哉。然則以無知罔覺之見。妄動乎莫尊之眞相。豈無休咎吉凶之論也。余聞而悶之。略述個言。從是以徃。更無妄遷招禍之境。頂手至祝。

(주완섭을) 간병해 준 강재원에게 감사하는 편지 【계해년(1923) 봄 동경에 있을 때 아팠기 때문이다.】

오동나무 아래서 한 번 보고서 겁몽劫夢[940]을 미처 깨지 못하였는데 삼화三花를 겪고 또 일랍一臘을 더하니[941] 진실로 세파가 쉬지 않음을 깨닫습니다. 그리고 다시 묻나니 여행하시는 중에 장애 없이 잘 지내시는지, 절실하게 궁금합니다.

늙은이는 보잘것없이 나이만 먹으니 장차 세상 어디에 쓰겠습니까. 그대는 잠시도 겨를 없는 가운데 주생朱生[942]의 병상을 항상 돌아보아 오래도록 우려하고 동정을 대단히 표현한다고 하더군요. 어찌 붓 하나로 능히 감사함을 표현하겠습니까. 나도 모르게 동쪽을 향해 절을 하고 하늘을 우러러 마음을 허락합니다. 그리고 바야흐로 숙소와 식사를 같이 하는 것은 윤의閏衣의 희망일 뿐 아니라 또한 숙업宿業의 기연일 것입니다. 오직 바라건대 같이 길상吉祥을 이루고 아울러 안락을 향유하소서.

謝姜在源看病書【癸亥春在東京時。苦痛故也。】

桐下一面。未惺刼夢。於經三花。又加一臘。信覺世波之不息。而更詢旅體無障做得否。爲之切切僕僕。老漢無似添齒。將安庸於世哉。尊候晷刻不暇之中。常顧於朱生之病床。移時憂慮。剩表同情之多大云。何但一毫之所能哉。不覺向東而稽首。仰天而許心也。且方與同舘宿食者。非唯閏衣之希望。抑亦宿業之奇緣。唯冀同致吉祥。併享安樂之地。

또다시 사례함

31일에 답장했으나 여전히 황겁한 상태로 보낸 것이고, 여전히 냉담한 말씀조차 하나도 없어서 응어리가 풀어지지 않으니, 게(蟛蚎)가 형구에 낀 듯합니다. 어찌 조금이라도 풀어지겠습니까.

옛날 사람들이 말하길, 통달한 사람은 병 있음을 선지식으로 여기고 병 간호를 복전으로 여긴다고 합니다. 세상 사람들이 지식과 복전이 됨을 모르는 것은 아니지만 그 밭에 씨를 뿌리려 하지 않고 심상하게 지나쳐 길 가는 사람처럼 하니 그 과보를 누리지 못함은 필연적입니다. 그런데 이제 그대가 주생朱生을 간호하여 분주히 하고 조심스레 마음을 쓰며 학업을 폐하고 탕약 시중을 들고 의사를 불러 진찰하게 하고 얼음을 깨어 약을 만들고[943] 식사를 잊은 채 안마를 해 주었습니다. 심지어 병자가 호흡이 원활하지 않아 거의 정신을 잃을 지경에 이르자 입술을 대어 숨을 불어넣고 귀에 대고 일깨우면서, 성호聖號를 불러 경계하게 하고 신명을 돌이켜 소생하게 하니, 세 번 기절했다가 세 번 소생하여 목숨을 구해 보존하게 되었습니다. 그 정경을 생각해 보니 옛날 미생尾生과 효기孝己[944]의 행실로도 진실로 멀찍감치 비견할 수 없을 정도입니다. 이에 대해 친형제·친인척으로서 어찌 흘려 버리겠습니까. 그래서 한마디 짧은 말로나마 그대에게 복이 되는 결과를 축원하려고 합니다. 이러한 공덕으로 분단생사分段生死[945]의 거친 자질을 여의고 금강의 청정한 몸을 얻으시기를, 한 줄기 심향心香으로 삼시三時에 걸쳐 염송합니다.

又再謝•

三十一日旣答。猶在惶㥘中所發。而尙闕冷淡之一詞。碍膺未解。如蟛蚎之於枷柵者。何嘗小弛哉。古云達人。以有病爲善知識。以看病爲福田。世人非不知爲知識及福田。而不肯下種於其田。尋常看過。如路上人相似。未享其果必也。而今吾君之看護朱生也。得得奔忙。兢兢用心。廢業而侍湯。招醫而診療。叩冰而製藥。忘饌而撫摩。至於病者。呼吸不通。悶絕幾沒之際。接唇而呴嫗。提耳而唱起。稱聖號而警惕。返神明而甦生。三絕而三復。以至濟命保存。闇想其情景。雖古之美[1]生孝己之行。固莫得而比例者遠矣。以其親兄弟同族屬。安敢越乎哉。故將一尺短詞。敢祝吾君作福之結果也。唯以此功德。離分段傴質。得金剛淨身。一炷心香。三時念誦。

---

1) ㉾ '美'는 '尾'의 오자인 듯하다.

응암 선사의 진영을 새로 조성하는 기문

임제의 30세손 적통嫡統으로 '풍암楓嵓'이 있고, 풍암의 아래 4대덕인 '묵암默庵'과 '응암應庵'·'제운霽雲'·'벽담碧潭'을 세칭 '풍하사걸楓下四傑'이라 한다. 사걸의 후예들이 번성하여 현존하는 이들이 도합 2백 남짓에 이른다. 저 세 문도들은 진영을 걸고 탑비를 세워서 추모의 예를 한결같이 준수하는데 우리 응암 문도들은 아직 진영을 걸 겨를이 없었으니 어찌 탑비를 세우겠는가. 그 문도로서 안타까워한 지 오래되었다.

무기년戊己年[946] 병화를 겪은 후에 신해년(1911) 봄에 이르러 조사들의 진영을 새로 조성하는 날에 나는 함호菡湖[947] 장로와 협력하여 말하길, "이러한 때를 당하여 어찌 선조의 진영 사업을 도모하지 않겠는가."라고 하니, 좋다고 하였다. 그래서 자기 돈 2천여 금을 내어서 진영을 그리고, 풍암 노옹의 아래에 안치하기로 하였다. 묵형默兄(묵암)과 좌우가 되고 제운과 벽담은 그다음이 된다. 토지를 사서 사찰에 들이고 매년 차례茶禮 지낼 물품을 마련하게 하였다. 아, 사걸의 진실한 모습이 살아 있는 듯한 그림 속에 나열되니, 엄연히 관중사걸關中四傑[948]이 집 공什公(구마라집)[949] 아래 절하는 것 같다. 이것은 함호 노옹의 원력이 아님이 없도다. 그러나 진영 사업을 마치더라도 탑비에 대한 아쉬움이 있다. 그래서 또 함호 노옹과 함께 도모하나 힘이 미약하여 아직 결과를 얻지 못하였다.

아아, 선사先師의 법유法乳를 같이 적시고도 타인이 능히 행하는 바를 행하지 못하니, 도리어 사걸의 문도가 되지 않음만 못하다. 쯧쯧, 애석하도다.

應庵禪師眞影新造記

臨濟下三十世。有嫡統曰楓嵓。嵓之下有四大德。曰默庵。曰應庵。曰霽雲。曰碧潭。世稱楓下四傑。四傑之後。有徒繁息。現存者。合至二百餘。彼三門之徒。掛之眞影。堅之塔碑。一遵追慕之禮。而唯吾應庵之徒。尙未遑掛影。況何塔碑之所營哉。爲其徒而飮恨久矣。戊己兵火之後。至辛亥春。諸祖影眞新成之日。予與菡湖長老恊謀云。當此際會。盍謀先祖影事耶。曰諾。仍出自賚費二千餘金。摹眞而掛安于楓老之下。與默兄相爲左右。雲與潭又其次。買土納于寺。爲逐年茶禮之需。吁。四傑之眞相。列於活畫之中。儼若關中四傑。膜拜於什公之下也。此莫非菡老之願力歟。然影事雖畢。猶有塔碑之恨。故又與菡老謀營之。力綿未果。嗚呼。同沾先師之法乳。而未能行人之所能行。反不如不爲四傑之徒爲愈。咄。且惜矣哉。

『신심명』 번역 해설의 발문

내가 『불조록찬송佛祖錄讚頌』[950] 사업을 하면서 삼매의 문과 바다로 들어가려는데, 해은海隱 공公이 조계산에서 와서, 가져온 책을 내게 보이며 "일전어一轉語[951] 서문을 얻을 수 없겠습니까?"라고 했다. 내가 기쁘게 받아 보니, 즉 이전에 강당에서 가르친 제3조 승찬僧璨 시호 감지선사鑑智禪師가 찬술한 『신심명』이었다.

글자는 584자이고 구절은 146개이며 운韻은 26절節로 바뀐다. 먼저 입성入聲[952]으로 마음의 본체를 일으켜(起心之體) 본체를 따라 작용을 일으키고, 후에 평성平聲[953]으로 마음의 작용을 맺어(結心之用) 작용을 거두어 본체로 귀결하였으니(攝用歸體) 그래서 그러한가. 옛날의 제창提唱[954]을 대강 고찰하니, 송宋·원元·명明·청淸 운석韻釋(시승)의 구절 풀이, 조선 백암栢庵[955]의 주해, 일본 게이잔(瑩山)[956]의 염제拈提[957] 등이 모두 간단하거나 번잡하여 둔한 근기에는 타당하지 못함을 아쉬워하였다. 이제 해은 공이 오로지 게이잔의 염제에 따라 번역하고 화룡畫龍 진헐眞歇[958]의 염고拈古로 증명하여 설명하였다. 줄여서 간단하게 하고 보완하여 완성함으로써 초학자가 훑어보기에 편리하도록 하니, 진정 '사람이 촛불을 켬에 다만 그 빛을 빌리고 벌이 꽃을 찾되 그 향기를 퇴색시키지 않음과 같다'고 할 만하다.

도를 행하는 이가 구절의 복잡함에 나가지 않아 광대한 신심을 바로 펼치고, 마음을 펼치는 이는 표현의 찌꺼기에 구애받지 않고 궁극의 지혜를 얻을 것이다. 행하고 펼치는 것은 삼매의 문을 통해 유희하는 것이고, 번역하여 설명하는 것 또한 삼매의 바다를 통해 유출되는 것이다. 어찌 그저 그렇겠는가. 나 또한 삼매의 문을 통해 일어남이 이와 같아서 말미에 쓰노라.

信心銘譯說跋文

余方事佛祖讚頌。將入三昧門海。有海隱公。自曹溪而來。挾册見余曰。得無一轉緖言否。余欣然受之。卽前日講家教授三祖僧璨諡鑑智禪師所撰信心銘也。其字也五八四。其句也一四六。其韵也二十六節換改。而先以入聲起心之體。從體起用。後以平聲結心之用。攝用歸體。故然耶。粵考古之提唱。宋元明淸之韻釋句解。鮮之栢庵註解。日之瑩山拈提。皆涉於簡煩。莫穩乎鈍根。以爲病焉。今海隱公。專依瑩山之拈提而譯之。次證畫龍眞歇之提[1]古而說之。刪而簡之。補而完之。使初學者。一覽便了。眞可謂如人秉燭。但借其光。如蜂採花。不渝其香者也。行道者不陟句讀之曲岐。直發廣大之信心。發心者不拘文言之糟粕。卽得究竟之智鑑。行而發之者。從三昧門而遊戲。譯而說之者。亦從三昧海而流出也。豈其徒然乎也哉。余亦從三昧門而起如是。而書其尾。

1) ㉘ '提'는 '拈'의 오자인 듯하다.

낙안군 동화사 승당의 불상 개금과 탱화를 조성한 기문 【신유년(1921) 여름】

경전에 이르길, 진리는 말이 없어 수증修證[959]할 게 없다고 하니 이를 일러 참된 수증이라 하고, 법신法身은 상相이 아니라 장엄하지 않는다고 하니 이를 일러 참된 장엄이라 한다. 그래서 눈이 천지를 덮고 코로 신토身土를 거둠이 즉 납승衲僧의 본색이니, 모호한 진리나 모양 있는 법신은 모두 신훈新熏의 말광末光을 염려한 것이다. 비록 그러하나 이처럼 상이 없는데 몸을 드러냄은 제불諸佛의 임시 응함(權應)이며, 수증할 게 없는데 발원하는 것은 실로 중생의 근기로 감응(機感)[960]함이다. 근기와 임시가 서로 투합하고 응함과 감응이 부합하니, 어찌 수월도량에서 큰 공덕을 이루지 않겠는가?

이제 주지 우송友松[961]이 조계산에서 와서 여기에 주석한 지 몇 년 되지 않았는데 금용金容(불상)의 색이 바래짐을 부끄럽게 여기고 또한 채운彩雲이 빛을 잃음이 안타까워, 한 번 교화의 바람을 부니 시주의 숲(檀林)이 일제히 누웠다. 모임을 맺어 이루고 날을 정해 장인을 불러 고치고 개금하며 새로 탱화를 그리니, 장애 없이 성취하여 환희하며 회향하였다. 1구軀 금산金山(불상)이 도솔궁에 거둥하시고 뭇 바다의 채운이 가라장迦羅藏[962]에 날아오르는 것이 아닌가. 기원정사祇桓寺의 단상檀像[963]이 우뚝 서 있는 듯하고 자미궁紫微宮[964]의 성중星衆이 나열한 듯하다. 두둥실 뜬 뗏목을 타고 옥경玉京(하늘) 신선이 안락성安樂城에 노니는 듯하고, 밝고 밝은 오동나무 꽃에 금강 선중禪衆(수행승)들이 금화산金華山 위에서 선정에 든 듯하다.

제불諸佛의 감응이 두루 미쳤으니 단씨檀氏들의 바람이 반드시 이루어지리라. 찰나마다 보리를 생각하는 신근信根이 진리를 따라 물러서지 않고, 집안마다 수복壽福을 주는 경사스런 구름이 법신과 함께 무궁하리라. 그 밖에 산과 바다의 넓고 평평함과 물과 구름의 그득함은 보는 이들이 절로 얻으리니, 다만 단씨들의 성함을 아래 나열한다.

樂安郡桐華寺僧堂佛像改金佛幀新成記【辛酉夏】

經云眞理無言無修證。是名眞修證。法身非相非莊嚴。是名眞莊嚴。所以眼盖乾坤。鼻收身土。卽是衲僧之本色。若乃糢糊眞理。打樣法身。都慮新熏之末光也。雖然如是。無相而現身。乃諸佛之權應。無修而發願。實衆生之機感。機權相投。感應契符。盍成大功德於水月道場也哉。於是住持友松。自曹溪山來。住于此者。不幾年矣。心慚金容之沒色。亦感彩雲之無光。化風一號。檀林齊偃。結界建會。克日招工。重修改金。新畫佛幀。無障成就。歡喜回向。無乃一軀金山。來儀於兜率宮中。衆海彩雲。飛騰於迦羅藏裡。怳然祇桓寺之檀像特立。依俙紫微宮之星衆列羅。浮槎泛泛。玉京仙子。遊戱於安樂城中。桐花明明。金剛禪衆。入定於金華山上。諸佛之感應旣周。檀氏之願言必就。念念菩提信根。從眞理而不退。家家壽福慶雲。與法身而無窮。其餘山海之宏平水雲之汗漫。覽者自得。祇列檀啣于左。

『불조록찬송』 서문

부처는 본래 기록이 없는데 조사인들 어찌 있겠는가. 기록이 본래 있는 게 아닌데 하물며 찬송이 있겠는가. 그러나 부처와 조사가 세상에 출현함은 일대사인연一大事因緣으로, 우리에게 불지견佛知見[965]을 개오開悟[966]하게 한다. 능사能事(능력)를 이미 두루 펼치고 교화를 쉬어 입멸入滅하시니 어찌 기록과 찬송이 쓸모 있겠는가. 그러나 불자佛子가 되어서 그 막대한 은혜와 힘을 잊을 수 없어 만분의 일이나마 덕을 갚고자 하여 기록하고 찬송하는 것이니, 그렇게 하지 않으려 하나 그렇게 된 것인가.

도원道源의 『전등록傳燈錄』[967]과 화정華亭의 『통재록通載錄』,[968] 염상念常의 『역대록歷代錄』,[969] 여직汝稷의 『지월록指月錄』,[970] 준욱遵勗의 『광등록廣燈錄』,[971] 유백惟白의 『속등록續燈錄』,[972] 이 모두는 자세한 기록들이다. 이어서 지반志磐의 『통기統記』[973]와 보제普濟의 『회원會元』,[974] 공진拱辰의 『통록通錄』,[975] 이들은 간추린 기록들이다. 무착無着의 섭론송攝論頌[976]과 용수龍樹의 약찬송略贊頌, 현수賢首 청량淸凉의 구회송九會頌,[977] 선부善傅와 야보冶父의 금강송金剛頌,[978] 규산圭山의 진망송眞妄頌,[979] 사마司馬의 선림송禪林頌은 간추린 기록에 대한 간추린 찬송이다. 기록과 찬송은 자세하고 간략함이 비록 다르지만 취지는 동일하다. 그렇다면 부처와 조사가 있는데 기록과 찬송이 없어서 되겠는가.

'찬송'이란 인도(竺乾)에서 시작되어 중화中華에 이르고 해동에서 마쳤다. 『통재通載』와 『전등록傳燈錄』과 『통사通史』에 기재된 것들을 대체로 기록하고 찬송하여, '불조록찬송'이라 하고 두 편으로 나누었다. 인도와 중국을 1편의 안팎으로 하고 해동에 있어서는 종宗으로 나누어 2편의 같고 다름으로 삼으니 합하여 네 부분이 된다. 권卷에 따라 검토해야 한다. 그러나 기록과 행장에 따랐으니 조금도 의심이 없다. 시기가 가까운 것에 주력했고 고찰할 만한 기록이 없으면 소문에 따라서만 기록했다. 자세한 행장이 없고 전혀 소문도 없는 것은 빼놓고 찬송하지 않았으니, 미상으로 빼놓은 안타까움이 있으리라 생각한다. 다만 (내가) 해외 벽지에 거처하여 고루해서 견문이 없으니 어찌 깊이 질책하겠는가. 우러러 바라는 것은, 안목을 갖춘 이들이 기록을 잇고 찬송을 이어 문장을 고르고 빛을 윤택하게 하여 책을 완성한다면, (부처님의 막대한 은혜와 힘을) 잊을 수 없는 뜻을 보완할 수 있지 않을까.

佛祖錄贊頌小引[1]

佛本無錄。祖何有哉。錄非本有。況頌乎哉。然而佛祖現世。爲一大事因緣。使吾開悟佛知見。能事旣周。休化入滅。有何錄與頌之爲也哉。爲其佛子者。難忘其莫大之恩力。庶報萬一之德。以錄而頌之者。不其然而然乎。以若道源之傳燈錄。華亭之通載錄。念常之歷代錄汝稷之指月錄。遵勗之廣燈錄。唯[2]白之續燈錄。此皆爲錄之廣也。至於志磐之統記。普濟之會元。拱辰之通錄。此乃錄之略也。無着攝論頌。龍樹略贊頌賢首淸涼九會頌。善傅冶父金剛頌。圭山之眞妄頌。司馬之禪林頌。卽略錄之略贊頌也。錄與頌。廣略雖殊。其趣一也。然則有佛祖而無錄頌得乎。今之贊頌。始於竺乾。至於中華。終於海東。而通載傳燈通史之所載者。聚錄而頌之曰佛祖錄贊頌。分爲二篇。以竺華爲一篇之內外。在海東以宗分爲二篇之同異。合爲四片。依卷當檢也。然而依錄據狀者。稍無疑。主於近古。無錄考狀者。但隨聞錄之。狀無可詳也。專無所聞處。拔而不頌。想有未詳漏闕之恨。但僻居海外。孤陋莫聞。何足深誅哉。仰祈具眼。續錄繼頌。調文閏光。以成完篇。庶補難忘之志也否。

---

1) ㉮ 이 글은『佛祖錄贊頌』(『韓國佛敎全書』12책)에 실려 있는 것과 조금 다르다. 2) ㉯ '唯'는 '惟'의 오자이다.

『삼장법수집』서문

법수法數란 제법諸法의 명수名數(명목의 수)이다. 진법은 이름이 없는데 어떤 이름을 붙일 수 있을까. 극수極數는 수가 없는데 어떤 수를 셀 수 있을 것인가. 다만 중생이 진법에 어둡고 극수를 잊어서 진법과 극수가 어떤 것인지 알지 못하여 억지로 일심一心의 명수를 세웠다. 일심이 이문二門[980]·삼대三大[981]·사신四信[982]·오행五行[983] 등[984] 8만 법문을 세우자마자 삼라만상의 세계를 일제히 드러내는데, 근본을 버리고 말단을 쫓으면 도리어 명수가 어떤 것인지 모르는 것이다. 그렇게 흙덩이를 쫓는[985] 데 이르러 돌아올 줄 모르니 이로 말미암아 당나라·송나라·명나라 시대에 현수賢首와 장수長水·원정圓靜·적조寂照·일여一如[986] 등 뛰어난(矯矯) 현인들이 각기 수단(手眼)을 내어 삼장과 제승諸乘[987]을 찾아서 각기 법수 1질을 완성하여 당시에 공포했으니 옛스런 비단이나 순금이 되지 않음이 없다. 그러나 간혹 너무 번잡하게 섭렵하거나 혹은 너무 간략해서 당황하게 하여, 책을 덮어 버리고 한탄하게 하는 아쉬움에 이르게 한다.

나는 강의하던 여가나 대화(唱酬)하던 즈음에 힐항頡頏(겨룸)에 곤란한 것들을 매번 기록하였으니 1자字 부류부터 20여 편片에 이르기까지 부분마다 조항을 나열하여 본 이름 아래 뜻을 해석하기도 하고 법의 비유를 같이 들기도 하고, 그림을 보이기도 하고, 게송을 보이기도 하고, 앞선 현인들이 기록한 것을 빼고 싣지 않은 경우도 있다. 다만 빠진 것에 따라 보충하면서 보는 대로 뽑아 기록하여 1권을 거의 이루었다. 그래서 책상에 놓아 두고는 입에 맞는 맛을 돕도록 했는데 또한 주미麈尾[988]의 청에 부합할 따름이다.

아, 법에는 고금이 없으나 사람에게는 지혜와 우둔함이 있다. 지금의 우둔함이 옛날 당나라·송나라·명나라 시대 지혜로운 이들이 일삼던 것에 어찌 관여하겠는가. 간혹 방외로 유입되어 일성一星이 있어서 던진다면 무극의 고향 진공眞空의 뼛속에 보관할 것이 의심 없으리라. 하하하.

三藏法數集序

法數者。諸法之名數也。眞法無名。何名可名。極數無數。何數可數之爲乎哉。但以衆生。昧眞法忘極數。不知眞極之爲何物也。强立一心之名數。一心纔立二門三大四信五行等八萬法門。齊現於森羅之界。捨本逐末。反不知名數之爲何等物也。以至於逐塊而不知返。由是以唐宋明代。賢首長水圓靜寂照一如等。矯矯群哲。各出手眼。搜得三藏及諸乘。各成法數一裘。公諸當時。莫非爲古錦純金。然而或有太煩涉獵。有或太略罔措。以至掩卷嗟咤之病矣。予於講授之餘。唱酬之際。困於頡頏者。輒記而錄之。自一字類。至二十餘片。部部條列。而本名下。或釋義。或法喩幷擧。或圖示。或頌示之。至於先哲所錄者。拔而不載。但從闕補出。隨覽抄記。幾成一局。實諸几案。以助適口之味。亦副麈尾之請也而已。吁。法無古今。人有智愚。今之愚。何預於古智之唐宋明代之所事也哉。或流入方外。當有一星而投之。藏諸無極之鄕眞空骨中也。無疑者夫。呵呵。

『염불요문과해』 발문

경전[989]에 이르길, "여래 법신은 상주하여 불멸한다."라고 하니 무슨 뜻인가. 진실제眞實際(진실한 실제)를 증명하고 방편문을 행하여 우리 부처님의 혜명慧命[990]이 천 년 뒤에도 끊이지 않게 함이 바로 법신이 불멸한다는 것인가.

우리 불일 보조佛日普照 선사께서 대비大悲의 원력願力으로 그림자가 사바세계에 떨어져 유독 염부閻浮(인간 세상) 해동海東에 인연이 있어서 조계曹溪의 종휘宗輝[991] 노스님에게 득도得度[992]하였고 배움에 일정한 스승이 없었다. 팔공산 거조사居祖寺[993]에서 결사하여 콧구멍을 밟아 버리고[994] 남쪽으로 지리산 무주암無住庵을 유람하고 조계산에서 조종祖宗[995]을 크게 천명하셨다. 경절문經截門 원돈圓頓[996]의 뜻으로 선정을 익히고 지혜를 고르게 하는 핵심으로 삼고, 정토문淨土門 염불念佛[997] 과목으로 세상과 중생을 제도할 방편으로 삼으니 이것이 진실을 증명하고 임시방편을 행하여 혜명이 단절되지 않으며 법신이 불멸하는 것이 아닌가.

염불문의 글은 간략하지만 뜻은 풍성하며, 아미타불의 인연은 가볍고 과보는 무거워, 지극한 글을 자득하고도 누누이 쓰려 하지 않았도다. 아, 여래 입멸 후에 2천여 년 지나 우리 선사께서 세상에 나타나시니(1158), 여래 법신이 엄연히 불멸함이라. 우리 선사께서 입멸하신 지 7백여 년이 지나【대안大安 경오년(1210)부터 대정大正 11년 임술년(1922)까지 713년이다.】『염불요문』이 사라져 보이지 않음은 무엇 때문인가. 우리 문도들의 배움이 겉만 훑는[998] 얕은 식견이 아님이 없기 때문인가.

나 또한 얕은 지식과 좁은 소견으로 조계산 아래에서 글만 읽으며[999] 찌꺼기만 맛보다가 다행히 기산綺山[1000]의 소장품에서 이 책을 얻고는 피눈물을 흘리며 봉독하니 우담바라를 움켜쥔 듯하였다. 그 인물됨을 탄식하여 손이 다치는 것을 헤아리지 않고 외람되이 병든 싹을 뽑아내고 감히 과목과 주석을 엮어, 통달한 식견과 높은 견해를 가진 이들에게 공경히 알린다.

엎드려 바라건대, 대롱으로 표범의 무늬 하나만 본다고 꾸짖지 말고 첨삭을 가한 경전(大典)을 더하기를 바란다. 우리 선사의 마음이 여래 법신과 함께 불멸하기를 바라며 이와 같이 쓴다.

念佛要門科解跋文[1]

經云如來法身常住不滅者。何謂也。證眞實際。行方便門。使吾佛慧命。不斷於千載之下。卽法身不滅歟。唯我佛日普照禪師。以大悲願力。影落娑婆。偏有因緣於閻浮之海東。得度於曹溪之宗輝老。學無常師。結社於公山之居祖寺。踏着鼻孔。南遊智異之無住庵。大闡祖宗於曹溪山。以經截門圓頓旨。爲習定均慧之樞要。以淨土門念佛科。爲濟世度生之方便。是無乃證眞行權慧命不斷。法身不滅者哉。念佛門之文略義豊。彌陀佛之因輕果重。至文自得。不肎累累。嘻。如來滅後。二千餘禩。吾師現世。如來法身。儼然不滅。吾師滅後七百餘年【自大安庚午。至大正十一年壬戌。七百十三年】念佛要門湮沒不行。何也。莫非吾徒之學膚受淺識之罪也哉。予亦膚識管見。鑽紙啜粕於曹溪山下。幸得斯文於綺山藏中。泣血奉讀。如攬曇蕚。嗟嘆湮沒。不揆傷手。叨抽病穎。敢綴科註。敬告通識高見。伏冀無誅管見之小豹。有增筆削之大典。庶望吾師之心。與如來法身不滅。如是乎書。

1) ㉮ 이 글은 『念佛要門科解』(『韓國佛敎全書』 12책)에도 실려 있다.

자정국사의 탑이 훼손된 연기【임술년(1922) 5월 오일午日[1001]】

바다의 동쪽이자 호수의 남쪽에 '조계'라는 산이 있고, 산 아래 개울 위에는 '송광松廣'이라는 사찰이 있다. 승국勝國[1002] 이래로 그곳이 굉장하다고 칭해지고 있는 것은 무슨 까닭인가. 바로 16국사께서 차례로 세상에 나타나사 사원을 크게 넓히고 도적들을 제도(傑拓)하여 9산[1003]의 장벽을 없애고 수선修禪의 모임(社會)을 결성했으며, 양종兩宗(교·선)의 선정과 지혜를 고르게 하고 조계의 종지를 세워, 나라와 세상을 복되게 하고 생령生靈(중생)을 널리 구제했기 때문인가. 국사들께서 당시에 각기 별원別院을 손수 지어서 평생 좌선할 장소로 삼으셨는데 사찰(中寺)의 북쪽에 '자정慈靜'이라는 암자가 있으니 바로 7대 자정국사慈靜國師[1004]께서 지으신 것으로 남쪽을 향하고 북쪽을 등져, 명백하고 바르게 마음을 맑게 하는 선방(禪室)이 된다.

국사의 법명은 인일印一인데 비명碑銘은 보지 못하여서, 실제 사적을 알 수 없음이 항상 아쉬웠다. 국사께서 입적한 후에 암자의 동쪽 10보 되는 곳에 탑(묘광탑妙光塔)을 세웠으니 암자와 방위가 동일하다. 탑의 높이는 3층으로 1길(仞) 남짓이다. 가공한 솜씨가 극히 아름답다. 지나온 해를 헤아려 보니 대개 7백여 년이 된다. 거승居僧이 수호함이 얼마나 엄중하였을까. 그러나 불행히도 임술년(1922) 여름 단양端陽(단오) 날에 어떤 도적이 탑을 부수고 땅을 파헤치는 소리가 암자에 울렸다. 거승들이 급히 가서 도적들을 붙잡으니, 즉 본면本面(승주) 진촌津村의 미치광이 박부권朴夫權이란 자였다. 즉시 이유를 조사하여 물으니 답하길, 여기를 파서 한양까지 뚫으려 했다고 한다. 어딘들 땅이 없어 하필 여기를 팠는가 물으니, 대답이 없었다. 엄하게 조사하고 수색하였는데 빈 합과 자기磁器 하나를 얻었을 뿐 사리는 없었다. 다시 주재소駐在所에 호소하니 순사를 파견하여 엄하게 조사를 하였으나 끝내 사리는 나오지 않았다. 혹시 땅을 파고 숨겨 두었나 해서 땅을 1자 남짓 파 보았더니 돌함(石函)에 물이 가득 있었다. 물을 떠 내서 자세히 보니 영골靈骨이 쌀알처럼 작은 것들이 여러 개 있었고, 사리는 역시 보이지 않았다.

아, 천신이 돕지 않으심인가. 지신이 보호하지 않음인가. 탑을 훼손하고 사리를 잃어버리고 명당明堂(묘)을 부순 것은 모두 운수런가. 어찌 망극함이 이와 같은가. 온 산의 치도緇徒(승려)들이 하늘을 우러러 호소하고 땅을 치며 애통해 했지만 도무지 어쩔 수 없었다. 도적의 죄를 논하자면 만번 죽어도 갚기 어렵다. 그러나 병소兵所에 호소하여 해당 부서에 부쳤으니 법률에 따라 조치함이 마땅하다.

자기磁器(자정국사 사리함)를 또 잃어버릴까 걱정되어서 다만 탑함塔函에 영골만 봉안하여 다시 봉축封築하였다. 자기는 국사들의 원불願佛과 옛 물건을 보관(藏鎭)한 곳에 봉안하고서, 사진 기술원技術員을 불러서 사진을 촬영하여 배포함으로써 보배가 이처럼 드물고 기이함을 알게 하였다. 자기는 고려 시대 장인이 만든 것으로 높이는 1치 4푼, 넓이는 3치, 내원은 8치 3푼, 외원은 8치 7푼으로 화려한 학을 수놓았는데 털끝으로 무늬를 그렸다. 방원方圓과 상하가 어울렸는데 말로는 그 특이함을 다 표현할 수 없고 눈으로 그 오묘함을 관찰할 수 없다. 대도시 박물관이라도 이와 같이 좋고 진기한 보배를 많이 소장할 수는 없다.

나는 또한 조계종의 말손으로 잠시 봉산鳳山에 머물다가 문득 망극한 기별을 듣고는 애통함을 이기지 못하고 피눈물을 흘리며 붓을 휘둘러 대략을 기록해서 대중에게 부친다. 바라건대 동지들이 여기에 이르러 잘 호념護念[1005]하지 않는다면 도적놈과 함께 손을 잡고 고뇌(苦趣)로 들어감이 화살처럼 빠르리라.

불기(釋元) 2949년 임술년(1922) 7월 7일에 게송 하나를 적는다.

국사의 탑이 암자 동쪽에 있는데
천 년 후 오늘날 불충한 도적이여
뉘 알았으랴, 상퇴[1006]가 공자의 나무 쓰러뜨릴 줄
항우[1007]가 진시황 궁전 파헤침을 들었네
석함은 합해지고 영묘한 구슬 남았는데
자기는 무슨 연유로 사리가 비었나
이전처럼 봉축함에 오히려 느낌이 많으니
그 속에서 노스님께 참배하는 듯하구나

慈靜國師毀塔緣起【壬戌五月午日】

海之東。湖之南。有山曰曹溪。山之下溪之上。有寺曰松廣。自勝國伊來。以域中宏傑而稱者。何也。卽十六國師第次現世。宏敝寺院。傑拓匪徒。關九山之障壁。結修禪之社會。均兩宗之定慧。立曹溪之宗旨。福國祐世。廣濟生靈之故歟。諸國師當時。各手搆別院。爲終天安禪之所。而就中寺之北。有庵曰慈靜。卽第七慈靜國師所搆。而面南背北。爲明正澄心之禪室也。師諱印一。未見碑銘。常恨實蹟之未詳。師之沒後。旣堅塔於庵之東十步許。與庵同爲向背。而塔高三層仞餘。其攻治極侈美。考其歷年。槩七百餘禩矣。居僧之守護。其何等嚴重也哉。不幸。壬戌之夏。端陽之日。何等賊人。破塔掘地。聲動庵內。居僧卒發捉賊。卽本面津村狂漢朴夫權者也。卽查問其故。答云從此鑿通漢陽云。曰何處無地。何必從此掘通乎。餘無答言。嚴查推覔。但得空盒磁器一枚。而舍利空焉。更訴駐在所發巡使。嚴懲查問。終无舍利故。或疑地窖密藏。卽掘地尺餘。有石函盈水。杓而詳之。乃有靈骨。小如粒者。多數存焉。舍利亦不見。嗚呼。天神不祐歟。地祇不護歟。毁塔失舍利破明堂。幷是運數歟。何其罔極之若是耶。渾山緇徒呼天仰訴。撲地痛悼。無所遞及。莫可若何。論其賊罪。萬死無贖。然旣訴兵所。付之該所。當依律勘處可也。唯恐磁器更失。但奉安靈骨于塔函。還以封築。磁器奉安于諸國師願佛及古物藏鎭之所。而仍聘寫眞技術員。撮眞分布。以知寶玩之若是稀奇也。磁器卽高麗匠所成。而高一寸四分廣三寸。內圓八寸三分。外圓八寸七分。繡以華鶴。紋以毫釐。盖以方圓上下相稱。口不能盡其殊異。目不能覽其巧妙。雖大都博物局如此玩好珍奇之寶。莫可多得也。余亦曹溪末孫。暫寓鳳山。忽耳罔極之寄。不覺痛惋。泣血揮穎。記其大略。付諸介衆。願諸同志。到此不善護念。與賊漢携手。同入苦趣。如箭射云尒。釋元二九四九壬戌七月七日。書一偈曰。國師塔碣在庵東。千載今朝賊不忠。誰見麗傾夫子樹。但聞項掘始皇宮。石凾端合靈珠在。磁器緣何舍利空。依前封築還多感。箇裡如紣老祖翁。

해남군 북평면 천태산 칠성암의 중건 상량문 [계해년 (1923) 4월]

공경히 생각건대, 칠성(七曜)이 천제의 수레(帝車)를 움직이니[1008] 찬란하게 하늘 문양(乾象)에 매달려 돌고, 육도六度(바라밀)를 불영佛巚에 높이 드니 사람들의 도리 지킴에 분명하게 감동합니다. 이에 감실 등불을 켜고자 도모하니 이 우주에 두루 미치게 될 것입니다.

이 칠성암을 보건대, 바다의 남쪽이요 (북평) 면의 북쪽으로 고운 마고麻姑[1009]의 산을 이웃에 접하고, 구름의 서쪽이요 물의 동쪽으로 우두牛斗[1010]의 성스런 호칭을 암자가 얻었습니다. 문헌을 고찰할 수 없으니 언제 창건되었는지 누가 알까, 앞선 인연을 고하지 않으니 중수한 인연이 얼마나 되는지 알 수 없습니다. 겹겹의 산들은 푸름을 머금어 천 년의 보방寶坊(절)을 비호하고, 깊숙한 시내의 찬 물방울은 아홉 굽이의 옥뢰玉籟(소리)를 멀리 당기네. 만다라曼陀羅[1011] 나무의 꽃이 어여쁘게 피어 웃음 지으며 긴 봄날 향기로운 바람에 붉은 꽃 남았고, 마니주摩尼珠(보주)의 구름이 뭉실뭉실 말없이 영해瀛海(대해)의 교교한 달을 빛으로 머금도다. 하물며 다시 동혼銅渾[1012]의 아름다운 거울로 천경天經을 징험하여 환히 빛나고, 옥두玉斗와 주형珠衡[1013]은 지기地紀를 관할하여 은밀히 정하도다. 삼륜三輪[1014]을 고르게 하고 칠정七政[1015]을 가지런히 하니 위엄 있게 재앙을 소멸시키는 분이고, 만복을 이루고 온갖 마장을 물리치니 혹시 치성광熾盛光[1016] 신성이겠지요. 그러나 겁파에 쓸리어 아직도 복을 비는 장소가 없고, 단신檀信(신도)이 귀의하나 목마르게 우러르는 예물(珪幣)이 없었습니다.

'붕명鵬溟 대덕'이란 분이 있어서, 바야흐로 구름 날개를 펼치니 곤이가 변하여 붕새가 되었고, 장차 단문檀門에 고하니 바다가 넘쳐서 대해가 될 것입니다. 보응을 깊이 진술하나니 한 번 소리침에 바람처럼 달리고, 창설하고 수리함에 온갖 구멍[1017]의 풀들이 눕습니다. 이에 청련青蓮의 옛 터를 개척하니 구슬 먼지들이 흩어져 빛을 발하고, 백옥의 새 기초를 놓으니 보배로운 빛이 발하고 상서로움을 드날립니다. 동쪽 끝에서 옥간玉簡[1018]을 자르니 목성(木宿)이 정채를 띠고, 상방에 범자梵字를 날리니 장성匠星이 일을 합니다.[1019] 사대부四大夫[1020]를 떨어져 세우니 중려仲呂(4월) 10일(漸初)을 이미 선택했고, 상장군上將軍[1021]이 날아오르니 다시 중건重乾(4월) 보름 후를 기약했습니다. 바람을 날리며 도끼를 움직이니 일꾼의 기량이 높디높고, 땀방울 흘려 옷을 적시니 공수工倕[1022]의 감독이 부지런합니다.

가타伽陀(게偈)의 노래가 필요한데 어찌 아랑兒郞[1023]의 가사가 없겠습니까.

동東
엄나무 꽃에 붉은 모란이 비치니
월출봉 위 달을 바라보라
한 줄기 천향이 보궁(절)에 스미리

서西
만 리 거울 호수에 하늘도 나란하니
이제 어찌하면 평화의 도술 얻어서
물과 바다 함께 마제馬蹄[1024]로 돌아갈까

남南
만 길 두륜산이 눈 밑에 있으니
어찌 한라산이나 다른 곳을 찾으랴
구름 바다에 천 년 동안 석불에 참배하네

북北
무극의 그 형체가 태극을 이루어
하늘 가득한 풍우가 아직도 개지 않았네
어느 날에나 중생에게 복이 많을까

상上
자감궁紫紺宮[1025]에 별들이 찬란하여
종일토록 끊임없이 쉬지 않으니
한층 운행을 더해 더욱 형상 없으랴

하下
온 성의 불자들이 반야를 말하며
지일遲日[1026]에 다기에서 연기 피어오르니
다시 황학을 불러 명가鳴珂[1027]를 연주하리

엎드려 바라건대, 상량한 후에 경사스런 별빛이 임하며 삼원三元(일월성)이 궤도를 따라, 불법의 구름(曇雲)이 비추어 육기六氣[1028]가 제대로 펼쳐지며, 아사리阿闍梨(스승)의 단 앞에 옥게玉偈를 부르니 패엽棋葉(불경)이 길이 푸르고, 대단월大檀越의 집에는 온갖 재앙이 흩어져 만복이 몰려드소서.
4월 15일 상량.

海南郡北平面天台山七星庵重建上樑文【癸亥四月】

恭唯七曜運於帝車。炳若乾象之懸幹。六度揭乎佛鐀。昭感人事之秉彝。爰謀粧點龕燈。迺攸彌綸宇宙。睠玆七星庵者。海之南。面之北。山接麻姑之芳隣。雲之西。水之東。庵得牛斗之聖號。未考文獻。誰知粃占之代年。不告前因。莫悟修建之幾個。重欝含碧。秘護千年之寶坊。絕澗瀉寒。遠控九曲之玉籤。曼陀樹花。嬋姸解笑。紅餘長春之香風。摩尼珠雲。繽紛無言。光含瀛海之皎月。況復銅渾瑤鏡。可徵天經而炳瑩。玉斗珠衡。常管地紀而寅隮。平三輪。齊七政。儼然消災障之尊。成萬福。攘千魔。倘是熾盛光之聖。然而刦波所泐。尙闕祝釐之壇場。檀信歸依。原無渴仰之珪幣。日有鵬溟大德。方展雲翼。鯤已化而爲鵬。將告檀門。海欲溢而成溟。深陳報應。一叫而風馳。糿營建修。萬窾之草偃。於是乎。拓靑蓮之舊址。珠塵散而放光。銓白玉之新礎。寶焰發而颺瑞。折玉簡於東極。木宿動精。飛梵字於上方。匠星赴役。四大夫之離立。旣差仲呂之澣初。上將軍之飛騰。更占重乾之望後。風生運斧。匠氏之伎倆嵬嵬。汗滴作衣。公[1]倕之董督役役。旣要伽陀之頌。盍無兒郞之辭。東。刺桐華映木蘭紅。試觀月出峯頭月。一穗天香襲寶宮。西。萬里鏡湖天欲齊。如今安得平和術。水陸同歸一馬蹄。南。萬仞頭崙眼底紊。那向漢拏尋別地。水雲千載拜瞿曇。北。無極其形成太極。滿天風雨尙非晴。何日群生多慶福。上。紫紺宮中星宿朗。終日乾乾不息行。加行一度尤无像。下。滿城佛子談般若。遲日茶銚生紫烟。更招黃鶴奏鳴珂。伏願上樑之後。慶星光臨。三元順軌。曇雲影照。六氣敍綸。阿闍梨壇前。玉偈誦而根葉長翠。大檀越家裡。千災散而萬福鼎臻。四月十五日上梁。

---

1) 㕦 '公'은 '工'의 오기인 듯하다.

보성군 벌교 포구의 송명교당 상량문 [5월 2일 상량]

보건대, 불일佛日이 동쪽에서 비추어 요일堯日[1029]과 함께 밝음을 다투고, 혜풍慧風이 서쪽에서 불어 순풍舜風[1030]과 함께 소리를 다툽니다. 탕망湯網[1031]의 삼면을 풀고 우문禹門[1032]의 9층을 쪼개며, 도야桃野[1033]에 바람이 소리 내어 울리니 다른 풍속의 노래에 응하며, 접수鰈水[1034]의 호수에 파도가 이니 이역異域의 문명에 나아갑니다. 누가 혁명의 장부가 아니리오, 모두 개화開和 세계(의 장부)입니다.

우리 송명교당은 원래 처음부터 불교를 포교하는 단체로 요컨대 결국엔 민족 교육의 장소입니다. (이곳은) 낙주樂州[1035]의 시문市門으로서 보성의 항구에 속합니다. 부사浮槎[1036] 옛 군郡을 없애니 한나라 사신의 문물이 적막하고, 돌 뗏목(石筏)[1037]을 가설하여 다리를 놓으니 진나라 동자들의 거마가 크게 울렸습니다. 온 천지에 노래와 춤이 가득하니 풍조風潮에 따른 추이가 어찌 없겠습니까. 전 세계의 풍류에 노래(歌誦)를 화합하여 부르길 도모합니다.

터전은 서씨徐氏의 옥토를 점하니 수달다須達陀가 황금을 던져 동산 구입한 것과 같고, 재목은 조계산(曺山)의 삼림을 나르니 기타 태자祇陀太子가 발원하여 나무 보시한 것과 어찌 다르겠습니까. 진나라 채찍[1038]을 빌려 감독하니 삼장군과 오대부[1039]가 머리를 들어 스스로 이르고, 하나라 수레를 몰아 운반하니 긴 서까래와 짧은 평고대들이 꼬리를 흔들며 모여듭니다. 장성匠星을 뜰 아래로 부르니 목성이 빛을 발하고, 기초礎山를 기둥 사이에 정하니 황금 줄로 먹을 찍어 표시합니다. 옥루玉樓에 해가 비치니 노을 용마루가 연기와 먼지의 세계를 벗어나고, 보개寶盖(닫집)가 허공에 걸리니 구름 평고대가 색과 모양의 세계를 초월합니다. 귀부龜趺를 옥섬돌에 놓으니 하늘 꽃이 무수히 날리고 안주鴈柱[1040]를 보배 섬돌에 나열하니 바다구름이 은은히 비칩니다. 서로 맞물려 올리니 순임금이 교당을 창시한 듯하고, 장인(倕範)이 가다듬으니 완연히 범왕梵王[1041]이 정사精舍에 다시 모인 듯합니다. 비록 염부주閻浮洲(인간 세상) 접역鰈域(조선)에 있어도 사가라沙迦羅 용궁에 부끄럽지 않습니다.

위로 봉방蜂房(승방)을 여니 추노鄒魯[1042]의 군자들이 편안해하고, 가운데 안탑鴈塔[1043]을 나열하니 나라의 학생들(諸生)을 수용할 수 있습니다. 정원 큰 나무의 그늘이 머니 환퇴桓魋[1044]의 도끼가 어찌 관계되겠습니까. 들판엔 면체綿蕝[1045]의 예가 가까우니 매번 노나라 성읍의 송현誦絃[1046]을 듣습니다. 노을 봉우리에 기댄다면 동화사(桐寺) 금암金庵의 종과 경쇠 소리를 들을 것이요, 구름 시내를 굽어본다면 신기루와 용궁(蛟宮)의 건성乾城[1047]을 많이 볼 수 있을 것입니다. 철산鐵山[1048]이 떠 오니 여섯 자라가 삼신섬[1049]을 짊어지고, 은포銀浦[1050]를 둘러 가니 쌍무지개가 온갖 하천을 삼킵니다. 아침 바다에 구름이 자욱하니 천 길 규룡의 등에 올라탄 듯하고, 저녁 시장에 안개가 자욱하니 만국의 화천貨泉[1051]을 서로 바꿉니다.

그 취지를 보자면, 범자梵字(불경)와 영문英文·체조의 과정이니 불선佛仙의 도인導引[1052] 하는 화학化學[1053]을 모방하고, 산학算學과 지리·산술의 규칙이니 황노黃老의 형명刑名[1054]이 남긴 줄기를 추출함입니다. 이미 애써 두루 도모하였으니 이에 아랑兒郎의 노래[1055]를 엮습니다. 때는 중구절重九節이 아니니 왕王 학사學士[1056]의 사운시四韻詩를 기다리지 않고, 계절이 단오(端陽)이니 마땅히 굴屈 대부大夫[1057]의 육위부六偉賦[1058]를 불러야 합니다.

동東

쌍무지개가 범왕梵王의 궁전으로 날아들고
일륜日輪은 부상扶桑(동해)의 길로 굴러 나오니
다섯 색채가 천지를 붉게 물들이며 끓어오르네

남南
철산이 수려하게 푸른 안개를 띠었는데
축융祝融[1059]은 무슨 일로 구슬을 탐하나
창해에 파도 없어 쪽처럼 파랗도다

서西
금화산은 적막한데 새가 공연히 울고
희중羲仲[1060]의 바퀴 굴림이 또한 빠르지 않은데
고니(天鵝)가 노래 마치니 석양이 낮게 깔리네

북北
망미산[1061] 하늘 가에 마음은 끝없이 가고
너른 들 아득하여 땅은 끝을 다하는데
옛 성의 성가퀴들 모두 황망히 스러졌네

상上
자미궁 안에 구름 휘장을 열치는데
옥황상제는 아직도 꿈이 깨지 않으니
건도乾道는 원상元象임을 알겠네[1062]

하下
전등불이 휘황하여 어둠을 보지 못하고
북을 오래도록 울려 육위송을 끝내니
만민이 함께 즐거이 한 목소리로 축하하네

엎드려 바라건대, 들보 올린 후에 사계절에 하늘 음악이 육률六律[1063]의 훈지塤箎[1064]를 조화롭게 하고 상하사방의 신명이 사민四民의 사업을 보호하소서. 우담바라가 기수祇樹[1065]에 다시 피어나니 사자좌獅子座 위에 남종과 북종의 높은 스승들이 자재自在하고, 바다 구름이 송문松門(송명교당)에 다시 모이니 용 같은 무리(龍兒徒) 속에서 동양과 서양의 큰 철학을 많이 산출하소서.

寶城郡筏橋浦松明校堂上樑文【五月二日己未上梁】

觀夫佛日東照。幷堯日而爭明。慧風西巡。與舜風而競吼。解湯網之三面。擊禹門之九層。桃野風鳴響。應殊俗之歌頌。鰈水湖動波。進異域之文明。誰非革命丈夫。盡是開和世界。唯我松明校堂。原始佛宗布敎之社。要終民族養育之堂。以樂州之市門。屬寶城之巷口。廢浮槎之舊郡。漢使之文物寥寥。架石筏而爲橋。秦童之車馬轔轔。渾天地歌舞。盡無推移之風潮。盡世界風流。爰謀唱和之歌誦。基銓徐氏之沃野。便同須達陀擲金買園。材輸曺山之森林。何異祇太子發願施樹。借秦鞭而董役。三將軍五大夫。矯首而自臻。驅夏車而運搬。長椽吏短梠徒。搖尾而爭聚。招匠星於庭下。木宿以之放光。定礎山於楹間。金繩爲之點墨。玉樓曜日。霞棟出煙塵之寶。寶盖懸空。雲栩超色相之界。龜趺錯於玉砌。天花繽紛。鴈柱列於瑤塔。海雲隱映。杈枒交揭。疑然舜帝之剏始校堂。倕範侈磨。完是梵王之重會精舍。雖在閻浮洲鰈域。不愧沙迦羅龍宮。上啓蜂房。可安鄒魯之君子。中列鴈榻。[1] 能容郡國之諸生。庭遠大樹之陰。何關桓魋之荷斧。野近綿蕝之禮。每聞魯城之誦絃。若以却倚霞岑。聊聞桐寺金庵之鍾磬。俯壓雲潤。多見蜃樓蛟宮之乾城。鐵山浮來。六鰲負三神之島。銀浦匝去。雙虹呑百川之河。朝海雲擁。可跨千尋之虹背。夕市霧集。交易萬國之貨泉。其趣則梵字英文。體操科程。模倣於佛仙導引之化學。算學地理。數術規則。抽出於黃老刑名之餘緖。旣周拮据之圖。載綴兒郞之頌。時非重九。莫待王學士之四韻詩。節啓端陽。宜唱屈大夫之六偉賦。東。雙虹飛入梵王宮。日輪輾出扶桑路。五彩沸騰天地紅。南。鐵山如秀帶蒼嵐。祝融何事貪珠玉。滄海無潮碧似藍。西。金華山寂鳥空啼。曦仲轉輪且莫速。天鴉唱罷夕陽低。北。望美天涯心欲極。大野茫茫地盡頭。古城雉堞皆荒落。上。紫微宮裏開雲幌。玉帝尙今夢未惺。是知乾道唯元象。下。電燭煌煌不見夜。鼛皷長鳴六偉終。萬民咸樂齊聲賀。伏願上樑之後。四時天樂。調六律之塤箎。六方神祇。護四民之事業。曇華重開於祇樹。獅子座上。自在南北宗之高等師。海雲再會於松門。龍兒徒中。多產東西洋之大哲學云爾。

---

1) ㉡ '榻'은 '塔'의 오자이다.

곡성군 봉두산 동리사 능파각의 중수 상량문[5월 18일]

보건대, 곡성군 남쪽으로 1유순由旬[1066] 남짓에 '봉두산鳳頭山'이 있고, 산의 서남쪽(坤) 10리 남짓에 '동리사桐裡寺(태안사)'가 있습니다. 밖을 감싸고 안으로 중첩되니 오동잎이 층층이 겹쳐진 듯하고, 왼쪽으로 비밀스럽고 오른쪽으로 감추니 봉황이 잠자코 엎드린 듯합니다.[1067] 혜철국사慧徹國師[1068]께서 창건하시고 동파桐坡 스님이 중수하셨습니다.

그 중에 '능파각淩波閣'이란 것은 어떤 선인이 창건하셨는지 기록을 보지 못하였고 다만 원선遠禪이 중수하였다는 구절만 있습니다. 이어서 건륭乾隆 31년 병술년(1766)에 태윤太允 대사(士)가 정교한 능력을 발휘하였고 가경嘉慶 14년 기사년(1809)에 영혜永惠 옹翁이 창의倡義[1069]하셨습니다. 함풍咸豊 11년 신유년(1861)에 일노日老 선사가 다섯 번째 중창하셨고, 대정大正 12년 계해년(1923)에 영월映月 주지께서 여섯 번째 중창하셨습니다. 지금까지 20세기도 채우지 못하였는데 5, 6차례 중수를 겪은 것입니다. 훗날에 지금을 보면 생각건대 태안사의 불후하고 고상한 자취를 저버리지 않을 것이요, 지금으로서 옛날을 보자면 아직도 능파각의 뛰어난 경광을 논할 만합니다. 용과 범이 머리를 섞으니 교룡을 가설하여 복종시키는 듯하고,[1070] 온갖 하천이 다투어 모이니 병 입구를 기울이듯 세차게 흐릅니다. 비 없이 치는 맑은 우레에 물을 건너는 무지개가 꿈틀대고, 바람 없이 나는 상쾌한 소리에 은하수 걸터앉은 비각飛閣이 날아오를 듯합니다. 그 외 사계절의 눈과 달, 바람과 꽃들은 어찌 삼산三山의 장생長生[1071] 일월에 그치리오. 삼세(三際)의 공덕을 논했으니 육위六偉의 짧은 노래를 불러야 마땅합니다.

동東
한 줄기 길이 상방上房[1072]으로 통하니

대나무 숲 맑고 푸른 가운데
봉황이 푸른 오동에 머문다네

남南
창룡의 머리가 누에 같아
여기서 높이 소리 내면
봉서암[1073]을 부를 수 있겠네

서西
두 골짜기가 하늘과 나란하여
아홉 굽이를 건널 듯이
동계桐溪에서 봉계鳳溪를 보노라

북北
솔치(鷹峙)에 긴 골짜기 열려
광자廣慈[1074] 스님을 보려고
비석을 찾아가네

상上
언제나 옥황상제를 보려나
은하수(天津) 각도閣道[1075] 옆에서
우두牛斗[1076]가 탐랑貪狼[1077]을 만나네

하下
빠른 파도는 밤낮을 잊고
서린 바위를 뚫고자

거센 물살이 병을 기울이듯 쏟아지네

엎드려 바라건대, 만겁의 티끌 재앙을 물로 씻어 버리고 삼청궁[1078]의 선객仙客으로 교량에 오르소서. 용과 범이 싸움을 멈추고 삼보三寶의 용 후손을 항상 보호하고, 봉황 산등성이에 잉태하사 겹눈동자[1079]의 봉황 후손을 길이 보양하소서.

谷城郡鳳頭山桐裡寺凌波閣重修樑文【五月十八日】

觀夫郡之南由旬許。有山曰鳳頭。山之坤十里餘。有寺曰桐裡。外抱而內疊。如桐葉之疊層。左秘而右藏。似鳳子之藏伏。以徹國老之剏點。及桐坡師之重修。就中凌波閣者。不見先人剏始之文。但有遠禪重修之句。繼以乾隆卅一丙戌歲太允士之巧能。嘉慶十四己巳年永惠翁之倡義。咸豊十一辛酉役。幸日老禪五重。大正十二癸亥修。映月住持六剏。迄今未滿二十世紀。以經五六重修。後之視今。想不孤泰安寺不朽之高蹟。今之視昔。尙可論凌波閣勝賞之景光。龍虎交頭。架蛟龍而禁伏。百川爭聚。傾壺口而激湍。不雨晴雷。渡水之虹霓蜿蜒。無風爽籟。跨漢之飛閣飄然。其餘四時之雪月風花。何止三山之長生日月。旣論三際之功德。宜唱六偉之短詞。東。一路上房通。竹樹淡蒼裡。鳳兒捿碧桐。南。蒼龍頭若鷺。從此如高響。能招鳳瑞庵。西。雙峽與天齊。九曲如相渡。桐溪見鳳溪。北。鷹峙開長谷。欲見廣慈師。行尋碑碣石。上。何時見玉皇。天津閣道邊。牛斗逢貪狼。下。迅波忘晝夜。蟠石欲相穿。激湍壺口瀉。伏願水滌萬刼之塵映。橋登三淸之仙客。龍虎停鬪。常護三寶之龍孫。鳳崗孕胎。長養雙瞳之鳳子。

태안사 대지전[1080]을 새로 창건하는 상량문【6월 22일】

　살펴보건대, 석제釋帝[1081]께서 강림하시어 기관騎官 위치의 거사車肆[1082]를 처음 진설하시고 각황覺皇(부처)께서 다스리심에 봉향각奉香閣의 천주天廚[1083]를 먼저 차지하셨습니다. 천시天床와 시루市樓[1084]의 기미(機)가 수레에 실을 정도라고 논하며, 전단향과 침향(沈水)[1085] 물품이 말(斗)로 헤아릴 정도라 합니다. 이 모두 기관騎官의 주당周堂[1086]이니 봉향각의 관건이 아님이 없습니다.

　이 전각은 원래 높여서 '향로전'이라 하고 혹은 일반적으로 '대지전'이라 칭합니다. 사찰을 창건할 초기에 이 전각이 없을 수 없고, 부처님을 받드는 날에 또한 이 건물이 어찌 없을 수 있습니까. 그 중대하고 존귀함을 논하자면 대웅전에 비견할 수 있습니다.

　그 연혁을 돌아보면 당나라 원화元和 갑오년【신라 헌종[1087] 6년(814)】에 혜철 국사慧徹國師가 비로소 창건하셨고, 844년에 이르러 명明 주지가 이어서 중수하셨고, 청나라 순치順治 정유년【조선 효종 8년(1657)】에 신信 화주化主가 중창하셨습니다. 그리고 지금 265년(1923)에 이르러 영월映月 주지가 일신하여 창건하셨습니다.

　설선당說禪堂 위에 법중法衆(승려)이 즐비하니 범인과 성현이 서로 참례함에 상응하고, 국사전 앞에 사리闍梨(고승)들이 융성하니 용과 뱀들이 뒤섞여 있는 듯합니다. 업경대業鏡臺 아래 염라왕이 안건을 결정한다면 조금도 어긋나지 않고, 대복전大福田에서 성중聖衆이 진리에 응하니 모습이 어긋나지 않습니다. 이것은 가람의 규모가 아님이 없으니 총림의 법도(軌模)라고 누가 말하지 않겠습니까.

　그러나 겁파劫波가 찾아와서 연기와 먼지로 더럽혀짐을 탄식하게 되고, 바람과 서리가 몰아침에 기둥과 들보가 상함을 어찌하겠습니까. 이에 거듭 새롭게 하기를 도모하여 남풍藍風[1088]에 기와를 날리고, 복구하기를 도모하여 겁우劫雨에 구슬의 먼지를 씻어 냅니다. 터전에 옛 규모를 헤아려 구름바위(雲石)를 잘라 주춧돌로 놓고, 장인이 새 재목을 다듬어 바람도끼(風斧)를 휘둘러 치수대로 깎아 냅니다. 밤을 새워 솟아나니 제석천이 장대를 세워 놓은 듯하고, 맑은 아침에 날아갈 듯하니[1089] 원래 용궁(虬宮)에서 사찰을 지은 것이 아닙니다. 천풍天風[1090]의 저녁에 시작하여 천지天地[1091]의 볕(陽)에 복궤覆簣[1092]합니다. 넓고 넓은 신의 공덕이 아니라면 참으로 밝고 밝은 귀부鬼符[1093]일 것입니다. 부종鳧鐘[1094]이 고래처럼 울리니 포뢰蒲牢[1095]의 입술에 벼락 치고, 하고河鼓[1096]가 천둥처럼 울리니 천부天桴[1097]의 소매에 번개가 번쩍입니다. 백련사(蓮社)[1098]의 바람을 이미 맺었으니, 아랑兒郞의 노래를 도우려고 향화香火의 붓을 꺼내 가타伽陀(게송)의 노래를 엮습니다.

> 동東
> 한 발 솟은 붉은 해가 푸른 오동나무에 걸려
> 제군이 염라국을 돌아보게 되니
> 결과와 인연들은 본래 공하지 않구나
>
> 남南
> 중조봉 앞의 성기암聖祈庵[1099]
> 처음에 만약 손가락 튕기는[1100] 경지 안다면
> 어찌 1백 성읍의 친구들을 찾아가랴
>
> 서西
> 높다란 아전鵝殿(법당)과 낮은 나전羅殿[1101]
> 이로부터 한 줄기가 피안으로 통하니
> 연꽃 나라로 가는 길을 어이 헤매랴

북北

국사전 위에 미타국彌陀國이라

몸을 돌려 한 번에 봉두산에 올라앉으니

힘들이지 않고 손을 들어 하늘(天極) 만지노라

상上

종일토록 씩씩하게 쉬지 않고 강건하게

하늘 꽃이 어지러이 떨어지고 길성이 빛나며

제망帝網[1102]이 구름 같은 비단 휘장에 겹겹이로다

하下

망명罔明[1103]이 선정에 들어 반야를 관찰하니

풍륜風輪이 커다란 향호香湖를 어지럽혀

무수한 어룡들이 모두 변화하도다

엎드려 바라건대, 들보를 올린 후에 칠중七衆[1104]이 만세루萬歲樓 위에 모여들고 팔부八部[1105]가 일주문一柱門 앞을 에워싸며, 향적香積[1106] 주방에서 향기로운 음식을 차려 보리의 오묘한 과보를 증명하고, 범종루 아래 칼 숲을 기울여 연꽃 고향을 드러내소서.

泰安寺大持殿新刱建上樑文【六月二十二日】

原夫。釋帝降臨。初陳騎官位之車肆。覺皇御宇。先占奉香閣之天厨。天床市樓之機。動論車載。栴檀沈水之品。景抱斗量。盡是騎官之周堂。莫非奉香之關楗。唯是殿者。原是香爐殿之尊號。或稱大持殿之常名。刱寺之初。不可無此殿。奉佛之日。亦盡闕是堂。若論其重且尊。比肩乎大雄殿。稽其沿革。則唐元和甲午。【新羅憲宗六年】徹國師始刱。至於八百四十四年。明住持爲先次重修。淸順治丁酉。【朝鮮孝宗八年】信化主剏修。迄今二百六十五年。映月住持。卽一新剏建。說禪堂上。法衆濟濟。想應凡聖交叅。國師殿前。闍梨隆隆。怳然龍蛇混雜。若以業鏡臺下。閻王結案。毫釐不差。大福田中。聖衆應眞。形影莫忒。此莫非伽藍規度。孰不曰叢林軌模。然而刼波相尋。堪嗟烟塵之漫漶。風霜交擊。奈若棟樑之朽傷。爰謀重新。飛瓦礫於藍風。載圖復舊。滌珠塵於刼雨。基銓舊度。斫雲石而安礦。匠麕新材。運風斧而削墨。罔夜湧出。倘是釋天之幻化堅竿。淸朝彙¹⁾飛。原非虬宮之造物建利。濫觴於天風之夕。覆簀於天地之陽。若非神功之浩浩。寔是鬼符之昭昭。鼉鍾鯨吼。霹靂蒲牢之唇。河鼓雷轟。電閃天桴之袖。旣結蓮社之願。迺助兒郎之詞。敢抽香火之毫。載綴伽陀之頌。東。一竿紅日掛蒼桐。諸君回顧閻羅國。果果因因本不空。南。中祖峯前聖祈庵。初地若知彈指境。奈何詢友百城叅。西。鵝殿崔嵬羅殿低。從此一線通彼岸。蓮花故國路何迷。北。國師殿上彌陀頌。轉身一陟坐鳳頭。不勞擧手摩天極。上。終日乾乾不息强。天花亂落吉星臨。帝網重重雲錦帳。下。罔明入定觀般若。風輪攪動大香湖。無數魚龍皆變化。伏願上梁之後。七衆騈闐於萬歲樓上。八部擁衛於一柱門前。香積厨中。饌香飯而證菩提之妙果。梵鍾樓下。傾釰樹而現蓮花之故鄕。

---

1) ㉠ '彙'는 '翬'의 오자인 듯하다.

조계산 송광사 칠성각을 새로 지으려 터를 닦는 축문【사천 (군수) 김학모가 창건함.】

계해년(1923) 8월 20일 병오에 김학모金學模가
산신 국사局司[1107]와 토지 신명께 밝게 아뢰나니
노여워 마시고 근심하지 마시고, 신령하고 진실하사
금 같은 땅의 터를 닦으려고, 옥 같은 밭을 살펴서
정밀하게 세 기둥을 세워, 칠성(七元)을 봉안하려고
먼저 옥 같은 쌀을 찌고, 거듭 운문雲門[1108]을 자르니
용안龍眼과 천근天根이 수북합니다.[1109]
이에 울창주를 바치고, 이름난 향을 사르며
삼가 맑은 술을 드리노니, 엎드려 바라건대 흠향하소서.

曹溪山松廣寺七星閣新建開基祝【金泗川學模甁建】

癸亥八月二十日丙午。金學模敢昭告于山神局司。土祇靈神。勿嗔勿恤。唯靈唯眞。爰開金地。洒銓玉田。精建三棟。奉安七元。先蒸玉粒。再割雲門。鬪鬪龍眼。釘釘天根。玆傾薦鬯。載爇名香。謹以淸酌。伏唯尙享。

기둥을 세우는 축문 [9월 9일]

화엄 바다 같은 모임에, 신령한 무리들이
부처와 법을 호위하여, 엄하고 중하니
모래와 자갈을 치우고, 땅을 쓸고 북돋아
옥을 잘라 주춧돌 놓고, 계수 잘라 기둥을 세우니
토공土公과 사록司祿[1110]은, 장성匠星으로 언덕에 나열하여
태산처럼 안정되고, 금성金城처럼 견고하리니
사보四輔[1111]가 떨어져 서고, 삼태三台[1112]가 호종하여
방죽에 주막 깃발 나열하고, 주막에 하늘 술동이 늘어서며
바다 해산물을 지지고, 하늘 곳간 음식을 잘라 내니
음식물이 비록 소박하지만, 정성에 감응하시고
대략 다과를 진설하니, 엎드려 바라건대 흠향하소서.

立柱祝【九月九日】

華嚴海會。靈祇等衆。護佛護法。旣嚴旣重。沙礫廣拓。淨土堆封。刪玉安礎。折桂豎棟。土公司祿。匠星列陵。安夫岱嶺。固彼金城。四輔離立。三台護從。羅堰酒旗。列肆天樽。敢煎海錯。載切天囷。物雖菲薄。虔誠感應。略陳茶菓。伏以尙饗。

칠성각 상량문 [10월 5일에 올리다.]

　우러러 보건대, 자미원紫微垣[1113] 안에 어궁御宮과 제좌帝座[1114]가 엄중하고, 적도륜赤道輪에 칠요七曜와 삼태三台가 빛납니다. 천선天船과 각도閣道[1115]는 이필二弼과 문성文星[1116]의 양문陽門[1117]이요, 천주天廚와 내계內階[1118]는 사보四輔와 여사女史[1119]의 부로附路[1120]입니다. 전사傳舍와 구진句陳[1121]의 방향이 자재하고, 화개華盖와 음덕陰德[1122]의 지위가 여전합니다.
　이 산은 지역상 청구靑邱의 남쪽에 접해 있고 별자리로는 각角·항亢[1123]의 구역(紀)입니다. 천전天田[1124]의 분야로서는 옛 승평昇平(순천)의 군문軍門[1125]이요, 지축地軸의 구역으로는 지금 순천의 토사土司[1126]입니다. 그 가운데 항지亢池[1127]의 갈래가 아득한데 근원은 대조계산 남쪽에서 발원하였고, 고루庫樓[1128]의 기둥이 높아 문은 옛 길상사[1129]의 명칭(榜)으로 통합니다. 태미원(太微)[1130] 9경卿의 길성이 내리 비추고, 주정周鼎[1131] 5후侯의 섭제攝提[1132]가 균형을 잡습니다. 16조사의 해탈도는 팔곡八穀[1133]과 팔미八微의 정령이며, 육감정六鑑亭의 우화각(羽化虹)[1134]은 천진天津[1135]과 천문天門의 교각입니다. 어찌 다만 수명과 부귀를 연장하는 첩경일 뿐이겠습니까, 실로 자손을 구하는 복전입니다.
　이에 대단신大檀信(시주)은 말하자면 금천씨金天氏[1136]의 선류璿流[1137]로서 삼한의 갑주甲冑[1138]로 일컬어집니다. 대대로 승평의 옥부玉府[1139]에 거하여 특별히 오색구름의 정관丁冠[1140]을 썼습니다. 관로는 형통하여 사주泗州(사천)의 직함[1141]을 몸에 지니고, 바다처럼 복이 넓어 집안에 산과 호수처럼 금은을 모았습니다. 그러하니 수명과 부귀의 영광을 바라지는 않더라도 많은 자손에게 경사가 이어지길 바라는 안타까움이 있는데, 가만히 칠원七元의 영험한 살핌에 대해 듣고서 이에 삼생의 선근善根을 심게 되었습니다.
　길성吉星의 좋은 땅을 고르고자 하니 어찌 길상사 도량으로 돌아가지 않겠습니까. 이에 수달須達이 동산 산 것을 흠모하여 코끼리에 실은 황금을 아끼지 않고, 기타祇陀가 보시한 나무를 베니 소 덮을[1142] 기둥을 걱정함이 없습니다. 우림羽林[1143]에서 부월斧鉞[1144]을 휘두르니 쇠사슬 같은 괴강魁罡[1145]이 천혼天溷[1146]에서 모습을 감추고, 천시天市[1147]에서 장성匠星을 부르니 종정宗正[1148] 대부大夫가 신궁神宮[1149]에서 향응합니다. 미축未丑[1150]에 터전을 살펴 남두南斗와 북추北樞(북두칠성)로 군신의 위치를 정하고, 을신乙辛[1151]에 걸쳐 보필하니 동정東井[1152]과 서함西咸[1153]이 주인과 손님의 방위를 호위합니다. 첩벽疊壁을 잘라 섬돌을 들이니 토공土公이 사록司祿[1154]이 되고, 여석礪石[1155]에 갈아 제방을 나열하니(羅堰)[1156] 귀부龜趺가 능선에 나열합니다. 10기둥을 장원長垣과 영대靈臺[1157]에 세우니 소미小微[1158]가 와서 비추고, 9깃발[1159]을 도사屠肆와 명당明堂[1160]에 나열하니 태존太尊[1161]이 와서 임합니다. 천폭天幅[1162]에 달이 생기니 삼기參旗 제왕諸王[1163]이 부이附耳하여 권설卷舌[1164]하고, 천가天街[1165]에 달이 오르니 거기車騎[1166] 장군이 돈완頓頑하고 절위折威[1167]합니다. 그리하여 주기酒旗가 천준天樽[1168]에 거꾸러지니 헌원軒轅의 기관騎官[1169]이 방불하고, 천부天桴가 하고河鼓[1170]를 울리니 뇌전雷電의 벽력霹靂[1171]과 유사합니다. 천사天社의 천창天倉[1172] 문은 구령鈎鈴의 대약大鑰[1173]을 굳게 잠그고, 누고樓庫의 누시樓市 가게에는 기부器府[1174]의 사공司空을 항상 진열합니다. 별鱉[1175]이 꼬리를 천강天江[1176]에서 흔들고, 어魚[1177]가 비늘을 거사車肆[1178]에 놓습니다. 관삭貫索[1179]을 이미 짰으니 호분虎賁[1180]의 긴 들보를 들고, 연도輦道[1181]에 끌려고 하니 상서尙書[1182]의 짧은 명銘을 바칩니다. 노래는 다음과 같습니다.

동東
붉은 해가 천칭궁天秤宮[1183]에 굴러 오르니
맑은 냇물이 십 리에 걸쳐 어디서 오는가

수석의 이름난 정자는 토사공土司空[1184] 몫이라

남南
제자봉 꼭대기에 필畢·자觜·삼參[1185] 보이니
53존[1186]의 별들이 나열하여
화장세계에서 향 들고 참여한 듯하네

서西
사자고개 꽁무니 옛 조계에
초승달 막 생기나니 산새가 놀라고
금오는 함지로[1187] 목욕하러 날아가네

북北
이궁離宮[1188]의 성덕을 길이 기억하노니
하고河鼓 일성에 벽력霹靂이 치달아
천강天綱[1189]의 번개에 풍진이 사라지네

상上
탐랑성貪狼星 가에 각角·항亢[1190]이 나뉘어
견우와 직녀 베틀을 빌려서
큰 들보가 비비상천[1191]에 날아오르는 듯

하下
넓고 큰 대륙에 오직 말 하나[1192]
물가 풍륜風輪[1193]이 철위산을 접하고
점대漸臺[1194] 나열한 가게에 누가 걸터앉으랴

엎드려 바라건대, 들보 올린 후에 구신九辰[1195]이 추극樞極(중추)의 음덕을 내리시고, 칠원七元은 천주天厨의 양문陽門을 여소서. 천음天陰[1196] 월정月精은 남아를 많이 잉태하게 하시어 순씨荀氏 팔룡八龍[1197]의 후손들이 번성하게 하시고, 태양太陽 일색日色은 수역壽域(장수)의 경사를 비추어 주공周公 구령九齡[1198]의 흰머리와 두터운 눈썹이 화려하게 하소서.

【대시주 사천泗川 군수 김학모金學謨 경신년(1860) 생生】

七星閣上梁文【十月初五日上】[1)]

仰觀紫微院[2)]內。御宮帝座之嚴嚴。赤道輪中。七曜三台之昭昭。天船閣道。二弼文星之陽門。天厨內階。四輔女史之附路。傳舍句陳之方自在。華蓋陰德之位猶存。唯兹山也者。地接靑邱之离。星分角亢之紀。天田分野。古昇平之軍門。地軸列區。今順天之土司。就中亢池派遠。源出大曹溪之山陽。庫樓柱高。門通古吉祥之寺榜。太微九卿之吉星照臨。周鼎五候[3)]之攝提秤衡。十六祖解脫道。八穀八微之精靈。六鑑亭羽化虹。天津天門之橋閣。豈但延壽貴之捷徑。實乃求子孫之福田。爰有大檀信。曰族降金天之璿流。儘稱三韓之甲冑。世居昇平之玉府。特蒙五雲之丁冠。宦路亨通。腰佩泗州之印綬。福海廣博。家藏湖山之金銀。雖不願壽富貴之光榮。最唯恨多子孫之餘慶。竊聞七元之靈鑑。爰種三生之善根。欲選吉星之勝地。盡歸吉祥之道場。於是慕須達之買園。不惜駄象之金銑。伐祇陀之施樹。無慮蔽牛之棟樑。運斧鉞鋠於羽林。鐵鑕魁罡。遁形於天溷。招匠星於天市。宗正大夫。響應於神宮。銓未丑而爲基。南斗北樞。定君臣之位。伴乙辛而輔弼。東井西咸。護主賓之方。斫疊壁而納階。土公爲之司祿。磨礪石而羅堨。龜跌以之列陵十柱立於長垣靈臺。小微來照。九旗列於閭閈明堂。太尊降臨。天幅月生。衆旗諸王。附耳而卷舌。天街月上。車騎將軍。頓顙而折威。以故酒旗倒於天樽兮。軒轅騎官之彷彿。天桴動於河鼓。雷電霹靂之依俙。天社之天倉門。健閉鉤鈴之大鑰。樓庫之樓市肆。常陳器附[4)]之司空。鼈尾搖於天江。魚鱗錯於車肆。貫索旣織。載擧虎賁之脩樑。輦道將牽。洒獻尙書之短銘。頌曰。東。紅日輾來天秤宮。明川十里從何到。水石名亭土司空。南。帝字峰頭畢觜參。五十三尊星若列。華藏世界拈香叅。西。師子嶝尻舊曹溪。弦月初生山鳥愕。金烏飛盡浴咸池。北。離宮聖德長相億。河鼓一聲霹靂馳。天綱回電風塵熄。上。貪狼星邊分角亢。若借牽牛織女機。大梁飛到非非想。下。大陸洪荒唯一馬。水際風輪接鐵圍。漸臺列肆誰能跨。伏願上樑之後。九辰降樞極之陰德。七元啓天厨之陽門。天陰月精。孕多男之胎。荀氏八龍之子枝孫葉蒼翠。太陽日色。照壽域之慶。周公九齡之鶴鬚猊眉縞華。【大施主。泗川郡守。金學謨。庚申生。】

---

1) ㉯ 이 글은 『韓國佛敎全書』의 원문에 다수의 공란(□) 표시가 있는데 역자가 저본을 확인하여 입력하였다. 별도의 표기는 하지 않는다. 2) ㉯ '院'은 '垣'의 오기인 듯하다. 3) ㉯ '候'는 '俟'의 오기인 듯하다. 4) ㉯ '附'는 '府'의 오기인 듯하다.

묵암 선사의 비석을 세우는 제문【갑자년(1924) 3월 15일】

　대화엄종주 현顯 묵암 선사시여, 여래께서 부리시어 보살이 거듭 출현한 것이로다.
　팔영산에 기운이 모여, 신령이 장사촌(沙邨)¹¹⁹⁹에 강림하니
　향나무(栴檀) 영험한 싹이, 공문空門에 옮겨 심어져
　금화산에서 꽃이 피고, 풍암楓巖 노숙에게 과실을 맺고서
　영천암¹²⁰⁰에서 법당法幢을 세우고, 송광사에서 주미麈尾를 세워
　인천의 안목을 열고, 불조의 마음에 도달하여
　화장세계의 바다에 헤엄치며, 공덕의 숲을 길이 기르더니
　교화의 인연이 두루 미치자, 법의 기둥이 문득 스러지도다.
　법신은 비록 공하지만, 후손들은 추모하여
　진영이 방장산에 서리고, 탑(鴈塔)이 운근雲根(돌)에 솟았네.
　외경하는 크나큰 공적을, 옥에 거듭 새기길 도모하여
　받침돌이 사찰(金地)에 자리하고, 용머리가 하늘(雲衢)로 오르니
　용 허리에 전서가 살아 꿈틀대고, 보주(麿尼)를 옥구玉球에 흩은 듯
　귀신이 보호하며 도와, 높이 푸른 벽이 버텨 섰네.
　근원을 탐색하고 결말을 알아차려서, 일을 마치고
　다과를 배설하여, 존령께 바치며
　투박한 음식이나마 진설하고, 향을 사르며
　삼가 제호醍醐를 따르니, 흠향하소서.

默庵禪師立石祭文【甲子三月十五日】
大華嚴宗主顯默庵禪師。如來使之也。菩薩重現歟。氣鍾八影。靈降沙邨。栴檀靈芽。移植空門。開花於金華。結果於楓老。樹幢於靈泉。堅麈¹⁾於松社。開人天之眼。達佛祖之心。游泳華藏之海。長養功德之林。化緣旣周。法棟俄墜。法身雖空。雲仍追慕。眞影蟠于方丈。鴈塔聳於雲根。畏豊功之礓礫。謀重刻之琅玕。龜趺踞乎金地。蛟首騰於雲衢。龍腰活於篆額。麽尼撒於玉球。鬼護神助。高撑翠壁。原始要終。乃竣創役。載設茶饋。庸獻尊靈。陳設菲薄。竪䓗爇香。謹酌醍醐。伏唯尙享。

---

1) ㉩ '麈'은 '麈'의 오기인 듯하다.

애감계 서문

미물인 까마귀와 까치도 반포지효를 알고, 미미한 개와 말도 또한 주인에게 보답할 마음을 아는데, 하물며 만물의 영장인 인간이 반포지효나 보답할 마음을 아는 미물보다 못하다면 어찌 타당하겠는가.

이제 조계산의 청년 수십 명이 성이 다른 형제지간을 맺어 같은 몸을 나눈 형제 되어 부모와 사부의 상사喪事에 힘닿는 대로 부조하며 같은 마음으로 슬퍼한다는 뜻을 의논으로 결정하였다. 또한 세상 도리를 따르자면 재물 없이는 성사되기 어려우므로 쌀을 갹출하여 자본을 모으고 이자를 내어 일에 따라 돕기로 하니, 안팎으로 부조하는 도라 하겠다.

그래서 이에 한마디 말로 동지들을 권면한다. 오직 실제 참된 정성으로 위를 공경하고 아래에 공손하며 효도하고 우애 있어 화목하고 유순하면 비단 애감계의 일원으로 반포하고 보답하는 이치를 알 뿐 아니라 또한 만물의 영장으로서 부끄럽지 않음이 오직 여기에 있는 것이다. 그대들은 힘쓸지어다.

哀感契序•

夫以烏鵲之微物。而能知反哺。以犬馬之微畜。而亦知報主之心。以況人之靈於萬物者。不若微物之反報。則豈可得乎哉。以今溪山之靑年十數員。結異姓之昆季。斷同體之兄弟。至於父母師傅之喪事也。隨力相賻。同心哀感之意。議匠旣決。亦從世諦之道。無物難成。故略釀斗米。存本出利。隨事補助。可謂內外相賻之道也。故玆一言。以勸諸同志。唯以實地眞誠。上敬下恭。且孝且悌。敦睦和順。則非但以一契之人。能知反報之義而已。亦不媿萬物之靈。唯存於斯矣。唯諸君勉旃。

곡성군 도림사 시왕나한전의 중수기 [4월 8일]

　호남에 아름다운 산과 물이 많지만 간혹 웅장하나 수려하지 않은 경우 또는 수려하나 웅장하지 않은 경우들이 있는데 유독 웅장하며 특히 수려한 것이 동악산動樂山이로다. 순강鶉江(섬진강)이 그 북쪽을 에워싸 띠를 이루고 봉악鳳岳이 남쪽에 서서 옷깃을 이루며, 방장산이 동쪽에 있으니 때때로 신선의 풍모를 보고, 설산雪山[1201]이 서쪽에 있으니 흔히 인초忍草[1202]의 향기를 맡는다. 이것이 묘길상(문수보살)의 유허[1203]가 아니겠는가. 원효 노옹이 처음 자리를 잡았도다. 그리하여 다섯 봉우리 정상의 강선대降仙臺에 바둑바위(碁嵒)[1204]가 존재하고, 10리 긴 골짝의 거울 반석(鏡面磐)에 맑은 물이 쉬지 않고 흐른다. 물소리는 음악 같고 도심道心은 숲 같아서 산 이름과 사찰 이름이 그렇게 된 것이리니 그러한가, 그렇지 않은가.
　사찰의 창건은 신라·고려 시대에 이루어져 여러 차례 보수를 했으나 거의 쓰러진 지가 오래되었다. 불자(승려) 눌봉訥峯이 조계산에서 와 주지로 6, 7년 있으면서 호불護佛의 믿음을 매섭게 발휘하여 중창의 바람을 문득 일으켰다. 경신년(1920) 봄에 법우法宇를 일신하고 다시 1천 문의 단연檀緣(시주)을 모아 다시 나한 양전兩殿을 보수하니 갑자년(1924) 2월 20일에 시작하여 4월 욕불[1205] 저녁에 마쳤다. 썩은 것을 거듭 새롭게 하고 무너진 것을 정돈하여 낮은 것은 높이고 새는 곳은 기와를 얹으니, 크고 찬란하였다. 아전鵝殿(법당)은 높다랗고 앙실鴦室은 날아갈 듯하니, 빠른 붕새가 구름 같은 날개를 펼쳐 남해로 옮겨 가며 3개월 동안 내려오지 않는 것 같았다. 남은 힘으로 누청[1206] 몇 간과 객료客寮 몇 동棟을 상황에 따라 보수하였다. 바위 샘물이 이로써 다투어 쏟아지고 안개 구름이 이로써 상서로운 빛을 띠니 동악산의 새로운 면모가 눌봉을 기다려 거듭 찬란하고 도림사의 옛 가풍이 길상과 함께 다투어 울리는도다. 다만 조금 아쉬운 것은 보제루[1207]를 함께 수리할 겨를이 없었던 것이다. 그러나 교화 인연이 없어서 그러한 것이 아니요, 필시 왕성한 운을 기다려야 옳은 것이로다.
 아, 현재 말세의 운수로 저 수전노들이 복전福田에 선한 씨앗을 내리지 않고 그저 티끌 이익을 구할 즈음에 백천 가지 방편으로 교화의 문을 유람하면서 티끌 모아 산을 이루고 터럭 맺어 공을 만들 듯 불우佛宇를 중흥하고 성당聖堂을 보수하여 이처럼 끝을 잘 맺으니, 모르겠다. 우리 눌 공訥公 같은 이는 혹시 묘길상이 거듭 현현하신 것인가, 원효 노옹의 원력이런가. 눌 공은 이 사찰에 대해서 가히 대공덕주大功德主라 하여도 실로 지나친 말이 아니다. 나는 이에 쓰노라.

谷城郡道林寺十王羅漢殿重修記【四月八日】

湖南多佳山水。或雄而不秀者。或秀而不雄者有之。而獨雄而特秀者。唯動樂山歟。鶉江繞其北而爲帶。鳳岳立其南而作衿。方丈在東。時見仙子之風。雪山在西。多聞忍草之香。無乃妙吉祥之遺墟。元曉翁之粅占也。所以五峯頂崖降仙臺。碁嵓自存。十里長谷鏡面磬。清流不息。泉聲如樂。道心如林。山名寺號之所以然。其然而非然耶。寺之粅始。旣在羅麗。累經修葺。而幾傾覆者有日矣。佛子訥峯。自曹溪來。住持六七年。酷發護佛之信。頓起重粅之願。庚申春一新法宇。復鳩千門之檀緣。更葺十羅兩殿。而始甲子二月之念。終四月浴佛之夕。朽敗者重新。傾覆者整頓。低者高之。滲者瓦之。輪焉奐焉。鵝殿崔嵬。鶩室翬飛翼然。如快鵬之展雲翼徙南溟。而三月不下者也。推餘力而樓廳數間。客寮數棟。逐旋補葺。泉石以之爭瀉。煙雲以之禎彩。動樂之新面目。待訥峯而重煥。道林之舊家風。與吉祥而爭鳴。但小恨者。普樓之未暇并葺。然而非無化緣而然矣。必待旺運而是歟。噫。伊今末運。彼守錢奴。不下善種於福田。只求塵利之際。以百千方便優遊化門。聚塵成山。結毛成毬。重興佽宇。修葺聖堂。如是要終。未知。若吾訥公者。倘妙吉祥之重現乎。元曉翁之願力耶。以若訥公之於此寺。可謂大功德主。實不爲過言。余於是乎書。

조계산 화엄전, 오십전,[1208] 나한전의 불상 중수기【4월 8일】

법신法身은 형상이 없는데 어떤 형상으로 만들 수 있는가. 진리는 말이 없는데 어떤 말로 말할 수 있는가. 형상이 없는데 형상을 드러냄은 여래께서 방편문을 스스로 여심이요, 말이 없는데 말로 표현하시니 보살의 자비 바다가 더욱 깊도다. 그리하여 삼신三身[1209] 가운데 흐름을 따르는 몸을 혹 드러내시거나 삼승 가운데 영향影響의 무리를 많이 드러내시니, 이 모두는 불보살이 진리를 따라 변화를 일으키는 원력이로다.

이제 조계산 세 전각의 불상은 이른바 형상이 없는 가운데 형상을 드러냄이니 불조佛祖의 몸을 드러내거나 성문聲聞의 몸을 드러냄이다. 기록에, "청나라 강희康熙 23년 이조 숙종 10년 갑자(1684)에 화주(化主) 재오再悟가 화엄 50불상을 새로 만들었다."라고 하니 지금으로부터 231년 전이다. 그리고 "금나라 태화泰和 4년 고려 신종 7년 갑자(1204)에 16성상聖像을 만들었고, 393년 지나서 명나라 만력萬曆 25년 선조 30년 정유(1597)에 병화로 손상되었고, 27년 지나 천계天啓 4년 갑자(1624)에 대중이 수리하였다."라고 하니 이것이 불상을 만들고 보수한 과정(緣起)이다. 이제 301년이 지나 대정大正 13년 갑자(1924)에 산승 영운榮雲 선사가 보수하고 불신佛身에 분을 바르고 성상에 채색하기를 2월 27일에 시작하여 4월 초파일에 마쳤다. 그렇다면 불상을 만든 지 231년에 한 번 분칠하고, 성상을 만든 지 721년에 두 번 채색했던 것이다. 완성되고 파괴되고 파괴되었다가 완성되니, 형상 있는 것들은 모두 그러하다. 완성과 파괴 가운데 파괴되지 않는 진신이 절로 있음을 누가 알 것인가.

아, 불상이 만들어진 것은 이미 갑자년(1684)에 있었고, 성상을 만들고 보수한 것이 또한 갑자년(1924)에 이루어졌다. 불사의 인연이 왜 갑자년을 기다려 결과를 맺었는가. 이와 같은 4갑자는 불상이 형상을 드러내는 운수가 상원上元(대보름) 화갑花甲에 편중되어 그러한 것이 아닌가. 또는 사찰의 방위가 갑경甲庚[1210]으로 정해져서 그러한가.

이제 영운榮雲 공公은 즉 원력을 다시 드러냄인가. 네 번의 불사가 반드시 갑자년을 기다려 성취되었으니 의아해하고 싶지 않으나 그럴 수 있는가. 그저 신성의 살핌이 밝고 밝음에 부칠 따름이다. 두 전각 불상의 은은함은 여러 옥들이 자줏빛 비단 휘장에 날아 떨어지는 듯하고, 16성상의 찬란함은 비단 형상(錦軀)이 흰 은쟁반에 나열되어 있는 듯하다. 과일을 받들어 부처님께 드리거나 향을 살라 성상에 예배한다. 사룡獅龍을 다루며 마니주를 희롱하고 방울(塵鈴)을 흔들어 대중을 경각시키며, 선정에 들어 공空을 보거나 손가락을 세워 잠을 깨우는데, 어렴풋하고 희미하게 엄연히 예전에 영취산에서 꽃을 들고 미소 짓던 진풍경이 여기에 있는 듯하도다. 아아, 영운 공의 마음이 형상 없는 가운데 형상을 드러냄에서 솟아나와 특별히 묶은 재산이 없는데도 문득 무상심(無常)을 발휘하여 왕년에 염불회에서 종을 걸었고 이제 또 주머니를 털어서 세 전각의 법사法事를 크게 마련하여, 장애 없이 성취하고 기쁘게 회향하니 좋구나. 당堂에 올라 경의를 표하는 자마다 누군들 백열栢悅[1211]의 느낌이 없으며 따라서 기뻐하는 생각이 없겠는가.

나 또한 말 없음의 말로 대략 시말을 기록하여 대중에게 널리 고하노라.

曹溪山華嚴五十羅漢三殿佛像重修記【四月八日】

法身無相。何相可相。眞理無言。何言可言。無相而現相。如來方便門自開。無言而發言。菩薩慈悲海益深。所以三身中或現隨流之身。三乘中多現影響之衆。是皆佛菩薩從眞起化之願力歟今曹溪山三殿佛像者。所謂無相中現相。或現佛祖身。或現聲聞身者是也。有記云。淸康熙二十三李朝肅宗十年甲子。化士再悟。新造華嚴五十佛像。距今二百三十一年也。又金泰和四年麗朝神宗七年甲子。剏造十六聖像。而越三百九十三年。明萬曆二十五年宣祖三十丁酉。兵燹壞傷。越二十七年天啓四年甲子。大衆重修。此佛聖剏修之緣起也。迄今三百一年。大正十三年甲子。山之榮雲禪師重修。而粉於佛身。彩於聖像。始於二月念七。終於四月初八。然則佛剏之。二百三十一年一粉之。聖剏之。七百二十一年二彩之。盖以成而壞。壞以成。有相皆然。誰知成壞中自有不壞之眞身哉。噫。佛之剏造。旣在甲子。而聖像剏修。亦以甲子成之。佛事因緣。何待甲子以結果如是四甲也。無乃佛像現相之運。偏重於上元花甲而然乎。抑寺之向背。以甲庚定局而然乎。今榮雲公。卽願力重現耶。四番佛事。必待甲子以成就。不欲無訝而得乎。只付聖鑑之昭昭而已。以其兩殿佛像隱然。若群玉之飛落於紫羅帳裡。十六聖像燦然。如錦𩢾之列錯於白銀盤中。或奉果而獻佛。或焚香以禮聖。弄獅龍而戱珠。振塵鈴而警衆。或入定觀空。或堅指覺睡。依俙然。彷彿焉。儼然若昔日靈山拈花微笑之眞風。其在玆歟。吁吁。雲公之心。湧出於無相中現相。特無宿產。而頓發無常。徃年掛鍾於念佛會。今又傾橐。宏設三殿法事。無障成就。歡喜回向。善哉。陞堂致敬者。誰無栢悅之感。隨喜之想哉。余亦以無言之言。略記始末。普告大衆。

조계산 송광사 극락교, 청량각 상량문 [4월 17일 상량]

보건대, 수국水國의 광한전廣寒殿은 용왕이 거닐며 재능을 부리고, 천궁의 은하수 다리는 까마귀와 까치가 애써 공덕을 쌓은 것이니, 인천人天의 아름다운 약속이 모이고, 수륙의 정교한 기술이 모인 것입니다. 이제 극락교는 인천을 초월한 명칭으로 수륙에 의거한 모임입니다. 신기루(蜃樓)가 방장산의 달을 토하니 광한전의 광명을 바라지 않고, 교룡의 등(극락교)이 조계산의 구름을 잉태하니 은하수 다리의 색상에 부끄러움이 없습니다.

처음을 돌아보아 시작을 고찰하고자 합니다. 옹정雍正 8년 경술(1730) 봄에 탁근卓勤이 창설하였는데 함풍咸豊 4년 갑인(1854) 가을에 홍수로 무너졌습니다. 그 후 통하기 어렵던 흙다리를 북돋우고 판교板橋를 더하였으나 건너기 어려웠습니다. 산승 한붕漢朋 공이 건너기 매우 어려움을 개탄하여 이전 토목 공사를 고치니, 병진년(1916)에 시작하여 거의 이루어졌는데 잘못된 기술자 때문에 파괴되었습니다. 정사년(1917)에 다시 지을 때 솜씨 있는 장인을 불러 거듭 완성하였는데, 다만 이 누각은 같은 해에 마치지 못하고 갑자년(1924)을 기다려 거듭 공사하였습니다.

이에 장성匠星을 다리 아래 가두니 목수木宿(목성)가 재목을 가리고, 주춧돌을 규룡 머리에 누르니 금정金精의 빛이 일렁이네. 거령巨靈[1212]이 도끼를 휘두르니 반般·수倕[1213]에게 정교한 생각을 발휘하게 하고, 대장장이(大冶)가 화로를 작동시키니 거푸집에 기이한 지혜를 사용하네. 푸른 새우가 꼬리를 드리우니 채색 무지개가 태미성의 빛을 마시고, 붉은 무지개가 머리를 드니 검은 자라가 봉래섬을 등지는도다. 은하수(天津)를 건너고자 하니 붉은 누각이 안개 속에 드러나고, 연도輦道[1214]를 겨우 오르니 푸른 누각이 구름 끝에 서 있도다. 물고기는 옥 기와에 비단 비늘을 엮고 기러기는 옥 섬돌에 치아를 나열했네, 옥녀가 창에 임하니 그림자가 난새

두 마리 그려진 거울에 빠지고,[1215] 신선이 기둥에 있으니 기운이 채색 봉황의 향기에 취하도다. 연하鸞賀[1216]의 정성을 펴고자 봉의鳳儀[1217]의 잔치를 마련하도다. 학의 등[1218]에 기린 고기 반찬을 쌓아 두니 고갯마루의 구름을 잘게 잘랐고, 용의 눈[1219]에 봉황 간의 술을 쏟으니 못 바다의 달을 가볍게 치도다. 비단 주머니에서 새로운 말을 내어 보물 누대의 장엄한 광경을 남겨 둬야 하는데, 쌍무지개처럼 긴 들보를 이미 올렸으니 육위六偉의 짧은 노래를 부르노라.

들보 동쪽으로 던지니
목마른 사자가 포효하며 용궁을 마시고
큰 밝음이 부상扶桑 아래 처음 도달하니
만 가닥 붉은 노을과 고개 넘어 해가 붉도다

남南
제자봉 앞에 우담바라 나타나서
한 가지 잡아 선재동자에게 준다면
100성을 다니며 수행승[1220]에게 절하리

서西
연꽃 피어난 곳에 온갖 새들 지저귀니
내가 천마 등에 탈 수 있다면
높디높아 길의 높낮이를 묻지 않으리

북北
바다 곤어[1221]는 언제나 구름 날개로 변하려나
발돋움하여 창고봉倉庫峰에 잠시 기대고

손이 한 자 자라 추극樞極¹²²²을 만지리

상上
자미궁 안에 구름 장막 걷고서
머리 돌려 천이통¹²²³을 증득한다면
응당 직녀의 베틀 소리를 듣겠지

하下
용왕(迦羅) 바다에서 기야¹²²⁴를 말하노니
조계산 일대가 하늘처럼 유장하여
무수한 어룡들이 모두 변화하리라

엎드려 바라건대 들보 올린 후에 은하수 별들이 길상의 오운五雲을 내리고 수궁水宮의 용들이 마니주 칠보를 보내리라. 관리와 유자들¹²²⁵이 누각(청량각)에 올라 법을 보호하여 한나라와 당나라의 문물로 소요하는 풍류를 짓고, 용상龍象 비구들이 다리(극락교)에 올라 허공을 바라봄에 중생을 널리 제도하여 자유의 본색이 되소서.

曹溪山松廣寺極樂橋淸凉閣上梁文【四月十七日上梁】
觀夫水國之廣寒殿。龍王之逍遙幹能。天宮之銀漢橋。烏鵲之劬勞功德。人天之佳約鼎集。水陸之巧術咸臻。今極樂橋者。超人天之名稱。據水陸之際會。蜃樓吐方丈之月。不願廣殿之光明。蛟背孕曹溪之雲。無愧漢橋之色相。欲稽刱始。可考濫觴。雍正八年庚戌春。卓勤之所剏也。咸豊四年甲寅秋。洪水之所圮歟。厥後培土圯之艱通。加板橋而難陟。山之釋漢朋公。慨步涉之極艱。改土木之前功。始丙辰而幾成。仍匪工而破壞。越丁巳而改築。招善匠而重成。但是樓也。在同年而未終。待甲子而重役。於是囚匠星於橋底。木宿掄材。壓礎砥於虬頭。金精動色。巨靈運斧。騁巧思於般倕。大冶鎔爐。用奇智於錘範。碧蝦垂尾。彩虹飮太微之光。赤霓矯頭。墨鰲負蓬萊之島。天津欲渡。形閣出於煙中。輦道纔登。翠樓架於雲表。魚絹鱗於玉瓦。雁列齒於瑤階。玉女臨窓。影沈雙鸞之鏡。仙人在棟。氣醉彩鳳之香。欲展鴛賀之誠。爰設鳳儀之宴。鶴背飣獜脯之饌。細切嶺頭之雲。龍眼瀉鳳肝之醪。薄批潭底之月。要進錦囊之新語。留作瑤臺之壯觀。旣騰雙虹之脩樑。載唱六偉之短頌。抛樑東。渴獅哮吼飮虬宮。大明初到扶桑下。萬縷彤霞嶺日紅。南。帝字峰前現優曇。若把一枝贈善財。百城巡友禮三三。西。蓮花開處百禽啼。我若能跨天馬背。昂昂不問路高低。北。溟鯤何日化雲翼。翹足暫踞倉庫峰。手長一尺摩樞極。上。紫微宮裡開雲帳。回首若證天耳通。應聞織女支機響。下。迦羅藏海談祇夜。曹溪一帶與天長。無數魚龍皆變化。伏願上樑之後。銀河星宿。降吉祥之五雲。水宮龍兒。輸麽尼之七寶。縉紳章甫。登樓而護法。以漢唐文物。作逍遙之風流。龍象比丘。陟橋而觀空。以廣濟衆生。爲自由之本色。

위와 함께 기둥 세우는 축문

무지개가 장공에 누우니, 기초가 용 뿔처럼 우뚝하고
광한전의 풍류와, 은하수의 별들이
광한전과 극락교를 장엄하고, 재목(漢栢)을 잘라 옮겨
공수工倕를 부르니, 장석匠石[1226]이 분주하도다.
길일(穀日)을 택하여, 이에 낭간琅玕[1227]을 세우니
어찌 오대부[1228]이리오, 실로 십장군이라.
산해진미를 마련하고, 바다 음식을 거듭 끓이며
명차를 삼가 따르오니, 엎드려 바라건대 흠향하소서.

同立柱祝文

虹臥長空。礎突虯角。廣寒風流。漢河列宿。莊嚴廣橋。斫輸漢栢。旣招工錘。[1]) 載奔匠石。差于穀日。迺竪琅玕。豈五大夫。實十將軍。爰設山珍。再爇海香。謹酌茗茶。伏唯尙享。

---
1) 옙 '錘'는 '倕'의 오기인 듯하다.

부인상을 당한 사마 송염재를 위문하는 편지

한 번 헤어진 후로 네 번 꽃이 피었다 지는 사이에 비람풍에 맞아 천주天柱가 먼저 무너지고 겁파刼波에 쓸려 내실內室(부인)이 또 무너졌군요. 아이들이 의지할 바 없음은 살펴볼 것도 없는데, 하물며 존후尊候께서 타향에 행차하셨음에랴.

긴 채찍 휘둘러 만류萬類 가운데 여우 자취[1229]를 내몰다가 짧은 겉옷(短褐) 입고 일신의 거북 수명[1230]을 기약하여, 감당할 수 없는 계율을 지키더니 이제 삭발(剗草) 허락을 들었습니다.

아아, 예전 사마司馬[1231] 객客께서 오늘 까마귀 쫓는(驅烏)[1232] 이를 어찌 알겠습니까. 장남이 일본 서울로 들어간 지 이미 4년이 지났고, 차남은 거주지를 아직 모르고, 셋째는 생각건대 슬하에 있으리니 눈물이 뚝뚝 떨어집니다.

저(拙生)는 동리사(桐)로 옮긴 다음 해에 우연히 풍습風濕[1233]으로 다리 한쪽이 무겁고 정강이가 부어서 거의 허리만 하게 되었습니다. 20개월을 침상에 누워 신음하는데 온갖 치료가 효과 없고, 작년 가을에 우연히 본원의 청이 있었으니 또한 학과學科의 어려운 바가 됩니다. 눈웃음을 돌아보지 않고 육족六足[1234]에 의지하여 본원으로 돌아오니, 다만 수십 명이 주미麈尾를 만지작거릴 따름이었습니다. 이에 병마를 빌미로 삼아 아직까지 풍파의 참상慘喪에 예의를 하지 못하였으니 송구함이 어찌 다하겠습니까. 진실로 바다 같은 도량을 바랄 뿐입니다.

엎드려 바라건대 존체尊體 평안하시고 교편敎鞭을 휘두르는 곳에 말없이(木訥) 고개를 끄덕이며 강송講頌할 때 면절綿蕞[1235]하여 의례를 바치오며, 나머지는 예를 갖추지 못하고 줄이옵니다.

問宋司馬念齋喪配書

一自拜別。四花開落。毘嵐所擊。天柱先崩。刼波所蕩。內室更頹。兒孫之無賴。已無可診。而況尊候之動駕於異域者乎。揮長鞭而驅萬類之狐蹤。着短褐而期一身龜齡。曾守無敢之戒。今聞刈草之諾。嗚呼。盡是昔年司馬客。誰知今日驅烏君。長胤旣入日京。已過四年。次胤未知所住。三胤想在膝下。爲之涓涓處也。拙生移桐之明年。偶因風濕。一足之重。一脛之大。幾如腰矣。二十個月。在床叫楚。萬般治療。不得差快。昨秋偶有本院之請。亦爲學科之所艱。不顧目笑。賴六足而還本。但以十數輩。點塵而已。這仍病魔爲崇。尙闕風波慘喪之禮。悚悶何極。固當海量。伏唯尊體萬康。敎鞭振處。木訥點頭。講頌唱時。綿蕞獻儀。餘唯不備。

용운[1236] 대종사 비음기 【글쓴이로 기록에 참여하였으므로 이 글을 사용하지 않음.】[1237]

음과 양의 줄고 늚은 천지의 이치이고 불행과 행복[1238]의 쇠하고 성함은 인도人道의 운수이다. 화상께서 중창한 공업[1239]과 충효도덕, 검소한 행장은 조 공趙公[1240]의 필적에 갖추어 기재되어 있으니 덧붙이지 않는다. 이전 갑오년(1894)에 세운 비석이 견고하지 않아 새기지 못하고 다만 율암栗庵[1241] 공공의 음기陰記만 기재하였기에 항상 탄식한 지 오래되었다. 다행히 갑자년(1924) 봄에 문손門孫 영우靈佑 등이 혈심血心으로 남포藍浦[1242]에서 바위를 잘라 와서 이전의 명銘을 기재하였다. 거울 같은 표면의 비단 같은 송가는 옥쟁반에 진주를 흩뿌린 듯하여, 화상의 진의眞儀(모습)가 노룡老龍이 상서로운 구름에 오르는 듯하다. 이 어찌 살아 계시듯 느끼는 문손의 정성이 불행과 행복의 줄고 느는 가운데 특별히 출현한 것이 아니겠는가. 나는 이에 기록한다.

龍雲大宗師碑陰記【書名叅記。故不用此文。】
陰陽之消長。天地之理也。否泰之衰盛。人道之運也。若和尙之重剙功業。忠孝道德。節儉行李。備載趙公之筆而不贅也。前甲午所剙之碑石。不固而莫鐫。但載栗庵公陰記。而常所嘆惜者久矣。幸甲子春。門孫靈佑等。血心斫石於藍浦。芿載前銘。鏡面錦頌。如玉盤之撒眞珠。和尙眞儀。若老龍之騰瑞雲。此豈非門孫之誠。如存之感。特出於否泰消長之中也哉。余於是乎記之。

아사 조종현¹²⁴³에게 보내는 답서

 엎드려 생각건대 빈도貧道는 왕대인王大人(조부)의 문에 발을 들여놓아, 한 말씀 하사하시어 서신書紳¹²⁴⁴의 훈계로 삼기를 바랐는데 다만 아끼고서 허락하지 않으셨습니다. 다음으로 대인大人(부친)의 처마에서 구했는데 역시 얻지 못하고 물러나니, 슬퍼함이 오래되었습니다.
 그런데 문득 상원上元의 초여름에 몇몇(三) 개사開士들이 즐거이 가벼운 발걸음으로, 형체 바깥의 친분¹²⁴⁵이 있는 듯이 산중으로 방문하셨습니다. 게을리 응하고 느긋하게 접대하다 보니 왕년에 뵈었던 한곡閒谷 고왕존장王尊長(조부)의 영손令孫인 조趙 학사學士셨습니다. 그래서 공경히 하례하고 정성껏 대했으나 결국 이포伊蒲¹²⁴⁶의 만남을 하지 못하고 다만 관람의 바람만 부응하니, 즉 도 군陶君¹²⁴⁷이 말한 바, "산속에 무엇이 있나, 고개 위에 흰 구름 많도다. 그저 절로 기뻐할 뿐, 그대에게 주지 못하네." 라는 구절을 틈나는 대로 읊기를 마치고 그럭저럭 지나갔습니다. 재미를 깨닫기도 전에 갑자기 사문沙門(승려)을 전별餞別¹²⁴⁸하니 옥대 풀어 산에 머무는¹²⁴⁹ 자취를 얻지 못함이 아쉽습니다.
 지금 뜻밖에 한 통 편지(郵函)가 누추한 문에 날아 떨어지기에, 바삐 펼쳐 읽어 보니 기쁨이 먼저 눈썹을 솟구치게 하고 거듭(圭復)¹²⁵⁰ 완미하다 보니 바야흐로 종이 보풀이 일어납니다. 어떤 편지(咸狀)가 하늘에서 땅에 떨어진 것인가요? 이에 책을 덮고 탄식하길, "구하면 필시 얻으리니 그림자가 형체를 따름과 같고, 바라면 필시 이루어지리니 메아리가 소리를 전함과 같다고 하더니 진실로 의심할 게 없구나. 왕년에 구하다가 얻지 못하였더니 이제 문득 한 통 편지(琅函)가 삼교三敎(유불선)의 깊은 의미를 다했으니, 가히 산과 바다에 가지 않고도 보물을 얻는다는 말이 정녕 거짓이 아니로다. 어찌 왕년에 구한 정성이 오늘 얻은 효험에 그윽이 부합함이 아니리오. 이미 삼교의 뜻을 받았으니 삼교의 이치로 답변하지 않을 수 없도다."라고 하였습니다.

아, 부처의 인연과 노자의 자연과 공자의 강상綱常은 그 도가 오래되었고 그 이치가 현묘하여 서로 의지함이 솥이 세 발로 서 있는 것과 같습니다. 그 떨어지지 못함은 이자伊字[1251]의 점과 같으니, 이름은 비록 셋이지만 근원은 하나입니다. 한나라와 당나라 이후로 지금까지 성하거나 쇠함이 강상의 치란 여하에 관계되는 것입니다. 강상이 한 번 어지러워지면 자연의 도와 인연의 법이 그 사이에서 어떻게 행해지겠습니까. 현재 동서에 세파가 비등하고 상하에 강상이 문란하여 사람들이 각기 자유하고 사물이 각기 자임하여 옷이 그 옷이 아니고 음식이 그 음식이 아니며 행동이 그 도리가 아니고 앉음이 그 자리가 아니거늘 아침저녁으로 평화로운 정치를 어찌 기대하겠습니까. 다만 각자 본지本地를 세우고 각자 본심을 편안히 하여 임시방책을 따라 실제를 취하고 때에 맞게 진심(眞)을 지키면 삼교의 진리가 허공 뼈 사이에 갈무리되어 자재自在함으로써 사라지지 않고, 기회를 기다려 인연에 따라 일어서 자연히 서게 될 것입니다. 강상이 됨을 어찌 정돈하지 않고 얻겠습니까. 서로 의지하며 떨어지지 못하고 솥의 발이나 이자 같다는 것이 이러합니다.

필로筆路가 막혀서 길게 제시하지 못하니 일단 이와 같을 뿐입니다.

答趙雅士鍾鉉書

伏以貧道。曾躡足於王大人之門。願賜一言。爲書紳之戒。而但愛之不肯許。次索於大人之軒。而亦不能得而退之。悵然久矣。忽於上元之初夏。有三三開士。欣欣然。飄飄然。若有知舊於形外。叩推於山中。倦然而應。悠然而接。乃徃年所陪叅閑谷故王尊長之令孫趙學士也。雖敬賀而禮款之。卒未能伊蒲之遇。而只副觀覽之願。卽陶君所謂山中何所有。嶺上多白雲。只可自怡悅。不堪持贈君之句。隨暇唱罷。因循放過。不覺滋味。倐忽電別於沙門。恨未得玉帶鎭山之績矣。以今料表。一朶郵函。飛落陋扃。忙手披讀。

喜先聳眉。圭復玩味。方覺紙毛。何等咸狀從天墮地耶。乃掩卷而嘆曰。有求必得。如影隨形。有願必遂。如響傳聲。信無疑歟。徃年欲求而未果。今忽一軺琅凾。說盡三教之幽趣。可謂不山不海而得寶者。正不誣也。豈非徃年求之之誠。暗符今日得之之効乎。旣荷三教之趣。不可不以三教之理答之。噫。佛之因緣。老之自然。孔之綱常。其道古遠。其理玄妙。其相資也。如鼎足之立。其不離也。如伊字之點。名雖有三。其源則一也。自漢唐以今。或盛或衰。唯關於綱常之治亂如何也。綱常一亂。自然之道。因緣之法。安行於其間哉。現今世波沸騰於東西。綱常紋亂於上下。人各自由。物各自任。衣不其衣。食不其食。行不其道。坐不其席。安期治平於朝暮乎哉。但各立本地。各安本心。從權取實。順時守眞。則三教之眞理。藏在於虛空骨中自在不滅。第待際會。因緣而起。自然而立。其爲綱常者。何不整而得乎。所謂相資不離。如鼎足伊字者是也。筆路茅塞。未能長提。而姑如是已已。

용운 선사의 비를 세우는 제문 【갑자년(1924) 9월 29일에 세움.】

교팔도규정승풍敎八道糾正僧風 도승통都僧統 부종수교扶宗樹敎 전불심인傳佛心印 선교양종禪敎兩宗 도총섭都摠攝 중창 대공덕주重刱大功德主 고故 용운龍雲 대종사大宗師 존령尊靈이시여.

정법淨法 세계의 몸은, 본래 출몰이 없으나
큰 자비원력으로, 왕래를 두었네.
화장세계[1252] 옮기지 않고, 사바세계에 그림자 떨어지니
이씨(仙李)[1253] 귀족으로, 효령대군파 후손이라
태백太白[1254]의 옛 영령과, 통명산[1255]의 성스런 계파로
용계촌에 뿌리를 서리고, 조계산에서 잎이 무성했도다.
일곱 사찰을 중창하고, 팔도(八埠)를 바로잡으며[1256]
교종을 일으켜 세우고,[1257] 중생을 제도하여
기율을 통제하고, 승단 풍속을 호령하니
사람 가운데 용과 코끼리요, 허공 속의 구름 무지개라
교화 인연이 다하자, 힘든 생이 어두워졌네.
후손 대중들이, 그 공덕을 추모하여
바위 잘라 세우고, 옥을 다듬어 명銘을 새기니
구슬을 은쟁반에 뿌린 듯, 용이 구름 장벽에 오르는 듯
푸른 벽이 높이 서니, 처음을 밝히고 결과를 요약했네.
이에 다과를 갖추어, 존영(尊幀)에 바치고
삼가 소밀酥蜜[1258]을 따르오니, 엎드려 바라건대 흠향하소서.

龍雲禪師立碑祭文【甲子九月二十九日立】
敎八道糾正僧風都僧統扶宗樹敎傳佛心印禪敎兩宗都摠攝重刱大功德主

故龍雲大宗師尊靈。淨法界身。本無出沒。大悲願力。以有去來。不移華藏。影落娑婆。仙李貴族。孝寧遠裔。太白古靈。通明聖系。根蟠龍溪。葉繁曹溪。重剏七寺。糾正八垓。扶樹敎宗。度濟群迷。統制綱紀。號令僧風。人中龍象。空裡雲虹。化緣旣息。勞生將矇。雲仍大衆。追慕厥功。斫石爲趺。磨玉勒銘。珠撒銀盤。龍騰雲屛。高撑翠壁。原始要終。爰設茶菓。庸獻尊幌。謹酌酥蜜。伏維尙享。

개운산 동화사 선당의 중창 상량문 [11월 16일]

서술하노니, 악주樂州의 옛 현에 의거하다가 순천이라는 새 부府에 속하여, 별자리로는 각항角亢의 분야요. 지역으로는 패영貝瀛의 마을[1259]을 접하도다. 악주의 동쪽에 '개운산'이 있고, 산 아래에 '동화사'가 있다. 처음을 돌아보면, 고려 선종 3년(1086)에 대각국사(大覺國老)가 보방寶坊(절)에 주석하였다. 그 중수를 고찰하면 명나라 숭정崇禎 기해년(1659)에 법홍法弘 선사가 정찰淨刹(절)에서 결사하여 규정癸丁[1260]으로 방향을 잡고 임금과 신하의 고저를 정하며, 을신乙辛[1261]을 당겨 옷깃과 소매로 주인과 손의 차례를 자리 나누었다. 각황씨覺皇氏(부처)가 선당禪堂과 승당僧堂을 둔 것은 어찌 대성전[1262]에서 상재庠齋와 서재序齋[1263] 명칭을 엶이 아니겠는가.

이제 건물들(殿宇)이 기울어지지 않음이 없지만 유독 선당이 가장 급히 무너졌다. 그러나 머리카락으로 바위를 운반하듯 일은 크고 힘은 모기만 하니 어찌하랴. 터럭 모아 공을 만들듯 인연을 넓혀 재물을 모아 수많은 가옥에 권선(唱化)하고 선남선녀에게 인연을 구하였다. 그리하여 중양重陽(9월) 초에 시작하여 복양復陽(11월) 보름에 복궤覆簣[1264]하였다. 그 규모를 보면, 기와들은 소탕하고 이전대로 기초를 두어 용마루와 서까래를 날라서 기둥들을 혁신하였다. 날을 정해 성취하였으니 사람의 힘이 아니라 하늘이 도움이라. 불시에 공적을 고하게 되니 귀신의 도움이 아니런가. 이에 선당과 승당이 병렬하니 이지러진 달이 다시 원만하게 되고, 상재와 서재가 나뉘어 부러진 날개가 나아 활짝 펼친 듯하다. 용신이 이로써 환희하고, 산천이 이로써 빛을 더한다. 이에 긴 들보를 들어 짧은 노래를 부르노라.

동東
둥근 해가 푸른 하늘에 구르니

동일한 빛인 바다와 하늘 밖에
오색구름이 붉음을 펼치누나

남南
팔영산 푸름이 쪽빛 같고
노인성[1265]이 아침저녁으로 보이니
불수佛壽는 후삼삼後三三[1266]이라

서西
개운산의 달이 지려 하는데
조사의 종지를 모르겠거든
고개 돌려 조계산에 물어보라

북北
추성樞星[1267]이 북극에 임하니
언제나 하늘 바람이 조화로워
만민이 성덕을 입을까

상上
천리는 원형元亨[1268]에 있어
부지런히(乾乾) 종일 행하니
한 번(度) 또 더하도다

하下
시냇물이 반야를 말하노니

노래 끝나자 사람들이 환희하고
나도 기야祇夜(노래)를 더하도다

엎드려 바라건대, 들보 올린 후에 지혜 구름이 열려 달이 보이고 동백꽃(桐花)이 피어 향기 나기를. 청정한 납승은 비구와 사미를 막론하고 아침저녁으로 바다처럼 나아 오고, 돈독한 믿음의 단월檀越들은 선남선녀를 가리지 않고 멀거나 가깝거나 구름처럼 달려오리라.

開雲山桐華寺禪堂重剙上樑文【十一月十六日】

述曰據樂州之舊縣。屬順天之新府。星列角亢之分野。地接貝瀛之襟隣。州之東有山曰開雲山。山之下有寺曰桐華寺。稽其剙始。麗宣宗三年。大覺國老之憩錫寶坊。考厥重修。明崇禎己亥法弘禪師之結社淨刹。以癸丁而向背。位定君臣之高低。控乙辛而衿袂。坐分主賓之倫次。疑是覺皇氏有禪僧堂者。豈非大成殿開序齋名。今者雖殿宇之非無頹斜。唯禪堂之最急傾覆。然而引髮運石。奈事巨而力蚊。結毛成毬。必緣廣而財鳩。[1] 唱化於千門萬戶。求緣於信女善男。濫觴於重陽之初。伏[2]簀於復陽之望。其制度也。掃蕩瓦礫。依舊安礎。運輸棟椽。革新列柱。克日成就。非人力而天陰。不時告功。倘鬼扶而神助。於是禪僧幷列。如缺月之重圓。庠序齊分。似折翔之雙擧。龍神以之歡喜。山川以之增輝。爰擧脩梁。載唱短頌。東。日輪輾碧空。一色海天外。五雲彩發紅。南。八影碧如藍。老星朝暮現。佛壽後三三。西。雲開月欲低。不知祖宗旨。回首問曹溪。北。樞星臨北極。何日天風和。萬民蒙聖德。上。天理在元亨。乾乾終日行。一度又加向。下。溪舌談般若。曲終人極歡。我亦倍祇夜。伏願上樑之後。慧雲開而見月。桐花發而聞香。淸淨衲僧。無論比丘沙彌。而朝暮海進。敦信檀越。不問信男善女。而遐邇雲奔。

---
1) ㉠ '鴗'는 '鳩'의 오기인 듯함. 2) ㉠ '伏'은 '覆'의 오기인 듯함.

송광사 심검당의 변혁에 관한 기문 【계해년(1923) 11월】

화장세계의 장엄한 수용受用[1269]이 각기 다르고 사바세계 의정依正[1270]의 청정과 더러움이 절로 다르니 까닭은 무엇인가. 종찰種刹[1271]의 같지 않음과 보화報化[1272]의 좋고 나쁨, 몸과 국토의 거칠고 섬세함, 시기와 군주의 변천으로 말미암기 때문이다. 그렇게 하려 하지 않아도 절로 그렇게 되니 어찌 괴이하겠는가.

이제 본사 사무실은 창건 연대를 고찰하지는 못하고, 건륭乾隆 10년 을축(1745) 동지 영조 21년에 본래 심검당尋釖堂으로 명명해서 납승들이 쉴 수 있는 승당으로 삼았다고 하며, 몇백 년 동안 그대로 안도할 따름이었다. 도광道光 임인년(1842)에 이르러 큰 화재(回祿) 이후에 33전殿을 보수할 겨를이 없어서 33탱화를 그렇게 그 당堂에 걸었으니 이리하여 즉 승당이 조당祖堂으로 변하게 된 것이다. 69년 지나 경술년(1910) 봄에 풍조를 혁신함에 따라 학교를 이 당堂에 설치하고 조사들 탱화를 동쪽 방장으로 이안하니,[1273] 이리하여 조당이 학당으로 변하게 되었다.

그리고 13년 지난 계해년(1923) 겨울에 일층 개혁하여 대청 벽을 없애 버리고 부엌 굴뚝을 넓게 수리하고 문달門闥(문)을 유리 거울로 장식하고 관추關樞(돌쩌귀)를 은과 옥으로 감쌌다. 기둥을 칠하고 벽에 무늬를 넣어 일본 동경의 채색(灰彩)을 바르고, 복도를 깔고 문을 수놓아 서양 방식의 기술로 분칠을 했다. 쌓고 수선을 마치고는 사무실로 정하고 학교를 면 소재지로 옮겼다. 이리하여 학당이 공실公室로 변하게 되었다. 그러한즉 승려가 조사가 된 것은 실로 납승으로서 변하여 성인의 지위를 이룬 것이니 괴이함이 없는 것이다. 그런데 학당이 변하여 공실이 되었으니 즉 인간세계에서 배움으로 말미암아 도로 들어가는 과정이 과연 어디에 있는가. 학문의 업은 이로 말미암아 더욱 소홀해지고 수도의 인연은 이로 말미암아 더욱 어두워졌다. 사람들의 지혜가 어두워지지 않으려 하나 어찌 가능하겠는가.

　산승 인봉印峯 장로가 재물(貨泉)이 고갈되는 것을 생각하고는 자기 재물 70원圓을 덜어서 일부 재물에 보탬이 되도록 하였다. 비록 큰 창고의 곡식 한 알과 같다 하더라도 태산을 이루는 흙 한 덩어리가 됨을 어찌 사양하겠는가. 이에 이 당堂이 이처럼 변했음을 기록하여 후인들에게 보이노라.

松廣寺尋釰堂變革記【癸亥十一月日】
華藏莊嚴之受用各異。娑婆依正之淨穢自殊。其故何也。職由種利之不同。報化之勝劣。身土之麁細。時主之遷變故也。不欲然而自然。烏可恠哉。今本寺事務室者。未考剏始年代。而乾隆十年乙丑至冬英宗二十一年。本以尋釰堂命名。爲衲僧捿息之僧堂云。幾百年依舊安堵而已矣。迄道光壬寅大回祿後。卅三殿未暇建修故。卅三幀。仍掛其堂。是卽僧堂變爲祖堂也。越六十九年庚戌春。因風潮之革新。設學校於玆堂。祖幀移安于東方丈。是乃祖堂變爲學堂也。又十三年癸亥冬。一層改革。而蕩破廳壁。洞治竈埃。粧門撻[1]以琉璃之鏡。鎖關樞以銀玉之寶。漆棟紋壁。塗糊日京之灰彩。棧道繡闥。粉點洋制之工技。築着而修繕了。以定事務室。移學校于本面所。是亦學堂。變爲公室也。然則僧變爲祖。實是衲僧之革凡成聖之位次。容或無恠也。而至若學變設公。卽乃人界之由學入道之階級。果安在乎。學問之業。由是而益踈。修道之緣。由是而尤昧。人智之不欲昧。而焉可得乎。有山之釋印峯長老。顧念貨泉之枯渴。捐家貲七十圓。庶補一隅之資。雖云如太倉之一粟。何辭泰山之一壤也哉。於是乎記此堂之如是變革。以示于後。

---

1) ㉠ '撻'은 '闥'의 오기인 듯하다.

송광사 천자암 중수기 [11월 3일]

하룻밤에 이루는 것은 거미의 그물이요 열흘에 버리는 것은 누에의 고치이며 6개월에 옮기는 것은 제비의 둥지(窠)요 10개월에 빼앗는 것은 까치의 집(巢)이며 백 년 동안 전하는 것은 사람의 집이다. 그러나 바야흐로 경영할 때는 뱃속에서 꺼내어 그물을 엮거나 실을 토하여 고치를 얽거나 진흙을 다져서 집을 짓거나 가지를 물어다 집을 짓는데, 곤충과 새들의 일이 길고 짧음과 솜씨 있고 서툶이 조금 다르지만, 지어서 안거하는 방책이 어찌 사람과 다르겠는가.

이 암자는 옛 기록을 살펴보니, 보조국사께서 본사를 창건한 후에 이어서 지은 것이며 금나라 황제가 셋째 아들 담당湛堂을 보내 머물게 하였기 때문에 존귀한 편액을 걸었던 것이다. 351년 지나 명나라 만력萬曆 원년 계유년(1573)에 영묵 태운靈默太雲이 중수重修하였고 또 201년 지나 청나라 옹정雍正 8년 경술년(1730)에 자원 이제自願以濟가 중수하였고, 다시 67년 지나 가경嘉慶 2년 정사년(1797)에 두월斗月 장로가 중수하였다고 한다. 이제 131년이 되는 대정大正 13년 갑자년(1924) 겨울에 삼림을 내어(出資森林) 이설월李雪月[1274]이 시작하고 김율암金栗庵[1275]이 지키는 근간이 되며 해은 재선海隱栽善[1276]이 일을 감독하고, 포봉 정인抱鳳正印이 재물을 주관하여 9월 초에 시작해서 두 달이 되지 않아 일을 마쳤다. 이것이 네 번째 중수에 해당한다.

암자에는 쌍향수雙香樹[1277]가 성스런 자취의 영험함을 보이며 암자 동무東廡에 있다. 1칸 조실과 연결하여 향나무 아래 봉향奉香하는 곳으로 삼은 지가 몇 년 되었다. 그러나 굴뚝이 여전히 가까워서 식자識者들의 꺼리는 바가 되었다. 그래서 이번에 동무를 허물고 조실을 전각 앞으로 옮겨 후원에 서까래 더한 것을 제거하고 무너진 것은 지탱하고 기운 것은 바로잡으며, 썩은 것은 뽑아 버리고 낮은 것은 높게 하였다. 그리하여 가장 먼저 창건한 본전이 완전하게 우뚝 서서 찬란히 빛나며 아스라이 훌쩍 구름 하늘 밖으로 멀리 벗어난 듯하고 쌍향수의 상서로운 향기가 칠요七曜[1278]의 궁전까지 퍼지는(浮動) 듯하며, 만홀萬笏 청산[1279]이 삼보의 탑에 인사를 하는 듯하다.

아아, 천 년이 되지 못하는 사이에 창건하고 중수하여 겁파刼波를 몇 번이나 지났도다. 오늘 중수한 이는 창건한 이가 거듭 나타난 것이 아님을 어찌 알겠는가. 옛날 창건한 이는 오늘 중수함의 발원이 아님을 어찌 알겠는가. 백 년을 말미암아 전하였으니 그물이나 고치·둥지·집(巢)에 비교하면 길고 짧은 것이 다르지만 짓는 것은 동일하다. 이전과 이전의 수리한 것을 기록하여 뒤와 뒤에서 잇는 무리들에게 보이노니, 여기에 머무는 이들은 절실하게 힘쓸지어다.

松廣寺天子庵重修記【十一月三日】

一夜而成者。蛛之網也。十日而棄者。蠶之繭也。六月而移者。燕之窠也。十月而奪者。鵲之巢也。百年而傳者。人之室也。然而方其營也。或抽腸而結網。或吐絲而纏繭。或搏泥而築窠。或含枝而作巢。雖昆虫微禽之修短巧拙小殊。其所營搆安居之策。何異於人也哉。玆庵者。考諸古記。國師剏本寺之後。繼而營建者。而且使金帝第三子湛堂始居之故。揭以尊扁者也。越三百五十一年。明萬曆元年癸酉。靈默太雲重修。又距二百一年。清雍正八年庚戌。自願以濟重修。又越六十七年。嘉慶二年丁巳。斗月長老重修云。迄今一百三十一年。大正十三年甲子冬。出資森林。李雪月爲始發之囦。金栗庵作仍守之幹。海隱栽善督其役。抱鳳正印幹其財。而自九月初始役。不兩月而覆簀。此卽第四重修也。庵以雙香樹。爲聖蹟之靈異。在庵之東廡。聯結一間祖室。使得香樹下奉香之室。以來有年矣。然烟埃尙逼。常爲知識之所忌。故今壞其廡。而移祖室於殿前。拔後院之加椽。頹者撐之。欹者正之。朽者拔而低者高之。唯以最剏本殿。完而突立。輪焉奐焉。崼崼然翼翼然。逈出雲宵之表。雙香瑞氣。浮動於七曜之宮。萬笏靑山。拱揖於三寶之塲。嗚呼。未滿千年之內。剙之修之。幾經刼波也。今日修之者。安知非剙者之重現。昔日剙之者。安知非今日修之之發願也。由是百年而傳之者。較諸網之繭之窠之巢之者。修短雖殊。營搆則一也。所以記前前之修葺。以示後後繼繕之徒。居乎此者。切須勉旃。

조계산 송광사 용화당의 중수 상량문 [11월 8일]

　공경히 생각건대, 도솔천(兜率陀) 내원궁內院宮은 원래 삼재三災[1280]의 이뤄지고 머물고 무너지고 없어짐이 없는데 염부제閻浮提(이승) 가운데 인도印度엔 팔난八難[1281]의 괴로움과 즐거움·성함과 쇠함이 어찌 많은가. 석존의 임시 형체가 스스로 코끼리를 타고 와 학수鶴樹[1282]의 모습을 드러내심이 아닌가. 자씨慈氏(미륵)의 복력福力으로 기린의 상서로움과 용화龍華[1283]의 풍광을 기다림이 아닐 수 없다. 겁운刼運[1284]의 순환을 누가 피하리오, 이치의 왕복이 가장 두렵도다.

　이 송광사는 도솔천의 아래 염부제의 동쪽 모퉁이에 있다. 나라로 나라를 보자면 근역槿域 3천 리에 큰 길상吉祥의 복지요, 고을에서 고을로 이르자면 바닷가(桑海) 3백 고을의 작은 강남 별천지로다. 우리 혜린慧璘[1285] 조사가 창건하시고 보조 노스님이 확장하셨도다. 법신은 소멸하지 않으니 사자좌가 설법전에 우뚝하고, 지혜의 눈이 길이 밝으니 용화회龍華會[1286]가 법계도法界圖 위에 엄숙하도다. 나무 매[1287]와 잎사귀 호랑이의 신이한 변화를 듣자 하니 위사韋史[1288]의 필담에 기재되어 있고, 향나무 매화 아이[1289]의 괴이함을 보자 하니 연천淵泉[1290]이 유람하여 과장하였도다. 지팡이 던져 나무로 자라남은 부석사의 선비화仙扉花에서 증명되고,[1291] 먹은 것을 토해 물고기 됨은 또한 원효(元翁)의 오어사吾魚寺에서 징험되었도다.[1292] 기타 오묘한 술법이 어찌 허탄하다 하리오.

　이제 이 용화당은 시초를 고찰할 수 없어 옛 자취에 어둡고, 주먹 펴는 것을 깨닫지 못하니 누가 이전 인연을 고하리오.[1293] 들보 뒤와 기와 머리에 다만 '홍치弘治 3년(1490)에 미륵전을 조성했다'는 글자만 보이고, 지면에 용화당을 언제 지었다는 기원紀元의 말이 없다. 그러나 현재 건물 전신을 보노라면 고황에 든 중병이 통탄스럽다. 옆으로 바람과 위로 비가 들이치고 박쥐들이 낮에 침입함을 더욱 미워하고, 좌로 기울고 우로 스러져 족제비가 밤에 울어 댐을 어이하리오. 어찌 다만 거처하는 승려들의 얼굴만 붉어지겠는가, 실로 부끄럽게도 유람하는 선비들의 마음도 한심스러워했도다. 이로 말미암아 대중의 좋은 계책을 모아 비상하고 신이한 처방을 헤아려서, 진주알과 유리 부스러기는 토산이 아니니 생각하지 말고 백미탕白米湯과 황금방黃金方은 있는 대로 더욱 힘썼네.

이에 바람 도끼와 달 도끼로 장석匠石의 지휘 아래 분분히 휘두르고, 산악 신과 개울 영령이 비구(苾蒭)의 혀 아래 명령을 듣네. 들보와 기둥을 뒤섞으니 모습이 진나라 채찍[1294]의 바람을 전하는 듯하고, 여러 북을 울리니 소리가 범패 음률을 울리도다. 자(規矩)와 먹줄(繩墨)로 고래와 미꾸라지의 꼬리와 머리에 줄을 긋고, 도끼와 칼을 갈아서 용과 봉황의 콧구멍을 잘라 새기도다. 저것을 자르고 이것을 끊으니 모두 헤아리는 목수의 재간이요, 톱의 꼬리와 도끼의 머리가 결묵結墨[1295]의 제작에 부응하네. 기둥과 들보, 도리 등이 줄 맞춰 종횡으로 자리 잡고, 서까래와 문빗장 등을 차례대로 다듬어서 잘라 내네. 이에 보니, 병丙[1296]을 등지고 임壬[1297]을 향해 삼재의 재앙을 제압하고, 오른쪽 갑甲[1298]과 왼쪽 경庚[1299]으로 또한 칠살七殺[1300]의 장애를 진압하네. 사방의 노을 지는 산들은 술해戌亥[1301]의 입구에 다투어 모이고, 백 리의 은빛 강물은 축인丑寅[1302]의 바다 입구로 다투어 달려가네. 이에 눈빛 재목(雪材)의 노을빛이 인초忍草의 향풍에 떠 움직이고, 무늬 초석(紋礎)의 태양빛이 보림寶林[1303]의 서리 달을 비추었다. 금옥의 끈들이 천 길 구름사다리에 걸려 있고, 구름 노인과 원숭이 손자가 7리里 금지金地에서 기뻐 뛰누나.

난亂[1304]은 다음과 같다.

그만이로다
노나라가 한 번 변하면 도에 이름을
사바세계 예토穢土에서 익숙히 들었으니

세 번 변하면 제불諸佛의 정궁淨宮이 될 텐데,
노나라가 도리어 변하여 제나라로 돌이키니
미륵의 누각이 세 번 변하여
관리들의 여관이 될지 뉘 알았으리

이에 육위六偉[1305]의 긴 노래를 울리고 7결闋의 짧은 명銘을 짓노라. 가사는 다음과 같다.

어영차, 들보 동쪽으로 던져라
자음당[1306] 18공께 머리 조아리고
세 스님을 증안證眼으로 청하려 하는데
문득 행해당[1307]에서 보현동자[1308] 만나네

남南
병정봉[1309] 높이 암자가 있으니
온갖 성城의 지식인들을 보고자
선재가 향을 들고 차례로 참례하네

서西
황제 같은 봉우리[1310]는 조계를 압도하여
꽃마다 풀마다 모두 선을 말하는데
황노黃老는 어이타 목서木犀를 묻는가[1311]

북北
범종루가 장경각 영역에 인접하고
선겁에 도를 이루어 지금 여전히 공하니

석천¹³¹²에 비친 달은 미륵을 기다리누나

상上
도솔천 궁의 비단 휘장을 열어
언제 용화수 자씨(미륵)를 뵈려나
제망帝網¹³¹³이 중중무진으로 각항角亢에 나뉘었네

하下
망망한 대지는 오직 손가락 하나¹³¹⁴
상당上堂 선자禪子¹³¹⁵가 칼 차고 자니¹³¹⁶
승방의 누군들 결사를 하지 않으랴

엎드려 바라건대, 들보 올린 후에 삼재팔난三災八難이 조계의 물에 씻겨 나가고 십마백장十魔百障¹³¹⁷이 길상吉祥의 바람에 흩날려 가게 하소서. 자씨慈氏(미륵) 궁중의 모든 상선인上善人들이 용화당에 운집하고, 석존 집안의 청정한 법중法衆들이 사자좌 앞에 바다처럼 모이게 하소서.

曹溪山松廣寺龍華堂重修上樑文【十二月八日】

恭唯兜率陀內院宮。原無三災之成住壞空。閻浮提中印度。何多八難之苦樂盛衰。疑是釋尊之權形。自現象駕鶴樹之物色。莫非慈氏之福力。必待獜瑞龍華之風光。誰免刼運之循環。最畏理數之徃復。唯玆松廣寺者。兜率陀之下院。閻浮提之東陲。以國觀國兮。槿域三千里。大吉祥之福地。從鄉至鄉也。桑海三百州。小江南之別區。竪我慧璘祖之剏占。普照老之大闢。法身不滅。獅子座嵬嵬於說法殿中。慧目長明。龍華會儼儼乎法界圖上。聞諸木鷹葉虎之神變。說盡韋史之筆談。觀彼香樹梅童之怪奇。誇張淵泉之遊步。杖投生幻樹。旣證於浮石之仙扉花。食吐化爲魚。亦驗於元翁之吾魚寺。其餘妙術。何歸誕虛。今玆堂者。未考濫觴。自昧舊蹟。莫悟申拏。誰告前因。樑背瓦頭。只見弘治三年彌勒殿成造之字。紙面筆舌。原無紀元。何日龍華堂剏修之言。然而現觀堂殿之全身。方痛膏肓之重病。傍風上雨。堪憎蝙蝠之晝侵。左傾右斜。何奈鼯鼬之夜叫。奚但居僧之赤面。實愧遊士之寒心。由是而集大衆之良謀。較非常之神劑。眞珠丸琉璃散。非土產而莫論。白米湯黃金方。隨所有而益辦。肆以風斤月斧。紛揮於匠石之指頭。岳神潤靈。聽令於苾蒭之舌底。宋楹錯落。影轉秦鞭之風。鼖鼓騰撞。聲動梵唄之律。規矩繩墨。點尺鯨鰌之尾頭。揩磨鈆刀。斫刻龍鳳之鼻孔。截於彼。斷於此。都料杍之幹能。鉅之尾。斧之頭。副結墨之裁制。柱楮樣。榾枂柷。依行列而安立縱橫。柄棍㮯。楗榱椽。從次第而磨鍊斫削。乃觀背丙而向壬。可壓三災之餘殃。右甲而左庚。亦鎭七殺之宿障。四圍霞嶂。爭聚戌亥之開門。百里銀江。競奔丑寅之海口。於是雪材霞色。浮動於忍草之香風。紋礎日光。暉映於寶林之霜月。金繩玉索。揭揚於千仞雲梯。雲叟猿孫。抃躍於七里金地。亂曰而已。魯一變而至於道。慣聞娑婆穢土。三變爲諸佛淨宮。魯還變而返於齊。誰知彌勒樓閣。三變爲縉紳旅舘。爰騰六偉之長唱。載綴七閱之短銘。詞曰。阿郎偉抛梁東。稽首慈陰十八公。欲請三師爲證眼。却逢行解普賢童。南。丙丁峯高曰有庵。百城知識要相見。善財拈香次第叅。西。峰如帝宇壓曹溪。花花草草皆禪話。黃老底緣問木犀。北。梵鐘樓接大藏閣。先刼道成今尙空。石泉印月待彌勒。上。兜率宮中開錦帳。龍華何日見慈氏。帝網重重分角亢。下。大地茫茫唯一指。上堂禪子帶刀眠。蜂房何人非結社。伏願上梁之後。三災八難。蕩滌於曹溪之水。十魔百障。飛颺於吉祥之風。慈氏宮中。諸上善人。雲集於龍華堂上。釋尊家裡。清淨法衆。海會於獅子座前。

조계산 송광사 화엄전, 불조전의 석축과 노전[1318] 중창기

삼변정토三變淨土[1319]에 대해 일찍이 취령鷲嶺의 지극한 말씀을 들었고 오취잡거五趣襍居[1320]에 대해 또한 나계천주螺髻天主[1321]에게 들었다. 그러므로 정토와 예토가 달리 변하고 무너짐과 이뤄짐이 절로 존재하는 것이다.

지금 두 불전 앞에 2각閣과 1루樓가 있으니 월조각月照閣·명성각明星閣과 화장루華藏樓이다. 옛 기록을 살펴보니, 우리 왕조 인조 11년 계유년(1633)에 성性·현玄 두 스님이 법우法宇(사찰)를 창건하고 경판을 보관하였고, 겸하여 월조각을 창건하셨다. 숙종 10년 갑자년(1684)에 득오得悟 상인이 불조 석상을 만들었으니, 불전을 지은 것은 아마도 선천先天[1322]이리라. 15년 지나 기사년(1689)[1323]에 우계 전익友溪雋益[1324]이 명성각과 화장루를 창건하였고, 영조 4년 무신년(1728) 가을에 춘선春善 장로가 화엄전 동서 협실과 정문을 보수하였다. 순조 원년(1800)에 윤수允修 도감都監[1325]이 화엄전을 중수하였고, 철종 12년 신유년(1861)에 용운龍雲[1326] 선사가 화장루를 세 번째 중수하였다고 한다. 그렇다면 3백 년이 되지 않아서 거듭 수리를 하였는데, 지금 허물어진 것은 운수이니 어찌할 것인가.

을축년(1925)에 주지 율암 찬의栗庵贊儀[1327]가 동지들에게 중창을 약속하기를, "사원의 허물어짐이 이와 같을 수는 없다. 앉아서 무너지기만을 기다리는 것이 어찌 우리들의 직분이겠는가."라고 하고는, 삼림을 베고 재물을 구하여 장인을 불러 일을 시작했다. 월조각을 허물고 북으로 옮겨(退北) 칠성전의 향각香閣으로 삼으니 이 전殿과 각閣은 김학모金學模[1328] 공이 보시하여 세운 것이다. 명성각이 무너져 앞으로 옮겨(退前) 두 전殿의 향사香社로 삼고, 화장루가 무너져 중앙에 세우니 세 전의 정문이 되었으며, 밖으로 사방 담장을 두르니 안으로 천 명을 수용할 만큼 규모가 널찍하고 담 안(序闥)이 밝았다. 이는 삼림을 방매한 비용으로 해은海隱 공공이 주관하였다. 그러나 가장 부족한 것은 석축 한 가지였다. 이 때문에 해은 공이 스승 용암龍嵓 노스님에게 고하기를, "몸 밖의 티끌 재물은 흑업黑業 (악업)을 늘리기만 하니, 바라건대 선한 씨를 내려 장래 즐거운 과보를 얻고자 하는데 어떠합니까?"라고 하니, 용암 노스님이 빙그레 웃으며 말하였다. "내가 조리 기구가 될 터이니 네가 맛을 맞출 수 있겠느냐?" 드디어 재산을 모두 기울여 나머지 3백 원을 내었다.

다음 해 봄에 우부禹斧[1329]를 빌려 벼랑을 깎고 진편秦鞭[1330]을 휘둘러 바위를 질책하여 3개월이 못 되어 완성하니 천인天人의 도움이요 기산綺山 공공[1331]의 감독이 아니겠는가. 이에 사방의 계단이 유리 빛으로 변하였고 두 전殿의 섬돌은 옥돌(琅玕)[1332] 테두리(唇)를 자른 듯하다. 또한 7처의 중해衆海[1333]가 시주(檀氏)의 청정한 마음 그릇에 은은히 현현하고, 3천의 불조佛祖들이 화주(化土)의 훌륭한 혀 위에 용솟음치도다. 인도한 공적이 시주(檀惠)의 덕보다 낮지 않고, 감독의 공력 또한 공덕의 지위보다 낮지 않도다. 공덕의 마침이 중창을 약속한 시작을 넘어서지 않도다. 그래서 이에 공과 덕의 성함을 내거니 겁석刼石이 민멸되도록 길이 보존되고 별과 달이 밝듯이 길이 비추리라.

曹溪山松廣寺華嚴佛祖兩殿石築爐殿重刱記

若曰三變淨土。曾見鷲嶺極談。五趣裸居。亦聞螺髻天主。所以淨穢異變。壞成自在。今兩殿之前。有二閣一樓。曰月照。曰明星。曰華藏也。按古記。我朝仁祖十一年癸酉。性玄二師。刱法宇而藏經板。兼刱月照閣。肅宗十年甲子得悟上人。造佛祖石像。刱殿疑在先天耶。越十五年己巳。友溪雋益。刱明星閣華藏樓。英祖四年戊申秋。春善長老華嚴殿東西夾室與正門修補。純祖元年。允修都監。華嚴殿重修。哲宗十二年辛酉。龍雲禪師。華藏樓三重修云。然則未滿三百年。再經修葺。而以今傾頹者。理數之奈何。歲乙丑住持栗庵贊儀。令同志粊約曰。寺院之頹圮者。莫此若也。而坐待傾伏。豈吾輩之職分哉。仍以伐森求財。招匠始役。月照閣壞而退北。爲七星殿之香閣。此殿與閣。乃金公學模之施建者也。明星閣壞而退前。爲兩殿之香社。華藏樓壞而建中。爲三殿之正門。而外環四墻。內容千人。規度宏粊。序閫洞彰。此乃放森林之費額。海隱公之幹督也。然而最欠者。石築一款也。由是而海隱公。告其師龍嵒老曰。身外塵財。徒增黑業。願下善種。將獲樂果。伏唯何若。龍老莞爾諾曰。我爲調具。汝能調味耶。遂傾槖和盤而出餘三百圓。越明年春。借禹斧而斫崖。揮秦鞭而叱石。未三月而竣工。豈天人之所助。綺山公之監董也。於是乎四邊階道。變成琉璃之光。兩殿砌級。斫斷琅玕之唇。亦復七處衆海。隱現於檀氏淨心器中。三千佛祖。湧出於化士善巧舌上。所以化導之功。不下於檀惠之德。董監之力。亦不下於功德之位。功德之要終。莫越乎粊約之權輿。故玆揭芳啣。之功之德。刻石泯而長存。星月明而永照云爾。

해청당을 부수는 축문 【병인년(1926) 1월 12일 갑신】

토지를 수호하는, 가람의 큰 신과

이름을 알 수 없는, 신령한 신들이시여

영산회상 당시에, 부처님의 부촉을 받아

같이 함께 발심하니, 가람을 수호하리라.

사찰을 따라, 사원을 가리지 않고

고독원이나 기수祇樹,[1334] 녹원鹿苑[1335]과 학림鶴林[1336]

이와 같은 곳들을, 지키지 않음이 없으니

바람을 질책하고 비에 소리쳐, 상서롭지 못함을 금했네.

오늘 이 해청당은, 오래되어 무너지니

길일을 택하여, 이에 일을 시작합니다.

바라건대 신령이시여, 화내지 말고 걱정 말고

잠시 허공 건물에 오르시어, 안도하고 보호하사

보호하는 생각을 도와서, 장애 없이 일하게 하소서.

정성껏 다과를 갖추고, 술을 마련하여

삼가 맑은 술과 함께, 여러 음식과 울향鬱香[1337]을 드리노니

굽혀 이 술을 받으시고, 엎드려 바라건대 흠향하소서.

海淸堂破屋祝文【丙寅一月十二日甲申】

土地守護。伽藍大神。不知名位。靈祇等衆。靈山當時。受佛付囑。同共發心。守護伽藍。隨逐佛舍。不擇寺庵。獨園祇樹。鹿苑鶴林。如是等處。莫不護從。叱風喝雨。呵禁不祥。于今此堂。年久傾覆。選差穀日。爰擧瓶役。唯冀靈祇。勿嗔勿憂。暫駕空廈。安堵護祐。傍助護念。瓶事無障。精修茶菓。玆設尊椼。[1)] 謹以淸酌。庶羞鬱香。俯歆斯尊。伏唯尙享。

---

1) ㉠ '椼'은 '樽' 등의 오기인 듯하다.

보조국사 사리탑 축대가 무너져 세우는 축문

병인년(1926) 8월 27일 을축에 주지 찬의贊儀가 원력수생願力受生[1338]하신 해동海東의 불일보조국사佛日普照國師 존령尊靈께 밝히 아룁니다.

청정한 법계의 몸은, 본래 생사가 없으나
큰 자비의 원력으로, 비로소 왕래가 있어
뜻에 따라 몸을 받아, 사바세계에 나시니
혜풍惠風이 남국에 불고, 불일佛日이 동방에 비쳐
업보의 인연이 송악[1339]에 깊고, 조사의 밀인密印을 선종에 내걸어
도력은 9산의 장벽을 융화시키고,[1340] 자리는 삼보의 이름에 참여했네.[1341]
변화로 법계를 마치고, 탑을 조계에 두었으니
9층 안탑鴈塔과, 백 층의 치대鴟臺[1342]
구역은 오래되었으나, 개축이 새로우니
본지本地는 무너지지 않으나, 잔도棧道[1343]가 막혀
사방의 계단을, 옥빛으로 가다듬고
무덤에서 편안하시도록, 여러 겹 옥돌로 지탱하니
지극히 영험한 존령이시여, 놀라지 말고 화내지 마시고
신령으로 돕고 보호하사, 재앙을 없애고 길상을 내리시길
이에 울향을 올리며, 존령께 우러러 아뢰나니
음식은 소박하지만, 양식을 받으시고
삼가 차를 따르오니, 엎드려 바라건대 흠향하소서.

普照國師舍利塔築臺壞成祝

歲次丙寅八月二十七日乙丑。住持贊儀。敢昭告願力受生海東佛日普照國師尊靈。淨法界身。本無出沒。大悲願力。始有去來。隨意受生。影落娑婆。惠風扇於南國。佛日照於東方。報緣深於松岳。祖印揭於禪宗。道融九山之壁。位叅三寶之名。化終法界。塔鎭曹溪。九層鴈塔。百級鴟臺。封疆旣舊。改築維新。本地不壞。棧道乃堙。四邊階道。攻治璘垠。安堵窀穸。祇撐層珉。至靈至尊。勿警勿嗔。鬼扶神護。消災降祥。玆庸薦䤰。仰籲尊靈。物雖菲薄。俯歆斯粻。謹以茶酌。伏唯尙饗。

송광사 사천왕의 다섯 번째 중수기 [병인년(1926) 9월 9일 봉안]

붉은 호랑이 해(丙寅, 1926) 중구일重九日에 운운雲 사미가 책을 들고 와서 말했다.

"지금 하는 불사佛事의 거문고 판 위에 적혀 있는 것을 보니, 명나라 숭정崇禎 원년 무진년(1628)에 희옥熙玉¹³⁴⁴이 증명하고 응원應圓¹³⁴⁵이 그렸고, 청나라 강희康熙 59년 경자년(1720)에 이제以濟가 증명하고 일기一機¹³⁴⁶가 그렸고, 청나라 가경嘉慶 11년 병인년(1806)에 서홍瑞弘¹³⁴⁷이 증명하고 도일度溢¹³⁴⁸이 그렸고, 광서光緒 17년 신묘년(1891)에 윤문倫文이 증명하고 천희天禧¹³⁴⁹가 그렸고, 대정大正 15년 병인년(1926)에 찬의贊儀가 주지住持를 맡고 문성文性¹³⁵⁰이 그렸다고 적혀 있습니다. 처음 창건한 연대에 사천왕의 위치와 손에 들고 있는 것, 발로 밟고 있는 것이 어떤 것들인지 상세히 듣고 싶습니다."

"명나라 무진년(1628)은 지금부터 303년이라 오래되지 않았는데 다섯 번 수선을 하였으니 어찌 그리 빠른가. 형상 있는 것은 무상하다는 것이 진실로 속임이 없도다. 여러 문헌에 기록되어 있지 않은가? 동방호세東方護世 건달바乾達婆의 군주 제두뢰타提頭賴吒¹³⁵¹는 이곳 말로 '지국천왕持國天王'이라 하는데 거문고를 안고 음악을 연주한다. 남방호세南方護世 구반다鳩般荼의 군주 비류륵차毘留勒叉¹³⁵²는 이곳 말로 '증장천왕增長天王'이라 하는데 칼을 들고 사귀를 물리치거나 탑을 받들어 병화를 물리친다. 서방호세西方護世 대룡大龍의 군주 비루박차毘樓博叉¹³⁵³는 이곳 말로 '광목천왕廣目天王'이라 하는데 용을 호령하며 구슬을 희롱한다. 북방호세北方護世 대야차大藥叉의 군주 비사문毘沙門¹³⁵⁴은 이곳 말로 '다문천왕多聞天王'이라 하는데 깃발을 들고 중생을 영도한다. 이들 모두 귀신을 제압하고 사귀를 쫓아 불길한 것을 금하고 불법을 수호하며 가람을 보호하니, 우리 부처님이 부탁하신 것이다. 지금 경영하면서 대중들이 갹출하고 산림 채벌한 비용을 합한 8백여 원圓으로 8월 20일에 시작하여 9월 10일에 마치니, 찬란하게 선명하고 장애 없이 회향回向[1355]하였다. 이에 네 신체의 엄숙한 형상이 방위를 따라 늘어서니 오색구름이 골짜기 입구에서 빛을 더하고, 여덟 눈동자의 번개 광선이 때를 다투어 맑게 빛나니 해와 달이 하늘 거리에서 빛을 가리도다. 다섯 마귀는 몸을 감출 곳이 없으니 1백 귀신이 어디로 도망하리오."

운雲 사미가 머리를 조아리니, 기록하여 후인(可畏)들에게 보이노라.

松廣寺四天王第五瓶修記【丙寅九月九日奉安】

歲赤虎之重九日。雲沙彌挾册而進曰。今見佛事所有琴板上所記。大明崇禎元年戊辰。熙玉證明。應圓畫之。大淸康熙五十九年庚子。以濟證明。一機畫之。大淸嘉慶十一年丙寅。瑞弘證明度溢畫之。光緖十七年辛卯。倫文證明。天禧畫之。大正十五年丙寅。贊儀住持。文性畫之云。初瓶年代。四王位置。及手所持。足所履者。是何等物名。詳悉願聞乎。曰。大明戊辰。今爲三百三年之未遠。而五重修繕。何其太速歟。有相之無常。信不誣矣。諸般文不云乎。東方護世乾達婆主。提頭賴吒。此云持國天王。抱琴奏樂。南方護世鳩般茶主。毘留勒叉。此云增長天王。執釖驅邪。或奉塔退兵。西方護世爲大龍主。毘樓博叉。此云廣目天王。喝龍弄珠。北方護世大藥叉主。毘沙門。此云多聞天王。建旗領衆。皆壓鬼逐邪。訶禁不祥。護佛護法。守護伽藍。吾佛之所囑也。今之營之。以大衆釀金。山林採伐費。八百餘圓金。而始於八月念。終乎九月旬。煥然鮮明。無障回向。於是乎四躬嚴像。隨方幷列。五雲增彩於洞門。八眼電光競時瞪睛。雙曜掩映於天衢。五魔竄身無地。百鬼遁形何處耶。雲沙彌稽首記之以示可畏云爾。

조계산 불일보조국사의 감로탑을 개축하는 기문[병인년(1926) 9월 20일 봉안식]

우리 국사께서 고려 희종 8년[1356] 경오(1210)에 입적하셨고 다음 해에 사찰 북쪽 기슭에 탑을 세웠다. 그 후 세 번 나가고 세 번 들어온 자취는[이 책 1권 7장丈에 보인다.[1357]] 묵암默庵 노스님의 필체로 다 기술되어 있으니 덧붙이고 싶지 않다.

717년 후 대정 15년 병인(1926)에 본사 지주 찬의贊儀가 문득 발원을 하여 티끌 재물을 아끼지 않고 1,020여 원圓을 들여서 5월 보름에 시작하여 일꾼들을 불러 일을 감독하니 우부禹斧(도끼) 소리 가운데 황석공黃石公과 장석군匠石君[1358]이 조각조각 잘라서 진편秦鞭(채찍)의 그림자 아래 긴 대열의 돌(長隊石)과 짧게 쌓은 돌이 구르고 굴러 도착하였다. 이에 8월 27일 탑을 열고 9월 3일에 구멍을 뚫으니 자기 단지 하나와 성골聖骨 1백 조각이 속에 가득히 안치되어 있어 쟁쟁 옥이 떨치듯 찬란히 금이 빛나듯 하였다. 그래서 자기磁器[높이는 1척 남짓이요, 둘레가 작은 동이]를 설법전 사자좌 위에 봉안하고 향을 사르며 목탁을 울리고 온 대중이 절하며 바라보고 모든 입으로 경축을 올렸다. 그런데 30매枚 사리 가운데 1알(粒)이 보이지 않으니, 임진왜란 때 소실된 것인가. 미친놈이 삼켜 버린 것인가? 삼칠일 동안 향 공양으로 엄호하면서 차례대로 수도隧道[1359]를 수선하였다. 9월 18일에 이르러 본 자리에 봉안하고 회를 칠하고 덮었으니, 인寅을 등진 신申 방향[1360]이다. 새로 3층을 쌓아 내렸으니, 높이 드러내고자 함이요, 그 위에 옛 탑을 그대로 쌓았으니 예전대로 편하게 함이라. 합하여 9층이 된다. 사방 계단을 본 터에 따라 설치했으니 넓지도 좁지도 않다. 그 뒤를 쌓아서 담장을 두르고 그 앞을 통하여 경사지게 하니 30층 계단(棧)이 되었다. 그것은 사리 30매를 표현한 숫자인가. 엎드려 살피면 여산驪山[1361]의 잔도棧道 같고, 우러러 바라보면 천극天極[1362]의 각도閣道[1363] 같도다.

아아, 우리 말세의 보잘것없는 인생이 어떤 선근으로 717년 전의 성골을 여기서 대면하여 알현하게 되었나. 또한 오늘 시주(檀氏)의 인연이 긴 세월 속에 어떤 기이한 인연을 심어서 위없는 복전에 썩지 않는 뿌리를 심었는지 모르겠다.

정묘년(1927) 가을에 대중(介衆)¹³⁶⁴이 발의하여 그 공적이 사라지지 않도록 돌을 다듬어 명銘을 새기도록 했다.

    법유法乳가 조계에 영원하고
    단공檀功¹³⁶⁵이 송광사 산에 높아라
    불일佛日이 법계에 밝고
    감로가 선경禪境을 적시누나

나는 국사의 법파法波에 외람되이 목욕하여 이에 자라나고 여기서 늙었는데 마음 밭에 한 터럭 선善이 부족하거늘 마침 이에 참여하여 친히 성골을 뵙고 개축 사업을 목도하니, 우러러 칭송하는 바람이 가슴에 가득하여 나도 몰래 붓을 꺼내 한 줄기를 기록함이 이와 같고 이와 같다.

曹溪山佛日普照國師甘露塔改築記【丙寅九月二十日奉安式】

唯我國師。高麗熙宗八年庚午示寂。越明年立塔于寺之北麓。而其後三出三入之蹟【見此卷初七丈】備盡於默老之筆。不欲贅焉。越七百十七年後。大正十五年丙寅夏。本住持贊儀。忽發叛願。不惜塵財。費一千二十餘圓金。濫觴於五月望。招工董役。禹斧聲中。黃石公匠石君片片而斷截。秦鞭影下。長隊石短築石轉轉而到着。於是開塔於八月二十七日。穿邃於九月初三日。一瓿磁器。百片聖骨。滿中安然。錚錚然玉振之。燦燦然金融焉。仍奉磁器【高尺餘也周小盆也】于說法殿獅子座上。焚香鳴鐸。一衆拜觀。萬口慶祝。而三十枚舍利。不見一粒。疑是壬亂所失耶。眞若狂夫所呑耶。三七日間。

香供嚴護。第待修治邃¹⁾道。至九月十八日。奉安于本座。灰塗而盖覆之。乃寅坐申向也。新疊下三層。意欲高顯。而其上仍疊古塔。依舊安堵。合九層也。四階依本址。而不廣不俠。築其後而垣之。通其前而隊之。爲三十級而成棧。疑是舍利三十枚之表數耶。俯而察之。若驪山之於棧道。仰而望之。象天極之於閣道歟。嗚呼噫嘻。唯吾末葉殘生。何幸善根面謁乎七百十七年前聖骨於此乎。況復今日檀氏之緣。不知浩刼植何奇緣。而以種不朽根於無上福田也。越丁卯秋。介衆發議。恐泯厥功。鍊石勒銘曰。法乳長曹溪。檀功隆松嶺。佛日明法界。甘露沾禪境。予叨沐國師之法波。長於玆。老於斯。而乏一毫善於心田。適叅于玆。親拜聖骨。目醉粏役。贊仰之願。塞乎胃次。不覺抽毫。記諸一線。如是如是。

---

1) ㉘ '邃'는 '隧'의 오기인 듯하다.

본사에서 염불당을 혁파함에 감상을 적은 설

『산해경山海經』에 이르길, "산에 '학'이라는 새가 있는데 목이 길고 다리 또한 그러해서 당당하게(軒軒) 날며 크게(嘎然) 울어 대니 그 소리가 하늘에 들린다. 구고九皐[1366]의 구름 속 소나무 꼭대기가 아니면 머물지 않는다. 물에 '물오리(鳧)'라는 새가 있는데 목이 짧고 다리 또한 그러해서 문득 잠수하고 표연히 떠오르니 또한 삼강三江[1367]의 안개 낀 물결 속이 아니라면 헤엄치지 않는다."라고 한다. 이 모두 조물주와 천진天眞이 그렇게 한 것이로다. 문득 강마을의 그물질 하는 이가 주살로 모두 잡아서 긴 것을 잘라 짧은 것을 이으니, 이윽고 긴 것과 짧은 것 모두 아파하고 자른 것과 이은 것 모두 병이 나서, 새 족보 바깥으로 모두 버리게 되었다. 이것은 조물주를 거역하고 천진을 잃은 변고가 아니겠는가. 어찌 그리 긴 것에 소원하고 짧은 것에 친하여 책망하여 자르고 은혜롭게 이음이 이처럼 심한가.

이제 조계산에 안팎의 교육이 있으니 안으로 선종과 교종·염불종이요 밖으로 소학교(小校)와 중학교(中校)·대학교(大校)의 명칭이 있다. 그런데 3종은 사찰의 창건 이래로 모두 겸하여 시행되었으니 솥의 발처럼 하나라도 없으면 안 된다. 3교는 혁신한 이후로 아래로부터 높은 곳에 이르기까지 누각 층계처럼 점차 오르는 것이다. 누각에 오르는 이가 흥과 힘에 따라 1층에 올라 그치기도 하고 2층에 올라 그치기도 하고 3층에 오르기도 하고 설혹 끝까지 오르기도 한다. 다만 형외形外를 방랑하며 세계를 고무鼓舞하고 눈을 두리번거리며 회포를 펼치면서 세계(球宇)를 삼킬 마음과 성현을 평가할 뜻이 세상과 함께 부침하여 끝내 우리 집안의 물건이 되지 않는 것이 누각을 오르는 근본 뜻이다. 솥처럼 서 있는 경우는 대소를 막론하고 세 발을 같이 들어야지 하나라도 없으면 서지 못한다. 금이나 철이나 구리나 일시에 주조하여 죽을 끓이고 밥을 지어서 네 부처를 삶고

네 조사를 삶아 마침내 우리 집안의 본색 납자가 되는 것, 이것이 솥을 세우는(立鼎) 본분이다.

이제 이른바 '혁신'이란 솥발의 금이나 철·구리를 단박에 잘라 내고 누각(樓級)의 계단이나 섬돌·층계를 만드는 것이니, 그렇다면 끝내 오르는 몇 사람이 사원의 영광을 장쾌히 볼 것인가. 아아, 솥발은 이미 잘려서 구렁에 넘어져 있으니 끝내 요리하는 집안에 쓸모없으리라. 허물이 어느 곳에 있게 되는지 나는 알 수 없도다. 솥발을 빌려 누각에 오르는 이가 영광이 없다면 도리어 솥을 솥으로 하여 발로 삼고 누각을 누각으로 하여 계단(級)으로 오르게 하여, 각자 본색으로 위치에 편안하여 마땅하고 당연한 것만 못하다. 어찌하여 솥발을 잘라 층계를 지탱하고 긴 것을 잘라 짧은 것을 잇겠는가. 주살이나 그물의 정교하거나 졸렬함으로 같은 병을 앓는 새 두 마리를 소생시킬 수 없으니 혁신자의 권한으로 본래 지위를 돌이켜 솥으로 만들 수 있는가. 같은 병으로 폐물이 됨을 어찌 기다리며 앉아 보리오. 여러분들이 증명하시라.

本寺革罷念佛堂感想說

山海經云。山有鳥曰鶴。其頸長。其脛亦然。軒軒以飛。嘎然而鳴。聲聞于天。若非九兜¹⁾雲松之頂。莫可捿息。水有鳥曰鳧。其項短。其足亦然。忽焉以潛。飄然而浮。亦非三江烟波之心。莫與游泳。此皆造物天眞之使然也。忽有江村網夫。弋以并得之。斷其長而續乎短者。尋之長短俱痛之。斷續同病焉。并棄於禽譜之外。此無乃逆造物喪天眞之變乎哉。何其疎於長而親於短。咎而斷之。恩而續之。若是之甚乎。今曹溪山有內外敎育。內以禪宗敎宗念佛宗也。外以小校中校大校名焉。然而三宗。則自剙寺以來。并學兼行。如鼎足而闕一不可者。三校則至革新以後。自下至高。如樓梯而漸陟者也。如登樓者。隨其興力。或一級而止者。或二級而止者。或三級而登者。設或終級登者。但放浪形外。鼓舞世界。遊目聘懷。并吞球宇之心。黜陟賢聖之意。與世沈沒。終不作吾家之物。是其登樓者之本旨也。如立鼎者。不論大小。三足幷擧。廢一不堅。或金或鐵或銅。一時幷鑄。煎於粥。作乎飯。烹而佛。烹而祖。終作吾家之本色衲子。此乃立鼎者之本分也。而今所謂革新者。頓斫鼎足之金鐵銅。反作樓級之階陞梯。然則終登者。有幾人而壯觀光榮於寺院乎。嗚呼。鼎足旣折。顚伏於丘壑。終無用於烹飪之家。吾莫知其爲咎¹⁾之所以存於何地也。若以借鼎足而登樓者。旣無榮光。反不如鼎其鼎而足之。樓其樓而級之。各自本色以安其位。宜之當之。如之何而斫鼎足而撐梯。斷其長而續短乎。以若弋網者之巧拙。旣莫能甡同病之二鳥。若以革新者之幹權。猶能還其本位。足以鼎之也。何待坐見同病之廢物耶。唯諸君證明也。

1) ㉄ '兜'는 '皐'의 오기인 듯하다.

함호[1368] 화상이 유촉[1369]하는 글

말하노니, 너희 제자들아 내 말을 들어라.

저 세월(光陰)은 화살 같아 내 이와 머리는 실 같아졌다. 해는 다그쳐 벌써 엄자산(崦嵫山)[1370]에 있고 석양은 산에 있어, 무상하고 신속하니 무엇이든 보호하기 어렵다. 이 몸이 길이 있을 것을 어찌 기대하겠는가. 한숨도 멈추지 않고 백 년이 훌쩍 지나니 혹 불행해도 사후의 비판(雌黃)[1371]을 누가 변론하겠는가. 일생에 모은 약간의 물건인 동산과 부동산을 사람들 앞에서 화반탁출(和盤托出)[1372]하여 종류별로 나누고 나열하여 사심 없이 나누고 먼저 불량(佛粮)[1373]과 선사위토(先師位土)[1374]를 제외하고 나서 다음에 공(公)과 사(私), 진(眞)과 속(俗)에 이르기까지 조금씩 나누도록 하라. 몇 가지 의발 같은 것은 또한 있는 대로 희사하도록 하나하나 왼쪽에 기록하니, 너희들은 이에 따라 준행하여 목을 빼고 치혁(鴟嚇)[1375]하지 않도록 하고 다만 족함을 알고 마땅하게(烏誼)[1376] 하라. 무궁하게 길이 전하여 나로 하여금 눈 감고 서쪽 안락세계로 돌아가게 하라. 너희들은 힘쓸지어다.

菡湖和尙遺囑文

曰爾徒弟等。聽吾一言。彼光陰若矢。我齒髮如絲。日迫奄嵫。夕陽在山。無常迅速。有物難保。安期此身之長存哉。一息不停。百年忽爾。如或不幸。誰能卞身後雌黃乎。所以一生鳩聚略干之物。動不動産。和盤托出於諸人面前。條分鑪列。均公無私。先除佛粮。及先師位土。次至公私眞俗。略略分計爲旀。如干衣鉢之物。亦隨所有而喜捨。一一左記。唯諸人等。依此遵施。俾毋延頸而鴟嚇。唯以知足而烏誼。永傳無窮。使吾瞑目。而西歸安樂世界。爾等勉旃。

관음전 불량을 들이고자 하는 기문 【무진년(1928) 1월 길일】

'관음'이란 세상 사람의 소리를 들음이니, 듣는 성품을 돌이켜 보는 것을 일러 관음이라 한다. 귀는 원통圓通하여 두루 듣고, 몸은 나타나지 않는 곳이 없다. 그 말씀은 설하지 않으면서 설하고, 그 마음은 생각지 않으면서 생각하니, 그 지혜를 생각할 수 없고 신통을 헤아릴 수 없다. 세상에서 이른바 사생四生[1377]의 부친이라 하니, 뭇 왕들이 왕으로 여기며 실로 자비희사의 스승(導師)이로다. 그렇다면 본전本殿(관음전)의 지킴을 어찌 소홀히 하겠는가. 그러나 혁신 초기라 풍조가 변함에 향화香火는 연기 없고 공양(齋供)은 풍부하지 않아 푸른 원숭이가 발우를 씻고 흰 새가 꽃을 머금으니 산이 적적하고 물이 잔잔히 흐름에 거승居僧들이 안타까워하고 유람하는 이들이 탄식하니, 달빛이 교교하고 바람이 쓸쓸하여, 거리 의논이 분분하고 물의가 떠들썩한 지 10여 년이 되었도다.

마침 이에 대단신大檀信 함호菡湖 공公께서 주머니를 털어서 10마지기 토지를 원통圓通의 복전福田에 받들어 헌납하셨다. 밭 갈고 김매지 않아도 보리의 씨앗이 절로 자라고 찧고 불 때지 않아도 옥 같은 쌀밥이 완성되었다. 향적香積 주방의 한 발우 밥이 하늘에서 내려오지 않아도 수북하게 많고,[1378] 사자좌 위 향로의 향이 땅에서 솟지 않아도 하늘하늘 자욱하니, 시주(檀氏)의 한 조각 붉은 정성에서 유출된 것인가. 아, 복전複殿[1379]이 용처럼 서린 아래에서 용을 항복시킨 발우[1380]를 원숭이가 받들고, 경루磬樓가 봉황처럼 우뚝한 가운데 안개와 구름의 공양을 새가 말하네.

이에 흰 눈썹의 고선枯禪[1381]이 기쁜 얼굴로 즐거워하고, 푸른 눈의 납승이 가락에 맞춰 찬송하네. 중생의 마음이 곧 부처이니 부처님이 어찌 환희하지 않으랴. 사람의 정이 신과 같으니 신이 어찌하여 지킬 마음이 없으랴. 시주(檀越) 옹翁의 발원하는 소리가 천둥처럼 관자재觀自在(관음)의 이근耳根에 쏟아지고, 선남자의 수희隨喜하는 즐거움이 구름처럼 원통전

보문普門[1382]에 모이리라.

지으신 공덕으로 널리 모두 회향하니 무진년 원단元旦(설)에 공양 올림을 시작한다.

觀音殿佛粮願入記【戊辰一月吉日】

觀音者。聞世人音。反觀聞性之謂觀音也。其耳則圓通普聞。其身則無處不現。其辯也。無說而說。其心也。不念而念。智慧不思議。神通沒可量。世所謂四生之父。衆王以之王。實慈悲喜捨之導師。然則本殿之守衛。安敢忽諸。然而革新之初。風潮之變。香火無烟。齋供不豊。靑猿之洗鉢。白鳥之含花。山寂寂水滾滾。居僧之寒心。遊士之嗟嘆。月皎皎風凄凄。港[1)]議紛紛。物論喧喧者。十餘年矣。適玆有大檀信菡湖公。傾槖搜囊。惠以十斗土。奉獻圓通福田。不耕不耘。菩提種自長。非春非炊。玉粒饌已成。香積厨中一鉢飯。不從天而鬪鬪釘釘。師子座上一爐香。不從地而裊裊撲撲。秖從檀氏一片丹誠而流出歟。嘻複殿龍蟠下。猿拏降龍之鉢。磬樓鳳峙中。鳥說烟雲之供。於是乎。白眉枯禪。怡顏而悅可。靑眼衲僧。協律而贊頌。凡心卽佛。佛何不歡喜。人情如神。神豈無護念哉。檀越翁之發願音如雷。灌於觀自在之耳根。善男子之隨喜樂若雲。會於圓通殿之普門。所作功德。普皆回向。戊辰元旦。上供爲始。

---

1) ㉮ '港'은 '巷'의 오기인 듯하다.

천태암 불답 기문

사람이 남에 하늘에서 명을 받고, 그 죽음에 혼이 지부地府로 돌아간다. 지부의 주인을 '명왕冥王'이라 하고 명왕의 주인을 '지장대성地藏大聖'이라 한다. 큰 자비심이 봄날 햇살의 사심 없음과 같아서 정성을 바치는 이가 있으면 명왕의 판결에 관계없이 곧장 극락으로 가게 하니 어찌 공경하지 않으랴.

이제 조도수趙道洙[1383] 공은 돌아가신 부친을 위해 극락으로 천도하고자 2마지기 토지로 천태암 지장대성 앞에 받들어 바쳐 길이 공양의 자료로 삼으오니, 엎드려 바라건대 대성께서는 시주(檀氏)의 미약한 정성을 밝히 살피사 이 망령亡靈으로 하여금 속히 연화세계에 오르게 하시기를 지극한 마음으로 엎드려 바라옵니다.【무진년(1928) 3월 일】

天台庵佛畓記・

人之生也。受命于天。其死也。魂歸於地府。府之主曰冥王。王之主曰地藏大聖也。大慈悲心。如春日之無私。若有獻誠者。不管冥王之決案。直徃樂方。豈不欽哉。今趙公道洙。爲其亡父。欲薦樂國。以二斗土。奉獻于天台庵地藏大聖前。以爲永年供資。伏願大聖明鑑檀氏迷[1])誠。使此亡靈。速登蓮國。至心伏乞者。【戊辰三月日】

1) ㉘ '迷'는 '微'의 오기인 듯하다.

석존 탄신에 결사하는 글 【무진년(1928) 4월 8일】

엎드려 듣건대, 제불諸佛이 출현하실 때 모두 부모에 의탁하여 생을 받으시고 만물이 성장(興生)할 때 모두 천지(覆載)를 빌려 양육되는데, 오직 우리 석가씨만은 도솔천에서 화신을 거두어 대술大術[1384]의 태 안에서 신운身雲[1385]을 내리사,[1386] 사바세계에 모습을 드러내시니 소천小千 세계 안에 국토(利境)를 거두셨다. 청정과 더러움에 장애 없으니 원래 보답할 수 있는 인연이 아니요, 크고 작음에 자유로우니 모두 중생을 제도하는 방편이라네.

주나라 소왕昭王 23년 계축 7월 8일은 신령이 내려온 좋은 때요 갑인(B.C. 1027) 4월 8일은 탄생하신 길일이라네. 일륜日輪을 띠고 코끼리를 타시니 널리 광명을 비추시고, 각수覺樹[1387] 아래 용처럼 앉으시니 초연히 상서로운 모습이라. 무우수無憂樹[1388] 아래 연꽃 가지를 발로 밟으시고, 룸비니 동산에서 사자좌에 앉으셨네. 계속해서(乾乾) 일곱 걸음 걸으시고 옹얼옹얼 몇 마디 하시며, 한 손으로 하늘을 가리키니 삼계에 홀로 존귀한 성인이심을 알겠고 9룡이 물을 뿜으니 사해의 물로 정수리에 부음을 구하지 않도다. 철수鐵樹[1389]에서 꽃이 피고, 우담바라가 열매 맺는구나. 노나라 들판에서 기린을 잡으니 성군 이르시길 기대하고,[1390] 번산(樊岺)에서 표범을 잡으니 꼬리 세움을 기뻐하겠네.[1391] 그러나 기린과 봉황이 가시나무에 서식하지 않는데 교룡과 곤어가 도랑물에 숨겠는가. 이로 말미암아 8일 밤에 동궁(春城)을 넘어 6년 동안 설산에 머물다가, 나무 아래에서 마귀를 항복시키니 용과 귀졸들이 자취를 감추고, 새벽별 전에 깨달으니 천지가 상서로운 징조를 보였도다. 이에 각장覺場에서 화엄을 설하시어 법계의 일곱 곳을[1392] 나열하고, 녹원鹿苑에서 4제諦를 보이시어[1393] 3승의 교종을 나열하셨네. 세 풀의 꽃다운 언덕은 세 수레로 유람하고 한 본성의 진실(眞際)은 일승의 지향(指歸)이라. 삼계三界의 스승(導師)일 뿐만 아니라 실로 사생四生의 자부慈父시로다.

그렇다면 이렇게 좋은 날을 맞이하여 어찌 기념을 잊으리오. 갚을 수 없는 덕을 갚고자 백련사의 맹세를 맺고, 보답하기 어려운 은혜를 보답하고자 도원桃園의 형제가 되노라. 엎드려 바라건대 모임에 참여한 도반들이 신근을 발휘하여 문중에 재물을 보시하여 유루有漏[1394]의 티끌 재물을 넉넉히 은혜롭게 하고, 향사香社 대청 위에서 연기 없는 심향心香을 함께 사르니, 재보를 희사할 때에 사바세계와 화택지옥의 괴로움을 단박에 뛰어넘고, 향연이 끊어진 곳에 즉시 도솔천 연태蓮胎[1395]의 극락에 오르게 하사, 함께 증명하고 함께 종지種智[1396]를 원만히 하게 하소서.

釋尊誕辰結社文【戊辰四月八日】

伏聞諸伏出現。皆托父母而受生。萬類興生。盡假覆載而養毓。唯我釋迦氏收化兜率。降身雲於大術胎中。現形娑婆。納刹境於小千界內。淨穢無碍。原非實報酬因。大小自由。盡是度生方便。周昭王二十三年癸丑七月初八日。降神之良辰。甲寅四月初八辰。誕生之吉日。日輪象駕。遍照光明。覺樹龍盤。超然瑞相。無憂樹下。足承蓮花之枝。毘尼園中。身跨師子之座。乾乾七步。哦哦數聲。一手指天。可知三界之獨尊聖。九龍吐水。不求四海之灌頂波。鐵樹生花。曇蕐結果。曰若獲獮魯野。將期邸君。獵豹樊歲。方歡竪尾。然而猨猱鷖鳳。猶非枳棘之所捿。蛟龍鯤鵬。況是溝瀆之所隱。由是踰春城於八夜。棲雪嶺於六年。樹下降魔。龍鬼以之遁跡。星前悟道。天地以之徵祥。於是覺場之說華嚴。羅七處於法界。鹿苑之示四諦。列三乘之敎宗。三草芳原。卽三車之遊履。一性眞際。乃一乘之指歸。非特三界導師。實乃四生慈父。然則當是日之良吉。何紀念之相忘。欲報莫報之德。宜結蓮社之盟心。將酬難酬之恩。爰搆桃園之昆季。伏願叅社道伴。頓發信根。財施門中。優惠有漏之塵財。香社堂上。共爇無煙之心香。財寶捨時。頓超娑婆火宅之苦趣。香烟斷處。卽登兜率蓮胎之樂方。同垂證明。同圓種智。

'대경(화엄경) 글자수 분별의 결의'에 대한 변론 [무진년 (1928) 6월 일]

무릇 고금의 역사가의 서술은 반드시 옛것을 고찰하는 것을 지침으로 삼아야 한다. 지침이 정확하지 않으면 방향(線途)이 어지럽고 방향이 한번 어지러우면 행인이 길을 잃는다. 하물며 가르침의 바다로 이치(義理)를 담은 성현들의 경전經典이 어찌 옛것을 고찰하지 않고 유통되겠는가.

이제 불교사보佛敎社報를 보니, '불교결의佛敎決疑' 제목 아래 이른바 '동국경원東國經院의 물음'이라 하였다. ¹³⁹⁷[약본略本 『화엄경』의 자수字數에 대해 오직 묵암默庵 고로古老의 『화엄품목華嚴品目』¹³⁹⁸ 가운데 자수를 가리켜 정하였고, 이 노스님 이전에는 전하는 바가 없었으니 허탄함이 매우 심하다고 하였다.] 본 사주社主 퇴경씨退耕氏가 그 경개에 대해 풀어 답변했다.["이것은 종전從前으로도 많은 의심의 구름을 쌓아 왔다."부터 "생겨난 바가 없는데 자수를 계산하였다."라고 하였고, 말미에 "일없이 일 좋아하는 어떤 노장老長님이 『화엄경』 등의 경전 자수를 계산 발표했다."라고 하였다.] 경원經院에서 말한 '이 노스님 이전에는 보이지 않았다'는 말이나 사주社主가 말한 '일없는 노장이 자수를 계산했다'는 말은 같은 모양의 허물이요 똑같이 귀양 보낼 일¹³⁹⁹임이 명백하도다.

그 문답 가운데 허다한 갈등과 인아人我¹⁴⁰⁰의 말들은 모두 박식하여 과장하는 쪽정이 더미로 부쳐 버려야 한다. 다만 '보이지 않다'라거나 '일없다'는 두 언급(線路)에 대해서는 차례로 논변해야 한다. 왜 그런가. 『치문경훈』¹⁴⁰¹ 중권 34장 9줄에 '수주隨州 대홍산大洪山 수선사遂禪師가 『화엄경』을 예찬한 글(隨州大洪山遂禪師禮華嚴經文)'이 있다.[남무南無 비로교주毘盧敎主 화엄자존華藏慈尊. 보배 게송의 황금 문장을 부연하고, 보배 함의 옥 문장을 펼치노니, 티끌마다 섞여 들고 국토마다 원용한 10조9만5천48자 일승원교一乘圓敎 대방광화엄경大方廣佛華嚴經이여.] 문 군文君은 어이하여 보지 못하였나? 군이 보지 못하였다고 묵암 노스님도 본 게 없다고 하면 그 인아의 좁은 견해는 이미 논변할 거리도 없다. 묵암 노스님이 본 게 없다는 말에 이르러 경원經院의 본 바가 없음에 귀결되니 또한 누추한 갈등이 어떠한지 기다릴 것도 없다. 만약 '수선사의 자수 발표'라고 한다면 사주가 비록 '일없는 노장'이라 말하더라도 이것이 일없이 나와서 교화문(化門)에 온 것인가. 경전에, 제불의 현신이 무량하니 중생을 제도하기 위하여 보살의 몸으로 드러낸다거나 내지는 같거나 다른 부류의 몸으로 나타내신다고 했는데, 이는 석가가 화현하여 조사 문중의 수수守遂[1402] 선사에게 들어간 것이다. 선사는 대홍산 보은報恩 화상을 이었으니 즉 달마 18세손으로, 일에 응하여 격외格外와 의리義理[1403]를 드러내고 장애 없이 자재自在한 대불사의大不思議[1404]의 조사 문중에서 짐을 꾸린 것이다. 어찌 의미가 없이 심상하게 비로자나의 깊은 세계(毘盧藏海)의 의리 구절과 게송 가운데 서술하리오. 금강신金剛神의 죽이거나 살리는 몽둥이와 꾸짖음을 어찌 면하리오. 반드시 증명하고 본 바가 없지 않아 분명하게 서술한 것이다. 어찌 의심하겠는가. 그렇다면 묵암 노스님의 서술은 필시 수守 스님에게 의지한 것이요, 수 스님의 계산은 필시 대불사의하고 사사무애事事無礙한 해탈 경계 가운데서 흘러나온 것인데, 어찌 썩은 지식과 좁은 소견으로 망령되이 오래된 조사 문중의 쇠를 끊을 만한 몽둥이(活椎)[1405]가 어떻고 어떻다 헤아리는가. 이른바 '허망하고 떠 있는 마음은 모두 괴상한 견해라'[1406] 한 것이 이런 것이다. 다만 이렇게만 지적해도 묵암 노스님이 근거한 것이 허탄하지 않음을 넉넉히 알 수 있다.

 달리 말할 게 있으면 거듭 들어도 무방하다. 그러나 앞서 말한 '본 바가 없다'라거나 '일없다'는 허다한 갈등의 말을 문답하는 이의 두 어깨 위 어쩔 수 없는 처지에 돌이켜 부담시키고 싶지는 않다. 오직 바라건대, 두 대가께서는 굳이 사과하지 말고 즉시 짐을 싸 짊어지고 평등실平等室 해탈문 안에서 정좌(安坐)하면 매우 다행이겠다.

大經字數卞決疑辨【戊辰六月日】

夫古今史筆之下手。必以稽古爲指針而針若不的。線途必亂。線途一亂。行人迷津。而况敎海義理之聖經賢典。奈無稽古而流通乎。今見佛敎社報中。佛敎決疑題下所謂東國經院問目云。【略本華嚴經字數。唯獨默庵古老華嚴品目中。字數定指而此老以前。相傳無見。浮虛誕妄滋甚云】本社主退耕氏。解答其槩云。【從來疑雲貯來云。乃至無所生而字數計算云。末後好事無事者何某老長主華嚴等經字數計算發表云】經院所謂此老以前無見之說。社主所謂無事老長字數計算之說。一狀領過。一道行遣也。必矣。盖其問答中。許多葛藤人我之說。都付于博識誇張之浮粃堆中。但以無見無事之二端線路。次第論之。何者。緇門中卷三十四丈上九行。隨州大洪山遂禪師禮華嚴文云。【南無毘盧敎主華藏慈尊。演寶偈之金文。布琅函之玉軸。塵塵混入。刹刹圓融。十兆九萬五千四十八字。一乘圓敎大方廣佛華嚴經云】文君何無見。以君之無見。欲被於默老之無見者。其人我之管見。已無可論也。至於默老之無見。早歸於經院之無見。亦不待葛藤之累累如何矣。若曰遂禪師字數發表。社主雖曰。無事老長云。此其無事而出來化門耶。經云諸佛現身無量。爲度衆生。或現菩薩身。乃至同異類身云。此乃釋迦化現。權入祖門之守遂禪師。嗣大洪山報恩和尙。卽達摩十八世。應迹示現格外義理。無碍自在。大不思議之祖門行李也。豈可以無義味。尋常下筆於毘盧藏海義理句偈之中。而安敢免金剛神殺活之棒喝哉。必不無所證所見處而昭著下筆也。奚足疑乎。然則默老之下筆。必稽乎守師。守師之計算。必以大不思議事事無碍解脫境界中流出。安可以腐識管見。妄擬於古老祖門之截鐵活椎之如何若何哉。可謂虛妄浮心多諸恠見者此矣。但以如此指點。剩得乎默老之所據。非誕而已。更有說不妨重聽。然而向所云無見無事之許多葛藤之說。不欲反擔於問答家之雙肩無奈何之地也。唯冀二大家。無固而謝之。卽荷而擔之。安坐於平等室解脫門中。幸甚。

함호 화상의 진영[1407]에 대한 찬【무진년(1928) 8월 17일】

아, 이 한 폭의 존영은
일곱 분의 얼굴[1408]을 옮겨 그렸으니
눈썹과 이마는 산호(玩瑚)처럼 단엄하고
안당眼堂은 홀(珪瑑)처럼 빼어나도다.
아, 진정한 몸은 어디에 있는가.
찾으려 하면 더욱 잃어버려 가까이 하기 어렵네.
푸른 연꽃(菡)속의 환영이요
향기 호수(湖)의 물결 가운데 텅 빈 골짜기로다.
쯔쯧.

菡湖和尙影贊【戊辰八月十七日】

吁。遮一軸尊影。摹寫七分面目。眉宇端嚴玩瑚。眼堂殊特珪瑑。噫。眞身在什麽處。覓之轉失難睨。碧菡菪裡幻容。香湖波心空谷。咄。

또

천진은 티끌에 물들지 않아
연꽃이 거울 호수에 피어났네.
한 조각 마음 담은 옥병은
정교하여 제호醍醐를 들이켠 듯하네.

又

天眞不染塵汚。菡萏華生鏡湖。一片心藏玉壺。精工如吸醍醐。

만일당 삼불의 개금과 불량답에 대한 기문

저포苧袍의 은혜[1409]도 죽백(帛)[1410]에 기록하고 채소 음식(蒲饌)의 은혜도 솥(鼎)에 새기는데 하물며 황금으로 감싸고 토지로 반찬을 마련하여 굶주림과 추위를 면하게 함에랴.

이제 이 당堂은 이전 염불당이었는데 폐지된 지 오래되어 염불하는 승려가 없고 종소리도 적막하였다. 주지 율암栗庵[1411] 노옹이 대중의 청에 따라 복구하였는데 불의佛衣가 해지고 승려들 공양이 부족하여 굶주림과 추위를 견딜 수 없었다. 본산의 대덕大德 함호菡湖 대화상께서 문득 신심을 발휘하여 황금 30속束을 사서 옷을 입히고, 토지 17석을 납입하여 공양하게 하였다. 그리하여 만일재萬日齋 쌀과 지장보살 탄신일 공양과 은사와 자기의 위토位土, 기타 각전各殿의 불량佛粮 원입願入과 장례 비용 7백 냥兩, 그리고 재齋에 소용되는 물건들을 조목별로 균등히 배열하여 말로 부탁하고 글로 기록하였다.

이후 이달 9일에 개금불사를 시작하였고 15일에 이르러 회향하고 봉안하였다. 그리고 다음날 포시晡時(오후 4시경)에 태연히 앉아서 입적하셨다. 세수世壽 76세요 승랍僧臘 61세이다.

이에 불상은 옷을 입어 빛을 발하고 승려들은 공양을 얻어 염불하며 종이 울려 음악을 연주하니, 용천龍天이 기뻐하여 상서로움을 내렸다. 풍부한 공적과 두터운 덕에 대해 어찌 솥에 새기고 죽백에 기록하는 이어짐이 없겠는가. 이로 말미암아 아래에 기록하여 후인들에게 보이노라.

萬日堂三佛改金與佛粮畓記

夫以苧袍之恩。猶能錄帛。以蒲饌之惠。尙或銘鼎。而況金以袍之。土以饌之。能免飢寒者乎。今是堂者。以前念佛堂廢止久。而僧無誦念。鍾鼓寂寂也。住持栗庵翁。仍衆請而復舊。然佛衣弊陋。僧供艱乏。莫堪飢寒矣。本山大德藠湖大和尙。頓發信心。買金三十束而衣之。納土十七石而供之。以永萬日齋米。地藏誕供。恩師及自己位土。其他各殿佛粮願入。及葬費七百兩。齋所用物。條列均排。言以囑之。筆以書之後。今月初九日。改金佛事始役。至十五日。回向而奉安之。又明日晡時。奄然坐化。壽七十六。臘六十一。於是乎佛著衣而放光。僧得供而念佛。鍾鼓鳴而動樂。龍天悅而降祥。其於豊功厚德。那無銘鼎錄帛之續乎哉。由是而記于左。示諸以后云爾。

순천군 초천면 개운산 동화사 중수기

부처의 궁전은 서천西天(인도)의 기원정사祇桓精舍에서 비로소 들렸고, 승가僧伽의 사원은 동토東土(중국)의 홍려시鴻臚寺[1412]에서 다시 보게 되었다. 즉 수달다須達多(Sudatta)가 지은 것으로 축법란竺法蘭[1413]이 머물렀고, 해동에 이르면 고구려 때에 승가 명칭이 있었고 신라에는 부처 사원이 많았다. 어찌 다만 국민이 마음을 돌이킬 뿐이겠는가, 또한 상선上仙이 몸을 의탁함이 있었다. 그리하여 안찰鴈刹(절)이 구름처럼 배열되어 좁은 틈도 없을 지경이요 경부鯨桴(종)[1414]가 천둥처럼 울려 하늘에 닿았다.[1415] 삼한 시대에 이미 풍미한 바 있고 고려 시대에 더욱 풀이 눕는 듯하였고, 이어서 이조 시대에 이르러 3천 비보裨補[1416] 사원이 나열되니, 삼보 종찰의 명칭이 특별히 정해졌다. 호남의 옛날 승평昇平 땅에 이르면 개운산이 바닷가海甸에 떨어져 있다. 바다 색깔은 담백하여 구름 하늘로 용솟음치고 구름 빛이 산의 남쪽을 열거나 막는데, 거기 동화사가 있다. 웅장한 형세는 아니지만 원래 화려한 모습이다. 고려 대각국사大覺國師가 창건하셨는데 당시에 동백꽃桐華이 눈 속에 흐드러지게 피었기에 그렇게 이름 붙인 것이다.

이후 수백 년 뒤에 법홍法弘 대사가 중수하였다고 한다. 이로부터 불상에 감응이 있고 승려들은 계율을 어기지 않았다. 이렇게 여러 번 겁파劫波(세월)를 지나게 되자 법우法宇(사찰)는 황량해지고 불상은 더럽혀져서 아침 저녁으로 재앙을 걱정하게 되었다. 주지 우송友松[1417] 공이 조계산에서 와서 주석하고서 다음 해 대정大正 7년(1918) 무오년에 복구하겠다는 발원을 내서 권선문을 소매에 넣고 다니며 보시를 권하였다. 터럭 모아 공을 만들고 티끌 모아 산을 이루는 격이었는데, 길일을 정하여 감독하니 1년이 되지 않아 완성하게 되었다. 그리하여 사갈라沙迦羅[1418] 용궁이 바다 입구에서 용솟음치고 도솔천兜史陀 내원內院[1419]이 구름 산에 내려온 듯하니,

수달다가 거듭 기원정사를 이루고 축법란이 다시 홍려시에 이른 것인가 의아할 정도였다.

아아, 현재 사람이 과거 사람이 다시 온 것인지 아닌지 누가 알겠는가. 아름다운 발자취가 사라질까 염려되어 대략 기록한다.

順天郡草川面開雲山桐華寺重修記

佛陀宮殿。始聞於西天之祇桓精舍。僧伽寺院。更見於東土之大鴻臚寺。卽須達多之所剏。乃竺法蘭之所搜。以至海東。則句麗方有僧伽之名。新羅多列佛陀之院。豈但國民之歸心。亦有上仙之投身。所以鴈利雲排。將無隙地。鯨桴雷震。不遠諸天。韓代旣有風靡。麗朝尤可草偃。延及李朝。三千裨補之院齊列。三寶宗刹之名特定。至於湖南古昇平之坤。有山曰開雲。落在海甸。海色淡泊。聳出雲霄。雲光開遮山之南。有寺曰桐華。雖非雄傑之勢。原是華麗之形。剏在麗朝大覺國師所占。而于時桐華爛開於雪裡。故仍名焉。以後幾百年法弘大師重修云。自是佛有感應。僧無破律。邇來累經刼波。法宇荒落。佛面添漏。慮有朝夕之禍福矣。住持友松公自曹溪來住之。又明年大正七年戊午頓發復舊之願。袖疏行檀。聚毛成毬。合塵爲山。涓吉日董督。不朞年告功。因以沙迦羅虯宮。湧出於海口。兜史陀內院。降臨於雲山。疑是達多重成祇桓。法蘭更到鴻臚耶。嗚呼。誰知非現在人是過去人重來哉。恐泯芳躅。略記于左。

용화당 중수기

현재 용화당은 옛날 미륵전이니 즉 자씨보살慈氏菩薩이 용화회龍華會에 강림하기 때문에 이름 붙인 것인가. 옛 기록들을 고찰하면 이 당은 보조국사普照國師께서 창시하시어 '식당食堂'이라 하고서 미륵불을 봉안하였다고 하니, 이 당은 이로 말미암아 미륵전이라 이름 붙인 것인가.

홍치弘治 3년 경술(1490) 6월에 신매信梅 스님이 미륵전을 조성하였고, 건륭乾隆 7년 임술(1742)에 성하性荷 스님이 용화당을 중수하였다고 한다. 이는 미륵불의 하생下生을 일컫는 것인가. 광서光緖 10년 갑신(1884)에 용운龍雲[1420] 화상이 수선하여 관리들의 숙소로 삼았으니, 이후로 '장소방丈所房'이라 칭하며, 사찰의 노장이 항상 주석하였다. 대정大正 13년 갑자(1924) 가을에 주지 율암栗庵 공이 중건하려는 계획을 세워 10월 26일에 시작하여 12월 21일에 마쳤다. 그중에 정당正堂 5칸과 서쪽 1칸을 증건하고 주루사문厨樓沙門 수십 칸을 부수고, 썩은 기둥은 절반을 교체하고 서까래는 모두 바꾸었다. 나머지 기운 것은 바로 세우고 낮은 것은 높이고서, 서울 기술자를 불러 단장하게 하며, 한성漢城의 문란門蘭을 구하고 경도京都의 회칠을 발랐다. 문에는 '용화당' 판액을 걸고 장대에는 '응접應接' 글자를 내걸었다.

고귀한 손님들이 등림하니 선재동자가 미륵누각에 들어선 듯하고, 호탕한 선비들이 걸터앉으니 용맹龍猛[1421]이 가라규궁迦羅虯宮(용궁)에 유람하는 듯하다. 홍려시鴻臚寺의 장엄한 아름다움이 아니라면 화자관華資舘의 자태인가. 새김에 정교함을 다하였으니 도성의 누각(樓觀)에 비견되고 웅걸하게 치장하였으니 궁문의 누대(臺榭)와 나란함을 다투리라. 이 모두 주지住持 옹翁과 감무監務 공公의 일처리와 녹림군綠林君(재목)과 백탄자白炭子(숯) 재원 덕분이다. 당시에 일을 맡아 수고한 크고 작은 이름(芳啣)들이 천년 후에도 사라지지 않도록 아래와 같이 기록한다.

龍華堂重修記

今龍華堂者。古彌勒殿。卽慈氏菩薩當降龍華會。故稱歟。考諸古記。此堂卽普照國師剏始。而名曰食堂。安彌勒佛云。疑是堂由此以命名耶。弘治三年庚戌六月。信梅師彌勒殿成造云。乾隆七年壬戌。性荷師重修龍華堂云。此是彌勒下生之稱謂耶。越光緒十年甲申。龍雲和上修繕。爲官使下處。自此恒稱丈所房。寺長常住也。迄大正十三年甲子秋。住持栗庵公。爰起重建之謀。十月二十六日始。十二月二十一日終。就中正堂五間西一間增建。厨樓沙門幾十間破壞。朽柱半改換。椽桷全改新。其餘攲者正而低者高之。招京匠而粧之。求漢城之門蘭。塗京都之灰漆。門揭龍華之額。竿掛應接之字。高賓登臨。若善財之入彌勒樓閣。豪士跨軒。如龍猛之遊迦羅虬宮。若非鴻臚寺之壯麗。疑是華資舘之體態。至若彫龔馨巧。比肩於都城樓觀。宏傑粧飾。爭衡於宮門臺榭。是皆爲住持翁監務公之幹能。綠林君白炭子之財源。當時執務劬勞之巨細芳啣。不欲泯於千載之下。如左記之。

해청당 중건기

'해청'이라고 이름 붙인 이유는 무엇인가. 즉 법성당法性堂 위 약사광불 藥師光佛이 영산靈山에서 한 묘련 법문妙蓮法門을 바다처럼 모인 맑은 대중 (海會淸衆)이 상주하여 듣는다는 말인가.

숭정崇禎 13년 경진(1640) 3월에 희안熙安과 옥청玉淸 등이 해청海淸·원 융圓融·법성法性 당을 같은 날 중건했다고 한다. 대정大正 15년 병인(1926) 봄에 이르러 본(송광사) 주지 율암栗庵 노옹이 동지들과 계획하길, 이 당이 퇴락하여 아침에 저녁을 장담하기 어려운데 앉아서 무너지길 보느니 예 방하는 게 낫지 않은가 하였다. 정월 20일에 시작하여 썩은 기둥은 보완 하고, 오래된 서까래는 새것으로 교체하고, 동청東廳 두 칸을 늘렸다. 3월 17일에 들보를 올렸는데 본채는 넓지만 자는 방은 비좁아서, 1정町(밭두 둑)의 동쪽 개울로 물려 7칸의 남랑南廊을 새로 세우고, 대청(廳堂)을 설치 하여 단장하니 자고 먹는 데 편리하고, 사면을 둘러 담장을 세우니 작은 성의 성가퀴 같았다.

감불龕佛1422은 원래 보조암普照庵의 금불상이요 종(軒鍾)은 대개 대웅전 의 동철銅鐵로 걸려 있던 것들이다. 본당에 쌓은 금액은 다만 1,908원圓인 데 사중寺中이 쓴 금액은 7,003원이 넘어 합계 8,900여 원이 소비되었다. 아아, 물질의 이뤄지고 무너짐은 본래 금액의 줄고 늚에 관계되니 무엇이 괴이하랴.

동쪽 개울이 길게 쏟아지듯 흐르고 서쪽 봉우리의 반달 같은 경치에 대 해서는 보고 듣는 이들이 스스로 얻으리니 번거롭게 기술하고 싶지 않다.

海淸堂重建記

曰若海淸而名者。何也。卽法性堂上藥師光佛靈山妙蓮法門海會淸衆常住
說聽之謂耶。按崇禎十三年庚辰三月。熙安玉淸等。海淸圓融法性。同日重

建云。迄大正十五年丙寅春。本住持栗庵翁與同志謀。此堂之頹圮。朝不慮夕。坐見傾覆。孰與預防乎。自正月二十日始。朽柱者補之。舊椽者新之。東廳二間增架。同三月十七日上樑。以其正堂雖廣。宿室甚狹。退築一町之東溪。新建七間之南廊。架廳堂而粧修。宜眠食之穩便。環四偶而墻垣。若小城之雉堞。龕佛原是普照庵之金像。軒鍾多掛大雄殿之銅鐵。本堂貯金。但一千九百八圓。寺中費金。越七千三圓。合八千九百餘圓費盡。嗚呼。物質之成壞。本管於金額之消長也。何足恠哉。至於東溪之長瀉西峰之牛輪。聽覽者自得。不欲煩瀆也。

법성료의 본채 중수기

세상에 형체가 있으니 '천지'라 한다. 천지라는 큰 덩어리로도 오히려 무너지고 이뤄짐을 면하지 못하였는데 하물며 천지 사이에 있는 것이 어찌 면하겠는가.

이제 이 건물은 형체 없음으로부터 형체가 생겼으니 물질에 속하여 겁파劫波를 몇 번 겪었다. 숭정崇禎 13년 경진(1640)에 희안熙安이 중건重建하였고 강희康熙 64년 을사(1726)에 풍담風湛이 중수하였고, 건륭乾隆 56년 신해(1791)에 근민謹珉이 공루空樓를 고쳐 완성(重成)하였고, 도광道光 19년 기해(1839)에 만잠萬岑이 본채를 중건하였고, 광서光緒 10년 갑신(1884)에 경언敬彦이 북쪽 3칸을 증설하였다고 한다.

이제 소화昭和 2년 정묘(1927) 가을에 주지 율암栗庵 공公이 대중과 중건하기를 계획하고 회성당檜城堂에게 감독하게 하였다. 8월부터 시작하여 체실體室 7칸 중에 남쪽 1칸을 늘리고 동청棟廳과 조실祖室에 대해 셋을 부수고 둘을 이루었다. 주방 1칸을 부수고 시청柴廳[1423]을 만들고, 누각은 간간이 수리하였다. 12월 20일에 마쳤다. 들어간 금액은 본래 스스로 마련한 게 아니고 전부 사중寺中의 바람과 도움에 따른 것이다. 이어서 강원을 설치하니 청풍납자淸風衲子들이 경전을 펼쳐 들고 가르침을 청하고, 새로 범종을 설치하니 법계의 중생들이 소리를 듣고 괴로움을 덜었다. 시냇물 소리의 연주와 누각의 모습은 이 건물의 경치 아님이 없다. 이에 사찰 신이 춤을 추고, 보는 이들이 손뼉을 치니, 가히 '제나라가 변하여 노나라 되고 노나라가 변하여 도에 이른다[1424]'고 한 것이 이런 것이다.

무릇 여럿이 계획하고 감독한 공덕이 이뤄지고 무너지는 구덩이에 사라질까 염려되어 이와 같이 기록해서 후인들에게 보이노라.

法性寮正堂重修記

世之有形者曰天地。以天地之大塊。尚未免壞成。而況間於天地者。烏可免哉。今是堂者。自無形而形者。屬於物質而幾經刼波。稽古崇禎十三年庚辰。熙安重建。康熙六十四年乙巳。風湛重修。乾隆五十六年辛亥。謹珉空樓重成。道光十九年己亥。萬岑正堂重建。光緖十八[1]年甲申。敬彦北三間增架云。今昭和二年丁卯秋。住持栗庵公。與衆謀重建。令檜城堂董役。自八月始。體室七間中南一間增。棟廳及祖室。破三成二。厨芳[2]一間。壞作柴廳。樓則間修。至十二月二十日畢。所入金非本自辦。全恃寺中願助也。仍設講院。淸風衲子。橫經請益。新掛梵鍾。法界群生。聞聲歇苦。溪舌之奏響。樓影之隱映。莫非此堂之勝賞也。於是乎伽神舞蹈。覽者抃躍。可謂齊變爲魯。魯變爲道者。此也。凡諸謀之監之之功。恐沒於成壞之坑。如是記之。示諸後。

1) ㉘ '八'은 연자로 보인다. 2) ㉘ '芳'은 '房'의 오기인 듯하다.

곡성군 옥과면 설산 수도암 기문

옛날 인도의 설산에서 실달悉達(Siddhattha) 태자가 도를 닦아 바르게 깨달았고, 이제 옥과면 설산에서 민수敏洙 납자가 절을 짓고 이름 붙였으니 그 뜻이 어떠하겠는가. 즉 온갖 바위가 지극히 아름답고 빛깔이 눈 같아 그렇게 붙인 것이리라.

산의 남쪽(离)에 정씨鄭氏 초당이 있었는데 지키며 기르니 나무들이 울창하고 기이하고 빼어나 기틀(基局)이 서려 있으니, 원래 속인이 더럽힐 바가 아니요 실로 석자釋子(승려)들의 수도 장소라 하겠다. 그래서 민 공敏公이 조계산에서 점차 이리로 와서 동지인 신녀信女 김씨金氏와 함께 발원하고 재물을 모았고 게다가 정씨 산장을 얻어 이에 암자를 지었다. 소화昭和 원년(1926) 가을에 시작하여 3년(1928) 봄에 마치고, 그해 4월 8일에 완성(落成)하였다. 이에 한 채의 범궁梵宮이 하나의 초당 가운데 환영처럼 솟아나고 삼보의 복전福田이 삼신산三神山의 바깥에 찬란히 드러났다.

아, 산 이름과 암자 이름이 그렇게 붙은 까닭은 실로 월방月邦(인도)[1425]의 이름에 부끄럽지 않다. 어찌 그저 그러할 뿐인가. 산 모습이 탈속하고 샘물이 달며 뜰 가의 목탑이나 시야의 들판 색깔은 보는 이들이 스스로 얻을 뿐이다. 정씨의 산장과 단나檀那(시주)의 은혜와 화주(化主)의 바람과 창건주의 인연이 혹 천 년 후에 사라질까 염려되어, 산과 암자의 이름과 뜻을 먼저 분별하고 다음에 성함을 열거한다.

谷城郡玉果面雪山修道庵記
古印度之雪山。悉達太子。修道而正覺。今玉果之雪山。敏洙衲子。刱寺而名庵者。其意奚若。卽千巖竟秀。其色如雪故稱之歟。山之离有鄭氏之草堂。守而養之。林木蔚茂。奇而秀之。基局盤結。原非凡俗之所累。寔乃釋子之修道處也。故玆敏公。來自曹溪。轉到于此。與同志信女金氏。發願鳩材。

又得鄭氏之山庄。爰剏寺庵。始於昭和元年秋。終乎三年春。同四月八日落成了。於是一區梵宮幻出於一草堂之中。三寶福田煥現於三神山之外。噫。山名庵號之所以爲稱者。實不愧於月邦之名義矣。豈徒然哉。若其山容之脫累。林泉之美甘。庭際之木塔。眼界之野色。覽者自得而已。至於鄭氏之庄。檀那之惠。化士之願。剏主之緣。恐或泯於千載之下。先卞山庵之名義。次列芳啣於左。

보제당 석정 기문

주나라 솥[1426]은 나라의 보배이고 장주莊周의 표주박[1427]은 집안의 소장품이지만 필시 물을 담는 쓰임새는 없다. 물을 담아 마실 수 있는 기구는 석정石井만 한 게 없다.

이제 신녀信女 박춘정朴春庭은 본래 영남 사람인데 보성군 벌교리에 살게 되었다. 기사년(1929) 봄에 이 산에 나들이 와서는 이 건물에 우물이 없음을 보고, 스스로 바람과 믿음을 내어 천금千金을 기부했다. 바위를 뚫어 물을 담아 부처님께 공양하고 또한 우리들 갈증도 풀게 하는 것이 바라는 것이었다.

나는 이에 산 바깥에서 바위를 얻어 2월 26일에 시작해서 4월 4일에 마쳤다. 뜰 앞에 설치하고 물을 담아 공양하니 한결같이 단씨檀氏(시주)의 바람대로 되었다. 보배와 소장품으로 삼는 것이 어찌 솥이나 표주박으로 비견할 뿐이겠는가. 이어 다음과 같이 기린다.

> 겁석刼石이 사라지더라도 보배 옥돌은 날래고 곧으며
> 향해香海가 마르더라도 덕의 물은 맑고 깨끗하리라

普濟堂石井記

夫周鼎之國寶。莊瓠之家藏。必無用於貯水者。而貯水飮啄之器。莫此石井若也。今信女朴春庭。本嶺南人。寓於寶城郡筏橋里。己巳春遊於玆山。觀此堂之無井也。自發願信。惠千金。穿一石。貯水供佛。亦解吾人渴情。是所願言。余仍玆而得石於山外。二月二十六日始。四月初四日終。運掛於庭前。貯水供養。一如檀氏之願。其所爲寶藏者。豈特以鼎瓠比肩也哉。仍以頌言曰。刼石滅而寶珉利貞。香海渴而德水淸淨。

원화 대사의 수시 서문

고흥의 동쪽에 '팔영산八影山'이 있고 팔영산 위에 '팔선八仙'이 있으며 팔선 아래에 '능가사楞伽寺'가 있다. '능가'를 번역하면 '가기 어렵다(難往)'가 된다. 사찰 안에 '성진性眞'이란 이가 있으니, '성진'이란 사람의 참된 본성이다. '팔선'이란 사람의 여덟 가지 식정識情[1428]이다. 깨달음을 '참된 본성'이라 하고, 미혹함을 '식정'이라 한다. 미혹과 깨달음이 비록 다르나 본체로 보면 하나다. 이 식정을 깨달아 본성을 이루게 되므로 '성진性眞'이라 한 것인가. 생각건대 팔영八影의 기운은 성진이 그 영험함을 얻어 세상에 드러냈으니 그 이름 붙인 까닭이 어찌 그저 그러하겠는가.

성진은 동진童眞[1429]으로 이 산에 들어와 여기서 자라며 경전을 배우고 여기서 늙으며 업을 윤택하게 하면서 선조의 남긴 법을 전하여 '원화圓華'라는 호를 얻었다. 또한 어찌 팔식八識을 돌이켜 일진一眞을 이룸을 말함이 아니겠는가. 좋구나, 이름이여! 이 사람으로 하여금 참을 닦아 본성을 깨닫고 필시 원만한 과보를 얻게 하면 만행화萬行華[1430]가 팔영산 위에 자연히 드러나서 팔선을 이끌고 참된 본성의 바다 가운데 유희하리니 누군들 흠모하지 않겠는가.

스님은 동치同治 8년 기사(黃蛇, 1869)의 5월에 태어났으니 나보다 9년 뒤인데 함께 공부방(鬐海)을 다니며 나이를 잊은 사귐을 맺었다. 인연 따라 남쪽으로 가서도 간간이 소식을 통하였다. 세월(光陰)이 무상하여 홀연 소화昭和 4년 기사(屠維荒落, 1929) 석류꽃의 계절(5월)이 되니 즉 그대의 61년이 처음 돌아오는 경사스런 날이다. 잔치 자리의 오락을 알면서도 병마에 시달려서 갈 수 없으니 통절하도다.

상족上足(제자) 영현永玄 상인上人이 귀인·군자들의 보배롭고 축원하는 문장을 소매에 넣어 와서 보여 주고 서문(緯言)을 간절히 구하였다. 나는 말하길, "그대의 스승은 바로 나의 막역한 벗이다. 이러한 경사에 이르러 어찌 문장을 짓지 못한다고 사양하겠는가."라고 하고는 즉시 황잡한 말을 끄집어 내어 다만 팔영산의 성진 원화性眞圓華의 이름과 호가 이러이러함을 기록하노라.

圓華大師壽詩序

高興之東有山曰八影。八影之上有仙曰八仙。八仙之下有寺曰楞伽。楞伽此云難往。寺內有人曰性眞。性眞者。人之一眞性也。八仙者。人之八識情也。悟之名眞性。迷之名識情。迷悟雖殊。其體則一也。悟此識而成其性。故云性眞歟。想是八影之氣。性眞得其靈而現於世。其所以名者。豈徒然哉。性眞童眞。入玆山。長於此而學經。老於斯而潤業。傳先祖之遺法。得其號曰圓華。亦豈非轉八識成一眞之謂耶。善哉名號。若使此人修眞悟性。必得圓果。萬行華自現於八影之上。攜八仙而遊戲眞性海中。孰不欽哉。師生於同治八年黃蛇之五月日。與余踞九年之後。共遊觺海。自結忘年之交。隨緣落南。間通信息矣。光陰無常。忽到昭和四年屠維荒落榴花之節。卽吾君六一初度佳辰也。應知一宴上娛樂。爲病魔所戲而難性痛切矣。有上足永玄上人。袖貴君子之寶唾詛詞而示之。求以辭言悬之。余曰君之師。卽吾之莫逆友也。到此嘉慶。安敢以不文辭哉。卽抽荒辭。只紀八影山性眞圓華之名號如是如是。

눌산 수좌가 은혜를 구하는 글

엎드려 듣건대, 석존께서 발우를 지니고 성에 들어가 일곱 집의 음식을 구걸하였고, 공성孔聖(공자)은 학문을 일으켜 진陳나라에 갔다가 7일 동안 식량이 끊겼다고 한다. 복과 지혜가 구족하고도 방편으로 규칙(軌)을 보이심이요 도와 덕이 높지만 실상은 곤궁할 수도 있는 것이다. 법왕法王과 대성大聖도 오히려 이와 같거늘 하물며 불자납승佛子衲僧이 어려움에 임하는 것은 어떠하겠는가.

이제 아무개는 어려서 정훈庭訓(가정교육)을 받고 일찍이 불교 가르침에 젖었다. 비록 고담을 하는 이름난 승려를 알현하였으나 장자長者의 오묘한 진리를 들어 보지 못하였다. 문자 찌꺼기로 삼시三時 선열禪悅의 맛을 삼고, 밀주진언密呪眞言으로 일생의 근거지(窟宅身)를 삼았다. 그러나 세속(世諦)의 생활 방법을 알지 못하고 인간 세상의 산업과 이익(物利)에 전혀 어둡다. 이로 말미암아 전해 오던 토지 몇 십 두斗가 온통 부모(親慈)를 구황救荒[1431]하는 데 들어갔고, 현재 채장債帳[1432] 수백 원이 동료와 교제한 가운데 돌출하였다.

아아, 청빈한 납자는 자기 생활을 온갖 산의 솔잎에 부치므로 두려워할 게 없으나, 혼탁한 세상의 호걸은 나와 남을 구별하며 빚을 삼리三利[1433] 도장(符印)에 부치니 어찌하겠는가. 그래서 세 치(혀)의 짧은 말을 가지고 많은 가문의 장자 집안에 고합니다. 엎드려 생각건대 군자들께서 몇 방울의 물을 기울여 목마른 붕어를 살리시고, 주머니 속 많은 돈을 넉넉히 베푸사 물외物外의 납자를 살리소서. 엎드려 바라건대 밝히 살피소서.

訥山首座求惠文

伏聞釋尊持鉢而入城。乞七家之飯。孔聖興文而遊陳。絶七日之粮。或福慧足而方便示軌。或道德高而實相困窮。以其法王大聖。尙或如此。況以佛子衲僧。臨難奈何。今某幼蒙庭訓。早霑釋敎。雖謁名僧之高談。未聞長子[1]之妙諦。每以文字糟粕。爲三時之禪悅味。但以密呪眞言。爲一生之窟宅身。然而不知世諦之生活方法。專昧人間之産業物利。由是流來土地幾十斗。盡入於親慈救荒之中。現前債帳數百圓。突出於賓侶交際之上。吁吁。淸貧衲子。自己生活。付諸千山之松葉。旣無可畏。濁世豪夫。彼我債擔。屬於三利之符印。奈若何哉。故將三寸之短篇說。敢告千門之長子家。伏唯僉君子。傾數滴之水。活一痼[2]之鮒。優惠囊中之百金文。以活物外之一衲子。伏唯照鑑。

---

1) 옝 '子'는 '者'의 오기인 듯하다. 2) 옝 '痼'는 '涸'의 오기인 듯하다.

경운[1434] 화상의 찬에 답하는 글

보정(鼎, 필자)이 근래 석향후石鄕侯 즉묵공卽墨公[1435]과 갈고 다듬는 교분[1436]을 딱 끊자 저선생楮先生·중산군中山君[1437] 역시 사귀어 맺는 길이 없어져서, 쓸쓸히 배우자를 잃은 듯 울타리에 버려진 물건이 됨을 달갑게 여겼다. 문득 한 통의 경함瓊函(편지)이 천궁天宮에서 떨어지기에 공손히 손으로 받들어 보니 진실로 신선세계 대강헌大講軒 노고추老古錐[1438]의 글(寶唾)[1439]임을 깨달았다. 감사(感頌)함이 어떻겠는가.

그 도덕은 봄 햇볕의 따사로움 같고 그 범행梵行[1440]은 가을 물의 청결함 같으며, 그 말씀은 하늘의 꽃을 감동시키고 그 필설은 용의 정기를 감동시킬 만했다. 그래서 불찰佛刹(사찰)에서 금경金經을 옮겨 쓰니 노란 담비가 꼬리를 바치고, 선정仙亭에서 옥게玉偈를 부르니 흰 연꽃이 솟아나는 경사스러움이 자재하도다. 이는 근거 없는 황탄한 말이 아니요 원래 고찰할 바 있는 실제 자취로다. 이와 같은 위대하고 빛나는 행적이 이미 사람들의 입과 죽백竹帛(서적)에 실려 있는데 어찌 둔하고 졸렬한 필체로 만에 하나라도 찬양할 수 있겠는가.

이제 본사 강생講生들의 단체 행동으로 인해 발길을 돌려 수많은 보배구슬을 적막한 물가에 흩뿌리시니, 공경하는 마음으로 봉독하고 말없이 자리에 있을 수 없어서 풀 냄새 나는 글 하나 함부로 엮어서 화수정花樹亭 선원璿源[1441]의 처마 밑에 바칩니다. 바라건대 질정하여 물리치소서. 마음이 혼미하고 손이 떨리며 문방사우가 갖추어지지 않아 소사小師[1442]에게 시켜서 기록하여 바칩니다.

答擎雲和尙贊文

鼎近與石鄕侯[1)]卽墨公頓絶磨琢之分。楮先生中山君亦無交締之道。索然如喪偶者。甘作芭薐邊物矣。忽一朶瓊函。殞自天宮。恭手奉覽。信覺仙界大講軒老古錐之寶唾也。何等感頌哉。其道德也。如春日之和融。其梵行也。似秋水之淸潔。其說也。能感天花。其筆也。能動虬精。所以佛刹之寫金經。黃齫獻尾。仙亭之唱玉偈。白蓮出頭之慶祥自在。此非無據之荒辭。原是有稽之實績。若此景行犖蹟。旣載口碑竹帛。安可以鈍詞拙筆之所可攢仰之萬一哉。今仍本講生之團行。回躑惠以萬斛瓊琚。俯撒於寂莫之濱。敬心奉讀。不可以無言在座故。妄搆蔬荀一闋。敢呈于花樹亭璿源之軒下。幸須斤正而退之。心昧手戰。四友未具。倩小師而記呈。

---
1) ㉯ '候'는 '侯'의 오기이다.

모후산[1443] 유마사 염불당을 새로 짓고 천 일 기도를 결사하는 글

엎드려 듣자니, 제불諸佛께서 중생을 제도하는 방편의 백천 가지 문門 가운데 염불문이 최상이다. 왜 그러한가. 이 말엽 시대는 신근信根이 천박하여 대승 선법禪法으로는 깨달아 들어가기 어렵다. 그래서 염불문이 최상이라 한다.

이제 유마사維摩寺는 고려 공민왕이 피란하던 곳이다. 그래서 '모후산母后山'이라 했고, 유마거사가 도를 얻었던 곳이라서 제월천濟月泉[1444]이 길이 흐르고 도마치逃馬峙[1445]와 사자봉獅子峰이 동서로 에워싸니 골짜기는 깊숙하고 봉우리들이 첩첩이라. 은거하는 인사가 아니면 실로 납자衲子가 머무는 곳이다. 천 년 동안 꽃비가 내리는 보방寶坊(사찰)이 어이하여 하룻밤에 겁파劫波로 인해 옮긴 바가 되었는가.

광서光緖 5년(1879)에 이르러 서울 스님(京師) 김경담金景潭과 관찰사 김규홍金奎弘[1446]이 보수하기로 같이 계획하였고, 기미년(1919)에 이르러 조계산 김영운金榮雲이 마을의 대부大夫들과 함께 단문檀門(시주)들의 재물을 모아 섬돌 아래 주당廚堂(부엌)을 세웠다. 그런데 비좁아서 무진년(1928) 봄에 이르러 주지 오호연吳浩然이 발원하고 소리쳐서 법당 앞에 승료僧寮 9칸을 만들었다. 찬란히 새롭게 되니 가히 '환영 같은 누각'이라 하겠다. 또한 밤이나 대추와 감 등 갖가지 과일 나무를 재배한 것이 수만 그루가 되고, 새로 개간한 밭이 또한 많았다.

이와 같을 뿐만이 아니다. 이어서 염불당을 마련하여 천 일 기도를 시작하였고, 뜻 있는 신도들과 모임을 맺고 마음을 닦아 극락에 함께 가고자 하는 결심으로 결안結案[1447]하여 널리 아뢴다. 엎드려 바라건대 선군자善君子와 신여인信女人들은 신심信心을 단박에 발휘하여 같이 사안社案에 참여하소서. 옛말에, 한 무제의 옥당玉堂(궁궐)에 먼지가 자욱하고 석숭石

崇의 금곡金谷[1448]에 물만 그저 흐른다고 했으니, 상 위에 있는 술 살 돈을 아끼지 마시고 미타彌陀[1449] 염불문으로 속히 들어오시오.

母後山維摩寺新刱念佛堂千日祈禱結社文

伏聞諸佛渡生方便。百千門中。念佛一門最上。何者。唯此末葉。信根淺薄。大乘禪法。難可悟入。故念佛門最上云。今維摩寺者。麗恭王避亂地。故山名曰母后。維摩居士得道處。故濟月泉長流。逃馬峙獅子峰。東西擁衛。洞府深邃。峰巒層疊。若非隱逸之士。實是衲子之捿止。其一千年花雨之寶坊。何一夕間刧波之所遷。迄光緒五年。京師金景潭與觀察使金奎弘。恊謀刱葺。越至己未曹溪山金榮雲。與郡大夫。鳩財檀門。刱立厨堂於階下。陜陋難容故。至戊辰春。住持吳浩然。發願叫化。刱僧寮九間於法堂前。奐然一新。可謂幻住樓閣。亦復栗棗柿等。各色果木。耽爲栽培者幾萬株。新懇[1)] 田地。亦是夥多。不但若此而已。仍設念佛堂。千日祈祝始作。與有志信士。結社修心。同往極樂之決心。結案普告。伏願善君子信女人。頓發信心。同叅社案。古云漢武玉堂塵已沒。石崇金谷水空流云。莫惜床頭沽酒錢。速入彌陀念佛門。

---

1) ㉮ '懇'은 '墾'의 오자인 듯하다.

고흥군 금산면 풍악산 송광암 중수와 개금 기문[1450]

엎드려 듣건대, 잎사귀 하나로 부처님을 덮어 준 덕택으로 십륜十輪의 왕위를 얻었고, 동전 셋을 스님에게 보시하고 5리의 보배(寶藏)를 얻었다[1451]고 하는데, 하물며 전각을 수리하여 불상을 안치하고 10속束의 금으로 불상에 옷을 입혔으니 어찌 왕위와 보장으로 논할 뿐이겠는가.

이 사찰은 바로 보조국사普照國師께서 창건하셨다. 그 지역이 수려하고 그 불상은 신령하여 간절히 기도하면 즉시 응답하시니 종이 두드림을 기다림과 같고, 바람을 구하면 즉시 이루어지니 달이 강에 비침과 같다. 그 신령한 자취는 마을의 구비口碑(구전)에 자재하니 번거롭게 거듭할 필요 없다. 옛 기록을 고찰하면 가경嘉慶 11년 병인(1806)에 양개良盖 비구가 여섯 번째 중수重修하였고, 함풍咸豊 6년 병진(1856)에 증천證天 비구가 중수하니 고故 선극모宣克模 공이 공덕주가 되었고, 건양建陽 원년 병신(1896)에 우화又和가 중수하니 승지承旨 선영홍宣永鴻[1452] 공이 또 공덕주가 되었고, 소화昭和 2년 정묘(1927)에 주지 경봉景鳳이 모화募化(탁발)하여 중수하니 참봉 선남훈宣南熏 공이 또 대공덕주가 되었다. 경오(1930) 봄에 개금改金 불사를 하였고, 참봉 공이 금산면 면장 장 공張公[1453] · 사키(佐木)[1454] 등 여러 군자들과 함께 좋은 인연을 같이 맺어 불사를 성취하니 불당(佛宇)이 찬란해졌다. 썩은 평고대와 어긋난 기와들이 금강 보전寶殿으로 변하였고, 검은 칠을 한 신체는 광명 금체金體로 바뀌었다. 이로부터 불심佛心이 영험하여 복을 내리고 천룡이 환희하여 재앙을 소멸하리라.

아, 선 공宣公이 3대에 걸쳐 복을 지으니 십륜의 왕위와 화華의 3축祝[1455]은 논할 것도 없고, 같이 참여하여 인연 맺은 군자들도 5리의 금과 순荀의 8룡[1456]이 필시 감응 있으리라. 화주化主가 단씨檀氏들의 좋은 인연을 규합하였으니 정업淨業을 같이 닦아서 종지種智를 같이 원만히 이룰 것에 의심이 없다. 아름다운 자취가 사라질까 걱정되어 시말을 대략 기록해서 그 덕이 영원하기를 바라노라.

高興郡錦山面楓岳山松廣庵重修及改金記

伏聞一葉覆佛。感得十輪之王位。三錢施僧。尙得五里之寶藏。而況修一殿而安佛。銑十束而衣佛者。豈特以王位寶藏論之哉。今玆寺者。卽普照國師所剏也。其地也秀麗。其佛也神靈。懇禱卽應。如鍾待叩。求願卽遂。如月印江。其神異靈蹟。自在閭里之口碑。不足煩之。考其古記。嘉慶十一年丙寅。良盖比丘爲六重修。咸豊六年丙辰。證天比丘重修。故宣公克模。作功德主。建陽元年丙申。又和重修。承旨宣公永鴻又作功德主。昭和二年丁卯。住持景鳳。募化重修。叅奉宣公南熏。又作大功德。庚午春改金佛事。叅奉公與本面長南[1]公。及佐木等諸君子。同結良緣。成就佛事。煥然佛宇。朽梠脫瓦。變成金剛寶殿。恭身烏躬。改作光明金體。從此而佛心靈而降福。天龍歡而消災。嘻宣公三代之作福。十輪王華三祝已無可論。諸君叅同之結緣。五里金荀八龍必有感應。以其化主之叫合檀氏之良緣。同修淨業同圓種智之無疑也。恐泯芳蹟。略記始末。以永厥德云尒。

---

1) ㉟ '南'은 '張'의 오기인 듯하다.

제자들에게 촉루[1457]하는 글

아, 너희 제자들아. 나의 최후 한마디 말을 들어라.

인생 일세에 백년 광음이 얼마나 되는가. 나는 올해 엄자산崦嵫山[1458]에 가까워졌다. 납일臘日[1459]이 점차 도래하여 하룻밤 멈추지 않으면 바로 설날(元旦) 일월이라. 이러한 경우에 이르러 힘은 비록 산을 뽑을 만해도 염라대왕(閻老)의 몽둥이를 당할 수 없고, 약이 비록 신명하다 해도 찰귀刹鬼[1460]의 운명을 살릴 수 없다. 이러한 때를 당하여 세간의 티끌 재산을 장차 어디에 쓰겠는가. 그래서 약간의 유물인 동산과 부동산을 모두(和盤) 왼쪽에 나누어 벌여 놓되 먼저 조상 위토位土를 쓰고 다음에 자기 위토와 진속眞俗의 상좌上佐와 손자들 이름 아래 배열하노니, 배열에 따라 준행하여 무궁하게 전하도록 하라. 그리고 티끌 재산이란 뜬구름 같으니 항상 족함을 알아 각기 분수를 지키며 안빈낙도安貧樂道하여 분수 밖의 것을 구하지 말고 도탑고 화목한 마음으로 수신제가修身濟家하면 이를 일러 '화목한 가풍'이라 칭하리니, 나는 이것을 부탁하고 또 부탁하니 너희들은 진중하라.

소화昭和 5년 경오(1930) 음력 2월에 금명錦溟 사문沙門이 임종 시에 선례先例인 진제眞諦 조사의 자손기子孫記[1461]를 손으로 들다.

선先 조사祖師 지봉당智峰堂 7과 선先 법은사法恩師 금련당金蓮堂 8 : 송광면松光面 장안리壯安里 1582. 논 2두斗. 쌀 15두.

원元 재주財主 위토 : 문덕면文德面 곡천리曲川里 975. 논 3마지기(斗落).

맏(長) 상좌上佐 제자第資 : 송광면 신평리新坪里 742, 207. 논 5마지기.

다음 상좌 제자 : 송광면 구룡리九龍里 4854 3두. 984 2두. 5마지기.

염불당 원입願入 : 송광면 신평리 728. 논 2마지기.

장례 비용 : 송광면 신평리 209. 논 2마지기.

차례로 속가俗家 조부와 현고비顯考妣 양주兩主의 위토 : 주암住岩 비룡리飛龍里 273. 논 2두.

형님의 손자 : 주암 비룡리 273. 논 1두.

둘째 형의 손자 : 주암 풍교리楓橋里 165. 논 1두 3되(升).

막내의 손자 : 주암 비룡리. 1두.

囑累徒弟文抄[1)]

諸爾徒弟等아 聽我最後一言하라 人生一世에 百年光陰이 能有幾許오 我今年迫崦嵫에 臘日이 看看到來하야 一夜不停이면 卽是元旦日月이라 到此境遇하야 力雖拔山이나 不能當閻老之捧고 藥雖神明이나 不可活利鬼之命이라 當此時也에 世間塵財를 將安用哉아 所以若干遺物動不動産을 和盤分列于左하되 先以祖上位土하고 次列自己位土及眞俗佐孫等名下하노니 依列遵施하야 以傳無窮之地하라 且以塵財난 如浮雲하니 常以知足하야 各守其分하며 安貧樂道하야 勿求分外하고 以篤睦之心으로 修身濟家하면 是可謂和睦家風이라 稱하리니 吾以是로 囑之又囑하니 汝等은 珍重하라.

昭和五年庚午陰二月日 錦溟沙門臨終。手提先例眞諦祖師子孫記。

先祖師智峰堂七。先法恩師金蓮堂八。松光面壯安里一五八二。畓貳斗。米十五斗。元財主位土。文德面曲川里九七五畓參斗落。長上佐第資。松光面新坪里七四二。二〇七。畓五斗落。次上佐第資。松光面九龍里四八五四三斗。九八四貳斗。五斗落。念佛堂願入。松光面新坪里七二八畓二斗落葬費。松光面新坪里二〇九畓二斗落。次列俗家祖顯考妣兩主位土住岩飛龍里二七三畓二斗。伯氏孫子。住岩飛龍里。二七三畓一斗。仲氏孫子。住岩楓橋里。一六五畓一斗參升。季氏孫子。住岩飛龍里。一斗。

---

1) ㉮ 이 글은 별지로 유통되었는데 편집자가 이곳에 배치했다.

주

1 구단具檀 : '보시를 갖춤'을 뜻하는 듯함. 단檀은 보시(dāna)를 가리킴.
2 권화權化 : 부처나 보살이 중생을 구제하기 위해 여러 모습으로 변신하여 세상에 나타나는 것.
3 사생四生 : 생명체를 출생 방식에 따라 네 가지로 분류한 것. 모태에서 태어나는 태생胎生, 알에서 깨어나는 난생卵生, 습한 곳에서 생기는 습생濕生, 어느 것에 의존하지 않고 스스로의 업력業力으로 태어나는 화생化生.
4 십지十地 : 보살의 열 가지 수행 단계. 『華嚴經』에서 천명한 52위 중 제41에서 제50까지의 십지와 천태종의 통교通敎 십지가 있다.
5 권현權現 : 불보살이 중생을 구제하기 위하여 일부러 신으로 변하여 나타나는 것.
6 미타영중彌陀影衆 : 아미타불이 관음과 지장보살을 협시로 하므로, 관음보살을 미타영중이라 일컬음.
7 다라多羅 : ⓢ Tārā. 다라관음多羅觀音. 다라는 눈을 뜻함. 관음의 눈에서 나오는 광명으로부터 여인의 모습을 한 다라관음이 화현하였다고 한다.
8 삼제三際 : 과거, 현재, 미래. 또는 전세, 현세, 내세.
9 의정依正 : 의보依報와 정보正報. 부처나 중생의 몸이 의지하고 있는 국토와 의식주 등을 의보, 과거에 지은 행위의 과보로 받은 부처나 중생의 몸을 정보라고 함.
10 가라迦羅 : 용왕. ⓢ Sāgara. 사갈라沙竭羅.
11 보타락가補陀落迦 : ⓢ potalaka. 관세음보살이 거주하는 산. 광명光明·소수만장엄소樹蔓莊嚴·해도海島라 번역.
12 사주泗洲의 성승聖僧 : 708년 당나라 황제의 초청을 받은 범승 승가僧伽 대사가 사주泗州 보광왕사普光王寺에서 주로 머물며 포교 활동을 하였는데 어느 때는 몸을 크게도 나투고 어느 때는 작게도 나투고 또는 십일면 관세음보살의 얼굴로도 나투고 하여 그 기이한 행동이 세상 사람들을 놀라게 하였다. 그가 입적하자 중종이 탑을 짓고 '사주대성泗洲大聖'으로 추대하였는데, 그를 관세음보살의 화신이라고 하였다.
13 섬부陝部의 선녀仙女 : 섬부 지역의 음란한 풍속을 그치게 하려고 관음보살이 선녀로 나타나 금쇄골을 남겼다고 한다.
14 육진六塵 : 인간의 본성을 흐리게 하는 여섯 가지 경계. 곧, 육근이 작용할 때 그 대상이 되는 색·성·향·미·촉·법의 육경六境을 말한다.
15 팔풍八風 : 수행인의 마음을 흔들어 시끄럽게 하는 여덟 가지 종류의 경계를 바람에 비유한 표현. 이利·쇠衰·훼毁·예譽·칭稱·기譏·고苦·낙樂을 말한다.
16 나찰羅利 : ⓢ raksasa. 가외可畏, 속질귀涑疾鬼, 호자護者. 공중을 날아다니며 언제나

사람의 피와 살을 먹는다고 함.
17 원통회圓通會 : 관음 법회. 『楞嚴經』에 나오는 25가지 수행법 중에 이근원통耳根圓通을 관음보살이 사용하였다고 하여, 관음보살을 원통교주圓通敎主라 칭한다.
18 선경禪經 : 선정禪定에 관한 경전.
19 화사化士 : 중생을 교화 인도하는 아미타불이나 석가여래 같은 성인.
20 백도伯道 : 진晉나라 등유鄧攸의 자. 등유가 하동태수일 때 석륵石勒의 난을 피하는 중에 아이들을 모두 데리고 갈 수 없게 되자 조카를 데리고 가고 자기 자식을 버렸다. 『世說新語』.
21 안회顔回 : 공자의 제자로 칭찬을 많이 받았으나 일찍 죽어 공자가 안타까워했다.
22 월화 장로月和長老 : 본 책의 「월화당 학계 서문」 참조.
23 자황雌黃 : 시비나 선악에 대한 평가. 옛날 누런 종이에 글을 쓰고 잘못된 글이 있으면 노란색의 채료彩料 자황을 칠하여 지우고 다시 그 위에 썼으므로 전하여 자구字句의 첨삭添削이나 비평을 뜻한다.
24 욕천浴川 : 전라남도 곡성谷城의 옛 이름.
25 명찰(名藍) : 원문의 '藍'은 가람伽藍(사찰, Ⓢ saṃghārāma)을 뜻한다.
26 노고魯誥(유교 경전)를 어려서~되어 토론하셨습니다 : 원문 '鬐詮魯誥'와 '冠討竺墳'은 당나라 종밀宗密이 쓴 『圓覺經大疏』의 서문에 있는 "鬐專魯誥。冠討竺墳。"을 활용한 것이다.
27 구용九容 : 아홉 가지 태도와 몸가짐. 율곡栗谷 이이李珥의 『擊蒙要訣』에 나오는 말이다. ① 발걸음을 진중하게 한다(足容重), ② 손동작을 공손하게 한다(手容恭), ③ 시선을 단정하게 한다(目容端), ④ 필요하지 않을 때는 입을 다문다(口容止), ⑤ 목소리를 조용히 한다(聲容靜), ⑥ 고개를 똑바로 한다(頭容直), ⑦ 기운을 엄숙하게 한다(氣容肅), ⑧ 바로 서서 점잖은 태도를 갖는다(立容德), ⑨ 안색을 바르게 한다(色容莊).
28 십과十科 : 수행 십과. ① 신심견고信心堅固, ② 조석예불朝夕禮佛, ③ 간경구법看經求法, ④ 염불선정念佛禪定, ⑤ 참회발원懺悔發願, ⑥ 보시이타布施利他, ⑦ 지계청정持戒淸淨, ⑧ 인욕수순忍辱隨順, ⑨ 용맹정진勇猛精進, ⑩ 전법도생傳法度生.
29 사심四心 : 문헌마다 다른데 『禪源諸詮集都序』의 경우 육단심肉團心·연려심緣慮心·집기심集起心·견실심堅實心이라 했고, 『淨土論』에서는 지혜심智慧心·방편심方便心·무장심無障心·승진심勝眞心이라 했다.
30 구준衢樽 : 성현의 도. 성인의 도는 길거리 복판에 술통을 놓아 둔 것과 같아서 지나가는 사람마다 적당히 자기 양대로 떠서 마시면 된다고 하였다. 『淮南子』.
31 푸줏간 문에서 질겅질겅 씹어 : 원문은 '大嚼屠門'. 본래는 '푸줏간 앞에서 입맛을 다신다'는 뜻인데 여기서는 배불리 먹는다는 뜻으로 사용하였다.
32 소리 들음을 돌이켜 들음(反聞聞性) : 이근원통耳根圓通의 수행법. 귀로 듣는 소리를

자각하는 수행법.『楞嚴經』.

33 집중執中·시중時中 : 집중은 치우치지 않게 중용의 도리를 행함이요, 시중은 그때그때 상황에 맞게 처신함이다.『中庸』.

34 염拈 : 요지를 제시함. 예로 선문염송禪門拈頌.

35 화광동진和光同塵 : 빛을 감추고 티끌과 같이 함.

36 응기접물應機接物 : 듣는 이의 수준과 역량에 맞게 진리를 해설함.

37 비파를 놓은(捨琴) 인연 : 미상. 공자가 제자들에게 각자의 포부를 물었을 때 증점이 비파를 놓고 말하였다는 구절이『論語』「先進」에 있으니, 자기 뜻을 말할 수 있는 관계를 뜻하는 듯하다.

38 흰 이(瓠犀) : 원문 '瓠犀'는 박의 씨를 말한 것으로, 전하여 미인의 고르고 하얀 치아를 가리키는데 여기서는 그저 '이'를 뜻하는 말로 사용하였다. '이가 드러난다'는 것은 상대방이 편지를 보고 웃을 것임을 뜻한다.

39 훈지壎箎 : 서로 가락이 잘 맞는 두 개의 관악기로서 보통 형제를 가리킬 때 쓰는 표현이다.『詩經』「小雅」〈何人斯〉에 "맏형은 훈을 불고 둘째 형은 지를 분다.(伯氏吹壎, 仲氏吹箎.)"라고 하였다.

40 원화圓華 : 덕주德柱(1839~1893)의 호. 성은 정씨鄭氏, 전라남도 담양 출신. 17세 때 지리산 화엄사로 출가하여 서우西藕를 은사로 모시고 중이 되었으며, 그 뒤 선을 배우고 두월斗月의 법맥을 이어받았다. 본 책의「지리산 대화엄사 임제종 36세 적손 원화 대선사의 행장 초고」참조.

41 근기에 맞추고 : 원문 '逗機'는 '투기投機'라고도 함. 설법 따위를 근기에 맞게 함.

42 부휴浮休 : 선수善修(1543~1615)의 호. 속성은 김씨. 지리산의 신명信明에게 출가하여 부용 영관芙蓉靈觀의 법을 이어받았다.

43 벽암碧嵓 : 각성覺性(1575~1660)의 호. 지리산 화엄사를 중창하였으며 승병을 이끌었다.

44 영해影海 : 약탄若坦(1668~1754)의 호. 자는 수눌守訥. 고흥 능가사楞伽寺에 출가하여 득우得牛와 수연秀演에게 경론經論을 배운 후 참선 수행함.

45 풍암楓岩 : 세찰世察(1688~1765)의 호. 전라남도 순천 출생. 화엄학으로 이름이 높던 무용 수연無用秀演과 영해 약탄의 문하에 들어 수학하다 무용이 입적한 후 영해의 제자가 되어 부휴 문중의 정맥을 계승했다.

46 우담優曇 : 홍기洪基(1822~1880). 함명과 함께 조계산의 종장으로 꼽힘.

47 함명涵溟(1824~1902) : 호는 태선太先.『緇門警訓私記』1권이 현존한다.

48 복성福城의 아이 :『華嚴經』에서 선재동자善財童子가 선지식善知識을 찾아 두루 다니다가 복성 동쪽에서 문수보살文殊菩薩을 만났다고 한다.

49 나찰의 말 : 보살 법당을 수호하는 나찰귀왕羅刹鬼王이 선재동자 위에 꽃을 뿌리자 선재동자가 어디서 선지식을 구할 수 있냐고 물었고, 이에 나찰은 시방에 두루 예배하고

(敬禮十方) 모든 경계를 바른 생각으로 사유하고(正念思惟一切境界), 용맹하고 자재하게 시방에 두루 노닐어(勇猛自在。遍遊十方) 선지식을 구하고, 몸과 행위가 꿈같고 번개 같음을 앎으로써(知身知行。如夢如電) 선지식에게 나아가라 하였다. 『華嚴經』「入法界品」.

50 의례 : 원문의 '讓'은 오기인 듯함.
51 법당法幢 : 불법을 표시하는 깃발.
52 근본지根本智 : 무분별지無分別智라고도 함. 모든 분별이 끊어진 지혜.
53 만행화萬行華 : 모든 생명이 만 가지 자비를 행하기를 바라는 염원을 담아 공양하는 꽃.
54 해회海會 : 많은 불보살이 모인 자리.
55 감인계堪忍界 : ⓢ sahā-loka-dhātu. 중생이 갖가지 고통을 참고 견뎌야 하는 이 세상. 사바세계娑婆世界와 같음.
56 팔해八垓 : 팔방의 극한.
57 뱀을 마신 것 : 원문 '飮蛇'. 뱀 그림자가 비친 술을 마셨다는 뜻으로, 공연히 오해하여 의심함을 말한다. 진晉나라 악광樂廣이 친구와 술을 마실 적에 그 친구가 술잔 속에 비친 활 그림자를 뱀으로 오인하고는 병이 들었다가 나중에 그 사실을 알고는 병이 절로 나았다는 고사가 전한다. 『晉書』권43「樂廣列傳」.
58 여래의 삼전三傳한 곳 : 녹야원鹿野園. 사르나트Sarnāth. 부처님이 5비구를 찾아 처음 법을 설하신 곳.
59 혜가惠可 : 혜가慧可(481~593). 남북조南北朝 시대 달마 대사의 제자. 선종의 2조.
60 침개針芥의 인연 : 개자투침봉芥子投針鋒의 준말. 바늘에 겨자씨를 던져 꿰듯 극히 만나기 어려운 일을 말함. 북본北本『涅槃經』권2.
61 청량清凉의 '오지성인五地聖人으로~마음을 일으킴'이요 : 화엄종의 제4조인 청량 징관清凉澄觀이 당나라 승려로서 궁궐에서 역경 사업을 한 후에 오대산 화엄사에 들어가 오지성인으로서 세속의 마음을 일으켜 온갖 학문에 두루 통했다는 기록이 있다. 『佛祖歷代通載』권14. 오지五地란 보살의 수행 단계인 십지 가운데 다섯 번째로서 '박지薄地'라고 한다. 이는 수다원에서 사다함행을 하는 것으로 욕계의 9종 번뇌를 일정 부분 끊어 냈기 때문이요, 보살에게는 아비발치지阿鞞跋致地를 뛰어넘었으나 아직 불도佛道를 성취하지 못한 것으로 온갖 번뇌는 끊어 내었으나 그 밖의 무의식으로 된 무명無明에 의한 불선업의 응어리가 남아 있고 무명도 얇게 남아 있는 단계이다. 아비발치는 'avivartika'의 음사. 불퇴不退·불퇴전不退轉이라 번역. 수행으로 도달한 경지에서 다시 범부의 상태로 후퇴하지 않음. 즉 다시 범부의 상태로 후퇴하지 않는 경지.
62 도안道安의 '풍속이~없다는 말이' : 도안은 동진東晉 시대의 걸출한 불교학자. 풍속이 다른 타지의 말도 통했다는 기록은 명교 설숭明教契嵩의「尊僧篇」에 나온다. 『緇門警訓』권1.

63 점설漸說 : 차례대로 설명함.
64 구족九族 : 아홉 범주의 친족. 고조高祖, 증조, 조부, 부친父親, 자기, 아들, 손자, 증손, 현손玄孫.
65 육친六親 : 부모父母, 형제兄弟, 처자妻子.
66 삼도사생三途四生 : 삼도는 지옥地獄, 아귀餓鬼, 축생畜生. 사생은 태생胎生, 난생卵生, 습생濕生, 화생化生.
67 팔난구유八難九有 : 팔난은 불법을 듣지 못하는 여덟 가지 어려움을 뜻하는 말로 지옥·아귀·축생·장수천長壽天·변지邊地·맹롱음아盲聾音啞·세지변총世智辯聰·불전불후佛前佛後를 이른다. 구유는 구거九居라고도 하며 삼계의 유정중생이 사는 아홉 곳.
68 팔부천룡八部天龍 : 불법을 지키는 신장神將들. 곧 천天, 용龍, 야차夜叉(Yaksa), 건달바乾達婆(Gandharra), 아수라阿修羅(Asura), 가루라迦樓羅(Garuda), 긴나라緊那羅(Kimnara), 마후라가摩睺羅伽(Mahoraga).
69 혜명慧命 : 불법의 명맥. 수행과 지혜가 뛰어난 수행자.
70 백양산白羊山 : 전라남도 장성군과 전라북도 순창군에 걸쳐 있는 산. 일명 백암산白巖山.
71 구토九土 : 구주九州. 전국을 가리킴. 우禹가 홍수를 다스리고 나서 천하를 구주로 나누어 다스렸다.
72 육시六時 : 하루를 여섯 등분한 것. 신조晨朝(아침)·일중日中(한낮)·일몰日沒(해질녘)·초야初夜(초저녁)·중야中夜(한밤중)·후야後夜(한밤중에서 아침까지).
73 하나로 돌이켜 셋을 모음입니다 : 원문은 '歸一會三'. 『法華經』 28품 가운데 앞 14품의 요지를 드러낸 말. 세존께서 『法華經』을 설하기 이전에는 성문·연각·보살의 삼승三乘에 대한 여러 가지 가르침을 설하였지만 그것은 방편에 지나지 않으며, 결국은 모두 일승一乘으로 돌아간다는 뜻.
74 보토報土 : 애써서 수행한 결과로 얻은 불토.
75 용산龍山 : 용악龍岳 장로가 있는 산을 가리키는 듯함.
76 사대四大 : 물질의 구성 요소인 지地, 수水, 화火, 풍風의 네 종류를 가리킴.
77 강동江東의 저녁~나무에 쓸쓸합니다 : 서로 그리워하는 마음을 뜻한다. 당나라 두보杜甫의 시 〈春日憶李白〉에 "위수 북쪽 봄날의 나무요, 강동의 저물녘 구름이로다. 어느 때 한 동이 술로, 거듭 더불어 세세히 글을 논할까.(渭北春天樹。江東日暮雲。何時一樽酒。重與細論文。)"라고 하였다. 위북은 두보가 머문 곳이요, 강동은 이백이 가는 곳이다.
78 사화四花 : 석가모니가 『法華經』을 설법할 때 서조瑞兆로서 하늘에서 내려온 백련화白蓮華·대백련화大白蓮華·홍련화紅蓮華·대홍련화大紅蓮華의 네 가지 꽃.
79 세 번 옮긴 : 어린 맹자孟子의 교육을 위해 모친이 세 번 집을 옮겼다.
80 벼루 동쪽과 등불 남쪽(硯東燈南)에서 : 등불을 켜고 편지를 쓰는 상황을 말하는 듯함.
81 연야演若 : 연야달다演若達多. 『楞嚴經』에서 부루나富樓那가 부처님께 망상의 원인에

대해 묻자, 실라성室羅城의 연야달다가 새벽에 거울로 얼굴을 비추어 보다가 거울 속의 머리에 있는 눈썹과 눈은 볼 만하다고 좋아하고 자기 머리의 얼굴과 눈은 보이지 않는다고 짜증을 내면서 그것을 도깨비라고 여겨 미쳐 달아났다는 이야기를 하시며, 원인이 없다고 하셨다.

82 물 양지와 산 북쪽(水陽山北) : 송광사의 위치를 말하는 듯함. 송광사는 보성강의 동남쪽 아래 조계산의 북쪽에 있다.

83 친구의 구슬 : 친구는 부처님을 뜻함. 부처님이 말씀하신 비유로, 가난한 사람이 부자인 친구 집에 찾아가서 대접을 받고 잠들었는데 친구가 보배 구슬을 옷 속에 매 놓고 말없이 떠났다고 함. 『法華經』「五百弟子受記品」.

84 단술과 같지 않고 : 이익을 따지는 소인의 사귐이 아니라는 뜻. 『莊子』 「山木」에 "군자의 사귐은 담담하기가 물과 같고, 소인의 사귐은 달기가 단 술과 같다.(君子之交淡若水。小人之交甘若醴。)"라고 하였다.

85 순주鶉味 : 순월鶉月이 5월이므로 5월 초를 말함.

86 땅에 던지시니 쇳소리 남 : 원문은 '擲地金聲'. 훌륭한 시문을 뜻한다. 진晉나라 손작孫綽이 〈天台山賦〉를 짓고 벗 범영기范榮期에게 "이 글을 땅에 던져 보았더니 쇳소리가 나더라."라고 하기에, 범영기가 읽어 보고는 과연 칭찬이 입에서 끊이지 않았다 한다. 『晉書』 권56 「孫綽傳」.

87 철주掣肘 : 남의 팔꿈치를 옆에서 끈다는 뜻으로, 남의 일에 참견하여 못하게 방해함을 비유적으로 이르는 말. 여기서는 자유롭게 쓰지 못하는 실력을 가리킴. 원문 '書慚掣肘'는 최치원의 「大嵩福寺碑銘」에 나옴.

88 황양월黃楊月 : 미상.

89 개사開士 : 불도를 열어 중생을 인도하는 사부라는 뜻으로, '보살' 또는 '고승'을 달리 이르는 말.

90 규복圭復 : 백규白圭를 삼복三復한다는 뜻으로, 가슴에 새기며 재차 반복해 읽는 것을 말한다. 『詩經』 「大雅」 〈抑〉에 "흰 구슬의 티는 갈아 없앨 수 있지만 말의 허물은 어찌할 수가 없다.(白圭之玷。尙可磨也。斯言之玷。不可爲也。)"라고 한 것을 남용南容이 세 번씩 되풀이하여 읽었던 데서 온 말이다. 『論語』 「先進」에 "남용이 백규의 글을 세 번씩 되풀이하여 읽자 공자가 형의 딸을 그의 아내로 삼게 해 주었다.(南容三復白圭。孔子以其兄之子妻之。)"라고 하였다.

91 횡해黌海 : 학사學舍를 이름. 학문의 길이 바다같이 넓음을 비유하는 말.

92 돌이 말함에 거북이가 돌아보는 : 자신의 말이 거북이 등진 비석에 새겨짐을 뜻함.

93 꽃부리를 씹고~따는 것 : 원문은 '嚼英采花'. 훌륭한 글을 가리킴. 당나라 한유韓愈의 「進學解」에 "향기 짙은 문장에 흠뻑 젖고 그 꽃술을 입에 머금고 씹어서 문장을 지으니 그 책이 집안에 가득하다.(沈浸醲郁。含英咀華。作爲文章。其書滿家。)"라는 표현이 나온다.

94 마니摩尼 : ⓢ maṇi의 음사. 주珠·보주寶珠라고 번역. 보배 구슬을 통틀어 일컬음.
95 오개五盖 : 다섯 가지 장애. ① 탐욕(lobha), ② 성냄(dosa), ③ 해태(thina)와 혼침(middha), ④ 들뜸(uddhacca)과 후회(kukucca), ⑤ 의심(vicikiccha).
96 수증修證 : 수행을 쌓아서 깨달음을 성취한다는 수인증과修因證果.
97 경도京島 : '경도莖島'를 가리키는 듯함. 전라남도 여수시 돌산읍 평사리.
98 기를 모으고 : 원문은 '氣鍾'. 태어남을 가리킴.
99 경운擎雲(1852~1936) : 강백講伯·사경사寫經師. 속성은 김씨. 경상남도 웅천熊川에서 태어나 17세 때 출가하여, 구례군 연곡사鷰谷寺 환월幻月의 제자가 되었다. 전라남도 승주 선암사仙巖寺의 대승강원大乘講院에서 불경을 공부하였으며, 뒤에는 직접 강의를 담당하여 선암사를 당대 강학의 중심지로 만들었다. 순천의 환산정喚山亭을 매입하여 새로운 포교당을 설립하고 포교 사업에 힘을 기울였다.
100 원화圓華(1839~1893) : 덕주德柱의 호. 자는 수미守微이며 전라남도 담양 출신이다. 17세 때 지리산 화엄사로 출가하여 서우西藕를 은사로 모시고 중이 되었으며, 그 뒤 선을 배우고 두월斗月의 법맥을 이어받았다. 본 책의 「지리산 대화엄사 임제종 36세 적손 원화 대선사의 행장 초」 참조.
101 청출어람이라 : 원문은 '茜絳藍青'. '茜絳'도 '藍青', 즉 '青出於藍'과 같은 뜻이다. 원문은 최치원의 「眞鑑和尙碑銘」에 보인다.
102 수증修證 : 방편을 닦아 깨달음.
103 우연히 만났으니 : 원문은 '傾盖'. 수레를 멈추고 일산을 기울인다는 것인데, 길에서 잠깐 만남을 뜻한다. 『史記』「魯仲連鄒陽列傳」에 "속어俗語에 '백발이 되도록 오래 사귀어도 처음 사귄 듯하고, 수레를 멈추고 잠깐 만났어도 오래 사귄 듯하다.(白頭如新。傾蓋如故。)'고 하였으니, 그 까닭은 무엇인가? 서로를 아느냐 모르느냐에 달려 있다."라고 하였다.
104 순수鶉首 : 순월鶉月이 5월이므로 5월 초를 말함.
105 강루강婁(9월) : 강루는 별 이름으로 규루奎婁라고도 함. 12지 가운데 술戌에 해당함.
106 비파를 놓은 : 공자가 제자들에게 각자의 포부를 물었을 때 증점이 비파를 놓고 말하였다는 구절이 『論語』「先進」에 있으니, 자기 뜻을 말할 수 있는 관계를 뜻하는 듯하다.
107 발섭跋涉 : 산을 넘고 물을 건너 먼 길을 돌아다니는 것을 말함.
108 갱장羹墻 : 어진 이를 사모한다는 뜻. 『後漢書』「李固傳」에, "순舜이 요堯를 사모하여, 앉아 있을 적에는 요임금을 담장에서 뵙는 듯하고, 밥 먹을 적에는 요임금을 국에서 뵙는 듯했다."라고 하였다.
109 주정周鼎이 크니~강호康瓠가 작으니 : 주정은 주나라 때 왕권을 상징하던 구정九鼎으로, 하나라 우왕禹王이 구주九州에서 금을 모아 만든 솥이다. 강호는 깨진 질그릇이다. 한나라 가의賈誼의 「弔屈原賦」에서 "주정은 버려 두고 강호를 보배로 여기

네.(幹棄周鼎兮寶康瓠)"라고 하였다.

110 삼제三際 : 삼세三世, 즉 과거와 현재, 미래.
111 사대四大 : 물질의 구성 요소인 지地, 수水, 화火, 풍風의 네 종류를 가리킴.
112 사대를 조화하여~역의 괘이고 : 지, 수, 화, 풍 가운데 화, 풍이 만나 정괘鼎卦를 만듦.
113 물 긷고 땔감 나르니 : 원문은 '運水搬柴'. '평범한 일상사를 말함인데 수행이 일상사 외에 따로 있는 게 아니라는 말을 할 때 자주 사용된다.
114 사구四句 : 사구백비四句百非를 가리키는 듯함. 유有(긍정), 무無(부정), 역유역무亦有亦無, 비유비무非有非無라고 전개해 나가는 것을 사구라고 하고, 이 사구를 몇 번이고 또 계속 부정해 나가는 것을 백비百非라고 한다.
115 부처와 조사를 삶으니 : 부처나 조사라는 이상적인 인격체가 고정되어 실재하는 것으로 착각하는 수행자의 선병禪病을 치료하기 위한 법문.『祖堂集』9.
116 삼선三禪 : 운문雲門 선사가 대중을 교화한 삼자선三字禪으로, 나를 돌아보는 '고顧', 남을 비춰 보는 '감鑑', 일체를 초월하여 자적自適하는 '이咦'를 말한다.
117 향해香海 : 수미산을 둘러싸고 있는 향수 바다.
118 오명五明 : 명明은 학문을 뜻함. 고대 인도의 다섯 가지 학문. 성명聲明은 언어·문학·문법에 대한 학문, 인명因明은 논리학, 내명內明은 종교의 취지를 밝히는 학문, 의방명醫方明은 의술에 대한 학문, 공교명工巧明은 공예·기술에 대한 학문.
119 유순由旬 : Ⓢ yojana의 음사. 고대 인도의 거리 단위로, 실제 거리는 명확하지 않지만 보통 약 8km로 간주함.
120 후위後魏 : 북위北魏. 386년부터 534년을 가리킨다. 남북조南北朝 시대에 선비족鮮卑族 탁발씨가 세운 북조 정권 가운데 하나.
121 탁발씨拓跋氏 13년(399) : 탁발씨는 북위의 태조 탁발규拓跋珪(재위 386~409)를 가리킴.
122 산막山幕 : 사냥꾼 또는 약초를 캐거나 숯을 굽는 사람이 쓰려고 산속에 임시로 간단히 지은 집.
123 우매산牛埋山 : 고흥군 영남면에 있는 우미산인 듯함.
124 마복산馬伏山 : 고흥군 포두면에 있다.
125 동해상 구계胸界에~진나라 동문東門 :『史記』권6「秦始皇本紀」에 "동해의 구계에 돌을 세워서 진나라 동문으로 삼았다."라고 하였다. 구계는 구현朐縣의 경계이다. 구현은 강소성江蘇省 동해현東海縣의 남쪽에 있다. 진시황 35년에 동쪽을 순수하여 돌을 구현 경계 가운데 세워서 동쪽의 문으로 삼았던 것이다.
126 여기서 조금~유구琉球의 태자이고 : 유구 태자가 표류하다 능가사에 오게 되었는데 관음보살께 기도하여 7일 만에 고국으로 돌아갔다는 전설이 있다.
127 의희義熙 13년(417)~눌지왕 3년(419) : 두 연도 표기가 일치하지 않으니 착오가 있는 듯하다.

128 아도阿度(357~?) : 고구려 출신으로 16세 때 사신을 따라 아버지 아굴마阿掘摩가 있는 위나라로 넘어가 출가해 아도라는 도첩을 받고 현창玄暢에게 아도我道라는 법명을 받았다. 이후 19세 때 귀국해 어머니의 뜻을 따라 눌지왕(417~457)이 다스리는 신라로 넘어와 포교하였다.
129 신유년 당~정관貞觀 원년(627) : 정관 원년은 정해년이므로 착오가 있는 듯하다.
130 월지月支(月氏) : 서역에 있던 나라의 이름으로 원래 둔황 지역에 있었으나 한나라 때에 흉노에게 쫓겨나 서쪽으로 이동하여 지금의 아프가니스탄 부근에 정착하였다.
131 익실翼室 : 본채의 좌우 양쪽에 있는 방.
132 사겁四劫 : 세상이 성립했다가 소멸하고 다시 생성되는 성겁成劫·주겁住劫·괴겁壞劫·공겁空劫의 네 과정.
133 광서光緖 4년 경진(1880) : 광서 4년은 1878년인데 경진이 정확한 것으로 보인다.
134 눈처럼 흰~새로 발랐다 : 수倕는 목수, 노猱는 미장이로 유명한 전설의 인물이다. 원문 "雪梯而倕材架嶮. 霜塗而猱堊粘新."은 최치원의 「大嵩福寺碑銘」에 나오는 구절이다. 다만 '猱堊粘新'이 최치원의 글에는 '夒堊黏香'으로 되어 있다.
135 선부제鮮浮提 : 조선과 염부제閻浮提를 결합한 개념인 듯함. 염부제 또는 남섬부주南贍部洲는 Ⓢ jambu-dvīpa의 음사. 'jambu'는 나무 이름, 'dvīpa'는 주洲로, 수미산 남쪽에 있다는 대륙. 여기에 잠부 나무가 많으며, 우리 인간들이 사는 곳이라 함.
136 도사타兜斯陁 : 도솔타兜率陀. Ⓢ Tuṣita. 상족上足·묘족妙足·선족善足·지족知足이라고도 번역하는데 수미산 꼭대기로부터 12만 유순 위에 있는 하늘. 욕계 6천 중에 제4천 미륵보살이 머물고 있는 천상의 정토.
137 제호醍醐 : 우유에 갈분葛粉을 타서 미음같이 쑨 죽. 최상급의 음식.
138 선불장選佛場 : 부처를 뽑는 장소라는 뜻으로 수행승이 좌선하는 곳.
139 굴窟 안팎의 결집(部結) : 석가모니께서 입적한 후에 500여 명의 비구가 왕사성 칠엽굴七葉窟에 모여 경經과 율律을 결집한 것을 '굴내결집'이라 하고, 굴내결집에 참가하지 못한 비구들이 모여 따로 굴 밖에서 결집한 것을 '굴외결집'이라 함.
140 삼도三途 : 지옥地獄, 아귀餓鬼, 축생畜生.
141 권형權衡 : 권權은 저울추를, 형衡은 저울대를 말하며, 합쳐서 저울 또는 저울질을 의미함.
142 선불장選佛場 : 부처를 뽑는 장소라는 뜻. 수행승이 좌선하는 곳.
143 보리좌菩提座 : 깨달음의 자리.
144 보리좌를 옮기지~나아간 것 : 『華嚴經』 「如來名號品」에 "그때 세존께서 마갈제국의 고요한 보리도량菩提道場에서 비로소 정각正覺을 이루시고, 보광명전普光明殿의 연화장蓮華藏 사자좌師子座에 앉아 계셨다.(佛在摩竭提國寂滅道場. 初始得佛. 普光法堂. 坐蓮華藏師子座上)"라는 서술이 나온다. 『大正新脩大藏經』 9책.

145 도독고塗毒鼓 : 표면에 독을 발라 놓은 북인데 그 북소리를 듣는 사람은 모두 죽는다고 한다.『涅槃經』에서 "나의 교법의 뜻은 도독고와 같아서 한 번 울리면 멀고 가까운 곳에서 듣는 이 모두가 죽느니라."라고 하였다.

146 수라취修羅趣 : 아수라취阿修羅趣, 아수라도阿修羅道. 늘 싸움만을 일삼는 무리들의 세계로, 수미산 옆의 바다 밑에 있다고 한다.

147 진각眞覺 : 혜심慧諶(1178~1234)의 호. 지눌知訥의 뒤를 이어 수선사修禪社(송광사)의 제2세 사주社主가 되었다. 저서로는『禪門拈頌集』등이 있다.

148 청진淸眞 : 몽여夢如(?~1252)의 호. 수선사 16국사國師 중 제3세 국사. 이규보李奎報와 교유.

149 16노추老錐 : 노추는 노고추老古錐의 준말. '노고'는 존경한다는 뜻이고 '추'는 송곳처럼 예민함을 뜻하여, 덕이 높고 선기禪機가 예민한 승려를 이르는 말.

150 부휴浮休 : 선수善修(1543~1615)의 호. 지리산의 신명信明에게 출가하여 부용 영관芙蓉靈觀의 법을 이어받았다.

151 벽암碧嵒 : 각성覺性(1575~1660)의 호. 선수善修의 제자. 지리산 화엄사를 중창하였으며 승병을 이끌었다.

152 종유宗猷 : 종문宗門에서 걸출한 자, 또는 그 도를 추존推尊함을 가리킴.

153 법려法侶 : 불법을 함께 배우는 벗.

154 백암栢庵 : 성총性聰(1631~1700)의 호. 13세 때 출가하여 지리산 수초守初 밑에서 불경을 배웠고 많은 불서를 간행하였다.

155 무용無用 : 수연秀演(1651~1719)의 호. 19세 때 조계산 송광사로 출가하여 혜관惠寬의 제자가 되었고, 혜공慧空으로부터 구족계를 받았다. 선암사仙巖寺의 침굉枕肱을 찾아가서 선의 진수를 물어 대오大悟하였다. 조계산 은적암隱寂庵의 백암을 찾아가서 다시 깨달음을 인정받았다. 1692년에는 선암사에서 화엄회華嚴會를 열었으며, 1700년 7월에는 백암의 뒤를 이어 조실祖室이 되었다.

156 침명枕溟 : 한성翰醒(1801~1876)의 호. 16세 때 팔영산八影山 선계암仙界庵으로 가서 권민權敏을 은사로 하여 삭발하였다. 춘파春坡에게 구족계를 받고, 긍선亘璇에게 선과 참법懺法을 배운 다음 혁원奕源의 법을 이었다.

157 우담優曇 : 홍기洪基(1832~1881)의 호. 초명은 우행禹幸, 성은 권權이다.『禪門證正錄』을 지어 긍선亘璇(1767~1852)의『禪文手鏡』을 논박했다.

158 영해影海 : 약탄若坦(1668~1754)의 호. 자는 수눌守訥. 고흥 능가사楞伽寺에 출가하여 득우得牛와 수연秀演에게 경론經論을 배운 후 참선 수행함.

159 풍암楓岩 : 세찰世察(1688~1765)의 호. 전라남도 순천 출생. 화엄학으로 이름이 높던 무용 수연無用秀演과 영해 약탄影海若坦의 문하에 들어 수학하다 무용이 입적한 후 영해의 제자가 되어 부휴 문중의 정맥을 계승했다.

160 응암應庵 : 낭윤朗允(1718~1794)의 호. 본문 「응암 선조의 행장 초고」 참조.
161 칠중七衆 : 불교 교단을 구성하는 일곱 부류의 사람. 비구·비구니·식차마나式叉摩那(예비 비구니)·사미·사미니·우바새·우바이를 가리킨다. 앞의 5중衆은 출가중出家衆, 뒤의 2중은 재가중在家衆이다.
162 항룡발降龍鉢 : 용을 항복시킨 발우. 육조대사 당시 못에 물을 마구 휘젓고 다니며 바람을 일으키는 용이 있어서, 육조대사께서 "너 이놈, 몸을 키우고 재주를 부릴 줄은 알지만 몸을 작게 나툴 줄은 모르는구나."라고 법문을 하자 그 용이 어떻게 알아들었는지 몸을 작게 해서 육조대사 앞에 나타났다. 이때 육조대사께서 발우로 딱 덮어서 용의 항복을 받은 일이 있다는 고사에서 유래된 말이다.
163 팔굉八紘 : 팔방. 온 세상.
164 해호공解虎筇 : 범 싸움을 말린 석장. 제齊나라 승려 혜조慧稠가 회주懷州 왕옥산王屋山에 있다가 두 마리 범이 싸우는 소리를 듣고 석장으로 말렸다고 하며, 또 수隋나라 때 담순曇詢이란 승려가 산길을 가다가 두 마리 범이 여러 날 동안 싸우는 것을 보고, 석장을 들어 두 마리를 갈라 놓았다고 한다. 영가 현각永嘉玄覺의 「證道歌」에 "용을 항복시킨 발우, 범 싸움을 풀어 놓은 석장(降龍鉢而解虎錫)"이라 하였다.
165 오고 감이~실을 정도입니다 : 원문 "無去來之說。競抱斗量。散花談經。不生滅之言。動論車載。"은 최치원의 「智證和尙碑銘」에서 "無去無來之說。競抱斗量。不生不滅之談。動論車載。"를 활용한 것이다.
166 연하煙霞 : 안개와 노을. 고요한 산수 경치.
167 보탑寶塔 : 불구류에 속하는 공예 소탑들의 총칭.
168 현기懸記 : 부처가 미래 일에 대하여 미리 말하여 둔 일.
169 불일佛日 : 지눌知訥의 시호가 '불일보조국사佛日普照國師'이다.
170 패엽貝葉 : 패다라엽貝多羅葉. ⓢ pattra. 인도에서 여기에 경문經文을 썼기에 경전을 뜻하게 됨.
171 흙덩이를 바쳐~덕승德勝 아이의 : 『阿育王傳』에 실려 있는 아소카 대왕의 전생담이다. 아소카 대왕이 과거 생에 덕승德勝이라는 동자였는데 무승無勝이라는 동자와 함께 길에서 흙 장난을 하고 있었다. 이때 석가모니 부처가 길을 지나갔는데 덕승은 부모가 보시하는 모습을 흉내 내어 석가모니 부처의 발우에 흙을 공양하면서 자신이 미래세에 천지를 뒤덮을 정도로 공양을 할 수 있게 해 달라고 발원하였다. 이에 석가모니 부처는 자신이 열반한 지 백 년 뒤에 이 아이가 전륜성왕이 되어 자신의 사리를 나누어 8만 4천 개의 보탑을 만들게 될 것이라고 수기하였다. 결국 이 아이는 다음 생에 아소카 대왕으로 태어나 인도를 통일하고 불법을 수호하게 되었다.
172 수달다須達多 : ⓢ sudatta. 사위성舍衛城의 부호이자 파사닉왕波斯匿王의 신하. 기타祇陀 태자에게 황금을 주고 구입한 동산에 기원정사祇園精舍를 지어 석가모니에게

바침.

173 옥호玉毫 : 부처의 미간에 있는 흰 털.
174 네게서 나온~네게로 돌아온다 : 원문은 '出爾反爾'. 이 문장은 공자가 아니라 제자 증자曾子의 말로 『孟子』「梁惠王」에 "出乎爾者, 反乎爾者也."라고 하였다.
175 청부아안靑鳧鵝眼 : 동전을 말함. 청부는 남방의 매미 비슷한 수충水虫이다. 그 새끼만 잡아 오면 어미가 저절로 날아오므로, 그것을 이용하여 한쪽 동전에는 어미의 피를, 다른 쪽 동전에는 새끼의 피를 발라서, 새끼의 피를 바른 동전은 가지고 있고 어미의 피를 바른 동전으로 시장에 가서 물건을 사면 그 돈이 저절로 돌아온다고 한다. 『淮南子』「萬畢術」에 나온다. 아안은 남북조南北朝 시대 송宋나라 폐제廢帝 이후에 주조된 구멍이 뚫린 엽전이다. 매우 얇고 작아서 1천 전錢의 길이가 3촌寸이 채 안 되었고, 매우 가벼워서 물에 가라앉지 않았으며, 손으로 만지기만 해도 부서질 정도로 조잡하였다고 한다. 후대에 악전惡錢의 대명사로 쓰이는데, 여기서는 엽전의 의미로 쓰였다.
176 허리에 찬~탄 선비의 : 이루기 힘든 환상을 말함. 어떤 이는 재물을 많이 갖고 싶다고 하고, 어떤 이는 양주 자사揚州刺使가 되고 싶다고 하고, 어떤 이는 학을 타고서 노닐고 싶다고 하였는데, 이때 한 사람이 나서서 말하기를 "나는 허리에 십만 금을 차고 학을 타고서 양주로 날아가고 싶다."라고 한 고사가 있다. 『淵鑑類函』〈鳥3 鶴3〉.
177 용화삼회龍華三會 : 미래불인 미륵이 용화수 아래 3회의 설법으로 미래의 중생을 모두 제도한다는 법회.
178 요명堯蓂 : 요堯임금이 명엽蓂葉이라는 풀을 보고 달력을 만든 데서 나온 말인데 여기서는 임금의 수명이라는 뜻으로 쓰였다. 한 달 주기로 1일부터 15일까지 한 잎씩 피어나다가 15일 이후부터 한 잎씩 지기 시작해 30일이 되면 다 떨어졌으므로 요임금이 그것을 보고 월력을 만들었다. 『竹書紀年』.
179 사민四民 : 사농공상. 곧 선비, 농부, 장인, 상인 등 모든 백성.
180 순금舜琴 : 순임금이 처음으로 오현금五絃琴을 만들어 타면서 남풍시南風詩를 노래했는데, 그 시에, "남풍의 훈훈함이여, 우리 백성의 성냄을 풀 만하도다. 남풍이 제때에 불어옴이여, 우리 백성의 재물이 풍부하리로다.(南風之薰兮. 可以解吾民之慍兮. 南風之時兮. 可以阜吾民之財兮.)"라고 한 데서 온 말이다. 『禮記』「樂記」.
181 성산각星山閣 : 사찰에서 민간신앙의 숭배 대상이었던 칠성, 산신, 독성獨聖을 봉안한 곳.
182 권형權衡 : 저울. 특수하고 예외적인 상황에서 임시적인 정당성을 가지는 행위 규범인 '권도權道'의 의미로 사용된 듯함.
183 와룡卧龍이 병진兵陣에서 복을 기도했으니 : 제갈공명이 남병산南屛山에 칠성단을 설치하고 동남풍이 불기를 기도하여 적벽대전에서 성공하였다. 소설 『三國志演義』

49회「七星壇諸葛祭風三江口周瑜縱火」에 나옴.

184 우리 태조께서~계봉鷄峰에 우뚝합니다 : 이성계가 함경도 안변에 있을 때 꿈에 서까래 세 개를 짊어지고 나오다가 거울 깨지는 소리에 꿈을 깨었다. 이 꿈을 설봉산 승려가 왕이 될 징조라고 해석해 주자 사찰을 세우고 '석왕사'라고 하였다. 계봉은 송악산 뒤쪽에 있는데, 계봉 너머에 태조의 조부 작제건作帝建의 옛 집터가 있다.

185 담당湛堂 : 성징聖澄의 자. 호는 월계越溪이며 송광사 16국사 중 제9번째 국사이다. 행적은 전하지 않으며, 그에 얽힌 설화가 『松廣寺誌』에 전한다. 원래 금나라의 태자였는데 고려에 와서 승려가 되었다고 한다.

186 물화物華 : 산과 물 따위의 자연계에서의 아름다운 현상.

187 사자師資 : 스승으로 삼고 의지함. 또는 스승과 제자.

188 주천성군周天星君과 열악산령列嶽山靈 : 온 하늘의 별들과 여러 산의 신령들.

189 공명孔明의 감응(蒙熏) : 적벽대전에서 제갈공명이 화공을 위해 남동풍이 불도록 하늘에 기도하니 한겨울에 남동풍이 불었다고 한다.

190 원우상元禹常(1839~?) : 1871년에 영일현감迎日縣監을 지냈으며, 1881년에는 선기장善騎將에 올랐다. 그 후 경상좌도병마절도사(1882), 평안도병마절도사(1885) 등 외직으로 있다가 1888년에 경직인 한성부판윤이 되고 이듬해 별군직別軍職을 맡았다. 1890년에 평안도병마절도사를 거쳐서 1896년 중추원 1등의관 칙임관 2등과 함경북도 관찰사 칙임관 3등, 1897년 중추원 1등의관 칙임관 2등을 역임하였다. 1898년에 정2품이 되었다. 이에 대한 의법 처리로 지도군智島郡 고군산古群山에 귀양 3년에 처해졌으나 곧 특별 석방되었다. 1904년에는 육군참령陸軍參領에서 참장參將으로 승진하여 경무사 칙임관 2등, 유행병예방위원장流行病豫防委員長, 헌병사령관, 중추원의관 칙임관 2등을 역임하였다. 이듬해 육군법원장陸軍法院長이 되었다.

191 편작扁鵲 : 전국戰國시대의 의술인. 거의 죽을 뻔한 괵국虢國 태자를 살린 것으로 유명하다.

192 진주가 돌아온다는~합포合浦의 백성에게만 : 후한後漢 때 합포에서 진주가 생산되었는데, 탐관오리가 조개를 무리하게 채취하게 하니 진주가 나오지 않다가, 맹상孟嘗이 태수로 부임하여 청렴한 정사를 행하자, 다시 진주가 나오기 시작했다고 한다. 『後漢書』「孟嘗傳」.

193 범이 건너갔다는 : 후한 때 유곤劉昆이 홍농弘農의 태수가 되었다. 이전에 홍농에선 호환虎患이 많았는데 유곤이 선정을 베풀자 호랑이가 새끼를 업고 황하를 건너 다른 곳으로 떠났다고 한다.

194 예상翳桑의 보답 : 예상은 지명인데, 먹을 것이 없어 굶어 죽는 것을 뜻한다. 춘추시대 진晉나라 영첩靈輒이 이곳에서 굶주려 쓰러져 있는데 조돈趙盾이 지나다 보고 먹을 것을 주어 구제해 주었다. 그 뒤에 영첩이 진나라 영공靈公의 갑사甲士가 되어, 위

험에 처한 조돈을 구제해 주었다. 『春秋左氏傳』 '선공宣公 2년'.

195 이면상李冕相(1846~?) : 본관은 전주全州, 자는 성규聖圭. 이종영李種永의 아들로 종정경 이승수李升洙에게 입양되어 완원군完原君 이유명李惟命의 손자가 되었다. 1892년 전라도 암행어사가 되어, 백성의 고통을 덜기 위해서는 수령구임법守令久任法이 필요하다고 하였으며, 계방촌契防村을 혁파할 것 등을 건의하였다.

196 삼초三草 : 『法華經』 「藥草喩品」에 있는 비유로서 소초小草는 인승人乘과 천승天乘, 중초中草는 성문과 연각, 상초上草는 장교藏敎(소승교)의 보살을 비유함.

197 상대霜臺 : 어사대御史臺. 사헌부의 별칭. 여기서는 수의어사를 가리킴.

198 선보仙譜 : 신선의 계보. 여기서는 왕족 계보를 가리킴.

199 북궐北闕(대궐)의 근심을 나누어 : 지방 관리가 됨을 뜻하는데 여기서는 전라도 수의어사가 됨을 가리킴.

200 인을 갑옷으로 의를 투구로 : 원문 '甲仁胄義'는 최치원의 「無染和尙碑銘」에 나온다.

201 육도六度의 으뜸이요 : 육도는 육바라밀六波羅蜜. 그 첫째는 보시이다.

202 삼귀三歸 : 삼귀의三歸依. 불법승에 귀의함.

203 이안移安 : 다른 곳으로 옮겨 모심.

204 귀부龜趺 : 거북 모양의 비석 받침돌.

205 해당 기문記文 : 뒤에 있는 「조계산 불일보조국사의 감로탑을 개축하는 기문」을 가리킴.

206 세제世諦 : 세간의 이치를 기준으로 할 때 타당한 진리.

207 영호映湖 : 정호鼎鎬(1870~1948)의 호. 성은 박씨朴氏, 자는 한영漢永, 또 다른 호는 석전石顚. 19세 때 전주 태조암太祖庵으로 출가하여 금산錦山의 제자가 되었고, 21세 때 장성 백양사白羊寺의 환응幻應에게 4교敎를 배우고, 선암사仙巖寺의 경운敬雲에게 대교大敎를 배운 뒤, 구암사龜巖寺에서 처명處明의 법을 이어받았다. 금봉錦峯·진응震應과 함께 근대 불교사의 3대 강백講伯으로 추앙받았으며, 경사자집經史子集과 노장학설을 두루 섭렵하고 서법書法까지도 겸통한 고승으로 평가받았다.

208 삼양三陽이 엎드리고 육음六陰이 승한데 : 곤괘坤卦에 해당하는 10월을 가리킴.

209 은우恩憂 : 은사恩師의 상喪을 가리키는 듯함.

210 약(刀圭) : 도규刀圭는 칼처럼 생긴 약 숟가락인데 대개 의약이나 의술을 가리킨다.

211 고개 위~강가의 나무를 : 그리워하는 마음을 뜻한다. 두보杜甫의 시 〈春日憶李白〉에 "위수 북쪽 봄날의 나무요, 강동의 저물녘 구름이로다. 어느 때 한 동이 술로, 거듭 더불어 세세히 글을 논할까.(渭北春天樹. 江東日暮雲. 何時一樽酒. 重與細論文.)"라고 하였다.

212 시편(瓊琚) : 원문 '瓊琚'는 보배로운 구슬로 상대방의 시문에 대한 미칭美稱이다. 『詩經』 「衛風」 〈木瓜〉에 "나에게 목과를 주거늘 경거로써 갚는다.(投我以木瓜. 報之以瓊

珉.)"라고 한 것에서 유래하였다.
213 여러 번 반복하여(圭復) : 『詩經』「大雅」〈抑〉의 "흰 구슬의 티는 갈아 없앨 수 있거니와, 말의 허물은 어찌할 수가 없다.(白圭之玷。尙可磨也。斯言之玷。不可爲也。)"라고 한 것을 남용南容이 세 번씩 되풀이하여 읽었던 데서 온 말로, 상대방의 시문을 정성스럽게 읽는 것을 말한다. 『論語』「先進」에 "남용이 백규의 글을 세 번씩 되풀이하여 읽거늘, 공자가 형의 딸을 그의 아내로 삼게 해 주었다.(南容三復白圭。孔子以其兄之子妻之)"라고 하였다.
214 은과 쇠의 사슬 : 글씨가 뛰어남을 가리킴. 원문 '銀銕之索'은 '銀鉤鐵索'의 변용.
215 등불의 남쪽이요 벼루의 북쪽에서 : 저녁 때 글을 짓는 상황을 말함.
216 연참鉛槧 : 연필과 종이. 연鉛은 연분필을, 참槧은 목판을 말한다. 『西京雜記』에, "양자운揚子雲이 항상 연필을 품고 목판을 들고 다녔다."라고 하였다.
217 효빈效矉 : 자기 특성은 고려하지 않고 무조건 남의 흉내를 내는 것.
218 할머니 적삼을~절하는 것이라 : 원문 '借婆衫拜婆年'은 『金剛經註解』의 '借婆衫子拜婆年'을 차용한 것으로, 상대방에게 맞게 답변함을 말한다. 『卍新續藏』 24책 785면.
219 불모佛母 : 제불諸佛을 낳는 어머니라는 뜻인데, 불화나 불상을 조성한 이를 가리키는 말로 쓰였다.
220 준제 오도準提吳道 : 오도는 탱화를 잘 그린 당나라 화자 오도자吳道子. '준제'는 ⓢCundi의 음역으로, 준제準提・준제准提・준지准胝・준니准尼로 표기되는데, 모든 부처님의 어머니라는 뜻으로 여기서는 '불화를 조성한'이라는 뜻으로 쓰였다.
221 만월滿月의 진용眞容 : 지장보살을 가리킴. 「地藏請」에 "仰唯。地藏大聖者。滿月眞容。澄江淨眼。"이라 하였다.
222 기로소耆老所 원당願堂 : 기로소는 나이 많은 임금이나 정2품 이상의 관직을 역임한 문신들이 일흔이 넘으면 들어갈 수 있는 조선 시대 최고위층들의 친목 기구였다. 조선 시대에 기로소에 입소한 왕은 태조와 숙종, 영조, 고종 네 명에 불과했다. 기로소 원당은 사찰을 단순히 왕실 원당으로 지정한 것만이 아니었다. 조정에서 돈과 물자를 내려 유교식 사당 형태의 건물을 짓고, 그 안에 왕의 어첩과 전패를 모셨으며, 기로소의 대표가 직접 공문을 내려 가장 지체가 높은 승려를 원장과 판사로 각각 임명하고, 원장과 판사가 직접 왕의 만수무강과 국가의 안녕을 발원할 것을 지시했다. 기로소 원당은 왕을 상징하는 공간이기 때문에 사찰 경내는 물론 금표 안의 산림에조차 일반인들의 출입이 엄격히 금지되었다. 기로소 원당이 설치된 것은 영조와 고종대 두 차례로, 1744년 영조가 기로소에 든 것을 기념해 의성 고운사에 연수전이 설치된 것이 최초이며, 1902년 고종의 기로소 입소를 기념해 순천 송광사에 성수전이 설치된 것이 두 번째이다. 탁효정, 「고운사」, 『불교신문』, 2013.08.20 참조.
223 상언上言 : 조선 시대 임금에게 올리는 문서 양식.

224 기로소 존엄尊嚴 : 1902년 51세의 나이로 기로소에 들어간 고종을 가리킨다.
225 까마귀의 정성과 견마犬馬의 정성 : 임금이나 나라에 바치는 충성을 표현하는 말.
226 혜린惠璘 : 「昇平續誌」에 의하면 신라 말에 혜린 선사가 사찰을 지어 길상사吉祥寺라 하였는데 건물은 겨우 1백여 칸이었으며 승려 수는 30~40명 정도였다고 한다.
227 진휼賑恤 : 곤경에 처한 백성을 도와줌.
228 삼조三朝 : 하루에 세 번 뵘. 주周 문왕文王이 세자로 있을 적에, 왕계王季에게 하루에 세 차례씩 문안을 올렸다고 함.
229 구작九爵 : 구작례九爵禮. 정조正朝·동지冬至·탄일誕日 등이나 왕실의 행사에서 조하朝賀할 사안이 있을 경우 하례賀禮하는 잔치를 베푸는데, 이때 임금·세자·중궁 등에게 술잔을 아홉 번 올리는 예.
230 비제批題 : 임금의 비답批答 기록.
231 팔상성도八相成道 : 부처님의 생애를 여덟 가지로 분류한 것. 강도솔상降兜率相, 탁태상託胎相, 출태상出胎相, 출가상出家相, 항마상降魔相, 성도상成道相, 전법륜상轉法輪相, 열반상涅槃相.
232 청문請文 : 여러 부처·보살·성중聖衆·혼령 등을 청하여 공양하는 법식.
233 유치由致 : 부처나 보살을 청할 때 그 까닭을 먼저 말하는 일.
234 작법作法 : 불교 의례.
235 도솔타천兜率陀天 : 도솔천兜率天. ⓢ Tusita-deva. 욕계 6천의 넷째 하늘에 해당한다. 도사다覩史多·도솔타兜率陀·도술兜術이라고도 쓰며, 수미산 꼭대기로부터 12만 유순 위에 있는 하늘이라고 한다. 여기에 내원內院·외원外院이 있으니, 외원은 일반 천중天衆의 욕락처欲樂處이고 내원은 미륵보살의 정토淨土를 말한다. 사바세계에 나는 모든 부처님은 반드시 이 하늘에 계시다가 성불한다고 한다.
236 가비라국迦毘羅國 : ⓢ Kapila. 카필라. 중인도에 있던 마가다Magadha국의 비호를 받던 코살라Kosala국의 보호령이었다.
237 일체의성一切義成 : 모든 일이 뜻대로 이루어진다는 뜻으로, 붓다의 출가 전 이름인 싯다르타ⓢ siddhārtha)를 번역한 말.
238 금단천자金團天子 : 호명보살이 도솔천에서 일체 중생을 교화하려는 생각을 내고는 금단천자에게 분부하여 태어날 만한 곳을 고르라 하였다. 『本行經』.
239 백정반왕白淨飯王 : ⓢ Suddhodana. 백정왕白淨王, 수두단輸頭檀, 수도타나首圖駝那, 설두屑頭라고도 함.
240 대술大術 : 석가모니의 모친 마야부인摩耶夫人(마하마야摩訶摩耶). 대환大幻·대술大術·대지모大智母·천후天后라고 번역한다.
241 금륜왕金輪王 : 사천하四天下를 다스리는 사륜왕四輪王 가운데 하나. 금륜왕은 수미須彌 사주四洲인 네 천하, 곧 동녘의 불바제弗婆提, 서녘의 구타니瞿陁尼, 남녘의 염

부제閻浮提, 북녘의 울단월鬱單越을 다 다스렸음. 전륜왕轉輪王 가운데에서 가장 수승한 윤왕輪王.

242 욕락欲樂 : 색·성·향·미·촉 오욕의 즐거움. 일체 번뇌의 근원. 『本行經』에 "태자가 궁에 있을 때 오욕이 충분했고 즐거움이 자재하며 10년 동안 밖으로 나가지 않았다." 라고 하였다.

243 최후 수승한 몸 : 현재 생에 그치고 다시 후유後有를 받지 않으므로 일컫는 말이다.

244 보리수 도량 : 마가다국摩竭陀國 니련하泥蓮河 서남쪽 10리에 보리수가 있다고 『西域記』에 나옴.

245 금강보좌金剛寶座 : 보리수나무 아래를 말함. 굳은 도리에 일정하게 드는 삼매의 자리이기에 그렇게 부름.

246 마군魔軍이 자비로운~모습으로 바뀌었다 : 부처님께서 보리수 밑에 계실 때 악마 파순波旬이 딸들을 보내 부처님을 유혹하려 했으나, 딸들이 추하고 파리한 모습으로 변하게 되고 정심定心에 든 마음 앞에 감화되어 꽃을 바쳐 용서를 구하였고, 이후 파순은 80억 무리를 거느리고 와서 부처님의 도를 부수려고 위협하였으나 실패했다.

247 도리천忉利天 제석帝釋 : 도리천은 33천이라고도 한다. 욕계 6천의 제2천에 해당한다. 세상의 중심인 수미산의 정상에 있으며 중앙에 있는 선견천善見天이라는 궁전에 제석천帝釋天이 머무르면서 사방 32성의 신神들을 지배한다.

248 계왕계王 : 대범천왕大梵天王. 색계 초선천의 제3천인 대범천에 있으며 사바세계를 다스린다는 왕.

249 18범천 : 초선의 3천天(범중梵衆, 범보梵輔, 대범大梵), 2선의 3천(소광少光, 무량광無量光, 광음光音), 3선의 3천(소정少淨, 무량정無量淨, 편정遍淨), 4선의 9천(소엄식小嚴飾, 무량엄식無量嚴飾, 엄식과실엄식果實, 무상無想, 무조無造, 무열無熱天, 선견善見, 대선견大善見天, 아가니타阿迦尼吒)을 말함.

250 이마를 땅에~예를 갖추어(頭面作禮) : 두면예족頭面禮足·접족정례接足頂禮·접족작례接足作禮라고도 함. 상대편 앞에 무릎을 꿇고 이마를 땅에 대고 두 손을 내밀어 손바닥 절반으로 상대편의 발을 받들어 자기 머리에 대는 동작.

251 녹야원鹿野苑(鹿林園) : 석가가 불도를 닦아 처음 설법한 곳. 지금의 바라나시Varanasi에서 북동쪽 약 7㎞ 지점에 있는 동산. 중부 인도 파라나국派羅奈國 북쪽 성 밖에 있던 동산.

252 5인 : 최초로 석가에게 귀의한 다섯 명의 비구. 콘단냐(ājñāta-kauṇḍinya; 憍蓮如; 阿若憍陳如)·아사지Assaji(阿說示)·마하나마Mahanama(摩訶男)·밧디야Bhaddhiya(婆提)·바파Vappa(婆頗).

253 사덕四德 : 열반의 과果, 즉 상常, 락樂, 아我, 정淨.

254 삼이三伊 : 열반의 체體, 즉 반야, 해탈, 법신. 범어의 이伊는 점. 위의 한 점은 법신,

아래 왼쪽 점은 반야, 오른쪽 점은 해탈을 가리킨다.
255 유위법有爲法 : 세제법世諦法. 온갖 분별에 의해 인식 주관에 형성된 현상.
256 학림鶴林 : 석가모니가 입멸한 쿠시나가라kuśinagara의 사라쌍수沙羅雙樹 숲을 말함. 석가모니가 입멸할 때, 그 숲이 학과 같이 희게 되었다는 전설에서 유래함.
257 일진一眞 : 우주 만유의 실체로서, 현실적이며 평등 무차별한 절대의 진리.
258 청정한 법계의~성품을 회복하셨다 : 이 부분은 당나라 왕발王勃의 『釋迦如來成道記』를 초략한 것이다.
259 우두향(牛首香) : 마라야摩羅耶山에서 나는 전단향의 이름. 그 향을 몸에 바르면 불구덩이에 들어가도 타지 않는다. 40권본 『華嚴經』 14권.
260 삼청三請 : 범패의 곡명.
261 나무(南無) : ⓢ Namasa를 음사音寫한 말로 귀명歸命이라 번역한다. 귀명이란 글자 그대로 신명身命을 던져 돌아가 의지함을 뜻한다.
262 마가다국(摩竭提國) : ⓢ magadha, 마갈타국摩竭陀國. 지금의 비하르Bihar의 남쪽 지역에 있던 고대 국가로, 도읍지는 왕사성王舍城.
263 본사本師 : 근본 스승.
264 룸비니Lumbini(藍毘尼) : 중인도 가비라성의 동쪽에 있던 꽃동산.
265 기악妓樂 : 기생의 풍류. 여기서는 그저 '음악'이라는 뜻으로 사용함.
266 갑인년 사월 초파일에 : 석가탄신일은 문헌에 따라 차이가 있다. 갑인년은 『周書異記』를 인용한 당나라 법림法琳의 『辯正論』 등에 따른 것이다.
267 사문沙門의 모습이~현신現神함을 만나니 : 석가모니가 성을 나오자 수행자로 변한 정거천인淨居天人이 오른손에 석장을 짚고 왼손엔 발우를 들고 나타났다.
268 사산四山 : 생로병사 네 가지의 고통을 산에 비유한 표현.
269 불타佛陀 : 부처. 붓다(buddha)의 음역.
270 조병천자澡瓶天子가 깨닫게~얼굴을 드러내고 : 석가모니의 출가를 막으려고 부왕이 기악을 늘려서 즐겁게 하려고 하자 매일 밤 정거천인淨居天人 조병澡瓶이 와서 경각심을 일깨우고 기녀들이 잘 때에 의상을 흩어서 부정하게 하여 떠나고자 하는 마음을 증가시켰다.
271 정거천인淨居天人 : 불환과不還果를 얻은 성자들이 태어나는 천상인 정거천淨居天의 사람. 『佛本行集經』에서는 태자가 건척을 타고 궁문을 향해 나가자 야차들이 허공 가운데 각각 손으로 말의 네 발을 받들고 조용히 걸어 궁 안 어떤 이들도 말굽 소리를 듣지 못했다고 하였다. 『本行經』
272 찬다카(車匿) : ⓢ Chandaka. 천탁가闡鐸迦라고도 음역. 실달 태자가 성을 넘어서 고행의 첫 길을 떠날 때에 백마 건척揵陟을 끌던 마부의 이름.
273 건척揵陟 : ⓢ kanthaka. 건덕犍德, 간척干陟, 건특騫特, 가차가迦磋迦라고도 함. 석가

모니가 출가할 때 탄 말의 이름.

274 팔부八部 : 여덟 종의 신장神將. 천天, 용龍, 야차夜叉, 가루라迦樓羅(금시조金翅鳥), 아수라阿修羅, 마후라가摩睺羅迦(음악의 신), 긴나라緊那羅(가무의 신), 건달바乾闥婆(식향食香).

275 팔난八難 : 여덟 가지의 재난이라는 뜻인데 여기서는 그저 '여러 곤란함'을 뜻한다.

276 칼을 휘둘러~천궁에서 일어나고 : 석가모니께서 삭발하니 제석帝釋이 머리카락을 받아 도리천에 가서 탑을 세워 기념하였다.

277 용굴 : 용왕 가다迦茶는 오랜 시절을 살아 구루손불拘樓孫佛과 구나함모니불拘那含牟尼佛과 가섭불迦葉佛의 성도를 지켜본 적이 있었는데, 석가모니의 성도한 모습을 보고 권속과 함께 향기로운 꽃과 풍악과 깃발과 가리개를 들고 공양을 드렸다. 여기서는 아직 석가모니의 깨달음이 완전하지 않다는 맥락으로 바꾸어 기술하고 있다.

278 연하連河 : ⓢ nerañjarā. 니련하尼連河. 고행이 바른 길이 아님을 깨달은 석가모니는 니련하에 가서 몸을 씻었다. 그러자 하늘에서 갖가지 화향花香이 뿌려졌다.

279 정려靜慮 : ⓢ dhyāna. 선나禪那, 정정. 마음을 한곳에 집중하여 산란하지 않은 상태.

280 죽을 받아 드시고 : 우유 짜는 여인 난타바라難陀波羅(Nandabala)는 죽을 쑤어 수신樹神에게 제사 지내려던 참에 정거천자가 허공에서 하는 말을 듣고 니련수尼連水 물가로 가서 죽을 바쳤다.

281 총목방叢木房 : 설산에 있는 진귀조사眞歸祖師의 거처. 부처님은 출가한 후 6년간의 수행 끝에 큰 깨달음을 얻게 된다. 그런데 부처님은 자신의 깨달음이 궁극적 경지가 아님을 자각하고 수십 개월 동안 진귀조사를 찾아 유행을 했다고 한다. 진귀조사설은 다른 나라에는 없고 우리나라에만 전해지는 독특한 설이다. 이것은 선불교를 중국에 전한 달마가 2조 혜가에게 전했다는 게송에서 기인한다. 시의 내용은 이렇다. "진귀조사가 설산에 있으면서 석가가 오기를 총목방에서 기다렸네. 임오년에 조사의 심인心印을 전하니, 동시에 마음으로 조사의 종지를 얻었다네." 이 게송은 『禪門寶藏錄』에서 『達摩密錄』이라는 책을 인용하여 전하고 있는 내용인데, 이 책의 존재 여부는 알 수 없다. 이일야, 「사굴산문-진귀조사설의 속내」, 『불교신문』, 2014.10.6 참조.

282 파순波旬 : 욕계 제6천의 임금인 마왕의 이름.

283 10종의 마궁魔宮이 홀연 무너지도다 : 외도의 무리인 도제수나闍提首那 등 십선十仙, 즉 10명의 바라문婆羅門 무리가 열반회상에서 각자 주장을 펼치며 여래께 힐난하자 여래가 하나하나 논파하셨다고 『涅槃經』「憍陳如品」에 나온다.

284 십신十身 : 『華嚴經』에서 말하는 부처님이 갖춘 열 가지 몸. 보리신菩提身, 원신願身, 화신化身, 주지신住持身, 상호장엄신相好莊嚴身, 세력신勢力身, 여의신如意身, 복덕신福德身, 지신智身, 법신法身.

285 방등경方等經 : 방등시에 설해진 경전들. 부처님께서 경전을 설하시던 시기별로 나눌

때 다섯 시기가 있는데, 첫 번째는 화엄시(성도후 3.7일), 두 번째 아함시(12년), 세 번째 방등시(8년), 네 번째 반야시(21년), 다섯 번째 법화열반시(8년)이다. 초기의 설법이 깨달음으로 이끌기 위한 방편인 줄 모르고, 소승의 낮은 깨달음을 부처님의 깊은 깨달음과 동일시하여 여기에 만족하고 머물려고 하는 자들에게 소승은 방편일 뿐이고 부처님의 본 뜻은 대승에 있다고 가르쳐 이들의 잘못된 견해를 타파하는 시기가 방등시에 해당된다. 여기에는 『維摩經』, 『勝鬘經』, 『楞伽經』, 『思益經』, 『楞嚴三昧經』, 『金光明經』 등이 포함된다.

286 반야경般若經 : 최초로 대승大乘을 선언한 경전. 반야경은 계통을 달리하는 10종 이상의 경전 군군을 형성했는데, 각 계통은 적어도 600년 정도의 기간에 걸쳐 증광을 거듭한 것으로 보인다.

287 유루有漏 : ⓢ sâsrava. 번뇌가 있음을 뜻하는 말. 번뇌가 없는 무루無漏에 상대되는 말이다. 여기서 누루는 누설漏泄이란 말로 번뇌를 의미한다.

288 구시라성拘尸羅城(Kusinagar) : 북부 인도의 성. 지금의 쿠시나가르 성.

289 사라수沙羅樹 : ⓢ sala. '단단한 나무'라는 뜻이다.

290 7일 동안~법칙을 기다리고 : 쿠시나가라 성의 백성들이 부처님의 관을 자기들 성에 안치한 공덕으로 자신들만 복을 받으려고 하자 관이 움직이지 않았다. 부처님은 스스로 관을 허공으로 떠올려 성안으로 날아가 쿠시나가라 성 곳곳을 돌았다. 성안의 백성들은 온갖 향, 꽃, 영락을 갖고 다비하는 장소로 가서 비애에 젖은 목소리로 부처님의 명호를 불렀다. 수많은 천인들 역시 향과 꽃을 공양하였다. 그러자 부처님의 관이 허공을 타고 다비하는 장소로 날아와 천천히 평상 위로 내려왔다.

291 두 발의 뒤꿈치(玉趺)를 보이시어 : 마가다국에서 포교하던 제자 마하가섭은 오백 제자와 함께 쿠시나가라로 오던 도중에 부처님의 열반 소식을 들었다. 부처님의 관에 이르러 가섭은 스승의 열반과 임종을 보지 못한 서러움에 대성통곡을 했다. 이때 석가모니 부처님은 천이통으로 가섭이 온 것을 알고 두 발을 관 밖으로 내밀었다. 고대 인도에는 스승이나 손님을 맞는 방법 중 하나가 발 씻을 물을 내서 발을 씻겨 주는 것이었다. 부처님이 발을 내민 것은 임종을 보지 못해 서럽게 우는 제자에 대한 배려였다.

292 안장眼藏 : 선악을 명확히 분별하는 심안으로 일체 사물을 밝혀 내 갈무리한다는 의미.

293 감칙甘飭 : 상급 관아에서 하급 관아로 감결甘結(공문)을 보내어서 신칙함.

294 체임遞任 : 정해진 임기가 차서 그 벼슬을 해임함.

295 가결전加結錢 : 잡세. 면적 단위로 부과되던 토지의 세율을 원래보다 높여서 부당하게 받아 내던 세금.

296 체거遞去 : 벼슬을 내놓고 물러감.

297 선소창船所倉 : 배와 관련된 창고.

298 택일기擇日記 : 큰일을 치를 때 좋은 날짜를 골라 기록한 것.
299 독봉督捧 : 조세 또는 빌려준 돈이나 물건을 독촉하여 거두어들임.
300 출척黜陟 : 등용과 추출.
301 예폐禮幣 : 공경의 뜻을 표하기 위해 예로써 주는 물건.
302 옥백玉帛 : 옥과 비단.
303 윤용선尹容善(1829~1904) : 자는 경규景圭, 호는 자유재自有齋, 시호는 문충文忠, 본관은 해평海平. 이조 참판 윤치의尹致義의 아들. 1885년(고종 22) 문과에 급제하여 문명文名을 떨쳤다.
304 이순익李淳翼 : 1857년(철종 8) 전시殿試에 직부直赴하여 급제하였다. 이후 규장각 직각 등을 역임하고 1902년 정1품 보국輔國에 올랐다.
305 풍암楓岩 : 세찰世察(1688~1765)의 호. 영해 약탄影海若坦의 제자이며 속성은 밀양 박씨, 전라남도 순천 출생. 어린 나이에 출가해 당대 화엄학으로 이름이 높던 무용 수연無用秀演과 영해 약탄의 문하에 들어 수학하다 무용이 입적한 후 영해의 제자가 되어 부휴 문중의 정맥을 계승했다.
306 33세世 아래이자 5종파의 위로서 : 석가모니부터 계산하면 혜능은 33조사가 되고, 혜능 이후 다섯 종파로 나뉘는데 임제종이 으뜸이다.
307 임제臨濟의 아래이자 태고太古의 후예로서 : 고려 말 태고 보우太古普愚는 임제종의 18대손인 원나라 석옥 청공石屋淸珙(1272~1352)에게 배웠다.
308 환해幻海 : 법린法璘(1749~1820)의 호. 16세 때 능가사로 출가, 송광사 묵암默庵에게 배움.
309 건륭乾隆 연간 : 1736년부터 1796년을 이른다.
310 벽담碧潭 : 행인幸仁(1721~1788). 풍암 세찰의 제자.
311 청오靑烏 : 풍수·지관地官을 말함. 풍수지리학의 원조인 한나라의 청오자靑烏子가 자신의 학문을 요약하여 묘 터를 정하는 데 필요한 사항을 정리하여 『청오경靑烏經』이란 책을 펴낸 데서 유래함.
312 회계會溪 : 벽담碧潭의 제자. 법명은 휘종輝宗. 1835년 11월 9일 입적하여 송광사 북쪽 기슭에 탑을 세우고 동각에 진영을 모심.
313 보처補處 : 본래는 주불의 좌우에 모신 보살을 말하는데 여기서는 풍암의 좌우를 말함.
314 소목昭穆 : 종묘나 사당에 조상의 신주를 모시는 차례. 왼쪽 줄을 소昭라 하고, 오른쪽 줄을 목穆이라 함.
315 두 암자 : 은적암隱寂庵과 보조암普照菴을 가리킴. 본문 「은적암과 보조암의 화재 기문」 참조.
316 안탑鴈塔 : 절 탑. 인도의 왕사성王舍城에서 승려들이 기러기가 공중에 날아가는 것을 보고 희롱하는 말로 "우리들이 배가 고프니, 몸으로 보시하라."라고 하였더니, 기

러기가 스스로 죽어서 떨어졌다. 이에 승려들이 감동하여 기러기의 탑을 세웠다고 한다. 당나라 현장玄奘의 『大唐西域記』 「摩揭陀國」.

317 광서光緒 41년 : 광서는 34년으로 끝나고 이 해는 선통宣統 5년에 해당한다.

318 설월 용섭雪月龍燮(1868~1938) : 1908년 송광사 판사직判事職에 취임, 1911년에 송광사 주주에 취임, 1913년에 대종사 법계를 받음.

319 진주가 합포合浦로 돌아오니 : 후한後漢 때 합포에서 진주가 생산되었는데, 탐관오리가 조개를 무리하게 채취하게 하니 진주가 나오지 않다가, 맹상孟嘗이 태수로 부임하여 청렴한 정사를 행하자, 다시 진주가 나오기 시작했다고 한다. 『後漢書』 「孟嘗傳」.

320 겁석劫石 : 겁劫의 무한한 시간을 비유한 말. 곧, 가로·세로·높이가 각각 1유순由旬(약 8km)인 큰 반석을 솜털로 짠 베로, 100년에 한 번씩 쓸어 반석이 다 닳아 없어진다 해도 1겁이 끝나지 않는다고 함.

321 권퇴경權退耕 : 권상로權相老(1879~1965). 동국대학교 초대 총장, 대한불교조계종 원로원장을 지냈다. 주요 저서에 『朝鮮佛敎略史』 등이 있다. 본관은 안동安東, 호는 퇴경退耕.

322 귀좌貴座 : 상대방을 높여 이르는 말.

323 운석韻釋 : 시를 잘 짓는 승려.

324 구곡龜谷 : 각운覺雲의 호. 고려 말의 승려. 보우普愚의 법통을 이어 남원 만행산 승련사勝蓮寺에 있었으며, 『傳燈錄』에 심취하여 30여 년간 연구하였다.

325 조계산 진각국사眞覺國師가~또한 주소를 : 주소는 조계산 송광사를 가리킨다. 본문 「광원암 중수 화문」에 "진각국사가 여기서 염송拈頌을 모아 훌륭한 명예를 중화中華(중국)보다 빛나게 했고, 구곡龜谷 선사는 여기서 설화를 기록하여 동방에 아름다운 풍습이 고무되도록 하였습니다."라는 내용이 있다.

326 조趙 : 보조국사 지눌의 속성은 정鄭이다.

327 미천자彌天子의 향산香山~재판이다.』의 간행 : 미천노彌天老가 향산사香山寺에서 『禪門拈頌說話』를 간행했다. 「重刊拈頌說話序」 참조. 『韓國佛敎全書』 5, 3면.

328 설파雪坡 : 본명 이상언李尙彦(1707~1791). 19세 때 승려가 되어 33세 때 용추사龍湫寺 판전板殿에서 불법을 강의하였다. 후에 해인사에 들어가 『大經抄』를 교정하고 금강산과 두류산·묘향산으로 다니면서 좌선하였다. 1770년(영조 46) 징광사澄光寺에 불이 나서 『華嚴經』 판목板目이 타 버리자 사재私財를 털어 다시 새겨 영각사靈覺寺에 두었다.

329 신주神州 : 전국시대 사람 추연騶衍이 중국을 '적현신주赤縣神州'라고 한 것에서 대개 '중국'을 가리킨다. 그러나 백암이 중국에 간 기록은 없고 전라도 신안 임자도에 표류한 중국 선박에서 경전을 다수 얻어서 이를 간행하였다.

330 『화엄경소은과華嚴經疏隱科』 : 당나라 청량淸涼이 찬술한 『疏科華嚴經疏鈔』가 지나

치게 함축적이고 불명확해서 학자들이 어려워했던 내용 하나하나를 회암晦庵이 해석하고 상정詳定하여 일목요연하게 정리한 책.

331 회암晦庵 : 정혜定慧(1685~1741)의 호. 1685년 경상남도 창원 출생. 9세 때 범어사로 출가하였고, 설암 추봉에게 수학하고, 가야산으로 돌아가 교학에 매진함. 이후 금강산에 들어가 좌선하고 석왕사 등에서 강석을 열었다. 만년에 청암사에 주석하였고 현재 청암사에 탑비가 전한다.

332 백파白坡 : 긍선亘璇(1767~1852)의 호. 1767년에 선운사禪雲寺 시헌詩憲의 제자가 되었고, 연곡蓮谷에게서 사미계를 받았으며, 21세 때 상언尙彦에게서 구족계를 받았다. 선의 지침서인 『禪門手鏡』을 저술했다. 평소에 교유가 깊었던 김정희는 초상화를 그린 후 그를 '해동의 달마(達磨)'라고 격찬하였다.

333 백암 노스님이~간행한 업적 : 백암 성총이 『大乘起信論筆削記會編』을 편찬함.

334 구준衢樽 : 성현의 도. 성인의 도는 길거리 복판에 술통을 놓아 둔 것과 같아서 지나가는 사람마다 적당히 자기 양대로 떠서 마시면 된다고 하였다. 『淮南子』.

335 쇠를 뽑고~끊을 정도로 : 굳건하고 과감하여 조금도 머뭇거리지 않음을 가리킴. 원문 '拔鐵截釘'은 『景德傳燈錄』 권17에 나오는 '斬釘截鐵'과 같음.

336 천은자天隱子 : 미상. 『禪門拈頌說話』에 서문을 더하였다.

337 승국勝國 : 바로 이전 왕조. 여기서는 고려.

338 도원道原 : 송나라 승려. 경덕景德 원년元年(1004)에 『景德傳燈錄』을 찬술함.

339 입원入院 : 새로 한 사원의 주지住持에 임명되어 그 사원에 들어감.

340 엄관掩關 : 문을 닫고 참선에 드는 것.

341 글(寶唾) : 보배로운 침이란 뜻으로 훌륭한 글귀를 가리킴.

342 개당開堂 : 새로 주지가 되어 처음으로 설법하는 의식.

343 당사堂司 : 승당僧堂의 사무를 맡은 유나維那가 있는 곳.

344 선사繕寫 : 잘못을 바로잡아 베껴 씀.

345 사원비祠院碑 : 조선 숙종 4년(1678)에 조종저趙宗著(1631~1690)가 짓고 낭선군朗善君 이우李俁 쓰고 낭원군朗原君 이간李偘이 전액을 쓴 「順天松廣寺祠院事蹟碑」. 송광사 소장 『曹溪山松廣寺史庫』 상(건물부).

346 청장請狀 : 오라고 청하는 글.

347 영체領體 : 상대방이 사찰을 영솔하는 지위에 있을 때 일컫는 말인 듯함.

348 죽은 말의~올 것입니다 : 전국시대 연燕나라 소왕昭王에게 곽외郭隗가 "죽은 말 한 마리의 뼈를 500금金에 사들였더니, 1년도 채 안 되어서 살아 있는 천리마 세 마리가 찾아왔다."라는 고사를 인용하면서, 자기부터 우선 대우를 잘해 주면 천하의 현사들이 저절로 모여들 것이라고 말하자, 소왕이 연경燕京에 황금대를 세우고 인재를 초빙하니, 악의樂毅와 극신劇辛 등의 명사가 대거 찾아왔다는 고사가 전한다. 『戰國策』

「燕策」.

349 길에서 꼬리를 끌며 : 『莊子』「秋水」에 나오는 표현. 장자가 초나라 왕의 초빙을 거절하면서 죽어서 존귀하게 되기보다는 살아서 진흙 밭에서 꼬리를 끌며 살겠다고 하였다.
350 김환경金喚鯨 : 환경 대현喚鯨大鉉(1890~1917). 순천 별량면 출신. 11세 때 송광사로 출가하여 상주 남장사 용성龍城에게 배우고 다시 호붕과 금명에게 배웠다.
351 상빈上賓 : 지위가 매우 높은 손님이나 윗자리에 모셔 대접할 만한 손님.
352 하늘이 나를 버리시는구나 : 제자 안회顔回가 일찍 죽자 공자가 탄식한 말. 『論語』「先進」.
353 시력을 잃는 아픔 : 공자의 제자 자하子夏는 아들이 죽자 크게 상심하여 시력을 잃었다. 『禮記』「檀弓」.
354 이포伊蒲 : 이포새伊蒲塞. Ⓢ Upāsaka. 우바새優婆塞의 이역異譯. 속세에 있으면서 오계五戒를 받은 남자 신도를 말한다.
355 참사叅事 : 종9품 관직.
356 복천福川 : 전라남도 화순군 지역에 있었던 동복현同福縣의 옛 이름.
357 본지풍광本地風光 : 자신이 본디부터 지니고 있는, 천연 그대로의 심성. 태어나면서부터 지니고 있는 부처의 성품. 어떠한 미혹도 번뇌도 없는 부처의 경지.
358 비야毘耶의 근심 : 병을 일컬음. 유마거사維摩居士는 비야리성毗離城에서 늘 칭병稱病하고 누워서 문병 오는 불제자들에게 침묵으로 설법했음. 『維摩詰小說經』.
359 도로都盧 : 희극. 서역西域의 나라 이름인데, 그곳의 사람들은 몸이 가벼워 나무를 잘 오르므로 장대 연희를 가리킨다.
360 비야에서 질병~것이 어떨지 : 이 시는 김정희金正喜의 문집 『阮堂全集』 권10에 있는 〈戲題示優曇 曇方踝腫〉이다.
361 천진교天津橋는 선녀의 흥취이며 : 천진교는 낙수洛水에 있는 교량. 선녀는 복비宓妃. 복비가 낙수에 다리를 만드는 비용을 마련하고자 부잣집 자제들에게 은자銀子를 던지도록 하였다고 한다.
362 완화교浣花橋 : 두보杜甫의 초당이 있던 성도成都 완화계浣花溪의 교량.
363 예양豫讓이 다리에~임금께 보답하고 : 전국시대 진晉나라의 예양은 지백智伯의 신하였다. 지백이 조양자趙襄子에게 죽자 복수를 하기 위해 몸에 옻칠을 하여 벙어리 행세를 하며 기회를 노렸다. 조양자가 외출할 때 다리 밑에 숨었다가 찔러 죽이려고 하였으나 발각되어 칼로 자결하였다.
364 자방이 교량에서~스승을 기다리고 : 진秦나라 말기에 흙다리 위에서 한 노인이 장량張良과 만나 신발을 다리 아래로 떨어뜨리고는 장량에게 주워 오게 하였다. 장량이 신발을 주워 노인이 시키는 대로 신겨 주자 며칠 뒤에 병서兵書를 주면서 말하기를, "이것을 읽으면 왕자王者의 스승이 될 것이다. 13년 후에 네가 나를 제북濟北에서 만

날 것인데, 곡성산穀城山 아래 누런 돌이 바로 나일 것이니라."라고 하였다. 『史記』「留侯世家』.

365 미생尾生이 교량에~친구를 기다렸고 : 미생은 옛날의 미더운 선비로서 일찍이 여자와 더불어 다리 밑에서 만나기로 약속하였는데, 여자는 오지 아니하고 갑작스러운 폭우로 홍수가 밀어닥쳤다. 그래도 미생은 그곳을 떠나지 않고 신의를 지키기 위하여 다리 기둥을 안고 죽었다.『莊子』「盜跖」.

366 설옹薛翁(원효)은 교량에서~궁宮에 들어갔으니 : 원효는 월성 주변을 흐르는 월정교月淨橋를 건너다가 일부러 물에 빠졌고 이를 보고 신하들이 원효를 무열왕의 딸 요석공주가 있는 요석궁으로 데려갔다.

367 화주化主 : 세상을 교화하는 주인, 곧 부처님을 말하나, 일반적으로는 가방화주街坊化主, 또는 가방街坊 공양주供養主를 말함. 즉 거리에 나가서 여러 사람들에게 시물施物을 얻으면서 사람들로 하여금 부처님과의 인연을 맺게 하는 동시에, 그 절에서 쓰는 비용을 마련하는 스님을 말함.

368 대정大正 6년 병진(1916) : 병진년은 대정 5년에 해당하므로 착오가 있는 듯함.

369 호중별계壺中別界 : 호리병 속의 별세계란 뜻으로 신선세계를 가리킨다. 『後漢書』「方術傳」의 기록으로, 후한 시대에 비장방費長房이라는 사람이 약장수 할아버지를 따라 호리병 속의 신선세계를 경험했다고 한다.

370 보림寶林 : '보배 숲'이라는 뜻으로 육조대사 혜능이 머물렀던 사찰 이름이기도 하다.

371 선의禪衣 : 선승이 입는 옷.

372 계정밀행戒定密行 : 계戒는 몸을 절제함, 정定은 마음을 고요히 함, 밀행은 오로지 불도 수행에만 힘씀.

373 고갯마루에서 신발~짝을 끌어 : 달마 대사가 열반에 들어 웅이산熊耳山에 장사한 지 3년 만에 위魏나라 송운宋雲이 서역에 사신으로 갔다가 오는 길에 총령蔥嶺에서 대사를 만났는데, 손에 신을 한 짝 들고 가고 있었다. 이에 송운이 어디로 가는지 묻자, 답변하길 서역으로 간다고 했다. 송운이 돌아와서 복명을 마치고 그 일을 자세히 보고했더니, 황제가 무덤을 열게 했는데 빈 관에 신 한 짝만 남아 있었다고 한다.

374 마가다국에서 문을~본보기를 보이셨습니다 : 부처님께서 마가다국에서 성도한 다음 문을 닫고 삼칠일 동안 설법을 하지 않은 인연을 '마갈엄실摩竭掩室' 또는 '마갈엄관摩竭掩關'이라 한다.

375 동방 1만 8천 여래 : 『法華經』「序品」에, 동방에 1만 8천 불국토가 있다고 하였다.

376 치미齒眉 : 부처님 32상 가운데 '이가 40개나 된다'와 '두 눈썹 사이에 흰 털이 있다'는 등의 특징을 일컫는 듯하다.

377 족륜足輪 : 부처님 발바닥에 바퀴 모양의 무늬가 있고 거기서 빛이 나왔다 한다.

378 마명馬鳴과 용수龍樹 : 마명은 간다라에서 불법을 크게 선양하고『佛所行讚』과『大乘起

信論』을 저술하였고, 용수는 대승불교의 교리를 체계화하여 『中論』 등을 저술하였다.

379 금강장金剛藏 : 금강장보살. ⓢ Vajragarbha. 금강계金剛界의 현겁賢劫 16존尊 중의 한 분. 『華嚴經』「十地品」에서 상수보살上首菩薩로 삼았고, 『十地經論』에 다음과 같은 내용이 있다. "어찌하여 금강장이라 하는가. 장은 곧 견고함을 이름이니 비유하면 수장수장樹藏과 같다. 나무가 매우 단단하면서도 꽃과 잎을 갈무리하고 때가 이르면 꽃과 잎을 돋우어 내는 것과 같다는 뜻이다."

380 십지十地 : 보살의 열 가지 수행 단계. 『華嚴經』에서 천명한 52위 중 제41에서 제50까지의 십지와 천태종의 통교通敎 십지가 있다.

381 나무를 잡고~가풍을 보임이라 : 승찬僧璨(?~606)은 선불교 제3대 조사. 601년 사리친 견법회에서 "글자와 말은 소용없는 사설에 지나지 않는 것이다."라는 말을 하였고, 한쪽 손으로 나뭇가지를 잡고 선 채로 입적하였다. 그가 남긴 『信心銘』은 "언어의 길이 끊어져서, 과거도 미래도 현재도 아니로다(言語道斷。非去來今)"라는 게송으로 끝마치는데, 중국 초기 선의 중심 문제인 불성을 중도의 공사상에 입각해 설명하고 있다.

382 권행權行 : 형편에 따라 임시방편으로 행하거나 대행함.

383 납승衲僧 : 납자衲子. 납의衲衣(누더기 옷)를 입은 승려.

384 적전嫡傳 : 정통의 혈통에서 정통으로 이어받음.

385 허주虛舟 : 덕진德眞(1806~1888)의 호. 조계산 송광사에 들어가 삭발하고 홀로 선정을 닦으며 도학을 성취하였다. 흥선대원군이 불러 국가를 위하여 철원 보개산寶蓋山 지장암地藏庵과 고산高山 운문사雲門寺에서 기원하게 하였다.

386 벽안碧眼 : 달마 대사. '벽안호승碧眼胡僧'이라 불림.

387 방행放行 : 수행자를 속박하지 않고 자유롭게 놓아 두어 교도하는 방법.

388 조백棗栢 : 당나라 이통현李通玄 장자長者의 호. 3년 동안 매일 대추 열 개와 숟가락 만한 잣잎떡 하나를 먹으면서 『新花嚴經』에 대한 논을 지었다고 하여 붙여진 별명.

389 생명生明 : 달이 생김을 뜻하는 말로 초사흘을 가리킨다.

390 색양色養 : 안색을 기쁘게 하여 부모를 봉양하는 것 또는 부모의 안색을 살펴 받드는 것인데 여기서는 육신을 뜻하는 말로 쓰임.

391 사유闍維 : 팔리어 'jhāpeti'의 음사. 소연燒然·분소焚燒라고 번역. 시체를 불살라 장사 지내는 일.

392 약목若木 : 고대 신화에 나오는 나무 이름으로, 서방의 해가 지는 곳에서 자라는 큰 나무라고 한다.

393 광명으로 깨닫게 함(光明覺) : 『華嚴經』 9권에 「光明覺品」이 있음.

394 여래께서 모습을 드러냄(現相品) : 『華嚴經』 6권에 「如來現相品」이 있음.

395 유루有漏 : ⓢ sâsrava. 번뇌가 있음을 뜻하는 말. 번뇌가 없는 무루無漏에 상대되는 말이다. 여기서 '루漏'는 누설漏泄이란 말로 번뇌를 의미한다.

396 당송唐宋 이래~뛰어난 이들 : 주로 고문古文으로 뛰어난 당송팔대가, 즉 당나라의 한유韓愈·유종원柳宗元, 송나라의 구양수歐陽修·소순蘇洵·소식蘇軾·소철蘇轍·증공曾鞏·왕안석王安石을 일컫는다. 본문에 일컬은 이백은 여기에 속하지 않으니 착오가 있는 듯하다.

397 선조禪祖 : 선불교의 시조. 대개는 달마 대사를 가리키는데 여기서는 부휴 대사를 그만큼 높여 일컬은 것이다.

398 비음기碑陰記 : 비석 뒷면에 새기는 글.

399 송염재宋念齋 : 송태회宋泰會(1872~1942). 전라남도 화순 출신이며 자는 평숙平淑, 호는 염재念齋. 한일합방 이후 낙향하여 보성, 능주, 순천, 고창 등에서 한문과 서화 등을 가르쳤다. 1922년 제1회 조선미술전람회 동양화부에서 입선한 후 글씨와 사군자에서 모두 9회에 걸쳐 입선하였다. 본서의「범해 선사 시집의 발문」등에 관련 기록이 있다.

400 황하가 맑아지는 : 황하는 백 년을 기다려도 맑아지지 않는다는 백년하청百年河淸이라는 말이 있다.

401 윤지綸旨의 아름다운 명 : 부휴 선사가 광해군 때 두류산에 있었는데 어떤 미친 승려의 무고 때문에 투옥되었다가 무죄가 판명되자, 광해군이 내전으로 초빙한 다음 설법을 청하여 듣고 크게 기뻐하였다. 그리고 가사 한 벌과 푸른 비단장삼 한 벌, 푸른 비단바지 한 벌, 금강석 염주 하나와 진완珍玩을 주었다. 또 봉인사奉印寺에 재齋를 설하여 그를 증명으로 삼았다. 선사가 입적하자 광해군은 '부휴당부종수교변지무애추가홍각대사선수등계존자浮休堂扶宗樹敎辯智無礙追加弘覺大師善修登階尊者'라는 시호를 내렸다.

402 『원각경』의 선천先天에~앞선 인연가 : 부휴 선사가 무주 구천동에서 『圓覺經』을 외우고 있을 때 큰 뱀이 나타나서 계단 아래에 누웠다. 『圓覺經』을 다 외운 다음 뱀에게 가서 한 발로 그 꼬리를 밟자 뱀이 머리를 들고 물러났다. 그날 밤 꿈에 한 노인이 절하고는 "화상의 설법의 힘을 입사와 이미 고신苦身을 여의었습니다."라고 하였다.

403 금송錦頌 : 비단처럼 아름다운 노래. 최치원의「智證和尙碑銘」에 "재주는 금송에 뒤져서 글을 짜내기 어렵도다.(才輸錦頌文難織)"라는 시구가 있음.

404 귀부龜趺 : 거북 모양으로 만든 비석의 받침돌.

405 백곡白谷 : 처능處能(1617~1680)의 호. 성은 김씨, 자는 신수愼守. 12세 때 의현義賢에게 글을 배우다가 불경을 읽고 그 깊은 이치에 감동하여 출가를 결심하였고, 15세 때 승려가 된 뒤 다시 신익성申翊聖으로부터 글을 배웠다. 그 뒤 지리산 쌍계사雙磎寺의 각성覺性을 찾아가 23년 동안 수선修禪과 내전內典을 익혀 그의 법을 이어받았다. 가장 오래 머물렀던 사찰은 대둔사大芚寺의 안심암安心庵이었다. 한편, 현종의 척불정책에 대하여 전국 승려를 대표하여「諫廢釋教疏」를 올렸고, 1680년 금산사金

山寺에서 대법회를 열고 그해 7월에 입적하였다.

406 옛 명銘 : 『柏谷集』에 「追加弘覺登階碑銘幷序」가 있다.
407 욕불浴佛 : 관불灌佛. 초파일날 애기 부처님을 모셔 놓고 물을 붓는 의식.
408 전액篆額 : 전자篆字로 쓴 비갈碑碣이나 현판의 제액題額.
409 곡斛 : 분량 단위. 1곡은 10말(斗).
410 네 조상을 생각하지 않느냐(無念爾祖) : 『詩經』「大雅」〈文王〉의 구절.
411 무리가 실로 많도다(寔繁有徒) : 『書經』「仲虺之誥」의 구절인데 최치원의 「善安住院壁記」에도 쓰였다.
412 황우송黃友松 : 우송友松 황선명黃善明. 1917년 송광사에서 순천 동화사桐華寺로 가서 주지를 역임함. 그러므로 이 글은 동화사와 관련됨.
413 곡일穀日 : 곡단穀旦. 좋은 날. "날씨 좋은 날 남쪽의 원씨를 찾는구나.(穀旦于差. 南方之原.)" 『詩經』「陳風」〈東門之枌〉.
414 울창주 : 울금향鬱金香을 넣어 빚은 향기 나는 술. 제사의 강신降神에 씀.
415 국사局師 : 형국形局, 즉 해당 자연 환경을 지키는 신.
416 제운霽雲 : 해징海澄(1719~1804)의 호. 풍암 세찰楓巖世察의 제자.
417 기인起仁 : 경종 3년 계묘(1723) 4월 16일에 송광사 주지로서 영해影海 선사의 명에 따라 보조국사의 감로탑을 옛터로 봉안하였다고, 본서 「조계산 보조국사의 감로탑을 이안한 연기와 평」에 기록되어 있다.
418 통정첩通政帖 : 통정대부의 첩지.
419 세 번~대사께 이르렀습니다 : 최치원의 「智證和尙碑銘」에 나오는 표현이다. 뒤 문장 '필만의 이후를 징험할 수 있다'는 표현도 같은 글에 나온다.
420 필만畢萬 : 춘추시대 진晉나라 사람. 필공고畢公高의 후예로, 진헌공晉獻公을 섬겼다. 헌공을 도와 경耿나라와 곽霍나라, 위魏나라를 멸망시켰다. 위지魏地에 봉해져서 대부大夫가 되었다. 이후 위魏·한韓·조趙가 진나라를 삼분三分했다.
421 처마 아래 빛을 감추고 : 외출하지 않고 집에 머문다는 의미로 썼는데, 본래는 옥의 가치를 알아보지 못하고 처마 밑에 버려둔다는 고사에서 나왔다. 위나라 농부가 들에서 밭을 갈다가 지름이 한 자 되는 옥을 얻고도 그것이 옥인 줄 모르고 이웃 사람에게 말하자, 이웃 사람이 "이는 괴석怪石이니, 놔두면 집안에 이롭지 않다."라고 하였다. 농부는 의심스러워하면서도 망설이다가 돌아가 처마 밑에 두었는데, 그 옥이 온 집을 환하게 밝히자 몹시 두려워 황급히 먼 들판에 버렸다. 이에 이웃 사람이 그 옥을 가져다가 위왕에게 바치니, 위왕이 옥공을 불러 옥을 감정하도록 하였다. 옥공이 옥을 바라보고는 재차 절을 하고 하례하기를 "대왕께서 천하의 보옥을 얻으셨습니다. 신은 아직 이런 옥을 본 적이 없습니다."라고 하였다. 왕이 그 값을 묻자, 옥공이 "이는 합당한 값이 없으니, 다섯 성이 있는 도시를 가지고도 겨우 한 번 볼 수 있

을 정도입니다."라고 하였다. 위왕이 옥을 바친 사람에게 천금을 하사하고 길이 상대부의 봉록을 받게 해 주었다. 『尹文子』「大道」上.

422 호리병 속 : 신선세계를 뜻하는 말인데 여기서는 산속을 가리킴. 후한後漢 때 선인仙人 호공壺公이 시장에서 약을 팔다가 장이 파하면 문득 병 속으로 들어가곤 했는데, 이를 본 비장방費長房이 한 번은 그를 따라 병 속으로 들어가 보니, 거기에 엄연한 별천지別天地가 있었다는 고사에서 온 말이다. 『後漢書』 권82.

423 처마 아래~덕을 숨겨 : 원문은 "韜光廡下. 匿德壺中."으로 최치원의 「智證和尙碑銘」에 나온다.

424 조의祖意 : 조사祖師들이 전한 선禪의 참뜻.

425 간고幹蠱 : 자식이 부모의 사업을 이어받아 잘 조처하여 바로잡는 것을 뜻함. 『周易』「蠱卦」에 "초육初六은 아버지의 잘못을 주관함이니, 자식이 있으면 돌아간 아버지가 허물이 없게 된다.(初六. 幹父之蠱. 有子. 考无咎.)"라고 하였다.

426 경해鏡海 : 관일官一(1844~1928)의 법호. 속성은 엄씨, 순천 태생. 20세 때 경잠敬岑에게 출가하였고 우담優曇에게 계를 받았다. 35세 때 응허應虛의 법을 잇고 송광사 자정암과 관원암에 주석하였다.

427 경봉景鳳 : 축정竺靜(1864~1941)의 법호.

428 인봉印峰 : 창율昌律(1859~1942)의 법호.

429 남포藍浦 : 충청남도 보령시 남포면. 이곳의 벼룻돌이 특산물일 정도로 좋은 돌이 많은 곳이다.

430 겁석劫石 : 겁劫의 무한한 시간을 비유한 말. 곧, 가로·세로·높이가 각각 1유순由旬(약 8km)인 큰 반석을 솜털로 짠 베로 100년에 한 번씩 쓸어 반석이 다 닳아 없어진다 해도 1겁이 끝나지 않는다고 함.

431 정민貞珉 : 단단하고 아름다운 돌. 여기서는 비석을 말함.

432 육부삼사六府三事 : 육부는 수水, 화火, 금金, 목木, 토土, 곡穀이고 삼사는 정덕正德, 이용利用, 후생厚生을 말함. 『書經』「大禹謨」.

433 우禹 임금의 솥 : 우 임금이 치수 사업을 마치고 천하에서 바친 청동을 모아 아홉 개의 솥을 만들었다. 훗날 주나라 무왕이 은나라를 치고 나서 이 구정九鼎을 주나라 수도로 옮겼다고 한다.

434 장자莊子의 표주박 : 혜자惠子가 장자에게 "위왕魏王이 나에게 큰 표주박을 주었는데, 너무 커서 쓸 데가 없다."라고 말하자, 장자가 "그렇다면 강이나 호수에 띄워 배를 만들면 될 일이지, 무엇 때문에 그리 걱정을 하느냐."라고 말하였다. 『莊子』「逍遙遊」.

435 물과 불이~해치지 않는 : 『周易』「說卦傳」에 "천天과 지地가 자리를 정하고 산山과 택澤이 기를 통하며, 우레와 바람이 서로 부딪치고, 물과 불이 서로 해치지 않아 팔괘

가 서로 교착交錯한다.(天地定位。山澤通氣。雷風相薄。水火不相射。八卦相錯。)"라는 말이 있다.

436 석수石髓 : 석종유石鍾乳. 즉 돌 고드름의 이명異名인데, 선인仙人들이 이것을 복용한다고 한다.『本草』「石髓」. 여기서는 돌우물에서 나오는 물을 가리킴.
437 벽담碧潭 : 행인幸仁(1721~1788). 풍암 세찰楓巖世察의 제자. 해남 대흥사의 13대 강사에 속한다.
438 회계會溪 : 법명은 휘종輝宗. 벽담의 제자.
439 현선顯先 : 입적하신 분을 일컫는 말.
440 화장세계 : 연화장장엄세계해蓮華藏莊嚴世界海. 비로자나불이 있는 공덕 무량, 광대장엄의 세계.
441 소목昭穆 : 종묘나 사당에 조상의 신주를 모시는 차례. 왼쪽 줄을 소昭라 하고, 오른쪽 줄을 목穆이라 함.
442 실로 많은 무리가 있어(寔繁有徒) :『書經』「仲虺之誥」의 구절인데 최치원의「善安住院壁記」에도 쓰였다.
443 영식靈識 : 영혼, 또는 신령스러운 의식.
444 대록大麓 : 큰 산기슭.『書經』「舜典」에 "큰 산기슭에 들어가게 하시니 열풍烈風과 뇌우雷雨에 혼미하지 않으셨다.(納于大麓。烈風雷雨弗迷。)"라고 한 말이 보인다.
445 자리를 빼앗는 : 법석에서 논쟁할 때 상대를 설복시켜 방석을 빼앗았다는 뜻.
446 풍암楓岩 : 세찰世察(1688~1765)의 호. 영해 약탄影海若坦의 제자. 속성은 밀양 박씨이며 전라남도 순천 출생이다. 어린 나이에 출가해 당대 화엄학으로 이름이 높던 무용 수연無用秀演과 영해 약탄影海若坦의 문하에 들어 수학하다 무용이 입적한 후 영해의 제자가 되어 부휴 문중의 정맥을 계승했다.
447 노숙老宿 : 불도佛道에 지식이 많은 승려.
448 보처존補處尊 : 주불主佛의 좌우에서 모시는 보살.
449 대한 융희隆熙【개국~방화를 당하여 : 해당 사건은 본서의「은적암과 보조암의 화재기문」에 자세하다.
450 곤명昆明 : 연못 이름인데 여기서는 재난을 당한 곳이라는 의미로 사용됨. 한漢 무제武帝 때 곤명지昆明池 밑바닥에서 나온 검은 재에 대하여, 인도 승려 축법란竺法蘭이 "바로 그것이 겁화를 당한 재(劫灰)"라고 대답했다는 고사가 전한다.『高僧傳』권1「竺法蘭」.
451 스투파(窣堵) : '率堵波'라 적는다. ⓈstŪpa의 음사. 탑塔.
452 설월 용섭雪月龍燮(1868~1938) : 명진학교 2회 졸업.
453 산을 빛내고~아름답게 했다 : 원문 '山輝而川媚'는 진晉나라 육기陸機가 지은「文賦」의 "돌이 옥을 감추고 있으면 그 때문에 산이 빛나고, 물이 진주를 품고 있으면 내

가 그 때문에 아름답게 된다.(石韞玉而山輝。水懷珠而川媚。)"라는 말을 발췌한 것이다. 「文選」권17. 최치원의 「無染和尙碑銘」에 보인다.
454 자음당慈蔭堂 : 송광사 국사전의 별칭.
455 화주化主 : 가방화주街坊化主, 또는 가방街坊 공양주供養主. 거리에 나가서 여러 사람들에게 시물施物을 얻으면서 사람들로 하여금 부처님과의 인연을 맺게 하는 동시에, 그 절에서 쓰는 비용을 마련하는 스님을 말함.
456 진락대眞樂臺 : 보조국사 지눌 스님이 정혜결사를 옮기기 위해 터를 잡을 때 모후산에서 나무로 깎은 솔개(鷗)를 날려 보냈더니 지금의 국사전 뒷등에 앉았다. 그래서 그 뒷등을 치락대鴟落臺(솔개가 내려앉은 대)라 불렀다 한다. 이 치락대를 원감국사圓鑑國師 충지冲止(1226~1292)가 진락대라고 했다 한다.
457 중국을 접한 태고太古(보우普愚) : 태고 보우는 원나라에 가서 석옥 청공石屋淸珙의 법을 잇고 다음 해에 돌아왔다.
458 두 계수나무를 기른 부용芙蓉 : 부용 영관芙蓉靈觀이 벽송 지엄碧松智嚴으로부터 태고 보우의 법통을 계승하여 청허 휴정淸虛休靜과 부휴 선수浮休善修에게 전해 주었다.
459 광서光緖 11년 병술(1886) : 병술년은 광서 12년에 해당하므로 착오가 있는 듯하다.
460 도성당道成堂 : 송광사 승보전 뒤편에 위치. 1938년 중건.
461 용운당龍雲堂 : 처익處益(1813~1888)의 호. 용운당에 대해서는 본문 「송광사 대공덕주 용운당 대선사 행장」참고.
462 광서光緖 원년 병자(1876) : 병자년은 광서 2년에 해당하므로 착오가 있는 듯하다.
463 화재(崑炎) : 원문 '崑炎'은 곤륜산의 불꽃으로, 「書經」「胤征」의 "곤륜산에 불이 나 옥석이 모두 탄다.(火炎崑岡。玉石俱焚。)"라는 말에서 나온 것이다.
464 새롭거나 오래되거나~함께 이루어진다 : '새롭거나 오래되거나 여럿이'는 미상인데 후반부, 즉 '은미하거나 드러나거나 함께 이루어진다'는 것은 「華嚴經」십현문十玄門의 하나인 비밀은현구성문祕密隱顯俱成門이다.
465 삼변정토三變之淨土 : 「法華經」「見寶塔品」에서 세 번의 변화를 통해 보여 준 정토.
466 회차會茶 : 모여서 차를 마심.
467 벽암헌碧嵓軒과 호월皓月과~앉아서 회차하던 : 「禪門綱要集」「三聖章」에 나오는 장면인데, 벽암碧菴 노숙老宿의 송헌松軒에서 호월 상인이 묻고 청풍 장로가 답변하는 방식으로 임제의 삼구三句・삼현三玄・삼요三要의 위치와 성격을 밝히는 대목이다. '둘'이 회차한 것인데 다송은 '셋'으로 파악하고 있다.
468 법신보살法身菩薩 : 보살이 거듭 수행하여 깨달음에 이르는 과정인 오십이위五十二位 가운데 초지初地에서 십지十地까지의 보살을 말함.
469 선승당禪僧堂 : 참선하는 선당과 승려들이 거처하는 승당을 아울러 이르는 말.
470 담당湛堂 : 성징聖澄의 자. 호는 월계越溪. 송광사 16국사 중 아홉 번째 국사이다. 행

적은 전하지 않으며, 그에 얽힌 설화가 『松廣寺之』에 전한다. 원래 금나라의 태자였는데 고려에 와서 승려가 되었다고 한다.

471 청운당靑雲堂 : 한국전쟁을 전후한 시기에 파괴되어 사라짐.

472 축성전祝聖殿 : 본문 「축성전 창건기」 참조.

473 백설당白雪堂 : 한국전쟁을 전후한 시기에 파괴되어 사라짐.

474 자음당慈蔭堂 : 송광사 대웅전 남동쪽에 있는 현재 국사전.

475 진여문眞如門 : 설법전 앞에 있다.

476 진각眞覺 : 혜심慧諶(1178~1234). 지눌知訥의 뒤를 이어 수선사修禪社(송광사)의 제2세 사주社主가 되었다. 저서로는 『禪門拈頌集』 등이 있다.

477 고봉高峯 : 법명은 법장法藏(1350~1428). 속성은 김씨, 본관은 신주愼州이며 다른 호는 지숭志崇이다. 송광사 16번째 국사. 고봉국사는 황해도 신천 출생으로 20세 때 출가하여 나옹懶翁을 스승으로 삼고 법맥을 이었다. 30년 동안 국내 명산을 찾아다닌 끝에 송광사에 머물렀다. 16국사 중 마지막 국사이며, 1428년 입적하였다. 제자로는 신찬信贊·혜성惠性·상제尚濟·홍인洪仁 등이 있으며, 저서로는 『高峰法藏歌集』과 「普濟尊者三種歌」가 있다. 고봉국사가 소지했던 불감佛龕 '주자원불廚子願佛'이 전한다.

478 태고太古 : 보우普愚(1301~382). 태고는 호, 시호는 원증圓證. 1347년 중국 호주湖州 천호암天湖庵에서 석옥石屋에게 도를 인정받고, 「太古庵歌」의 발문과 가사를 받았다. 1371년 공민왕이 국사로 봉하였다.

479 부용芙蓉 : 영관靈觀(1485~1571)의 당호. 자는 은암隱庵, 법호는 연선蓮船. 지리산의 지엄智儼을 만나 비로소 불법을 대오하고, 보우普愚의 법통을 계승, 이를 휴정休靜과 부휴浮休에게 전수하였다.

480 십홀방장十笏方丈 : 사방으로 1장丈 되는 방. "당나라 현경顯慶 연간에 장사長史 왕현책王玄策을 칙사로 보냈는데, 인도로 향하는 길에 정명淨名(유마힐)의 집에 들러 홀笏로 그 터를 재어 보니 겨우 10홀에 지나지 않았다. 그 때문에 사방 1장의 집(方丈之室)이라 불렀다.(於大唐顯慶年中。勅使衛長史王玄策。因向印度過淨名宅。以笏量基。止有十笏。故號方丈之室也。)"라고 석도세釋道世의 『法苑珠林』 권29에 나온다.

481 사자좌(獅座) : 고승이 앉는 자리.

482 정명淨名 : Ⓢ vimalakīrti. 『維摩經』의 주인공인 유마힐維摩詰의 번역어. 무구칭無垢稱이라고도 함.

483 이범진李範晋(1852~1911) : 자는 성삼聖三, 본관은 전주. 1879년(고종 16) 문과에 급제, 왕비 민씨의 사랑을 받아 궁중에 출입, 친로파 안경수安駉壽 등과 같이 궁중 세력을 잡고 친일파를 몰아내고 일본 장교에게 훈련을 받은 훈련대를 해산하는 등 일본색 일소에 노력하였다.

484 어천문於千門 : 천운川雲 이범진의 글씨다.

485 우로雨露 : 비와 이슬이라는 뜻으로, 임금의 은혜를 비유하는 말.
486 명량明兩 : 왕과 왕세자.『周易』이괘離卦 상사象辭의 "밝은 것이 두 번 일어남이 이괘의 상이다. 대인은 그것으로 밝음을 이어 사방을 비춘다.(明兩作離。大人以繼明照於四方。)"라는 말에서 유래.
487 송악松岳 : 송광사가 있는 산.
488 세파가 뽕나무밭을 뒤흔들어 : 상전벽해桑田碧海, 즉 큰 변화를 가리킴.
489 오유향烏有鄕 : '어찌 있겠는가'라는 뜻으로 '없음'을 가리킨다. 한나라 사마상여司馬相如의「子虛賦」.
490 제나라가 변하면~행하게 된다 :『論語』「雍也」의 "齊一變。至於魯。魯一變。至於道。"를 말함.
491 점다點茶 : 차를 끓이는 법의 한 가지로, 마른 찻잎을 그릇에 담고 끓는 물을 부어 우림. 여기서는 차를 마셨다는 의미로 사용함.
492 인묘寅卯 : 동쪽. 인寅은 정동에서 북으로 30도 위쪽. 묘卯는 정동.
493 병정丙丁 : 남쪽. 병丙은 정남에서 15도 동쪽, 정丁은 정남에서 15도 서쪽.
494 곤신경유坤申庚酉 : 남서쪽. 곤坤은 남쪽과 서쪽의 정중앙이고, 15도 서쪽으로 옮겨서 신申, 다시 서쪽으로 15도 옮겨서 경庚, 다시 서쪽으로 15도 옮기면 정서 방향이 된다.
495 건해乾亥 : 서북쪽. 건乾은 서북쪽 중심이고 해亥는 건에서 북쪽으로 15도 가까움.
496 호령봉號令峰 : 송광사 쪽 굴목재의 안쪽 산봉우리.
497 대장봉大將峰 : 천자암 뒤 산봉우리.
498 조계봉曹溪峰 : 화엄전 뒤 산봉우리.
499 갑인甲寅 : 동북쪽. 갑은 정동에서 15도 북쪽이고 인寅은 정동에서 북으로 30도 위쪽.
500 축계자임丑癸子壬 : 북쪽. 축丑은 정북에서 30도 동쪽으로 치우쳐 있고 자子는 정북, 그 사이에 계癸가 있고, 임壬은 정북에서 서쪽으로 15도 치우쳐 있음.
501 술해戌亥 : 서북쪽. 술戌은 정서에서 30도 북쪽으로 치우치고 해亥는 정북에서 30도 서쪽으로 치우침.
502 학봉鶴峰 : 감로암 뒤 산봉우리.
503 입수入首 : 산줄기가 혈로 이어지는 곳.
504 갑묘甲卯 : 동북쪽. 묘卯는 정동, 갑甲은 북쪽으로 15도 치우침.
505 묘을卯乙 : 동남쪽. 을乙은 남쪽으로 15도 치우침.
506 인갑寅甲 : 동북쪽. 인寅은 갑甲보다 15도 북쪽으로 치우침.
507 손사巽巳 : 동남쪽. 손巽은 동쪽과 남쪽의 정중앙이고 사巳는 손보다 15도 남쪽으로 치우침.
508 간인艮寅 : 동북쪽. 간艮은 동쪽과 북쪽의 정중앙이고, 인寅은 간보다 15도 동쪽으로

치우침.
509 중조봉中祖峰 : 태조봉太祖峰으로부터 뻗어 나온 산맥에서 다시 일어난 봉우리.
510 행룡行龍 : 높았다 낮았다 하며 멀리 뻗어 나간 산맥.
511 바람에 나부끼는 비단 띠(風吹羅帶) : 풍수지리 용어.
512 갑경병임甲庚丙壬 : 갑甲은 정동에서 15도 위쪽이고, 이와 등져서 경庚은 정서에서 15도 아래쪽이다. 병丙은 정남에서 15도 오른쪽이고, 이와 등져서 임壬은 정북에서 15도 왼쪽이다.
513 진술축미辰戌丑未 : 진辰은 정동에서 30도 아래쪽이고, 술戌은 정서에서 30도 위쪽이며, 축丑은 정북에서 30도 오른쪽이고, 미未는 정남에서 30도 왼쪽이다.
514 4고장庫葬 : 고장은 밖으로 나오지 못하고 가두어진 상태.
515 수구水口 : 풍수지리에 있어서 물이 흘러들어 가는 곳.
516 장쇄藏鎖 : 기운이 누설되지 않도록 산세가 꽉 짜여 있는 것을 말함.
517 득파得破 : 물이 흘러들어 오는 곳을 '득得', 흘러 나가는 곳을 '파破'라고 함.
518 군옥부群玉府 : 옥이 보관된 창고. 군옥은 본래 옥이 난다는 선산이기도 하다.
519 각노覺老에 대해 구옹龜翁은 : 각노는 진각국사眞覺國師 혜심慧諶(1178~1234)으로 『禪門拈頌集』을 편찬했고, 구옹은 구곡 각운龜谷覺雲으로 고려 말에 『禪門拈頌說話』를 편찬했다.
520 우담자優曇子 : 홍기洪基(1832~1881). 우담은 법호. 초명은 우행禹幸, 성은 권權이다.
521 화장華藏 : 연화장장엄세계해蓮華藏莊嚴世界海. 한량 없는 공덕과 광대장엄廣大莊嚴을 갖춘 불국토.
522 제(不佞) : 원문 '不佞'은 재주가 없다는 뜻으로, 자신을 겸손하게 이르는 말.
523 개미처럼 사모하여 : 『莊子』「徐無鬼」에 "양고기가 개미를 좋아하지 않아도 개미들이 좋아서 달려드는 것처럼(蟻慕羊肉) 순임금이 노린내 나는 행동을 했기 때문에(舜有羶行) 백성들이 좋아한 것이다."라는 구절이 있다.
524 언우齴齵 : 뻐드렁니에 충치투성이. 달마 대사를 가리킴. 삼교노인三教老人이 쓴 「碧巖錄序」에 "齴齵來東. 單傳心印."이라는 구절이 나온다.
525 최예운崔猊雲 : 최동식崔東植(1851~?). 예운 산인猊雲散人으로 법명은 혜근惠勤이다. 최치원의 후손으로 집안은 대대로 호남에 살았다. 조계산 선암사에서 출가 득도하였으며 경붕 익운景鵬益運(1836~1915) 대사 밑에서 공부하였다. 1913년에 간행된 『禪門證正錄』 서문에 "猊雲散人惠勤. 識于木覓山琵琶館."이라는 문구가 있다.
526 보필報筆 : 월보月報의 필진筆陣.
527 이번에 선생께서~알뜰하고 부지런하여 : 1914년 3월 『海東佛報』 5호에 예운 산인猊雲散人이 쓴 「敬答松廣寺金錦冥講伯書」가 게재되었다. 금명 보정에게 원고를 청탁하는 내용이다.

528 간담이 땅에 떨어지니 : 원문은 '肝膽塗地'. 참혹하게 죽는 것을 말하는데 여기서는 그만큼 부끄럽다는 뜻으로 쓰였다.
529 추기樞機 : 중추가 되는 아주 중요한 것이나 자리, 또는 기관.
530 세상 추기를~현변玄辯(이치)을 다하여 : 원문 "竭世樞機。窮諸玄辯。"은『佛祖綱目』권 32「崇信禪師傳法宣鑒」등에 보임.
531 『해동불보海東佛報』:『朝鮮佛敎月報』의 후신으로서, 1913년 11월 20일자로 창간되어 1914년 6월 20일 통권 8호로 종간되었다. 창간호의 판권장을 보면, 편집 겸 발행인 박한영朴漢永, 인쇄자 오종렴吳鍾濂, 인쇄소 창문사昌文社, 발행소 해동불보사(서울·북부 전동磚洞2통 1호), A5판 76면, 정가 10전이다.
532 대방大方 : 학문과 식견이 높은 사람.
533 시순時順 : 태어나고 죽는 사람의 일생.『莊子』「養生主」의 "마침 그때에 태어난 것은 선생이 올 때가 되었기 때문이요, 마침 이때에 세상을 떠난 것은 선생이 갈 때가 된 것이니 시운을 편안히 여기고서 순순히 받아들인다면, 슬픔과 기쁨 따위의 감정이 들어올 수 없을 것이다.(適來。夫子時也。適去。夫子順也。安時而處順。哀樂不能入也。)"라는 말에서 나온 것이다.
534 조계 보조普照의~잇지 않으니 : 1914년『海東佛報』5호에「大覺國師墓誌銘」(기자 選)이 게재되었다.
535 화담華潭 : 경화敬和(1786~1848)의 호. 편양문파鞭羊門派에 속하는 선승. 1815년(순조 15)부터 여러 강원에서 조실祖室로 있으면서 화엄대회華嚴大會를 주관하였는데, 55군데에서 83회나 열어 대중을 교화하는 데 힘썼다. 저서로는『天地八陽神呪經註』와『偈頌六十七品』등이 있다.
536 함명涵溟(1824~1902) : 호는 태선太先. 호남의 대표적 강백이었다. 그가 찬술한『緇門警訓私記』1권이 현존한다.
537 김군수金君綏 : 본관은 경주慶州, 호는 설당雪堂. 아버지는 김돈중金敦中이며, 할아버지는 김부식金富軾이다. 1210년(희종 6) 공주지사公州知事 재임 시에「松廣寺普照國師碑銘」을 찬술하였다.
538 여하정呂荷亭 : 여규형呂圭亨(1849~1922). 본관은 함양咸陽, 자는 사원士元, 호는 하정荷亭. 경기 양근楊根에서 출생했다. 시詩, 서화書畫, 불경佛經에 모두 능통하였고 오세창 등과『大東詩選』을 편집하였다. 여규형이 찬술한「華嚴宗主函溟堂大禪師碑銘幷序」가『海東佛報』6호(1914년 4월)에 게재되었다.
539 이유원李裕元(1814~1888) : 본관은 경주慶州, 자는 경춘京春, 호는 귤산橘山·묵농默農. 1882년 전권대신으로서 일본변리공사 하나부사(花房義質)와 제물포조약에 조인하였다. 학문에 능하여『林下筆記』와『嘉梧藁略』·『橘山文稿』를 남겼으며, 예서에 능하였다.「華潭大師浮屠碑銘」을 찬술하였다.

540 죽백竹帛 : 사서史書. 종이가 없었던 시대에 청죽青竹으로 만든 간찰簡札이나 비단 헝겊에 글자를 쓴 데서 서책書冊을 지칭하였고, 역사라는 뜻으로도 사용함.

541 서까래처럼 큰 붓 : 원문은 '如椽之筆'. 다른 사람의 문장이나 서법이 뛰어나다고 칭찬할 때 사용하는 말이다. 진晉나라 때의 서예가 왕순王珣의 고사에서 유래되었다.

542 광충교廣沖橋 : 약칭 광교廣橋. 서울 청계천의 여섯 번째에 있었다고 해서 육교六橋라고도 하였다. 광교는 후에 이 일대를 지칭하는 지명으로 사용되고 있다.

543 수표교水表橋 : 원래는 청계 2가 수표다리길 사거리에 있었으나 1958년 청계천 복개공사 때 철거되었다가 현재는 장충단奬忠壇 공원 입구의 개천 위에 놓여 있다.

544 비단 마음과 수놓은 입 : 원문 '錦心繡口'. 짓는 재주가 뛰어난 사람을 칭찬하여 이르는 말.

545 물고기 눈을~만든 것이라 : 물고기 눈(魚目)과 연석燕山(연산에서 나는 돌)은 진주처럼 보이지만 진주가 아니므로 가짜를 가리킨다. 그러나 여기서는 투박한 것을 표현하는 뜻으로 사용되었다. 본문에서는 '평범한 바위(磙石)'라고 하였는데 문맥상 '연석'의 뜻으로 사용한 듯하다.

546 『선문증정록禪門證正錄』 : 우담 홍기優曇洪基(1832~1881)가 백파 긍선白坡亘旋의 『禪文手鏡』에서 잘못된 부분을 지적하고자 1874년에 찬술하여 1913년에 송광사에서 간행함. 본문의 『선문증정록』을 인쇄하기 위해 베껴 쓰고 난 후의 발문」 참조.

547 선생의 글을 : 1913년에 간행된 『禪門證正錄』에는 예운산인猊雲散人의 서문이 있는데 여기에 우담 홍기의 강연에 참석한 지 40년 후에 천 리 바깥에서 서문을 쓴다는 표현(予曾叅曇老講筵。晨夕茶甌香篆之間。頗論簡事。髣髴皓月淸風之會于碧巖松軒。爾四十年後。落筆於千里雲海之中)이 있다. 그러므로 본문의 '경월거사擎月居士'는 '예운산인'을 가리키는 것으로 보인다.

548 혜감慧鑑 : 지혜로운 상대방이 잘 살펴 달라는 뜻으로 편지에서 쓰는 투식어.

549 괴군蒯君이 한신韓信을 설득함에 : 괴군은 제나라 사람 괴통蒯通. 그는 한신에게 들짐승이 다 없어지면 사냥개도 삶는다는 토사구팽을 언급하며 "군주가 위협을 느낄 정도의 용기와 지략이 있는 자는 몸이 위태롭고, 공로가 천하를 덮는 자는 상을 받지 못한다."라는 경고의 말을 하였다.

550 음식을 미루어~ 않다'는 말 : 한신韓信이 제나라를 점령하자 항우項羽가 그에게 유방劉邦에게서 벗어나 스스로 왕이 되라고 권했는데 한신이 거절하며 "한왕漢王은 나를 중용했을 뿐만 아니라 나를 대장군에 봉하여 수만의 군대를 지휘하게 했으며, 아울러 나에게 관심을 가져 옷을 벗어 나를 입혔고, 음식을 미루어 나를 먹였고, 말을 하면 들어 주고 계책을 채용해 주었는데 내가 배반하면 좋지 않다.(解衣衣我。推食食我。言聽計用。我倍之不祥)"라고 했다. 『史記』「淮陰侯列傳」.

551 석숭石崇 : 서진西晋의 대부호大富豪. 낭비를 많이 한 사람으로 알려져 있다.

552 윤왕輪王 : 윤보륜寶를 굴리면서 세계를 통치하는 전륜성왕轉輪聖王의 약칭.
553 붉은 모래(丹砂) : 연단鍊丹을 해서 단약丹藥을 만들어 내는 광물의 이름이다. 옛날 도사道士들은 단사를 원료로 하여 불로장생의 비약祕藥을 구워 냈다.
554 용맹龍猛(150~250) : 나가르주나Nagarjuna, 용수龍樹. 밀교密敎에서는 '용맹'이라고 나타내기도 한다.
555 사가라沙迦羅 : ⑤ Sāgara. 사갈라沙竭羅. 사가라는 '큰 바다'라는 뜻.
556 4천하 : 우주의 중심 수미산의 사방에 있는 4대주大洲. 염부주는 4대주 가운데 남쪽에 있다.
557 삼장법사 : 경율론 삼장에 통달한 불교 학자를 이르는 말인데 여기서는 현장玄奘(602~664)을 가리킨다. 현장은 스승과 경전을 찾아 16년간 중앙아시아 지역과 인도 등을 여행했다. 645년 현장법사는 여행을 마치고 많은 경전과 율律, 논論, 불상, 사리 등을 가지고 당나라로 돌아왔다. 이듬해 당 태종이 그에게 구법 여행을 기록할 것을 명하자 열두 권에 걸쳐 직간접적으로 여행한 138개국의 지리, 기후, 산물, 정치, 교통, 언어, 전설 등과 사찰·승려의 수, 인물 등 불교적 상황을 자세히 기록한 『大唐西域記』를 편찬했다.
558 원감국사圓鑑國師 : 충지冲止(1226~1293). 법호는 법환法桓·복암 노인宓庵老人, 시호는 원감圓鑑, 속명은 위원개魏元凱. 원나라 세조의 흠모를 받았으며, 원오圓悟의 법을 이어 수선사修禪社 제6세 국사가 되었다.
559 해은海隱 공公 : 해은 재선海隱栽善. 금명 보정에게 수업을 받은 승려.
560 군지軍持 : ⑤ kuṇḍikā의 음사. 물병. 그러나 여기서는 소지품을 가리킴.
561 용왕 턱 밑에서 진주를 : 『莊子』「列禦寇」에 "천금의 구슬이 깊은 연못 여룡의 턱 밑에 있다.(夫千金之珠。必在九重之淵。而驪龍頷下。)"라고 하였다.
562 육당 학인六堂學人 최 공崔公 : 최남선崔南善(1890~1957). 본관은 동주東州, 아명은 창흥昌興, 자는 공육公六이다. 호는 육당六堂 등. 1906년 신문관新文館을 설립하고 1908년 11월 잡지 『少年』을 출판하고, 신체시 〈해에게서 소년에게〉를 발표했다. 한국 근대문학의 선구자 중 하나이다. 1910년 3월 안창호安昌浩가 설립한 청년학우회靑年學友會의 평사원 겸 변론과장을 지냈고, 같은 해 10월 조선광문회朝鮮光文會를 설립해 조선의 고서古書를 발간하고, 조선어 사전을 편찬하고자 하였다. 독립선언문을 기초하고 민족대표 48인 중 하나였지만, 이어 친일 활동을 하였다.
563 합포合浦의 진주가 돌아왔고 : 합포는 중국 광동성廣東省에 있는 구슬의 산지이다. 탐욕스런 태수가 부임하자 구슬이 나오지 않다가 뒤에 맹상孟嘗이라는 청렴한 관리가 오자 다시 나왔다고 한다. 『後漢書』「孟嘗傳」.
564 화씨和氏의 구슬이 완전해졌도다 : 조趙나라 혜문왕惠文王은 초나라 변화卞和가 초산楚山에서 얻은 구슬 화씨벽和氏璧을 소유하게 되었다. 진秦나라 소양왕昭襄王이

이 소문을 듣고 조에 사신을 보내어 15성城과 화씨벽을 바꾸자고 청하였다. 혜문왕의 명을 받고 인상여印相如가 화씨벽을 일단 소양왕에게 바쳤으나 15성 이야기는 조금도 비치지 않자, 인상여는 구슬에 흠집이 있어 가르쳐 드리겠다고 속여서 구슬을 돌려받고는, 왕이 15성의 약속을 지키지 않으니 구슬은 가져가고 그렇지 않으면 자신의 머리와 이 구슬을 부숴 버리겠다고 위협하였다. 소양왕은 할 수 없이 인상여를 정중하게 놓아 보냈다. 『史記』「印相如傳」.

565 기궐씨剞劂氏 : 판목版木을 새기는 사람.
566 저웅돈장著雍敦牂 : '무오'에 해당하는 고갑자.
567 아랑위兒郞偉 : 상량문에서 시 첫 부분에 쓰는 말. 대개 '어기여차'의 뜻으로 봄.
568 도솔타兜率陀 : 도솔천兜率天. ⓢ Tusita-deva. 욕계 6천의 넷째 하늘에 해당한다. 도사다覩史多·도솔타·도술兜術이라고도 쓰며, 여기에 내원內院·외원外院이 있으니, 외원은 일반 천중天衆의 욕락처欲樂處이고 내원은 미륵보살의 정토淨土를 말한다.
569 색구경色究竟 : 아가니타阿迦尼吒(阿迦膩吒). ⓢ akaniṣṭha. 색계 17천天 가운데 가장 위에 있으므로 색구경이라 번역. 형상에 얽매여 있는 경지의 가장 위에 있으므로 유정천有頂天이라고도 함.
570 비상계비상계非想界 : 비상비비상계非想非非想界. 무색계의 넷째 하늘.
571 의정依正 : 의보依報와 정보正報. 부처나 중생의 몸이 의지하고 있는 국토와 의식주 등을 의보, 과거에 지은 행위의 과보로 받은 부처나 중생의 몸을 정보라고 함.
572 내원㮈園 : 바라내국波羅㮈國(Bārāṇasī)의 녹야원鹿野苑. ⓢ mrgadāva. 석가모니불이 성도 후 최초로 설법한 성지.
573 개산開山 : 절을 처음 창건함.
574 산은 '모후산母后山'이니~이름을 바꾸었고 : 1361년(공민왕 10) 홍건적이 쳐들어 왔을 때 왕과 왕비는 태후를 모시고 전라남도 화순군까지 피난을 왔는데, 수려한 산세에 반한 왕이 가궁을 짓고 환궁할 때까지 1년여 남짓 머물렀다고 한다. 그 후 원래 명칭인 나복산을 모후산으로 바꾸었다. 이는 어머니의 품속 같은 산이라는 뜻에서 유래되었다.
575 제월천濟月泉의 좋은 인연 : 제월천은 유마사 계곡에 흐르는 물. 당나라 요동태수遼東太守 유마운維摩雲이 관직을 버리고 화순 동복군으로 건너와 유마사를 창건하여 머물다가 죽었고 그의 딸 보안普安이 혼자 머무는데, 자기를 사모하여 정욕을 주체하지 못하는 승려에게 '달을 건져 내면 내 몸을 허락하겠다'고 제안하는 등의 방편을 써서 정욕에서 벗어나게 했다는 전설이 있다.
576 뻐꾸기(布穀) : 뻐꾸기 울음소리 '포곡布穀'을 모내기를 재촉하는 것으로 해석하여, 풍년을 점친다고 한 것이다.
577 돌다리 : 보안교普安橋. 보안普安이 치마폭으로 싸 놓은 다리라고 한다.

578 삼불三佛 : 극락세계에 있다는 아미타불阿彌陀佛과 관세음보살觀世音菩薩과 대세지
大勢至보살을 일컫는 말.
579 소소영령昭昭靈靈 : 한없이 밝고 신령함.
580 십주十州 : 신선이 산다는 열 개의 섬 '십주'를 지칭하는 것으로 보인다.
581 군옥부群玉府 : 군옥산群玉山은 서왕모西王母가 살았다는 전설상의 선산仙山인데, 뒤
에 제왕의 장서각藏書閣을 뜻하는 말로 쓰이게 되었다. 여기서는 경치가 좋은 곳이라
는 뜻으로 쓰였다.『穆天子傳』.
582 응진당應眞堂 : 나한전羅漢殿. 부처님께서 설하시는 법을 듣고 깨달음을 이루어 아라
한이 된 부처님의 큰 제자를 모신 법당이다. 주불로 석가모니 부처님을 모셨을 때는
영산전靈山殿이라 하고 열여섯 분의 아라한阿羅漢들만 모셨을 때는 응진전應眞殿,
나한전 또는 응진당이라고 한다.
583 광서光緖 5년 신사(1881) : 신사는 광서 7년에 해당한다. '신사'를 기준으로 서력을 표
시했다.
584 김규홍金奎弘(1845~?) : 본관은 청풍淸風이고, 자는 화일華一이며 서울 출신이다.
1889년 전라도 관찰사, 1891년 형조판서, 1892년 예조판서, 1893년 공조판서·경기
도 관찰사, 1894년 황해도 관찰사를 지냈다.
585 금용金容 : 불타와 보살의 황금빛 얼굴.
586 할향喝香 : 부처님께 향을 살라 올리며 부르는 노래.
587 헌재獻齋 : 재를 올림.
588 모자茅茨 : 띠로 이어 만든 지붕.
589 당우堂宇 : 정당正堂과 옥우屋宇라는 뜻으로, 큰 집과 작은 집을 아울러 일컫는 말.
590 대량월大梁月 : 미상. 원문을 보면 '夾鍾'에 점을 찍고 '大梁'이라고 표기하였다. 협종
은 2월을 가리킨다. 2월은 대장월大壯月이라고도 하니 대장월의 오기일 수도 있다.
591 진송秦松 : 진시황秦始皇이 봉선을 행하러 태산泰山에 올라갔다가 폭풍우를 만나자
나무 아래에서 쉬고는 그 나무를 오대부五大夫에 봉했던 고사가 전한다.『史記』「秦
始皇本紀」.
592 사대부四大夫 : 미상. '오대부五大夫'의 오기가 아닐까.
593 한백漢柏 : 한 무제가 측백나무를 선장군先將軍에 비유했고, 태산에 여섯 그루를 심
었는데 아직도 네 그루가 있다고 한다.
594 육위六偉 : 상량할 때 사방과 상하 여섯 방위로 노래함을 뜻함.
595 왕은 어느~소리를 들을까 : 촉蜀나라 망제望帝인 두우杜宇가 임금 자리를 내 주고
도망칠 때에 자규, 즉 두견이가 울었는데, 그 뒤로 촉 땅 사람들이 두견이의 울음소
리를 들을 때면 망제를 생각한 나머지 비감에 사로잡혀 마치 자규가 "어째서 빨리 돌
아가지 않는가.(不如歸去)"라고 하며 울어 대는 것처럼 들었다는 고사가 전한다.『太

平御覽』권166.

596 심향心香 : 마음에서 우러나오는 정성. 향을 불살라서 부처에게 바치는 결재潔齋(심신을 깨끗이 하는 것)하는 마음.

597 담제禪祭 : 대상大祥을 치른 다음다음 달 하순의 정일丁日이나 해일亥日에 지내는 제사.

598 자미궁紫微宮 : 자미성紫微星의 별자리를 천자天子의 자리로 삼아 일컫는 말. 옥황상제가 거하는 곳을 말하기도 함.

599 요일堯日 : 요임금의 해라는 뜻으로 태평시대를 뜻하는 말이다. 『史記』권1 「五帝本紀」의 "제요라는 분은 방훈이니, 어질기는 하늘과 같고 아는 것은 신과 같으며, 가까이 나아가면 태양과 같고 멀리서 바라보면 구름과 같다.(帝堯者放勳. 其仁如天. 其知如神. 就之如日. 望之如雲.)"라는 말에서 유래한 것이다.

600 비상천非想天 : 비상비비상천非想非非想天. 무색계의 넷째 하늘.

601 순풍舜風 : 순舜임금의 풍화風化. 즉 순임금 시대와 같은 교화라는 뜻으로 찬양한 것임. 순임금이 오현금五弦琴을 만들어 남풍南風을 노래하였다고 한다.

602 계의契誼 : '친분'을 뜻하는데 여기서는 '계契'와 같은 의미로 사용되었다.

603 열반묘심涅槃妙心 : 모든 번뇌를 남김없이 소멸하여 미혹의 속박에서 벗어난 오묘한 깨달음의 마음.

604 마하가섭摩訶迦葉 : Ⓢ mahākāśyapa의 음사. 대음광大飮光이라 번역. 부처님의 10대 제자 가운데 한 사람. 용맹정진의 두타행頭陀行이 제일이었으며 부처님의 의발衣鉢을 받은 상수제자上首弟子.

605 삼승교법三乘敎法 : 성문聲聞, 연각緣閣, 보살菩薩에 대한 세 가지 교법敎法.

606 일념회광一念廻光 : 청정일념으로 자기의 본래면목을 되돌아본다는 뜻. 일념회광하면 자기의 본성이 그대로 부처임을 알게 된다.

607 삼기三祇 : 삼아승지겁三阿僧祇劫. 아승기Ⓢ asanga, asaṃkhya)는 무수無數를 의미. 보살이 발심發心한 뒤 수행을 완성하여 부처가 될 때까지의 수행 기간. 이 수행의 기간을 세 부분으로 나누어서 '삼아승지겁'이라 함. 세 부분으로 나눈 수행의 기간은 경론經論마다 설이 일정하지 않다. 보살의 50계위를 3기로 구분하여 다음과 같이 나누기도 한다. ① 제1아승지겁 : 10신信·10주住·10행行·10회향回向의 40위位. ② 제2아승지겁 : 10지地 가운데 초지初地(환희지)부터 7지까지. ③ 제3아승지겁 : 8지(부동지)부터 10지(법운지)까지.

608 일대장교一大藏敎 : 방대한 경전.

609 요의了義 : 불법의 이치를 끝까지 규명하여 분명하게 설명해서 나타냄.

610 고야산姑射山의 선인仙人은~않게 하고 : 『莊子』「逍遙遊」에 나오는 이야기.

611 회남왕淮南王 유안劉安이~구름을 탔다 : 유안이 『八老丹經』36장을 받아 단약丹藥을 단련하여 이를 먹고 대낮에 승천하였는데, 개와 닭이 솥 속에 남아 있던 단약을 핥아

먹고 또 승천하여, 닭은 천상에서 울고 개는 구름 속에서 짖었다고 한다. 『神仙傳』.
612 불종佛種 : 불과佛果를 내는 종자. 보살의 수행을 말함.
613 듣고도 믿지~복을 더한다 : 「永明智覺禪師唯心訣」의 글이다. 『大正新脩大藏經』 권 48, 996면.
614 반야 위에~공부가 없다 : 원문 '般若上無虛棄之功夫'와 유사한 '般若無虛棄之功' 구절이 『雪關禪師語錄』 권10 「與錢機山相國」에 보인다. 설관 선사는 명나라 승려로서 법명은 지은智誾(1584~1637) 또는 도은道誾이다. 『嘉興藏』 권27, 514면.
615 본문 앞부분에는 3월 31일에 쓴 축문 「제운당 비석을 세우는 축문」이 있다.
616 지인은 사사로움이~공적이 없거늘 : 지인은 도를 체득한 자를 말하며, 이 구절은 『莊子』 「逍遙遊」에 나온다. 대덕은 덕이 높은 스님.
617 알가閼伽 : Ⓢ argha의 음사. 불전에 바치는 청정한 물, 또는 그것을 담는 그릇.
618 벽담碧潭 : 행인幸仁(1721~1788). 풍암 세찰楓巖世察의 제자. 해남 대흥사의 13대 강사에 속한다.
619 각령覺靈 : 입적한 고승을 높여 이르는 말.
620 덕산德山 : 당나라의 선승禪僧으로 행사行思 밑에서 제5조가 되었다. 엄격한 수행으로 유명하고 제자를 가르칠 때 몽둥이를 잘 썼으므로 '임제臨濟의 할喝, 덕산의 몽둥이'라는 말이 나왔다. 본문에서 '덕산의 할'이라고 한 것은 착오인 듯하다.
621 열여덟 분(公)의 당堂 : 송광사의 '송松'은 '十八公'으로 파자된다. 열여덟 분의 큰 스님이 불법을 널리 펴는(廣) 사찰이라는 뜻을 지닌 이름이라는 전설이 있다.
622 금송錦頌 : 비단처럼 아름다운 노래. 최치원의 「智證和尙碑銘」에 "재주는 금송에 뒤져서 글을 짜내기 어렵다.(才輸錦頌文難織)"라는 구절이 있음.
623 운근雲根 : 구름이 생겨 나는 밑뿌리라는 뜻인데 돌이나 바위를 가리킨다. 여기서는 비석을 가리키는 것으로 해석함.
624 학사學肆 : 경론經論을 배우고 익히는 곳.
625 걸桀·주紂와 유幽·려厲 : 폭군들. 하夏나라의 마지막 임금인 걸과 은殷나라의 마지막 임금인 주, 주周나라 때의 폭군인 유왕幽王과 여왕厲王.
626 예천醴泉 : 단맛이 나는 물이 솟는 샘. 태평한 시대에 상서祥瑞라고 함. 『禮記』 「禮運」.
627 창의氅衣 : 벼슬아치가 평상시 입던 웃옷. 직령으로 된 포의 하나로, 도포와 두루마기의 중간 형태임.
628 삼불후三不朽 : 세 가지 (영원히) 썩지 않을 일. 입덕立德·입공立功·입언立言. 『春秋左傳』.
629 상족上足 : 뛰어난 제자.
630 타니대수拖泥帶水 : 진흙과 물을 끌어 온다는 뜻으로 일처리가 깔끔하지 못함을 비유하는 말인데 여기서는 몹시 수고로움을 뜻한다.

631 대훈위大勳位 : 나라나 군주를 위하여 드러나게 세운 공로와 벼슬의 등급인 훈위의 최고 단계.
632 이태왕李太王(1852~1919) : 고종을 가리킴. 조선 제26대 왕.
633 선가仙駕 : 돌아가신 분을 일컫는 말.
634 폭원여도幅員輿圖 : '폭원'과 '여도' 둘 다 강토를 뜻함.
635 동관彤管 : 대에 붉은 칠을 한 붓. 옛날 여사女史가 궁중에서 기록을 할 때 붉은 칠을 한 붓대를 사용한 데서 유래한다. 여기서는 일반적인 '역사'를 가리키는 듯함.
636 선어仙馭 : 신선이 타고 오르는 수레. 곧 임금이 세상을 떠남을 말한다.
637 기사耆社 : 기로소耆老所. 연로한 고위 문신들의 친목 및 예우를 위해 설치한 관서.
638 법인法忍 : 진리를 확실하게 인정하고 거기에 안주하여 마음을 움직이지 않음.
639 칠정七政 : 일日·월月과 오성五星, 즉 화火·수水·금金·목木·토土.
640 삼기三奇 : 사주 내에서 삼기는 3살殺의 것이라고도 하며 재관인財官印을 뜻한다. 삼기는 인간이 원하고 바라는 복록수福祿壽를 아울러 관장하는 신으로 일日을 주로 하고 사주가 순順하면 길운, 역逆의 것은 흉운으로 한다.
641 임자생 : 고종이 태어난 해가 임자년(1852)이다.
642 제8평등왕平等王 : 명부전 시왕 가운데 여덟 번째로서 사후 100일을 담당한다고 한다.
643 망륙望六의 나이 : 육십을 바라보는 나이라는 뜻으로 51세를 가리킨다. 고종은 1902년에 기로소에 들어갔다.
644 불번佛幡 : 예로부터 경계를 알리는 순수한 깃발로 사용되기 시작하여 장례의식의 도구 혹은 불교의 장엄구로 사용된다.
645 탁의卓衣 : 승려가 장삼 위에, 왼쪽 어깨에서 오른쪽 겨드랑이 밑으로 걸쳐 입는 법의法衣.
646 장병帳屛 : 천으로 만든 칸막이. 병풍 등을 가리킨다.
647 배수拜手 : 두 손을 들어 마주 잡고 절을 함.
648 원요原要 : 원시요종原始要終. 일의 시작을 깊이 궁구하고 일의 마지막을 잘 알아차려야 한다는 뜻이다.
649 화장華藏 : 연화장蓮華藏세계. 비로자나불이 있는 공덕 무량功德無量, 광대 장엄廣大莊嚴의 세계.
650 사바娑婆·염부제閻浮提 : 둘 다 인간 세상을 가리킴.
651 찰찰원융刹刹圓融하고 진진혼입塵塵混入하니 : 찰토와 찰토가 원융무애하고 티끌과 티끌이 혼용한다는 뜻으로 『華嚴經』의 세계를 형용하는 말.
652 광장설상廣長舌相 : 넓고 긴 부처님의 혀 모양. 이는 허망하지 아니함을 나타내는 상相. 『法華經』에 세존世尊이 대신력大神力을 보인 것은 광장설과 청정법신淸淨法身에서 나왔다 했다.

653 보림寶林 조계 : 육조 혜능이 소주韶州 조계曹溪에 있는 보림사寶林寺에 머물렀던 것을 말함.
654 아란야阿蘭若 : ⓢ araṇya. 수행처. 마을에서 떨어져 수행자들이 머물기에 적합한 곳.
655 고봉高峯(1350~1428) : 법명은 법장法藏, 속성은 김씨, 본관은 신주愼州이며 다른 호는 지숭志崇. 송광사 16번째 국사. 고봉국사는 황해도 신천 출생으로 20세 때 출가하여 나옹懶翁을 스승으로 삼아 법맥을 이었다. 30년 동안 국내 명산을 찾아다닌 끝에 송광사에 머물렀다. 16국사 중 마지막 국사이며, 1428년 입적하였다. 제자로는 신찬信贊·혜성惠性·상제尙濟·홍인洪仁 등이 있으며, 저서로는 『高峰法藏歌集』과 『普濟尊者三種歌』가 있다.
656 세 화상 : 나옹 혜근懶翁慧勤이 공민왕으로부터 왕사 책봉을 받은 후 수선사(송광사)에 머물며 1371년부터 1373년까지 사주를 역임했고, 이어서 제자인 무학 자초無學自超(1373~1375)와 환암 혼수幻庵混修(1375~1376)가 사주를 역임했다.
657 백암栢庵 : 성총性聰(1631~1700)의 호. 13세 때 출가하여 지리산 수초守初 밑에서 불경을 배웠고 많은 불서를 간행하였다.
658 용운龍雲 : 처익處益(1813~1888)의 호. 속성은 전주 이씨. 본문 「송광사 대공덕주 용운당 대선사 행장」 참조.
659 진락대眞樂臺 : 보조국사 지눌이 정혜결사를 위해 터를 잡을 때 모후산에서 나무로 깎은 솔개(鴟)를 날려 보냈더니 지금의 송광사 국사전 뒷등에 앉았다. 그래서 그 뒷등을 치락대鴟落臺(솔개가 내려앉은 대)라 불렀는데 후에 원감국사圓鑑國師 충지冲止가 진락대라고 했다 한다.
660 갑경甲庚 : 갑은 정동에서 15도 북으로 올라간 방향이고, 경은 반대로 정서에서 15도 남으로 내려간 방향이다.
661 임병丙壬 : 임은 정북에서 15도 서쪽으로 기울고, 병은 반대로 정남에서 15도 동쪽으로 기운 방향이다.
662 동림東林 18현인 : 동림사는 진晉나라 혜원慧遠 법사가 머물던 여산廬山의 사찰. 이곳에서 당시 유명했던 18인과 함께 백련사白蓮社를 결성하였다.
663 진당眞堂 : 영각影閣. 초상을 모신 건물.
664 십승지十勝地 : 조선 시대에 사회의 난리를 피하여 몸을 보전할 수 있고 거주 환경이 좋다고 알려진 10여 곳의 장소. 전통적 이상향의 하나이다.
665 도선道詵(827~898) : 음양지리설陰陽地理說과 풍수지상법風水地相法을 담은 『道詵秘記』의 저자로 알려져 있다.
666 현릉玄陵 : 고려 공민왕의 능.
667 해동 제일의~현릉이 칭찬하였습니다 : '송광사는 동방 제일의 도량이므로 나옹 혜근懶翁惠勤에게 왕명으로 거주토록 하였다'는 기록이 「양주 회암사지 선각왕사비문」에

보인다. 이지관, 『교감역주 역대고승비문』, 가산문고, 1997.

668 먹은 것을~비늘을 흩뿌리고 : 보조국사가 송광사 터에 사찰을 세우려고 그곳에 머물던 도둑들에게 다른 곳으로 가라고 하니 그들이 국사의 신통력을 시험하려고 살아 있는 물고기를 공양하였는데, 국사가 이를 받아 삼켰다. 도둑들이 국사의 파계 행위를 비난하며 해하려 하자, 국사가 물가로 가서 물고기들을 모두 산 채로 뱉어 냈다. 그것이 지금 송광사 능허교 아래에서 노니는 물고기 떼의 원조라고 한다.

669 단향목 : 송광사의 향나무 두 그루 쌍향수는 천연기념물 88호로 지정되어 있다.

670 군옥부群玉府 : '옥이 보관된 창고'라는 뜻으로 경치 좋은 곳을 뜻한다. 군옥산群玉山은 서왕모西王母가 살았다는 전설상의 선산仙山이다. 『穆天子傳』.

671 가정嘉靖과 천계天啓 : 가정은 명나라 세종 때의 연호로서 1522년부터 1566년이고, 천계는 명나라 희종 때의 연호로서 1621년부터 1627년이다.

672 입계入啓 : 임금에게 상주上奏하는 글월을 올리거나 또는 직접 아뢰는 일.

673 이설월李雪月 : 설월 용섭雪月龍燮(1868~1938). 동국대학교의 전신으로 1906년에 개교한 명진학교明進學校 2회 졸업.

674 정당政堂 : 지방 관아. 여기서는 (건축) 업무를 주관하는 곳을 말함.

675 기수祇樹 : 기타수祇陁樹, 곧 기타祇陁 소유의 수풀. 기타는 중인도中印度 사위성舍衛城 파사닉왕波斯匿王의 태자 이름임.

676 내원㮈園 : 바라내국波羅㮈國(Bārāṇasī)의 녹야원鹿野苑. 석가모니불이 성도 후 최초로 설법한 성지.

677 수재倕材 : 좋은 재목을 가리킴. 수倕는 요堯임금 때 뛰어난 목수. 춘추시대 말기의 공수반公輸班과 함께 유명한 교장巧匠으로 알려졌다. 『莊子』「達生」.

678 대량춘大樑春 : 미상. 문맥상 1월을 가리키는 듯함.

679 복궤覆簣 : 삼태기로 흙을 날라 쌓음.

680 택천澤天과 고선姑洗(3월) : 택천쾌澤天夬 괘는 3월에 해당하고, 고선은 12율律 중에서 세 번째에 해당하니 둘 다 3월을 가리키는 말로 사용되었다.

681 황폐한 섬돌을~음악이 울리고 : 이 부분은 대체로 최치원의 「大嵩福寺碑銘」을 활용하였다.

682 가라궁迦羅宮 : 사가라沙迦羅궁을 가리키는 듯함. 사가라는 8대 용왕의 하나로서 고대로부터 비를 내려 주는 신으로서 널리 숭앙받고 있으며, 특히 불교에서는 불법을 수호해 주는 대표적인 호법신이다. 수많은 불경이 이곳에 있다고 한다.

683 사은四恩 : 『心地觀經』에 따르면 부모의 은혜, 중생의 은혜, 국왕의 은혜, 삼보의 은혜를 들고, 일체의 중생은 모두 사은을 진 존재라고 함.

684 만수사리曼殊舍利 : 『華嚴經』「如來名號品」에서 '동쪽 부동지불不動智佛의 금색 세계'에 있는 보살이다.

685 당노당老 : 해당 건물의 노스님.
686 고추古錐 : 노선사에 대한 경칭. 선기가 예민하기가 날카로운 송곳과 같다는 뜻으로 쓰는 말이다.
687 각수覺首 : 보살 이름.『華嚴經』「如來名號品」에서 '남방 무애지불無碍智佛의 묘색세계'에 있는 보살로 나온다.
688 재수財首 : 보살 이름.『華嚴經』「如來名號品」에서 '서방 멸암지불滅暗智佛의 연화세계'에 있는 보살로 나온다.
689 삼일명천三日明泉 : 삼일영천三日靈泉. 담당국사湛堂國師가 송광사 삼일암 옆의 예천醴泉을 마시면서 선정을 닦아 사흘 만에 견성하였으므로 이 암자를 '삼일암'이라 하고 샘을 '삼일영천三日靈泉'이라 했다.
690 보수寶首 : 보살 이름.『華嚴經』「如來名號品」에서 '북방 위의지불威儀智佛의 담복화색薝蔔華色 세계'에 있는 보살로 나오는데, 북방에 연화장 사자좌를 화작化作하여 결가부좌한다고 하였다.
691 현수賢首 : 보살 이름.『華嚴經』「如來名號品」에서 '상방 관찰지불觀察智佛의 평등색세계'에 있는 보살로 나온다.
692 도솔천과 야마천 : 도솔천은 욕계 6천 중 제4천으로 미륵보살이 머물고 있는 천상의 정토이고, 야마천은 욕계 6천 중 제3천이다.
693 파리玻璃 : 칠보 중의 하나.
694 지수智首 : 보살 이름.『華嚴經』「如來名號品」에서 '아래쪽 범지불梵智佛의 파리색세계'에 있는 보살로 나온다.
695 찰번刹幡 : 사찰 앞의 찰간刹竿, 즉 당간幢竿에 달려 있는 깃발로서, 사찰에서 설법이나 특별한 의식 행사가 있는 것을 알려 주는 것이다.
696 화장찰해華藏刹海 :『華嚴經』의 세계, 즉 연화장세계를 말함.
697 학성군鶴城君 : 김완金完(1577~1635). 본관 김해, 자는 자구子具. 인조 2년(1624)에 이괄李适의 난을 평정한 공으로 학성군에 봉해졌고 황해도 병마절도사를 지냈다.
698 소요逍遙 : 태능太能(1562~1649)의 호. 담양에서 태어났다. 15세 때 백양사에서 출가하고 부휴 선수浮休善修로부터 장경을 배우고 서산대사에게 선지禪旨를 깨달았다. 임진왜란이 일어나자 승군僧軍에 가담하였고 후에 지리산 연곡사燕谷寺에서 후학을 가르쳤다.
699 가산迦山 : Ⓢ potalaka. 보타락가산補陀洛迦山. 관음보살의 상주처.『華嚴經』「入法界品」에 선재동자善財童子가 구도를 위해 세상을 돌아다니던 중 보타락가산에 도착하는 구절이 나오는데, 바다에 접한 아름다운 곳이라 하였다.
700 금송錦頌 : 비단처럼 아름다운 노래. 최치원의「智證和尙碑銘」에 "재주는 금송에 뒤져서 글을 짜내기 어렵다.(才輸錦頌文難織)"라는 구절이 있음.

701 기봉奇峰 : 장오藏旿(1776~1853)의 호. 침명枕溟·인파印波·성암惺庵과 함께 4대 종장宗匠으로 일컬어졌고, 송광사 대공덕주 용운당龍雲堂이 1829년에 기봉 대사에게 구족계를 받았다는 기록이 본문「송광사 대공덕주 용운당 대선사 행장」에 나온다.

702 화주和州 : 함경남도 영흥.

703 묵암默庵 : 최눌最訥(1717~1790)의 호. 본관은 밀양이고, 성은 박씨이며 자는 이식耳食이다. 전라도 흥양현興陽縣 장사촌長沙村 출신. 풍암 세찰楓巖世察의 법을 이었다.

704 두월斗月 : 우홍禹洪(1744~1816)의 호. 1797년에 제운霽雲과 함께 송광사 천자암을 중건하였다. 본문 앞쪽에「두월 화상의 문계 서문」이 있다.

705 선서善逝 : 깨달음에 잘 이르렀다는 뜻. 곧 부처를 일컫는데 여기서는 '입적'이란 뜻으로 쓰임.

706 많은 무리들이~생각하지 않겠습니까 : "무리가 실로 많도다.(寔繁有徒)"라는『書經』「仲虺之誥」의 구절과 "네 조상을 생각하지 않느냐.(無念爾祖)"라는『詩經』「大雅」〈文王〉의 구절을 합친 표현으로 최치원이「智證和尙碑銘」에서 "無念爾祖. 寔繁有徒."라고 한 것을 차용한 표현이다.

707 유순由旬 : ⓢ yojana의 음사. 고대 인도의 거리 단위로, 실제 거리는 명확하지 않지만 보통 약 8km로 간주함.

708 호령봉號令峰 : 881m. '효령봉'이라고도 하는데 현재 '연산봉'이라 불림.

709 시루봉(甑峯) : 왼쪽이 '관재'와 '망수봉'으로 뻗어 내리는 송광사의 백호 줄기로 Y자형 삼거리인 곳.

710 축간丑艮(동북) : 간艮은 동북, 축丑은 동북에서 북으로 15도 위쪽.

711 경태庚兌(서쪽) : 태兌은 정서, 경庚은 정서에서 남으로 15도 아래쪽.

712 김군수金君綏 : 본관은 경주慶州, 호는 설당雪堂. 아버지는 김돈중金敦中이며, 할아버지는 김부식金富軾이다. 1210년(희종 6) 공주지사公州知事 재임 시에「松廣寺普照國師碑銘」을 찬술하였다.

713 청진국사淸眞國師 : 고려 승려 몽여夢如(?~1252)의 시호. 수선사修禪社 16국사國師 중 제3세 국사. 이규보李奎報와 교유.

714 연화緣化 : 불사佛事를 경영하여 시주의 연분을 구하고 사업을 설계함.

715 날아갈 듯 : 원문 '翬飛'는『詩經』「小雅」〈斯干〉에 "새가 놀라 낯빛이 변함과 같으며, 꿩이 날아가는 것과 같다.(如鳥斯革. 如翬斯飛)"에서 나온 말이다.

716 하탑下榻 : 걸상을 내린다는 뜻으로, 손님을 맞아 극진히 대접함을 이르는 말. 후한의 진번陳蕃이 높은 선비였던 주구周璆를 위하여 특별히 안석案席을 마련하였다는 데서 유래한다.

717 간고幹蠱 : 주 425 참조.

718 천의天衣 : 보살이나 천인이 입는 얇은 옷으로 무봉의無縫衣라고 한다.

719 승국勝國 : 바로 이전 왕조. 여기서는 고려.
720 거조사居祖寺 : '거조암'이라고도 함. 경상북도 영천시 청통면 신원리 팔공산에 있는 절. 693년(효소왕 2) 원효가 창건하였다는 설과, 경덕왕 때 왕명으로 창건하였다는 설이 있다. 그 뒤 고려 시대에는 지눌知訥이 송광사에 수선사修禪社를 세워 정혜결사定慧結社를 이룩하기 전에 각 종파의 고승들을 맞아 몇 해 동안 수행했던 사찰로 유명하다.
721 신석희申錫禧 : 본관은 평산平山이고 자는 사수士綬이며, 호는 위사韋史이다. 1848년(헌종 14) 5월 증광별시에 병과로 급제하였다. 1849년(철종 즉위년) 오정수吳正秀·박규수朴珪壽 등과 함께 홍문록弘文錄에 올랐으며, 1854년에는 순천부사順天府使로서 수재水災 수습에 진력하였다. 글씨에 능하여 광화문의 상량문을 썼으며, 저서에『東狹紀』가 있다. 시호는 효문孝文이다.
722 구봉九峰 : 혜흔慧昕의 호. 경남 산청군의 대원사를 1890년에 크게 중창했던 기록이 있다.
723 금나라 황제의~데리고 왔다 : 금나라 장종章宗이 불법을 시험하려 하자 고려의 보조국사께서 허공을 날아 금나라에 가서 시험에 응하니 제천諸天이 꽃비를 내렸다. 이에 장종이 스승의 예로 영접하고 예우하다가, 국사가 귀국하자 세 번째 왕자를 제자로 보냈으니 이가 후에 송광사 16국사 가운데 제9대 담당국사가 되었다고 한다.
724 화덕군火德君 : 화덕진군火德眞君. 불을 맡은 신령으로 축융祝融이라고도 한다.
725 구화군救火軍 : 불 끄는 일꾼.
726 주먹을 펼~깨닫지 못한 : 보시할 인연을 깨닫지 못함을 뜻함. 어떤 장자長者 한 사람이 태어나면서부터 왼쪽 주먹을 펴지 못하는 아들을 데리고 천축天竺의 24조인 사자 존자師子尊者를 찾아와서 하소연하자, 존자가 찬찬히 살펴보다가 "내 구슬을 돌려다오."라고 말하니, 그 아들이 주먹을 펴고 구슬을 돌려주었는데, 이는 존자가 전생에 승려의 신분으로 서해西海 용왕재龍王齋에 참석했을 때 동자에게 맡겨 둔 구슬이었다는 이야기가『聯燈會要』권2「二十四祖師子尊者」에 나온다. 최치원의「智證和尙碑銘」에 '莫悟申拳' 구절이 나온다.
727 『영월집詠月集』: 영월 청학詠月淸學(1570~1654)의 문집. 영월의 자는 현주玄珠 또는 수현守玄, 속성은 홍洪, 어머니는 강씨姜氏. 13세 때 가지산 보림사寶林寺로 출가하였다. 이후 지리산에 가서 부휴 선수浮休善修 밑에서 배웠고, 다시 묘향산의 청허 휴정淸虛休靜에게 배워 그의 제자가 되었다. 금강산에서 임종게臨終偈를 남기고 입적하였다.
728 신종 7년(1204) 갑자년이다 : 뒤에 나오는 393년을 기준으로 하면 보조국사가 입적한 희종熙宗 6년(1210) 경오년이 되어야 하므로 오기인 듯하다.
729 길금吉金 : 길씨吉氏 선여인이 보시한 금액을 말하는 듯함. 본문「조계산 국사전의 중

창에 따른 상량 명과 서문,을 보면 1916년에도 4백 원을 보시한 기록이 있다.
730 회차會茶 : 모여서 차를 마심.
731 간고幹蠱 : 주 425 참조.
732 관산冠山 : 천관산이 있는, 전라남도 장흥군 남부에 있는 읍.
733 포금布金 : 황금을 땅에 깐다는 뜻으로, 사원 건립 기금을 시주하는 것을 가리킨다. 인도 사위성舍衛城의 수달 장자須達長者가 석가의 설법을 듣고 매우 경모한 나머지 정사精舍를 세워 주려고 기타 태자祇陀太子의 원림園林을 구매하려고 하자, 태자가 장난삼아서 "황금을 이 땅에 가득 깔면 팔겠다."라고 하였다. 이에 수달 장자가 집에 있는 황금을 코끼리에 싣고 와서 그 땅에 가득 깔자, 태자가 감동하여 그 땅을 매도하는 한편 자기도 원중園中의 임목林木을 희사하여 마침내 기원정사祇園精舍를 건립했다는 '기원포금祇園布金'의 고사가 전한다.『大唐西域記』권6.
734 쿠리야마(栗山)와 기코(木子) : 쿠리야마 준이치(栗山俊一両)는 총독부의 명으로 1916년에 총독부 고적 일반 조사를 하였고 기코 토모타카(木子智隆)는 평양 보통문을 수리하고 부석사 무량수전과 조사당 등을 수축하였으며 석굴암을 복원하고 불국사 다보탑의 모습을 되돌려 놓았다고 한다.
735 일전어一轉語 : 미혹한 마음을 싹 바꿔 깨달음에 들게 하는 간단명료한 한마디 말.
736 기묘삭己卯朔 : 8월 1일의 갑자가 기묘라는 뜻.
737 한붕漢鵬(1864~?) : 고흥 출신으로 속성은 안씨安氏요, 자는 성학聖鶴이라고 본문「승평군 조계산 극락교 기문」에 소개되어 있다. 현재 송광사 종고루鐘鼓樓 옆 약수터에 '漢朋和尙'이라 새겨져 있다.
738 두월斗月 : 우홍禹洪(1744~1816)의 호. 본문 앞쪽에「두월 화상의 문계 서문」이 있다.
739 금천金天 : 김씨.『三國史記』41, 열전 1「金庾信」에 신라인들이 스스로 소호少昊 금천씨金天氏의 후손이라 하였다고 기록되어 있다.
740 원화圓華 : 덕주德柱(1839~1893)의 호. 자는 수미守微. 전라남도 담양 출신. 17세 때 지리산 화엄사로 출가하여 서우西藕를 은사로 모시고 승려가 되었으며, 그 뒤 선을 배우고 두월의 법맥을 이어받았다. 본 책의「지리산 대화엄사 임제종 36세 적손 원화 대선사의 행장 초고」참조.
741 쌍기雙奇 : 기봉 장오奇峰藏旿(1776~1853)와 기운 설환奇雲說還을 가리킴.
742 사걸四傑 : 풍암楓巖 아래 4대 걸인으로 묵암 최눌默庵最訥과 응암 낭윤應庵朗允과 제운 해중霽雲海澄과 벽담 행인碧潭幸仁이 있었다고「응암 선조의 행장 초고」에 기록되어 있다.
743 천자암天子庵(天庵) : 두월은 1797년에 제운霽雲과 함께 송광사 천자암을 중건하였다.
744 응신應身 : 과거세에 수행한 보과報果로 얻는 몸.
745 지혜의 가지~갑자기 쓰러지니 : 원문 "慧柯方秀。法棟俄折。"과 유사한 표현 "慧柯方

秀。法棟俄隤.'가 최치원의「眞鑑和尙碑銘」에 나온다.
746 안개 속 넝쿨은 초췌하고 : 원문 '煙蘿憔悴'가 최치원의「眞鑑和尙碑銘」에 나온다.
747 울금鬱金 : 식물 이름인데 여기서는 울금향鬱金香을 넣어 빚은 향기 나는 술 울창주를 가리킴.
748 이 옹李翁 : 이병휘李秉輝(1851~?). 본관은 광주廣州. 1883년(고종 20) 선공감繕工監 감역관監役官으로 관직에 들어가, 1886년 별군직, 1888년 진해현감을 거쳐, 1889년 내금위장內禁衛將을 역임하였다. 1895년 북한산성 관성장管城將, 1896년 경상남도 시찰관을 거쳐 평리원平理院이 개편된 고등재판소 검사, 법부 형사국장, 지방제도가 23부제로 개편된 뒤 제주부 관찰사로 있다가, 1896년 지방제도가 다시 13도제로 바뀌고 전라남도 산하에 제주목이 설치되자, 제주목사 등을 역임하였다. 제주목사로 재임 중인 1898년에 일어난 제주농민항쟁을 막지 못한 책임을 지고 면직되어 1901년 태笞 100의 선고를 받았다. 1906년 법부 한성재판소 수반판사로 복직되었고, 1907년 영암군수 등을 역임하였다. 1910년에 한일병합 조약이 체결되면서 조선총독부 관리로 이동하였다. 조선총독부 군수로서 순천군, 곡성군, 진도군에서 근무하였다.
749 역로驛路 : 역마驛馬를 바꿔 타는 곳과 통하는 길.
750 하교河橋의 근심과 강수江樹의 부끄러움 : 하교와 강수는 이별하는 장소를 뜻하는 상투어. 강수의 부끄러움이란 전송을 하지 못한 마음을 가리킴. 당나라 시인 송지문宋之問이 두심언杜審言과 이별하며 지은 시〈別杜審言〉(『全唐詩』권52)에 "병들어 누워 인사도 못하는데, 아, 그대 만 리 길 떠나시는가. 하수 다리에서 전송도 못하다니, 강가의 나무에 멀리 정이 어렸네.(臥病人事絕。嗟君萬里行。河橋不相送。江樹遠含情。)"라고 하였다.
751 낙강洛江 : 송광사 앞의 보성강을 가리키는 듯함. 송광사 근처에 '낙수리'라는 지명이 있다.
752 헌병軒屛 : 마루의 난간과 방안에 둘러친 병풍이라는 뜻으로, 어른의 가까운 곁을 이르는 말이다.
753 비야毘耶 : 지명. 여기서는 질병을 뜻함. 유마 거사維摩居士가 비야리성毗耶離城에서 늘 칭병稱病하고 누워서 문병 오는 불제자들에게 병을 가지고 설법했음.
754 연야演若 : 연야달다演若達多.『楞嚴經』에서 부루나富樓那가 부처님께 망상의 원인에 대해 묻자, 실라성室羅城의 연야달다가 새벽에 거울로 얼굴을 비추어 보다가 거울 속의 머리에 있는 눈썹과 눈은 볼 만하다고 좋아하고 자기 머리의 얼굴과 눈은 보지 못한다고 짜증을 내면서 그것을 도깨비라고 여겨 미쳐 달아났다는 이야기를 하시며 원인이 없다고 하셨다.
755 영주瀛洲 : 바다에 있다는 삼신산三神山의 하나인데 여기서는 진도를 빗대어 표현함.
756 응암應庵 : 낭윤朗允(1718~1794)의 호. 자字는 퇴옹退翁, 곡성군谷城郡 통명리通明里

출신이다. 속성은 초계草溪 최씨崔氏로 부친은 봉의鳳儀, 모친은 이씨李氏이다. 17세 때 용담龍潭 대덕에게 구족계를 받고, 18세 때(1735) 조계산 풍암 강백楓嵒講伯을 방문하여 공부하고 선禪과 교敎를 겸하여 전하고 선정과 지혜를 고르게 닦았다.

757 조정祖庭: 조사가 머무는 뜰, 곧 선종을 뜻함.
758 설파雪坡: 상언尙彦(1707~1791)의 호. 19세 때 고창 선운사에 투신하여 운섬雲暹 장로에게 머리 깎고 연봉蓮峯과 호암 체정虎巖體淨 두 화상에게 계송을 받았다. 또 회암 정혜晦菴定慧에게 배웠다. 서산西山에게 7세손이 되고 환성 지안喚醒志安에게 손자가 된다. 33세 때 용추사龍湫寺 판전板殿에서 불법을 강의하였다. 후에 해인사에 들어가 대경초大經抄를 교정하고 금강산과 두류산·묘향산으로 다니면서 좌선하였다. 1770년(영조 46) 징광사澄光寺에 불이 나서 『華嚴經』 판목板目이 타 버리자 사재私財를 털어 다시 새겨 영각사靈覺寺에 두었다.
759 회당晦堂: 회암 정혜晦菴定慧(1685~1741). 숙종 37년(1711)에 율사栗寺에서 첫 강석講席 이후 석왕사와 명봉사, 청암사, 벽송사 등에서 활발하게 강석을 펼친 화엄종장으로 만년에는 김천 청암사에 주석했다. 부휴 선수浮休善修→벽암 각성碧嚴覺性→모운 진언慕雲震言→보광 원민葆光圓旻으로 이어지는 법맥을 계승했으며 청암사와 쌍계사를 중심으로 해인사와 직지사에서 일가를 이루었다.
760 호암虎嵒: 호암 체정虎巖體淨(1687~1748). 환성 지안喚惺志安(1664~1729)의 제자임. 환성의 문인 가운데 함월 해원은 북쪽에서, 호암 체정은 남쪽에서 크게 이름을 떨쳤다고 『山史畧抄』에 기록됐다. 조선 후기 호남과 영남에서 호암의 영향력은 상당했다. 호암을 비롯해 그의 문하로 만화 원오, 연해 광열, 영곡 영우, 연담 유일 등이 대흥사 12대 종사와 12대 강사로 불리고, 제자들은 호암이 표훈사 원통암에서 입적하자 추모 불사를 일으켰다.
761 관옥冠玉: 모자를 장식한 아름다운 옥을 말하는데, 미남으로 소문났던 한漢나라 진평陳平에 대해서 주발周勃과 관영灌嬰 등이 "진평이 비록 외모는 잘생겨서 관을 장식한 옥과 같다고 할 수 있지만, 속마음까지 꼭 그렇다고 보장할 수는 없다.(平雖美丈夫。如冠玉耳。其中未必有也。)"라고 평한 기록이 보인다. 『史記』 권56 「陳丞相世家」.
762 범석范石: 범려范蠡와 석숭石崇. 범려는 춘추시대 월나라 왕 구천句踐을 보좌하여 당시의 대국 오나라를 멸망시키고 월나라의 패업을 이루었다. 구천이 패업을 이룩한 후 '토사구팽'이라는 말을 남기고 월나라를 떠나 상인으로 성공했다. 석숭은 서진西晉 발해渤海 남피南皮 사람으로 사치를 좋아해 일찍이 귀척貴戚 왕개王愷와 함께 거부로 어깨를 겨루었다.
763 단금斷金: 쇠라도 자를 수 있는 굳고 단단한 사귐이란 뜻으로, 친구의 정의가 매우 두터움을 이르는 말. 『周易』 「繫辭」 上 "二人同心。其利斷金."
764 향사香社: 당나라 백거이白居易가 향산香山의 승려 여만如滿과 함께 결성한 향화사

香火社의 준말. 결사結社 일반을 가리키는 말로 사용함.
765 노령蘆嶺 : 노령산맥에 붙어 있으며, 전라남도 장성에서 전라북도의 정읍으로 넘어가는 고개. 갈재.
766 무악母岳 : 전라남도 화순군 동복면과 남면, 전라남도 순천시와의 경계에 있는 모후산母后山을 가리키는 듯함.
767 철위산(輪圍) : 세계의 가장 끝에 있는 산. 철륜위산鐵輪圍山 또는 금강산金剛山·금강위산金剛圍山이라고도 한다. 불교 세계관에 따르면, 세상의 한가운데에는 수미산이 있고, 아홉 개의 산과 여덟 개의 바다가 이 수미산을 둘러싸고 있다. 이를 '구산팔해九山八海'라 하는데, 이 중 가장 바깥쪽에 있는 산을 이르는 말이다.
768 소선蘇仙 : 송나라 시인 소식蘇軾을 신선에 빗댄 표현. 소식이 7월 기망旣望(16일)에 적벽 아래서 배를 띄우고 놀면서 「赤壁賦」를 지었다.
769 남극성 : 도교에서 '남극노인성南極老人星', '수성인壽星人', '수노인壽老人'으로 불리며 인간의 행복과 장수를 주관한다고 한다.
770 헌수獻壽 : 환갑이나 잔치 같은 때 오래 살기를 비는 뜻으로 주인공에게 술잔을 올림.
771 서석瑞石 : 무등산을 '서석산'이라고도 함.
772 사사四事 : 의복, 음식, 탕약, 와구臥具(침구류). 와구 대신 방사房舍(거주처)를 넣기도 함.
773 옛 성현 : '일미칠근一米七斤', 즉 쌀알 하나를 만들려면 농부가 7근의 땀을 흘려야 한다는 표현은 진晉나라 도안道安이 제자들에게 남긴 글에 보인다. 『緇門警訓』 권2.
774 칼을 차고 잠을 자며 : 잠을 잘 때도 번뇌를 자르는 칼을 차고 잔다는 뜻으로 수련에 매진함을 가리킨다. 『緇門警訓』 권3 중 "帶刀而眠。離諸夢想."이라 하였다.
775 김해강金海岡 : 해강은 김규진金圭鎭(1868~1933)의 호. 자는 용삼容三, 다른 호는 만이천봉주인萬二千峰主人·무기옹無己翁. 서화 연구회를 창설하여 근대 한국 서화 미술 발전에 공헌하였다. 산수화로는 창덕궁 희정당熙政堂의 벽화가 유명하며, 저서에 『海崗蘭竹譜』와 『六體筆論』 따위가 있다.
776 안죽농安竹儂 : 죽농은 안순환安淳煥(1871~1942)의 호. 조선 음식 전문가. 대한제국의 궁중잔치 음식을 도맡았던 전선사典膳司의 책임자이자, 우리나라 최초의 근대 요릿집인 명월관明月館을 설립한 조선 음식 전문가이다.
777 청요직淸要職 : 청직淸職과 요직要職을 합한 말로, 지위가 높고 귀하며 맡은 직무가 중요한 관직을 가리킨다.
778 30본사本寺 : 1911년 6월 3일 일제가 「朝鮮寺刹令」을 공포하고, 같은 해 9월 1일 동 시행규칙을 발표하였다. 이 법령은 일제의 식민지 종교 정책의 하나로 시행된 것으로, 삼십본산三十本山을 정하여 전국의 1,300여 사찰을 분할 관리하게 하고, 본사와 말사末寺에는 주지를 두되, 본사의 주지는 총독의 인가를, 말사의 주지는 각 도지사의 인가를 얻어서 취임하도록 규정하였다. 1924년 11월 20일 사찰령시행규칙을 개정

하여 전라남도의 화엄사華嚴寺가 본산으로 승격되었고, 이때부터 31본사가 되었다.
779 복천福川 : 동복현(지금의 전라남도 화순군 동복면·이서면·북면·남면 일대)의 별호.
780 여항閭巷 : 서민이 사는 마을.
781 청전청靑氈 : 선대로부터 전해진 귀한 유물. 진晉나라 왕헌지王獻之가 누워 있는 방에 도둑이 들어와서 물건을 모조리 훔쳐 가려 할 적에, 그가 "도둑아, 푸른 모포는 우리 집안의 유물이니, 그것만은 놓고 가는 것이 좋겠다.(偸兒. 靑氈我家舊物. 可特置之.)"라고 하자, 도둑이 질겁하고 도망쳤다는 고사에서 유래한 것이다. 『晉書』 권80.
782 사승師僧 : 사표가 되는 승려를 이르는 말.
783 의정義淨(635~713) : 자字는 문명文明. 어려서 출가하고, 671년에 광동성廣東省 광주廣州에서 바닷길로 인도에 가서 25년 동안 순례하면서 대소승을 배운 후 많은 범본梵本을 가지고 광주廣州를 거쳐 695년에 낙양洛陽에 돌아옴. 낙양 불수기사佛授記寺, 남경南京 복선사福先寺, 장안長安 서명사西明寺·대천복사大薦福寺 등에서 『金光明最勝王經』 등 56종 230권을 번역함. 저서로 『南海寄歸內法傳』과 『大唐西域求法高僧傳』이 있다.
784 혜교惠皎(495~554) : 남조 양梁나라 승려. 『高僧傳』을 지음.
785 보창寶唱 : 남조 양나라 승려. 18세 때 승우僧祐의 문하에 가서 경률을 배우고, 뒤에 장엄사莊嚴寺에 있으면서 여러 글을 찾아보아 이치를 짐작했다. 처사 고도顧道, 광려曠呂와 승지僧智 등에게서 경서와 역사, 장자, 주역을 연구했다. 그 뒤부터 역경 사업에 종사하여 여러 스님들의 저서를 찬탄, 또 여러 가지 책을 저술했다. 저서도 대단히 많은데 『比丘尼傳』 4권, 『名僧傳抄』 1권 등이 있다.
786 찬영贊寧(919~1002) : 호는 통혜通慧. 천태산天台山에서 구족계를 받고 경·율·논 삼장三藏을 널리 공부했는데, 특히 남산율南山律에 정통하였다. 유교나 노장 사상 등에도 해박하고 담론에도 뛰어나 왕후 귀족과 지식인의 존경을 받았다. 만년에 칙명으로 『宋高僧傳』 30권, 『大宋僧史略』 3권을 지었다.
787 도선道宣(596~667) : 당나라 승려. 현장玄奘이 645년에 귀국하여 홍복사弘福寺에서 역경譯經할 때 필수筆受와 윤문潤文을 맡음. 658년에 서명사西明寺가 완성되자 칙명으로 그 절의 상좌上座가 됨. 저서로 『續高僧傳』과 『廣弘明集』, 『釋迦氏譜』 등이 있다.
788 각훈覺訓 : 고려 고종 때 활동한 화엄종 승려. 호는 고양취곤高陽醉髡, 각월覺月이다. 흥왕사興王寺와 영통사靈通寺 등을 중심으로 활동한 화엄종 고승이다. 일찍부터 이인로李仁老·이규보李奎報와 교유하였으며, 유학과 문장에도 능하였다. 1215년(고종2) 영통사의 주지를 지냈으며, 왕명으로 『海東高僧傳』을 저술했는데 그 일부가 전해지고 있다.
789 시반(師蠻, 1625~1710) : 일본 승려. 1702년에 『本朝高僧傳』(일본 고승전)을 저술. 1678년에는 선승禪僧에 관한 전기인 『延寶傳燈錄』을 펴낸 바 있다. 이 책은 일반 승

려는 물론, 선인·성인·신 등에 관한 전기도 싣고 있다.
790 범해梵海 : 각안覺岸(1820~1896)의 호. 자 환여幻如, 속성 최崔, 전라남도 완도 출생. 14세 때 해남 대흥사로 출가하여 호의縞衣를 스승으로 승려가 되고, 16세 때 초의草衣에게 구족계를 받은 뒤, 불경과 함께 유서儒書도 익혔다. 27세 때 호의의 법法을 이어받아 진불암眞佛庵에 머물며 선禪과 교학敎學을 가르쳤다. 화엄학華嚴學과 선·계율에 모두 통했으며, 유·불·도 3교의 일치를 주장하였다. 저서에 『東師列傳』과 『梵海禪師遺稿』 등이 있다.
791 통방정안通方正眼 : 모든 곳에 통하는 바른 안목.
792 다섯 종파의 유파 : 육조 혜능 이후로 발생한 임제종, 위앙종, 조동종, 운문종, 법안종을 말한다.
793 구산九山 : 통일신라 말에서 고려 초 선승들이 세운 선종의 아홉 산문. 『禪門祖師禮懺儀文』은 구산의 명칭과 장소, 개산조를 구체적으로 밝히고 각 선풍의 특성을 칠언사구의 시로 나타낸 문헌이다.
794 가외可畏(후인) : 『論語』 「子罕」 편에 "後生可畏(뒤에 난 사람이 두려워 할 만하다.)"라고 하였다.
795 원질原帙 : 당나라와 송나라의 『高僧傳』 같은 체재를 갖춘 책을 가리키는 듯함.
796 정축頂祝 : 이마를 땅에 대고 축하함.
797 일성一星 : '일성지화一星之火'의 줄임말. 불똥, 화재를 뜻함. 『明心寶鑑』 「省心篇」.
798 신산新山 : 새로운 묘.
799 현고顯考 통정대부通政大夫 부군府君 신위神位 : 현고는 '돌아가신 아버지'를 일컫는 말이고, 통정대부는 정3품 상계의 품계이며, 부군은 돌아가신 자기 아비나 가까운 조상에 대한 높임말이다.
800 삼망三望 : 후보 셋을 올려서 그중에 선택하는 방식.
801 행룡行龍 : 풍수지리에서, 높았다 낮았다 하며 멀리 뻗어 나간 산맥.
802 임任을 향하고 병丙을 등지며 : 임은 정북에서 서쪽으로 15도 기운 방향. 병은 그 반대로 정남에서 동쪽으로 15도 기운 방향.
803 진辰과 경庚으로 : 진은 정동에서 30도 남쪽 방향이고, 경은 정서에서 15도 남쪽 방향.
804 파정破汀 : 묏자리를 팠다는 뜻인 듯함.
805 오황五黃 : 오행五行 가운데 토는 중위에 있으며, 이에 색을 배당하면 황黃이 된다.
806 금정金精 : 태백성太白星.
807 현비顯妣 숙부인淑夫人 : 현비는 돌아가신 어머니를 이르는 말이고, 숙부인은 정3품 당상관인 문무관의 처에게 주는 작위이다.
808 후토后土 : 토지의 신.
809 경태庚兌 : 경庚은 정서에서 남으로 15도 아래 방향이고, 태兌는 정서 방향.

810 낙맥落脉 : 산의 기복이 높은 곳에서 낮은 곳으로 뻗어 내리는 것.
811 유酉를 등지고 묘卯를 향해 : 유는 정서, 묘는 정동 방향.
812 병丙에서 득得하고 진辰으로 파하며 : 병은 정남에서 동으로 15도 기운 방향이고, 진은 정동에서 남으로 30도 기운 방향. 득은 양기가 시작하는 방향, 파는 양기가 나가는 방향을 뜻함.
813 오석烏石 : 바탕이 단단하지 아니하고 빛이 검은 파리 광택의 바윗돌.
814 호승胡僧 : 외국 승려를 뜻하는데 여기서는 그저 승려라는 말로 쓰인 듯함.
815 개금開金 : 관을 묻기 위하여 '정井' 자 모양의 나무들을 놓고 구덩이를 파는 개금정開金井의 의미인 듯함.
816 사토莎土 : 무덤의 잔디와 흙.
817 망주望柱 : 능묘 앞에 세우는 석주石柱. 석망주石望柱라고도 함.
818 신좌神坐 : 신위판神位版을 놓는 자리.
819 태뢰太牢 : 소·양·돼지 세 짐승의 고기를 모두 쓴 요리.
820 갱장羹墻 : 국과 담장의 의미로, 경모敬慕하고 추념追念함을 이르는 말. 『後漢書』「李固傳」에 "옛날 요堯임금이 죽은 뒤에 순舜임금이 3년 동안 사모하여, 앉았을 적에는 요임금이 담장(墻)에 보이고 식사할 때는 국(羹)에서 보였다."라고 하였다.
821 띠풀 : 원문 '茅'는 '苞茅'로, 제사용 술을 거를 때 쓰는 청모菁茅이다. 『春秋左傳』'희공僖公 4년'.
822 북위北魏 : 선비족의 탁발부拓跋部가 중국 화북 지역에 세운 북조 최초의 왕조(386~534). 승우는 남조에서 활동하였으므로 저자의 착오라 하겠다.
823 승우僧佑(445~518) : 남조 제량齊梁 시대의 불교 사학가. 불교의 전적과 사료를 광범위하게 수집하고 『出三藏記集』과 『弘明集』, 『釋迦譜』 등을 저술함.
824 찰리刹利 구담瞿曇 감자甘蔗 : 찰리는 찰제리刹帝利, 즉 Ⓢ kṣatriya의 음사. 고대 인도의 사성四姓 가운데 둘째 계급으로, 왕족·귀족·무사 그룹. 구담은 Ⓢ Gotama의 음사. 석가釋迦 종족의 성. 감자는 Ⓢ ikṣuvāku의 번역어. 일종日種·선생善生이라고도 번역함. 음사는 의마懿摩. 석가족釋迦族의 시조.
825 종기鍾氣 : 정기가 한데 뭉침.
826 30권 : 『釋迦譜』는 내용상 34품으로 나뉘고, 권수는 5권이다.
827 기야송祇夜頌 : 게송. Ⓢ geya의 음사. 응송應頌·중송重頌이라 번역. 십이부경十二部經의 하나. 경전의 서술 형식에서, 산문체로 된 내용을 다시 운문체로 설한 것.
828 아견我見 : 자기 의견에만 집착하는 잘못된 견해.
829 완섭完燮 : 용은龍隱 주완섭朱完燮.
830 전문불교 : 불교사범학교를 말하는 듯함. 1906년 5월 불교계에서 동대문 밖 원흥사元興寺에 세운 명진학교가 1910년 불교사범학교, 1914년 불교고등학교, 1915년 중

앙학림中央學林으로 개칭하였다.
831 여학驪壑 : 턱 밑에 귀한 구슬을 가지고 있는 검은 용(驪龍)이 있는 깊은 바다. 『莊子』 「列禦寇」.
832 일주一炷 심향心香 : 炷는 향을 세는 단위이고 심향은 마음에서 우러나오는 정성이다. 즉 향을 불살라서 부처에게 바치는 결재潔齋(심신을 깨끗이 하는 것)하는 마음.
833 사리闍梨 : 모범이 되어 제자의 행위를 바로잡는 고승을 가리키는데 여기서는 그저 승려를 뜻함.
834 그 즐거움을~즐기고자 했다 : 원문 '將自適其適矣'는 『莊子』 「駢拇」의 "남이 좋아하는 것만 좋아하고, 자기가 좋아하는 것은 좋아하지 못하는 자(適人之適而不自適其適者)"를 인용한 것이다.
835 진각국사眞覺國師 : 혜심慧諶(1178~1234). 지눌知訥의 뒤를 이어 수선사修禪社(송광사)의 제2세 사주社主가 되었다. 저서로는 『禪門拈頌集』 등이 있다.
836 향해香海 : 수미산을 둘러싸고 있는 향수 바다.
837 『선문염송설화禪門拈頌說話』 : 고려 후기의 승려 각운覺雲이 스승인 진각국사 혜심이 저술한 『禪門拈頌』에 대하여 핵심어를 뽑고, 거기에 다시 설화를 붙인 주석서.
838 무의자無衣子 : 진각국사 혜심의 호.
839 함치含齒 : 대발함치戴髮含齒. 머리칼과 이빨을 가지고 있다는 뜻으로 동물과 다른 사람의 특징을 표현한 것이다.
840 현릉玄陵이 말한~도량이다'라는 것은 : 현릉은 고려 공민왕이고 그의 말은 『懶翁禪師語錄』의 「塔銘」에 나온다.
841 도는 사람이 넓히는지라 : 원문 '道以人弘'은 『論語』 「衛靈公」의 '人能弘道'를 변용한 것.
842 환해幻海 : 법린法璘(1749~1820)의 호. 16세 때 능가사로 출가, 송광사 묵암默庵에게 배움.
843 용운龍雲 : 처익處益(1813~1888)의 호. 속성은 전주 이씨. 15세 때 송광사로 출가함. 본문 「송광사 대공덕주 용운당 대선사 행장」 참조.
844 곡탑鵠塔 : 곡림鵠林의 탑이라는 뜻인데 일반적인 탑의 의미로 사용함. 곡림은 석가모니가 세상을 떠난 곳으로 쌍림雙林 또는 사라쌍수沙羅雙樹라고도 하며, 곡탑에는 석가모니의 사리舍利가 간직되어 있음.
845 귀비龜碑 : 거북을 닮은 용 비희贔屭 모양의 석좌石座 위에 비석을 세워 놓은 것.
846 백곡白谷이 찬술한 명銘 : 백곡 처능白谷處能(1617~1680)이 쓴 「追加弘覺登階碑銘幷序」가 『白谷集』에 실려 전한다.
847 복궤覆簣(마침) : 흙 한 삼태기를 부어 산을 만들기 시작한다는 말인데 여기서는 일을 마무리한다는 뜻으로 사용되었다. 『論語』 「子罕」의 "비유하자면, 산을 만들 적에 마지막 한 삼태기의 흙을 붓지 않아 산을 못 이루고서 중지하는 것도 내 자신이 중지하는

것과 같으며, 평지에 흙 한 삼태기를 부어 산을 만들기 시작해서 점점 만들어 나가는 것도 내가 해 나가는 것과 같다.(譬如爲山。未成一簣。止。吾止也。譬如平地。雖覆一簣。進。吾往也。)"라는 말에서 나온 것이다.

848 **부휴당**浮休堂 : 부휴 선수浮休善修(1543~1615). 서산대사의 사제로 전통적인 격외선格外禪을 계승하였다. 해인사·송광사·칠불암·백장사白丈寺 등에 부도가 세워졌고, 광해군은 '부휴당부종수교변지무애추가홍각대사선수등계존자浮休堂扶宗樹教辯智無礙追加弘覺大師善修登階尊者'라는 시호를 내렸다.

849 **사중**四衆 : 불문佛門의 네 가지 제자인 비구比丘·비구니比丘尼·우바새優婆塞·우바이優婆夷를 통틀어 이르는 말.

850 **명나라 사신의~머무르게 하였고** : 가야산 해인사에 머물렀을 때 명나라 장수 이종성李宗城이 찾아와서 법문을 듣고 며칠 동안 옆에서 모셨다.

851 **바다 오랑캐의 칼을 복종시켰도다** : 임진왜란이 일어나 덕유산 초암에 은신하고 있던 중 왜적 수십 명을 만났는데, 차수叉手를 하고 선 그의 앞에서 왜적이 칼날을 휘두르는 자세를 취하였으나, 그가 태연부동하게 있었으므로 왜적들이 크게 놀라 절한 뒤 물러갔다.

852 **남관**南冠 : 포로. 남쪽 지방 초楚나라의 관冠으로 포로를 지칭하는 말. 『春秋左傳』 '성공成公 9년'에 "초나라의 종의鍾儀가 남관을 쓰고 포로로 잡혔다."라는 고사에서 유래된 말임.

853 **미친 승려의~모범을 드러내고** : 광해군 때 두류산에 있었는데 어떤 미친 승려가 무고하여 투옥되었다가 무죄가 판명되어, 광해군이 내전으로 초빙한 다음 설법을 청하여 듣고 크게 기뻐하였다. 그리고 가사 한 벌과 푸른 비단 장삼 한 벌, 푸른 비단 바지 한 벌, 금강석 염주 하나와 진완珍玩을 주었다.

854 **뜰의 이무기는~듣고 변화하였네** : 무주 구천동에서 『圓覺經』을 외우고 있을 때 큰 뱀이 나타나서 계단 아래에 누워 있었다. 『圓覺經』을 다 외운 다음 뱀에게 가서 한 발로 그 꼬리를 밟자 뱀이 머리를 들고 물러났다. 그날 밤 꿈에 한 노인이 절하고는 "화상의 설법의 힘을 입사와 이미 고신苦身을 여의었습니다."라고 하였다.

855 **겸추**鉗鎚 : 대장장이가 쇠붙이를 단련하는 집게와 망치. 선승禪僧의 엄격한 지도력을 비유함.

856 **신훈**新熏 : 선천적으로 존재하는 것이 아닌, 후천적으로 형성되는 것을 이르는 말.

857 **기봉**機鋒 : 선승禪僧의 예리한 말이나 동작.

858 **수족을 펴 보이니** : 원문은 '啓手足'. 죽음을 뜻함. 본래는 부모가 임종에 하는 유언을 뜻하는 말로, 효도를 다한다는 뜻도 됨. 즉 사람이 아무런 상처 없이 죽는 것을 말하는데, 이는 증자曾子가 죽으면서 제자들을 불러 모아, 발과 손을 펴 보도록 하면서(啓予手。啓予足。) 항상 부모님이 물려준 몸을 조심히 가질 것을 유언으로 남긴 데서 나온

말로 『論語』「泰伯」에 보임.
859 칠순이 지났도다 : 부휴는 72세를 누렸다.
860 세제世諦 : 세간의 이치를 기준으로 할 때 타당한 진리.
861 해회海會 : 모든 물줄기가 바다에서 만나는 것처럼 장엄하게 열리는 불교의 성대한 집회를 뜻한다.
862 무봉탑無縫塔 : 하나의 돌을 달걀 모양으로 조각한 탑.
863 하수와 낙수에 웅크린 듯하고 : 하수와 낙수는 중국의 강 이름인데 '하도낙서河圖洛書'로 유명하다.
864 환해幻海 : 법린法璘(1749~1820)의 호. 16세 때 능가사로 출가, 송광사 묵암默庵에게 배움.
865 「환해 화상의 비를 세우는 제문」은 1919년 호붕 진홍浩鵬振弘이 썼고, 1920년 3월에 비를 세웠다는 기록이 있다.
866 팔영산 : 고흥군 영남면에 있는 산.
867 비로장해毘盧藏海 : 비로자나불이 있는 연화장세계의 바다.
868 지혜의 가지가~느닷없이 쓰러지니 : 원문 '慧柯方秀'와 '法棟俄墜'는 최치원의 「眞監和尙碑銘」에 나온다.
869 이포伊蒲 : 이포새伊蒲塞. [S] Upāsaka. 우바새優婆塞의 이역異譯. 속세에 있으면서 오계五戒를 받은 남자 신도를 말한다.
870 청오靑烏 : 풍수, 지관地官을 말함. 풍수지리학의 원조인 한나라의 청오자靑烏子가 자신의 학문을 요약하여 묘 터를 정하는 데 필요한 사항을 정리하여 『靑烏經』이란 책을 펴낸 데서 유래함.
871 인신寅申 : 인寅은 정동에서 북으로 30도 위쪽이고 신申은 그 반대로 정서에서 남으로 30도 아래쪽 방향이다.
872 정계丁癸 : 정丁은 정남에서 서쪽으로 15도 기울고 계癸는 반대로 정북에서 동으로 15도 기운 방향이다.
873 익실翼室 : 본 건물의 좌우에 날개처럼 첨가하여 건축한 건물.
874 기북驥北 : 기주冀州의 북쪽. 준마가 많이 나는 곳으로 훌륭한 인재가 모이는 곳을 말한다.
875 사문沙門 : 승사僧舍를 가리키는 듯함.
876 동무東廡 : 정전의 동쪽 건물.
877 봉황이 오동과~날아서 춤추었다 : 원문 '鳳凰來儀'는 『書經』「益稷」에 나온다.
878 가득하다 : 원문 '押揲'은 미상인데 문맥상 '가득하다'로 해석했다.
879 좌하坐夏 : 수행승들이 여름에 일정한 기간 동안 외출을 금하고 수행하는 것.
880 칼을 차고 자며 : 잠을 잘 때도 번뇌를 자르는 칼을 차고 잔다는 뜻으로 수련에 매진

함을 가리킨다.『緇門警訓』권3에 "帶刀而眠。離諸夢想。"이라 하였다.

881 축건竺乾 : 인도. 천축天竺 서건西乾.

882 10조 95,048자 :「새벽 종송」에 "十兆九萬五千四十八字。一乘圓敎大方廣佛華嚴經。"이라고 하였으니 이 구절은『緇門警訓』「隨州大洪山遂禪師禮華嚴經文」 등에 나옴.

883 삼업三業 : 몸과 입과 마음의 세 가지 욕심으로 인하여 저지르는 죄업의 총칭.

884 보개산寶盖山의 남호南湖 : 보개산은 강원도 천원군에 있는 산. 남호 영기南湖永奇(1820~1872) 선사는 소疏를 갖춘『阿彌陀經』을 쓰는데, 글자 한 자를 쓸 때마다 세 번 절하고 세 번 염불을 하며『阿彌陀經』을 써서 부처님께 바쳤다. 그 글씨의 목각판이 지금도 남아 있다. 그리고『十六觀經』과『蓮宗寶鑑』을 써서 목각하여 양주군 수락산 흥국사興國寺에 두었다. 그리고 서울 뚝섬 건너 봉은사奉恩寺에서 8권의『華嚴經』판을 목각하고 판전板殿이라는 법당을 지어 봉안하였다. 고종 원년(1864)에는 대장경을 인출하였다.『奉恩寺藏經刻版記』.

885 나은懶隱 : 보욱保郁의 호. 1861년(철종 12)에 건봉사 연사蓮社에서『無量壽經重刊序』를 지었고, 1862년에『佛說大目蓮經』에 서문을 썼고, 1871년에는 고려 후기 민지閔漬가 찬술했던『金剛山榆岾寺事蹟記』를 보유하여 간행했다.

886 경운擎雲(1852~1936) : 경상남도 웅천熊川에서 태어나 17세 때 출가하여, 구례군 연곡사鷰谷寺 환월幻月의 제자가 되었다. 전라남도 승주 선암사仙巖寺의 대승강원大乘講院에서 불경을 공부하였으며, 뒤에는 직접 강의를 담당하여 선암사를 당대 강학의 중심지로 만들었다. 1910년 서울에서 중앙포교당이 설립되자 포교당의 교화 사업에 힘을 기울였고, 1911년 조선불교임제종운동이 일어났을 때 임시 관장으로 추대되었으며, 1917년 조선불교선교양종교무원이 창립되었을 때 최고직인 교정敎正에 추대되었다. 또한 근대의 대표적인 사경승으로, 1880년 명성황후의 발원으로『金字法華經』을 서사書寫하였다. 이때 쓴『金字法華經』한 질은 양산 통도사에 보관되어 있는데, 필적이 매우 뛰어남을 볼 수 있다. 1896년부터는 선암사에서『華嚴經』의 사경을 시작하여 6년 만에 완성하였는데,『華嚴經』의 한 글자를 끝낼 때마다 일배一拜를 하면서 서사하였다.

887 설경說經 : 경전을 해설함.

888 종설宗說 : 스스로 체득한 깨달음 그 자체와 그것을 말로 표현한 가르침.

889 동악산動樂山 도림사道林寺 : 전라남도 곡성에 있다. 660년(태종무열왕 7) 원효元曉가 창건하였는데, 그 당시 풍악의 음률이 온 산을 진동하였다 하여 '동악산'이라 하고, 도인道人이 숲같이 모여들었다 하여 도림사라 하였다고 한다.

890 수희隨喜 : 남의 좋은 일을 보고 함께 기뻐함. 남의 선행을 칭찬함.

891 수달須達 : ⓢ sudatta. 사위성舍衛城의 부호. 파사닉왕波斯匿王의 신하. 기타祇陀 태자에게 황금을 주고 구입한 동산에 기원정사祇園精舍를 지어 석가모니에게 바침.

892 항사겁恒沙刼 : 항하사겁. 항하의 모래알처럼 많은 헤아릴 수 없는 시간.
893 미진계微塵界 : 미진수세계. 티끌의 수처럼 한량없이 많은 세계를 말함.
894 신사信士 : 불교 신자인 남자.
895 무주상無住相 : 상相에 집착하지 않음.
896 곡우穀雨 : 청명과 입하 사이에 있는 24절기의 하나. 양력 4월 20일 무렵이다.
897 한백漢栢과 진송秦松이~따라 올라가고 : 재목들이 저절로 자리를 잡는 듯하다는 뜻으로, 진시황이 석교石橋를 놓아 바다를 건너가서 해가 뜨는 것을 보려 하자 신인神人이 돌을 굴려 바다를 메우는데, 돌이 빨리 구르지 않자 채찍으로 돌을 때리니 돌에서 피가 났다 한다. 진晉 복심伏深의 『三齊略記』.
898 남풍藍風 : 비람풍毘嵐風. ⓢ vairambhaka의 음사, 신맹迅猛이라 번역. 우주가 성립될 때나 파괴되어 끝날 때, 맹렬하게 휘몰아친다는 폭풍.
899 공수工倕 : 요堯임금 때의 훌륭한 장인. 『莊子』「達生」.
900 기환정사祇桓精舍 : 기원정사祇園精舍. 석존釋尊과 같은 때 사위성에 살던 부호富豪 수달장자須達長者가 지어 부처님께 드린 절. 기환祇桓의 기祇는 기타祇陁이고, 환桓은 숲이니, 기타수祇陁樹와 같음.
901 오량五樑 : 보를 다섯 줄로 놓은 집.
902 육위六偉의 노래 : 상량할 때 부르는 노래. 동·서·남·북·상·하로 여섯 번 '아랑위兒郞偉'라는 말이 들어간다.
903 개사開士 : 성불할 수 있는 정도를 열어 중생을 인도하는 사부라는 뜻으로 보살 또는 고승을 일컫는 말. 여기서는 재가 신도를 가리킴.
904 통명通明 : 도림사를 중심으로 북쪽에 동악산이 있고, 남서쪽으로 통명산이 있다.
905 묘길상 봉우리 가지런하지 않고 : 도림사 서쪽으로 길상암 약수터가 있는 봉우리를 말하는 듯함.
906 성출봉聖出峰 : 동악산의 봉우리인데, 이 봉우리 중턱에 도림사가 있다.
907 신선 내린~신이한 덕德이로다 : 신선 내린 대(降仙臺)는 동악산 신선바위를 가리키는 듯하고, 신이한 덕과 관련해서는 582년경 신덕왕후神德王后가 절을 창건하여 '신덕사神德寺'라 하였는데 이후 원효가 도림사로 개칭하였다는 말이 있다.
908 탐랑貪狼 : 북두칠성의 첫 번째 별. 뒤에 나오는 자미궁에는 여와女媧 옥황상제가 거하여 북두칠성에게 지시하여 티끌 먼지에 이르기까지 관계하지 않는 곳이 없다고 한다. 『七星經』.
909 냇물 소리 : 도림사 아래에 섬진강으로 흘러드는 시냇물이 있다.
910 길상암吉祥庵 : 처익處翼(1813~1888)이 창건하였다고 『東師列傳』에 보이는데, 현재 옛터 위에 토굴만 남아 있다.
911 팔룡구령八龍九齡 : 동한 시대 순숙荀淑에게 뛰어난 여덟 아들이 있어 사람들은 그

들을 여덟 마리의 용龍, 즉 팔룡八龍이라고 불렀다. 법화경에 등장하는 팔룡은 모두 선善한 용이다. 구령은 『禮記』「文王世子」에 주 무왕이 꿈에 천제께서 90세를 주었다는 이야기.

912 금어옥대金魚玉帶: 금어는 관인官人이 관복官服에 찼던 치레걸이(佩飾). 3질 이상의 높은 벼슬아치들이 자줏빛 관복에 매달았다고 함. 당唐나라에서 3품 이상의 벼슬아치가 금제金製 어형魚形 치레걸이를 찼던 것에서 비롯하였음. 옥대는 띠돈을 옥으로 만든 대.

913 오중五衆: 출가자를 다섯 종류로 나눈 것. 비구比丘·비구니比丘尼·식차마나式叉摩那·사미沙弥·사미니沙弥尼.

914 육도六度와 십신十信: 육도는 육바라밀. 십신은 보살이 수행하는 단계로서 오십이위五十二位 가운데 처음의 십위.

915 환화幻化: 우주 만물이 환상과 같이 변화함. 모든 형상과 심상은 화라고 한다.

916 삼성三聖: 신라 시대 원효와 의상·윤필尹弼을 말함.

917 수놓은 두공枓栱이~맞물려 놓은: 이 부분은 최치원의「大嵩福寺碑銘」의 "수놓은 두공에는 가지가 옹위하듯 서로 맞물려 있는데(繡栭枝擁而枅栩)" 부분을 활용한 것으로 보인다.

918 행화行化: 자기의 수행과 남의 교화를 아울러 하는 일.

919 웅장하고 화려하며: 원문 '鳥革翬飛'는, 『詩經』「小雅」〈斯干〉에 "새가 놀라 낯빛이 변함과 같으며, 꿩이 날아가는 것과 같다.(如鳥斯革。如翬斯飛)"에서 나온 말이다. 주희朱熹의 『詩經集傳』에 "그 동우棟宇가 높게 일어남은 새가 놀라 낯빛이 변함과 같고, 처마가 화려하고 높으며 날아갈 듯함은 꿩이 날아 날개를 펴는 것과 같다. 대개 그 건물의 아름다움이 이와 같다.(其棟宇峻起。如鳥之驚而革也。其簷阿華采而軒翔。如翬之飛而矯其翼也。蓋其堂之美如此。)"라고 하였다.

920 크고 아름다웠다: 원문 '輪焉奐焉'은 진나라 헌문자獻文子가 집을 짓자 장로가 송축하기를, "아름답다, 윤輪이여. 아름답다, 환奐이여.(美哉輪焉。美哉奐焉。)"라고 한 데서 나온 말이다. 윤환輪奐은 집이 크고 아름다운 것을 말한다. 『禮記』「檀弓」下.

921 복전複殿: 여러 층의 전각.

922 보광전普光殿: 아미타불을 중심으로 좌우에 관음과 대세지보살이 삼존 형식으로 배치되어 있다.

923 보제루普濟樓: 도림사의 강당. 계곡을 끼고 높은 축대를 따라 들어서 있다.

924 '완성'과 '파괴': 원문 '曰成曰毁'는 사겁四劫, 즉 성成·주住·괴壞·공空을 말한다.

925 계획하고 도모함: 원문 '經之營之'는 『詩經』「大雅」〈靈臺〉에 "영대를 처음으로 경영하여 헤아리고 도모하시자, 백성들이 달려들어 하루도 못 되어 완성했네.(經始靈臺。經之營之。庶民攻之。不日成之。)"에서 인용한 것이다.

926 처음에 묘길상妙吉祥(문수보살)을~한 것인가 : 도림사에 있는 「길상암 나한전 유적중수기」에 "원효와 의상·윤필 세 분 선사께서 수도하실 때에 성출봉에 있는 바위굴에서 16나한과 옥으로 빚은 불상이 차례대로 솟아나올 즈음에 윤필 법사의 꿈속에 나타나 가르쳐 주시면서 어서 빨리 봉안하라고 말씀하시었다. 그래서 그 이튿날 지시하신 봉우리 바위굴을 찾아서 가보니 불상들이 있었는데, 석가모니불은 빛을 발하며 솟아오른 바위굴 속 끝에서 말없이 편안하게 앉아 계시었다. 윤필 법사는 큰 빛을 발하는 그 존상을 뵙고 한없이 기쁘고 즐거운 마음에 수없이 엎드려 예배를 올린 후 등에 업고 봉안하였다. 날마다 즐거이 등에 업고 모신 분이 열다섯 분이었는데…… 날마다 등에 업은 듯이 공경하며 봉안할 때에 하늘에서 천상선인께서 즐거운 음성으로 찬탄하면서 앞뒤에서 길을 가리키고 인도하실 때에 허공이 진동하였기 때문에 동악산이라고 하였다."라고 하였다.

927 가신伽神 : 가람(사찰)의 신, 또는 동악산과 관련하여 가릉빈가迦陵頻伽로 해석될 수 있음.

928 오늘 아침~함께 맛보는구나 : 이 시는 「曹溪山第六世贈諡圓鑑國師碑銘」에 따르면 41세 때 김해현 감로사甘露社 주지를 할 때 어떤 승려의 청에 따라 쓴 것이라 한다.

929 임병壬丙 : 임은 정북에서 15도 서쪽으로 기운 방향이고 병은 반대로 정남에서 15도 동쪽으로 기운 방향.

930 갑경甲庚 : 갑은 정동에서 15도 북으로 기운 방향이고 경은 정서에서 15도 남쪽으로 기운 방향.

931 총섭摠攝 : 넓은 의미에서는 도총섭都摠攝까지 포함되나, 일반적으로는 현재의 본사本寺 주지급主持級에 주어졌던 직책명이다.

932 대흥사 : 미상. 1909년에 기록한 「곡성 태안사에 십육존을 봉안한 연기 기문」에는 '隣郡太興寺'로 되어 있다.

933 10년 : 뒤의 계사년을 기준으로 하면 '20년'이 되어야 한다.

934 정려淨侶 : 계율을 지키는 데 힘써 세속의 때가 묻지 않은 승려.

935 아미산峨嵋山 천태굴天台窟 : 아미산은 태안사 서쪽인 곡성 목사동면 신전리에 있는 588m의 산이고 천태굴은 아미산 520m에 있는 천태암의 석굴이다.

936 성기암聖祈庵 : 태안사의 암자.

937 익실翼室 : 본채의 좌우 양편에 달린 방.

938 일하一夏 : 음력 4월 15일부터 7월 15일까지의 90일간, 곧 하안거夏安居 기간을 말함.

939 정수頂手 : 미상. 손을 머리 위로 올려 경의를 표하는 모양.

940 겁몽刼夢 : 오랜 시간의 꿈.

941 삼화三花를 겪고~일랍一臘을 더하니 : 삼화는 꽃 피는 계절인 봄의 세 달을 가리키는 듯하고, 일랍은 승려가 된 햇수인 승랍僧臘을 가리키는 듯함.

942 주생朱生 : 금명 보정의 제자 용은龍隱 주완섭朱完燮. 당시 동경 유학 중이었다.
943 얼음을 깨어 약을 만들고 : 미상. 진나라 왕상王祥이 모친을 위해 고기를 잡으려고 겨울철에 얼음을 뚫으려 하자 얼음이 저절로 풀리고 잉어가 튀어나왔다는 고사를 말하는 듯함.『晉書』권33「王祥列傳」.
944 미생尾生과 효기孝己 : 미생은 옛날의 미더운 선비로서, 일찍이 여자와 더불어 다리 밑에서 만나기로 약속하였는데, 여자는 오지 아니하고 갑작스러운 폭우로 홍수가 밀어닥쳤다. 그래도 미생은 그곳을 떠나지 않고 신의를 지키기 위하여 다리 기둥을 안고 죽었다.『莊子』에 보임. 효기는 은殷나라 고종의 아들인데, 어질고 효성스러웠다. 부왕이 후궁의 말만 듣고 그를 내쫓아도 끝내 원망하지 않았다고 함.
945 분단생사分段生死 : 삼계三界에서 태어나고 죽는 일을 되풀이하는 범부의 생사. 각자 과거에 지은 행위에 따라 신체의 크고 작음과 목숨의 길고 짧음이 구별된다고 하여 분단分段이라 함.
946 무기년戊己年 : 1905년 을사조약과 1907년 정미7조약과 고종의 양위, 군대 해산을 계기로 의병투쟁이 전개되었는데, 이에 대해 일본은 1908년 5월 경기도·충청도·강원도 일부 지방에 제6사단의 보병 제23연대를, 서울·평안도·황해도에 제7사단의 보병 27연대를 각각 파견하여 의병 탄압에 주력하였다. 그에 따라 전국적인 의병 활동이 위축되었지만 호남 지역은 유지되었다. 이 때문에 일본군 사령부는 1909년 9월 1일부터 약 2개월간 '남한대토벌작전'을 지휘하며 호남 의병을 철저히 탄압하기 시작했다. 무신년은 1908년, 기유년은 1909년이다.
947 함호菡湖(?~1928) : 송광사의 승려.
948 관중사걸關中四傑 : 구마라집의 제자들 가운데 특히 뛰어난 도융道融과 승예僧叡, 승조僧肇, 도생道生을 가리킴.
949 집 공什公(구마라집, 344~413) : ⓢ Kumārajīva. 구자국龜玆國(현재의 신장 쿠차에 속함) 출신의 불교 사상가. 한자 표기는 구마라시바鳩摩羅時婆, 구마라기바拘摩羅耆婆이고 줄여서 나집羅什, 집什, 의역하여 동수童壽라고도 한다. 산스크리트 불교경전을 한문으로 번역한 4대 역경가들 가운데 가장 정평이 나 있다.
950 『불조록찬송佛祖錄讚頌』: 서천西天 28조사祖師부터 조계종사曹溪宗師에 이르기까지 인도, 중국, 한국에서 이름을 떨쳤던 스님들의 행적과 찬송이 실려 있다고 한다.「佛祖錄讚頌小引」참조.
951 일전어一轉語 : 미혹한 마음을 싹 바꿔 깨달음에 들게 하는 간단명료한 한마디 말.
952 입성入聲 :『信心銘』첫째 구절의 '擇'이 陌 운으로 입성이다.
953 평성平聲 :『信心銘』마지막 글자 '今'이 侵 운으로 평성이다.
954 제창提唱 : 종지宗旨의 대강大綱을 제시하여 설법함.
955 백암栢庵 : 성총性聰(1631~1700)의 호. 13세 때 출가하여 지리산 수초守初 밑에서 불

경을 배웠고 많은 불서를 간행하였다.
956 게이잔(瑩山) : 게이잔 조킨(瑩山紹瑾, 1268~1325). 일본 조동종의 중흥조. 조동종의 사상과 의례에 토착적 요소를 도입.
957 염제拈提 : 염고拈古, 고칙古則을 제시하여 이를 평창評唱함. 문제를 드러내어 해설하고 비평함.
958 진헐眞歇 : 송나라 승려 청료淸了(1088~1151)의 호. 사천성 성도成都 대자사大慈寺에서 경론經論을 배움. 그 후 단하 자순丹霞子淳(1064~1117)에게 사사師事하여 그의 법을 이어받고 여러 지역을 편력하면서 조동종을 전파함.
959 수증修證 : 수행하여 진리를 증오證悟함.
960 감응(機感) : 중생의 근기가 부처의 교화를 받아들임.
961 우송友松 : 속명은 황선명黃善明.
962 가라장迦羅藏 : 미상. 용궁인 듯함. 가라迦羅, 즉 사갈라沙竭羅는 용왕을 말함.
963 단상檀像 : 전단栴檀·백단白檀 등을 재료로 하여 조각한 불상.
964 자미궁紫微宮 : 옥황상제가 거하는 별자리. 큰곰자리를 중심으로 170개의 별로 이루어진 별자리.
965 불지견佛知見 : 제법실상의 진리를 남김없이 깨달아 조견照見하는 부처님의 지혜.
966 개오開悟 : 지혜를 얻어 진리를 깨달음.
967 도원道源의 『전등록傳燈錄』 : 송나라 고승 도원이 황제의 명에 따라 1004년(경덕 원년)에 지은 『景德傳燈錄』 30권 1700칙.
968 화정華亭의 『통재록通載錄』 : 『景德傳燈錄』 14권에 화정 선자華亭船子가 나오는데 『通載錄』을 지었다는 기록은 없다. 본문 바로 뒤에 언급된 염상이 화정華亭 사람이고 『佛祖通載』를 찬술하였으니 '염상의 『歷代錄』'과 같은 의미가 아닐까 생각됨.
969 염상念常의 『역대록歷代錄』 : 염상은 원나라 승려. 『歷代錄』은 『佛祖通載』를 가리킴.
970 여직汝稷의 『지월록指月錄』 : 명나라 학자 구여직瞿汝稷이 1692년에 찬술한 『指月錄』 30권.
971 준욱遵勗의 『광등록廣燈錄』 : 송나라 임제종 이준욱李遵勗이 천성 7년(1029)에 찬술한 『天聖廣燈錄』.
972 유백惟白의 『속등록續燈錄』 : 송나라 법운사法雲寺의 주지 불국 유백佛國惟白이 1101년에 지은 『建中靖國續燈錄』.
973 지반志磐의 『통기統記』 : 송나라 천태종의 승려 지반이 찬술한 『佛祖統紀』.
974 보제普濟의 『회원會元』 : 송나라 승려 보제(1178~1253)가 기존의 『景德傳燈錄』과 『天聖廣燈錄』, 『燃燈會要』, 『建中靖國續燈錄』, 『嘉泰普燈錄』 등을 정리·재편집한 『五燈會元』.
975 공진拱辰의 『통록通錄』 : 북송 시대 11세기 말엽에 공진이 찬술한 『祖源通錄』 24권.

976 무착無着의 섭론송攝論頌 : 인도의 논사 무착이 지은 『攝大乘論』에 나오는 게송을 말함.

977 현수 청량賢首淸凉의 구회송九會頌 : 현수는 당나라 때 화엄종 제2조祖 지엄智儼의 뒤를 이어 화엄종을 대성시킨 사람이고, 청량은 당나라 화엄종 제4조 징관澄觀의 호. '구회송'은 『華嚴七處九會頌釋章』을 가리키는 듯함. 이 책은 '청량산淸凉山 대화엄사大華嚴寺 사문沙門 징관澄觀 찬술撰述'로 되어 있음. 앞의 '현수'는 오기인 듯함.

978 선부善傅와 야보冶父의 금강송金剛頌 : 남송의 야보(1127~1279)는 호가 도천道川으로 임제의 6세손이다. 그가 지은 금강경송金剛經頌이 『金剛經五家解』에 나온다. 규장각에 야보 천노야父川老의 송頌과 주석이 첨부된 『金剛經』(古 1730~1784)이 있고 이 책에 숭숭 무궁崇勝無窮 선사 선부善傅의 송頌이 첨가된 『摩訶般若波羅密多心經』이 합본되어 있다. 그러므로 선부와 『金剛經』을 관련지은 것은 착오이다.

979 규산圭山의 진망송眞妄頌 : 당나라 중종 때 복례 법사複禮法師가 찬술한 『眞妄頌』이 있는데 규산과의 관련은 알 수 없다.

980 이문二門 : 불교를 교리상 두 종류로 나눈 분류법. 비문悲門과 지문智門, 본문本門과 적문迹門, 섭수문攝受門과 절복문折伏門, 억지문과 섭취문, 유문有門과 공문空門, 성도문聖道門과 정토문淨土門, 사문과 이문, 진제문과 속제문 등. 『大乘起信論』에서는 진여문과 생멸문을 말한다.

981 삼대三大 : 진여 자체와 진여의 공덕, 진여의 작용.

982 사신四信 : 신근본信根本·신불信佛·신법信法·신승信僧. 『大乘起信論』「修行信心分」.

983 오행五行 : 보시, 지계, 인욕, 정진, 지관.

984 일심一心의 명수를~오행 등 : 일심부터 오행까지의 나열은 『大乘起信論』에 나온다.

985 흙덩이를 쫓는 : 원문 '逐塊'. 『傳燈錄』에 나오는 "韓獹逐塊, 師子咬人."을 뜻한다. 사람이 돌을 던지면 개는 돌을 쫓아가지만, 사자는 돌을 던진 사람을 문다는 뜻이다.

986 현수賢首와 장수長水·원정圓靜·적조寂照·일여一如 : 현수는 당나라 때 화엄종을 대성시킨 법장法藏, 장수는 『大乘起信論筆削記』 등을 찬술한 송나라 자선子璿, 원정·적조는 미상. 일여는 『大明三藏法數』 50권을 찬술한 명나라 승려.

987 제승諸乘 : 대승大乘과 소승小乘의 모든 교리, 다시 말해 모든 진리를 가리키는 말.

988 주미麈尾 : 고라니의 꼬리는 먼지가 잘 털린다 하여 이것으로 만든 먼지떨이를 승려나 청담을 하던 사람들이 많이 가졌음. 여기서는 법문을 가리키는 듯함.

989 경전 : 해당 경전은 『法華經』「如來壽量品」이다.

990 혜명慧命 : 불법의 명맥.

991 종휘宗輝 : 사굴산파闍崛山派에 속하는 승려. 보조국사가 8세 때 종휘를 은사로 하여 출가했다고 한다.

992 득도得度 : 불교 신자가 되어 부처의 제도濟度를 얻음.

993 거조사居祖寺 : 738년(효성왕 2)에 승려 원참元旵이 창건하였다. 거조암이라고도 함.
994 콧구멍을 밟아 버리고 : 근본을 타파한다는 뜻. 모태에서 콧구멍이 제일 먼저 생긴다는 데서 나온 말.
995 조종祖宗 : 조사가 전한 선禪의 요지.
996 경절문經截門 원돈圓頓 : 지눌이 정립한 3종 선문禪門인 성적등지문惺寂等持門과 원돈신해문圓頓信解門, 경절문經截門 가운데 경절문은 방편을 무시하고 직관에 의해 빨리 질러가는 것이며, 원돈은 처음부터 곧바로, 있는 그대로의 참모습을 주시하여 원만하게 단박 깨달음을 뜻함.
997 정토문淨土門 염불念佛 : 정토문은 아미타불阿彌陀佛의 극락정토에 왕생하여 부처가 되기를 가르치는 교문이고, 수행 방법이 염불이다.
998 겉만 훑는 : 원문 '膚受'는 『論語』에서 '膚受之愬'라고 하여 '참언讒言이나 중상中傷 따위를 살을 에는 듯이 절실하게 함'을 뜻하는데 여기서는 달리 사용되었다.
999 글만 읽으며 : 원문 '鑽紙'는 『傳燈錄』에 "신찬神瓚 선사가 하루는 벌이 창지窓紙를 뚫고 나가려는 것을 보고서 말하기를 '세계가 저렇게 광활한데 선뜻 나가지 못하고 오래된 종이만 뚫는구나.'라고 하였다."라는 데서 유래함.
1000 기산綺山 : 석진錫辰(1892~1968)의 호. 전라남도 순천 출생, 성은 임林씨. 아버지는 원오元悟이고 어머니는 김金씨이다. 1905년 송광사 천자암天子庵에서 취월翠月을 은사로 출가하였으며, 호붕浩鵬에게 사미계를 받았다. 1910년부터 1912년까지 송광사 보통과를 이수하고, 그해 4월 금명에게 구족계를 받았다.
1001 오일午日 : 날짜를 천간 지지天干地支와 맞추어 놓은 것 가운데에서 지지가 오午 자로 된 날. 무오일戊午日·경오일庚午日·임오일壬午日 등을 말한다. 말날(午日)에는 말을 소중하게 여겨 팥떡을 해서 마구간 앞에 놓고 말의 무병과 건강을 비는 풍속이 있다. 방위로는 정남방, 오행으로는 화火, 색깔로는 적색이며, 시간으로는 오전 11시~오후 1시이며, 정오가 오시의 중간이다.
1002 승국勝國 : 바로 이전 왕조. 여기서는 고려.
1003 9산 : 신라 말 고려 초의 선문 종파.
1004 자정국사慈靜國師(?~?) : 「松廣寺嗣院事蹟碑」에 따르면, 법명은 일인一印이며 1293년부터 1301년(충렬왕 19~27) 사이에 수선사주修禪社主로 활동하였다고 한다.
1005 호념護念 : 늘 염두에 두고 보호함.
1006 상퇴 : 송나라 사마상퇴司馬向魋. 공자가 가는 길에 숨어 있다가 나무를 쓰러뜨려 공자를 죽이려 했으나 공자는 걱정하지 않았다고 한다. 『論語』 「述而」.
1007 항우項羽 : 항우는 진나라의 수도인 함양을 함락한 뒤 3세 황제를 처형하고 아방궁을 불살랐다고 한다.
1008 천제의 수레를 움직이니 : 원문 '運於帝車'는 『史記』 「天官書」의 "斗爲帝車。運于中

央。"과 관련된다.

1009 마고麻姑 : 마고할미. 해남, 옹진, 강화 등 주로 해안 도서 지방에서 신모적神母的 창조주로서 전승되고 있다.

1010 우두牛斗 : 28수宿 가운데 두성斗星과 우성牛星.

1011 만다라曼陀羅(曼茶羅; maṇḍala) : 만다라는 원圓을 뜻한다. 둥글게 두루 갖춤을 의미하는 것이다. 사상적으로는 어떤 것을 형성하는 데 필요한 요소나 부분이 단 하나라도 빠짐이 없이 완전하게 구비된 상태를 나타낸다. 불법의 모든 덕을 두루 갖춘 경지를 이르는 말.

1012 동혼銅渾 : 당나라 때 물의 힘을 이용하여 천문을 관측하던 기구.

1013 옥두玉斗와 주형珠衡 : 옥두는 여기서 북두칠성을 가리키는 것으로 보이는데, 혼천의를 뜻할 때도 있다. 왕발王勃이 지은 「夫子廟碑序文」에는, "주형과 옥두는 떳떳한 하늘 도수에 따라 상징한 것이다."라고 하였다. 『星湖僿說』 권6 「玉斗」.

1014 삼륜三輪 : ① 전륜성왕의 정법수레에 비유하여 부처님 교화의 세 가지를 일컫는 신륜身輪·구륜口輪·의륜意輪. ② 수미산 아래의 대지 밑에서 사바세계를 지탱하고 있는 풍륜風輪·수륜水輪·금륜金輪.

1015 칠정七政 : ① 일日, 월月과 오성五星인 화火·수水·금金·목木·토土. ② 북두칠성.

1016 치성광熾盛光 : 치성광여래. 불교에서 북극성을 부처로 바꾸어 부르는 이름.

1017 온갖 구명 : 원문 '萬竅'는 『莊子』 「齊物論」에 "저 거대한 흙덩어리인 대지가 기운을 내뿜으면 우리가 그것을 바람이라고 하는데, 이 바람이 불지 않으면 그만이지만 일단 불었다 하면 만 개의 구멍이 일제히 울부짖기 시작한다.(夫大塊噫氣。其名爲風。是唯無作。作則萬竅窺怒呺。)"라는 구절의 의미를 차용한 듯함.

1018 옥간玉簡 : 백간白簡. 도교에서 신에게 제사를 지낼 때 고하는 문서.

1019 동쪽 끝에서~일을 합니다 : 원문 "折玉簡於東極。木宿動精。飛梵字於上方。匠星赴役。"은 신광수申光洙(1712~1775)의 「海南頭輪山大芚寺八相殿鐵鏡樓重修上樑文」(『石北集』 권13)의 "飛梵書於上仙。匠星赴役。折玉簡於東極。木宿動精。"에서 가져온 것이다.

1020 사대부四大夫 : 진시황이 소나무를 오대부五大夫에 봉했던 고사를 인용한 표현으로, 소나무로 만든 네 기둥을 가리킴.

1021 상장군上將軍 : 한무제가 측백나무를 선장군先將軍에 비유한 고사를 인용한 표현으로, 측백나무로 만든 들보를 가리킴.

1022 공수工倕 : 요堯임금 때의 훌륭한 장인. 『莊子』 「達生」.

1023 아랑兒郞 : 아랑위兒郞偉. 상량문에서 시 첫 부분에 쓰는 말. 대개 '어기여차'의 뜻으로 봄.

1024 마제馬蹄 : 구속을 받지 않고 자유롭게 삶을 말하는 듯함. 『莊子』 「馬蹄篇」.

1025 자감궁紫紺宮 : 자감전紫紺殿. 자줏빛 궁전. 수미산 꼭대기 도리천 위에 있는 궁전. 나한전 주련에 "紫紺宮中星若列。十六大阿羅漢衆。"이라 했다.
1026 지일遲日 : 봄날을 뜻한다. 『詩經』「豳風」〈七月〉의 "봄날이 더디고 더디다.(春日遲遲)"라는 말에서 나온 것이다.
1027 명가鳴珂 : 귀인들이 타는 말에 장식한 옥기를 가리키는데, 악기의 뜻으로도 사용함.
1028 육기六氣 : 풍風, 한寒, 서暑, 습濕, 조燥, 화火 등 여섯 가지 기氣를 말한다.
1029 요일堯日 : 요堯임금의 해. 태평성대를 가리킴.
1030 순풍舜風 : 순舜임금의 바람. 태평성대를 가리킴. 순임금이 궁중에서 거문고를 탔는데, 그 곡조 이름을 후세에 남훈곡南薰曲이라고 이름 지었고, 그 거문고의 화평한 음조로 인해 온 세상 사람이 다 화평한 심정으로 안락한 생활을 즐겼다 한다.
1031 탕망湯網 : 탕湯임금이 들에 나가서 그물을 쳐 짐승을 잡는 사람이 사면에 모두 그물을 치고는 상하 사방의 짐승이 모두 나의 그물로 들어오라고 축원하는 것을 보고, 그 삼면에 친 그물을 제거하고는 '왼쪽으로 달아날 놈은 왼쪽으로 달아나고 오른쪽으로 달아날 놈은 오른쪽으로 달아나라. 다만 달아나기 싫은 놈만 내 그물로 들어오라.'고 하였다. 『史記』「殷本紀」.
1032 우문禹門 : 우禹임금이 9년 홍수를 다스릴 때 험한 지역을 개척하여 황하黃河의 물을 통하게 했다는 곳인 용문龍門을 말한다.
1033 도야桃野 : 동방을 뜻하는데 여기서는 조선을 가리킴. 중국 동남쪽에 하늘 높이 치솟은 도도桃都라는 이름의 거목巨木이 있고 그 위에 천계天雞라는 닭이 서식하는데, 해가 떠오르면서 이 나무를 비추면 천계가 울고 그러면 천하의 닭들이 따라 운다는 전설이 있다. 『述異記』.
1034 접수鰈水 : 가자미가 많이 잡히는 동해를 뜻하는데 여기서는 조선을 가리킴.
1035 낙주樂州 : 벌교의 고려 때 명칭. 이후 '낙안樂安'으로 불림.
1036 부사浮槎 : 낙안의 옛 이름.
1037 돌 뗏목(石筏) : 벌교천에 있는 홍교虹橋. 벌교천에 처음엔 뗏목 모양으로 목재 다리를 만들어 놓았는데 강물에 휩쓸려 가자 돌로 다리를 만들어 놓았다.
1038 진나라 채찍 : 진시황秦始皇이 석교石橋를 놓아 바다를 건너가서 해가 뜨는 것을 보려 했다. 그러자 신인神人이 돌을 굴려 바다를 메우는데, 돌이 빨리 구르지 않자 채찍으로 돌을 때리니 돌에서 피가 났다 한다. 진 복심伏深의 『三齊略記』.
1039 삼장군과 오대부五大夫 : 삼장군은 측백나무, 오대부는 소나무. 진시황이 봉선을 행하러 태산泰山에 올라갔다가 폭풍우를 만나자 나무 아래에서 쉬고는 그 나무를 오대부에 봉했던 고사가 전하고, 한 무제가 측백나무를 선장군先將軍에 비유했으며, 태산에 여섯 그루를 심었는데 아직도 네 그루가 있다고 한다. "五大夫之秦松……三將軍之漢栢"이란 표현이 본문에 등장한다.

1040 안주鴈柱 : 기러기 발 모양의 기둥.
1041 범왕梵王 : 범천왕. 호법신의 하나. 색계色界 초선천初禪天의 왕.
1042 추노鄒魯 : 추나라의 맹자孟子와 노나라의 공자孔子.
1043 안탑鴈塔 : 절 탑. 인도의 왕사성王舍城에서 승려들이 기러기 공중에 날아가는 것을 보고 희롱하는 말로 "우리들이 배가 고프니, 몸으로 보시하라."라고 하였더니, 기러기가 스스로 죽어서 떨어졌다. 이에 승려들이 감동하여 기러기의 탑을 세웠다고 한다. 당나라 현장玄奘의『大唐西域記』「摩揭陀國」.
1044 환퇴桓魋 : 성姓은 상向이므로 상퇴向魋라고도 함. 공자가 송나라에 가서 제자들과 함께 큰 나무 아래에서 예를 익히고 있는데, 환퇴가 공자를 죽이고자 하여 그 나무를 뽑았다고 함.
1045 면체綿蕝 : 야외에서 예의를 익히는 것. 면綿은 노끈을 잇고, 체蕝는 띠(茅)를 묶어 위치를 표시하는 것으로, 대나무를 죽 이어서 세우고 거기에 띠로 꼰 새끼를 둘러서 존비尊卑의 위차를 표시한 것을 말함. 한고조漢高祖 때 박사博士 숙손통叔孫通이 제자 1백여 인과 함께 야외에서 면체를 베풀고 예를 익혔음.『史記』권99「叔孫通傳」.
1046 송현誦絃 : 시가를 송독誦讀함. 예악 교화를 가리킴.『禮記』「文王世子」"春誦夏弦".
1047 건성乾城 : 건달바가 음악과 향기로 허공에 교묘하게 쌓은 성. 공空·허구·허망·일시적 존재 등을 비유함. 건달바乾達婆(Ⓢ gandharva-nagara)는 팔부중八部衆의 하나로서 수미산 남쪽의 금강굴金剛窟에 살며, 제석천帝釋天의 아악雅樂을 맡아보는 신.
1048 철산鐵山 : 철위산鐵圍山. 세계의 가장 끝에 있는 산. 철륜위산鐵輪圍山 또는 금강산·금강위산金剛圍山이라고도 한다.
1049 삼신섬 : 삼신산. 신선들이 사는 봉래산蓬萊山·방장산方丈山·영주산瀛洲山.
1050 은포銀浦 : 달빛이 비쳐서 은빛과 같은 갯물. 은하수를 가리키기도 함.
1051 화천貨泉 : 화폐. 왕망王莽 때 만든 화폐의 이름.
1052 도인導引 : 고대부터 전해지는 건강 체조를 말한다. 원래 고대의 신선가가 이용하였던 불로장생을 위한 양생법의 하나로, 후에 의사도 치료법으로서 안마와 함께 채용하였다.
1053 화학化學 : 여기서는 불로장생의 약으로 믿었던 단丹을 만드는 연단술을 가리킴.
1054 황노黃老의 형명刑名 : 황노는 도가에서 시조로 받드는 황제黃帝와 노자. 형명은 형벌과 명분.『史記』「韓非列傳」.
1055 아랑兒郞의 노래 : 상량할 때 부르는 노래. 동·서·남·북·상·하로 여섯 번 '아랑위兒郞偉'라는 말이 들어간다.
1056 왕王 학사學士 : 당나라 한림학사 출신의 왕유王維. 당나라 개원 9년(721)에 진사가 되어 감찰어사監察御史, 좌보궐左補闕, 문부랑중文部郞中 등을 역임했고 안녹산의 난 이후 벼슬을 버리고 산야에 묻혀 불교에 귀의했다. 그가 17세 때 지은 시 〈9월 9

일 산동의 형제를 생각하며〈九月九日憶山東兄弟〉〉가 유명하다.
1057 굴굴 대부大夫 : 전국시대 초나라 대부 굴원屈原. 간신들의 모함에 자신의 지조를 보이기 위하여 멱라수라는 강에 몸을 던져 스스로 목숨을 끊은 5월 5일에 그 영혼을 위로하기 위하여 제사를 지내게 된 것이 단오의 유래이다.
1058 육위부六偉賦 : 상량할 때 부르는 노래. 동·서·남·북·상·하로 여섯 번 '아랑위兒郎偉'라는 말이 들어간다.
1059 축융祝融 : 여름을 맡은 신, 또는 남쪽 바다를 맡은 신이나 남방의 신을 가리키는 말.
1060 희중羲仲 : 태양의 신. 『書經』「堯典」에, 희씨羲氏와 화씨和氏 양가의 희중과 희숙羲叔, 화중和仲과 화숙和叔의 네 명이 각각 동남서북의 대지 끝에서 태양의 운행과 춘하추동의 계절을 조정하는 명을 받았다고 한다.
1061 망미산 : 보성읍 보성리 동륜마을에 망미산성望美山城이 있었는데 현재는 터만 남아 있다.
1062 건도乾道는 원상元象임을 알겠네 : 『周易』 건괘乾卦에 "건은 원하고 형하고 이하고 정하다.(乾。元亨利貞。)"라고 하였다.
1063 육률六律 : 십이율十二律 중 양성陽聲에 속하는 여섯 가지 소리. 음성에 속하는 소리를 육려六呂라고 하며, 여기서 육률은 육률과 육려를 함께 지칭하는 듯하다.
1064 훈지塤箎 : 형제 혹은 친구 사이의 화목과 조화를 비유할 때 쓰는 표현으로, 『詩經』 「小雅」 〈何人斯〉의 "맏형은 훈을 불고 둘째 형은 지를 분다.(伯氏吹塤。仲氏吹箎。)"라는 말에서 나온 것이다.
1065 기수祇樹 : 파사익 왕의 태자였던 기타祇陀가 심은 나무들.
1066 유순由旬 : ⓢ yojana의 음사. 고대 인도의 거리 단위로, 실제 거리는 명확하지 않지만 보통 약 8km로 간주함.
1067 밖을 감싸고~엎드린 듯합니다 : 봉황이 서식하는 나무가 오동나무이고 동리사를 둘러싼 주변 산세가 오동나무 줄기 속처럼 아늑해서 '동리산'이라 불렀으며 둘러싼 주변 산세의 최고점을 봉황의 머리, 즉 '봉두산'이라 부른다.
1068 혜철 국사慧徹國師 : '惠哲'이라고도 함. 자字는 청보淸響이며, 속성은 박朴씨이고 신라 시대 경주에서 출생하였다. 당나라에 들어가 서당 지장西堂智藏 선사의 법을 이어받았다. 경문왕景文王이 '적인寂忍'이라는 시호를 추증하였다. 『東師列傳』.
1069 창의倡義 : 대개는 국난을 당하였을 때 나라를 위하여 의병을 일으킨다는 뜻으로 사용하는데, 여기서는 '권선하여 중수했다'는 의미인 듯함.
1070 용과 범이~복종시키는 듯하고 : 「泰安寺鳳瑞庵重剙記」에 "능파각淩波閣이 물 입구에 걸터앉은 것은 용과 범이 서로 건너는 모양이다.(淩波閣之跨乎水口者。所以爲龍虎之相渡。)"라고 했다.
1071 삼산三山의 장생長生 : 봉래산蓬萊山·방장산方丈山·영주산瀛洲山의 세 산에는 선

인들이 살며 불로불사의 약이 있다고 한다.

1072 상방上房 : 선종禪宗에서 주지를 일컫는 말. 본디 산상山上의 절을 일컫던 말인데, 주지가 거처하는 곳이 절에서 가장 높은 곳에 있었으므로 훗날 주지를 지칭하는 말로 변하였음.

1073 봉서암 : 동리사의 암자. 본문 앞쪽에 「봉두산 동리사 봉서암의 개와 권선문」과 「태안사 봉서암 중창기」가 있다.

1074 광자廣慈(864~945) : 법명은 윤다允多, 자는 법신法信. 대안사의 2대조사. 대사의 탑이 950년(광종 1)에 건립되어 태안사에 전한다.

1075 각도閣道 : 북두北斗의 축성軸星인데, 임금의 궁宮을 뜻한다.

1076 우두牛斗 : 견우성牽牛星과 북두성北斗星. '牛頭'의 오기일 가능성이 있다.

1077 탐랑貪狼 : 북두칠성의 하나. 추성樞星이라고 부르는데 하늘의 원기에 짝이 된다고 한다. 『五洲衍文長箋散稿』「옥추경에 대소 두 경이 있다는 변증설」.

1078 삼청궁 : 도교에서 신봉하는 옥청원시천존玉淸元始天尊과 상청영보도군上淸靈寶道君, 태청태상노군太淸太上老君의 거처. 『通俗編』「釋道」.

1079 겹눈동자 : 원문 '雙瞳'은 '重瞳'과 같음. 순 임금과 항우가 겹눈동자였다고 한다.

1080 대지전大持殿 : 봉향각奉香閣, 응향각凝香閣. 불전이나 법당을 관리하는 지전持殿 혹은 노전爐殿이 거처하는 곳.

1081 석제釋帝 : 욕계 6천의 제2천으로 수미산 꼭대기에 있는 도리천忉利天의 제왕帝王인 제석천帝釋天을 달리 일컫는 말.

1082 기관騎官 위치의 거사車肆 : 기관은 29수 가운데 동방에 있는 저수氐宿 아래에 있는 27개의 붉은 별을 가리킴. 거사는 천시원天市垣에 딸린 별자리 이름으로 수레와 가마 따위의 교통수단을 주관하는데, 여기서는 기관의 아래쪽에 있는 거기車騎나 진거陣車 등의 별자리를 가리키는 듯함.

1083 천주天廚 : 대궐의 부엌을 가리키기도 하고 별자리 이름이기도 하다. 별자리로서는 기본적으로 '성대한 연회'를 뜻한다.

1084 천시天床와 시루市樓 : 천시는 자미원紫微垣에 속하며 하늘나라 임금이 잠을 청하는 침소 별자리를 말하는데, 여섯 개의 별로 이루어져 있다. 시루도 별자리 이름이다.

1085 침향(沈水) : 침향나무가 단단하고 무거워서 물에 가라앉는다고 하여 '침수'라고 한다.

1086 주당周堂 : 점술에서 말하는 흉살凶殺의 일종으로 이사와 신행新行, 가취嫁娶, 안장安葬 등을 꺼림.

1087 헌종(재위 809~826) : 헌덕왕을 가리킴. 신라의 제41대 왕.

1088 남풍藍風 : 비람풍毘嵐風. Ⓢ vairambhaka의 음사이며 신맹迅猛이라 번역. 우주가 성립될 때나 파괴되어 끝날 때, 맹렬하게 휘몰아친다는 폭풍.

1089 날아갈 듯하니 : 원문 '翬飛'는, 『詩經』「小雅」〈斯干〉에 "새가 놀라 낯빛이 변함과

같으며, 꿩이 날아가는 것과 같다.(如鳥斯革。如翬斯飛。)"에서 나온 말이다. 주희朱熹의『詩經集傳』에 "그 동우棟宇가 높게 일어남은 새가 놀라 낯빛이 변함과 같고, 처마가 화려하고 높으며 날아갈 듯함은 꿩이 날아 날개를 펴는 것과 같다. 대개 그 건물의 아름다움이 이와 같다.(其棟宇峻起。如鳥之驚而革也。其簷阿華采而軒翔。如翬之飛而矯其翼也。蓋其堂之美如此。)"라고 하였다.

1090 천풍天風 : 천풍구괘天風姤卦. 오월午月. 5월.
1091 천지天地 : 천지비괘天地否卦. 7월.
1092 복궤覆簣 : 삼태기 흙을 붓는다는 뜻으로 작은 것을 모아 큰 것을 이룬다는 뜻이고, 여기서는 완성의 뜻으로 사용되었다.
1093 귀부鬼符 : 귀신이 신표로 가지고 다니는 부절符節.
1094 부종鳧鍾 : 종을 가리킴. 부씨가 종을 만들었다는 데서 나온 말.『周禮』「考工記」"鳧氏爲鍾".
1095 포뢰蒲牢 : 종을 매다는 용뉴龍鈕. 원래는 용의 셋째 아들인데 고래를 두려워하여 크게 운다고 하여 포뢰의 모습을 종鐘 위에 만들어 놓고 고래의 형상을 종 치는 나무, 즉 당목撞木에 새긴다.
1096 하고河鼓 : 별자리. '하늘 북'이라는 뜻인데 우수牛宿에 속한다.
1097 천부天桴 : 별자리. '하늘 북채'라는 뜻인데 우수에 속하며, 북을 두드리는 일과 시간을 알리는 일을 맡는다고 한다.
1098 백련사(蓮社) : 진晉의 고승 혜원慧遠이 여산廬山에서 만든 불교 모임.
1099 성기암聖祈庵 : 태안사의 암자.
1100 손가락 튕기는 : 아래쪽의 '하' 노래에 나오는 망명 보살의 고사를 말하는 듯함.
1101 나전羅殿 : 아라한을 모신 나한전羅漢殿을 가리키는 듯함.
1102 제망帝網 : 보망寶網. 인다라망因陀羅網. 제석帝釋이 살고 있는 궁전을 덮고 있는 거대한 그물로, 그 마디마디에 달려 있는 무수한 보배 구슬이 빛의 반사로 서로가 서로를 반사하고, 그 반사가 또 서로를 반사하여 무궁무진하다고 함. 걸림 없이 서로가 서로에게 끝없이 작용하면서 어우러져 있는 장엄한 세계를 비유함.
1103 망명罔明 : 초지初地 보살. 분별적 지성을 극복했다는 선종의 불립문자를 상징함. 문수보살이 여러 부처들이 모인 곳에 이르렀을 때, 여러 부처들이 자신의 처소로 돌아가고 있었다. 그런데 오직 한 명의 여인만이 석가모니 자리 가까이에서 삼매에 들어 있어서, 문수가 세존에게 그 이유를 물어보니, 세존은 여자를 깨워 삼매의 경지에서 나오게 해서 직접 물어보라고 했다. 문수는 여인의 주변을 세 번 돌고서 손가락을 한 번 탁 튕기고는 신통력을 다하여 깨우려고 했으나 깨우지 못했다. 그러자 세존은 말하길, "설령 수백 수천의 문수가 있다고 하더라도 이 여자를 삼매의 경지에서 나오게 할 수 없을 것이다. 그렇지만 아래로 내려가 12억이라고 하는 갠지스

강 모래알의 수처럼 많은 국토를 지나면, 이 여자를 삼매에서 꺼낼 수 있는 망명보살이 있을 것이다."라고 했다. 그 순간 망명 대사가 땅에서 솟아 나와 세존에게 예배를 하였다. 세존은 망명에게 여인을 삼매로부터 꺼내라고 명령을 내렸다. 망명이 여인 앞에 이르러 손가락을 한 번 탁 튕기자, 여인은 바로 삼매의 경지에서 빠져나왔다. 『無門關』 42칙 「女子出定」.

1104 칠중七衆 : 불교 교단을 구성하는 일곱 부류의 사람. 비구·비구니·식차마나式叉摩那(예비 비구니)·사미·사미니·우바새·우바이를 가리킨다. 앞의 5중衆은 출가중出家衆, 뒤의 2중은 재가중在家衆이다.

1105 팔부八部 : 여덟 종의 신장神將. 천天, 용龍, 야차夜叉, 가루라迦樓羅(금시조金翅鳥), 아수라阿修羅, 마후라가摩睺羅迦(음악의 신), 긴나라緊那羅(가무의 신), 건달바乾闥婆(식향食香). 인도에 예로부터 전하여 내려오던 신들 가운데 여덟 신을 하나의 군으로 수용해서 불교의 수호신으로 삼아 조성한 상을 말한다.

1106 향적香積 : 중향衆香 나라의 부처 이름. 사찰 음식을 가리킴. 『維摩詰經』 「香積品」.

1107 국사국司 : 국사단국司壇. 절의 구역 안을 맡아본다는 신명.

1108 운문雲門 : 떡을 말하는 듯함. 어떤 이가 운문에게, 어떤 것이 불조를 초월한 말이냐고 물으니 호떡이라고 답했다. 『碧巖錄』 77칙.

1109 용안龍眼과 천근天根이 수북합니다 : 음식을 수북이 진설함을 말함. 용안과 천근은 미상. 원문 '釘釘'은 '飣飣'의 오자인 듯하다. '鬪鬪飣飣'이란 말이 『高峰原妙禪師禪要』 「晩參」에 나옴.

1110 토공土公과 사록司祿 : 토공은 북방 벽수壁宿에 속하는 별자리. 사록 성군司祿星君은 인간 수명을 관장하는 남두육성의 하나로서 북방 허수虛宿에 속하는 별자리.

1111 사보四輔 : 삼원三垣 가운데 자미원紫微垣에 속한 별자리. 천제天帝의 좌우 전후에서 천제를 보좌하는 네 사람의 벼슬아치라는 뜻.

1112 삼태三台 : 삼원 가운데 태미원太微垣에 딸린 별자리. 삼공三公, 즉 천제를 보필하는 신하의 역할을 뜻한다.

1113 자미원紫微垣 : 동아시아의 별자리인 삼원三垣의 하나이다. 삼원 중 두 번째에 해당되며, 천구의 북극을 포함한다. 서양 별자리에서 큰곰자리의 일부가 해당되며, 작은곰자리, 용자리를 포함한다.

1114 제좌帝座 : 삼원 가운데 천시원天市垣에 딸린 별자리. 천제의 자리를 뜻한다.

1115 천선天船과 각도閣道 : 천선은 서방 위수胃宿에 속하는 것으로 수로를 잘 통하게 하고 다스리는 역할을 한다. 각도는 서방 규수奎宿에 속하는 것으로 비를 피할 수 있도록 지붕을 씌워 만든 집 사이의 통로를 뜻한다.

1116 문성文星 : 문운文運을 주관하는 별.

1117 양문陽門 : 동방 항수亢宿에 속하며, 궁성 동남쪽에 있는 문을 뜻한다.

1118 천주天廚와 내계內階 : 자미원에 속하는 별자리들. 천주는 하늘의 부엌이라는 뜻을 지닌 별자리. 내계는 천황天皇의 뜰에 해당하는 별자리.
1119 사보四輔와 여사女史 : 삼원 가운데 자미원에 속하는 별자리들.
1120 부로附路 : 서방 규수奎宿에 속하는 별자리. 비바람이 몰아치는 재해나 병란으로 인해 은하수 큰길 별자리인 각도閣道로 다니지 못할 경우 이용하는 샛길이다.
1121 전사傳舍와 구진句陳 : 자미원에 속하는 별자리들. 전사는 숙소를 뜻하고, 구진은 천자를 둘러싸 호위함을 뜻함.
1122 화개華盖와 음덕陰德 : 자미원에 속하는 별자리들. 화개는 덮개를 뜻한다.
1123 각角·항亢 : 동방 7수宿에 속하는 별들.
1124 천전天田 : 동방 각수角宿 또는 북방 우수牛宿에 속하는 별자리.
1125 군문軍門 : 남방 진수軫宿에 속하는 별자리.
1126 토사土司 : 외딴 지방. 원元나라 이후 서남 지역의 만족蠻族을 다스리던 지방관으로 그 지역민들의 회유 수단으로 그들의 추장들을 임명하여 세습시켰음. 전하여 만족을 가리키는 말로도 쓰였음. 토사土司空일 수도 있음. 토사공은 진수軫宿에 속하는 별자리. 서방 규수奎宿에 속하는 토사공도 있다.
1127 항지亢池 : 동방 저수氐宿 중에 속하는 것으로 현재 목동자리의 일부임.
1128 고루庫樓 : 동방 각수角宿에 딸린 별자리 이름. 병거兵車와 무기를 보관하는 곳을 상징한다.
1129 옛 길상사 : 송광사의 창건 당시 이름이 길상사였다.
1130 태미원(太微) : 별자리 이름. 천자가 직접 다스리는 궁정으로, 5제가 거처하고, 12제후의 부서가 됨, 따라서 명령을 정비하고 집행함.
1131 주정周鼎 : 동방 각수角宿의 제일 위쪽에 있는 세 개의 별. 천하 패권을 차지하는 천자의 상징.
1132 섭제攝提 : 대각大角 별자리 양 옆에 세 개씩 짝지어 대각을 보좌하는 별자리.
1133 팔곡八穀 : 자미원에 속하는 별자리로 현재의 마차부자리, 기린자리, 살쾡이자리의 일부에 걸쳐 있음.
1134 우화각(羽化虹) : 송광사 육감정 옆에 놓인 교각. 우화란 말은 우화등선의 줄임말이고, 홍虹은 무지개 모양의 다리를 뜻함.
1135 천진天津 : 북방 여수女宿에 속하는 별자리. 하늘 나루터라는 뜻.
1136 금천씨金天氏 : 김씨. 신라인들은 스스로를 황제黃帝의 아들인 소호少昊 금천씨의 후손으로 여겼다는 기록이 『三國史記』「金庾信列傳」에 전한다.
1137 선류璿流 : 선원璿源으로부터 흘러내려 오는 줄기, 즉 왕손王孫이라는 뜻.
1138 갑주甲冑 : 갑옷과 투구. 여기서는 삼한을 지탱하고 보호하는 큰 성씨라는 뜻으로 사용됨.

1139 옥부玉府 : 신선이 사는 곳을 말하는데 여기서는 비옥한 토지를 뜻한다.
1140 정관丁冠 : 미상인데 정자관程子冠이 아닐까. 정자관은 사대부들이 쓰던 관모의 하나로, 서당의 훈장들이나 양반들이 평상시 집에서 썼다.
1141 사주泗州(사천)의 직함 : 시주자인 김학모金學模가 사천泗川 군수이다.
1142 소 덮을 : 원문은 '蔽牛'. 소를 가릴 만큼 큰 나무를 말한다. 『莊子』「人間世」에 "장석이 제나라로 가는 길에 곡원에 이르러 사당의 상수리나무를 보았다. 그 크기는 그늘이 소 수천 마리를 가릴 수 있었고 둘레는 백 아름이나 되었다.(匠石之齊。至於曲轅。見櫟社樹。其大蔽數千牛。絜之百圍。)"라고 하였다.
1143 우림羽林 : 북방 실수室宿에 속한 별자리.
1144 부월斧鉞 : 도끼. 부월鈇鉞은 실수에 속한 별자리.
1145 괴강魁罡 : 북두칠성의 제1성인 두괴斗魁와 천강성天罡星을 합칭한 말이다. 여기서는 괴강살魁罡殺을 뜻함.
1146 천혼天溷 : 서방 규수奎宿에 속하는 것으로 현재 고래자리의 일부임.
1147 천시天市 : 북극을 중심으로 중앙에 있는 삼원三垣의 하나로서, 하늘의 도시라는 뜻이다. 태미원太微垣과 마찬가지로, 황도黃道가 천시원의 바로 남쪽을 지난다. 봄과 여름에 잘 보이는 별자리이다.
1148 종정宗正 : 천시원天市垣에 속하는 별자리. 왕실의 친인척을 관리하는 벼슬을 뜻한다.
1149 신궁神宮 : 동방 미수尾宿에 속하는 별자리.
1150 미축未丑 : 미는 남서에서 남으로 15도 치우친 방향이고, 축은 반대로 동북에서 북으로 15도 치우친 방향이다.
1151 을신乙辛 : 을은 정동에서 남으로 15도 치우친 방향이고, 신은 반대로 정서에서 북으로 15도 치우친 방향이다.
1152 동정東井 : 남방에 속하는 별자리 정수井宿는 동쪽 우물이라는 뜻으로 '동정'이라 불린다.
1153 서함西咸 : 동방 방수房宿에 속하는 별자리로 방수의 서쪽 사립문에 해당한다.
1154 토공土公이 사록司祿 : 토공은 북방 벽수壁宿에 해당하고, 사록은 북방 허수虛宿에 속하는 별자리.
1155 여석礪石 : 서방 묘수昴宿에 속하는 별자리로서 숫돌이라는 뜻이다.
1156 제방을 나열하니(羅堰) : 원문 '羅堰'은 북방 우수牛宿에 속하는 별자리이기도 하다.
1157 장원長垣과 영대靈臺 : 장원은 태미원에 속하며 장성이라는 뜻이고, 영대도 태미원에 속하며 천문대를 뜻한다.
1158 소미小微 : 태미원에 속하며 옛날 사대부를 뜻한다.
1159 9깃발 : 휘호徽號나 등급의 다름을 표시하기 위한 아홉 가지 종류의 깃발로, 상常, 기旂, 전旃, 물物, 기旗, 여旟, 조旐, 수旞, 정旌 등을 말한다.

1160 도사屠肆와 명당明堂 : 도사는 삼원 가운데 천시원에 속하며 정육점이라는 뜻이고, 명당은 태미원에 속한다.
1161 태존太尊 : 자미원에 속하며 임금의 친척을 뜻한다.
1162 천폭天幅 : 동방 저수氐宿에 속하는 별자리.
1163 삼기參旗 제왕諸王 : 삼기는 서방 삼수參宿에 속하는 별자리이고, 제왕은 서방 필수畢宿에 속하는 별자리.
1164 부이附耳하여 권설卷舌 : 부이는 귀에 가까이 소곤거린다는 뜻인데 서방 필수畢宿에 속하고, 권설은 혀를 만다는 뜻으로 놀라서 말을 못하는 모습인데 서방 묘수昴宿에 속하는 별자리이다.
1165 천가天街 : 서방 필수에 속하는 별자리.
1166 거기車騎 : 동방 저수에 속하는 별자리로 기마 부대를 이끄는 장군을 뜻한다.
1167 돈완頓頑하고 절위折威 : 돈완은 동방 항수亢宿에 속하는 별자리로 감옥의 간수를 뜻하고, 절위는 항수에 속하는 별자리로 죄인을 처벌하여 위엄을 세운다는 뜻이다.
1168 주기酒旗가 천준天樽 : 주기는 남방 유수柳宿에 속하는 별자리로 주막 깃발을 뜻하고, 천준은 남방 정수井宿에 속하는 별자리로 (술)동이를 뜻한다.
1169 헌원軒轅의 기관騎官 : 헌원은 남방 성수星宿에 속하는 별자리로 황제黃帝를 가리키고, 기관은 동방 저수에 속하는 별자리로 병사를 뜻한다.
1170 천부天桴가 하고河鼓 : 둘 다 북방 우수에 속하는 별자리로 천부는 북채, 하고는 북을 뜻함.
1171 뇌전雷電의 벽력霹靂 : 뇌전은 북방 실수室宿에 속한 별자리로 번개를 뜻하고, 벽력은 북방 벽수壁宿에 속하는 별자리로 천둥을 뜻한다.
1172 천사天社의 천창天倉 : 천사는 남방 귀수鬼宿에 속하는 별자리로 음식 준비하는 곳이고, 천창은 서방 누수婁宿에 속하는 별자리로 창고를 뜻한다.
1173 구령鈎鈴의 대약大鑰 : 구령은 동방 방수房宿에 속하는 별자리로 열쇠를 뜻하고, 대약은 큰 자물쇠라는 뜻이다.
1174 기부器府 : 남방 진수軫宿에 속하는 별자리로 병기를 관리하는 관청을 뜻한다.
1175 별鱉 : 북방 두수斗宿에 속하는 별자리로 자라를 뜻한다.
1176 천강天江 : 북방 실수에 속하는 별자리로 하늘의 강을 뜻한다.
1177 어魚 : 동방 미수尾宿에 속하는 별자리로 물고기를 뜻한다.
1178 거사車肆 : 천시원에 속하는 별자리로 수레를 팔고 수리하는 가게를 뜻한다.
1179 관삭貫索 : 천시원에 속하는 별자리로 동전 꿰는 끈을 뜻한다.
1180 호분虎賁 : 태미원에 속하는 별자리로 천제의 친위대 대장을 뜻한다.
1181 연도輦道 : 북방 우수에 속하는 별자리로 가마가 가는 길을 뜻한다.
1182 상서尙書 : 자미원에 속하는 별자리로 천제의 비서관을 뜻한다.

1183 천칭궁天秤宮 : 별자리에서, 황도黃道 12궁의 일곱째인 처녀자리의 위치.

1184 토사공土司空 : 서방 규수奎宿에 속하는 별자리로 토목 공사 담당 관리를 뜻한다.

1185 필畢·자觜·삼參 : 서방 7수宿에 속하는 별자리들.

1186 53존 : 53존불. 『觀藥王藥上二菩薩經』에 53불佛이 나오는데, 이 53불의 이름을 부르면 나는 곳마다 시방의 여러 부처님을 만날 수 있고, 지극한 마음으로 예배하면 사중四重 오역죄五逆罪가 없어져서 깨끗해진다고 한다. 우리나라에서는 금강산 유점사에 53불상을 봉안하고 있다.

1187 금오金烏는 함지로 : 금오는 태양의 이명異名이다. 태양 속에 발 세 개가 달린 까마귀가 있다는 전설에 기인한 것이다. 함지는 해가 멱 감는다는 하늘 위의 못으로 해가 지는 곳, 즉 서쪽 바다를 뜻한다. 『淮南子』「天文訓」.

1188 이궁離宮 : 북방 실수에 속하는 별자리로 천제의 별장을 뜻한다.

1189 천강天綱 : 북방 실수에 속하는 별자리로 천제가 사냥 가서 세우는 천막을 뜻한다.

1190 탐랑성貪狼星 가에 각角·항亢 : 탐랑성은 북두칠성의 첫째 별. 각·항은 동방 7수에 속하는 별들.

1191 비비상천 : 비상비비상천非想非非想處天. 무색계 가운데 가장 높은 곳.

1192 말 하나 : 원문은 '一馬'. 『莊子』「齊物論」에 "손가락을 가지고 손가락이 손가락이 아님을 설명하는 것은, 손가락이 아닌 것을 가지고 손가락이 손가락이 아님을 설명하는 것만 같지 않고, 말을 가지고 말이 말이 아님을 설명하는 것은, 말이 아닌 것을 가지고 말이 말이 아님을 설명하는 것만 같지 않으니, 하늘과 땅은 하나의 손가락이요, 만물은 하나의 말이다.(以指喩指之非指。不若以非指喩指之非指也。以馬喩馬之非馬。不若以非馬喩馬之非馬也。天地一指也, 萬物一馬也。)"라는 말이 나온다.

1193 풍륜風輪 : 수미산 둘레에 있는 구산팔해九山八海와 사주四洲 밑에는 그것들을 떠받치고 있는 거대한 세 원통형의 층層이 있는데, 위층을 금륜金輪, 중간층을 수륜水輪, 아래층을 풍륜이라 함.

1194 점대漸臺 : 북방 우수에 속하는 별자리로 은하수의 누각을 뜻한다.

1195 구신九辰 : 북두칠성 가운데 제6 무곡성 주변의 별 두 개인 내필성內弼星과 외보성外輔星을 합쳐 이르는 말.

1196 천음天陰 : 서방 묘수昴宿의 별자리로 저녁 노을과 밤하늘을 뜻한다.

1197 순씨荀氏 팔룡八龍 : 한나라 말엽 순숙荀淑이 낳은 여덟 명의 훌륭한 아들을 일컬음. 그중 순곤荀緄은 제남상濟南相을 역임했고, 조조曹操를 보필한 순욱荀彧을 낳았다.

1198 주공周公 구령九齡 : 장수함을 뜻함. '주공'은 주나라의 오기인 듯함. 『禮記』「文王世子」에 다음과 같은 기록이 있다. 문왕이 무왕에게 말하기를 "너는 무슨 꿈을 꾸었느냐?"라고 하니, 무왕이 답하기를 "꿈에 천제께서 저에게 구령을 주셨습니다."라고

제2권 • 753

했다. 문왕이 "너는 그것을 무엇이라 생각하느냐?"라고 물으니 무왕이 "서방에 아홉 나라가 있으니 군왕께서 마침내 진무鎭撫하실 듯합니다."라고 했다. 문왕이 "아니다. 옛날에는 나이를 령齡이라 말했으니 이(齒)도 또한 령이다. 내 수명은 100세이고 네 수명은 90세니 내가 너에게 세 살을 주겠다."라고 하였다. 문왕은 97세에 임종하고 무왕은 93세에 임종하였다.

1199 장사촌長沙村(沙邨) : 묵암은 전라도 흥양현興陽縣 장사촌 출신이다.
1200 영천암靈泉庵 : 순천 대광사의 암자. 응암應庵이 26세 때인 계해년(1743) 봄에 (순천) 대광사大光寺 영천암에서 풍암楓岩의 강헌講軒을 다시 따랐고 묵암이 동일한 장소에서 법당法幢을 세웠다는 기록이 본문「응암 선조의 행장 초고」에 있다.
1201 설산雪山 : 곡성 옥과면 설옥리에 있는 산.
1202 인초忍草 :『緇門警訓』에 '雪山忍草'라는 표현이 있다.
1203 묘길상(문수보살)의 유허 : 길상암은 현재 옛터 위에 토굴만 남아 있다.
1204 강선대降仙臺에 바둑바위(碁嵒) : 동악산 정상 부근 신선바위는 신선들이 바둑을 두며 놀던 자리라고 전한다.
1205 욕불浴佛 : 부처님 오신 날에 향을 넣어 달인 물을 불상의 머리부터 끼얹어 씻기는 일.
1206 누청樓廳 : 돌출한 누각.
1207 보제루普濟樓(普樓) : 보제루는 도림사의 강당으로서, 계곡을 끼고 높은 축대를 따라 들어서 있다.
1208 오십전五十殿 : 불조전. 과거 7불과 미래 천불의 불조인 53불을 모셨다.
1209 삼신三身 : 불신을 세 가지 종류로 표현한 교리. 즉 법신法身・보신報身・화신化身.
1210 갑경甲庚 : 갑은 정동에서 북으로 15도 치우친 방향, 경은 이와 반대로 정서에서 15도 남쪽으로 치우친 방향.
1211 백열栢悅 : '송무백열松茂栢悅'의 준말로 소나무가 무성하면 잣나무가 기뻐한다는 뜻이다. 동료가 잘되는 것을 기뻐함을 비유하여 이르는 말.
1212 거령巨靈 : 물의 신. 고려 이인로李仁老의 시〈穿石〉에서 거령이 청산을 쪼갰다고 했다. "巨靈含意擘青山, 蓬島樓臺第幾間."
1213 반반・수임 : 노魯나라 목수장인 공수반公輸般과 요임금 때의 공수工倕.
1214 연도輦道 : 우수牛宿. 직녀성職女星의 서쪽에 있는 오성五星.
1215 장성匠星을 다리~거울에 빠지고 : 이 부분은 허난설헌許蘭雪軒의「廣寒殿白玉樓上樑文」에서 인용한 것이다. 조금 표현을 달리한 부분이 있으니, 해당 구절은 다음과 같다. "囚匠星於屋底. 木宿掄材. 壓鐵山於檻間. 金精動色. 坤靈揮鑿. 騁巧思於般倕. 大冶鎔鑪. 運奇智於錘範. 青楓垂尾. 雙虹飲星宿之河. 赤霓昂頭. 六鼇戴蓬萊之島. 璇題燭日. 出彤閣於煙中. 綺綴流星. 架翠廊於雲表. 魚絹鱗於玉瓦. 雁列齒於瑤階. 微連捧旂. 下月節於重霧. 梟伯樹纛. 設蘭桯於三辰. 金繩結綺戶之流蘇. 珠網護雕欄

之阿閣。仙人在棟。氣吹彩鳳之香臺。玉女臨窓。水溢雙鸞之鏡匣。"

1216 연하燕賀 : 축하한다는 뜻. 『淮南子』「說林訓」에 "목욕할 채비가 갖추어지면 이들이 서로 슬퍼하고, 큰 집이 이루어지면 제비와 참새들이 서로 축하한다.(湯沐具而蟣蝨相弔. 大廈成而燕雀相賀)"라고 한 데서 온 말로, 본디 제비와 참새가 사람의 집을 자기들의 깃들 곳으로 삼아 서로 축하한다는 뜻에서, 흔히 남이 새로 집을 지은 것을 축하하는 말로 쓰이며, 또는 일반적인 축하의 뜻으로도 쓰인다.

1217 봉의鳳儀 : 순임금이 소韶 음악을 연주하자 봉황이 날아와 춤을 추었다는 일을 가리킴.

1218 학의 등 : '학이 그려진 쟁반 위'라는 뜻으로 보임.

1219 용의 눈 : 용의 눈이 그려진 술잔인 듯함.

1220 수행승 : 원문 '三三'은 '前三三後三三'의 준말인 듯함.

1221 곤어 : 북쪽 바다에 사는 곤어는 크기가 몇천 리나 되는데 새로 탈바꿈하면 붕새가 되어 남쪽 바다로 날아간다고 한다. 『莊子』「逍遙遊」.

1222 추극樞極 : 두추斗樞와 북극성. 두추는 북두칠성의 첫째 별이며 천구天樞라고 한다.

1223 천이통天耳通 : 모든 소리를 마음대로 들을 수 있는 불가사의하고 자유자재한 능력.

1224 기야祇夜 : ⑤ geya. 중송重頌. 응송應頌.

1225 관리와 유자들 : 원문은 '縉紳章甫'. 진신縉紳은 관리들이 허리띠에 꽂는 홀과 띠를 말하고, 장보章甫는 유자들이 쓰던 관.

1226 장석匠石 : 고대의 유명한 장인匠人. 『莊子』「人間世」.

1227 낭간琅玕 : 청녹색의 비취. 여기서는 기둥을 가리킴.

1228 오대부五大夫 : 진시황秦始皇이 봉선을 행하러 태산泰山에 올라갔다가 폭풍우를 만나자 나무 아래에서 쉬고는 그 나무를 오대부에 봉했던 고사가 전한다. 『史記』「秦始皇本紀」.

1229 여우 자취 : 의심 많은 여우가 확정하지 못하고 주저하는 모습을 비유하는 듯함.

1230 거북 수명 : 원문은 '龜齡'. 장수를 뜻함.

1231 사마司馬 : 송태회宋泰會(1872~1942)를 가리킴. 전라남도 화순 출신이고 자는 평숙平淑, 호는 염재念齋. 16세 때 형 재회在會와 함께 최연소로 사마시司馬試에 급제하여 '동몽진사童蒙進士'로 불렸다. 시문詩文과 서예에 뛰어났고 『매일신보』 기자로 잠시 활동하였다. 한일 합방 이후 낙향하여 보성, 능주, 순천, 고창 등에서 한문과 서화 등을 가르쳤다.

1232 까마귀 쫓는(驅烏) : 구오驅烏 사미. 음식을 보고 날아드는 까마귀나 쫓는 일을 맡았다고 하여 7세에서 13세에 이르는 사미를 가리키는 말.

1233 풍습風濕 : 습한 곳에서 사는 까닭으로 습기를 받아서 뼈마디가 저리고 아픈 병.

1234 육족六足 : 말과 마부.

1235 면절면최綿蕞 : 야외에서 예례禮를 익히기 위해 띠(茅)를 베어 묶어서 죽 늘어세워 존비尊卑의 차례를 표시한 것을 가리키는데, 한고조漢高祖 초기에 숙손통叔孫通이 이 방법을 통하여 조정의 의례를 새로 제정했던 데서 온 말이다. 절蕞은 절絶과 같다. 면綿은 면으로 만든 끈을 설치해서 연습하는 곳을 만든 것이고, 절蕞은 대나무를 세우고 띠를 세워서 존비의 차례를 만든 것이다. 『歷代史選』 권6 「漢紀」.

1236 용운龍雲(1813~1888) : 법명은 처익處益. 송광사를 중창한 승려.

1237 송광사에 있는 용운대종사비에는 당시 주지 직임을 맡은 율암 찬의栗庵讚儀가 지은 「重修陰記」가 새겨져 있다. 그리고 금명 보정은 글씨를 썼는데 "자헌대부 겸법종찰선의 승종찰도섭리 금명보정 서資憲大夫兼法宗利禪議僧宗利道攝理錦溟寶鼎書"라 하였다.

1238 불행과 행복 : 원문 '丕泰'는 『周易』의 비괘와 태괘를 가리킴.

1239 중창한 공업 : 송광사는 1842년(헌종 8) 낙하당落霞堂에서 일어난 화재로 대웅전을 비롯하여 많은 건물과 소장품들이 소실되었다. 이듬해 기봉奇峰과 용운이 대웅전과 명부전·응향각凝香閣·법왕문法王門 등을 차례로 중건하였는데, 1856년(철종 7)까지 14년이 걸렸다. 그 뒤 율암栗庵이 1924년에서 1928년 사이에 용화당龍華堂과 명성각明星閣·사감고寺監庫·장탄문墻坦門 등을 신축, 증축하였다.

1240 조 공趙公 : 조성희趙性喜. 고종 때에 동복 현감同福縣監, 임실 현감任實縣監, 태인 현감泰仁縣監, 옥천 군수沃川郡守, 무주 부사茂朱府使 등을 지냈다. 비문에 '통훈대부 행무주부사 적상진 수성장 겸토포사 함안 조성희通訓大夫行茂朱府使赤裳鎭守城將兼討捕使咸安趙性喜'라 하였다. 『梅泉集』에 교유시와 만시가 보인다.

1241 율암栗庵 : 율암 찬의栗庵讚儀(1867~1929). 범해梵海 선사의 제자.

1242 남포藍浦 : 충청남도 보령시 남포면. 이곳의 벼룻돌이 특산물일 정도로 좋은 돌이 많은 곳이다.

1243 조종현趙鍾鉉 : 조경한趙擎韓(1900~1993). 본관은 옥천玉川이고 이명은 안훈安勳·안일청安一靑·조종현이며 호는 백강白岡이다. 전라남도 순천 출생의 독립운동가이다. 선암사 출신인 조종현趙宗玄(1906~1989)과는 다른 인물이다.

1244 서신書紳 : 큰 띠에 적는다는 뜻으로 잊지 않겠다는 의미. 『論語』「衛靈公」에 자장子長이 공자의 말을 잊지 않기 위해 커다란 띠에 기록하였다는 것에서 유래함.

1245 형체 바깥의 친분 : 외형적인 것은 상관하지 않고, 서로 마음으로써 사귐을 말함. 망형지교忘形之交.

1246 이포伊蒲 : 이포새伊蒲塞의 준말인 듯함. 오계五戒를 받은 남자 승려.

1247 도 군陶君 : 도굉경陶宏景을 가리킴. 남북조시대 사람. 제齊 고제高帝의 부름에 답한 시 〈詔問山中何所有賦詩以答〉이 있다. 홍경弘景이라고도 함. 『南史』.

1248 전별電別 : 뇌봉전별雷逢電別. 갑자기 벼락처럼 만나고 곧 번개처럼 헤어진다.

1249 옥대玉帶 풀어 산에 머무는 : 원문은 '玉帶鎭山'. 요원 불인了元佛印 선사가 금산사를 찾아온 소동파에게 말하기를, 일전어一轉語에 대답을 하지 못할 경우에는 학사의 몸에 띤 옥대를 풀어 산문山門에 두라고 했다. 『金山志』.

1250 거듭(主復) : 원문 '主復'은 백규白圭를 삼복三復한다는 뜻으로, 가슴에 새기며 재차 반복해 읽는 것을 말한다. 『詩經』「大雅」〈抑〉에 "흰 구슬의 티는 갈아 없앨 수 있지만 말의 허물은 어찌할 수가 없다.(白圭之玷 尙可磨也 斯言之玷 不可爲也)"라고 한 것을 남용南容이 세 번씩 되풀이하여 읽었던 데서 온 말이다. 『論語』「先進」에 "남용이 백규의 글을 세 번씩 되풀이하여 읽자 공자가 형의 딸을 그의 아내로 삼아 주었다.(南容三復白圭 孔子以其兄之子妻之)"라고 하였다.

1251 이자伊字 : 범어梵語의 '∴' 자.

1252 화장세계 : 연화장세계. 우주의 중심에 있다고 하는 비로자나불毘盧遮那佛의 정토. 이 부처는 천 개의 잎을 가진 연화좌蓮華座에 앉아 있는데, 그 잎 낱낱은 낱낱의 세계를 상징하며, 그 낱낱의 세계에 100억 국토가 있고 그 국토에 보신불報身佛이 출현한다고 함.

1253 이씨(仙李) : 노자老子가 이수李樹 아래에서 태어나서 성을 李로 했다는 전설이 있는데, 당나라 왕실에서 노자의 후손이라고 자처하였으므로 그 종족을 선리라고 지칭한 데에서 유래하였다.

1254 태백太白 : 당나라 시인 이백李白의 자.

1255 통명산 : 용운 처익의 조부가 곡성 통명산 아래 용계촌으로 옮겨 거주한 것을 말한다. 「송광사 대공덕주 용운당 대선사 행장」 참조.

1256 팔도(八垓)를 바로잡으며 : 용운의 직책 가운데 일부인 '교팔도규정승풍敎八道糾正僧風'을 언급한 것이다.

1257 교종을 일으켜 세우고 : 용운의 직책 가운데 일부인 '부종수교扶宗樹敎'를 언급한 것이다.

1258 소밀酥蜜 : 우유와 꿀을 섞은 것.

1259 패영貝瀛의 마을 : 꼬막이 많이 나는 벌교를 가리키는 듯함.

1260 규정癸丁 : 규는 정북에서 동으로 15도 기운 방향, 정은 반대로 정남에서 서로 15도 기운 방향.

1261 을신乙辛 : 을은 정동에서 15도 남쪽으로 기운 방향, 신은 반대로 정서에서 북으로 15도 기운 방향.

1262 대성전大成殿 : 문묘 안에 있는 공자의 위패를 모신 전각.

1263 상재庠齋와 서재序齋 : 상재는 성균관을 뜻하는데 문맥상 성균관의 동재와 서재를 가리키는 듯함. 동재는 강당이고 서재는 기숙사이니 동재는 선당, 서재는 승당에 비유할 만하다.

1264 복궤覆簣 : 삼태기로 흙을 날라 쌓는다는 뜻인데 일을 마친다는 의미로 사용함.
1265 노인성 : 남극노인성南極老人星. 수명을 관장함.
1266 후삼삼後三三 : 당나라 무착無着 선사가 문수보살을 친견하러 오대산에 갔다가 어떤 노인과 대화를 나누는 가운데 대중이 몇이나 되냐고 묻자, 노인이 '前三三後三三'이라 답하였다. 여기서는 헤아릴 수 없다는 뜻으로 사용함.
1267 추성樞星 : 북두칠성의 머리 쪽에 있는 네 개의 별 가운데 첫째 별.
1268 원형元亨 : 원형이정元亨利貞. 『周易』「乾卦」에 나오는 사덕四德. 元은 만물이 처음 태어나는 것으로, 봄에 해당된다. 亨은 만물이 성장하는 것으로, 여름에 해당된다. 利는 만물이 성숙하는 것으로 가을에 해당한다. 貞은 만물이 수렴되는 것으로 겨울에 해당한다.
1269 수용受用 : 삼신三身의 하나. 수용신에는 자수용신自受用身과 타수용신他受用身이 있다. 자수용신은 다른 보살이 보고 들을 수 없는 불신佛身으로서, 자기가 얻은 법락法樂을 자기만이 즐겨 하는 몸이요, 타수용신은 십지十地의 초지初地 이상의 보살이 볼 수 있고, 자기가 받는 법락을 다른 보살에게도 주는 불신이다. 이를 법신法身·응신應身에 배당하여 자수용신을 법신, 타수용신을 응신이라 하고, 또는 2신身을 모두 보신이라 하는 등 여러 학설이 있다. 『攝大乘論』에, "수용신이란 제불諸佛이 갖가지 국토國土와 보살대중의 법회에 현현하는 불신으로서, 그것은 법신을 의지依止로 삼는다. 그리하여 제불의 청정불토淸淨佛土와 대승의 법락法樂을 수용하는 인因이 된다."라고 하였다.
1270 의정依正 : 의보依報와 정보正報. 부처나 중생의 몸이 의지하고 있는 국토와 의식주 등을 의보, 과거에 지은 행위의 과보로 받은 부처나 중생의 몸을 정보라고 함.
1271 종찰種刹 : 종족과 찰토, 즉 국토.
1272 보화報化 : 보신報身(수용受用)과 화신化身.
1273 경술년(1910) 봄에~방장으로 이안하니 : 본문「칠전의 동쪽 방장이 고금에 이름이 다름에 대한 변증」에 같은 내용이 기유년(1909)의 일로 기재되어 있다.
1274 이설월李雪月 : 설월 용섭雪月龍燮(1868~1938). 동국대학교의 전신으로 1906년에 개교한 명진학교明進學校 2회 졸업생.
1275 김율암金栗庵 : 율암 찬의栗庵讚儀(1867~1929). 범해梵海 선사의 제자.
1276 해은 재선海隱栽善 : 금명 보정에게 수업을 받은 승려. 법명은 오천梧泉, 이름은 재선栽善.
1277 쌍향수雙香樹 : 송광사 천자암에 1세 보조국사와 9세 담당국사湛堂國師가 꽂은 향나무 지팡이가 자라서 두 그루 향나무가 되었다고 한다. 천연기념물 88호.
1278 칠요七曜 : 일日, 월月 및 금金·목木·수水·화火·토土의 다섯 별.
1279 만홀萬笏 청산 : 온 산이 홀笏(관리가 임금 앞에 조회할 때 들던 수판手板)을 세운 듯

하다는 뜻.
1280 삼재三災 : 도병재刀兵災·질역재疾疫災·기근재飢饉災와 세계를 파괴破壞하는 수재水災·화재火災·풍재風災.
1281 팔난八難 : 부처를 볼 수 없고 불법을 들을 수 없는 여덟 가지 곤란. 곧 지옥, 축생, 아귀, 장수천長壽天, 귀머거리와 장님, 정토의 변지邊地, 세지변총世智辯聰, 불전불후佛前佛後.
1282 학수鶴樹 : 부처님께서 북인도의 구시라拘尸羅성 서북쪽으로 흐르는 발제하跋提河 물가의 사라수 여덟 그루가 둘씩 마주 서 있는 사이에 자리를 깔고 열반에 드니 그 숲이 하얗게 변했다. 그래서 그것을 학림鶴林 또는 학수라 한다.
1283 용화龍華 : 용화수龍華樹. 미래에 미륵불이 용화수 아래에서 성불하고 3회 설법으로 모든 중생을 교화한다고 한다.
1284 겁운刼運 : 재앙이 낀 운수.
1285 혜린慧璘 : 신라 법흥왕 원년에 혜린 선사가 사찰을 지었다고, 본문「조계산 국사전의 중창에 따른 상량 명과 서문」에 기재되어 있다.
1286 용화회龍華會 : 미륵이 도솔천에서 이 세상에 내려와 화림원華林園의 용화수 아래에서 성불한 후에 행하는 설법 모임.
1287 나무 매 : 보조 선사가 나무로 만든 매 세 마리를 날려 보냈는데 한 마리가 추월산에 내려앉아 암자를 짓게 되었다는 전설이 있다.
1288 위사韋史 : 신석희申錫禧(1808~1873)의 호. 1848년(헌종 14) 5월 증광시增廣試 병과 급제. 1850년(철종 1) 3월 18일 황해도 암행어사로 김상우 등을 탄핵하고, 규장각직각·도청응교都廳應敎 등을 역임하였으며, 1854년에는 순천 부사로서 수재 피해 수습에 진력하기도 하였다.『松廣寺之』부록「題詠」편에 천자암 찬시가 실려 있다.
1289 향나무 매화 아이 : 홍석주가 송광사에 갔을 때 관음전 기둥 위에 아이 모양의 나무 조각이 있길래 물어보니, 1797년의 일이라고 하면서 승려가 다음과 같은 이야기를 들려주었다고 한다. 삼청각에 화재가 났으나 승려들은 잠이 들어 모르던 차에 마당에서 불이 났다는 외침이 들렸다. 승려들이 나가 보니 아이가 외치면서 관음전 안으로 사라졌다. 그렇게 화재를 진압하고 이를 기이하게 여겨 향나무로 동자상을 만들어 봉안했다. 이 무렵 선암사에도 화재가 났는데 그 말을 듣고 동자상을 선암사로 가져갔다. 그러자 동자가 꿈에 나타나 자신을 돌려 놓으라고 했고, 선암사에는 다시 화재가 발생했다. 영험이 없다고 생각한 선암사 승려들이 동자상을 계곡에 버렸고, 동자상 꿈을 꾼 송광사 승려들이 동자상을 찾아 나한전 처마 사이에 봉안하였다. 이 상을 '매산梅山'이라 불렀다고 한다.「淵泉翁遊山錄」.
1290 연천淵泉 : 홍석주洪奭周(1774~1842)의 호. 본관은 풍산豊山, 자는 성백成伯. 약관에 모시毛詩·경례經禮·자사子史·육예백가六藝百家의 글을 모두 읽어 일가를 이루

었다. 충청도 관찰사를 지낼 무렵에 지은 것으로 보이는「淵泉翁遊山錄」현판이 송광사 우화각에 있고, 문집에는 이와 다른「松廣遊記」가 있다.

1291 지팡이 던져~선비화仙扉花에서 중명되고 : 의상 대사가 부석사에 꽂은 지팡이가 나무 선비화로 자라났다고 한다.

1292 먹은 것을~오어사吾魚寺에서 징험되었도다 : 혜공 선사와 원효 대사가 깨달음을 겨루기 위해 물고기를 각각 잡아먹었다가 다시 살려 내는 내기를 했다. 그러나 살아난 고기가 한 마리밖에 없자 두 스님이 '나의 고기(吾魚)'라고 말한 데서 사찰명이 유래되었다.

1293 주먹 펴는~인연을 고하리오 : 옛날 어떤 비구가 법화경을 외는데 항상 '애체靉靆' 두 글자를 잊었다. 스승이 말하길, 네가 전생에 법화경을 수지할 때 이 두 글자가 좀먹어서 그렇다고 하였다.『傳燈錄』에 25조 사야다가 항상 왼손을 주먹 쥐고 있다가 사자존자를 뵙고는 주먹을 펼치자 구슬이 있었고, 사자가 숙세 인연을 말하고 출가를 권하였다는 이야기가 있다. 주먹 펴기를 깨닫지 못한다는 것은 인연이 없어서 이치를 깨닫지 못한다는 뜻이다. 이 구절은 최치원의「智證和尙碑銘」에 나온다.

1294 진나라 채찍 : 진시황이 석교石橋를 놓아 바다를 건너가서 해가 뜨는 것을 보려 하자 신인神人이 돌을 굴려 바다를 메우는데, 돌이 빨리 구르지 않자 채찍으로 돌을 때리니 돌에서 피가 났다 한다. 진 복심伏深의『三齊略記』.

1295 결묵結墨 : 재목을 다듬을 때 먹으로 치수를 표시하는 일.

1296 병丙 : 정남에서 동으로 15도 치우친 방향.

1297 임壬 : 정북에서 서로 15도 치우친 방향.

1298 갑甲 : 정동에서 북으로 15도 치우친 방향.

1299 경庚 : 정서에서 남으로 15도 치우친 방향.

1300 칠살七殺 : 십간 오행의 일곱 번째는 각각 양은 양의 극, 음은 음의 극이 되는 작용이다. 목화토금수木火土金水의 오행에는 각각 음양이 있고, 갑甲에서 계癸에 이르는 열 종류의 간干은 모두 이들 오행의 어느 것인가에 소속이 되는데, 예를 들어 갑목甲木은 무토戊土를 목극토木剋土로 극하고 을목乙木도 기토己土를 마찬가지로 극한다. 그리고 무토에서 차례로 헤아려 일곱 번째의 갑이 양은 양의 극, 기토에서 헤아려 을목은 일곱 번째의 음끼리의 극이 된다. 10간은 각각 일곱 번째의 간에서 극을 받는 상이 되며 이것을 일컬어 칠살이라 한다. 고독, 박명, 색난, 실권, 병재, 이별의 일곱 가지 흉의를 내포하므로 칠살이라 부름.

1301 술해戌亥 : 술은 정서에서 30도 북으로 치우친 방향이고, 해는 정북에서 서로 30도 치우친 방향.

1302 축인丑寅 : 축은 정북에서 동으로 30도 치우친 방향이고, 인은 정동에서 30도 북으로 치우친 방향.

1303 보림寶林 : '보배 숲'이란 뜻으로 육조대사 혜능이 조계曹溪에 지어서 36년 동안 가르침을 편 사찰명이기도 하다.

1304 난亂 : 마무리. 초사楚辭의 종장終章이 '난왈亂曰'로 시작하는 데서 유래함.

1305 육위六偉 : 상량할 때 부르는 노래. 동·서·남·북·상·하로 여섯 번 '아랑위兒郞偉'라는 말이 들어간다.

1306 자음당慈蔭堂 : 국사전의 이칭. '자음'은 16국사의 은덕을 뜻함.

1307 행해당行解堂 : 본문「행해당을 중건하는 화문」에 위대한 왕사王師 세 분의 진영이 있는 충사忠祠로 소개되었다.

1308 보현동자 : 보현행을 상징하는 보현보살이 동자로 화현한 것.

1309 병정봉 : 조계산의 봉우리. 높이 532미터.

1310 황제 같은 봉우리 : 조계산 제자봉帝字峯.

1311 황노黃老는 어이타 목서木犀를 묻는가 : 송나라 문인 황정견黃庭堅이 황룡 회당黃龍晦堂 선사에게 법을 물었더니, 선사는 "목서 꽃의 향기를 맡았는가?"라고 물었고, 맡았다고 하니 "나는 네게 숨긴 게 없다."라고 하였다.『釋氏稽古略』권4.

1312 석천石泉 : 석천에 대해서는「종과 밥솥, 석천을 시주한 공덕에 대한 기문」에 보인다.

1313 제망帝網 : 인다라망因陀羅網. 인도의 신들 중 제왕에 해당하는 인드라신이 하늘을 다스리는 무기. 그물의 크기가 하늘을 덮는다. 그물망의 한 코마다 구슬이 달려 있는데 하나의 구슬에 수많은 다른 구슬이 비쳐서 다함없이 상대방을 비추는 불교의 무한 법계 사상을 내포한다.

1314 망망한 대지는~손가락 하나 :『莊子』「齊物論」의 "천지는 하나의 손가락이요 만물은 하나의 말이다.(天地一指也。萬物一馬也。)"라고 한 데서 온 말.

1315 선자禪子 : 선禪을 닦는 이.

1316 칼 차고 자니 : 잠을 잘 때도 번뇌를 자르는 칼을 차고 잔다는 뜻으로 수련에 매진함을 가리킨다.『緇門警訓』권3에 "帶刀而眠。離諸夢想"이라 하였다.

1317 십마백장十魔百障 : 십마는 10종의 번뇌를 마군에 비유한 것으로, 욕욕·우수憂愁·기갈飢渴·애愛·수면·포외怖畏·의疑·함독含毒·이양利養·고만高慢. 백장은 온갖 장애.

1318 노전爐殿 : 대웅전과 그 밖의 법당을 맡아보는 사람의 숙소. 향각香閣.

1319 삼변정토三變淨土 : 석존께서 분신分身 제불諸佛을 수용하기 위해 세 번 국토를 바꾸어 청정하게 한 것. 첫째로 사바세계를 청정하게 하였으나 그것으로 다 수용하기 어렵게 되자 두 번에 걸쳐 예토를 청정하게 바꾸었다.『法華經』「見寶塔品」.

1320 오취잡거五趣襍居 : 욕계에 여러 중생들이 모여서 함께 살고 있음을 말한다. 오취는 지옥·아귀·축생·인간·천상의 중생들.

1321 나계천주螺髻天主 : 대범천왕大梵天王의 머리카락이 소라같이 되었다 하여 그를 나

계범왕螺髻梵王이라고 일컫는데, 여기서는 석가불釋迦佛을 가리킴.
1322 선천先天 : 후천後天에 대비되는 말인데 여기서는 단지 '옛날'이라는 의미로 쓰인 듯함.
1323 15년 지나 기사년(1689) : 기사년이 맞다면 앞의 15년은 '5년'의 오류로 보인다.
1324 우계 전익友溪雋益 : 백암 성총栢庵性聰(1631~1700)의 제자.
1325 도감都監 : 돈이나 곡식을 관리하는 직책.
1326 용운龍雲 : 처익處益(1813~1888)의 호. 속성은 전주 이씨. 15세 때 송광사로 출가함. 본문「송광사 대공덕주 용운당 대선사 행장」참고.
1327 율암 찬의栗庵贊儀(1867~1929) : 휘는 찬의贊儀, 자는 남계藍溪. 1882년(고종 19) 선암산에서 월주 대사月宙大師에게 머리를 깎았으며, 남쪽으로 유향하여 두륜산에서 범해梵海에게 구족계를 받았다. 참고로 금명 보정이 율암 찬의 입적 3개월 전에 쓴「栗庵大禪師眞贊」이 전한다.
1328 김학모金學模 : 사천 군수를 지냈다. 본문「조계산 송광사 칠성각을 새로 지으려 터를 닦는 축문」(1923) 참조.
1329 우부禹斧 : 도끼. 우禹가 천하의 하천을 개척할 때 용문산龍門山을 도끼로 끊었다 한다.
1330 진편秦鞭 : 채찍. 진시황이 석교石橋를 놓아 바다를 건너가서 해가 뜨는 것을 보려 했다. 그러자 신인神人이 돌을 굴려 바다를 메우는데, 돌이 빨리 구르지 않자 채찍으로 돌을 때리니 돌에서 피가 났다 한다. 진 복심伏深의『三齊略記』.
1331 기산綺山 공公 : 석진錫辰(1892~1968)의 호. 전라남도 순천 출생, 성은 임林씨. 아버지는 원오元悟이고 어머니는 김金씨이다. 1905년 송광사 천자암天子庵에서 취월翠月을 은사로 출가하였으며, 호붕浩鵬에게 사미계를 받았다. 1910년부터 1912년까지 송광사 보통과를 이수하고, 그해 4월 금명에게 구족계를 받았다.
1332 옥돌(琅玕) : 난간은 청록색의 반투명 비취를 말한다.
1333 중해衆海 : 중생의 바다. 많은 사람을 뜻함.
1334 고독원이나 기수祇樹 : 원문은 '獨園祇樹'. 파사닉왕의 태자인 기타祇陀가 소유한 원림園林을 급고독장자가 사서 정사를 지어 석가모니불께 바치고, 기타는 그 수풀을 바쳤으므로, 두 사람의 이름을 합하여 '기수급고독원'이라 한다. 여기서는 둘을 구분하여 표기하였다.
1335 녹원鹿苑 : 녹야원鹿野苑의 준말. 석가가 불도를 닦아 처음 설법한 곳.
1336 학림鶴林 : 중인도 구시나가라 밖 니련선하 가에 있던 사라쌍수沙羅雙樹의 숲. 석가모니불이 입적한 곳.
1337 울향鬱香 : 술. 기장으로 빚은 술에 울금鬱金으로 조화시킨 것이다.
1338 원력수생願力受生 : 원력으로 몸을 받음.
1339 송악 : 송광사가 있는 산을 가리킴.

1340 도력은 9산의 장벽을 융화시키고 : 지눌은 8세 때 구산선문九山禪門 중 사굴산파闍崛山派에 속했던 종휘宗暉를 은사로 승려가 되었는데, 선교합일의 이론을 정립하여 '선교합일 회교귀선會敎歸禪'이라는 우리나라 불교의 특수한 종지를 창도하였다.

1341 자리는 삼보의 이름에 참여했네 : 지눌의 가르침을 따라 절제된 수행 생활을 하는 승려들로 인해 송광사는 삼보 중의 하나인 승僧을 대표하는 절로 알려졌다.

1342 치대鴟臺 : 치락대鴟落臺. 보조국사가 송광사 절터를 잡을 때 나복산羅蔔山(현재의 모후산母后山)에서 나무로 만든 솔개(木鴟)를 날렸더니 국사전國師殿의 뒷등에 떨어져 앉았으므로 이 뒷등의 이름을 치락대라 했는데, 후에 원감국사圓鑑國師 충지沖止가 진락대眞樂臺라고 했다.

1343 잔도棧道 : 험한 산의 낭떠러지와 낭떠러지 사이에 다리를 놓듯이 하여 낸 길인데, 여기서는 송광사 관음전 뒤편 보조국사 사리탑이 있는 언덕에 설치한 계단을 말한다.

1344 희옥熙玉 : 송광사 소장『大方廣佛華嚴經疏』를 각성覺性 등과 함께 1635년에 간행했다고 한다.

1345 응원應圓 : 인균印均(仁均)과 함께 17세기 전반에 활동한 대표적인 화승.

1346 일기一機 : 1718년에 안성 칠장사七長寺 원통전圓通殿의 목조木造 관음삼존상觀音三尊像을 제작하기도 했다.

1347 서홍瑞弘 : 1799년에 송광사에서『妙法蓮華經』을 쓰고 교정했다는 기록이 있다.

1348 도일度溢 : 사천왕상을 개채할 때 홍태弘太와 함께 화승으로 참여하였다.

1349 천희天禧 : 19세기 후반에서 20세기 전반에 전라도 지역에서 활동한 화승이다. 당호는 용선당龍船堂이다. 천희天喜(天熙)가 제작에 참여한 불화는 1873년 향림사〈七星圖〉를 비롯해 총 8점이 알려져 있다. 1891년 향호당香湖堂 묘영妙英이 주도하였던 송광사 사천왕상의 개채改彩 불사에 참여하였다.

1350 문성文性(1867~1954) : 충청도를 중심으로 전국에 걸쳐 활동했던 화승이다. 당호는 보응당普應堂이다. 속성은 김씨, 속명은 계창桂昌. 마곡사에서 화풍을 크게 떨치던 금호당錦湖堂 약효若效 문하에 입문하여 본격적으로 화원의 수업을 닦았다. 연파당蓮波堂 화인華印·향호당香湖堂 묘영妙英과 같은 전라도와 경상도 등지에서 활동했던 화승들과 더불어 작업하며 기량을 닦았다. 1903년에는 순천 송광사에서 고종황제의 기로소耆老所 입소를 기념하는 원당을 설치하고 단청을 하였는데, 문성은 묘영·천희와 더불어 초본을 담당하였다. 이때 그려진 벽화가 현재 송광사 관음전 내부에 남아 있다.

1351 제두뢰타提頭賴吒 : ⓢ Dhṛtarāṣṭra의 음사. 지국持國이라 번역. 수미산의 동쪽에 살면서 건달바揵闥婆와 부단나富單那를 거느린다. 부단나는 ⓢ pūtana의 음사이며 취아귀臭餓鬼 또는 열병귀熱病鬼로 번역된다.

1352 비류륵차毘留勒叉 : ⓢ Virūḍhaka. 수미산 남쪽에 살면서 구반다鳩槃茶와 벽려다薜

荔多를 거느린다. 구반다는 ⑤ kumbhāṇḍa의 음사이며, 옹형甕形으로 번역되는데 그늘진 모습이 항아리 같기 때문이며 염매귀厭魅鬼라고도 한다. 벽려다는 ⑤ preta의 음사이며 아귀餓鬼로 번역된다.

1353 비루박차毘樓博叉 : ⑤ Virūpākṣa. 수미산 서쪽에 살면서 용과 비사사毘舍闍를 거느린다. 비사사는 ⑤ piśāca의 음사로, 사람과 오곡의 정기를 먹는다고 한다.

1354 비사문毘沙門 : ⑤ Dhanada 또는 vaiśravaṇa. 수미산 북쪽에 거주하며 야차藥叉(⑤ yakṣa)와 나찰羅利(⑤ rākṣasa)을 거느린다.

1355 회향回向 : 회전취향回轉趣向. 자신이 쌓은 선근과 공덕을 타인에게 돌려 자타가 함께 불과佛果의 성취를 기하려는 것. 불사의 마지막 단계가 회향이므로 일의 마침을 뜻함.

1356 8년 : 6년의 오류.

1357 이 책~7장丈에 보인다 : 본문「조계산 보조국사의 감로탑을 이안한 연기와 평」을 말함.

1358 황석공黃石公과 장석군匠石君 : 바위와 관련한 이름을 차용한 것으로 황석공은 한漢나라의 개국 공신 장량張良이 흙다리 위에서 만난 노인인데, 노인이 일부러 다리 밑으로 내던진 신발을 주워 준 인연으로 태공太公의 병법을 전수했고, 장석군은『莊子』「人間世」에, 사당에 있는 아름드리 거목巨木을 보고는 쓸모없는 산목散木이라고 여겨 그냥 지나쳤다는 도목수 장석匠石을 가리키는 듯함.

1359 수도隧道 : 묘도墓道. 무덤으로 통하는 굴길.

1360 인寅을 등진 신申 방향 : 인은 정동에서 30도 북쪽으로 치우친 방향이고 신은 그 반대로 정서에서 30도 남쪽으로 치우친 방향이다.

1361 여산驪山 : 섬서성陝西省에 있는 산.

1362 천극天極 : 북극성 또는 하늘을 뜻함.

1363 각도閣道 : 대개 지붕을 씌워 만든 집 사이의 통로를 뜻하는데 여기서는 잔도棧道를 뜻함.

1364 대중大衆(介衆) :『歷代史選』권3 주나라 경왕敬王 2년 협주에 "개중介衆은 대중이다."라는 구절이 있다.

1365 단공檀功 : 시주의 공덕.

1366 구고九皐 : '깊은 구덩이'를 뜻하는데 여기서는 '하늘'의 뜻으로 사용함.『詩經』「小雅」〈鶴鳴〉에 "학이 구고에서 우니 소리가 하늘까지 들리네.(鶴鳴于九皐, 聲聞于天)"라는 구절이 있다.

1367 삼강三江 : 곤산현崑山縣 남쪽 9리 되는 곳에 있다. 우공이 세 갈래의 강물을 바다로 흘러들어 가게 하자 태호가 일정해졌다. 당대 중초仲初의「吳都賦」주에 송강 70리에서 갈라져 흐르다 동북으로 흘러 바다로 들어가는 것을 루강婁江, 동남으로 흐

르는 것을 동강東江이라 했는데, 송강과 합하여 삼강이라고 한다.
1368 함호菡湖(?~1928) : 송광사의 승려.
1369 유촉遺囑 : 죽은 뒤의 일을 부탁함.
1370 엄자산崦嵫山 : 해가 들어가는 곳으로 생각했던 산의 이름으로, 만년晩年 또는 노년老年의 비유로 쓰인다.
1371 비판(雌黃) : 옛날 누런 종이에 글을 쓰고 잘못된 글이 있으면 자황을 칠하여 지우고 다시 그 위에 썼던 데서 나온 말이다.
1372 화반탁출和盤托出 : 음식물을 소반에 차려서 들고 나온다는 뜻으로, 일체 남기지 않고 드러냄을 이름.
1373 불량佛粮 : 불공에 쓰는 곡식.
1374 선사위토先師位土 : 돌아가신 스승의 제사를 관리하는 비용을 마련하기 위한 토지.
1375 치혁鴟嚇 : 자기 것을 남에게 빼앗길까 봐 으르다.
1376 마땅하게(烏誼) : '오烏'는 의미 없이 치혁과 대비되게 하기 위해 쓴 말.
1377 사생四生 : 태생胎生, 난생卵生, 습생濕生, 화생化生.
1378 수북하게 많고 : 원문은 '鬪鬪鬧鬧', 『高峰原妙禪師禪要』「晩參」에 나옴.
1379 복전複殿 : 여러 층의 전각.
1380 용을 항복시킨 발우 : 육조대사 당시 못에 물을 마구 휘젓고 다니며 바람을 일으키는 용이 있어서, 육조대사가 "너 이놈, 몸을 키우고 재주를 부릴 줄은 알지만 몸을 작게 나툴 줄은 모르는구나."라고 법문을 하자 그 용이 어떻게 알아들었는지 몸을 작게 해서 육조대사 앞에 나타났다. 이때 육조대사가 발우로 딱 덮어서 용의 항복을 받은 일이 있다는 고사에서 유래된 말이다.
1381 고선枯禪 : 세상사 다 잊고 앉아서 참선만 하는 승려.
1382 보문普門 : 원만하고 완전한 가르침.
1383 조도수趙道洙 : 본관 옥천. 삼탄三灘 조대춘趙大春이 순천시 주암면 궁각리 매우 부락에 세운 양벽정漾碧亭을 1927년에 중건한 바 있다. 정청주, 「조선 후기 전남지역 사족의 누정 건립」, 『湖南文化硏究』 24, 전남대학교 호남문화연구소, 1996년 참조.
1384 대술大術 : 석가모니의 모친. 마하 마야摩訶摩耶. 대환大幻·대지모大智母·천후天后라고도 번역한다.
1385 신운身雲 : 갖가지 몸을 나타내는 것이 구름과 같음을 말함.
1386 도솔천에서 화신을~신운을 내리사 : 석가모니는 흰 코끼리 형상으로 도솔천에서 내려와 마야부인의 태 속에 드셨다.
1387 각수覺樹 : 석가모니가 그 아래에서 깨달음을 얻은 나무라는 뜻으로 보리수를 일컫는 말.
1388 무우수無憂樹 : [S] aśoka. 근심이 없는 나무란 뜻으로, 보리수를 일컫는 말. 석가모

니가 룸비니 동산의 이 나무 아래서 탄생할 때 마야부인이 이 나무를 잡았다 함.

1389 철수鐵樹 : 잎은 향포香蒲와 같고 자색紫色을 띤 나무인데, 소철蘇鐵이라고도 하고, 해송海松이라고도 하나 자세하지 않다. 다만 이 나무는 원래 열대 식물인데, 꽃도 피지 않고 열매도 맺지 않으므로, 선가禪家에서는 이것을 무심無心, 무작無作의 묘용妙用에 비유하여 사려와 분별을 단절하는 수행의 법칙으로 삼는다.

1390 노나라 들판에서~이르시길 기대하고 : 『春秋』 '애공哀公 14년조條'에 "서쪽으로 사냥을 나가 기린을 잡았다.(西狩獲麟)"라고 하였는데, 성왕聖王의 시대에나 출현하는 기린이 난세에 나와 잡혔기 때문에 공자가 절필하였다고 한다.

1391 번산(樊岑)에서 표범을~세움을 기뻐하겠네 : 옛날에 제왕이 행차할 때 따르는 행렬의 맨 마지막 수레에는 표범 꼬리를 매달아서 위용을 과시했다고 한다. 오吳나라 손권孫權이 무창武昌의 번산樊山에서 사냥을 하였는데, 어떤 노파가 무엇을 잡았느냐고 묻기에 표범 한 마리를 잡았다고 했더니, 그 노파가 "어째서 표범 꼬리를 수레에 매달아 세우지 않느냐.(何不豎豹尾)"라 하고는 홀연히 사라졌다는 이야기가 전한다. 『淵鑑類函』 권429 표豹 1. 이 구절은 최치원의 「大嵩福寺碑銘」에서 인용함.

1392 화엄을 설하시어~일곱 곳을 : 석가모니께서 『華嚴經』을 설한 장소가 일곱 곳이라는 말. 인간 세상에서 네 군데, 천상에서 세 군데. 칠처구회七處九會.

1393 녹원鹿苑에서 4제諦를 보이시어 : 녹야원鹿野苑에서 다섯 비구를 상대로 처음 설법한 것이 고집멸도 사제의 가르침이다.

1394 유루有漏 : Ⓢ sâsrava. 번뇌가 있음을 뜻하는 말. 번뇌가 없는 무루無漏에 상대되는 말이다.

1395 연태蓮胎 : 연꽃을 통해 서방정토에 태어남을 가리킨다. 『觀經』.

1396 종지種智 : 일체 만물의 각각 다른 상을 낱낱이 정밀하게 아는 부처의 지혜.

1397 불교사보佛敎社報를 보니~물음'이라 하였다 : 불교사에서 1928년에 발행한 잡지 『佛敎』 49호 「佛敎決疑」의 33회에 '금강산 유점사 동국경원'에서 질문한 '大經字數卞'과 이에 대해 답변한 퇴경退耕 권상로權相老의 글이 실려 있다. 『佛敎』 52호에는 김해은金海隱의 글 「佛敎決疑第三三回問書를 넑고-특히 楡岾寺東國經院」이 실려 있는데 본문과 견해가 일치한다. 해은은 호, 법명은 오천梧泉, 이름은 재선栽善. 『茶松詩稿』 권2에 칠언율시 「강단을 연 김오천에게 화답하다(和金梧泉開講)」가 있는데 협주로 "이름은 재선栽善, 호는 해은海隱이다. 정사년(1917) 겨울에 건당하기 전에 대원사로부터 왔는데, 도중에 쌍계사 강주의 요청으로 그대로 주실하여 개당하였다가 다음 해에 본사로 돌아가서 건당하고 주실하였다.(名栽善. 號海隱. 未建幢. 自大原寺來. 路爲雙溪寺講主請. 仍住室開堂. 明年還本. 建幢住室.)"라고 하였다.

1398 『화엄품목華嚴品目』 : 조선 후기의 승려 묵암 최눌默庵最訥이 『華嚴經』의 요지를 도표화하여 저술한 책. '화엄과도華嚴科圖'라고도 함.

1399 같은 모양의~보낼 일 : 원문은 "一狀領過, 一道行遣也." '領過'는 '처리하다'로, 이때 '過'는 어조사로 여긴다. 또는 '領過'를 범죄 사실을 심문하여 기록한 문서로 보기도 한다. 이 구절은 『書狀』의 「答江給事少明」에 보임.

1400 인아人我 : 인아지상人我之相. 나와 남을 갈라 놓고, 나를 소중히 여기고 남을 경시하는 마음.

1401 『치문경훈』 : 원元의 지현智賢이 승려들에게 경책과 교훈이 될 만한 글들을 모은 책. 조선 후기 백암 성총栢庵性聰(1631~1700)이 주석을 붙인 『緇門警訓』이 상중하로 나뉘어 있다. 국립중앙도서관 소장(위창 古 1798-7).

1402 수수守邃 : 속성은 장章씨이며 호는 정자淨慈이고 수령邃寧 봉계蓬溪(현 사천성四川省) 출신으로, 1135년에 수주隨州의 대홍산大洪山 정암사淨嚴寺에 거주하였으며 『四十二章經註』와 『潙山警策註』, 『遺教經補註』 등이 전함.

1403 격외格外와 의리義理 : 격외는 일반적인 가르침의 형식을 벗어난 것이요, 의리는 말의 가르침을 통해 전달되는 이치라 할 수 있다.

1404 대불사의大不思議 : 인간으로서는 헤아릴 수 없다는 뜻인데, 화엄경을 가리키기도 한다.

1405 몽둥이(活椎) : 사람을 죽이는 용도가 아니라 잘못을 깨닫게 하는 몽둥이라는 뜻으로 '活'을 쓴 것으로 보인다.

1406 허망하고 떠~괴상한 견해라 : 원문 '虛妄浮心多諸恠見'은 『大方廣圓覺修多羅了義經』의 '虛妄浮心多諸巧見'에서 '巧'를 '恠'로 바꾼 것이다.

1407 함호菡湖 화상의 진영 : 화승畵僧 김예식金禮植이 그렸다고 함. 김정희, 「조선 후기 화승의 진영상」, 『강좌미술사』 35, 한국미술사연구소, 2010, 71쪽 참조.

1408 일곱 분의 얼굴 : 정면이 아니라 좌우로 고개를 조금 돌린 얼굴 그림을 가리킴.

1409 저포苧袍의 은혜 : 저苧와 관련해서는 춘추시대 오나라 계찰季札이 정나라 자산子産에게 호대縞帶를 선물하고 자산은 계찰에게 저의紵衣를 선물했다는 고사가 『春秋左氏傳』 '양공襄公 29년'에 있고, 포袍와 관련해서는 전국시대 위魏나라의 수가須賈가 친구 범저范雎(혹은 범수范雎)가 추위에 떠는 것을 보고 제포綈袍를 주었던 고사가 있다. 『史記』 「范雎蔡潭列傳」. 여기서는 범저의 고사를 말하는 듯함.

1410 죽백(帛) : 종이가 없었던 시대에 청죽靑竹으로 만든 간찰簡札이나 비단 헝겊에 글자를 쓴 데서 서책書冊을 지칭하였고, 역사라는 뜻으로도 쓰임.

1411 율암栗庵(1867~1929) : 법명은 찬의讚儀. 범해梵海 선사의 제자. 송광사 주지를 맡음.

1412 홍려시鴻臚寺 : 후한 명제 때 서역에서 불경을 싣고 온 흰 말이, 의전을 담당하는 관청 홍려시에 머물렀고 추후 절을 세워 백마사白馬寺라 이름 지었다. 관청 명칭이 불교의 절 명칭으로 바뀐 것이다.

1413 축법란竺法蘭 : 후한後漢 시대에 처음으로 중국에 불교를 전한 대월지국大月氏國의

승려이자 역경가譯經家. 67년 가섭마등迦葉摩騰과 함께 낙양洛陽으로 와서 백마사白馬寺에 머물며 포교에 힘썼다.

1414 경부鯨桴(종) : 종의 윗부분에 음통과 포뢰浦牢(용)가 있는데 용의 목 부분에 종의 걸쇠가 걸려 있는 이 부분을 용뉴龍紐라고 부른다. 포뢰는 용의 아들인데 고래를 보면 무서워서 크게 운다고 한다. 그래서 종 치는 방망이에 고래를 새겨 넣어 경부라 한다.

1415 안찰鴈刹(절)이 구름처럼~하늘에 닿았다 : 이 부분은 최치원의 「智證和尙碑銘」을 인용한 것이다.

1416 비보裨補 : 풍수지리상으로 돕고 보완한다는 뜻. 도선국사道詵國師(827~898)의 비보사탑설에서 비롯함.

1417 우송友松 : 우송 황선명黃善明. 본문 「밭을 개간하기 위해 터를 닦는 축문」과 「낙안군 동화사 승당의 불상 개금과 탱화를 조성한 기문」 참조.

1418 사갈라沙迦羅 : ⑤ Sāgara. 큰 바다.

1419 도솔천兜史陀 내원內院 : 도솔천은 욕계 6천의 넷째 하늘로서 이곳은 다섯 가지 욕망을 마음껏 누리며 만족한 삶을 살기에 지족천이라고 한다. 그곳의 내원궁에 미륵보살이 거주한다.

1420 용운龍雲 : 처익處益(1813~1888)의 호. 속성은 전주 이씨. 15세 때 송광사로 출가함. 본문 「송광사 대공덕주 용운당 대선사 행장」 참조.

1421 용맹龍猛 : 용수龍樹. Nagarjuna. 남인도의 승려로서 대승불교를 일으킨 주역. 용수보살이 어떤 늙은 비구의 인도로 용궁에 들어가 많은 경전을 보게 되었는데, 그때 용수 보살은 한없이 많은 화엄경 범본梵本 가운데서 하본下本 화엄경을 지상으로 가져왔다고 한다.

1422 감불龕佛 : 불상을 모시기 위해 만든 집인 불감佛龕에 모신 불상.

1423 시청柴廳 : 땔감 놓는 곳을 말하는 듯함.

1424 제나라가 변하여~도에 이른다 : 『論語』「雍也」의 "齊一變, 至於魯. 魯一變, 至於道."를 변용함.

1425 월방月邦(인도) : 『首楞嚴義疏注經』에 따르면 인도가 별처럼 작은 나라들에 비하여 달처럼 크므로 월방이라 한다고 했다.

1426 주나라 솥 : 주정周鼎. 주나라 왕권을 상징함. 우禹임금이 구주九州의 쇠붙이를 모아 주조했다는 큰 솥.

1427 장주莊周의 표주박 : 『莊子』「逍遙遊」에서 양梁나라의 재상 혜자惠子가 장자에게 말하길, "위魏왕이 내게 큰 박씨를 주었습니다. 이것을 심었더니 그 박은 나중에 다섯 섬 무게만큼 커졌습니다. 여기에 물을 부었더니 박이 튼튼치 않아서인지 들면 모두 부서지기에 그것을 두 쪽으로 쪼개 표주박을 만들었다오. 하지만 너무 편편하고 얕

아서인지 많은 물을 담을 수 없었소이다. 아무리 큰 것이라 할지라도 그것이 소용이 없으므로 나는 그것을 깨뜨려 버렸소이다."라고 하니 장자는 큰 것을 사용할 줄 모른다고 하면서 "다섯 섬 무게의 박이 있다면, 왜 커다란 술통을 만들어 허리에 차고 강호에 띄워 유유히 놀아 볼 생각은 하지 못하고, 오히려 조각 난 바가지가 편편하고 낮아서 쓸모없으리라는 걱정만 하고 있는 겁니까? 당신의 마음 쓰는 것이 너무 각박하지 않습니까?"라고 하였다.

1428 식정識情 : 마음. 식심.
1429 동진童眞 : 승려가 될 뜻을 가지고 절에 와서 불도를 배우면서 아직 출가하지 않은 사내아이.
1430 만행화萬行華 : 자비를 기반으로 한 만 가지의 행을 꽃에 비유한 표현.
1431 구황救荒 : 기근을 구제함.
1432 채장債帳 : 남에게 빌린 돈의 금액을 적는 장부.
1433 삼리三利 : '고리대'를 뜻하는 듯함. 『周易』「說卦」에 "시가의 세 배에 가까운 이득이 된다.(爲近利市三倍)"라는 구절이 있음.
1434 경운擎雲(1852~1936) : 강백講伯·사경사寫經師. 속성은 김씨. 경상남도 웅천熊川에서 태어나 17세 때 출가하여, 구례군 연곡사鷰谷寺 환월幻月의 제자가 되었다. 전라남도 승주 선암사仙巖寺의 대승강원大乘講院에서 불경을 공부하였으며, 뒤에는 직접 강의를 담당하여 선암사를 당대 강학의 중심지로 만들었다. 순천의 환산정喚山亭을 매입하여 새로운 포교당을 설립하고 포교 사업에 힘을 기울였다.
1435 석향후石鄕侯 즉묵공卽墨公 : 벼루를 가리킨다. 당나라 문숭중文嵩曾이 벼루를 의인화하여 지은 「卽墨侯石虛中傳」에서, 남포藍浦의 석허중이 석향후로서 부절을 가지고 즉묵군卽墨郡 일을 다스리게 되었다고 하였다. 즉묵공은 '먹'의 의미로 쓰였을 수도 있다.
1436 갈고 다듬는 교분 : 갈고 다듬는다는 표현은 벼루와 먹의 관계를 말하고 원문 '磨琢'는 또한 친구 관계를 말하기도 한다.
1437 저선생楮先生·중산군中山君 : 저선생은 종이, 중산군은 붓을 가리킴. 당나라 한유韓愈의 「毛穎傳」에서 비롯됨.
1438 노고추老古錐 : 노선사에 대한 경칭. 선기의 예민함이 날카로운 송곳과 같다는 뜻.
1439 글(寶唾) : 보배로운 침이란 뜻으로 훌륭한 글귀를 가리킴.
1440 범행梵行 : 불도 수행. 범梵은 청정을 뜻함. 음욕淫欲을 끊고 계율을 지키는 청정한 수행.
1441 선원璿源 : 왕실 족보. 여기서는 그저 족보를 높여 이름.
1442 소사小師 : 구족계具足戒를 받은 지 10년이 안 된 비구.
1443 모후산母后山 : 1361년(공민왕 10) 홍건적이 쳐들어왔을 때 왕과 왕비는 태후를 모

시고 이곳까지 피난 왔다가 수려한 산세가 좋아서 왕이 1년 남짓 머물렀다. 그 후 원래 명칭인 나복산을 모후산으로 바꾸었다고 한다.
1444 제월천濟月泉 : 유마사 계곡에 흐르는 물. 당나라 요동태수遼東太守 유마운維摩雲이 관직을 버리고 화순 동복군으로 건너와 유마사를 창건하여 머물다가 죽었고 그의 딸 보안普安이 혼자 머무는데 자기를 사모하여 정욕을 주체하지 못하는 승려에게 '달을 건져 내면 내 몸을 허락하겠다'고 제안하는 등의 방편을 써서 정욕에서 벗어나게 했다는 전설이 있다.
1445 도마치逃馬峙 : 유마사 왼쪽 편의 높이 486m 봉우리.
1446 김규홍金奎弘(1845~?) : 본관은 청풍淸風, 자는 화일華一, 서울 출신. 1889년 전라도 관찰사, 1891년 형조판서, 1892년 예조판서, 1893년 공조판서·경기도 관찰사, 1894년 황해도 관찰사를 지냈다.
1447 결안結案 : 문안을 작성함.
1448 석숭石崇의 금곡金谷 : 진晉나라 무제 때 부자 석숭이 낙양洛陽 서북쪽 계곡에 지은 별장 금곡원金谷園.「綠珠傳」에 따르면 계곡에 금수金水가 흐르기 때문에 금곡이라 했다고 전한다.
1449 미타彌陀 : 아미타불의 약칭.
1450 이 글은 권1의「고흥군 금산면 풍악산 송광암 중수기」와 거의 일치한다.
1451 동전 셋을~보배(寶藏)를 얻었다 : 옛날 악생왕惡生王이 동산에서 황금 고양이를 보고는 사람을 보내 땅을 파 보니, 3섬들이 구리쇠 독을 하나 얻었는데 거기에는 금전이 가득 차 있었다. 좀 더 깊이 파다가 또 독 하나를 얻었다. 이렇게 하여 세 개의 독을 얻었는데 또 곁으로 파다가 거기서도 구리쇠 독을 얻었다. 쉬지 않고 자꾸 파서 5리에 이르는 동안 모두 구리쇠 독을 얻었는데 거기에도 금전이 가득 차 있었다. 악생왕은 매우 이상히 여겨 곧 존자 가전연迦栴延에게 가서 그 돈을 얻은 내력을 자세히 이야기하고 과거의 그 인이 뭐냐고 물었다. 존자는 대답하였다. "자세히 들으십시오. 먼 옛날 91겁 전 비바시불毘婆尸佛의 끼친 법이 있을 때 여러 비구들이 네거리에 높고 큰 자리를 만들고 그 위에 발우를 얹어 두고 이렇게 말하였습니다. '세상에 누가 이 든든한 창고 안에 돈을 넣겠는가? 이 창고에 넣은 돈은 물도 띄울 수 없고 불도 태울 수 없으며, 왕도 빼앗을 수 없고 도둑도 겁탈할 수 없을 것이다.' 그때 어떤 가난한 사람이 마침 나무를 팔아 돈 세 전을 얻은 것이 있었는데, 그는 이 말을 듣고 매우 기뻐하여 곧 그 돈을 모두 발우에 넣고 성심으로 발원하였습니다. 그리고 집을 향해 5리쯤 걸어오면서 걸음마다 기뻐하고, 집 문에 이르러서는 보시한 그곳을 향해 진심으로 발원하고는 집에 들어갔습니다. 그때의 그 가난한 사람이 바로 지금의 왕입니다. 왕은 과거에 세 전을 보시한 인연으로 말미암아 세상마다 존귀하여 그런 세 개의 돈 항아리를 얻었으며, 5리 동안 걸음걸음마다 기뻐한 인연으

로 항상 5리 안에 그런 돈이 있게 된 것입니다." 왕은 전생의 인연을 듣고 기뻐하면서 떠나갔다. 『雜寶藏經』 9권 103 '金猫因緣'.
1452 선영홍宣永鴻(1861~1924) : 본관 보성. 고흥 도양면 관리(현 도덕면)에서 태어나 거금도 지역인 금산면을 기반으로 부를 이루었다. 충남 보은군에 「前秘書卿宣永鴻施惠碑」가 세워져 있다.
1453 장 공張公 : 장남박張南搏. 거금도 고흥군 금산면 신촌리에 장남박 면장의 행적을 기념하는 비가 1941년에 세워져 전해진다.
1454 사키(佐木) : 앞의 글에는 사사키(佐佐木)로 되어 있다.
1455 화華의 3축祝 : 요堯임금 때에 화 땅의 봉인封人(관직)이 수壽, 부富, 다남자多男子 세 가지로써 임금을 위해 축도祝禱했다. 화봉삼축華封三祝. 『莊子』 「天地」.
1456 순荀의 8룡 : 한나라 말엽 순숙荀淑이 낳은 여덟 명의 훌륭한 아들을 일컬음. 자손이 번창하리라는 뜻.
1457 촉루囑累 : 타인에게 고하고 의뢰함.
1458 엄자산崦嵫山 : 해가 들어가는 곳으로 생각했던 산의 이름으로, 만년晩年 또는 노년老年의 비유로 쓰인다.
1459 납일臘日 : 동지로부터 세 번째의 미일未日. 납일 때가 되면 대개 음력으로 연말 무렵이 되므로 여기서는 '죽을 때'라는 의미로 사용됨.
1460 찰귀刹鬼 : 사람 잡아먹는 귀신.
1461 진제眞諦 조사의 자손기子孫記 : 권2에 있는 「함호 화상이 유촉하는 글」을 가리킴.

부록
附錄

[부록 1附錄—][1)]

행록초[1]

법휘法諱는 보정寶鼎이요 자字는 다송茶松이니, 금명錦溟은 호號이고 또한 '첨화添華'라고도 한다. 곡성군谷城郡 운룡리雲龍里 사람이다. 성은 김씨로 옛 가락국 왕의 70대 후예이고, 이조 인종 때의 공신 학성군鶴城君 김완金完[2]의 11세 적손嫡孫이다. 조부는 자헌대부資憲大夫 김환태金煥泰이고 부친은 통정대부通政大夫 김상종金相宗이다. 모친은 완산完山 이씨李氏로서 회임할 때 비단 같은 채색 구름 아래 개울이 넘쳐 바다가 되는 꿈을 꾸었다. 함풍咸豊 11년 신유년(1861) 1월 19일 축시丑時[3]에 태어났다. 정수리는 높고 코는 똑바르니 골상이 길고 풍부했다.

나이 겨우 5세 때 스스로 이름을 '영준英俊'이라 하였으니, 이웃 노인들이 비상하다고 여겼다.

11세 때 입학하여 낮에는 일하고 밤에 독서한 지가 4년이 되는데 모친의 병이 위독하자 자신이 병수발을 맡아서 대소변 그릇을 들고 무수히 출입하면서 싫증 내지 않았다. 눈밭에서 영지를 캐고 진흙에 빠지며 조개를 구하는 데 힘을 다하지 않음이 없었다. 그렇게 20개월에 이르러 모친의 병환이 조금 차도가 있었지만 집안은 완전히 기울어서 자식 넷이 각자 흩어져 갈 곳이 없었다. 부친의 말씀에 따라 출가하게 되니, 모자간의 정이 어떠했겠는가.

15세 을해년(1875) 12월 20일에 어버이를 떠나 출발하여 순천군 송광산松廣山에 이르러 금련金蓮 화상에 의지하여 득도得度(출가)하고 경파景坡 대사에게 절하고 계를 받았다. 하루는 문득 마음이 슬프고 모골이 쭈뼛하여

---

1) ㉮ '附錄—' 세 자는 편자編者가 보입補入함.

모친을 뵙고 싶어서 스승께 고하고 달려갔더니 모친의 병환이 다시 심해져 목숨이 경각에 있었다. 병수발을 한 지 3일 만에 영결하게 되니 즉 병자년(1876) 5월 21일이었다.

18세 때 계사戒師를 모시고 유학遊學하여 경붕景鵬[4]·구련九蓮[5]·혼해混海[6]·원화圓華[7]·원해圓海[8]·범해梵海[9]·함명菡溟[10] 등 대종사를 참학하였다. 8, 9년 사이에 그 조박糟粕[11]의 맛을 배불리 얻었다.

무자년(1888) 1월 18일에 엄군嚴君(부친)의 영서永逝(죽음)에 곡을 했다. 같은 해 2월에 은사의 유촉(恩囑)을 받들어 허주虛舟[12] 선사를 여산廬山 땅에서 참학하였다. 은사恩師의 선호禪號 '금련당金蓮堂'을 받고 돌아와 은사에게 고하자, 은사가 말했다.

"나의 생전 바람을 네가 이제 완성시켰구나. 그러나 나는 오래도록 병상에 있어서 전할 만한 물건이 없으니, 너는 다른 가문에서 법을 구하는 게 좋겠다."

"10년 가르쳐 길렀으니 본뜻이 어디에 있습니까. 다만 심법心法을 전함이 오직 우리의 가풍家風입니다. 물건이 있고 없고를 어찌 말하겠습니까."

"말인즉 옳지만 내 어찌 차마 하겠느냐."

은사의 병이 더욱 심해져서 대소변을 치우게 되었는데 병수발하면서 괘념하지 않았다. 기축년(1898) 7월 26일에 입적하였다. 오호, 망극하도다. 탄식하며 시 하나를 지었다.

> 어버이와 은사 스님 모두 간병하여
> 대변과 소변을 손수 직접 처리했지
> 눈밭의 영지와 진흙 밭 조개는 일상사
> 손가락 피 내어 소생시키지 못함이 한이네

30세 경인년(1890) 2월에 금련당金蓮堂 아래에서 건당建幢[13]하였고 보조실普照室에 주석하였으니 즉 부휴浮休[14] 종파의 14세 문파門派라 하겠다.

신묘년(1891) 봄에 본암本庵(보조암)을 수선하고 서각제西閣祭[15]의 폐해(苦瘼)를 혁파하였다.

임진년(1892) 2월에 능가산 서불암西佛庵[16]에 들어가 관음상에 7일 동안 기도했다.

갑오년(1894)에 동학 난을 막았고 서울 군대(京師)의 노략을 맞아 사찰과 승려를 지켰다.

을미년(1895)에 본사 청진실淸眞室에 주석하였다.

병신년(1896) 봄에 방장산(지리산) 화엄사에서 요청하여, 갔다. 당시 걸출한 수재들이 모두 이곳에 모였다.

정유년(1897) 1월에 본산의 요청이 있어서 광원실廣遠室[17]에 주석했으니 즉 국사께서 결사結社하셨던 도량이다. 법중法衆이 많고 많아서 방장이 좁았다. 같은 해 가을에 보조암普照庵의 요청에 따라 갔는데 마침 법을 전한 인연이 있었다. 납월(12월) 8일에 문하제자 눌봉訥峯[18]에게 전강傳講하니 이것이 첫 번째 전심傳心이다.

무술년(1898) 봄에 심우心友[19] 도량道良이 방장산에 들어왔다. 즉시 금강산으로 향하여 처음에는 원종찰圓宗刹 장경藏經에 참례하고 다음에 불종찰佛宗刹 불묘佛廟에 참례하였다. 홀연 가뭄 피해를 입자 계림군鷄林郡 사불산과 속리산·계룡산을 거쳐 돌아왔다. 비 올 때 방장산(화엄사 만일암) 구층대九層臺에 앉아 염불하고 눈 올 때 조계산(송광사) 삼일암三日庵에서 결제結制[20]했다.

기해년(1899) 1월에 해인사의 대장경을 인간하는 불사 모임에 들어가 교정과 편집의 책임을 맡았고, 일부 경전을 본사에 봉안하였다. 퇴재退齋를 모시고 진상하기 위해 역마를 타고 상경하였다가 돌아왔다. 칙명을 받들어 남여籃輿[21]의 폐해를 혁파하였다. 대중(介衆)이 시왕十王 각부各部의 탱화를 새로 조성할 때 화주를 맡겨 2천여 금을 구하니, 며칠 되지 않아 성사시켰다. 다음 해 2월 15일에 이르러 일을 마치고 봉안하였다.

경자년(1900) 1월에 본군 통인通引[22]이 혼란을 일으키자, 총섭의 임무를 담당하여 사원의 존폐를 염려하고 직무를 맡아 공무를 행하여 즉시 태상시太常寺[23]에 보고하였다. 서울에서 포교를 보내 두 통인을 붙잡아 경무청警務廳[24]으로 보냈다. 특별히 처분을 내려 엄형嚴刑을 가해 추방하였고, 또한 칙지勅旨 계판啓板[25]을 내려 관청 폐해(官瘼)의 일을 혁파하게 하였다. 이에 사찰이 안정되었다.

신축년(1901)에 해남군 대흥사의 화재 이후 불사소佛事所에 나아가 증명단證明壇[26] 40축軸의 복장腹藏[27]을 장애 없이 성취하였다. 봉안하는 날 저녁에 상서로운 구름이 하늘에 서렸다.

임인년(1902)에 해인선원에서 하안거를 맺었다. 상궁 천씨千氏가 금강계단과 대구품大九品[28] 승가리僧伽梨[29] 모임을 마련하니 증명석에 참여하였다. 하안거 해제 후에 천씨를 모시고 본사로 돌아와 불전에 은혜롭게 보시하니, 번거롭지 않았다.[30] 같은 10월에 기로사(耆社) 원당願堂 일로 대내大內[31]에서 공문을 보내 해당 승려를 부르자, 자원하여 상경하였다. 마침 대내가 편치 않아서 화엄회를 동대문 바깥 원흥사元興寺[32]에 마련하니 13도의 고승들이 모여들었다. 또한 그 모임에 참여하여 현요玄要를 이야기하였다.

해랍解臘[33] 후 계묘년(1903) 5월 초에 이르자 내하금內下金[34] 1만 관貫을 탁지부度支部에서 환척換尺하여 정명원鄭明源[35]과 함께 수레를 타고 본사로 돌아왔다. 날을 정해 일을 감독하니 12월에 마치게 되었다. 그동안 손수 지은 것이 세 번, 상언上言한 것이 세 번이며, 성城에 들어가 두루 도모한 일이 일일이 들 수 없을 정도다. 혹자가 "불자佛子(승려)가 본업에 힘쓰지 않고 서울에 출몰하니 명예와 이익을 구함이 아닌가?"라고 하자, "불자 또한 신하이다. 군주를 위하는 마음이 본래 부처를 위하는 마음에 있으니 우리들의 군주에 대한 충성이 어찌 부처님에 대한 공경과 다르겠는가."라고 대답하였다.

같은 해 12월에 또 본사 섭리攝理의 책임을 맡았다가 갑진년(1904) 가을에 이르러 병마 때문에 사임하고 물러나 만일암 방장실로 돌아왔다가 다시 무등산 원효암으로 가서 결랍結臘[36]하였다.

을사년(1905) 3월에 회광晦光[37] 선사가 전경轉經[38] 불사 때문에 오자, 그 가운데 입승立繩[39]과 검경도감檢經都監의 직임을 맡았다. 또 계단戒壇을 마련하여 갈마羯摩[40]의 지위로 참여하였다.

병오년(1906) 3월에 본本 시왕계十王契에 예수預修[41] 무차회無遮會를 마련하여 화주의 직임을 맡아서 단문壇門(시주)을 모집(鳩化)하여 영령들을 천도했다.

무신년(1908)에 청진암淸眞庵[42]에 자취를 숨겼다. 의병(義酋)[43]들이 산에 가득했고 일본 병사들이 항거하였다. 4월 18일에 이르러 동암東庵과 보조암이 일시에 화재를 당했는데 본 암자는 편안히 화재를 면했다.

기유년(1909) 봄에 익우益友[44] 한둘이 앞에서 당기고 뒤에서 밀면서, "이런 세상에서 몸을 보호하는 계책은 초야에 숨는 게 제일인데 어찌하여 같이 가지 않는가?"라고 하자, "두 형이 어찌 그러함을 알리오. 나는 이미 산에 들어와 불자가 되었고 산을 내려가지 않겠다고 맹세했소. 산사람들에게 피해를 입을지언정 끝내 불자의 이름을 바꾸지는 않겠소. 오직 형들은 삶을 잘 도모하시오."라고 답했다.

경술년(1910)에 풍조가 일변하자 신학문을 위해 학교를 설치하여 교육하였는데 한문과 불교 과목의 스승으로 추대하니, 교편을 사양하지 못하고 몇 년간 교편을 잡았다.

임자년(1912) 4월 8일에 금강계단을 장경전藏經殿에 마련하니 화상和尙과 아사리阿闍黎[45] 계율을 받은 이들이 백 명에 달했다. 7월 15일에 응암應庵[46] 선조의 영정을 마련하여 당堂에 걸었다.[47]

갑인년(1914) 2월에 (송광사) 보제당普濟堂에 강원講院을 마련하여 강석講席에 부임하니 사자 무리들이 즐비하여 사람을 무는 경우가 많았다.[48]

을묘년(1915) 3월에 방장산 천은사泉隱寺에 가서 또한 크게 모임을 여니 화산華山의 학도들이 점차 출몰하였다. 이에 좌주座主가 치혁鴟嚇[49]하는 혐의가 없지 않아서, 겨우 1납臘(년)을 넘겼다.

병진년(1916) 1월 15일에 해남군 대흥사로 가니 바로 12종사께서 교화를 밝히신 곳이다. 사찰의 풍조는 융화하고 법중法衆이 번창하였다.

정사년(1917) 1월 13일에 다시 본산의 요청에 따라 가니, 실로 이른바 "푸른 봄에 고향으로 돌아가기 좋다."[50]라는 격이었다.

무오년(1918) 3월에 해은당海隱堂에서 전강傳講[51]하니, 이것이 두 번째 전심傳心이다.

경신년(1920) 4월 초에 태안사泰安寺 선원으로 옮겨서 하안거를 마치고 또 봉서암鳳瑞庵 염불당에서 결랍結臘하였다.

신유년(1921) 1월 19일은 바로 61번째 생일(初度)이었다. 제자(徒弟)들이 1당堂에 다회茶會를 마련하여 수시壽詩[52] 1권을 만들어 기념하고자 했다. 5월 15일에 본사에서 주지 직임을 세 번 청하였으나 다음과 같이 굳이 사양하였다. "내가 벌써 두 번이나 직임(印綬)을 맡아 산수(水土)의 은혜에 보답하였습니다. 이제 직임을 맡는다면 누진漏盡[53]의 기롱을 어찌 감당하겠습니까." 9월에 우연히 각기脚氣[54]로 고통하며 신음한 지 10개월이 지나 조금 나았다.

임술년(1922) 7월에 또 본산 강원의 요청이 있어서 행각을 거두고 돌아왔다. 그리하여 보제당에 주석하였다. 물러나고자 하였으나 그렇지 못해서 연이어 7년을 주석하면서 강론(佔畢)[55]하였다.

무진년(1928) 2월에 강원을 법성료法性寮로 옮기자 역시 자리를 옮겨 주석하였다. 3월에 해은당海隱堂에서 전강傳講하니 바로 세 번째 전심傳心이다. 보제당 염불회念佛會로 돌아와 정토업淨土業을 지었다. 8월 15일에 삼존불三尊佛을 개금하였다. 본당本堂의 벽화 구품도九品圖[56]를 사람을 시켜 결말 짓고자 했으니 미타불彌陀佛[57]인 까닭이다. 찬란하게 수리하였으니 바로 함호菡湖[58] 선사가 보시한 것이다.

그 저술로는 시고詩稿 3권·문고文稿 2권·『불조찬영佛祖贊詠』1권·『정토백영淨土百詠』1권이 있고, 편록編錄으로는『조계고승전曹溪高僧傳』1권·『저역총보著譯叢譜』1권·『석보약록釋譜略錄』1권·『삼장법수三藏法數』1권·『염불요해念佛要解』1권·『속명수집續名數集』1권·『십지경과十地經科』·『능엄경과도楞嚴經科圖』·『대동영선大東咏選』·『질의록質疑錄』·『수미산도須彌山圖』가 있다. 그 개당開堂하여 설회設會한 것이 모두 8처處 10회會이니, 일생 사업이 이와 같을 뿐이다.

行錄草

法諱寶鼎。字茶松。錦溟其號。亦名添華。谷城郡雲龍里人也。姓金氏。古迦洛國王七十代裔。李朝仁廟時功臣鶴城君完之十一世嫡孫也。祖。資憲大夫煥泰。考。通政大夫相宗。母。完山李氏妊誕之夢。彩雲如錦。溪漲成溟。咸豊十一年辛酉一月十九日丑時生。頂高鼻直。骨相修豊。年甫五歲。自言名曰英俊。隣老以爲非常云。十一歲入學。日耕夜讀者。僅四年。慈母病篤。自任侍湯。大小便器。無巡出入。心不厭惡。雪中採芝。沒泥求蛤。莫不竭力。以至二十箇月後。慈患雖小差。家道悉滅敗。四子各散。無處可往。依父敎令出家。母子之情狀。當如何哉。十五歲乙亥十二月二十日。乃謝親發行。至順天郡松廣山。依金蓮和尙得度。拜景坡大師受戒。一日忽心慘毛竪。思欲見母。告師馳往。慈患更發。命在呼吸。纔侍湯三日永訣。卽丙子五月二十一日。十八歲陪戒師遊學。叅于景鵬九蓮混海圓華圓海梵海蕅溟等諸大宗師。八九年之間。飽得其糟粕之味。戊子一月十八日哭嚴君之永逝。同年二月。奉恩囑而叅虛舟禪師於廣山地。受恩師禪號曰金蓮堂。歸來告恩。恩曰。吾之生願。汝今成矣。然吾久在病床。無物可傳。汝求法他門可乎。答曰。十年敎養。本意安在。但傳心法。唯吾家風。物之有無。何足道之。恩曰言卽是矣。吾何忍乎。恩病尤甚。大小便除滌。侍湯之情。不忍掛念。至己丑七月二十六日奄寂。嗚呼罔極哉。嘆成一關曰。雙親恩傅俱看病。大小糞穢手自摩。雪芝泥蛤皆常事。最恨無能斫脂蘇。三十歲庚寅二月。建幢於金蓮堂下。住席於普照室中。卽浮休宗十四世門派云。辛卯春修繕本庵。而革罷西閣祭苦瘼。壬辰二月。入楞伽山西佛庵。祈觀音像七日。甲午拒東之亂接京師之掠。寺僧保安。乙未住本寺淸眞室中。丙申春赴方丈山華嚴寺請。當時宏傑秀才。盡萃于此。丁酉一月有本山之請。住廣遠室中。卽國師結社之道場。法衆濟濟。方丈自隘。同年秋赴普照庵請。適有傳法之緣。臘月八日。傳講于訥峯門弟。此第一傳心也。戊戌春心友道良。入方丈山。卽向金剛山。初叅圓宗利藏經。次禮佛宗利佛廟。忽爲旱魃之所害。由鷄林郡四佛山俗離山鷄龍山而還。雨際坐方丈之九層臺念佛。雪際結曹溪之三日庵。己亥一月入海印寺。印大藏經佛事會。爲較正編集之任。一部經奉安于本寺。奉退齋進上。乘馹上京而還。奉勅革袪藍舉之瘼。介衆以十王各部幀新成化主責之。求財二千餘金。不日成功。至明年二月十五日畢奉安也。庚子一月。本郡通引之作亂。以摠攝之任擔之。自念寺院之存亡。佩印行公。卽報于太常寺。自京發校。捉上二通引于警務廳。特下處分嚴刑放下。亦下勅旨啓板。革罷官瘼之役。寺乃安堵。辛丑赴海南郡大興寺回祿後佛事所。證明壇四十軸腹藏。無障成就。奉安之夕。瑞雲蟠空。壬寅結夏於海印禪院。尙宮千氏。設金剛戒壇及大九品僧伽梨會。叅證明席。解夏後陪千氏還本寺。佛前惠施。不煩。同年十月。以者社願堂事。自大內發關。招該事僧。自願上京。適因大內不寧。設華嚴會於東門外元興寺。十三道高僧會集。亦叅其會。談說玄要。解臘後至癸卯五月初。內下金一萬貫。自度支部換尺。與鄭明源。乘輪還本。克日董役。至十二月告功。這間手製三度。上言三度。入城周圖事。不能枚擧。或曰佛子不務本業。出沒京都。無乃釣名求利耶。曰佛子亦臣子。爲君之心。本在爲佛。吾徒之忠君。何異於敬佛乎。同年十二月。又責以本寺攝理之任。至甲辰秋。以病魔謝任。退歸萬日方丈室。又赴無等山元曉庵結臘也。乙巳三月晦光禪師。以轉經佛事。來以會中。立繩及檢經都監之任。又設戒壇。衆羯摩之位。丙午三月。本十王契中。設預修無遮會。推擔化主之任。鳩化壇門而薦靈。戊申隱迹于淸眞庵。義酋遍山。日兵抗拒。至四月十八日。東普兩庵。一時衝爇。而本庵安然免禍。己酉春一兩益友。前牽後推曰。此世保身之計。莫若野隱。何不偕行乎。曰兩兄安知其然吾旣入山。以爲佛子。誓不下山。寧爲山氓所害。終不改佛子之名。唯兄等善自圖生也。庚戌風潮一變。乃以新學之說。設校敎育。而推以漢文及佛敎師。故不辭敎鞭。數年敎授。壬子四月八日設金剛戒壇于藏經殿。爲和尙阿闍黎戒徒盈百。七月十五日。以應庵先祖影幀刱新。掛于堂。甲寅二月。設講院於普濟堂。赴任講席。獅徒濟濟。咬人者多矣。乙卯三月。赴方丈山泉隱寺。亦大會而華山學徒。稍稍出沒。座主不無鷗嚇之嫌。僅過一臘。丙辰一月十五日赴海南郡大興寺。卽十二宗師闡化之地。寺風和融。法衆繁昌。丁巳一月十三日。又赴本山之請。實所謂靑春好還鄕者也。戊午三月。傳講于海隱堂。此第二傳心也。庚申四月初移[1]住泰安寺禪院解夏。又結臘於鳳瑞庵念佛堂。辛酉一月十九日。卽六一初度也。徒弟等設茶會一堂。壽詩一弓。以欲紀念之表。五月十五日。自本寺以住持之任三請而固辭曰。吾旣再秉印綬。以報水土之恩。今若佩印。安堪漏盡之譏耶。九月偶以脚氣苦痛。吟呻十箇月。小差。壬戌七月。又有本山講院之請。卽收脚還山。仍住普濟堂。欲退不得。連住七年而佔畢。戊辰二月。講院移定於法性寮。亦移席住之。三月傳講海隱堂。卽第三處傳心也。返于普濟堂念佛會。以做淨土業。八月十五日。三尊佛銑金。本堂壁畫九品圖。使人欲結。彌陀佛故也。奐然修理。卽藺湖禪師所施也。其著述者詩稿三。文稿二。佛祖贊詠一。淨土百詠一。編錄者。曹溪高僧傳一。著譯叢譜一。釋譜略錄一。三藏法數一。念佛要解一。續名數集一。十地經科。楞嚴經科圖。大東咏選。質疑錄。須彌山圖也。其開堂設會。凡八處十會。一生事業。如是而已。

1) ㉙ '也庚申四月初移' 일곱 자는 『韓國佛敎全書』 원문에 빈 칸(□)으로 되어 있으나 저본을 확인하여 입력하였다.

[부록 2附錄二]¹⁾

금명 강백의 61세 수시 서문

서창으로 해가 질 때 우연히 의산義山의 시를 읽다가 "석양이 한없이 좋은데 다만 황혼이 가깝구나."⁵⁹라는 구절에 이르러 나도 몰래 허허 감탄하면서 뜰의 나무를 바라보며 방황하였다. 문득 주완섭朱完燮 생도의 편지를 받았으니, 주朱 생도는 에도(江戶, 도쿄)에서 유학하는 사람인데, 편지로 그의 사부인 금명 강백의 61세 수시壽詩에 대한 서문을 삼가 청하는 것이었다.

금명 강백은 남쪽의 석덕碩德 가운데 백미로서 나이(齒髮)가 한영漢永⁶⁰보다 10년 많다. 그윽이 30년 전을 회상하니 처음 금명 강백을 보았을 때의 성대한 만남이 문득 새벽 일 같은데 지금 세월이 쓸쓸히 또 도도히 흘러감이 어찌 이리 빠른가. 나는 겨우 약관弱冠(20세)에 학문에 뜻을 두어 백양산(羊山)과 조계산(曹溪) 사이로 뛰어난 학자들을 두루 방문하였다. 금명 강백은 보조普照 난야蘭若(절)에서 새로 개당開幢하였고 월하月荷 공公 또한 자정慈靜 도량⁶¹에서 휘주揮麈⁶²하였으니, 모두 꽃다운 나이의 이름난 분들로 영걸한 모습이 타인을 감동시켰고 지혜는 태양을 쏠 만했다. 자리를 둘러 배우기를 청하는 이들이 항상 수십 인이었다. 그리고 나와 함께 나란히 대열을 이루던 이들 가운데 '제봉찬霽峰讚',⁶³ '금봉림錦峰林',⁶⁴ '진응찬震應瓚',⁶⁵ '금파호琴巴湖'⁶⁶가 가장 경외하는 벗이었다.

당시 해외의 문운文運이 날마다 왕성하였으니 호상毫相이 동쪽을 비춤⁶⁷과 같을 뿐만이 아니었다. 우리 한국을 돌아보건대 흑산黑山 아래로 치달리는 귀졸鬼卒이나 여우 무리 같아서 볼 만한 정교政敎가 없으니 차마 말

---

1) ㉠ '附錄二' 세 자는 편자가 보입함.

할 수 있겠는가. 그러나 우리들의 세상 밖 영활靈活은 천하 국가를 멀리 벗어났다. 나의 궤선軌線은 오직 천석泉石(산수)에 정을 붙이고 구름과 달을 관리하며 둘도 없는 진제眞諦를 위하는 것이다. 그래서 그 따름이 막역하였으니, 길이 좋아하여 역매驛梅[68]를 주기도 하고 흥이 일면 설도雪棹[69]를 요리하기도 했다. 옛사람이 말한 바 "만남에 기뻐서 늙음이 이르는 줄도 몰랐다."[70]라는 격이다. 이후 10년이 지나 금명 강백과 화산華山 능파凌波 공公은 동쪽으로 바다와 산악을 유람하다가 속리산 수정봉 아래 있는 나를 방문하셨다. 환한 얼굴에 말씀(詞稜)이 원만(朗圓)하니 도 있는 분의 기상을 더욱 볼 수 있었다. 하룻밤 가르침을 들으니, 친한 벗을 다시 만난 감회를 깊이 펼 수 있었다.

다시 10년이 지나 융마戎馬(전란)가 혼란하고 풍운이 몰아치는 세상에 산중 사람 또한 도를 지키기 어려웠다. 그래서 나는 한용운韓龍雲 공과 새로운 가르침에 주력하였다. 바야흐로 충청도와 경상도 이남에 공무가 있어서 금명 강백을 삼청각三淸閣에서 뵈었는데 두 눈동자가 여전히 빛이 나고 안색도 이전보다 주름이 없는데 머리카락은 더 창백蒼白했다.

다시 10년이 지나니 우리의 도가 불행함인가, 균천鈞天[71]에 사람이 없도다. 제봉霽峰과 금봉錦峰·능파凌波·금파琴巴 등의 상인上人들이 차례로 신선(仙侶)이 되고, 월하月荷 공公과 진응震應 공公이 모두 별천지를 개척하여 왕래하지 못하는 지경에 이르렀다. 한용운 공은 대비大悲를 드러냄으로써 근래에 삼매의 바다에 들어갔는데[72] 홀로 나는 보잘것없이 오래도록 한강의 객이 되어 끝내 내세울 만한 일이 없다. 비 오면 눕고 눈을 반찬으로 삼아 누구와 같이 꿈을 꿀까. 아아, 슬프도다. 돌아가는 기러기를 눈으로 송별하며 밝은 달이 완연한데 어찌 거듭 원만하길 바라리오. 지난 시절 우리들이 맑게 노닐었던 것을 어찌 바랄 수 있겠는가. 이에 풍파가 놀라운 시대라 다시 지난날의 화평했던 시절이 아니로다. 왕왕 촉급하고 비린 먼지가 바람을 따라 고요한 산창山窓에게까지 난입하니, 노스님(老

古錐)이 말씀하신 바 "눈여겨봐야 할 시절"이라. 그러나 금명 강백은 능히 중정中正하고 건실한 모습으로 지주砥柱[73]를 지탱하여 세우고 초복初服[74]을 다시 닦아 조산曹山과 동호桐湖 어름에서 소요하면서 아스라이 높은 관을 쓰고 찬란한 패옥을 차시어, 옛 걸음을 잃어버린 나로 하여금 진실로 우러러보게 하니 얼마나 위대하신가.

마침 신유년(1921) 봄에 금명 강백의 고령(邵齡)이 이미 화갑 고개 위에 오르셔서, 문하의 용상龍象(대덕)으로 완섭完爕 상인上人 같은 경우 이제 청년으로 가장 빼어난 영재가 되었으니 진실로 가히 이른바 '석양의 풍경이 진실로 무한히 좋지 않음이 없다' 하리라.

나 같은 이 또한 머리칼이 이미 창연蒼然[75]해지고 생애가 점차 고담苦淡 지경으로 들어감에 금명 강백의 말광末光(여광)을 공경히 바라보면서 흠모와 감송感頌[76]이 없겠는가. 이러므로 30년 동안 느꼈던 정회를 대략 서술하여 완섭 상인에게 답장할 뿐이다.

불기佛紀 2948년 신유(1921) 1월 30일 영호 한영映湖漢永이 삼가 쓰다.

錦溟講伯六十一壽詩序[1)]

落日西窓。偶讀義山詩。至夕陽無限好只是近黃昏。不覺歔欷感歎。觀庭樹以彷徨。輒承朱生完爕書。朱生方留學。江戶上人也。書中勤請其師父錦溟講伯六十一壽詩序。錦溟伯南中碩德之白眉。而齒髮長於漢永者。十有春秋也。緬憶三十年前。初見錦溟伯。時勝會事。恍然如隔一晨。而至今落落復滾滾。一何斯極。余甫弱冠志於學問。歷訪名宿于羊山曹溪之間。錦溟伯新開幢於普照蘭若。月荷公亦揮麈於慈靜道場。俱以芳年名士。英姿動人。慧穎射日。繞座請益者。常數十人也。又與余比肩同隊者。曰霽峰讚。曰錦峰林。曰震應璨。曰琴巴湖。其最畏友也。方是時。外洋之文運。蒸蒸日上。不啻若亳相之東照。顧吾韓邦。徒馳黑山下鬼卒狐輩。無有政敎之可觀。尙忍言哉。然吾輩之方外靈活。則迥脫天下國。我之軌線。唯以寄情泉石。管領雲月。爲無二眞諦。故其從莫逆也。永好而或投贈驛梅。興會而或料理雪棹。古人所謂欣於所遇。曾不知老之將至耳。嗣後十年。錦溟伯與華山淩波公。東遊海岳。次訪我於俗離山水晶峰下。韶顔充然。詞稜朗圓。尤見其有道者氣像。聽誨一夜。使我深發再逢親友之感矣。又十年戎馬搶攘。風雲人世。山中人亦難守道。故余與龍雲公。力主新敎。方有公事於湖嶺以南。得拜錦溟伯于三淸閣中。雙瞳尙烱烱。顔容未皺於前日。鬢毛加蒼白焉。又復十年。吾道之不幸歟。鈞²⁾天之無人歟。霽峰錦峰淩波琴巴諸上人。次第化仙侶。月荷公震應公。皆拓別寰。至不相徃來。龍雲公用現大悲近入三昧海。獨余無狀。久客漢上。竟無一事建竪。雨卧雪餐。與誰同夢。噫嘻悲夫。目送歸鴻。明月宛在。寧欲重圓。曩時吾輩。淸遊安所。可幾乎哉。于玆風波驚刼。非復昔日之昭代熙和。徃徃噍殺之腥塵隨風。亂入于涔寂山窓老古錐所云。著眼時節也。然錦溟伯能以中正健相。撑立砥柱。復修初服。盤旋於曹山桐湖之交。岌岌峨冠。陸離瓊珮。令吾猶失故步者。允所瞻仰。何其偉歟。適於辛酉春。錦溟伯之邵齡已登花甲嶺上。而門下龍象。如完鑾上人者。爲今靑年英材之最秀。則眞可謂夕陽景象洵非無限好者哉。如余者亦已鬢髮蒼然。生涯漸入苦淡一境。聳觀錦溟伯之末光。能無企羨且感頌者乎。是以略叙三十年感舊之情懷。聊以復完鑾上人云爾。

佛紀二九四八年辛酉一月三十日。映湖漢永謹叙。

---

1) ㉭ 송광사 소장 필사본. 이 시집은 본래 별도로 유통되었으니 다송자茶松子가 찬술한 것이 아니다. 편자가 부록으로 붙였다. 2) ㉮ '鈞'는 '鈞'의 오자인 듯하다.

금명 대사 수시 錦溟大師壽詩[1]

보정의 원래 시 寶鼎原韻

금계[77]가 새벽을 알려 하늘 영을 빌리는	金鷄唱曉借天靈
61세 오늘 아침에도 지혜를 깨치지 못하니	六一今朝未慧惺
갈수록 더욱 혼미하여 교화하기[78] 어려우나	去益昏迷難點石
피곤해도 능히 기뻐하며 다만 불경 뒤적이네	疲能隨喜但翻經
머리칼이 일없이 백발 됨을 부끄러워하고	堪羞鬢髮無爲白
뜰의 난초가 점차 절로 푸르름을 좋아하네	可愛庭蘭漸自靑
조계산의 많은 길들을 몇 번이나 방문했나	幾訪曹溪多少路
물에 비친 달을 바라보며 송정에 앉노라	謾觀水月坐松亭

삼가 원래 시에 차운하다 謹次原韻

형과 나는 같은 해에 영혼을 받아서	兄我同年禀一靈
가르침의 바다에 몸을 길러 꿈을 깨고	養身敎海夢初惺
벗을 따라 두루 참학하여 필묵이 깊고	循友歷叅深翰墨
사람의 안목을 여는 참 경전을 깨달으니	開人眼目悟眞經
잔치 모임의 동풍에 창가 매화는 희고	宴會東風窓梅白
시 짓는 화락한 기운에 수산[79]이 푸르니	詩融和氣壽山靑
지금 제나라 발우를 다시 얻는다면	如今再得齊瓶鉢
동림[80]의 회갑에 즐거움이 정자에 가득하리	回甲桐林樂滿亭

　　화옹花翁 양영월梁映月[81]

---

1) ㉠ 이 제목은 편자가 보입補入하였다.

도의 골격이 의젓한 남악의 영령이여	道骨儼然南嶽靈
가는 먼지도 날리지 않게 석두를 깨치네	纖塵不動石頭惺
동산[82]에 머무는 달은 새로운 노래 비추고	桐山留月照新曲
압수[83]에 봄기운 나니 옛 경전 들추네	鴨水生春飜古經
미친 기운에 천하가 붉어짐을 웃어 대나니	自笑狂氛天下赤
방초가 계곡 옆에 푸름이 가장 사랑스럽네	最憐芳草磵邊靑
심향 한 가닥을 홍조[84]에 기대니	心香一瓣憑鴻爪
구름 낀 숲은 어렴풋이 한강 위 정자 같구나	雲樹依微漢上亭

석전石顚 박한영朴漢永[85]

주완섭朱完燮 군이 그의 스승 금명 화상의 61번째 생신인 신유년(1921) 정월 19일을 위하여 사방의 군자들에게 글을 구하였다. 주 군은 해외에서 유학하던 차라 나에게 편지를 보내 알렸다. 나는 화상과 이별한 지 해가 지났는데 듣자하니 이번 봄에 동리선방桐裡禪房[86]에 참여한다고 한다. 그 도모道貌를 생각하니 늙어갈수록 더욱 맑아서 당연히 삼매세계에 들었으리라. 두 집안의 정리를 붙잡고 주 군의 효성에 감격하여 삼가 원운에 차운하여 하례한다.

朱君完燮。爲其師錦溟和尙。六十一初度。在辛酉正月十九日。乞文于四方君子。朱君方遊學海外。寄書示余。余別和尙已年。聞今春叅于桐裡禪房。想其道貌。老而彌淸。當入三昧界也。攬兩家之誼。感朱君之孝。謹次其原韻而賀之。

한번 명산에 들어가 성령을 기르니	一入名山養性靈
생일의 풍미가 더욱 또렷하구나	弧辰風味益惺惺
60세 되는 이른 봄의 다송실에서	六旬春早茶松室

열 겹의 은혜 깊은 옥급[87] 경전	十重恩深玉笈經
생각 속에 조계의 인연은 가장 무르익고	想裡曹溪緣最熟
선정 속에 동악의 눈은 모두 푸르도다	定中桐嶽眼俱青
주 군이 멀리서 무량한 축하를 드리니	朱君遙獻無量祝
해 아래 긴 하늘의 바다 위 정자라네	日下天長海上亭

사생社生[88] 호산壺山 송태회宋泰會[89]

승평부昇平府(순천) 조계산에 한 화상이 있으니 성은 김씨, 호는 금명錦溟이라. 어려서 출가하여 경전을 읽어 박식하고 커서 입참入參하고 상당上堂[90]하여 대중에게 설법하니 선문의 기둥이요 티끌 바다의 보배 선박이로다. 아아, 광음이 물과 같아 백 년이 찰나이니, 이에 화상의 화갑이 돌아왔도다. 이 날에 향풍이 가득하고 법우法雨가 뒤섞여 내리는데 두타頭陀[91]들이 숲처럼 와서 하례하고 사미沙彌들이 줄을 지어 절하고 춤추는도다. 비록 인간 세상의 행위지만 천상의 음악 같도다. 그러나 여기에 하나가 빠졌으니 화상이 가장 사랑하는 소좌小佐(제자) 완섭完燮이 화연華筵(잔치)에 참석하지 못했기 때문이다. 완섭은 바로 나의 종제從弟[92]인데 14개월을 뱃속에 있다가 태어났다. 그래서 온 집안이 비범하다고 일컬었다. 14세 때 티끌세상을 자못 싫어하여 애써 출가를 구하였다. 처음에 조계산에 들어가 화상께 의탁하고는 그렇게 사제관계를 맺었다. 스승은 이로부터 은혜가 자못 깊고 깨우쳐 일러 주니, 밤낮으로 슬하에서 잠시도 허비하지 않았다. 세상에 변화가 많아 물살이 도도하고 혁신의 북소리가 울려 공문空門(사찰)까지 미쳤다. 스승은 부득이 에도가와(江戶川)[93]로 보내 유학하도록 하였다. 스승의 화갑이 마침 입학 시기에 해당하니, 학업을 폐하고 돌아온다면 사부의 여러 겹 바람을 저버림이 된다. 그래서 주저하며 단행하지 못하고, 꽃을 꽂고 복숭아 드리는[94] 정성을 수행하지 못하고서 그저 구름을 바라보고 축강祝崗[95]하는 절을 올릴 뿐이었다. 완섭의 안타까움만이 아니라 또한 듣는 이들로 하여금 감동하게 하고 감동하여 말로 표현하니 대략 만분의 하나라도 축원을 표시하고자 한다. 축원은 다음과 같다.

昇平府曹溪山中。有一和尙。姓金氏。號錦溟。幼年出家。閱經廣識。壯歲入衆。上堂說衆。禪門之棟樑。塵海之寶航。嗟呼。光陰如水。刹羅百年。於是乎和尙之花甲週回。是日也。香風靄靄。法雨紛紛。頭陀如林而來賀。沙彌作列而拜舞。雖是人間做。疑是天上樂。然有一缺于此。和尙最愛小佐完爕。未衆於華筵故也。完爕卽吾之從弟。而此君孕十四月而生。一門相謂非凡。年纔十四。頗厭塵寰。苦求出家。初入曹溪山。投依於和尙。仍結師佐。師自此恩慈頗重。示喩密悟。日夕膝下。寸陰不虛。塵世多飜。波浪滔滔。革新一鼓。動及空門。師不得已。乃命送于江戶川留學。師之花辰。適値入學期也。如廢學歸來。還負師父積累之望。故週貯未斷。未遂挿花獻桃之誠。徒勞望雲祝崗之拜。非惟完爕之結恨。且令聞者多感。感而發言。略表萬一之祝。祝曰。

불세출의 참된 승려	眞僧不世出
나이 늙어도 도는 다함 없네	年老道無盡
항하 모래가 다하도록	數計恒沙盡
무량한 수명 다함 없으리	無量壽無盡

61년 동안 높이 닦은 하나의 영	六一年高修一靈
영대[96] 대 위에서 홀로 깨었네	靈臺臺上獨來惺
소 돌아감과 양의 변화, 도 아님 없으니	牛回羊化無非道
매미 울고 꾀꼬리 노래함 모두 경전이지	蟬噪鶯歌揔是經
에도의 구름에 붕새가 멀리 날고	江戶邊雲鵬翅遠

산 누각에 걸린 해에 학 날개 푸르네	山樓半日鶴衫靑
화상의 마음이 달과 같음을 알리니	聊知和尙心如月
백천만억의 정자를 두루 비추네	遍照百千萬億亭

　　취은翠隱 주영찬朱榮璨

강 이름으로 금강錦江은 있는데 금명錦溟은 없다. 명溟이란 바다의 이름인데 또한 금해錦海도 없다. 삼보 가람 가운데 김金 상인上人 보정寶鼎은 호를 금명으로 받았는데 그 근거를 알 수 없다. 그러나 금錦이란 베틀의 실 가운데 최고이고, 명溟이란 푸른 바다 가운데 가장 깊은 것이다. 최고의 비단과 가장 깊은 바다로서 어찌 범상한 물건과 태생을 비교하겠는가.

김 상인이 호를 얻음은 진실로 우연이 아니다. 또한 비단은 남방의 본색에 속하므로 금명은 남명南溟이다. 남명이란 천지天池이다. 또한 어찌 관세음보살이 화현한 곳이 아니리오. 알지 못하겠다. 또는 김보정金寶鼎이 관음보살의 제자가 되길 원하였던가. 감히 관견管見으로 수시晬詩[97] 끝에 붙인다.

盖有江名錦而無錦名溟。溟是海之名而亦無錦名海也。三寶伽藍中。金上人寶鼎。受號以錦溟。莫詳其所據。而然而錦是機絲之無上。溟是滄溟之甚深。以其無上之繡。甚深之洋。安可擬比於凡物凡胎哉。金上人之得號。誠非偶然而且想錦屬南方本色。則錦溟卽南溟。南溟者。天池也。亦豈非觀世音現化處。不識不知。抑或金寶鼎願爲觀音菩薩弟子歟。敢以管見。幷尾晬詩。

그대 정진하여 신령 감동시킴을 축하하노니	賀君精進感神靈
마음 등불에 어둡지 않아 지혜롭게 깨었도다	不昧心燈了慧惺
의발을 전함에 누가 계를 지킬 것인가	衣鉢將傳誰守戒

모습이 모두 사라져도 경전만은 남으리	色觀俱滅只餘經
남극성처럼 장수하여 빛나시기를	壽長南極星辰耀
꿈을 깨니 뜰의 잣나무가 푸르도다	夢覺前庭栢樹靑
한 줄기 금명은 본래 근원이 있으니	一派錦溟源有自
조계산 기운이 정정하게 서 있네	曹溪山氣立亭亭

　　소파小坡 조정현趙晶鉉

　신유년(1921) 음력 정월 19일은 법은야法恩爺[98] 금명錦溟 대강사大講師의 현호懸弧[99] 길일(嘉辰)이니 인간의 영화로운 경사가 이날보다 더함이 없다. 그러나 마침 이 때에 완섭完燮은 학해學海에 이름을 도적질하여 에도(江戶)에 몸이 정체되었으니, 절구를 가는[100] 공력이 부족하지만 죽을 나눠 먹는 의지를 결정하였다. 황향黃香[101]이 부친의 베개에 부채질하는 정성은 간절하지만 노래자老萊子[102]가 색동옷 입고 춤을 추던 예절이 결여되었다. 아, 조용히 무릎 꿇고 엎드려 생각건대 과거는 꿈과 같고 현재는 감개무량이니 공문空門(사찰) 10년 동안 중후한 은혜를 받았도다. 어려서부터 지금까지 가르치고 길러 주시며 모든 이理와 사事에 있어 진실로 가르치시고 이끌어 주시니 사은四恩[103]에 있어 무거움이 태산 같아 삼생三生에 증명하더라도 만에 하나라도 보답할 수 없도다. 스승이 제자(資)를 생각하고 제자가 스승을 우러름에 길은 만 리 떨어져 있으나 마음은 한 줄로 통하여 생각마다 끊이지 않고 때마다 잊기 어려운데 하물며 이 61세 화갑을 맞음에랴. 진실로 황공하여 유장한 안타까움을 해소할 길 없다. 이에 여러 방면 대군자大君子들의 주옥같은 글을 축사(椵詞)로 구하여, 축하하고 기념하는 재료로 삼게 했다. 그리고 푸성귀 같은 말이나마 바쳐서 명령椧檻[104]의 복을 비느라 우둔함을 헤아리지 않고 대략 서술한다.

　辛酉陰正月十九日。爲法恩爺錦溟大講師。懸弧嘉辰而人間榮慶。莫此日

若也。然適玆燮。方盜名學海。滯身江戶。工欠磨杵。志決割粥。雖切黃香扇
枕之誠。旋缺老萊斑舞之禮。噫。靜跪伏念。過去夢幻。現在感慨。空門十
載。厚蒙重恩。自幼迄今。以敎以育。凡於理事。洵諄訓導。在四恩而重若泰
山。證三生而莫報萬一也。師之念資。資之仰師。路隔萬里。心通一線。念念
不斷。時時難忘。況值此六之一花甲乎哉。誠惶誠恐。長恨莫消。于是乞得
諸方大君子瓊琚嘏詞。俾作祝賀紀念之次。謹將菲䟽之詞。替獻榠樝之福。
以故不揣愚駛。聊敍大略。

육순의 도력으로 백 번이나 영을 다듬으니	六旬道氣百磨靈
풍모가 초연하게 엄연히 홀로 깨었도다	風貌超然儼獨惺
선정 중에 마음을 비추는 동산의 달	定中心照桐山月
지경의 먼지도 맑은 법해의 경전이라네	境上塵晴法海經
경사를 담은 축사로 구름 꽃이 희고	齋慶嘏詞雲朶白
축하드리는 잔에 향연이 푸르구나	供歡祝盞篆烟靑
안타까운 것은 몸이 만 리 강호 바깥이라	恨身萬里江湖外
장수 기원의 잔 못 올리고 여관에 묶임이라	獻壽無能滯旅亭

　　에도 여관에서 소좌 완섭이 삼가 절하고 쓰다.(時在江戶旅舍小佐完燮謹
拜稿)

공문의 용상대덕이 늙을수록 영험하니	空門龍象老逾靈
세상에 나온 초년에 이미 지혜로웠지	出世初年已慧惺
단상 앞에 구름처럼 모인 삼천 대중들	牀前雲集三千衆
가슴속 등불을 밝히는 팔만대장경	胷裡燈明八萬經
흥건한 파초 잎들은 붓끝에서 먹색이요	淋漓蕉葉毫端墨
물결 위의 연꽃은 발우 밑에서 푸르네	潋灎蓮花鉢底靑
바라건대 노지 백우로 화택을 넘길[105]	願借露牛超火宅

그대와 함께 육감정[106]에서 이야기하네	共君閑話六鑑亭

　　남파南坡 김효찬金孝燦[107]

조계는 예로부터 가장 신령하다 하여	曹溪自古最稱靈
글 짓는 승려가 생겨나 깨었도다	韵釋從生有佖惺
교화가 한반도 삼천리에 흐르고	化流鰈域三千里
인연이 용궁의 팔만대장경에 깊도다	緣熟龍宮八萬經
백 년은 꿈처럼 지나 귀밑머리 하얀데	百年夢裡雙鬢白
사계절이 봄이라 얼굴은 청춘이라네	四節春間一面靑
삼가 생신 축하 시를 멀리서 드리나니	謹將壽句遙呈禮
축하하는 학이 화표[108] 정자로 오리라	可賀鶴來華表亭

　　백취운白翠雲[109]

숙겁의 친한 인연이 영취산에 매여	宿刦親因繫鷲靈
수많은 취한 꿈을 한바탕 깨고 나서	幾多醉夢一場惺
작은 마음에 수많은 부처 놓치지 않고	寸心不漏塵沙佛
절반 구절로 바다 같은 경전 칭양했네	半句能揚海墨經
생신 술잔이 솔 사이의 눈보다 맑고	壽酒松間凌雪碧
축하 글은 매화 아래 거문고로 푸르니	賀箋梅下入琴靑
조계산의 기수[110]에 구름과 비가 깊고	曹山祇樹深雲雨
법수가 흥건하여 바위 정자에 가득하네	法水溶溶滿石亭

　　송만암宋曼庵[111]

장수 나라의 생신 봄에 화령을 내니	壽國晬春放化靈
머리 돌리니 존재마다 깨달음에 드네	回頭物物入惺惺
일월을 토하고 삼킨 삼천 대천 세계	吐吞日月三千世

풍운을 부르고 답한 팔만대장경　　　　　呼答風雲八萬經
대지의 향기로운 연기에 엉긴 꿈은 희고　　大地香烟凝夢白
하늘 가득 맑은 기운 스치는 옷깃 푸르네　　滿天淑氣拂衿靑
조계는 영원하여 오늘도 옛스러우니　　　　曹溪不老今猶古
미혹한 이들 구제하고 이 정자에서 즐기네　度此迷倫樂此亭
　　이석암李石庵

조계의 맑은 기운이 영령을 기르고　　　　　曹溪淑氣毓英靈
하늘이 우리 스승 보내 일찍 깨달으니　　　　天遣吾師早證惺
서법은 집안에 전하는 고금의 첩이요　　　　書法傳家今古帖
종풍은 대대로 이어진 만천 권 경전이라　　　宗風繼世萬千經
수연을 마련한 산에 남은 눈은 희고　　　　　爲設壽筵山雪白
친구들 친히 맞는 개울가 소나무 푸르네　　　親迎故友澗松靑
몇 마디 무잡한 말로 멀리서 송시 부치고　　　數句蕪詞遙寄頌
개울 위 정자에서 축하를 드리지 못하네　　　未能獻祝枕溪亭
　　안창위安暢尉

다섯 봉황이 훨훨 날아 영험한 기운에　　　　五鳳翩翩瑞氣靈
동천[112]의 성월은 끝내 깨어 있나니　　　　洞天性月竟惺惺
서왕모의 안심하는 방법을 생각하고　　　　　靜思仙母安心術
범천왕의 『장수경』[113] 낭랑히 읽노라　　　朗讀梵王長壽經
허공 꽃을 다 보아 머리칼은 하얗고　　　　　閱盡空華鬢髮白
공안을 이야기하는 눈동자 푸르도다　　　　　談來公案眼波靑
만 년의 술잔 속에 얼굴은 더욱 젊어　　　　　萬年觴裡顔逾少
높이 남산 송죽 정자에 누웠네　　　　　　　　高臥南山松竹亭
　　정황진鄭晄震[114]

단련한 날카로운 칼날이 가장 영험하니	鍊來利刃最威靈
혼미한 군생들 맞아 깨우치지 않음 없네	方接群昏莫不惺
처음에 남쪽 성 넘어 오직 법을 물었고	始越南城唯問法
끝내 가르침 바다에 노닐어 경전 익혔네	終遊敎海已叅經
봄이 묵은 밭에 돌아오니 형화[115] 붉고	春廻古圃荊花赤
해가 신선 계단에 비치니 보수[116] 푸른데	日暎仙階寶樹靑
장수 비는 노을 잔에 축하가 돈독하고	壽祝霞盃兼賀篤
흩날리는 백발이 홀로 정정하구나	飄然華髮獨亭亭

  용암龍巖 최진수崔振秀

풍채 탁월하고 기운은 영험하여	風儀卓爾氣虛靈
만인이 앉은 가운데 홀로 깨었구나	萬彙坐中獨自惺
책상 가득한 시는 그윽한 흥취 있고	滿篋新詩幽興在
한 동이 맑은 술은 몇 순배 돌았나	一樽淸酌幾巡經
가슴은 드넓어 천지가 하얗고	胸懷廓落乾坤白
공안 원만히 성취하니 잣나무 푸르다[117]	公案圓成栢樹靑
밝은 남극성이 봉두산에 드리울 제	南極明星垂鳳峀
상서로운 아지랑이 멀리 육감정에 미치네	靄瑞遠及六鑑亭

  이설월李雪月[118]

대지는 조계산이요 사람은 거령[119]이라	大地曹溪人巨靈
아침 내내 바보 같으나 도리어 깨어서	終朝如愚反惺惺
지는 꽃과 풀들을 따라 도를 행하고	落花芳草隨行道
밝은 달 맑은 바람에 벌써 독경했네	明月淸風已轉經
사나운 용이 푸른 물에 서림을 허용 않고	不許獰龍蟠水碧
마른 학이 푸른 솔에 날아 앉음만 보네	但看癯鶴翹松靑

봄이 와도 깊은 산의 눈을 생각하노니　　　想應春到深山雪
장수 기원하는 술로 육감정에서 취하리　　　壽酒顚狂六鑑亭
　　백학명白鶴鳴

하늘빛이 복을 주려 이 영령을 내리시니　　　天色推福降斯靈
신유년 봄바람에 만물이 거듭 깨었네　　　　辛酉春風物再惺
두 난초는 슬하의 무궁한 즐거움이요　　　　雙蘭膝下無窮樂
10척의 시렁 위에 놓인 대장경 보니　　　　十尺棚頭大藏經
학발이 새롭길 다투어 머리는 하얗고　　　　鶴髮爭新華首白
거북 나이로 대춘[120]처럼 장수하여　　　　龜齡占得壽椿靑
교와 선을 전하는 일을 마치고　　　　　　　傳敎傳禪能事畢
조용히 앉은 철학자의 정자로다　　　　　　優遊靜坐哲翁亭
　　석호錫虎 임형순林炯珣[121]

천 년의 산과 물에 가장 뛰어난 영령이니　　溪山千載最仙靈
노스님 꿈을 다시 깨었다고 어찌 말하랴　　肯說師翁夢復惺
달 비치는 연꽃에 마음은 이치와 합하고　　月照蓮花心契理
바람 날리는 패엽에 입으로 경전 전하네　　風飜貝葉口傳經
후손이 능히 오래된 가행을 계승하고　　　雲孫能述家行古
수명[122] 증가하며 호탕한 기운 청춘이라　　鶴壽宜增浩氣靑
육십의 춘추로 일대사를 마쳤으니　　　　六十春秋大事畢
향기로운 술과 노래로 봉황정에서 즐기네　　香醪佳頌鳳凰亭
　　겸호兼湖 도진호都鎭鎬[123]

뭇 별들이 산악의 정령을 안아 보내니　　　列星抱送嶽鍾靈
옥설 같은 정신으로 만사를 깨우쳤네　　　玉雪精神萬事惺

호시[124]로 어느 해 잔치를 베풀었나　　　　　　弧矢何年曾設宴
생일상을 오늘에 또 와서 겪는구나　　　　　　晬盤今日又來經
붓끝에서 구름 일듯 쌍룡이 검고　　　　　　　筆頭雲起雙蛟黑
티끌에 바람 불어 두 눈이 푸르네　　　　　　　塵末風生兩眼靑
어지러운 술잔에 붉은 촛불 아스라이　　　　　亂酌無巡紅燭屹
휘장과 연잎 일산이 더욱 정정하도다　　　　　繡屛荷盖更亭亭
　　강철월姜哲月

나이 많고 덕이 아름답고 성품 신령해　　　　　年高德邵性其靈
거북 아비의 문장이 세상을 깨우네　　　　　　龜父文章使世惺
머리칼은 책을 좋아해 이미 반백이나　　　　　鬢爲嗜書已半白
눈은 벗을 가리느라 여전히 푸르네[125]　　　　眼因擇友猶常靑
봉황 우는 기산[126]에 새 음악 연주되고　　　 鳳鳴歧[2]處奏新樂
학이 남으로 올 때 옛 경전 외우네　　　　　　鶴翼南時誦古經
수암을 받들어 장수를 기원하노니　　　　　　 竟捧壽庵祈遐籌
털 뽑고 골수 씻어[127] 선정에 머무소서　　　伐毛洗髓捿仙亭
　　춘당春堂 이규한李圭翰

태안사 안에 강림한 선령이시여　　　　　　　泰安寺裡降仙靈
솔과 학의 자태로 더욱 성성하도다　　　　　　挺松鶴骨更惺惺
젊은 시절 명성이 삼천리 사찰에 퍼졌고　　　　壯時名遍三千刹
늙어갈수록 마음 비워 팔만대장경뿐이네　　　 老去心空八萬經
모발은 일없이 예로부터 하얗고　　　　　　　 毛髮無爲從古白
눈동자는 태연히 지금까지 파랗도다　　　　　 眼瞳自若至今靑
육십 년 동안 무엇을 소유하였나　　　　　　　六十年來何所有

---

2) ㉮ '歧'는 '岐'의 오자이다.

두 난초의 봄빛과 하나의 정자라네 二蘭春色一書亭
　　만취晩翠 최평담崔平潭[128]

인자함과 장수를 겸한 61세 영령이여 仁壽誠難六一靈
생일잔치의 환몽을 홀로 깨었도다 弧筵幻夢獨能惺
비단의 별빛이 하늘 끝에 빛나고 畫繡星色輝天極
색동옷 춤[129]의 풍광이 『효경』 읽는 듯 舞彩風光轉孝經
막 피어난 매화 뺨이 세 길[130]에 희고 方綻梅腮三逕白
새로 싹튼 버들의 주렴 가득 파랗구나 始萌柳眼一簾靑
뭇 꽃들이 방에 가득하니 봄이 돌아온 듯 衆芳盈室春猶返
오래 앉아 있노라니 향이 객정에 스미네 坐久餘香襲客亭
　　취암翠庵 오귀일吳歸一

선생의 이날에 산악이 신령 내려[131] 先生此日岳降靈
첫돌이 거듭 돌아와 큰 꿈을 깨시니 初度重回大夢惺
먼 골짜기 풍설은 아직도 울어 대는데 遠壑雪風猶吼吼
북산의 서리 맞은 잣나무는 푸르디 푸르네 北山霜栢也靑靑
선림의 스민 자취로 항상 자리에 오르나 禪林襲跡常登座
교해에 빠진 몸이라 경전을 쉬지 않았지 敎海溺身不輟經
노소간에 진정 즐거운 모임 실컷 노닐어 耆少厭遊眞喜會
맑은 차가 저물녘 정자에 가득하구나 淸茶晚盛夕陽亭
　　석암石庵 김수경金袖鯨[132]

일생의 광경이 지금까지 영험하여 一生光景到今靈
화연을 펼치니 늙도록 깨었구나 謾抽花筵老皓惺
위대하도다, 명성 퍼진 산 그림자 희고 偉矣播名山影白

아름답도다, 자취 남긴 바다 물결 푸르네 　　猗哉托跡海紋青
본성을 다하니 텅 빈 하늘의 달 같고 　　　性窮寥廓天中月
마음 활발하니 삼상[133]은 물외의 경이라 　　心活叅商物外經
우리 둘의 이 그윽함은 백겁의 인연이요 　　吾兩此幽緣百刧
장수하고서 다시 학송정을 바라보네 　　　壽餘更望鶴松亭
　　국천掬泉 조하담曹荷淡

꽃이 철수[134]에 피어난 초당 영험하니 　　　花開鐵樹草堂靈
남극노성의 꿈에서 깨어났도다 　　　　　　南極老星夢覺惺
보배 복숭아 드리며 3천 년 장수 기원하니 　瑤桃進祝三千甲
8백 명령[135] 나무 나이를 거듭 누리시길 　　八百㮆櫨歲復經
물과 달을 안 건 소 신선의 배움이요[136] 　　了知水月蘇仙學
전원으로 돌아감은 진 역사에 푸르네[137] 　　歸去田園晉紀青
색동옷과 거문고[138]로 장수를 축원하노니 　斑衣牙琴奉獻壽
노래 마치고 술 깨어 객정에서 송별하네 　　歌罷酒醒送客亭
　　우송友松 황선명黃善明

영험한 조계산에 처음 영령이 강림하니 　　曹溪靈嶽始降靈
달 같은 마음 성성하여 만사도 성성하네 　　心月惺惺事又惺
묵묵히 앉은 암자에 원숭이가 꿀 드리고 　　默坐深庵猿獻蜜
오래도록 읊은 탑에 호랑이도 경을 듣네 　　久誦淨榻虎聽經
학 같은 노인의 도골은 별처럼 희고 　　　　鶴叟道骨零星白
봉황 같은 신령한 눈동자는 감청색이네 　　鳳頂神眸帶紺青
신유년 봄바람에 맞은 61세 　　　　　　　辛酉春風周六一
지혜가 더욱 높은 수산정이라네 　　　　　　更高慧命壽山亭
　　추담秋潭 송기영宋基榮

누가 알랴, 세상일 속의 영령을　　　　　　　　誰知世務箇中靈
스님 또한 통찰하여 이치와 일에 깨었네　　　師亦通明理事惺
사방에 봉시[139] 날림은 평소 약속 어긋나고　蓬矢四方違素約
육아[140] 시를 세 번 읊어 서경에 보답하네　　蓼莪三復報書經
가을에 이른 육순에 모발이 하얗게 되고　　　秋到六旬毛鬢白
봄이 돌아온 온갖 나무 나뭇잎들 푸르다　　　春回萬樹葉枝靑
멀리 잔치 자리에 오는 손님들 생각하니　　　遙想宴筵來會客
시 읊거나 술 마시며 다시 정자 오르겠지　　　或吟或酌更登亭
　　이담해李湛海[141]

철수화 많이 피어[142] 봄 영령에 감동하니　　鐵花多發感春靈
바람인가 깃발인가[143] 싸우지 않고 깨치네　未鬪風幡意自惺
참다운 방법으로 장생술에 세밀히 통하고　　　眞方細透長生術
한가로운 꿈에 대장경을 원만히 살폈네　　　　閒夢圓叅大藏經
온 강물에 비친 달처럼 눈썹은 백색이요　　　千江水月眉含白
한 마을의 연기와 노을에 옷깃이 푸르구나　　一塢煙霞衿帶靑
학이 깃든 누각에서 손님이 피리 부니　　　　捿鶴樓頭吹笛客
남쪽으로 날다가 곡이 끝나자 우뚝 서네　　　南飛曲罷立亭亭
　　회정悔亭 윤준尹準

초연히 거북과 학[144]처럼 늙을수록 신령해　翛然龜鶴老彌靈
사대육신 모두 공하고 오장이 깨어　　　　　　四大都空五內惺
지혜 달은 사람 따라 항상 두루 비추고　　　　慧月隨人常遍照
이름난 산 어디든 가 보지 않은 곳 없어　　　名山無處不曾經
가을 깊은 옛 절에 연꽃이 희고　　　　　　　　秋深舊社蓮花白
밤 고요히 현묘한 대화에 패엽 푸르네　　　　夜靜玄譚梶葉靑

다소간 강남에서 난초와 국화가 짝하니 　　多少江南蘭菊伴
환선정[145] 생신 잔치 멀리서 축하드리네 　　弧辰遙壽喚仙亭
　　우재愚齋 손면일孫冕一

사람들 모두 신령하다 하기는 어려우나 　　認難人皆物中靈
금명 노스님은 육순에 성성적적하여 　　錦老六旬寂裡惺
머리에는 세상 구하는 부처를 이고 　　頭戴不移濟世佛
가슴에는 마음 씻는 경전 품었도다 　　胸懷自有洗心經
늦가을에 봉황이 드니 동리산 푸르고 　　晚秋鳳入桐山碧
천 년 거북이 노니 연잎이 파랗도다 　　千歲龜遊蓮葉靑
그대가 이로부터 일 많아짐 애달프니 　　憐君從此還多事
솔바람 수월정을 모두 관리해야 하리 　　總管松風水月亭
　　소송小松 임영주林永周

사찰에 높이 누워 성령을 기르니 　　高臥紺園養性靈
공하고 공한 이치를 오묘하게 깨쳤네 　　空空一理妙能惺
얼굴은 옥처럼 티끌이 묻지 않고 　　容顏似玉塵無浼
머리칼은 은 같으니 몇 해를 지냈나 　　鬢髮如銀歲幾經
길은 명산을 둘러 봄눈이 희고 　　路遠名山春雪白
해는 생신에 임해 상서로운 놀 푸르네 　　日臨初度瑞霞靑
조계산에서 이별한 지가 꿈속인 듯 　　曹溪贈別飜疑夢
차로 그리움 달래며 홀로 정자에 기대네 　　茶罷相思獨倚亭
　　월파月坡 장순환張舜煥

명산 몇 곳에서 영지를 복용했나 　　名山幾處服芝靈
육십 년 동안 온갖 변화를 깨우쳤네 　　六十年高萬化惺

기도하여 천 년의 부처 길이 바라고	祈壽永希千歲佛
향 사르며 『팔양경』[146] 낭랑히 읽네	燒香朗讀八陽經
암자 앞 솟는 샘처럼 마음도 희고	庵前泉湧心俱白
티끌 바깥의 사람 오니 눈길 푸르다[147]	塵外人來眼更靑
지선[148]과 술 가지고 갈 생각 해 보나	思與智仙携酒去
돌아오는 날에 취옹정 오르길 꺼리네[149]	忌歸日上醉翁亭

    백천栢泉 장훈민張熏玟

담백하고 허허롭게 늙을수록 신령하니	澹泊冲虛老更靈
불등으로 밤새도록 도력이 성성하구나	佛燈徹夜道惺惺
단풍숲에서 나막신 고쳐 매니 구름 개고	楓林理屐雲初捲
사찰에서 승려 찾으니 비 문득 지나네	蕭寺尋僧雨忽經
탱자꽃 옆의 찬 밭은 푸르스름하고	枳子花傍寒圃綠
부들 향 가득히 생신 축하 술잔이 푸르네	蒲葵香滿壽觴靑
어디에서 인연 티끌을 온통 벗을까	何方渾脫緣塵去
다과를 가지고 물 가까운 정자로 가네	茶果行臨近水亭

    국포菊圃 정만조鄭萬朝[150]

세상 밖에 초연히 영험한 기운 얻어	物外超然得氣靈
조계산 밝은 달이 홀로 깨어 있구나	曹溪明月獨惺惺
짧은 지팡이로 삼천리 전역을 다니고	短筇遊遍三千域
흰머리로 팔만대장경 다 공부했지	皓首能窮八萬經
흐르는 물에 마음 보니 비어 하얗고	流水觀心虛映白
산처럼 장수하여 우러를수록 푸르시길	高山齊壽仰彌靑
천애 멀리서 수좌 완섭은 기약 늦어	天涯佐燮歸期晚
동쪽 나그네 정자에서 꿈이 끊겼구나	夢斷扶桑羈旅亭

【주완섭 군을 천은산방[151]에서 만났었는데, 마음가짐과 조예가 평범한 승려가 아님을 알았다. 지금 돌이켜 보니 더욱 이 스님과 이 상좌를 공경하게 되므로 마지막 구절에 언급하였다.(朱君完燮。嘗邂逅於泉隱山房。持心造詣。知非凡侶。今焉遡流。尤欽是師是佐。故末句玆及之。)】

교라喬羅 양태기梁泰基

동리산 수려한 기운에 선령이 내려	桐山秀氣降仙靈
그 속에 다송 노인 홀로 깨어 있네	中有茶翁獨自惺
세상 피해 시방 부처 찾아 유람하고	遯世身遊十方佛
참선하는 마음에 수십 권 경전 담았네	叅禪心藏數函經
봉황 머리 만 가지 일에 난초 싹트고	鳳頭萬業花蘭茁
학 머리칼의 나이에 송죽이 푸르도다	鶴髮餘齡松竹靑
육순을 지나자마자 봄이 또 돌아오니	纔過六旬春又復
원컨대 날마다 능파정에서 종유하리라	願從日日淩波亭

미초帽樵 조주현趙周鉉

동리산 나무와 바위가 정령을 펼쳐 내	桐山木石發精靈
그 속에 고승 있어 뜻이 더욱 깨어 있네	中有高僧意更惺
세상 잊은 생애는 천 번 기운 가사	忘世生涯千結衲
종신토록 외운 건 한 질의 경전이지	終身誦念一函經
노인성이 드러나 티끌 장애 끊어지고	老人星現塵障絶
우담바라 피어 부처의 머릿결 푸르네	曇鉢花明佛髮靑
육십 년 동안 상전벽해 변했는데	六十年來桑海變
그대의 신선 풍채 홀로 정정함을 아끼네	愛君仙標獨亭亭

이종현李鍾現

하늘이 낸 인걸이요 땅 기운의 정령이라　　　　天挺人豪鍾地靈
몸을 정토에 의탁하니 골격은 깨어 있고　　　　托身淨土骨還惺
삼천 대천 세계에서 도를 닦았고　　　　　　　　三千大界曾修道
육십 년 동안 감등에 경전 품었네　　　　　　　　六十龕燈長抱經
거울 속 눈썹 희다고 괴히 여기지 마라　　　　　休怪鏡中眉鬢白
술동이 옆에 눈동자 푸름을 비로소 보네　　　　始看樽側眼眸靑
이어서 생신 술잔이라 다투어 따르노니　　　　　仍稱壽斝爭酬酌
시는 상자에, 손님은 정자에 가득하네　　　　　詩滿箱筐客滿亭
　　춘곡春谷 이회혁李會赫

봉황 춤추는 동리산에 정령 내려서　　　　　　鳳舞桐山昔降靈
전생의 물과 달에 꿈을 비로소 깨니　　　　　　前生水月夢初惺
장난삼아 연꽃첩을 겸하여 필사하고　　　　　　戲圖兼寫蓮花帖
잘 기도하며 거듭 패엽경 펼쳐 보네　　　　　　善禱重繙貝葉經
나의 노쇠함을 보니 백발이 부끄럽고　　　　　顧我衰頹羞鬢白
그대 눈동자 가득한 푸름을 기뻐하네　　　　　愛君歡喜滿眸靑
무성함이 잣나무 같아 기쁘게 하니[152]　　　茂如翠栢推人悅
길 찾은 오늘 아침 비단 정자에 오르네　　　　尋路今朝上錦亭
　　금석錦石 안용섭安容燮[153]

오래도록 먹은 영험한 곳의 약초 신령해　　　　久喫靈區藥草靈
신선들 불러 함께하는 대사 성성하구나　　　　　列仙喚伴大師惺
눈길의 찬 매화처럼 맑게 도를 닦고　　　　　　寒梅雪逕淸修道
송당의 명월처럼 고요히 경전을 읽었네　　　　　明月松堂靜說經
법의 샘은 근원이 깊어 스님의 발 희고　　　　　法水源深僧足白
장수산 층층이 서니 불상 머리 푸르네　　　　　壽山層立佛頭靑

자리 가득한 벗들은 화기가 넘치고 滿座賓朋和氣溢
상서로운 해 영롱해 정자에 그림자 드네 瑞日玲瓏午影亭
    안인섭安仁燮

건강한 복 받으니 부처는 신령하고 强康藉福佛爲靈
지혜의 눈은 티끌 없어 절로 성성하네 慧眼無埃了自惺
초지[154]의 연기와 놀이 장수 영역 오르고 初地煙霞躋壽域
반쯤 걷은 주렴의 꽃비는 마음 씻는 경전 半簾花雨洗心經
해와 별이 또 돌아와 선천에 빛나고 日星又返先天曜
눈썹과 귀밑머리 다시 나니 옛 청춘이라 眉鬢重生舊歲靑
상인의 세상 벗어난 모습 그리고자 하니 欲畫上人塵表像
여러 닭 속의 학처럼 꼿꼿하게 서 있구나 鷄群野鶴立亭亭
    춘사春史 유광묵柳匡默

일찍 절에 들어가 본령을 기르면서 早入招提養本靈
담백하게 바라는 건 중생들 깨어남이라 澹然惟願衆均惺
동리산 늦은 나이에 석장을 옮겨서 桐山歲晚移仙仗
바닷가 절 깊은 봄에 도경을 모았네 海寺春深輯道經
어둔 밤에 등불 당겨 더듬어 가고 昏夜引燈分摘埴
허공에 그림 그리는데 단청이 없구나 虛空描畫沒丹靑
축원하노니 그대는 이생에 장애 없길 祝君此世渾無礙
바람 가득한 높은 누대에 달 가득해라 風滿高臺月滿亭
    경헌敬軒 김인초金仁初

하늘이 낸 다송 노인은 성품 영험해 天賦茶翁性質靈
밝은 부처 교훈을 깨달아 성성하도다 昭昭佛訓覺蒽惺

가사 입은 머리와 눈썹이 희고	着袈戴衲鬚眉白
온고지신의 도안이 푸르구나	學古知今道眼靑
속객 만나 대화하는 한가한 날 많고	逢談俗客多閒日
장수 축원하는 승려들은 법경 외고	壽獻諸僧誦法經
그러그러하게 육십일 년을 지나오니	然然六十一年過
높은 태안사에서 가장 좋은 정자라	高上泰安最好亭

   풍계豊溪 김정섭金貞燮

동리산의 눈과 달에 밤공기 영험한데	雪月桐林夜氣靈
다송 노인의 머리칼은 새로 성성하구나	茶翁鬢髮若新惺
나이 든 벗들과 대화하니 성상[155] 희고	年朋對話星霜白
봄이 속한 지역에 호수와 바다 푸르네	春屬分居湖海靑
현재 매화를 보며 견도[156]를 생각하고	現地梅花思見道
여러 날 파초 잎에 경전 번역을 웃노라	多時蕉葉笑繙經
구름처럼 다니느라 생일 감동이 더하니	雲遊倍感蓬弧日
남쪽으로 멀리 아득히 바라보는 육감정	南望迢迢六鑑亭

   동산東山 이종안李鍾安

세상 누가 말했나 부처가 영험 없다고	世間孰謂佛無靈
일찍 다송 노인에게 지혜를 얻게 하였지	早使茶翁得慧惺
도를 보니 빈 방에 흰 빛이 생겨나고[157]	觀道悅生虛室白
이름 지으니 장관이 푸름을 얻은 듯	題名恰取長官靑
봄 깊은 향사[158]에서 같이 계모임 하고	春深香社同修契
밤새도록 암자에서 홀로 경전 읽었네	夜久承庵獨抱經
늙어갈수록 산수의 즐거움 많아지니	老去逾多山水樂
권하노니 그대는 지선정[159] 지어야 하리	勸君須作智仙亭

   단산丹山 조해규趙海奎

일찍 안 명산은 절로 영험함 감추지만	早識名山自秘靈
상인은 인연 따라 홀로 마음 깨었네	上人緣業獨心惺
갖옷과 피리로 들어가니 봄 술 따뜻하고	裘笛入門春酒暖
도서를 주니 밤 등불이 파랗구나	圖書授子夜燈青
조용히 마시는 학처럼 마른 노인 보니	飮啄從容看鶴瘦
평온히 호흡하며 웅경[160]을 하네	吸噓安穩做熊經
순천의 시 모임이 좋다고 들었더니	聞說昇平詩社好
백련 핀 듯한 국화 난초의 정자로다	白蓮幻作菊蘭亭

　　우재愚齋 조종신趙鍾信

일찍 선방에 의탁하여 성령을 길렀으니	早托禪房養性靈
육순에 병 없이 절로 성성하도다	六旬無恙自惺惺
어디서 얻은 건가, 문장 수법은	得來何處文章手
정묘함은 응당 불경에서 온 것이지	精妙應從釋氏經
늙은 잣나무는 모르지만 천 년 푸르고	老栢無知千歲碧
소나무 심어 열 아름 푸르길 기다리네	種松可待十圍青
흩어진 형제들이 지금 지척에 있어	散在弟兄今只尺
종소리[161] 절절하고 달은 뚜렷하도다	鯨音節節月亭亭

　　금원錦園 박제훈朴齊薰

회갑 맞아 산중에서 불경 강독하는 영령	回甲山中講佛靈
공허한 세상일에 꿈을 깨었도다	空空世事夢還惺
이른 해부터 명승지 삼천 대천 세계에서	早年勝地三千界
백수 노인 되도록 참된 공부 팔만대장경	白首眞工八萬經
더욱 훤당[162] 그리는 생일[163] 오니	倍憶萱堂勞日至
넉넉히 난실 보니 보림[164]이 푸르도다	優看蘭室寶林青

그대에게 술 따르는 나도 머리 희끗하고	酬君我亦星星髮
사문을 이별하고서 들판의 정자 나서네	纔別沙門出野亭

　　오산五山 강영림姜永琳

봄바람에 회갑 맞은 밝은 영령이여	春風回甲有明靈
만물의 영광이 대대로 모두 깨었도다	萬物榮光世盡惺
선학이 놀러 오니 도를 이룬 친구요	仙鶴來遊成道友
하늘 꽃이 감동하게 경전을 말하네	天花感得說眞經
장수산이 아스라이 오래도록 푸르고	壽山高遠長年碧
지혜 바다 넓고 깊어 눈길 정녕 파랗네	智海廣深眼定靑
티끌 인연을 길이 끊어 하속이 없고	永斷塵緣無下俗
일생 동안 자취를 백운정에 감췄구나	一生晦跡白雲亭

　　김화성金華性

행위 바르고 마음 참되며 또 지혜로워	行正心眞又智靈
이 몸이 텅 비어 홀로 먼저 깨었도다	此身空寂獨先惺
매화 창에 달 가득히 참선 자리에 오르고	梅窓月滿登禪榻
구름 골에 종소리 울려 경전을 전독하네	雲洞鍾鳴轉法經
솔 사이로 학 날아 천 년 동안 희고	松裡鶴飛千載白
바위 끝에 소나무 서서 사계절 푸르네	巖頭松立四時靑
봄이 와 시를 읊조리는 화원 누각	春來詩咏花園閣
가을 단풍 숲에서 국화를 감상하는 정자	秋日楓林菊玩亭

　　김주흔金湊欣

봄날을 당하여 신령이 강림하시니	正當春日降神靈
하늘이 지혜 사람을 보내 만물 깨우네	天送智人物有惺

고요한 방의 방석과 석장 하나	靜室蒲團禪一杖
향 맑은 책상 위에 경전 둘	香淸案上兩函經
마음 밝히는 이 달은 창 앞에 희고	明心此月窓前白
절개 있는 저 솔은 눈 속에 푸르듯	節氣彼松雪裡靑
세상에 처하여 티끌 일은 하지 않고	處世無爲塵跡事
오직 학과 함께 백화정에서 노니네	唯遊與鶴百花亭

　　김병연金丙淵

다송165의 장수함은 신령에서 비롯하니	茶松遐壽必由靈
성품은 화목하고 지혜롭게 깨었도다	性器雍容慧且惺
참된 인연 지으니 삼생이 꿈이요	眞緣穩做三生夢
법어를 맑게 담으니 오계의 경전이라	法語淸藏五戒經
불전에 납의 입으니 구름빛으로 희고	佛前衲着雲光白
뜰에 향 연기 깊어 그 모양 푸르다	庭際烟深篆影靑
화갑 맞은 봄이 얼마나 좋은가	花甲回春如許好
청정한 집에 두 나무 정정하게 서 있네	淨軒雙樹立亭亭

　　죽포竹圃 신申

남극노인성이 정령을 내렸더니	老星南極降精靈
이 승려에게 모여 장수하고 깨었구나	鍾此胡僧壽且惺
온 사찰이 재계하여 다투어 공양하고	一寺宿齋爭供味
빈객들이 하례하고 각기 경전 대하네	票3)賓致賀各封4)經
생일 육갑이라 상호桑弧166 오래되고	晬回六甲桑弧久
꽃이 핀 봄이라 철수167 푸른데	花見重春鐵樹靑

---

3) ㉠ '票'는 '衆'의 오기인 듯하다.　4) ㉠ '封'은 '對'의 오기인 듯하다.

평소 교분 없어 멀리서 우러러보니	雅分雖無瞻仰遠
취한 신선이 완연히 벽도정에 있도다	醉仙完在碧桃亭
남강南岡 정鄭	

하늘이 내린 별의 정령이 땅에 모여	天降星精會地靈
승려의 장수함은 마음이 깨어 있기 때문	胡僧壽福賴心惺
철수에 꽃 피어난 날 기쁘게 바라보나	喜看鐵樹開花日
모친 생각나게 하는 육소[168] 슬프구나	哀感蓼蕭懷母經
대지 가득한 구름 노을에 상산[169] 희고	滿地雲霞商岀白
접시에 담은 약과와 바다 복숭아 파랗네	供盤藥果海桃靑
여러 손님들 축하하러 오니 시장인 듯	衆賓致賀來如市
말 매어 놓은 소나무가 곳곳에 우뚝하네	係馬杉松處處亭
봉헌鳳軒 정鄭	

상인의 긴 수명은 바로 신선의 영험함	上人遐壽卽仙靈
묻노니 범음을 깨쳤는가, 그렇지 않은가	爲問梵音惺未惺
몸 밖의 연기와 불의 누추함 온통 잊어	身外渾忘烟火累
가슴속의 능엄경을 거꾸로 외우는도다	胷中倒誦楞嚴經
연잎의 밤이슬처럼 샘이 희게 솟고	荷擎沆瀣泉通白
뾰족한[170] 차 끓어 눈에 푸르게 비치네	茶沸旗槍雪映靑
파리하게 매화 같고 맑음은 학 같아	瘦似古梅淸似鶴
노년에 풍채 있는 모습 더욱 정정하네	老年風骨益亭亭
조재操齋 양기묵梁箕默	

어려서 진세 떠나 온 늙은 선령이여	幼來塵世老仙靈
육십 년 동안 겁몽을 깨었구나	六十年間刼夢惺

샘 소리 구름 맺히는 아침에 약초 심고	泉鳴雲綴朝蒔藥
종소리 등불 깊은 밤에 경전 외우네	鍾落燈深夜誦經
법계의 당간에 마음이 벌써 붉고	法界幢竿心已赤
책 속의 패엽에 눈은 항상 푸르네	卷中貝葉眼常靑
스님들 말없이 서로 경사스레 축하하니	闍梨無言相慶賀
열 길 구련[171]이 우뚝하게 서 있구나	龜蓮十丈立亭亭

  운사雲史 조철규趙哲奎

마음이 부처이고 부처는 영험하니	心惟是佛佛惟靈
일찍 산에 가서 사찰에서 깨쳤도다	早向溪山寺上惺
방법 구해 위아래 살핀 삼천갑자	求方俛仰三千甲
법을 참구해 통달한 팔만 경전	叅法融通八萬經
학이 날아 머무는 누각은 나처럼 희고	鶴飛捿閣同吾白
봉황 늦게 찾는 자리는 저렇게 푸르네	鳳晩尋巢降彼靑
하늘에서 꽃비 내림 멀리서 부러워	遙羨諸天花雨裡
향기 옷 몇 번이나 떨쳤나 단장정[172]에서	薰衣幾拂短長亭

  봉계鳳溪 이종익李鍾翊

푸른 산 남쪽 마을에 땅의 정령 모여	積翠郡南鍾地靈
이 가운데 금명 노승이 깨어 있으니	此中溟老也惺惺
자비심으로 삼천 대천 세계를 꿰고	慈悲心徹三千界
현묘한 안목으로 팔만대장경 보았네	玄妙眼過八萬經
세상 밖 머리 끄덕이던 돌[173]은 희고	物外點頭維石白
세상에서 자기 알아주는 산은 푸르니	世間知己是山靑
우화등선한 신선이 오늘 그대 아닌가	羽仙今日非君耶
오색빛의 구름이 맑은 봉서정이라네	五色雲晴鳳瑞亭

  배헌拜軒 조영선趙泳善[174]

거두고 거두는 현묘한 문에 지혜 정령	納納玄門大慧靈
항하사 모래 속에 깨우쳤구나	恒河沙裡了蒽惺
우담바라는 비와 이슬 속 삼짇날 돋고	曇花雨露重三骨
어산[175]의 패엽은 팔만대장경 되었네	貝葉魚山八萬經
깊은 바다의 구슬처럼 몸이 빛나고	溟海珠沈身有彩
성도의 따스한 햇빛에 눈동자 푸르네	星圖日暎眼生靑
뉘 알랴, 오늘 이별하는 글의 뜻이	誰知今日分章意
다만 가을 이별 말하는 정자에 있음을	只在淸秋話別亭

    동송東松 조趙

옛 사찰에 지상의 가장 신령한 이 있어	古寺有人地最靈
금명은 61년을 한마음으로 깨었네	錦溟六一一心醒
차가운 오동잎에 가을이 옴을 헤아리고	寒知桐葉秋成算
연화세계 들어가 날마다 경전 외는구나	妙入蓮花日誦經
귀밑머리는 중년이라 공정히 하얗고[176]	鬢許中年公道白
술잔은 처음처럼 옷깃에 파랗네	盃如初度子襟靑
하늘에서 다시 무량불을 내리셨으니	諸天復降無量佛
바위 아래 외론 암자 물 위의 정자라네	石下孤菴水上亭

    행산杏山 정인성鄭寅成

동리산 아득히 신선에 가깝더니	桐山迢遞近仙靈
그 속에 고승 있어 지혜롭게 깨었구나	中有高僧道慧惺
시냇가 노루들 새벽에 길 청소하고	澗畔遊麕晨掃逕
누각 앞의 학이 밤새 경전 소리 듣네	樓前歸鶴夜聽經
술동이의 술 익는 생일날 따스하고	一樽酒熟弧辰暎
경쇠들의 소리 잦아드는 사찰 푸르네	數磬聲殘佛宇靑

예로부터 우리들의 정이 두터웠으니	昔自儂家情地厚
몇 번이나 그리웠나 외론 정자에 기대	相思幾度倚孤亭

  초와樵窩 장용민張鎔玟

육순의 의발은 심령을 보호하고	六旬衣鉢保心靈
도에 들어가는 현문에서 깨달았네	道入玄門覺脫惺
일생 늙음이 달가운 삼천 대천 세계	一生甘老三千界
백겁에 모두 재가 되는 팔만대장경	百劫都灰八萬經
평소 회포 풀어 낸 동리산 달은 밝고	頓遣雅懷桐月白
웃노니, 뜬 그림자 서울 구름 파랗네	笑看浮影洛雲青
산에 사는 맑은 복은 어떠한가	居山清福能如許
만년의 경치 수석정에 남음 있네	晚景猶餘水石亭

  호송湖松 김권용金權容

겨자씨에 수미산을 넣는 부처 영험하고	芥納須彌佛有靈
금명 고승은 스스로 깨어 있다네	錦溟開士自惺惺
조계산 고요한 밤에 하늘 소리 듣고	曹溪夜靜聞天籟
패엽의 봄 깊어 옛 경전을 강독하네	貝葉春深講古經
문 앞의 활과 화살은 달뗏목[177]처럼 희고	弧矢門前槎月素
우담바라 그림자 속에 진산이 푸르도다	曇花影裡晋山青
서풍에 게으른 손이 피리를 부는	西風倦客來吹笛
봉서루는 방학정[178]과 비슷하도다	鳳瑞樓如放鶴亭

  임천壬川 장기혁張基赫

별 가운데 남극성이 가장 신령한데	有星南極最爲靈
금명 노옹에게 내려 세상에 홀로 깨었네	降此溟翁世獨惺

수명은 느릿느릿 불계에서 노닐고　　　　　　壽限遲遲遊佛界
생애는 담담하여 신선 경전을 읽었는데　　　　生涯淡淡讀仙經
공도는 자비 없어 귀밑머리 희고　　　　　　　公道不悲雙鬢白
형제들 탈 없어 여러 가지들 푸르네　　　　　　棣園無恙數枝靑
축하하는 술잔 앞에 여러 제자들　　　　　　　獻祝觴前多弟子
다투어 만세를 부르며 우뚝하게 섰네　　　　　競呼萬歲立亭亭
　　학사鶴沙 김성찬金聖贊

육순을 편히 지냄은 신령에 의지함이라　　　　六旬安過賴神靈
늙어갈수록 인정은 꿈을 깨는 듯하네　　　　　老去人情夢若惺
산에 들기 전에 천겁을 잊었고　　　　　　　　入山前日忘千劫
도를 수호하던 당시 한 부 경전 지켰네　　　　護道當年守一經
삼생의 불계 가운데 마음이 희고　　　　　　　三生佛界中心素
만학의 봄빛은 분수에 따라 푸르네　　　　　　萬壑春光分內靑
이로부터 평안히 연단179을 연구하리니　　　　從此康寧多究煉
건건180이 생각하며 구름 정자에 앉았네　　　　乾乾思默坐雲亭
　　김두영金斗永

하늘이 낸 재주라 가장 순수 신령하고　　　　　天降奇才最粹靈
색즉시공의 이치를 그대가 깨쳤구려　　　　　　色空至理子惟惺
축융봉 밝은 달은 옛날에도 있었지만　　　　　祝融峰明寧古有
조계산의 빛깔은 오늘 다시 푸르구나　　　　　曹溪山影更今靑
꽃이 핀 맑은 새벽에 달 정자에 가서　　　　　花開淸晨行月榭
구름이 한가로운 탑에서 신선 경전 읽네　　　　白雲閑塔講仙經
백 년의 일 말함을 멀리서 애달파하니　　　　　遙憐爲說百年事
돌아오면 필시 도솔정으로 돌아오리　　　　　　歸則必歸兜率亭
　　노암蘆巖 서영수徐英洙

대사의 품성은 본래 비어 신령하니	尊師禀性本虛靈
배움의 도에 장애 없어 절로 깨닫네	學道無疑道自惺
늦게 이웃과 사귀어 향기로운 차 좋고	晩與交隣香茗足
어질어 족보가 같고 죽산[181]이 푸르네	賢宜同譜竹山靑
세상 근심 온통 잊고 항상 염불하며	全忘世慮常思佛
한가함 넉넉히 얻어 경전을 외는구나	優得閒情暗誦經
적막한 하늘에서 꽃비가 내리는 중에	寂寞諸天花雨裡
온 강에 스민 달 높은 정자에 비치네	千江印月映高亭

　　석포石圃 김영배金英培

일흔을 바라보는 노인의 성품 신령해	望七斯翁覺性靈
솔 형상 학 골격으로 홀로 깨어 있네	松形鶴骨獨惺惺
지혜의 빛 멀리 삼천 대천 세계 퍼지고	慧光逈徹三千界
도력은 정밀하게 팔만대장경을 통했네	道力精通八萬經
하례하노니 처신이 따스한 백옥 같고	爲賀處身溫玉白
세속에서 부끄럽나니 파란 연기 물리네	自慚塵世麈煙靑
선가의 하랍[182]은 헤아릴 수 없으니	夏臘仙家無量算
전갱[183]의 나이 들수록 더욱 정정하네	籛鏗遐壽益亭亭

　　선승호宣昇浩

산은 청량하고 물 또한 신령한데	山是淸凉水亦靈
일생 참된 취미는 그중에 깨어 있음이라	一生眞趣箇中惺
상서로운 기운을 보나니 철수 두르고	瑞氣第觀回鐵樹
모년에도 여전히 금강경 강독하네	暮年猶切講金經
인연을 잘 맺었으니 백련사요	好結因緣蓮社白
심인[184]을 전할 법란이 푸르구나	將傳心印法蘭靑

덕을 심고 공을 닦음이 얼마나 큰가	種德修功如許大
가람이 이 때문에 정정하게 서 있네	伽藍爲此立亭亭

    청사靑史 김양현金良現

선생의 성격이 영험한 곳 좋아하여	先生性癖耽區靈
조계산에 자취 감추고 돈오하여 깨었네	潛跡曹溪頓悟惺
철수의 꽃 핀 곳에 석장을 머물고	鐵樹花間留錫杖
장경성185 아래에서 금강경 외는구나	長庚星下誦金經
두터운 정으로 일하여 항상 마음 붉고	厚情臨事常心赤
화사한 기운으로 타인 대해 푸른 눈길	和氣對人每眼靑
십계로 청정하니 장수와 복이 증가하고	十戒淸淨增壽福
홍안에 백발로 더욱 정정하도다	紅顔白髮益亭亭

    묵은默隱 최묵현崔默鉉

마음을 수련하여 도는 지극히 신령하고	修鍊神心道至靈
도솔천의 꽃비에 꿈을 깨기 어렵네	兜天花雨夢難惺
귀밑머리에서 학 눈썹 생겨 선골 되고	鬢生鶴睫幻僊骨
눈에서 추파를 쏟아 내 불경을 꿰뚫네	眼瀉秋波穿釋經
남극성의 자리에 빛이 더욱 움직이고	南極星躔增動彩
상원에 철수는 다시 푸름을 회복하네	上元鐵樹復回靑
복을 받음이 경계 없음을 알지니	聊知受福無疆界
복어 등 거북 무늬186로 홀로 정자에 서네	鮎背龜紋獨立亭

    만운晩雲 최진국崔珍國187

조계산 맑은 기운이 선령으로 강림하여	曹溪淑氣降仙靈
속진에 물들지 않아 도를 깨우쳤네	不染俗塵道味惺

원만하고 밝은 성품으로 삼보에 통하고　　　　圓明性慧通三寶
80종호[188] 몸의 빛은 팔만대장경 담았네　　　　種好身光藏八經
번뇌의 마음 맑아 물처럼 희고　　　　　　　　　煩惱心淸如水白
시비의 말이 없이 푸른 산을 배웠네　　　　　　是非言默學山靑
영욕에 관련 없이 바야흐로 회갑이요　　　　　無關榮辱方回甲
봉황 춤추는 오동나무에 축하하는 정자　　　　鳳舞桐兮人賀亭
　　산사山史 서창영徐昌英

봉두산 아래 선령이 강림하여　　　　　　　　鳳頭山下降仙靈
달 뜬 삼경의 꿈을 다시 깨었구나　　　　　　瑞月三更夢復惺
일찍이 나를 구름 속에서 송별하고　　　　　曾年送我雲中別
오늘 그대를 방문하느라 눈 속 지나니　　　　今日訪君雪裡經
패다라엽이 손끝에서 늙어 가고　　　　　　　根多寶葉手端老
잣나무 참선 마음이 봄 밖에 푸르네　　　　　栢樹禪心春外靑
비록 생신 축하연에 참여하지 못하나　　　　然雖壽筵叅未得
쇠 끊음이 난초 맺듯[189] 정자보다 나으리　　斷金猶勝結蘭亭
　　국은菊隱 김사룡金士龍

듣자니, 조계산이 땅의 정령 길러　　　　　　聞道曹溪毓地靈
청정한 연꽃이 비단 같아 꿈을 깨고　　　　　淨蓮如錦夢圓惺
생애는 구름 부엌의 차 세 잔이요　　　　　　生涯雲竈茶三椀
거처는 꽃집이라 책상에 경전 하나　　　　　居處花宮案一經
흐르는 세월 재촉하여 머리는 가득 희고　　　催玆流歲頭盈白
저 깊은 산에 깃들어 눈이 마주함 푸르네　　　捿彼深山眼對靑
인자한 이는 장수함을 비로소 알지니　　　　始識仁人能至壽
무성함이 솔과 잣처럼 홀로 정정하도다　　　茂如松栢獨亭亭
　　춘사春史 이종택李鍾宅[190]

명산이 수려하여 신령을 보호하니   名山秀麗護神靈
금명 상인이 한가한 꿈을 깨었구나   錦溟上人閒夢惺
개울가 이끼 낀 집 원숭이가 과일 드리고   澗戶蒼苔猿獻果
소나무 오래된 단상에서 학이 경전 듣네   古壇松樹鶴聽經
구름 가에 석장 날리는 석양이 멀고   雲邊飛錫斜陽遠
등불 아래 책을 보는 두 눈동자 푸르네   燈下看書兩眼靑
도 닦느라 산에 든 지 이제 또 회갑이라   修道入山今又甲
벼랑에 아름다운 나무 절로 정자 이뤘네   斷崖嘉木自成亭
    노은路隱 현응무玄應武

상운의 오래된 사찰에서 신령을 물으니   禮5)雲古寺問神靈
금명이 홀로 깨었다고 다투어 말하네   爭道錦溟也獨惺
연잎 천 년 되어 거북이 셈을 바치고   蓮葉千年龜獻算
솔등불 켠 한밤중에 학이 경전 듣네   松燈半夜鶴聽經
마음은 흐르는 물에 통해 갈수록 희고   心通流水來來白
얼굴은 높은 산을 빌려 갈수록 푸르네   顔借高山去去靑
다행히 동갑의 신선 같은 벗들이 있어   幸得同庚仙侶在
산초술[191] 쌍으로 드니 달이 정정하네   椒樽雙擧月亭亭
    난해難海 유영柳泳

동리산 맑은 기운이 정령을 길러 내니   桐山淑氣毓精靈
한 꿈의 사문에서 그대 홀로 깨었구나   一夢沙門子獨惺
예전 전신은 밝은 달을 좋아하였고   在昔前身明月好
오늘은 흐르는 물로 겁진[192]을 거쳤네   幻今流水刼塵經

---

5) 옙 '禮'는 '祥'의 오기인 듯하다.

그대 명예가 청결한 차 같음 부러우니 　　羨君名譽香茶潔
저 광음에도 쇠와 대나무 푸름 믿겠네 　　信彼光陰鐵竹靑
즐비한 가람은 봄에도 늙지 않고 　　　　櫛枇伽藍春不老
낮게 휘도는 남극성이 정자에 드리우네 　低回南極夜垂亭
　　병곡屛谷 유선묵柳善默

일생 수도하여 심령을 기르니 　　　　　一生修道養心靈
담백한 가슴이 깨어난 듯하네 　　　　　淡泊胷襟怳若惺
다섯 봉황은 누굴 위해 상서로움 드리나 　五鳳爲誰呈瑞彩
두 승려가 거주하여 경전을 읽는구나 　　二僧居住讀玄經
세태를 가지고 선문에서 취하지 말라 　　莫將世態禪門醉
세상에 보이노니 부처 눈은 푸르다네 　　詔示人間佛眼靑
천 년 노니는 거북이 여기 있음 알지니 　千歲遊龜知在此
시방의 연잎이 정정하게 솟는도다 　　　十方蓮葉出亭亭
　　성헌省軒 최홍선崔洪善

태안사 오래되고 봉두산 신령하니 　　　泰安寺古鳳山靈
느지막이 신선 있어 홀로 깨었구나 　　　晩有僊人獨自惺
샘과 바위의 세월에 학의 나이 더하고 　泉石光陰添鶴算
책상의 패엽경을 거위[193]가 듣네 　　　案箱貝葉聽鵝經
삼승의 먼 세계에 선운이 하얗고 　　　三乘遙界禪雲白
발우 하나에 향기로운 불반 파랗네 　　　一鉢浮香佛飯靑
바로 금명이니 인자하고 장수하여 　　　最是錦溟仁且壽
생일 축하시가 옛 술집과 비슷하네 　　　晬詩猶似昔旗亭
　　용성산인龍城散人 윤주섭尹胄燮

봉황의 상서로움 있고 비단 정령 있는　　　　鳳有貞祥錦有靈
그 사람은 학처럼 뜻이 깨어 있어　　　　　　其人如鶴意惺惺
육순 동안 티끌 세상에 자취 숨기고　　　　　六旬遁跡塵間世
회갑 동안 해탈 경전에서 마음 보았네　　　　一甲觀心解脫經
철수는 향 나눠 바다의 달이 희고　　　　　　鐵樹分香溟月白
수미산이 겨자씨에 들어 미목 파랗네　　　　彌山入芥目眉青
능파각[194]에서 가을 꿈이 앞서니　　　　　淩波閣上前秋夢
속객이 무엄하게 단정[195]에서 쉬는구나　　俗客無嚴憇短亭
　　서순경徐舜卿

남쪽의 총림에 법약이 영험하여　　　　　　南鮮叢林法藥靈
세상 이야기로 곳곳에서 각성시키니　　　　譚塵隨處敎人惺
문장이 화려하여 꽃 중의 비단이요　　　　　文章黼黻花中錦
도덕이 영롱하니 바다의 경전이라　　　　　道德玲瓏海裏經
달처럼 원만하고 학 나이로 대춘처럼 희고　月圓鶴壽萢椿白
바람처럼 움직이며 거북 나이로 풀처럼 푸르네　風動龜齡堯艸青
진나라 아이들[196]의 남은 일 지금 어디 있나　秦童遺業今安在
불로초가 늦게 서봉정에 피었는데　　　　　不老晏開瑞鳳亭
　　허용許鏞

호남[197]이 상서로운 빛으로 신령 내리니　　弧南瑞彩降神靈
그렇게 나온 금명 공은 지혜롭고 깨어　　　　鍾出溟公慧且惺
생일[198] 아침 해는 거듭 돌아와 희고　　　蓬桑朝日重廻白
갯버들 봄 풍경에 꿈은 푸르구나　　　　　　蒲柳春光一夢青
선한 도를 닦은 이래 성인의 도 참되고　　　善道修來眞聖道
현묘한 경전 읽고 다시 황정경 읽네　　　　玄經讀盡復黃經

축하의 잔 올리기 앞서 장수 노래 부르니	獻賀觴前歌壽算
높은 산등 솔과 잣이 수려하게 정정하네	高崗松栢秀亭亭

    운강雲岡 이병호李炳昊

남극 수성[199]이 정령으로 강림하여	壽星南極降精靈
회갑에 선천의 꿈을 벌써 깨었네	古甲先天夢已惺
한가로운 신세는 속진을 초월하고	閒居身世超塵俗
널리 구제하는 마음 공부로 법경을 외네	普濟心工誦法經
피리 부는 아미산의 소학[200]이 희고	奏笛峨山蘇鶴白
도서 바친 함곡관의 이우[201]가 파랗구나	獻圖函谷李牛靑
여덟 과일의 복전이 봄에 늙지 않고	八果福田春不老
밝은 꽃의 철수가 정정하게 서 있구나	明花鐵樹立亭亭

    옥뢰玉瀨 김영성金永誠

사람이 가장 위대하니 만물 중 신령해	惟人最大物之靈
61세 다송 노인은 꿈을 깨었구나	六一茶翁道夢惺
검소한 식사로 근심 없이 소찬만 하고	儉食無憂徒素饌
청허하게 본성 길러 현묘한 경전 높이네	淸虛養性尙玄經
맑은 강가에 비친 달은 희고	印月澄江頭已白
흐린 구름 세상에서 눈동자 거듭 푸르네	曇雲幻界眼重靑
오늘 아침 더 절실하게 어버이 그리나니	今朝倍切思親孝
선방에 들어감 후회하며 정자에서 늙네	悔入禪房老此亭

    성석醒石 김주현金周鉉

아름답고 뛰어난 이 비로소 강림하여	丰彩英姿始降靈
태평하게 자라 탁월하게 깨었구나	泰平生長卓然惺

빙도[202] 남아 삼천 세에 나아가고 　　　氷桃剩進三千壽
도량은 능히 팔만대장경을 담네 　　　宇量能藏八萬經
청정한 신선 골격에 두 귀 우뚝하고 　　仙骨淨淸雙耳屹
옥 같은 뜰의 난초 두 가지 푸르네 　　　庭蘭玉立二枝靑
응당 불에 익힌 음식 먹지 않으리니 　　也應不食煙霞味
속세 떠나 혜월정에 오르도다 　　　　　却世登臨慧月亭
　　봉재鳳齋 전종호全宗鎬

상서로운 해 돌아와 다시 영령 기르니 　瑞日回週再毓靈
사문의 도인 주인옹이 깨었구나 　　　　沙門道骨主翁惺
나이 늘림이 쉬움 알지니 참선술이요 　　延年知易叅禪術
세대 이음 어려우니 자식 가르치는 경전 　繼世蹉難敎子經
맑고 고요한 마음의 스승은 운수처럼 희고　澹靜心師雲水白
애쓰신[203] 은혜 느끼는 다북쑥[204] 파랑네　劬勞恩感蓼莪靑
합장한 아사리들이 와서 장수 기원하니 　叉手闍梨來獻壽
동리산 아래 달이 뜬 정자에서라네 　　　桐之山下月之亭
　　김영하金永夏

회갑 맞은 주인옹 정치하고 영험하니 　　古甲主翁精且靈
신선인가 인간인가 탁월하게 깨었구나 　　仙耶人否卓然惺
주옥[205]이 차서 수명의 바다 더하고 　　籌屋盈盈添壽海
보배 꽃 떨어지는 화엄경 강독 자리 　　　寶花落落講華經
봉서는 서리처럼 하얀 머리 부끄럽고 　　鳳瑞惟羞霜鬢白
태항은 푸른 석니[206]를 탐하리라 　　　太行應啖石泥靑
육순에 거듭 돌아오는 생일날 　　　　　六旬重到劬勞日
축하하러 지팡이 짚은 객이 정자 오르네 　祝賀延筇客上亭
　　김병우金炳祐

동갑의 철수가 비로소 신령을 낳아	庚同鐵樹始生靈
말없이 현묘 원만함 아는 지혜로 깨었네	默識玄圓慧正惺
여도[207]를 바쳐서 이목을 놀라게 하니	獻幅蠢圖驚耳目
채색 옷 입은 범려가 단청을 수놓네	着爛蠡子繡丹青
일찍 형제 떠나 항상 도를 닦았고	夙離棣戶恒修道
난탕[208]에 느낌 더하여 경전 외는구나	倍感蘭湯解誦經
동리산 참 근원은 응당 국화 물이리니	桐裏眞源應菊水
이날 많이 마시면 늙어도 정정하리	飮多此日老亭亭

  김영교金永敎

꽃다운 나이에 높이 주석을 세운 정령	英年卓錫駐斯靈
전생의 인연을 증명하여 깨우쳤구나	宿世證緣可以惺
간간이 손님 따라 경구를 읊나니	間從來客吟驚句
여생을 제도하려 경전을 강독하네	欲度餘生講法經
바람 깊은 자비 바다에 사바세계 작고	願深慈海娑婆小
봄 가득한 장수산에 철수가 푸르구나	春滿壽山鐵樹青
육십 년 고행을 어찌 다 말하리	六十苦行何盡說
구제한 공 무량하니 기원과 같도다	濟功無量祇園亭

  우사愚史 김성렬金性烈

생일이 거듭 돌아온 이 지역의 정령	弧節重回此地靈
사문의 덕과 나이로 이제 절로 깨니	沙門德齒自今惺
집안은 김해 왕손의 후예이고	家聲金海王孫系
불교로는 조계 육조의 정맥이라네	禪派曹溪六祖經
생애는 집착 없어 구름산처럼 희고	生涯無着雲山白
도는 담백하여 거울물처럼 푸르네	道氣淡如鏡水青

산가지가 방에 가득 그렇게 장수하여 　　　　度算盈室仍爲壽
축하시 적은 종이 종일토록 쌓이네 　　　　爲賀詩箋盡日亭
　　남사南史 김성조金性祚

육십 년 안거한 법계의 정령 　　　　　　　六十安居法界靈
누런 얼굴에 백발로 홀로 깨었구나 　　　　黃顔白髮獨惺惺
중년에 동리산에서 본성을 닦았고 　　　　　中年桐岳惟修性
일찍이 솔불로 또한 경전 읽었지 　　　　　曾蒇松燈且閱經
바람이 그친 가슴 바다에 심화 피고 　　　　風停胷海心花發
비 지나는 장수산에 철수가 푸르네 　　　　雨過壽山鐵樹靑
고귀한 손님들 축하하며 흩어짐 없고 　　　高賓齊賀終無散
해 저물고 잠시 후 달이 정자에 오르네 　　日落小焉月上亭
　　김봉준金鳳準

온갖 물과 산이 정령을 숨기지 않아 　　　　萬水千山不匿靈
승복에 흰 불자 떨쳐 이미 깨었구나 　　　　緇衣白拂已惺惺
평소 베푸는 게 뛰어난 방법인데 　　　　　尋常施設兼人術
하필 나라 구할 경전을 말하리오 　　　　　何必云爲救國經
밝은 달에 마음은 빛나고 청결하며 　　　　明月心神光復潔
봄바람에 범상[209]은 푸른색 더하도다 　　春風梵相色添靑
조계 한 줄기가 도도하게 흘러내리는데 　　曹溪一派滔滔下
부끄럽게도 생일 축하 정자에 인연 없네 　 愧我無緣獻壽亭
　　만암曼庵 송종헌宋宗憲[210]

일로암 시냇물에 정령이 강림하여 　　　　逸老巖溪降瑞靈
사부는 장수하고도 여전히 깨었구나 　　　師傅用壽尙惺惺

신선 나이의 붉은 거북은 진겁 다하고	仙年丹龜灰塵刼
밤새 등 켜고 진리 경전 살펴보네	磬夜香燈鑑道經
사찰의 지초와 난초가 봄에 향기롭고	紺院芝蘭向春馥
뜰의 대나무 잣나무는 겨울에도 푸르러	交庭竹栢入冬青
연잎의 거북 연기[211]하고 물오리[212] 살지니	龜蓮噞氣肥鳧藻
그늘진 찬 연못에 수월정이로다	影裏寒潭水月亭

    국헌菊軒 조홍근趙洪根

경쇠와 종소리로 심령을 기르고	磬鍾聲裏養心靈
앉아서 삼거[213] 보니 뜻이 절로 깨어	坐演三車意自惺
생일 봄이 돌아오니 철수에 꽃 피고	初度春還花鐵樹
이 생애에 말한 것은 참선 경전이로다	此生說去道禪經
용이 서린 발우는 항하사처럼 맑고	盤龍藏鉢恒水澄
학이 오르는 뜰의 장수산 푸르구나	舞鶴登庭壽山青
물고기 노는 물결에 달이 비치고	魚戲萬波同月印
사찰의 패엽 그늘이 정자 이루네	紺園貝葉蔭成亭

    신규환申圭桓[214]

남악에 강생하여 일찍 정령 기르고	南嶽降生早毓靈
출가하여 도를 깨치니 성성하도다	出家悟道喚惺惺
부모 노고 감동하는 육아의 구절	劬勞多感蓼莪句
청정하게 외어 전하는 건 반야경	淸靜誦傳般若經
명사들과 인연 맺은 백련사 희고	好結名流蓮社白
우두커니 법계 바라보는 비구 푸르네	貯看法界苾蒭青
생일이 상원 이후에 이어졌으니	弧辰續在上元後
봄물이 높이 육감정에 이르도다	春水臨高六鑑亭

    운초雲樵 김종응金鍾應

현생 초기에 이미 빼어나고 영특하여	現世之初已秀靈
영대215를 환기하지 않고도 깨었구나	靈臺未必喚而惺
평생 연화세계를 헤아렸으니	生平度了蓮花界
골격이 패엽경보다 맑도다	骨相淸於貝葉經
육아의 애쓴 노고는 봄눈처럼 희고	蓼莪劬勞春雪白
명령216 가르침은 밤 등불처럼 푸르네	螟蛉敎誨夜燈靑
방문하는 축하 손님들이 많아서	踵門賀客知多小
먼 거리 짧은 거리 꺼리지 않는구나	不憚長亭與短亭

  소파小波 송명회宋明會217

조계의 영험한 기를 타고나서	禀得曹溪一氣靈
현생 나면서부터 이미 깨었도다	自從現世已惺惺
현담이 늘 입에 있어 마침내 법이 되고	玄談在口終爲法
깨달음이 경전 없이 마음에서 우러났네	妙悟由心不待經
흐르는 물 같은 광음에 귀밑머리 희고	流水光陰雙鬢白
명산의 숙업218으로 두 눈동자 푸르네	名山宿業兩瞳靑
생일이 또한 청한한 모습에 합당하니	弧辰又合淸寒像
눈 속 매화가 달 가득한 정자에 새롭네	梅雪新晴月滿亭

  만사晩士 김명수金命洙

금옹의 수첩을 읽은 후 감동하여
謹讀錦翁壽帖後感[1)]

이 밝은 별이 있고 대지의 정령 있어	有是明星有地靈
고금에 몇 번이나 깨달음 지녔나	古今有幾等持惺
신이한 광채로 이해한 연꽃의 지혜인데	神光已會蓮華智
눈앞에 어찌 패엽경이 번거로우랴	眼界何煩貝葉經
규범 있게 구름 타니 천상의 즐거움이요	儀範乘雲天上樂
아름다운 이름을 돌에 실은 해동 푸르네	芳名載石海東靑
아, 사자후를 얻지 못하였으니	嗟乎未得師子乳
심사가 노로정[219]에 오른 듯하네	心事如登勞勞亭

　　계미년(1943) 가을에 후학 임보극[220]이 삼가 쓰다.(癸未秋日後學任普極謹題)

---

1) ㉑ 이 시는 저본에「錦溪講伯六十一壽詩」서문 앞에 있었는데 편집자가 이곳으로 옮겼다.

[부록 3附錄三]¹⁾

금명 선사 비명 병서

　사람이 어려서는 효도로 이름이 나고 자라서는 가르침으로 유명하여, 들고 남에 걸림이 없고 일과 이치를 같이 닦는 것은 위대한 도사導師(스승)가 아니고는 할 수 없다. 내가 방외方外로 사귀는 금명錦溟 선사가 거의 그렇다.
　선사의 휘諱는 보정寶鼎이고 호는 금명이며 속성은 김씨金氏로서 가락국 왕의 후예이고 학성군鶴城君 김완金完[221]의 후손이다. 중세中世에 영암靈巖에서 곡성谷城으로 이주하였다. 부친의 휘는 상종相宗이고 모친은 이씨이다. 임신 중에 채색 구름이 개울에 만연하는 기이한 꿈을 꾸었다. 철종 신유년(1861) 정월 19일에 태어나니, 두각頭角(정수리)이 뾰족하고 지혜가 뛰어났다.
　5세 때 스스로 이름을 '영준英俊'이라 하였다.[222]
　11세 때 배우기 시작하니 낮에는 일을 하고 밤에 책을 들고 부지런히 공부하였다. 모친의 병을 간호한 지 2년이 지나도록 잠시도 곁을 떠나지 않았고, 눈밭을 헤치고 약초를 캐고 땅을 파서 조개를 구하니, 신명이 감동하여, 모친이 회복하게 되었다. 당시 14세였다.
　성동成童(15세)에 부친이 출가하라 명하여 송광사 금련金蓮 화상에게 의지하여 삭발하고 비로소 향수해香水海[223]를 읽었는데 한 번에 암송하였다. 하루는 홀연 마음이 동하여 스승께 고하고 급히 집으로 가니 모친의 병세가 이미 위독하였다.
　17세 때 경파景坡 화상에게 계를 받았다. 이후로 사방을 다니며 공부하

---

1) ㉮ '附錄三' 세 자는 편자가 보입하였다.

여 대종장大宗匠, 즉 원해圓海[224]·범해梵海[225]·원화圓華·함명涵溟[226] 같은 분들을 두루 참학하니, 그분들이 마음을 기울이지 않음이 없었고 가르침에 나이를 잊고 칭찬하였다. 사서四書와 육경六經으로부터 노자老子와 장자莊子 등 여러 사상가들에 이르기까지 모두 섭렵하였다. 글씨는 자못 힘차고 성품은 근검하고 치밀하여 헌 종이나 낡은 붓이라도 글 쓰는 데에 사용하고, 밤에는 실 두 가닥을 합쳐 등불 심지로 삼으니, 학우들이 웃어 댔지만, 태연자약했다.

허주虛舟 선사를 참학하고 금련 스승의 호號를 받았다. 금련 스승이 병으로 누워 고생하게 되자 다른 문사門師에게 법을 구하라 명하니, 고하길 "10년의 은혜가 중한데 저의 유무가 어찌 대단하겠습니까."라고 하였다. 간혹 이익으로 유도하곤 하였으나 그때마다 "이익으로 법을 구함은 나의 본분이 아닙니다."라고 하니, 듣는 이들이 옳게 여겼다. 스승의 질병을 간호함에 의사를 찾고 약을 구하여 하루 밤낮에 2백 리를 왕복하였고, 팔영산八影山[227]에 들어가 만병초萬病艸를 메고서 당일에 돌아오기도 했다. 금련 스승이 입적함에 시를 지어 슬픔을 표하였다.

> 어버이와 스승의 질병에 감히 힘들다 하랴
> 손으로 오줌과 똥을 살피고 몸을 부지하여
> 눈 속의 지초와 진흙의 조개 캠이 일상이라네
> 한스러운 건 손 깨물어 소생시키지 못함이라

그리고는 건당建幢한 후에 초빙을 받아 전경轉經[228]하였다. 본사本寺(송광사)의 보조암이나 광원암廣遠菴,[229] 그리고 지방의 학림學林과 방장산의 화엄사·천은사泉隱寺, 해남의 대흥사, 곡성의 태안사泰安寺 등 이르는 곳마다 다투어 맞이하니, 발이 부르터 머물기도 하고 안거하며 참구參究하기도 하였다. 선원 계단戒壇에 빈자리 없이 강마講劘하여 훈도薰陶하지 않음이 없었으니, 영남과 호남의 재주 있는 이들이 문하에서 많이 배출되었다. 서각西閣(뒷간)의 잡스런 제사들을 혁파하고 가마(藍輿) 적폐를 없애며 행패 부리는 관리를 징치함에 있어서는 과감하였다. 해인사의 장경藏經을 가지고 (송광사로) 돌아가 성수전聖壽殿을 창건하며 대흥사에서 크게 불사를 조성함에 있어서는 근면하였다. 갑오년(1894)과 정유년(1897)에 산 전체가 병화를 혹독하게 입었는데 위험을 보고도 두려워하지 않고 순교하려 하였으니 신념이 있었던 것이다.

광무光武 병술년230에 선종과 교종 양쪽에서 자헌대부를 수여하고 본사 도총섭都摠攝을 맡은 게 네 번이고 해인사 선의禪議가 된 게 한 번이다.

61세 생일에 스스로 다음과 같은 시를 지었다.

갈수록 더욱 혼미하여 교화하기 어려우나
피곤해도 능히 기뻐하며 다만 불경 뒤적이네

승려나 일반인이나 여기에 화답하는 이가 매우 많았다. 나는 일찍이 그 진영에 다음과 같은 찬讚을 붙였다.

빛나는 눈동자
헌걸찬 모습
다가서면 아름다워 움켜잡을 만하고
바라보면 의젓하니 공경할 만하도다
아름다운 말은 오색 빛깔의 비단 같고
바다 같은 가슴은 만 리에 푸르도다

이 언급은 실제를 기록한 것이다.
경오년(1930) 2월 13일에 입적하였으니 세수世壽 70이요 법랍은 55세다.

몇 권의 문집과 『향사열전鄕師列傳』이 있다. 편록編錄한 것으로는 『조계고 승전曹溪高僧傳』과 『저역총보著譯叢譜』, 『석보약록釋譜略錄』, 『삼장법수三藏法 數』, 『불조찬송佛祖讚頌』, 『정토백영淨土百詠』, 『염불요해念佛要解』, 『십지경과 十地經科』 등 수십 종이 있다.

상족上足(수제자) 용은龍隱 주완섭朱完燮은 일찍 청출어람이라는 명예를 자부하고 나에게 유학을 공부하였다. 기군紀羣의 사귐[231]으로 여러 번 명 문銘文을 청하였기에 나는 다음과 같이 말했다. "선사의 깨달은 경지는 내가 헤아릴 수 없으나 그 지극한 행실에 대해서는 쓸 것이 많다. 이것을 기록하지 않을 수 없다."

명銘은 다음과 같다.

> 어버이 섬김을 미루어 스승 섬김을 효라고 한다
> 뜻을 세워 사물에 응함을 이치라고 한다
> 효와 이치를 앎에 출입에 방해가 없고 일과 이치를 같이 닦았다 하리라
> 게다가 오색 빛깔의 화려한 말과 만 리 바다 같은 마음이
> 참으로 용상龍象 대덕이요 말세의 사표로다
> 아, 세상에 선과 교를 말하는 이들이 그저 껍데기만 맛볼 뿐이니
> 몽둥이로 고함만 일삼는 이들이여 어찌 선사에게 구하지 않는가

염재거사念齋居士 송태회宋泰會[232]가 짓다.

錦溟禪師碑銘幷序[1)]

曰有人焉。幼而以孝名。長而以教著。出入無礙。事理雙修。非大導師。不能 焉。以吾方外之交。惟錦溟禪師。庶幾焉。師諱寶鼎。號錦溟。金其姓。駕洛 王裔。鶴城君完后也。中世自靈巖。寓谷城。父曰相宗。母李氏。有娠夢。彩 雲溪漲之異。哲宗辛酉正月十九日。師生頭角崒然。慧識迢邁。五歲自言名英俊。十一歲就學。晝執鉏。夜抱書。矻矻不已。侍母病積二年。須臾不離側。踏雪採芝。穿土得蛤。感神明而復矧翔。時十四歲也。成童因父命出家。依松廣寺金蓮和尙剃染。始讀香水海。一回便誦。一日忽心動。告師急歸家。母病已瘳矣。十七受戒于景坡和尙。自後遊學四方歷叅大宗匠。如圓海梵海圓華繭[2)]溟諸公。莫不傾心。教誨忘年推謝。自六經四子。以至老莊諸家。一皆涉獵。筆法頗遒健。性勤儉緻密。雖廢紙退筆。必資書寫。夜以合兩線。爲燈炷。學友或笑之。而顧自如也。叅虛舟禪師。受蓮師號。及蓮師委疾且窘跲。命求法他門師。告曰十年恩重。物何足有無。或有以利誘之。輒曰以利求法。非吾本分。聞者韙之。侍師疾也。尋醫求藥。一晝夜徃還二百里。入八影山。擔曳萬病艸。當日還山。及蓮師沒。賦詩識哀曰。親疴傅病敢言苦。手溷尿糞身自扶。雪芝泥蛤皆常事。恨未當時咋指蘇。因建幢後。被聘轉經。若本寺之普照廣遠諸菴。地方學林。及方丈之華嚴泉隱。海南之大興。谷城之泰安。所至爭迎。或重趼留連。或安居叅究。禪院戒壇殆無虛席。莫不講劘薰陶。嶺湖才俊多出門下。至若罷西閣雜祭。祛藍輿積弊。懲官隷悖亂。其果敢也。賫歸海印之藏經。叔建聖壽之殿。大興之大造佛事。其勤勞也。午酉之歲。一山酷被兵燹。見危不怖。誓欲殉教。其信念也。光武丙戌。以禪教兩宗。授資資憲。爲本寺都捴攝者四。爲海印寺禪議者一。六十一生朝。自題有云。去益昏迷難點石。疲能隨喜但翻經。緇素和之者甚多。余嘗讚其影曰。有爛其眼。有頹其容。卽之嫣然可掬。望之儼然可敬。詞華則五色紋錦。胷海則萬里滄溟。盖記實也。庚午二月十三日入寂。世壽七十。法臘五十五。有集若干卷。鄕師列傳。其編錄者。曹溪高僧傳。著譯叢譜。釋譜略錄。三藏法數。佛祖讚頌。淨土百詠。念佛要解。十地經科等數十種。上足朱龍隱完燮。早負靑藍之譽。而學儒書于余者也。以紀羣之交。屢謁銘文。余曰。師之悟境。非吾可測。而其至行實事。可書者多。是不可以不銘。銘曰。推事親而事師曰孝也。以立志而應物曰義也。惟孝且義。故曰出入無礙。事理雙修。加之以五色詞華萬里胸海。洵可爲龍象之大德。而像季之師表也。噫世之說禪說敎。徒然啜糟粕。而事棒喝者。盍於師而求之。念齋居士宋泰會撰。

---

1) ㉑ 이 글과 뒤의 「錦溟大宗師碑陰記」는 각각 별지로 유통되었는데 편집자가 수집하여 여기에 실었다. 2) ㉮ '薾'은 '溟'의 오자이다.

금명 대종사 비음기

제방諸方(각지)의 선지식이 벼와 삼과 대와 갈대처럼 많아서 아직 두루 참학하지 못하였다. 그러나 내가 본 바로는 이치에 통하나 일에 막히기도 하고 선정이 깊으나 지혜가 건조하기도 하여, 모두 의논할 바가 있을 수 있다. 오직 금명 노스님은 이런 게 없이 고로古老의 풍모가 있다. 나는 어릴 적 불사로 인해 송광사에 약 반 년 머물렀는데, 맡은 일이 매우 바빠서 경전을 읽고 답을 청할 겨를이 없었다. 그러나 마음은 이미 기뻐하여 성심으로 (스님께) 감복하였다. 일을 마치고 돌아오면서 생각하길, 갑오년(木馬)의 인연이 다시 이어지리라 하였다. 어느덧 40년이 지났건만, 나는 다시 남쪽으로 가지 못하고 노스님은 이미 서방정토로 가셨다. 어그러지기는 쉽고 만나기는 어려움이 이와 같도다. 제자(神足) 용은龍隱 주완섭朱完燮 공公이 명銘을 가지고 서울로 와서 내게 보이며 말했다.

"스님께서 우리 스님에 대해 아시는 게 있음을 아는데 어찌 일전어一轉語[233]를 내려 주어 비음기를 장식하지 않으십니까."

"네, 아닙니다. 염재念齊(송태회)의 명銘이 충분합니다. 다시 무슨 말을 하겠습니까. 그러나 내가 알기에, 노스님께서 일생 동안 가르침을 자상하게 하셨고 때마다 다시 좌선을 편히 하시고 염불에 근면하신 지 또한 여러 해입니다. 계율을 근엄하게 지키셔서 제방의 모범이 되신 고로 명치明治 임자년(1912)과 소화昭和 병인년(1926)에 두 번 계단戒壇을 마련하시니 돌아와 걸계乞戒[234]한 이가 매번 천 명을 이루었습니다. 그리고 또 붓을 잡는 데 근면하고 간절하여 그 저술한 바가 모두 후학이 보배로 삼을 만한 것이었습니다. 참선에 전력하지 않고도 선정 힘이 크고 무無에 들어가지 않고도 처사가 명백하였으니 진속眞俗을 아울러 융통하지 않은 이라면 누가 여기에 참여할 수 있겠습니까."

스님께서 입적하신 지 이미 1기紀(12년)가 지났다. 용은은 덕업이 혹시 민멸될까 걱정하여 개인 재산을 털어서 정민貞珉(비석)을 도모하였다. 송광사와 태안사, 관음사, 대흥사, 백양사, 화엄사, 천은사泉隱寺 등이 모두 공재公財를 보조했다. 그 문하에 있는 제자들과 게를 받았거나 한마디 말을 들은 이들이 모두 정성을 기울이고 힘을 다해서, 그 일의 성공을 고하게 되었으니 이 어찌 노스님의 교화를 앙모해서가 아니며, 더욱이 주완섭 공의 정성과 힘에 감동함이 아니겠는가. 시간이 갈수록 사람들이 잊지 못할 것임을 나는 안다.

운양雲陽 사문沙門 퇴경退耕 권상로權相老[235] 쓰다.

계보 : 부휴浮休 7세世 풍암楓巖, 응암 낭윤應庵朗允, 영암 등찬影庵等讚, 성월 서유聖月瑞薷, 지봉 지안智峰之安, 벽련 인성碧蓮仁性,[236] 금련 경원金蓮敬圓, 금명 보정錦溟寶鼎.

수업문생受業門生 대표 : 만암 종헌曼庵宗憲,[237] 석호 형순錫虎炯珣,[238] 해은 재선海隱栽善,[239] 기산 석진綺山錫珍.
제자弟資 : 용은 완섭龍隱完燮, 백은 종택栢隱鍾宅.[240]
계제자戒弟子 : 동하東夏, 동식東植, 천경天鏡, 종출鍾出.
손제자孫弟資 : 봉길鳳吉, 동희東熙.
직원 : 주지住持 기산 석진綺山錫珍, 감무監務 용은 완섭龍隱完燮, 법무法務 금당 재순錦堂在順, 교무敎務 청은 순홍淸隱淳弘, 감사監事 모곡 재영暮谷再榮, 재무財務 등곡 병렬藤谷丙烈,[241] 서기書記 영은 일오靈隱日五, 서기 춘고 병렬春皐炳烈, 강사講師 석호 형순錫虎炯珣, 강사 인산 상정仁山相禎, 염불원念佛院 화주化主 대우 금추大愚錦秋.
영건營建 : 용은 완섭.
별좌別座 : 백은 종택.

속질俗姪 : 김재두金在斗, 재규在圭, 재수在守.
시중時衆²⁴² 2백여 명, 도서실 주무主務 학담 득수鶴潭得秀.
불기佛紀 2969년(1942) 임오.

찬조기贊助記 : 송광사중松廣寺中, 태안사중泰安寺中, 관음사중觀音寺中, 대흥사중大興寺中, 화엄사중華嚴寺中, 천은사중泉隱寺中, 수업문생受業門生과 유지有志 60인.
비석 : 남포藍浦²⁴³에서 산출.
제작 : 경성석물미술공업사京城石物美術工業社.
각공刻工 : 김창웅金昌雄, ²⁴⁴ 이경구李庚求, 정한경鄭漢景.
석공石工 : 조소근曺小根.

錦溟大宗師碑陰記

諸方之善知識。如稻麻竹葦。未曾遍叅。然以余所觀。或通乎理而滯乎事。或深於定而乾於慧。皆可以有以議。惟錦溟老師。無是也。有古老風焉。余少時因佛事。留朽¹⁾廣者。約半年。所幹孔劇。雖未能橫經請答。然心則已悅而誠服矣。事濟而歸。自以謂木馬餘緣更續。有匆匆十年。²⁾ 余不復南行。老師已西化。蹉跎之易。會遇之難。有如是夫。令其神足龍隱燮公。齎銘入洛。而示於余且曰。知師之於吾師。有知焉。盍下一轉語。以侈其陰乎。曰唯唯否否。念齊之銘。盡之矣。復何爲哉。然吾知其老師一生諄諄於敎誨。而時復安於坐禪。勤於念佛者。亦累夏矣。持律謹嚴。爲諸方矜式故。明治壬子昭和丙寅。兩設戒壇。而回來乞戒者。每盈千指。又復勤懇於秉筆故。其所著述。皆後學之可寶者也。不專禪而定力大。不入無而處事明。非眞俗雙融者。其孰能與於此哉。師歿已一紀矣。龍隱懼其臨³⁾業之或泯。盡罄私槖。乃謀貞珉。松廣泰安觀音大興白羊華嚴泉隱諸寺。皆以公財助之。其在門弟子之列者。與夫受一偈。承一語者。莫不傾誠竭力。以告厥成。此豈非慕老師之臨化。而尤感於燮公之誠力也耶。吾知其愈久而人之不能忘也已。雲陽沙門。退耕相老識。

系譜。浮休七世楓嚴。應庵朗允。影庵等讚。聖月瑞薷。智峰之安。碧蓮仁性。金蓮敬圓。錦溟寶鼎。

受業門生代表。曼庵宗憲。錫虎烱珣。海隱栽善。綺山錫珍。
弟資。龍隱完燮。栢隱鍾宅。
戒弟子。東夏。東植。天鏡。鍾出。
孫弟資。鳳吉。東熙。
職員。住持綺山錫珍。監務龍隱完燮。法務錦堂在順。教務淸隱淳弘。監事暮谷再榮。財務藤谷丙烈。書記靈隱曰[4]五。書記春皐炳烈。講師錫虎烱珣。講師仁山相禎。念佛院化主大愚錦秋。
營建。龍隱完燮。
別座。栢隱鍾宅。
俗姪。金在斗。在圭。在守。
時衆二百餘。圖書室主務鶴潭得秀。
佛紀二千九百六十九年壬午月日。
贊助記。松廣寺中。泰安寺中。觀音寺中。大興寺中。華嚴寺中。泉隱寺中。
受業門生與有志六十人。
石出藍浦。
製作。京城石物美術工業社。
刻工。金昌雄。李庚求。鄭漢景。
石工。曹小根。

---

1) ㉑ '朽'는 '松'의 오자인 듯하다. 2) ㉑ '有匆匆十年'이 비석에는 '有日匆匆四十年'으로 되어 있다. 3) ㉑ '臨'은 '德'의 오자이다. 4) ㉑ '曰'은 '日'의 오자인 듯하다.

주

1 행록초行錄草 : '행록行錄'은 사람의 말이나 행실을 적은 글이며 '초草'는 초고라는 뜻.
2 김완金完(1577~1635) : 정유재란을 당하여 남원의 진사 조경남과 정사달 등과 함께 거병하여 현재의 구례군 산동면 원촌들에서 왜적과 대결하여 크게 이겼고, 이것을 기념하여 후손 및 지방의 사민들이 합력하여 1887년에 그 격전장에 「金完將軍戰勝遺墟碑」를 세웠다.
3 축시丑時 : 새벽 1시부터 3시까지를 말한다.
4 경붕景鵬 : 익운益運(1836~1915)의 호. 다송은 1878년에 송광사 광원암에서 경붕에게 『起信論』을 배웠다.
5 구련九蓮 : 다송은 1881년에 송광사 보조암에서 구련에게 『懸談』을 배웠다.
6 혼해混海 : 다송은 1880년 봄에 지리산 법화암에서 혼해에게 다시 『起信論』을 배웠다.
7 원화圓華 : 덕주德柱(1839~1893)의 호. 성은 정씨鄭氏, 전라남도 담양 출신. 17세 때 지리산 화엄사로 출가하여 서우西藕를 은사로 모시고 승려가 되었으며, 그 뒤 선을 배우고 두월斗月의 법맥을 이어받았다. 다송은 1880년 가을에 화엄사 구층암으로 찾아가 『圓覺經』을 배웠다.
8 원해圓海 : 다송은 원해에게 1883년에 광원암에서 『十地經』을 배웠다.
9 범해梵海 : 다송은 범해에게 1886년에 대흥사에서 고문古文과 사산비명四山碑銘 등을 배우고 구족계를 받았다.
10 함명菡溟 : 다송은 1909년에 함명에게 선암사 대승암에서 『禪門拈頌』을 배웠다.
11 조박糟粕 : 술찌꺼기라는 뜻으로 고인이 남긴 글을 가리키는데, 곧 고인의 진면목을 추구하지 않고 껍데기만 익힘을 일컫는 말. 여기서는 겸칭으로 사용함.
12 허주虛舟 : 덕진德眞(1806~1888)의 호. 조계산 송광사에 들어가 삭발하고 홀로 선정을 닦으며 도학을 성취하였다. 흥선대원군이 불러 국가를 위하여 철원 보개산寶蓋山 지장암地藏庵과 고산高山 운문사雲門寺에서 기원하게 하였다.
13 건당建幢 : 법을 전하는 스승에게서 법맥法脈을 이어받는 일.
14 부휴浮休 : 선수善修(1543~1615)의 호. 서산 대사의 사제로 전통적인 격외선격外禪을 계승하였고, 일념회기一念回機 · 일념회광一念回光 · 회광반조回光返照를 강조하여 임진왜란 이후의 불교계를 정비하였다. 저서로는 『浮休堂大師集』이 있다.
15 서각제西閣祭 : 서각은 뒷간을 말함. 우리나라 집들이 남향이기 때문에 뒷간이 통풍이 잘 되는 서쪽에 있어서 붙여진 이름이다. 서각제는 측신厠神을 모시는 제의. 측신은 성현成俔의 『慵齋叢話』 5권에, 인간에게 화禍를 주는 존재로 표현되어 있다.
16 서불암西佛庵 : 고흥 팔영산 능가사의 암자. 본문 「흥양군 팔영산 능가사 서불암 기문」

참조.
17 광원실廣遠室 : 광원암인 듯함. 광원암은 고려 시대 진각 혜심眞覺慧諶이 주석하면서 『禪門拈頌集』 30권을 펴내어 광원유포廣遠流布한 곳이라 하여 이름 붙여짐.
18 눌봉訥峯 : 금명 보정이 활동하던 시기에 송광사와 도림사 등에서 활동했던 승려.
19 심우心友 : 마음속을 터놓고 지내는 친구.
20 결제結制 : 안거를 시작할 때 행하는 의식. 동안거 결제를 결동結冬이라고도 함.
21 남여籃輿 : 뚜껑이 없는 의자 비슷한 작은 가마. 앞뒤 각각 두 사람이 어깨에 메게 되어 있는데 양반들의 행차를 위해 승려들이 메곤 했다.
22 통인通引 : 수령守令의 신변에서 호소呼召・사환使喚에 응하던 이속.
23 태상시太常寺 : 제사와 증시贈諡를 맡아보던 관청.
24 경무청警務廳 : 조선 말기의 경찰 업무를 관장하던 관청. 1894년 갑오경장으로 관제가 개편됨에 따라 내무아문內務衙門에 소속된 관청의 하나로, 종래의 좌・우 포도청을 합쳐 설립한 것이다.
25 계판啓板 : 승정원에서 주의사항을 써 걸어 놓았던 게시판의 일종.
26 증명단證明壇 : 재단齋壇 가운데 비로자나불 등의 신격을 모신 상단을 말함.
27 복장腹藏 : 불상을 조성할 때 불상의 배 안에 사리와 불경 등을 넣는 일.
28 대구품大九品 : 가사 여든한 벌을 만드는 일.
29 승가리僧伽梨 : 삼의三衣의 하나. 중의重衣・합의合衣라 번역. 대의大衣라고도 함. 설법할 때 또는 마을에 나가 걸식할 때 입는 옷.
30 번거롭지 않았다 : 문맥상 이 부분에 결락이 있는 듯함.
31 대내大內 : 임금을 비롯하여 왕비, 왕대비들이 거처하는 곳을 두루 이르는 말. 여기서는 왕비를 뜻함.
32 원흥사元興寺 : 서울시 종로구 창신동에 있던 절. 1899년에 창건하여 조선불교의 총종무소總宗務所로 하고, 1902년에 대법산大法山에 지정되어 국내의 중심 사찰이 됨.
33 해랍解臘 : 동안거 해제.
34 내하금內下金 : 임금이 사사로이 내려 준 돈.
35 정명원鄭明源 : 당시 정3품 벼슬아치. 송광사에 원당願堂 세우는 일을 감독하였다. 본문 「성수전의 제반 집물을 전장하는 서문」 참조.
36 결랍結臘 : 동안거 결제.
37 회광晦光(1862~1933) : 법명은 사선師璿, 성은 이씨, 강원도 양양 출신. 19세 때 설악산 신흥사神興寺로 출가하여 정함定含의 제자가 되었고, 24세 때 간성 건봉사乾鳳寺에 있는 본엽本葉의 법맥을 받았다. 29세 때 건봉사에서 개강開講하여 불경을 가르치다가, 1904년에 홍월초洪月初 등이 명진학교明進學校를 설립하자 명진학교 교장에 취임하였다. 1908년에 각 도의 사찰대표 52명이 원흥사元興寺에 모여 원종종무원圓宗宗務

院을 조직하였을 때 대종정大宗正으로 추대되었으며, 1910년에는 일본으로 건너가서 일본 조동종曹洞宗과 동맹을 체결하였다. 그 뒤 조선사찰령朝鮮寺刹令이 반포되어 30 본산제도가 실시되었을 때 해인사 주지로 취임하였다.

38 전경轉經 : 경전의 내용을 이해함과 동시에 불덕을 찬탄 공양하여 선근공덕을 쌓는다고 하는 목적과 불보살의 가호에 의하여 복을 구하려 하는 기도의 목적을 겸하여 행하는 독경 의식.

39 입승立繩 : 기강을 맡은 직임.

40 갈마羯摩 : 갈마아사리羯摩阿闍梨. 계 받는 취지를 대중에게 알리는 표백表白과 갈마문羯摩文을 읽는 스승.

41 예수預修 : 예수재預修齋. 현생에 공덕을 쌓아 사후에 극락왕생하고자 행하는 의례.

42 청진암淸眞庵 : 송광사 암자. 본문 「조계산 송광사 청진암의 네 번째 창건기」 참조.

43 의병(義僧) : 1907년에 들어와 일제의 헤이그 특사 사건을 기화로 광무황제를 강제 퇴위시키고 이어 '정미7조약'을 강제해 군대까지 해산케 했다. 이에 대한제국의 병사들은 스스로 의병 부대를 조직해 일제에 투쟁하거나 기존의 의병 부대에 투신해 일제에 항전함으로써 의병전쟁을 국민전쟁으로 발전시켜 갔다.

44 익우益友 : 유익한 친구.

45 아사리阿闍黎 : Ⓢ Ācārya. 자신을 바르게 하여 제자의 품행을 규정糾正하는 승려, 즉 승도僧徒의 스승.

46 응암應庵 : 낭윤朗允(1718~1794)의 호. 자字는 퇴옹退翁, 곡성군谷城郡 통명리通明里 출신이다. 속성은 초계草溪 최씨崔氏로 부친은 봉의鳳儀, 모친은 이씨李氏이다. 17세 때 용담龍潭 대덕에게 구족계를 받고, 18세 때(1735) 조계산 풍암 강백楓嵒講伯을 방문하여 공부하고 선禪과 교敎를 겸하여 전하고 선정과 지혜를 고르게 닦았다.

47 응암 선조의~당堂에 걸었다 : 본문 「응암 선조의 행장 초고」와 「응암 선사의 진영을 새로 조성하는 기문」 참조.

48 사자 무리들이~경우가 많았다 : 뛰어난 학생들이 많았다는 뜻이다. 『傳燈錄』에 "한로축괴韓獹逐塊 사자교인獅子咬人"이라는 구절이 있다. 개(韓獹)에게 돌을 던지면 개는 구르는 돌덩이를 쫓아가 입으로 문다. 그러나 사자에게 돌을 던지면 사자는 구르는 돌을 쫓지 않고 돌을 던진 인간을 찾아 문다는 뜻이다.

49 치혁鴟嚇 : 자기 것을 남에게 빼앗길까 봐 으르다는 뜻. 『莊子』 「秋水」에 남방에 원추鵷鶵라는 새가 있어 남해를 출발하여 북해로 날아갈 적에 오동나무가 아니면 쉬지 않고, 대나무 열매가 아니면 먹지 않으며, 단물이 나오는 샘이 아니면 마시지도 않는데, 이 때 올빼미는 썩은 쥐를 물고 있으면서 마침 그 위를 날아가는 원추를 보고 제 썩은 쥐를 빼앗길까 봐 꽥 하고 을러 댔다고 한다.

50 푸른 봄에~돌아가기 좋다 : 원문 "靑春好還鄕"은 당나라 두보杜甫의 칠언율시 〈관군

이 하남과 하북을 수복했다는 소문을 듣고(聞官軍收河南河北)〉의 구절 "靑春作伴好還鄕"을 차용한 것이다.

51 전강傳講 : 강맥講脈을 전수함.
52 수시壽詩 : 생일 축시.
53 누진漏盡 : 종명누진鍾鳴漏盡. 늙어서도 벼슬이나 명리에 연연함을 이르는 말이다. 삼국시대에 위魏나라의 전예田豫가 "나이가 칠십이 넘어서도 자리에 있는 것은 비유하면 종이 울리고 누각이 다하였는데도 밤길을 쉼 없이 가는 것과 같으니, 이는 죄인입니다.(年過七十而以居位。譬猶鐘鳴漏盡而夜行不休。是罪人也。)"라고 하였다. 『三國志』권26 「魏書」'田豫傳'.
54 각기脚氣 : 영양실조의 하나로, 처음 발병하면 말초신경 실조증 때문에 다리 부위가 나른하고 입 주위·손끝·발끝 등에 저린 감이 오며 심한 경우 무릎에 힘이 빠져 엉금엉금 기게 됨.
55 강론(佔畢) : 점佔은 본다는 뜻이요, 필畢은 간독簡牘(책)이다. 『禮記』에 "요즘 가르치는 이들은 그 점필을 음풍吟諷할 따름이다.(今之敎者。呻其佔畢。)"라고 하였다.
56 구품도九品圖 : 아홉 단계로 분류된 극락정토.
57 미타불彌陀佛 : 서방 정토의 극락세계에 머물면서 불법을 설한다는 부처.
58 함호菡湖(?~1928) : 송광사의 승려.
59 석양이 한없이~황혼이 가깝구나 : 당나라 이상은李商隱의 시 〈樂游原〉의 구절. 의산義山은 이상은의 자.
60 한영漢永 : 영호 정호映湖鼎鎬(1870~1948)의 자. 성은 박씨朴氏, 또 다른 호는 석전石顚. 19세 때 전주 태조암太祖庵으로 출가하여 금산錦山의 제자가 되었고, 21세 때 장성 백양사白羊寺의 환응幻應에게 사교四敎를 배우고, 선암사仙巖寺의 경운敬雲에게 대교大敎를 배운 뒤, 구암사龜巖寺에서 처명處明의 법을 이어받았다. 금봉錦峯·진응震應과 함께 근대 불교사의 3대 강백講伯으로 추앙받았으며, 경사자집經史子集과 노장학설을 두루 섭렵하고 서법書法까지도 겸통한 고승으로 평가받았다.
61 자정慈靜 도량 : 송광사 산내암자. 고려 때 자정국사慈靜國師(1293~1301)가 창건했다고 함. 1975년 법정法頂 스님이 중건하면서 '불일암' 편액을 걸었다.
62 휘주揮麈 : 고라니 꼬리털(麈尾)을 매단 불자拂子를 손에 쥔다는 뜻인데, 먼지떨이처럼 생긴 그 불자는 위진魏晉 시대 때 청담을 즐기던 사람들이 많이 가지고 다녔으며, 승려들도 애용하였다.
63 제봉찬霽峰讚 : 제봉 영찬霽峰永讚. 경운擎雲(1852~1936)의 제자.
64 금봉림錦峰林 : 금봉錦峰 장기림張基林(1869~1915). 법명은 병연秉演, 아호는 향엄香嚴이며 경운이 법부法父이다. 전라남도 여수 출생이고 부친은 장건하張建廈, 모친은 영성靈城 정씨丁氏이다. 15세 때 출가하여 원화圓化(구례 화엄사), 경운(순천 선암사),

범해梵海(해남 대흥사), 원응圓應(해남 대흥사) 스님을 은사로 모시고 사집과 사교·『拈頌』 등을 배웠다. 이 밖에도 이밀제李蜜齊·황매천黃梅泉 등과 토론을 벌일 만큼 외전外典에도 밝았다. 1895년(을미년) 3월 선암사 대승암 강원에서 후학을 양성하는 데 힘을 쏟았다. 1913년 선암사 주지에 취임했고, 순천 환선정喚仙亭에 포교당을 개설하는 등 산중 불교에서 벗어나려고 노력했다.

65 진응찬震應璨 : 진응 혜찬震應慧燦. 경운(1852~1936)의 제자.

66 금파호琴巴湖 : 금파 경호琴巴竟湖(1868~1915). 전라북도 김제 출생. 임실 상이암上耳庵에서 출가하였고, 21세 때 경봉景峰으로부터 구족계를 받은 뒤 전국의 유명한 강원 강원講院들을 다니면서 불경 공부에 몰두하였다. 특히, 벽송사碧松寺·대원사大源寺·화엄사·백양사·동학사 등에서 불교의 근본 경전들을 깊이 연구하였다. 그 뒤 전국의 여러 사찰에서 불경을 가르치고 후학들을 지도하였는데, 항상 수백 명의 제자들이 가르침을 받았다.

67 호상毫相이 동쪽을 비춤 : 호상은 석가 32상相 중의 하나. 미간眉間에 백모白毛가 있는데 이것을 펴면 한 길 다섯 자가 되며 평소에는 오른쪽으로 말려 있다. 『法華經』「序品」 제1에 "爾時。佛放眉間白毫相光。照東方萬八千世界。靡不周徧。"이라 하였다.

68 역매驛梅 : 역사驛使 편에 부치는 매화로, 벗을 그리워하는 마음을 담고 있다. 남조南朝 송宋나라의 육개陸凱가 강남에 있을 때 교분이 두터웠던 범엽范曄에게 매화 한 가지를 부치면서, "매화를 꺾다 역사를 만났기에 농두 사는 그대에게 부치오. 강남에는 아무것도 없어 애오라지 한 가지 봄을 보낸다오.(折梅逢驛使。寄與隴頭人。江南無所有。聊贈一枝春。)"라는 시를 함께 부친 데서 유래한다.

69 설도雪棹 : 진晉나라 때 왕휘지王徽之가 타고 갔던 배. 왕휘지는 산음山陰에 살았는데, 눈이 내리는 한밤중에 개자 친구인 대규戴逵가 갑자기 생각났다. 이에 즉시 밤을 새워 배를 타고 가 대규가 사는 집 문 앞까지 갔는데, 문 안으로 들어가지 않고 되돌아왔다. 어떤 사람이 그 까닭을 물으니, "나는 흥이 나서 갔다가 흥이 다해 돌아온 것이다."라고 하였다. 『世說新語』「任誕」.

70 만남에 기뻐서~줄도 몰랐다 : 원문 "欣於所遇。曾不知老之將至。"는 동진 시대 왕희지王羲之의 「蘭亭集序」 "當其欣於所遇。暫得於己。快然自得。曾不知老之將至。"를 인용한 것이다.

71 균천鈞天 : 구천九天의 하나로서 하늘의 한 중앙에 위치한 상제上帝의 궁전.

72 한용운 공은~바다에 들어갔는데 : 한용운이 1920년 만세 사건의 주동자로 지목되어 재판을 받아 3년 동안 옥살이를 한 것을 가리킴.

73 지주砥柱 : 역경에도 의연하게 절개를 지키는 이를 비유하는 말. 중국 황하 중류에 있는 기둥 모양의 돌인데, 격류 속에서도 조금도 흔들리지 않아서 절개를 지키는 이를 비유하는 말로 많이 사용되었다.

74 초복初服 : '관리 노릇을 하기 전의 복장'이란 뜻으로 쓰이는데 여기서는 본분사를 가리키는 듯함.
75 창연蒼然 : 흐릿함. 여기서는 머리칼이 희끗희끗함을 표현함.
76 감송感頌 : 깊이 느껴 기림.
77 금계金鷄 : 신유년의 신은 오행五行에서 금에 해당한다.
78 교화하기 : 원문은 '點石'. 동진東晉 때 도생道生(355~434) 화상이 소주蘇州의 호구산虎丘山에서 돌을 모아 놓고 『涅槃經』을 강하면서 "내가 말하는 법이 불심에 들어맞는가?"라고 하니 모든 돌이 고개를 끄덕였다고 한다. 이를 '완석점두頑石點頭'라고 한다.
79 수산 : 대개 '수산복해壽山福海'라고 하여 장수를 축하하는 말로 쓰임.
80 동림桐林 : 금명 보정이 1921년경에 주석하던 봉두산鳳頭山 동리사桐裏寺의 숲을 가리킴.
81 양영월梁映月 : 1921년경에 봉두산 동리사(즉 태안사) 주지를 맡았다. 「태안사 봉서암 중창기」 참조.
82 동산桐山 : 동리사桐裏寺의 산, 즉 봉두산을 가리키는 듯함.
83 압수鴨水 : 태안사 북쪽으로 섬진강과 보성강이 합쳐지는 곳이라 하여 합록合綠으로 불리다가 오리과 철새들이 많이 날아드는 것에 따라 압록이라 불렸다고 한다.
84 홍조鴻爪 : 기러기가 눈이나 진흙 위에 남기는 발자국. 돌아가는 기러기가 다시 돌아올 때의 안표로 눈이나 진흙 위에 남기는 발자국이 이내 자취 없이 사라진다는 뜻에서, 인세人世의 여로旅路의 자취, 또는 그 자취가 없음을 비유하여 이르는 말.
85 박한영朴漢永 : 본명은 정호鼎鎬, 호는 석전石顚이며, 후일 당호堂號를 영호映瑚라 하였다. 한영漢永은 자이다. 주 60 참조.
86 동리선방桐裡禪房 : 금명 보정이 당시 주석하던 봉두산鳳頭山 동리사桐裏寺.
87 옥급玉笈 : 대개 도교의 비서秘書를 감춘 상자를 말하는데 여기서는 불경을 담은 상자를 가리킴.
88 사생社生 : 향촌에 설립된 학교인 사학社學의 생도.
89 송태회宋泰會(1872~1942) : 전라남도 화순군 동복면 사평리 출생. 자는 평숙平淑, 호는 염재念齋·호산壺山. 시문詩文과 서예에 뛰어났고 매일신보 기자로 잠시 활동하였다. 한일합방 이후 낙향하여 보성군 사립 보성학교, 능주군 사립 육영학교, 순천군 송광사에 있었던 사립 보명학교 등에서 한문을 가르쳤다. 문장과 서예에 두루 뛰어나 지역 고승과 문인들의 비문과 현판 등을 많이 써서 영암 도갑사, 순천 송광사, 장성 백양사, 구례 천은사 등 전남 지방의 유명 사찰에 남아 있다.
90 상당上堂 : 설법하기 위해 법당에 올라감.
91 두타頭陀 : ⓢ dhuta. 의식주에 관한 탐욕을 제거하기 위한 수행. 여기서는 수행승을 가리킴.
92 종제從弟 : 아버지 친형제의 아들딸 가운데 자기보다 나이가 어린 아우.

93 에도가와(江戶川) : 일본 간토, 도쿄 도都 23행정구의 하나.
94 복숭아 드리는 : 장수를 기원한다는 뜻. 선인仙人인 서왕모西王母가 3천 년에 한 번 열리는 천도복숭아를 바친다는 제목의 정재呈才「헌선도獻仙桃」가 있다.
95 축강祝崗 : 장수를 기원함. 『시경詩經』「천보天保」의 "하늘이 왕을 보호하고 안정시켜 흥성하게 하지 않음이 없으니, 산 같고 언덕 같으며 산마루 같고 구릉 같으며 냇물이 한창 이르는 듯 불어나지 않음이 없네.(天保定爾。以莫不興。如山如阜。如岡如陵。如川之方至。以莫不增。)"에서 나온 것이다.
96 영대靈臺 : 신령스러운 곳이라는 뜻으로, 마음을 이르는 말.
97 수시晬詩 : 생일을 축하하는 시.
98 법은야法恩爺 : 법의 은혜를 끼친 분이라는 뜻. 야爺는 남자의 존칭.
99 현호懸弧 : 생일. 『예기禮記』「내칙內則」에 "자식을 낳음에 남자일 경우는 문 왼쪽에 뽕나무 활을 걸고, 여자일 경우는 문 오른쪽에 수건을 건다.(子生男子。設弧於門左。女子。設帨於門右。)"라고 하였다.
100 절구를 가는 : 원문 '磨杵'는 '마저성침磨杵成針'의 준말. 쇠로 만든 다듬이 방망이를 갈아서 침을 만든다는 뜻.
101 황향黃香 : 후한後漢 시대의 인물. 여름에 더울 때는 아버지가 자고 있는 잠자리나 베개를 부채질하고, 추울 때는 자신의 체온으로 아버지가 앉을 자리를 따뜻하게 해서 아버지를 앉게 했다. 『몽구蒙求』.
102 노래자老萊子 : 춘추시대 말기 초楚나라 인물. 늙은 부모를 즐겁게 해 드리려고 70이 넘은 나이에 어린애가 입는 색동옷을 입고 재롱을 부린 일화가 유명하다.
103 사은四恩 : 『심지관경心地觀經』에 따르면 부모의 은혜, 중생의 은혜, 국왕의 은혜, 삼보의 은혜를 들고, 일체의 중생은 모두 사은을 진 존재라고 함.
104 명령椧櫺 : 장수. '명령冥靈'과 같은 뜻으로, 오래 산다는 남국南國의 나무 이름. 『열자列子』「탕문湯問」에 "초나라 남쪽에 명령이라는 나무가 있으니, 500년을 봄으로 삼고, 500년을 가을로 삼는다."라고 하였다.
105 노지 백우로 화택을 넘길 : 노지 백우는 일승 묘법을 가리킴. 한 부호가 집에 불이 났는데도 노는 데 정신이 팔려 그 집에서 빠져나오지 않는 아이들에게 양거羊車·녹거鹿車·우거牛車로 유인하여 그들이 노지로 나오자 희고 큰 소가 끄는 멋진 수레를 각각 선물했다. 『법화경法華經』 제3 「비유품譬喩品」 '화택유火宅喩'.
106 육감정六鑑亭 : 송광사 임경당에서 계곡물 쪽으로 난 정자.
107 김효찬金孝燦 : 자는 대겸大兼, 호는 남파南坡, 순천 출신이다. 조선 시대 말기 중추원中樞院 소속의 관직 중추원의관을 지냈으며, 1913년 순천 군수 이병휘李秉輝와 함께 난국음사蘭菊吟社를 창설해 근고루近古樓와 연자루燕子樓·선암사仙巖寺 등에서 많은 시문을 남겼다. 저서에 『남파시집南坡詩集』이 있다.

108 화표華表 : 여기서는 장수를 뜻함. 요동遼東 사람 정영위丁令威가 신선이 되고 나서 천 년 만에 학으로 변해 다시 고향을 찾아와서는 요동 성문의 화표주華表柱 위에 내려앉았는데, 소년 하나가 활을 쏘려고 하자 허공으로 날아올라 배회하면서 "옛날 정영위가 한 마리 새가 되어, 집 떠난 지 천 년 만에 이제 처음 돌아왔소. 성곽은 의구한데 사람은 모두 바뀌었나니, 신선술 왜 안 배우고 무덤만 이리도 즐비한고.(有鳥有鳥丁令威。去家千年今始歸。城郭如故人民非。何不學仙冢纍纍。)"라고 탄식하고는 사라졌다는 전설이 전한다. 『搜神後記』 권1.

109 백취운白翠雲 : 1910년대 대흥사 주지. 당시 교종으로서 강학을 위주로 한 인물로 『朝鮮佛敎通史』에 기재되어 있다.

110 기수祇樹 : 파사닉(波斯匿; Prasenajit)왕의 태자였던 기타祇陀(Jeta)가 심은 나무들. 여기서는 숲을 가리킴.

111 송만암宋曼庵(1876~1957) : 법휘는 종헌宗憲. 전라북도 고창 출신이며 목양산인牧羊山人이라고도 한다. 11세 때 어머니가 죽자 인생의 무상함을 느끼고 백양사白羊寺로 출가하여 취운翠雲 화상의 제자가 되었다. 16세 때 구암사龜巖寺 전문강원에 입학하여 박한영朴漢永 강백에게 수학하고 다시 운문암雲門庵의 환응幻應 강백에게 수학하여 불교경전을 익혔다. 23세 때 환응 강백에게서 전강傳講을 받아 개강開講하였으며, 1905년 이후에는 청류암靑流庵·백련암白蓮庵·천진암天眞庵·해인사 강원 등에서 후학들을 지도하였다. 1910년에 나라를 잃게 되자 다시 백양사로 돌아와서 광성의숙廣成義塾을 설립하고 이전의 강원 제도를 혁신하였다. 당시에 그는 100여 명의 학승들에게 불경뿐만 아니라 외전外典도 함께 배우게 했으며, 일제에 의해 금지되었던 교재인 국사國史와 지리, 기타 민족정신을 심어 줄 수 있는 모든 교과목을 지도하였다. 이로 인하여 백양사에는 많은 독립운동가들이 출입하게 되었으며, 단순한 사찰의 기능을 넘어선 민족정신 함양 도량의 구실을 담당하였다. 1911년에 백양사에서 대오견성大悟見性하여 수백 명의 수좌首座들에게 선을 지도하였다. 1928년부터 3년 동안 현재의 동국대학교 전신인 중앙불교전문학교 초대 교장을 역임하였다. 1947년에는 광주에 정광중학교淨光中學校를 설립하여 7년 동안 교장직을 역임하는 한편, 호남고불총림湖南古佛叢林을 결성하여 불교정화작업을 시작하였다. 그 뒤 1952년에 대한불교조계종 제2대 종정으로 추대되어 5년 동안 재직하였다.

112 동천洞天 : 신선이 사는 곳. 경치 좋은 계곡.

113 『장수경』 : 원제는 '불설장수멸죄호제동자다라니경佛說長壽滅罪護諸童子陀羅尼經'.

114 정황진鄭晄震(1890~?) : 필명 사후생. 쌍계사에 출가하여, 1910년대 일본 조동종계 대학에 유학하였다. 귀국 후 1925년에 창립한 불교총서간행회 활동을 하였으며, 자신의 연구 논문은 물론 일본 학자의 논고를 많이 번역하여 국내에 소개하였다. 원효의 「晉譯華嚴經疏序」를 1918년에 『朝鮮佛敎叢報』 12호에 기송記送한 기록이 있는 등

부록 • 847

원효의 저서를 집성한 인물이다.
115 형화荊花 : 자형화紫荊花. 형제의 비유. 『續齊諧記』「紫荊樹」에 남조南朝 양梁나라 경조京兆 사람인 전진田眞 삼형제가 재산을 똑같이 나누고 나니, 오직 자형수紫荊樹 한 그루만 남았으므로, 이것을 셋으로 쪼개서 나누자고 의논하고서 다음날 그 나무를 베러 가 보니, 나무가 이미 말라 버렸다. 그래서 전진이 크게 놀라 아우들에게 말하기를, "이 나무의 뿌리가 하나인지라, 장차 쪼개서 나눈다는 말을 듣고 이렇게 마른 것이니, 우리는 나무만도 못하다."라고 하고는, 나누었던 재산을 다시 합하여 형제간에 아주 화목하게 살았다는 고사에서 온 말.
116 보수寶樹 : 극락정토에 일곱 줄로 벌여 서 있는 보물 나무.
117 공안 원만히~잣나무 푸르다 : 공안 가운데 유명한 '정전백수庭前柏樹'를 예로 들어 공안, 즉 화두를 성취했음을 표현했다.
118 이설월李雪月 : 설월 용섭雪月龍燮(1868~1938). 동국대학교의 전신으로 1906년에 개교한 명진학교明進學校 2회 졸업.
119 거령巨靈 : 황하黃河의 신으로, 화산華山을 손으로 쳐서 쪼개어 황하의 흐름을 틔웠다 한다. 장형張衡의 「西京賦」.
120 대춘大椿 : 매우 오래 산다고 일컬어지는 나무. 『莊子』 「逍遙遊」에 대춘이 8천 년을 봄으로 하고 8천 년을 가을로 삼는다고 하였다.
121 임형순林烱珣 : 곡성군谷城郡 도림사道林寺 주지를 역임함. 『조선총독부관보』1932년 6월 1일자 참조.
122 수명 : 원문은 '鶴壽'. 삼국시대 오나라 육기陸璣의 모시소毛詩疏에, "학은 천 년을 산다."라고 하였음. 학을 선금仙禽이라 하여 축수祝壽하는 데 많이 사용한다.
123 도진호都鎭鎬(1889~1986) : 1920년 조선불교청년회를 발기. 1930년 하와이에서 개최된 범태평양불교청년대회에 조선 대표로 파견.
124 호시弧矢 : 상호봉시桑弧蓬矢의 준말로, 남자의 출생 또는 대장부의 원대한 포부를 말한다. 옛날에 남자아이가 출생하면 상목桑木으로 활을 만들고 봉초蓬草로 화살을 천지 사방에 대고 쏨으로써 사방에 뜻을 둔 남자의 기상을 상징하였다. 『禮記』「內則」.
125 눈은 벗을~여전히 푸르네 : 원문 '靑眼'은 누군가를 반가워하는 눈길을 뜻한다. 삼국시대 위魏나라 완적阮籍이 속된 사람을 만나면 백안白眼, 즉 흰 눈자위를 드러내어 경멸하는 뜻을 보이고, 의기투합하는 사람을 만나면 청안, 즉 검은 눈동자로 대하여 반가운 뜻을 드러낸 고사가 전한다. 『世說新語』「簡傲」.
126 봉황 우는 기산 : 주周나라가 일어날 적에 봉황이 기산에서 울었다는 고사에서 온 말로, 전하여 길상吉祥의 조짐을 의미한다. 『國語』에 주나라 내사內史 과過가 "주나라가 흥기할 때 기산에서 봉황새가 울었다."라고 하였다.
127 털 뽑고 골수 씻어 : 환골탈태와 같은 의미.

128 최평담崔平澹 : 천은사 부도군에 있는 월봉당유운선사유혜비月峯堂裕雲禪師遺惠碑가 1918년에 세워졌는데 비석에 새겨진 제자弟資 명단에 보인다.

129 색동옷 춤 : 부모에게 효도함을 뜻한다. 춘추시대 초楚나라 사람인 노래자老萊子는 효성으로 어버이를 섬기어, 일흔 살의 나이에도 색동옷을 입고 어린아이의 놀이를 하여 어버이를 기쁘게 한 고사에서 유래하였다.『小學』「稽古」.

130 세 길 : 은자의 거처를 말한다. 진晉나라 도잠陶潛의「歸去來辭」에 "(정원의) 세 길이 거칠어졌으나, 솔과 국화는 아직 남아 있네.(三逕就荒。松菊猶存。)"라는 표현이 있다.

131 산악이 신령 내려 : 원문 '岳降靈'은『詩經』「大雅」〈崧高〉의 "維嶽降神"에서 온 것으로, 산악의 신령한 정기로 위인을 낳았다는 뜻이다.

132 김수경金袖鯨 : 1912년에 곡성군 태안사 주지를 맡음.『조선총독부관보』01595호.

133 삼상參商 : 서로 멀리 떨어져 있는 것을 뜻하는 말이다. 삼성參星은 동쪽 하늘에 있고 상성商星은 서쪽 하늘에 있어서, 각각 뜨고 지는 시각이 다른 관계로 영원히 서로 만날 수가 없는 데에서 유래된 것이다.『春秋左傳』'소공昭公 원년元年'.

134 철수鐵樹 : 잎은 향포香蒲와 같고 자색紫色을 띤 나무인데, 소철蘇鐵이라고도 하고, 해송海松이라고도 하나 자세하지 않다. 다만 이 나무는 원래 열대 식물인데, 꽃도 피지 않고 열매도 맺지 않으므로, 선가禪家에서는 이것을 무심無心, 무작無作의 묘용妙用에 비유하여 사려와 분별을 단절하는 수행의 법칙으로 삼는다.

135 명령榠欐 : 매우 오래 산다고 일컬어지는 나무.『莊子』「逍遙遊」에, 초나라 남쪽에 명령冥靈이 있는데 5백 년을 봄으로 하고 5백 년을 가을로 삼는다고 하였다.

136 물과 달을~신선의 배움이요 : 소 신선은 송나라 소식을 가리킴. 물과 달은「赤壁賦」의 내용 "擊空明兮泝流光" 등을 말한다.

137 전원으로 돌아감은~역사에 푸르네 :「歸去來辭」를 지은 도연명陶淵明은 동진東晉 시대 문인이다.

138 거문고 : 원문 '牙琴'은 춘추시대 종자기鍾子期가 잘 들었던 백아伯牙의 거문고를 뜻한다.『列子』「湯問」.

139 봉시蓬矢 : 쑥대로 만든 화살. 여기서는 상호봉시桑弧蓬矢의 준말로 쓰임. 남자를 낳으면 뽕나무로 만든 활과 쑥대로 만든 살을 천지사방에 쏘아서 성공을 축원하는 풍속이 있었는데, 뜻이 바뀌어 남자가 큰 뜻을 세움을 비유하는 말로 쓰임.

140 육아蓼莪 :『詩經』「小雅」의 한 편명으로, 부모가 돌아가신 후 그 은혜를 기리며 효도를 다하지 못했음을 슬퍼하는 내용.

141 이담해李湛海 : 범어사의 승려.

142 철수화 많이 피어 : 극히 실현되기 어려움을 비유함. 철수는 열대 지방의 나무로 꽃이 잘 피지 않음. 명나라 왕제王濟의『君子堂日詢手鏡』에 "吳浙間嘗有俗諺云。見事難成。則云須鐵樹花開。"라 하였다.

143 바람인가 깃발인가 : 인종印宗 법사가 열반경 강의를 하고 있을 때, 두 승려가 바람과 깃발을 가지고 다투길, 한 사람은 바람이 움직인다 하고, 또 한 사람은 깃발이 움직인다 하였다. 이를 듣고 혜능이 그것은 바람이나 깃발이 움직인 것이 아니라 스스로 마음이 움직인 것이라 하니, 놀란 인종은 혜능의 제자가 되었다.

144 거북과 학 : 장수를 상징한다.

145 환선정喚仙亭 : 전라남도 순천시 조곡동稠谷洞 죽도봉공원竹島峰公園 내에 있다. 원래 환선정은 매곡동 둑실로 건너가는 다리 머리에 있었는데 1962년 8월 28일 수해로 유실되면서 1988년에 현재 자리에 복건했다.

146 『팔양경八陽經』: 당나라 삼장법사 의정義淨이 한역한 『佛說天地八陽經神呪經』. 천지음양의 여덟 가지 이치와 혼인, 해산, 장례법을 설한 경전.

147 눈길 푸르다 : 손님을 반갑게 맞음을 뜻함.

148 지선智仙 : 송나라 문인 구양수歐陽脩와 교유한 승려. 취옹정을 지은 인물로「醉翁亭記」에 등장한다.

149 꺼리네 : 문맥이 순조롭지 않은 것으로 보아 해당 부분의 원문 '忌'는 '忘'의 오자로 보인다.

150 정만조鄭萬朝(1858~1936) : 본관은 동래東萊이고 자는 대경大卿, 호는 무정茂亭. 대한제국기에는 규장각 부제학을 지냈다. 일제강점기에는 대동사문회 부회장, 경학원 대제학, 조선사편수회 위원 등으로 활동했다.

151 천은산방 : 지리산 천은사泉隱寺인 듯함. 보정은 을묘년(1915) 3월에 방장산 천은사에 가서 또한 크게 모임을 열었다. 「行錄草」참조.

152 무성함이 잣나무~기쁘게 하니 : 송무백열松茂栢悅의 의미. 소나무가 무성하면 잣나무가 기뻐한다는 뜻으로, 동료가 잘되는 것을 기뻐함을 비유.

153 안용섭安容燮(1860~1923) : 자는 경중敬仲, 호는 금석錦石. 『錦石遺稿』가 전한다.

154 초지初地 : 보살이 수행하는 계위階位인 52위 가운데 십지十地의 첫 단계, 즉 환희지歡喜地.

155 성상星霜 : 세월을 뜻하는데, 이 구절 뒤에 '희다'고 한 것은 서리와 별의 의미를 살린 것이다.

156 견도見道 : 사제四諦를 명료하게 주시하여 견혹見惑을 끊는 단계. 이 이상의 단계에 이른 사람을 성자라고 함.

157 빈 방에~빛이 생겨나고 : 방이 비면 햇빛이 쏟아져 들어와 환하게 밝아진다는 뜻. 마음이 무상무념이면 진리에 도달할 수 있음을 비유함. 『莊子』「人間世」.

158 향사香社 : 당나라 때 백거이白居易가 향산香山의 승려 여만如滿과 함께 결성한 모임인 향화사香火社의 준말로, 여기서는 육감정을 비유한 것이다.

159 지선정智仙亭 : 지선은 송나라 구양수歐陽修의 「醉翁亭記」에 나오는, 취옹정을 세우

고 구양수와 교유한 승려 이름이다.

160 웅경熊經 : 도인술導引術의 하나로, 곰이 나무에 기어 올라가는 자세. 새가 목을 늘여 먹을 것을 구하는 자세인 조신鳥伸과 같이 언급됨.『莊子』「刻意」.

161 종소리 : 원문은 '鯨音'. 종의 윗부분에 음통과 포뢰浦牢(용)가 있는데 용의 목 부분에 종의 걸쇠가 걸려 있는 이 부분을 용뉴龍紐라고 부른다. 포뢰는 용의 아들인데 고래를 보면 무서워서 크게 운다고 한다.

162 훤당萱堂 : 남의 어머니를 높여 이르는 말.

163 생일 : 원문 '劬'는 '劬勞'를 뜻함. 이는 자식을 낳아 기르는 수고로움을 뜻함.『詩經』「小雅」〈蓼莪〉에 "슬프다 우리 부모, 날 낳고 고생 많으셨지.(哀哀父母。生我劬勞。)"라는 구절이 있다.

164 보림寶林 : '보배 숲'이라는 뜻으로 육조대사 혜능이 머물렀던 사찰 이름이기도 하다.

165 다송茶松 : 필자 금명 보정錦溟寶鼎의 호.

166 상호桑弧 : 뽕나무로 만든 활. 상호봉시桑弧蓬矢의 준말. 남자를 낳으면 뽕나무로 만든 활로 쑥대로 만든 살을 천지 사방에 쏘아서 성공을 축원한 풍속으로, 출생을 뜻함.

167 철수鐵樹 : 잎은 향포香蒲와 같고 자색紫色을 띤 나무인데, 소철蘇鐵이라고도 하고, 해송海松이라고도 하나 자세하지 않다. 다만 이 나무는 원래 열대 식물인데, 꽃도 피지 않고 열매도 맺지 않으므로, 선가禪家에서는 이것을 무심無心, 무작無作의 묘용妙用에 비유하여 사려와 분별을 단절하는 수행의 법칙으로 삼는다.

168 육소 :『詩經』「小雅」의 편명. 육소蓼蕭는 크게 자란 쑥으로, 잘 자란 쑥이 이슬에 촉촉이 젖어 있는 것처럼 풍신이 좋은 여러 사람들이 모여 잔치하며 화락하게 노는 모습을 노래한 것.

169 상산 : 원문은 '商山'. 상산사호商山四皓로 유명한 곳. 진시황 때에 난리를 피하여 은거한 이들인데, 여기서는 덕망이 높은 은거자의 거처를 뜻하는 말로 쓰였고, 다송을 상산사호에 비유한 것이다.

170 뾰족한 : 원문의 '旗槍'은 노란빛·붉은빛의 작은 기를 단 단창短槍인데 여기서는 찻잎의 뾰족한 모양을 가리킴.

171 구련龜蓮 : 장수를 뜻함. 송나라 주희朱熹가 어머니의 생신날 축수한 시〈壽母生朝〉의 "구련을 올려 천 년의 장수를 기원하고, 영원히 부조로 하여금 한 집안을 풍요롭게 하네.(願上龜蓮千歲壽。永令鳧藻一家肥。)"라는 구절에서 나온 말로, 천 년을 사는 거북이가 연잎 위에서 논다는 뜻이'구련'은 장수를 상징한다.

172 단장정 : 행인의 휴식이나 전별 장소용으로 길거리에 설치한 휴게소. 단정은 5리里이고 장정은 10리에 설치함.

173 머리 끄덕이던 돌 : 동진東晉 때 도생道生(355~434) 화상이 소주蘇州의 호구산虎丘山에서 돌을 모아 놓고『涅槃經』을 강하면서 "내가 말하는 법이 불심에 들어맞는가?"라

고 하니 모든 돌이 고개를 끄덕였다고 한다. 이를 '완석점두頑石點頭'라고 한다.
174 조영선趙泳善(1879~1931) : 호는 배헌拜軒, 자는 이경而慶, 본관은 옥천이고 곡성谷城 사람이다. 저서로『拜軒集』이 있다. 1906년(광무 10) 면암勉菴 최익현崔益鉉이 일으킨 의병 부대에 참여하여 싸우다가 최익현과 함께 체포되어 투옥되었다.
175 어산魚山 : 범패梵唄 수도장의 발상지. 인도는 이민달라산, 중국은 어산이 범패의 발상지라고 한다. 불경의 게송에 곡을 붙인 노래를 범패라 한다.
176 귀밑머리는 중년이라 공정히 하얗고 : 두보의 시 〈送隱者〉에 "세간의 공정한 도리는 오직 백발이라.(公道世間唯白髮)"라 하였다.
177 달뗏목 : 요堯임금 때 서해西海에 광휘光輝를 발하는 큰 뗏목 하나가 떠서 언뜻 커졌다 작아졌다 하는 그 광휘가 마치 성월星月이 들어갔다 나왔다 하는 것 같았는데, 이 뗏목은 항상 사해四海를 떠돌아서 12년 만에 천체天體를 일주하곤 했으므로 이 뗏목을 관월사貫月槎 또는 괘성사挂星槎라고 불렀다.『拾遺記』.
178 방학정放鶴亭 : 송나라 은자隱者 장사후張師厚가 서주徐州 운룡산雲龍山에 은거하면서 동산에 정자를 짓고 학을 길렀다. 소식이 그것을 보고 그 정자 이름을 방학정이라고 불렀으며 방학정을 제목으로 하여『放鶴亭記』를 지었다.『東坡全集』『古文觀止』.
179 연단鍊丹 : 신선이 되는 단약丹藥을 제조하는 비법.
180 건건乾乾 : 두려워하고 수성修省한다는 뜻.『周易』「乾卦」에, "군자는 종일 건건하다.(君子終日乾乾)"라고 하였다.
181 죽산 : 곡성군 죽산리에 있는 산 이름. 김영배는 다송과 동성동본이고 역시 곡성 출신인 듯함.
182 하랍夏臘 : 승려의 나이. 승려가 90일간의 하안거夏安居를 지낸 햇수. 법랍法臘이라고도 함.
183 전갱籛鏗 : 팽조彭祖의 이름. 요임금 때 사람으로 팽성彭城에 봉하였기 때문에 팽조라고도 하는데, 767살이 되었어도 노쇠하지 않았다 한다.『列仙傳』.
184 심인心印 : 말이나 글에 의지하지 않고 마음으로 전해지는, 부처의 깨달음의 내용.
185 장경성長庚星 : 금성, 샛별, 계명성啓明星, 태백성太白星.
186 복어 등 거북 무늬 : 복어의 반점 같은 얼룩이 있는 등은 장수하는 노인을 가리키고, 거북은 장수를 상징한다.
187 최진국崔珍國(1862~?) : 자는 태여泰汝, 호는 만운晩雲, 본관은 전주. 기송사奇松沙를 종유從遊하여 경서經書의 뜻을 연마하였다. 문집文集이 있고 문생門生들이 비석을 세워 사적을 기록하였다.
188 80종호種好 : 32상相 80종호. 부처님이 몸에 갖추신 뛰어난 묘상妙相 혹은 상호相好를 작게는 32가지, 크게는 80가지의 특징으로 나타낸 것이다.
189 쇠 끊음이 난초 맺는 : 쇠를 끊음(斷金)이나 난초 맺음(結蘭) 모두 우정을 뜻한다.『周

易』「繫辭上傳」에 "두 사람이 마음을 같이하면, 그 날카로움이 쇠를 끊고, 마음을 같이하는 말은 그 향취가 난향과 같다.(二人同心。其利斷金。同心之言。其臭如蘭。)"라고 하였다.

190 이종택李鍾宅 : 육봉六峯 이종택(1865~1942)인 듯함. 육봉 이종택은 영암 출신으로 본관은 함풍.『六峯遺集』이 있음.

191 산초술 : 산초술은 향이 좋아 신神에게 바치고 정월 초하룻날 축하주로도 사용하였음.

192 겁진刼塵 : 천지가 온통 뒤집힐 때 일어나는 먼지.

193 거위 : 진晉나라 명필 왕희지王羲之가 좋은 거위를 기르고 있다는 산음山陰의 한 도사道士를 찾아갔는데, 그 도사가 왕희지에게『道德經』한 권을 붓으로 써 주면 주겠다고 하자, 왕희지가 흔쾌히 승낙하고 그 경문經文을 써 준 다음에 그 대가로 거위를 가지고 왔다는 고사가 있다.『晉書』「王羲之傳」.

194 능파각 : 태안사의 금강문으로 누각을 겸한 일종의 다리 건물.

195 단정短亭 : 행인들의 휴게소로서, 5리里마다 단정을 설치하고 10리마다 장정을 설치하였다.

196 진나라 아이들 : 진시황이 서불徐市에게 동남동녀를 데리고 불로초를 구해 오라고 보냈다.

197 호남弧南 : 남극노인성老人星의 별칭. 인간의 수명을 관장한다.

198 생일 : 원문 '蓬桑'은 상봉호시桑弧蓬矢의 준말. 뽕나무로 만든 활과 쑥대로 만든 살. 예전에는 남자가 태어나면 이 두 가지를 만들어서 천지 사방에 쏘아 큰 뜻을 이루기를 비는 풍속이 있었다고 한다.

199 수성壽星 : 노인성의 별칭.

200 피리 부는 아미산의 소학 : 아미산은 사천성四川省 남서쪽에 있는 산. 아미산 부근에 삼소사三蘇祠, 즉 송나라 소순과 소식蘇軾·소철의 거주지에 세운 사당이 있다. 소식의「赤壁賦」에 퉁소를 부는 대목이 있고(客有吹洞簫者),「後赤壁賦」에 학이 등장한다. "適有孤鶴。橫江東來。"

201 도서 바친 함곡관의 이우 : 이이李耳, 즉 노자가 청우靑牛를 타고 함곡관 밖으로 나가려 할 때 수문장 윤희尹喜의 요청으로『道德經』을 써 주었다고 한다.

202 빙도 : 1만 년 만에 열리는 복숭아.『拾遺記』에 이르기를, "부상扶桑으로 5만 리쯤 가면 방당磅磄이라는 산이 있고 이 산 위에는 1백 아름드리나 되는 복숭아나무가 있는데, 이 복숭아는 1만 년 만에 한 번씩 열매가 열린다. 그리고 울수鬱水라는 물은 방당산 동쪽에 있는데, 여기에는 1천 상常(1상은 16척尺)이나 되는 연뿌리가 난다."라고 하였다고『五洲衍文長箋散稿』에 전한다.

203 애쓰신 : 원문 '劬勞'는 자식을 낳아 기르는 수고를 뜻하는 말로『詩經』「小雅」〈蓼莪〉에 "애달파라 우리 부모님, 나를 낳아 애쓰셨도다.(哀哀父母。生我劬勞。)"라고 하였다.

204 다북쑥 : 원문 '蓼莪'는 『詩經』「小雅」의 편명으로, 부모가 돌아가신 후 그 은혜를 기리며 효도를 다하지 못했음을 슬퍼하는 내용임.
205 주옥주옥籌屋 : 옛날 세 노인이 함께 만난 자리에서 어떤 자가 나이를 물었다. 세 노인 모두 이루 셀 수 없을 정도로 많이 먹었다고 대답하였는데, 그중 한 노인이 "바다가 뽕밭으로 변하면 그때마다 산가지 한 개를 놓았는데 지금까지 내가 하나씩 놓은 산가지가 열 칸의 집에 이미 가득 찼다.(水變桑田時。吾輒下一籌。邇來吾籌已滿十間屋。)"라고 하였다는 고사에서 나온 말이다. 『東坡志林』 권2.
206 석니石泥 : 돌가루와 진흙의 혼합물. 봉선封禪할 때 봉니封泥용으로 사용되었다.
207 여도蠡圖 : 춘추시대 범려范蠡가 월나라 구천을 도와 오나라를 멸망시킨 뒤에 벼슬을 버리고 오호五湖에 은둔한 내용을 그린 것.
208 난탕蘭湯 : 향기로운 난초를 넣어서 끓인 물. 불상不祥한 것을 물리칠 수 있다 하여 난탕으로 목욕재계를 했다고 한다. 『大戴禮記』「夏小正」에 의하면 "단오일에는 난탕으로 목욕을 한다.(午日以蘭湯沐浴)"라고 하였다.
209 범상梵相 : 범梵은 맑다는 뜻으로 일체의 번뇌, 일체의 죄과를 완전히 벗어난 상태이다.
210 송종헌宋宗憲(1876~1957) : 전라북도 고창 출신으로 1886년 11세 때 백양사로 들어가 출가했다. 구암사龜岩寺로 옮겨 박한영 문하에서 경전을 배워 본격적인 수행의 길로 들어섰다. 25세부터 32세까지 7년 동안은 운문선원雲門禪院에서 오로지 참선을 통한 정진에 전념했다. 1898년 무렵부터 강사 생활을 시작해서 1907부터 해인사에서 강의를 이어 가고, 1910년 백양사로 돌아왔다. 사립 광성의숙廣成義塾 측량강습소를 설립(1910)하여 본격적인 후진 양성을 시작하였다. 또 광주시 광산구에 정광중·고등학교와 서울에 불교전문학교(동국대학교 전신)를 설립해 첫 학장에 취임하는 등 일제강점기에 신식 교육으로 인재를 양성했다.
211 연기嚥氣 : 양생법養生法의 하나. 입 안에 있는 공기를 배에 들어가게 삼키는 것.
212 물오리 : 원문 '鳧藻'는 물오리가 조류藻類를 보면 기뻐한다는 뜻으로, 몹시 기뻐서 떠듦을 이르는 말인데 여기서는 그저 물오리를 지칭하는 것으로 보인다.
213 삼거三車 : 『法華經』「譬喩品」에서 말하는 양거羊車, 녹거鹿車, 우거牛車의 세 수레.
214 신규환申圭桓 : 본관은 고령, 고흥 출신. 임진왜란 때 훈련원부정으로 왕을 의주로 호가하였던 영해榮海의 후손으로, 문학에 밝았다.
215 영대靈臺 : 신령스럽다는 뜻으로, 마음을 이르는 말.
216 명령螟蛉 : 벌레의 유충인데, 『詩經』「小宛」에 나나니벌이 명령을 물어다가 자기의 새끼로 기른다는 내용이 있어, 양자를 가리킨다. 여기서는 제자들을 자식처럼 대했음을 말한다.
217 송명회宋明會(1872~1953) : 자는 남일南一, 호는 소파小波, 본관은 여산礪山, 출신지는 전라남도 보성군 원당리元堂里이다. 1893년(고종 30) 영재寧齋 이건창李建昌으로

부터 사사하였다. 1898년(광무 2) 연재淵齋 송병선宋秉璿을 배알하였는데 그 재주를 보고 자기 제자처럼 아꼈다. 1900년(광무 4) 면암勉菴 최익현崔益鉉, 다음 해 매천梅泉 황현黃玹을 찾았는데 매천과는 며칠을 함께 시를 논하며, 시문을 지어 서로 주고받았다. 동강東江 김영한金寧漢은 "호남의 시가詩家로서 '매천' 이후에 소파가 제일이다."라고 하였다.

218 숙업宿業 : 지난 세상에서 지은 선악善惡의 행업.
219 노로정勞勞亭 : 오吳나라 때 세웠던 정자로 이별 장소였다. 그 터가 현재 강소성江蘇省 강녕현江寧縣 남쪽 15리에 있다. 이백의 시 〈勞勞亭〉에 "天下傷心處。勞勞送客亭。"이라 하였다.
220 임보극任普極 : 향봉 향눌香峰香訥(1901~1983). 일본 대학에서 공부한 향봉 스님은 출가 후에는 교와 선을 겸비하고 오직 수행 정진에 몰두했다. 1950년대 중반 경주 오봉산 사주암에 주석. 부산 범어사 선원에서 입승을 볼 때 엄격하게 수좌들을 지도했다. 노년에 조계총림 방장 구산九山(1909~1983) 스님의 권유로 송광사로 돌아왔다.
221 김완金完(1577~1635) : 무과에 급제한 뒤 경상방어사 고언백高彦伯의 진중으로 가던 중 정유재란이 일어나 남원의 궁장현弓藏峴에서 적병을 만나게 되어 남원의 진사 조경남과 정사달 등과 함께 거병하여 현재의 구례군 산동면 원촌들에서 왜적과 대결하여 승전하였다. 이때의 공으로 선무원종공신이 되었다.
222 5세 때~'영준英俊'이라 하였다 : 실제 비명에는 이 부분이 없다.
223 향수해香水海 : 수미산을 둘러싼 바다. 『華嚴經』에 나오므로 『華嚴經』을 지칭하는 듯하다.
224 원해圓海(?~?) : 성은 음씨陰氏, 법명은 문주文周, 전라남도 순천 출신. 어려서 조계산 송광사로 출가하여 원만圓滿의 제자가 되었다. 그 뒤 비구계와 보살계를 각안覺岸으로부터 받았으며, 전국의 여러 사찰을 다니면서 불경을 배운 뒤, 송광사로 돌아와서 후학들에게 강의하였다.
225 범해梵海(1820~1896) : 법명은 각안. 1833년(순조 33) 두륜산 대둔사大芚寺로 가서 출가하였고, 1835년 호의縞衣를 은사로 삼고 하의荷衣에게서 사미계를 받았으며, 초의草衣로부터 구족계를 받았다. 1846년에 호의의 법을 이어 진불암眞佛庵에서 『華嚴經』과 『梵網經』을 강설하고 선리禪理를 가르쳤다.
226 함명涵溟(1824~1902) : 호는 태선太先. 『緇門警訓私記』 1권이 현존한다.
227 팔영산八影山 : 전라남도 고흥군 점암면에 있는 산.
228 전경轉經 : 경전의 글귀를 소리 내어 읽거나 읊조림.
229 광원암廣遠菴 : 순천 송광사에서 약 600m 떨어진 곳에 있는 송광사의 산내 암자이다.
230 광무光武 병술년 : 광무 연간에 병술년은 없다. 금명 생애로 보아 병술년은 1886년이다.
231 기군紀群의 사귐 : 기군은 후한後漢의 명사인 진기陳紀와 그의 아들 진군陳群을 가리

킨다. 자신의 나이가 상대방 부자의 중간임을 말한 것이다. 노로魯 지방의 공융孔融이 먼저는 진기와 벗하고 뒤에는 진군과 벗하였으므로, 후대에 여러 대에 걸쳐 교분을 맺는 것을 기군의 사귐이라 하였다.

232 송태회宋泰會(1872~1942) : 전라남도 화순 출신. 사호沙湖 송수면宋修勉의 조카이며, 자는 평숙平淑, 호는 염재念齋. 시문詩文과 서예에 뛰어났고 매일신보 기자로 잠시 활동하였다. 한일 합방 이후 낙향하여 보성, 능주, 순천, 고창 등에서 한문과 서화 등을 가르쳤다.

233 일전어一轉語 : 미혹한 마음을 싹 바꿔 깨달음에 들게 하는 간단한 한마디 말.

234 걸계乞戒 : 계를 청함.

235 권상로權相老(1879~1965) : 경상북도 문경에서 출생했다. 어려서 한학을 공부하고, 18세 때인 1896년 출가해 문경 김룡사金龍寺에서 서진瑞眞을 스승으로 승려가 되었으며, 이회광李晦光에게 구족계를 받았다. 강원도 고성군에 있는 건봉사乾鳳寺에서 설립한 봉명학교鳳鳴學校 운영에 관여하였고, 김룡사 경흥학교慶興學校와 성의학교聖義學校 강사를 역임했다. 이회광의 주도로 불교계 대표들이 모여 창설된 종단인 원종圓宗에서 1909년 종무 편집부장으로 활동했다. 1911년 문경 대승사大乘寺의 주지가 되었다. 1912년 조선불교월보사 편집인 겸 발행인으로 취임해 『조선불교월보』를 발행했으며, 1931년부터 1944년에는 중앙불교전문학교(1940년 혜화전문학교로 변경, 1946년 동국대학으로 승격) 교수로 재직했다.

236 벽련 인성碧蓮仁性 : 성은 장씨張氏, 전라남도 순천 출신. 지안之安 선사의 법을 계승하였으며, 개당開堂하여 설법할 때 경전에 나오는 인과의 이치를 잘 설명하여 불도佛道를 널리 선양할 인물로 기대를 모았다.

237 만암 종헌曼庵宗憲 : 송종헌(1876~1957). 주 210 참조.

238 석호 형순錫炯珣 : 임형순. 곡성군谷城郡 도림사道林寺 주지를 역임함.

239 해은 재선海隱栽善 : 법명은 오천오泉, 이름은 재선栽善. 『茶松詩稿』 권2에 칠언율시 〈강단을 연 김오천에게 화답하다(和金梧泉開講)〉가 있는데 협주로 "이름은 재선, 호는 해은이다. 정사년(1917) 겨울에 건당하기 전에 대원사로부터 왔는데, 도중에 쌍계사 강주의 요청으로 그대로 주실하여 개당하였다가 다음 해에 본사로 돌아가서 건당하고 주실하였다.(名栽善. 號海隱. 未建幢. 自大原寺來. 路爲雙溪寺講主請. 仍住室開堂. 明年還本. 建幢住室.)"라고 하였다.

240 백은 종택栢隱鍾宅 : 미상. 송광사에 머물다가, 전라남도 고흥반도의 끝자락에 위치한 외나로도로 흘러가서 시계 수리공으로 생활하며 환속하고, 결혼하였다. 이후 고흥군 봉래면 신금리 덕암산 중턱의 봉래사蓬萊寺에 안거하던 벽운 성범碧雲性梵이 입적하자 그 후임으로 봉래사에 주석하였다.(백기란, 「茶松子 茶詩 고찰」, 성균관대학교 석사학위논문, 2002)

241 등곡 병렬藤谷丙烈(1905~1959) : 송광사에 주석.
242 시중時衆 : 당시 참여했던 사람들.
243 남포藍浦 : 충청남도 보령시 남포면. 이곳의 벼룻돌이 특산물일 정도로 좋은 돌이 많은 곳이다.
244 김창웅金昌雄 : 경기 고양시 덕양구에 1929년에 세워진 「한미산 흥국사 만일회비(漢美山興國寺萬日會碑記)」에도 각공으로서 참여했다.

찾아보기

『가송록歌頌錄』/ 464
가야산 해인사海印寺 / 70, 78, 128, 147, 244, 776, 832
각안覺岸 / 205
각현覺玄 / 531
감천강원甘泉講院 / 216, 230
강영림姜永琳 / 810
강재원姜在源 / 552
강철월姜哲月 / 434, 799
개운산開雲山 동화사桐華寺 / 615, 655
거조사居祖寺 / 496
경봉景鳳 / 262, 434, 674
경봉擎峰 / 41
경붕景鵬 / 775
경성敬聖 / 68
경언敬彦 / 661
경운擎雲 / 368, 535, 670
경원敬圓 / 547
경파景坡 화상 / 830
경해鏡海 / 434
계룡산 / 776
계림 대사戒林大士 / 160
『계산시고溪山詩稿』/ 428
고봉高峰 / 160, 448
고운孤雲 / 58
곤명混溟 / 441
곤봉昆峯 / 219
곽두환郭斗煥 / 158

관성觀性 / 75
관음사 / 197, 837
광원암廣遠菴 / 110
구곡 각운龜谷覺雲 / 103, 110, 412, 413
구련九蓮 / 775
구층암九層庵 / 29
권돈인權敦仁 / 245
권상로權相老 / 412, 837
근민謹珉 / 661
『금강경金剛經』/ 535
금강산 / 206, 535
금강산 유점사楡岾寺 / 218
금구金溝 금산사金山寺 / 244
금담錦潭 / 68
금담金潭 / 200
금당 재순錦堂在順 / 837
금련 경원金蓮敬圓 / 774~776, 830, 837
금봉錦峰 / 784, 785
금송錦松 / 157
금월錦月 / 151
금정암金井庵 / 225
금파琴巴 / 784, 785
금화산 / 594
기방箕邦 / 186
기봉奇峰 / 243, 491
길상사吉祥社 / 228, 496
길상암吉祥菴 / 244
김경담金景潭 / 468, 672
김군수金君綏 / 458, 493
김권용金權容 / 815

김규진金圭鎭 / 512
김규홍金奎弘 / 468, 672
김두영金斗永 / 816
김명수金命洙 / 828
김병연金丙淵 / 811
김병우金炳祐 / 824
김봉준金鳳準 / 826
김사룡金士龍 / 819
김성렬金性烈 / 825
김성조金性祚 / 826
김성찬金聖贊 / 816
김수경金袖鯨 / 800
김양현金良現 / 818
김영교金永敎 / 825
김영배金英培 / 817
김영성金永誠 / 823
김영택金永澤 / 143
김영하金永夏 / 824
김오천金梧泉 / 230
김율암金栗庵 / 620
김인초金仁初 / 807
김정섭金貞燮 / 808
김종응金鍾應 / 827
김주현金周鉉 / 823
김주흔金湊欣 / 810
김학모金學謨(金學模) / 587, 592, 628
김현암金玄庵 / 178
김화성金華性 / 810
김환경金喚鯨 / 419
김효찬金孝燦 / 795

나은懶隱 / 535
난재일기蘭齋日記 / 423
남강南岡 정鄭 / 812
남곡南谷 / 444
남일南日 / 243
남파南波 / 542
남호南湖 / 535
낭윤朗允 / 212
농암聾巖 / 41
눌봉 정기訥峰正基 / 441, 538, 542, 597, 776
능가사楞伽寺 / 666
능가산 서불암西佛庵 / 776
『능엄경楞嚴經』 / 366
능월綾月 / 266
능주(화순) / 94
능파淩波 / 785

다산茶山 / 202
담潭 / 57
담당湛堂 / 160, 380, 448
대각국사大覺國師(大覺國老) / 615, 655
대광사大光寺 / 212
대둔사大芚寺 / 205
대법원사大法源寺 / 128
『대승기신론大乘起信論』 / 413
대우 금추大愚錦秋 / 837
대은大隱 / 182, 200
대응大應 / 68

대지전大智殿 / 139
대호大湖 / 205
덕균德均 / 212
덕성 장로德誠長老 / 116
덕주德柱 / 224
도림사道林寺 / 536, 538, 542, 597
도림사 길상암吉祥庵 / 545
도선道詵 / 219, 485
도성 두홍道成斗弘 / 538, 542
도솔암兜率庵 / 29
도원道原 / 413
도일度溢 / 634
도진호都鎭鎬 / 798
동리사桐裡寺 / 580, 607
동리산 / 805~808, 814, 820
동복군同福郡 유마사維摩寺 / 467
『동사열전東師列傳』 / 228, 515
동산東山 / 207
동송東松 조趙 / 814
동식東植 / 837
동악사動樂寺 / 538
동악산動樂山 / 536, 538
동운東雲 / 547
동하東夏 / 837
동호東湖 / 434
동화사桐華寺 / 559
동희東熙 / 837
두륜산頭崙山 / 210, 230
두륜산 대흥사 / 230, 549, 777, 831, 837
두륜산 대흥사 청신암淸神庵 / 202
두월斗月 / 157, 225, 502, 620
두찬斗贊 / 173
두현斗玹 / 493
등곡 병렬藤谷丙烈 / 837

ㅁ

마복산馬伏山 / 372
만수굴曼殊窟 / 29
만암 종헌曼庵宗憲 / 837
만일당萬日堂 / 653
만일암挽日庵 / 205, 210
만일암萬日菴 / 58
만잠萬岑 / 661
만호滿浩 / 479
만화萬化 / 128
모곡 재영暮谷再榮 / 837
모후산母后山 / 467
모후산 유마사維摩寺 / 672
몽성암夢聖庵 / 510
묘향산 / 206
묘향산 비로봉 묘향대 / 83
무등산 / 510, 513
무등산 원효암 / 778
무봉鵡峰 / 214
무설 도인無舌道人 / 447, 449
무용無用 / 376, 409, 526
무학국사無學國師 / 394
묵암 최눌默庵最訥 / 85, 100, 103, 186, 212, 229, 376, 409, 410, 442, 444, 526, 555, 594, 636, 648
묵화默和 / 205
문성文性 / 634
문암聞庵 / 205
민영철閔泳喆 / 143

박상전朴祥銓 / 237
박제훈朴齊薰 / 809
박한영朴漢永 / 389, 784, 786, 789
방장산(봉명산) 다솔사多率寺 / 219
백곡白谷 / 430
백암栢庵 / 85, 103, 213, 376, 386, 409,
　　412, 413, 484, 485, 499, 502, 526
백양사 / 837
백양산白羊山 / 389, 418, 784
백양산 정토사淨土寺 / 363
백운사白雲寺 / 372
백은 종택栢隱鍾宅 / 837
백장암百丈菴 / 244
백취운白翠雲 / 795
백파白坡 / 413
백학명白鶴鳴 / 798
『범망경梵網經』 / 128, 149, 205
범해梵海 / 68, 182, 200, 205, 775, 831
『범해선사시집梵海禪師詩集』 / 210
법해당法海堂 / 96
『법화경法華經』 / 122, 535
벽담 행인碧潭幸仁 / 100, 103, 186, 228,
　　229, 409, 439, 441, 475, 479, 555
벽련 인성碧蓮仁性 / 837
벽송碧松 / 103
벽암碧嵒 / 103, 225, 359, 376, 409, 526
벽암헌碧嵒軒 / 447
벽오碧梧 / 151
벽하碧霞 / 116
보개산寶盖山 / 535
보련각寶蓮閣 / 210
보봉寶峰 / 243

보석사寶石寺 / 136
보성군寶城郡 대원사大原寺 / 266
보응 현엄普應玄广 / 391
보인寶印 / 83
보적암寶積菴 / 41
보제普濟 / 219
보제당普濟堂 / 116
보조국사普照國師 / 48, 68, 145, 160, 262,
　　376, 380, 386, 394, 412, 416, 447, 458,
　　484, 493, 496, 632, 636, 657, 674
보조암普照庵 / 174, 213
봉길鳳吉 / 837
봉두산鳳頭山 / 531, 580, 819, 821
봉두산 동리사桐裏寺 봉서암鳳捿菴(鳳瑞庵)
　　/ 155, 779
봉악鳳岳 / 597
봉욱琒旭 / 479
봉은사奉恩寺 / 244
봉헌鳳軒 정鄭 / 812
부용芙蓉 / 103, 186, 225, 409, 448
부휴浮休 / 85, 100, 103, 186, 229, 359,
　　376, 409, 425, 430, 442, 502, 526, 528,
　　776, 837
불령산佛靈山 / 63
불보종찰(통도사) / 129
불일 보조佛日普照 / 363, 413, 484, 565
『불조록찬송佛祖錄讚頌』 / 557, 561
붕명鵬溟 / 571
비봉산 / 510

사대암四大庵 / 225

『사분율四分律』/ 149
사불산 / 776
『산수결山水訣』/ 248
삼각산 / 206
삼신동三神洞 쌍계사雙溪寺 / 98
삼신산三神山 / 212
삼일암三日庵 / 149, 160, 165
『삼장법수집三藏法數集』/ 563
상전祥銓 / 434
서불암西佛菴 / 372
서순경徐舜卿 / 822
서영수徐英洙 / 816
서우西藕 / 224
서창영徐昌英 / 819
서해 묘언犀海妙彥 / 207
서홍瑞弘 / 634
석곡石谷 정농오鄭農塢 / 267
『석보약록釋譜略錄』/ 521
석실石室 / 103
석호 형순錫虎炯珣 / 837
선극모宣克模 / 262, 674
선남훈宣南熏 / 262, 674
『선문염송설화禪門拈頌說話』/ 524
『선문염송집禪門拈頌集』/ 412
『선문증정록禪門證正錄』/ 180, 228, 456, 460
선승호宣昇浩 / 817
선영홍宣永鴻 / 262
선원사禪院寺 / 83
설명雪明 / 386
설산雪山 수도암修道庵 / 663
설암雪嵒 / 373
설월 용섭雪月龍燮 / 410, 430, 441, 444, 445, 493

설인 연묵雪仁蓮默 / 228
설파雪坡 / 412, 505
성봉性峯 / 547
성수전聖壽殿 / 145
성암惺庵 / 243
성월 서유聖月瑞蕤 / 837
성인性仁 / 363
성주星州 쌍계사雙溪寺 / 63
성진 원화性眞圓華 / 667
소백산 / 245
소백산 희방사希芳寺 / 228
소재小齋 / 420
속리산 / 776
손면일孫冕一 / 803
송광산松廣山 / 774
『송귀집送歸集』/ 233
송기영宋基榮 / 801
송만암宋曼庵 / 795
송명교당松明校堂 / 575
송명회宋明會 / 828
송염재宋念齋 / 607
송종헌宋宗憲 / 826
송태회宋泰會 / 210, 833, 836
수경袖鯨 / 171, 549
수도암修道庵 / 226
수미암須彌菴 적멸굴寂滅窟 / 83
수선사修禪社 / 228, 386, 413, 472, 484, 547, 649
『수선사창명修禪社創銘』/ 416
『수선지修禪誌』/ 416
수징水澄 / 444
승감勝鑑 / 386
신규환申圭桓 / 827
신매信梅 / 657

신석희申錫禧 / 160, 245, 496
『신승전神僧傳』 / 515
『신심명信心銘』 / 557
심응태沈膺泰 / 245
쌍기雙奇 / 502
쌍봉산雙峰山 동부도東浮屠 / 213

안순환安淳煥 / 512
안용섭安容燮 / 806
안인섭安仁燮 / 807
안창위安暢尉 / 796
양기묵梁箕默 / 812
양태기梁泰基 / 805
여산厲山 / 116, 775
여산廬山 / 161
여수 흥국사興國寺 / 368
여하정呂荷亭 / 458
연기烟起 / 58
연대암蓮臺庵 / 363
연월蓮月 / 228, 229
연파蓮坡 / 370
『염불요문과해念佛要門科解』 / 565
『염송설화拈頌說話』 / 413
영묵 태운靈默太雲 / 620
영봉사靈鳳寺 / 219
영산 도사影山道師 / 116
영악사靈岳寺 / 219
영암 등찬影庵等讚 / 837
영오靈悟 / 538, 542
영우靈祐 / 75, 126
영원사靈源寺 / 226

영월映月 / 532, 580, 583
『영월집詠月集』 / 497
영은 일오靈隱日五 / 837
영주瀛洲 / 230
영주산瀛洲山(한라산) / 37
영천암靈泉庵 / 212, 594
영취산靈鷲山 정수암淨水庵 / 213
영해影海 / 85, 100, 103, 213, 359, 376,
    409, 410, 442, 526
영현永玄 / 666
영혜永惠 / 580
오귀일吳歸一 / 800
오대산 / 200
오어사吾魚寺 / 623
오천자梧泉子 / 449
오천 장실梧泉丈室 / 447
오취선吳取善 / 245
오호연吳浩然 / 672
옥청玉淸 / 659
옹성산甕城山 몽성암夢聖庵 / 508
완산完山 송광사松光寺 / 244
완월玩月 / 210
요옹寥翁 / 205
용담龍潭 / 212
용선龍船 / 151, 547
용악龍岳 / 363
용연龍淵 / 441
용운당龍雲堂 / 160, 243, 252, 445, 447,
    448, 484, 485, 526, 609, 613, 628, 657
용호龍湖 / 547, 549
용흥사龍興寺 / 250
우계 전익友溪雋益 / 628
우담優曇 / 100, 116, 180, 225, 228, 359,
    376, 456

찾아보기 • 863

우룡雨龍 / 366
우매산牛埋山 / 372
우송友松 / 559
우화又和 / 262
운거雲居 / 205
운암云庵 / 434, 479
운영雲影 / 451
원감국사圓鑑國師 / 108, 464, 547
원응·계정圓應戒定 / 207
원해圓海 / 775, 831
원화圓華 / 41, 224, 368, 502, 666, 775, 831
원효元曉 / 68, 542, 545, 598, 623
원효암 / 29, 31, 538
원흥사元興寺 / 777
월月 / 57
월초月蕉 / 219, 220
월출산月出山 / 380
월하月荷 공公 / 785
월화당月和堂 / 98
위송衛松 / 441
유광묵柳匡默 / 807, 821
『유마경維摩經』 / 535
유영柳泳 / 820
육당六堂 / 464
윤문倫文 / 634
윤성구尹成求 / 143
윤수允修 / 628
윤용선尹容善 / 145
윤웅렬尹雄烈 / 94, 252
윤자승尹滋承 / 244
윤주섭尹冑燮 / 821
윤준尹準 / 802
윤필尹弼 / 545

율암 찬의栗庵讚儀 / 207, 628, 653, 657, 661
은적암隱寂庵 / 174
응암 낭윤應庵朗允 / 212, 229, 233, 376, 505, 555, 778, 837
응오應悟 / 366
응원應圓 / 634
응월당應月堂 / 225, 447
응하應夏 / 167
응허應虛 / 136
응화應化 / 205
의상義湘 / 219, 545
이규한李圭翰 / 799
이담해李湛海 / 802
이면상李冕相 / 384
이범진李範晋 / 252, 448
이병정李炳鼎 / 131
이병호李炳昊 / 823
이봉离峯 / 167, 490
이석암李石庵 / 796
이설월李雪月 / 620, 797
이순익李淳翼 / 145
이유원李裕元 / 458
이종안李鍾安 / 808
이종익李鍾翊 / 813
이종택李鍾宅 / 819
이종현李鍾現 / 805
이하영李夏榮 / 160, 161, 165
이회광李晦光 / 147, 148, 178
이회혁李會赫 / 806
인담印潭 / 550
인봉印峰 / 434, 619
인산 상정仁山相禎 / 837
인월印月 / 210

인파印波 / 243
일기一機 / 634
일노日老 / 580
임석진林錫珍 / 237, 837
임경당臨鏡堂 / 436
임보극任普極 / 829
임영주林永周 / 803
임응환林應煥 / 244
임형순林炯珣 / 798

자신自信 / 228
자운慈雲 / 41
자원 이제自願以濟 / 620, 634
자장慈藏 / 58, 200
자정국사慈靜國師 / 567
자정암(慈靜蘭若) / 116
자행慈行 / 205
잔강潺江(섬진강) / 29
장경전藏經殿 / 136
장기혁張基赫 / 815
장남박張南搏 / 262
장순환張舜煥 / 803
장용민張鎔玟 / 815
장춘원長春院 / 230
장훈민張熏玟 / 804
재오再悟 / 599
『저역총보著譯叢譜』 / 517
『전등록傳燈錄』 / 413
전종호全宗鎬 / 824
정만조鄭萬朝 / 804
정명원鄭明源 / 131, 145, 777

정봉正峯 / 425
정수태丁秀泰 / 542, 545
정월靜月 / 54
정인성鄭寅成 / 814
정인홍鄭寅弘 / 165
정함靜涵 / 128
정황진鄭晄震 / 796
제봉霽峰 / 243, 784, 785
제운 해징霽雲海澄 / 124, 186, 229, 434, 474, 479, 555
『조계고승전曹溪高僧傳』 / 515
『조계록曹溪錄』 / 524
조계산曹溪山 / 52, 96, 110, 180, 188, 189, 198, 210, 229, 230, 233, 237, 356, 368, 370, 373, 386, 409, 412, 422, 444, 452, 464, 484, 499, 524, 532, 535, 559, 565, 587, 589, 599, 613, 636, 784, 790, 818, 819
조계산 감로암甘露庵 / 547
조계산 보조암普照庵 / 376
조계산 불일당佛日堂 / 369
조계산 송광사松廣寺 / 68, 116, 126, 131, 143, 145, 147, 160, 228, 243, 250, 254, 391, 394, 405, 451, 464, 484, 493, 496, 499, 567, 587, 594, 602, 618, 620, 623, 628, 634, 637, 776, 779, 830~832, 837
조계산 송광사 하사당下舍堂 / 75
조계산 송광사 행해당行解堂 / 120
조계산 은적암隱寂庵 / 213, 536
조계산 천자암天子庵 / 380
조계종 / 568
조도수趙道洙 / 645
조매계曹梅溪 / 147
조석형曹錫亨 / 245

『조선불교약사朝鮮佛敎略史』 / 412
조시영曺始永 / 147
조영선趙泳善 / 813
조영하趙寗夏 / 245
조정현趙晶鉉 / 793
조종신趙鍾信 / 809
조종현趙鍾鉉 / 610
조주현趙周鉉 / 805
조철규趙哲奎 / 813
조하담曺荷淡 / 801
조홍근趙洪根 / 827
종출鍾出 / 837
주영찬朱榮燦 / 792
주완섭朱完燮 / 210, 523, 552, 789, 790, 793, 794, 805, 833, 836, 837
죽원사竹原寺 / 244
죽포竹圃 신申 / 811
중관中觀 / 202
중부옹中孚翁 / 202
증천證天 / 674
지리산智異山(방장산方丈山) / 29, 31, 37, 39, 61, 116, 188, 206, 230, 370, 372, 594, 597, 776
지리산 무주암無住庵 / 565
지리산 문수암文殊菴 / 66
지리산 사대암四大庵 / 213
지리산 삼일암三日庵 / 98
지리산 월화月和 / 356
지리산 천은사泉隱寺 / 216, 779
지리산 화엄사華嚴寺 / 35, 39, 61, 224, 366, 456, 776, 831, 837
지리산 화엄사 봉천암奉天菴 / 29
지리산 화엄사 원화圓華 / 359
지변指卞 / 444

지봉 지안智峰之安 / 228, 837
『지장경地藏經』 / 535
진각眞覺 / 110, 228, 376, 412, 413, 484, 524
『진각국사 법어송 초집眞覺國師法語頌抄集』 / 524
진귀 백초眞龜白草 / 228
진불상원眞佛上院 / 205
진안震顔 / 219
진응震應 / 456, 784, 785
진표 율사眞表律師 / 200
징천澄天 / 262

찬의贊儀 / 386, 632, 634, 636
처익處益 / 243
천경天鏡 / 837
천은사泉隱寺 / 116, 226, 831, 837
천은자天隱子 / 413
천태산天台山 칠성암七星庵 / 571
천태암天台庵 / 170, 244, 645
천희天禧 / 634
청룡사靑龍寺 / 173
청운靑雲 / 197
청원루淸遠樓 / 140, 151, 363
청은 순홍淸隱淳弘 / 837
청진국사淸眞國師 / 48, 376, 493
청진암淸眞庵 / 48, 248, 493, 778
청풍淸風 / 447
청허淸虛 / 186, 409
『초발심자경문初發心自警文』 / 228
초은草隱 / 147, 148

초의草衣 / 68, 182, 200, 205
최묵현崔默鉉 / 818
최수강崔壽崗 / 205
최신崔侁 / 493
최신묵崔信默 / 244
최예운崔猊雲 / 458
최진국崔珍國 / 818
최진수崔振秀 / 797
최치원崔致遠(崔孤雲) / 61, 205
최평담崔平潭 / 800
추파秋波 / 434
축정竺靜 / 549
춘고 병렬春皐炳烈 / 837
춘선春善 / 628
춘성春盛 / 493
취미翠微 / 103, 409, 526
취봉鷲峰(영취산) / 368
취운 혜오翠雲慧悟 / 207
취은翠隱 / 138
『치문경훈緇門警訓』 / 413, 648
치성致性 / 116
칠불사 / 213
칠불선원七佛禪院 / 200
칠불암 / 212, 214
침계루枕溪樓 / 44, 188
침명枕溟 / 100, 228, 243, 376

탁근卓勤 / 422
태고太古 / 103, 186, 409, 413, 444, 448
태안사泰安寺 / 170, 549, 583, 779, 831, 837

태안사 봉서암鳳瑞庵 / 531
태영泰英 / 510, 511
태윤太允 / 580
통도사通度寺 / 244
통명산 / 613
통허洞虛 / 114, 116
퇴재退齋 / 776

팔공산 / 228, 496
팔공산 거조사居祖寺 / 565
팔영산八影山 / 380, 530, 666
팔영산 능가사楞伽寺 / 372
팔전산八田山 / 372
평원平遠 / 386
포봉 정인抱鳳正印 / 620
포월抱月 / 54
포허抱虛 / 224, 225
표충사表忠祠 / 243, 244
풍담風潭 / 661
풍악산楓岳山 송광암松廣庵 / 262, 674
풍암楓岩 / 85, 100, 103, 186, 212, 213, 229, 359, 376, 409, 441, 502, 526, 555, 594, 837
풍운豊雲 / 116
풍호당豊湖堂 / 153

하담荷潭 / 153
하동河東 쌍계사雙溪寺

하의荷衣 / 205
학담 득수鶴潭得秀 / 838
『학승전學僧傳』 / 515
학운鶴雲 / 202
학조學祖 / 147
한당 선사閒堂禪師 / 464
한라산 / 206, 372
한붕漢朋 / 192, 422, 436, 452
한용운韓龍雲 / 785
함명涵溟 / 225, 359, 458, 775, 831
함호菡湖 / 555, 642, 643, 651
해경海景 / 169
『해동불보海東佛報』 / 458
해문海文 / 386
해은 재선海隱栽善 / 464, 465, 620, 629, 837
행해당行解堂 / 50
향일암向日庵 / 264
허용許鏞 / 822
허정환許正煥 / 505
허주 선백虛舟禪伯 / 116, 425, 775, 831
현응무玄應武 / 820
형민衡旻 / 368
혜린慧璘(惠璘) / 394, 484, 623
혜철국사慧徹國師 / 155, 197, 531, 549, 580
호명虎鳴 / 214
호명皓溟 / 441, 479

호봉豪峯 / 54, 441
호붕浩鵬 / 100, 233
호암虎嵓 / 505
호월皓月 / 447
혼명渾溟 / 511
혼해混海 / 775
혼허渾虛 / 228
화담華潭 / 205, 458
화봉華峰 / 444
『화엄경華嚴經』 / 205, 366, 535, 536, 648
『화엄경소은과華嚴經疏隱科』 / 412
화옹花翁 양영월梁映月 / 788
환선정喚仙亭 / 193
환성喚惺 / 68
환암幻庵 / 103
환여수幻如叟 / 202
환해幻海 / 409, 526, 530
황선명黃善明 / 801
회계會溪 / 409, 439~441
회당晦堂 / 505
회성당檜城堂 / 661
회암晦庵 / 412
효순孝順 / 202
휴암休庵 / 505
희안熙安 / 659, 661
희옥熙玉 / 634

한글본 **한국불교전서**

조·선·출·간·본

조선1 작법귀감
백파 긍선 | 김두재 옮김 | 신국판 | 336쪽 | 18,000원

조선2 정토보서
백암 성총 | 김종진 옮김 | 4X6판 | 224쪽 | 12,000원

조선3 백암정토찬
백암 성총 | 김종진 옮김 | 4X6판 | 156쪽 | 9,000원

조선4 일본표해록
풍계 현정 | 김상현 옮김 | 4X6판 | 180쪽 | 10,000원

조선5 기암집
기암 법견 | 이상현 옮김 | 신국판 | 320쪽 | 18,000원

조선6 운봉선사심성론
운봉 대지 | 이종수 옮김 | 4X6판 | 200쪽 | 12,000원

조선7 추파집·추파수간
추파 홍유 | 하혜정 옮김 | 신국판 | 340쪽 | 20,000원

조선8 침굉집
침굉 현변 | 이상현 옮김 | 신국판 | 300쪽 | 17,000원

조선9 염불보권문
명연 | 정우영·김종진 옮김 | 신국판 | 224쪽 | 13,000원

조선10 천지명양수륙재의범음산보집
해동사문 지환 | 김두재 옮김 | 신국판 | 636쪽 | 28,000원

조선11 삼봉집
화악 지탁 | 김재희 옮김 | 신국판 | 260쪽 | 15,000원

조선12 선문수경
백파 긍선 | 신규탁 옮김 | 신국판 | 180쪽 | 12,000원

조선13 선문사변만어
초의 의순 | 김영욱 옮김 | 4X6판 | 192쪽 | 11,000원

조선14 부휴당대사집
부휴 선수 | 이상현 옮김 | 신국판 | 376쪽 | 22,000원

조선15 무경집
무경 자수 | 김재희 옮김 | 신국판 | 516쪽 | 26,000원

조선16 무경실중어록
무경 자수 | 성재헌 옮김 | 신국판 | 340쪽 | 20,000원

조선17 불조진심선격초
무경 자수 | 성재헌 옮김 | 신국판 | 168쪽 | 11,000원

조선18 선학입문
김대현 | 성재헌 옮김 | 신국판 | 240쪽 | 14,000원

조선19 사명당대사집
사명 유정 | 이상현 옮김 | 신국판 | 508쪽 | 26,000원

조선20 송운대사분충서난록
신유한 엮음 | 이상현 옮김 | 신국판 | 324쪽 | 20,000원

조선21 의룡집
의룡 체훈 | 김석군 옮김 | 신국판 | 296쪽 | 17,000원

조선22 응운공여대사유망록
응운 공여 | 이대형 옮김 | 신국판 | 350쪽 | 20,000원

조선23 사경지험기
백암 성총 | 성재헌 옮김 | 신국판 | 248쪽 | 15,000원

조선24 무용당유고
무용 수연 | 이상현 옮김 | 신국판 | 292쪽 | 17,000원

조선25 설담집
설담 자우 | 윤찬호 옮김 | 신국판 | 200쪽 | 13,000원

조선26 동사열전
범해 각안 | 김두재 옮김 | 신국판 | 652쪽 | 30,000원

조선27 청허당집
청허 휴정 | 이상현 옮김 | 신국판 | 964쪽 | 47,000원

조선28 대각등계집
백곡 처능 | 임재완 옮김 | 신국판 | 408쪽 | 23,000원

조선29 반야바라밀다심경략소연주기회편
석실 명안 엮음 | 강찬국 옮김 | 신국판 | 296쪽 | 17,000원

조선30 허정집
허정 법종 | 성재헌 옮김 | 신국판 | 488쪽 | 25,000원

조선31 호은집
호은 유기 | 김종진 옮김 | 신국판 | 264쪽 | 16,000원

조선32 월성집
월성 비은 | 이대형 옮김 | 4X6판 | 172쪽 | 11,000원

조선33 아암유집
아암 혜장 | 김두재 옮김 | 신국판 | 208쪽 | 13,000원

조선34 경허집
경허 성우 | 이상하 옮김 | 신국판 | 572쪽 | 28,000원

조선35 송계대선사문집·상월대사시집
송계 나식·상월 새봉 | 김종진·박재금 옮김 | 신국판 | 440쪽 | 24,000원

조선36 선문오종강요·환성시집
환성 지안 | 성재헌 옮김 | 신국판 | 296쪽 | 17,000원

조선37 역산집
영허 선영 | 공근식 옮김 | 신국판 | 368쪽 | 22,000원

조선38 함허당득통화상어록
득통 기화 | 박해당 옮김 | 신국판 | 300쪽 | 18,000원

조선39 가산고
월하 계오 | 성재헌 옮김 | 신국판 | 446쪽 | 24,000원

조선40 선원제전집도서과평
설암 추붕 | 이정희 옮김 | 신국판 | 338쪽 | 20,000원

조선41 함홍당집
함홍 치능 | 성재헌 옮김 | 신국판 | 348쪽 | 21,000원

조선42 백암집
백암 성총 | 유호선 옮김 | 신국판 | 544쪽 | 27,000원

조선43 동계집
동계 경일 | 김승호 옮김 | 신국판 | 380쪽 | 22,000원

조선44 용암당유고·괄허집
용암 체조·괄허 취여 | 김종진 옮김 | 신국판 | 404쪽 | 23,000원

조선45 운곡집·허백집
운곡 충휘·허백 명조 | 김재희·김두재 옮김 | 신국판 | 514쪽 | 26,000원

조선46 용담집·극암집
용담 조관·극암 사성 | 성재헌·이대형 옮김 | 신국판 | 520쪽 | 26,000원

조선47 경암집
경암 응윤 | 김재희 옮김 | 신국판 | 300쪽 | 18,000원

조선48 석문상의초 외
벽담 각성 외 | 김두재 옮김 | 신국판 | 338쪽 | 20,000원

조선49 월파집·해붕집
월파 태율·해붕 전령 | 이상현·김두재 옮김 | 신국판 | 562쪽 | 28,000원

조선50 몽암대사문집
몽암 기영 | 이상현 옮김 | 신국판 | 348쪽 | 21,000원

조선51 징월대사시집
징월 정훈 | 김재희 옮김 | 신국판 | 272쪽 | 16,000원

조선52 통록촬요
엮은이 미상 | 성재헌 옮김 | 신국판 | 508쪽 | 26,000원

조선53 충허대사유집
충허 지책 | 성재헌 옮김 | 신국판 | 296쪽 | 18,000원

조선54 백열록
금명 보정 | 김종진 옮김 | 신국판 | 364쪽 | 22,000원

조선55 조계고승전
금명 보정 | 김용태·김호귀 옮김 | 신국판 | 384쪽 | 22,000원

조선56 범해선사시집
범해 각안 | 김재희 옮김 | 신국판 | 402쪽 | 23,000원

조선57 범해선사문집
범해 각안 | 김재희 옮김 | 신국판 | 208쪽 | 13,000원

조선58 연담대사임하록
연담 유일 | 하혜정 옮김 | 신국판 | 772쪽 | 34,000원

조선59 풍계집
풍계 명찰 | 김두재 옮김 | 신국판 | 438쪽 | 24,000원

조선60 혼원집·초엄유고
혼원 세환·초엄 복초 | 윤찬호 옮김 | 신국판 | 332쪽 | 20,000원

조선61 청주집
환공 치조 | 성재헌 옮김 | 신국판 | 416쪽 | 23,000원

| 조선62 | 대동영선
금명 보정 | 이상하 옮김 | 신국판 | 556쪽 | 28,000원

| 조선63 | 현정론·유석질의론
득통 기화·지은이 미상 | 박해당 옮김 | 신국판 | 288쪽 | 17,000원

| 조선64 | 월봉집
월봉 책헌 | 이종수 옮김 | 신국판 | 232쪽 | 14,000원

| 조선65 | 정토감주
허주 덕진 | 김석군 옮김 | 신국판 | 382쪽 | 22,000원

신·라·출·간·본

| 신라1 | 인왕경소
원측 | 백진순 옮김 | 신국판 | 800쪽 | 35,000원

| 신라2 | 범망경술기
승장 | 한명숙 옮김 | 신국판 | 620쪽 | 28,000원

| 신라3 | 대승기신론내의약탐기
태현 | 박인석 옮김 | 신국판 | 248쪽 | 15,000원

| 신라4 | 해심밀경소 제1 서품
원측 | 백진순 옮김 | 신국판 | 448쪽 | 24,000원

| 신라5 | 해심밀경소 제2 승의제상품
원측 | 백진순 옮김 | 신국판 | 508쪽 | 26,000원

| 신라6 | 해심밀경소 제3 심의식상품 제4 일체법상품
원측 | 백진순 옮김 | 신국판 | 332쪽 | 20,000원

| 신라7 | 해심밀경소 제5 무자성상품
원측 | 백진순 옮김 | 신국판 | 536쪽 | 27,000원

| 신라12 | 무량수경연의술문찬
경흥 | 한명숙 옮김 | 신국판 | 800쪽 | 35,000원

| 신라13 | 범망경보살계본사기 상권
원효 | 한명숙 옮김 | 신국판 | 272쪽 | 17,000원

| 신라14 | 화엄일승성불묘의
견등 | 김천학 옮김 | 신국판 | 264쪽 | 15,000원

| 신라15 | 범망경고적기
태현 | 한명숙 옮김 | 신국판 | 612쪽 | 28,000원

| 신라16 | 금강삼매경론
원효 | 김호귀 옮김 | 신국판 | 666쪽 | 32,000원

| 신라17 | 대승기신론소기회본
원효 | 은정희 옮김 | 신국판 | 536쪽 | 27,000원

| 신라18 | 미륵상생경종요 외
원효 | 성재헌 외 옮김 | 신국판 | 420쪽 | 22,000원

| 신라19 | 대혜도경종요 외
원효 | 성재헌 외 옮김 | 신국판 | 256쪽 | 15,000원

| 신라20 | 열반종요
원효 | 이평래 옮김 | 신국판 | 272쪽 | 16,000원

| 신라21 | 이장의
원효 | 안성두 옮김 | 신국판 | 256쪽 | 15,000원

| 신라22 | 본업경소 하권 외
원효 | 최원섭·이정희 옮김 | 신국판 | 368쪽 | 22,000원

| 신라23 | 중변분별론소 제3권 외
원효 | 박인성 외 옮김 | 신국판 | 288쪽 | 17,000원

| 신라24 | 지범요기조람집
원효·진원 | 한명숙 옮김 | 신국판 | 310쪽 | 19,000원

| 신라25 | 집일 금광명경소
원효 | 한명숙 옮김 | 신국판 | 636쪽 | 31,000원

| 신라26 | 복원본 무량수경술의기
의적 | 한명숙 옮김 | 신국판 | 500쪽 | 25,000원

고·려·출·간·본

| 고려1 | 일승법계도원통기
균여 | 최연식 옮김 | 신국판 | 216쪽 | 12,000원

| 고려2 | 원감국사집
충지 | 이상현 옮김 | 신국판 | 480쪽 | 25,000원

| 고려3 | **자비도량참법집해**
조구 | 성재헌 옮김 | 신국판 | 696쪽 | 30,000원

| 고려4 | **천태사교의**
제관 | 최기표 옮김 | 4X6판 | 168쪽 | 10,000원

| 고려5 | **대각국사집**
의천 | 이상현 옮김 | 신국판 | 752쪽 | 32,000원

| 고려6 | **법계도기총수록**
저자 미상 | 해주 옮김 | 신국판 | 628쪽 | 30,000원

| 고려7 | **보제존자삼종가**
고봉 법장 | 하혜정 옮김 | 4X6판 | 216쪽 | 12,000원

| 고려8 | **석가여래행적송·천태말학운묵화상경책**
운묵 무기 | 김성옥·박인석 옮김 | 신국판 | 424쪽 | 24,000원

| 고려9 | **법화영험전**
요원 | 오지연 옮김 | 신국판 | 264쪽 | 17,000원

| 고려10 | **남명천화상송증도가사실**
□련 | 성재헌 옮김 | 신국판 | 418쪽 | 23,000원

| 고려11 | **백운화상어록**
백운 경한 | 조영미 옮김 | 신국판 | 348쪽 | 21,000원

| 고려12 | **선문염송 염송설화 회본 1**
혜심·각운 | 김영욱 옮김 | 신국판 | 724쪽 | 33,000원

※ 한글본 한국불교전서는 계속 출간됩니다.

금명 보정錦溟寶鼎
(1861~1930)

본명 첨화添華, 속성은 김씨金氏. 15세 때 부친의 명에 따라 송광사 금련金蓮 화상에게 의지하여 삭발하였다. 17세 때 경파景坡 화상에게 계를 받았고 이후 사방으로 다니며 원해圓海·범해 각안梵海覺岸·원화圓華·함명 태선菡溟太先과 허주 덕진虛舟德眞 등을 참학하였다. 이후 송광사의 보조암 등 여러 곳에서 강의하여 많은 제자를 배출하였고, 『불조찬영佛祖贊詠』과 『정토백영淨土百詠』 등 다수의 책을 편찬하였다.

옮긴이 이대형

동국대학교 불교학술원 교수. 저서로 『금오신화 연구』, 공동 저서로 『옛 편지 낱말 사전』, 번역서로 『응운공여대사유망록應雲空如大師遺忘錄』과 『수이전殊異傳』 등, 공역서로 『갑오년의 금강산 유람 봉래일기』와 『요람要覽』 등이 있고, 논문으로 「김시습의 잡저雜著 연구」와 「화악 지탁華嶽知濯의 간찰에 드러난 성속의 조화와 문장관」 등이 있다.

증의
김재희(광주 백천서당 강주)